KB234449

사회과교육론의
이해와 탐구

사회과교육론의 이해와 탐구

| 박은종 지음 |

Understand & Study of
Social Studies Education Theory

사회과교육론의 이론적 이해와 실제적 탐구의 길라잡이

뉴밀레니엄이라고 불리는 새 천 년이 밝은 지도 10년 이상 지났다. 온 누리의 지구촌 사람들이 희구(希求)하던 대망의 새 천 년이 밝은 지도 어느덧 강산이 변할 만큼의 세월이 지났다. 전 세계가 일일생활권이 되었고, 동서고금이 유기적 연대를 이루고 있는 현대 사회의 모습이다.

주지하다시피 이제 대한민국은 동북아시아의 변방에서 세계의 중심으로 자리매김하고 있다. 대한민국은 그동안 올림픽, 월드컵, G20 세계 정상회의 등을 성공적으로 개최하였고, 2012년에는 선진국의 지표라고 일컬어지는 20(국민소득 2만 달러) - 50(인구 5천만 명)클럽에도 세계에서 일곱 번째로 가입하였다. 그야말로 상전벽해 같은 변화와 발전으로 세계 속의 한국으로 우뚝 서고 있는 것이다.

일반적으로 우리가 지구촌 가족으로 함께 살아가는 현대 사회를 세계화 사회라고 일컫는다. 또 창의성·다양성·자율성 등을 바탕으로 하는 지식정보화 사회라고도 한다. 급격한 사회변동 속에서 오늘날 우리가 함께 사는 현대 사회는 과거 정태적·획일적이었던 사회 체제(Social system)에서 획기적으로 변모한 살아 움직이는 사회와 시대인 것이다. 현대 세계화 사회는 이른바 지식기반 사회, 지식정보화 사회, 세계화·정보화 사회 내지 시대로서, 지식과 정보가 가히 폭발적으로 증가하며, 제반 사회사상(社會事象)의 모습이 역동적으로 변화하는 사회와 시대를 의미하는 것이다.

모름지기 교육은 사회 변화와 국가 발전을 앞장서서 이끄는 견인차이다. 특히, 동서고금을 통하여 교육을 국가백년지대계로 중시하는 것은 불변의 진리이다. 사실 교육의 본질을 인간의 바람직한 변화와 성장을 유도하는 계획적이고도 의도적인 활동이라고 정의할 때, 이 시대 진정한 교육은 그야말로 시대를 비추어보는 거울이며, 사회를 담는 그릇의 역할을 한다.

사회과는 공통교육과정 10개 교과 중의 한 교과이지만, 여타 교과와는 다른 독특한 특성을 갖고 있다. 한편으로는 골치 아픈 교과이면서도, 다른 한편으로는 매력적인 교과이다. 그럼에도 불구하고 우리 생활과 삶과 가장 밀접하게 관련되어 있는 교과가 곧 사회과이고, 사회과를 교수·학습하는 것이 사회과교육인 것이다. 사회과교육론은 사회과와 사회과교육의 이론과 실제에 대한 연구와 접근이다. 바람직한 사회과교육을 위한 이론적 바탕 위에서 실제적 방법을 탐구하는 학문적 접근인 것이다.

본서는 사회과교육론 탐구를 통하여 사회과교육의 개관, 사회과 교육과정의 이해, 사회과 교수·학습 탐구를 도모하기 위한 전문서로서 사회과교육론에 대한 이해와 탐구를 기반으로 하고 있다. 즉, 교과로서의 사회과에 대한 학문적 본질과 특성을 규명하고, 이를 바탕으로 사회과교육의 나침반이자 이정표인 사회과 교육과정 및 교수·학습에 대한 이론과 실제의 접근과 적용을 추구하고 있다.

사실 교육과정(Curriculum)은 목표, 내용, 지도방법, 평가 등의 순환적·지속적 환류 과정이다. 따라서 사회과 교육과정은 사회과의 교육목표, 교육내용, 지도방법 및 매체, 자료 그리고 교육, 평가 등의 순환적·지속적 환류 과정이다. 사회과교육론은 이러한 사회과 교육과정의 학교 현장 적용 이론과 실제에 대한 접근이다. 사회과교육론이 이론에 국한하지 말고 이해, 실제, 탐구 등으로 광범위한 탐구를 지향해야 하는 이유도 여기에 있는 것이다.

본질 교과로서의 사회과(社會科)의 궁극적 목적은 민주시민의 자질 육성이다. 아울러, 사회사상(社會事象)의 참모습인 사회현상을 올바르게 인식하고, 사회적 지식 습득과 함께 건전하고도 원만한 사회생활 영위에 필요한 기능을 익히며, 민주사회 구성원들에게 요청되는 바람직한 가치와 태도를 지님으로써 민주시민적 자질, 세계시민적 소양을 함양시키는 데 교과교육의 초점을 두고 있다.

사회과 교육과정을 기반으로 하는 사회과교육은 학교 현장에서 바람직하고도 적절하게 전개, 적용될 수 있도록 계획된 사회과의 총체적 프로그램이라고 할 수 있다. 그런 의미에서 본다면 사회과교육론은 사회과교육의 성패를 가름하는 중차대한 요소인 것이다. 특히, 사회과가 역동적이고도 동태적인 사회사상을 대상으로 한다는 점을 전제하면 사회과교육론, 사회과 교육과정의 중요성은 아무리 강조해도 지나치지 않은 것이다.

사실, 1916년 미국에서 태동한 사회과는 역사·지리 및 공민(일반사회) 영역을 통합 교육하는 것이 그 핵심 초점이었다. 이와 같은 전통적 사회과가 해방과 함께 우리나라에 도입되어 자리 잡아 오늘날에 이르게 된 것이다. 미국에서 도입된 한국의 사회과 교육과정은 '교수요목기'에서부터 '2009 개정 교육과정기'에 이르기까지 그동안 열 차례의 제정·개정이 있었다. 이제 갑년(甲年)을 넘긴 한국 사회과가 정체성을 갖고 바로 서기 위해서는 우리 현실에 적합한 사회과 교육과정이 주춧돌로 떠받쳐야 한다는 점은 재론(再論)의 여지가 없는 것이다. 사회과교육론은 이와 같은 사회과 교육과정의 올바른 전개를 바탕으로 한다. 사회과 교육과정의 바람직한 전개를 지향하는 것이 사회과교육론의 핵심이기 때문이다.

따라서 본서는 사회과교육학과 사회과교육론을 중심으로 사회과 교육과정의 사회과 교수·학습(교수법과 수업 등)의 기초와 본질, 핵심적 내용, 실천적 방법, 발전적 대안 등에 초점을 맞추어 집필하였다. 따라서, 실제 학교 현장에서의 사회과 교육과정 편성·운영에 초점을 맞추었다.

본서는 총 8부로 구성되어 있다. 제1부는 사회과교육의 개관과 기초, 제2부는 사회과교육의 발달과 사회과 교육과정의 변천, 제3부는 사회과교육의 목적과 목표, 제4부는 사회과 교육과정의 체제, 제5부는 사회과 교육과정의 내용, 제6부는 사회과 수업모형과 학습방법, 제7부는 사회과 교수·학습 과정안과 수업분석, 그리고 제8부는 사회과의 교육평가 등으로 구성되어 있다. 부별 내용은 사회과교육의 이해와 탐구를 중심으로 구성하였다. 일선 현장에서 두루 활용할 수 있도록 이론과 실제를 연계하고자 노력하였다.

인간이 사회를 이루어 상호작용을 하며 살고 있는 사회사상(社會事象)을 그 내용으로 다루는 사회과는 인간의 삶과 직결되는 교과이다. 인간의 사회생활의 모습과 과정, 그리고 그 상태를 다루는 교과가 곧 사회과이고 사회과교육이다.

따라서, 본서가 사회과의 예비교사인 교육대학교, 사범대학 사회(과)교육(학)과 학생들과 현직 교사인 초·중·고교 사회과 교사(교원), 사회과 전공 교육전문직, 사회과교육학자들이 두루 활용하며, 교수·학습 지도, 장학 행정, 연구활동 등에 참고가 되었으면 하는 작은 소망을 갖고 있다. 아울러, 앞으로 사회과 교육과정에 대한 다양한 연구를 위한 안내서·이정표가 되기를 기대하는 바이다. 특히, 사회과 신규교사 임용시험을 준비 중인 교육대학교, 사범대학, 교육대학원 사회(과)교육과 학(원)생들에게 실질적인 도움이 되기를 기대한다.

사회과교육학은 사회과교육에 대한 학문적·이론적·실제적인 정체성 확립의 접근이다. 즉, 사회과교육학은 사회과교육에 대한 학문적·이론적 정선이며, 나아가 현장의 사회과교육의 실천적 적용과 밀접하게 관련되어 있다. 사회과 교육과정의 개선 없이 사회과교육의 혁신은 공염불에 불과하다는 점을 전제하면, 사회과 교수·학습은 사회현실을 바탕으로 하고, 지역화·재구성을 통하여 계속적으로 일신우일신(日新又日新)해야 할 것이다. 그와 같은 사회과교육의 혁신과 사회과 교수·학습 개선의 선구자적 역할을 일선 초·중·고교의 사회과 교사들이 앞장서서 담당해야 할 것이다. 모든 교과가 마찬가지지만, 일선 학교 교과교육 현장의 개선을 간과한 교육 개선, 교과 혁신이란 탁상공론(卓上空論)에 불과하듯이, 교사와 학생들의 역동적인 상호작용을 강조하는 사회과교육의 바람직한 변화와 발전은 일선 초·중·고등학교의 사회과 교수·학습 개선에서부터 비롯되어야 하는 것이다.

그동안 강의와 연구한 내용을 종합한 졸고를 모아 본서를 출판하여 세상에 내놓으면서 많은 분들에게 감사를 드리는 바이다. 우선, 필자를 부단한 사랑으로 이끌어주시고 학문적으로 지원해주시는 공주대학교 사범대학 김병무 전 학장님, 일반사회교육과의 정종호 교수님, 김덕수 교수님, 임경수 교수님 그리고 현승숙 조교님 등 여러분께 감사드린다. 아울러, 공주교육대학교 사회과교육과의 서재천 교수님, 황우영 조교님, 한국교원대학교 교육과학계열의 권낙원 교수님, 충남대학교 교육학과의 김정겸 교수님 등께도 깊은 감사를 드린다. 그분들의 보살핌이 필자의 학문적·인격적 성장에 큰 자양분이 되고 있어 늘 고맙고 송구스럽다. 분에 넘치는 배려에 그저 감사할 따름이다.

그리고 필자와 교학상장(敎學相長)하는 사랑스러운 제자인 공주대학교 사범대학 일반사회교육과, 역사교육과, 지리교육과 학생들, 공주교육대학교 사회과교육과 학생들에게도 고마운 마음을 전한다. 특히 꼼꼼히 교정을 보아준 홍익대학교 경영학부 조은솔 학생, 공주대학교 일반사회교육과 김미라 학생, 공주교육대학교 사회과교육과 조혜림 학생 등에게 더욱 고마운 인사를 드린다. 또한 애제자인 신현영 선생님(경기 포천초), 오정학 선생님(충남 천안 병천고)께 감사를 드리고, 교육의 영원한 동반자이자 건설적 비판자인 전승환 교감선생님(서서울생활과학고), 박명배 선생님(서울 자양초), 명재덕 선생님(대전 동대전고), 신현복 선생님(충남 당진정보고), 차성우 선생님(충남 당진 합덕제철고), 김명순·김완선 선생님(충남 아산 금곡초), 이종숙 선생님(경북 영주중앙초), 김현숙 선생님(서울흑석초) 등 여러 선생님께도 감사의 말씀을 드린다. 아울러, 늘 인고의 기다림으로 필자를 성원해주시는 사랑하는 가족들에게도 충심으로 감사를 드린다. 많은 분들의 배려와 성원에 항상 감사하는 마음으로 살아가고자 한다.

끝으로, 최근 출판 시장의 여러 가지로 어려움을 무릅쓰고 본서를 출판하여 세상에 빛을 보게 해주시고, 늘 필자에게 연구 의욕을 북돋워주시는 한국학술정보(주)의 채종준 대표이사님께 감사드리며, 출판사업기획부 권성용 대리님, 디자인편집부의 박능원 팀장님과 남미화 과장님 등을 비롯한 관계자 여러분께도 심심한 사의를 표하는 바이다. 모든 분에게 앞으로 더욱 열심히 노력할 것을 약속드리며, 거듭 감사의 말씀을 드리는 바이다. 늘 그래 왔던 것처럼 교육과 학문 탐구의 길은 멀고도 험하지만, 행복한 마음으로 뚜벅뚜벅 걸어가고자 한다. 오늘도 여린 가슴으로 여름 하늘을 바라본다.

2012년 성하지절(盛夏之節)에
천 년 고도 웅진골 공산성과 공주보(公州洑)
비단가람물이 바라보이는 강변 연구실에서
박 은 종

Contents
목 차

사회과교육의 개관과 기초

📖 학습목표

1. 사회과, 사회과교육을 개관하고 이해한다.
2. 사회과교육의 특징과 특성 및 성격 등을 이해한다.
3. 사회과교육의 개념, 정의, 의미 등을 두루 이해한다.
4. 사회과교육의 모형과 유형을 이해한다.
5. 사회과 및 사회과교육의 유사 용어의 의미를 파악한다.
6. 한국 사회과교육의 이론 모형을 시대별로 이해한다.

📖 핵심개념

1. 사회과, 사회과교육의 개념, 사회과교육의 개관, 사회과교육의 기초
2. 사회과교육의 특징, 사회과교육의 성격, 사회과교육의 특징과 특성
3. 사회과교육의 개념, 사회과교육의 정의, 사회과교육의 의미
4. 사회과교육의 모형과 유형, 시민성 전수 모형, 사회과학 모형, 반성적 탐구 모형, 개인발달 모형, 합리적 의사결정 모형, 사회 비판 모형
5. 사회과 및 사회과교육의 유사 용어, 사회교육과 사회과, 사회과학과 사회과교육
6. 한국 사회과교육의 이론 모형, 사회과의 정초기, 사회과의 자생기, 사회과의 발전기, 사회과의 성장기, 사회과의 이해

제1장 | 사회과교육의 개념과 정의

1. 사회과교육의 개념

일반적으로 사회과(Social Studies)는 인간의 사회생활과 사회현상을 대상으로 하며 이를 탐구하는 교과이다. 이와 같은 사회과를 가르치고 배우는 교육이 곧 사회과교육(Social Studies education)이다. 인간의 생활(life), 즉 삶의 전 과정이 곧 사회과의 내용이자 연구대상인 것이다. 그러므로 사회사상(社會事象)을 탐구하는 사회과는 여러 교과 중에서 가장 중요한 본질적인 교과이다. 사회과는 인간의 삶과 사회현상 탐구에 바탕을 둔 교과이다. 이는 사회과와 사회과교육이 살아 있는 탐구와 접근이 요구되는 이유이기도 하다. 즉, 바람직한 사회 인식을 통한 민주시민의 자질 함양을 목적으로 하는 사회과는 그 내용이 매우 다양하고 복잡하다. 전통적으로 사회과는 국민에게 시민으로서의 자질을 교육하기 위한 학교의 교과목이다. 그리고 이러한 교과목인 사회과를 학생들에게 교수·학습하는 것이 사회과교육이다. 따라서 때로는 사회과와 사회과교육은 공통적인 의미로 사용되기도 한다. 사회과 자체가 사회과교육이라는 교육활동을 의미하기 때문이다. 물론 사회과는 사회 탐구와 가치 탐구를 기본적인 사회현상 탐구의 이대(二大) 축(軸)으로 삼는다. 이 사회 탐구와 가치 탐구를 통하여 바람직한 의사결정을 도모하는 교과가 곧 사회과 내지 사회과교육인 것이다.

사회과는 공통교육과정 10개 교과 중의 하나이다. 일반적으로 사회과는 "광의의 사회과학, 즉 정치학, 경제학, 법학, 사회학, 문화인류학, 윤리학, 역사학, 지리학 등을 어떠한 교육목적하에 학교에서 가르치는 교과"라고 할 수 있다. 사회과학은 사회과학자들이 관심을 갖고 수행하는 인간관계에 대한 고차적인 연구이다. 사회과학자들은 인간과 인간관계에 관한 지식, 인간과 환경에 관한 지식을 설명, 발견, 탐구하려고 한다. 그러므로 사회과는 학교교육과정의 한 교과로서 사회과학의 내용과 연구 결과, 연구 방법 등 교육목표에 맞추어 단순화하고 재조직한 것이다. 따라서, 사회과는 인간의 생활양식, 기본적 요구 등을 충족시켜 가는 활동, 인간이 개발한 제도에 대해 이해시키는 교과, 나아가 인간과 인간, 인간과 사회의 사회적·물리적 관계에 주된 관심을 갖는 교과이다(강환국, 2005: 11).

사회과는 사회적 사실과 사회현상에 관한 지식을 발견하고 적용하는 데 필요한 사고력과 판단력을 강조하는 교과이다(이종일 외, 2008: 366). 따라서 사회과는 논리적 사고력을 비롯하여 비판적 사고력, 창조적 사고력, 가치판단력, 의사결정력 등을 신장시킬 수 있는 교수·학습을 지향하고 구현하여야 한다. 이른바 고급 사고력(high level thinking)을 신장하고자 하는 교과인 것이다.

물론 교과교육으로서의 사회과와 유사한 개념으로서 사회교육, 역사교육, 지리교육, 사회과학 등의 여러 가지 개념이 있는데, 이들은 사회과와 동일한 의미는 아니다. 사회과는 어디까지나 학교의 교육적인 교과목이므로 사회과학적인 지식이나 법칙을 독창적으로 발견하려는 것보다는 사회현상에 관한 지식을 생활과 관련해서 학생들이 이해할 수 있도록 하는 교육적인 측면이 중요한 것이다. 이는 사회과 내지 사회과교육이 암기, 주입, 설명보다는 탐구, 활동 중심으로 진행되어야 하는 이유이기도 하다.

한국의 사회과교육은 다분히 미국의 사회과교육을 도입하고, 답습하였기 때문에 미국의 사회과교육과 매우 유사하다. 이는 한국 사회과교육의 정체성 확립이 어려운 근본적인 원인이기도 하다. 미국에서 사회과교육을 전공한 차경수 교수는 사회과교육을 "사회생활에 관한 인간관계를 중심으로 여러 가지 사회문제를 학생들의 요구에 의하여 학습하고 이를 통하여 사회생활에 필요한 지식, 기능, 가치·태도 등을 형성하여 국민으로서 필요한 자질을 교육하는 교과목이다"라고 규정하고 있다(차경수, 1997: 18). 한편, 한면희 교수는 사회과교육을 "학생들에게 민주시민의 자질을 길러주기 위하여 문화유산과 사회과학을 비롯한 인문 및 자연 분야로부터 선정한 지식, 기능, 가치·태도 등의 내용을 학생들의 사회문화적 경험을 통합하여 학습하게 하는 교과이다"라고 정의하고 있다(한면희, 2002: 42). 전숙자 교수는 사회과를 "인간과 사회에 관한 총체적인 현상을 다루는 교과로 사회과학과 인문과학의 기본 원리나 지식·법칙을 발견하는 것보다 시민적 자질 함양과 실생활 연관 및 사회 참여의 교육적 측면을 강조하는 교과이다"라고 개념 정의를 하고 있다(전숙자, 2008: 14). 박상준 교수는 사회과를 "사회과학과 인문학에서 선택·추출된 지식의 구조, 보편적인 가치와 태도를 종합하여 민주적 시민성을 육성하는 교과교육이다"라고 정의하고 있다(박상준, 2008: 20). 박은종 교수는 사회과를 "사회현상을 올바르게 인식하고 사회적 지식과 함께 건전하고도 원만한 사회생활 영위에 필요한 기능을 익히며, 민주사회 구성원들에게 요청되는 바람직한 가치와 태도를 지님으로써 민주시민적 자질, 세계 시민적 소양을 육성하는 교과이다"라고 정의하였다(박은종, 2008: 5).

한편, 현행 2009 개정 사회과 교육과정에서는 사회과를 "사회현상을 올바르게 인식하고 사회지식 습득과 사회생활에 필요한 기능을 익히며 민주사회 구성원들에게 요청되는 가치와 태도를 지님으로써 민주시민으로서의 자질을 육성하는 교과이다"라고 규정하고, 세부적으로 사회과에서 기르고자 하는 민주시민을 "사회생활을 영위하는 데 필요한 지식을 가지고, 인권 존중, 관용과 타협의 정신, 사회정의의 실현, 공동체 의식, 참여와 책임의식 등의 민주적 가치를 해결하는 능력을 기름으로써 개인의 발전은 물론 국가, 사회, 인류의 발전에 기여할 수 있는 자질을 갖춘 사람이다"라고 제시하고 있다(교육과학기술부, 2008: 306-308).

아울러, '2009 개정 사회과 교육과정'에서는 사회과를 "지리, 역사 및 제 사회과학의 개념과 원리, 사회 제도와 기능, 사회문제와 가치, 그리고 연구 방법과 절차에 관한 요소를 통합적으로 선정, 조직하여 사회현상을 종합적으로 이해한다. 나아가 우리 삶의 터전인 국토의 이해를 바탕으로 우리 민족의 역사와 활동에 대한 종합적인 파악과 현실에 대한 역사적인 시각에서의 이해 및 한국인으로서의 정체성과 세계시민으로서의 가치, 태도 등에 관한 요소를 중시한다"고 규정하고 있다(교육과학기술부, 2008: 2-4).

사회과의 궁극적인 목표인 시민성 양성의 내용과 교육방법에 대해서는 보는 관점과 시각에 따라 다양하지만, 사회과교육은 시민성(citizenship) 육성을 본질적인 목표로 한다는 점에서는 이론의 여지가 없을 것이다. 방법은 다양하지만, 지향점은 간결하고 분명한 것이다.

사회과 교육과정은 이와 같은 시민성 육성을 위한 사회과학과 인문과학에서 추출된 '지식의 구조'를 중심으로 구성해야 한다는 점에서 사회과의 본질은 "시민성 육성"이라는 점에 초점을 맞추어야 한다. 다만, 이와 같은 시민성은 매우 추상적이라는 점이 쟁점이며, 실제 시민성의 내용과 교육방법은 매우 다양하다는 점에 유념할 필요가 있다. 훌륭한 시민(good citizen)의 자질 함양은 동서고금을 통틀어 변하지 않는 사회과교육의 본질이자 목적인 것이다.

현행 초·중·고교에 적용 중인 2009 개정 교육과정은 공통교육과정과 선택교육과정으로 편제되어 있다. 공통교육과정은 제9학년제로 초등학교 제1학년에서 중학교 제3학년까지 이수하는 교육과정으로, 그 교과는 국어, 도덕, 사회, 수학, 과학, 실과(기술·가정), 체육, 음악, 미술, 외국어(영어) 등 10개 교과목이다. 즉, 사회과는 공통기본교과 중의 하나로 다양한 사회과학을 교과의 내용으로 하는데 그 개념은 다양하게 정의할 수 있다. 선택교육과정은 제10학년에서 제12학년인 고등학교 제1학년에서 제3학년까지 3년간 이수하는 교육과정이다.

'교육학 대사전'에 따르면, "사회과교육이란, 사회과학적 내용을 통하여 사회의 유능한 시민을 양성하기 위하여 탄생한 교과이다"라고 개념 정의를 하고 있다. 이 정의는 사회과를 바람직한 시민 양성이라고 보는 견해와 사회과학과 동일한 의미로 보는 견해, 그리고 이 양자(兩者)를 고려하여 사회과학을 통한 시민 육성이라는 관점으로 구분하여 논의를 전개할 수 있음을 시사하고 있다 (한면희 외, 1988: 13-18).

일찍이 1916년 미국에서 탄생된 사회과는 시민 보통교육과 더불어 발달한 진보주의 교육의 시민정신 함양을 주로 담당하였다. 진보주의 교육의 시민정신 함양, 시민교육을 담당한 사회과교육은 실용성에 중점을 두고 교육받은 민주적 생활인(民主的 生活人) 양성에 주력하였다. 이때의 사회과는 전통적인 교과교육 방식을 취함으로써 지리, 역사, 공민 등에 대한 체계적인 지식을 생활 준비의 수단으로 전수시켰던 교육으로부터의 전환이라고 할 수 있다. 즉, 사회과가 체계적인 지식 전수 위주에서 시민정신 교육으로 전환된 것이다. 오늘날의 사회과교육의 의미는 이러한 사회지식과 민주시민교육, 반성적 탐구, 고급사고력 신장, 의사결정력 신장, 사회비판적 접근 등 통합적인 방향에서 접근하여야 한다.

일찍이 미국 사회과교육의 개척자인 웨슬리(Wesley)는 사회과를 인간의 생활(삶) 탐구에 중점을 두고 다음과 같이 정의하였다.

"사회과학자들은 인간관계 및 인간과 환경 사회에 관한 지식을 설명, 연구, 발견하려고 한다. 사회과는 학교교육과정의 한 분야로서 사회과학의 내용과 연구 결과, 연구 방법을 교육목표에 적합하게 단순화하고 재조직한 것이다. 따라서, 사회과는 인간의 생활양식, 기본적 욕구의 충족, 그 욕구를 충족시켜 가는 활동 또는 인간이 개발한 제도에 대한 이해를 제공하는 교과이다."

한편, 1960년대 학문 중심 교육과정과 1970년대 신사회과 운동의 활성화는 사회과에 많은 변화와 전환을 초래하였다. 이 시기의 사회과는 곧 지식의 구조에 입각하여 사회과학의 내용을 가르쳐야 한다는 주장과 더불어 사회과학을 통하여 책임 있는 시민 양성에 주력하여야 한다는 주장이 병존하였다. 학문으로서의 사회과학과 사회과의 목적이자 지향점으로서의 민주시민 교육이 갈등과 혼란을 겪은 시기이기도 하다. 사회과학이 사회과의 핵심 내용과 주제로 자리 잡은 시기이기도 하다. 한국에서 사회과가 현재와 같이 흥미 없고 암기 중심 교과로 자리매김하게 된 계기가 곧 이 시대 학문 중심 교육과정 강화와 신사회과 전환이었다.

당시, 사회과교육학자인 베레손(B. Bereson), 펜톤(E. Fenton), 마시알라스(B. G. Massialas) 등이 사회과에서 사회과학 중심의 교육을 강조하면서, 사회과를 다음과 같이 정의하였다. 즉, 베레손(B. Bereson)은 "사회과는 책임 있는 시민을 양성하기 위한 수단으로서, 사회과학적 지식을 가장 유용하게 습득시키는 교과이다"라고 정의하였고, 펜톤(E. Fenton)은 "사회과는 정치학, 경제학, 사회학, 문화인류학, 심리학, 지리학, 역사학 등 제 사회과학의 복합적 학과로서 학생들이 학교를 졸업한 이후에도 독립적으로 학습할 수 있도록 사회과학의 탐구 양식을 학습하는 것을 중요한 목적으로 하는 교과이다"라고 정의하였으며, 탐구학습의 대가인 마시알라스(B. G. Massialas)는 "사회과는 선량한 시민 양성을 위한 수단으로서 사고력 신장을 강조하는 교과이다"라고 정의한 바 있다. 즉, 이들 학자들의 사회과교육에 대한 개념 정의의 최대공약수적 공통점은 사회과를 사회과학의 탐구와 민주시민 교육의 지향을 동시에 추구하였다는 점이다. 실제 이와 같은 사회과학 탐구와 민주시민 교육의 통합과 연계에 대한 오랜 갈등과 방황은 교과 역사 1세기가 지난 현대에 와서도 진행형으로 계속되고 있다고 보아야 할 것이다.

이와 같은 사회과학의 구조를 강조하는 입장에 있는 학자들의 정의를 종합하면, 그 핵심은 사회과학의 학습을 강조하면서도 선량하고도 책임감 있는 시민을 양성하는 데 중점을 두고 있다는 점이다.

한편, 스킬(D. J. Skeel), 엘리스(A. K. Ellis) 등은 학생들로 하여금 인간관계에 대한 연구를 통하여 개인적·사회적 자아실현을 이룰 수 있게 하는 데 초점을 맞추고 사회과를 다음과 같이 정의하였다.

> "사회과교육은 아동들의 올바른 자아 개념을 발달시키고, 지구촌과 사회의 다문화적 요소를 인식하고 평가할 수 있도록 하며, 사회화 과정, 의사결정과 사회 참여 능력의 신장 등을 촉진시키는 것을 주된 임무로 하는 교과이다."
> "사회과는 사람들이 타인 및 환경과 다양하게 상호작용하면서 살아가는 방법을 배우는 교과이다."

한편, 앵글(S. H. Engle)은 사회과학 지식의 이해보다 의사결정 능력을 길러주는 것이 사회과 교수의 초점이 되어야 한다고 주장하였다. 뱅크스(J. A. Banks)도 사회과의 목적은 학생들이 합리적인 사회행동을 통하여 개인적·사회적 문제를 해결할 수 있도록 돕는 데 있다고 주장하면서, 앵글의 주장을 수용하여 사회과교육의 역할을 다음과 같이 제시하였다.

> "사회과는 학생들이 타인과 지역공동체 및 국가 통치와의 관계에 영향을 미치는 중요한 의사결정을 할 수 있도록 도와주는 데 큰 책임을 맡아야 한다."

그러므로 결국 사회과교육은 "사회과학과 인문학에서 선택·추출된 지식의 구조, 보편적인 가치와 태도 등을 종합하여 민주적 시민성을 육성하는 교과교육"이라고 정의할 수 있다(박상준, 2008: 18-20). 민주적 시민성은 현대 시민에게 요구되는 자질로서 시민이 민주적인 사회생활을 영위하는 데 필요한 지식, 기능, 가치·태도 및 사회적 참여 행위 등을 종합적으로 포함한다. 사회과는 지리, 역사 및 제 사회과학의 개념과 원리, 사회제도와 기능, 사회문제와 가치, 그리고 연구 방법과 요소를 통합적으로 선정, 조직하여 사회현상을 종합적으로 이해하고 탐구한다. 사회과에서는 우리의 삶의 터전인 국토의 이해를 바탕으로 우리 민족의 역사와 활동에 대한 종합적인 파악과 현실에 대한 역사적인 시각에서의 이해 및 한국인으로서의 정체성과 세계시민으로서의 가치, 태도 등에 관한 요소를 중시한다(교육인적자원부, 2007: 138).

결국 사회과는 보는 방향과 관점 및 시각에 따라 아주 다양하게 개념 정의가 되지만, 각각의 개념과 정의의 최대공약수는 '시민성 함양과 민주시민 교육을 통한 훌륭한 시민(good citizen) 양성 교과'라는 점이다. 사회과가 탄생한 이유가 곧 민주시민성 함양을 통한 훌륭한 시민 양성에 있기 때문이다.

2. 사회과교육의 본질

1) 사회 인식과 시민성 함양: 민주시민 교육

사회과는 학생들이 합리적인 사회 인식을 수행할 수 있도록 규명하는 점에 초점을 맞추어야 한다. 사회과는 인류 문명 전체에 대한 성찰을 시도하는 교과이다. 인류 문명은 시간적·공간적으로 맥락화(脈絡化)된 상태이며, 지구라는 행성에서의 인류 문명이다. 인류는 자신을 에워싸고 있는 환경과의 관계 속에서 합리성을 실현하면서 독자적인 문명 체계를 형성하였다.

사회과는 교과의 일종으로 모종의 지적 안목을 형성시켜 주기 위해서 학교에서 가르치고 있다. 사회과는 학습자가 사회현상에 대한 이해 방식, 사고방식 등을 발달시키는 데 기여하기에 적당한 사회 인식 교과로서의 고유성을 가지고 있다.

사회과는 학습자가 합리적인 사회 인식을 수행할 수 있도록 교육적 의도를 가지고 있다면, 이러한 사회 인식의 효과를 밝혀 나가는 교과이다. 아울러 사회과는 인류의 문명 전체에 대한 세심한 성찰을 시도하는 교과이기도 하다.

그런데 오늘날 이와 같은 문명 체계가 순기능적으로 진화하지는 못하고 있다. 인류가 문명의 주인임에도 불구하고, 역으로 이 문명 때문에 인류가 공멸할 우려가 있음에 주목하여야 한다. 인류 문명의 획기적 발명이라는 총(銃)이 역설적으로 수많은 인명을 살상하였으며, 핵무기가 인류의 평안과 복지를 지향하기보다는 인류의 멸망을 위협하고 있음이 이를 반증한다. 산업화와 물질문명의 발달로 인한 환경오염으로 생태계가 파괴되어 인류가 위기에 봉착한 점도 이와 궤(軌)를 같이하는 것이다.

결국 인류는 자신들이 만들어온 문명이라는 운명을 합리적으로 다루어야 할 처지이며, 사회과는 이러한 점을 해결하기 위하여 지성 함양을 도모하고 있는 것이다(남호엽, 2008: 10-12). 오늘날 사회과교육이 환경보전과 지속가능한 발전을 어떻게 조화롭게 추구하느냐의 딜레마에 빠져 있는데, 이를 슬기롭게 극복하는 데에 초점을 두어야 하는 과제를 안고 있다.

다음으로 합리적인 사회 인식은 새로운 문화의 탄생 가능성을 내재하고 있다. 합리적인 사회 인식이 지적 탐구 과정의 산물이라고 할 때, 이러한 탐구는 개방적 사고의 가능성에 기초한다. 사회 인식의 고양은 이미 이루어진 것을 일방적으로 단순 재생산하는 것이 아니라, 비판적 검토와 대안의 모색이라는 창조성의 경지를 고려한다. 즉, 사회 인식의 과정은 지성적 사고와 태도에 기초하여 의미를 부여하는 과정이며, 이 과정은 생성과 변이의 가능성을 포함하고 있다. 사고의 결과를 맹목적으로 추종하는 것은 합리적 사회 인식과는 괴리(乖離)가 존재하며, 사고 과정을 존중하는 상태에서 기존 입장의 변형 가능성을 허용하고 있다. 사고 방법, 인식 방법은 상대적 자율성을 확보하고 새로운 인식 환경에서 기존 입장으로 환원할 수 없는 의미의 탄생이 가능하다.

이와 같은 입장을 전제하면, 사회과교육의 목적에서의 시민성 함양이 본질이 된다. 시민성은 민주시민으로서의 바람직한 소양을 의미하며, 이는 곧 '민주적인 마음 상태(democratic mind)'를 의미한다. 합리적인 마음의 함양을 위하여 교과가 존재한다면, 사회과는 그러한 여러 가지 마음 중에서 '민주적인 마음'의 발달에 관여하고 있다.

이와 같은 점을 바탕으로 미국사회과교육협회(NCSS: National Council for Social Studies)는 사회과의 본질을 다음과 같이 들고 있다(공주교육대학교 초등교육연구소, 2003: 110-114).

첫째, 사회과는 시민으로서의 유능함을 길러주는 교과이다. '일반적으로 민주시민으로서의 유능함'이란, 사회구성원으로서 바람직한 자질과 능력을 겸비한 상태를 의미하는 것이다. 즉, 현실 사회생활을 원만하게 영위할 수 있는 자질과 능력, 그리고 가치태도 등을 두루 겸비한 사람을 의미한다.

둘째, 사회과는 통합 교과이다. 이는 한 학문 내에서만 통합하는 것이 아니라 다양한 학문 간의 통합, 지식·기능·가치·태도 등의 영역 간 통합 등을 두루 포함하고 있다. 통합을 강조하는 것은 사회과에서 기르고자 하는 민주시민적 유능함, 즉 문제해결력, 합리적 의사결정력 등을 기르는 데 필수적이라고 보기 때문이다.

셋째, 사회과는 학생들이 각 학문에서 확립된 지식과 태도를 구성해 나아가도록 도와주는 교과이다. 사회과를 이루는 사회과학에는 특유의 개념과 방법이 있다. 학문상의 개념과 당해 학문의 고유한 시각을 학생들이 습득해 나아가도록 돕는 것이 사회과의 주요한 본질 중의 하나로 보고 있다. 사회과에서의 지식은 개념 하나하나를 이해시키는 데 중점이 있는 것이 아니라 사회를 이해하는 데에 얼마나 도움을 주는가에 초점을 맞추어야 한다고 보고 있다.

모름지기 민주시민은 사회 속에서 살아가면서 사회현상에 대한 법칙적 이해를 수행하고, 개인의 자유와 책임, 의사결정 등과 관련하여 발생하는 가치 판단의 문제를 해결할 수 있다. 사회과는 '사회현상에 대한 법칙적 이해와 가치 판단의 문제해결'이라는 교육적 과제 해결을 위하여 학교교육에서의 고유한 위상을 확보하고 있다(남호엽, 2008: 10-12).

민주시민으로서 합리적인 의사결정을 하기 위해서는 많은 지식과 능력, 기능 등이 필요하며, 타인을 존중하고 이해하며, 배려하는 마음이 필요하다. 시민적 자질을 구성하는 요소는 매우 다양하다. 바아 등(Barr et al.)은 시민적 자질의 핵심인 의사결정 능력의 구성 요소로 지식의 습득, 정보처리 능력, 가치 분석, 지적 능력, 가치명료화 능력 등을 제시하고 있다. 그리고 미국사회과교육협의회(NCSS, 1994)와 한국의 2009 개정 사회과 교육과정에서는 지적인 면(지식, 이해), 기능적인 면(기능·능력), 정의적인 면(가치·태도) 등을 구분하여 제시하고 있다. 이와 같은 사회과 목표로서 시민적 자질에 관한 개념 정의는 다양하지만, 구체적 내용에 관한 견해들은 시민 행동, 사회 참여를 기능이나 가치·태도 영역에 포함시키느냐 분리하느냐의 차이일 뿐 기본적으로 지식(이해), 기능(능력), 가치·태도(정의적 요소)라는 세 가지 목표 요소는 대체적으로 대동소이하다고 할 수 있다(최용규 외, 2008: 50-53).

우리나라의 역대 교육과정에서도 사회과의 목표를 지식(인지적), 기능(기능적), 가치·태도(정의적) 목표로 구분하여 제시하여 왔다. 현행 2009 개정 사회과 교육과정에서도 이와 같은 지식, 기능, 가치·태도 영역의 목표를 제시하고 있다. 이와 같은 사회과교육의 목표인 지식(인지적), 기능(기능적), 가치·태도(정의적) 목표를 중심으로 사회과의 본질적 목표인 민주 시민적 자질 함양과 사회 인식 능력 신장을 모색하는 것이 사회과의 특징인 것이다.

〈표 1-1〉 사회과 시민적 자질 구성 요소

학자(학회·기관)	시민적 자질 주요 구성요소
Massialas & Cox.(1966)	인지적 능력, 참여적 능력, 정의적 능력 등
Barr et al.(1977)	지식의 습득, 정보처리 능력, 가치분석, 참여 등
Kaltsounis.(1979)	지식, 사회적 가치, 지적 능력, 가치명료화 능력, 사회적 능력 등
NCSS(1994)	지식, 기능, 가치·태도(인지적·심동적·정의적 측면) 등
한국 교육과학기술부(2012)	지식, 기능, 가치·태도(인지적·심동적·정의적 측면) 등

출처: 최용규 외, 『사회과 교육과정에서 수업까지』, 교육과학사, 2008: 51.

2) 성립기 사회과(전통적 사회과)와 신사회과: 통합 사회과교육과 사회과학 내용 중시

사회과의 본질과 관련하여 1916년 성립기의 사회과와 1960년대 신사회과(new social studies)는 중요한 시사점을 준다. 2000년대 이후 세계화 시대의 사회과도 독특한 특성을 갖고 있다.

1916년 미국교육협회(NEA)의 보고서에 "중등학교에서의 사회과(The Social Studies in Secondary Education)"라는 제목으로 사회과의 아이디어를 제시하였다. 이 아이디어는 기존의 역사 교육 형식에서 벗어나, 교과의 접근 방식에서 새로운 접근 논리를 선보였다. 사회과 주창자들은 사회 개선과 사회복지의 차원에서 학교 교과가 기여할 수 있는 바를 모색하였고, 이 교과는 교육내용과 교육방법 측면에서 기존 교과와는 다른 차원이었다.

사회과는 시민성 함양을 위해서 학습자의 경험 세계에 자리한 공적인 쟁점 혹은 사회문제 등을 교육내용으로 선정하고, 이 내용에 대한 간학문적 접근을 시도하였다. 교육방법 측면에서는 학습자의 반성적 사고 과정을 존중하도록 하였다. 반성적 사고 과정은 성찰(省察)과 같은 의미로 전통적으로 사회과교육 방법의 기본적인 경로로 설정되었다. 사회과는 그 출발에서부터 학습자들의 관심과 흥미를 존중하면서, 학습자들의 참여 활동을 매우 중시하는 교과인 것이다. 즉, 사회과는 그 탄생에서부터 독특한 교육과정 철학을 반영하면서 교과로서의 정체성을 가지고 있는데, 그 당시 그릇된 교과교육 풍토를 혁신하자는 교육 개혁의 논리를 표방하고 있다. 지나치게 교과 중심적인 교육과정에서 탈피하여, 실질적으로 학습자의 정신세계에 지적 안목을 형성시켜 줄 수 있는 방안을 모색하였고, 이 점이 새로운 사회과를 탄생시킨 것이다.

사회과는 진보주의 교육 사조 속에서 탄생한 교과로서, 특히 사회과학보다 사회생활을 강조하는 입장이었다. 교육은 교과(학문)를 가르치는 것이 아니라 학생(생활)을 가르치는 것이라는 진보주의 교육철학의 산물이 곧 사회과이다.

그러나 진보주의 교육철학의 결점을 비판하면서 본질주의 내지 실재주의 교육철학이 대두되자 사회과에 변화가 일기 시작하였으며, 실재하는 지식인 사회과학의 지식 체계를 강조하게 된 것이다. 실제로 1950년대 말부터 일어난 학문 중심 교육과정 개혁 운동은 사회과의 본질적 성격을 사회생활과보다는 사회과학과로 옮겨 가게 한 계기가 되었으나, 1970년 초부터 대두된 인간 중심 교육과정의 영향으로 사회과는 다시 사회과학보다는 사회생활에 초점을 맞추게 되었다(강환국, 2005: 12-13).

물론 사회과가 탄생하고 널리 확산되면서 출범 당시의 의도가 온전히 준수된 것은 아니다. 1916

년 성립기 당시의 사회과가 표방한 학습자 중심 교육관은 왜곡된 학생 중심 교육으로 변질되어 교육적 적절성을 상실한 경우가 존재하였다. 이러한 왜곡된 현실의 핵심은 학습자의 관심, 흥미를 존중하다 보니 교과 수업에서 무엇을 가르치고 배워야 하는지에 논란을 야기하였다. 즉, 사회과를 통하여 학생들이 배워야 할 것을 제대로 배웠는지 교육적 수월성에 대한 의구심이 발생한 것이다.

1960년대 이후의 사회과학에 관한 지식의 구조를 강조하는 신사회과 운동(New Social Studies Movement)은 이와 같은 의구심에 바탕을 둔 교육 혁신의 움직임이었다. 신사회과는 사회과 개혁 운동으로서, 교육내용은 역사학과 사회과학의 구조이며, 교육방법은 학자들의 탐구 방식을 학습자가 동일하게 수행하는 과정이다. 시민성 함양이라는 사회과의 근본적 목적을 학습자들이 사회과학적 탐구를 통해서 사회현상을 인식할 때 비로소 실현될 수 있다는 입장인 것이다. 학습자들이 사회현상을 과학적으로 인식하는 과정을 통해서 그들의 정신세계는 지적(知的)인 안목을 가질 수 있고 당면한 과제를 잘 해결할 수 있다는 것이다. 따라서, 신사회과는 경험 중심 사회과의 전통을 왜곡시킨 사회과의 풍토를 바로잡으려는 의도를 반영하고 있으며, 학문 중심 교육과정 사조의 아이디어를 적극 수용하고 있다(남호엽, 2008: 18-19).

3. 사회과교육의 정의: 종합적 관점

일반적으로 하나의 학문을 대상으로 하는 교과와는 달리 사회과는 다양한 사회과학을 교과의 바탕인 기저(基底), 즉 교과내용학으로 하기 때문에 매우 복잡하고 종합적인 의미를 갖고 있다. 특히 통합적이고도 다학문적으로 구성되어진 통합 교과이다. 그러므로 사회과 내지 사회과교육에 대한 정의는 매우 다양하다. 즉, 사회과교육에 관한 정의는 학자의 수만큼이나 많이 있다. 이는 사회과와 사회과교육에 대한 개념 정의가 매우 다양하다는 의미와 함께 그 개념이 어렴풋하여 분명하지 않다는 의미를 동시에 담고 있는 것이다. 다양성과 추상성이 사회과의 개념 정의의 특징인 것이다.

그러나 그중에서 가장 중요한 것은 사회과교육은 인간과 사회의 바람직한 관계를 연구하면서 사회문제를 학습하고 사회생활에 필요한 국민의 자질을 형성하는 교육이라는 것이다. 그것은 학습의 한 영역이며, 여러 가지 사회과학의 연합체이며, 또 교육과정의 한 영역에 속한다. 교과교육의 하나로서 사회과교육은 다음과 같이 정의될 수 있다.

> "사회과교육은 사회생활에 관한 인간관계를 중심으로 하여 여러 가지 사회문제를 학생의 요구에 의하여 학습하고, 그러한 학습을 통해서 사회생활에 필요한 지식, 기능, 태도 등을 형성하여 국민으로서 필요한 자질을 교육하려는 학교의 교과목이다."

이러한 측면에서 보면 사회과교육은 바로 학교에서 학생들을 상대로 실시하는 민주시민을 양성하기 위한 시민교육(civic education)이나 시민성교육(citizenship education)과 밀접한 관련을 맺고 있다고 할 수 있다. 물론 일반적으로 시민교육 내지 시민성교육은 학교에서 실시하는 사회과교육만을 의미하는 것은 아니며, 그 이외에 도덕교육이나 기타의 학교 교과목, 학교 밖에서 실시하는 시민생활에 관한 교육도 포함하기 때문에 사회과교육보다는 넓은 의미를 지니고 있다.

일반적인 교육 영역의 세 축인 가정교육, 학교교육, 평생교육을 통틀어 최종적이고 궁극적인 목적은 시민교육이고 이는 바람직한 인간 육성, 사람다운 사람 양성에 있다. 학교교육의 한 교과교육인 사회과교육은 소정의 학교 교과목이기 때문에 교육과정의 이론이나 학교의 여러 가지 규정에 따라야 하는 특징이 있는 데 비하여 시민교육은 이러한 제한을 직접적으로는 받지 않는다. 그러나 전술한 바와 같이 학교의 사회과교육이 학교에서의 어떤 교과목보다도, 또 학교 밖에서의 어떤 활동보다도 근본적으로는 아동이나 청소년들을 위한 가장 중요한 시민교육의 한 형태라는 것을 우리는 명심해야 한다.

한편, 사회과교육의 시민교육적 성격에 대해서는 최근의 중요한 사회과교육의 학자들이 대부분 의견을 같이하고 있다. 뱅크스는 "사회과는 지역사회, 국가, 세계의 시민생활에 참여하는 데 필요한 지식, 기능, 태도, 가치관을 교수하는 초·중등학교의 교육과정"이라고 했으며(Banks, 1990: 3), 울에버와 스콧은 "사회과교육은 과학적 방법으로 얻어진 지식과 체계적으로 형성된 개인적 가치관을 기초로 하여 합리적으로 결정하고 행동하는 것을 목적으로 하는 모든 경험의 총체"라고 했다(Woolever & Scott, 1988: 18-19). 마토렐라는 "시민성 교육을 위하여 응용된 사회과학적 정보와 탐구방식 및 개인, 집단, 사회의 이해를 위하여 관련된 정보와 탐구방식"이라고 정의하고 있으며(Martorella, 1991: 37), 마후드와 그 동료들 역시 1977년에 바아 등이 "시민성 교육을 목적으로 하는 인간관계에 관한 지식과 경험의 통합(Barr et al., 1977: 69)"이라고 정의한 것에 동의하면서 사회과교육을 시민성 교육, 인간관계의 지식과 경험의 통합에 초점을 맞추고 있다(Mahood et al., 1991: 9-11).

이와 같은 학자들의 견해를 종합해보면 1950년에 웨슬리가 주장한 "사회과는 사회과학이 교육적 목적으로 간략화된 것(Wesley, 1950: 34)"이라는 정의 이후 1977년에 바아 등이 사회과에서의 시민성 교육을 강조하였는데, 오늘날의 학자들은 모두 이들 시민교육을 사회과의 가장 중요한 목적이요, 본질이라고 보고 있다는 것을 알 수 있다. 우리나라의 학자들 역시 민주시민 교육을 사회과의 중요한 본질적 목적으로 인식하고 있다.

결국, 사회과교육은 미래의 주역이 될 학생들에게 다양한 인간관계 및 인간과 환경과의 상호작용에 관한 연구를 통하여, 개인적·사회적 자아실현을 할 수 있는 능력을 길러줌과 동시에 책임감 있고 사려 깊은 시민적 자질을 길러주는 교과라고 할 수 있다(한면희 외, 1988: 18).

사회과교육은 학생들이 주어진 사회적·문화적 환경 속에서 과거, 현재, 미래와 관련된 다양한 인간관계 및 인간과 환경의 상호작용에 관한 연구를 통하여 사회생활에 필요한 지식, 기능, 가치·태도 등을 함양하여 개인적·사회적 자아실현을 이룩하도록 하는 교과이다. 그리하여 성공적인 사회생활을 함과 동시에 책임감과 사려 깊은 민주시민 양성을 목적으로 하는 교과이다. 또한 사회과는 학생들로 하여금 당면한 여러 사회문제를 합리적으로 해결하고, 변화하는 사회에 적응해갈 수 있도록 다양한 능력을 길러주는 데 강조점을 두는 교과이다.

1916년 미국에서 처음 태동할 때에는 사회과가 민주 시민성 함양, 사회 인식 능력 신장, 문화 유산의 전수, 훌륭한 시민양성 등에 관심이 많았으나, 그 후 사회 발전과 시대의 흐름에 따라 사회과학적 탐구능력, 사회과학적 사고력 신장, 합리적 의사결정력 신장, 문제해결력 신장, 지구촌 사회(global society) 구성원 역할과 자질 함양, 다문화 이해 교육 등으로 시민성의 개념이 변화하고 발전되어 왔다.

시대	사회적 상황	시민성 개념	사회과의 정의
① 20세기 초반	·이민사회의 갈등 ·도시생활에의 적응	·문화유산(지식)의 준수 ·애국심	·전통적인 문화유산의 전수
② 20세기 중반	·스푸트니크 충격 ·교육과정개혁운동 ·신사회과 운동	·사회과학적 탐구능력 ·사회과학적 사고력	·사회과학적 탐구방법의 교육
③ 20세기 후반	·사회문제의 심화 ·세계화·정보화	·합리적 의사결정력 ·문제해결력	·합리적 의사결정과 사회적 행위의 실천교육
④ 21세기 초반 이후	·세계화의 급진전 ·다문화 사회 진입	·지구촌 사회(global society) 구성원 역할과 자질 함양 ·다문화 사회 주도	·의사결정력 강화 ·세계시민 교육 자질 함양 ·다문화교육

4. 사회과교육의 의미

일반적으로 교과(教科)의 역사는 그리스의 칠자유과(七自由科)인 문법, 수사학, 변증법(논리학), 산술, 음악, 기하, 천문학 등에까지 거슬러 올라간다. 이렇듯이 교과는 "학교교육의 달성을 위하여 인류의 문화유산을 교육적 관점에 따라 체계적으로 나누어 편성한 교육내용의 단위"라고 할 수 있다. 사회과는 역사, 지리, 일반사회 등 내용 영역을 중심으로 하면서, 나아가 이들 내용 영역을 나누는 기본 단위이다. 그런 의미에서 본다면 전통적인 교과의 의미는 과목과 별다른 차이가 없다. 사회과는 여타 교과들과는 다른 특이한 성격을 갖고 있다. 교과를 내용 구분 단위로 보았을 때, 사회과는 오히려 역사, 지리, 정치, 경제, 사회, 문화 등 여러 영역(학문·과목)을 연합해놓은 형태로 볼 수 있다.

사회과는 이와 같이 교육내용 중심으로 분류한 교과의 개념보다는 내용을 학습자의 성장과 발달에 도움이 되도록 재구성한 교과라고 볼 수 있다. 근대 교육의 교과 개념에 바탕을 둔 교과가 곧 사회과인 것이다. 근대 교육의 최고의 목적이 민주시민성 함양이라고 볼 때, 사회과의 교과 의미는 더욱 분명해진다. 즉, 민주시민성을 함양하기 위하여 전통적인 교육내용 구분의 교과 분류에서 벗어나 실제 시민성 교육에 적합하도록 재구성한 것이 곧 사회과인 것이다.

2009 개정 교육과정의 꼭지는 교과, 창의적 체험활동 등 두 개이다. 재량활동, 특별활동이 통합되어 창의적 체험활동으로 편성되어 있다. 그중 교과로서의 사회과 내지 사회과교육을 단선적·획일적으로 의미 규정을 하기는 어렵다. 사회과교육은 인간이 하나의 문화 구성체를 형성하여 일상의 살아가는 현상을 교육내용으로 담은 교과이다. 사회과는 구체적인 생활 모습이 아닌 종합적인 생활 모습을 대상으로 한다. 구체적인 생활을 대상으로 할 경우에는 다른 교과 영역이 된다.

사회과의 터전인 '사회(society)'는 또다시 접근법에 따라 공간적 사회('지리'적 영역), 시간적 사회('역사'적 영역), 그 밖의 다양한 시각으로 인간 생활 모습('일반사회'적 영역)을 그려볼 수 있다. 이와 같은 접근법에 따라 다양한 하위 영역으로 세분화할 수 있다. 따라서 인간 생활의 모든 모습이 사회과 속에 포함된다고 할 수 있다. 과학이 자연의 과학적 현상을 가르치는 교과라면, 사회과는 과학을 바탕으로 형성하는 사회화 현상까지도 교육내용에 포함하게 된다. 오늘날 정보사회를 이끄는 컴퓨터를 운용하는 지식은 컴퓨터학에 해당한다. 그리고 컴퓨터에 의해 많은 지식이 축적되고 그에 따라 사회는 일정한 방향으로 발전하게 된다. 이와 같이 컴퓨터에 의해 나타나는 사회화 현상은 사회과에서 다루어질 수 있다. 결국 특수한 전문성의 학문, 예술 등도 모두 사회와 연결되면서, 사회과학이라는 소화 통로를 통과한 후에는 교육학적으로 사회과에 모두 흡수될 수 있다. 컴퓨터를 통하여 주어진 정보를 터득하여 이를 바탕으로 새로운 지식과 정보를 창출하도록 하는 데에 사회과교육의 기능적 목표가 있다는 점을 간과해서는 안 된다.

사회과교육은 사회화 현상에 대한 지식이나 그를 토대로 한 사회적 능력을 배양하는 영역이다. 과거에는 인간이 살아갈 수 있는 어떤 생활 수단만을 터득하면 인간의 중요한 목표를 달성하였다고 인식하였다. 즉, 기능주의 교육을 중시한 것이다. 그러나 현대는 생활 수단만이 아니라, '어떠한 인간이 되어야 하는가'라는 매우 포괄적이고 고차원의 명제를 교육목표로 생각하게 되었다. 그것은 사람의 능력 가운데 이른바 암묵지라는 것이 있음을 인식하게 되었기 때문이다. 분명하게 드러나는 지식이나 기술도 중요하지만, 그 형체나 실체가 분명하게 드러나지 않는 잠재되어 있는 능력도 그에 못지않게 중요한 것으로 인식하게 되었다. 그리하여 인간은 종합적이고 구조적으로 사회의 변화상을 인식하고, 그에 효과적으로 적응하며 활용하는 능력을 오히려 더 높은 차원의 능력으로 평가하게 되었다.

사회에 효과적으로 적응하기 위해서는 인간의 사회 활동과 관련되는 다양하고 많은 지식을 가질 필요가 있다. 사회의 구성 원리, 사회 구조의 내용, 사회의 작인 등 사회화에 필요한 것은 인간이 창안한 모든 지식이 필요하다. 그래서 사회과에서는 가능한 많은 구조적 지식을 포함할 필요가 있다.

사회과교육은, 미래의 주인공인 오늘의 학생들이 장차 그들이 접할 사회에서 성공적인 사회인이 되기를 기대하고 사회과학 내용을 가르치는 교과이다. 각 교과는 각기 특유의 교과 목표가 있는데, 이 가운데 사회과는 인간의 사회적 능력을 배양하는 데 주력하는 교과이다.

사회구성원으로서의 개인이 사회생활을 원만히 하기 위해서는 여러 가지 갖추어야 할 조건들이 있다. 참여하는 사회의 성격을 잘 파악하고 있어야 하며, 주변 사회구성원들과의 원만한 인간관계, 그리고 사회에 지적으로 적응할 수 있는 다양한 소양을 갖추어야 한다. 그 밖에 도덕성, 규범성, 판단력, 참여 태도 등이 필요하다.

사회과학은 인간과 인간 사이의 관계 문제를 주제로 삼고 있다. 인간 사이의 관계 문제는 다른 어떤 관계 문제보다 훨씬 많은 변인이 작용하여 매우 복잡하다. 따라서 이에 효과적으로 적응하기란 매우 어렵다. 그러나 인간은 사회를 떠나서는 자아를 존립시킬 수 없고 성취할 수도 없는 사회의 한 구성원이다. 사람은 더불어 살아가는 것이며, 자신을 성취한다고 하는 것은 사회 속에서 자신의 인생 목표를 성취한다는 뜻이다.

아무리 훌륭한 활동이나 작품도 사회 속에서 용인되는 것이어야 한다. 결국 훌륭한 활동과 작품이 되기 위해서는 사회 속에서 인정되어야 한다. 지도자나 성인들이 주장하는 많은 가르침도 사회구성원들에게 받아들여졌을 때 비로소 의미와 가치가 있는 것이다. 작가와 독자, 지도자나 성인과 일반시민의 만남이 이루어지는 것이 곧 사회화(社會化)이며, 만나서 이루어진 관계 현상이 사회이다. 결국 사회 참여는 나의 존립과 나의 성취를 위해서 반드시 필요한 것이며, 얼마만큼 사회 참여가 적극적인가에 따라 자신의 성취 정도가 적극적인가에 따라 자신의 성취 정도가 다르게 나타난다.

사회과교육은 사회과 내용을 통해서 사회에 대한 인식과 이해를 바르게 하여 사회현상과 사회화 특징을 파악하고 사회적 능력을 신장시키는 교과교육 활동이라고 할 수 있다.

교과로서의 사회과는 학습자의 요구, 학문의 발달, 시대 요구의 변천 등에 따라 탄력적으로 정의될 수 있다. 따라서 교과로서의 사회과는 20세기 사회 변화와 사회 발전의 산물이라고 할 수 있는데, 21세기 세계화 시대 이후인 미래 사회에서는 어떤 모습, 어떤 형태로 변모될지를 단정하기는 어려운 입장이다. 다만, 분명한 사실은 매우 다양하고도 광범위한 영역으로 확대되고 나아가 그 폭이 넓어지고, 깊이가 깊어질 것이라는 점에는 모두가 동의하고 있는 것이다.

5. 사회과교육의 성격과 특징

1) 사회과교육의 성격

사회과는 사회과학의 제 영역이 지니고 있는 지식과 탐구 방법 체계를 학교의 교육목적과 학생들의 발달 수준에 따라 통합하여 편성한 교과이다. 사회과는 국가와 사회가 필요로 하는 바람직한 시민을 기르는 것을 목적으로 하고, 사회적 사실과 현상을 탐구 대상으로 하는 교과이다. 사회과는 학생들에게 직간접적으로 대면하는 사회의 실상과 현상들을 파악하게 하여 그 사회에서 바람직하게 살아갈 수 있는 시민을 육성하는 교과이다(진영은·조인진, 2008: 217-220).

사회적 사실과 현상을 파악하는 것을 사회 인식이라고 하며, 이러한 점에서 사회과를 사회 인식 교과라고 한다. 사회 인식은 사회적 사실과 현상의 본질을 객관적으로 파악하는 것이지만, 동시에 자아실현은 사회 속에서의 자기 인식을 동반하는 것이다.

사회과는 보는 관점과 시각에 따라 사회과학을 가르치는 교과로 보고 사회과학적 지식의 구조를 강조하는 입장, 민주시민의 자질을 양성하는 교과로 보아 사회생활을 강조하는 입장, 그리고 이 양자(兩者)를 통합하여 사회과학을 가르침으로써 민주시민을 육성하는 교과 등으로 성격 규정을 할 수 있다.

사회과는 사회생활에 필요한 지식과 기능을 익혀서 이를 토대로 사회현상을 올바르게 인식하고 민주사회 구성원들에게 요구되는 가치와 태도를 지님으로써 민주시민으로서의 자질을 갖추도록 하는 교과이다. 사회과에서 육성하고자 하는 민주시민은 사회생활을 영위하는 데 필요한 지식을 바탕으로 인권 존중, 관용과 타협의 정신, 사회정의의 실현, 공동체 의식, 참여와 책임 의식 등의 민주적 가치와 태도를 함양하고 나아가 개인적·사회적 문제를 합리적으로 해결하는 능력을 길러서 개인의 발전은 물론 사회, 국가, 인류의 발전에 기여할 수 있는 자질을 갖춘 사람이다(교육인적자원부, 2007: 2-3).

사회과는 학문명과 교과명이 일치하지 않은 교과이다. 다른 교과가 주로 단일 학문을 배경으로 하지만, 사회과는 다양한 사회과학을 배경으로 하는 통합교과이다. 특히, 사회과는 인간의 사회생활을 원만하게 영위하는 데 관련되는 다양한 사회사상을 주된 내용으로 하면서, 민주시민의 자질 육성을 목적으로 한다. 이와 같은 사회과의 일반적 성격을 요약하면 다음과 같다(한면희 외, 1988: 18-21).

첫째, 사회과는 올바른 민주시민적 자질을 길러주는 교과이다. 사회과의 가장 전통적이고 고유하며 최종적인 목적이 민주사회를 원만하게 살아갈 수 있는 바람직한 민주시민 양성에 있다는 점은 사회과교육의 본질과도 밀접하게 관련되는 것이다. 우리가 바라는 바람직한 시민이란 현대 사회의 주권자로서 자신의 권리와 책무를 다하는 현명하고도 건전한 민주시민을 의미하는 것이다.

둘째, 사회과는 사회생활에서 접하는 다양한 사회사상(社會事象)을 학습의 대상으로 하여, 다양한 인간관계를 이해시키는 교과이다. 그러하기 위해서는 개인과 개인, 개인과 집단, 집단과 집단, 인간과 자연, 인간과 사회의 관계를 올바르게 인식하도록 하는 데 중점을 두어야 한다. 즉, 학생들로 하여금 사회사상을 바르게 볼 수 있는 안목을 갖게 도와주는 것이 중요하다. 그러므로 학생들이 사회현상에 대한 보편적인 개념이나 원리의 이해는 물론, 특수 상황에 대한 자기 나름대로의 인식이 제고되도록 지도하여야 한다.

셋째, 사회과는 학생들의 개인적·사회적 자아실현을 원만하게 이루어갈 수 있도록 돕는 교과이다. 그러므로 사회과는 학생들로 하여금 자신이 속한 사회의 구성원임을 자각하게 하고, 자신과 타인과의 관계를 이해하며, 자아실현과 자기 평가를 통해서 가치를 내면화하도록 하여야 한다. 즉, 자신과 타인의 상호작용 속에서 스스로 사회화되어 가고 있으며 가정, 고장, 지역, 사회, 국가, 지구촌 세계 등의 여러 사회 집단 속에서 자기의 역할이 무엇인가를 인식하여 올바른 사회생활을 영위해갈 수 있도록 도와주어야 한다.

넷째, 사회과는 학생들의 반성적 사고력, 사회적 비판 능력, 집단생활에의 참여 능력 등을 신장시키는 데 중점을 두는 교과이다. 사회과는 사회적 사실과 현상에 대한 지식을 발견, 적용하는 데 필요한 사고력의 신장을 강조한다. 사회과는 학생들에게 사회적으로 의미 있고 관심 있는 문제와 쟁점을 다룸으로써, 장차 그들이 이러한 문제를 해결할 수 있는 사고력과 의사결정력, 상호 협동력 등을 신장시키려는 교과이다. 특히, 지식기반 사회, 정보화·세계화 시대를 맞아 세계시민적 자질과 소양 함양도 중요한 사회과의 목표가 되었다.

다섯째, 사회과는 사회과학을 비롯한 광범위한 분야의 자원으로부터 학습 요소를 선정하고 활용한다. 사회과는 인간과 환경에 대한 학습이 주류를 이루고 있다. 정치학, 경제학, 사회학, 문화인류학, 법학, 윤리학, 심리학, 역사학, 지리학 등 제 사회과학은 사회과교육에 필요한 지식과 방법적 요소를 제공해주는 주요 자원이다. 그 외에 광범위한 사회 분야와 기타의 학문으로부터 현대 사회의 복잡한 여러 가지 문제와 쟁점에 관한 학습의 소재와 해결 방법을 찾아서 활용하지 않으면 안 된다. 특히, 오늘날과 같이 사회가 복잡다기화(複雜多岐化)된 현대 사회에서는 시대적 변화와 요구를 적극 반영하여야 한다.

여섯째, 사회과는 사회현상에 관한 지식과 관련된 제반 가치·태도의 변화를 추구하는 교과이다. 인간이 다양한 사회문제를 해결해가기 위해서는 중요한 것이 사회현상에 관한 지식이다. 이러한 문제해결에는 자신의 가치·태도를 분명히 하는 것이 전제되어야 한다.

일곱째, 사회과는 종합적이며 통합적인 교과이다. 사회과는 다른 어느 교과보다도 여러 영역에 걸친 내용을 다룬다는 의미에서 종합성을 띠고 있으므로 사회현상에 대한 분석적 관점과 종합적 접근이 동시에 고려되어야 한다.

사회과는 지리, 역사 및 제 사회과학의 개념과 원리, 사회제도와 기능, 사회문제와 가치, 그리고 연구 방법과 절차에 관한 요소를 통합적으로 선정, 조직하여 사회현상을 종합적으로 이해하고 탐구한다. 또 사회과에서는 우리의 삶의 터전인 국토의 이해를 바탕으로 우리 민족의 역사와 활동에 대

한 종합적인 파악과 현실에 대한 역사적인 시각에서의 이해 및 한국인으로서의 정체성과 세계시민
으로서의 가치, 태도 등에 관한 요소를 중시한다.

사회과는 다양한 정보를 활용하여 사회현상에 관한 지식을 발견하고 문제를 해결하는 데 필요한
비판적 사고력, 창의력, 판단 및 의사결정력 등의 신장을 강조한다. 이를 위해서 다양한 탐구 방법을
활용하여 학습자 스스로 학습하는 기회를 제공하고, 흥미와 관심을 고려하여 개개인의 수준에 적합
한 경험을 제공하는 효율적인 교수·학습 전략을 지향한다. 그리고 학교 특성에 따라서 지역성과 시
사성을 고려하여 지도한다(교육인적자원부, 2007: 2-3).

사회과는 학습자의 성장 발달 정도와 사회·문화적 경험을 고려하여 학교급별로 주안점을 달리한다.

초등학교에서는 학생들이 주변의 사회적 사실과 현상에 대하여 관심과 흥미를 가지며, 생활과 관
련된 기본적 지식과 능력을 습득하고, 창의적인 자세로 일상생활을 할 수 있도록 한다. 이를 위하여
학생들은 사회적 사실과 현상을 이해하는 데 필요한 기본적인 사실과 개념을 배우고, 이를 자신의
주변 환경이나 문제에 적용할 수 있는 사고력을 지녀야 한다. 또 이러한 지식과 사고를 사회적 행동
으로 실천할 수 있는 적극적인 태도를 길러야 한다. 초등학교 사회과에서는 학생들이 주변의 사회적
사실과 현상에 대하여 관심을 가지고, 흥미를 느끼며, 생활과 관련된 기본적 지식과 능력을 습득하
고, 창의적인 자세로 일상생활을 할 수 있도록 하는 데 초점을 맞추고 있다. 특히, 초등학교 사회과
에서는 사회적 사실과 현상을 이해하는 데 필요한 기본적인 사실과 개념을 배우고, 이를 자신의 주
변 환경이나 문제에 적용할 수 있는 사고력을 지니도록 하며, 이러한 지식과 사고를 사회적 행동으
로 실천할 수 있도록 올바른 가치와 적극적인 태도를 기르는 데 주안점을 두고 있다(교육과학기술
부, 2008: 308).

중학교에서는 초등학교에서의 학습을 바탕으로 각 영역에서 중요시하는 지식의 과학적 절차에 의
하여 발견, 적용하고 개인적·사회적 문제를 해결하는 능력을 길러서 공동생활에 자발적으로 참여하
는 시민 정신을 발휘하게 한다.

고등학교에서는 초등학교와 중학교에서 습득한 지식과 능력을 바탕으로 사회현상을 종합적으로
이해하며 비판적 사고와 합리적인 의사결정능력을 함양하여 사회에서 발생한 공동의 문제를 해결하
는 데에 적극적으로 참여하는 시민 의식을 기른다.

2) 사회과교육의 특징

(1) 일반적 특징

일반적으로 역사 영역(인간과 시간 영역), 지리 영역(인간과 공간 영역), 그리고 일반사회 영역(인
간과 사회 영역) 등에 관한 현상을 통합적으로 탐구하고 교육하는 사회과교육은 그 성격상 다음과
같은 핵심적인 특징을 갖는다.

첫째, 사회과교육은 사회활동의 주역인 인간이 당면한 사회적 문제를 대상으로 한다. 인간이 모여
서 삶을 영위하는 공간이 곧 사회이다. 이러한 사회에서는 여러 가지 사회문제가 발생하기 마련이
다. 인간과 사회가 당면하고 있는 가장 중요한 문제는 사회과교육의 가장 중요한 내용을 이룬다. 사
회과교육의 정의가 무엇이든 사회과의 가장 큰 특징은 그것이 시대적인 사회문제 및 사회적 특징과

밀접하게 관계되어 있다는 점이다. 이러한 문제는 시대와 장소에 따라서 다른 것이므로 사회과의 교육내용도 달라진다. 대략 과거 산업화 시대의 산업화와 개발, 민주주의와 인권 신장, 제2차 세계대전 후의 근대화와 개발도상국의 사회문제, 그리고 오늘날 세계적으로 인류가 공통적으로 당면하고 있는 문제들은 전쟁에서 오는 인류의 전면적인 파괴, 환경오염에서 오는 생존 위협, 인구 증가와 식량 부족의 문제, 가치관의 전도, 가치 갈등에 따른 아노미 현상 등 인류의 생존 그 자체에 대한 위협과 비인간화의 문제로 집약할 수 있을 것이다.

또 대부분의 국가에서는 근대화·현대화의 과정에서 오는 급격한 사회 변동 때문에 전통적인 문화와 근대적인 문화의 양극 사이에서 심각한 가치관의 갈등과 대립을 경험하고 있다. 일부에서는 어떠한 규범을 따라야 할지가 분명하지 않아 방황하는 현상이 나타나고 사회 해체 현상마저 일어나고 있다. 이러한 문제들은 사회과교육의 중요한 관심이 되어야 할 것이다.

2000년대 이후 세계화 시대인 오늘날에는 세계 각국의 사회과교육의 흐름이 글로벌(global) 다문화 사회, 다문화 교육에 대한 탐구 등이 사회과교육의 주된 역할과 사명(mission)으로 대두되고 있다.

둘째, 사회과교육은 국가적 및 사회적 여건과 환경의 지대한 영향을 받는다. 사회과교육은 정치적 성향을 띠고 있다. 그러므로 사회 및 국가의 상황, 시책 등으로부터 민감하게 영향을 받는다. 국가 및 사회가 처해 있는 상황에서 중요하다고 생각하는 내용이나 가치들을 학교에서 가르치도록 요구받게 되는 경우가 많이 있다. 때로는 정치적 사회화의 중요한 수단이 되는 것이다. 사회과교육은 국가적 및 사회적 환경에 따라 중요한 가치를 학교에서 가르치도록 요구받는 경우가 많으며 이는 특히 사회과에서 강조되고 있으며 사회과교육은 구체적인 사실의 암기와 같은 단편적인 지식의 습득보다는 문제를 근본적으로 이해할 수 있고 주어진 환경에서 문제를 합리적으로 해결할 수 있는 능력과 고급사고력 신장 등을 강조한다.

우리나라에서 해방 후~1950년대의 반공, 방첩, 1960년대~1970년대의 시월 유신과 한국적 민주주의, 1980년대 제5공화국의 사회 정의, 문민정부, 국민의 정부, 참여정부 출범 이후 정보화 사회에 대한 교육, 세계화, 민주시민 교육, 세계시민 교육, 사회 혁신, 그리고 2008년 출범한 이명박 정부의 학교 및 교육 자율화와 실용주의 각종 정책 등이 한국의 사회과에서 강조되고 있는 것 역시 같은 이유에서인 것이다.

사회과교육에서 구체적인 정보의 암기나 단편적인 지식의 습득보다도 문제를 근본적으로 이해할 수 있고 주어진 상황에서 가장 바람직하게 해결할 수 있는 능력과 사고력이 강조되는 것은 이 때문일 것이다. 제7차 교육과정에서 세계화 교육, 세계시민 교육 등이 강조되고, 2007년 개정 교육과정에서 역사(국사) 교육, 한국 정체성 교육 등이 특히 강조되고 있는 것과도 밀접하게 관련되는 부분이다. 나아가 2009 개정 사회과 교육과정과 2011 개정 사회과 교육과정에서는 다문화교육과 세계시민 교육, 배려와 나눔 교육 등이 특히 강조되고 있다는 점도 간과해서는 안 된다.

셋째, 사회과교육은 학문적인 배경과 과목의 이름이 동일하지 않은 교과이다. 국어과교육, 수학과교육 등은 교과명에 담고 있는 학문명을 표시하고 있으나 사회과교육은 그렇지 않다. 사회과교육은 사회과학과 행동과학을 학문적으로 교수하는 것이 목적이 아니라, 이들 사회과학의 학문을 기초로 하여 시민생활에 필요하다고 생각되는 내용을 교과로서 학습할 수 있도록 재조직한 것이다. 따라서 사회과학적인 방법을 이용하여 구체적인 사실로부터 일반적인 원칙을 발견할 수 있는 능력의 향상에 중점을 두어야 하며 이러한 일반 원칙으로부터 구체적인 사회생활을 설명하여야 하는 것이다. 다양한 사회과학이 각각 하나의 학문으로서 원리, 법칙 등의 탐구를 규명하는 데 비하여, 사회과교육은 교과의 하나인 사회과를 통하여 민주시민 교육, 바람직한 사람 육성, 인간다운 인간 양성 등에 초점을 맞추고 있다. 사회과학이 학문 탐구에 목적이 있다면, 사회과교육은 바람직한 인간 육성에 그 목적이 있다.

실제, 인간과 사회에 관한 연구는 정치학, 경제학, 사회학, 문화인류학, 법학, 윤리학 등 여러 가지 사회과학이 있지만, 사회과는 이러한 사회과학이나 행동과학을 학문적으로 교수하지 않고, 이들의 기초 위에서 시민생활에 필요하다고 생각되는 내용을 학교에서 학습할 수 있도록 재조직한 것이다. 특히 최근에는 사회학이나 인류학이 인간과 사회의 문제를 이해하는 데 커다란 업적을 이룩하고 있으므로 정치학이나 경제학 이외에 사회학, 인류학, 심리학 등이 사회과의 중요한 내용을 차지해가고 있다. 이들의 사회과학적인 또는 행동과학적 연구방법론도 사회과의 학습방법에 중요한 영향을 미치고 있다. 이러한 사회과의 종합학문적인 성격은 사회과 교사들에게 사회과학이나 행동과학의 다양한 학문적인 배경과 함께 교육학적인 심층적 연구를 요구하고 있다.

이것은 사회과의 주요한 영역을 차지하고 있는 역사의 경우에도 마찬가지라고 사료(思料)된다. 역사는 사실을 구체적으로 서술하는 것을 학생들에게 가르칠 뿐만 아니라, 사회과학적인 방법을 이용하여 구체적인 자료로부터 일반적인 원칙을 발견할 수 있는 능력의 향상에 강조점을 주어야 할 것이다. 또 지리의 내용에서는 인간이 자연환경을 어떻게 이용하고 있는지에 대한 일반적인 서술, 즉 인간과 환경과의 관계에 대한 일반화를 시도하고, 그러한 일반적인 원칙으로부터 구체적인 우리의 생활을 설명할 수 있도록 해야 할 것이다. 여러 가지 사회과학들이 시민교육이라는 관점에서 조직되어야 하며, 이것은 앞으로의 사회과교육의 중요한 과제로 등장하고 있다.

3) 교과(학문)적 특징

(1) 본질 교과로서의 사회과: 인간의 삶에 대한 탐구

사회과는 사회적 효율성 운동이라는 맥락(脈絡)에서 개발된 것으로 전통적인 역사·지리를 중심으로 한 사실적인 지식의 전수가 아닌 과거 산업사회, 그리고 현대 세계화 사회를 올바르게 살아갈 인간 형성, 시민 형성을 직접적인 목적으로 하는 본질 교과라는 기본적인 성격을 갖는다.

21세기 현대 정보사회의 입장에서 사회과는 바람직한 민주시민 양성이라는 아주 기본적이고도 본질적인 역할에 충실하여야 한다. 일반적으로 사회과는 교육의 일반 목표와 구별하기 어려운 교과 목표를 가질 수밖에 없으며 내용 구성상의 난점(難點)은 있지만, 여타 도구 교과와는 달리 교육의 본질적인 목표를 추구하는 가장 본질적인 '인간 교육 교과'의 기능을 수행하는 교과라는 점을 간과해서는 안 될 것이다(진영은·조인진, 2008: 217-220).

다만, 아쉬운 점은 2009 개정 교육과정에서 형식상은 사회과에 일반사회, 역사, 지리가 통합되어 있으나, 실제적으로는 역사 과목이 독립의 형태를 취하고 있어서 일반사회, 지리만 통합되어 있는 기형(奇形)을 보이고 있으며, 향후 지리 과목도 분리를 주장할 개연성을 내포하고 있다는 점이다. 따라서, 이제 우리나라의 사회과도 60년 이상의 학문적 역사를 갖고 있는 이상 사회과의 통합, 즉 일반사회, 역사, 지리 과목의 바람직한 위상을 재고(再考)할 필요가 있다고 본다.

(2) 시민 교육 교과로서의 사회과: 민주시민성 함양, 민주시민 교육

일반적으로 사회과는 민주시민적 자질을 육성하는 교과라는 데 동서고금(東西古今)의 모든 사람은 합의를 하고 있다. 물론 민주시민적 자질의 개념을 어떻게 정의할 것인가와 시민적 자질 육성이라는 과정을 어떻게 설정할 것인가에 대해서는 완전한 합의를 이루지 못하고 있다.

사회과에서 추구하는 민주시민적 자질은 포괄적인 사회구성원으로서의 자질로 확대 해석하기보다는 정치적 공동체의 구성원으로서 적극적인 참여하에 합리적인 판단과 행동을 실행하는 인간이라고 할 수 있다. 이러한 인간의 육성은 직접적으로 특정 가치나 덕목을 주입해서 이루어지는 것이 아니라 과학적인 사회 인식을 토대로 한 시민 교과라는 점에서 조명하여야 한다.

한국의 시민 교육은 독특한 특징을 가지고 있음을 간과해서는 안 된다. 과거의 한국 시민 교육은 정권에 의하여 전제적 획일 교육, 집단적 국민 교육, 신민 교육(臣民 敎育), 이데올로기 교육 등의 양상으로 왜곡되어 왔다. 심지어 반공 교육이 시민 교육으로 여겨지기까지 했다. 이러한 시민 교육은 현대 시민사회에 적합하지도 않을뿐더러 오히려 반시민사회적·반시민교육적이었다. 그렇기 때문에 이처럼 굴절되고 왜곡된 시민 교육은 한국 시민사회의 활성화에 기여했다기보다는 권위적인 국가 독재의 정당성 부여의 도구로 전락하고 말았다(강대현, 2008: 56-57).

특히 최근 세계화의 흐름 속에서 신자유주의적·신시장주의적 논리가 득세하면서 모든 것을 개인의 경쟁력에 초점을 맞추면서 또 다른 시민 교육의 양상이 나타나고 있다. 분명한 점은 이러한 시민 교육의 왜곡은 교육의 논리를 경제 논리로 대체하는 문제점을 내포하고 있으며, 교육이라는 숭고한 공공 영역의 상업화를 초래한다는 점을 간과해서는 안 될 것이다.

(3) 종합적·통합적 교과로서의 사회과: 통섭(統涉)·융합(融合)교육의 중심 교과

사회과는 특정 학문을 그 계통에 따라 교수할 목적으로 개발된 교과가 아니다. 사회과가 사회학의 내용만을 가르치고 배우는 교과가 아닌 것도 마찬가지이다. 사회과는 과학의 논리보다 교육의 논리를 우선하는 점이 명확한 특징이다. 따라서 사회과는 학문적 계통성보다는 경험을 중시하고 실제 사회생활과 사회문제를 종합적·통합적 시각과 관점에서 조직하여야 한다. 이는 신사회과 운동 이후 개별 사회과학의 구조와 체계를 강조하면서도 종합적·통합적 교과로서의 사회과의 기본적 성격과 구조에는 변화 없이 일관성을 유지하고 있다.

사회과교육은 다른 교과, 학문과는 달리 아주 다양하고도 종합적·통합적 내용을 담고 있다. 그리고 다양한 방법과 접근을 필요로 한다. 정치학, 경제학, 사회학, 문화인류학, 법학, 역사학, 지리학, 심리학, 윤리학 등 전통적인 사회과학에다 최근에는 환경학, 북한학, 여성학, 국제학 등을 사회과교육에서 다루고 있다. 아울러, 이러한 교과내용학으로서의 사회과학의 내용을 중심으로 지식, 기능, 가치·태도 등의 다양한 영역을 취급하여야 하며, 방법 면에서도 아주 다양한 기법과 매체를 활용하여 학생 중심 교수·학습 활동을 전개하여야 한다. 사회과교육이 학생 중심의 탐구학습, 문제해결 학습을 지향하여야 하는 이유이기도 하다.

(4) 교수·학습 방법 중시 교과로서의 사회과: 학생 중심의 다양한 활동 강조

사회과는 다양한 유형으로 분류할 수 있으며, 그 분류 기준 자체도 매우 다양하다. 내용과 방법 중 어디에 중점을 두느냐에 따라 사회과를 분류할 경우 사회과의 성격을 이해하는 데 중요한 시사점을 발견할 수 있다. 즉, 초창기 경험주의 교육 이론에 치우쳤던 사회과나 학문 중심주의에 치우쳤던 신사회과, 그 이후의 사회과가 공통적으로 교수·학습의 방법 면을 중시하였다는 점에서 사회과는 기본적으로 방법 중시 교과라는 특징을 갖는다고 볼 수 있다. 특히 사회과에서는 방법적 지식보다는 방법적 지식에 큰 관심을 갖는다.

기본적으로 본질 교과인 사회과는 사회과학, 사회적 사실, 사회현상 등에 관한 내용의 인식과 이해(내용적 측면)도 중요하지만, 사회 탐구와 가치 탐구를 위한 다양한 교수·학습 방법의 창안과 적용(방법적 측면)이 더욱 중요한 교과인 것이다.

4) 교육과정상의 특징

2009 개정 사회과 교육과정에서는 사회과의 성격을 통합적으로 규정하고 있다. 즉, 사회과는 사회현상을 올바르게 인식하고 사회 지식 습득과 사회생활에 필요한 기능을 익히며, 민주사회 구성원들에게 요구되는 가치와 태도를 지님으로써 민주시민으로서의 자질을 육성하는 교과이다. 사회과에서 기르고자 하는 민주시민이란 사회생활을 영위하는 데 필요한 지식을 가지고 인권 존중, 관용과 타협의 정신, 사회정의의 실현, 공동체 의식, 참여와 책임 의식 등의 민주적 가치와 태도를 함양하고, 나아가 개인적·사회적 문제를 합리적으로 해결하는 능력을 기름으로써 개인의 발전은 물론 국가, 사회, 인류의 발전에 기여할 수 있는 사람이다.

사회과는 지리, 역사 및 제 사회과학의 개념과 원리, 사회제도와 기능, 사회문제와 가치 그리고 연구 방법과 절차에 관한 요소를 통합적으로 선정·조직하여 사회현상을 종합적으로 이해하고 탐구한다. 특히 사회과에서는 우리의 삶의 터전인 국토에 대한 이해를 바탕으로 우리 민족의 역사와 활동에 대한 종합적인 파악과 우리 현실에 대한 역사적인 시각에서의 이해 및 한국인으로서의 민족적 정체성과 세계시민으로서의 가치·태도 등에 관한 요소를 중시한다.

사회과는 다양한 정보를 활용하여 사회현상에 관한 지식을 발견하고, 문제를 해결하는 데 필요한 비판적 사고력, 창의력, 판단 및 의사결정력 등의 신장을 강조한다. 이를 위하여 다양한 탐구 방법을 활용하여 학습자 스스로 학습하는 기회를 제공하고 흥미와 관심을 고려하여 개개인의 수준에 적합한 경험을 제공하는 효율적인 교수·학습 전략을 지향한다. 그리고 학교의 특성에 따라 지역성과 시사성을 적극 고려하여 지도하여야 한다(교육인적자원부, 2007: 2-3).

초등학교에서는 학생들이 주변의 사회적 사실과 현상에 대하여 관심과 흥미를 가지며, 생활과 관련된 기본적 지식과 능력을 습득하고, 창의적인 자세로 일상생활을 할 수 있도록 한다. 이를 위하여 학생들은 사회적 사실과 현상을 이해하는 데 필요한 기본적인 사실과 개념을 이해하고, 이를 자신의 주변 환경이나 문제에 적용할 수 있는 사고력을 지녀야 한다. 또 이러한 지식과 사고를 사회적 행동으로 실천할 수 있는 적극적인 태도를 길러야 한다.

중학교에서는 초등학교에서의 학습을 바탕으로 각 영역에서 중요시하는 지식을 과학적 절차에 의

하여 발견, 적용하고, 개인적·사회적 문제를 해결하는 능력을 길러 공동생활에 자발적으로 참여하는 시민 정신을 발휘하게 한다.

고등학교에서는 초등학교와 중학교에서 습득한 지식과 능력을 바탕으로 사회현상을 종합적으로 이해하며, 비판적 사고와 합리적 의사결정능력을 함양하여 사회에서 발생한 공동의 문제를 해결하는 데 적극적으로 참여하는 시민 의식을 기른다.

6. 사회과 교육과정상의 사회과 및 사회과교육의 특색

1) 사회과의 개념 및 목적 측면

현행 '2009 개정 사회과 교육과정'에서는 사회과를 '사회생활에 필요한 지식과 기능을 익혀서 이를 토대로 사회현상을 올바르게 인식하고, 민주사회 구성원들에게 요청되는 가치와 태도를 지님으로써 민주시민으로서의 자질을 갖추도록 하는 교과'라고 성격 정의를 하고 있다. 이는 사회과가 민주시민으로서의 자질을 길러주는 데 주도적 역할을 하는 교과라는 점과 사회생활에 필요한 지식, 기능, 가치·태도 등을 고르게 습득함으로써 다양한 사회현상을 이해하고 우리 사회를 바람직한 방향으로 견인하는 능력을 함양하는 교과라는 점을 강조한 것이다(교육과학기술부, 2008: 306-308).

사회과의 목적은 민주시민으로서 사회생활을 할 수 있는 올바른 자질을 길러주는 데 있다. 바람직한 민주시민이란, '사회생활을 영위하는 데 필요한 지식을 바탕으로 인권 존중, 관용과 타협의 정신, 사회정의의 실현, 공동체 의식, 참여와 책임 의식 등의 민주적 가치와 태도를 함양하고, 나아가 개인적·사회적 문제를 합리적으로 해결하는 능력을 길러 개인의 발전은 물론 사회, 국가, 인류의 발전에 이바지할 수 있는 자질을 갖춘 사람'이라고 정의하고 있다. 이는 바람직한 민주시민이 인간과 사회에 대한 기본적인 지식과 민주사회 구성원들에게 요구되는 민주적인 가치와 태도, 나아가 개인·사회문제를 합리적으로 해결할 수 있는 능력을 갖춘 사람이라는 점과 개인이 사회적으로 원만한 사회생활을 영위하고 자아실현과 더불어 사회와 국가의 발전과 번영에 이바지하며 궁극적으로는 세계시민으로서 인류 평화와 발전에 이바지할 수 있는 사람이라는 점을 밝힌 것이다.

2) 사회과의 내용 선정 및 조직 측면

현행 '2009 개정 사회과 교육과정'에서는 사회과의 내용 선정과 조직의 원칙을 "지리, 역사 및 제 사회과학의 개념과 원리, 사회제도와 기능, 사회문제와 가치 그리고 연구 방법과 절차에 관한 요소를 통합적으로 조직한다"고 규정하고 있다. 즉, 사회과의 내용 선정 및 조직 대상인 학습 요소는 사회과학을 비롯하여 인문과학 및 자연과학 등 광범위한 분야의 원천으로부터 나오는 지식과 연구 방법 및 절차, 사회문제 및 쟁점과 관련 가치·태도 등이다. 이들 학습 요소를 지식, 연구 방법과 절차, 가치태도 등으로 구분하여 고찰하면 다음과 같다.

첫째, 지식과 관련된 학습 요소로는 역사, 지리 및 제 사회과학의 개념과 원리, 사회구성원으로서 이해해야 할 사회의 기능적 요소, 현대 사회의 문제와 쟁점에 대한 지식, 미래 사회에 대한 지식 등이다.

둘째, 연구 방법 및 절차와 관련된 학습 요소로는 설문 조사, 현장 답사, 참여 관찰, 사료 학습, 사례 학습 등 역사, 지리, 제 사회과학의 연구 방법에 기초한 탐구 방법에 관한 요소를 비롯하여 사고 과정, 문제해결 절차, 정보의 활용 능력, 의사소통 능력 등을 들 수 있다.

셋째, 가치·태도에 관한 요소에는 인권 존중, 자유, 평등, 사회정의, 참여, 책임감, 의무, 협동심 등 사회생활 각 분야의 당위의 가치와 가치 갈등을 해결하는 데 필요한 관용, 타협, 연대 등의 태도가 포함된다.

또한, 사회과에서는 우리의 삶의 터전인 국토의 이해를 바탕으로 우리 민족의 역사와 활동에 대한 종합적인 통찰과 체계적인 역사의식을 가지는 것과 한국인으로서의 민족적 정체성과 세계시민으로서의 가치·태도를 갖추는 것을 중요한 학습 요소로 고려한다. 이러한 학습 요소들은 교육과정상의 주제를 중심으로 조직되어 사회과교육 내용의 체계를 구성하고 있다.

3) 사회과 교수·학습 전략 측면

사회과는 고급사고력과 의사결정력의 신장을 강조하고, 이를 위해 학습자는 다양한 탐구 방법을 활용하여 스스로 탐구해가는 학습 전략을 지향하고 있다. 사회과는 사회적 사실과 현상에 관한 지식을 발견하고 적용하는 데 필요한 사고와 판단을 강조하는 교과이다(교육과학기술부, 2008: 306-307). 따라서 사회과는 논리적 사고를 비롯하여 반성적 사고, 비판적 사고, 창조적 사고, 가치 판단, 의사결정 등의 능력을 신장시키기 위해서 다양한 교수·학습 방법을 적용하여야 한다. 이에 따라 발견학습, 탐구학습, 문제해결 학습, 가치명료화 및 가치 분석 학습, 의사결정 학습 등 각 영역의 내용을 학습하는 데 적합한 학습 방법을 모색하여 적용하여야 할 것이다.

그리고 사회현상에 대한 올바른 인식과 다양한 사고력 신장을 위하여 학습자 스스로 관심 있는 분야를 선택하여 학습할 수 있는 자기 주도적 학습 기회를 많이 제공하고, 질적·양적 관점, 주관적·객관적 관점이 고려된 다양한 탐구 방법을 적용하여 학습할 수 있도록 안내하여야 할 것이다.

모름지기 사회현상은 시간적·공간적 영향을 많이 받으므로 사회과교육은 시대의 변화에 부응하여 시사 자료를 적절하게 활용하고, 학교와 지역사회 실정에 적합한 교재를 개발하여 다루어야 한다. 교재의 지역화와 재구성은 사회과 교육과정의 목표와 내용을 근간으로 하여 지역사회 특성에 적합하도록 개발하여 그 근본 취지를 충분히 살려야 할 것이다.

7. 사회과교육에 대한 비판적 접근

1) 사회과교육의 개념과 목표에 대한 비판: 민주시민성의 추상성

사회과학을 내용으로 하여 사회사상(社會事象)을 탐구의 대상으로 하는 사회과의 정체성에 대해서 비판적으로 접근하는 것은 사회과학도로서는 매우 중요한 인식과 태도이다. 실제 사회과에 대한 개념, 정의, 의미, 성격과 특징 등을 두루 고찰할 때 매우 광범위하고 다양하다는 것이 최대공약수일 것이다. 사실, 사회과 내지 사회과교육을 '민주시민의 자질을 육성하는 교과', '올바른 사회 인식을 조장하는 교과', '사회과학적 지식을 함양하는 교과', '반성적 탐구를 통한 고급사고력을 신장하는 교과', '바람직한 인간 육성, 사람다운 사람 양성을 목표로 하는 교과' 등으로 규정하고 있다.

그러나 이러한 사회과교육에 대한 정의와 개념, 그리고 성격 및 특성 규정이 사회과교육의 정체성을 충분히 담보하는 것은 아니다. 그만큼 사회과교육은 단선적으로 정의할 수 없을 만큼 다양한 교과 속성을 갖고 있는 것이다. 사회과의 성격과 개념에 대한 정의는 학자 수만큼 다양하다고 할 수 있다. 사회과는 근본적으로 종합적이고도 통합적인 교과이기 때문이다. 특히, 사회과의 성격 규정에서는 다음과 같은 쟁점을 충분히 고려하여야 할 것이다(최용규 외, 2007: 12-13).

첫째, 민주시민의 자질 육성 교과가 유독 사회과만의 권리이자 책무인가에 대한 비판이 있다. 사실, 교육의 목적과 목표가 바람직한 인간 육성, 인간다운 인간 육성에 있다. 이러한 교육의 일반 목적은 교육철학에서 시작하여 교육심리를 거쳐서 교육과정, 그리고 각 과 교육에 이르기까지 계승되는 것이다. 그러므로 교육의 일반 목적과 목표, 사회과 외의 다른 교과의 목표도 결국은 미래 사회의 주역이 될 학생들을 대상으로 바람직한 인간으로서의 성장을 도모해주는 데 있다는 점에는 이론(異論)의 여지가 없다. 학교교육의 핵심적 목적이 바람직한 시민적 자질에 있다는 점에서 사회과의 목적은 학교교육의 목적과 일맥상통한다고 볼 수 있는 것이다. 그러한 점을 전제하면, 다른 교과와 구별하여 사회과만이 고유한 시민적 자질 육성의 영역은 그리 넓지 않다는 지적인 것이다. 더 비판적으로 접근하면 사회과를 제외하더라도 여타 교과만 가지고도 민주시민의 자질 육성에는 아무런 장애가 없다는 혹독한 지적을 피상적으로는 면하기 어려운 것이 사실이다.

실제, 동서고금(東西古今)을 막론하고 모든 교육은 민주시민 교육, 바람직한 사람 육성, 인간다운 인간 양성 등을 지향하고 있는데, 유독 사회과만이 이러한 교육에 중점을 두고 있다는 주장에는 일정한 한계를 가질 수밖에 없는 것이다.

둘째, 민주시민적 자질에 대한 개념의 애매모호성(曖昧模糊性)이 문제가 된다. 아주 기초적이고 근본적인 시민성 내지 민주시민성의 추상성에 대한 비판적 고뇌이다. 사회과의 근본적 목적인 민주시민의 자질 육성에서 '민주시민'이라는 핵심 개념이 지나치게 추상적이라는 비판인 것이다. 모든 사람이 시민성, 민주시민성 등이라는 말을 많이 사용하지만, 이는 실제 구체적이지 않을뿐더러 막연한 감이 없지 않다. 민주시민적 자질이 법과 질서 및 공중도덕을 잘 준수하는 것인지, 사회봉사 활동에 관심을 갖고 실천하는 것인지, 사회적 문제에 대한 비판 의식을 갖고 접근하는 것인지에 대한 실체가 명확하지 않은 것이다. 사회과교육의 핵심 목적, 목표인 '민주시민'의 개념이 실제적으로 파고들어 가면 '뜬구름 잡는 식'으로 아주 추상적이고 남는 것이 없다는 점은 사회과의 또 다른 비판인 것이다.

셋째, 사회과 교수·학습이 민주시민적 자질 함양에 기여하는 방법에 구체성 결여이다. 도구 교과인 국어과, 수학과 등은 교수·학습 효과와 성과가 매우 명시적이고 계량적이다. 국어과의 경우 언어구사력, 수학과의 연산 및 문제해결력 등은 양적 측정과 비교가 가능하다. 하지만 본질 교과인 사회과에서는 사회 인식, 민주시민의 자질 함양 등을 계량적으로 나타내기가 매우 곤란한 난점이 있는 것이다. 이는 사회과가 단일 학문을 대상으로 하지 않는 유일한 교과이고, 나아가 개별 사회과학의 내용보다는 이를 바탕으로 한 사회 인식과 사회 탐구, 사회사상(社會事象)을 대상으로 하고 있다는 점과 깊은 관련이 있다.

넷째, 사회과교육의 양대 목표인 '올바른 사회 인식'과 '민주시민적 자질 함양'의 인과관계가 확연하지 못하다는 지적이 있다. 사실, 사회적 지식을 습득하고, 사회 인식을 올바르게 한다고 해서 민주시민적 자질이 함양되는가에 대한 회의(懷疑)가 없지 않다. 민주시민적 자질은 사회적 지식뿐만 아니라, 사회적 기능, 민주적 가치·태도 등이 종합적으로 구비되어야 하는 것이다. 실제적으로 학교 현장의 사회과교육에서 사회 인식과 민주시민의 자질을 상호 연계하여 교수·학습하기가 쉽지 않다. 다양한 주제를 통합하여 재구성, 지역화하는 교재 연구가 필수적인데, 현재 초·중·고교 사회과 교사가 처한 현실과 여건이 이를 수용할 만큼 한가하거나 녹록하지 못하기 때문이다.

다섯째, 사회과의 배경 학문이 각 사회과학의 개성, 특성이 매우 강하다는 점이다. 국어과는 국어학과 국문학, 수학과는 수학 등 단일 학문을 배경으로 하기 때문에 교과내용학의 내용과 경계가 명확하다. 하지만 다양한 사회과학의 교과내용학으로 하는 사회과는 이를 단순하게 범주화하기가 곤란하다. 사회과의 배경 사회과학으로서 전통적인 역사학, 지리학과 19세기 이후에 등장한 정치학, 경제학, 사회학, 문화인류학, 심리학, 윤리학, 법학 등의 성격이 다르고, 최근 사회과의 내용학으로 진입한 환경학, 여성학, 통일학 등도 독특한 특성을 갖고 있다. 따라서, 사회과의 교과내용학인 이들 사회과학을 포괄하여 사회과의 개념, 성격 등을 규정한다는 것은 아주 복잡하고도 일정한 한계를 가질 수밖에 없는 것이다.

여섯째, 교과로서의 사회과를 이루는 과목인 일반사회, 역사, 지리 등의 사회 인식과 민주시민성 함양에 대한 개별적 방법론에 대한 문제이다. 일반사회 과목을 통한 사회 인식과 민주시민적 자질 함양과 역사 과목을 통한 사회 인식과 민주시민적 자질 함양이 같을 수 있느냐는 문제이다. 역시 지리 과목의 예도 마찬가지이다.

특히, 사회과의 오랜 쟁점인 일반사회, 역사, 지리 간의 통합과 분과의 문제도 사회과의 성격과 목표에 견주어 나란히 갈 수 있느냐의 지적도 있다. 아울러, 통합을 강조하면서도 중등학교의 경우 교과서를 별도로 편찬하는 문제, 사범계 대학에서 일반사회교육과, 역사교육과, 지리교육과를 별도로 설과하면서도 실제 일선 학교에서는 통합적으로 지도하기를 기대하는 교과 체제와 제도적·행정적 문제도 짚어볼 문제이다.

2) 사회과교육의 특성에 대한 비판: 일반 교과 대비 사회과의 독특성 결여

사회과교육은 사회 인식을 토대로 하여 민주시민의 자질을 함양하기 위해서 교수·학습하는 교과교육의 하나이다. 이러한 사회과 내지 사회과교육의 특성은 올바른 사회 인식, 민주시민의 자질 함양, 세계 시민적 소양 제고(提高), 고급사고력 신장, 학생 중심적 활동, 탐구학습의 실행, 의사결정력 신장 등을 들 수 있다.

이와 같은 사회과교육은 다른 교과교육과는 달리 목표, 내용, 교수·학습 방법, 평가, 피드백 등 전 과정에 걸쳐서 독특한 특성을 갖고 있다. 특히, 사회과교육은 목적과 목표 면에서 교육의 일반 목적, 목표와 대동소이(大同小異)한 특성이 있다. 바람직한 인간 육성, 민주시민의 자질 함양 등은 교육의 일반 목표, 사회과교육의 공통된 목표라고 할 수 있다. 환언하면, 구태여 사회과가 아니면 민주 시민의 자질을 함양할 수 없느냐에 대한 답변의 궁핍성이다. 또한 사회과가 아니면 사람다운 사람, 인간다운 인간을 육성하기 어려운가에 대한 깊은 고민인 것이다.

사회과교육의 특성과 관련하여 비판적 접근은 여러 가지 면에서 고찰할 수 있지만, 가장 근본적인 것은 사회과를 왜, 무엇을, 어떻게 가르치고, 평가하느냐에 귀결된다. 즉, 목표, 내용, 지도 방법, 평가 및 피드백(feedback)에 관련된 사회과 내지 사회과교육만이 가진 특성을 분석적으로 고찰해보면 다음과 같이 요약할 수 있다.

첫째, 사회과교육의 목적 및 목표에 대한 문제이다. 민주사회의 구성원인 학생들에게 사회현상을 올바르게 이해하고 판단할 수 있는 민주시민적 자질을 길러줌으로써, 그 사회에 적극적인 참여자로서 행복한 삶을 살 수 있도록 배려하는 교육이라고 할 수 있다.

민주시민을 양성하고자 하는 교육은 제도적인 학교교육뿐만 아니라, 가정과 사회 등 비제도적인 교육기관을 통해서도 상당히 많은 영향을 받게 된다. 민주사회의 지속적인 변화와 성장이 학교 현장에서 학생들을 대상으로 행해지는 민주시민 교육에 크게 의존하여 왔음을 부인할 수 없다. 학교에서 이루어지는 여러 교과교육 중에서 민주시민 교육의 가장 핵심적인 교과가 바로 사회과인 것이다.

민주시민이란 민주주의에 대한 기본적 가치를 인정하고 사회현상을 올바르게 이해할 수 있는 기본 지식과 타인과 상호작용할 수 있는 기능과 공익을 위해서 적극적으로 참여할 수 있는 태도, 합리적인 판단 능력을 가진 사람이다. 이는 사회과교육에서 기르고자 하는 민주시민과 일맥상통한다.

최근에는 세계화·정보화 시대를 맞아 사회과교육의 목적이 민주시민의 자질 함양에서 세계시민적 소양 제고, 세계 시민적 자질 함양으로 폭과 깊이가 심화되고 있다. 세계시민적 자질이란 빠르게 변화하는 세계화 사회에서 글로벌 지구촌 사회의 구성원으로서 개방적인 자세를 갖고 문제를 탐구적으로 이해하고 고급사고력을 통하여 문제를 해결하고, 다양한 정보를 합리적으로 습득하고 적용할 수 있는 태도와 세계 사회문제에 대해 적극적이고 능동적인 해결 자세와 태도를 의미한다.

사회과교육은 미래의 주역인 학생들에게 민주시민의 자질을 길러주면서 사회현상을 올바르게 이해하고, 합리적인 판단 능력을 통하여 사회현상 탐구에 적극적인 참여자로서의 역할을 감당할 수 있도록 교육하는 데 초점을 맞추어야 한다.

둘째, 사회과교육의 내용 선정과 조직에 관한 문제이다. 사회과교육의 본질적인 목적인 민주시민의 자질을 함양하기 위하여 '어떤 내용으로 사회과를 구성하는 것이 바람직한가?'에 대한 질문에 대한 답은 여러 측면에서 접근할 수 있다. 사회과교육의 내용 선정과 조직의 문제는 '사회가 어떤 방향으로 변화, 발전되어 가고 있는가'와 밀접하게 연관되어 있다. 사회과교육의 내용을 구성하고자 할 때에는 철학적·학문적 관점, 사회적·문화적 관점, 심리적·발달적 관점 등이 종합적으로 감안되어야 한다. 아울러, 구체적으로 내용을 선정하여 배열할 때에는 범위(scope)와 계열성(sequence) 등을 적극 고려하여야 한다.

사회과에서의 범위(scope)와 계열성(sequence)의 문제는 1916년 미국에서 사회과가 성립될 당시의 역사, 지리 중심의 사회과(전통적 사회과)에서, 사회과학의 발달, 사회의 변화와 발전 등으로 다양한 사회과학의 내용(현대적 사회과)이 새로 추가되어 그 범위가 엄청나게 확대되었다.

계열성은 선정된 내용을 순서에 맞게 조직하고 배열하는 것이다. 사회과교육의 계열성의 기본은 동심원적 확대법, 나선형식 교육과정 등이다. 즉, 사회과교육의 내용의 배열은 단순한 것에서 복잡한 것으로, 연대기순 또는 역(逆)연대기순으로, 가까운 곳에서 먼 곳으로, 구체적인 것에서부터 추상적인 것으로, 일반적인 것에서 특수적인 것으로 배열하는 것이다.

현행, '2009 개정 교육과정'의 기본 이념과 정신에 따라 공통교육과정으로서 제1학년에서 제9학년(초등학교 제1학년~중학교 제3학년)까지 사회과 내용을 배열할 때, 학생들의 연령, 발달 정도, 관심도 등에 따라 알맞게 배열하되, 동심원적 확대법, 나선형식 교육과정의 원리를 준용하여야 할 것이다. 제10~12학년 단계인 고등학교 제1~3학년 교육과정은 선택교육과정으로 분리되었다. 특히 2009 개정 교육과정에서 사회과는 도덕과와 연계되어 사회·도덕과 교과군(敎科群)으로 편제되어 있다.

셋째, 사회과교육의 교수·학습 방법 및 자료에 관한 문제이다. 사회과에서 추구하는 목적을 실현하기 위하여 어떠한 방법으로 가르쳐야 할 것인가에 대한 많은 연구가 진행되었다. 사회과 교수·학습 방법은 목표와 내용에서 어떤 면을 강조하느냐에 따라 여러 가지 방법을 강구해볼 수 있다.

사회과 교수·학습의 질을 제고하기 위하여 사회과 교사는 학습자의 특성, 학습 환경, 가르치고자 하는 내용에 따라 교수 전략을 다르게 수립하여야 한다. 가령, 교사가 사실, 개념, 일반화 등의 지식 위주로 가르쳐야 할 내용은 강의식, 탐구식 수업 방법을 적용할 것이며, 가치·태도 등을 가르치는 수업은 정의적 수업모형을 적용할 것이다. 아울러, 의사결정 능력, 문제해결 능력 등을 신장하고자 하는 수업은 의사결정 수업모형, 논쟁문제 수업모형 등을 적용해야 할 것이다.

현행 '2009 개정 사회과 교육과정'에서는 탐구 및 문제해결에 적합한 교수 기법으로 질문, 조사, 토의, 관찰 및 면담, 현장 견학, 자원인사, 초빙, 역할놀이와 시뮬레이션 게임, 인물 학습, 사료 학습 등을 강조하고 있으며, 정보사회에 적극 대응하기 위하여 정보처리 기능과 창의적 사고력 신장을 위한 신문활용교육(NIE), 컴퓨터 보조 프로그램(CAI), 인터넷 활용 학습(IIE) 등을 권장하고 있다.

아울러, 사회과교육의 효과를 제고하기 위하여 지도 방법을 새롭게 적용하여야 하고, 각종 교수·학습 자료를 개발하여 적용하여야 한다. 사회과교육에 적합한 자료에는 각종 시청각 자료, 인터넷 자료, 시사 자료 등을 활용하되, 학교의 여건과 학생의 수준에 맞게 재구성 및 지역화가 선행되어야 할 것이다.

넷째, 사회과교육의 평가에 관한 문제이다. 교육 혁신은 평가의 혁신에서 비롯되어야 한다. 일반적으로 평가는 학습의 결과 학생들의 행동이 얼마나 긍정적인 방향으로 변화했는지를 측정해보는 것으로, 교육내용의 특성 및 목적에 따라 다양한 평가 방법을 적용하여야 한다.

21세기 세계화·정보화 사회에서는 기존의 진부하고도 상투적인 교육평가에서 벗어나 새롭고도 창의적인 평가를 요구하고 있다. 물론, 지도 방법 면에서 자기 주도적 학습, 문제해결 학습, 협동학습 등이 주류를 이루어야 할 것이다. 평가 역시 지식 자체를 얼마나 암기하고 있느냐에서 탈피하여 창의력, 탐구력, 문제해결력, 의사결정력, 메타 인지 등 고급사고력 측정에 초점을 맞추어야 할 것이다. 최근 지필평가 외에 사회과교육의 평가 방법으로 주로 사용되고 있는 기법은 참 평가, 수행평가, 직접평가, 포트폴리오 평가 등이다. 아울러, 자기 평가, 동료 평가, 보고서 평가, 면접법, 관찰법 등이 아주 다양하게 적용되어야 할 것이다. 사회과의 개선은 사회과 교육과정 전반적인 혁신에 바탕을 두어야 한다.

8. 사회과교육의 한계: 목표의 추상성, 내용의 독특성 결여, 교과 특징 불분명

민주시민 교육을 고유한 목적·목표로 하는 사회과교육은 교육의 일반 목적목표와 가장 밀접하게 연관된 교과교육이다. 모든 교육의 최종 목적·목표와 지향점이 사회과교육의 목표인 '바람직한 인간 육성', '사람다운 사람 양성'에 있기 때문이다. 그럼에도 불구하고 사회과교육의 한계와 제한점에 대하여 국내 사회과교육학자들은 다음과 같이 지적하고 있다(전국사회교사모임, 2008: 2).

송현정 교수(2001)는 '시민사회의 개념 변화와 현대 시민 교육의 방향 모색'이라는 연구에서 현재 학교교육에서의 시민 교육의 실태를 분석하고 문제점을 지적하면서 다음과 같은 대안을 제시하고 있다(송현정, 2001: 221).

> "국가 주도 교육의 문제점을 제시하고 시민사회 영역이 자율성을 확보할 수 있는 정도의 긴장을 유지하는 시민 교육이 요구된다고 생각한다. 또한 아직 시민사회 주도 시민 교육의 실체가 명확하지 않지만, 국가가 주도하는 획일화된 학교 제도와 교육과정에 대항하여 학생과 교사, 학부모, 지역사회 인사 등이 두루 연합한 시민사회의 투쟁이 요구된다."

장원순 교수(2003)는 "한국 사회과교육에서 시민의 실천 문제와 과제"라는 연구에서 사회과교육의 문제점을 다음과 같이 지적하면서 대안을 제시하고 있다(장원순, 2003: 197-198).

> "첫째, 사회과교육에서 시민 실천성을 증진시키기 위해서는 사회과교육의 외적인 문제인 시민 교육의 제도적 미비와 도구화, 시민 교육에 대한 인식의 결여와 무관심에 대한 해결뿐만 아니라, 사회과교육 자체의 성격에 대한 이론적 분석과 비판, 재구성이 요구된다고 하겠다.
> 둘째, 사회과교육에서 시민의 실천성을 증진시키기 위해서는 학습자의 시민으로서의 행위와 참여를 강조해야 할 뿐만 아니라, 이들이 구조화·체계화되도록 해야 한다는 것이다. 시민의 실천성을 증진시키기 위하여 사회과교육은 형식적이고 탈맥락적인 지식과 사고의 교육에서 시민으로서의 행위와 참여 중심의 교육으로, 그리고 더 나아가 구조화되고 체계화된 시민으로서의 행위와 참여 중심의 교육으로 그 초점이 변화되어야 할 것이다."

추정훈 교수(2004)는 "민주시민성 교육 과정 속에서의 민주주의 교육"이라는 연구에서 현재 우리나라의 사회과교육에서의 시민 교육의 문제점을 다음과 같이 지적하고 있다(추정훈, 2004: 399-400).

> "끊임없이 제기되는 의문이지만, 사회과교육을 통해서 현대 민주사회를 성공적으로 살아갈 수 있는 민주시민적 자질을 양성할 수 있을까에 대한 반문을 하게 된다. 사회과교육의 연구자로서 매우 당연하게 생각해야 하는 것들을 때로는 의심하게 된다. (중략) 사회과에서 의도하는 인간상(교육과정에 제시된)이 정치, 경제, 사회, 문화 등 각 분야에서 어떤 의미를 가지는가에 대하여 반성하지 않을 수 없다고 본다."

모경환·이정우 교수(2004)는 수도권 초·중·고교생들을 대상으로 실시한 "좋은 시민에 대한 학생들의 인식 조사 연구"에서 다음과 같이 제안하고 있다(모경환·이정우, 2004: 79).

"학생들은 '좋은 시민'의 자질로 '타인에 대한 배려', '일차 집단에의 헌신' 등을 가장 중요하게 생각
하고 있으며, 반면, '권위에의 복종'을 가장 덜 중요하게 생각하고 있었다. 이를 몇 가지 차원으로 분
석하여 고찰하여 보면, 학생들은 비정치적 차원, 소규모 공동체, 개인적 윤리와 관련된 시민성을 정
치적 차원, 국가적 측면, 자발적 참여와 관련된 시민성보다 중시하고 있었다."

결국 국내 사회과교육학자들도 외국의 사회과교육학자들과 마찬가지로 사회과의 본질적 목적이자
지향점인 '민주시민의 자질 함양'에 대하여 그 중요성을 강조하고 있다. 하지만 이와 같이 중요한
소위 '민주시민' 내지 '민주시민성 육성'이 매우 추상적이고 비가시적이며, 또 진정 현대 세계화·정
보화 사회의 사회과교육에서 충분히 달성될 수 있는지에 대하여 의문의 여지를 갖고서, 그 형태의
추상성과 함께 그 목적 달성의 회의성(懷疑性)을 지적하고 있는 것이다. 이는 사회과의 목적·목표인
소위 '민주시민성 육성'이 아주 중요하지만, 허공의 뜬구름처럼 구체성을 결여하고 있으며, 모든 교
과와 교육의 지향점인 이 '민주시민성 육성'이 사회과만의 고유 목적·목표로서 특성화되기에는 일
정한 한계를 갖고 있다는 전통적인 비판과 그 궤(軌)를 같이한다고 볼 수 있다.

9. 사회과교육의 최근 동향(Trend)

(1) 고급 사고력 강조

1990년대 이후 사회과교육에서 고급 사고력(high level thinking)이 중요한 목표로서 특히 강조되고
있다. 특히 21세기 세계화 사회가 워낙 복잡하고 다원화된 상황이기 때문에 이와 같은 불명확한 시
대와 사회를 올바르게 살아가기 위해서는 고급 사고력 함양이 우선되어야 한다. 사회과의 고급 사고
력으로는 탐구력, 창의력, 비판적 사고력, 의사결정력, 메타 인지(meta cognitive) 등을 들 수 있다.

(2) 가치교육의 중시

사회과교육에서는 사회과의 지식 내용 터득과 함께 바람직한 태도와 가치 함양이 무엇보다도 중
요하다. 세계화 시대의 다원화 사회에 필요한 가치로는 협동, 관용, 연대성(solidarity) 등이 필요하다.
특히 21세기 이후 최근에는 나눔, 배려(care) 등의 가치 함양 교육을 사회과교육에서 강조하고 있다.

(3) 시민행동의 강조

21세기 사회과교육에서는 시민참여와 시민 행동을 중요한 목표로서 중시하고 있다. 사적공적 영
역에서 사회 활동에 적극적으로 참여, 해동하는 것은 민주 시민성 함양에 필수적 요소이다. 이를 위
해서 개인의 지식, 가치, 의사결정을 행동으로 실천하는 것이야말로 사회과교육의 본질적 목표이다.

(4) 다문화 교육의 강조

21세기 세계화 시대를 맞아 세계는 지구촌 일일 생활권이 되었다. 모든 나라들이 이념, 인종, 사
상, 종교 등의 벽을 허물고 상호 호혜와 선린의 자세로 화합하고 있다. 세계화 시대를 맞아 다문화
사회에 대한 이해와 다문화 교육은 사회과교육의 중요한 목표이나 교육 내용으로 대두되고 있다.

제2장 | 사회과교육의 모형과 유형

일찍이 사회과교육학자인 바아, 바스, 셔미스(R, Barr, J. L. Barth, S. S. Shermis) 등은 사회과 교실 수업을 조사하여 사회과의 전통을 크게 시민성 전달로서의 사회과(social studies as citizenship transmission), 사회과학의 사회과(social studies ac social science), 반성적 탐구로서의 사회과(social studies as reflective inquiry) 등 세 가지로 제시하였다. 이들은 현실적인 사회과를 경험적으로 일반화하여 시민성 전수 모형(Citizenship Transmission Model), 사회과학 모형(Social Science Model), 반성적 탐구 모형(Reflective Inquiry Model) 등 세 가지 모형을 제시하였다. 물론 이 세 가지 모형은 모두 최종적으로 민주시민성 함양이라는 사회과의 본질적이고도 궁극적인 목적을 지향하고 있다.

그 후 1980년에 넬슨과 미카엘리스(J. L. Nelson & J. U. Michaelis)가 사회과의 3가지 전통에 두 가지 전통, 즉 "사회비판과 사회적 행위로서의 사회과(social criticism and social action), 학생의 개인적·사회적 발달로서의 사회과(personal-social development of student)"를 추가하여 제시했다. 특히, 넬슨과 미카엘리스는 바아, 바스, 셔미스의 분류 중 시민성 전달로서의 사회과를 문화유산 전달로서의 사회과로 보았다.

이처럼 사회과의 개념과 목표가 무엇이고 어떤 지식과 기능을 가르쳐야 하며 어떤 방법과 자료를 사용해야 하는가라는 "당위적 문제"에 대한 이론적 관점(접근)은 다양하다. 사회과교육학자들은 이 문제에 대해 다양한 의견을 제시하고 있다.

그렇지만 사회과의 본질과 목적을 기준으로 서로 유사한 의견과 입장을 묶어서 종합적으로 6가지 관점으로 분류할 수 있다. 사회과의 목적에 대한 5가지 이론적 관점은 크게 ① 시민성 전달 및 문화유산 전달로서의 사회과, ② 사회과학으로서의 사회과, ③ 반성적 탐구로서의 사회과, ④ 개인발달로서의 사회과, ⑤ 합리적 의사결정으로서의 사회과, ⑥ 사회비판으로서의 사회과 등으로 분류할 수 있다. 사회과의 목적을 중심으로 6가지 사회과 모형의 이론적 관점을 종합하면 다음과 같다.

1. 시민성 전수 모형: 민주시민성 함양, 문화유산 전수

시민성 전수로서의 사회과는 비교적 초기의 사회과 모형의 핵심으로서 교육내용에 대한 교과 중심적 접근의 전통을 이어받은 것이다(전숙자, 2008: 27). 시민성 전수 모형은 사회 안정과 적응을 중시하며 애국심을 강조하며, 이데올로기를 주입하여 정치적 교화(敎化)를 도모하려는 보수주의적 입장이다.

사회과교육은 사회에서 전래되어 오는 문화적 유산을 학생들에게 전수하여 학생들이 미래 사회의 훌륭한 시민이 되게 하는 것이 목적이라는 전통적 사회과교육의 모형이 곧 시민성 전수 모형이다. 민주시민성은 정체성, 덕목, 법률적 측면, 정치적 측면, 사회적 측면 등의 요소 구조, 지식, 기능, 가치·태도 등의 교육 요소, 그리고 세계, 대륙, 국가, 지방 등의 지리적 수준 요소 등 3차원적 구조로 구성된다. 이와 같은 입체적 구조를 통해서 학생들은 원만한 사회생활을 영위할 수 있는 민주시민성을 함양하게 되는 것이다.

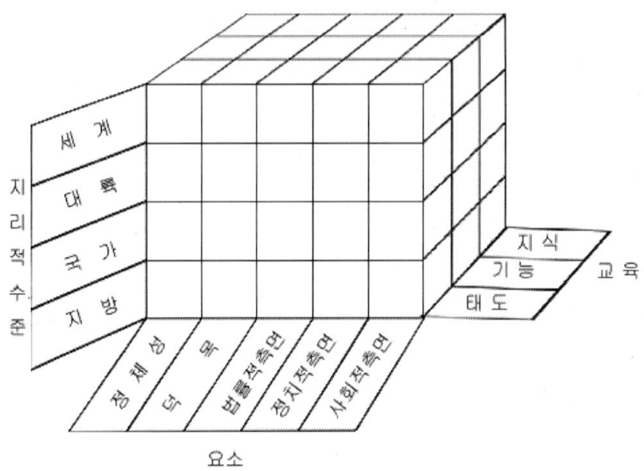

[그림 1-1] 민주시민성의 3차원 구조

　이와 같은 사회과의 시민성 전수(Citizenship Transmission)의 관점은 교육은 기성세대가 후대에게 문화유산을 전달(전수)해준다는 전통적인 교육관에서 비롯되었다. 미국의 건국 초기 다민족으로 구성된 미국 국민들이 미국의 역사와 지리 그리고 전통적 문화유산에 대해 올바르게 이해하고 있어야 한다는 관점에서 출발하였다. 시민성 전수 모형에서의 훌륭한 시민이란 애국심이 강한 시민(국민)으로서의 각종 책무를 다하는 성실한 사람을 의미한다. 사회과교육에서 시민성 전수 모형은 아주 본질적이고도 전통적인 모형이다. 이 관점은 사회과교육의 통합교육의 출발점이 되기도 하였다.

　시민성 전수 모형의 주된 교육방법은 설명식이며, 탐구수업과 사고력 신장을 지향한다 하더라도 궁극적으로 의도하는 가치와 덕목을 전달하는 데 있다. 따라서 이데올로기의 주입이라는 비판을 받으며, 다양한 가치들과 새로운 혁신에 대해서 소극적이며, 그렇게 때문에 역동적·입체적 교육에 관심이 많은 학생들에게 흥미를 끌기 어렵다는 비판이 있다(정문성 외, 사회과 교수·학습법, 2008: 11-12). 전통적 교육과정에서의 '국민'이 집단적 자질 함양에 초점을 맞춘 데 비하여, 현대적 교육과정에서의 '시민'은 개인적 자질 함양에 초점을 맞추는 데 특징이 있다.

　사회과의 시민성 전수 모형(Citizenship Transmission Model)은 학습자는 시민성 함양을 위하여 바람직한 가치 수용을 하여야 하며, 교사는 이러한 가치 전수를 독려해야 한다는 입장이다. 가치의 정보(正誤) 여부는 기성세대에 의해 전통적으로 판단이 내려진 상태이기 때문에 학습자는 수용하기만 하면 된다는 입장이다. 그렇기 때문에 사회과 교수·학습은 교과서 암송, 교사의 주입 등이 주류를 이루며, 학습자는 수업의 주체라기보다는 객체로서 수업의 과정에서 주로 수동적 위치에 서게 된다(남호엽, 2008: 24-25).

　시민성 전달 내지 문화유산 전달로서의 사회과는 사회구성원인 민주시민으로서 갖추어야 할 자질이란 이미 사회적 합의를 얻고 있는 것으로 보고, 그것을 다음 세대에 전달, 전수하여 사회적 안정과 발전을 기대하려고 한다. 이와 같은 사회과교육이 갖는 특징은 교육내용으로서 중요한 것은 사회적 합의에 도달한 가치이고, 그것의 전수 방법으로서는 기본적 전달, 자유로운 교화라는 데서 찾을 수 있다. 전달자로서의 교사는 훌륭한 시민을 어떤 가치와 태도를 견지하고 안정된 공공 활동에 참여하는 사람으로 규정하고, 이러한 사람을 육성하려는 데 목적을 두고 있다. 여기서의 전달은 단순한 물리적 인계인수의 의미라기보다는 유의미한 교수와 학습의 의미이다. 현대 사회과교육에서는 지구촌 사회, 세계화 사회를 맞아 이와 같은 민주시민성 함양, 세계시민성 배양은 더욱 강조되고 있다.

시민성 전수 모형의 관점에서는 사회과의 핵심 목표를 젊은 학생들을 "훌륭한 미국 시민"으로 훈련시키는 것으로 간주한다. 이 관점에서 훌륭한 미국 시민이란 미국의 역사, 지리, 정부, 경제 체제에 대해 잘 알고 있고, 인간의 존엄성, 인권, 자유, 평화, 평등, 정의, 민주주의 등 미국적 가치를 공유하는 시민이다.

이 관점에 기초하여 사회과교육이 이루어지면, 교육의 최종적인 결과는 기존의 사회질서와 현 상태가 그대로 유지된다는 것이다. 즉, 학생들이 사회과교육을 통해 사회구성원으로서의 책임을 받아들이고 민주적인 생활방식에 따르게 됨으로써, 결국 현 세대의 문화유산이 다음 세대로 전달되고 보존된다는 것이다.

문화유산의 선택적 전달자로서의 사회과는 영원한 진실과 가치를 창조한다는 점에서 교육 철학의 항존주의와 유사하며 학생들이 인생을 준비하기 위해 필요하다고 생각되는 지식, 기능, 가치 및 태도 등을 추구한다는 점에서 본질주의와도 연계된다. 물론 문화유산 전수에서 전승하고자 하는 내용은 각 사회과학과 사회 탐구의 기초가 되는 것을 중심으로 하여 교사가 결정해야 한다(노정식 외, 2007: 38-39).

사회과교육은 전통적으로 사회에서 전해 내려오는 문화적 유산을 학생들에게 전달하여 학생들이 미래의 훌륭한 시민이 되게 하는 것이 목적이라는 견해인 것이다. 사회의 안정을 위하여 의미가 있지만, 보수적이라는 비판을 받는다. 전통적인 사회과교육의 모형이 여기에 속한다. 문화유산은 전통적인 사회과에 관련된 불변의 '지식과 진리' 등이 주류를 이루는 것이다.

<표 1-3> 민주시민성의 목록: 시민성의 책임과 권리 관계

시민성의 책임		시민성의 권리	
부패한 형태	참된 형태	참된 형태	부패한 형태
· 법과 질서	· 정의	· 자유	· 무정부 상태
· 강제된 동질성, 복종	· 평등	· 다양성	· 불안한 다원주의
· 권위주의, 전체주의	· 권위	· 사생활	· 자유의 절대화·사유화
· 다수결주의	· 참여	· 정당한 절차	· 범죄 취약성
· 가장된 위선	· 진실	· 소유권	· 인권보다 소유권 중시
· 국수주의, 외국인 혐오증	· 애국심	· 국제적 인권	· 문화적·민족적 제국주의
	민주적 시민성		

출처: 박상준, 『사회과교육의 이론과 실제』, 교육과학사, 2008: 51.

2. 사회과학 모형: 지식의 구조, 학문 내용 중시, 신사회과의 핵심

사회과학 모형(Social Science Model)은 학문 중심주의, 지식의 구조를 중시하면서 시민성 함양을 사회과학적 안목에서 찾는다. 사회과학 모형은 사회과의 핵심 목표를 학생들이 사회과학자와 같이 사고하도록 가르치는 것이다. 즉, 이 관점의 핵심은 미래 사회의 주인공인 학생이 사회과학적 지식의 구조, 사회과학적 지식과 탐구방법 등을 배우고, 사회과학자가 경험적 문제를 해결하는 방법에 따라 학생이 과학적 문제의 해답을 찾는 활동에 능동적으로 참여하는 수업 방법이 사용되어야 한다고 믿는다. 이 모형은 사회과교육의 목적을 '꼬마(어린) 사회과학자' 양성에 두는 입장이다.

사회과학(Social Science)적 관점은 구소련의 스푸트니크 인공위성 발사 이후 일어난 학문 중심 교육과정의 영향을 받아 '꼬마 사회과학자'의 양성으로 대표되는 전통이다. 사회과를 구성하는 학문의 지식 구조와 탐구 과정을 배우는 것이 가장 중요하게 강조되었다. 그러므로 매우 중립적이고 학생 스스로의 과학적 탐구 방법을 강조하여 개념과 일반화의 이해를 강조한다. 하지만 보편적인 가치와 현실 문제를 경시하고, 추상적이고 지적으로 우수한 학생에게 편향적이라는 비판을 받고 있다. 사회과학적 탐구력을 함양하는 것은 좋으나, 시민교육적인 차원이 소홀히 된다는 비판을 받고 있다.

사회과학으로서의 사회과의 입장은 인간사의 법칙과 형식, 그리고 질서 확립 등을 추구한다는 점에서 사실주의와 상통하며, 인간관계를 연구하는 객관적이고 경험적인 방법을 강조한다는 점에서 과학적 실증주의와 상통한다. 사회과학으로서의 사회과의 주된 목적은 학생들을 사회과학의 기존 지식과 연구 방법에로 인도하는 것이다. 사회과학적 탐구 방법, 가설, 개념, 일반화, 원리, 이론 등이 내용으로 제시되며, 객관성의 추구, 증거의 추구 등이 강조된다(노정식 외, 2007: 38-39).

사회과학 모형은 학생들에게 각종 사회과학을 가르치는 것이 사회과교육의 본질로 보는 입장이며, 사회과학의 지식, 개념, 일반화, 이론 등을 체계적으로 교육하고 가치중립적인 사회과학적 탐구력을 함양하는 것이 목적이다. 이 모형은 사회과학의 지식은 강조하나 사회과의 본질인 시민교육적 측면을 소홀히 한다는 비판을 받고 있다.

사회과학 모형은 1960년대 사회과학의 발달과 함께 등장한 학문 중심 접근의 전통을 이어받은 모형으로 교과의 구조, 지식의 구조 등을 중심으로 가르쳐야 한다는 것이다. 이는 다양한 학문 분야로부터 도출된 사실, 개념 및 일반화 등의 개념적 요소와 사회과학자들이 연구할 때 사용하는 탐구 방법적 요소 등을 중시한다(전숙자, 2008: 28).

사회과학 모형은 학생들은 사회과학자의 사고 과정을 통하여 지적 안목이 형성되며, 이와 같은 안목이 학습자로 하여금 선량하고도 훌륭한 시민으로 선도한다는 입장이다. 사회과학 모형에서의 교육내용은 사회과학의 구조, 개념, 연구 방법 등 핵심 아이디어이다(남호엽, 2008: 25).

사회과학으로서의 사회과는 사회과학의 연구 방법과 성과를 가르치는 것이다. 사회과학의 개념, 이론, 방법을 지나치게 강조함으로써, 학생들을 사회과학의 소비자로 만든다는 비판이 있지만, 사회과학의 구조와 탐구 방법을 학습함으로써 과학적 사고, 합리적 사고를 할 수 있고 그것이 바람직한 시민적 자질 향상의 기초가 될 수 있다는 견해가 핵심 주장이다. 또한 현실적으로 사회과학의 개념, 이론을 중심으로 다루는 사회과교육이 강조되고 있다.

사회과학 모형의 교육방법은 사회과학자들의 연구 방법 및 문제해결 방법이며 이와 같은 교육방법이 수업의 구조를 결정하는데, 사회과학자들의 탐구 전략과 연구 기법들이 교수·학습 방법의 원천이 된다. 이러한 사회과학의 각 학문 영역의 연구 방법에 기초한 것으로 사회과에서 적용하고 있는 학습 형태에는 참여 관찰 학습, 사례 조사 학습, 표본 조사 학습, 문헌 조사 학습, 현장 학습, 사료 학습, 자원 인사 초빙 학습, 상황 분석 학습 등을 들 수 있다.

이런 탐구의 결과로 학생들은 과학적 탐구방법을 사용하여 지식이 어떻게 획득되는지를 평가할 수 있고, 과학적 지식과 태도를 소요하게 될 것이라고 가정된다. 그 결과 학생들은 인간관계와 물리적 환경에 대해 과학적으로 이해하고 대중 매체에서 제공되는 지식과 정보를 취사선택하여 유능하게 사용하는 소비자가 될 것이라고 간주된다.

사회과의 교과내용학인 각종 사회과학을 가르치는 것이 사회과교육의 본질로 보는 입장이다. 사회과학의 지식, 개념, 일반화, 이론 등을 체계적으로 교육하고 가치중립적인 사회과학적 탐구력을 함양하는 것이 사회과에서 중요하다. 상당수에 달하는 우리나라의 사회과 교사들도 생활과 관련된 문제해결력보다 사회과학적 지식을 가르치는 것을 사회과에서 가장 중요한 것으로 보고 있다.

1957년 스푸트니크(sputnik) 1970년대 신사회과(new social studies) 운동은 사회과에서의 사회과학의 재강조가 핵심이었다. 사회과에서의 사회과학 강조는 사회과 내용학인 사회과학의 학문적 구조에 의한 지식의 강조가 핵심적 요소이다.

사회과학 모형은 사회과학자들의 사유 방법과 탐구 기법, 기능, 아이디어 등을 학생들의 발달 수준에 적합하도록 재조직하여 가르침으로써 과학적 절차와 객관적 증거에 의하여 사회현상에 관한 법칙 발견을 도모하려고 한다. 물론 궁극적으로는 사회과학 탐구를 통해서 시민성 함양을 지향하고 있는 것이다.

3. 반성적 탐구 모형: 성찰(省察) 및 고급사고력 신장

반성적 탐구(Reflective Inquiry)는 듀이(Dewey)의 이론에 바탕을 두고 있다. 듀이는 일상생활 속에서 학생들의 욕구와 흥미를 중심으로 학생 스스로 학습 내용을 결정하기를 강조하였다. 체계적이고 과학적인 학습과정을 통한 의사결정을 하여 시민성 신장을 연습하는 교육을 강조한 것이다. 끊임없이 폭증하는 지식, 변화하는 사회, 사회적 쟁점의 등장 및 다원화 등에 대응하기 위해서는 애국심에 호소하거나 검증된 과학적 지식의 습득만으로는 충분하지 못하다. 학생들로 하여금 자신 및 사회와 관련된 문제가 무엇인지 확인하고, 그 문제와 관련된 사실과 가치에 대한 과학적이고 경험적인 검토와 토론, 그리고 상황에 부합되는 합리적 의사결정으로 이어지는 과정이 탐구이며, 이것이 곧 시민성 함양이라는 입장이다(정문성 외, 2008: 11-12).

사회과의 반성적 탐구 모형(Reflective Inquiry Model)에서는 시민성 함양이 전적으로 합리적인 의사결정 능력에 달려 있다고 본다. 의사결정의 대상은 사회적 쟁점과 문제들이며, 이는 학습자들의 경험 세계에 바탕을 둔 흥미, 관심 등이 초점이다. 따라서 반성적 탐구 모형에서는 학습자들의 자기주도적 학습에 주목하면서, 학습자가 교수·학습과정에서 능동적으로 참여할 수 있도록 교육내용을 구체화해야 한다. 아울러, 반성적 탐구 모형에서의 교육방법은 사회문제해결을 위한 지적 탐구 과정으로서 지식은 그 자체로 목적화되기보다는 문제해결을 위한 도구이자 수단이 된다(남호엽, 2008: 25). 반성적 탐구 모형은 인지적 발달 모형이라고도 하며 체계적으로 사고하는 능력과 관련된 기능, 반성적 사고(reflective thinking) 등 인지적 기능 발달을 사회과교육의 중요한 목적의 하나로 간주한다.

반성적 탐구 모형은 학생들이 반성적 사고능력이 개발하도록 도와주는 것을 사회과교육의 핵심목표로 제시한다. 여기서 "반성적 탐구" 또는 "반성적 사고"는 다양한 사고의 과정, 즉 비판적 사고,

문제해결, 과학적 탐구, 귀납적 사고, 윤리적·법적추론, 가치탐구, 합리적 의사결정 등을 포함한다. 이런 사고의 과정들의 공통점은 문제의 해답을 찾고 평가하기 위한 고도의 정신 과정의 사용을 포함한다는 것이다.

반성적 탐구, 반성적 사고로서의 사회과의 입장은 실용주의와 관련되어 있다. 반성적 탐구로서의 사회과의 주된 목적은 사회문제와 사회적 쟁점에 대해서 반성적 탐구와 반성적 사고를 통해서 학생들의 사고력과 의사결정력을 발전시키는 데 있다. 반성적 탐구로서의 사회과의 학습 내용은 학생들에게 중요하고 관심 있는 쟁점이나 문제를 다룰 수 있는 것이면 무엇이나 가능하다. 이 모형에서는 문제의 정의, 가설의 설정과 검증, 대안의 설정, 대안 결과의 분석, 결론 도출, 판단과 결정 등과 같은 과정으로 진행된다(노정식 외, 2007: 38-39).

반성적 탐구로서의 사회과는 교수·학습의 결과보다는 과정을 중시하며, 합리적인 의사결정, 문제해결에 필요한 지식과 가치를 탐구하는 과정에서 시민적 자질이 육성된다고 보고 있다. 반성적 탐구 모형의 지지자는 지식 획득과 가치명료화 과정이야말로 교사가 진정으로 가르쳐야 할 것으로 보고 있다. 합리적 의사결정자는 이 과정을 통해서 양성될 수 있다고 보기 때문이다. 사회과가 암기식, 강의식 수업, 교육이 되어서는 안 되며, 나아가 학생 중심의 탐구학습에 초점을 맞추어야 한다고 주장하는 학자들에게 적극적인 지지를 받는 모형이다.

이 관점은 학생들이 단순한 암기나 주입이 아니라 사고하는 법을 배워야 한다고 가정한다. 이러한 사회과교육을 받은 학생들은 지식(사실)문제와 가치문제에 대한 해결책을 찾기 위해 충분한 지적 능력을 사용할 수 있게 된다. 사고의 과정을 배우는 것에 더하여 학생들을 반성적으로 사고하는 법을 배우고 사고를 위한 사고의 즐거움을 경험할 수 있게 된다. 이러한 사회과교육의 결과로 학생들은 개방적이고 책임감 있는 사회구성원이 될 것이고, 사회는 더 높은 단계로 발전할 것이라고 가정된다.

반성적 탐구 모형은 사회생활에서 직면하는 문제를 해결하기 위하여 반성적 사고력을 기르는 것을 사회과교육에서 가장 중요시하는 모형이다. 현대 사회의 상황으로 보아 가장 적절한 모형으로 평가되고 있으나, 내용의 실체보다 방법론에 너무 치우친다는 지적이 있다. 또 사회과학적 지식 체계가 소홀히 될 우려가 있다는 비판도 있다. 이에 대한 반발로 기본적인 지식으로 돌아가야 한다는 '기초 복귀 운동(Back to Basics Movement)'이 일어나기도 했다.

반성적 탐구 모형은 사회 이슈(issue) 및 쟁점, 문제해결 과정을 통하여 학생들의 사고 능력을 향상시키는 것을 중시한다. 반성적 탐구 모형은 반성적 사고를 강조하면서 사회과 교육과정을 통해서 사회 변화를 이끌어가고자 했던 보다 진보적인 관점을 취하는 것으로 정보사회에서 문제해결 능력을 갖춘 시민 양성이 사회과의 중요한 목표가 되어야 한다는 주장과 궤(軌)를 같이하고 있다.

4. 개인 발달 모형: 자아실현 지향

사회과의 개인 발달 모형은 학생 중심, 아동 중심 사회과교육의 전통과 일맥상통한다. 개인 발달 모형은 사회과의 특성상 사회구성원인 개인의 발달과 성장이 사회, 국가, 인류의 발달에 대한 초석이 된다는 관점에 바탕을 두고 있다. 개인과 사회의 조화로운 연계에 바탕을 두고 있는 모형이다.

개인 발달 모형은 학생들의 정체성 형성 및 자아실현을 도와 조화로운 인간의 성장 발달을 촉진하는 것을 사회과의 목적으로 보고 있다. 학생들의 개인적·사회적 발달로서의 사회과 모형은 학생 중심의 진보주의와 관련이 있으며, 일면 실존주의와도 연관이 있다. 개인 발달 모형의 주된 목적은 자기 이해, 자아실현, 타인과 자신의 관계를 이해하는 것으로 과학적이기보다는 인간적인 면을 강조하는 점이다. 따라서, 자아 인식과 자기 평가 등을 중시한다. 아울러 개인 발달 모형은 아동 중심, 학생 중심의 사회과교육 전통을 이어받아 아동(학생)들의 흥미와 욕구, 잠재 가능성의 실현, 자아 인식, 자아실현, 인간성 회복 등을 중시한다.

학생들의 개인적 발달로서의 사회과의 입장은 학생 중심의 진보주의 사조와 밀접하게 관련되어 있으며, 실존주의와도 부분적 관련을 맺고 있다. 개인적 발달 모형의 주된 목적은 자기 이해, 자아실현, 타인과 자신과의 관계를 이해하는 것으로 과학적이기보다는 인간적인 측면을 강조한다. 따라서 자아실현과 자아 조절, 자아 인식, 자기 평가 등을 강조한다(노정식 외, 2007: 38-39). 개인의 자아실현과 발전이 곧 사회와 국가 및 인류의 발전과 성장의 기반이라는 입장이다.

적극적인 자아개념과 자아의 발달 및 성취, 개인적 효율성, 개인을 위한 취업 준비, 행복한 생활 능력 등의 함양을 중요한 내용으로 하는 모형이다. 모든 사람은 개인적인 생활을 가지고 있는 것이므로 이 모형도 중요한 부분을 시사하고 있으며, 이 부분을 너무 강조하다 보면 사회과교육의 중요한 부분인 사회성이 소홀히 되는 단점을 가지고 있다. 또 개인적 발달 모형은 적극적인 자아 개념과 발달 및 성취, 개인적 효율성, 개인의 발달을 위한 취업 준비, 행복한 생활 능력의 함양 등을 사회과교육에서 강조하나 사회과교육의 중요 부분인 사회성 교육이 소홀히 되는 단점을 안고 있다(김현석·한관종, 2008: 4-5).

이 관점에 따르면 사회과의 핵심 목표는 학생 개인이 자신의 "잠재능력"을 최대한 발달시키도록 도와주는 것이다. 충분히 발달된 사람은 높은 자아 존중감을 갖고, 다른 사람들과 잘 지내고, 실제적인 목표를 달성하고자 노력하고, 일상적인 문제를 효과적으로 잘 처리하고, 독서산 등 기본적 능력과 직업기술을 개발하는 사람이다.

결국 사회과교육의 목표는 바람직한 사회구성원을 기르는 것이다. 개인적 발달의 목표를 달성하기 위해서 사회과 교사는 교사 중심·교과 중심 교육보다는 학생 중심 교육을 실시해야 한다. 아울러 개인 발달 모형에서는 사회생활에서 자신과 타인의 관계를 이해하고 다양한 삶의 의미를 추구하고 잠재 가능성을 발휘하여 개인적·사회적으로 조화로운 성장 발달을 도모하고 있다고 전제한다.

5. 합리적 의사결정 모형: 사회적 행위의 실천, 문제 해결력 신장

합리적 의사결정 모형은 사회과의 핵심 목표를 학생들에게 "합리적인 의사결정"과 그 결정에 따른 행동을 가르치는 것으로 간주한다(Engle: 1960, 1988, Banks: 1977, 1990, Woolever & Scott: 1988). 합리적으로 의사를 결정한다는 것은 개인적·사회적 문제들을 해결하기 위해 최고의 지적능력을 사용하는 것이다.

문제해결을 위한 사고의 과정(방법)을 가르친다는 측면에서 이 과정은 반성적 탐구로서의 사회과와 많은 부분이 중복된다. 두 관점의 차이는 사고능력이 가르쳐지는 "목적"과 사고능력이 실천되는 "맥락"에 있다.

합리적인 의사결정으로서 사회과에 있어서 목적은 개인 또는 집단이 개인적·사회적 문제들에 대해 결정할 때 사고능력을 사용하도록 하는 것이다. 반면에 반성적 탐구로서의 사회과에 있어서 목적은 학생들에게 다양한 이유에서 사고방법을 가르치는 것이다. "후자는 무엇을 해야 하는가(가치판단과 실천)"에 대한 의사결정을 필연적으로 요구하지 않는다. 예컨대 이 관점에 따르면, 학생들은 두발 또는 교복의 자유화를 허용할 것인가에 관한 찬반 주장에 대해 객관적으로 생각하고 검토하겠지만, 두발과 교복을 자유화해야 하는가에 대해 구체적인 가치판단과 실천에 대해 의사결정하지 않아도 된다.

그러나 전자는 의사결정에 기초한 "사회적 행위의 실천"을 사회과의 목표로 포함한다. 학생들이 합리적인 의사결정을 했다면, 어떤 방식으로든 그 결정에 따라 행동할 것이라고 가정된다.

이 모형은 합리적인 의사결정 방법을 배움으로써, 학생들은 일생에 개인적·사회적 문제에 직면했을 때 반성적이고 책임감 있는 인간으로 행동할 수 있다고 가정한다. 학생들은 합리적 의사결정이 문제해결의 가장 좋은 방법이라고 확신하고, 자신의 삶과 사회를 발전시키기 위해 그 결정과정에 따라 실천하는 데 헌신할 것이라고 가정된다.

6. 사회 비판 모형: 사회정치적 참여 강조

사회 비판 모형은 과거의 이론과 실제, 제도, 문제해결과 사고방식 등 전반적인 사회 시스템(system)을 새롭게 재검토하고 비판하며 새로운 대안을 추출, 제시하는 것이 사회과교육에서 핵심적이고도 중요하다고 보는 모형이다. 사회 비판 모형은 사회적 문제에 대한 비판 능력을 사회과교육에서 강조하나 이러한 비판 능력도 민주적 시민 교육의 중요한 부분임에는 틀림없지만, 이 부분을 너무 강조하면 문화유산의 전수와 사회과학 교육이 소홀이 된다는 단점을 내포하고 있다(김현석·한관종, 2008: 4-5).

사회 비판 모형은 사회정치적 참여 중심 모형이라고도 한다. 사회 비판 모형은 사회과교육의 목적이 사회의 정의, 언론·집회·결사의 자유, 세계평화, 세계화 등과 같은 목적을 위해 학생들에게 참여의 기회를 제공하고, 사회 비판이나 정치적 참여를 증진하는 것을 강조한다. 사회적 비판과 사회 참여로서의 사회과에서는 학교는 현재보다는 미래를 위해 보다 더 다양한 개선, 개량에 초점을 두는 기관이라는 재건주의 입장과 관련된다. 사회 비판 모형의 주된 목적은 학생이 사회 상황과 사회문제를 비판적으로 분석하고, 사회 변화를 가져오는 방법을 제안할 수 있는 능력을 발달시켜야 한다는 입장이다. 따라서, 사회적 비판의 기법이 강조되며, 정의와 기회에 대한 평등, 인간의 존엄성, 진보에 대한 신념, 문제해결을 위한 지성 등과 같은 가치가 중요시되고 있다.

사회적 비판과 사회 참여로서의 사회과의 입장은 학교는 사회를 개선, 혁신시키는 기관이 되어야 한다는 재건주의와 관련된다. 이 입장의 주된 목적은 학생들이 사회 상황과 사회문제를 비판적으로 분석하고, 사회 변화를 가져오는 방법을 제안할 수 있는 능력을 발달시키는 것이다. 비판의 기법이 강조되며, 정의와 기회에 대한 평등, 인간의 존엄성, 진보에 대한 신념, 문제해결을 위한 지성 등과 같은 가치를 중요시한다(노정식 외, 2007: 38-39).

과거의 전통, 현재의 이론과 실천, 제도, 문제해결과 사고방식 등을 새롭게 재검토하고 비판하며, 새로운 대안을 제시하는 것이 사회과교육에서 가장 중요하다고 보는 모형이다. 1960년대에서 1980년대에 이르러 전 세계적으로 일어났던 반권위적인 지향 운동의 영향으로 비판적인 능력을 사회과에서 중시하는 것이다. 사회 비판 모형은 학교 내와 학교 외에서 실제적으로 정치 과정에 참여하고 리더십을 발휘하는 참여 능력 신장을 강조한다. 이 모형은 비판적인 능력도 민주적인 시민교육의 중요한 한 부분으로 보고 있지만, 이 부분을 지나치게 강조하면 문화유산(지식)의 전달이나 사회과학 교육이 소홀히 되는 단점을 가지고 있다.

〈표 1-4〉 사회과(교육) 3대 주요 모형의 특성 비교

구분		시민성 전달(전수) 모형	사회과학 모형	반성적 탐구 모형
출현 배경 (등장 환경)		• 미국 초기의 토착민과 이주민 사이의 갈등, 대립 완화, 인종과 민족의 통합과 협동심 함양	• 사회과학의 독립화, 스푸트니크 사건, 브루너의 '교육의 과정', 신사회과 운동 등	• 20세기 이후 급격한 사회 변동 • 사회문제의 합리적 해결 요구
주요 특징		• 대중이 널리 지지함 • 전달할 가치와 지식의 목록 분명	• 스푸트니크 충격 이후 급부상 • 학문의 구조 강조	• 상대주의적 가치관 • 가치 갈등의 현상
교육 목표	목표관	• 사회과의 과제는 바람직한 가치 전달 • 보편적 절대적인 가치를 가르쳐야 함	• 사회과의 과제는 사회과학의 안목 형성 • 사회현상에 관한 합리적인 분석 능력, 사고 능력	• 사회과의 과제는 사회문제 및 쟁점 대처 능력 • 학습자의 현재 삶이 곧 시민의 삶
	본질 목표	• 훌륭한(애국적) 민주시민 양성 • 사회 가치, 규범의 내면화와 준수 • 시민성은 올바른 가치 내면화로 육성	• 학식을 갖춘 시민 양성 • 사회과학적 지식의 습득 • 사회과학적 탐구방법 습득 • 사회과학자의 탐구 방법 (꼬마 사회과학자 양성) • 사회과학의 개념 과정으로 시민성 육성	• 사회문제의 객관적 분석 • 합리적 의사결정 모색(의사결정력, 문제해결력) • 지식 활용, 문제해결, 의사결정 등으로 시민성 육성 • 사회적 문제 탐구
핵심 교육내용		• 전통적 문화유산의 전수·가치, 규범 등의 내면화 • 권위에 의해 선정, 교사에 의해 해석, 가치·태도, 신념, 예시 등 • 사회, 시민 관련 기존 가치, 규범, 신념 등 지향	• 사회과학의 구조, 개념, 문제, 과정 등 • 제1차적 자료와 탐구 문제 • 사고와 탐구의 내용 • 과학자의 관심 문제 • 과학적 문제(사실) • 사회과학적 지식, 연구 방법 • 인간과 사회의 상호작용 연구	• 사회문제 관련 자료 • 일상적 사회문제의 사실과 가치 혼합 과제, 자료 • 문제, 학생의 흥미와 관심 등 • 일상적 사회문제 • 학생 관심 문제(사실, 가치) • 학생 참여의 민주적 문제
교사관		• 하나의 신념 수용 • 학생과 일심동체(사제동행) • 내용의 전수자 • 대체로 보수적	• 방법의 전달자 • 결론의 불간섭	• 조력자 • 주제 선정, 내용과 방법에 불간섭
문제 성격		• 전통적으로 강조된 문제 • 기득권이 중시하는 문제	• 과학적 문제(과학적 사실) • 과학자가 관심을 갖는 문제	• 일상적 사회문제(사실+가치) • 학생들이 관심을 갖는 문제
탐구 주체		• 교사	• 교사	• 학생
학습과정		• 학생들은 교사의 전달 내용을 단지 수용	• 제시된 자료를 활용하여 질문의 해답 찾기	• 자료의 활용, 해석의 자율적 결정

교육 방법	교수 기법	• 전달, 주입, 교화가 핵심 직접적 전수, 간접적 전수(주 입, 행동 수정 기술) • 전수: 암송, 강의, 문답, 구조 화된 기법 등으로 개념, 가치 준수	• 탐구 방법의 탐구(탐구수업) • 사회 제 현상의 탐구 • 발견: 사회과학의 방법 발견 및 적용	• 반성적 탐구와 토론 수업 • 가설 설정 후 검증 • 토론을 중심으로 전개 • 탐구: 문제 확인 통찰, 갈등 해결
	수업 방법	• 교화, 주입, 교사 중심 • 통제된 문제해결 활동 • 주입식(기술+설득), 행동 수정 기술, 강의식, 문답식 방법	• 사회과학 탐구, 교사 중심 • 개별 사회과학에서 사용하는 방법들 • 탐구식 수업	• 반성적 탐구, 의사결정 수 업, 학습자 중심 • 선정된 주제들에 적용되는 탐구 및 의사결정 과정의 실제 수행 • 반성적 탐구와 토론 수업
	교과서 접근법	• 기술적 접근법	• 개념적 접근법	• 역동적 접근법
비판과 평가 (문제점)		• 사회 현실과 사회과학 내용, 학생의 요구 등 무시 • 사실 왜곡, 규범의 맹종 우려 • 특정 가치에 대한 지나친 확신	• 실제적 사회적 현상과 유리 (遊離) • 사회과학의 구체적 사회 상 황 제시 곤란 • 의사결정의 해결책 제시 곤란 • 가치중립 불가능 • 소수 엘리트에게 유리	• 실제적 사회 현실과 시민육 성에 한계 • 합리적 의사결정의 판단 곤 란(가치 상대주의자) • 교사와 학생의 능력 결여 시 진행 곤란 • 교사에 너무 많은 것 요구 • 전통 파괴의 우려

한편, 사회과 수업을 중심으로 한 유형 분류는 올리버(Oliver)의 분류가 대표적이다. 올리버는 그의 논문 "사회과학의 범주(Categories of Social Science Instruction)"에서 사회과의 유형을 지혜로운 인간 형성을 위한 접근법, 사회과학 접근법, 조화로운 인간 형성을 위한 접근법, 위대한 국가상 정립을 위한 접근법, 법리적 접근법, 시민 행동 접근법 등 여섯 가지를 제시하고 있다. 각 접근법의 핵심은 다음과 같다.

첫째, 지혜로운 인간 형성을 위한 접근법(the wisdom approach)은 지식이란 학생들이 사물을 이해하고 지혜롭도록 하며, 그러하기에 유의미하다고 보는 입장이다. 이때 지식은 극도로 추상화된 기성의 지식이며 사실적 지식을 다룬다. 대체로 이 접근법은 사회과학의 내용이 유래하는 연구 방법에 대한 논의는 결여되어 있다. 학생들이 사회과학적 지식을 탐구하는데, 이 지식이 학생들을 지혜롭게 만든다고 보았다. 다만, 설명식 수업이 주(主)가 되며, 학생들이 그러한 지식을 암기한다고 해서 진정으로 지혜롭게 되는가에 대해서는 비판적인 면에 직면하는 한계가 있다.

둘째, 사회과학 접근법(the social science approach)은 사회 인식의 결과 면에 못지않게 인식의 방법 면을 중시한다. 사회과학의 아카데미즘을 강조하는데, 학문의 연구 성과에 대한 맹목적인 교수는 아니다. 수업의 절차는 관찰, 사건의 기록, 사건 해석을 위한 이론적 도구의 사용에 기초한다. 전반적으로 사회사상(社會事象)을 중심으로 한 사회과학적 탐구를 강조한다.

셋째, 조화로운 인간 형성을 위한 접근법(the harmonist approach)은 역사와 사회과학의 내용보다는 상대적으로 학습자에 관심을 기울인다. 사회의 문화 통합을 목적으로 협력적 인간관계, 공동 작업, 교실 민주주의 등을 강조한다. 경쟁보다는 조화로운 인간관계 성취를 지향한다. 이 접근법은 특히 사회생활의 인간관계를 강조한다.

넷째, 위대한 국가상 정립을 위한 접근법(the image of greatness approach)은 학생들로 하여금 역사적 실체에 대한 감각을 형성하도록 하는데, 이는 동포들과의 유대감을 가지게 한다. 문화 통합을 목적으로 하면서, 동일한 국가 이미지를 학생들에게 제공하기 위하여 극적인 이야기체 역사를 제공한다. 국민 통합주의와 문화 상대주의 등도 이 접근법의 한 부류로 볼 수 있다.

다섯째, 법리적 접근법(the jurisprudential approach)은 이성에 기초하여 논쟁 문제를 해결하려는 것이 기본 정신이며, 갈등적인 논쟁점이나 정치적 주장, 결정에 앞서서 증거에 기초하면서 지적 절차의 수행, 정치적 문제를 다루기 위한 교육받은 이성과 설득을 위한 논증의 사용 등 세 가지 구성 요소가 있다. 특히 법리적 접근법은 사회 체제의 공공적 문제에 초점을 맞추고 있다.

여섯째, 시민 행동 접근법(civic action approach)은 전통적인 학습 공간인 교실을 떠나 배운 내용의 적극적 적용을 중시한다. 즉, 지식과 행위가 통합되어야 민주시민으로서 바람직한 생활이 가능하다고 보고 있다(남호엽, 2008: 2·1-23). 시민 행동적 접근법은 사회구성원으로서의 시민들의 참여와 활동을 적극 장려하고 있다.

〈표 1-5〉 올리버(Oliver)의 사회과(사회과교육) 유형

유형	교육목적	교육내용	교육방법
① 지혜로운 인간 형성	지식의 전수는 지혜로운 삶을 유도	사회과학의 사실적 지식	전달, 암기, 사고의 결과 강조
② 사회과학	사회과학의 안목 형성	사회과학의 구조	과학적 탐구, 사고의 과정 중시
③ 조화로운 인간 형성	문화 통합을 위한 상생의 자세 확립	조화로운 인간관계 성취를 위한 교리와 방법	협동, 집단 작업, 교실 민주주의
④ 위대한 국가상 정립	문화 통합을 위한 국가 이미지 내면화	국가 구성원이 공유하는 역사적인 문제 상황	교화(敎化), 주입(注入)
⑤ 법리적 접근법	합리적인 가치판단력 신장	사회 논쟁점, 정치 문제	합리적 근거와 절차에 기초한 논증
⑥ 시민적 행동	참여 민주주의 실현	학교와 지역사회의 문제, 국가 및 국제적인 관심사	지적 탐구와 사회적 행동

또 다른 한편, 울에버와 스콧(Woolever & Scott)은 기존의 여러 학자의 분류를 분석하여 그 중요성에 따라 합리적 의사결정 및 사회적 행동, 사회과학 교육, 반성적 탐구 교육, 개인 발달 교육, 시민성 전달 교육 등으로 열거하였다. 합리적 의사결정 및 사회적 행동이 가장 중요한 것은 우리 사회가 민주주의의 이상을 실현하고 유지하는 데 가장 필요한 기능과 태도이기 때문이라는 점이다. 기존에는 우리 사회가 민주주의 이상을 완전히 실현 내지 유지하지 못했으므로, 이를 달성하고 유지하기 위해서는 시민들의 지적이고 합리적인 실천적 행동이 필요하다는 주장이다(정문성 외, 2008: 13-17).

첫째, 시민성 전달 관점이다. 미국 독립 이후 국민 통합과 민주주의 국가 건설을 위하여 모든 국민이 민주시민으로서의 기본적 자질을 갖추어야 한다고 판단하였다. 이와 같이 국민 통합과 민주주의 국가 건설을 위하여 '사회과'가 탄생하였고, 이 사회과에서 추구하는 민주시민의 자질을 '시민성'

으로 보았고, 당시 시민성의 보편적 가치들은 인간의 존엄성, 자유, 평등, 정직, 정의 등 오늘날까지 전승되는 민주주의의 이념들이었다.

둘째, 개인 발달 관점이다. 시민성 전달이 이데올로기 주입이라는 비판과 함께 개인의 인권과 개성이 존중되는 사회 분위기에 따라 교육에서도 개별화 교육과 개인의 잠재력 발굴이 본질이라는 주장이 출현하였다. 민주시민 교육은 개인의 자아실현을 도와서 생산적인 시민을 양성하는 것이며, 자아실현이 곧 사회의 자아실현으로 이어지며, 훌륭한 민주시민은 시민성의 기초 위에 자신이 가진 잠재력을 최대한 발휘하는 사람으로 정의되었다.

셋째, 반성적 탐구 과정이다. 시민성 발달을 비판하고 등장한 개인 발달 관점이 학생들을 편협한 개인주의자로 만들 뿐만 아니라 개인의 자아실현이 곧 사회의 자아실현으로 이어지지는 않는다는 비판을 바탕에 깔고 등장한 관점이다. 듀이(Dewey)가 '아는 것이 힘이 아니라 아는 방법이 힘'이라고 사고력을 강조하면서 기존의 시민 교육의 패러다임(paradigm)이 변화하였다. 즉 훌륭한 시민은 시민성의 기초 위에 자아실현을 도모하되, 사고력 개발을 위하여 높은 수준의 지적 능력을 갖춘 사람이라는 것이다. 시민 교육은 듀이가 말한 '반성적 탐구'를 통해서 사고 방법을 익히고 발견의 기쁨을 누리는 교육이 되어야 한다고 강조하였다.

넷째, 사회과학 교육 관점이다. 기존의 반성적 탐구 관점이 사고력만 강조하고 실천의 문제를 경시했다는 비판을 받는 가운데, 1957년 스푸트니크 충격으로 미국 교육계가 큰 충격에 빠진 배경에서 출범하였다. 미국이 구소련과의 우주 경쟁에서 패배한 진정한 이유는 교육, 특히 아동(학생) 중심의 진보주의 사도가 핵심적인 지적 훈련을 시키기 못했다는 반성과 함께 사고력을 강조하고 있음에도 불구하고 지식 주입식 교육 일변도의 교육에 치중했다는 비판에서 브루너로 대표되는 학문 중심 교육과정이 태동하였다. 즉 초·중등학교는 대학의 준비 기관으로 대학에서 배울 사회과학의 내용과 지식의 구조를 미리 배우는 곳으로 간주되었다. 훌륭한 민주시민은 사회과학적 지식과 방법을 잘 아는 사람을 의미하게 된 것이다.

다섯째, 합리적인 의사결정과 사회적 행동의 관점이다. 사회과학 교육이 초·중등학교의 보통 교육의 기능과 정의적 측면을 도외시했다는 비판에서 출범하였다. 특히 산업 사회를 거치면서 사회에 다양한 여러 가지 사회문제가 팽배하여 교육에 대한 역할, 기능이 제고되었다. 즉 교육은 학생과 사회가 직면한 문제해결 능력을 가르치는 것이어야 한다는 자각을 하게 되었다. 진정한 민주시민 교육은 각 개인이 개인적, 또는 사회적 문제에 직면했을 때 이를 해결하게 하기 위해서 도와주는 것이며, 그 문제해결은 합리적 의사결정과 실천을 통해서만 가능하다는 입장이다. 합리적 의사결정은 문제에 대한 사회과학적 지식과 시민성이나 잠재력 등을 고려한 통합적인 최선의 의사결정을 의미한다. 아울러 훌륭한 민주시민은 합리적 의사결정 능력을 보유한 사람이며, 나아가 이를 실천하는 사람으로 인식되었다.

한편, 넬슨과 마이클리스(J. L. Nelson, & J. U. Michaelis), 마토렐라(P. H. Martorella)와 울에버(R. M. Woolever), 스콧(K. P. scott) 등의 같은 학자들은 사회과교육이 어떠한 목적을 위해 어떠한 내용을 동원하는가에 따라 ① 문화유산의 선택적 전달자로서의 사회과 교육, ② 반성적 사고 또는 탐구로서의 사회과교육, ③ 사회과학으로서의 사회과교육, ④ 사회적 비판과 참여로서의 사회과교육, ⑤ 개인적·사회적 발달로서의 사회과교육 등의 다섯 가지 유형으로 분류하였다. 이 분류 역시 바, 바스, 셔미스 및 올리버 등 학자들의 분류와 같은 맥락이다.

<표 1-6> 울에버와 스콧(Woolever & Scott)의 사회과교육 핵심 관점

관점	출현 배경	핵심 내용	비고
① 시민성 전달(전수)	미국 국민 통합, 민주시민교육	보편적 가치(인간의 존엄성, 자유, 평등, 정직, 정의 등) 수용, 민주시민교육은 문화유산 전달로 성취	※전통적
② 개인 발달	개별화 교육과 잠재력 발굴 추구	자아실현을 통한 민주시민교육, 개인적 자아실현이 사회적 자아실현	
③ 반성적 탐구 과정	시민성은 사고력 개발 통행 성취, 사회과학적 사고방식 강조	과학적 사고방식을 통한 '발견', 탐구식 수업을 통한 민주시민교육	※전통적
④ 사회과학 교육	스푸트니크 충격, 학문 중심 교육과정과 지식의 구조	사회과학의 기초 개념과 내용 중시, 원리 등 핵심적 아이디어와 지식의 구조 강조	※전통적
⑤ 합리적 의사결정	보통 교육의 기능 외면과 정의적 영역 외면 비판, 학생의 직면한 문제해결 지향	합리적 의사결정과 실천을 통한 문제해결, 지식과 시민성 및 잠재력 통합을 통한 의사결정	

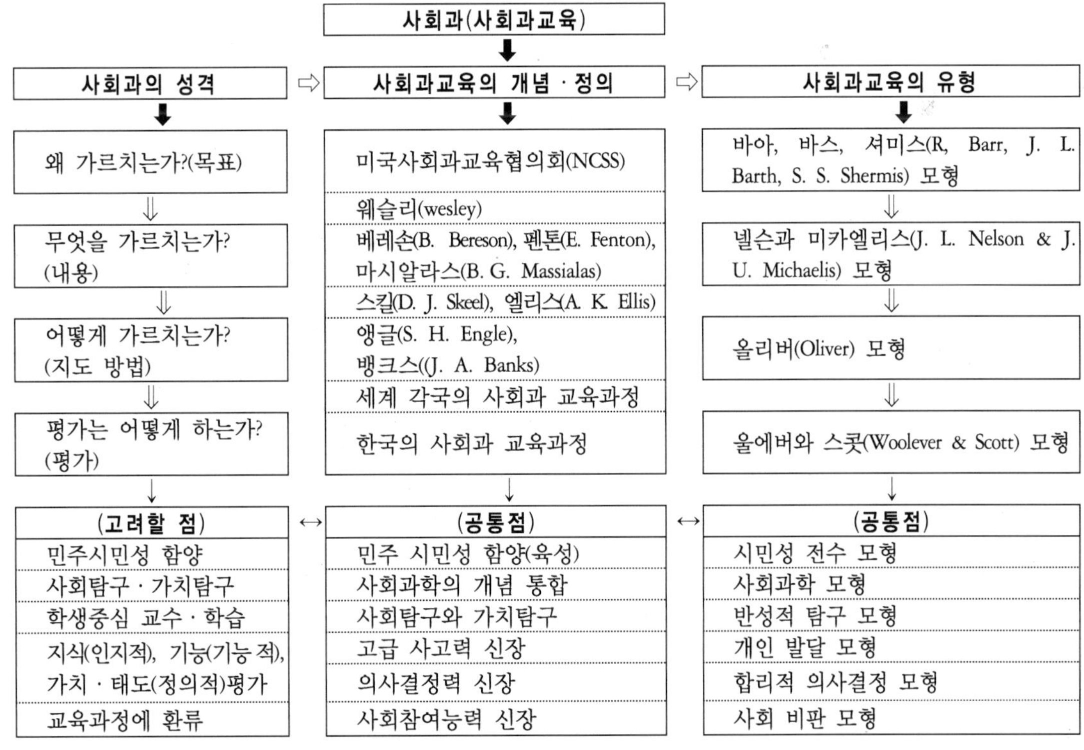

[그림 1-2] 사회과교육 모형의 구조도

제3장 | 사회과교육 관련 유사 용어

사회과는 학문명과 교과명이 일치하지 않는 유일한 교과이다. 사회과는 정치학, 경제학, 사회학, 문화인류학, 법학, 윤리학, 심리학, 역사학, 지리학 등 제 사회과학을 내용학으로 하는 교과이다. 그러므로 이와 같은 여러 사회과학은 유기적으로 각각 통합되어 사회과라는 과목을 형성하고 있는 것이다. 사회과는 종합 교과로서 현재 초·중·고교의 국민공통기본교과 중의 한 교과인데, 이와 유사한 용어가 많아 개념 혼동을 일으키는 경우가 많다. 따라서 사회과교육학도로서 사회과교육을 탐구할 때에는 사회과 관련 유사 용어에 대한 개념 정의를 분명히 하는 것이 바람직하다.

일반적으로 사회과 내지 사회과교육과 유사한 용어로는 사회과학, 사회생활(과), 일반사회(교육·과), 사회교육, 사회주의, 사회봉사, 사회문제, 사회복지, 시민교육, 정치교육, 다문화 교육 등이 있다. 이들 각각의 용어들과 사회과교육의 관계와 특징은 다음과 같다.

첫째, 사회과교육은 보통 사회과와 같은 의미로 사용된다. 즉, 정치학, 경제학, 사회학, 문화인류학, 법학, 윤리학, 심리학, 역사학, 지리학 등 제 사회과학을 내용학으로 하는 교과인 사회과를 가르치고 배우는 교육활동이다. 일반적으로 한국에서는 사회과와 사회과교육을 구별하지 않고 있다. 대체로 동일한 의미로 사용하고 있는 것이다.

사회과와 사회과교육의 개념 정의에서 유념할 점은 사회과가 일반사회 과목, 역사 과목, 지리 과목을 모두 포함한 교과라는 점이다. 환언하면, 사회과는 교과이고, 일반사회, 역사, 지리 등은 과목인 것이다. 현재 일부 사범계 대학에서 사회교육과를 개설하고 역사, 지리 영역의 내용을 배제하고 일반사회 과목만을 교수(이수)하고 있는 것은 일반사회교육과와 비교하여 제고해야 할 대목이다.

둘째, 사회과학은 사회과를 이루는 교과내용학인 정치학, 경제학, 사회학, 문화인류학, 법학, 윤리학, 심리학, 역사학, 지리학 등 개개 사회과학의 학문 자체를 의미한다. 사회과학이 법칙, 원리를 발견하려는 데 초점을 맞추는 학문인 데 비하여, 사회과는 인간과 인간, 자연, 사회제도 등에 관한 사회과학적인 지식을 학생들에게 교육하기 위해서 재조직한 교수용 교과(instructional school subject)인 것이다. 사회과학의 목적은 진리의 발견과 같은 학문적 면을 중시하며 법칙의 탐구를 지향하는 학문의 무리이다. 사회과(교육)는 인간, 자연, 제도 등에 관한 사회과학적인 지식을 학생들에게 교육하기 위하여 재조직한 교수용 교과목이다. 그러므로 사회과(교육)는 교육현장에서 사회과학적 내용을 현실 생활에 알맞게 재조직하고 교수될 수 있도록 하는 교과인 것이다. 아울러, 사회과의 목적이 교과로서 바람직한 인간 육성인 데 비하여, 사회과학은 각 학문의 법칙, 원리 탐구와 규명인 점이 상이한 점이다.

셋째, 사회생활과는 사회과의 예전 교과명이다. 사회생활은 사회과 도입 초기 'Social Studies'를 한국식으로 번역한 것이다. 사회생활과는 사회과교육이 인간의 사회생활을 중요한 내용으로 하고 있다는 데에서 유래한다고 본다. 오늘날의 사회과를 해방 후에는 오랫동안 사회생활과라고 부르기도 했다. 실제 교수요목기의 초·중·고교 사회과와 교과과정기인 제1차 교육과정기의 초등학교와 중학교의 사회과명이 바로 '사회생활과'였다. 사회생활 내지 사회생활과라고 하는 용어는 오늘날도 많이 사용하고 있는데 이것은 사회과교육이 인간의 사회생활을 그 중요한 내용으로 한다는 데에서 유래된 것으로 보인다. 현행 유치원 교육과정에서의 '사회생활'은 건강생활, 표현생활, 언어생활, 탐구생활 등과 함께 중심적 활동 영역으로 편제되어 있다. 아울러, 현재도 우리나라 사범대학 중에서 학과명으로 사회생활과를 개설·편제하고, 세부 전공으로 일반사회 전공, 역사 전공, 지리 전공을 둔 학교(대학교)도 있다.

넷째, 일반사회과는 일반사회교육과를 약칭(略稱)한 것인데, 과거 교육과정에서의 공민과(公民科)의 의미와 사범대학의 학과명 등 두 가지 의미가 있다. 즉, 일반사회과 내지 일반사회교육과는 사회과 중에서 역사교육, 지리교육 관련 내용을 제외한 정치, 경제, 법, 사회, 문화 등에 관련된 과거의 이른바 공민과(公民科)를 의미한다. 일반사회과 내지 일반사회교육과라는 용어는 사회과에서 역사교육과 지리교육의 내용을 제외한 정치, 경제, 사회, 문화 법 등을 가르치고 배우는 교과, 즉, 이른바 예전의 공민과(公民科)를 의미하는 용어로 사용되어 왔다. 현재, 우리나라 교육과정에서 '일반사회'라 하면 사회과에서 역사 영역, 지리 영역을 제외한 영역인 정치, 경제, 사회, 문화 인류, 법, 윤리, 심리 등을 종합한 영역을 의미한다.

일반사회는 용어상으로 '일반'이 넓은 의미의 사회과로 역사 영역, 지리 영역을 포함하여야 하나, 현행 우리나라 교육과정에서는 오히려 역사 영역, 지리 영역을 제외한 나머지 사회과학을 의미하고 있다. 따라서 사범대학의 일반사회교육과는 역사교육과, 지리교육과의 전공인 역사 영역, 지리 영역을 나머지 사회과학의 제 학문을 전공하는 학과로 자리매김되었다.

다만, 현재는 사회과의 과목 중에서 일반사회 과목은 여타 세부 소과목(특히 교과서)으로 분리되어 존재하고 있으며, 사범대학의 학과의 하나로서 일반사회교육과가 존재하고 있다. 사범대학에서 일반사회교육과, 사회교육학과의 일반사회 전공, 사회교육학부의 일반사회 전공을 두고 있는데, 이는 중등학교 교사자격증 교과목명이 '일반사회'로 발급되는 것과 밀접하게 관련되어 있다고 본다. 우리나라 2009 개정 사회과 교육과정에서는 역사(교육)가 영역 독립을 하여 사회과는 일반사회 영역, 지리 영역이 통합한 기이한 통합 형태를 이루고 있다.

다섯째, 사회교육은 사회과교육을 줄여서 칭하는 의미와 학교 밖의 제도권 외의 교육인 평생교육의 의미를 가지고 있다. 특히, 초·중학교 교과서인 '사회'를 가르치는 교과가 사회교육이라고 할 때는 사회교육이 사회교육과 같은 의미인 것이다. 또 역사교육이나 지리교육에 대하여 사회문화교육을 사회교육이라고 하기도 하고, 때로는 사회교육을 일반사회교육과 같은 의미로 쓰는 등 용어가 정교하게 구분되어 있지 않고, 혼동이 오는 경우가 많다.

사회교육의 의미에 대하여는 유념해야 할 점이 있다. 사회교육은 학교 안에서 실시되는 학교교육과는 달리 학교 밖에서 실시되는 조직적이고 체계적인 교육을 사회교육이라고 부르고 있는 것이다. 정규 학제가 아닌 평생교육 차원의 교육 일반을 의미하는 것이다. 최근에는 평생교육, 성인교육, 비형식교육, 계속교육 등의 용어와 밀접한 관련을 가지고 사용되고 있다. 이 때문에 우리나라에서 사회교육이라 할 때에는 초·중·고등학교에서 학교의 교과목으로 교수되는 사회과의 교육 또는 사회과교육을 의미하기도 하고, 또 학교 밖에서 학교에 다니지 않는 일반인들을 대상으로 하여 실시되는 교육을 함께 의미한다. 문화원의 꽃꽂이 교육, 평생교육원의 각종 프로그램, 방송통신대학교와 사이버대학교, 디지털대학교 등도 사회교육(평생교육) 프로그램, 교육기관이라고 할 수 있다.

여섯째, 민주시민교육은 학교뿐만 아니라 학교 밖으로까지 확대되는 교육 프로그램으로서 개인·집단의 구성원으로서 갖추어야 할 지식, 기능 가치, 행동 등을 발달시킬 수 있도록 도와주는 교육을 의미하기도 하며, 한편으로는 사회과교육의 목표로서의 민주시민교육을 말하기도 한다. 이는 1916년 태동한 사회과의 근본적 목적, 목표가 민주시민성 양성이라는 점과 궤를 같이하는 것이다.

끝으로, 사회과 내지 사회교육과 유사한 용어로 사회봉사, 사회주의 사회복지, 사회문제, 사회개혁, 사회혁신 등을 들 수 있다. 하지만 사회과교육은 이들 용어들과는 완전히 다른 개념이다. 사회라는 글자가 붙어 있기는 하지만, 그 근본적 의미는 각각 다르다. 사회봉사는 사회를 위해서 일을 한다는 의미이며, 사회주의는 분배를 지향하며, 사회의 생산 수단을 공유해야 된다는 이념, 사상이며, 사회복지는 모든 사회구성원이 행복하고 인간다운 삶을 누릴 수 있도록 국가, 사회가 제도적으로 보장하는 정책이다. 또 사회문제는 범죄, 탈선, 낙태, 도덕적 해이(moral hazard), 환경오염 등 사회생활에서 발생하는 다양한 바람직하지 못한 문제를 의미하며, 사회개혁은 사회의 제도가 부적당하기 때문에 변화시키려고 하는 것이다. 사회혁신은 사회개혁과 궤를 같이하되 기존의 사회체제를 일시에 획기적으로 바꾸어 새로운 사회 변화를 지향하는 것이다. 다만 이러한 사회과의 유사 용어들의 전반적인 내용을 사회과에서 포함하여 교수·학습한다는 점을 유념할 필요가 있다.

〈표 1-7〉 '사회과(교육)'와 '사회과(교육)의 유사 용어' 상호 비교

용어	주요 개념(의미)	비고
사회과 (사회과교육)	사회사상(社會事象)의 탐구와 사회과학의 내용을 중심으로 바람직한 인간 육성을 위한 교과목[일반사회 교육+역사 교육+지리 교육=사회과(교육)]	사회과교육과 동일 의미
사회과학	인간관계 및 사회 현실을 과학적으로 연구하는 학문의 총체, 사회과학의 목적은 진리의 발견과 같은 학문적인 것을 중요시하며 법칙의 발견에서 신뢰도를 중시	자연과학에 대(對)되는 학문의 무리
사회생활(과)	사회과교육이 인간의 사회생활을 중시하는 데서 기인한 교과 명칭, 교수요목기와 제1차 교육과정기의 초·중학교 사회과 및 교수요목기의 고등학교 사회과의 교과목 명칭	일부 대학교 사범대학의 사회과계 학과 명칭
일반사회(과)	사회과에서 역사, 지리 과목을 제외한 과목 명칭, 과거 교육과정의 공민(公民) 영역의 변경된 명칭, 사범대학 일반사회교육과의 약칭(略稱)	역사, 지리 영역을 제외한 사회과 영역
사회교육	학교 밖에서 학교를 다니지 않는 일반인(성인)을 대상으로 하는 교육(평생교육)	제도권 외 교육
사회주의	자본주의의 대척점에 있는 사회의 생산 수단을 공유하는 사상, 이념의 형태	
사회봉사	사회와 사회구성원들의 복지와 후생을 위해 일하는 활동	
사회문제	사회의 바람직하지 못한 여러 문제로 범죄, 탈선, 환경오염, 일탈 행위 등	
사회복지	사회의 모든 구성원이 인간다운 생활을 할 수 있도록 국가가 제도적으로 보장하려는 노력	
시민교육	민주시민의 자질 육성, 바람직한 인간 육성을 위한 교육, 세계 시민사회의 교육	일부 외국의 사회과교육 명칭
정치교육	민주시민으로서의 자질을 기르는 소양의 바탕인 정치 참여를 강조하는 교육	
다문화 교육	세계화 시대를 맞아 다양한 사회적·문화적 배경을 가진 사람들이 평등한 대우를 받을 수 있도록 사회적 편견, 고정 관념 등을 배제하고 나누고 배려하는 교육	재외외국인, 외국인 자녀교육 포함
세계화 교육	국제화 교육의 확장된 개념으로 세계화 시대의 유대 관계, 소통, 교역 등의 새로운 관계 정립을 중점적으로 강조하는 교육	

제4장 | 사회과교육의 시대별 특징

1. 제1기: 사회과교육 정초기(定礎期)

해방 후 한국의 사회과교육은 타율성에 의하여 형성된 시기로 미국의 고전적인 사회과 이론 모형이 직수입된 시기이다. 따라서 정초기인 제1기 우리나라 사회과 이론 모형은 미국식의 전통적 교과 중심 모형과 활동 중심 모형의 통합적 형태가 주류를 이루고 있었다. 한국 사회과교육의 정초기는 사회과교육이 걸음마를 시작한 시기로 한국 사회과의 특성이 전무한 상태로 미국식의 사회과 모형을 맹목적으로 우리 사회과교육 현장에 적용하던 시기라고 할 수 있다(안천, 2008: 22-23).

2. 제2기: 사회과교육 자생기(自生期)

1962년 한국사회과교육연구회가 창립된 이후부터 제4차 사회과 교육과정이 공표되기 직전까지의 20여 년간을 한국 사회과교육의 자생기라고 구분할 수 있다.

한국 사회과교육이 자생기는 한국사회과교육연구회를 중심으로 꾸준히 발전하였으며, 제2차 교육과정과 제3차 교육과정이 이 시기에 적용되었으며, 이때부터 현장 사회과 교사는 사회과 수업을 탐구수업으로 인식하였다.

한국 사회과교육의 자생기에 강조된 사회과교육은 시민 교육 모형의 일종인 국가 교육 모형이다. 국가 교육 모형은 5·16 군사쿠데타 이후 반공 교육이 강조되고, 제3공화국과 제4공화국에서 국가주의적이고 민족 주체성을 강조하는 교육이 강조되었기 때문이다. 이는 남북 분단이라는 현실 속에서 통일이라는 민족적 과제를 실현하기 위하여 당연하다고 할 수 있다.

한편 이 시기에 강조된 모형으로는 사회 개발 모형이 있다. 1962년부터 추진된 소위 제5차 경제개발5개년계획을 뒷받침하는 사회과교육으로서 당시 우리나라 사회과교육은 사회개발적 성향이 강조되었다고 볼 수 있는 것이다.

3. 제3기: 사회과교육 중흥기(中興期)

제4차 교육과정기부터 제6차 교육과정기까지의 사회과를 중흥기라고 부를 수 있다. 이 시기의 사회과는 한국교육개발원(KEDI)에 사회과교육연구실이 설치되어 교과교육으로서의 사회과의 발전에 크게 이바지하였으며, 제4차 사회과 교육과정과 제5차 사회과 교육과정이 탄생하는 계기가 되었다. 이 시기의 사회과 모형은 산업화에 의한 환경 문제를 강조하는 환경 개선 모형이 나타났으며, 21세기를 앞두고 한국도 산업 사회가 최고로 첨예화되면서 환경에의 본질적 접근이 강조되었다.

4. 제4기: 사회과교육 발전기(發展期)

　제4기인 발전기는 1997년 고시된 제7차 사회과 교육과정과 2007년 공표된 소위 '2007년 개정 사회과 교육과정기'를 의미한다. 사회과교육이 중흥기를 넘어서 실질적으로 발전을 추구하는 시기이다.
　이 시기의 사회과 교육과정은 국민공통기본교육과정 도입으로 학습자 중심 학습, 수준별 교육과정 적용, 재량 활동의 신설 등을 도입하였다.
　특히 학습자 중심 사회과교육과 학습을 정착하기 위해서 기존의 일반사회, 역사, 지리 영역이 기계적 통합을 이루었던 것을 세 영역의 특성을 고려한 유기적 통합을 적극적으로 도모하였다. 아울러, 과거 전통적으로 계승되어 오던 환경확대법을 탄력적으로 적용토록 하여 교육과정 내용상에서 지역과 공간 및 시간을 유동적·복합적 성격을 가진 존재로 파악토록 하였다. 또한 기존 사회과 교육과정 내용과 활동이 중복되고 과다하다는 비판을 수용하여 사회과 학습 목표 및 내용을 정선, 조직하고 양과 수준의 적정화를 도모하였다. 따라서 제4기인 발전기의 한국 사회과교육 이론 모형은 학습자 중심 모형으로 분류할 수 있을 것이다. 특히, 기존의 사회과 교육과정의 진술 측면이 지나치게 상세화되어 있는 문제점을 해결하고자 내용과 주제 제시의 상세화와 대강화를 적절히 고려하였다.

5. 제5기: 사회과교육 성장기(成長期)·재도약기(再跳躍期)

　제5기인 성장기는 2009 개정 사회과 교육과정과 2011 개정 사회과 교육과정 이후로 학습자 주도 사회과 학습이 더욱 강조되고, 사회과의 통섭(융합)교육이 심화되는 세계화 시대 사회과교육의 실행기라고 할 수 있다. 사회과교육에서 세계화 시대를 맞아 세계 시민 교육이 더욱 강조되고 글로벌 다문화 사회의 도래로 다문화 교육이 획기적으로 강화되고 있다.
　2009 개정 사회과 교육과정에서는 학년군제와 교과군제를 토입하여 초등학교 제1-2학년, 제3-4학년, 제5-6학년, 중학교 제1-3학년, 고등학교 제1-3학년 등 5개의 학년군을 편성하였다.
　도한, 사회과와 도덕과를 묶어서 사회·도덕과군을 편제하여 양 교과의 수업 시수 운영에 탄력성을 부여하였다. 그리고 집중 이수제, 창의적 체험활동을 통한 사회과 현장 체험학습, 배려와 나눔 교육 등을 강조하였다.

〈표 1-8〉 한국 사회과교육 이론 모형의 변천

시기 구분	제1기(정초기)	제2기(자생기)	제3기(중흥기)	제4기(발전기)	제5기(성장기)
교육과정기	교수요목~제2차 교육과정	제3차~제4차 교육과정	제5차~제6차 교육과정	제7차~2007년 개정 교육과정	2009 개정 교육과정 이후
시기 (연도)	1946~1973	1973~1987	1987~1997	1997~2009	2009~
이론 모형	교과 중심 모형	사회과학 모형	시민 교육 모형	학습자 중심 모형	학습자 주도 모형
	활동 중심 모형	국가 교육 모형	환경 개선 모형	통합 모형	통섭(융합)모형
		사회 개발 모형			

토의 및 탐구 문제 

1. 사회과와 사회과교육의 개념에 대해서 간단히 설명해보시오.

2. 사회과와 사회과교육의 특징과 성격 등에 대해서 기술해보시오.

3. 사회과교육의 본질로서의 '민주시민성 함양'에 대해서 논리적으로 논하시오.

4. 각 학자(학회)들이 제시하고 있는 사회과의 시민적 자질 구성 요소를 열거하고, 공통점과 차이점을 중심으로 분류, 분석하고 설명해보시오.

5. 사회과와 사회과교육의 의미에 대해서 논하시오.

6. '사회과'와 '사회과교육의 유사 용어'에 대해서 그 특징을 중심으로 비교, 설명하시오.

7. 사회과(교육)의 일반적 특징과 교과(학문)적 특징을 비교·설명하시오.

8. 사회과교육의 비판적 접근에 대해서 논리적으로 설명하시오.

9. 사회과의 기본 모형인 시민성 전수 모형, 사회과학 모형, 반성적 탐구 모형 등에 대해서 비교하여 논하시오.

10. 한국 사회과교육의 이론 모형인 정초기, 자생기, 중흥기, 발전기, 성장기 등 5기를 분류하고 각각의 특징을 기술해보시오.

제 2 부

사회과교육의 발달과 사회과 교육과정의 변천

1. 미국에서 전통적 사회과(사회과교육)가 탄생·성립된 배경을 이해한다.
2. 사회과교육이 발달한 과정을 탐구적으로 이해한다.
3. 미국, 일본, 한국의 사회과와 사회과 교육과정의 특징과 상호 영향에 대해서 두루 이해한다.
4. 한국 사회과교육의 도입과 발달에 대해서 심층적으로 이해한다.
5. 한국 사회과 교육과정의 변천 과정과 교육과정기별 사회과교육의 특징을 이해한다.

1. 성립기의 사회과, 전통적 사회과, 사회과(사회과교육)의 탄생 배경
2. 사회과교육의 성립과 발달의 관계, 사회과교육의 발달 과정
3. 미국, 일본, 한국 사회과교육의 상호 관계, 미국식 사회과교육,
4. 한국 사회과교육의 도입, 해방과 사회과교육, 일본 사회과교육의 영향
5. 한국 사회과 교육과정의 변천 과정, 교수요목기 사회과, 제1차 사회과 교육과정, 제2차 사회과 교육과정, 제3차 사회과 교육과정, 제4차 사회과 교육과정, 제5차 사회과 교육과정, 제6차 사회과 교육과정, 제7차 사회과 교육과정, 2007년 개정 사회과 교육과정, 2009 개정 사회과 교육과정

제1장 | 사회과교육의 탄생과 성립

1. 사회과의 성립 배경

1776년 독립 이후 미국은 줄곧 자유주의와 민주주의 이념으로서 시민정신을 강조하여 왔다. 그리고 경제적인 체제는 자본주의를 기초로 하였다. 1800년대 중엽에 접어들면서 미국 사회에 서서히 자본주의의 구조적인 모순들이 나타나기 시작하였고, 당시 사회적 문제로 치부되던 자본집중이나 독점기업의 출현은 필연적으로 노사 간의 대립을 초래하여 민주주의 이상에 입각한 민주적인 시민으로서의 자질을 갖춘 시민을 육성하는 교육을 요구하기에 이르렀다.

즉, 진보주의 사조의 팽배와 시대적사회적 혼란으로 사회가 탄생하였다. 따라서 이러한 현실문제의 해결을 위한 사회적인 요청으로서 민주시민 양성 교육에 대한 검토와 반선을 중심으로 한 교육개혁운동은 '사회과'의 탄생을 촉구하였다. 즉 통일된 미국의 국민으로서 국가의 발전에 이바지 할 충성된 미국시민을 육성할 목적 하에 통합된 사회과의 출현을 꾀하게 된 것이다.

2. 사회과의 성립: 전통적 사회과

사회과 내지 사회과교육은 20세기 초인 1916년 미국에서 탄생하였다. 당시 미국에서 사회과가 탄생한 것은 미국의 특별한 사회적 환경과 여건에 기인한 것이다. 사회과의 발상지인 미국에서는 통합적 사회과가 탄생하기 전까지는 정치, 경제, 사회, 법, 문화, 역사, 지리 등 제 사회과학 영역이 독립적으로 교수되었다. 다민족 사회인 미국에서 이들을 통합하는 교과, 즉 사회과를 탄생시킨 계기는 그 당시 미국의 사회적·교육철학적 배경이었다. 미국 사회의 특수한 여건이 오늘날의 사회과 탄생의 단초가 되었던 것이다. 사회통합이 사회과 탄생의 핵심적 동기였던 것이다.

미국의 사회과를 단계적으로 구분하면 우선 1916년에서부터 1930년대까지를 전통적 사회과(traditional Social Studies) 시기로 본다. 이 당시 사회과의 고유영역으로 인식되고 있던 지리, 역사, 공민의 교과 편성 유형은 세 가지 형태가 혼용되고 있었다. 지리와 역사, 공민이 따로 교수되는 분과형과, 세 분과를 구분하지 않고 통합하는 통합형, 그리고 앞의 두 형태를 절충한 형태 즉, 총칭만을 사회과라고 하고 그 내용은 분야로 구분하는 절충형이 그것이다.

사회과의 탄생 초기인 1916년 미국의 사회적 배경 면을 고찰하려면, 우선 당시 미국의 사회상을 심층적으로 살펴볼 필요가 있다. 미국은 1776년 독립 이후 민주주의 이념으로 시민 정신을 크게 강조하여 왔다. 그런데 19세기 중엽에 접어들면서 미국 사회에서도 서서히 자본주의의 구조적 모순들이 나타나기 시작하여, 당시 사회적 문제인 극심한 빈부 격차, 기업 집중, 독점 기업 출현 등으로 심각한 노사 간 대립과 갈등이 초래되었다. 뿐만 아니라, 농민과 상공업자 간에도 이해의 대립과 정경유착(政經癒着)으로 인한 각종 부패와 부정, 그리고 부조리가 국민들로 하여금 정치적·경제적인 개혁을 요구하도록 하였다.

1848년을 전후하여 미국 서부 캘리포니아(California)에서 개발된 금광(金鑛)의 영향으로 동부에 밀집되어 있던 인구의 서부 대이동이 전개되었다. 1869년 미국 대륙 횡단 철도가 미국 서해안까지 도달하면서 서부의 개척은 가속화되었고, 광활한 서부는 세계적인 불경기(공황)에도 불구하고 수많은 미국인들에게 안정과 부(富)를 보장해주는 희망과 기회의 땅이었다. 따라서 국제적 이주민뿐만 아니라, 해외, 즉 유럽으로부터 이주해온 사람들이 20세기 초에 이르기까지 백만 명을 넘었으며, 전체적으로 수백만의 인구가 이주 및 이민해 오게 되었다. 이러한 사회적 상황은 미국 교육에서 큰 문제점으로 등장하였으며, 강력하고 통일된 미국을 지향하는 미국의 정책 담당자들에게 해결하여야 할 중요 과제를 던져주게 되었다. 이와 같은 현실적인 문제해결을 위한 사회적인 요청으로서 민주시민 양성이라는 교육에 대한 검토와 반성의 교육 개혁 운동은 사회과의 탄생을 촉구하였다. 통일된 미국 국민으로서 국가의 발전에 이바지할 충성된 국민을 육성할 목적으로 통합된 사회과의 출현을 도모하였던 것이다.

한편, 사회과 출현의 교육·철학적 배경은 20세기에 접어들기까지 미국 내 초등학교의 수가 비약적으로 증가하였으며, 또한 의무교육 기간 연장으로 교육의 내용과 방법이 전환되지 않으면 안 될 상황에 놓이게 되었다. 종전에는 소수의 엘리트 계층만을 위한 지식 중심의 교육과정에서, 이제는 다수를 대상으로 하는 대중 교육으로 생활 중심 교육과정, 아동 중심 교육과정, 경험 중심 교육과정 등으로 전환되게 되었다.

이와 같은 현실적 변화를 더욱 촉진시킨 것은 20세기 초 듀이(J. Dewey)의 교육 철학을 기초로 한 실용주의 교육 사상이었다. 이러한 실용주의적 교육 사조는 인간의 행동과 사고 그리고 경험의 바탕을 연구하여 주입식의 전통적인 교육에 반대하면서 학습자의 흥미, 필요, 목적의식, 문제의식 등에 의한 생활에의 적응을 중요하게 생각하면서 스스로 사고하고, 스스로 활동하는 경험 중심 학습을 강조하게 되었다. 따라서, 학습자의 흥미와 관심에 부합되는 교육과정을 구성하고 교육의 생활화, 교육의 사회화가 이루어져 민주사회에서 요구하는 유능한 인간을 형성해야 한다고 주장하였다. 이와 같은 움직임은 당시의 여러 가지 사회적 현실과 연관되어 교육은 "행동하면서 익히고, 생활하면서 배운다"라는 방향으로 전환되기 시작하였다. 생활을 통해서 생활을 배운다는 것은 학문적으로 분류되고 계통적으로 배열된 교재의 한 토막 한 토막을 이해하고 암기하는 것이 학습이 아니라, 생활하는 가운데서 당면하는 여러 가지 문제를 해결할 수 있도록 지도되는 활동의 원칙이 곧 학습이라는 것이다. 가령, 갈등적 상황을 학습에 끌어들이고 가설적이나마 체험하게 하여 실제적 갈등 상황에 대처하려고 하였다. 이러한 학습에 대한 개념 변화는 생활에서 당면하는 문제해결을 위한 경험 단원 학습이란, 새로운 학습 형태를 탄생하게 하였고, 이러한 학습 형태는 당시까지 독립적으로 다루어져 오던 교과, 즉 지리, 역사, 공민 간의 경계와 벽을 무너뜨려 통합 교과 출범의 계기가 되었다.

따라서, 사회과의 내용은 학문적 체계를 이탈하여 학습자의 필요와 요구에 적합하도록 하려는 심리학적 요구와 다음으로, 교육의 생활화라는 명제하에 실제적으로 실제로 당면하는 문제를 합리적으로 해결할 수 있는 인간을 육성해야 한다는 사회적 요구가 일치되어 통합적 사회과를 탄생시키게 되었다. 즉, 1916년 미국에서 태동한 전통적 사회과의 특징은 역사, 지리를 중심으로 한 통합적 사회과였다는 점이다.

1930년데 이후 1960대까지를 진보적 사회과(progressive Social Studies) 시기라고 한다. 진보적 사회과란 학문적 체계에서 탈피하여 생활에서 직면하는 여러 가지 문제를 중심으로 하여 조직된 통합형 사회과를 말한다.

1930년대를 전후하여 세계적인 대공황은 미국의 경제에도 엄청난 충격을 몰고 오면서 생산은 왕성하나 소비의 위축으로 인한 공산품 재고누적은 물가의 하락을 가져왔다. 따라서 실업률이 빠르게 늘어나면서 산업 활동의 마비로 이어지고 수·출입의 축소는 경제 위기를 초래하면서 각종 사회적인 문제들을 야기시켰다. 이러한 경제적인 위기는 정치적인 위기를 조장하면서 사회적으로 민주주의의 존립마저 위태롭게 하였다.

3. 초기 미국 사회과교육의 특징: 미국 중심의 통합 사회과

미국 사회과 교육과정은 전체적인 교육과정의 맥락에서 이해하여야 한다. 미국 교육과정의 변천은 사회과교육의 변천에 대한 이해 없이 밝히기 어렵고, 사회과 교육과정의 변천 또한 미국 전체 교육과정의 변천에 대한 이해 없이 명확하게 밝히기 어렵기 때문이다(이종일, 2007: 66-69).

미국의 사회과는 역사적으로 1916년 역사와 지리의 통합을 기반으로 탄생되었지만, 그 이전에 이미 사회과는 1905년 미국에서 처음으로 'Social Studies'라는 교과목으로 시작되었다. 1900년대 당시에 미국은 급속한 공업화 과정에 많은 노동력을 필요로 하여 유럽 등으로부터 갑작스러운 인구 유입이 진행되었다. 당시 미국에 일(취업·직업)하러 온 유럽인들은 미국을 돈을 많이 벌 수 있는 것 외에는 그다지 매력적인 지역으로 생각하지 않았으므로 그들은 미국에 일시적으로 왔다가 다시 돌아가는 경우가 많았다. 당시 미국 사람들은 이 외국인들이 미국에 와서 돈을 벌고 미국에 정착하기를 원했고, 이를 위해서는 그들에게 단합과 협동과 연계를 바탕으로 하는 '미국 시민화' 교육이 필요함을 깨닫게 되었다. 이 과정에 미국인들은 역사학, 지리학을 하나의 교과목으로 묶어서 가르침으로써 미국 시민화 작업을 완성하려고 하였다. 즉, 미국에서 경제적 부를 축적하여 자기 나라로 떠나려는 생각을 버리고, 향후 계속 미국에 정착하여 미국 국민으로서 살아갈 수 있는 인식 전환과 여건 마련이 우선이라는 점을 강조하였다.

1930년대에 이르러 사회과는 '경험 중심, 공민 중심, 진보적 사회과'라는 모습으로 변하게 되었다. 20세기 초기의 직접 민주주의 실행과 그에 따른 보통 의무교육의 확산은 이전 시기 엘리트 중심의 학교교육에 많은 변화를 요구하였다. 보통 의무교육의 실시로 노동자, 농민들의 자녀들도 학교에 다닐 수 있게 되었으나 당시의 지역 예산으로 교육 환경을 개선하기 위해서는 역부족이었으므로 학급당 학생 수가 오히려 증대하였다. 이러한 이유 때문에 초·중등학교에서는 쉽고 간단하면서도 일반적이며 주변 생활 속에서 경험할 수 있는 내용들로 교육과정을 구성할 것을 요구하였다. 다른 한편, 1929년의 대공황은 공급이 수요를 초과하는 현상으로 나타나 많은 공장들이 문을 닫게 되었고, 이 과정에서 많은 사람들은 직장에서 해고되어 거리의 실업자로 추락하였다. 이러한 상황은 미국 지식인들로 하여금 기존의 자유 민주주의의 완전성 속에서 기업가들의 이기주의적 행태를 막을 수 없다고 생각하였다. 이에 미국의 지식인들은 새로운 공적인 시민상 형성을 통하여 이 문제를 해결하고자 하였다. 이에 부응하여 사회과에서는 지리, 역사 외 공민(일반사회) 등을 주요 영역으로 설정하고, 새로운 시민상으로 천박한 이기주의를 떠나서 사회 속에서 개인의 존재를 인정하는 사회적 자아(Social

Self)를 사회과 속에서 형성할 것을 주장하였다.

제2차 세계대전 이후 사회 변화는 1960년대에 이르러 '학문 중심, 사회과학 중심, 신사회과'라는 모습으로 나타나 사회과의 성격 변화에 영향을 미치게 되었다. 스푸트니크 쇼크(Sputnik shock)가 계기가 되어 학문 중심 교육과정이 시작되긴 하였지만, 주된 원인은 20세기 인쇄 미디어의 발달과 그에 따른 지식의 폭발적인 증가에서 찾을 수 있다. 인쇄 미디어가 고도로 발달하기 이전까지 인간의 체험에 의한 지식은 일정한 시공간을 넘을 수 없었다.

그러나 20세기 초 인쇄 미디어의 보편화는 한 지역에 한정될 수밖에 없었던 지식을 전 세계에 전파할 수 있게 하였고 이는 사회적 측면에서 지식 폭증 현상으로 이어지게 하였다. 그래서 종래의 교육방법과 기간으로는 이 문제를 해결하기에는 역부족이었다. 브루너, 타바 등의 교육학자들은 이 문제를 해결하는 과정에 학문 중심 교육과정을 주장하였다. 한편 제2차 세계대전까지 잠재되어 있던 미국 내부의 여러 가지 갈등 표출과 그에 대한 대응은 행동과학이 중시되던 사회과학 중심 사회과 교육을 요청하기에 이르렀다. 사회과 연구자들은 이러한 특징을 바탕으로 이 시기의 사회과를 이전 시기의 사회과와 구별하여 '신사회과'라고 지칭하였다.

1960년대 후반기에 들어와 미국은 동서 체제 경쟁에서 어느 정도 자신감을 회복하였는데, 특히 1969년 아폴로 11호의 달 착륙은 미국의 자존심을 회복하는 데 결정적인 역할을 하였다. 그 결과 자본주의 체제 경쟁 과정에서 등한시되어 온 조직사회 속에서 인간의 자율성 상실이라는 문제들을 회고하게 되었으며, 교육학자들로 하여금 사회과학의 기본 개념을 토대로 한 과학적 인식의 형성과 조직사회로부터 인간성 회복이라는 두 가지 문제를 교육 속에서 통일적으로 실현하려는 움직임이 나타나게 되었다. 이런 이유로 1970년대 사회과의 흐름을 오늘날에는 '인간 중심, 역사 및 사회과학 중심'의 시대로 지칭하고 있다.

미국 사회과의 성립, 변천 과정에 대한 원인을 찾아보면, 사회과는 성립, 변천 당시의 역사적·사회적 상황에서 생겨난 문제와 이를 해결하려는 인간들의 노력이 밀접하게 관련되어 있음을 알 수 있다. 사회과교육의 주된 목적이 '바람직한 시민성 양성'에 있을지라도 바람직한 시민의 구체적 모습은 각 시대가 직면한 역사적·사회적 상황과 그에 대응하는 인간의 노력에 따라 달리 설정되어짐을 알 수 있다. 미국 사회과의 변천에 대한 지식 사회학적 접근으로 미루어볼 때, 이 시점 한국의 바람직한 시민상의 구상 문제는 결국 현 시기 우리의 역사적·사회적 상황에서 출발하여야 함을 알 수 있다.

그러나 이 접근은 논리의 명료성은 있지만, 그렇게 간단한 문제가 아니다. 해방 이후 지금까지 차용(借用)하여온 이론을 한꺼번에 무시하기가 쉽지 않을 뿐만 아니라, 그 이론을 대신할 만한 이론을 자체적으로 발전시켜 오지도 못하였기 때문이다. 그렇다고 하여 지금까지 차용하여 오던 방식대로 앞으로도 계속하여 미국 사회과의 내용과 교수·학습 이론을 차용하기에는 문제가 많다. 이러한 이유로 대부분의 사회과교육 연구자들은 미국 교육과정이 우리의 역사적·사회적 상황에 적합하면 수용하고 그렇지 못하면 수용하지 않아도 좋다는 논리를 펴면서도 실제로는 미국 교육과정의 적용에 그치는 것을 볼 수 있다.

제2장 | 사회과교육의 발달

1. 사회과의 출범과 사회과교육: 지리, 역사, 공민 등의 통합 교육

현재 우리가 사용하는 사회과(Social Studies)라는 용어는 그 역사가 그리 오래되지는 않았다. 왜냐하면 '사회교육'이나 '사회연구'를 뜻하는 social study라는 학문적 용어는 미국에서 오래 전부터 사용하여 왔으나, 오늘날처럼 이것이 교과의 명칭을 나타내는 고유명사로 사용되게 된 것은 1910년을 전후한 시기부터이기 때문이다. 사실 미국에서도 그 이전에는 오늘날 사회과의 한 영역으로 되어있는 지리(geography)나 역사(history), 시민사회(civil community), 혹은 정치(politics) 등과 같은 것들이 각각 독립한 교과로서 교육되고 있을 뿐이었다.

교과로서의 사회과는 당시 미국의 교육과 문화 그리고 정치적인 면에서 다른 지역보다는 상대적으로 선진화되어 있던 버지니아(Virginia)의 공과전문학교인 햄프틴 공과대학(Hampton Institute)에서 발간하는 잡지인 Southern Workman에 발표된 논문에서 비롯되었다. 1905년에 발간된 이 논문에서는 역사와 지리를 종합적으로 지도하였더니, 지리적 특수성과 역사적 사실의 관계가 깊어 학습효과가 증대되었음을 입증하였다. 그리고 지리와 역사를 통합하여 하나의 교과목으로 하는 것이 좋겠다는 주장을 하였다. 그 후 1912년 미국교육학회(NEA: National Education Association)는 중등교육재편성위원회(Commission on the Reorganization of Secondary Education)를 창설하여 17개 분과위원회를 두었다. 이때 사회과분과위원회(Committee on Social Studies)도 그 중하나의 분과로서 모두 21명의 위원으로 구성되었다. 이 사회과분과위원회에서 1916년에 낸 보고서가 중등학교 사회과교육(The Social Studies in Secondary Education)이라는 것이었다. 이 보고서에서 공민(civics)과 지리(geography) 및 역사(history)를 통합하여 '사회과(Social Studies)'라는 이름의 교과로 할 것을 주장하였고, 이러한 주장이 받아들여져 통합된 교과로서의 사회과가 학교 정규교과로 다루어지게 되었다.

2. 사회과의 발달 과정

사회과는 성립 이후 사회적·교육철학적 요구에 부응하는 교과로서 그 중요성을 인정받게 되었고, 아울러, 사회과에 대한 연구도 함께 발전적으로 이루어져 왔다. 1916년 사회과의 등장 이래 사회과는 당시의 사회적 연건과 교육 사조의 변화에 따라 그 운영이나 방법에 변화가 생긴 것이다.

미국의 사회과를 단계적으로 구분하면, 우선 사회과 초기인 1916년에서부터 1930년대까지를 전통적 사회과 시기라 할 수 있다. 이 당시 사회과의 고유 영역으로 인식되고 있던 역사, 지리, 공민의 교과 편성 유형은 세 가지 형태가 혼용되고 있었다. 역사, 지리, 공민이 따로 교수되는 분과형과 함께, 세 분과를 구분하지 않고 통합하는 통합형, 그리고 분과형과 통합형을 적절하게 혼합한 절충한 형태, 즉 교과 통칭만을 사회과라고 하고, 그 내용은 분과로 하는 절충형 등이 있다.

사회과의 역사 분류에서 흔히 1930년대 이후 1960년대까지를 진보적 사회과 시기라고 하는데, 진보적 사회과란 학문적 체계에서 탈피하여 생활에서 직면하는 제 문제를 중심으로 조직된 통합형 사회과를 의미한다. 1930년대를 전후하여 세계적인 대공황은 미국의 경제에도 엄청난 충격을 몰고 오면서, 생산은 왕성하나 실업률이 급증하면서 산업 활동의 마비로 이어지면서 수출입의 축소는 경제의 위기를 불러일으키면서 각종 사회적인 문제들을 야기(惹起)시켰다. 이러한 경제적인 위기는 정치적인 위기감을 조장하면서 사회적으로 민주주의의 존립마저 위태롭게 하였다. 이와 같은 심각한 사회적 현실은 필연적으로 교육을 통한 해결책을 요구하였다. 사회과는 그 궁극적인 목표를 내세워서 사회 속에서 살아가는 한 구성원으로서 훌륭한 자질을 지닌 인격체 양성에 목적을 두고 사회적인 문제해결에 합리적인 판단을 할 수 있는 인간 육성에 초점을 맞추는 통합교과로 자리 잡게 되었다. 결국, 모든 학교교육과정에서 중핵적 위치를 차지하게 되었고 지역사회와 학생들의 실태에 따라 학습 내용을 포착하여 실생활에서 제기되는 문제해결을 위한 단원을 설정하고 지식과 생활 및 행동을 연관시킨 사회과 교육과정으로 형성되었다.

1960년대 이후의 사회과를 신사회과(New Social Studies) 시기라고 하는데, 냉전(冷戰)의 산물이라 할 이념적 대립의 경향이 교육에도 영향을 미쳤던 시기이다. 1957년 냉전의 종주국들 간의 우주 개발 경쟁에서 미국의 패배인 스푸트니크 충격(Sputnik Shock)은 미국 내 모든 교육에 일대 반성의 소리를 높였고, 학문적 개념과 체계를 중요시하고, 방법적인 면에서도 스스로 그것을 발견하고 탐구하여 논리적인 구성을 하도록 강조한 소위 학문 중심 교육과정 강조기이다. 이 시기에는 사회과학적 탐구 방법의 도입이 강화되고, 그러한 탐구 능력을 신장시키려는 의도가 강하게 반영되었으며, 사회과 속에서 사회과학적 개념과 원리, 법칙 등을 통한 지적 교육이 강조되었다. 이와 함께 내용적인 면에서는 사회과를 형성하던 기존의 전통적인 사회과 영역인 역사, 지리, 공민 외에도 사회과의 내용학인 정치학, 경제학, 사회학, 법학, 문화인류학 등과 같은 사회과학의 분야에서 이루어진 성과들도 도입하여 교육내용을 구성하려는 시도가 과감하게 이루어졌으며, 지식과 아울러 방법의 학습도 매우 중요하게 다루어져서 지적 개발 및 탐구 과정이 강조되었던 시기였다 (노정식 외, 1996: 12-13).

1970년대 이후는 사회과교육은 인간화를 지향하는 교육개혁 운동이 활발하게 전개되면서 인간화 교육에 초점을 맞추게 되고, 진보적 사회과와의 절충되는 경향을 보였다. 즉, 사회과학의 기본적 개념과 원리, 법칙 등을 통일적으로 실현하려고 모색하게 되었다.

1980년에서 1990년대에 들어와서 미국 사회과에서는 사회과 교육과정의 형성에서 학생들의 요구를 적극 반영하는 한편, 다양한 사회적 환경에 적응하고, 문제해결력을 갖춘 참여적인 인간을 육성함을 목적으로 하고 있다. 따라서, 인지적인 지육(知育)과 정서적인 덕육(德育)을 함께 강조하였으며, 실생활에 적용할 수 있는 살아 있는 교육과 인간 교육을 강조하였다.

2000년대 이후 급속한 세계화·정보화 사회로의 발전과 세계적인 개방화 현상으로 사회과교육에는 이론과 실천 면에서 많은 변화가 일어나고 있다. 무엇보다도 먼저 인지 심리학자들의 연구 결과에 따라서 사회과에서의 학습이 인지적 구성주의의 입장에서 학습모형이 개발되고 있다는 점이다. 정보처리모형의 발달과 개념학습, 고급사고력학습 등에 관한 관심은 이러한 경향을 말해주는 것이다. 이것은 과거에 행동주의에 입각한 학습모형과는 매우 다른 것이다. 스키마(schema) 학습에 대한 연구도 이러한 경향에 속하는 것이다. 이와 함께 사회과학적 탐구에 의한 지식과 가치탐구에 의한 가치분석을 종합하여 의사결정학습모형이 강조되는 것도 특기할 만하다. 의사결정모형은 인지적 모형과 정의적 모형의 종합이라고 할 수 있다.

교육내용 면에서는 정치, 경제, 사회, 문화, 심리학, 지리, 역사 등의 전통적인 사회과학뿐만 아니라 철학, 문학 등의 인문학, 미술, 음악 등의 예술 대중매체, 미래연구, 생명과학, 환경 문제, 다문화 교육, 대중문화, 여성학, 도시 문제, 통일 문제, 인권 문제 등 수많은 학문적 영역과 생활문제의 영역에서 문제를 발견하여 교육의 자료를 구성하고 있다는 점이다. 시민생활에 관한 모든 문제가 과감하게 도입되고 있다는 것을 말해주는 것이다. 이와 같은 내용 폭의 확대는 내용 자체의 다양성만을 의미하는 것이 아니라 하나의 문제를 여러 학문적 관점에서 통합하여 고찰하는 학제적, 또는 종합 학문적 관점에서 문제를 학습하고 있다는 것을 말해주는 것이다. 결과적으로 당연히 '전쟁과 평화', '환경과 인간' 등의 주제중심의 접근을 강화하고 있는 것이다.

가치교육 면에서도 새로운 변화가 시도되고 있다. 가치분석이나 가치추론과 같은 것이 1970년대에 가장 관심을 끄는 것이었으나, 이들이 주로 공정성과 정의와 같은 지적 판단력을 기초로 하고 있기 때문에 참다운 사랑과 이해를 함양하지 못한다는 비판을 받았다. 이러한 경향에서 참다운 인간의 사랑과 타인에 대한 봉사를 강조하는 친사회적 가치나 윤리, 타인에 대한 사랑과 봉사의 윤리가 강조되고 있다. 이들은 세계가 너무 살벌하고 이기적이기 때문에 지적 판단력보다 체험적이고 무조건적인 이타적인 사랑이 인류에게 요청된다는 교훈을 우리에게 전해주고 있는 것으로 사료된다.

뉴밀레니엄이라고 일컫는 2000년대에 들어서 사회과교육은 세계시민 교육의 강조와 배경학문의 다양성과 그 교육의 강화를 지향하고 있다. 세계시민 교육은 사회과의 전통적인 고유한 본질이자 목표인 민주시민 교육의 폭과 깊이를 확대한 개념이다. 하지만 단순한 민주시민 교육의 물리적 확대가 곧 세계시민 교육의 개념은 아니다. 세계시민 교육은 전통적인 민주시민 교육이 통합적·유기적으로 폭과 깊이가 더해진 개념이다. 사회과의 근본적 목적 내지 목표는 시민성 함양, 민주시민의 자질 함양이다. 이러한 시민성과 민주시민의 자질 함양은 향토, 지역사회, 국가 내에서의 가치와 덕목 함양이 주된 관심이었다. 반면, 세계시민의 자질 함양, 세계시민의 소양 제고는 글로벌 지구촌 시대이자 세계화·정보화 시대를 맞아 그 폭과 깊이를 인류공동체, 세계 전 가족으로 확대한 광범위한 개념이다. 따라서 지구촌 구성원으로서 언어, 예절, 질서, 도덕, 문화 등의 기초적 자질과 소양을 초·중·고등학교에서부터 함양하도록 지도하여야 할 소명을 사회과교육은 안고 있다.

한편, 2000년대 들어 사회과교육의 새로운 경향은 기존의 전통적인 내용학으로서의 사회과학인 정치학, 경제학, 사회학, 문화인류학, 법학, 윤리학, 역사학, 지리학 등의 학문 외에 심리학, 여성학, 환경학, 노인학, 인구학, 북한학, 통일학, 군사학, 다문화 교육학 등이 새롭게 사회과교육의 내용 영역으로 편입·포함되어 더욱 학문적 다양성을 지향하고 있다. 특히, 현대 사회과교육은 사회과학 외에도 인문과학, 자연과학 등과의 경계가 낮아지고 완화되었으며, 일부 내용을 공유하는 방향으로 나아가고 있다. 지리학(지리교육), 환경학(환경교육) 등이 사회과학과 자연과학의 내용을 함께 넓혀가고 있으며, 양자가 중첩되고 공유하는 영역이 넓어지고 있는 것이 그 사례이다.

특히 2010년대 이후에는 한국 사회과교육에서 통섭(統攝)교육이 크게 강조되고 있다. 이는 종래의 STEAM 교육 등 통합(統合)교육을 더욱 확장하고 연대한 개념으로 사회과학, 자연과학 등을 비롯한 다양한 영역과 주제를 부드럽고도 자연스럽게 융합적으로 교수·학습하는 방법이다.

제3장 | 한국 사회과교육의 도입

1. 사회과 도입의 전사(前史)

우리나라에 사회과교육의 내용이라고 볼 수 있는 교과 교육이 언제부터 실시되었느냐에 대해서는 그 견해가 일치되어 있지 않다. 과거 고구려의 태학이나 경당, 고려시대의 구재학당(九齋學堂)과 같은 교육 기관이 있었고, 그러한 교육 기관에서도 당시의 시대적 상황에 맞는 교육이 이루어졌으리라 여겨진다. 조선시대에도 서당이라는 보편화된 교육기관이 있었지만 거기서 교육되는 내용도 주로 현실적인 목적을 달성하기 위하여 교수되는 강독(講讀), 제술(製述), 습자(習字), 즉 오늘날 읽기, 짓기, 쓰기 등이 중심이었다.

1885년 우리나라에 최초의 근대적 학교인 배재학당(培材學堂)이 설립되면서부터 그 뒤를 이어 사립과 관립의 각종 학교들이 설립되었다. 당시 이들 학교에서 거의 공통적으로 교수되던 교과들이 대체로 수신(修身)이나 지리, 역사 등이 오늘날 사회과의 내용을 구성하는 영역들이라고 할 수 있지만, 이때는 체계적인 교육내용(curriculum)이 있었던 것도 아니요, 구체적인 교수 시간이 계획되어 있었던 것도 아니었기에 이를 우리나라 사회과교육의 출발로 보기는 어려울 것이다.

2. 사회과의 도입

우리나라에 현대적 의미의 사회과의 내용으로 볼 수 있는 교과교육이 실시된 시기에 대해서는 의견이 일치되지 않고 있다. 다만 미루어 보면, 과거 고구려의 태학, 경당, 그리고 고려의 구제학당 등과 같은 교육기관에서도 그 시대적 상황과 부합되는 교육을 했을 것으로 유추되고 있다. 조선에서도 서당이라는 보편화된 교육기관이 있었는데, 교육되는 내용은 주로 현실적인 목적을 달성하기 위하여 교수되는 강독, 제술, 습자 등이 중심이었다. 따라서 이들은 오늘날과 같은 제도화된 학교교육이라고 보기 어려울 뿐만 아니라, 그 내용 또한 평등적 사상에 기초한 인권 교육이나 자율적이고 능동적인 시민 육성 교육이라는 관점과는 거리가 멀었기 때문에 이러한 시대로 거슬러 올라가 사회과교육의 기원을 고찰하는 것은 무리이다(노정식 외, 1996: 14-16).

실제로 1885년 우리나라에 최초의 근대식 학교인 배재학당이 설립되면서부터 그 뒤를 이어 관립, 사립의 각종 학교들이 설립되었는데, 오늘날의 초등학교의 전신인 보통학교들도 이때에 주로 설립되었다. 이들 학교에서 전통적으로 교수되던 교과들이 대체로 수신이나 지리, 역사와 같은 것들인데, 오늘날의 사회과의 구성 영역이라고 할 수 있다.

1910년 일제가 우리나라를 강점한 후에 근대적 의미의 관립 학교들이 본격적으로 설립되기 시작하였는데 이때에 만국 지리, 만국사 등의 교과가 비로소 교수되었다. 이때에 교수된 만국 지리, 만국사 등은 진정한 세계의 지리나 역사를 교육한 것이 아니라 일본 제국을 세계의 중심으로 인식시키려는 식민 교육의 하나였고, 또 형식상으로도 만국 지리, 만국사라고 하였으나 실질적인 내용은 일본 지리와 일본 역사 중심이었다. 식민지 교육의 또 다른 변형 교육이었던 것이다.

당시 일제에 저항하는 민족주의 인사들에 의하여 설립된 사립학교를 중심으로 하여 조선의 역사가 교수되기도 하였으나 짧은 기간에 그쳤고, 1930년대에 내려진 조선어 및 조선 역사 교수 금지 조치에 의하여 독립 운동가들의 민족주의 노선에 따른 교육은 비밀리에 이루어질 수밖에 없었다. 따라서 이 시기는 지리, 역사, 공민 등의 과목이 분리된 채로 교수되었으나 그 목적과 내용이 오늘날과 같은 민주적 시민을 위한 교육이 아니라 제국주의적이고 침략적인 식민지 국민 교육의 일환이었으므로 사회과의 본질적인 측면에서 미루어 진정한 사회과교육이 이루어진 시기로 볼 수는 없고 오히려 파행적인 교육이 실시된 시기로 보아야 할 것이다.

1945년 제2차 세계대전이 종료되고 일제가 물러가면서 미군정청(美軍政廳)이 중심이 되어 우리나라의 독자적인 정부가 수립되어 독립적인 행정 수행력을 지닐 때까지의 과도 기간을 맡아서 행정을 수행하게 되었고, 따라서 교육 부문은 군정청 교육부가 담당하였다. 당시 교육에 있어서는 일제의 군국주의적 식민 교육의 내용과 방법을 청산하고 새로운 서구식 민주주의를 바탕으로 한 애국적이고 애족적인 한국 국민의 육성이 시급한 과제였다. 사회과 계통에서는 공민, 역사, 지리가 임시 교과목 편제에 선정되었으나 일제 강점기에 배워오던 교과의 편제나 내용을 전면적으로 수정하여 우리나라의 실정에 알맞은 새로운 교과를 만들기에는 시간과 재정, 그리고 이론 등의 능력적인 면에서 강점기 35년이라는 세월이 너무나 긴 기간이었다. 따라서 체계는 그대로 두되 내용은 우리의 윤리, 도덕과 우리의 역사, 우리의 지리로 대체하였으며, 시간 운영은 시간 배당표를 작성하여 그 기준을 마련하였으나 엄격한 준수는 요구하지 않았고 가급적이면 학교의 실정을 감안하여 그 재량에 일임하였다.

미군정청 문교부는 교수요목제정위원회와 교재편찬위원회를 설치하여 교수요목과 교과서 편찬에 들어갔으며, 일제의 잔재를 청산하고 서구식 민주주의를 바탕으로 한 민주시민 교육의 창달을 위하여 민주주의의 선진국인 자국의 교육을 모델로 삼아 이러한 작업을 진행시켜 나아갔다. 그리하여 미국 여러 주의 교육과정과 교과서가 입수되어 검토되었는데, 그중 우리나라의 자연적인 환경과 여건이 유사하고, 비교적 다른 주보다 사회과교육에 대한 연구가 활발한 콜로라도(Colorado) 주의 교육과정에 초점이 모아졌고, 그중에서도 주도인 덴버(Denver) 시의 것을 따르기로 하는 한편, 당시 미국 내에서 가장 선진화된 버지니아(Virginia) 주의 교육과정도 참고하였다. 이러한 논의 과정에서 공민, 역사, 지리를 독립 교과로 하자는 안과 이러한 과목들을 종합하여 하나의 교과목으로 하자는 안이 대립하였으나, 결국 이를 통합하여 하나의 교과목으로 하자는 데 의견이 모아졌다.

그러나 통합된 교과인 「Social Studies」를 우리말로 번역하는 데에 문제가 제기되어 "사회공부", "사회연구", "사회생활" 등을 놓고 의견 조정을 거친 결과 최종적으로 "사회생활"로 결정되었다. 이러한 대강이 결정되자 미군정청 문교부는 새로이 탄생한 교과인 「사회생활과」에 대한 이해를 돕기 위해 연수회와 강습회를 여는 한편, 교육과정과 교과서의 개발에도 박차를 가하여 1946년 초등학교 사회생활과 교수요목을 탄생시켰다. 이로써 우리나라 최초로 현대적 의미의 사회과가 도입되면서 민주적인 시민교육으로서의 사회과교육이 시행되게 된 것이다.

제4장 | 한국 사회과 교육과정의 변천

사실 제도적인 사회과교육이 우리나라에 도입된 것은 8 · 15해방 이후의 일이지만 넓은 의미의 시민성에 관한 교육은 전통 사회에서도 찾아볼 수 있다. 특히 사회과가 민주시민의 자질 함양, 인간다운 인간 육성, 사람다운 사람 육성이라는 본질적 목적을 가진 이상 도덕과 예절을 강조한 전통 사회에서도 그 이상(理想)은 충분히 강조되었던 것이다.

1945년은 해방을 맞아 한국사회가 일본의 강제 식민지 상태에서 벗어나 자주적인 민족국가를 수립한 새로운 분기점으로부터 정치적인 측면에서는 민주주의 제도를 수용하게 되었고, 교육적 측면에서는 민주시민교육을 실시할 수 있는 계기가 되었다. 그러나 새로운 상황을 주체적으로 수용할 수 있는 여건이 부족한 상태에서 민주사회를 건설하고 민주시민을 양성할 수 있는 교육을 실현한다는 것은 어려운 일이었다. 더구나 정치 · 경제 · 사회 · 문화 · 교육 등의 영역에 식민지의 잔재가 남아 있는 상황에서는 문제가 많았다.

우리나라 사회과는 해방 후인 1945년에 '사회생활과'라는 명칭으로 도입되어 제2차 교육과정시에 '사회과'로 개칭되었으며, 혁신과 발전을 거듭하여 현재의 '2009 개정 교육과정'에 이르렀다. 사회과 교과 역사 60년 이상이 된 것이다. 그동안 사회과는 신교육, 또는 민주주의 교육 실현을 위한 전형적인 교과로 평가되기도 하였고, 국가적 · 사회적 요구를 지나치게 추종하여 정 성향이 강한 교과로 인식되기도 하였다. 1990년대 초기에는 소위 열린 교육의 소용돌이에 휘말리기도 하였었다. 사회 여건과 환경이 변화하면 법이 변화하듯이 사회 환경과 학문적 경향이 변화하고 사회의 요구가 발생하면 이에 따라 교육과정도 변화한다. 사회과도 예외가 아니다.

우리나라의 경우 1946년 미군정하에서 만들어진 교수요목에 따른 교육과정 설정 이후 교과 중심 교육과정의 강조, 실생활에 기반한 학습자의 경험 중시, 사회과학의 개념과 탐구 방법의 중시, 전인의 육성 등을 표방하며 사회과교육의 목표와 내용 체계 및 지도 방향 등을 수정 보완해왔으며, 현재까지 일곱 차례에 걸친 교육과정이 개정되었다.

해방 이전의 사회과를 고찰하고, 교수요목 시기부터 '2009 개정 교육과정'까지의 한국 사회과 교육과정의 변천, 발달과 교육과정기별 특징을 요약하면 다음과 같다.

1. 해방 이전의 시기(1945년 이전): 사회과 성립 이전기

1) 구 한말(舊 韓末)의 사회과교육

근대 이전의 교육은 오늘날과 같은 분과 형태가 거의 이루어지지 않았다. 고려시대에서 시작되어 일제시대 이전까지 생명을 유지한 초급 교육기관인 서당에서는 천자문에서 시작하여 동몽선습, 통감, 소학, 사서삼경, 사기, 당송문과 당율 등을 학습 수준에 따라 차례로 가르쳤다. 주로 어학 교육에 큰 비중을 두었으나, 어학의 내용을 이루는 부분은 거의 대부분이 봉건적인 상부구조를 구성하고 있는 유교적 도덕, 정치윤리에 관한 것이었다. 중급 교육기관인 사학, 향교, 서원 등에서는 소학, 사서

삼경 등을 가르쳤고, 이 과정에서 우수한 자들에게 생원과 진사시험에 응시할 자격이 부여되었다. 고등교육기관이라 할 수 있는 성균관에서는 사서오경이 주 교과서로, 문장과 작문 교육이 주를 이루었다.

근대적 의미의 학교교육은 고종의 교육입국조서 발표(1893)에서부터 비롯되었다 할 수 있다. 이것이 자주적인 선언이었는가는 매우 의심스럽지만 이 선언으로 신교육이 본격적으로 출발하게 되는 계기가 되었다는 것은 부인하지 못한다. 이 선언은 구체제의 붕괴가 예상되는 시점에서 민중들의 이데올로기적 동요를 막고 한편으로는 제국주의적 침략에 대항하기 위한 새로운 지식과 기술을 습득할 기회를 제공하기 위한 의도에서 발표되었다.

이러한 목적을 충족하기 위한 중핵 교과가 수신 교육이다. 당시 수신 교과서는 일본 수신 교과의 영향을 받은 것으로 보이며, 내용은 존왕애국(尊王愛國)을 강조하고 인륜도덕의 요지를 가르치기 위한 교과였다. 수신 교과의 시간 배당은 매주 1시간이었다.

중세 사회에서 가장 먼저 교육에 공헌한 것은 정치 교재로서의 역사서였으며(강우철, 1977 : 4), 경제학이나 지리학은 귀족주의적 교육관에서 탈피하여 근대적인 요소를 수용하는 19세기 말 개화기에 이르러서야 교과로 등장하였다.

1860년대 민족사회에 있어서 개화운동이 태동하면서, 1884년 갑신정변을 기점으로 근대학교들이 설립되고 갑오개혁 이후 마련된 산학제의 공포는 한국 교육사의 큰 전환점이 되었다. 19세기 말 설립된 근대 초기 학교로는 동문학, 육영공원이 있으며, 사립학교로는 원산학사가 있다. 이들은 교육목표를 봉건적 지배 체제의 재편 강화에 필요한 근대적 지식을 갖춘 인재 양성에 두었으나, 교육내용에서는 전근대적인 성격을 벗어나지 못하였다.

역사, 지리 등의 근대적인 교과가 채택된 것은 1890년대이다. 이 당시 교육은 실용적인 면에 치중하여 국어, 역사, 지리, 이과 도서, 체조 등의 교과를 가르쳤으며, 여기서 역사는 본국 및 만국 역사, 지리는 본국 및 만국지리를 다루었다.

또한 개화기의 사회과 관련 교육목표, 내용 등을 유추해볼 수 있는 중요한 자료로 당시의 교과서인 수신서가 있다. 수신 교과서가 정식으로 발간된 것은 1906년 편찬된 『중학수신교과서』가 처음이며, 그 이후 여러 종의 수신 교과서가 발간되었다. 그 내용은 역대 천황의 은혜에 대해 서술하고 있다. 당시 수신은 물론 사회과 관련 교과인 역사, 지리, 법제 및 경제 등이 모두 정규과목으로 되어 있었다. 당시 역사와 지리 교과도 가르쳤는데, 내용은 우리나라에 대한 것만이 아니고 만국역사, 만국 정치지리와 인문지리를 포함하는 것이었다. 소학교 심상과에서는 역사와 지리 모두 수의(隨意)과목이었고, 소학교 고등과에서는 한국지리와 한국사는 필수과목으로, 만국지리와 만국역사는 수의과목으로 지정되었다.

당시 관립학교의 교과서는 학부에서 직접 편집하거나 학부대신이 검정한 것을 쓰도록 되었는 데 비해, 사립학교에서는 교육과정에 대해 폭넓은 재량권을 가지고 있었다. 그러나 일제의 한반도 강점이 점차 완료되는 시점인 1908년, 사립학교령의 발표로 사립학교에 대한 탄압도 강화되었다.

1905년 이후의 사회과 시간배당을 보면, 보통학교에서의 수신은 매주 1시간씩 배정되었으며, 역사와 지리는 시간을 배당하지 않고 수의로 교수하게 하였다. 고등보통교육에서는 수신을 졸업 시(제4학년)까지 각 한 시간씩, 역사와 지리는 제3학년까지 학년 당 세 시간씩 배정되었다.

2) 일제시대(日帝時代)의 사회과교육

　1910년 일제는 통감정치를 총독정치로 바꾸어 형식적이나마 남아 있던 국가 형태를 없애고 헌병경찰을 통한 무단정치를 감행하기 시작하였다. 이와 함께 한인에 대한 우민동화를 통해 식민지 노예를 만들기 위한 교육정책을 펴기 시작하였는데, 이는 제1차 조선교육령의 발표(1911)로 구체화되었다.

　수신 교과의 명칭은 그대로 유지되었지만, 내용은 크게 변화하였다. 여기서 내용의 주요 변화는 조선 왕조의 조선 국가에 대한 충성을 일본 황실과 일본 국가에 대한 충성으로 대체한 것이었다. 1913년대 보통학교 수신교과서 편찬지침은 "국민 중추가 되는 충효관념의 양성에 치중하여, 각 권에 이에 관한 교재를 배당하고, 국체(國體)에 대한 관념을 밝히며, 천황·황후 양 폐하, 명치천황 및 조헌황태후의 성덕을 알게 하고, 특히 명치천황이 조선 인민에게 베푼 은택이 두터운 점을 각기 학년의 정도에 따라 될 수 있는 대로 정확히 알리도록 한다"고 하였다. 보통학교와 고등보통학교에서 각 학년 공히 주 1시간씩 배정되었다.

　1938년 제3차 조선교육령이 발표되자, 이른바 "국세에 맞고 세운에 응하는 길은 국제명징(國體明徵), 내선일체(內鮮一體), 인고단련(忍苦鍛鍊)의 3대 방침을 철하하여 대국민 된 지조, 신념의 연성을 기간으로 하지 않으면 안 된다"는 방침에 따라 수신은 국제명징, 내선일체, 인고단련의 내용을 주입하는 핵심 교과로 취급되었다. 교과서도 이전에는 총독부에서 식민지를 위하여 따로 제작하였으나, 제3차 조선교육령 이후부터는 직접 문부성에서 만든 것을 사용토록 하였다. 그만큼 합병은 심화된 셈이다. 제4차 조선교육령(1943) 이후에는 수신 교과의 단위도 늘어 각 학년 공히 주 2시간으로 배정되었다. 내용도 전시지침서와 같은 것으로 변하였다.

　역사와 지리 교과는 일본 중심으로 편찬되었으며, 그 내용은 한인을 열등한 민족으로 묘사하여 이를 주입하는 내용이었다. 제1차 조선교육령 발표 직후 보통학교에서는 역사와 지리시간을 따로 두지 않고 일본어와 우리말 시간에 그 내용만을 가르치도록 하였다. 이는 한국의 지리와 역사를 가르치지 않으려는 속셈이었다. 그렇다고 반발을 무릅쓰고 일본의 역사와 지리만을 가르칠 수도 없는 노릇이었다. 그러다 역사(일본사를 의미)와 지리(일본지리를 의미)가 초등학교에 부과된 것은 제2차 조선교육령(1922) 이후부터였다. 고등보통학교에서는 제1학년 때 일본지리, 제2학년 때 일본역사, 3학년 때 만국지리와 만국역사, 제4학년 때 인문지리를 각각 주 2시간씩 가르치도록 하였다. 제2차 조선교육령 직후에는(3·1운동 직후) 교육내용에 대한 반발이 심해지자 역사와 지리를 가르치지 않아도 좋도록 편법을 쓰기도 한 때도 있었으나, 제3차 조선교육령 이후 오히려 역사와 지리가 강화되어 주당 세 시간씩 배정되었다.

　그러나 일제강점기 시대에는 제4차에 걸친 「조선 교육령」의 시행에 따라, 모든 교육의 목적은 일본의 황국신민(皇國臣民)을 만드는 데 있었다. 따라서 교육과정의 운영도 철저히 일본에 의해 그리고 일본을 위해서 이루어졌다. 이때에 공식적으로는 "일본 역사, 지리" 교과를 가르쳤으며, 우리의 역사, 지리 등은 계속 비밀리에 지도하였다.

2. 교수요목기(1946~1954년): 사회과의 도입

한국의 사회과(교육)는 1946년 미군정하에서 미국 콜로라도 주의 'Social Studies'를 도입하면서 성립하였다. 이때는 'Social Studies'를 '사회생활'로 번역하여 사용하였으며, 이는 공민, 지리, 역사, 실업을 종합한 교과로서 사회생활을 영위하는 데 필요한 기본적인 교양을 내용으로 하였다.

교수요목 시기의 사회과는 사회 기능을 중심으로 선정된 주제를 바탕으로 동심원적 확대법에 따라 내용을 조직하고, 방법으로는 문제해결 학습을 지향하고 있어서 생활경험형 사회과 교육과정으로 접근하고 있다(교육과학기술부, 2008: 298-302).

해방 후의 우리나라 사회과는 일제식민지의 잔재를 청산하고 새롭게 출발하기 위해 다양한 정책을 입안, 추진하였다. 당시 교육 주체들은 신교육, 민주주의 교육의 모델로서 사회과 도입을 결정한 것이다. 특히, 당시 시대적·사회적 상황은 학생 중심 교육, 문제해결 학습 등을 주요 원리로 하는 경험주의 교육론에 바탕을 둔 사회과교육론의 영향을 받으면서도 국내적으로는 신국가 건설을 위한 국민들의 의식 결연, 일선 교사들은 새로운 교육, 교과를 수용할 준비가 미흡하여 교실 환경은 새로운 교육이 착근(着根)하기 어려운 환경이었다.

사회과 교수요목은 '사회생활과 교수요목'이라는 명칭으로 초등학교는 1946년, 중등학교는 1948년에 제정되었다. 당시 사회과(사회생활과) 교수요목의 구성 요소는 '사회생활과의 교수목적', '사회생활과의 교수방침', '사회생활과 교수요목 운용법', '사회생활과 교수에 관한 주의', '사회생활과 교수사항' 등이 제시되었다. 당시 초등학교 사회과의 교수요목에 '자연관찰'과 '직업 보충 교재'가 편성되어 있는 것이 특징이기도 하다.

교수요목기의 사회생활과교수 목적은 "사회생활과(Social studies)는 사람과 자연 환경 및 사회 환경과의 관계를 밝게 인식시켜서 사회생활에서 성실 유능한 국민이 되게 함을 목적으로 한다"고 제시되어 있다.

사회생활과 교수 방침은 '단체 생활에 필요한 정신, 태도, 기술, 습관 등을 양성함', '단체 생활의 모든 관계를 이해하게 하며 책임감을 기름', '사람과 환경과의 관계를 이해하게 함', '우리나라의 역사와 제도에 관한 지식을 얻게 함', '우리나라에 적의한 민주주의적 생활 방법에 관한 지식을 함양함', '실천을 통하여 근로정신을 체득케 함' 등이 구체적 내용으로 사회생활에서의 실천적 측면을 강조하였다.

사회생활과 교수·학습 방법의 유의사항은 '사회생활과 교수요목의 운용법'과 '사회생활과 교수에 관한 주의' 등을 제시하였다. 문제 중심의 학습을 강조한 '설문식 교육을 할 것', 사회과 학습 내용의 통합을 권장한 '역사, 지리, 공민의 혼연 융합을 기할 것', 교사 주도적 교육을 지양할 것을 제시한 '민주주의적 교육을 할 것', '다른 교과와의 관련성도 고려하도록 한 다른 과목과의 관련에 주의할 것' 등을 통해서 사회과 하습의 특징을 밝히고 있다.

사회생활과의 내용은 아동 중심 교육과정, 방법은 문제해결 학습에 초점을 두고, 미국 콜로라도 주의 사회과 교육과정 내용을 중심으로 하고, 버지니아 주 사회과 교육과정 내용을 참고하여 '사회생활과 교수사항'으로 제시하였다(정문성 외, 2008: 28-30).

당시 사회생활과 교수사항은 제1학년 가정과 학교, 제2학년 고장 생활, 제3학년 여러 곳의 생활,

제4학년 우리나라의 생활, 제5학년 다른 나라의 생활, 제6학년 우리나라의 발달, 제7학년 이웃나라, 제8학년 먼 나라, 제9학년 우리나라, 제10학년 인류문화사, 제11학년 우리 문화사, 제12학년 인생과 문화 등이었다.

이 시기의 초등학교 사회과인 '사회생활과'는 단체생활에 필요한 정신, 태도, 기술, 습관을 양성하고, 단체생활의 모든 관계를 이해하게 하며 책임감을 기르고, 우리나라의 역사와 제도에 관한 지식을 얻게 하는 것 등을 중요한 교수 지침으로 표방하였다. 초등학교 사회생활과의 편제는 제1학년에서 제6학년까지 학생들의 생활 범위 확대에 따라 구성되는 사회생활과, 농업에 관한 실천적 지식으로 구성된 직업 보충 교재(제5~6학년 남자), 생물, 천체, 기상, 암석 등의 이과적 성격을 띤 자연 관찰(제1~3학년) 등 세 영역이 통합적 편성된 광역 교과형 성격을 띠고 있다. 내용상 구성의 특징으로는 주제의 배열이 동심원적 확대법에 따른 점, 단원 형식의 도입과 단원 내용을 설문 형식으로 제시하여 문제해결 전통을 시사한 점, 주제의 선정이 사회 기능을 중심으로 이루어졌다. 하지만 중등학교의 경우는 분과적으로 편제되어 정치, 경제, 역사, 지리 등 계통, 통사적으로 조직되었다.

교수 방법으로 교수요목의 단위마다 설문식으로 강목을 제시한 것을 학생들에게 교수할 것을 강조하였으나 각 단위를 중심으로 가르칠 것을 교수요목의 운영 사항으로 제안했다.

중학교 교수요목은 제1~3학년에 걸쳐 공민, 역사, 지리 영역으로 나뉘어 조직되었으며, 목표로 공민, 역사, 지리로 나누어 진술되었다. 이를 이른바 '천(川)' 자 형의 배열이라 하였다. 분과적 성격이 농후하였던 것이다.

중학교 공민 영역의 경우 교육목표는 "신생 국민으로서 또는 재생국민으로서 새로운 민족 문화 건설을 앞두고 공민으로서 정당한 정치에 관심을 갖게 하여 향토 개발의 의무와 자치 정신을 배양케 하기 위해 필요한 일반 공민 생활의 기초를 습득케 하는 것"이었다.

지리 영역은 "우리나라 생활은 물론 서로 다른 특질을 가진 동서양 내지 세계 전체의 생활을 이해하기 위하여 지역적으로 구분하여 교수하지만 국토의 자연 환경과 인문 조건을 체득시켜 한 세계적 추세에서 우리의 처지와 사명감을 인식케 하는 데"에 두었다.

역사 영역의 목표는 "우리나라를 중심으로 동양 및 서양 전체에 긍하여 문화생활을 이해시켜 우리 민족의 발전적 자립정신 앙양에 기여케 하며 국제친화를 위해 노력하는 태도를 기르는 것"이었다.

고등학교의 경우, 1946년에 민군정청에 의해 공포된 고등학교 사회과 교수요목은 현재 남아 있지 않다. 이 시기의 공민, 지리, 역사가 매 학년 주당 2시간씩 3등분되어 있었으며, 교과서가 투입되어 있지 않는 것이 대부분이고 상당히 세분화되고 전문화된 과목 등이 부과되었던 것처럼 보인다.

결국, 교수용목기의 사회과 교육과정은 초등은 통합형, 중등은 '사회생활과'라는 교과명 아래, 종래와 같은 분과적 성격을 띠고 있다. 교수요목기의 이러한 비정상적인 교육과정 편제는 사회생활과 도입을 둘러싼 논쟁의 결과가 아닌가 한다. 특히 민족주의를 우선시한 국사, 지리 관련 인사들의 완강한 반대가 그 주된 이유였다. 현재도 사회과와 사회과교육이 통합교육(統合敎育)을 강조하기는 하지만 교과이기주의, 과목이기주의가 팽배하여 일반사회교육(일반사회), 역사교육(역사), 지리교육(지리) 전공자들이 자기 학과(전공)에 대하여 이기주의적, 자기중심주의적 태도가 완강하여 본질적 발전에 장애가 있는 것이 사실이다. 2009 개정 사회과 교육과정에서 역사과목이 교과서 분리로 분과적 경향을 보이고 있는 것도 이와 같은 교과이기주의, 과목이기주의와 궤(軌)를 같이 하는 것이다.

3. 제1차 교육과정기(1954~1963년): 교과 중심 교육과정

1954년에 교육과정 시간 배당 기준령과 1955년에 중학교 교육과정이 제정, 공포됨에 따라 사회과의 시간 배당 기준과 목표, 내용이 정해졌다. 새로 제정된 '사회과(사회생활과)' 교육과정은 교수요목에 비하여 지적 체계를 따르는 '교과 중심 교육과정'이었다. '교과과정'으로 공포된 하나의 교과과정이었던 것이다. 이는 당시 미국이 지향하고 있던 사회생활과(Social Studies)의 진보주의 교육관에 큰 영향을 받아서 경험주의 교육과정을 동시에 지향하고 있다고 볼 수 있고, 이를 통해서 제1차 사회과 교육과정은 교수요목의 연장선에 있었다고 볼 수 있다. 실제 1952년부터 내한한 미국의 교육사절단으로부터 경험 중심 교육과정 이론이 소개되고, 국내적으로는 전후(戰後)의 사회 혼란을 수습하기 위한 국민 통합이 절실한 시기였다.

제1차 사회과 교육과정은 사회과의 성격 규정에서 내용을 분과적이나 계통적으로 다루어야 할 것이 아니라, 통합적으로 다루어야 함을 강조하여 교수요목기에 도입된 통합교과로서의 성격을 분명히 하고, 교과 명칭을 '사회생활과'로 유지하였다. 다만, 초등학교의 사회과 교육과정에서는 교수요목기에 통합, 편제되었던 '자연관찰'과 '직업생활'에 관한 내용이 사회과에서 분리되었다.

제1차 사회과 교육과정의 내용 선정 배열은 사회기능법과 경험확대법을 따랐다. 비록 고등학교 국사 영역의 선택 과목의 단원은 주제 형태로 구성되었지만, 대부분의 교육내용은 몇 개의 질문으로 구성하였다.

단원을 질문 형식으로 구성한 것은 단원을 하나의 문제로 보고 그 문제를 해결해가는 과정을 밝히기 위한 것으로 볼 수 있다. 따라서 이 시기의 교육과정에서 단원은 지식의 토막이 아니라 학습자들이 문제를 발견하고 그것을 풀어가는 과정으로 보았다고 할 수 있다.

교수요목기에 있던 초등학교 제3학년의 다른 나라의 생활이 없어지고 제5학년에 제시되어 있던 세계에 대한 학습도 제6학년으로 올라갔다. 특히, 초등학교 사회과 내용상으로는 도덕 단원 편성, 내용 기능 중시, 환경확대법에 의한 내용 배열 등이 특징이다.

따라서, 제1차 사회과 교육과정에서 초등학교의 내용 편제는 제1학년 우리 집, 우리 학교, 제2학년 이웃 생활, 제3학년 고장 생활, 제4학년 우리 고장의 내력, 제5학년 산업의 발달, 제6학년 우리나라의 발전과 세계 등이었다.

중학교의 경우에는 사실적 지식을 중심으로 중학생의 생활 경험 확대에 맞추어 학습 내용을 구성하였다. 중학교 사회과는 제1~3학년에 걸쳐 지리, 역사, 공민으로 나누어 조직되었으며, 편제상의 분과와 함께 목표 진술도 부분별로 이루어졌으며 시간 배당, 지도 내용도 부분별로 제시되었다. 공민, 역사, 지리 영역이 형식상으로는 통합되어 있었으나, 실제적으로는 분과 형식을 띠고 있었다.

특히 중학교에서는 사회생활과의 일정 부분을 도의교육에 할애하였으며, 도덕교육과 관련한 내용 추가는 전후 국가 재건과 부흥을 위한 여러 지식과 덕목을 사회과교육에서 취급하여 국가·사회 발전에 공헌토록 할 의도였다.

고등학교에서는 사회과에 '일반사회' 과목이 처음 등장하였다. 따라서 사회과는 일반사회, 도덕, 국사, 세계사, 지리의 5분과로 이루어졌으며, 그중 일반사회, 도덕, 국사의 3분과는 모든 고등학교의 필수가 되었고, 세계사와 지리는 학교에 따라 학생에 따라 선택할 수 있는 선택 과목으로 되었다.

특히, 고등학교의 경우 교수요목기에 사회생활과였던 교과명이 사회과로 변경되었으며, '도덕'과 '일반사회' 과목이 등장하였다. 일반사회는 고등학교 사회과가 담당하는 영역 중 역사, 지리, 도덕 분야를 제외한 정치, 경제, 사회, 문화, 법 등을 중심으로 한 과목으로, 중학교 사회생활과 공민 영역의 연장이라고 할 수 있다. 이후 사회과를 삼분하여 일반사회, 역사, 지리 과목으로 부르게 되었으며, 교원자격증 표시 과목도 이 세 과목에 공통사회 과목이 추가된 정도로 현재에 이르고 있다.

제1차 사회과 교육과정은 민주시민 육성을 위한 민주주의 교육의 핵심 교과로서의 역할과 광복 이후 국가의 재건과 부흥을 위한 여러 가지 지식의 덕목을 사회과교육 내용에 포함시킴으로써 국가, 사회 발전에 이바지해보려는 교과로서 자리매김하게 되었다.

따라서, 제1차 사회과 교육과정에서는 사회 기능을 중심으로 범위(scope)를 결정하고, 동심원적 확대법에 따라 계열성(sequence)을 추구하였기 때문에 구성 논리는 이전의 교수요목과 매우 유사했다. 특히 교과교육과정으로서 내용으로는 학년별 단원명과 제목을 제시하였는데, 동심원적 지역 확대 원칙에 따라 생활 경험 중심으로 구성하였다(교육과학기술부, 2008a: 298-302).

4. 제2차 교육과정기(1963~1973년): 경험 중심 교육과정

1963년에 공포된 제2차 교육과정은 제1차의 교과 중심 교육과정에서 학생들의 경험을 보다 강조하고자 하는 경험 중심 또는 생활 중심 교육과정이었다. 이때부터 교육과정 이론에 따라 이론상의 체제가 일관성을 갖춘 교육과정의 틀 속에서 사회과교육이 이루어지기 시작하였다. 이 시기는 5·16 군사쿠데타와 같은 정치적 변화에 따라 정치, 경제, 사회, 문화 면에서 새로운 변화를 맞은 시기이다. 따라서 제2차 교육과정은 1958년부터 개정을 위한 여론 조사 등 기초 작업을 실시하여 오다가, 1961년 5·16 군사쿠데타 후 정권을 잡은 박정희 군사 정부의 정책을 많이 반영한 교육과정이다.

제2차 사회과 교육과정에서는 우선 교과 명칭이 '사회생활과'에서 '사회과'로 변경(개칭)되었다. 또한 사회생활과에 단원 내용으로 통합되어 있던 도덕 내용이 '반공·도덕 생활'로 독립되었다.

제2차 사회과 교육과정은 제1차 사회과 교육과정과 마찬가지로 아동(경험) 중심 교육과정으로서, 생활 경험을 활용한 학습을 강조하였다. 교육과정의 내용 면에서는 자주성, 생산성, 유용성을 강조하고, 조직 면에서는 합리성을, 운영 면에서는 지역성을 강조하였다. 또한, 편제 면에서 보면 우선 교과 명칭이 '사회생활과'에서 '사회과'로 변경되었고, 사회생활과 내의 반공·도덕 내용이 '반공·도덕생활' 영역으로 옮겨가게 되었다. 그 결과 이수 시간도 이전 교육과정보다 축소되었다.

이 시기의 중학교 교육과정은 '경험 중심'을 표방하였지만 오히려 이전의 교육과정보다 생활경험이 보다 적게 관련되었으며 사실적·단편적 지식의 나열이 많았다. 내용 체계 면에서는 제1차 교육과정과는 달리 지리, 역사, 공민의 내용을 학년별로 체계화하였다. 즉, 종전의 학년마다 지리, 역사, 공민 내용이 포함되어 있던 방식인 '천(川) 자형' 배열에서 세 영역이 횡적 연계를 갖는 방석식·삼(三) 자형 배열로 통합을 강조하였다.

제1학년은 지역확대법에 따라 향토, 각 지방, 우리나라 전체, 세계의 각 지역, 세계 전체, 세계와 우리나라로 구성되었으며, 국토 이해, 애향심과 애국심, 자연의 개발과 이용, 국제 협력, 지역성 등이 강조되었다.

제2학년은 고대, 중세, 근대, 현대사에 걸쳐 국사와 세계사의 내용이 기계적으로 합쳐져 구성되었으며, 이로 인하여 국사교육이 소홀해졌다는 비판이 제기되었다. 그러나 이것은 오히려 이후에 국사과가 독립되는 계기가 되었다.

제3학년은 인간과 사회생활, 민주 정치, 경제생활, 문화와 사회문제, 국제 관계 등을 취급하고 있는데, 민주사회생활의 원리 이해, 반공, 당면 문제의 해결, 국제 협력 등이 강조되었다.

고등학교 사회과 교육과정에서는 역사, 지리, 일반사회 영역의 삼분(三分)이 더욱 강조되었다. 일반사회 영역에서는 '정치·경제' 과목이 나타나면서 '일반사회'도 영역의 의미보다 과목의 모습으로 변하였다. 또한 타 교과의 지도 내용과의 중복을 피하고, 영역별 재구성의 융통성을 부여하였다.

사회과 교육과정에서도 민주적 신념의 확립과 더불어 반공 의식이 투철한 자주적 인격을 강조하였으며 국민윤리, 국사, 지리Ⅰ, 지리Ⅱ, 세계사, 정치·경제 과목은 우리나라의 현실적 문제점을 발견하여 이를 해결하는 기능을 기르는 것을 강조하였다.

〈표 2-1〉 제2차 사회과 교육과정의 학년별 주요 내용(초등학교)

학년	주요 내용
1	즐거운 우리 학교, 선생님과 동무, 학교 가는 길, 이웃의 놀이터, 여러 가지 행사
2	마을의 기관, 물건을 대어주는 사람과 시설, 소식을 전하여주는 사람과 시설, 여행, 물건의 수송, 안전을 지켜주는 사람과 기관, 마을의 생활
3	고장의 자연 환경, 고장의 기관과 시설, 고장의 산물, 여러 고장의 생활, 옛날의 우리 고장
4	우리나라의 자연 환경, 산림녹화, 우리나라의 명승지, 우리나라 여러 지방의 생활, 모둠살이, 농업의 발달, 우리 지방의 발달
5	근로와 우리 생활, 자원의 이용, 기계의 발달과 산업, 경제생활과 금융 기관, 교통과 상업, 우리나라 산업의 발달
6	우리나라의 발달, 민주주의와 정치, 세계 여러 나라의 생활, 한국과 국제연합, 새로운 문화생활, 우리의 할 일

특히, 제2차 교육과정에서는, 제1차 교육과정의 고등학교와 마찬가지로 초등학교·중학교 사회과의 교과명이 '사회생활과'에서 '사회과'로 변경되었다. 그리고 제2차 교육과정에서는 목표상의 특징은 사회 인식을 바탕으로, 사회 재건 및 국가 발전을 위한 자질 육성을 강조하고 있다. 구체적으로 민주국가 건설, 국토 개발의 의지, 반공과 민주주의, 경제재건 등과 같이 국가·사회적 요구를 많이 반영하고 있다. '지도상의 유의점'을 제시하여 사회과에서 추구하여야 할 교수·학습 방법을 강조하고 있다. 특히, 제2차 교육과정 사회과의 방법론 중 핵심적인 형태가 문제해결식 교수·학습이다. 아울러, 종래의 사회 기능을 중심으로 하고 지역확대법에 따라 내용 구성은 계속 유지되었으며, 내용상으로는 사회생활을 이해시키고 사회에 올바르게 적용하게 하는 한편, 사회를 진보·향상시키는 능력과 태도를 기를 것을 목표로 하는 것 또한 계속 유지되었다.

특히, 제2차 사회과 교육과정에서는 기존의 나선형식 교육과정이 동심원적 확대법, 지역 확대법, 환경 확대법 등과 함께 철저히 유지되고 강조되었다.

5. 제3차 교육과정기(1973~1980년): 학문 중심 교육과정

제3차 사회과 교육과정기는 학문 중심 교육과정이 융성했던 시기로 미국 유학파인 교육학자들이 기존의 아동(경험) 중심 교육과정을 비판하고, 그 대안으로 학문 중심 교육과정을 강조하였다. 학문 중심 교육과정에 따라 학문의 구조와 개념, 핵심 아이디어 중심의 교과 편성이 요청되었고, 이로 인하여 사회과 내의 과목들도 학문별로 분화되면서 교과서에 통합 교육과정의 원리가 약화되었다.

제3차 교육과정은 기본 방향 면에서 국적 있는 교육의 강화, 방법적 원리 면에서 학문적 접근 방식을 배경으로 하여 개정된 것이다. 이때는 '한국적 민주주의, 조국 근대화, 국가 안보' 등을 강조하는 시기였다. 그러므로 '국민교육헌장'의 이념을 구현하려는 국가적 요구와 과학적인 접근방법을 중시하는 학문적 요구를 반영하려고 하였다. 따라서 국가적 요구와 학문적 요구의 조화라는 사회과교육의 과제가 첨으로 제기된 교육과정으로서 여러 측면에서 한국화된 성격의 교육과정이다. 그리고 개본 개념의 이해, 지식의 구조적 학습, 탐구 방법과 능력을 강조하는 사회과학으로서 사회과의 성격을 중시하여, 사회과교육 내용을 전체적으로 사회과학적 지식을 바탕으로 체계화하려고 노력하였다.

제3차 교육과정기는 유신체제 시기로 한국적 민주주의의 토착화, 민족 주체성의 확립, 분단의 극복과 통일의 문제가 중요 이념이었다. 학교교육 및 교육과정 측면에서는 종전의 경험 중심 교육과정에 대한 비판과 새로운 교육 이론의 도입이 요청되는 시기였다. 특히, 제3차 교육과정은 국민교육헌장 이념 구현, 유신 이념의 실행 등 국가사회적 요구를 십분 포함한 교육과정이다. 특히, 학문 중심 교육과정에 의한 신사회과(New Social Studies)가 뿌리를 잡은 시기이다.

이로 인하여 국가적 요구와 학문적 요구의 조화라는 사회과교육의 과제가 처음으로 제기된 교육과정이 되었으며, 여러 면에서 한국화된 교육과정으로서의 성격을 지니게 되었다. 그리고 기본 개념의 이해, 지식의 구조적 학습, 탐구 방법과 능력이 강조되는 사회과학으로서 사회과의 성격을 중시하여 이를 보다 분명하게, 그리고 교육내용 전체를 사회과학적 지식을 바탕으로 체계화하려고 하였다.

제3차 사회과 교육과정 개정 당시의 취지는 사회과 교과 성격의 명확화, 한국인상의 정립, 지식의 구조화를 위한 노력, 탐구 절차의 중시 등에서 찾아볼 수 있다. 사회과는 제1~2차 교육과정 당시처럼 중핵적인 교과적 성격이 아니라 타 교과와 동일선상의 독립적 교과화되었다. 그리하여 도덕(초·중), 국민윤리(고), 국사(중·고) 등이 하나의 교과로서 분리·독립되어 소위 'social studies'가 지녔던 통합 교과로서의 성격이 크게 약화(弱化)되는 파행적 구조를 맞게 되었다(교육과학기술부, 2008: 298-302).

당시에는 교육과정에서 사회과학의 구조와 함께 그 구조를 학습해가는 방법, 절차 등이 중요시되었다. 이 시기의 초등학교와 중학교 교육과정에서 단원의 제목과 항목 사이에 학습 상황이나 학습 방법 등의 학습 조건을 제시하는 안내문을 도입하였다. 안내문은 학습의 절차 혹은 방법을 제시해주는 것이라고 할 수 있다.

초등학교 교육과정에서는 사회과의 편제에 생활 경험 중심 교육과정의 원리가 많은 영향을 미쳤으며, 기존 교육과정의 '반공·도덕생활' 영역이 '도덕과'로 독립, 분과되었다.

중등학교에서는 국사 교육을 통한 민족 주체성 교육을 강조하였는데, 이는 결국 국사과가 사회과에서 독립되어 분과되는 결과를 초래하였다. 도덕 영역도 중학교에서는 '도덕과'로 독립되었고, 고등학교에서는 '국민윤리과'로 분리되었다.

중학교 교육과정에서는 급격하게 변모하는 사회현상에 대응하여 현대 사회의 이해를 추구하였고, 사회과학 제 분야의 새로운 학문적 성과를 반영하면서, 이전부터 있었던 민주적, 세계시민적 인간 형성의 관점에서 국민적 문제와 자세를 보다 강조하였다.

목표 면에서는 국민교육헌장의 이념 구현을 기본 방향으로 삼고 '국민적 자질'의 육성을 강조함으로써 궁극적으로 바람직한 한국인의 육성이 주체성, 발전 지향성, 협동 총화성, 효율성 등에 목표가 있음을 분명히 하였다. 즉, 사회과의 궁극적 목표를 소망스러운 한국인상에 두고 사회과학이 추구하는 목표, 국가·사회적 요구를 반영한 일반 목표, 학년 목표 등을 제시하였다. 또, 구 교육과정과 마찬가지로 사회과라는 종합 교과로서의 틀 아래 제1학년에 지리, 제2학년에 역사(세계사), 제3학년에 공민(일반사회)을 편성하여 제2차 교육과정의 이른바 '삼(三)' 자형의 구조를 유지하였다.

내용 면에서는 지식 그 자체보다도 지식을 획득하고 활용하는 능력의 신장에 특별히 역점을 두었다고는 하지만, 내용의 선정이나 배열에서 사회과학의 개념이나 법칙, 원리를 통해 구조화하기보다는 제반 사회과학의 학문적 성과를 직접 도입하고자 했다. 특히 국사 교육이 체계화되고 강화되었으며, 전체 구성은 동심원적 지역확대법과 시간 소급법에 따라 학생들의 관심사를 반영하기 위하여 탐구를 중심으로 하는 학습 절차를 중시하였다. 또 각 학년의 모든 학습 단위에 학습 절차, 방향 또는 수준을 제시한 후 그다음에 주요 개념과 제재를 제시하였다.

고등학교 사회과의 경우, 제2차 교육과정 시기의 고등학교 사회과의 일반사회, 국민윤리, 국사, 지리Ⅰ, 지리Ⅱ, 세계사, 정치·경제 등의 과목으로 편제되었던 것과는 달리, 이 시기에는 정치·경제, 사회문화, 세계사, 국토지리, 인문지리, 국사 등의 과목으로 편제되었다. 즉, 기존의 '일반사회' 과목이 사라지고, 대용으로 '정치·경제'가 등장하고, 새롭게 '사회·문화' 과목이 편성되었다. 지리 영역에서는 학문적 분화의 성격을 반영하여 '국토지리'와 '인문지리'가 새로 사회과에 편제되었다.

특히, 고등학교에서는 도덕이 국민윤리과로 분리되었으며, 국사과가 별도 교과로 독립되었다. 제3차 교육과정기에는 전통적으로 통합사회과의 주요 구성 영역이었던 도덕, 윤리 영역과 국사 영역이 사회과와 동등한 하나의 교과로 독립하여 분리되어 사회과의 통합 측면에서는 파행을 맞은 시기이다.

제3차 교육과정의 사회과는 학문 중심 교육과정 사조의 영향으로 개정되었음에도 불구하고, 교육과정 전반에서는 학문 중심 교육과정의 전형적인 원리인 '탐구학습'이 크게 강조되지는 않았다.

6. 제4차 교육과정기(1981~1987년): 인간 중심 교육과정

제4차 교육과정은 경험 중심, 학문 중심 등 교육과정 관점상의 뚜렷한 특징을 지니지 않고 있다. 제3차 사회과 교육과정이 학문적 적합성을 강조한 것이라면, 제4차 교육과정은 개인적인 적합성과 관련되는 인간 중심 교육과정의 성격을 강조하였다. 이는 1979년 유신 체제가 붕괴되고, 1980년대 소위 '서울의 봄'으로 국민들의 민주화 열기와 새로운 교육 개혁의 열망을 충실히 반영하고자 의도한 교육과정이다.

제4차 교육과정은 국민정신교육의 강화, 전인교육에 기여할 수 있는 사회과교육 내용의 선정, 체계적인 국사교육을 위한 계속적 보완, 초·중·고교의 계열성 확립, 내용량과 기준의 적절성 고려 등의 방향으로 개정되었다. 목표 측면에서 가치·태도가 강화되었으며 국가, 사회적 요구사항을 중점적으로 강조하였다. 이 시기부터 사회과의 통합적 성격이 보다 강화되고, 학교급별로 사회과의 특성이 분명하게 나타나게 되었다.

교육과정의 내용 면에서는 사회과학의 각 영역에서 기본적으로 취급되는 내용 및 국가·사회적으로 요청되는 시대적인 문제와 가치를 우선으로 선정하고, 우리 사회의 원활한 기능을 유지하고자 사회구성원들이 이해하고 있어야 할 요소와 사회현상의 탐구에 필요한 과정으로서의 지식 중심으로 선정하였다. 내용 조직에서는 지역확대법과 시간 소급법을 적용하여 이전 교육과정을 보완하고자 하였다[교육과학기술부, 2008: 298-302].

통합 교육과정의 접근과 내용의 정선 및 수준의 적정화가 강조되면서, 초등학교 제1~2학년에서는 생활 중심의 통합이 교과서 수준에서 시도되었다. 즉, 초등학교 제1~2학년의 사회과는 국어과, 도덕과 등과 통합하여 교과서 수준의 '바른생활'로 통합되었다. 아울러, 초등학교 5~6학년 사회과에서는 그동안 국사와 지리, 공민 영역을 구분하여 제시하던 기존 형태에서 벗어나 영역 간 구분 없이 통합하여 내용을 제시하였다.

초등학교에서는 내용상으로 민주 생활의 습관화, 국토와 민족에 대한 애정, 국가 발전, 민족 문화 창달 및 인류 공영에 이바지하려는 태도 함양을 강조하였다. 초등학교에서는 사회 기능 및 기초·공통 개념, 사회문제 등을 축으로 하여 시간적(역사), 공간적(지리) 내용을 통합하는 융합형을 이루었다. 특히, 사회과가 도덕과, 국어과 등과 통합되어 교과서인 '바른생활'이 편찬되었다. 아울러, 지식의 탐구 절차를 강조하여 사회과 탐구학습의 지향을 교과 목표로 강조하고 있음은 특징적이다. 또한, 내용 구성에서 나선형식 확대 원리가 체계적으로 반영되어 초등학교에서는, 시대적인 문화와 가치를 우선적으로 선정하여 사회 기능적 요소와 사회문제를 관련시켜 배열하였다. 초등학교 사회과의 지도 방법 면에서, 지역사회 자료의 활용, 견학, 조사, 관찰, 자원인사 초빙 학습, 토의 등의 다양한 학습 활동과 개념, 원리 이해, 시사자료 활용, 집단적 사고 신장을 강조하였다.

중등학교의 사회과와 국사과는 독립된 교과 체제를 유지하였다. 중하교의 학년별 사회과 내용 편성은 지리, 세계사, 일반사회 등이 학년별로 구분되었던 것을 통합하였다. 중학교에서는 학년별로 2개 영역을 배치하였다. 제1학년에 공민(일반사회)과 지리(한국지리), 제2학년에 지리(세계지리)와 역사(세계사), 제3학년에 역사(세계사)와 공민(일반사회)을 편성하였다. 이는 영역 간 관련 내용을 같은 학년에 배치하여 학습의 효율성을 높이고자 하는 상관형 통합형이었다. 중등학교의 내용 배열은 통합 과정으로서의 접근, 국민정신 교육의 체계적인 반영, 현대 사회가 당면한 제 문제, 경제 건설과 사회 복지 증진에 기여하는 내용을 강조하였다. 지도 방법 면에서 다양한 학습 자료 활용과 토론, 발표, 야외 관찰, 조사, 사례 연구, 인물 학습 등을 강조하고 있다.

고등학교는 사회과 교육과정은 사회 I, 사회 II, 지리 I, 지리 II, 세계사 등의 과목으로 편제함으로써 통합을 지향하는 모습을 보이기도 했다. 사회 I은 정치·경제 중심으로 편성하였고, 사회 II는 사회·문화 중심으로 편성하였다. 지리 영역도 기존에 '국토지리'와 '인문지리'로 구분되어 있던 것을 '지리 I', '지리 II' 등으로 통합하여 운영하였다. 지리 I에서는 우리나라 및 세계의 지리를 우리나라 중심으로 계통적으로 이수하였고, 지리 II에서는 우리나라 및 세계 여러 지역의 특성을 기능과 주제 중심으로 학습하도록 하였다. 고등학교의 지도 방법 면에서는, 학습 지도 방법의 개선을 강조하고 통합적인 능력, 탐구 능력, 정보의 선별적 수용 능력 신장을 더욱 강조하였다. 제4차 사회과 교육과정은 초등학교는 융합형, 중학교는 통합형, 고등학교는 분리형의 성격을 갖는 등 학교급별로 사회과의 특성을 달리한 점이 특징이다.

7. 제5차 교육과정기(1987~1992년): 사회과의 성숙

제5차 교육과정은 기본적으로 이전의 제4차 교육과정의 목표, 내용, 방법적 요소와 골격 등을 대체적으로 유지하면서도 지속적이며 점진적인 변화를 유도하였다. 제5차 교육과정은 급변하는 시대적 요구의 반영, 국가 사회의 당면 과제 해결 중시라는 측면에서 교육과정의 보완, 학문적·국가적·사회적·개인적 적합성을 함께 고려하고 지역화, 개방화에 대비하는 교육과정을 기본으로 하고 있다. 다양한 변화와 미래 사회에 대처하는 인간상을 반영하였고, 특정 사조(思潮)나 이념(理念)을 표방하지 않고 사회 기능 중심, 학문 중심, 인간 중심, 사회 재건 및 미래 중심의 접근이 보다 조화를 이루도록 하였다. 그동안 우리나라 사회과교육에서 논의되었던 탐구활동의 중시, 의사결정 능력의 신장 등과 같은 구체적인 문제들을 중심으로 사회과 교육과정을 정착시키려고 노력하였다[교육과학기술부, 2008: 298-302].

특히 교육과정 개정에서 다양한 변화와 미래 사회에 대처하는 인간상을 반영하고자 노력하였다. 기본적으로 제4차 교육과정의 목표, 내용, 방법적 요소 등 기본적 골격을 그대로 유지하면서 지속적이며 점진적인 변화를 꾀하였다. 제5차 사회과 교육과정은 국제화·비역화·개방화 등의 사조를 강조하였지만, 제4차 사회과 교육과정과 견주어 큰 변화는 없었다. 다만, 과감한 통합으로 단원의 축소를 시도하였으며, 전통 문화 관련 학습을 강조하였다(정문성 외, 2008: 36-37).

다양한 변화와 미래사회에 대처하는 인간상을 반영하였고, 특정 사조나 이념을 표방하기보다는 사회 기능 중심, 학문 중심, 인간 중심, 사회 재건 및 미래 중심의 접근의 조화를 중시하였다.

이 시기에는 그동안 우리나라 사회가 교육에서 많이 논의되었거나 부분적으로 시도되어 온 탐구활동의 중시, 의사결정 능력의 신장과 같은 구체적인 문제들을 중심으로 사회과 교육과정을 정착시키려고 노력하였다.

제4차 교육과정에서부터 나타난 학교급별 사회과의 특성이 보다 분명해지고, 초·중·고등학교에 걸친 통합의 틀이 굳어지면서 사회과는 보다 성숙되었다. 제4차 교육과정에서 나타난 초등학교에서의 융합적 통합, 중학교에서의 융합과 분리의 중간적 통합, 고등학교에서의 분리의 틀에 따라, 중학교 사회과는 저학년에서 고학년으로 갈수록 공간 의식, 시간 의식 그리고 사회 인식과 사회 경험을 심화·확대하였다. 제5차 사회과 교육과정은 내용 수준의 조절, 통합 단원의 구성, 전통 문화와 관련된 내용 강화, 역사 내용의 사회과 통합 편제 등이 구체적 특징이라고 할 수 있다[교육과학기술부, 2008: 298-302].

또, 초등학교는 제1·2학년은 사회과적 내용과 도덕과적 내용을 통합하여 '바른생활과' 교과가 탄생되었다. 제4차 사회과 교육과정의 이루어졌던 교과서 통합에서 나아가, 비로소 교과 간 통합이 실제적으로 사회과에서 실현된 것이다. 또한 제3·4학년을 대상으로 고장과 시·도를 중심으로 하는 지역화 교육이 시작되면서, 지역화 교과서가 편찬되기 시작하였다.

제4차 교육과정에서의 교과서 수준 통합을 명실상부한 교과 수준 통합으로 발전시켰다. 초등학교의 사회과 목표는 사회생활에 관한 지식, 기초적 지식, 민주국가 국민으로서의 자각, 올바른 판단 능력, 사회·국가 발전에 기여할 수 있는 민주시민적 자질 등의 요소로 구성되어 있다.

중학교의 경우 편제상에는 별다른 변화가 없으나, 전체적으로 학년별 내용 구성에서 학생들의 발달 수준과 학습 영역의 관련성을 고려하여 일부 조정이 이루어졌다. 제1학년은 지리와 세계사 영역, 제2학년은 세계사와 일반사회 영역, 제3학년은 일반사회와 지리 영역을 통합하여 내용을 구성하였다.

중학교 사회과 교육과정의 목표 면에서 사회·국가의 번영과 인류공영에 이바지할 수 있는 국민적 자질 향상을 위하여 사회현상에 대한 자료를 바르게 수집, 해석, 활용하고 사회문제를 합리적으로 해결할 수 있는 능력을 강조한다. 지도 방법 면에서는 다양한 교수·학습 자료 및 교수·학습 방법과 시사적인 내용의 활용을 강조하고 있을 뿐 구체적인 문화적 특성의 비교를 강조하였다.

고등학교 사회과 교육과정은 과목 명칭이 다시 학문적 분류를 바탕으로 환원되었다. 즉, '정치경제', '사회문화', '한국지리', '세계지리' 등이 되었고, 세계사는 여전히 사회과의 과목으로 존재하였다. 사회현상의 다각적인 인식, 당면한 사회문제에 대한 관심, 각 지역의 지역적·역사적·문화적 특성의 이를 강조하였고, 교수·학습 자료, 교수·학습 방법 등의 창의적 도입과 활용을 강조하였다.

학년별 영역 배분은 학생들의 발달 수준과 학습 영역 간의 관련성 등을 고려하여 합리적으로 조정하였다. 제1학년에서는 지리와 세계사 영역, 제2학년에서는 세계사와 공민 영역, 제3학년에서는 공민과 지리 영역으로 구성하여 공간 의식, 시간 의식, 사회 인식 및 사회 경험으로 심화되도록 하였다.

8. 제6차 교육과정기(1992~1997년): 통합 교육과정 정착

사회과 교육과정의 개정 취지는 민주화, 정보사회화, 고도산업화, 국제화, 통일 대비 등 사회적 변화에 대응하고, 학교교육의 질적 향상을 추구할 필요성에 두어졌다. 사회과교육의 목표 설정에서도 과거에 강조하던 '국민적 자질'이 '시민적 자질'로 수정되었다.

제6차 교육과정에서는 사회과가 통합적 성격을 보다 강력하게 추구하였는데, 편제 면에서 독립교과이었던 국사과(영역)를 사회과로 복귀시켰으며, 고등학교에서는 통합형 과목인 '공통사회'가 출현하였다. 국사과의 사회과 회귀를 통하여 시간적·공간적 차원을 고려한 사회 인식을 바탕으로 사회과 목표인 시민의 자질 함양을 추구할 수 있게 되었다. 내용 배열도 통합을 강화하면서 계통적 학문 체계에서 탈피하여 실생활 경험과 사회문제 중심으로 내용의 선정 및 조직을 시도하였다. 교과의 총괄 목표에서는 사회 인식 교과, 시민 형성 교과로서의 성격을 적극 부각시켰으며 사회 인식 면, 시민 양성 면의 목표 달성을 뒷받침하고자 합리적 의사결정 능력과 같은 기능 면이 많이 보강되었다. 아울러 영역별 목표를 보다 구체화·상세화하였으며, 초·중·고교 학교급별로 성격 차이를 분명하게 하였다. 동시에 모든 과정에 걸쳐서 창의적 사고력과 학습 방법, 학습 방법의 학습, 학습과정 등을 두루 강조하였다[교육과학기술부, 2008: 298-302].

제6차 교육과정은 21세기를 바라보며 민주화, 고도산업화, 국제화 및 통일에 부응할 수 있도록 대폭 개정되었다. 이 시기에 나타난 교육과정의 중요한 변화는 국가 수준 교육과정의 축소와 지역 수준 교육과정 체제의 확립이다. 이에 따라 국가 수준의 교육과정은 큰 개요나 원칙만 제시하고 실제 운영을 위한 교육과정은 시·도 교육청이나 학교 수준으로 넘겨주었다. '학교 수준 교육과정'을 처음으로 도입한 것이다. 제6차 사회과 교육과정은 사회·문화적 관점, 학문·철학적 관점, 학습자 관점 등을 두루 포괄할 수 있는 내용을 선정하고 내용 조직 면에서는 학년별 주제에 따라 내용의 범위와 핵심을 결정하였다. 아울러 내용의 통합성을 강화하여 학년 내 또는 단원 내에서 사회 기능 및 실생활 주제나 문제를 중심으로 시·공간적 내용, 방법적 지식 등을 통합하도록 하였으며, 공간 확대 원칙과 역사 학습 접근 방법도 기존의 틀을 유지하면서 사회과교육의 본질 구현에 도움이 되도록 보완하였다.

특히, 제5차 교육과정 시기까지 지속적으로 지적되어 왔던 편제 문제(사회과의 중 영역인 국사 영역의 독립 교과화), 학문 계통의 존중으로 인한 통합 교과로서의 미정착, 지나친 탐구 방법의 강조, 지식 위주의 학습으로 인한 기능 능력 학습과 가치·태도 학습의 소홀, 내용량의 과다로 높은 수준으로 인한 교수·학습 부담 가중 등의 문제를 해결하여 사회과교육의 본질을 구현하는 데 주안점을 두었다.

기존에 노출되었던 문제 중 편제와 불완전한 통합 문제를 개선하고자 중학교의 국사 영역을 사회과로 회귀시켜 명실 공히 통합사회과로서의 틀을 갖추고자 노력하였으며 고등학교에서도 최초로 강력한 통합형의 과목인 '공통사회'를 만들기도 하였다.

학년별 목표와 단원별 목표를 직접적으로 제시하지 않고 각 학년의 단원 안내문과 내용, 내용 체계, 지도 방법의 내용을 통하여 학년별 강조점을 추출할 수 있도록 하였으며 지역성과 시사성을 보다 강조하였다.

초등학교에서는 내용의 축소와 수준의 하향 조정을 위하여 구체적 경험과 활동 중심의 사회과 학습이 되게 하고 재미있는 사회과가 되게 하였다. 이를 위하여 한국지리와 국사의 계통적 내용과 체계적 지식, 그리고 거시경제 부분은 중학교에서 다루도록 내용의 범위를 제한하였다. 초등학교 제1·2학년의 '바른생활' 교과에 속해 있던 사회과 내용은 과학과의 내용과 통합되어 사회현상과 자연현상을 탐구하는 '슬기로운 생활과' 교과로 편성되었다. 또 3·4학년에서는 지역화 교육을 강조하여 지방자치 단체별로 지역화 교과서를 개발하여 수업의 주 교재로 활용하였으며, 전반적으로 내용 구성에서도 실생활 중심의 내용 구성을 위하여 교과의 진술 방식이 다변화되었다.

중학교에서는 학문적인 내용 체계의 중요성과 통합 교육과정의 정신을 살리고자 노력하였다. 이를 위하여 제1학년과 제2학년에서 공간 의식과 시간 의식에 관련한 현상을 동시에 인식한 이후에 제2학년과 제3학년에서 사회의식(공민 영역)을 학습하게 하도록 내용을 배열하고 조직하였다.

생활 주변의 사회현상 파악으로부터 각 지역, 국가, 세계의 사회현상 파악 및 문제해결 내용으로 확대시켜 나가는 내용 체계가 되도록 내용을 배열하고 조직하였다.

이에 따라 중학교 제1학년은 주변 사회현상의 종합적 접근, 우리나라와 이웃나라의 시공간적 배경을 중심으로 내용이 구성되었다.

제2학년의 학습 내용은 먼 나라의 공간적 배경, 근현대사 중심의 시간적 배경, 현대 사회의 형성과 특성 중심, 실학 이전의 우리나라의 시대사 등으로 구성되어 있다.

제3학년의 학습 내용은 세계적인 관점에서 본 정치, 법, 경제, 사회문화 현상과 문제, 현대 사회의 제 문제, 실학 이후의 우리나라 역사 전개 등으로 구성되었다.

고등학교 사회과 교육과정에서는 공통 필수과목으로 '공통사회' 과목을 신설하고, 이를 사회과 필수 과목화하여 통합의 정신을 구현하였다. 공통사회 과목은 사회과의 전 영역을 포괄하는 기초적 내용을 다루도록 하였다.

그러나 '공통사회' 과목은 '일반사회'와 '한국지리'로 이루어짐으로써 역사 영역이 누락되어 불완전한 통합이라는 비판을 받기도 하였다.

정치 과목과 경제 과목을 신설하여 선택 과목의 다양화를 꾀하고 초·중·고등학교의 연계성을 고려하여 내용을 체계화하고 학습량을 축소하였으며 수준을 하향 조정하고 내용을 원리나 이론보다 주제나 문제 중심으로 조직하고 실생활과 관련된 의사결정 능력과 문제해결 능력을 신장시키도록 하였다.

9. 제7차 교육과정기(1997~2007년): 국민공통기본교육과정 도입, 학습자 중심의 교육과정 구현

제7차 사회과 교육과정의 최대 핵심은 학생들의 자기 주도적 학습력 신장을 추구하기 위한 국민공통기본교육과정의 도입이다. 따라서 전체적으로 학습자가 지식을 스스로 구성할 수 있도록 교재를 개발하고, 학습 방법을 구안할 것을 강조하는 것이 전체적인 교육과정의 방향이었다. 이러한 교육과정의 취지에 따라 지식정보화 사회의 시민적 자질로서 고급사고력을 강조하는 사회과의 지향점이 맞물리면서 사고력을 바탕으로 한 활동 중심, 문제 중심 교육과정 운영이 강조되었고, 세계화와 지구촌의 이해가 중요한 교육내용으로 포함되었다.

제7차 사회과 교육과정은 종래의 사회과 교육과정과 차별화되어 교육과정의 체제 및 편성운영상의 획기적 변화를 도모하였다. 21세기 정보화 사회에 부응하는 민주시민적 자질 함양이라는 궁극적 목적 달성을 위하여 학습과정의 이원화, 수준별 교육과정 도입, 재량활동의 신설 등이 특징이다. 학습과정의 이원화는 10년간의 국민 공통 기본 교육과정과 2년간의 선택 중심 교육과정으로의 구분을 의미한다. 제10학년인 고등학교 제1학년까지는 학년제로, 고등학교 2·3학년인 제11~12학년은 단위제로 운영함으로써 향후 학제 개편을 염두에 둔 학습 과정이라고 볼 수 있다.

제7차 사회과 교육과정의 내용 구성에서는 제3~10학년 교과명을 '사회'로 정했으며, 내용 구성을 위한 영역 설정에서도 '역사, 지리, 일반사회'라는 전통적 명칭을 사용하지 않고 '인간과 공간', '인간과 시간', '인간과 사회'라는 명칭을 사용하였다.

초등학교의 사회과 내용 구성에서는 환경 확대법을 탄력적으로 적용하였으며, 교육과정의 지역화 부분에서는 과거와 달리 '목적으로의 지역화'보다는 '수단으로서의 지역화'를 강조하였다. 고등학교 과정인 제10학년의 '공통사회' 과목은 '사회' 과목으로 대체되었다. 아울러 고등학교 제2~3학년 과정인 제11~12학년에서는 선택 중심 교육과정이 적용되었다. 선택과목 중 일반 선택과목으로는 '인간 사회와 환경'이 편제되었고, 심화 선택과목으로는 '한국지리', '세계지리', '경제지리', '한국 근·현대사', '세계사', '법과 사회', '정치', '경제', '사회·문화' 과목이 각각 편제되었다. 선택 과목은 학습자들이 흥미와 장래 진로에 따라 학습 영역을 선택할 수 있다는 점에서 의의가 있는 것이다(정문성 외, 2008: 38-40). 수준별 교육과정은 학습자 중심 교육을 구현하기 위한 구체적 방안으로서 학습자의 흥미, 관심, 적성, 학습 능력과 요구 등에 상응하는 차별화된 교육내용, 교육방법, 기회를 제공하고자 계획하는 것이다.

자기 주도적 학습 활동은 학교와 교사의 교육과정 편성·운영의 재량권을 확대하고자 초등학교에서는 보다 확대되고, 중등학교에서는 신설되었다. 아울러, 수행평가를 특히 강조하였다.

제7차 사회과 교육과정은 시민성 함양 교과로서 통합성과 내용 학문 간의 계통성 조화를 추구하고 교육과정 지역화를 구현하는 데 중점을 두었다. 목표 체계의 측면에서는 사회현상의 인식과 사고력 신장을 통한 민주시민 육성을 목표로 설정하고, 이를 구현하기 위한 구체적 내용 체계의 측면에서는 국민 공통 기본 교육과정과 선택 중심 교육과정 및 수준별 교육과정을 강조한 것이다[교육과학기술부, 2008: 298-302].

제7차 사회과 교육과정은 학습자 중심 교육을 지향하고 있다. 학습자 중심 교육을 지향하기 위하여 교육과정을 수준별 교육과정으로 편제하였으며, 학습 내용을 성취 기준으로 제시라고, 수행평가를 강조한 점 등이 특징이다.

제7차 사회과 교육과정은 정보화·세계화·개방화·다양화·전문화 등 사회적 요구를 반영하여, '만들어 가는 교육과정'의 기저인 구성주의가 철학적 바탕이 되고 있다. 이와 같은 제7차 사회과 교육과정의 특징은 다음과 같다.

첫째, 정보화·세계화·개방화·다양화·전문화 시대의 사회 변화를 주도할 민주시민적 자질 육성에 역점을 두고 있다. 사회과교육의 궁극적 목적을 바람직한 민주시민적 자질 육성이라고 할 때, 바람직한 시민적 자질이란 사회사상을 바르게 인식하고 건전한 사회생활을 영위할 수 있는 자질과 태도라고 할 수 있다.

둘째, 학습자 중심 교육과정을 지향하고 있다. 사회과고 수준별 교육과정의 정신을 구현하기 위해서 내용을 기본 과정과 심화 과정으로 구성하였다. 즉, 학습자의 능력과 흥미를 반영한 다양한 활동을 제시하고, 사고력 신장을 강조하여 개별 학습자들이 사회과교육의 성취를 극대화하도록 하였다.

셋째, 사회과는 민주시민성 함양의 교과로서 통합성과 계통성을 강조하고 있다. 또한 초·중·고교 간 계열적 특성을 강조하였는데, 초등학교에서는 생활 경험과 지식의 통합성, 중학교에서는 내용 통합과 사회과학의 개념 체계 고려, 고등학교에서는 사회과학의 탐구 원리와 지식체계 탐구 등을 강조하였다.

끝으로, 사회과 교육과정의 지역화를 구현하고, 지구촌 사회의 요구에 부응하기 위해서 지구촌 관점, 세계화 관점을 고려하였다. 사회과 관련 학문 분야의 내용을 지역사회의 실정에 알맞게 재구성하는 일은 학습자의 흥미와 필요에 부합되는 일이며, 나아가 사회과교육의 질 개선에 밀접하게 관련되는 활동이다.

제7차 교육과정은 1997년도에 고시된 이후로 현재까지 적용되고 있다. 학습자 중심의 교육 실현은 제7차 교육과정 제정 과정에서 가장 중시한 방향이다. 이를 구현하기 위하여 교육과정을 수준별 교육과정으로 편제하였으며, 학습 내용을 성취 기준으로 제시하는가 하면 평가에서도 수행평가 활용을 강조하는 등 구체적인 방안을 교육과정에 명문화하려는 노력을 기울였다.

10. '2007년 개정 교육과정'기(2007~2012년): 학습자 중심 교육과정의 정착

'2007년 개정 교육과정'은 '제7차 교육과정'의 내용 일부를 수정한 형식을 취하고 있다. 따라서 기본적인 골격은 그대로 유지하고 있는 점이 특징이다.

2007년 2월 28일 교육인적자원부 고시 제2007-79호로 공포된 2007년 개정 교육과정은 제7차 사회과 교육과정의 부분 개정 형식을 띠고 있는 점이 특징이다. 2007년 개정 교육과정은 초·중등교육법 제23조 제2항에 의거하여 고시된 국가 수준 교육과정으로, 초·중등학교의 교육목적과 교육목표를 달성하고자 하였다. 따라서, 2007년 개정 교육과정은 초·중등학교에서 편성·운영하여야 할 학교교육과정의 공통적·일반적 수준을 제시한 국민공통기본교육과정이므로 초등학교에서 고등학교에 이르기까지 연계적·통합적으로 구성되어 있는 것이 특징이다(박은종, 2007: 129-131).

2007년 개정 사회과 교육과정은 역사 교육의 강화가 가장 큰 특징이다. 역사 교육의 강화에 따른 변화는 교육과정 구성 측면에서 통합사회과의 기능을 약화시켰다. 사실 사회과의 통합에서 일반사회, 역사, 지리 영역 간의 통합에 대해서는 자고로 쟁점이었다. 그런 가운데 최근 중국과 일본 등 주변국의 역사 왜곡에 대한 대응 차원에서 역사 교육 강화라는 사회적 요구도 강력하게 대두되면서 사회과 교육과정도 큰 영향을 받게 된 것이다. 역사 교육의 강화는 역사의 독립 교과화까지는 초래하지는 않았지만, 중등학교에서 '역사' 과목이 만들어졌고, 내용 체제도 크게 변하였다. 중학교와 고등학교 제1학년(제10학년)에서는 국사와 세계사가 통합되어 독립 과목인 '역사'가 탄생하였다. 역사 영역의 과목 분리로 제7~10학년의 '사회' 과목은 기형(奇形)인 일반사회와 지리의 통합된 형태가 되었다. 하지만 영역 간의 통합은 약화되고 영역 내 통합이 강조되어 통합의 정도는 크게 완화된 것이다.

또한 2007년 개정 사회과 교육과정에서 고등학교의 경우 제1학년의 일반사회 영역에서 이슈(issue) 중심의 통합을 추구한 것은 획기적인 변화이다. 기존의 학문적 내용을 바탕으로 내용을 구성하지 않고, '문화', '정의', '세계화', '인권', '삶의 질' 등 주제 중심으로 통합적 접근을 지향하고 있다.

아울러 고등학교 제2~3학년(제11~12학년) 선택 중심 교육과정의 과목 편성에도 변화가 있다. '한국 근현대사'는 '한국 문화사'로 대체되었고, '세계사'는 '세계 역사의 이해'로 과목명이 변경되었다. 또한 근린국(近隣國)들의 역사에 대한 이해를 제고하기 위하여 '동아시아' 과목이 신설되었다. 그리고 고등학교 사회과의 일반 선택과목이었던 '인간 사회와 환경' 과목은 폐지되었다(정문성 외. 2008: 40-42).

이와 같은 2007년 개정 교육과정은 '제7차 교육과정의 수정판'으로 불릴 정도로 제7차 교육과정의 부분 수정 형식을 취하고 있다. 2007년 개정 교육과정은 사회과에서 학생 중심 교육 강화, 역사 교육 강화, 한국 정체성 교육 강조 등이 큰 특징이다. 2007년 개정 사회과 교육과정의 특징은 다음과 같이 요약할 수 있다(교육과학기술부, 2008: 304-305).

첫째, 기존의 사회과 통합의 틀을 최대한 유지하는 범위 내에서 단원을 조직하였다. 통합적 단원과 함께 일반사회, 역사, 지리 관련 단원을 계통성 있게 배열하였다.

둘째, 교육과정을 대강화하고 단위학교의 자율성을 크게 확대하였다. 국가 수준 교육과정이 지나치게 상세화되면 단위학교의 자율성을 침해하여 획일적 운영을 부채질하게 된다. 그러므로 주제와 성취 기준을 중심으로 단위학교의 자율성을 최대한 보장하였다. 단원별로 대강화된 성취 기준만을 제시하고, 성취 기준에 도달하고자 학습자들이 수행하는 학습 활동에 사용할 학습 내용과 학습 방법에 대해서는 궁극적으로 학교 현장의 사회과 교사가 결정하도록 재량권을 부여하였다.

셋째, 교육과정의 영역별로 다음과 같은 점을 강조하였다. 성격 면에서 사회생활에 필요한 지식과 기능을 익혀서 사회현상을 인식하는 능력을 함양하고자 하였다. 목표 면에서는 역사, 지리 및 제 사회과학의 기본 개념과 원리를 발견하고 탐구하는 능력을 함양하고자 하였다. 내용 면에서는 학년별 교육내용의 중복·중첩을 최소화하여 학습 분량을 적정화하고 지리, 역사, 일반사회 영역의 통합적인 사고를 지향하였다.

교수·학습 방법 면에서는 학습자의 여건 및 교육 환경을 고려하여 가장 효과적인 교수·학습 방법을 자율적으로 선택하여 실시하도록 하였다. 이와 함께 사회현상에 대한 종합적인 인식을 위하여 다양한 교수·학습 방법의 적용을 강조하였다. 학생들의 고급사고력을 자극할 수 있도록 적절한 탐구 상황을 설정하고 다양한 발문 기법을 활용하도록 하고, 교수·학습의 효율성을 높이도록 다양한 교수·학습 자료를 활용하도록 권장하였다. 평가 면에서는 내용의 대강화와 교수·학습 방법의 자율화에 알맞은 다양한 평가 방법을 활용하도록 하였다. 평가는 개개인의 학습 과정과 성취 수준을 이해하고 발달을 돕는 차원에서 시행되어야 하므로 지식, 기능·능력, 가치·태도 등 영역별로 균형을 유지하여 시행되어야 함을 강조하였다(교육과학기술부, 2008: 304-305).

특히, 사회과가 국민공통기본교육과정으로서 초·중·고교를 아우르는 보통 교육의 핵심적 본질 교과로서, 학습자인 학생 중심 사회과 교육과정을 강조하였다는 데 의의가 있다. 아울러, 2007년 개정 교육과정은 우리나라에 교육과정의 상시(常時) 개정 체제를 도입했다는 점에서 큰 의의가 있다. 이러한 교육과정의 상시 개정 체제 도입으로, 앞으로는 수시로 교육과정의 부분적 수정·보완 여건이 마련되어 교육과정 개발·실행의 탄력성·자율성·창의성 보장에 새로운 계기가 될 것으로 사료된다(박은종, 2007: 129-131).

2007년 개정 사회과 교육과정에서는 역사 영역의 강화와 독립에 따라 일반사회, 역사, 지리 영역이 두루 통합되었던 사회과 교육과정은 큰 변화를 겪게 되었다. 역사 영역을 제외한 일반사회 영역과 지리 영역만의 통합은 통합의 형태는 유지되겠지만, 국민공통기본교육과정에서 사회과 통합은 영역 내 통합이라는 불완전한 통합으로 유지될 수밖에 없다. 특히 제7차 사회과 교육과정의 사회과 영역인 '인간과 시간', '인간과 공간', '인간과 사회'의 세 영역이 2007년 개정 사회과 교육과정에서 '역사 영역', '지리 영역', '일반사회 영역' 등으로 수정된 것은 사회과의 분과적 경향을 여실히 보여주는 사실이다.

사회과 교육과정의 본질은 통합교육과정의 운영인데, 2009 개정 교육과정에서 역사영역이 과목으로 독립되었고, 향후 지리영역 독립을 강력히 주장하고 있는 처지여서 통합을 강조하면서도 역사 영역, 지리 영역이 떨어져 나간 일반사회 영역만 존재하는 이율배반적·기형적 상태에 직면할 우려가 있는 것이 현실이다.

2007년 개정 교육과정은 국민공통기본교육과정(10년: 초1-고1)과 선택중심교육과정(2년: 고2-고3)으로 편성되었던 데 비하여, 2009 개정 교육과정은 공통교육과정(9년: 초·중)과 선택교육과정(3년: 고)으로 편성되어 있음을 유념하여야 한다.

11. 2009 개정 사회과 교육과정(2011년 이후)과 2011 개정 사회과 교육과정(2013년 이후): 공통교육과정과 선택교육과정 도입, 사회·도덕과군 도입

우리나라에서 '2009 개정 교육과정'부터는 교육과정의 상시 개정 체제를 도입하여 교육과정의 개정 연도 뒤에 '년' 자를 붙이지 않는다. 따라서 '2009 개정 사회과 교육과정', '2011 개정 사회과 교육과정' 등으로 표기한다. 이는 과거의 우리나라 교육과정 개정 체제가 한 번 개정을 하게 되면 모든 학교급, 모든 교과를 통틀어 개정하는 총체적·전면적 개정 체제였기때문에 여러 가지 애로가 많았는데, 이를 시정하여 각급 학교급별로 각 교과별로 수시로도 교육과정을 개정할 수 있도록 탄력성을 부여하게 된 것이다. 교육과정의 상시 개정 체제 도입은 현재 중앙 집중화되어 있는 교육 정책과 교육과정을 교육의 지방 분권화의 흐름에 맞추어 권한 위임과 지역적·시기적 특성을 최대한 반영하기 위한 취지이기도 하다.

2009 개정 교육과정은 과거 교육과정의 병폐인 학년 중심, 교과 중심의 획일적인 교육의 틀을 혁신하고 창의적인 미래 인재 육성을 위하여 새로운 형태의 학교 혁신 교육과정 모델로 자리매김한 것이다. 2009 개정 교육과정은 궁극적으로 창의적인 미래 인재 육성을 위한 새로운 교육과정으로서 국민 기초 기본 교육을 강화하기 위하여 초등학교 제1학년부터 중학교 제3학년까지를 공통교육과정(9년간)으로 편성하고, 고등학교 제1학년부터 고등학교 제3학년까지를 선택교육과정(3년간)을 편성·운영하도록 되어 있다.

2009 개정 교육과정은 교육과학기술부 고시 제2009-10호(2009.3.6)로 개정된 교육과정인데, 이전의 국민공통기본교육과정을 공통교육과정으로, 선택중심교육과정을 선택교육과정으로 각각 개칭하였다. 사회과에서는 제1학년에서 제9학년까지의 공통교육과정 교과목으로 사회(교과), 역사(과목)를 편제하였고, 선택교육과정으로 한국지리, 세계지리, 경제지리, 한국문화사, 세계역사의 이해, 동아시아사, 법과 사회, 정치, 경제, 사회·문화 등의 과목을 편제하였다.

특히 2009 개정 교육과정에서는 제1~2학년, 제3~4학년, 제5~6학년(이상 초등학교), 제7~9학년(중학교 제1~3학년), 제10~12학년(고등학교 제1~3학년) 등으로 5개 학년군을 편성하였다. 또, 국어, 사회·도덕, 수학, 과학·실과, 체육, 예술(음악·미술), 영어 등 10개 교과, 7개 교과군으로 편성하였다. 따라서 사회과는 도덕과와 연계하여 사회·도덕과군으로 교과군을 편성하였다.

한편, 2011 개정 교육과정은 교육과학기술부 고시 제2011-361호(2011.8.9)로 개정된 교육과정으로 대체적으로 2009 개정 교육과정과 유사하나 공통교육과정의 기본 정신에 입각하여 학년군에 따라 교육과정의 내용 요소를 공통으로 제시한 점이 특징이다. 2009 개정 교육과정을 약간 개정하여 2011 개정 교육과정을 고시한 것이다.

사회과에서는 제3~4학년, 제5~6학년, 제7~9학년, 제10~12학년 등 4개 학년군에 따라 내용 주제를 공통으로 제시하여, 2~3개 학년(4~6학기)에 공통으로 이수하도록 한 점이 특징이다. 아울러, 공통교육과정으로 사회(교과), 역사(과목)를 편성하였다. 또 선택교육과정의 과목을 일반 과목과 심화 과목으로 구분 편성하였다. 즉, 일반 과목으로는 한국지리, 세계지리, 한국사, 동아시아사, 세계사, 경제, 법과 정치, 사회·문화 등 8개 과목을 편성하였고, 심화 과목으로는 국제정치, 국제경제, 국제관계와 국제기구, 세계문제, 비교문화, 사회과학 방법론, 한국의 사회와 문화, 국제법, 지역 이해, 인류의 미래 사회, 과제 연구 등 11개 과목을 편성하였다.

2009 개정 사회과 교육과정에서는 공통교육과정, 선택교육과정 체제를 도입하고, 학년군과 교과군을 적용하고 있으며, 동아시아사와 한국인의 정체성 확립 등을 강조하고 있다.

<표 2-2> 한국 사회과 교육과정의 특징 변천

구분	교육과정기	사회적 배경	주요 교육 정책	사회과 교육과정 개정 방향
사회과 도입기	교수요목기 (1946~1954년)	· 8·15 해방 · 미군정 시기 · 대한민국 정부 수립 · 한국전쟁	· 일본어로 된 교재 폐기, 한국어 사용 · 교과서 편찬 사업 및 보급 · 교육제도의 민주화 · 문맹자 퇴치교육	· 일제 잔재의 청산 · 자유민주주의 도입 · 반공 이데올로기 강조 · 미국 중심의 이데올로기 강조
	제1차 교육과정 (1954~1963년)	· 전후 복구 시기 · 남북 체제, 이데올로기 강화 · 사회 전반의 대미 의존 심화	· 민주주의, 민족주의 교육 · 반공 교육	· 국사과의 확대를 통한 민주주의 강조 · 도덕교육 확대를 통한 도의교육, 반공 교육 강조
사회과 정착기	제2차 교육과정 (1963년~1973년)	· 제3공화국 · 산업화 통치 체제의 시기 · 유신체제의 확립 · 관료적 권위주의 체제	· 국민교육헌장 선포 · 반공 교육 · 정신문화 교육 · 과학 기술 교육	· 교육과정기의 개편 · 반공·도덕 교과 강조 · 산업화시기에 맞추어 '정치 경제'교과 등장
	제3차 교육과정 (1973~1980년)		· 안보 교육 체제 정비 · 국민적 자질 함양 · 인간 교육의 강화 · 지식·기술 교육 혁신	· 민족 주체성 확립 위한 국사과 단위 시수 증가 · 직업 교육 강화 차원에서 과목명의 확실한 구분
	제4차 교육과정 (1981~1987년)	· 유신 체제의 붕괴 · 제5공화국 출범 · 민주화에 대한 열의 · 자유주의적 개방 경제 전환	· 1980.7.30 교육개혁 '교육 정상화 및 과열 과외 해소 방안' 발표 · 국민 공동체 의식 배양 강조 · 국민정신 교육의 강조	· 사회과의 통합 유도 · 과목에서 선택 기회 확대 · 국민윤리, 국사과의 확대를 통한 국민정신 교육 강조
	제5차 교육과정 (1987~1992년)		· 기초 교육의 내실화 · 과학 기술 교육의 강조 · 교육 내에서의 민주화 추진 · 기회 균등 교육, 평생교육 · 통일 교육	· 후기 산업 사회 대비 분과주의 체제 전환 · 국사, 국민 윤리 강조 · 정치, 경제, 세계사, 세계지리의 강화를 통한 국제 경쟁력 강화 모색
통합 사회과 구축기	제6차 교육과정 (1992~1997년)	· 구소련의 해체와 동구권의 몰락을 통한 냉전체제의 확립	· 개인의 소질과 창의성을 개발하는 다양한 교육 · 수요자(학생, 학부모) 중심 교육으로 방향 전환 · 자율 중심 교육으로 전환	· 통합 교과 '공동 사회' 신설: 미래 사회 대비 · 교과 선택의 폭 확대 · 학교 수준 교육과정의 강조

	제7차 교육과정 (1997~2007년)		· 신자유주의 교육 정책 · 수요자 중심 교육 강화 · 사회복지 교육의 강화	· 국민공통기본교육과정(10교과)과 선택중심교육과정(11~12학년) 도입 · 일반 선택, 심화 선택 과목을 통합 수요자 중심 교육 추진 · 사회과 체험 학습, 현장 학습 강조(학생 중심)
통합 사회과 구축기	2007년 개정 교육과정 (2007~2012년) 이후)	· 구소련의 해체와 동구권의 몰락을 통한 냉전체제의 확립 · 자유주의 시장 경제 체제의 구조적 확립 · 시민사회 영역의 확대 · 세계화 국제 경쟁의 시대	· 실용주의 교육 강화 · 신자유주의 교육 정책 강화 · 개인의 창의성, 학교의 다양성 강조	· 국민공통기본교육과정, 선택중심교육과정의 체계화 · 역사(국사)교육의 강화 및 역상 영역 독립 · 한국 정체성 교육 강화
	2009 개정 교육과정 (2011년 이후)		· 세계화 교육 강조 · 통섭(융합)교육 강조 · 창의성 교육 강조	· 공통교육과정, 선택교육과정 · 학년군, 교과군(사회·도덕과군) · 동아시아사 강조
	2011 개정 교육과정 (2013년 이후)		· 세계화 교육 강조 · 통섭(융합)교육 강조 · 창의성 교육 강조 · 자율성 강화	· 공통교육과정, 선택교육과정 · 학년군, 교과군(사회·도덕과군) · 동아시아사 강조 · 학년군별 내용 주제 제시 · 선택교육과정 일반 과목, 심화 과목 구분 제시

〈표 2-3〉 한국 사회과 교육과정의 체제 변천

시대 구분	근거	체제	특징
교수요목기 (1946~1954)	사회생활과 교수요목	· 교수 목적 · 교수 방침 · 교수요목의 운용법 · 학년별 교수 사항 · 직업 보충 교재 (5, 6학년 남자용)	· '사회생활과'의 도입 · 시간배당 기준 많음 · 제1~3학년 자연 관찰, 제5~6학년은 남자용 직업 교육 · 일제식민지 교육에서 민족 자주 교육으로 전환 · 교수요목 운용 면에서 향토에 대한 적응, 국가에 대한 이해, 민주주의 교육, 인류 도덕의 실천·체득 강조
제1차 교육과정 (교과과정기: 1954~1963)	교육부령 제44호 (1955.8.1)	· 사회생활과의 목표 · 사회생활과의 내용 －단원 일람표 －학년별 내용	· 통합교과로서의 사회생활과 · 사회생활과의 중요성 부각 · 사회 기능 기반, 지역확대법 적용 (아동 중심, 경험중심교육 원리 적용) · 전통 문화 계승 발전 · 민주 국민 자질 향상 · 국제 이해 교육 · 도덕 교육 강조 · 전쟁 후의 부흥 지양

구분	공포	구성 체제	특징
제2차 교육과정 (1963~1973)	교육부령 제119호 (1963.2.15)	·교과 목표 ·학년 목표 ·지도내용(학년별) ·지도상의 유의점	·사회생활과를 사회과로 개칭함 ·반공 도덕을 사회과에 흡수함 ·교과 목표를 5개 항에서 7개 항으로 　늘림(반공, 국토 통일과 산업진흥) ·학년 목표 신설, 지도상의 유의점 제시 ·시간 배당을 1~2학년 2~3시간, 　제3~6학년 3~4시간으로 함 ·사회 기능 중심의 사회과교육 유지 ·운영 원칙에 지역화 강조
제3차 교육과정 (1973~1981)	교육부령 제310호 (1973.2.14)	가. 목표 1) 일반 목표 ·1항 종합 목표 ·2~5항 영역 목표 2) 학년목표 나. 내용 ※ 단원 안내문 제시 다. 지도상의 유의점	·국민교육헌장 이념 구현 ·사회 과학 중심 교육 과정 ·기본 개면 정신 및 구조화 ·탐구 과정 중시 ·반공 도덕을 사회과에서 분리 ·국사 교육 강화 ·제5학년 생활사 ·제6학년 생활사 ·교육내용 선정 기준 적용 ·시간배당 기준, 재조정 　-제1~2학년 주당 2시간 　-제3~4학년 주당 3시간 　-제5~6학년 주당 4시간 ·교과서 개편 과정기 실험본에 의한 실험
제4차 교육과정 (1981~1987)	교육부고시 제 442호 (1981.12.31)	가. 교과 목표 ·종합 목표 ·영역별 목표 나. 학년 목표 내용 다. 지도 및 평가상의 유의점 1) 지도 2) 평가	·국민정신 교육의 체계화 ·교육내용의 적절성 고려 ·인간주의 교육 고려 ·교육내용의 양과 수중 조절 ·체계적 국사 교육의 강화 ·교과서 수준에서 바른생활 　(국어, 사회, 도덕)으로 통합
제5차 교육과정 (1987~1992)	교육부고시 제87-9호 (1987.6.30)	가. 교과 목표 ·종합 목표 ·영역별 목표 나. 학년목표 및 내용 다. 지도 및 평가의 유의점	·교육과정 개정 주기를 8~10년에서 7년 　으로 단축 ·제4차 교육과정의 골격 유지 ·지식의 실생활 적용 ·미래 지향적 교육 ·국제 이해 교육 강화 ·제1, 2학년 통합 교육 과정: 바른 생활 　(도덕, 사회)
제6차 교육과정 (1992~1997)	교육부 고시 제1992-16호 (1992.9.30)	1. 성격 2. 목표 ·종합 목표 ·영역별 목표 3. 내용 　가. 내용 체계 　나. 학년별 내용 4. 방법 5. 평가	·사회과교육의 본질 추구 -여러 교육관의 조화로운 반영 ·올바른 사회 인식 방법 제고 -경험 분석적 접근, 상황·해석적 접근 ·사회 변화에 대응하는 사고력 배양 ·교수·학습부담의 경감 ·실생활과의 관련 강조 ·제1, 2학년 슬기로운 생활로 통합 ·내용 선정 기준의 체계적 적용

제7차 교육과정 (1997~2006)	교육부고시 제1997-15호 (1997.12.30)	1. 성격 2. 목표 　·종합 목표 　·영역 목표 3. 내용 가. 내용 체계 나. 학년별 내용 4. 교수·학습 방법 5. 평가	·국민공통기본 교육과정 －제1, 2학년 - 슬기로운 생활로 통합 －제3~10학년 - 보충심화 과정 ·제11~12학년 선택 과정 ·학습자 중심의 사회과교육 －수준별 교육과정 －자기 주도적 학습→구성주의 적용 ·교육 과정의 지역화 ·학습 내용의 감축 ·학습 내용을 활동형으로 제시
2007년 개정 교육과정 (2007~2012)	교육인적자 원부 고시 제2007-79호 (2007.2.28)	1. 성격 2. 목표 　·종합 목표 　·영역 목표 3. 내용 가. 내용 체계 나. 학년별 내용 　·주제명 ·주제 안내 ·성취 수준 4. 교수·학습 방법 5. 평가	·교과서 개발자에게 주제 구성 재량권 부여 ·초등 과정은 사회과에 역사, 지리 영역 통합 ·중등 과정에서는 역사 과목 분리 ·영역 변경: 인간과 공간 → 지리, 인간과 시간 → 역사, 인간과 사회 → 일반사회 ·방법 및 평가의 체계화 강조
2009 개정 교육과정 (2011~)	교육과학기술 부 고시 제2009-10호(2 009.3.6)	1. 성격 2. 목표 　·종합(교과) 목표 　·영역 목표 3. 내용 가. 내용 체계 나. 학년별 내용 　·주제명 　·주제 안내 4. 교수·학습 방법 가. 교수·학습의 원칙 나. 교수·학습의 방법 5. 평가 가. 평가 방향 나. 평가 내용 다. 평가 방법 라. 평가결과의 활용	·공통교육과정(제1~9학년) ·선택교육과정(제10~12학년) ·학년군, 교과군제 도입 ·학습자 중심 교육과정 보장 ·초등 과정은 사회과에 역사, 지리 영역 통합 ·중등 과정에서는 역사 과목 분리 ·사회과 과목, 영역 간 통합 교육 강조 ·방법 및 평가의 체계화 강조
2011 개정 교육과정 (2013~)	교육과학기술 부 고시 제2011-361호 (2011.8.9)	1. 추구하는 인간상 2. 학교급별 목표 3. 사회과 목표 　·종합(교과) 목표 　·영역 목표 4. 내용의 영역과 기준 가. 내용 체계 나. 영역 및 학년 내용 성취 기준	·공통교육과정(제1~9학년) ·선택교육과정(제10~12학년) ·선택교육과정에 일반과목, 심화과목 분리 ·학년군(群), 교과군(群)제 적용 ·교과서 개발자에게 주제 구성 재량권 부여 ·초등 과정은 사회과에 역사, 지리 영역 통합

2011 개정
교육과정
(2013~)
	교육과학기술
	부 고시
	제2011-361호
	(2011.8.9)
		·주제명 ·주제 안내 ·성취 수준
		5. 교수·학습 방법
		  가. 교수·학습의 원칙
		  나. 교수·학습의 방법
		6. 평가
		  가. 평가 방향
		  나. 평가 내용
		  다. 평가 방법
		  라. 평가결과의 활용
			·중등 과정에서는 역사 과목 분리
			·사회과 과목, 영역 간 통합 교육 강조
			·교수·학습 방법 및 평가의 체계화 강조

토의 및 탐구 문제

1. 20세기 초 미국에서 사회과가 탄생(성립)하게 된 시대적·사회적 배경에 대해서 설명해보시오.

2. 성립기(전통적) 사회과가 역사, 지리, 공민(일반사회) 등의 영역(분야)을 통합한 '통합사회과'를 지향하게 된 이유를 들고 설명해보시오.

3. 21세기 세계화 시대를 맞아 기존 사회과교육의 내용 학문인 사회과학에 새롭게 추가·포함된 사회과학(학문)을 제시하고, 그 배경을 설명해보시오.

4. 한국 사회과의 도입 배경과 그 시대상에 대해서 간략하게 기술해보시오.

5. 한국 사회과 교육과정의 변천 과정을 각 교육과정기별로 열거하고 설명해보시오.

6. 일제시대(日帝時代) 사회과교육에 대해서 간략하게 설명해보시오.

7. 우리나라 교수요목기(敎授要目期) 사회과 교육과정의 특징에 대해서 논하시오.

8. 2007년 개정 사회과 교육과정을 학습자 중심 교육과정의 정착이라는 관점에서 그 특징을 중심으로 논하시오.

9. 2009 개정 교육과정에서 사회과와 도덕과를 묶어서 '사회·도덕과' 교과군(敎科群)으로 설정한 배경과 이유 등에 대해서 논하시오.

10. 2011 개정 사회과 교육과정은 2009 개정 사회과 교육과정을 약간 수정한 교육과정이다. 2011 사회과 교육과정의 특징을 간략하게 설명해보시오.

사회과교육의 목적과 목표

📖 학습목표

1. 사회과교육의 목적과 목표를 민주시민성 함양과 견주어 이해한다.
2. 사회과교육의 목표를 영역별로 분류한다.
3. 2009 개정 사회과 교육과정의 사회과(교육) 목표를 알고 이해한다.
4. 2009 개정 사회과 교육과정의 사회과와 사회과의 과목별 목표를 이해한다.
5. 사회과교육에서 사회과 목표 진술 방법을 이해한다.
6. 사회과교육의 목표 설정 요건을 알고 이해한다.

📖 핵심개념

1. 사회과교육의 목적, 사회과교육의 목표, 민주시민성 함양, 민주시민 교육, 사회 인식
2. 사회과교육의 영역별 목표, 인지적 목표(지식), 기능적 목표(기능), 정의적 목표(가치 · 태도)
3. 미국, 일본, 한국 사회과교육의 상호 관계, 미국식 사회과교육,
4. 종합 목표(교과 목표), 영역별 목표, 교과 목표와 영역별 목표의 관계
5. 2009 개정 사회과 교육과정의 추구하는 인간상, 사회과의 목표, 사회과의 과목별 목표
6. 사회과교육의 목표 진술 방법, 사회과교육 목표 설정 요건

제1장 | 사회과교육의 목적

1. 사회과 목적 설정의 요건

1) 철학적·학문적 측면

사회과교육은 사회적 적절성을 고려한 민주시민적 자질의 함양, 사회현상의 이해 및 합리적 사고력 배양, 개인의 발전 및 인간 존중 사상의 고취 등을 중시하는 철학적·학문적 요건을 갖고 있다.

첫째, 사회 구조주의와 사회 기능 및 미래주의 등과 관련시켜야 한다. 구조주의와 기능주의의 주된 관점은 사회의 질서 및 균형에 있으며, 사회 기능 중심의 사회과교육의 목적은 사회의 존속과 유지, 발전에 필요한 가치와 구성원들의 역할을 습득시켜 주는 것이다.

따라서, 소극적으로는 자라나는 세대를 기성세대에 적응시키는 데 중점을 두고 있으며, 적극적으로는 사회를 개조하는 교육의 역할을 규정한다.

둘째, 사회과학주의, 즉 교육철학의 본질주의 및 항존주의 등과 관련시켜야 한다. 사회과학 중심의 사회과교육을 주장하는 사람들은 급변하는 현대 사회에서 폭증하는 지식에 대비하기 위해서는 변화하는 사회를 볼 수 있는 기본적인 안목을 길러주어야 한다. 따라서 사회과교육은 좀 더 체계화된 학문으로서의 사회과학을 반영해야 한다는 것이다. 그러므로 사회과학 이론에 의하여 사회현상을 이해하고 사회과교육은 학생들로 하여금 사회과학 구조의 탐구 및 발견 과정을 통하여 합리적인 사고의 활동을 함양하여 사회를 이성적으로 개선해 나아갈 수 있는 능력을 길러주어야 한다.

셋째, 낭만주의, 실존적 현상학, 비판철학, 인간주의 심리학 등과 관련시켜야 한다. 현대 비판철학자들은 산업 사회의 여러 가지 병폐로부터 인간성을 회복시키는 데 중점을 두고 있다. 인간 소외 현상, 환경오염 및 훼손, 핵 문제 등 국제적 위협 등의 역기능을 극복하기 위하여 현대 사회에 대한 반성을 통해 인간성 회복에 관심을 가져야 한다고 보고 있다. 인간주의 심리학자들은 인간의 삶은 그 자체가 책임져야 하고, 인간의 자율성과 창조성은 최대한 존중되어야 한다고 보고 있다.

그러므로 사회과교육에서는 인간의 내적 발달과 자아의 발달을 중시하여 학생들로 하여금 사회적 상호작용 속에서 사회현상에 관한 지식을 자기 책임하에 추구해갈 수 있도록 하여야 한다. 따라서 전인 교육, 인격 교육 등에 적극적으로 기여하고, 객관적인 삶의 방식 이외에 주관적인 삶의 방식에 의한 지식 교육이 고려되어야 한다. 현대 사회과교육은 학생들로 하여금 다양한 인간관계 속에서 자신의 내적 성찰을 통하여 삶의 의미를 추구하고, 잠재 가능성을 발휘하여 개인과 사회의 조화로운 발전을 꾀할 수 있는 방향으로 나아가야 한다.

2) 사회적·문화적 측면

사회과교육에서 고려하여야 할 사항은 우리나라가 직면하고 있는 사회적·문화적 과제이다. 따라서 우리나라의 사회적·문화적 전통을 계승하면서 현대 국가, 사회에서 새롭게 요청되고 있는 문제를 충실하게 반영함으로써 사회과교육의 적절성을 기할 수 있을 것이다. 특히 우리나라에서는 1990년대 이후의 사회 정의를 바탕으로 한 민주화가 정착되었고, 2000년대 이후 급속한 세계화·정보화의 도래로 사회과교육의 목표와 내용, 방법, 평가 등 일련의 과정에 획기적인 전환점을 맞고 있다.

첫째, 사회과교육의 목표의 사회적·문화적 요건으로 민주주의와 자본주의를 들 수 있다. 정치 체제로서의 민주주의는 자유민주주의 체제의 우월성에 대한 인식과 민주주의 사회의 제 기능을 습득하기 위하여 민주주의의 본질과 이상, 민주주의 생활양식과 민주 정치의 실제, 민주주의의 발전 과제 등의 인식이 강조되어야 한다. 경제 체제로서의 자본주의는 자유 시장 경제 체제의 우월성 및 복지사회 건설을 위하여 경제 발전과 자본주의 윤리관, 복지사회 구현, 사회보장제도의 실현 등이 강조되어야 한다.

그 외에도 산업화·정보화·세계화의 급격한 진행으로 초래되는 비인간화, 몰인정성 등의 현상은 인본주의를 강조하게 되고, 나아가 인간 가치의 인식, 자율성, 평등 의식, 분배의 평형과 조화, 다양성, 책임감, 사회 정의, 참여 의식, 타인에 대한 배려, 민주적 의사결정 등이 사회과교육에서 강조되어야 한다.

셋째, 민족주의에 대하여 고려하여야 한다. 민족주의 이념을 실현하기 위하여 전통 사상 및 민족 문화와 민족사에 대한 이해와 수용, 주체적 시각에서의 역사 이해, 민족의 미래에 대한 확신 및 적극적 자세 등이 중요한 요소로 다루어져야 한다. 특히 세계화 시대에 대응하여 민족정신이 뚜렷하면서도 국제 협력 정신을 잘 발휘할 수 있는 고급 인력 양성에 주력하여야 할 것이다.

넷째, 평화통일을 강조하여야 한다. 변화하는 국제 정세와 더불어 평화 통일과 반공 교육에서는 많은 변화가 예상된다. 통일된 사회는 우리 민족 모두가 인간답고도 평화롭게 살 수 있는 사회여야 하며, 통일의 방향은 남북한의 상호 민주화를 촉진하고 다양한 접촉과 교류를 통하여 평화적인 방법으로 이루어져야 할 것이다. 평화통일을 이룩하기 위하여 우리는 독자적이며 다변적인 외교를 통하여 북한 사회에 평화와 자유 의식의 물결을 고취시켜야 하며, 민족의 동질성 회복에 노력하여야 한다.

다섯째, 다문화 교육을 강조해야 한다. 21세기 세계화 시대, 지식정보화 시대는 글로벌 지구촌 시대이다. 세계가 일일생활권이 되어 유기적으로 연대가 되어 있는 시대이다. 따라서, 사회과는 다문화 시대의 다문화 교육 등 세계의 소통 교육에 각별히 노력하여야 한다.

그 외에도 우리 민족과 국가적·사회적 입장에서 강조되어야 할 점은 세계화 시대의 공동체 의식 함양, 민족의 정체성 확립, 민족 문화의 창달 등 여러 요소가 고려되어야 할 것이며, 나아가 범세계적인 환경 문제, 생활 문제, 노동과 여가 문제, 국제 분쟁, 과학기술 교육의 발달, 다양성과 의사소통, 청소년 문제, 환경 문제, 인구와 성교육 문제 등이 적절하게 고려되어야 한다.

3) 학습자의 심리적·발달적 측면

사회과교육은 학생들로 하여금 자신들의 공동생활 경험과 민주적인 생활을 통하여 획득된 도덕적 양심에 의하여 자유로운 사회생활을 영위할 수 있도록 도와준다. 따라서 학습 환경이나 환경에서 학생들의 관심, 흥미 등이 최대한 고려되고 자유로운 학습 활동이 보장되어야 할 것이다. 이를 중심으로 학생들의 발달 단계에 따른 사회과교육의 학습 요건을 제시하면 다음과 같다.

첫째, 초등학교 단계는 구체적 조작기로서 학생들로 하여금 사회생활에의 관심과 흥미 유발에 중점을 두고, 구체적 사실이나 경험을 토대로 기초적인 지식을 이해시키고 태도를 형성하는 데 중점을 두어야 한다.

둘째, 중학교 단계는 형식적 조작기로서 사회현상에 관한 지식을 체계적으로 이해시키고 그에 따른 문제해결력, 탐구력, 창의력, 의사결정력, 메타 인지(meta cognitive) 등 고급사고력을 배양하여야 한다.

셋째, 고등학교 단계는 예비 성인기로서 사회과학적 개념과 원리를 이해하고 보다 합리적으로 사회문제를 해결할 수 있는 다양한 능력을 기를 수 있도록 하여야 한다.

2. 사회과교육의 목표관

사회과교육의 목표관에 대해서는 학자별, 견해별, 관점 및 시각별, 인식관 등에 따라 매우 다양하게 제시되고 있다. 사회과가 단일 학문을 배경으로 하는 다른 교과에 비해 독특한 특성을 갖고 있기 때문이다. 사회과는 사회과학을 중심으로 하면서도 사회사상(社會事象)을 내용으로 하는 교과 특성상 단순하게 목표 정의를 하기 어렵기 때문이다. 그럼에도 불구하고 궁극적인 사회과의 목표관은 민주시민의 자질 육성, 올바른 사회 인식 등 두 가지로 종합할 수 있을 것이다.

1) 민주시민적 자질 육성(함양)

원래 1916년 미국에서 사회과가 태동할 당시부터 시민성 함양은 사회과의 핵심 목표였다. 당시 이민족이 혼합된 미국 사회에서의 사회 통합과 안정을 위한 민주시민성 함양은 아주 중요한 교육적 화두였다.

사실 사회과교육에서 민주시민의 자질 육성은 본질과 같은 것이다. 사회과의 목표관은 시민적 자질 함양과 밀접한 관련이 있다. 이와 같은 관점에서는 사회과교육의 목표를 민주시민적 자질의 육성을 지향하고, 그러한 입장에 바탕을 두어 사회 인식 형성과의 관계를 설정해야 한다고 보고 있다.

이와 같은 시민성 함양, 민주시민의 자질 육성 등 사회과의 목적과 목표는 현대 사회과에서도 본질적이고 핵심적 위치에 있다. 사회과교육의 궁극적 목적과 목표가 결국 바람직한 사람, 인간다운 인간을 기르는 데 있기 때문이다.

사회과교육의 목표로서의 민주시민의 자질은 매우 다양한 면을 조명할 수 있을 것이다. 일반적으로 시민성(citizenship)이란 두 가지 의미를 갖고 있다. 그 하나는 훌륭한 시민성을 사회의 가치 있는 멤버십(membership)과 같은 의미로 보는 경우이고, 다른 하나는 시민성을 정치적 역할로 풀이하여 민주 정치에 참여하는 멤버십(membership)으로 보는 경우이다. 전자는 경제주체로서의 행동, 사회집단 속에서의 의식, 공공시설에 대한 태도, 자녀 교육의 방법 등 각 사회구성원으로서의 개개인의 시민적 자질이 그 사회의 존속, 안전을 위하여 중요한 의미를 갖게 되며, 나아가 그 구성원들이 훌륭한 시민적 자질을 갖도록 하는 것이 시민성 교육으로 해석된다(권오정·김영석, 2007: 12).

현대 사회에서 민주시민으로서의 사회생활을 영위하면서 합리적인 의사결정을 하기 위해서는 다양한 지식과 능력, 기능, 가치·태도 등이 구비되어야 하며 타인과의 원만한 인간관계를 유지하는 마음자세도 필요한 것이다. 민주시민적 자질을 구성하는 요소는 매우 다양한데, 바아 등(Barr et al, 1977)은 시민적 자질의 핵심인 의사결정 능력의 구성 요소로 지식의 습득, 정보처리 능력, 가치 분석, 참가 등을 들고 있으며, 칼츠우니스(Kaltsounis, 1979)는 지식, 사회적 가치, 지적 능력, 가치명료화 능력, 사회적 능력 등 다섯 가지를 들고 있다. 미국사회과교육협의회(NCSS, 1994)와 한국의 제7차 사회과 교육과정과 '2007년 개정 사회과 교육과정'에서는 민주시민적 자질로 지식, 기능, 가치·태도 등을 제시하고 있다(최용규 외, 2007: 49-53).

민주시민의 자질에 대한 정의는 다양하지만, 민주시민의 자질에 대한 구체적 내용에 대한 견해들은 시민 행동, 사회 참여를 기능, 가치·태도 영역까지를 포함하느냐, 아니면 별도로 제시하느냐의 차이가 있을 뿐이지 기본적으로는 지식·이해, 기능(능력), 가치·태도 등의 인지적 자질, 기능적 자질, 정의적 자질 등을 두루 구비한 종합적 자질 함양을 지향하고 있다.

〈표 3-1〉 민주시민 자질의 구성 요소

학자(기관)	민주시민적 자질 세부 요소
마시알라스와 콕스(Massialas & Cox)	인지적 능력, 참여적 능력, 정의적 능력
바아 등(Barr et al)	지식의 습득, 정보처리 능력, 가치 분석, 참가
칼슈니스(Kaltsounis)	지식, 사회적 가치, 지적 능력, 가치명료화 능력, 사회적 능력
미국사회과교육협의회(NCSS)	지식, 기능, 가치·태도
교육인적자원부(2007)	지식, 기능, 가치·태도

출처: 최용규 외, 『사회과 교육과정에서 수업까지』, 교육과학사, 2007: 50.

이와 같은 바람직한 시민적 자질 육성을 사회과의 목표관으로 보는 입장에서는 사회 인식을 시민적 자질 육성의 수단으로 보는 입장과 사회 인식을 통해서 시민적 자질을 육성한다는 두 가지 세부 입장으로 구분하여 고찰할 수 있다. 전자는 시민적 자질의 틀을 정해놓고 그 목표를 도달하는 수단으로서의 사회 인식을 위치시키는 입장이다. 민주시민의 자질 육성을 강조하는 바아(Barr) 등은 사회과의 세 가지 전통 중에서 시민적 자질 전수로서의 사회과 유형에서 볼 수 있듯이 바람직한 가치·태도를 설정해놓고 이를 달성하기 위한 수단으로 지식과 가치·태도, 신념 등을 함양시키는 것이다. 반면, 후자는 바람직한 가치태도를 고정시키지 않고 사회문제에 대한 반성적 접근을 토대로 합리적인 의사결정과 문제해결을 시도해 가는 능력 신장을 강조하는 것이다. 즉, 사회 인식 형성 과정에서 과학적 탐구 능력이나 의사결정 능력이 발달하고, 이 발달된 능력이 구비되었을 때 바람직한 시민으로서의 가치·태도 함양과 바람직한 사회적 행동을 기대할 수 있다는 입장이다. 이 견해는 사회과 목표관에서 보편적인 지지를 받고 있는데, 이는 과학적 사회 인식과 바람직한 시민적 자질의 육성인 과학의 논리와 사회의 논리를 조화시키는 교과교육의 본질에 충실하기 때문이라고 본다. 기본적으로 사회과는 타 교과에 비해서 본질적인 성격 규명이 곤란한 입장에 있다. 그리고 본질적인 성격 규명을 등한시하는 경향이 있으며 이로 인하여 사회과교육의 이론 구성이나 실천 수행에서 많은 혼란을 야기해온 것이 사실이다 (권오정·김영석, 2007: 13-14).

2) 올바른 사회 인식: 사회사상(社會事象)의 성찰(省察)

사회과를 올바른 사회 인식을 형성시키는 기본적 교과라고 보는 입장에서는 사회과교육의 목표를 사회과학 연구의 결과나 과정의 습득과 같은 지적 측면에 중점을 두고 민주시민적 자질 육성에는 직접적으로 관여하지 않아야 한다는 입장이다. 즉, 사회과교육에서 사회과학 지식은 하나의 지식이기 때문에 교수하는 것이며, 이와 같은 사회과학적 지식이나 방법이 습득되면 직접적으로 의도하지 않더라도 민주시민에게 요구되는 합리적인 의사결정이 가능하다고 보는 입장이다 (최용규 외, 2007: 48).

3. 사회과교육의 지향 목적

사회과의 궁극적인 목적은 교육의 일반 목표와 밀접하게 연관되어 있다. 우리나라 교육기본법 제1조(교육 이념)에 "교육은 홍익인간의 이념 아래 모든 국민으로 하여금 인격을 도야하고, 자주적 생활 능력과 민주시민으로서의 필요한 자질을 갖추게 하여 인간다운 삶을 영위하게 하고, 민주국가 발전과 인류 공영의 이상을 실현하는 데 이바지함을 목적으로 한다"라고 규정하고 있다. 이를 통하여 우리나라 교육의 전반적인 지향 목적인 민주시민의 양성에 있음을 알 수 있다. 해방 후 우리나라에 사회과가 처음 도입되었을 때 사회생활과라는 명칭을 사용하여 교과의 성격을 사회생활을 준비하기 위한 교과로 이해되었다. 사회과교육의 근본적 목적은 사회생활을 유능하게 영위해 나갈 민주시민의 육성에 초점이 있다. 따라서 사회과는 학생들이 반드시 이수해야 할 국민공통기본교과로서 민주사회의 공동체 생활을 올바르게 영위할 수 있는 책임과 능력을 발전시키는 데 바탕이 되는 중핵 교과라고 할 수 있다(김원겸, 2007: 24).

일반적으로 민주시민의 자질 육성에 초점을 맞추고 있는 사회과는 종합교과이면서 통합교과이다. 따라서, 사회사상을 중심으로 한 통합적 접근이 필수적이다. 이와 같은 종합적·통합적 접근과 지도가 중요한 사회과교육은 본질 교과교육으로서의 특성을 갖고 있다.

사실, 교육의 일반 목적(목표), 사회과교육의 목적, 사회과교육의 목표를 명확하게 구분하기는 쉽지 않다. 삼자(三者)의 중첩되는 부분이 많기 때문이다. 즉, 바람직한 인간 육성, 민주시민 육성, 사회생활을 원만하게 영위할 수 있는 도덕적인 사람 양성 등이 핵심적 지향점이다. 이와 같은 점을 전제하고 사회과교육의 목적을 종합하면 다음과 같이 제시할 수 있다 (노정식 외, 1996: 51-54).

첫째, 사회과교육의 목적은 학생들의 사회과학적 기초 능력을 육성하는 데 있다. 즉, 기초적인 사회과학의 입문적 능력 신장에 있는 것이다.

사회과학적 기초 능력이란 사회의 기본적 개념의 이해와 지적 기능의 양면을 의미한다. 이해는 인식이며, 인지를 뜻하는 데 비하여, 지적 기능은 문제해결력으로서 방법적 지식을 의미한다. 이는 당면 과제 및 문제를 해결하기 위하여 추구하는 방법적 기능을 연마하는 것으로서 자료의 수집·종합·분석·표현·판단력 등을 종합적으로 의미한다.

웨슬리(E. B. Wesley)는 사회과교육의 목적을 사회과학적 지식에 중점을 두고, 사회과는 '간소화한 사회과학을 학생들에게 이해시키는 것'이라고 했고, 그로스(R. B. Gross)는 '인간의 생활 방식, 인간의 기본적 요구와 이를 충족시키기 위한 여러 활동과 제도에 대한 이해를 학생들에게 부여하는 것'이라고 주장하였다. 베렐슨(B. Berelson)은 '사회과학적 지식을 책임성이 강한 시민의 양성이라는 목적을 위한 수단으로 가르쳐야 한다'고 하였으며, 브루너(J. S. Bruner)는 '사회과학자들이 전개하는 사회과학적 지식 추구와 지적 활동에 학생들이 가담하는 문제에 관심을 갖고 탐구 과정에 역점을 두어야 한다'고 주장하였다(노정식 외, 1996: 52).

이와 같이 여러 사회과교육학자가 주장한 사회과교육의 목적을 종합하면, 사회과학적 지식의 이해에 두고 그 효과적 전달이 중요하다는 입장이다. 사회과교육의 사회과학적 기초 능력의 육성이란, 단순한 사회과학적 지식의 이해에만 그쳐서는 안 되고, 지적 기능과 연계되어야 한다. 그러므로 사회과학적 기초 능력이란 엄밀하게 말하면, 당면한 사회문제를 해결할 수 있는 능력까지를 포괄하는 종합적인 개념인 것이다.

둘째, 사회과교육의 목적은 훌륭한 민주시민을 양성하는 데 있다. 민주시민의 자질과 소양을 함양하는 데 근본적 목적이 있는 것이다. 이는 올바른 가치관·사회관·국민관·인생관·세계관 등과 관련된 것으로서, 인간 사회에서 이상적인 조직과 운영에 직결된 민주국가의 미래에 이바지할 수 있고, 국가적·세계적 발전에 기여할 수 있는 시민적 자질과 지식, 기능, 가치·태도 등을 함양하는 데 근본적 목적이 있음을 의미한다.

사회과교육의 보편적 성격의 유지와 객관적 과학성의 부여를 위하여 가치문제를 가급적 사회과에서 조심스럽게 접근해야 한다는 주장이 없지 않으나, 미래 사회의 주인공인 될 학생들에게 가치·태도 등 정의적 영역을 특히 강조해야 한다는 주장도 많다는 점을 사회과교육자는 유념하여야 한다.

앵글(S. H. Engle)은 가치 판단에 대한 의사결정과 시민적 자질 함양이 사회과교육의 초점이 되어야 한다고 주장하면서, '보다 나은 시민적 자질이란, 사회생활에서 해결하여야 할 여러 가지 문제에 대해서 자기 결정을 하는 질적 수준에 의존한다. 책임 있는 자기 결정이 근본적인 사회과의 목적이라고 한다면, 가치의 형성은 사회과교육의 핵심적 관심사가 되어야 한다'고 하여 시민적 자질의 육성은 사회과학적 지식 전달에 의하여 이루어지는 것이 아니고, 지식의 습득과 함께 가치 판단에 의해서 통일된 자기 결정을 내리는 데 의의가 있다고 강조하였다.

마시알라스(B. Massialas)도 환경과 인간과의 관계를 규정하는 기본적인 개념이나 일반적인 원리가 사회과의 중심이 되어야 하고, 급격하게 변화와 발전을 거듭하는 여러 가지 생활환경 속에서 직접 탐구하고 발명하는 학습 활동을 수행하여야 하며, 일상생활에서 부딪칠 수 있는 가치 갈등에 관한 이해와 해결 방안을 모색하는 학습 활동 내용이 사회과교육의 핵심적 위치를 차지해야 한다고 주장하였다.

팬톤(E. Fenton)도 가치문제를 중요시했는데, 그 가치의 내용을 행동 가치, 순서 가치, 실재 가치 등 세 가지로 분류하고, 그중에서도 실재 가치에 대해서 역점을 두었다. 교사가 학생들에게 사고하기 쉽고 단순한 가치를 주입하기보다는 학생 각자에게 자기 나름대로 사고할 기회를 많이 부여하여 실재 가치를 갖고 있게 하거나, 변하게 하거나 택일하도록 하여야 한다고 주장하였다.

물론, 사회과학적 지식과 탐구 기능이 미래 사회에 적합한 훌륭한 사람을 육성하는 데 필요조건은 되지만, 충분조건을 아니다. 그러므로 사회과교육의 목적 설정은 사회과학적 지식 전달 외에 가치태도 등 정의적인 면을 간과해서는 안 된다. 현대 지식기반 사회에서 민주시민으로서 다양한 개인적·사회적 문제를 합리적으로 해결하기 위해서는 지적 이해만으로는 부족하고, 기능적인 면과 함께 정의적 영역인 가치·태도의 변화를 유도하는 것이 중요하다. 특히 미래의 민주시민으로서 바람직한 자기 결정을 할 수 있는 유능한 인간을 육성하려면, 지적 능력과, 기능적 능력, 시민적 자질로서의 가치·태도를 함양하여야 한다. 이는 시민 교육, 인간 교육의 기반이기도 하다.

하지만 사회과의 종합적인 목적이자 지향점인 훌륭하고도 바람직한 시민이란 민주시민으로서의 신념이 투철하며, 시민적 연대 의식과 공동체 의식이 투철한 사람이다. 그러므로 자신의 생활을 슬기롭게 영위하고, 타인과의 원만한 인간관계를 유지하며, 사회와 국가 발전에 공헌함은 물로, 나아가 세계시민으로서 자질과 소양이 함양된 사람이다.

4. 교육의 일반 목표와 사회과교육의 목표: 비경계성, 유사성

일반적으로 교육의 일반 목표는 인간다운 인간 육성, 바람직한 사람 양성으로 귀결된다. 이는 동서고금의 교육의 목적이자 목표이기도 하다. 이러한 광의의 교육의 목표는 모든 교과, 재량활동, 특별활동을 포괄하여 교육과정 전반에 걸쳐서 길러야 할 최종적인 목표이자 지향점이기도 하다. 실제 교육에서 모든 교과와 영역에 걸쳐서 사회구성원으로서 바람직한 삶을 영위할 수 있는 지식과 기능, 가치·태도를 함양한 인간 육성을 목표로 한다. 따라서 교과로서의 사회과의 목표는 교육의 일반 목표, 교육의 지향점, 교육과정의 이상(理想)과 맥락을 같이한다고 볼 수 있다.

인간의 사회사상(社會事象) 탐구를 대상으로 하는 사회과는 학생들의 개인적 발달, 사회적 자아실현을 돕는 것을 강조한다. 사회과는 타인과의 상호작용(interaction) 속에서 자기의 잠재가능성을 발휘하여 다양한 인간관계를 터득하게 함으로써 원만한 사회생활을 하도록 지원하는 데 초점을 맞추고 있다. 이러한 사회과의 일반적 목표는 학교교육에서 강조하는 교육의 일반 목표인 주체적 자아실현, 자기 표현력 신장, 인간 존중의 태도, 더불어 사는 공동체 의식의 함양, 바람직한 사회생활을 위한 가치·태도 형성과 밀접하게 연관되는 것이다.

아울러, 사회과는 사회현상을 올바르게 바라볼 수 있는 혜안(慧眼)을 길러준다. 미래 사회의 주역이 될 학생들에게 사회과학의 기초적 개념을 익히게 하여, 사회현상을 직시할 수 있는 안목을 갖게 하고, 나아가 새로운 관점에서 사회의 여러 모습을 바라보고 사고할 수 있도록 돕는다. 학생들에게 이러한 사회를 바르게 바라볼 수 있는 혜안과 안목을 길러주는 것은 미래 사회를 살아갈 능력과 자질 함양에 아주 중요한 실질 교육인 것이다.

한편, 교육의 일반 목표와 결부하여 사회과의 목표는 사회사상에 대한 사회과학적 탐구와 합리적인 문제해결 능력을 바탕으로 한 탐구력, 창의력, 탐구력, 의사결정력, 메타 인지(meta cognitive) 등의 고급사고력(high level thinking) 신장을 강조한다. 이를 통하여 교과교육으로서의 사회과의 중요한 목적 중의 하나는 학교 내외의 생활 경험을 통해서 유능하고 바람직한 민주시민을 육성하는 것에 초점이 모아진다.

사회과교육은 곧 민주시민 교육이라고 할 때, 사회과교육에서 민주시민 교육은 본질적이고도 핵심적인 개념이다. 따라서 사회과교육의 궁극적인 목적은 민주시민에서 규명할 수 있다. 사회과교육의 목적은 훌륭한 민주시민의 양성, 즉, 학생들이 민주시민으로서의 신념과 행위를 기르는 데 기초가 되는 바람직한 사회적 행위를 위한 지식과 기능, 가치·태도 등을 계발하는 데 있다.

인간의 존엄성이 기본 이념인 민주주의는 기본 가치로서 인권 존중, 공익을 위한 협동과 봉사, 자유와 책임, 준법, 지적 방법에 대한 신념과 그의 유능한 구사, 자치 생활에의 책임 있는 참여 등을 들 수 있다.

민주시민에서의 시민은 지역과 국가를 초월한 개념이다. 즉, 시민은 자기가 속한 지역, 국가에 대한 공동체적 책무를 감당할 수 있는 의식을 가졌을 뿐만 아니라, 세계 인류 공동체에 대해서도 마찬가지의 책무 의식을 가진 존재이다. 반면, 국민의 개념은 국가가 전제된다는 점에서 주체적 인간으로서의 보편적 권리와 의무를 앞세우는 시민의 개념과 대비된다. 시민의 개념은 국가를 초월하여 긴 인류의 역사를 두고 발전해온 보편적 개념이다. 정치·사회 주체로서 보다 가치 있는 인간 삶의 조건을 마련할 수 있는 공동체 구성을 위하여 새로운 시도를 부단히 하면서 동시에 그 자신의 결정에 책임을 질 수 있어야 한다. 따라서 민주시민은 민주주의를 자신의 삶을 영위하는 중요한 체제로 인식하고 그 가치에 헌신하여야 하며, 자신의 삶의 질을 높이기 위하여 무엇보다도 발전할 수 있도록 하는 데 적극 참여하여야 한다(김원겸, 2008: 24-30).

사회과교육에서는 사회의 유지와 발전에 필요하고, 구성원으로서의 다양한 역할에 중요한 요소를 학습한다. 즉, 사회사상과 문화, 사회적 가치와 규범, 집단 내의 역할과 기능 수행, 합리적 의사결정력, 민주시민으로서의 참여 능력 등을 강조한다.

이와 같은 사회과교육의 목표와 지향점은 학교교육의 일반 목표인 건전한 민주시민 의식 함양, 올바른 가치판단력 신장, 합리적인 의사결정과 행동실천력 신장 등과 매우 밀접한 관련을 맺고 있다.

특히, 2000년대 이후, 교육의 일반 목표와 사회과 목표에서는 지식기반 사회, 지식정보화 사회를 맞아 전 세계가 하나의 지구촌 구성원으로서 세계시민적 자질 함양을 강조하고 있다. 이는 전통적인 교육의 일반 목표와 사회과의 교과 목표 중의 하나인 민주시민의 자질 함양에 대한 폭과 깊이를 더욱 심화한 현실적 목표인 것이다.

5. 사회과교육의 일반 목표

1) 사회과교육의 지향 목표

일반적으로 사회과는 인간이 사회 참여 과정에서 효율적으로 적응하는 데 필요한 지식, 기능(능력), 가치·태도 등의 신장과 함양을 목표로 한다. 사회과교육은 사회과 교육과정에 바탕을 두고 사회과 교수·학습 내용을 매체로 하여 미래의 주인공인 학생들이 성장하여 사회에 적극적으로 참여하려는 태도와 그 과정에서 필요로 하는 다양한 지식을 체계 있게 인지하도록 하여 바람직한 사회생활을 영위하는 사람이 될 수 있는 능력을 배양하는 데 근본적인 목표가 있다.

현대 사회는 궁극적으로 사회구성원 다수의 이익을 위하여 다수가 이끌어가는 사회이다. 그 결과 소수가 소수만의 이익을 위한 의사결정보다 다수의 의견을 존중하고 이를 따르는 사회를 갈망하게 되었다. 모든 사회구성원은 자신의 의견이나 권익과 다르다 하더라도 다수의 의견과 이익을 따르고 수용하려는 자세가 기본적으로 필요하다.

사실 오랜 역사와 전통 속에서 수많은 선량한 시민의 생명을 담보로 하여 취득한 민주주의 사회는 아직까지는 가장 바람직한 사회체제로 인식되고 있다. 우리 인간이 사회구성원으로서 요구하는 가장 바람직한 인간상은 곧 '선량한 민주적 사회인'이다. 민주적이란 의미는 단순히 독재적 · 전제적이라는 의미의 반대 개념이나 민주정치 체제에서의 법질서 준수만을 의미하지는 않는 것이다. 민주적이라는 개념은 매우 광범위한 의미를 함축한 개념이다. 민주적이라는 의미는 사회구성원 여러 사람의 인격, 권익, 의견 등을 바탕으로 사회 모든 질서가 유지된다는 광범위한 의미인 것이다.

사회적으로 다수의 의견을 바탕으로 윤리적이고 협력적이며 사회적 법질서를 존중할 줄 알며, 논리적이고 나아가 합리적 판단을 하며 현실을 직시하는 원만한 태도 형성 등 복합적 의미를 함축하고 있기도 하다. 현대는 물론 미래 사회에도 오랫동안 인간이 추구하고 주도하는 최고의 가치인 것이다. 따라서, 사회교육의 목표는 종합적으로 '원만한 민주적 사회인 양성'이라고 했을 때, 이는 매우 포괄적인 의미를 갖는 것이다.

〈표 3-2〉 사회과교육의 목표에 대한 학자들의 견해

학자명	사회과교육의 목표 초점
베렐슨(B. Berelson)	·믿을 만한 사회과학 지식을 책임감이 강한 시민 양성의 수단으로서 가르칠 수 있다.
펜톤(E. Fenton)	·사회과는 아동들로 하여금 선량한 시민이 되도록 한다. ·사회과는 아동들에게 어떻게 생각할 것인가를 가르친다. ·사회과는 다음 세대에 문화유산을 전달한다.
마시알라스와 콕스(B. G. Massialas & C. B. Cox)	·선량한 시민 양성의 수단으로서 사고력을 신장시킨다.
스킬(D. I. Skeel)	·아동들의 올바른 자아 개념을 발달시키고, 다문화적 요소를 인식하고 평가하며 사회화 과정, 의사결정 및 사회참여력을 신장시켜야 한다.
뱅크스 (J. A. Banks)	·구성원들이 속해 있는 지역사회, 국가, 세계의 공동생활에 적극 참여하여 신중하게 결정할 수 있는 지식과 능력을 습득하게 한다. ·사회과의 궁극적 목표는 지적인 사회행위자들을 가르치는 데 있다. 한 개인이 합리적인 의사결정을 내리는 능력을 계발했을 때, 지적으로 행동할 수 있다.

물론, 사회과교육을 충실히 이수했다고 하여 진정 민주적이고 합리적이며 원만한 사회인이 되느냐 하는 문제이다. 이는 사회과교육에서 기대하는 목표이며 희망이다. 따라서 사회과교육의 바람직한 방향은 사회적 능력과 인격 도야의 책임도 함께 고려하여야 한다. 사회적 기능은 본질적으로 훌륭한 사회인의 자질을 기르는 데 필요한 사회과적 지식과 사고력, 판단력 등을 연마하는 것이다. 바람직한 판단력, 의사결정력은 합리적 사고력에 바탕을 두고 있다. 합리적 사고력 신장은 수많은 정보를 토대로 종합적 사고를 통하여 기대할 수 있다(김정호 외, 2007: 17-19).

역사적으로 오랫동안 동서고금을 통하여 사회과교육의 목표 설정에 대해서는 많은 논쟁이 계속되어 왔다. 즉, 사회과의 목표를 바람직한 시민 양성, 사회과학 연구의 결과 및 과정 습득, 반성적 탐구를 비롯한 고급사고력 신장, 합리적인 의사결정력 신장 등 어느 것에 보다 중점을 둘 것인가가 쟁점이 되고 있다.

일반적인 사회과교육의 목표를 종합하기 위한 사회과교육학자들의 사회과의 목표관을 요약하면 <표 3-2>와 같다.

이상과 같은 학자들의 사회과교육의 목표에 대한 주장과 견해를 종합하면, 공통적으로 사회과교육의 궁극적 목표를 '바람직한 시민의 양성'에 두고, 그러한 목적에 도달하기 위한 수단으로서, 사회과학적 지식과 사고력, 탐구력 그리고 합리적인 의사결정력 등을 강조하고 있음을 파악할 수 있다 (한면희 외, 162-172). 사회생활에서의 이성적 행위와 자유롭고 행복한 사회생활을 영위를 통한 민주시민성 함양이 강조되어야 한다.

따라서, 사회과교육의 최종적인 목적은 민주시민적 자질 함양, 세계 시민적 소양 신장 등에 있으며, 이는 지식기반 사회, 지식정보화 사회의 지구촌 시대 시민의식 및 자질 함양과 밀접하게 연관되어 있는 것이다.

한편, 사회과의 교육의 최종 목표는 민주시민적 자질 향상에 있으며 이러한 민주시민성 함양을 위한 영역별 목표의 하위 범주는 지식, 기능, 가치·태도, 사회 참여 등으로 구분하여 고찰해볼 수 있다(한면희, 2009: 119-121).

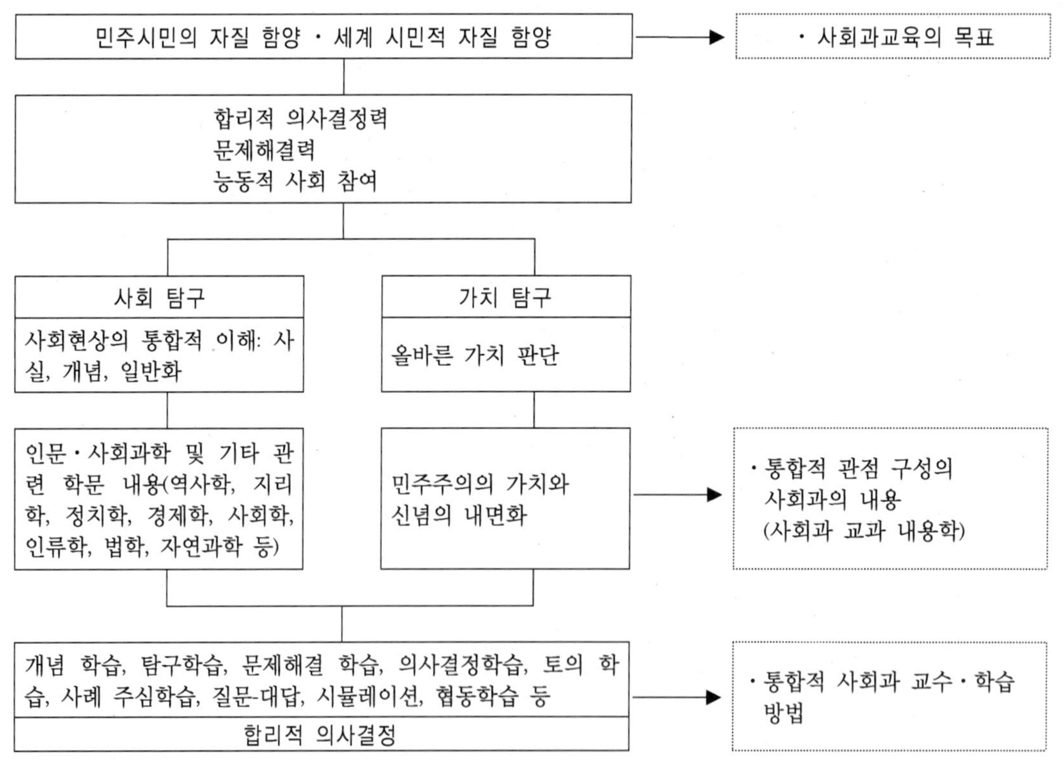

[그림 3-1] 사회과교육의 지향 목표 체계도

2) 사회과교육 목표의 범주화

사회과교육의 목표는 사회과 유형화 차원에서 시민성 전수 모형, 사회과학 모형, 반성적 탐구 모형으로 구분하여 고찰할 필요가 있다. 시민성 전수 모형은 사회적 요구가 보다 강조되고 있고, 사회과학 모형은 학문적 요구, 그리고 반성적 탐구 모형은 학습자의 요구를 강조한다(손병노·권오정, 1996: 64-69).

사회과의 유형에 따라 목표 정립의 기초가 상호 차별적인 이유는 사회과 목적으로서 시민성에 대한 의미 규정이 서로 다르기 때문이다. 즉, 사회과 유형별로 사회과를 통해서 추구하는 인간상으로서 시민성의 내용에 대한 관점이 다르기 때문이다.

실제 시민성에 대한 상호 갈등적인 가정이 있을지라도 시민성 함양을 추구하기 위하여 사회과의 목표를 전략화하는 상황에서는 동일한 범주가 나타나고 있다. 사회과 목표의 기본 범주는 지식 목표, 기능 목표, 가치·태도 목표 등이다. 경우에 따라서는 사회 참여 목표를 별도로 설정하기도 한다. 이는 올리버(Oliver)의 유형화 중에서 시민 행동 접근으로서의 사회과 계보에 바탕을 둔 것이다.

사회과 목표의 범주는 사회과에서 가르치고자 하는 내용이 교육의 과정을 고려하여 추상화된 것이며, 궁극적으로 사회과에서 시민성 함양이라는 교육목적을 실현하는 과정에서, 목표의 체계화 및 범주화가 이루어진다. 특히, 이러한 사회과 목표의 범주화에 대한 구체적인 내용은 지역과 국가에 따라, 시대에 따라, 교육과정 개발 주체에 따라 상이한 양상이 나타난다(남호엽, 2008: 30-32).

6. 사회과교육 목표 설정

일반적으로 교육목표를 설정할 때는 사회적 상황, 학습의 준비도 등을 고려하여야 되는데, 사회과의 교육목표를 설정할 때에는 특히 이 점이 중요하다. 왜냐하면 사회과는 개인과 사회 및 국가와의 관계를 직접적인 내용으로 취급하기 때문이다. 사회과의 목표는 사회적 또는 국가적인 목표와 조화되지 않으면 안 된다. 사회과의 교육목표는 국가적 교육목표의 하위개념이라고도 할 수 있다. 사회과의 교육목표는 문제해결 능력과 같이 일반적으로 표현되면서도 민주화, 민족의 발전, 경제 성장, 복지사회의 실현, 공동체 의식의 증진 등 사회적·국가적 목표와 조화되지 않으면 안 된다. 이와 함께 학습자의 심리적 발달상황이나 준비도 등과도 연결되어야 한다.

심리학자인 피아제(J. Piaget)나 도덕교육학자 콜버그(L. Kohlberg) 등이 주장하고 있는 바와 같이 초등학교의 저학년에서는 구체적인 행동과 습관화를 주요한 교육의 목표로 하고 고학년으로 올라갈수록 일반적이고 추상적인, 그리고 형식적인 개념, 원리, 명제를 이해하는 것을 목표로 해야 할 것이다. 피아제와 콜버그의 이론은 인간 발달과 교수·학습에 대해서 많은 시사점을 제시하고 있다(차경수, 2007: 44-47).

사회과교육의 목표는 지식(인지적 목표), 기능(기능적 목표), 가치·태도(정의적 목표) 등의 영역별 목표를 중심으로 학생들의 인지적 발달, 사회적 요구, 국가적 정책 등을 고려하여 설정하여야 한다. 이를 통하여 미래의 주역인 학생들이 민주신성을 함양하고 올바른 사회 인식과 의사결정력을 신장할 수 있도록 사회과 목표가 설정되어야 한다.

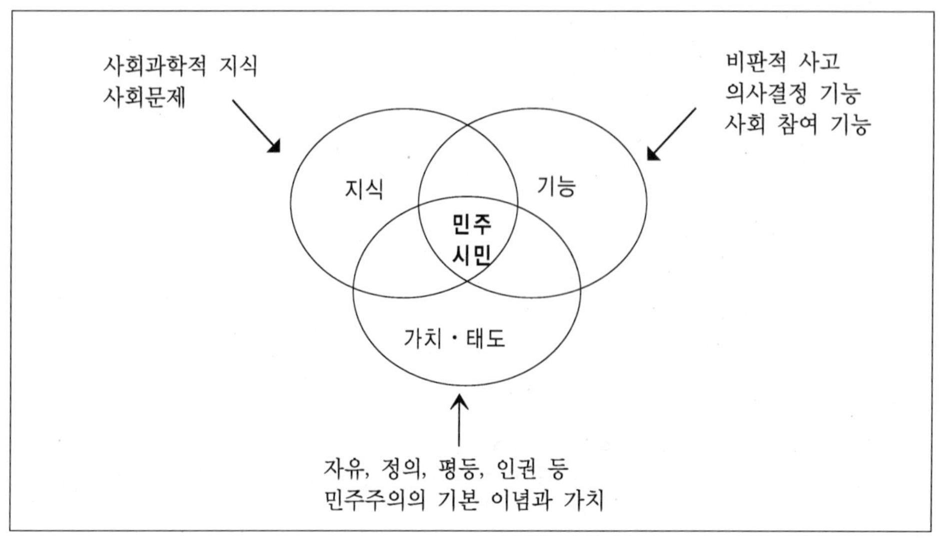

[그림 3-2] 민주시민 교육의 구조도

사회과의 목표는 또 학교교육의 교육목표와도 조화되어야 하고, 실현 가능한 것이어야 한다. 사회과교육은 국어·영어·수학과교육 등과 같이 교과교육의 일종이며 그것은 학교교육의 범위 내에서 실시되는 것이다. 다만 다른 교과교육이 대부분 하나의 학문을 배경으로 하는 데 비하여 사회과교육은 다양한 사회과학을 바탕으로 한다는 점이 특징이다. 그러므로 구체적으로는 도시학교 및 농촌학교, 일반계학교 및 특성화계학교 등과 같이 학교의 종류에 의해서 영향을 받을 수도 있고, 전인교육과 같이 최근에 우리나라에서 주장되고 있는 학교교육의 목적으로부터도 많은 영향을 받는다. 학교교육이라는 관점에서 고찰할 때는 사회과교육은 수업을 통하여 실시되는 것이므로 수업을 통하여 실현이 가능한 것이어야 한다. 학교와 지역사회에서 실시되는 구체적인 학습활동이 사회과교육의 목표가 될 수도 있다.

1) 추상적 목표와 구체적 목표: 추상성, 비가시성, 비구체성

추상적이고 포괄적인 사회과교육 목표는 사회과교육이 달성하고자 하는 적극적인 목표이고, 이러한 궁극적인 목표는 최종적인 인간상 또는 사회과교육의 기본 방향을 의미한다. 그 사회과의 중요한 목표는 바람직한 민주시민 양성, 사회과학 연구의 과정과 결과 습득, 합리적인 의사결정력 함양 등이다. 다만 추상적으로 서술된 교육목표는 교육의 방향을 구체적으로 제시하기 곤란한 단점이 있다.

사회과의 교육목표는 추상적으로 서술될 수도 있고 구체적으로 서술될 수도 있다. 추상적이고 포괄적인 사회과의 교육목표는 사회과교육이 이룩하고자 하는 최종적인 인간상, 사회과교육의 기본방향들을 의미한다. 추상적으로 서술된 교육의 목표는 교육의 방향을 일반적으로 제시하기가 곤란한 단점이 있다. 가령, 영국의 신사, 합리적인 프랑스인, 우리나라 조선 사회의 선비 등은 그 사회를 대표하는 하나의 인간상이라고 할 수 있다. 오늘날 우리에게 요청되는 인간상은 한마디로 표현하기는 어렵지만 사회과교육이 이상적으로 지향해야 할 인간상은 '2009 개정 교육과정'에 제시된 전인적 성장 위에 개성을 추구하는 사람(자주인), 기초 능력을 토대로 창의적인 능력을 발휘하는 사람(창의인), 문화적 소양과 다원적 가치 이해를 바탕으로 품격 있는 삶을 영위하는 사람(문화인), 세계와 소통하는 시민으로서 공동체의 발전에 공헌하는 사람(세계인) 등으로 제시할 수 있을 것이다.

추상적 교육목표는 교육의 방향을 제시하지만 학습활동을 구체적으로 제시하지는 못한다. 따라서 학습활동을 구체적으로 제시할 수 있는 교육목표를 서술할 필요가 있다. 이것은 행동으로 관찰할 수 있도록 교육목표를 제시하는 것이며 대개 수업목표라고 불린다. 수업목표는 구체적인 학습활동을 관찰할 수 있도록 제시해주는 장점이 있는 반면에 어떤 경우에는 구체적으로 수업목표를 서술하기가 곤란한 경우가 있기 때문에 그 점에서 제한이 따른다.

사회과 학습 활동을 구체적으로 제시할 수 있는 교육목표는 수업 목표이며, 이는 구체적인 학습활동을 관찰할 수 있는 미시적 관점이라는 장점이 있는 반면, 국가·사회적 조망과 사회 변화에 적절하게 대응하지 못한다는 단점이 있다.

2) 인지적 목표와 정의적 목표: 앎과 느끼고 실행함(내면화와 체현 지향)

사회과의 교육목표를 행동적으로 표현할 때에 인지적 목표와 정의적 목표로 나누어 고찰하는 것도 매우 유익하다. 이러한 구분은 교육목표의 서술방법의 개선에 커다란 공헌을 한 블룸(B. S. Bloom)과 그 동료들이 저술한 『교육목표의 이원적 분류』라는 저서에 의해서 명백하게 되었다. 그 후 교육현장에서 곧 실시되었고, 특히 1990년대에 와서 사회과에서 가치교육이 강조되면서 정의적 목표에 대한 관심이 증대되고 있다.

사회과교육의 목표 진술방법도 교육학 일반의 발달로부터 많은 영향을 받는다. 인간의 행동은 크게 나누어 정보를 암기하거나 수학문제를 푸는 것과 같은 지적인 행동과 수학을 좋아하거나 싫어하는 것과 같은 수학에 대한 태도, 또는 사회와 국가에 대한 신념과 가치관 등으로 구분해서 고찰될 수 있다. 즉, 수학을 좋아해도 수학문제를 푸는 능력은 낮을 수 있고, 수학을 싫어해도 수학문제는 잘 풀어 좋은 점수를 맞을 수 있는 것을 상상할 수 있다. 따라서 이해력, 문제해결력과 같이 지적인 행동을 발전시키려는 목표를 인지적 목표(cognitive objective)라고 하고, 바람직한 가치와 태도 등을 형성하려는 목표를 정의적 목표(affective objective)라고 한다.

블룸(Bloom)의 『교육목표의 이원적 분류』라는 저서에 의하면, 인지적 목표는 지식(인지), 이해, 적용, 분석, 종합, 평가 등 6가지의 행동영역으로 나누어진다. 이러한 행동을 간략하게 설명해보면 다음과 같다. 지식은 어떠한 정보나 과거의 경험을 암기·회상·재생할 수 있는 능력이다. 이해는 한번 들은 정보나 자료를 자기 자신이 해석하여 자기의 언어로써 표현할 수 있는 것을 의미한다. 그림표를 보고 설명할 수 있거나 개념을 자기 자신의 언어로 서술할 수 있는 것은 이해했다는 증거이다. 정보를 암기하는 것은 이해 없이도 가능하지만 이해는 지식을 바탕으로 한다. 적용은 한번 학습한 개념, 규칙, 이론 등을 새로운 상황에 맞추어서 이용할 수 있는 것을 의미한다.

분석력은 여러 가지 기준을 설정하여 수집한 정보를 분류하거나 재편성하여 거기에서 의미를 찾을 수 있는 능력이며, 종합력은 단편적으로 분류된 요소들을 다시 재결합하고 추상적 개념을 형성해내는 능력이다. 그리고 평가는 증거에 의해서 결론이 자연스럽게 제시되었는지 또는 분석·종합된 자료들이 전체적으로 무엇을 의미하고 있는지를 찾아내는 것이다. 사회과에서 인지적 목표는 이상에서 설명한 것과 비슷한 방법으로 사회현상에 대한 지식 및 이해, 개념이나 원리의 적용, 단편적인 정보의 분석 및 종합, 전체적인 평가 등으로 생각해볼 수 있을 것이다. 이들에 대해서는 다시 사회과의 기능에 대해서 서술할 때 자세하게 살펴볼 수 있다.

정의적인 목표는 태도와 가치에 관한 것인데 인지적인 목표만큼 이론적으로 구체화되어 있지는 않다. 그러나 애국심을 기른다든지 국가와 민족을 사랑하는 것과 같이 사회과교육의 중요한 목표는 많은 부분이 태도 및 가치관과 관련된 인간의 정의적인 행동인 것이다. 이로 보아 정의적인 행동이 사회과에서 차지하는 중요성을 충분히 인정할 수 있다. 앞서 말한 블룸의 교육목표의 이원분류에 의하면 정의적인 행동을 감수, 반응, 가치화, 조직화, 가치 등 5가지로 구분할 수 있다. 감수와 반응은 가장 낮은 차원에서의 자극에 대한 의식 내지 흥미의 수준이며, 가치화는 그 차원을 넘어서서 개인적인 의미를 부여하는 단계이다. 그리고 조직은 가치화를 보다 더 체계적으로 유형화시키는 단계이다. 그리고 가치의 단계는 일반적인 기준을 자기의 인격 속에 내면화시켜 안정된 퍼스낼리티를 형성하고 있는 단계이다. 사회과교육에서는 가정, 사회, 국가 등의 사회집단과 돈, 인격, 명예 등 여러 사회적인 현상에 대한 안정된 태도와 가치관을 형성하는 것이 중요한 정의적 교육목표가 될 수 있다 (차경수. 2007: 44-47).

〈표 3-3〉 사회과 행동 영역별 목표

학자	영역		세부 행동 영역
블룸 (B. Bloom)	인지적 영역	지식(인지)	기억, 암기, 회상
		이해	번역, 해석, 추론
		적용	새로운 상황의 원리 적용
		분석	요소, 관계, 원칙의 분석
		종합	요소의 도출, 구조화, 일반화
		평가	내적 평가, 외적 평가
	정의적 영역	감수	주의 집중, 감지, 자진 감수,
		반응	만족, 자진 반응, 반응
		가치화	수용, 채택 확신
		조직화	개념화, 조직
		인격화·성격화	안정된 퍼스낼리티 형성
자롤리맥 (J. Jarloimek)	이해		지식과 지적 활동
	태도		가치, 감성, 이상과 느낌
	기능		사회적 기능, 학습 기능, 집단 작업 기능, 지적 기능
타바(H. Taba)	사고		특수 사고 기능(개념 형성, 추리, 일반화, 원칙)
	지식		개념, 주요 아이디어, 특수 사실
	태도·가치		가치 분석 및 이해
	기능		학습 기능, 사회 기능
라이언(F. F. Ryan)	지식		사실, 개념, 통칙
	기능		기본 기능, 탐구 기능
	가치·태도		학문적 가치 및 태도, 사회적 가치
	사고과정		추리, 가설 설정, 비교, 대비 평가

제2장 | 사회과교육의 목표 분류

1. 사회과 목표의 요소

1) 지식 요소(Knowledge component): 인지적 측면(인지)

사회과의 목표인 합리적 의사결정은 과학적 탐구에 의해 도출된 지식에 근거하고 있어야 한다. 그래서 사회과의 내용은 다양한 사회과학, 인문과학, 자연과학 등에서 선택된 지식들로 구성된다.

2) 기능 요소(skill component): 기능적 측면(능력)

의사결정과 행위기능을 가르치는 것에 부가하여 사회과 프로그램은 기본적 기능인 읽기, 계산, 의사소통, 사고, 과학적 조사, 컴퓨터의 사용, 지도활용 같은 능력 등을 익히고 사용할 기회를 제공해야 한다. 이런 기능은 의사결정과 행위기능을 발달시키기 위한 본질적인 토대이다.

3) 가치·태도 요소(value & attitute component): 정의적 측면(감정)

사회과는 학생들이 자신의 지성을 최대한 잘 활용하여 문제를 합리적으로 결정하고 그에 따라 행동하는 데 확신을 갖도록 만들어야 한다. 그래서 사회과는 학생들이 소위 민주적 가치인 인간 존엄성, 정직, 자유, 평등, 협동 등을 믿고 준수하도록 가르쳐야 한다.

2. 사회과교육 목표의 영역

21세기는 정보화·세계화·다원화·전문화 사회 도래 등으로 현대 사회가 급변하고 사회적 상황과 시민들의 요구가 변화되면서, 사회적 상황과 요구를 충분히 반영할 수 있도록 사회과의 목표를 더 구체화시킬 필요가 생겼다. 사회과와 사회과교육의 영역과 범위, 깊이 등도 크게 확대되었다.

이런 상황에서 1984년 파커와 자롤리멕은 민주적 시민을 충분한 지식을 갖추고 민주적 가치에 헌신하고 정치적·사회적·경제적 과정에 참여하는 사람으로 규정하면서, 사회적 행위(실천)가 없다면 지식, 기능, 가치는 무력해진다고 지적했다. 사회과의 궁극적인 목표는 시민들이 정치적·사회적·경제적 과정에 자발적으로 참여하는 것이다(Paker & Jarolimex, 1984: 6).

이와 같은 맥락에서 뱅크스(Banks)는 탈산업사회와 세계사회의 특성을 고려할 때, 사회과의 주요 목표는 공동체, 국가, 세계 속의 사회생활에서 반성적으로 의사결정하고 사회에 참여할 수 있는 유능한 시민을 양성하는 것이라고 보았다. 뱅크스에 따르면, 사회과 교육과정은 학생들이 4가지 목표의 영역인 지식, 기능, 가치와 태도, 사회 참여(시민 행동) 등을 달성하도록 도와주어야 한다(Banks, 1990: 4-7).

1) 지식 영역 목표

미래 사회의 주역인 학생들은 사회문제를 반성적·합리적으로 의사결정하고 사회생활에 효과적으로 참여하기 위해서 지식을 습득해야 한다. 사회과에서 배워야 할 지식은 보통 반성적인 의사결정과 실천에 도움이 되는 사회과학과 인문학에서 도출된다. 학생들이 자신의 가치를 명료화하고 대립된 가치를 분석하기 위해 철학에서 가치와 윤리가 선택되기도 한다. 학생들이 반성적인 의사결정을 하기 위해서는 고차원적 지식(개념, 일반화, 이론 등)을 활용해야 하기 때문에, 사회과는 이러한 고차원적 지식을 가르치는 것이다.

지식이란 확실한 근거에 바탕을 둔 보편타당성이 있는 인식이며, 이러한 인식 작용의 결과를 의미한다. 즉, 알기 위한 활동이 인식이며, 인식 작용의 결과가 지식이며, 이 인식과 지식은 밀접하게 연관되어 있다.

사회과교육의 지식의 인식과 이해는 중요한 요소이다. 사회과의 지식의 핵심인 사회과학적 지식은 시공(時空)의 교차점 위의 사회사상을 토대로 발전하며 사회 탐구의 결과, 변화되고 누적된다. 사회현상에 관한 탐구를 통하여 누적되는 사실 및 개념, 그리고 원리와 법칙으로서 사회문제를 합리적으로 해결하는 열쇠가 된다.

탱크(M. C. Tank)는 지식의 구조를 사실(fact), 개념(concept), 일반화(generalization) 등으로 구분하였다. 사회과학적 지식인 사실, 개념, 일반화는 서로 다른 것을 인지한 결과이며, 서로 구별할 수 있는 특질을 갖고 있으나, 독립적인 것이 아니고, 상호 밀접하게 관련되어 있다. 지식의 구조는 사실, 개념, 일반화가 하나로 조직되어 체계화된 추상적 위계인 것이다.

다양한 사회에서 살아갈 시민들이 필요로 하는 지식은 사회과학을 비롯하여 인문학과 자연과학 등 다양한 분야로부터 선정한다. 그 밖에 현대 사회의 여러 문제나 개인적·사회적으로 요청되는 사항들이 이에 포함된다. 그러므로 사회과교육 내용이 될 수 있는 지식들을 광범위한 분야로부터 선정하여야 한다. 결국 이러한 지식들은 사회현상에 관한 탐구 과정을 거쳐서 획득되어진 사실(fact), 개념(concept), 일반화(generalization)들로서, 사회과 지식 목표에서 주요하게 다루어져야 할 요소인 것이다.

(1) 사실(Fact)

사실적 지식은 특수한 사실이나 과정에 관한 지식이다. 사실적 지식은 보다 상위의 일반화를 구성하고 수정, 발전시키는 소재가 된다. 사실은 사물, 사건, 현상 등 단순하고 단정적인 표현이다. 사실은 감각 기관을 통하여 인식하고 확인할 수 있는 현상 자체를 의미한다. 그것은 지각에 의하여 입증될 수 있고, 또한 동시에 입증을 위한 자료가 되기도 한다. 사실은 논쟁이 있더라도 그 사실을 확인함으로써 해결된다. 이와 같은 사실들의 원천은 기억된 경험, 견학, 실험 등이다.

사실은 모든 사회현상의 기본이며 한 차원 높은 개념의 바탕이 되는 것이다. 기억된 경험으로부터의 자료는 학생들 자신의 경험이나 교사, 부모, 전문가 등의 기억된 경험, 도서, 신문, 잡지 등에서 얻을 수 있다. 현장 견학이나 실험 등을 통해서 얻어지는 자료는 학생들로 하여금 현장 학습을 흥미 있게 참여하도록 하고, 성인들이 추출해놓은 사실들을 학생들 스스로가 탐구 과정을 통하여 재발견하도록 한다. 이와 같은 여러 측면에서 터득된 사실들은 개념과 일반화를 도출하는 열쇠 역할을 하게 된다. 가령, 사실은 전문직이라는 개념을 이루는 교수, 의사, 연구원 등과 1945년 해방, 1988년 서울 올림픽, 2002년 한·일 월드컵, 2012년 제18대 한국 대통령 선거 등이다.

(2) 개념(Concept)

개념이란 여러 사실을 종합하여 공통의 속성을 바탕으로 논리적으로 추상화시킨 것이다. 인간 생활에서 당면하게 되는 여러 가지 사물, 사건, 현상 등을 일정한 의미와 관련지어 분류하는 데 이용되는 추상적인 단어이다. 개념은 학문적 지식 구성의 기본 단위로, 경험한 것을 집단별로 묶은 범주이다. 범주(範疇)는 속성, 특성에 따라 집단화하는 것을 의미한다. 즉, 범주는 일정한 기준에 따라 비슷한 것끼리 분류하고 이름을 붙인 추상적인 용어이다.

개념은 개별 사물에서 추출한 일반적·공통적·보편적 특성을 추상화시킨 표상이다. 개념은 경험한 사실 하나하나에 내재된 공통적 속성을 한 단계 높게 표현한 것이다. 그러므로 개념은 추상적인 사고와 창조적인 사고를 가능하게 해준다(차경수, 2007: 112-121). 개념은 복잡한 사실들을 분류하고 사회사상을 설명하는 데 간편하고 간단하게 표현할 수 있게 한다. 직공, 수위, 서기 등의 사실들을 묶어서 근로직이라는 개념으로 나타내는 것이 사례이다.

개념은 소개념이 모여서 중심개념이 되고 중심개념이 모여서 주개념(major concept), 기본개념(basic concept)이 된다. 주개념, 기본개념은 일반화, 구조 등과 동의어로 볼 수 있다. 그러므로 개념적 지식은 각각의 사물이나 사상(事象)으로부터, 공통적·일반적 성질을 추출하여 이루어진 일반적이고 본질적인 지식과 관념을 의미한다. 한 단계 차원 높은 추상적·보편적인 단어를 의미한다.

복잡다단한 사회현상이 특징인 현대 사회에서는 사회과교육도 개념 학습을 크게 중시하고 있다. 폭증하는 지식과 정보를 일목요연하게 정선하는 개념 학습이 매우 중요하기 때문이다. 따라서, 개념 학습은 학습 방법의 기초가 되며 기본적 학습 요령이기도 하다.

개념은 사회현상의 탐구에 매우 중요한 요소인데, 일반적으로 개념 정의는 실질적 정의, 명목적 정의, 조작적 정의 등으로 구분한다(김정호 외, 2007: 91-93). 실질적 정의는 사용 중인 용어의 인정된 의미를 기술하는 것이다. 명목적 정의는 일정한 용어에 특별한 의미를 부여하기로 약정한 것이다. 조작적 정의는 그 의미를 측정하여 계량화할 수 있도록 양적 용어로 재구성한 것이다.

한편, 브루너(J. S. Bruner)는 개념을 접합(종합) 개념, 이접 개념(離接 概念), 상관(관계) 개념 등으로 구분하였다. 접합(종합) 개념(conjunctive concept)은 몇 개의 속성이 통합된 개념으로서, 교육, 수입, 직업 등이 모여서 사회계급을 형성하는 것과 같은 개념이며, 이접 개념(disconjunctive concept)은 개념을 형성하는 기준이 여러 개의 대안을 갖고 있되, 각각 독립적·대안적인 개념으로 택일(擇一)의 의미를 나타내는 것이다. 즉, 출생, 귀화, 결혼 등으로 국민이라는 개념을 형성하는 경우이다. 상관(관계) 개념(relational concept)은 속성 또는 특성 간의 특별한 연관성을 갖는 개념을 의미한다. 상관(관계) 개념은 고정된 특질을 갖고 있지 않기 때문에 오직 다른 것과 비교, 사건, 대상 등의 관계에서만 성립되는 개념이다. 사회과에서 많이 사용되는 '정의롭다', '평화롭다' 등이 일정한 기준과 비교할 때 개념의 의미가 확연하게 드러나지, 그렇지 않고 단독으로는 그 의미가 막연한 것과 같다. 따라서 상관(관계) 개념은 속성보다는 그 개념이 사영되는 상황과 맥락이 아주 중요하다.

한편, 헌트(M. P. Hunt)와 메트칼프(L. E. Metcalf)는 개념 학습의 단계를 인식, 분류, 정의, 일반화 등 4단계로 제시하고 있다.

(3) 일반화(Generalization)

일반화는 개념보다 상위 수준으로 둘 이상의 개념들의 상호 관계를 표현한 지식이다. 이것은 보편적·일반적 특성을 갖는 것으로서, 정리, 가설, 추론, 원리 등을 의미한다. 일반화는 지식 구조의 최상위에 위치하는 지식으로 둘 이상의 개념의 상호 관계를 의미한다. 따라서 일반적인 보편성을 갖는 이론이나 원리를 의미한다. 그러나 현실적으로 사회현상을 설명하는 사실이나 개념이 많기 때문에 측정하기 힘든 여러 가지 사회 지식으로서의 일반화에는 어려운 문제가 수반된다. 일반화의 지식은 절대적인 것이 아니다. 사회과학적 지식은 사회사상 등을 토대로 계속 개발, 발전되며 사회 탐구의 결과 지속적인 수정이 이루어진다. 이는 사회현상에 관한 탐구를 통해서 얻어지는 사실 및 개념, 원리, 법칙 등으로서 사회문제를 합리적으로 판단, 해결하는 데 아주 중요한 역할을 한다.

사실과 일반화는 총합적 진술이고, 개념은 분석적 진술이다. 사실과 일반화는 경험적 증거에 의하여 입증되기 때문에 가변성을 갖고 있으나, 개념은 논리적 관계에 의해서만 입증되기 때문에 불변성이 있다. 브루너(J. S. Bruner)는 지식의 계층에 대하여 사실, 소개념, 중심개념, 기본개념 등으로 분류하여 사실에 가까울수록 구체적인 것이라고 하고, 기본개념에 가까울수록 추상적인 것이라고 하였다. 그러므로 개념, 즉 분석적 진술은 구체적인 데 비하여, 일반화, 즉 총합적 진술은 추상적 성격이 더 강한 것이다. 일반화는 항상 수정되고 부정될 수 있다. 일반화가 아무리 충분히 입증되고 폭넓게 수용되었다 하더라도 새로운 증거는 항상 이를 부정할 수 있는 것이다. 따라서 일반화를 형성하는 단계는 얼마나 광범위한 증거를 제시하는가와의 관계에 있고 사회현상의 변화에 따라 일반화도 바뀔 수 있다는 논리가 성립되는 것이다.

사회과학의 일반화는 가장 대표적인 연구가 1953년 미국 스탠퍼드 대학교(Stanford university)의 연구이다. 한나(P. H. Hanna), 그로스(R. Gross) 및 일단의 대학생들에 의해 시도된 이 연구는 사회과 내용의 선택을 위한 지침을 모색하기 위하여 사회과학으로부터 일반화를 모색하려고 하였다. 그들 연구진은 일반화를 '기본적인 인간 활동에 종사하고 있는 과거, 현재, 미래에 관한 수준을 유지하고, 어디에서나 통용될 수 있는 진술'이라고 정의하였다. 당시 스탠퍼드 대학교 연구에서의 사회과 일반화 사례로는 다음과 같이 아홉 가지를 들고 있다.

첫째, 인류, 혹은 자연의 자원과 재산을 보호·유지하는 것

둘째, 의식주, 그리고 다른 소비적인 재화와 용역을 생산, 교환, 분배, 소비하는 것

셋째, 인간과 재화를 교류하는 것

넷째, 아이디어와 감정을 상호 전달하는 것

다섯째, 교육을 행하는 것

여섯째, 오락을 행하는 것

일곱째, 사회를 조직·통치하는 것

여덟째, 도구, 기술, 사회 정돈을 창조하는 것

아홉째, 미적·정신적 자극을 표현·만족하는 것

2) 기능 영역 목표

일반직으로 기능은 학습자가 무엇인가를 수행할 수 있는 능력을 의미한다. 미래 사회의 주인공인 학생들에게 민주시민의 자질 육성을 초점으로 하는 사회과는 기존의 사회문제, 기존의 사회지식만으로 가르쳐서는 한계가 있다. 따라서, 당면한 여러 문제에 대한 문제해결 방법과 새로운 지식을 창출하는 학습 기능을 가르쳐주는 것이 중요하다. 즉, 학생들에게 연구 기능(study skills), 비평적 사고 기능(critical thinking skills)을 길러주는 것이 중요하다. 이와 같은 기능과 능력은 학생들이 학습 과정에서 당면하는 여러 가지 문제에 대해서 합리적이고도 바람직한 일반화와 결론을 내리는 데 도움이 되는 기능·능력을 의미한다. 사회과에서의 기능은 사회생활 내지 사회사상을 이해하고 인식하는 능력, 사회생활 속에서 부딪치는 여러 문제를 합리적으로 해결하는 데 필요한 능력이다. 특히 세계화·정보화 시대인 21세기 현대 사회에서는 단순히 사회과학적 지식뿐만 아니라, 이를 토대로 당면한 사회문제를 해결할 수 있는 능력이 필요한 것이다.

블룸(B. S. Bloom)은 지적인 탐구 기능을 '자료와 무제를 다루는 조직된 조작 방법이나 일반화된 방법'이라고 보고, 지적 영역을 지식과 지적 기능 두 가지 측면에서 파악하였다. 그리고 사회과 기능 영역인 지적 기능을 단순한 것에서 복잡한 순으로 이해력(comprehension), 적용력(application), 분석력(analysis), 종합력(synthesis), 평가력(evaluation) 등 5가지로 제시하였다.

이해력은 자료와 관련시키거나, 어떤 자료와 기회를 이용할 줄 아는 능력으로, 자료나 언어로 된 것을 다른 것으로 옮겨놓는 역량인 번역, 자료를 설명하거나 요약하는 역량인 해석, 그리고 주어진 자료를 토대로 일정한 경향이나 추세를 정확하게 추측하는 추론 등을 포함하는 것이다.

적용력은 일반적이고 추상적인 것을 구체적인 상황에서 이용하는 것이며, 분석력은 진술한 하나의 사태를 구성 요소나 부분으로 나누며, 요소들 간의 상호 관계를 규명해내는 능력을 의미한다. 또한 종합력이란 요소나 부분을 하나의 전체가 되도록 조직, 결합시키는 것으로 독특한 사태 진술 자료의 창조, 계획 또는 조작안의 제작, 추상적 관계의 도출 등과 같은 능력을 의미한다. 평가력이란 자료나 방법이 어떤 목적과 기준에 적합한지의 여부를 판정하는 것으로 정확성과 일관성을 판단하는 내적 기준에 의한 판단과 선택되거나 기어된 표준에 따라 자료를 평가하는 외적 기준에 의한 판단 등이 있다(노정식 외, 1996: 59-60).

카(E. D. Carr)는 기능 목표를 비판적 사고, 전달 기능으로서의 읽기·쓰기·듣기·말하기, 지도와 지구의의 사용과 설명, 그래프 자료의 사용과 설명, 연대표의 적절한 사용 능력 등 5가지를 들고 있다.

존스와 프레이저(E. Johns & D. M. Fraser)는 사회과에 부분적 책임이 있는 기능으로 정보의 위치 탐색, 정보의 조직, 정보의 평가, 독서를 통한 정보의 획득, 듣기와 관찰을 통한 정보의 획득, 구두(口頭)나 필기로 의사 전달, 그림·차트·그래프·표의 해석, 다른 사라들과의 공동 작업 등 8가지를 들고 있고, 사회과에 주요 책임이 있는 기능으로 사회과 자료의 해독, 문제해결과 비판적 사고 기능의 사회문제 적용, 지도와 지구의의 해석, 시대와 연대기의 이해 등 4가지를 들고 있다.

마시알라스와 콕스(B. G. Massialas & C. B. Cox)는 비판적 사고력, 반성적 사고력 신장을 위한 사회과 탐구의 과정을 안내 단계, 가설 설정 단계, 정의 단계, 탐색 단계, 증거 제시(입증) 단계, 일반화 단계 등 6단계로 제시하고 있다.

한편, 사회현상에 관한 지식의 발견 및 적용이나 또는 그와 관련된 가치문제를 명료화하는 데 필요한 능력의 신장에 관한 목표로 정보의 획득 기능, 정보를 조직하고, 이용하는 기능(사고 기능, 의사결정 기능, 초인지 기능), 탐구 기능, 의사소통 기능, 협동 및 상호작용 기능 등을 들 수 있다.

사회과 교육과정은 학생들이 사회문제를 반성적으로 사고하여 해결하는 데 필요한 능력을 개발하도록 도와주어야 한다. 이런 점에서 기능은 사회과에서 매우 중요한 영역이다. 사회과에서 가르쳐야 할 기능은 사고 기능, 사회과학적 탐구 기능, 분석 기능, 집단 기능 등이다. 기능별 특징은 다음과 같다.

첫째, 사고 기능은 지식을 개념화하고 해석이나 분석하고, 적용할 뿐만 아니라 지식을 평가할 수 있는 능력을 포함한다.

둘째, 사회과학적 탐구 기능은 과학적 문제(가설)를 설정하고, 자료를 수집·분석하고, 가설을 검증하여 일반화(결론)를 도출할 수 있는 능력이다.

셋째, 분석기능은 정보를 수집하여 활용하는 능력, 의사소통하는 능력, 관련 자료와 지도를 해석하는 능력을 포함한다.

넷째, 집단기능은 집단의 문제를 해결하는 데 지도자 또는 추종자로서 성공적으로 행동하는 능력, 집단의 목표를 달성하는 데 기여하는 능력, 집단에서 효과적으로 의사소통하고 집단의 문제를 해결할 수 있는 능력 등을 포함한다.

〈표 3-4〉 사회과(사회과교육)의 기능 분류

학자(학회)	기능 대분류	기능 소분류
1. NCSS(미국사회과교육협의회)	1. 정보 획득 기능 (1) 읽기 기능	① 이해, ② 어휘, ③ 목적과 상황에 따른 독서 속도와 정도의 조절
	(2) 학습 기능	① 색인, 목차 등을 통한 정보의 발견, ② 요약, 개요 작성 등 목적에 따른 획득한 정보의 변형
	(3) 참고 자료 발견 기능	① 도서관, ② 연감, 백과사전 등 특수 참고자료 ③ 지구, 지구의, 그림 ④ 지역사회의 자료
	(4) 전자 기구 기술 기능	① 컴퓨터, ② 전화 및 텔레비전 통신망
	2. 정보 조직 이용 기능 (1) 사고 기능	① 정보의 분류, ② 정보의 해석, ③ 정보의 분석, ④ 정보의 요약, ⑤ 정보의 종합, ⑥ 정보의 평가
	(2) 의사결정 기능	
	(3) 메타 인지 기능	
	3. 인간관계, 참여 기능 (1) 개인적 기능	
	(2) 집단 상호작용 기능	
	(3) 사회적·정치적 참여기능	

	1. 읽기, 쓰기 등 기초적인 의사소통 기능	
	2. 지도, 지구의, 그림, 시간에 관한 기능	
	3. 컴퓨터 기능	
2. 울에버와 스콧(Woolever & Scott)	4. 분석과 평가 등 사고(thinking)의 기능	
	5. 가치갈등의 해결 등 가치 판단에 관한 기능	
	6. 협동, 투표 등 사회참여에 관한 기능	
	7. 가설설정, 자료 분석 등 사회과학 탐구 기능	
	8. 집단 기능 및 사회참여 기능	
3. 앵글과 오초아 (Engle & Ochoa)	1. 지적인 기능	
	2. 정치적 기능 및 집단 기능	
4. 뱅크스(Banks)	1. 사고의 기능	
	2. 사회과학탐구 기능	
	3. 학습에 관한 기능(읽기, 쓰기, 지도, 도표 보기, 시간 등)	
	4. 집단 기능(협동, 토론 등)	
5. 마후드 등 (Mahood et al.)	1. 듣기와 말하기	
	2. 읽기	
	3. 쓰기와 생각하기	
	4. 특수 기능 (지도, 시간, 도표, 그림 등)	
6. 마토렐라 (Martorella)	1. 연구와 분석 기능	① 해석과 자료의 비교 ② 논쟁의 분석 ③ 그림에서 추출하는 정보 ④ 차트, 도표, 그림의 해석
	2. 시간 기능	① 시간에 관한 비교개념 ② 시계열에서의 사건과 차트의 기록
	3. 공간 기능	① 공간적 전망에서 오는 충격 ② 지도 만들기와 이용 ③ 사회과수업에서의 지도와 지구의의 통합적 이용

3) 가치·태도 영역 목표

가치·태도 등 정의적 영역의 목표는 인지적인 목표만큼 이론적으로 구체화되어 있지 않다. 하지만, 사회과교육의 핵심적 목표는 많은 부분이 가치 및 태도 등과 관련된 인간의 정의적 성향인 것이다. 정의적 행동이 사회과교육에서 차지하는 중요성은 매우 중요하다 하겠다.

가치·태도 목표는 사회현상에 관한 문제와 관련된 이해 및 수용, 명료화 과정 등을 거쳐서 획득되어 나름대로 체계화한 행위의 절차에 관한 지식, 판단 기준, 신념, 태도 등을 의미한다. 시민들이 사회문제를 반성적으로 의사결정을 하고 그에 따라 일관성 있게 행동하려면 민주적 가치에 대한 확신을 갖고 실천해야 한다. 사회과에서 민주적 가치에 대한 확신을 가르치는 방법은 주입이 아니라 가치명료화와 가치분석의 과정을 통해 이루어져야 한다. 즉, 학생들이 자신의 가치 원천을 확인하여 가치를 분석하고 그 가치를 정당화하는 과정에 따라 자율적으로 배워야 한다.

일찍이 스미스(B. O. Smith)는 가치 교수의 단계를 다음과 같이 5단계로 제시하였다.

첫째, 평가 대상과 평가 종류를 제시한다. 평가의 대상과 종류를 제시하여, 특별한 가치 대상에 대한 토론을 시작하는 계기를 찾는다.

둘째, 가치 대상이 토론된다. 가치 대상의 속성에 대한 기술(記述)에 의하여, 가치 대상의 특색을 초래하는 예를 비교함으로써, 그 대상을 밝히고자 한다.

셋째, 가치 대상이 평가된다. 가치 대상의 평가는 비교 형태를 취한다. 즉, '좋다, 나쁘다, 정당하다, 부당하다' 등의 형태로 나타낸다.

넷째, 평가를 위한 평가 기준이 진술·검토된다. 평가 기준은 의미에 관하여 토론하거나, 제안된 다른 평가 기준과 관련지어 탐구한다.

다섯째, 평가 기준을 옹호, 또는 부정하기 위해 증거를 제시한다. 평가 기준은 개인이 선택하는 일반적 기준과 양립하는 것을 보완한다.

한편, 크래스올(Krathwohl)은 교육목표의 이원 분류에서 정의적 행동을 감수, 반응, 가치화, 조직화, 가치 등 5가지로 제시하였다(강우철 외, 1975: 91-93). 감수와 반응은 가장 낮은 차원에서의 자극에 대한 의식 내지 흥미의 수준이며, 가치화는 그 차원을 넘어서서 개인적인 의미를 부여하는 단계이다. 그리고 조직은 가치화를 보다 더 체계적으로 유형화시키는 단계이다. 가치의 단계는 일반적인 기준을 자기의 인격 속에 내면화시켜서 안정된 퍼스낼리티를 형성하는 단계이다. 사회과교육에서는 가정, 사회, 국가 등의 사회 집단과 금전(부), 인격, 명예 등 여러 사회적인 현상에 대한 안정된 태도와 가치관을 형성하는 것이 중요한 정의적 목표가 된다(차경수. 2007: 46-47).

전통적으로 가치 학습은 사회과교육에서 홀대되어 왔다. 사회과는 사회적 사실에 입각한 지식과 사회과학의 내용을 가르치는 교과로 치부되어 왔기 때문이다. 특히, 우리나라와 같이 치열한 입시 준비 교육의 과정에서 가치 학습이 중시되기가 쉽지 않았다.

하지만 최근 사회과교육이 민주시민 교육에서 가장 중요하고도 핵심적 위치를 차지한다는 인식이 다시금 제고되면서 가치교육이 강조되고 있다. 특히, 우리나라와 같이 사회변동이 심한 사회적 특성을 가진 국가에서는 가치 갈등이 매우 중요한 사회문제로 대두되는바 가치 학습의 중요성은 더욱 강조되고 있다.

사회현상에 관한 문제와 관련된 가치의 이해 및 수용, 명료화 과정 등을 거쳐서 획득되며, 자기 나름대로 체계화한 행위 절차에 관한 지식, 판단 기준, 신념, 태도 등에 관한 목표로서 중요한 의미를 갖는다. 사회과에서 가치·태도 목표를 중시하는 것은 사회과가 단순한 사회 인식의 결과로서의 지식, 이해의 습득만을 목표로 하는 것이 아니라, 학생들의 사회생활에서 실천적으로 기능, 활동하는 것을 기대하는 교과이기 때문이다.

사회과 정의적 측면의 목표에서 인간의 존엄성, 민주적 절차, 평화와 정의, 합리적 의사결정 태도 등이 강조되어야 한다. 민주시민의 가치·태도와 가치의 내면화, 올바른 것과 그릇된 것에 대한 명확한 구분, 인간과 사회, 국가, 세계 시민에 대한 협동적이고 바람직한 태도 형성 등이 매우 중요한 목표인 것이다. 아울러, 가치 내면화를 통한 올바른 태도와 행동이 중요하다. 환경 보호, 인권 보호, 지역사회 발전, 타인에 대한 봉사, 정의에 대한 추종과 실천 등이 중요한 가치로 존중되어야 한다.

4) 사회 참여(시민 행동) 목표

사회과는 학생들이 정치적 효능감을 증대시키는 활동과 프로그램에 참여할 기회를 제공하고, 사회제도에 영향을 미치는 데 있어서 유용한 기능을 가르쳐야 한다. 1979년 이미 미국 사회과교육협회는 사회과교육에서 시민행동의 중요성을 강조했다. 실제, 학생들이 공동체의 활동에 광범위하게 참여하는 것은 사회과에서 본질적인 것이다. 사회참여는 견학, 회의 참석, 캠페인 활동, 사회봉사, 집회 참석 등의 형태를 취할 수 있다. 사회과에서는 사회참여와 통로뿐만 아니라 사회참여 프로그램을 실질적으로 제공해야 한다.

사회과의 사회참여와 체험 프로그램은 단지 사회에 봉사하기 위한 것이 아니라, 학생들이 개인적·사회적 효능감(效能感)을 달성할 수 있는 경험을 제공하는 것이다.

사회 참여는 사회과의 핵심적 요소이다. 인간은 사회를 이루며 공동생활, 사회생활을 영위한다. 이와 같은 사회생활, 공동생활의 기본이 되는 것이 참여이다. 미래 사회의 주역이 될 학생들은 가정, 학교, 사회의 다양한 활동 참여를 통해서 공동생활의 규범과 민주주의의 질서와 도덕을 배워 나간다.

특히, 현대 사회와 같이 다분화된 지식기반 사회, 지식정보화 사회에서는 구성원들의 협동적 참여와 역동적인 역할 수행이 바람직한 사회를 지탱하는 요소가 된다. 따라서 학교는 민주주의의 실험실, 시민사회의 온실, 사회의 축소판으로서의 역할 수행에 최선을 다해야 한다. 학생들은 가정, 학교, 지역사회의 다양한 활동에 적극 참여함으로써 자신의 권리와 책무를 다하고 바람직한 민주시민으로서의 자질과 세계시민으로서의 소양을 함양하게 된다. 나아가 성인되면, 선거와 투표 참여, 국민의 권리 주장과 의무 이행, 법과 질서의 준수, 도덕과 규범 준수, 원만한 공동체 구성원으로서의 상호작용과 호혜(互惠)의 활동 등을 이행하게 되는 것이다. 사회과교육은 이와 같은 민주주의의 예비 실험실 역할을 충실하게 수행하여야 한다는 것이다.

학교나 지역사회의 공공문제 및 집단활동에 관심을 가지고, 참여하여 주어진 역할을 수행할 수 있는 민주시민의 실천 능력에 관한 목표로서 다음과 같은 요소를 예시할 수 있다.

① 타인의 감정에 대한 민감성, 건설적 비판의 제기와 수용, 전형적 사고와 선입견 등의 제기, 이기주의적 지각의 고려, ② 집단의 계획, 토의 평가, 문제해결 및 의사결정에의 참여, 역할 수행, ③ 학습의 장으로서의 학교와 지역사회의 활용, ④ 타인과의 상호작용에 의한 자기 성찰, ⑤ 집단의 다양성, 상황의 판단, 필요한 변화를 이루게 하는 건설적 방법의 인식, ⑥ 학교, 지역사회, 국가, 세계가 처하고 있는 여러 상황과 관련된 문제에 대한 결정에의 협력 및 참여, ⑦ 가족, 친구, 근로자, 소비자, 시민 등 구성원으로서의 역할의 중요성 인식 및 실천 의지 등이다.

〈표 3-5〉 사회과의 목표 영역

영역	목표 세부 내용
① 지식	사회과학과 인문학에서 도출된 지식
② 기능	사고기능, 탐구기능, 분석기능, 집단기능
③ 가치ㆍ태도	민주적 가치, 가치분석, 가치명료화
④ 사회 참여(시민 행동)	사회적 행위의 실천, 사회 참여(시민 행동)

3. 사회과교육의 본질 목표 고찰: 민주시민성의 함양, 민주시민 교육

사회과교육은 제 사회과학과 인문학에서 선택된 지식의 구조와 가치ㆍ태도를 종합하여 민주적 시민성을 육성하려는 교과교육이다. 사회과학이 원리와 법칙 탐구에 초점을 두는 반면, 사회과교육은 민주시민의 자질 육성에 핵심적 목적이 있다. 1975년 미국사회과교육협의회는 "시민성교육(citizenship education)"을 사회과교육의 주요 목적으로 규정하였고, 그 후 시민성 교육이 사회과교육의 본질로서 일반적으로 받아들여졌다. 즉, 사회과의 본질적인 목적이 시민성의 육성이라는 점에 대부분 동의한다(Woolever & Scott, 1988: 33). 그런데 사회과에서 길러야 할 "훌륭한 시민성(good citizenship)"이 무엇인가에 대해서는 학자들마다 의견과 해석이 다르다.

1892년 미국교육학회 10인위원회에서 공교육의 목적을 훌륭한 시민성을 육성하는 것으로 제시했을 때, 그리고 1915년 같은 학회의 사회과위원회에서 사회과를 신설했을 때, "훌륭한 시민성"이란 오늘날 일반적으로 받아들여진 의미가 아니라 애국적인 미국 시민이 갖추어야 할 자질을 의미하였다. 즉, 애국적인 미국 시민은 기존의 법과 질서를 준수하고, 각종 의무를 잘 이행하고, 권위에 복종하고 국가에 무조건 충성하는 사람으로 묘사되었다(Hartley & Vincent, 1967:38, Barr & Shermis, 1970:744). 이와 같이 시민성을 애국적 시민의 자질로 이해하는 전통은 1960년대까지 사회과 교육과정과 수업과정을 지배했고, 현재에도 보수적인 정부관료, 정치인, 사회과 교사들에 의해 널리 지지되고 있다.

1960년대에서 1970년대에 신사회과운동이 유행하면서 사회과에서 길러야 할 시민성은 사회과학의 탐구방법과 사고력으로 간주되었다. 신사회과를 주장한 학자들에 따르면, 훌륭한 시민은 사회과학적 탐구 방법과 고급사고력을 획득한 사람이었다(Barr & Shermis, 1970:747). 마시알라스와 콕스는 과학적 사고력이 발달된 시민을 훌륭한 시민으로 제시했다(Massialas & Cox, 1966:1-24).

1984년 파커와 제롤리멕(W. Paker & J. Jarolimex)은 훌륭한 시민에 대해 새롭게 규정했다. 그들에 따르면, "민주적 시민은 충분한 지식을 갖추고 민주적 가치에 헌신하고 정치적ㆍ사회적ㆍ경제적 과정에 참여하는 사람"이다(Paker & Jarolimex, 1984: 6).

다른 한편, 1960~1970년대부터 앵글과 뱅크스는 합리적 또는 반성적 의사결정 능력을 사회과의 핵심 목표로 제시했다. 이런 맥락에서 1988년 울에버와 스콧은 미국사회과교육협의회와 사회과교육 학자들의 입장을 정리하여 사회과에서 길러야 할 훌륭한 시민성을 합리적 의사결정과 사회적 행위의 실천으로 규정하였다. 그들에 따르면, "훌륭한 시민성"은 "자신의 삶과 사회를 발전시키기 위해서 합리적 의사결정과정을 통하여 사회문제의 해결책을 찾고 그 결정에 따라 행동하는 사람"이다

(Woolever & Scott, 1988: 17).

마찬가지로 1944년 미국사회과교육협회(NCSS)는 사회과를 시민의 능력을 증진시키기 위하여 사회과학과 인문학을 통합한 교과라고 규정하고, 사회과의 기본 목표는 문화적으로 다양한 민주사회의 시민으로서 공공선을 위하여 충분한 정보에 기초하여 합리적 의사결정을 할 수 있는 능력을 육성하는 것이라고 제시했다(NCSS, 1944: 3).

사회과의 본질적 목표인 시민성을 의사결정능력 또는 문제해결 능력과 사회 참여로 규정하는 입장이 오늘날 일반적으로 받아들여지고 있고, 우리나라 2009 개정 사회과 교육과정에도 많이 반영되어 있다.

이와 같이 시민성은 사회에서 요구되는 바람직한 시민의 모습이기 때문에, 사회적 상황과 요구가 변하면서 훌륭한 시민성이 무엇인가에 대한 해석이 달라져 왔다. 시민성이 무엇인가에 대한 해석은 학자들마다 매우 다양하지만, 대체로 유사한 것들을 묶어 보면 시민성이 무엇인가에 대한 관점은 국가에 대한 충성, 모범적 행동, 어린 사회과학자, 사회 비판, 사회 재건, 사회 실천 등 크게 6가지로 분류할 수 있다(Nelson & Michaelis, 1980: 9-10).

사회과 목표로서 훌륭한 시민을 기르기 위한 민주시민성 개념은 사회과의 발전 과정을 거치며 확장된 개념으로 변모하여 왔는데, 교육과정 시기별로 달라진 민주시민성의 구성 요소와 탐구학습을 중심으로 한 사회과 교수·학습 방법은 <표 3-6>과 같다(최용규, 2006: 49). 이는 훌륭한 시민에 기대되는 자질, 즉, 사회과교육의 지식, 기능, 가치·태도 목표로서 추구해야 할 요소들은 교육과정 사조의 영향을 받아 새로운 능력의 인성적 측면을 강조하였음을 보여 주고 있다. 하지만 교육과정의 시기를 달리하면서도 일관되게 변하지 않는 것은 결과로서의 지식이 아닌 지식 습득과정에서 길러지는 고급 사고력과 성향의 강조이다.

〈표 3-6〉 교육과정별 사회과의 민주시민성 목표와 탐구학습 방법

사회과교육의 발전(변천)	민주시민성의 구성 요소	탐구적 교수·학습 방법
① 사회과 성립기	공민으로서의 자질(공동선에 대한 헌신, 민주주의, 준법정신 등)	·전통적 교수법 ·활동 중심 수업(프로젝트, 문제해결 등)
② 학문 중심 교육과정	합리적 사고(비판적 사고, 문제해결 및 탐구 능력 등)	·개념 학습 ·탐구 학습(사회과학적 탐구, 반성적 탐구 등)
③ 쟁점 중심 교육과정	사회참여 기능, 의사결정 능력	·의사결정 학습 ·가치학습
④ 인간 중심 교육과정	타인에 대한 배려, 공동체 의식, 협동심 등	·활동 중심 수업→능동적 학습
⑤ 학습자 중심 교육과정	학습자의 의미 구성, 다원성 인정, 창의적 사고, 다중 시민성 등	·구성주의 학습 원리 수용 ·학생 중심 교수·학습

4. 사회과교육 목표의 분류

사회과교육 목표를 체계적으로 구성하고, 또 목표를 상세화하기 위해서는 목표의 분류 체계를 분명히 하여야 한다. 사회과교육 목표 분류에서 행동 영역의 구분은 다양하다. 블룸(B. Bloom)은 지적

·정의적 영역으로 구분하고, 지적 영역은 심리적 조작의 수준에 따라 다음과 같이 6단계로 구분하였다(한면희, 2010: 121-125). 블룸의 인지(지식)의 위계는 지식으로부터 평가로 올라갈수록 수준과 난이도가 높아진다.
- ·600 평가: 내적·외적 평가 등
- ·500 종합: 요소의 도출, 구조화, 일반화 등
- ·400 분석: 요소, 관계, 원칙의 분석 등
- ·300 적용: 새로운 상황에 원리 적용 등
- ·200 이해: 번역, 해석, 추론 등
- ·100 지식: 회상, 기억 등

그리고 정의적 영역은 7.00: 감수(감지, 자진 감수, 주의집중), 8.00: 반응(복종반응, 자진반응, 만족), 9.00: 가치화(수용, 채택, 확신), 10.00: 조직화(개념화, 조직), 11.00: 성격화(일반화, 인격화) 등으로 구분하였다.

한편, 파커(W. C. Parker)와 자롤리맥(J. Jarolimek)은 아이디어와 정보 목표, 가치·태도 목표, 기능 목표(민주적 참여 기능, 학습 및 탐구 기능, 지적 기능) 등으로 제시하였고(W. C Parker & Jarolimek, 1997) 마이클리스(J. U. Michlaelis)는 지식, 기능(학습 기능, 사고 기능, 개인 및 집단 기능), 가치, 사회 참여 등으로 분류하였다. 그리고 뱅크스 등(J. A. Banks, & Banks, Cherry, A. M)은 지식, 기능(사고 기능, 사회과학 탐구 기능, 학습 기능, 집단 기능), 태도 가치, 시민행동 등으로 구분하였으며, 미국사회과교육협의회(NCSS)는 지식, 기능(정보 획득 기능, 정보의 조직과 이용 기능, 인간관계와 사회 참여 기능), 가치 등으로 목표를 구분하여 제시하였다(NCSS, 1994).

2.23 의사결정기능
① 결정해야 할 문제 확인
② 결정에 필요한 적절한 정보의 확보
③ 결정해야 할 문제나 상황에 대한 가치 인식
④ 결정의 결과들을 예상하고, 대안을 확인하기
⑤ 확실한 자료에 근거하여 의사결정하기
⑥ 결정한 사항을 수행하기 위한 행동 취하기

2.24 초인지 기능
① 문제해결을 위한 적절한 방안 선택
② 자신의 사고 과정을 스스로 검토(평가)하기
2.30 의사소통 기능
2.31 말, 그림, 도표, 문장으로 정확하게 표현하기
2.32 몸짓이나 표정으로 뜻 전하기
2.33 상황에 알맞은 어휘를 선택하여 어법에 맞게 말하기

2.34 주제에서 벗어나지 않기

2.35 다른 사람의 주된 생각 알아듣기

2.36 확신을 가지고 말하기

3.00 가치·태도

3.10 지적 호기심과 동기, 의지

3.20 가치 수용

3.21 이행 및 수용

3.22 유지

3.30 가치명료화

3.31 선택

3.32 존중

3.33 확언

4.00 사회 참여

4.10 집단에서의 상호작용

4.11 집단의 건설적 분위기 조성하기(타인에 대한 민감성, 타인의 의견 수용, 협력 자세)

4.12 집단생활 지침이나 규칙 제정에 참여하기

4.13 집단의 구성원으로서 역할을 수향하여 집단 목표에 기여하기

4.14 집단의 조직, 계획, 의사결정, 시행 등에 참여하여 자기의 임무를 다하기

4.15 갈등 문제에 대한 타협, 결의 협정, 설득 활동에 참여하기

4.20 지역사회 참여

4.21 학습의 장으로서 학교와 지역사회의 활용

4.22 당면한 문제에 대한 상황을 인식하고 관련 정보를 모으기

4.23 고장, 지역, 국가사회적 문제에 관심을 가지고 결정에 참여하기

4.24 지역 문제에 대한 건설적 비판의 제기와 수용, 이기주의적 행위의 조절

4.25 자유의 확장, 사회 정의, 인권 문제를 위하여 사회적 영향력을 발휘하는 데 적극 참여하기

4.26 자유 사회의 시민으로서의 책임을 충실하게 수행하기

5. 사회과교육 목표의 변화

사회과(social studies)는 20세기 초 미국에서 훌륭한 민주시민의 자질을 가르치기 위해 성립된 목적 교과이다. 따라서 사회과교육에서 본질적인 목적은 민주시민성 함양인 것이다.

미국은 아메리카 합중국을 건설하면서 정치적으로는 민주주의, 경제적으로는 자본주의를 표방하였다. 특히 정치적으로 절대 왕정에서 겪었던 독재를 견제하면서 시민에 의한 민주주의를 완성하고 동시에 다양한 이민족의 통합과 넓은 아메리카 대륙을 통치하기 위한 강력한 중앙집권적인 권력을 추구하다 보니 자신들만의 독특한 대통령제를 만들게 되었다. 즉, 대통령은 시민이 민주적으로 선출

하되 대통령에게는 임기 동안 강력한 권력을 보장한 것이다. 결국 대통령을 선출하는 시민의 수준이 민주주의의 이상을 실현하려는 미국의 운명을 결정하게 되자 후세들에게 민주시민의 자질을 육성해야 할 필요성을 느꼈고, 이것이 훌륭한 민주시민을 양성하기 위한 사회과라는 교과를 만들게 된 계기가 되었다.

우리나라는 해방 이후 미군정이 실시되고 경제적으로는 자본주의와 정치적으로는 민주주의를 채택하면서 거의 모든 분야의 제도와 문화를 미국식으로 수용하게 되었다. 교육제도는 물론 '사회과'라는 교과 역시 미국의 사회과를 그대로 이식하다시피 받아들이게 되었다. 근대론자와 민족주의자들의 갈등이 있기는 하였지만 결국은 미국식 사회과를 채택하면서 우리나라는 비슷한 과정을 겪은 일본과 함께 미국의 사회과와 비슷한 변화와 발전과정을 걸어오게 되었다.

사회과가 목적 교과인 만큼 '훌륭한 민주시민의 양성'이라는 교과 목적은 과거나 지금이나 미래에도 변함이 없을 것이다. 다만 훌륭한 민주시민의 자질이 무엇(what)이며, 어떤 방법(how)으로 그 목적을 달성할 것인가에 대한 논의만 변화, 발전되어 왔다. 울에버와 스콧(Woolever & Scott)은 사회과교육목표의 변화를 역사적으로 발달되어 온 순서대로 다섯 범주로 설명하고 있다. 이들 범주는 '훌륭한 시민(good citizen)'의 양성에는 동의하면서 시대적 요청에 의하여 그 훌륭한 시민이 갖추어야 할 자질이 무엇이냐 하는 점과 그 방법은 무엇이냐에 대한 관점의 차이에서 그렇게 전개되어 왔다는 것이다.

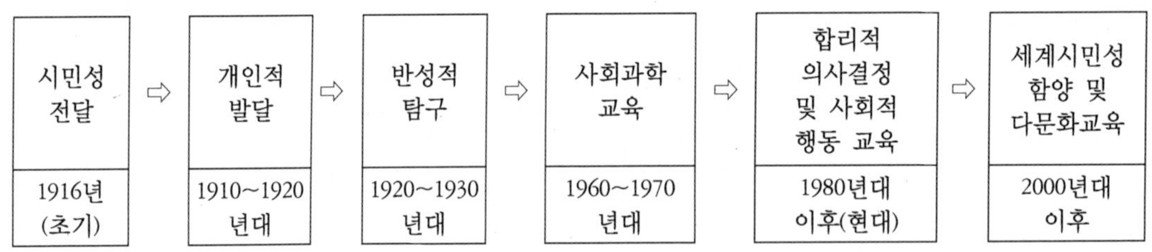

[그림 3-3] 사회과교육의 목표 변화

첫째로, 시민성을 전달(citizenship transmission)하는 교과로서 사회과는 교과로서의 사회과가 성립되면서 시작되었다. 시민성 전달의 목표는 사회과의 목표 중 가장 전통적이면서도 본질적인 목표이다. 독립 초기 미국은 다민족으로 구성된 국민들이 국가 이념을 중심으로 통합하고 이상적인 민주주의 국가건설을 위해서 국민 모두가 민주시민으로서의 기본적 자질을 갖추어야 한다는 필요성 때문에 학교제도권에서 민주시민교육을 위한 '사회과'라는 교과를 만들게 되었다. 이때 시민이 갖추어야 할 민주시민의 자질은 '시민성(citizenship)'으로서 인간의 존엄성, 자유, 평등, 정직, 정의 등 보편적인 가치들을 말한다. 사회과는 이러한 가치들이 스며들어 있는 문화유산을 학습자에 전달해줌으로써 민주시민의 자질을 갖추게 된다고 보았다. 그래서 그러한 문화유산들, 즉 역사와 지리 등의 사회과 내용을 배우면 훌륭한 민주시민이 될 수 있다는 가정하에 교과 중심의 주입식 교육을 민주시민교육의 틀로 삼았던 것이다. 그러므로 평가에 있어서도 주입받은 내용을 얼마나 잘 암기하고 있는가에 초점이 주어졌다. 그러나 이러한 관점은 학습자의 자율권과 선택권을 무시하고 일방적인 시민성 전달을 함으로써 이데올로기 주입이라는 비판을 받게 되었다.

둘째로, 개인 발달(personal development)을 도와주는 교과로서의 관점은 미국이 경제적으로 부강한 국가로 성장함에 따라 국민 개인에 대한 관심과 복지가 확대되면서 나타났다. 개인의 인권과 개성이 존중되고 교육에서도 개별화 수업과 개인이 가진 잠재력을 발굴하는 것이 교육의 본질이라는 주장들이 나오게 되었다. 민주시민교육은 개인의 자아실현을 도와주어서 생산적인 시민을 양성하는 것이며, 개인의 자아실현이 곧 사회의 자아실현으로 이어진다고 주장하게 되었다. 그래서 훌륭한 민주시민은 시민성을 내면화한 기초 위에 자신이 가진 잠재력을 최대한 발휘하는 사람으로 정의되었다. 사회과는 학문적 지식뿐만 아니라 사회생활 전반을 폭넓게 다루는 교과이기 때문에 다른 어느 교과보다 아동의 잠재력을 잘 발견할 수 있는 교과로 인식되었다. 그러므로 사회과는 아동의 잠재력을 발굴하고 신장시켜 주는 아동 중심의 교육활동을 통해 생산적 시민을 양성하는 것을 목적으로 하였다. 따라서 수업 방법도 아동 중심의 개별화 수업이 강조되었다. 평가에서도 절대평가와 개인의 수준을 확인하는 평가를 시도하였다. 그러나 이 관점은 아동을 편협한 개인주의자로 만들 뿐만 아니라 개인의 자아실현이 곧 사회의 자아실현을 가져오지는 않는다는 비판도 받았다.

셋째로, 반성적 탐구력(reflective inquiry)을 기르는 사회과는 듀이(J. Dewey, 1910)가 '아는 것이 힘이 아니라 아는 방법이 힘'이라고 하며 사고력을 강조하면서 나타난 관점이다. 듀이(J. Dewey)가 '반성적(reflective)'이라는 형용사를 붙인 것은 그가 주장하는 사고가 단순한 생각이 아닌 고급사고력을 강조하기 위해서였다. 시민교육의 틀이 또 한번 바뀌게 된 것이다. 즉, 훌륭한 시민은 시민성의 기초 위에 자아실현을 도모하되 특히 사고력의 개발을 통하여 높은 수준의 지적 능력을 갖춘 사람이라는 것이다. 듀이(J. Dewey)는 가장 사고를 잘하는 사람은 과학자들이며, 그 과학자들이 사고하는 방식을 '반성적 탐구(reflective inquiry)'라고 하였다. 그래서 사회과는 학습자가 사회과학적 사고방법을 배우고 발견의 기쁨을 누리는 교육이 되어야 한다고 생각하였다. 이때부터 사회과에서 탐구수업은 가장 일반적인 수업모형으로 자리 잡았다. 평가에서도 사고력을 평가하는 도구들이 개발되었다. 그러나 이 관점은 사회과가 사고력만 강조하고, 실천의 문제를 도외시했다는 비판을 받게 되었다.

넷째로, 사회과는 사회과학을 가르치는 교과로 보는 관점이다(social science education). 이것은 사회과교육의 본질에서 벗어난 관점으로 1957년 스푸트니크호 충격으로 인해 미국 교육계가 충격에 휩싸인 배경에서 탄생하게 된다. 미국이 소련과의 우주경쟁에서 패배한 이유는 훌륭한 과학자를 배출하지 못했기 때문이며, 그 실패의 내용은 아동 중심 진보주의 교육이 아동의 지적 훈련을 제대로 시키지 못했다는 점과 사고력의 강조에도 불구하고 여전히 지식 주입식 교육에 머물렀기 때문으로 진단되었다. 그래서 학문 중심의 교육과정으로 대변되는 브루너(Bruner)의 교육과정이 탄생하였다. 초·중등학교는 대학을 준비하는 곳이며, 대학에서 배울 사회과학의 기초적인 지식과 방법을 미리 배우는 곳으로 간주되었다. 그래서 사회과의 목표로서 훌륭한 민주시민은 사회과학적 지식과 방법을 잘 아는 사람을 의미하게 되었다. 이 사건은 사회과를 비롯해서 거의 모든 교과에 주지주의적 교육관을 심어주는 계기가 되었다. 평가도 지식을 객관적으로 측정하는 데 치중하였다. 이 관점은 초·중등학교의 보통교육의 기능을 외면했을 뿐만 아니라 정의적 측면을 무시하였다는 비판을 받았다.

결국, 이상과 같은 사회과 목표로서 시민성 전달, 개인 발달 도모, 반성적 탐구력 신장 등은 사회과의 오랜 본질과도 매우 밀접한 관련이 있다. 또한, 이와 같은 사회과의 전통적 목표는 1980년대 이후의 의사결정력과 사회적 행동 교육, 2000년대 이후의 세계시민성 함양 및 다문화교육 등에 지대한 영향을 미쳤다.

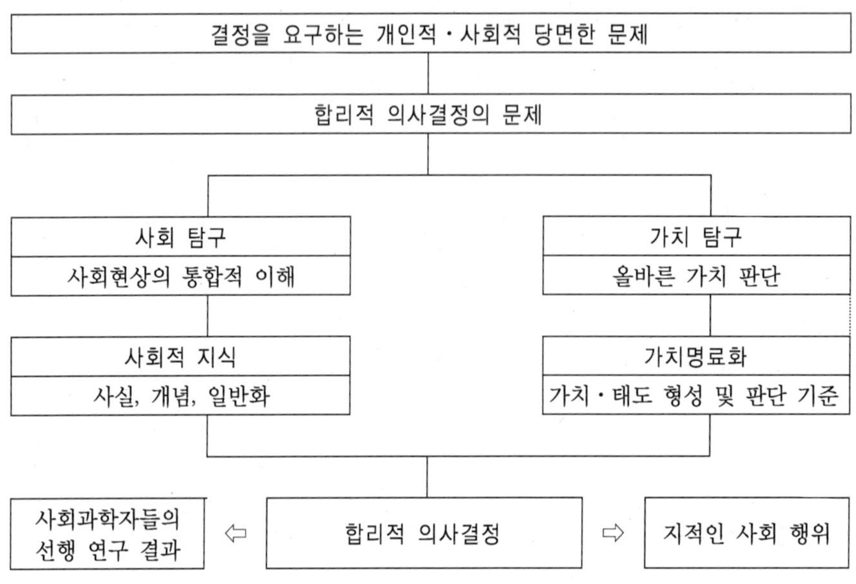

출처: 노정식 외(1996), 『사회과교육』, 서울: 형설출판사, 66.
　　　김일남·이광성(2008), 『사회과 의사결정 수업모형 탐구』, 서울: 양서원, 73.

[그림 3-4] 합리적 의사결정 모형

다섯째로, 합리적 의사결정과 사회적 행동의 관점은 1960~1970년대 산업 사회가 본격화되면서 수많은 사회문제가 등장하였고, 풍부한 사회과학 지식을 가진 청소년들이 그러한 문제에 직면하여 당황하고 현실을 도피하는 현상이 발생하자, 그동안의 사회과교육에 대한 반성에서 나타났다. 이러한 상황에 대해 교육자들은 교육은 아동이 문제에 직면하여 배운 지식과 방법, 그리고 가치탐구 등을 통해 이를 해결하는 능력을 가르치는 것이어야 한다는 자각을 하게 되었다. 지식을 아무리 많이 가지고 있어도 그것을 이용하여 문제를 해결하는 경험을 학교에서 배우지 못하면 학교에서 배운 그 많은 지식은 모두 죽은 지식에 불과하다는 것을 깨달은 것이다. 그래서 사회과의 목표는 개인이 개인적 또는 사회적 문제에 직면했을 때 이를 해결하도록 도와주는 것이며, 그 문제해결은 합리적 의사결정과 그에 따른 실천을 통해서 가장 효과적으로 해결된다고 보았다.

합리적 의사결정은 사회문제와 사회사상(社會事象)에 대한 사회과학적 지식과 그 문제와 관련된 가치 갈등의 위계 분석을 통해서 지식과 가치가 통합된 최선의 의사결정을 하는 것을 의미한다. 즉 합리적 의사결정과 사회적 행동의 관점에서의 훌륭한 민주시민은 합리적 의사결정 능력을 가진 사람이며 나아가 이를 실천하는 사람으로 인식되었다.

미국 사회과교육 목표의 변화는 사회과를 교과로 채택하고 있는 한국과 일본에도 큰 영향을 끼쳤다. 사실상 한국과 일본은 1945년 해방 이후 미국의 사회과를 그대로 전수·계승하였다. 따라서 사회과교육의 변화 발전은 미국에서 사회과교육이 교과로 성립한 초기 상황을 제외하고는 세 나라가 거의 비슷한 과정을 겪었다고 볼 수 있다. 한국의 사회과교육을 미국식 사회과교육이라고 부르는 이유도 이와 같은 이유에서이다.

해방 이후 경제적으로는 자본주의, 정치적으로는 민주주의를 채택한 한국으로서는 동일한 체제의 모범이라고 할 수 있는 미국의 교육체제를 그대로 모방할 수밖에 없었고, 특히 민주시민 양성의 핵심교과인 사회과는 미국의 사회과교육을 거의 이식하다시피 하여 만들어졌다. 일부 학자들의 주체적인 사회과교육 정립 움직임이라는 긍정적 모습도 있었으나 권위주의적 정치체제가 사회과를 정치적 이데올로기의 교화로 이용하기도 하였다. 입시 위주 교육환경의 영향으로 단순함 암기과목으로 전락한 것도 한국 사회과의 현실이었다. 그러나 적어도 이론적으로나 교육과정의 문서상으로는 미국, 일본, 한국의 사회과교육의 경향은 비슷하게 흘러가고 있음을 확인할 수 있다.

> "편수관 황의돈은 관계관 연석회의에서 '크게 교육내용이 달라지는 것도 아니고 거저 지리, 역사, 공민을 합쳐서 미국식으로 본떠 보려고 하는 '사회생활과'라는 과목을 둔다면 이것은 우리의 역사를 팔아먹는 것이나 다름없다. 순수한 우리의 것이 엄연히 존치하고 있는데 무엇 때문에 외국의 것을 수입해 와서 잡탕을 만들려고 하느냐? 이것은 우리의 문화를 매장하려는 것이지 무엇이냐? 나는 국사를 팔아먹지 못하겠다'라고 호통을 치고 퇴장하였다고 한다(이진석. 1992)."

그간의 사회과 교육과정 변화에 따른 특징을 비교해보면 <표 3-7>과 같다. 즉, 국제사회와 한국 사회의 시대적 변화에 따라 사회과 교육과정이 변해왔음을 알 수 있다. 제7차 교육과정도 최근의 사회 변화를 반영하기는 하였지만, 연구 기간과 준비 기간 동안에도 급속한 사회 변화가 일어나고 있기 때문에 막상 교육현장에서 실천되어질 때는 적합하지 않은 문제들도 발생한다. 가령, 올림픽 및 월드컵 등의 개최, 남북정상의 만남이라든지, IMF사태의 극복과 재위기설 등 급격한 경제 여건의 변화 등이 그 예이다.

〈표 3-7〉 한국 사회과 교육과정의 특징 변천

교육과정기(년)	주요 특징
교수요목기 (1946~1954): 사회과의 성립	• '사회생활과' 교수요목은 미국 콜로라도 주의 8년 과정을 6년으로 압축한 것 • 교육목적은 '사람과 자연 환경과의 관계를 밝게 인식시켜 사회생활에 성실 유능한 국민이 되게 함' • 사회 기능을 중심으로 선정된 주제를 바탕으로 동심원 확대 방법에 따라 내용 구성, 방법으로는 문제해결 학습을 지향한 생활 경험형 교육과정 • 지리, 역사, 공민, 직업 등의 여러 영역을 융합한 단원을 구성한 통합 교과 • 사회생활과가 교과의 중핵적 위치
제1차 교육 과정기 (교과 과정기, 1954~1963): 초기 사회과 시대, 교과 중심 교육과정	• 교과 중심 교육 과정과 함께 경험 중심 교육 과정을 동시에 지향 • 동심원적 지역 확대 원칙에 의한 생활 경험 중심으로 구성 • 통합 교과로서의 성격을 뚜렷이 하였고, 교과서의 명칭도 '사회생활'로 변경
제2차 교육 과정기 (1963~1973): 사회과의 정착기, 경험 중심 교육과정	• 경험 중심 또는 생활 중심 교육과정으로서, 교육과정 내용 면에서는 자주성, 생산성, 유용성을 강조하고, 조직 면에서는 합리성, 운영 면에서는 지역성 등 강조 • 교과의 명칭이 '사회생활과'에서 '사회과'로 변경, 사회생활과 내의 반공·도덕 내용이 '반공·도덕 생활' 영역으로 분리 • 종래의 사회 기능을 중심으로 하고 지역확대법을 따르는 내용 구성 계속 유지

제3차 교육 과정기 (1973~1980): 사회과의 토착화 시기, 학문 중심 교육과정	· 교육의 방향 면에서 국적 있는 교육의 강화, 교육의 방법적 원리 면에서 학문 접근 방식 · '국민 교육 헌장' 이념 구현 등 국가·사회적 요구를 반영 · 기본 개념의 이해와 지식의 구조적 학습 및 탐구 능력 등을 중시하는 학문 중심 교육 과정의 사조 및 학문적 요구 반영 · 제1, 2차 교육 과정 때의 중핵 교과적 성격의 교과가 아니라, 국어, 자연 등과 동일선 상에 있는 하나의 교과화(教科化) · 도덕(초·중)·국민 윤리(고)와 국사(중·고)가 각각 하나의 교과로서 분리·독립됨으로써, 사회과는 통합 교과로서의 성격 포괄하지 못하는 파행적 구조 · 교육의 방향 면에서 국적 있는 교육의 강화, 교육의 방법적 원리 면에서 학문 접근 방식 · '국민 교육 헌장' 이념 구현 등 국가·사회적 요구 반영 · 기본 개념의 이해와 지식의 구조적 학습 및 탐구 능력 등을 중시하는 학문 중심 교육 과정의 사조 및 학문적 요구 반영 · 내용 면에서는 국사 교육이 강화(제5·6학년에서 국사 내용을 50% 정도로 확보하고, 지리·공민 영역과 분리 편성함)
제4차 교육 과정기 (1981~1987): 사회과의 성숙기-되돌려진 시계추, 경험·학문·인간 중심 관점의 통합	· 인간 중심 교육 과정의 성격을 강조하는 측면이 있지만, 어느 한 측면에 치우치지 않은 개인적·사회적·학문적 적합성의 조화 · 국민정신 교육의 강화, 사회과에서 길러야 할 인간상의 확립, 전인 교육에 기여할 수 있는 사회과교육 내용의 선정, 초·중·고의 특성 및 계열성의 확립, 내용량과 기준이 적절성 고려, 체계적인 국사 교육 강화 · 제1·2학년의 경우, 교과서 수준에서 국어, 도덕과 통합 편찬되어 교과 간 통합이 시도됨
제5차 교육 과정기 (1987~1992): 사회과와 성숙기, 통합과 지역화의 강조	· 학습량이 과다하고 내용의 수준이 지나치게 높은 문제, 지나친 분과적 내용 구성의 문제, 학교 급별 특수성과 그 연계성의 미비 문제, 습득한 지식의 실생활에서의 활용성 결여 문제, '탐구'를 지나치게 강조한 문제 등을 수정, 보완 · 가치·태도 교육 강조, 합리적 의사결정 능력, 집단생활에서의 참여 능력 강조, 미래 지향적 교육 및 국제 이해 교육 강조, 전통 문화 존중 및 계승 내용 강조, 교육 과정의 지역화 정신 반영, 국가·사회적 요구사항의 반영 · 제1·2학년에서 사회과와 도덕과 내용을 주축으로 하고 기타 관련 내용을 통합한 '바른 생활'과가 탄생하였고, 제3·4학년에서는 우리 고장과 우리 시·도를 주제로 한 지역화
제6차 교육 과정기 (1992~1997): 사회과의 본질 구현기, 쉽고 재미있는 교과 지향	· 사회과의 본질을 보다 강력하게 추구 · 편제 면에서는 통합사회과로서의 틀을 구성, 사회과의 성격 규정이 교과 목적의 차원에서는 본질 교과, 교과 구조의 측면에서는 종합적·통합적 교과, 교수론적 차원에서는 방법 중심 교과로서의 성격 제시 · 학문 계통과 통합 교과의 특성 간 갈등, 탐구 방법의 지나친 강조, 지식 위주 학습 및 이로 인한 기능·능력, 가치·태도 학습에 대한 상대적 소홀, 내용량의 과다 해결 모색 · 민주시민의 자질 육성(참여, 의사결정의 강조, 문제해결 방법 보완), 올바른 사회 인식 능력 제고(사고, 방법, 과정의 중시), 통합사회과로서의 성격 강화, 교수·학습 부담의 경감(내용량의 축소, 수준의 하향화), 실생활과 관련 강조(경험의 교육 과정화, 학습 적용력 강화), 사고력 신장 강조, 초등 사회과로서의 성격의 명확화, 사회 변화와 학문 발전 내용의 수용, 지역화의 강조 · '국민적 자질'에서 '시민적 자질'로 바뀌었고, 시민 양성의 목표 달성 위한 합리적 의사결정 능력 등의 기능 면 보강
제7차 교육과정 (1997~2007)	· 국민공통기본교육과정 도입(국민공통기본교육과정, 선택중심교육과정) · 10학년 편제에 국사 표기 · 사회과 공통 기본 교육 영역(인간과 공간, 인간과 시간, 인간과 사회 영역) · 수준별 교육과정 도입(보충·심화 과정)

| 2007년 개정
교육과정
(2007~2009) | ・제8~10학년(중등 과정)의 '역사' 과목 분리 독립
・한국 정체성 교육 강화
・역사(국사) 교육의 강화(역사 교과서 독립 편찬)
・사회과 기본 개념 및 원리의 이해, 문제해결 강조
・수준별 교육과정 폐지
・사회과 공통 기본 교육 영역 환원(역사, 지리, 일반사회 영역) |
| 2009 개정 교육과정
(2009~) | ・세계시민성 함양, 다문화 교육 강조
・학년군, 교과군(사회・도덕과군)
・공통교육과정, 선택교육과정 도입
・사회과의 정체성 강조 |

〈표 3-8〉 사회과 교육과정에서 구현해야 할 미래 사회의 핵심 역량

분야(영역)	미래 사회의 모습과 핵심 역량		
	미래 사회의 특징	미래 사회의 현상	미래 사회의 핵심 역량
1. 기술・환경	・과학기술의 발전 가속	・융합 기술의 도래, 생명공학 발전, 고령화 사회	・정보처리 능력 ・문제해결 능력 ・창의력
	・네트워크 사회	・정보・통신의 발달로 시간과 공간의 제약 극복	・의사소통 능력 ・정보처리 능력
	・친환경 사회	・지속가능한 개발 등 자연 환경과 조화를 위해 지구 전체 차원의 협력 필요	・민주시민 의식 ・문제해결 능력
2. 정치・경제	・탈산업사회	・지식과 정보 기반에 근거, 서비스 활동 강조	・의사소통 능력 ・정보처리 능력 ・창의력
	・신자유주의의 팽창	・국가보다 시장이 구심점이 됨 ・개인의 선택과 자유의 확대 ・빈부의 양극화	・갈등조정 능력 ・문제해결 능력
	・세계화의 가속	・국가와 민족보다 경제적 효율성 강조 ・국가 간 양극화 ・다중적 시민성과 세계적 연대	・문제해결 능력 ・의사소통 능력
3. 사회・문화	・다원주의 사회	・다양한 삶과 가치・문화・사고방식 공존	・다문화 이해 능력 ・갈등조정 능력 ・문제해결 능력 ・의사소통 능력
4. 학교・교육	・평생학습 사회	・지식과 정보의 폭증으로 학교 교육을 넘어 자율적 평생학습의 활성화됨	・자기주도적 학습 능력 ・삶의 향유 능력

제3장 | 사회과 교육과정의 사회과교육 목표

1. 교육 이념과 학교급별 교육목표

1) 한국 교육의 인간상(人間像): 육성·구현하려는 인간의 모습

대한민국의 「헌법」은 교육목표를 직접적으로 규정하고 있지 않으나, 「헌법」 제22조 제①항에 "모든 국민은 학문과 예술의 자유를 가진다", 제34조 제①항에 "모든 국민은 인간다운 생활을 할 권리를 가진다"라고 규정하여 교육의 권리를 간접 규정하고 있다. 그리고 「교육기본법」 제2조는 교육의 이념과 목적을 다음과 같이 밝히고 있다. "교육은 홍익인간의 이념 아래 모든 국민으로 하여금 인격을 완성하고 자주적 생활 능력과 공민으로서의 자질을 갖추게 하여 인간다운 삶을 영위하게 하고, 민주국가 발전과 인류 공영의 이상을 실현에 이바지하게 함을 목적으로 한다"고 규정하고 있다. 또한 「초·중등교육법」 제23조 제①항은 "학교는 교육과정을 운영하여야 한다"고 규정하고 있으며, 동조 제③항은 "학교의 교과는 대통령령으로 정한다"고 규정하고 있다. 또, 「초·중등교육법시행령」 제①, ②, ③항에 걸쳐서 각각 "초·중·고교는 국어, 도덕, 사회, 수학, 과학, 실과(기술·가정), 체육, 음악, 미술, 외국어(영어)와 교육과학기술부장관이 필요하다고 인정하는 교과로 한다"고 규정하고 있다. 물론, 2008년 '이명박 정부'가 들어서면서 교육인적자원부가 진통 속에 교육과학기술부로 개칭되어, 현재 한국의 국가 수준 교육과정 고시권, 관할권은 교육과학기술부장관이 갖고 있다. 특히 주목해야 할 점은 '이명박 정부'에 들어서면서 교육 영역의 규제 개혁 차원에서 기존에 정부(교육과학기술부)에서 관할하던 초·중등교육의 많은 업무가 광역 시·도교육청으로, 대학교(전문대학) 입시 등 관련 업무가 대학(전문대학)교육협의회로 이양되기는 하였지만, 평생교육, 교육정책 등 핵심적 정책 결정권은 아직도 중앙에서 교육과학기술부장관이 계속 관할하고 있다.

아울러, '이명박 정부'는 국정 과제로 '지방 교육 자치의 내실화'를 채택하고, 이에 따라 교육과학기술부는 2008년 4월 15일 소위 "4·15 학교 자율화 추진 계획"을 발표하여 총 29개 항의 불필요한 지침을 폐지·수정하도록 하였다. 이를 통하여 광역(시·도 단위) 교육청, 지역(시·군·구 단위) 교육지원청, 단위학교의 자율성, 창의성, 다양성을 최대한 보장하고자 하였다(충청남도교육청, 2008: 201). 한국에서도 2000년대 이후부터는 모든 분야·부문·영역에 걸쳐서 지방 이양, 하위 조직 위임을 지향하고 있다.

우리나라 교육은 홍익인간(弘益人間)의 이념 아래 모든 국민으로 하여금 인격을 도야하고 자주적 생활능력과 민주시민의 자질을 갖추게 하여 인간다운 삶을 영위하게 하고, 민주국가의 발전과 인류 공영의 이상을 실현하는 데 이바지하게 하는 것을 목적으로 한다. 이와 같은 교육이념을 바탕으로 현행 교육과정이 추구하는 인간상은 다음과 같다(교육부, 1997: 2). 이와 같은 교육 이념에 기반을 둔 추구하는 인간상은 제7차 교육과정, '2007년 개정 교육과정'에 이어 '2009 개정 교육과정'에서도 변하지 않고 계승되어 다음과 같이 제시되어 있다(김동원, 2012: 2-3).

(1) 전인적 성장의 기반 위에 개성의 발달과 진로를 개척하는 사람(자주인)

(2) 기초 능력의 바탕 위에 새로운 발상과 도전으로 창의성을 발휘하는 사람(창의인)

(3) 문화적 소양과 다원적 가치에 대한 이해를 바탕으로 품격 있는 삶을 영위하는 사람(문화인)

(4) 세계와 소통하는 시민으로서 배려와 나눔의 정신으로 공동체 발전에 참여하는 사람(세계인)

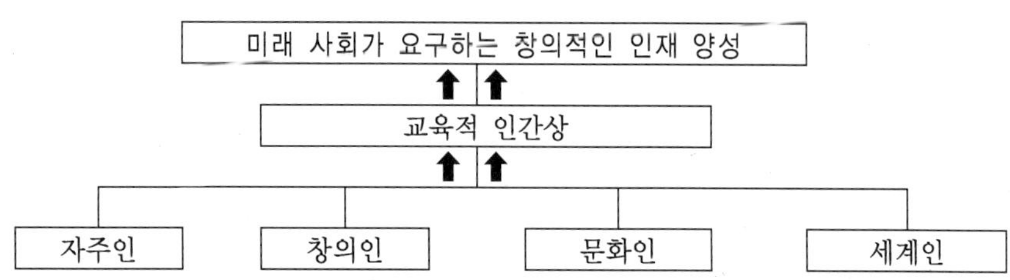

[그림 3-5] 2009 개정 교육과정의 교육적 인간상 위계

2) 초등학교 교육 일반목표

초등학교의 교육은 학생의 학습과 일상생활에 필요한 기초 능력 배양과 기본 생활 습관을 형성하는 데 중점을 둔다.

    (1) 풍부한 학습 경험을 통해 몸과 마음을 건강하고 균형 있게 자랄 수 있도록 하며, 다양한 일의 세계에 대한 기초적 이해를 한다.

    (2) 학습과 생활에서 문제를 인식하고 해결하는 기초 능력을 기르고, 이를 새롭게 경험할 수 있는 상상력을 기른다.

    (3) 우리 문화에 대해 이해하고, 문화를 향유하는 올바른 태도를 기른다.

    (4) 자신의 경험과 생각을 다양하게 표현하며 타인과 공감하고 협동하는 태도를 기른다.

3) 중학교 교육 일반목표

중학교 교육은 초등학교 교육의 성과를 바탕으로, 학생의 학습과 일상생활에 필요한 기본 능력을 배양하며, 다양한 가치를 수용하고 존중하는 민주시민의 자질 함양에 중점을 둔다.

    (1) 심신이 건강하고 조화로운 발달을 추구하며, 다양한 분야의 경험과 지식을 익혀 적극적으로 진로를 탐색한다.

    (2) 학습과 생활에 필요한 기초 능력과 문제해결력을 바탕으로 창의적 사고력을 기른다.

    (3) 자신을 둘러싼 세계에 대한 경험을 토대로 다양한 문화와 가치에 대한 이해를 넓힌다.

    (4) 다양한 소통능력을 기르고 민주시민으로서의 자질과 태도를 갖춘다.

4) 고등학교 교육 일반목표

고등학교 교육은 중학교 교육의 성과를 바탕으로, 학생의 적성과 소질에 맞는 진로 개척 능력과 세계시민으로서의 자질을 함양하는 데 중점을 둔다.

  (1) 성숙한 자아를 토대로 다양한 분야의 지식과 기능을 익혀 진로를 개척하며 평생학습의 기본 능력과 태도를 갖춘다.

  (2) 학습과 생활에서 새로운 미래의 가치를 창출할 수 있는 비판적·창의적 사고력과 태도를 익힌다.

  (3) 우리의 문화를 향유하고 다양한 문화와 가치를 수용할 수 있는 자질과 태도를 갖춘다.

  (4) 국가 공동체의 발전을 위해 노력하며, 세계시민으로서의 자질과 태도를 기른다.

〈표 3-9〉 교육과정상의 인간상과 학교급별 목표의 관계

추구하는 인간상	학교급별 교육목표		
	초등학교	중학교	고등학교
1. 전인적 성장의 기반 위에 개성의 발달과 진로를 개척하는 사람(자주인)	풍부한 학습 경험을 통해 몸과 마음을 건강하고 균형 있게 자랄 수 있도록 하며, 다양한 일의 세계에 대한 기초적 이해를 한다.	심신이 건강하고 조화로운 발달을 추구하며, 다양한 분야의 경험과 지식을 익혀 적극적으로 진로를 탐색한다.	성숙한 자아를 토대로 다양한 분야의 지식과 기능을 익혀 진로를 개척하며 평생학습의 기본 능력과 태도를 갖춘다.
2. 기초 능력의 바탕 위에 새로운 발상과 도전으로 창의성을 발휘하는 사람(창의인)	학습과 생활에서 문제를 인식하고 해결하는 기초 능력을 기르고, 이를 새롭게 경험할 수 있는 상상력을 기른다.	학습과 생활에 필요한 기초 능력과 문제해결력을 바탕으로 창의적 사고력을 기른다.	학습과 생활에서 새로운 미래의 가치를 창출할 수 있는 비판적·창의적 사고력과 태도를 익힌다.
3. 문화적 소양과 다원적 가치에 대한 이해를 바탕으로 품격 있는 삶을 영위하는 사람(문화인)	우리 문화에 대해 이해하고, 문화를 향유하는 올바른 태도를 기른다.	자신을 둘러싼 세계에 대한 경험을 토대로 다양한 문화와 가치에 대한 이해를 넓힌다.	우리의 문화를 향유하고 다양한 문화와 가치를 수용할 수 있는 자질과 태도를 갖춘다.
4. 세계와 소통하는 시민으로서 배려와 나눔의 정신으로 공동체 발전에 참여하는 사람(세계인)	자신의 경험과 생각을 다양하게 표현하며 타인과 공감하고 협동하는 태도를 기른다.	다양한 소통능력을 기르고 민주시민으로서의 자질과 태도를 갖춘다.	국가 공동체의 발전을 위해 노력하며, 세계시민으로서의 자질과 태도를 기른다.

2. 학교급별 사회과 목표

1997년 12월 30일 교육부 고시 제1997-15호로 공표된 '제7차 사회과 교육과정'과 2007년 2월 27일 교육인적자원부 고시 제2007-79호로 공표된 '2007년 개정 사회과 교육과정'에서는 초등학교 제1학년부터 고등학교 제1학년까지의 10학년(10년간)을 국민공통기본교육과정기로 정하여 운영하도록 편성되어 있

다. 그 뒤에 교육과학기술부 고시 제2009-10호로 2009년 3월 6일 고시되어 적용되고 있는 현행 2009 개정 교육과정에서는 초등학교 제1학년부터 중학교 제3학년까지의 9학년(9년간)을 공통교육과정기로 정하여 운영하도록 규정되어 있다. 고등학교 과정인 제10~12학년의 3년간은 선택교육과정으로 운영토록 되어 있다. 교육과정을 초등학교와 중학교의 의무교육기(공통교육과정)와 고등학교의 비의무교육기(선택교육과정)로 구분하여 편성하였다.

사회과는 사회생활에 필요한 지식과 기능을 익혀 이를 토대로 사회현상을 올바르게 인식하고, 민주사회 구성원에게 요청되는 가치와 태도를 지님으로써 민주시민으로서의 자질을 갖추도록 하는 교과이다. 사회과에서 육성하고자 하는 민주시민은, 사회생활을 영위하는 데 필요한 지식을 바탕으로 인권 존중, 관용과 타협의 정신, 사회정의의 실현, 공동체 의식, 참여와 책임 의식 등의 민주적 가치와 태도를 함양하고, 나아가 개인적·사회적 문제를 합리적으로 해결하는 능력을 길러 개인의 발전은 물론, 사회, 국가, 인류의 발전에 기여할 수 있는 자질을 갖춘 사람이다.

사회과는 지리, 역사 및 제 사회과학의 개념과 원리, 사회제도와 기능, 사회문제와 가치, 그리고 연구 방법과 절차에 관한 요소를 통합적으로 선정, 조직하여 사회현상을 종합적으로 이해하고 탐구한다. 또한 사회과에서는 우리의 삶의 터전인 국토의 이해를 바탕으로 우리 민족의 역사와 활동에 대한 종합적인 파악과 현실에 대한 역사적인 시각에서의 이해 및 한국인으로서의 정체성과 세계 시민으로서의 가치·태도 등에 관한 요소를 중시한다.

사회과는 다양한 정보를 활용하여 사회현상에 관한 지식을 발견하고 문제를 해결하는 데 필요한 비판적 사고력, 창의력, 판단 및 의사결정력 등의 신장을 강조한다. 이를 위하여 다양한 탐구 방법을 활용하여, 학습자 스스로 학습하는 기회를 제공하고, 흥미와 관심을 고려하여 개개인의 수준에 적합한 경험을 제공하는 효율적인 교수·학습 전략을 지향한다. 그리고 학교 특성에 따라서 지역성과 시사성을 고려하여 지도한다.

사회과는 학습자의 성장 발달 정도와 사회·문화적 경험을 고려하여 학교급별로 주안점을 달리한다.

초등학교에서는 학생들이 주변의 사회적 사실과 현상에 대하여 관심과 흥미를 가지며, 생활과 관련된 기본적 지식과 능력을 습득하고, 창의적인 자세로 일상생활을 할 수 있도록 한다. 이를 위하여 학생들은 사회적 사실과 현상을 이해하는 데 필요한 기본적인 사실과 개념을 배우고, 이를 자신의 주변 환경이나 문제에 적용할 수 있는 사고력을 지녀야 한다. 또한 이러한 지식과 사고를 사회적 행동으로 실천할 수 있는 적극적인 태도를 길러야 한다.

중학교에서는 초등학교에서의 학습을 바탕으로 각 영역에서 중요시하는 지식을 과학적 절차에 의하여 발견·적용하고, 개인적·사회적 문제를 해결하는 능력을 길러 공동생활에 자발적으로 참여하는 시민정신을 발휘하게 한다.

고등학교에서는 초등학교와 중학교에서 습득한 지식과 능력을 바탕으로 사회현상을 종합적으로 이해하고 비판적 사고와 합리적 의사결정 능력을 함양하여, 사회 공동 문제해결에 적극적으로 참여하는 시민 의식을 기른다.

다만, 중요한 것은 한국의 사회과 내지 사회과교육에서 초등학교, 중학교, 고등학교의 각 학교급 목표가 독립적으로 분절(分節)되어 있는 것이 아니라, 상호 유기적으로 연대(連帶)되어 있으며, 학생 발달 단계에 따라 연계(連繫)되어 있음을 유념하여야 한다.

〈표 3-10〉 사회과 교육과정기별 사회과 목표 비교

구분	강조점 및 인간상	종합 목표	영역별 목표 및 학년 목표 구성
교수 요목		· 목적에 제시됨 - 사람과 자연 환경 및 사회 환경과의 관계 인식 - 사회생활에 성실 유능한 국민이 되게 함	· 교수 방법에 제시 - 단체생활 정신, 태도, 기술, 습관 양성 - 단체생활의 관계 이해, 책임감 - 사람과 환경과의 이해 - 우리나라 역사와 제도에 관한 지식 획득 - 우리나라에 적절한 민주주의 생활 방법에 관한 지식 - 실천을 통한 근로정신
제1차			1) 자타의 개성과 권리 이해, 자주적 사고 태도 2) 집단의 이해 및 태도 3) 사회 기능 이해, 사회 참여 태도 능력 4) 인간과 자연과의 관계 이해 및 적응 5) 제도, 시설, 습관 및 문화유산의 이해
제2차	※교육 과정 전체에서 · 자주성 · 생산성 · 유용성		· 교과 목표 1), 2), 3), 4), 5)항은 제1차와 같음 6) 자유 민주 국가 생활 이해, 반공, 국제 협력 7) 민족, 국가의 중요 과제, 국토 통일, 산업진흥 · 학년 목표 - 제1, 2, 3, 4, 5학년 목표 각 5개 항 - 제6학년 목표 6개 항
제3차	※사회과 인간상 · 주체성 · 발전지향성 · 협동총화성 · 효율성	- 교과 목표 '가' 항에 제시 - 가정, 사회, 국가에 대한애정 - 국가 발전, 국가 과제 해결에 적극 참여하는 국민적 자질	· 교과 목표(나~마 항) 나) 사회생활 분야에 관한 이해, 태도 다) 인간과 자연 환경에 관한 이해 태도 라) 전통, 민족 문화에 대한 이해 및 발전 태도 마) 사회현상에 관한 이해, 사고판단, 문제 해결 능력(기능) · 학년 목표 - 제1학년 목표 2개 항 - 제2학년 목표 3개 항 - 제3, 4학년 목표 4개 항 - 제5, 6학년 목표 5개 항
제4차	※총론의 인간상 · 건강인 · 심미인 · 능력인 · 주체인 ※사회과 인간상 · 주체성 · 인간존중사상 · 자율적 태도 · 협동성 · 합리적 사고	· 별도 항목으로 제시 - 사회생활에 대한 기초적 지식 획득 - 민주국가 국민으로서 자각 - 사회, 국가 발전에 기여 할 수 있는 국민적 자질	· 교과 목표를 지식, 이해, 기능, 가치, 태도로 구분 1) 공동생활의 기초적 원리 및 민주 생활의 특질 이해 (지식) 2) 인간과 자연 환경과의 관계 및 지역의 특질 이해 3) 민족의 발전 과정과 민족 문화의 특질 이해 4) 자료의 수집 활용, 탐구 절차 문제해결기능 5) 민주 생활습관화, 국토와 민족에 대한 애정, 민족 문화 창달, 인류 공영에 이바지 · 학년 목표 설정 - 제1학년 목표 3개 항 - 제2학년 목표 5개 항 - 제3~6학년 목표 6개 항

제5차	※총론의 인간상 ·주체성 ·도덕성 ·창조성	- 별도 항목으로 제시 - 사회생활에 대한 기초적 지식 익힘 - 민주국가 국민으로서 자각, 올바른 판단력 - 사회, 국가 발전에 기여 하는 국민적 자질	·교과 목표를 지식, 이해, 기능, 가치, 태도로 구분 - 공동생활과 경제생활의 기초적 원리 및 민주생활의 특질 이해 - 인간과 자연 환경과의 관계 및 지역의 특질 이해, 국제 협력의 필요성 인식 - 민족의 발전 과정 및 민속 문화의 특징 이해 - 자료의 수집 활용, 합리적 문제해결, 집단생활에 참여 능력 - 민주생활 습관화, 국토와 민족에 대한 애정, 국가 발전과 인류 행복 증진에 이바지 ·3학년부터 학년 목표 설정 - 제3, 4학년 목표 5개 항 - 제5, 6학년 목표 6개 항
제6차	※총론의 인간상을 충실하게 반영 ·자주적 인간 ·창조적 인간 ·도덕적 인간 ·건강한 인간	·별도 항목으로 제시 ·국민적 자질을 시민적 자질로 바꿈 - 사회적 사실과 현상에 관한 기초적 지식 및 우리 사회의 특징 이해 - 올바른 판단 능력 신장 - 개인, 사회, 국가 및 인류 발전에 기여하는 민주시민 자질	·교과 목표를 지식 이해, 기능 가치 태도로 구분 가) 기본 개념과 원리 이해 및 적용 나) 사회 기능 요소 이해(역할수행) 개인, 사회 자아실현 다) 사회 종합적 이해와 당면 문제해결 라) 정보의 수집 활용, 합리적 문제해결, 공동생활에의 참여 마) 민주적 생활의 습관화, 고장, 국토, 민족에, 통일과 국가 발전에 기여, 세계와의 협력 ·학년 목표를 설정하지 않음
제7차	※총론의 인간상을 충실하게 구현 ·개성 추구인 ·창의적 능력 발휘인 ·진로 개척인 ·새로운 가치 창조인 ·공동체 발전에 기여인	·별도의 항목으로 제시 - 사회현상에 관한 기초적 지식과 능력 - 사회과학의 기본 개념과 원리 발견 및 탐구 능력 습득 - 우리 사회와 세계 여러 모습의 종합적 이해 - 다양한 정보활용력 - 현대 사회문제의 합리적 해결 - 공동생활의 참여 능력 - 개인, 국가, 사회, 인류발전에 기여하는 민주시민 자질 - 사회, 국가 발전에 기여할 수 있는 국민적 자질	·교과 목표를 지식, 이해, 기능, 가치, 태도로 구분 가) 여러 현상의 종합적 이해 나) 인간과 자연의 상호 작용, 인간 생활의 다양성 다) 전통 문화의 특성, 문화와 민족사의 발전상, 인류 생활의 발달 과정과 각 시대의 문화적 특징 이해 라) 사회생활에 관한 기본적 지식 이해, 정치, 경제, 사회, 문화 현상에 관한 기본적 원리의 종합적 이해 마) 현대 사회의 성격과 문제 파악 지식과 정보의 획득, 조직, 활용 능력 탐구, 의사결정, 사회 참여, 합리적 문제 해결력 바) 민주적 생활 태도, 사회문제에 관심, 민족 문화 및 민주국가 발전에 이바지하려는 태도 ·학년 목표를 설정하지 않음
2007년 개정	※총론의 인간상을 충실하게 구현 ·개성 추구인 ·창의적 능력 발휘인 ·진로 개척인	별도의 항목으로 제시 - 사회현상에 관한 기초적 지식과 능력 - 사회 과학의 기본 개념과 원리 발견 및 탐구 능력 습득	교과 목표를 지식, 이해, 기능, 가치, 태도로 구분 가) 여러 현상의 종합적 이해 나) 인간과 자연의 상호작용, 인간 생활의 다양성 다) 전통 문화의 특성, 문화와 민족사의 발전상, 인류 생활의 발달 과정과 각 시대의 문화적 특징 이해

2007년 개정	·새로운 가치 창 조인 ·공동체 발전에 기 여인	-우리 사회와 세계 여러 모습의 종합적 이해 -다양한 정보활용력 -현대 사회문제의 합리적 해결 -공동생활의 참여 능력 -개인, 국가, 사회, 인류발전에 기여하는 민주시민 자질 -사회, 국가 발전에 기여할 수 있 는 국민적 자질	라) 사회생활에 관한 기본적 지식 이해, 정치, 경 제, 사회, 문화 현상에 관한 기본적 원리의 종합적 이해 마) 현대 사회의 성격과 문제 파악 지식과 정보의 획득, 조직, 활용능력 탐구, 의사결정, 사회 참여, 합리적 문제 해결력 바) 민주적 생활 태도, 사회문제에 관심, 민족 문 화 및 민주국가 발전에 이바지하려는 태도 ·학년 목표를 설정하지 않음
2009 개정	※총론의 인간상 ·자주인 ·창의인 ·문화인 ·세계인	별도의 항목으로 제시 -사회현상에 관한 기초적 지식과 능력 -인간과 자연의 상호관계, 지역의 지리적 특성 이해 -우리나라의 역사적 전통과 문화 적 특수성 파악, 민족사의 체계 적 이해 -사회생활에 관한 기본적 지식과 민주적 사회생활의 다양한 파악 -사회현상 파악의 지식과 정보 획 득, 사회 생활의 여러 문제의 합 리적 해결 방안 모색 -개인과 사회생활의 민주적 운영, 국가 및 세계 발전에 이바지하 는 태도	교과 목표를 통합적으로 제시 가) 사회의 여러 현상의 종합적 이해 나) 인간과 자연의 상호작용, 인간 생활의 다양 성 이해 다) 우리나라의 역사적 특징 이해 및 각 시대의 문화적 특징 이해 라) 사회생활에 관한 기본적 지식 이해, 정치, 경 제, 사회, 문화 현상에 관한 기본적 원리의 종합적 이해 마) 사회생활의 여러 문제를 합리적으로 해결, 의 사결정 능력 함양 바) 민주적 생활 태도, 사회문제에 관심, 민족 문 화 및 민주국가 발전에 이바지하려는 태도 함양 ·학년 목표를 설정하지 않음

3. 교과 목표(총괄 목표·종합 목표)

1) 사회과 교육과정의 사회과(사회과교육) 목표 설정 방향

모든 교과는 교육과정에서 제시되는 목표의 위계성이 있다. 우리나라에서도 지난 제5차 교육과정까지는 각 교과의 목표, 학교급별 목표, 학년 목표, 단원 목표 등을 위계적으로 각각 제시했었다.

그러나 우리나라에 학교교육과정을 본격적으로 도입한 제6차 교육과정부터는 학년 목표가 폐지되어 교과 목표, 학교급별 목표, 단원 목표, 각 단위 시간의 수업 목표 등으로 목표 위계를 이루고 있다. 그러다가 국민공통기본교육과정과 선택중심교육과정을 도입한 제7차 교육과정부터는 학교급별 목표를 폐지하고, 원칙적으로 교과 목표와 단원 목표만이 제시되어 왔다.

교과 목표인 사회과의 목표는 다시 총괄 목표(교과 목표·종합 목표)와 항목화된 영역별 목표로 구분되며, 단원 목표는 '학년별 내용'에서 단원의 지식, 기능, 가치·태도 등과 관련된 목표를 문단의 형태로 제시하였다. 2009 개정 사회과 교육과정에서는 공통교육과정과 선택교육과정을 도입하여, 2007년 개정 사회과 교육과정과 같이 교과 목표와 단원 목표만이 제시되어 있다. 총괄 목표인 교과

목표는 2007년 개정 사회과 교육과정과 같으나, 단원 목표는 내용상의 변화에 따라 서술 형태가 달라졌다. 즉, '학년별 내용'에서 단원의 지식, 기능, 가치·태도 등과 관련된 목표를 문단의 형태로 제시하는 것은 유사하지만, 교육과정의 대강화(大綱化)에 따라 대단원 아래의 소주제가 삭제된 관계로 단원 목표가 보다 상세하게 제시된 것이 특징이다.

종합목표(총괄 목표)로서의 사회과 교과 목표는 사회과가 지향하는 교육의 목적을 포괄적인 수준에서 제시하고 있다. 사회과 교과 목표의 형식상의 특징은 종합목표(총괄 목표)와 영역별 목표로 구분히여 제시한 점과 초·중·고교의 수준의 목표가 아니라 9학년제 공통교육과정의 목표로 설정된 것이다(교육과학기술부, 2008 : 308-313).

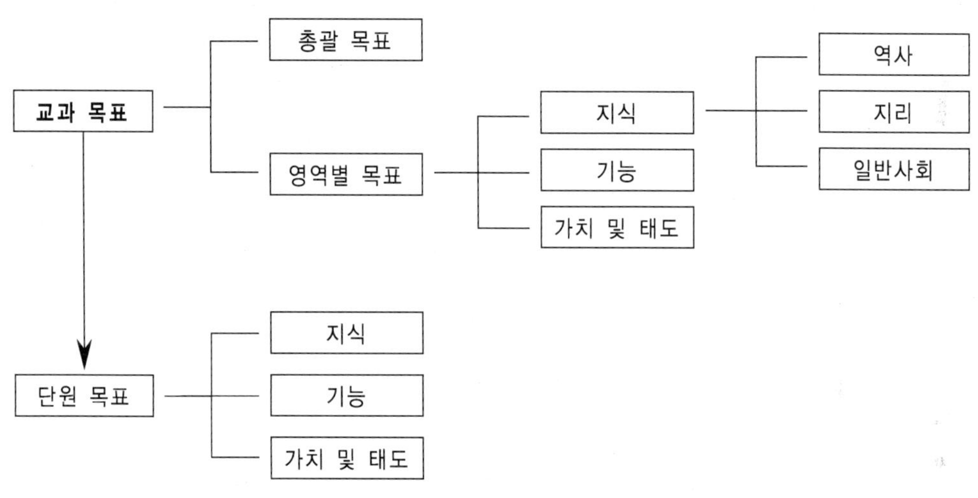

[그림 3-6] 사회과 교육과정의 목표 체계도

2) 사회과 교육과정의 사회과 목표

'2009 개정 사회과 교육과정'에서는 제7차 사회과 교육과정·2007년 개정 교육과정과 마찬가지로 사회과의 교과 목표(총괄 목표)인 종합목표와 영역별 목표로 제시하고 있다. 즉, 종합 목표 1개 항과 영역별 목표 6개 항으로 목표 체계를 편성하고 있다. 영역별 목표는 통합 목표 1개 항, 세부 영역 목표 5개 항으로 구분된다.

특히, 학년 목표를 폐지하여 9학년제 공통교육과정의 기본 정신에 충실하도록 목표 체계를 구성하여 종합 목표인 교과 목표와 단원 목표를 직접 연계하도록 편성되어 있다. 이와 같은 사회과 교과 목표(총괄 목표·종합 목표)는 다음과 같다.

"사회현상에 관한 기초적 지식과 능력은 물론 지리, 역사 및 제 사회과학의 기본 개념과 원리를 발
견하고 탐구하는 능력을 익혀, 우리 사회의 특징과 세계의 여러 모습을 종합적으로 이해하며, 다양

　한 정보를 활용하여 현대 사회의 문제를 창의적이며 합리적으로 해결하고, 공동생활에 스스로 참여
　하는 능력을 기른다. 이를 바탕으로 개인의 발전은 물론, 사회, 국가, 인류의 발전에 기여할 수 있는
　민주시민의 자질을 기른다."

교과 목표, 즉 총괄 목표(종합 목표)는 사회과교육의 궁극적인 목적인 민주시민 육성을 지향점으로 하여, 교육과정을 통하여 최종 달성하려는 지식, 기능, 가치·태도 목표를 포괄하여 제시하였다. 교과 목표의 핵심 요소들을 분석해보면, 순차적·지속적으로 추구되는 목표와 궁극적인 목표로 구분할 수 있다.

총괄 목표는 사회과의 다양한 목표 요소와 그에 대한 견해들을 종합하고 있으며, 국민 공통 기본 교육과정에서 순차적 또는 지속적으로 추구되는 목표 요소와 궁극적인 목표 요소로 구성되어 있다. 순차적·지속적으로 추구되는 목표 요소로는 사회현상에 관한 기초적 지식과 능력, 기본 개념과 원리의 탐구 능력, 우리 사회의 특징과 세계의 여러 모습에 대한 이해, 다양한 정보의 활용 능력, 창의적이고 합리적인 문제해결 능력, 공동체 생활에서의 참여 능력 등이 제시되어 있으며, 궁극적인 목표 요소로는 개인의 발전 및 사회, 국가, 인류의 발전에 이바지하는 민주시민의 자질이 제시되어 있다(교육과학기술부, 한솔사, 2008: 311).

총괄 목표에 나타난 핵심 요소들은 '개인의 발전 및 국가, 인류의 발전에 기여할 수 있는 민주시민의 자질 육성', '사회현상에 관한 기초적 지식과 능력', '기본 개념과 원리의 탐구 능력', '우리 사회의 특징과 세계 여러 모습의 이해', '다양한 정보의 활용 능력', '창의적이고 합리적인 문제해결 능력', '공동생활에서의 참여 능력' 등으로 요약할 수 있다.

교과 목표 구성 체계는 종합 목표와 영역별 목표로 구분하여 제시하였으며, 제3학년부터 제10학년까지의 국민 공통 기본 과정의 목표로 설정하였다. 종합 목표는 민주시민의 양성을 사회과의 최종 목표로 하였고, 이러한 목표 달성에 필요한 지식, 기능, 가치·태도 요소를 종합하여 한 문단으로 제시하였다.

사회과의 총괄 목표의 특징을 종합하면 다음과 같다(교육과학기술부, 『초등학교 교육과정 해설(Ⅲ)』, 한솔사, 2008: 311).

첫째, 전통적인 방식대로 '기초 지식과 기능' 목표가 '시민적 자질의 육성' 목표에 앞서 제시되어 있어서, 전자가 후자의 수단이 되면서 '시민적 자질의 육성'에 초점을 맞추도록 구조화되어 있지만, 극단적으로 규범적이고 이념적인 시민적 자질만이 강조되지 않도록 사회 인식의 형성과 관련된 다양한 목표 요소들이 제시되고 있다.

둘째, 사회 인식의 형성을 위하여 기초적 지식과 능력, 기본 개념과 원리에 대한 탐구 능력, 다양한 정보의 활용 능력이 강조되어, 지식 및 탐구 방법의 이해가 사회 인식의 기본이라는 관점을 유지하고 있다.

셋째, 종래에 지속적으로 강조되어 오던 '국민적·민족적 자각과 신념의 육성'이 배제되고 제6차 교육과정에서부터 강조되어 온 '시민적 자질'이 더욱 중시되고 있으며, 개인과 사회가 균형적으로 고려되도록 개인의 발전과 사회의 발전을 동시에 강조하고 있는 점이 특징이다.

총괄 목표에 나타난 핵심 요소들을 추출해보면, '개인의 발전 및 국가, 사회, 인류의 발전에 기여할 수 있는 민주시민의 자질 육성'과 '사회현상에 관한 기초적 지식과 능력', '기본 개념과 원리의

탐구 능력’, ‘우리 사회의 특징과 세계 여러 모습의 이해’, ‘다양한 정보의 활용 능력’, ‘창의적이고 합리적인 문제해결 능력’, ‘공동체 생활에서의 참여 능력’ 등으로 요약할 수 있다. 이들 핵심 요소 간의 관계를 분석해보면 공통 교육과정에서 순차적·지속적으로 추구되는 목표 요소와 궁극적인 목표 요소로 구분할 수 있다.

사회과교육에서 이와 같은 핵심 요소들이 강조하는 바를 고찰하면, ‘민주시민 자질의 육성’은 사회과의 근본적이고 궁극적인 목적을 명시한 것으로, 오늘날 사회과교육을 통하여 기르려는 참된 민주시민이란, 개인의 자아실현이나 행복 추구를 국가의 이상이나 목표와 조화시켜 나아가는 시민인 동시에 인류의 발전에도 이바지하는 세계시민임을 강조한 것이다.

‘기초적 지식과 능력’ 및 ‘기본 개념과 원리의 탐구 능력’은 학년 수준에 따라 차례로 강조되어야 할 요소이다. ‘탐구 능력’에 대하여는 제1차적으로는 기본 개념의 탐구 능력을 기르고, 제2차적으로는 이를 강화하여 기본 원리들의 탐구 능력까지 추구하여야 할 것이다.

총괄 목표에 추구하는 민주시민은 세계화·정보화 시대를 주도할 자율적이고, 창의적인 능력을 갖춘 건전하고 품위 있는 한국 시민을 뜻한다. 우리가 오늘날 기르고자 하는 민주시민은 일차적으로 자기를 바르게 인식하고, 건전한 인품을 형성하여 자기가 바라는바, 아름다운 사회생활을 적극적으로 영위하려는 의지가 굳건한 사람이다. 그리고 인간의 존엄성을 바탕으로 다른 사람을 배려하며 자유와 평등의 조화로운 실현, 권리의 주장과 의무의 수행, 사회정의의 실현 등을 통해서 공공의 선을 추구하려는 시민정신이 투철한 사람을 기르려는 것이다.

〈표 3-11〉 사회과 교육과정 교과 목표의 목표 요소 구분

제1차적 목표	제2차적 목표	궁극적 목표
· 기초적 지식과 능력 · 기본 개념의 탐구 능력 · 우리 사회 전반 특징 이해 · 다양한 정보 활용 능력 · 공동생활의 참여 능력	· 기본 개념과 원리의 탐구 능력 · 우리 사회의 특징과 세계의 현실 이해 · 정보 활용과 문제해결 능력 · 사회 참여 능력	· 개인의 발전 및 국가 사회, 인류의 발전에 기여하는 민주시민의 자질

4. 영역별 목표

2009 개정 사회과 교육과정의 영역별 하위 목표는 총 6개 항으로 구성되어 있다. ‘가’ 항은 역사, 지리, 사회과학의 상호 관련과 통합적 관점을 강조한 목표이며, 이하의 항목들은 학년이 올라갈수록 교과의 특성상 분명하게 드러나는 행동 영역별 목표들이다. 즉, 영역별 목표는 1개 항의 교과 특성 관련 통합 목표와 5개 항의 행동 영역별 목표로 구성되어 있다.

개인의 발전 및 국가 사회, 인류의 발전에 기여하는 민주시민의 자질을 교과 목표로 하는 사회과의 영역별 목표는 다음과 같다.

가. 사회의 여러 현상과 특성을 그 사회의 지리적 환경, 역사적 발전, 정치·경제·사회적 제도 등과 관련지어 이해한다(통합 목표).

　나. 지표 공간과 자연 및 인문 환경에 대한 이해를 통해 지역에 따른 인간 생활의 다양성 파악하
　　고, 지리적 지식과 기능을 습득하여 지리적 문제를 해결한다(지리 영역 목표).
　다. 각 시대의 특색을 중심으로 우리나라의 역사적 전통과 문화의 특수성을 파악하여 민족사의
　　발전상을 체계적으로 이해하며, 이를 바탕으로 인류 생활의 발달 과정과 각 시대의 문화적 특
　　색을 파악한다(역사 영역 목표).
　라. 사회생활에 관한 기본적 지식과 정치·경제·사회·문화 현상에 대한 기본적인 원리를 종합
　　적으로 이해하고, 현대 사회의 성격 및 민주적 사회생활을 위하여 해결해야 할 여러 문제를
　　파악한다(일반사회 영역 목표).
　마. 사회현상과 문제를 파악하는 데 필요한 지식과 정보를 획득, 분석, 조직, 활용하는 능력을 기
　　르며, 사회생활에서 나타나는 여러 문제를 합리적으로 해결하기 위한 탐구 능력, 의사결정 능
　　력 및 사회 참여 능력을 기른다(기능·능력 목표).
　바. 개인과 사회생활을 민주적으로 운영하고, 우리 사회가 당면한 문제들에 관심을 가지고 민주국
　　가 발전과 세계의 발전에 적극적으로 이바지하려는 태도를 가진다(가치·태도 목표).

　영역별 목표 6개 항은 통합 목표 1개 항과 세부 영역 목표 5개 항으로 구성되어 있다. 즉, '가' 항
은 통합적인 교과 운영을 강조한 목표이며, '나~라' 항은 지식 영역의 목표들로서, 각각 지리 영역,
역사 영역, 정치·경제·사회·문화 영역에 관한 목표를 제시한 것이고, '마~바' 항은 사회과의 기
능·능력 목표와 가치·태도 목표를 제시한 것이다(교육과학기술부. 2008: 312-313).
　사회과의 영역별 목표는 총 6개 항으로 구성되어 있는데 '가' 항은 어느 특정 영역에 속한 목표가
아니라, 학습 주제를 가르칠 때 지리, 역사, 정치, 경제, 사회, 문화 등의 관점을 상호 관련시켜 다루
게 하려는 교과의 통합적 운영을 강조한 것이다. 통합적 지도를 강조하는 사회과에서는 고장, 지역,
국가, 세계, 지구촌 등에 관한 학습 주제를 시간과 공간 및 공동생활의 측면에서 종합적으로 이해시
키도록 하여야 할 것이다.
　'나' 항은 지리 영역에 관한 목표를 제시한 것이다. 이 목표에서는 일차적으로 '인간과 자연과의
상호작용에 관한 이해'를 강조하며, 이러한 기본적 요소의 이해를 토대로 사람들의 삶의 터전이 달
라지는 데 따른 '인간 생활의 다양성'과 여러 지역의 특색을 파악하게 하는 목표이다. 지역확대법의
원칙에 따라, 지리적 관점에 대한 이해를 자기가 살고 있는 고장에서부터 시작하여 지역, 국토 전체
와 세계로 확대하여, 여러 나라의 생활 특색을 파악하도록 하여야 할 것이다.
　'다' 항은 역사 영역에 관한 목표이다. 이 목표는 국사 영역과 세계사 영역으로 구분해볼 수 있으
며, 특히, 생활사 중심의 역사 학습을 먼저 하게 하고, 이어 이를 바탕으로 우리나라 각 시대의 특성
을 파악하도록 함으로써 우리 문화와 민족사의 발전상을 자연스럽게 이해시킬 수 있을 것이다. 한편
역사 학습은 지리적 조건과 더불어 정치, 경제, 사회, 문화 등의 요인을 상호 관련시켜 통합적으로
지도해야 하는 분야이다. 우리의 생활사와 국사에 대한 통합적 이해를 바탕으로 세계의 역사와 문화
를 이해함으로써 인류 발전에 기여하려는 마음을 싹트게 할 수 있을 것이다.
　'라' 항은 정치, 경제, 사회·문화 현상(일반사회 영역) 등 일반사회 영역에 대한 기본 원리를 종
합적으로 이해시키는 것을 일차적인 목표로 하고 그러한 지식을 바탕으로 하여, 현대 사회의 성격과

여러 문제의 특성을 파악하고 해결하는 데 중점을 둔 목표이다. 따라서 공동생활 및 경제생활의 기초적 원리를 이해시키고, 민주 생활의 특질을 파악하게 하는 데 주안점을 두어야 할 것이다.

'마' 항은 기능 영역에 관한 목표로서 지식을 발견하고 적용하며, 가치를 분명히 하는 일과 관련시켜 길러져야 할 능력의 성취 수준을 제시한 것이다. 사회현상에 관한 지식을 발견하고, 적용하며 문제를 해결하기 위하여 우선적으로 다양한 정보를 수집 활용할 수 있는 기초적 능력이 갖추어져야 하며, 탐구하고 사고하며 선택 결정하는 고차적 능력이 또한 있어야 한다. 민주시민 생활을 원만하게 영위하려면 여러 분야의 공동생활에 참여하여 맡은바 역할을 수행할 수 있어야 한다. 특히 사회과에서는 지도, 연표, 도표, 인터넷 검색 등의 다양한 정보를 수집 활용함으로써 당면 문제를 이치에 맞게 해결하고, 집단 공동생활에 참여하여 다른 사람과 어울려 살아갈 수 있는 기초적 능력을 길러 주어야 한다.

'바' 항은 가치·태도와 관련된 목표로서 학생들이 건전한 시민으로서 성장하게 하는 데 중요한 요소가 되는 목표이다. '민주적 생활 태도'는 정치, 사회생활과 더 밀접한 관계가 있고, '민족 문화 발전에 이바지하는 태도'는 역사 영역과 관련시켜 지도하여야 할 것이다. 그리고 '사회문제에 대한 관심'과 '민주국가 발전에 이바지하는 태도'는 모든 분야의 지식과 관련된 가치-태도 목표이다(한면희, 2007: 125-128). 가치·태도 영역의 목표는 사회과교육에서 정의적 영역의 교육이 매우 중요함을 강조하고 있다.

〈표 3-12〉 사회과 교육과정 종합목표(총괄목표)와 영역별 목표 관계

목표영역	목표(종합·영역별)
종합(총괄)	"사회현상에 관한 기초적 지식과 능력은 물론 지리, 역사 및 제 사회과학의 기본 개념과 원리를 발견하고 탐구하는 능력을 익혀, 우리 사회의 특징과 세계의 여러 모습을 종합적으로 이해하며, 다양한 정보를 활용하여 현대 사회의 문제를 창의적이며 합리적으로 해결하고, 공동생활에 스스로 참여하는 능력을 기른다. 이를 바탕으로 개인의 발전은 물론, 사회, 국가, 인류의 발전에 기여할 수 있는 민주시민의 자질을 기른다."
영역별	사회의 여러 현상과 특성을 그 사회의 지리적 환경, 역사적 발전, 정치·경제·사회적 제도 등과 관련지어 이해한다(통합 목표).
	지표 공간과 자연 및 인문 환경에 대한 이해를 통해 지역에 따른 인간 생활의 다양성 파악하고, 지리적 지식과 기능을 습득하여 지리적 문제를 해결한다(지리 영역 목표).
	각 시대의 특색을 중심으로 우리나라의 역사적 전통과 문화의 특수성을 파악하여 민족사의 발전상을 체계적으로 이해하며, 이를 바탕으로 인류 생활의 발달 과정과 각 시대의 문화적 특색을 파악한다(역사 영역 목표).
	사회생활에 관한 기본적 지식과 정치·경제·사회·문화 현상에 대한 기본적인 원리를 종합적으로 이해하고, 현대 사회의 성격 및 민주적 사회생활을 위하여 해결해야 할 여러 문제를 파악한다(일반 사회 영역 목표).
	사회현상과 문제를 파악하는 데 필요한 지식과 정보를 획득, 분석, 조직, 활용하는 능력을 기르며, 사회생활에서 나타나는 여러 문제를 합리적으로 해결하기 위한 탐구 능력, 의사결정 능력 및 사회 참여 능력을 기른다(기능·능력 목표).
	개인과 사회생활을 민주적으로 운영하고, 우리 사회가 당면한 문제들에 관심을 가지고 민주국가 발전과 세계의 발전에 적극적으로 이바지하려는 태도를 가진다(가치·태도 목표).

출처: 교육과학기술부, 『초등학교 교육과정 해설(Ⅲ)』, 한솔사, 2008: 313.

〈표 3-13〉 사회과 교육과정 영역별 목표의 핵심 요소

목표(항)	영역	핵심 요소
가	지식 (전 영역 통합)	· 사회의 여러 현상과 특성의 통합적·체계적 이해
나	지식(지리 영역)	· 인간과 자연과의 상호작용 이해 · 삶의 터전에 따른 인간 생활의 다양성 이해 · 지역의 지리적 특성 이해
다	지식(역사 영역)	· 우리의 역사적 전통과 문화의 특수성 파악 · 우리 문화와 민족사의 발전상 이해 · 인류 생활의 발달 과정과 각 시대의 문화적 특색 파악
라	지식 (일반사회영역)	· 사회생활에 관한 기본적 지식 이해 · 정치, 경제, 사회, 문화 현상의 기본적 원리의 이해 · 현대 사회의 성격과 사회문제들의 파악
마	기능·능력 영역	· 지식과 정보의 획득·조직·활용 능력 · 탐구 능력, 의사결정 능력, 사회 참여 능력, 합리적 문제해결 능력
바	가치·태도 영역	· 민주적 생활 태도 · 당면한 사회문제에 대한 관심 · 민족 문화 및 민주국가 발전에 이바지하려는 태도

출처: 교육과학기술부,『초등학교 교육과정 해설(Ⅲ)』, 한솔사, 2008: 313.

5. 학년 목표와 단원 목표

국민공통기본교육과정을 도입한 제7차 사회과 교육과정과 2009학년도부터 연차적으로 초·중·고교에 적용되는 '2007년 개정 사회과 교육과정'에서는 학년 목표를 별도로 제시하지 않았다. 공통교육과정과 선택교육과정으로 2011학년도부터 적용하고 있는 2009 개정 사회과 교육과정도 마찬가지이다.

그 이유는 교과 목표 및 단원 목표와의 진술상의 중복 요소가 생기기 때문이다. 즉, 사회과 교육과정에서 단원 목표들이 엄밀하게 항목화하여 제시되지 않고, 단원의 지식 목표와 가치·태도 목표를 위주로 한 문단 형태로 제시되어 있다.

하지만 단원에 따라서는 기능 목표와 그 목표 달성에 적합한 지도 방법 및 자료까지 나타내는 형태로 제시되어 있기도 하다. 단원 목표를 이러한 형태로 제시한 의도는 사회과 지도 교사의 단원 지도 계획 수립 과정에서 목표를 더욱 수정, 보완하여 더 세분화·항목화할 수 있도록 한 것이다.

단원 목표들이 교과 목표 중 영역별 목표와 높은 연계성을 갖게 될 때, 교육과정에서 전체적으로 목표와 내용 간의 연계성이 제고될 수 있고, 나아가 '민주시민성 함양'이라는 고유의 사회과 목적도 달성할 수 있기 때문이다.

특히, 제7차 사회과 교육과정, '2007년 개정 사회과 교육과정'에 이어서 '2009 개정 사회과 교육과정'에서도 학년 목표를 별도로 제시하지 않고, 교과 목표와 단원 목표를 직접 연계한 것은 목표의 중복성 외에도 각 학교의 학교교육과정의 편성·운영 시 지역 사회와 학생들의 특성과 여건을 충분하게 반영하여 학년 목표를 별도로 설정할 필요가 있기 때문이다. 이와 같은 학년 목표의 설정을 위

한 기본적 방식은 교과 목표에 기반을 두고 위계화(位階化)하는 접근 방식과 단원 목표에 기반을 두고 그 목표를 종합하는 방식 등이 있다.

6. 사회과의 영역별 학년 목표 설정

2009 개정 사회과 교육과정에서는 학년 목표를 제시하지 않고 있다. 다만, 사회과 교육과정을 분석하여 사회과의 교과 목표와 학년 목표를 영역별로 별도로 구안하여 체계화하면 <표 3-14>와 같다.

〈표 3-14〉 사회과 영역별 학년 목표 체계표(예: 제3~6학년분)

영역 \ 학년	교과 목표	3	4	5	6
모든 영역 (종합적 이해)	·사회의 여러 현상과 특징을 그 사회의 지리적 환경, 역사적 발전, 정-경제-사회적 제도 등과 관련시켜 이해한다.				
역사 영역	·각 시대의 특색을 중심으로 우리나라의 역사적 전통과 문화의 특수성을 파악하여 우리 문화와 민족사의 발전상을 체계적으로 이해하며, 이를 바탕으로 인류 생활의 발달 과정과 각 시대의 문화적 특색을 파악한다.	·생활 도구, 교통, 통신, 놀이와 행사의 변화를 중심으로 고장 생활의 변화 과정을 이해한다.	·옛 도읍지의 문화재를 통해 우리나라 역사의 큰 흐름을 이해하고, 박물관의 기능을 중심으로 문화재의 중요성과 보존·계승의 필요성을 이해한다.	·과학 기술의 발달이 우리 겨레의 생활 문화에 끼친 영향을 파악하고, 농경 생활을 기초로 한 우리 민족의 공동체 의식이 현대 사회에서 갖는 의미를 이해한다.	·우리 민족의 성립, 발전, 변화 과정과 각 시대의 특징을 여러 분야에서 활약한 인물을 중심으로 이해한다. ·근대 이후 우리 민족이 겪은 시련과 대외 항쟁을 파악하여 민족의 자주와 독립, 통일의 역사적 의의를 이해한다. 광복 이후 우리나라의 발달 과정을 파악한다.
지리 영역	·인간과 자연 간의 상호작용에 대한 이해를 통하여 장소에 따른 인간 생활의 다양성을 파악하며, 고장, 지방 및 국토 전체의 세계 여러 지역의 지리적 특성을 체계적으로 이해한다.	·고장의 자연 환경과 이를 이용한 생활 모습에 대하여 파악하고 이를 실생활에 활용할 수 있다. ·교통과 유통 기능을 중심으로 고장 사람들은 서로 어울려 살아가도록 다른 고장과 상호 의존 관계를 맺고 있음을 이해한다.	·시-도 지역의 독특한 자연 환경과 그에 따른 주민들의 유통·생산 활동의 모습을 파악하여, 자연 환경과 주민 생활 모습과의 관계 및 지역 간의 상호 의존관계를 이해하게 한다.	·우리나라의 자연 환경과 인구 및 국토 개발 모습을 파악하고, 우리나라의 도시와 촌락의 특징 및 상호 의존 관계를 이해한다.	·세계 여러 나라가 지구촌화하고 있는 모습과 우리나라와 세계 여러 나라와의 관계를 이해하고, 통일을 위해 우리가 해야 할 일을 파악한다.

일반사회 영역	· 사회생활에 관한 기본적 지식과 정치·경제·사회·문화 현상에 대한 기본적 원리를 종합적으로 이해하고, 현대 사회의 성격 및 민주적 사회생활을 위하여 해결해야 할 여러 문제를 파악한다.	· 고장의 공동생활의 모습을 이해한다. · 고장 생활 속에 나타나고 있는 사회문제들을 확인하고, 이를 해결함으로써 보다 나은 고장 생활을 할 수 있음을 이해한다.	· 지역 사회의 주민들이 생활을 편리하게 하고 지역 사회의 문제를 해결하기 위해 노력하는 모습을 파악한다. · 사회의 변화에 따른 가정생활의 특징을 이해한다.	· 우리나라의 경제 발전 모습과 정보화 시대의 변모하는 산업 활동을 파악하고, 우리의 산업 경제 발전을 위한 여러 가지 과제를 파악한다.	· 헌법에 나타난 국민의 기본권과 민주 정치 조직의 기초 원리를 이해한다.
기능	· 사회현상과 문제를 파악하는 데 필요한 지식과 정보를 획득·조직·활용하는 능력을 기르며, 사회생활에서 나타나는 여러 문제를 합리적으로 해결하기 위한 탐구 능력, 의사결정 능력 및 사회 참여 능력을 기른다.	· 고장의 모습을 관찰, 견학, 조사하고, 지도, 연표, 그래프, 문헌 영상 자료 등 다양한 자료를 활용하여 문제를 해결할 수 있는 기초적 능력을 기른다.	· 여러 가지 자료로 지역사회의 현상을 조사하여 지도, 연표, 그래프 등 다양한 방법으로 나타내고 지역 사회의 문제를 합리적으로 해결할 수 있는 기초적 능력을 기른다.	· 자연 환경과 산업경제 활동에 관한 각종 지도의 도표 등을 바르게 읽고 작성하며, 갈등적인 여러 문제에 대해 합리적 결정을 할 수 있는 기초적 능력을 기른다.	· 지도, 연표, 도표 등의 다양한 자료를 이용하여 정보를 수집·분석하고, 문제를 합리적으로 해결하며, 공동생활에 참여하여 다른 사람과 어울려 생활할 수 있는 기초적 능력을 기른다.
가치·태도	· 개인생활 및 사회생활을 민주적으로 운영하고, 우리 사회가 당면한 문제들에 관심을 가지고, 민족 문화 및 민주 국가의 발전에 적극적으로 이바지하라는 태도를 가진다.	· 고장 생활에 관심을 가지고 고장의 발전에 이바지하려는 태도를 기른다.	· 지역의 일상생활에서 다른 사람과 협력하는 민주적인 생활 태도를 습관화하고, 지역의 공동생활에 관심을 가지고 참여하려는 태도를 갖는다.	· 국토 환경을 소중히 여기고 보전하려는 마음과 경제 발전에 이바지 하려는 태도를 가지며, 겨레의 슬기와 멋에 대한 자긍심을 가진다.	· 조상들의 업적과 문화재에 긍지를 가지며, 일상생활 속에서 민주적인 태도를 습관화하고, 국가 발전에 기여함은 물론 세계 여러 나라 사람들과 협력하며 살아가는 태도를 가진다.

제4장 | 사회과 교과목별 목표의 실제: 2009 개정 사회과 교육과정

2009년 3월 6일 교육과학기술부 고시 제2009-10호로 고시되어 현재 초·중·고교에 적용 중인 2009 개정 교육과정의 사회과와 사회과 관련 과목별 목표를 교과(과목)별로 제시하면 다음과 같다.

1. 교과: 「사회과」

사회현상에 관한 기초적 지식과 능력은 물론, 지리, 역사 및 제 사회과학의 기본 개념과 원리를 발견하고 탐구하는 능력을 익혀, 우리 사회의 특징과 세계의 여러 모습을 종합적으로 이해하며, 다양한 정보를 활용하여 현대 사회의 문제를 창의적이며 합리적으로 해결하고, 공동생활에 스스로 참여하는 능력을 기른다. 이를 바탕으로 개안의 발전은 물론, 국가, 인류의 발전에 기여할 수 있는 민주시민의 자질을 기른다.

    가. 사회의 여러 현상과 특성을 그 사회의 지리적 환경, 역사적 발전, 정치·경제·사회적 제도 등과 관련지어 이해한다(통합 목표).

    나. 지표 공간과 자연 및 인문 환경에 대한 이해를 통해 지역에 따른 인간 생활의 다양성 파악하고, 지리적 지식과 기능을 습득하여 지리적 문제를 해결한다(지리 영역 목표).

    다. 각 시대의 특색을 중심으로 우리나라의 역사적 전통과 문화의 특수성을 파악하여 민족사의 발전상을 체계적으로 이해하며, 이를 바탕으로 인류 생활의 발달 과정과 각 시대의 문화적 특색을 파악한다(역사 영역 목표).

    라. 사회생활에 관한 기본적 지식과 정치·경제·사회·문화 현상에 대한 기본적인 원리를 종합적으로 이해하고, 현대 사회의 성격 및 민주적 사회생활을 위하여 해결해야 할 여러 문제를 파악한다(일반사회 영역 목표).

    마. 사회현상과 문제를 파악하는 데 필요한 지식과 정보를 획득, 분석, 조직, 활용하는 능력을 기르며, 사회생활에서 나타나는 여러 문제를 합리적으로 해결하기 위한 탐구 능력, 의사결정 능력 및 사회 참여 능력을 기른다(기능·능력 목표).

    바. 개인과 사회생활을 민주적으로 운영하고, 우리 사회가 당면한 문제들에 관심을 가지고 민주국가 발전과 세계의 발전에 적극적으로 이바지하려는 태도를 가진다(가치·태도 목표).

2. 「역사」과목: 과목 독립

'역사' 과목에서는 우리나라와 세계의 역사를 종합적이고 체계적으로 이해하는 것을 지향한다. 과거 사실에 대한 폭넓은 지식을 바탕으로 비판적 사고력과 합리적 판단력을 향상시킨다. 학생 스스로 다양한 역사적 자료를 활용하여 학습할 수 있도록 함으로써 과거에 대한 서로 다른 해석과 시각이 존재할 수 있음을 인식하고 이를 통하여 역사에 대한 통찰력을 기르도록 한다.

'역사' 과목의 세부적인 목표는 다음과 같다.

가. 우리나라와 세계 역사를 체계적이고 종합적으로 파악한다.

나. 현대와 가까운 과거에 대한 이해를 심화함으로써 현대 세계와 우리 국가와 사회에 대한 통찰력을 확대한다.

다. 다양한 역사적 자료를 탐구하고 해석하는 과정을 통해 스스로 문제의식을 가지고 비판적으로 사고하는 능력을 기른다.

라. 현대 사회가 직면한 문제들에 대한 역사적 배경과 상호관련성을 파악하여 그 의미와 가치를 평가할 수 있도록 한다.

마. 다양한 삶의 방식에 대한 이해를 기초로 다른 문화와 전통을 존중하는 태도를 기른다.

3. 「한국 지리」 과목

'한국 지리' 과목의 목표는 자연 및 인문 환경의 지리적 이해를 바탕으로 우리 국토에서 일어나는 다양한 지리적 현상을 종합적으로 파악하고, 우리들의 삶의 터전을 보다 살기 좋은 공간으로 만들기 위한 지리적 분석력, 사고력, 창의력 등을 기르며, 국토의 지리적 환경과 공존할 수 있는 자세를 가지게 하는 데 있다.

가. 국토의 다양한 지리적 현상을 종합적으로 이해하고, 세계화의 흐름 속에서 우리의 삶의 공간이 갖고 있는 의미를 파악한다.

나. 우리나라 각 지역의 특성과 지역 구조의 변화 과정을 다양한 관점에서 파악하고, 이를 통해 다면적 · 복합적인 국토 공간의 특성을 인식한다.

다. 국토 공간 및 자신이 살고 있는 지역의 당면 과제를 인식하고, 이를 합리적으로 해결할 수 있는 지리적 기능 및 사고력, 창의력을 기른다.

라. 일상에서 접하게 되는 다양한 지리 정보를 선정 · 수집 · 분석 · 종합하고, 이를 지리조사 및 여가 등에 활용할 수 있는 능력을 기른다.

마. 자연 및 인문 환경과 주민 생활의 연관성을 유기적 · 생태적인 사고를 바탕으로 이해함으로써 국토 공간과 환경에 대한 가치를 올바르게 인식할 수 있는 태도를 지닌다.

바. 국토분단, 주변국과의 영역 갈등과 같은 우리 국토가 당면하고 있는 국토 공간의 정체성 문제를 올바른 시각에서 이해하고, 바람직한 국토관과 국토애를 함양할 수 있는 태도를 기른다.

4. 「세계 지리」 과목

'세계 지리'의 목표는 세계 각 지역의 지리적 현상을 종합적 · 체계적으로 이해하고, 세계화 시대에 지역 간 협력 및 상호공존의 길을 모색하며, 지구적인 시각에서 우리 삶의 터전을 보다 살기 좋은 공간으로 개발 · 이용 · 보존하기 위해 노력하는 자세를 기르는 데 있다.

가. 세계의 다양한 자연 환경과 인문 환경에 대해 체계적이고 종합적으로 이해하는 능력을 기른다.

나. 세계 여러 지역에 대한 지리 정보를 수집·분석·평가하고, 그 지역에 대한 주제를 선정하고 탐구하는 능력을 기른다. 아울러 수집·분석된 지리 정보를 도표화·지도화하는 능력을 함양한다.

다. 지역 간 협력 및 상호 공존의 길을 모색하며, 지역 간 갈등과 분쟁을 이해하고 이를 해결하려는 태도를 기른다.

5. 「경제 지리」 과목

경제 활동을 지리적 관점에서 종합적으로 고찰하여 경제 활동의 지역적 특성을 체계적·종합적으로 이해하고, 이를 바탕으로 우리나라 및 세계 각 지역이 경제적으로 보다 바람직한 삶을 영위할 수 있도록 노력하는 자세를 가진다.

가. 경제 활동을 지리적 관점에서 파악하여, 우리나라 및 세계 각 지역의 경제 활동의 특성을 체계적이고 종합적으로 이해한다.

나. 경제 활동과 생산품의 분포, 생산 및 소비, 이동의 특성과 그에 따른 문제점을 이해하고 그 해결 방안을 모색한다.

다. 경제 활동의 발달, 구조, 입지 원리 및 공간적 분포의 특성과 그에 따른 문제점을 이해하고 그 해결 방안을 모색한다.

라. 지리적 개념 및 원리에 의하여 경제 활동의 지역적 특성을 파악하고, 나아가 경제 활동에 관한 합리적인 의사결정 능력을 기른다.

마. 지역에서의 경제 활동에 관한 각종 통계 및 현지 조사 자료를 지도화·도표화하고, 이를 분석, 해석할 수 있는 능력을 기른다.

바. 개방화·세계화되는 세계 경제 속에서 우리나라가 나아갈 방향을 탐색하고, 세계 각 지역의 경제 발전을 위해서 국가 간, 지역 간에 상호 협력하고 공존할 수 있는 가치관과 태도를 기른다.

6. 「한국 문화사」 과목

'한국 문화사' 과목은 우리 문화가 형성·변천되어 온 과정을 파악하고, 현재의 한국 문화가 우리 역사의 산물임을 이해하며, 나아가 현재 한국인의 삶을 이해하는 데에 중점을 둔다.

가. 각 시기 문화의 특징에 영향을 미치는 경제·사회·정치적 요소를 이해한다.

나. 각 시기 문화 현상과 요소를 탐구하여 우리 문화가 가지는 특성과 맥락을 이해한다.

다. 우리 역사가 외부 세계와 교류하면서 각 시대마다 새로운 문화를 수용하여 전통 문화를 형성·발전시켰음을 파악하여 열린 문화적 안목을 기른다.

라. 각 문화 현상과 관련된 자료를 분석, 비판, 종합하는 활동을 통해 역사적 탐구력을 키운다.

마. 우리 역사를 삶의 과정으로 이해하여 새 문화 창조와 사회 발전에 능동적으로 참여하는 태도를 기른다.

7. 「세계 역사의 이해」과목

'세계 역사의 이해' 과목에서는 현재의 세계가 형성되기까지 나타난 각 지역의 역사적 경험과 그 상호작용을 이해함으로써 현대 세계의 성격과 과제를 인식한다. 다양한 자료를 활용하여 역사적 사고력과 판단력을 기르고, 세계사 속에서 자신을 발견하고, 개방적인 국제 이해와 협력의 자세를 가지도록 한다.

　　가. 각 지역의 독특한 문화 발전과 통치 체제, 경제 발전을 비교하고, 세계적으로 확산되어 다양한 문화에 영향을 미쳤던 종교와 사상을 중심으로 그 형성 및 확산 과정, 사회적·문화적 영향을 이해한다.

　　나. 지역 간 교류와 갈등을 통해 이루어진 경제적·문화적 상호작용의 전개과정을 시기별로 이해함으로써 세계적인 상호의존성의 증대 과정을 역사적으로 이해한다.

　　다. 획기적인 과학기술의 발달, 민족 문제, 인종 문제, 계급 문제, 정치적·경제적·종교적 대립과 갈등 등 현대 세계의 성격과 쟁점을 이해하고, 역사적으로 탐구한다.

　　라. 세계의 다양한 문화 특징을 이해하고, 그 문화를 존중하는 태도를 함양한다.

　　마. 다양한 역사 자료를 활용한 학습 활동을 통해 역사적 사고력을 신장시킨다.

8. 「동아시아사」과목

'동아시아사' 과목은 동아시아 지역의 역사 전개 과정을 주체적이고 개방적인 관점에서 종합적이고 체계적으로 이해하여 이 지역의 특성과 과제를 올바로 인식하는 데 목표를 둔다. 다양한 관점에서 자료를 활용하여 역사적 사고력과 역사의식을 기르고, 나아가 동아시아 지역의 발전과 평화에 이바지하는 자세를 갖도록 한다.

　　가. 객관적이고 균형 잡힌 시각으로 동아시아 지역사를 파악하여 역사를 주체적으로 이해하는 안목을 기른다.

　　나. 각 시기 사회와 문화의 특징을 드러낼 수 있는 공통적이거나 연관성 있는 요소를 주제별 접근 방식을 통해 이해한다.

　　다. 각 시기에 전개된 교류와 갈등 요소를 탐구하여 문제해결의 방향을 모색하는 자세를 갖는다.

　　라. 주제와 관련된 자료를 비교, 분석, 비판, 종합하는 활동을 통해 역사적 사고력을 신장시킨다.

9. 「법과 사회」과목

'법과 사회' 과목은 기본적인 법 이론에 대한 이해를 통하여 일상생활에서의 문제 상황을 민주사회의 법이념에 따라 합리적·합법적으로 해결해 나갈 수 있는 능력을 함양하는 것을 목표로 한다. 궁극적으로는 개인의 기본권이 보장되고 정의가 실현되는 사회를 이룩하는 데 필요한 민주시민으로서의 법적 소양, 가치관 및 태도를 지니게 한다.

가. 현대 민주국가에서의 법의 필요성과 기능을 이해하고, 기본적인 법 이론을 활용하여 각 구성원 간의 법률관계를 분석하고, 생활의 각 영역에서 발생하는 법적 문제 상황을 이해한다.

나. 법적 문제 상황에 관련된 기록, 정보 및 자료에 대한 분석을 통하여 문제 상황을 법적으로 해결할 수 있는 능력을 길러, 다양한 사회적 쟁점에 대한 법적 해결 방안을 모색할 수 있다.

다. 국내외의 사회구성원 간에 의견이 엇갈리는 쟁점들의 내용을 법적으로 이해하고, 관련된 개인 혹은 집단의 입장에서 각각의 주장을 합리적·합법적으로 판단할 수 있는 능력을 기른다.

라. 다양한 분쟁 해결 방식의 원리와 절차를 이해하고, 이를 활용하여 개인적·사회적 분쟁을 합리적·평화적으로 해결하는 능력과 태도를 기른다.

마. 법의 보호적 기능을 인식하고, 개인의 권익의 보장과 그 침해에 대한 구제를 위한 제도들을 이해하고 활용할 수 있다.

바. 민주적 법체계와 절차를 존중하고, 건전한 법의식과 법문화를 지니며, 민주사회의 실현에 능동적으로 참여하는 자세를 갖는다.

10. 「정치」 과목

정치 현상을 체계적으로 이해하기 위한 기본 개념과 원리, 그리고 민주주의의 근본 가치와 원리를 학습하고, 정치적 쟁점과 문제를 해결하기 위해 비판적으로 사고하고 종합적으로 분석하여 합리적으로 의사결정을 내리는 능력을 함양한다. 또 정치 과정에 능동적으로 참여하여 공동체 발전에 이바지하는 민주시민의 자세를 가진다.

가. 민주정치의 발전, 우리나라 정부 조직 형태와 통치 원리, 국제정치 등 정치 현상에 관한 기본 개념과 원리 및 특징을 파악한다.

나. 헌법에 기초한 국민의 권리와 의무, 정치 과정과 참여 방법 등 국민의 정치적인 권리 행사와 관련하여 기본적인 정치 현상의 지식을 이해한다.

다. 정치 현상과 관련된 국내외의 다양한 정보 및 자료를 수집, 분석하며, 이를 문제해결에 활용하여 반성적 탐구 능력, 문제해결 능력, 의사결정 능력, 비판적 사고력 등을 함양한다.

라. 다원화된 사회에서 정치적 관계를 인식하고 갈등 상황에서 정치 공동체와 타인의 입장을 합리적으로 분석하고 평가하여 공존을 모색할 수 있는 능력을 함양한다.

마. 정치 공동체의 구성원으로서 민주주의의 기본 가치를 내면화하여 시민 생활에서 누릴 수 있는 권리와 사회적 책임을 인식하고, 민주적 자질을 함양하여 공동체의 발전에 능동적으로 참여하는 태도를 기른다.

바. 지역사회와 국가, 국제사회의 특성과 정치적 운영 원리를 이해하고, 지역·국가·국제사회의 문제에 관심을 가지고 해결 과정에 능동적으로 참여하는 자세를 가진다.

11. 「경제」 과목

현실 경제의 다양한 현상과 경제사회의 변동을 파악하고 경제 문제를 해결해 나가기 위해 관련
지식을 체계적으로 습득하고, 실천적 탐구 방법을 익히며, 문제해결에 필요한 올바른 가치관과 실천
적 자세를 가진다.

　가. 경제 현상에 대한 체계적인 지식을 활용하여 경제의 운영 원리를 이해하고, 경제 현상에 내재
　　　된 인과관계를 설명하며, 미래의 경제 변동을 전망하여 창의적으로 대응할 수 있도록 한다.
　나. 국내외 사회·경제 정보를 수집·분석·평가하여, 개인과 공공의 경제 문제해결을 위한 합리
　　　적인 의사결정에 활용하고, 능동적으로 사회에 참여할 수 있는 능력을 함양한다.
　다. 소비자, 생산자 등 경제 주체로서 갖추어야 할 경제 가치 및 태도를 바탕으로 책임 있는 민주
　　　시민의 역할을 수행하여 개인 생활과 국민 경제 발전에 이바지할 수 있도록 한다.

12. 「사회·문화」 과목

‘사회·문화’ 과목에서는 현대 사회의 특성과 변화 양상을 파악하고 이에 대한 탐구 방법을 습득
하여 스스로 사회·문화 현상에 대한 지식과 관점을 형성할 수 있는 능력을 함양한다. 그리고 민주
사회 시민으로서의 가치와 태도를 함양하여 개인과 공동체의 문제에 대한 합리적 대안을 탐색할 수
있는 통찰력을 기른다. ‘사회·문화’ 과목의 세부적인 목표는 다음과 같다.

　가. 사회·문화 현상에 관한 기본 개념과 원리를 습득하여, 개인과 사회구조, 문화 현상, 사회제도,
　　　사회변동과 사회문제 등 인간의 사회적 행위와 문화의 여러 측면을 다양한 관점에서 이해한다.
　나. 사회·문화 현상에 대한 여러 가지 자료를 수집, 분석, 종합, 평가하여 지식을 구성하는 능력
　　　과 사회·문화적 쟁점에 대한 가치 탐구 능력을 기른다.
　다. 사회·문화 현상에 대한 이해와 탐구 방법을 토대로 공동체의 문제에 대한 합리적인 해결책
　　　을 탐색하는 문제해결력과 의사결정 능력을 함양한다.
　라. 변화하는 세계 속에서 비교문화적 이해 능력과 개방적 태도를 지닌 세계시민으로서 주체적으
　　　로 사회에 참여할 수 있는 능력을 함양한다.

제5장 | 사회과교육의 목표 진술

1. 사회과교육 목표의 위계(位階)

일반적으로 사회과교육에서 기대하는 최종적인 목표, 즉 '민주시민의 자질 육성', '바람직한 시민 양성'이라는 의도의 성취는 매 시간에 이루어지는 사회과의 구체적인 수업에 의해서 실현된다는 가정(假定)에 의한 것이다. 그러므로 홍익인간의 교육이념, 「초·중등교육법」에 제시된 교육목적, 학교 급별 교육목표, 사회과 목표, 단원 목표, 주제 목표, 수업 목표 등은 항상 일관성을 유지하도록 하여야 한다. 특히, 제7차 사회과 교육과정에 이어 '2007년 개정 사회과 교육과정'에서도 공식적으로는 학년 목표를 제시하지 않았지만, 각 단위 학교 차원에서는 학교의 환경과 여건, 학생들의 수준 등을 고려하여 단원별·주제별 학년 목표를 별도로 설정하여 지도할 수 있을 것이다. 이는 곧 의도된 사회과 교육과정과 실현된 사회과 교육과정을 가능한 한 일치시켜 보려는 한 의미 있는 시도라고 볼 수 있다.

그러므로 사회과 교육과정 전문가, 교육전문직, 교육행정직, 사회과 교육학자, 사회과 교육자(교사)들은 상위 목표의 의미를 분석적으로 검토하고 이를 점차 세분하여 의미 있는 하위 목표를 찾아내고 그 수업 전략을 모색하여야 한다. 이러한 작업은 사회과 교육과정의 상세화에 의해서 이루어진다. 특히, 제7차 사회과 교육과정에 이어 2007년 개정 사회과 교육과정에서는 교육과정의 대강화를 강조하고 있기 때문에 학년 목표의 설정, 단원 목표의 상세화 등을 학교 수준 교육과정, 교사 수준 교육과정에서 고려하여야 할 것이다.

일찍이 키블러(R. J. Kibler), 바커(L. L. Barker), 마일즈(D. T. Miles) 등은 교육과정 목표를 상세화(詳細化)하는 데 도움이 되는 목표 위계상의 분류법을 제시하였다. 그들은 목표를 위계에 따라 일반적 교육목표, 정보 목표, 계획 목표 등을 구분하였다.

일반적인 교육목표는 매우 포괄적이며 추상적인 목표로서 이념이나 교육 관련 법령상의 목표, 학교교육 및 교과교육 과정 목표 수준의 것을 말한다. 정보 목표는 비교적 덜 추상적인 목표로서 학년 목표, 단위 목표 등 블룸이 제시하는 정도의 포괄성을 띠는 목표이다. 그런데 이 수준의 목표의 기능은 성취시켜야 할 구체적인 표적으로서보다는 교장과 교사, 장학진 등 간에 가르쳐야 할 지표를 분명히 확인할 정도로 정보의 교환에 도움이 된다고 보는 것이다. 그리고 계획 목표는 매 수업 시간에 구체적으로 도달하여야 할 행동 목표와 전략까지도 명료하게 제시된 목표로서, 그 의도성이 강하고 매우 구체성을 띤 목표라고 할 수 있다. 메이거(F. Mager)의 구체적 수업 목표(조건, 도착점 행동, 준거 등의 제시)는 이 수준의 목표를 제시하는 데 적합할 수도 있다고 했다. 따라서 이와 같은 위계성을 고려하여 추상적인 상위 목표로부터 구체적·조직적 하위 목표에 이르기까지의 사회과교육 목표 상세화 작업은 수업 전에 이루어지는 것이 바람직하다.

특히 본질적으로 사회과의 목표인 '민주시민 교육' 내지 '민주시민성 함양'이 매우 추상적이므로 하위 목표는 보다 구체적이고도 가시적인 목표를 지향하여야 한다.

2. 사회과교육 목표의 진술

일반적 교육목표나 교과의 목표 등은 '민주시민의 자질 함양', '세계시민의 자질 육성', '공동체 협동의식 배양' 등과 같이 포괄적 의미의 함축된 용어로 진술한다. 이러한 목표는 장기간에 성취되어진 추상적 목표로서의 기능을 가지고 있다. 그러나 학년 또는 단원 수준 이하에서는 가르쳐야 할 내용과 기대되는 행동 특성들이 드러나야 하며 주제 목표나 구체적 수업 목표일수록 내용이 세분화되고 행동 특성이 분명하여야 한다. 반면에 단원 목표 수준의 목표를 지나치게 구체적으로 진술하는 것은 오히려 목표의 부분적 요소에 치우칠 우려가 있다. 메이거(F. Mager)는 수업목표의 진술 속에 조건, 준거, 도착점 행동을 제시함으로써 학생들의 행동 변화가 가능하도록 하여야 한다고 주장한다. 그러므로 이러한 목표를 진술할 때에는 명세적 동사를 사용하는 것이 목표를 분명히 하는 데 도움이 된다는 것이다. 메이거의 목표 진술 방식에 의하여 재구성된 사회과 수업의 구체적 목표의 예는 <표 3-15>와 같이 제시할 수 있다.

〈표 3-15〉 메이거(F. Mager)의 목표 진술 방식(예)

영역	진술 내용(예)
지식	• 행정중심복합도시(행복 도시)인 세종시의 계획을 알고, 중요한 내용, 세부적인 내용 등을 말할 수 있다.
사고 기능	• 행복 도시인 세종시의 계획서를 읽고, 앞으로 30년 후의 세종시의 발전 상황을 창의적인 도표를 이용하여 제시할 수 있다.
기초 기능	• 색연필과 크레파스를 이용하여 행복 도시인 세종시의 지형도를 그릴 수 있다.
가치 · 태도	• 행복 도시인 세종시의 미래에 대한 교사의 설명을 듣고, 도시 개발에 대한 문제점(자연 환경 훼손, 문화재 보존, 인구 문제 등 도시 문제)을 중심으로 자신의 주장을 제시하고 정당화할 수 있다.
사회 참여	• 주5일 수업제에 의한 토요휴업일에 부모님과 함께 현장체험학습으로 행복도시인 세종시 건설 현장을 견학하고, 도시 계획과 건설에 대해서 지대한 관심을 갖는다.

물론 이와 같은 구체적 목표가 모든 사회과의 수업 목표 진술에 적용되기는 어려울 것이다. 실제로 그렇게 하는 것이 바람직한가에 대하여도 많은 의견과 이견(異見)이 있다. 그러나 일반적으로 조건과 목표 행동은 분명하게 제시하는 것이 좋을 것이다. 목표 진술은 내용과 행동을 포함한 이원목적 분류에 의거하여 진술하는 것이 바람직하다.

사회과교육에서 지식의 이해는 아주 중요한 목표 영역이다. 지식은 사실(fact), 개념(concept), 일반화(generalization) 등으로 위계를 이룬다. 다만, 이와 같은 사실, 개념, 일반화 등 각각 독립적인 특질을 가지고 있는 것은 아니고 상호 밀접한 관련을 갖고 있다. 사회과의 기능(skill) 목표는 최근 사회과에서 더욱 강조되고 있는 목표이다. 특히 21세기 세계화 시대를 맞아 컴퓨터와 인터넷이 상용화되면서 이를 유용하게 활용할 수 있는 방법 인지(know how), 절차적 지식(procedural knowledge)이다. 사회과의 가치 · 태도 목표는 삶에 있어서 중요하다고 생각하는 아이디어(개념)과 행위에 대한 목표이다.

참고로 사회과의 목표 진술에 필요한 행동 동사를 제시하며 <표 3-16>과 같다.

〈표 3-16〉 목표 진술에 필요한 행동 동사

구분	암시적 동사	명세적 동사
지식 (知識)	이해(理解)한다. 안다. 파악(把握)한다.	• 기술한다, 찾아낸다, 명명한다. • 열거한다, 이름을 말한다, 지적한다, 기억한다. • 의미를 말한다, 예를 들어 말한다, 요약한다.
사고 (思考)	분류(分類) 비교(比較) 대조(對照) 예측(豫測)	• 나눈다, 기준에 따라 기른다, 선택한다, 지적한다. • 차이를 말한다, 특성을 제시한다, 유사성을 말한다. • 차이나 반대점을 제시한다, 비교하여 차이점을 보여 준다. • 결과를 사진에 말한다, 미리 짐작해본다.
	가설(假說)	• 전제를 구체적으로 진술한다, 가정된 조건이나 원칙을 제안한다, 잠정적으로 결론을 내린다, ~원리를 적용한다, 문제해결의 방향을 제시한다, 예측한다.
	추론(推論)	• 암시에 따라 생각한다, 미루어 생각한다, 결론이나 결과를 이끌어 간다, 결과를 막연하게 암시한다, ~을 근거로 삼아 결론을 짓는다.
	적용(適用)	• 변화시킨다, 수정한다, 응용한다, 푼다, 보여 준다.
	분석(分析)	• 구성 부분으로 나눈다, 차이를 구별한다, 요인을 밝힌다, 변별한다, 관련시킨다, 세분한다, 분리해낸다, 검토해본다, 분해한다.
	해석(解釋)	• 의미를 말한다, 다른 말로 바꾼다, 예를 들어 설명한다, 번역한다, 다른 형식으로 나타낸다.
	종합(綜合)	• 고안한다, 새롭게 만든다, 조직한다, 재구성한다, 요소 간의 관계를 짓는다, 통합한다, 결론을 내린다, 편집한다, 재배열한다.
	평가(評價)	• 평정한다, 대조한다, 비교한다, 비평한다, 좋아한다, 기린다, 변별한다, 타당화한다, 주장한다, 정당화한다.
가치·태도 (價値態度)	판단(判斷)	• 변별한다, 수정한다, 기린다, 좋아한다, 정정한다, 해결한다, 일반화한다, 고수한다, 제안한다.
	신념(信念)	• 고수한다, 결심한다, 굳은 마음을 갖는다, 확신한다, 복종한다, 따른다, 실행한다, 실천한다.

3. 사회과교육 목표 진술 방법

1) 목표의 의의와 기능

사회과교육의 목표는 사회과의 기본 방향을 제시하는 것이며 사회과의 내용 선정과 조직, 지도 방법, 교육평가 등에 중대한 영향을 미치는 것이기 때문에 목표의 개념과 서술방법을 분명하게 하는 것이 서두에서 필요하다.

일반적으로, 사회과의 목표서술에 가장 많은 영향을 미친 것은 추상적 목표와 구체적 목표의 진술방법, 인지적 목표와 정의적 목표의 구분 및 시민의 자질 등으로 요약할 수 있을 것이다.

교육목표는 일반적으로 교육이 달성하고자 하는 궁극적인 종착점을 의미한다. 때로는 좀 더 좁혀서 교육에 의해서 변화시키고자 하는 행동의 상황을 의미하기도 한다. 교육목표가 '무엇을 의미하느냐' 라고 하는 문제를 근본적으로 생각해볼 필요가 있다. 교육은 현재의 상태가 불만족스럽고 불충분하다고 생각하기 때문에 좀 더 만족스럽고 충분한 상태를 이룩하고자 하는 인간의 노력인 것이다. 즉, 교육이 실시되고 난 다음에 인간이 달성하기를 원하는 상태, 그것이 교육의 목표가 된다. 이러한 교육의 목표는 '민주시민의 육성'과 같이 매우 추상적으로 표현될 수도 있고 "이 수업이 끝나고 나면 아침에 일찍 일어나서 집 앞의 청소를 한다" 등과 같이 구체적으로 표현될 수도 있다.

교육목표는 교육의 방향을 제시하며 지향점의 도착지 역할을 한다. 그러므로 교육목표는 교육활동에서 매우 중요한 기능을 수행한다. 가장 핵심적인 것은 교육의 기본방향을 제시해준다는 점이다. 교육목표는 교육의 내용, 교수·학습 방법, 교육평가 등 일련의 과정에 중요한 영향을 미친다. 예컨대, 민주적인 시민의 육성이 교육의 목표라고 하면 그러한 목표를 달성하기 위하여 적합한 내용을 선정하고 의사결정능력의 향상, 자율성의 함양 등을 위하여 주입식 교육방법보다는 토론식 교육방법을 선택하게 되는 것이다. 또 교육평가는 결국 교육목표가 달성되었는지의 여부를 검토하는 것이므로 교육목표가 분명하면 평가도 분명하게 되지만 교육목표가 분명하지 못하면 평가도 분명하지 못하게 된다.

2) 사회과 목표의 설정 요건

일반적으로 교육목표를 설정할 때는 사회적 상황, 학습의 준비도 등을 고려하여야 되는데, 사회과의 교육목표를 설정할 때에는 특히 이 점이 중요하다. 왜냐하면 사회과는 개인과 사회 및 국가와의 관계를 직접적인 내용으로 취급하기 때문이다. 사회과의 목표는 사회적 또는 국가적인 목표와 조화되지 않으면 안 된다. 사회과의 교육목표는 국가적 교육목표의 하위개념이라고도 할 수 있다. 사회과의 교육목표는 문제해결 능력과 같이 일반적으로 표현되면서도 민주화, 민족의 발전, 경제 성장, 복지사회의 실현, 공동체 의식의 증진 등 사회적·국가적 목표와 조화되지 않으면 안 된다. 이와 함께 학습자의 심리적 발달상황이나 준비도 등과도 연결되어야 한다. 심리학자인 피아제(J. Piaget) 도덕교육학자 콜버그(L. Kohlberg) 등이 주장하고 있는 바와 같이 초등학교의 저학년에서는 구체적인 행동과 습관화를 주요한 교육의 목표로 하고 고학년으로 올라갈수록 일반적이고 추상적인, 그리고 형식적인 개념, 원리, 명제를 이해하는 것을 목표로 해야 할 것이다. 이 이론은 중등학교 학생들에게까지 확장하여 지도할 수 있을 것이다.

사회과교육의 목표는 또 학교교육의 교육목표와도 조화되어야 하고, 실현 가능한 것이어야 한다. 사회과교육은 국어, 영어, 수학 등과 같이 교과교육의 일종이며 그것은 학교교육의 범위 내에서 실시되는 것이다. 그러므로 구체적으로는 도시학교 및 농촌학교, 인문계학교 및 실업계학교 등과 같이 학교의 종류에 의해서 영향을 받을 수도 있고, 전인교육과 같이 최근에 우리나라에서 주장되고 있는 학교교육의 목적으로부터도 많은 영향을 받는다. 그리고 학교교육이라는 관점에서 고찰할 때는 사회과교육은 수업을 통하여 실시되는 것이므로 수업을 통하여 실현이 가능한 것이어야 한다. 학교와 지역사회에서 실시되는 구체적인 학습 활동이 사회과교육의 목표가 될 수도 있다.

(1) 추상적 목표와 구체적 목표

사회과의 목표에서 추상적인 목표는 거시적 관점, 구체적 목표는 미시적 관점에서 접근하여야 한다. 사회과의 교육목표는 추상적으로 서술될 수도 있고 구체적으로 서술될 수도 있다. 추상적이고 포괄적인 사회과의 교육목표는 사회과교육이 이룩하고자 하는 최종적인 인간상, 사회과교육의 기본 방향들을 의미한다. 추상적으로 서술된 교육의 목표는 교육의 방향을 일반적으로 제시하기가 곤란한 단점이 있다. 영국의 신사, 합리적인 프랑스인, 우리나라 조선 사회의 선비 등은 그 사회를 대표하는 하나의 인간상이라고 할 수 있다. 오늘날 우리에게 요청되는 인간상은 한마디로 표현하기는 어렵지만, 사회과교육이 이상적으로 지향해야 할 보편적인 인간상은 주체적인 인간, 도덕적인 인간, 심미적인 인간, 능력 있는 인간, 건강한 인간 등으로 개념화할 수 있을 것이다.

추상적 교육목표는 교육의 방향을 제시하지만 학습활동을 구체적으로 제시하지는 못한다. 따라서 학습활동을 구체적으로 제시할 수 있는 교육목표를 서술할 필요가 있다. 이것은 행동으로 관찰할 수 있도록 교육목표를 제시하는 것이며 대개 수업목표라고 불린다. 수업목표는 구체적인 학습활동을 관찰할 수 있도록 제시해주는 장점이 있는 반면에 어떤 경우에는 구체적으로 수업목표를 서술하기가 곤란한 경우가 있기 때문에 그 점에서 제한이 따른다.

수업 목표를 구체적으로 제시하려고 하는 움직임은 행동주의 또는 조작주의라고 하는 학문적인 경향에 의하여 많은 영향을 받았다. 인간의 본성에 대한 행동주의나 조작주의를 신봉하는 사람들은 추상적인 개념을 관찰할 수 있는 행동으로 표시하기를 좋아한다. 이들은 경험적인 자료를 가지고 사회적인 현상을 연구하려고 하기 때문에 사실상 개념을 조직적으로 정의하는 것이 연구의 과정에 있어서 필수불가결한 것이 된다. 예컨대 종교적이라고 하는 개념은 재즈 음악 대신 찬송가 음악을 더 좋아하고, 운동 대신 기도하는 것을 더 좋아한다든지 하는 식으로 정의하지 않을 수가 없는 것이다.

(2) 인지적 목표와 정의적 목표

사회과의 교육목표를 행동적으로 표현할 때에 인지적 목표와 정의적 목표로 나누어 고찰하는 것도 매우 유익하다. 이러한 구분은 교육목표의 서술방법의 개선에 커다란 공헌을 한 블룸(B. S. Bloom)과 그 동료들이 저술한 『교육목표의 이원적 분류』라는 저서에 의해서 명백하게 되었다. 그 후 인지적 목표와 정의적 목표는 교육현장에서 두루 적용되었고, 특히, 현대에 들어와 세계 각국의 사회과에서 가치·태도 교육이 강조되면서 정의적 목표에 대한 관심이 증대되고 있다.

사회과교육의 목표 진술방법도 교육학 일반의 발달로부터 많은 영향을 받는다. 인간의 행동은 크게 나누어 정보를 암기하거나 수학 문제를 푸는 것과 같은 지적인 행동과 수학을 좋아하거나 싫어하는 것과 같은 수학에 대한 태도 또는 사회와 국가에 대한 신념과 가치관 등으로 구분해서 고찰될 수 있다. 즉, 수학을 좋아해도 수학문제를 푸는 능력은 낮을 수 있고, 수학을 싫어해도 수학문제는 잘 풀어 좋은 점수를 맞을 수 있는 것을 상상할 수 있다. 따라서 이해력, 문제해결력과 같이 지적인 행동을 발전시키려는 목표를 인지적 목표(cognitive objective)라고 하고, 바람직한 태도나 가치관을 형성하려는 것을 정의적 목표(affective objective)라고 한다.

블룸의 저서인 『교육목표의 이원적 분류』에 의하면 인지적 목표는 위계가 낮은 곳에서 높은 것으로 지식, 이해, 적용, 분석, 종합, 평가 등 6가지의 행동영역으로 분류된다. 지식은 어떠한 정보나 과거의 경험을 암기·회상·재생할 수 있는 능력이다. 가령, 한국의 수도를 '서울'이라고 가르친 후, 한국 수도명을 질문하여 '서울'로 답하면, 곧 지식이다. 이해는 한번 들은 정보나 자료를 자기 자신이 해석하여 자기의 언어로써 표현할 수 있는 것을 의미한다. 사회과 관련 그림표를 보고 설명할 수 있거나 개념을 자기 자신의 언어로 서술할 수 있는 것은 이해했다는 증거이다. 정보를 암기하는 것은 이해 없이도 가능하지만 이해는 지식을 바탕으로 한다. 적용은 한번 학습한 개념, 규칙, 이론 등을 새로운 상황에 맞추어서 이용할 수 있는 것을 의미한다. 예컨대 지도의 요소와 작도법 등을 가르친 후, 지형도 등을 실제 그려보는 것이다.

분석력은 여가 가지 기준을 설정하여 수집한 정보를 분류하거나 재편성하여 거기에서 의미를 찾을 수 있는 능력이며, 종합력은 단편적으로 분류된 요소들을 다시 재결합하고 추상적 개념을 형성해 내는 능력이다. 그리고 평가는 증거에 의해서 결론이 자연스럽게 제시되었는지 또는 분석·종합된 자료들이 전체적으로 무엇을 의미하고 있는지를 찾아내는 것이다. 사회과에서 인지적 목표는 이상에서 설명한 것과 비슷한 방법으로 사회현상에 대한 지식 및 이해, 개념이나 원리의 적용, 단편적인 정보의 분석 및 종합, 전체적인 평가 등으로 생각해볼 수 있을 것이다. 이들에 대해서는 다시 사회과의 기능에 대해서 서술할 때 자세하게 살펴볼 수 있다.

정의적인 목표는 가치와 태도에 관한 것인데 인지적인 목표만큼 이론적으로 구체화되어 있지는 않다. 그러나 애국심을 기른다든지 국가와 민족을 사랑하는 것과 같이 사회과교육의 중요한 목표는 많은 부분이 태도 및 가치관과 관련된 인간의 정의적인 행동인 것이다. 이로 보아 정의적인 행동이 사회과에서 차지하는 중요성을 충분히 인정할 수 있다. 앞서 말한 블룸의 교육목표의 이원분류에 의하면 정의적인 행동을 감수, 반응, 가치화, 조직화, 인격화(성격화·가치) 등 5가지로 구분할 수 있다. 감수와 반응은 가장 낮은 차원에서의 자극에 대한 의식 내지 흥미의 수준이며, 가치화는 그 차원을 넘어서서 개인적인 의미를 부여하는 단계이다. 그리고 조직은 가치화를 보다 더 체계적으로 유형화시키는 단계이다. 그리고 가치의 단계는 일반적인 기준을 자기의 인격 속에 내면화시켜 안정된 퍼스낼리티를 형성하고 있는 단계이다. 사회과교육에서는 가정, 사회, 국가 등의 사회집단과 돈, 인격, 명예 등 여러 사회적인 현상에 대한 안정된 태도와 가치관을 형성하는 것이 중요한 정의적 교육목표가 될 수 있다.

(3) 시민적 자질

사실 민주시민의 자질 또는 민주시민성(citizenship)은 사회과교육에서 아주 오래된 전통적인 교육목표이면서도 그 추상성 때문에 오랜 기간 동안 현재 진행형인 논쟁점이다. 시민의 자질이 어떠한 것인지 한마디로 이야기하기는 대단히 어렵지만, 분명한 점은 개인으로서 행복한 생활을 할 뿐만 아니라 주민의 한 사람으로서 국가발전에 공헌할 수 있는 사람이 시민이나 공민의 자격을 갖춘 사람이 될 것이다. 이것은 바로 정치, 경제, 사회, 문화, 역사의 여러 면에서 기본적인 지식을 갖추고 사회생활에서 부딪치는 문제를 해결할 수 있는 능력을 갖춘 사람을 의미한다. 그러한 사람은 자기의 의무와 책임을 다하고 국가와 민족을 사랑하는 애국심이 넘쳐흐르며 민족문화에 대한 이해가 깊고 다른 사람과 협동하면서 사회생활을 할 수 있는 사람이다.

특히 민주주의 사회에서 민주시민이라 할 때에는 민주주의적인 이념과 원리를 신봉하고 그에 따라서 행동하는 사람이라는 뜻이 강하게 나타날 것이다. 민주주의의 기본특징은 자유과 평등, 인간의 존엄성, 국민의 정치적 참여 등에서 찾을 수 있다. 자유와 평등은 인간이 원하는 가장 기본적인 것이며 인간의 가장 본질적인 일부분을 구성하고 있다고 생각하는 것이 민주주의적인 사고방식이다. 어떤 경우에도 인간은 인간 이외의 어떤 목적을 달상하기 위한 수단으로 이용되어서는 안 되며 인간은 목적으로서 존중되어야 한다. 그리고 직접이든 간접이든 간에 국민이 정치에 참여하여 국민이 국민 자신의 일을 결정하는 것이 민주주의의 근본원리이다. 따라서 우리의 교육목적은 궁극적으로 이상과 같은 민주주의의 근본원리와 이념을 신봉하는 인간을 형성하는 것이라고 할 수 있다.

사회과에서 민주시민의 자질은 가장 기본적인 개념이지만, 실제로 시민의 자질은 여러 가지 뜻으로 달리 해석할 수도 있을 것이다. 세계화·정보화 사회인 21세기 우리나라와 같이 성실성과 사회성이 요청되는 경우에는 그러한 덕목 자체가 중요한 시민의 자질이 될 것이다. 물론 21세기 이전에는 자원의 결핍과 환경오염, 산업화의 문제점, 인구의 증가와 과잉도시화 등이 안정된 생활을 위협하는 것으로 논의되고 있으며, 그러한 경우에는 이들 문제에 대한 의식을 날카롭게 갖는 것이 당시에 중요한 시민의 자질이 되었다. 이런 관점에서 보면 결국 시민의 자질에서 가장 중요한 것은 어떠한 구체적인 행동을 하는 것이라고 하기보다는 일반적으로 문제를 의식하고 해결할 수 있는 문제의 분석력, 문제해결력, 예리한 가치의식, 도덕성 등과 같은 인간의 행동발달 등이 될 것이다.

교육목표는 교육의 기본 방향을 제시하고 교육내용의 선정, 교수·학습 방법, 평가 등을 이끌어가는 매우 중요한 기능을 가지고 있다. 교육목표는 사회적·국가적 목표와 조화되어야 하며 학습자의 상장과정, 학교의 교육목표 등과도 적절하게 연결되어야 한다. 사회과의 교육목표는 민주시민의 형성과 같이 추상적으로 서술될 수도 있고, 정부 기능의 이해와 같이 구체적으로 서술될 수도 있다. 추상적 교육목표는 교육의 방향을 제시해주는 대신 목표의 달성 여부가 측정되기 곤란한 단점을 가지고 있다. 또 구체적인 교육목표의 서술은 학습활동을 직접적으로 시사해주지만, 구체적 목표의 진술이 곤란하거나 적절하지 못한 경우도 있다.

(4) 사회적 요구 사항 반영

사회과는 사회적 변화와 발전을 모습을 담은 사회사상(社會事象)을 다루는 교과이다. 그러므로 사회의 변화와 발전, 혁신 등을 교육의 목표에 반영하여야 한다. 특히 국가적 정책, 사회적 이슈, 교과의 지향 목표 등을 사회과와 사회과교육의 목표에 충실하게 반영하여야 한다.

결국 사회과의 교육목표는 블룸(Bloom)과 그 동료들이 교육목표를 인지적 목표와 정의적 목표로 구분하여 서술하면서 이 영향을 많이 받았다. 지식, 이해, 적용, 분석, 종합, 평가 등은 인지적 목표이며 바람직한 태도와 가치관의 형성은 정의적 목표이다. 그러나 목표가 어떠한 방법으로 서술되든지 간에 시민의 자질형성은 사회과의 중요한 교육목표가 되어 왔다. 시민의 자질이 무엇을 의미하는지 한마디로 이야기하는 것은 쉽지 않지만 애국심, 의무와 책임의 수행, 협동, 민족문화에 대한 이해, 민주적 가치의 신봉 등을 의미하는 것으로 볼 수 있다.

이러한 여러 가지 목표의 서술 방법에 비추어 우리나라 사회과교육의 목표를 적절하게 설정하고 이를 우리 현실에 적합하게 서술하는 것은 앞으로의 과제이다. 다만, 중요한 점은 교육과정에서 목표, 내용, 지도 방법, 평가 등은 일련의 환류 과정이다. 따라서 사회과 목표를 적절하게 수립하는 것은 곧 사회과의 내용, 지도 방법, 평가 등을 올바르고 효과적으로 할 수 있는 바탕이며, 이를 통하여 바람직한 사회과교육이 이루어진다는 점을 유념하여야 할 것이다.

1. 사회과교육의 목표 변화를 시대별로 제시하고, 간단하게 설명해보시오.

2. 교육과정(기)별 사회과의 민주시민성의 목표와 탐구학습 방법에 대해서 논하시오.

3. 사회과의 목표 영역을 지식(인지적 목표), 기능(기능적 목표), 가치·태도(정의적 목표) 등으로 구분하고 설명해보시오.

4. 사회과교육의 목표 중 능력 중심 목표인 기능적 목표가 중요한 이유에 대해서 설명해보시오.

5. 지식 영역의 목표인 사실, 개념, 일반화 등에 대해서 구체적으로 기술(記述)해보시오.

6. 블룸(Bloom)의 목표 분류학의 위계인 인지(지식), 이해, 적용, 분석, 종합, 평가 등에 대해서 각각의 특징을 들고 설명해보시오.

7. 민주시민교육의 구조도에서 지식, 기능, 가치·태도 등 세 원이 만나는 교집합의 중심에 민주시민성 함양이 위치하는 이유를 설명해보시오.

8. 사회과교육의 목표 탐구에서 사회 탐구와 가치 탐구를 의사결정의 관점에서 논하시오.

9. 사회과교육의 목표 설정 요건을 철학적(학문적) 측면, 사회적(문화적) 측면, 심리적(발달적) 측면 등으로 구분하여 논하시오.

10. 2009 개정 교육과정의 인간상인 자주인, 창의인, 문화인, 세계인 등의 특징을 간략하게 기술해보시오.

사회과 교육과정의 체제

1. 일반적인 교육과정(敎育課程)의 개념과 수준에 대해서 이해한다.
2. 교육과정의 개발 과정과 체제, 그리고 관련자들의 요구 사정 방법에 대해서 두루 파악한다.
3. 사회과교육의 여러 가지 특성에 대해서 이해한다.
4. 사회과 교육과정의 유형에 대해서 이해한다.
5. 사회과 교육과정 개발의 쟁점에 대해서 이해한다.
6. 한국 사회과 교육과정의 체제에 대해서 그 특징과 과정 등에 대해서 파악한다.

1. 교육과정의 개념, 교육과정의 수준, 국가 수준 교육과정, 지역 수준 교육과정, 학교 수준 교육과정
2. 교육과정 개발 과정, 교육과정 개발 체제, 교육과정 개발 요구 사정
3. 사회과교육의 특성, 사회과교육의 특징, 민주시민 자질 함양의 방향
4. 사회과 교육과정의 유형, 교과 중심형 사회과 교육과정, 경험 중심형 사회과 교육과정, 학문 중심형 사회과 교육과정, 반성적 탐구형 사회과 교육과정
5. 사회과 교육과정의 개발, 사회과 교육과정 개발의 쟁점, 중앙집중형 개발, 지방분권형 개발
6. 한국 사회과 교육과정의 체제, 교육과정 개발의 숙의(deliberation), 교육과정 개발의 동의 (agreement)

제1장 | 교육과정의 일반적 개관

일반적으로 교육과정(敎育課程)은 교육의 핵심인 교수·학습을 이끄는 설계도로서, 교육의 성패를 가름하는 중요한 요소이다. 교육과정(Curriculum)은 보는 관점과 시각에 따라 매우 다양한 개념 정의를 할 수 있다. 특히, 현대 교육과정은 학교의 교육활동 전체를 아우를 정도로 범위가 확대되었다.

사회과 교육과정은 교과로서의 사회과와 교육학의 내용 영역으로서의 교육과정을 연계한 전체적인 학교교육 프로그램이다. 사회과는 민주시민의 자질 육성, 사회과학 교육, 반성적 탐구 등을 본질로 한다. 이와 같은 본질 추구를 위하여 사회과에서는 올바른 사회 인식과 사회생활을 통한 사회사상(社會事象)의 탐구를 지향한다. 나아가 사회현상과 사회문제, 사회적 이슈(issue)에 대한 사회과학적 접근과 탐구를 통하여 문제해결력, 탐구력, 창의력, 의사결정력 및 메타 인지(meta cognitive) 등의 고급사고력(high level thinking) 신장을 강조하는 교과이다.

사회과 교육과정은 사회과를 학교 교과로서 바람직하게 실행할 수 있도록 구성한 총체적 설계도·전개도이다. 일반적으로 교육과정이 총론, 각론을 포괄한 교육과정 영역 전체를 다루는 데 비하여, 사회과 교육과정은 사회과에 초점을 둔 교과교육과정인 것이다. 환언하면, 사회과 교육과정은 사회현상의 탐구, 사회문제의 해결, 민주시민의 자질 함양 등을 지향하는 사회과를 학교 현장에서 바람직하게 가르치고 배울 수 있도록 짜인 경험의 총체로서, 목표, 내용, 교수·학습 방법, 평가 등 일련의 교육과정 체계를 모두 포함한다.

일반적으로 교육과정(curriculum)의 분석과 개발은 교육과정 자체에 대한 개념 정의에서 출발하여야 한다. 교육과정의 개념과 정의를 명확하게 알아야, 교육과정 이론에 대한 고찰, 교육과정 분석, 그리고 교육과정 개발에 이르기까지 일련의 과정에 바람직한 접근을 할 수 있기 때문이다. 교육의 설계도, 나침반, 이정표로서의 교육과정이 갖는 본질적인 개념과 정의를 분명히 규명하고, 교육과정의 특징과 교수·학습에 미치는 영향 등을 상세하게 파악할 때, 교육과정 연구의 튼실한 기초가 되기 때문이다. 교육과정은 설계(편성)에서부터 실행(운영)까지의 일련의 설계도이자 전개도이다.

교육과정의 수준은 국가 수준 교육과정, 지역 수준 교육과정, 학교(교사) 수준 교육과정 등으로 위계를 정할 수 있다. 국가 수준 교육과정은 국가적 공통성을, 지역 수준 교육과정은 지역의 특수성을, 그리고 학교(교사) 수준 교육과정은 단위 학교와 각 교사의 독창성, 자율성, 재량성, 현실성 등을 특징으로 한다.

1. 교육과정의 개념과 정의

1) 교육과정의 개념

최근 교육학에서 교육과정은 아주 중요하면서도 본질적이고도 핵심적 개념으로 받아들여지고 있다. 실제 교육과정의 개념과 의미 그리고 정의는 매우 광범위하고 다양하다고 볼 수 있다.

교육과정은 보는 시각과 관점에 따라 여러 가지로 해석되고 의미를 부여할 수 있다. 시각과 관점의 범위, 전제와 중점, 수준과 준거, 교육내용과 교육방법 결정 요소 등에 따라 개념 정의를 다르게 할 수 있다(이경환 외. 2002: 1).

전통적으로 학교는 끊임없이 학생들에게 무엇인가를 가르쳐왔다. 그 가르쳐온 행위 자체는 곧 '교육'이고, 가르쳐온 내용은 '교육과정'이 되는 것이다. 따라서, '의도적인 학교교육을 통하여 학생들에게 주어진 교육목표를 성취시키기 위하여 교육내용을 선정하고 조직해놓은 공통적인 기준'을 '교육과정'이라고 개념 정의를 하는 것이 일반적인 경향이다.

사실, 교육과정(curriculum)이란 용어는 매우 추상적이기 때문에 그 의미 자체가 모호하고 보는 사람의 철학적 배경 또는 견해, 관점에 따라 제각기 다른 정의를 내려왔다. 즉, 교육과정을 '학교에서 학생들에게 가르쳐야 할 내용과 주제의 개념을 열거한 것, 학교의 지도 아래 계획적으로 제공하는 모든 경험, 학습 프로그램, 교과목의 모음, 학교 내의 모든 교육활동 총체' 등으로 다양하게 정의하고 있는 것이다.

실제, 교육과정은 교과와 교과목으로서의 교육과정, 경험으로서의 교육과정, 목표로서의 교육과정, 계획으로서의 교육과정으로 볼 수도 있고, 의도된 교육과정, 전개된 교육과정, 영 교육과정 등으로 구분하기도 한다.

아울러, 교육과정은 위계 및 결정 주체와 역할 분담에 따라 국가 수준 교육과정, 지역 수준 교육과정, 학교 수준 교육과정, 교사 수준 교육과정으로 보기도 하고, 교육내용을 규정하는 교육 사조에 따라서는 교과 중심 교육과정, 경험 중심 교육과정, 학문 중심 교육과정, 인간 중심 교육과정 등으로 유형 분류를 하는 것이 일반적이다. 물론, 교과교육학으로서 사회과 교육과정은 교과중심형 사회과 교육과정, 경험중심형 사회과 교육과정, 학문중심형 사회과 교육과정, 반성적 탐구형 사회과 교육과정으로 구분하는 것이 일반적이다.

이와 같은 점에서 보면 교육과정에 대한 개념 정의는 지식, 인간, 사회, 자연, 환경, 문화 등을 기반으로 아주 다양한 의미 해석을 할 수 있는데, 총체적·포괄적으로 의도적이고 계획적인 학교교육에 적용하고자 하는 교육과정은 '형식적인 교육목표와 교육내용, 교수·학습 방법, 교육평가 등을 체계적으로 조직한 교육 계획'이라고 정의할 수 있다.

2) 교육과정의 정의

우리나라 초·중등학교의 교육과정(curriculum)은 「교육기본법」, 「초·중등교육법」에 의거하여 운영하도록 규정되어 있다. 「교육기본법」 제2조에는 홍익인간(弘益人間)의 교육 이념이 제시되어 있고, 「초·중등교육법」 제23조에는 초·중등학교의 교육과정을 교육과학기술부장관이 정하도록 규정하고 있다. 또 이를 근거로 시·도 교육감은 지역 수준의 교육과정 편성·운영 지침(指針)을 작성할 수 있으며(동법 제23조 제2항), 이에 대하여 "학교는 교육과정을 운영하여야 한다(동법 제23조 제1항). 교육인적자원부장관은 교육과정의 기준과 내용에 관한 기본적인 사항을 정하고, 교육감은 교육과학기술부장관이 정한 교육과정의 범위 안에서 지역의 실정에 적합한 기준과 내용을 정할 수 있다(동법 제23조 2항)"고 명시되어 있다. 이와 같은 교육과정 관련 법규에 의하여 초·중등학교 교육과정은 국가 수준에서 '기준'을 결정하고 이를 문서로 고시(공포)한 후 시행하여 왔다. 이 문서화된 계획이 제정, 공포 또는 고시된 기준 순차별로 각각 제 몇 차 교육과정이라고 통칭하고 있는 것이다.

우리나라 법규 문서에서 교육과정이라는 용어를 처음으로 사용한 것은 문교부령 제35호(1954.4.20)로 공포된 '초등학교, 중학교, 고등학교, 사범학교 시간 배당 기준령'으로 이 기준령에서는 교육과정을 "각 학교의 교과목 및 기타 교육활동의 편제를 말한다"고 규정하였다(제1장 총칙의 제2조). 그 후 문교부령 제119호(1963.2.15)로 공포된 제2차 교육과정에서는 교육과정을 "학생들이 학교의 지도하에 경험하는 모든 학습 활동의 총화"를 의미한다고 규정하였다.

결국, 교육과정은 '학습자의 학습 경험을 선정·조직하여 교육 경험의 질을 구체적으로 관리하는 교육의 기본 설계도'이다. 또한 교육과정은 '왜, 무엇을, 어떻게, 어느 수준과 범위로 가르치고 평가해야 하느냐'를 문서로 계획한 교육 설계도이기 때문에, 교육과정을 협의로 단순한 교육내용으로만 볼 것이 아니라, 교육목표, 교육내용, 교수·학습 방법, 교육평가, 환류(feedback) 등을 포괄하는 아주 광범위한 개념과 정의로 이해하여야 할 것이다.

2. 교육과정의 수준과 위계

우리나라 교육과정은 '문서화된 계획'으로서의 의미를 지니고 있다. 교육과정은 교육내용을 결정하는 주체에 따라 국가 수준 교육과정 기준(고시), 지역 수준 교육과정 편성·운영 지침 제공(지침), 학교 수준 교육과정 적용(편성·운영) 등 등 세 가지 기준으로 구분된다.

최근 우리나라의 교육과정은 교육과정 결정의 분권화, 교육과정 구조의 다양화, 교육과정 내용의 적합화, 교육과정 운영의 효율화 등을 위하여 교육과정 편성·운영의 역할 분담 체계를 도입하고 있다. 국가, 지역(시·도 및 지역교육청), 학교가 교육과정 편성·운영에 관한 역할을 분담하여 교육의 과정(過程·process)과 결과의 질적 수준을 유지, 관리하고, 국가 수준의 공통성과 지역, 학교, 개인 수준의 다양성을 동시에 추구하고자 하였다. 즉, 교육부가 법률에 의거하여 결정, 고시하는 국가 수준의 교육과정 '기준'과 시·도교육청에서 지역의 특수성과 교육 중점을 반영한 지역 수준의 각급 학교교육과정 편성·운영 '지침', 그리고 직접 학생을 교육하는 단위 학교에서의 학교의 실정과 학생의 여건에 알맞게 조정한 학교 수준의 '학교 교육과정'을 모두 포괄하여 교육과정의 의미를 제시하고, 그 기능과 역할을 부여하고 있다(이경환 외, 1999: 156).

이러한 학교 중심 교육과정의 도입은 '교과서 중심' 학교 교육을 '교육과정 중심' 학교 교육으로 전환시킴으로써 의도된 교육과 전개된 교육, 실현된 교육을 최대한 연계하여 모색하고자 하는 시도(試圖)이다. 교육과정의 편성·운영이 교육과학기술부, 시·도 교육청, 지역 교육지원청, 학교 등으로 순차적·일방적으로 내려오던 과거의 불합리한 관행을 탈피하여 이들 교육과정 조직들이 상호 쌍방향적·보완적 의사소통이 유기적으로 이루어지도록 기대하는 것이다.

교육과학기술부, 시·도 교육청 및 지역 교육지원청, 학교가 교육과정 편성·운영의 역할 분담 체제를 확립한 것은 교육의 질을 효과적으로 지도·관리하기 위한 교육과정 정책의 획기적 변화라고 할 수 있다. 이는 다양한 교육과정의 운영과 자율화를 도모하고 교육내용과 방법 개선의 활성화를 모색하려는 것이다.

국민 공동 이익을 추구하기 위한 공교육을 국민으로부터 위탁을 받아 국가 관리 체제로 수행하고 있는 현대 국가들은 불가피하게 교육내용과 질의 보증에 관여하지 않을 수 없게 되었다. 국가에서 계획된 교육과정 문서는 그 자체가 '학교 교육과정'과는 거리가 있는 상위 수준의 대강적·추상적·공통적·일반적·기본적·요강적(要綱的) 기준이기 때문에, 정부의 고시 문서인 '국가 수준 교육과정' 그 자체를 단위 학교의 '학교 교육과정'과 동일시해서는 안 되는 것이다.

<표 4-1>은 우리나라를 비롯한 세계 주요 국가의 교육과정 개발의 위계 수준을 비교한 표이다. 이 표에 제시된 대로 미국, 영국, 프랑스 등 선진국에서는 대체로 교육과정 개발의 위계 수준이 하향식으로 민주적 운영을 하고 있다. 적절한 수준의 교육과정 개발과 실행 권한을 지역 및 단위 학교에 이양하고, 그 권한도 최대한 위임하고 있는 점이 오늘날 교육과정의 분권화·분산화와 일맥상통한다고 볼 수 있다. 최근 많이 분권화되었다고는 하지만, 아직도 중앙집중형의 교육과정 개발 방식을 취하고 있는 우리나라에 시사하는 바가 크다고 본다(이경환 외, 2002: 306-308).

다만, 2008년 출범한 소위 '이명박 정부'는 교육의 자율화와 다양화 정책의 기조 아래, 초·중등 교육과정 행정의 대부분을 광역 교육청에, 대입 선발 제도 등 대학 관련 업무는 각 대학(교)에 위임, 이양하여 우리나라 교육과정과 교육 행정의 분권화·분산화를 강화하고 있는 추세이다.

〈표 4-1〉 세계 주요 국가의 교육과정 개발 위계 수준(비교)

국가	국가 수준	지역 수준	학교 수준	비고
미국	1. 주(州) 정부가 공립 초·중등학교의 교육과정에 포함시켜야 할 교과에 관한 대강을 정함. 2. 주 교육 행정 기관은 교육과정의 대강적 기준으로 제시할 문서를 작성함(문서의 명칭이 다양함). : Course of study, Program Guide, Curriculum, Curriculum Guidelines, Minimum Educational standards	1. 지방 학구 내의 학교에서 실제로 적용되는 교육과정 결정 권한은 최종적으로 지방 학구 교육위원에 귀속. 2. 지방 학구교육위원회는 교육과정위원회를 조직하고, 주가 정한 제 규정에 따라서 학구 내의 학교의 교육과정 기준을정해주거나 표준적 교육과정을 제시함.	1. 학교는 지방 학구 교육위원회가 정한 교육과정 기준을 토대로 하여 학교의 교육과정 기준을 토대로 하여, 학교의 교육과정을 편성함. 2. 학급 편제(다학년, 무학년제 등), 지도 방법(팀티칭, 교과 담임제 등) 등에 창의적으로 대응한 교육과정(학교)이 편성됨.	1. 연방 및 주 정부, 전국적 교육 단체, 교육 관계 민간 재단, 대학, 연구소 등이 교육과정 편성에 대한 정보 자료를 제공하고, 연구회, 현직 교육 등을 폭넓게 실시하고 있음. 2. 교육과정 개발, 교육계획 수립에 있어서 연방 정부의 역할이 확대되는 경향임.
영국	1. 1981년까지는 교육과 학부가 교육과정 기준을 정하지 않고, 중앙교육심의회를 통해서 간접적으로 관여하고, 책임시학관을 통해서 강습회, 지도서 등으로 교육내용 및 방법에 관한 지방당국, 교장, 교원 등을 지도 조언함. 2. 1988.7.29 'Education Reform Act'를 공포하고 동(同)법에 의거 국가 교육과정을 제정함(중핵 교과, 기본 교과)	1. 지방 교육 당국은 시학이 교육과정 편성에 대하여 교장, 교원들에게 지도, 조언을 함. 2. 교원 Center가 지방수준에서 교육현장에 알맞은 교육과정 개발에 공헌하고 있음.	1. 국가 교육과정에 의거 도달 목표, 학습 지도 계획(학습 Program), 평가 계획 등의 구체적인 실천 계획을 세우고 운영함.	1. 교육과학부는 칙임 시학관을 통해 지도함 2. 칙임 시학관은 지도서 등을 작성하고 교육과학부 주최의 강습회 지도자가 됨. 3. 학외 시험 제도(GCSE: General Certificate of Secondary Education)가 있어서 그 출제 요목이 교육과정의 대강적 기준의 역할을 함.

독일	1. 학교의 교육목표는 각 주별로 주 헌법, 학교법, 교육부령에 규정되어 있음. 2. 각 주 교육부는 전문가로 구성된 위원회의 보고에 기초를 두어 교육 목표를 구체화한 교육과정 기준(명칭, 내용 다양)을 부령 혹은 규칙으로 작성, 공포함. 3. 각 주 교육부장관 상시회의(KMK)는 교육과정 편성의 기준 방침에 대해 전국적인 관점에서 조정을 하게 됨.	1. 원칙적으로 관여하지 않음.	1. 학교는 교육과정 기준의 범위 내에서 지역과 학교의 특성을 고려하여 당해 학교의 교육과정을 편성함.	1. 연방 교육부는 교과서의 검정을 실시하고, 교원용 지도서 및 해설서를 편찬, 배포함. 2. 각 교육 단계별로 각 학교, 교원에 대하여 지도·조언을 실시함.
프랑스	1. 교육 기준법에 초등학교, 중등학교 교육의 목표, 이념과 "교육의 내용은 부령으로 정한다"고 규정됨. 2. 교육부장관이 초·중등학교의 교과별, 학년별 주간 수업 시수, 연간 학습지도 계획의 기준을 결정하고 공포함. 3. 교육부 장관은 위와 같은 내용을 자문 기관인 국민고등교육심의회에 회부함.	1. 대학구 총장, 대학구 시학관은 지방, 지역의 상황에 알맞게 교육내용의 일부를 변경, 조정할 수 있는 권한을 부여받고 있음.	1. 학교장은 교육부 장관이 공포한 교육과정 및 그 편성상의 유의점, 세목에 의거 주 수업시간표 및 지도 계획을 수립하여 실천함.	1. 각 지도 단계별로 시학관이 각 학교, 교원에 대하여 지도, 조언을 실시함.
일본	1. 문부 대신이 교육과정의 국가 기준으로서 '학습지도 요령'을 작성 고시함(유·소·중·고교). 2. '학습 지도 요령'을 작성하고 개정할 경우, 문부대신은 교육과정 기준 기본 방침에 대하여, '교육과정 심의회'에 자문함과 동시에 협력자 회의, 교육위원회 등의 관계 기관, 실험 연구학교 등의 협력을 요청함.	1. 도(都), 도(道), 부(附), 현(縣) 교육위원회는 지방 기준을 규정함(예: 동경도 공립 중학교 교육과정 편성 요령). 2. 시(市), 정(町), 촌(村) 교육위원회는 교육내용의 기본적 사항을 정함.	1. 학교는 국가, 지방 기준의 범위 안에서 지역의 실태 및 학생의 특성을 고려하여 교육과정을 편성함. 2. 학습 지도 요령 총칙 제1항에 의거하여 학교의 교육과정 편성을 제시하고 있으며, 각 현(縣), 시(市), 정(町), 촌(村) 교육위원회의 규칙으로 학교교육과정 편성 보고를 규정하고 있음.	1. 문부성은 연구 협의회, 강습회 등을 개최하고, 교원용 해설서를 작성하여 배포함. 2. 문부성은 교과를 관리 담당함. 3. 문부성은 도(都), 도(道), 부(附), 현(縣), 시(市), 정(町), 촌(村) 교육위원회에 대하여 필요한 지도, 조언을 함.
중국	1. 중앙집중식 교육과정 개발을 하되, 지방(지역)의 자율성 최대 보장. 2. 수시 개정 체제 채택	1. 각 지역별 의견 조사 실시(도시, 농어촌 등).	1. 전 학교가 개정·개발된 교육과정의 실험학교화. 2. 신교육과정의 안정적 착근 강조.	1. 건국 이후 7차례 개정. 2. 2001년 대대적·획기적 개정.

중국	3. 일반적으로 약 10년 주기로 개발. 4. 교육부(기초교육사+기초교육과정교과서 발전센터) 주관.	2. 전체적 골격은 중앙에서 결정하여 고시하나, 세부적인 실행 사항은 지방(지역)에서 관장.	3. 각 학교에서 학교 실정, 학생 수준 고려 선택과목 선정 이수.	3. 교육과정 개정 시 총론, 각론, 교과서, 교사용 지침서, 학습자료 공동 개발.
싱가포르	1. 중앙의 교육부 주관. 2. 국가 수준 교육과정 질 관리. 3. 지역의 특수성을 고려한 개발. 4. 학력시험, 상급학교 진학시험(PSLE, GCE)과 연계된 교육과정 개발.	1. 교육부의 국가 수준의 범위 내에서 지역교육과정 개발 제공. 2. 지역별 교육과정에 대한 개발팀제 운영.	1. 학교 단위의 교육과정 개발과 실행이 활성화됨. 2. 특성 있는 학교교육과정 개발 운영(학교 특성화).	1. 초등 6년, 중등 4년의 공통교육과정 운영. 2. 1981년 사회과 교수요목 선정. 3. 사회과+도덕교육.
한국	1. 교육부장관이 「초·중등교육법」 제23조 제2항에 의거하여 초·중등학교 교육목적과 교육목표를 달성하기 위하여 국가 수준 교육과정 기준을 문서로 결정, 고시함. 2. 초·중등학교에서 편성·운영하여야 할 학교교육과정의 공통적·일반적인 기준을 제시함. 3. 교육부 장관은 관계 전문가, 연구기관 등에 교육과정안의 개발을 위탁하여 작성하게 하고, 대통령령 제14920호에 의거 설치된 '교육과정심의회'의 자문을 얻어 결정함.	1. 시·도 교육감은 「초·중등교육법」 제23조 제2항에 의거하여, 교육부장관이 정한 국가 수준 교육과정의 범위 안에서 지역 실정에 적합한 기준과 내용을 정함. 2. 시·도교육감은 국가 수준의 교육과정에 의거하여 각급 학교교육과정 편성·운영 지침을 작성하고, 이를 관내의 지역 교육청과 각급 학교에 제시함. 3. 시·도는 교육과정의 편성·운영에 관한 조사 연구와 자문 기능을 담당할 교육과정위원회를 구성하여 운영함. 4. 시·군·구의 지역 교육청에서는 시·도의 각급 학교교육과정 편성·운영에 관한 지침을 기초로 하여 학교교육과정 편성·운영에 관한 실천 중심 장학자료를 작성하여 관내 초·중등학교에 제시함.	1. 학교는 「초·중등교육법」 제23조 제1항에 의거하여 학교교육과정을 편성·운영함. 2. 학교는 국가수준의 교육과정과 시·도의 교육과정 편성·운영 지침, 지역 교육청의 학교 교육과정 편성·운영에 관한 장학자료를 바탕으로 하여 학교 실정에 알맞은 학교교육과정을 편성·운영함(학교장). 3. 학교 교육과정의 합리적인 편성과 효율적인 운영을 위하여 교원, 교육과정 전문가, 교과 전문가, 학부모 등이 참여하는 학교교육 과정위원회를 구성하여 운영함. 4. 학교는 학교교육과정 편성·운영 계획을 바탕으로 학년, 학급, 교과목별 교육과정을 편성할 수 있음.	1. 교육부, 시·도 및 지역 교육청, 학교가 교육과정 편성·운영의 역할을 분담하고 있음. 2. 교육부, 시·도 교육청, 지역 교육청별로 장학진이 교육과정 편성·운영에 대한 지도조언을 함. 3. 교육부가 교육과정 해설서를 발간, 보급함. 4. 교육부가 교육과정과 병행하여 시·도 대표 교원 및 교육전문직에 대한 연수를 실시하고, 시·도 교육청, 지역 교육청 및 학교에서는 자체 연수 계획을 수립하여 교육과정 연수를 실시함.

출처: 「한국교육과정평가원, 2005: 6-147, 교육인적자원부, 1997: 10-50. 이경환 외, 2002: 306-308. http://www.inca.org.uk」 등의 자료를 종합하여 연구자 재구성.

1) 국가 수준 교육과정(국가 교육과정): 고시(告示)

초·중등학교의 교육목적과 교육목표를 달성하기 위하여 「초·중등교육법」 제23조 제2항에 의거하여 교육과학기술부 장관이 문서로 결정, 고시(告示)한 교육내용에 관한 전국 공통의 일반적인 기준이 '국가 수준 교육과정'이다.

국가 수준 교육과정은 교육에 대한 국가(정부)의 정책 의도를 담은 문서 내용이다(김대현, 2012: 83). 국가 수준 교육과정은 국가의 교육 목적, 내용 기준, 학생의 성취 기준, 교육 기관 및 교육 행정 기관의 교육과정 운영 기준 등을 포함한다.

한국에서는 교육과학기술부 장관이 교육 관계 법령에 의거하여 결정·고시하며, 초·중등학교에서 편성·운영해야 할 교육과정의 목적(목표), 내용(내용 및 성취 기준), 지도 방법, 평가, 운영(운영 기준) 등에 관한 기준 및 기본 지침을 담고 있다.

국가 수준 교육과정은 기본적이고 필수적인 최소한의 기준만을 담아야 하며, 국가 수준 교육과정 개발에서 지역이나 학교 현장의 요구 사항, 기대 사항, 희망 사항 등을 다양한 의견 수렴과 의사소통(意思疏通)이 중요하다.

국가 수준 교육과정은 초·중등학교에서 편성·운영하여야 할 학교교육과정의 교육목표, 교육내용, 지도 방법, 교육평가, 운영방식 등에 관한 국가 수준의 기준 및 지침이 제시되어 있다. 이 국가 수준의 교육과정은 학교교육과정의 기준으로서 법적 구속력을 갖고 있다.

교육과정의 결정이 국가, 광역(시·도) 교육청 및 지역(시·군) 교육지원청, 학교에서 분권화되어 역할을 분담하고, 지역 실정과 학교 여건에 부합되게 편성·운영의 자율권이 점차 확대되고 있는 추세인데, 국가 수준 교육과정이 국가고시(國家告示) 형태를 띠는 이유를 고찰하면 다음과 같다(이경환 외, 2002: 11).

첫째, 초·중등학교 교육은 보통 교육이기 때문에 국민으로서 필요한 공통적이고 일반적인 기준이 적어도 국가 수준에서 설정되어야 한다.

둘째, 전국의 모든 학교에서 일정한 수준과 질의 교육을 보장하기 위해서는 전국 공통의 기준이 필요하다.

셋째, 단계별 교육은 교육내용의 영역, 범위, 수준, 학습량 등에 있어서, 계통성과 일관성을 필요로 하기 때문에 교육내용의 학년, 또는 단계적인 체계 및 일관성을 유지하기 위해서는 국가 수준의 기준이 필요하다.

넷째, 각급 단위 학교에서 이루어지는 교육이 공교육의 입장에서 객관적으로 질 관리가 되도록 교육의 일정 수준을 유지, 향상시키기 위해서는 국가 수준의 기준이 필요하다.

다섯째, 교육에 가해질 우려가 있는 부당한 압력이나 간섭, 편향된 교화(敎化), 선전 등을 방지하여 교육의 중립성을 확보하기 위해서는 국가 수준의 기준이 필요하다.

이와 같은 국가 수준 교육과정의 의미는 지역 및 학교교육과정의 범위와 경계를 정한다는 의미에서 매우 중요하다. 특히 국가 수준 교육과정은 법적 구속력을 갖고 학교교육과정의 편성·운영에 관한 권력적인 관여를 하고 있으나, 융통성 있고 탄력적인 적용과 전문적인 지도, 조언 등의 비권력적인 관여가 조화롭게 병행되어 교육의 목적 달성에 필요한 교육적인 기준으로서 지역 및 학교의 자율성 보장을 염두에 두는 것이 중요하다.

2) 지역 수준 교육과정(지역 교육과정): 지침(指針)

국가 수준의 교육과정 기준은 전국의 모든 학교에서 편성·운영하여야 할 교육내용의 공통적·일반적·포괄적인 기준이므로, 각 지역의 특수성과 각 학교의 다양한 요구와 필요를 국가 수준의 교육과정에 모두 반영한다는 것은 불가능한 것이다. 따라서 시·도 교육청 수준에서는 국가 수준의 교육과정에 획일적으로 제시하기 어렵거나 세밀하게 규제함이 바람직하지 않은 사항을 당해 지역의 특수성과 학교의 실정, 학교의 실태, 학부모 및 지역 사회의 요구, 그리고 해당 지역과 학교의 교육 여건 등에 알맞게 정하고, 지역의 교육 중점 등을 선정하여 관내 각급 학교가 교육과정을 편성·운영할 때 준거로 활용하도록 하기 위해서, 시·도 교육청별로 '교육과정 편성·운영 지침'을 작성하여 학교에 제시하는 일이 필요하다.

지역 수준 교육과정은 교육에 대한 지역(광역 교육청·지역 교육지원청)의 의도를 담은 문서 내용이다. 따라서 국가 수준의 기준과 학교 수준의 교육과정을 연결하는 가교 역할을 수행한다. 지역 수준 교육과정은 각 시·도 지역의 특수성, 필요, 요구, 교육기반, 제반 여건 등의 제 요인을 조사·분석하여 전국 공통의 일반적 기준인 국가 수준 교육과정을 조정하고 보완하며, 그 결과를 학교 교육과정에 반영하는데 목적이 있다.

지역 수준 교육과정의 개발과 운영은 지역의 특수성을 반영하며, 지역 교육청(광역 교육청, 지역 교육지원청)의 교육 문제 해결 능력을 신장하고, 교육 관련 전문성을 기를 수 있다는 장점을 가진다. 반면, 시간, 인력, 비용, 행정력 등의 부족으로 질이 저하되고 지역 간 교육 격차가 심화될 수 있다는 단점도 내포하고 있는 점을 유념해야 할 것이다.

지역 수준 교육과정은 시·도 단위 또는 시·군·구 단위의 지역 특성과 실정, 필요, 요구 등이 반영된 국가 기준의 보완적이고 재구성적인 교육과정 편성·운영 지침이라고 할 수 있다. 지역의 특수성과 실정에 알맞게 조정한 편성·운영 지침이 곧 지역 수준 교육과정인 것이다.

우리나라에서는 현재 「초·중등교육법」 제23조 제2항에 지역 수준 교육과정 편성·운영의 법적 근거가 제시되어 있다. 자율과 창의를 바탕으로 하는 교육과정의 편성·운영을 위하여, 시·도 교육청 수준에서 각급 학교교육과정 편성·운영 지침을 작성하여 관내 지역 교육지원청과 각급 학교에 제시하여야 할 책무를 부과하였을 뿐만 아니라, 시·군·구의 지역 교육지원청에서도 학교교육과정 편성·운영에 관한 '실천 중심 장학 자료'를 개발하여 관내 학교에 제공하도록 규정하였다(교육법전편찬회, 2007: 23).

따라서 국가 수준 교육과정 기준에 시·도 교육청과 지역 교육지원청 등에서 지역 수준의 교육과정 편성·운영 지침과 장학자료를 개발, 제시, 제공할 수 있는 근거를 마련해줌으로써 시·도 교육청, 지역 교육청이 각급 학교의 교육과정 편성·운영에 전문적·기술적으로 관여하게 되었으며, 장학의 핵심적인 업무가 교육과정의 편성과 운영으로 자리 잡을 수 있게 되었다. 특히, 지역의 특수성에 따른 교육 의도와 교육 중점을 각 시·도의 지침을 통해서 제시함으로써, 각급 학교가 교육과정의 정상적인 편성·운영을 통해서 이를 실천하고, 지역과 학교에 부여된 자율권, 재량권, 실행권 등을 충분히 발휘할 수 있는 여건이 마련된 것이다.

3) 학교(교사) 수준 교육과정(학교·교사 교육과정): 편성·운영(개발·실행)

실제적 책무로서 학생들을 교육하는 학교에서, 학생들에게 무엇을, 얼마나, 어떻게 가르치고 평가하느냐의 문제는 교육의 핵심적인 일이다. 그러므로 교육의 본질 차원에서 학교교육에서 학교교육과정의 중요성은 아무리 강조해도 지나치지 않을 것이다.

이론적으로는 학교교육과정의 최종 결정자는 학교장이지만, 실제적으로 학교 교실 교육의 최종 결정자는 곧 교사이다. 교사는 실제적으로 교육을 담당하고 있는 학교교육의 주체이고 실행자·실천자이기 때문이다. 국가 수준 교육과정과 지역 수준 교육과정 편성·운영 지침을 아무리 세밀하고도 훌륭하게 만들어도 학교교육의 실천자가 목표와 내용을 명확하게 하지 않거나, 교실에서의 교육과정을 다양하게 운영하지 않으면 효율적인 교육 실행과 효과적인 목표 달성은 기대하기 어렵기 때문이다. 학교 수준 교육과정은 단위 학교의 실태를 반영하며, 학부모와 학생들의 특성과 요구를 고려하여 교육에 대한 학교의 의도를 상세하게 담은 문서 내용이다. 이러한 학교 수준 교육과정은 교육 목표, 교육 내용, 교육 방법, 교육 평가 등과 이를 운영할 실천 계획과 환류 과정 등으로 구성된다.

우리나라에서 학교 수준 교육과정이 적용된 것은 제6차 교육과정(1992년)부터인데, 현행 2009 개정 교육과정에서도 학교 수준 교육과정을 교육의 효율성, 교육의 적합성, 학교와 교사의 자율성과 전문성, 교육의 다양성, 학습자 중심 교육 실현 등을 특히 강조하고 있다.

단위 학교가 일련의 교육 실천 계획을 수립하고, 중점 교육내용과 방법을 선택하고자 할 때, 그 근거는 국가 수준의 기준과 지역 수준의 지침이기 때문에, 각 단위 학교에서는 이 기준과 지침을 면밀하게 분석하여 당해 학교의 실태와 여건을 파악하여 세부 계획을 수립, 실행하여야 한다.

학교 교육과정은 국가 수준 교육과정 기준과 지역 수준의 교육과정 편성·운영 지침, 실천 중심 장학 자료 등을 근거로 하여 지역의 특수성과 학교의 실정 및 여건에 알맞게 학교별로 마련된 '의도적인 교육 실천 계획(school program)'이다(이경환. 1994: 48). 즉, 학교가 수용하고 있는 학생들에게 책임지고 실현하여야 할 교육목표, 교육내용, 교수·학습 방법, 교육평가 등 일련의 교육 과정(過程)에 관한 실천 가능한 구체적인 실행 교육과정이고, 특색 있는 당해 학교교육의 설계도이며, 나아가 상세한 학교교육 운영의 세부 실천 계획이다.

그러므로 학교교육과정의 내용은 지식과 이를 구성하는 사고의 양식, 생활 경험, 공동체 경험 등을 포함하여 구체적 교수·학습 과정을 의미하므로 학교교육을 둘러싸고 있는 제반 관련 요인들과의 상호 유기적인 관계를 중시하는 개념으로 보아야 한다.

이와 같은 점을 전제하고, 발전하는 현대 사회에서 교육의 질 제고를 위한 학교 수준 교육과정, 교사 수준 교육과정을 편성·운영해야 하는 필요성은 다음과 같다.

첫째, 교육의 효율성을 고양하기 위해서 학교교육과정은 필수적이다. 국가 수준, 지역 수준의 교육과정을 당해 학교(교사)의 실정을 알맞게 지속적으로 보완, 조정함으로써 학생의 실태에 적합한 학습자 중심의 교육과정을 다양하게 운영하는 것이 중요하다.

둘째, 교육과정의 적합성을 높이기 위해서 학교(교사) 교육과정이 필요하다. 실제, 학교교육과정 편성·운영은 국가 수준의 공통성과 지역, 학교, 개인 수준의 창의성·다양성 등을 동시에 추구하는 교육과정이라는 성격을 지니고 있으므로 교원·학생·학부모 등 교육 공동체 모두가 함께 실현해 나가는 교육적인 노력이 필요한 것이다.

셋째, 교원의 자율성과 전문성 신장을 위해서 학교교육과정이 필요하다. 학생들의 능력과 욕구를 가장 잘 이해하고, 학교의 지역적인 특수성을 잘 알고 있는 교사들이 학교(교사) 교육과정 편성·운영에 능동적으로 참여하도록 유도함으로써, 자율성과 전문성을 신장시킬 수 있는 교사의 '교육과정 편성·운영권'은 교원의 전문성 및 교권 신장의 시발점인 것이다.

넷째, 교육의 다양성을 추구하기 위해서 구체적인 학교(교사) 교육과정이 필요하다. 즉, 구태의연하고 획일화된 교육내용, 교육방법, 교육 환경에서 탈피하여 다양성을 전제로 한 '한 줄로 세우는 교육에서 여러 줄로 세우는 교육'으로, 그리고 '교과서 중심 학교교육 체제에서 교육과정 중심 학교교육 체제'로의 전환을 모색하여야 하는 것이다. 다섯째, 학습자 중심의 교육을 구현하기 위해서 학교(교사) 교육과정이 필요하다. 교육 수요자인 학생들의 다양한 요구와 흥미, 적성 등을 수용하고, 교육내용에 대한 학생들의 선택권을 확대하기 위해서는 발달 단계에 알맞은 구체화된 당해 학교의 교육과정이 필수적이다.

결국, 교육과정의 기본 정신을 구현하기 위해서는 국가에서 부여한 '주어지는 교육과정'의 틀에 안주하기보다는 교육 실천·실행이 이루어지는 학교 현장에서 '만들어가는 교육과정', '실현해 가는 교육과정'의 흐름으로 교육과정 관점과 시각의 전환이 더욱 요구되고 있다. 따라서, 교육과정 기준 자체의 타당성이나 적합성은 물론, 앞으로는 학교 현장에 이미 주어져 있는 교육과정 편성·운영의 자율성, 융통성, 창의성을 어떻게 발휘하느냐가 보다 중요한 것이다.

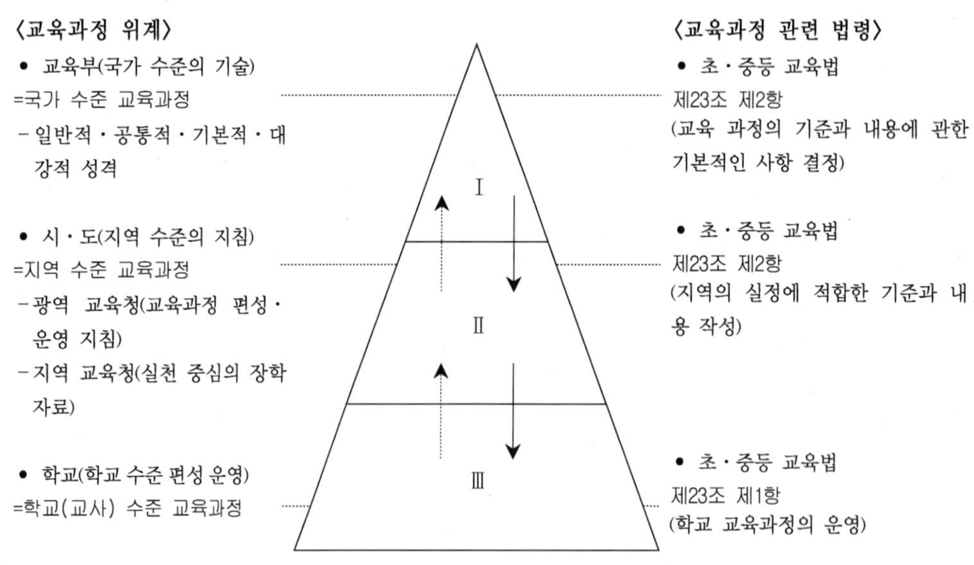

출처: 「김재춘 외, 2003: 161-169」를 참고하여 연구자 재구성.

[그림 4-1] 교육과정의 수준과 위계

제2장 | 교육과정의 개발과 요구 사정(要求 査定)

교육과정 개발은 교육과정 자체의 실제적 설계, 편성, 구안의 의미와 함께, 소위 '만들어진' 교육과정을 실제 학교 현장에서 실행·적용하는 의미의 두 가지 의미를 모두 포함하고 있다. 최근에는 대체로 설계와 실행을 모두 포함하는 개념의 이해하는 것이 주류이다.

한편, 교육과정 개발의 요구 사정(要求 査定·need assessment)은 교육과정 관련자들의 기대와 요구, 희망 사항 등을 분석하여 교육과정 정책과 사업에 반영하는 것이다. 그러므로 교육과정의 개발의 요구 사정에서는 교육 및 교육과정과 관련되는 인사들의 요구와 기대 그리고 제안 사항을 수렴, 분석하여 교육과정 개발에 적절하게 반영하기 위해서 실행하여야 한다.

1. 교육과정의 개발(開發)

일반적으로 교육과정의 개발은 두 가지 의미가 있다. 하나는 교육과정의 설계, 편성, 구안의 의미이고, 다른 하나는 이렇게 '만들어진' 교육과정을 실제 학교 현장에서 실행·적용하는 의미이다. 최근에는 대체로 설계와 실행을 모두 포함하는 후자의 논리에 의견을 같이하는 추세이다.

본 절(節)에서는 교육과정 개발의 기초적 이론 고찰로써, 교육과정 개발의 기본적 원리, 일반적 이론 등을 고찰하여, 교육과정 분석과 교육과정 개발의 일반적 준거를 추구하고자 한다.

1) 교육과정 개발의 의미

일반적으로 교육과정 개발(開發)은 교육과정 설계(設計·design)와 교육과정 작동(作動·engineering), 즉 실행(implementation)의 두 가지 의미를 모두 포함하고 있다(이성호, 2006: 34). 이 두 가지 의미는 베어캠프(G. A. Beauchamp)가 제시하고 있는 교육과정 이론의 하위 이론으로서, 설계 이론과 작동 이론으로 구분하여 고찰해볼 수 있다.

우선, 교육과정 설계는 각급 학교교육을 통해서 성취해 나가도록 정리·배열해놓은 목표와 문화 내용의 실체(實體)와 조직(組織)을 의미한다. 반면, 교육과정 작동은 학교에서 교육과정 체계가 그 기능을 수행해 나가는 데 필요한 모든 과정(過程)의 실행을 의미한다. 이때 가장 기본이 되는 과정으로는 교육과정 계획, 교육과정 실천 그리고 교육과정 평가가 포함된다.

교육과정 개발에서 설계는 다분히 이론적인 측면에 초점이 있다고 볼 수 있으며, 교육과정 작동은 교육과정 편성 및 운영이라는 실제적 측면에 초점을 맞추고 있다고 볼 수 있다.

교육과정 설계는 교육과정 조직의 여러 요소, 즉, 목표, 내용, 학습 활동, 평가 등 일련의 과정과 시스템을 구안, 계획하고 선택하는 의사결정이 주류를 이룬다. 이러한 의사결정은 여러 가지 관련된 철학적·심리적·사회문화적 기초의 면밀한 검토와 분석 위에 이루어지기 마련이다(이성호, 2006: 34-40).

교육과정 작동은 교육과정의 내용을 실제로 행동에 옮기는 활동, 즉 교수·학습 현장에서 적용,

실천하는 데 따르는 절차와 과정에 대한 문제를 검토하게 되는 것이다. 즉, 교육과정 작동은 교육과정 실행을 의미한다.

교육과정 개발을 계획과 실행의 종합으로 간주하는 소트(E. C. Short)는 교육과정 실행(implementation)과 실천(practice)을 구분한다(E. C. Short, 1993: 77). 교육과정 개발은 근본적으로 교육과정 설계와 작동(실행)의 두 측면을 모두 포함한다. 따라서 교육과정 개발은 이론과 실제의 통합을 이루려는 시도이다(이성호, 2006: 35).

교육과정 개발은 이론적인 문제의 검토에서 시발한다. 누구에게, 무엇을, 어떻게, 어떠한 목표를 갖고, 어떠한 교수 원리 아래, 그것들을 어떻게 관철시킬 것인가를 구체화하고 정당화시키는 데 따른 여러 가지 역사적·철학적·심리적·사회문화적 요구와 질문들을 분석하고 규명하는 일이 중요한 과제이다. 교육과정은 언제나 실천, 실행이 전제되어야 하지만, 반드시 튼튼한 기반의 이론 아래 개발되어야 하는 이유가 바로 여기에 있는 것이다.

그런 의미에서 고윈(D. B. Gowin, 1981)이 교육과정을 "교수·학습의 개념 체계에 관련된 여러 가지 사상(事象)을 분석한 지식과 가치 주장들을 논리적으로 연계시켜 모아 놓은 일련의 모음"이라고 정의한 것은 교육과정 개발의 본질적인 과업을 명확하게 밝혀준 것이라고 할 수 있다.

다음, 교육과정의 작동(실행)은 교육과정의 편성과 운영이라는 실제적 운용(運用) 측면이다. 베어챔프(G. A. Beauchamp, 1981)는 교육과정 실행 및 작동에 대해 다음의 세 가지 내용을 제시하고 있다.

첫째, 교육과정의 계획(計劃)이다. 교육과정 개발의 참여자들이 구체적인 실천 계획을 수립하는 것으로서, 의사결정을 명세화하고, 또 실제로 교육과정을 실천에 옮기는 사람들이 활용할 수 있는 구체적인 운영 지침을 제시하는 것이다.

둘째, 교육과정의 실천(實踐)이다. 교육과정의 계획을 실제 행동으로 옮기는 것으로, 좁게는 교실 현장에서, 넓게는 학교 내외에서 이루어지는 학교 활동 전반까지를 포괄한다.

셋째, 교육과정 계획에서 교육과정 시행으로 이어지는 일련의 교육과정 작동은 결국 평가(評價)로 이어진다. 즉, 교육과정 평가는 교육과정 개발의 마지막 단계이다. 물론, 다시 환류(feedback)를 거쳐서 이론적 검토, 계획, 실천, 평가 등의 일련의 과정을 개선해 나가는 계속적 절차를 수행하게 되는 것이다.

한편, 교육과정 개발은 현대 사회의 변화와 발전으로 인한 교육과정 변화에 대한 요구에서 출발한다. 변화와 발전이 특징인 현대 사회는 지식의 양적 팽창, 교육에 대한 학습자와 사회의 끊임없는 요구, 문화적 다양성, 가치관의 혼미, 권력의 다원화 등을 초래하였고, 교육과정에 많은 시사점을 제시하였다(권낙원, 1997: 222).

2) 교육과정 개발의 원리

(1) 종합적 과정

교육과정 개발은 교육과정 계획·실천·평가·환류에 이르는 일련의 과정에 관련되는 제 요소들을 체계적으로 분석하고 통합하는 종합적 과정이다.

교육과정의 역사에서 되돌아보면, 과거의 교육과정 개발은 주로 기계적이고 단순한 작동적·운용적 기술에 지나치게 많은 관심을 치중한 것이 사실이다. 즉, 목표 설정에서부터 내용 선정과 조직, 실천 그리고 평가로 이어지는 단순한 선형적 모형(linear model)에 따라 기계적으로 움직여온 것이다. 교육과정 설계를 위한 심오한 이론적 연구에 바탕을 둔 연역적 논리보다는, 실천을 통한 경험에서 발전되는 귀납적 경향이 농후했던 것이다. 따라서, 대부분의 교육과정 개발은 전반적이고 종합적이라기보다는 대체로 특수적이고 부분적인 경향이 많았다고 볼 수 있다. 물론, 교육과정 개발이 미시적이고 부분적인 것이 배제되어서는 안 되겠지만, 그것이 교육과정 전체라는 범주 안에서 부분 간에 상호 유기적인 관련성을 견지하지 못할 때, 교육과정 소기의 목적 달성은 상당한 난관에 봉착한다는 점을 유념하여야 한다.

(2) 자아실현의 과정

일반적으로 교육과정 개발은 이를 주도하는 기관 내지 사람(人士)들의 자아실현의 과정이라고 할 수 있다. 이러한 자아실현의 과정은 학교는 물론, 지역, 사회, 국가와도 두루 관련성을 맺고 있는 것이다.

과거 한국의 교육과정은 서구(西歐) 교육과정과 교육 제도 및 서구 문화를 맹목적·무비판적으로 수용한 경향이 있었으므로, 이제 우리나라 나름대로의 교육적 특성을 추출하는 연구가 절실하다고 하겠다. 우리 현실에 적합한 교육과정의 개발실행이 시급하다. 한국의 교육과정이 한국적 특성이 별로 없다는 지적은 이와 같은 서구 등 외국의 교육과정을 무비판적으로 수용하였다는 반증이기도 하다.

교육과정의 창의성과 독창성 확립 차원에서, 모든 학교가 획일화된 틀 속에서 단순히 똑같은 하나의 학교에 불과한 미분화된 존재로부터, 학교별로 정체성(正體性)을 확립하고 단위 학교별로 특성(성실·정직한 개발·integrity)을 기할 수 있는 자아 분화(ego differentiation)를 이룩하는 일은 바로 당해 학교의 교육과정 개발에 달려 있다고 할 수 있다(이성호. 2006: 36). 모든 학교가 나름대로의 자아실현을 위한 개별성, 독창성, 자율성, 재량성 등을 신장시키기 위한 교육과정의 개발 과제를 안고 있는 것이다.

특히, 1990년대 이후, 한국에서도 학교교육과정이 활발하게 설계·적용되고 있고, 각 학교마다 특성 있는 교육과정을 편성·운영하고 있는 편이다. 이는 이제 어느 정도 각 학교의 여건과 특색을 살린 자아실현의 교육과정을 구현하고 있는 과정이라고 볼 수 있어서 과거에 비해서 상대적으로 매우 고무적이라고 볼 수 있다. 이러한, 학교교육과정의 특성 추구는 제7차 교육과정, 2007년 개정 교육과정을 거쳐서 현행 2009 개정 교육과정의 기본 정신이기도 하다.

(3) 점진적 개혁 과정

교육과정 개발은 우리가 당면하고 있는 교육의 부단한 질문들에 대한 유용한 해답을 추구하며, 미래의 보다 나은 교육의 실현을 위한 점진적 개혁 과정이다.

사실, 유토피아(utopia)에 대한 인간의 본능적인 동경은 인간의 이상을 끊임없이 상승시켜 왔으며, 그것을 따라가려고 하는 현실 간의 간격(gap)을 인류의 역사에 항존(恒存)시켜 왔다. 이러한 이상과 현실 간의 차이는 인간들로 하여금 현실의 교육에 대한 많은 이의와 물음을 제기하여 왔으며, 그 해답을 찾음으로써 현실과 이상 간의 간격을 최소화하려고 노력하였다.

과거에는 교육과정 개발이 학교의 여러 가지 과업에서 주변적이고 부차적인 것처럼 보인 경우가 많았다. 하지만 교육과정 개발은 미래의 학교와 교육이 어떠한 모습이 되어야 하고, 무엇을 해야만 하는가에 대한 이상과 발전 방향을 끝없이 창출해내는 선도적 기능을 수행하는 활동이다.

시대 변화와 사회 발전의 복잡성, 다양성, 신속성, 전문성을 더해가는 현대 사회에서 교육은 당연히 시대와 사회를 선도하고 변화를 반영해야 한다. 교육과정 개발은 현 시대와 사회의 사회변화에 대한 교육적 질문에 대한 정제된 대답이자, 미래 사회변화의 발전에 대한 교육적 대안을 창출하는 개혁 과정인 것이다(이성호, 2006: 38).

(4) 집단 의사결정 과정

교육과정 개발은 요구 사정에서부터 교육과정 개발에 참여하는 많은 사람들 간의 협동적인 합의에 바탕을 둔 집단 의사결정 과정 중의 하나이다.

사회 분화가 덜 되었던 과거에는 학교 제도가 단순하고, 학교의 수나 학생 수가 많지 않았고, 또 단위 학교의 크기나 규모가 크지 않았다. 그와 같은 정태적 사회에서는 교육에 대한 요구가 대체로 단순하고 동질적이었으며, 관련자들의 의사소통과 합의 과정이 복잡하지 않았다. 하지만 현대 사회처럼 양적으로 대량화되고, 질적으로 복잡성이 심오해진 가운데 교육에 대한 기대는 날로 다양화되고 그 합의와 의사결정이 쉽지 않게 되었다.

실제, 현대 사회의 교육과정 개발에서는 학습자 입장, 교과 전문가 입장, 국가·사회의 입장, 교육행정가의 입장, 지역사회 인사 및 학부모의 입장 등 다양한 각계각층 사람들의 갈등의 폭과 깊이가 날로 증대해지고, 나아가 이념과 철학이 풍부해지고 있다.

동서고금을 막론하고, 교육에서는 수많은 개혁적 구호, 슬로건, 정책 등을 제시하여 왔다. 하지만 그러한 것들이 실제로 현실적으로 교육현장에 어떠한 프로그램으로, 어떻게 투입되었으며, 또 그 실천 결과는 어떠했는지를 검증하는 데는 소홀히 하여온 것이 사실이다.

교육과정 개발은 그동안 존재하여 왔던 이론가와 실천가들, 이념적 구호와 실천적 행동을 통합시키는 일련의 과정이다. 미래의 교육이 가야 할 길, 갈 수 있는 길에는 선택의 여지가 많다. 교육활동의 다양한 가능성 속에서 최선·최적·최량의 것을 선택·조직하는 의사결정 과정이 곧 교육과정의 개발인 것이다(이성호, 2006: 39).

사실 소수 몇 사람의 철학과 이념에 의해 좌지우지(左之右之)되고 의존되어 왔던 과거의 교육과정 개발 방식으로는 더 이상 다양하고도 역동적인 교육 수요자들의 요구를 충족시킬 수 없게 되었다. 세분화된 전문가들의 영역도, 이제는 단순히 교육과정 전문가라는 통칭 아래 교육과정 개발을 소수 몇 사람의 의도대로 끌고 가던 것을 더 이상 만족시켜 주지 못하게 되었다. 분명히 현대 교육에서의 교육과정 개발은 각계각층의 다양한 참여 인사들의 협동적인 의사결정 과정이 전제되어야 하는 것이다.

(5) 참여적 발전 과정

교육과정 개발은 교육과정 개발에 참여하는 모든 사람의 부단한 자아 혁신 개발 노력과 그 교육기관 조직의 개발을 위한 노력을 통해서 성취될 수 있는 참여적 발전 과정이다.

교육 개혁은 교육을 주도하는 사람들의 개혁이 없이 교육 현상만을 바꾼다고 해서 이루어지는 것이 아니다. 교육과정 개발은 교육과정을 계획하고, 시행하며, 평가하는 모든 사람 자신의 변화와 발전을 전제로 이루어진다. 개개인들의 자발적인 참여와 변화는 곧 관련자들의 책무 의식을 고양하고, 그것은 교육 개혁과 발전의 원동력이 되는 것이다. 과거의 많은 교육 개혁, 교육과정 혁신이 소기의 성과를 거두지 못한 점도 이러한 다양한 사람들의 자발적 참여를 도외시한 채, 밀실에서 소수 몇 사람들에 의해 개발·개정되었던 문제점 때문이라는 점을 부인할 수 없는 것이다.

3) 교육과정의 개발 전략

교육과정 개발의 근본적 과업은 어떤 학습 내용을 누구에게, 어떤 방법으로, 그리고 그것들을 어떻게 관련시켜서 가르칠 것인가를 구체화하고 정당화시키는 일이다. 교육과정 개발의 전략은 그러한 개발 과업을 성취하기 위한 고안된 일련의 절차를 의미한다. 이와 같은 교육과정 개발에서 사용되는 전략은 다음의 세 가지 준거에 따라 달라진다(E. C. Short, 1983: 45-49).

첫째, 교육과정 개발의 근거를 어디에 두느냐에 따라 사용자 중심의 교육과정 개발과 외부에서 개발된 교육과정으로 분류된다. 워커(D. E. Walker)는 이를 "지역 제한적 교육과정 개발"과 "보편적 교육과정 개발"이라고 명명하였다(Walker, Schaffarzick & Sykes, 1979: 45).

지역 제한적 교육과정 개발은 지방 교육기관에서 교육과정이 개발되어 그 지역에서만 적용되는 것이다. 보편적 교육과정 개발은 행정적·사법적 권한을 갖지 않는 대행 기관에 의해 교육과정이 개발되어 특정한 지역에 국한되지 않고 널리 적용되는 것이다.

둘째, 교육과정 개발에 참여하는 사람들에 관한 것으로, 의사결정의 과정에서 교육과정 전문가가 주도하는 전략과 교육 전문가가 주도하는 방법, 참여자들의 의사·요구 간에 균형을 유지하는 방법 등으로 분류된다.

셋째, 교수·학습이 일어나는 실제 환경을 얼마나 고려하는가이다. 즉, 학습자의 연령, 능력, 흥미, 시간이나 내용의 제한, 새로운 프로그램에 의해 야기되는 변화에 적응하고 새로운 관점을 받아들일 수 있는 교사의 능력 등을 얼마나 고려하는 가 등이다.

넷째, 준거에 따라 교육과정 개발자가 처방해 놓은 그대로 교육과정을 사용하게 되는 교사 배제(teacher-proof) 교육과정 개발과 교육과정의 제한된 수정 보완이 가능하기 때문에 교사가 적극적인 수행자 역할을 하는 경우와 교육과정이 적용되는 현장을 가능한 한 많이 고려하는 교사 참여 교육과정 개발로 분류할 수 있다.

이상의 세 가지 준거를 고려하여 볼 때 교육과정 개발 전략은 다양하다고 볼 수 있는데 이를 도시(圖示)하면 [그림 4-2]와 같다(E. C. Short, 1983: 48).

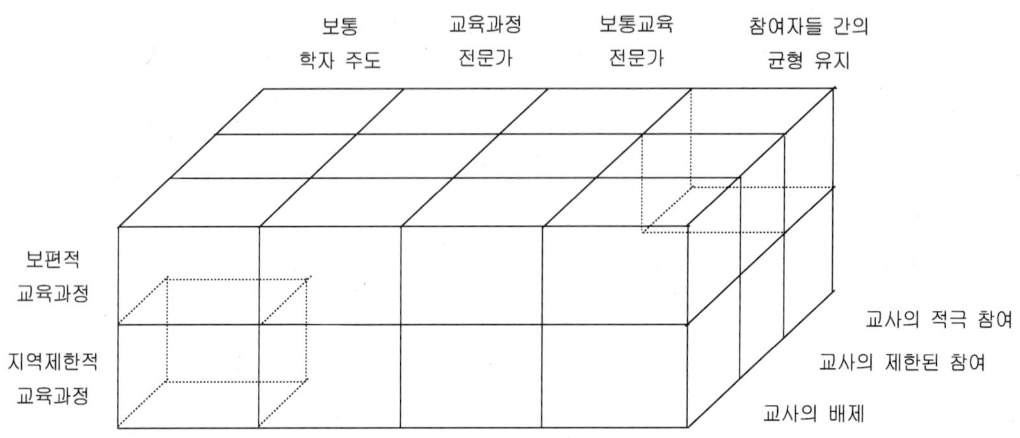

출처: E. C. Short, 1983: 48, 최병모, 1992: 51 재인용.

[그림 4-2] 교육과정 개발 전략 모형

교육과정 계획을 실천에 옮기기 위해 실제 상황에서 쓰이는 전략과 함께 사용되어 일정한 유형을 나타냄을 알 수 있다. 교육과정 개발의 전략들은 다음 세 가지 유형으로 집약할 수 있으며, 이들의 구체적인 특징은 다음과 같다(최병모, 1992: 50-52).

(1) 전략 제1유형: 학자 주도, 교사 배제 교육과정 개발

제1유형은 현재까지 교육과정 개발에 가장 널리 사용되어 온 전략으로서, 1950년대부터 1960년까지 미국 연방 정부에 의한 프로그램이나 중앙 집중적 교육과정 개발모형을 취하는 나라들에서 사용하는 전략이다. 따라서 이 유형은 연구 개발, 현장 검증, 개정, 보급, 수행 등의 절차를 거쳐서 중앙에서 지방에 사용될 교육과정을 개발하며, 교과 전문가들이 의사결정에서 주도권을 행사한다.

(2) 전략 제2유형: 교육 전문가 주도, 교사 소극적 참여

학교 밖의 전문기관이 교육과정을 개발하는 경우로, 개발자에 의해 제시된 한계 내에서 수정이 가능하며, 다양한 교육 환경에 적용이 가능한 전략이다. 교육이 이루어지는 문화적 환경이나 사회에 관한 전문 학자 등의 의견이 최대한 반영되므로, 교육에서 관심을 끌지 못한 지체 부자유자, 중도 탈락자 등에 대한 고려에 유용한 유형이다.

(3) 전략 제3유형: 지역의 제한적 균형 유지, 교사 적극 참여

교육과정이 적용될 실제 교육현장에서 교육과정이 개발되는 전략이다. 그러므로 학교 환경, 수업, 학생 등의 여러 조건에 따라 교육과정이 적정하게 수정될 수 있도록, 교사가 교육과정 개발에 적극 참여한다. 의사결정 과정에 다양한 관련 전문가들이 참여하는데, 그중 교육과정 전문가가 협의 과정에서 지도자의 역할을 수행한다.

실제 교육과정 개발에서는 이와 같은 여러 전략 중에서 어느 것을 선택, 적용하느냐가 중요하다. 즉, 어떤 전략이 실제적이고 기술적인 준거를 가장 잘 만족시키느냐가 중요하다. 교육과정 개발에 있어서 가장 적합하고 바람직한 전략은 실용성, 유목적성, 현실성, 공정성 등의 준거들을 만족시키는 전략이다(E. C. Short, 1983: 56-60).

<표 4-2> 교육과정 개발의 전통적 접근법과 구성주의 접근법의 비교

구분	전통적 접근법	구성주의적 접근법
교육과정 접근법의 특징	① 학습 결과는 성취할 수 있고 사전에 알 수 있다. ② 교육과정의 목표는 사전에 결정되고 구조화된다. ③ 내용이나 기능을 배우는 과정이 정해져 있다. ④ 학습 활동은 사전에 계획된다. 교육과정은 학습자에 관한 정보를 바탕으로 개발된다. ⑤ 학습자의 이해 수준에 따라 다른 학습 자료를 제공한다(수준별 수업). ⑥ 교사가 과제를 제시하거나 교과서에 제시된 과제를 학습한다. ⑦ 학습자들의 개별 학습이 강조된다. ⑧ 학습자에게 외부에서 부과한 교육과정에 포함된 지식을 습득할 것을 기대한다. ⑨ 평가는 외부에서 부과한 교육과정에 포함된 지식의 습득 정도를 파악하는 데 초점을 둔다. ⑩ 학습 과정보다 학습 결과에 초점을 맞춘다. ⑪ 교육과 교육과정을 객관주의적으로 이해한다.	① 계획에 없었던 학습 결과도 중요하게 여긴다. ② 학습자의 이해가 교육과정 개발의 출발점이 된다. ③ 학습자마다 이해에 도달하는 길이 다르다는 것을 인정한다. ④ 학습자마다 학습 활동에 차이가 있다. 교사는 학습자들이 목표를 추구하는 데 필요한 학습 활동을 지원하는 환경을 제공할 뿐이다. ⑤ 학습자의 이해 수준이 다른 경우에도 동일한 학습 자료를 사용할 수 있다. 교육과정 개발에 학습자가 참여한다. ⑥ 학습자가 자신의 목표를 달성하는 과정에서 학습할 과제를 발견한다. ⑦ 학습자에게 다른 학습자와 함께 문제를 해결하고 그 속에서 중요한 의미를 파악할 것을 기대한다. ⑧ 학습자는 지식을 실재 세계를 이해하는 수단으로 볼 것을 기대한다. ⑨ 평가는 학습자가 독자적으로 지식을 재구성하는 역량의 성장에 초점을 둔다. ⑩ 학습 결과보다 학습 과정에 초점을 맞춘다. ⑪ 교육과 교육과정을 구성주의적으로 이해한다.
의사소통의 방향	위에서 밑으로(상의하달식)	밑에서 위로(하의상달식) 좌우 옆으로(수평적, 쌍방향식)

2. 교육과정 개발의 요구 사정(要求 査定)

일반적으로 요구 사정(要求 査定·need assessment)은 관련자들의 기대와 희망을 분석하여 정책과 사업에 반영하는 것이다. 특히, 요구 사정은 반응자들이 현장에서 실행한 결과를 토대로 응답하기 때문에 상당히 실천적·실행적 성격을 갖는다. 특히, 요구 사정은 연구에서 지나치게 이론에 치우쳐서 현실적인 면이 간과되었을 경우, 이를 보완하여 이론과 실제의 균형추 역할을 한다.

교육과정 개발의 요구 사정은 교육 및 교육과정과 관련되는 인사들의 요구와 기대 그리고 제안 사항을 수렴, 분석하여 교육과정 개발에 적절하게 반영하기 위해서 실행한다. 과거의 교육과정 개발에서는 대체로 상의하달식(下意上達式) 개발 체제를 유지하였기 때문에, 주로 상부 기관, 고위 관계자들의 의견과 인식이 일방적으로 교육과정에 반영되어 왔다. 하지만 학교교육과정, 실행 교육과정을 지향하는 현대 교육과정 개발에서는 학생을 포함한 각계각층 인사들의 적극적인 참여와 견해, 의견을 반영하고 있다. 즉, '밑에서 위로'의 교육과정 개발인 하의상달식(下意上達式), 쌍방향적(雙方向的) 내지 수평적 의사소통을 통한 교육과정 개발 차원에서 요구 사정은 매우 중요한 의의를 갖는 것이다.

1) 요구 사정의 의미와 대상

교육과정 개발과 관련한 요구의 개념은 현재의 상태나 수준, 바라고 기대하는 이상적인 소망 상태, 즉, 목적과 수준 간의 차이를 지칭한다. 이러한 목적과 현재 실태 또는 이상과 현실 간의 차이를 조사, 분석하고 각각의 형편에 적합한 결정을 내리는 의사결정 활동이 곧 요구 사정이다(이성호, 2006: 306).

교육과정에서 요구 사정의 필요성과 합리성은 교육과정 자체의 편성·운영, 시행 및 평가 노력의 방향을 제시해주는 데 목적이 있으며, 나아가 교육과정 개발의 출발점이 된다. 교육과정 요구 사정은 교육과정 개발자에게는 교육의 제도적 개혁에 도움을 주는 필수적 절차이며, 교육의 수요자에게는 진단과 처방의 필수적 절차이다.

일반적으로 교육과정 요구 사정은 사람, 프로그램, 조직 등 세 가지 요소가 중요한 초점이 된다(이성호, 2006: 307). 첫째, 교육과정 요구 사정의 인적 요소인 사람은 모든 학습자, 교육 행위에 종사하는 교수자나 행정가, 학부모와 지역사회 인사 등이다. 둘째, 교육과정 개발의 프로그램은 학습자를 위한 교육과정과 수업 전략, 교육과정 및 교육 관련 업무 종사자를 위한 현직 교육과 계속 교육 프로그램, 성인들을 위한 교육 기회 프로그램 등이다. 셋째, 조직은 학교의 여러 가지 행정조직이나 수업 집단 등 조직의 의사소통 체제, 단위 학교 내 및 학교 상호 간의 의사소통 관계까지를 포함한다.

2) 요구 사정의 체제적 과정

의사소통의 체제적 과정은 실증적 자료를 바탕으로 계속적인 의사결정을 해 나가는 작용하는 합리적·논리적 과정이다. 카우프맨(R. A. Kaufman) 등은 교육과정의 체제적 순환 과정을 다음과 같이 제시하였다(이성호, 2006: 308-313).

(1) 제1단계: 문제의 구명(究明)

현재의 성취 결과와 바람직한 성취 결과 간의 차이를 결정, 우선순위를 배열하고 중요하고 시급한 요구의 서열을 결정한다.

(2) 제2단계: 해결 요건의 결정과 해결 대안의 구명

현재 상황에서 바람직한 성취 결과로 이동해 나가는 데 필요한 요건을 결정한다. 행동적인 목표 진술이 도구로서 사용된다. 가능한 해결 방법과 수단을 구명하고 각 방법과 수단의 장단점을 분석한다.

(3) 제3단계: 해결 전략의 선정

구명된 대안 중 가장 가능성 있는 전략을 선택한다. 대안의 해결 전략의 방법으로는 체제 분석, 비용·효과 분석, 기획예산제도(PPBS: Planning-programing budgeting system) 등을 적용한다.

(4) 제4단계: 선정된 방법과 수단의 시행

선정된 방법과 수단을 실제 행동으로 실현하기 위해 시도한다. 그리고 원만하게 시행되면 다음 단계로 나아가고, 그렇지 못하면 선정된 수단과 방법을 재고(再考)한다. 특히, 선정된 방법과 수단을 다양하게 적용하려는 노력과 연구가 아주 중요하다.

(5) 시행 효과의 결정

시행 결과 잘된 점과 부족한 점을 파악한다. 그리고 방법과 수단의 효과와 효능을 분석한다. 일종의 총합·종합적 평가의 단계이다.

(6) 개정(改訂)

교육과정의 시행 과정, 시행 효과에 문제가 발견·추출되면 적절한 개정적 변화를 기한다. 일종의 형식적 평가로 교육과정 적용에서 시대 변화와 사회 발전으로 주기적으로 개정과 개발이 이루어진다. 카우프맨(R. A. Kaufman)은 이와 같은 순환적·체제적 단계 중에서 어느 단계에서든지 요구 사정이 이루어지는 것으로 보았다. 따라서 단계별로 시작해서 적용할 수 있다는 점을 전제하고 여섯 가지 요구 사정의 유형을 제시하였다(이성호, 2006: 309).

첫째, 알파(Alpha)형 요구 사정: 문제 구명(問題 究明) 단계에서의 요구 사정이다.

둘째, 베타(Beta)형 요구 사정: 해결 요건 결정과 해결 대안 구명 단계의 요구 사정이다.

셋째, 감마(Gamma)형 요구 사정: 해결 전략 선정 단계의 요구 사정이다.

넷째, 델타(Delta)형 요구 사정: 선정된 방법과 수단 시행 단계의 요구 사정이다.

다섯째, 입실론(Epsilon)형 요구 사정: 시행 효과 결정 단계의 요구 사정이다.

여섯째, 제타(Zeta)형 요구 사정: 개정 단계형 요구 사정이다.

이와 같이 체제적 계획 과정은 기본적으로 당면한 핵심적 '문제'에서 출발하고 있다(이성호, 2006: 309). 즉, 문제로부터 출발하여 최선의 해결책을 탐구하는 체제적 계획 과정은 교육과정 개발의 요구 사정에 적용될 수 있다고 본다.

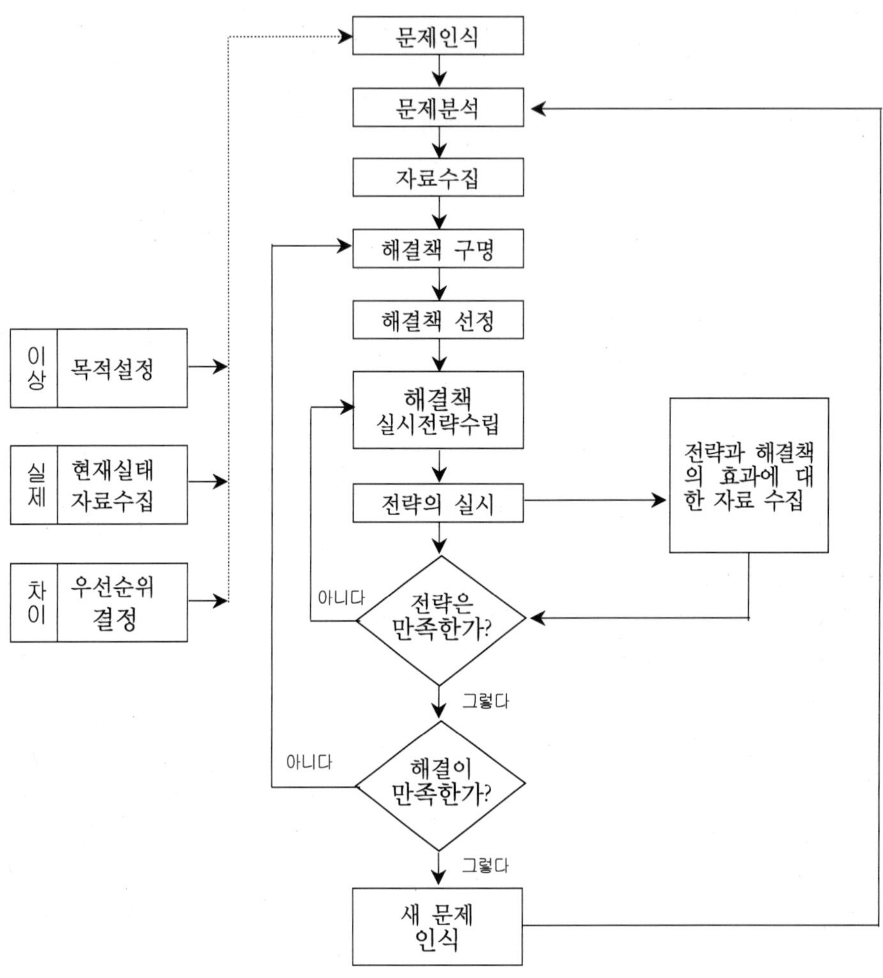

출처: 이성호, 2007: 310.

[그림 4-3] 교육과정 요구 사정 단계와 체제적 계획 과정

3) 교육과정 개발의 목적·목표의 설정

(1) 교육과정 목적·목표의 구명(究明)

교육과정의 목적·목표 구명은 총체적 교육 체제에 관한 일반적 접근과 특정 프로그램에 대한 중점적 접근 등 두 가지 접근법이 있다.

총체적 교육 체제에 관한 일반적 접근법은 학교의 전체적 프로그램에 대한 총체적·일반적 목적 구명을 하는 것이며, 특정 프로그램에 대한 중점적 접근법은 특정 요구 영역, 특정 문제를 초점으로 하여 특정 중점 목적을 구명하는 세부적 접근법이다.

(2) 교육과정 목적·목표의 우선순위 결정

요구 사정 과정에서 목적·목표들이 구명되면, 그 목적·목표의 우선순위를 결정해야 한다. 우선순위를 결정하는 기준에는 첫째, 가장 많은 관심이 집중되어 있는 목적·목표는 어느 것인가? 둘째, 가장 중요한 목적·목표는 어느 것인가? 셋째, 가장 강조해야 할 목적·목표는 어느 것인가? 등이다. 이와 같은 기준을 사용하여 목적·목표의 우선순위를 결정하는 방법에는 델파이(delphi) 방법, 집단 과정 방법 등이 있다. 아울러, 우선순위 결정의 반응 조사 방법에는 평정척(rating scales)을 사용하는 방식과 서열 절차(ranking procedures)를 사용하는 방식 등이 있다.

(3) 교육과정 목적·목표의 분석과 종합

교육과정의 목적과 목표를 설정하는 데 있어서는 이미 구명되고 우선순위가 결정된 각각의 목적·목표들을 정리, 분석, 종합하는 절차가 필요하다. 이때에는 각 목적·목표의 평균 점수를 산출하고 표준 편차 등을 추구하여야 한다.

4) 교육과정 개발의 요구 사정(要求 査定) 자료 수집

일반적으로 교육과정의 요구 사정은 교육과정에서 바라는 소망 상태인 목적과 현재 상태 간의 차이를 비교, 규명하여 바람직한 대안 추출의 방안을 추구하는 일이다. 현재 상태를 바르게 분석한 뒤에 적정한 대안을 모색할 수 있다는 점은 자명한 일이다. 교육과정의 요구 사정을 위한 자료 수집을 보다 효율적으로 진행하려면, 다음과 같은 절차로 진행하는 것이 바람직하다(이성호, 2006: 318-322).

첫째, 자료 수집 계획을 잘 설계하는 일이다. 자료 수집의 범위를 결정하는 것은 목적의 상대적 중요성, 자료 수집의 비용, 자료의 타당성, 자료 수집의 가능성, 자료 수집이 가져올 영향 등을 고려하여야 한다.

둘째, 자료원(資料源)을 구명(究明)하는 일이다. 자료원은 인적 요소인 사람, 프로그램, 조직의 세 가지 요소에서 찾아야 하며, 문서적인 것과 비문서적인 것 등이 있다.

셋째, 표집 과정이다. 모든 사람, 누구에게나 전부 현재 실태 파악 분석에 참여하게 할 수는 없다. 표집의 크기는 대체로 조사 도구의 신뢰도, 표본 선정 방법, 모집단의 크기, 조사비용, 허용 시간, 자료의 통계적 분석 방법 등을 복합적으로 고려하여 결정하여야 한다.

넷째, 조사 도구를 새롭게 개발, 제작하거나 이미 제작되어 있는 도구를 선택하는 일이다. 조사 도구는 요구 사정의 세 가지 요소인 사람, 프로그램, 조직의 지표를 어떻게 사용할 것인지를 탐색하여야 한다.

끝으로, 자료를 수집하고 분석하는 일이다. 자료의 분석을 위해서는 요구 사정에 종사하는 모든 사람이 기본적인 통계 처리 소양을 구유(具有)하여야 한다.

한편, <표 4-3>은 교육과정 개발에 대한 요구 사정 시 고려해야 할 변인과 영역을 나타낸 표이다. 교육과정 개발의 요구 사정에서는 인적 요소, 프로그램, 조직 등 세 가지 요소에 중점을 두어야 한다. 교육과정 개발에 관련되는 인적 요소로는 학생, 교사, 교육·학교 행정가, 학부모, 학교 운영위원, 지역사회 인사 등의 의견이 고려되어야 하고, 교육과정 관련 프로그램 요소로는 교육과정 자체의 프로그램과 각 단원 및 모듈 등을 고려하여야 한다. 그리고 교육 관련 조직·행정 요소로는 정책과 방침 등의 관리, 행정, 경영 분위기 등을 고려하여 요구 사정을 하여야 한다.

<표 4-3> 교육과정 개발 요구 사정(要求 査定)의 변인과 영역

요소	대 영역	소 영역	주요 변인
인적 요소 (사람)	학생	·개인적 특성 ·태도, 가치, 흥미 ·목표, 우선순위 ·지식과 행동 ·사회적 특성	·연령, 성별, 종교 등 ·태도, 가치, 흥미 ·목표, 우선순위 ·지식과 행동 ·사회적 특성
	교사	·개인적 특성 ·학생, 학교 등에 대한 태도 ·목표, 우선순위 ·능력과 행동	·연령, 결혼 여부 등 ·자율성에 대한 태도 등 ·교직 생애 계획 등 ·교과 지식, 의사결정 유형 등
	교육행정가, 학교행정가	·개인적 특성 ·태도, 가치, 흥미 ·능력	·학위, 종교, 교육 경험 등 ·교육과정에 대한 태도 등 ·문제해결 능력, 예산 관리 능력 등
	학부모, 지역사회 인사	·개인적 특성 ·현재 조건 ·학생, 학교 등에 대한 태도 ·목표, 우선순위 ·사회적 특성	·주거지, 생활수준 등 ·연령 분포, 문화 기회 등 ·학교, 교사에 대한 태도 등 ·자녀 학업 성취 열망도 등 ·학부모회 활동, 자녀 수 등
프로그램	교육과정 프로그램	·내용과 계열성 ·전략과 방법 ·자원	·각종 교육과정 영역 등 ·각종 교육 전략 등 ·도서관, 체육관 등
	단원 및 모듈	·내용과 계열성 ·전략과 방법 ·자원	·내용 선정과 조직 등 ·교수·학습 전략 등 ·교수·학습 자료 등
조직·행정	통어관리 (統御管理·Governance)	·방침(정책) ·구성 체제	·학칙, 인사 원칙 등 ·이사진의 구성 등
	행정	·인사 ·시설 ·학생 ·수업	·직무 배정 및 훈련 등 ·학교의 건축, 시설 사용도 등 ·정원, 편입학 등 ·업적 평가, 인정 등
	경영 분위기	·학교 만족도 ·대인 관계	·자퇴율, 학생과 교사의 사기 ·교사 간의 인간관계 등

출처: 「이성호, 2007: 321」을 참조하여 연구자 재구성.

제3장 | 사회과교육의 일반적 특성

사회과 교육과정의 발전적 모형 개발을 위해서는 사회과 교육과정 및 사회과 교육과정 개발의 이론적 뒷받침이 필수적이다. 사회과의 참 모습이 무엇인지 정체성 파악이 우선인 것이다. 사회과교육의 성격은 민주시민적 자질을 함양하기 위하여 인간관계, 자아실현, 광범위한 분야를 통한 학습 요소, 통합적 교과 등을 들 수 있고, 사회과교육의 특징으로는 사회현상의 올바른 인식을 통한 다양한 탐구활동을 통한 사고력 신장에 초점을 두고 있다. 사회과교육의 목표는 올바른 사회 인식을 통한 민주시민의 자질 함양으로 바탕으로 바람직한 인간 육성에 있는 것이다.

1. 사회과교육의 성격

사회과는 사회현상을 올바르게 인식하고, 사회지식 습득과 사회생활에 필요한 기능을 익히며, 민주 사회 구성원들에게 요구되는 가치와 태도를 지님으로써, 민주시민으로서의 자질을 육성하는 교과이다.

사회과에서 기르려는 민주시민은, 사회생활을 영위하는 데 필요한 지식을 가지고 인권 존중, 관용과 타협의 정신, 사회정의의 실현, 공동체 의식, 참여와 책임 의식 등의 민주적 가치를 함양하며, 나아가 개인적·사회적 문제를 합리적으로 해결하는 능력을 길러서, 개인의 발전은 물론 사회, 국가, 인류의 발전에 기여할 수 있는 자질을 갖춘 사람이다.

사회과는 역사, 지리 및 제 사회과학의 개념과 원리, 사회제도와 기능, 사회문제와 가치, 그리고 연구 방법과 절차에 관한 요소를 통합적으로 선정, 조직하여 사회현상을 종합적으로 이해하고 탐구한다. 특히, 사회과에서는 삶의 터전인 국토의 이해를 바탕으로 민족의 역사와 활동에 관한 종합적인 파악과 우리 현실에 대한 역사적 시각에서의 이해 및 한국인으로서의 민족적 정체성과 세계 시민으로서의 가치·태도에 관한 요소를 중시한다.

아울러, 사회과는 다양한 정보를 활용하여 사회현상에 관한 지식을 발견하고 문제를 해결하는 데 필요한 비판적 사고력, 창의적 사고력, 판단 및 의사결정력 등의 신장을 크게 강조한다. 이를 위하여 다양한 탐구 방법을 활용하여, 학습자 스스로 학습하는 기회를 제공하고, 흥미와 관심을 고려하여 개개인의 수준에 적합한 경험을 제공하는 효율적인 교수·학습 전략을 지향한다. 그리고 학교의 실정에 따라서 지역성과 시사성을 고려하여 지도하여야 한다. 그러므로 사회과는 미래 사회의 주역이 될 학생들에게 다양한 인간관계 및 인간과 환경과의 상호작용에 관한 연구를 통하여 개인적·사회적 자아실현을 할 수 있는 능력을 길러줌과 동시에 책임감 있고 사려 깊은 국민적 자질을 함양하는 교과이다(오영태. 1996: 13-21). 특히, 정보화 시대의 사회과는 내용의 엄선, 정보 기능 중시, 판단력·의사결정력 중시, 지구촌적 관점 파악 등을 강조하고 있다(서재천. 1997: 35-41).

사회과교육은 학생들이 주어진 사회·문화 상황 속에서 과거, 현재, 미래에 관련된 다양한 인간관계 및 인간과 환경과의 상호작용에 관한 탐구를 통하여 사회생활에 필요한 지식, 기능, 가치·태도, 습관, 성격 등을 함양하여 자아실현을 이루도록 한다. 그리하여 성공적인 사회생활을 영위함과 동시에 책임감 있고 사려 깊은 민주시민을 양성하는 것을 목적으로 하는 교과이다. 사회과는 학생들로 하여금 당면한 여러 사회문제를 합리적으로 해결하고, 변화하는 사회에 적응해갈 수 있는 능력을 길러주는 데 강조점을 두는 교과이다. 아울러 사회과는 사회과학 및 광범위한 사회 분야의 자원으로부터 선정된 내용과 연구 방법을 학습 요소로 하는 교과인데, 그 일반적인 성격을 종합하면 다음과 같다.

첫째, 사회과는 올바른 국민적·시민적 자질을 신장하는 교과이다. 사회과는 세계화·정보화 시대를 올바르게 살아갈 현명한 한국인을 육성하는 데 주된 목적이 있는 것이다. 사회과교육의 최종적·궁극적 목적이 바람직한 민주시민 양성에 있다는 것은 사회과교육의 본질과도 밀접한 연관을 갖는 것이다.

사회과교육은 학생들로 하여금 역사적 맥락과 세계적인 시야에서 오늘날의 상황을 이해하고, 우리 국가·사회가 지향하고 있는 이념과 민족적 과제를 올바르게 인식하도록 하며, 창의적으로 슬기롭게 해결해갈 수 있는 능력을 길러주어야 할 것이다. 나아가 이러한 국민적 과제 해결에 적극적으로 참여하는 태도를 함양함으로써, 국가의 발전을 이룩함은 물론, 인류 공영에 기여할 수 있는 자질을 기르는 교과인 것이다.

둘째, 사회과는 사회현상을 학습의 대상으로 하여 다양한 인간관계를 이해시키는 교과이다. 그러기 위해서는 개인과 개인, 개인과 집단, 집단과 집단, 인간과 자연과의 관계를 올바르게 인식하도록 하여야 할 것이다. 즉, 학생들로 하여금 사회를 올바르게 볼 수 있는 혜안(慧眼)을 갖도록 지도하여야 한다. 그러므로 학생들이 사회현상에 관한 보편적 개념이나 원리의 이해는 물론, 특수 상황에 대한 자기 나름대로의 인식이 이루어질 수 있도록 하여야 한다.

셋째, 사회과는 학생들의 개인적·사회적 자아실현을 원만하게 이루도록 돕는 교과이다. 사회과는 학생들로 하여금 그가 한 사회의 구성원임을 자각하게 하여, 자기와 타인의 관계를 이해하게 하고, 자아실현과 자기 조절, 자기 평가를 통하여 가치의 내면화를 도모하도록 도와주는 교과이다. 즉, 자신과 타인의 상호작용 속에서 가정, 학교, 사회, 국가, 세계 및 인류 속에서 자신의 역할과 책무가 무엇인가를 인식하여 올바른 사회생활을 영위해갈 수 있도록 지원하는 교과인 것이다.

넷째, 사회과는 학생들의 고급사고력(high level thinking) 신장을 도모하는 교과이다. 현대 사회에 요구되는 고급사고력은 창의력, 탐구력, 문제해결력, 의사결정력, 메타 인지 등을 들 수 있다(박은종, 2006 a: 13). 아울러, 반성적 사고력, 사회적 비판 능력, 집단생활 참여 능력 등을 포함한다.

사회과는 사회적 사실과 현상에 관한 지식을 발견, 적용하는 데 필요한 사고력의 신장을 강조한다. 또, 사회과에서는 학생들에게 중요하고 관심 있는 논쟁점과 문제를 다루게 함으로써 장차 그들이 이러한 문제를 해결할 수 있는 고급사고력 신장에 중점을 두는 교과이다. 특히, 현대 사회에서 인간의 존엄성, 자유, 평등, 인구 문제, 양성평등 문제, 다문화 이해 교육, 세계화·정보화 교육 등 다양한 여러 문제를 두루 취급하여 학생들에게 상상력과 대안 모색 및 대처 능력을 길러주고, 미래주의적이며 세계시민적 의식을 높이는 것도 사회과의 중요한 역할이다.

다섯째, 사회과는 사회과학을 비롯한 광범위한 분야의 자원으로부터 학습 요소를 선정, 활용한다. 사회과는 인간과 환경에 관한 모든 학습을 포괄한다. 정치학, 경제학, 사회학, 문화인류학, 지리학, 역사학, 심리학, 윤리학, 철학 등 제 분야와 학문이 사회과교육에 필요한 지식과 방법적 요소를 제공하는 주요 자원이다. 그 밖에 광범위한 사회 분야와 기타 학문으로부터 현대 사회의 여러 문제와 쟁점에 관한 학습의 소재와 해결 방법을 찾아 활용하여야 한다. 특히, 현대 사회와 같이 세계화·정보화가 최고조로 이루어지고 다원적 변화가 무쌍한 사회에서는 사회과가 시대적 변화와 요구를 수용하는 열린 자세를 가져야 한다.

여섯째, 사회과는 사회현상에 관한 지식과 관련된 제반 기능과 가치·태도의 변화를 추구하는 교과이다. 인간이 사회문제를 해결해 나가기 위해서는 1차적으로 사회현상에 관한 지식을 필요로 한다. 하지만 지적 분석이나 판단만으로는 올바른 행동을 결정, 수행하기 어렵다. 각각의 가치와 태도를 분명히 하여야 그에 따른 명확한 자기 행동을 결정할 수 있는 것이다.

일곱째, 사회과는 교과 특성이 종합적·통합적·연계적인 교과이다. 사회과는 다른 어느 교과보다도 다양한 영역에 걸친 내용을 다룬다는 의미에서 종합성, 통합성을 지니고 있으므로, 사회과교육에서는 사회현상에 대한 분석적 관점과 종합적 시각이 동시에 고려되어야 한다. 한 현상에 대한 종합적 이해와 해결, 구체적 현상과 지식과의 관련 등은 통합적·종합적 지도와 밀접하게 관련되는 것이다.

한국 사회과교육에서 현행 9학년제(초1～중3) 공통교육과정과 제10～12학년(고 1～고 3) 3년간의 선택교육과정 개발 정신도 사회과에서 초·중·고교의 각 학년 간, 여러 교과와 영역 간, 제 사회과학의 여러 분야 간에 걸친 유기적으로 연계된 통합적·종합적 지도를 지향하는 데 있는 것이다.

2. 사회과교육의 특징

사회과는 궁극적으로 민주시민의 자질 육성을 지향하는 교과인데, 사회생활 과정에서 일어나는 여러 가지의 사회현상에 관한 지식을 이해하고 습득할 수 있는 사고력, 기능과 능력을 기르는 것을 목표로 하고 있다(이태언. 1999: 212-216).

사회과는 사회현상을 올바르게 인식하고, 사회지식 습득과 사회생활에 필요한 기능을 익히며, 민주사회 구성원들에게 요구되는 가치와 태도를 지님으로써 민주시민으로서의 자질을 길러주는 교과이다. 즉, 사회과는 민주시민의 자질을 길러주는 교과라는 점과 사회 인식을 바탕으로 지식, 기능, 가치·태도 등을 고르게 습득해야 하는 교과인 것이다.

사회과는 민주사회의 본질적 특성과 사회구성원으로서 갖추어야 할 자질에 대한 요소로부터 목표를 추출하고, 사회과학과 그 밖의 분야로부터 내용을 선정하여 학생들의 경험을 바탕으로 사회현상을 학습하게 하는 교과이다(김재복 외, 1997: 429-432).

사회과교육에서 기르려는 바람직한 시민이란, 사회생활을 하는 데 필요한 지식을 가지고 인권 존중, 관용과 타협의 정신, 사회정의의 실현, 공동체 의식, 참여와 책임 의식 등의 민주적 가치와 태도를 함양하고 나아가 개인적 발전은 물론 사회, 국가, 인류의 발전에 기여할 수 있는 자질을 갖춘 사람이다. 즉, 바람직한 시민은 우리나라 및 세계의 사회·문화적 상황 속에서 21세기를 현명하게 살아가는 한국인을 의미한다.

따라서 사회과는 현명한 한국인을 양성하기 위하여 사회과학을 비롯한 주위의 사회사상에 관한 지식의 이해와 더불어 여러 사회적 상황 속에서 바르게 판단하고, 행동할 수 있는 여러 가지 능력과 태도를 익히도록 하는 데 충실하여야 한다.

사회과는 사회과학을 비롯한 광범위한 분야의 자원으로부터 학습 요소를 선정한다. 즉, 사회과는 정치학, 경제학, 사회학, 문화인류학, 심리학, 철학, 윤리학, 지리학, 역사학 등의 제 사회과학에서 사회과교육에 필요한 지식과 기능, 그리고 가치·태도, 그리고 학습 방법과 절차, 학습 자료 등에 관한 요소를 선정하여 통합적으로 조직하여 지도한다.

지식에 관한 요소로는 각 사회과학의 학문 분야의 개념과 원리, 사회구성원들에게 이해시켜야 할 사회기능적 요소, 미래에 관한 요소, 현대 사회문제와 논쟁점에 관한 것이다. 또, 학습 방법의 절차적 요소로는 제 사회과학의 연구 방법에 기초한 탐구 방법 등에 관한 요소를 비롯하여 사고 과정과 문제해결 절차, 정보 활용 능력, 의사소통 능력 등을 들 수 있다. 또, 가치·태도에 관한 요소로는 인권 존중, 자유, 평등, 사회정의, 참여, 책임감, 의무, 협동, 충성심 등 사회생활 각 분야의 당위적 가치와 가치 갈등 요소가 포함된다. 이러한 요소들은 학문적 개념이나 생활의 주제를 중심으로 통합되어 사회과교육 내용의 체계를 이룬다. 그리고 각 학년의 단원 내용을 구성함에 있어서는 학문 및 생활 영역이나 지식, 기능, 가치·태도 등이 통합되도록 구성해야 한다.

따라서, 사회과 교육과정 운영 및 단원의 학습 전개에 있어서도 이러한 통합의 원칙을 고려하여 인간과 환경, 인간과 시간, 인간과 사회 등의 내용 체계를 종합적으로 이해하도록 하고 지식, 경험, 생활을 통합하여 습득한 지식을 실생활에 적용하도록 지도하여야 한다.

사회과는 사회적 사실 현상에 관한 지식을 발견하고 적용하는 데 필요한 사고력과 판단력을 강조하는 교과이다. 그러므로 논리적 사고를 비롯하여 비판적 사고력, 가치판단력, 의사결정력 등을 신장시킬 수 있는 교수·학습 방법을 적용하여야 하며, 사회현상에 관한 지식을 발견하고 이를 적용하는 발견 학습과 문제해결 학습, 의사결정 학습, 가치명료화 학습 등을 적절하게 활용하여야 한다. 또, 각 영역의 내용을 학습하는 데 필요한 방법, 적합한 방법을 적용하여야 한다.

한편, 사회현상의 올바른 인식과 다양한 사고력의 신장을 위하여 학습자 스스로 관심 있는 분야를 선택하여 학습할 수 있는 기회를 많이 제공하고, 질적·양적 또는 주관적·객관적 관점이 고려된 다양한 탐구 방법을 적용함으로써 사회현상을 합리적으로 인식하도록 하는 능력을 갖게 한다. 즉, 사회과학의 실증적 방법과 해석적인 인식 방법의 조화를 도모하여 어느 한 관점에서만 사회를 보지 않도록 유의하여야 한다.

아울러, 사회과에서는 시사성과 지역성을 강조한다. 사회현상은 시간적·공간적 영향을 받으므로, 사회과교육은 시대의 변화에 부응하여 시사적 자료를 적절하게 활용하고, 학교와 지역사회 실정에 알맞게 교재를 지역화하여 다루어야 한다. 교재의 지역화는 교육과정의 목표와 내용을 근간으로 하여 그 근본 취지를 충분히 살려야 한다.

3. 사회과교육의 목표

사회과는 사회현상을 올바르게 인식하여 올바르게 행동하는 바람직한 민주시민 육성을 고유한 목적으로 한다. 사회과의 목표는 학문·철학적 측면, 국가·사회적 측면, 학습자·개인적 측면 등의 다양한 면에서 접근하여야 한다. 학문·철학적 측면에서는 사회과 전문가, 학자들이 중요하다고 강조하는 내용, 철학적 관점 등을 목표에 반영하여야 하고, 국가·사회적 측면에서는 국가 사회의 환경과 주요 관심사를 사회과 목표 설정에 반영하여야 한다. 한편, 학습자·개인적 측면에서는 학습자

개인의 심리적 특성인 흥미, 욕구, 기대 등을 적극 목표에 반영하여야 한다. 사회과교육의 목표는 크게 '사회 인식의 형성'과 '민주시민의 자질 육성' 등 두 가지에 근본적인 초점을 맞출 수 있다(최용규 외, 2007: 46-47).

즉, 사회과는 민주시민의 자질 육성, 올바른 사회 인식을 바탕으로 지식, 기능, 가치·태도 등을 고르게 습득시키는 교과이다. 아울러, 사회과는 민주사회의 본질적 특성과 사회구성원으로서 갖추어야 할 자질에 관한 요소로부터 목표를 추출하고, 사회과학과 그 밖의 분야로부터 내용을 선정·조직하여 사회현상을 학습하게 하는 교과이다.

사회과교육의 궁극적 목표는 민주시민으로서 생활하는 데 필요한 올바른 자질을 길러주는 데 있다. 학교교육에서 길러주려는 바람직한 시민이란, 사회생활을 영위하는 데 필요한 지식을 구유(具有)하고, 인권 존중, 관용과 타협의 정신, 사회정의의 실현, 공동체 의식, 참여와 책임 의식 등의 민주적 가치와 태도를 함양하고, 나아가 개인적·사회적 문제를 합리적으로 해결하는 능력을 기름으로써 개인의 발전은 물론 국가, 사회 발전에 기여하는 사람이다.

사회과교육은 학생들로 하여금 그들의 지식과 능력을 최대한으로 적용하여 바람직한 행위 요소를 개선하는 데 초점을 맞춘다. 사회과의 바람직한 행위 요소는, 사회현상에 관한 지식의 이해와 기능, 사회적 행위와 관련된 가치·태도, 사회 활동에의 참여 능력 등이 중요하다(한면희 외, 2004: 162 - 163).

결국, 사회과교육의 목표는 사회생활을 원만하게 영위하기 위한 민주시민을 육성하기 위하여, 사회과학을 비롯한 주위의 사회사상(社會事象)에 관한 지식의 이해와 더불어 여러 사회적 상황으로부터 바르게 판단하고, 행동할 수 있는 제반 능력과 태도를 함양하는 데 있는 것이다(김만곤 외, 2002: 19 - 27).

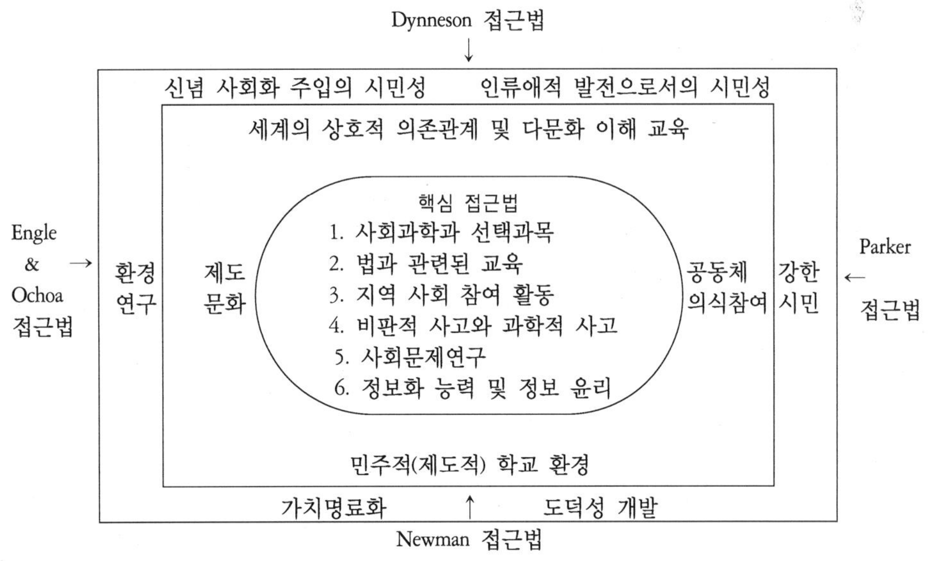

[그림 4-4] 민주시민 교육의 종합적 접근법

한편, 한국 사회과교육에서 현행 2009 개정 사회과 교육과정에서의 사회과 목표는 다음과 같이 제시되어 있다(교육과학기술부, 2009: 3-4).

먼저 사회과의 종합적인 교과 목표는 다음과 같다.

사회현상에 관한 기초적 지식과 능력은 물론 지리, 역사 및 제 사회과학의 기본 개념과 원리를 발견하고 탐구하는 능력을 익혀 우리 사회의 특징과 세계의 여러 모습을 종합적으로 이해하며, 다양한 정보를 활용하여 현대 사회의 문제를 창의적이며 합리적으로 해결하고, 공동생활에 스스로 참여하는 능력을 기른다. 이를 바탕으로 개인의 발전은 물론 사회, 국가, 인류의 발전에 기여할 수 있는 민주시민의 자질을 기른다.

한편, 사회과의 전반적인 세부목표는 다음과 같다.

첫째, 사회의 여러 현상과 특성을 그 사회의 지리적 환경, 역사적 발전, 정치·경제·사회적 제도 등과 관련지어 이해한다.

둘째, 지표 공간의 자연 및 인문 환경에 대한 이해를 통해 지역에 따른 인간 생활의 다양성을 파악하고 지리적 지식과 기능을 습득하여 지리적 문제를 해결한다.

셋째, 각 시대의 특색을 중심으로 우리나라의 역사적 전통과 문화의 특수성을 파악하여 민족사의 발전상을 체계적으로 이해하며, 이를 바탕으로 인류 생활의 발달 과정과 각 시대의 문화적 특색을 파악한다.

넷째, 사회생활에 관한 기본적 지식과 정치·경제·사회·문화 현상에 대한 기본적인 원리를 통합적으로 이해하고, 현대 사회의 성격 및 민주적 사회생활을 위하여 해결해야 할 여러 문제를 파악한다.

다섯째, 사회현상과 문제를 파악하는 데 필요한 지식과 정보를 획득, 분석, 조직, 활용하는 능력을 기르며, 사회생활에서 나타나는 여러 문제를 합리적으로 해결하기 위한 탐구 능력, 의사결정 능력 및 사회 참여 능력을 기른다.

여섯째, 개인과 사회생활을 민주적으로 운영하고, 우리 사회가 당면한 문제들에 관심을 가지고 민주국가 발전과 세계의 발전에 적극적으로 이바지하려는 태도를 가진다.

시민적 자질이란, 민주시민으로서의 책임감을 확고하게 가지고 있으며, 나와 생각이나 삶의 모습이 다른 사람이 존재할 수 있다는 신념을 기꺼이 행동으로 옮길 수 있는 자세를 말한다. 이러한 자세는 곧 민주적 책임감이라는 말로 표현될 수 있는데, 그 의미 속에는 공적인 문제에 대한 투표에 참여하는 것뿐만 아니라, 배심원으로 봉사하여야 할 의무도 있고, 공정하고 합법적으로 행동하여야 할 책임도 포함된다. 또 민주적 시민에게는 정치적, 문화적 차이에 관해 관대할 것이 요구되고, 공공 정책을 수립하거나 그 정책을 평가하는 데에도 참여하여야 할 의무가 있다. 민주적 시민은 공민으로서 의식을 가져야 할 의무도 가지는데, 다시 말해, 자신과 타인의 권리와 자유뿐만 아니라 공동체 전체의 선(善)도 염두에 두는 가치를 지녀야 한다.

이는 올바른 가치관, 사회관, 국민관, 민족관, 인생관 및 세계관 등과 밀접한 관계가 있는 데, 사회 구성원으로서 이상적인 조직과 운영에 직결된 민주국가의 미래에 이바지할 수 있고, 국가적 발전에 기여할 수 있는 시민적 자질, 가치·태도 등의 함양을 의미한다.

제4장 | 사회과 교육과정의 유형

다양한 사회과학을 내용으로 하는 사회과교육의 유형은 학자들마다 다양하게 제시하고 있다. 올리버(D. W. Oliver)는 지혜로운 인간 형성의 사회과, 사회과학적 사회과, 조화로운 태도 형성의 사회과, 위대한 국가사회상 정립을 위한 사회과, 시민적 행동 발달을 위한 사회과, 법리적 사회과 6개 모형을 들고 있다. 엥글(S. H. Engle)은 사회과교육의 유형을 단순화된 사회과학으로서의 사회과, 시민교육으로서의 사회과 등 2개 유형으로 대분류를 하고, 시민교육으로서의 사회과를 통합사회과, 교화주의 사회과, 의사결정 중시 사회과 등으로 세부 분류를 하였다. 또한 바아(R. D. Barr)·바아스(J. L. Barth)·셔미스(S. S. Shermis) 등은 사회과교육의 유형을 시민성 전수를 위한 사회과, 사회과학으로서의 사회과, 반성적 탐구로서의 사회과 등 3개 유형으로 분류하였다(권오정·김영석, 2006: 77-90).

한국의 강우철(1978)은 사회과 교육과정을 교과 중심 교육과정, 경험 중심 교육과정, 학문 중심 교육과정 등 세 유형으로 제시하고 있다(강우철. 1978: 25-26). 권오정·김영석(2006)도 강우철의 이론을 따르고 있다(권오정·김영석. 2006: 133-141). 김용민(1992)은 사회과 교육과정을 강우철의 세 유형 외에 인간 중심 교육과정을 포함하여 네 유형으로 제시하였다(김용민, 1992: 89-90).

이와 같은 여러 학자의 사회과교육, 사회과 교육과정 분류를 기반으로 공통적 요소를 종합하여, 우리나라 사회과 현실을 바탕으로 고찰하면 사회과 교육과정 유형을 교과중심형·경험중심형·학문중심형·반성적 탐구형 사회과 교육과정 등 네 가지 유형으로 분류하여 모색하는 것이 바람직하다고 본다.

1. 교과중심형 사회과 교육과정

1) 교육과정 내용의 관점

교과중심형 교육과정에서 바라보는 사회과교육 내용에 관한 관점은 바로 문화유산(文化遺産)이 핵심이다(권오정·김영석, 2006: 133). 문화유산이란 오랜 전통과 생활에서 선정되고 세련된 지식으로서, 교재로서의 보편적이고 절대적 가치가 검증된 것이다. 즉, 문화유산은 과거와 현재의 교육과 사회, 생황에서 이미 검증된 것이기 때문에 학생들에게 중요하게 가르쳐야 한다고 여겨지는 것이다. 문화유산은 사회과교육 내용의 핵심이라는 시각인 것이다. 교과는 일반적으로 교수요목으로도 정의된다(권낙원, 1997: 101).

교과중심형 사회과 교육과정에서 교육내용을 구성하는 것은 문화를 기술해놓은 사실적 지식에서부터 원리, 사회규범, 의미, 도구 및 기계, 제도, 행동양식 등 다양한 측면들 가운데, 후대들에게 가르칠 만한 가치가 있다고 판단되는 것들이다. 즉, 교과중심형 사회과 교육과정에서는 교재(教材)가 주된 내용이 된다.

교과중심형 사회과 교육과정에서는 교재를 인간의 행동을 훈련시키는 도구, 다양한 마음을 형성하는 기제로 보고 있다. 즉, 교재는 형식도야론(形式陶冶論)의 입장에서 지각, 파지, 재생, 연상, 주의 집중, 의지력, 감정, 상상, 사고 등의 각기 다른 능력이 반복 훈련을 통해서 신장시킬 수 있는 도구가 된다고 보는 것이다. 아울러, 교재는 외부로부터 제시되는 표상들 간의 연합, 배열, 복합 등의 관계를 자연스럽게 나타내고, 결국 다양한 생각과 마음을 형성시키는 역할을 하게 하는 것이다.

결국, 교과중심형 사회과 교육과정에서는 교재로서의 내용을 통해서 인간의 정신을 훈련시킴은 물론 나아가 마음을 형성할 수 있다고 보기 때문에, 내용을 많이 접하면 접할수록 학습자의 발달을 촉진시키는 내용 중심의 교육과정인 것이다.

2) 교육과정의 원리

교과중심형 사회과 교육과정에서는 문화유산으로서의 지식들을 서로 비슷한 것들끼리 체계적·논리적으로 분류해놓게 되는데, 이것이 곧 하나의 교과(敎科)가 된다.

가령, 서양의 칠자유과(七自由科)처럼 지식을 논리적으로 체계화해 놓은 것은 학교의 입장에서는 교과 또는 과목이 되고, 학자의 입장에서는 학문의 계통이 된다. 즉, 학문의 계통이 교과 내지 과목이 되는 것이다. 사회과의 교과내용학인 제 사회과학에 관한 지식의 구조와 학문의 체제를 강조하는 교육과정이다. 다만 일반적으로 사회 발전과 변화, 그리고 학문의 체계가 변하면 교과가 변하게 된다. 과거의 칠자유과가 산업 혁명과 사회 발전으로 말미암아 오늘날의 국어, 수학, 사회, 과학 등의 학교 교과로 변화한 것이다.

교과중심형 사회과 교육과정에서는 비슷한 내용끼리도 조직하는 순서가 중요하다. 일반적으로 쉬운 것에서부터 어려운 것으로, 가까운 곳에서부터 먼 곳으로, 동서남북의 순으로, 원인과 결과의 순으로, 논리적 선후 관계에 따라서 등 체계적으로 구성, 조직하는 것이 무엇보다도 중요하다. 교과중심형 교육과정의 형태에는 분과형, 상관형, 융합형 등이 있다(권낙원, 1997: 103 - 104).

2. 경험중심형 사회과 교육과정

1) 교육과정 내용의 관점

경험중심형 사회과 교육과정은 학습자들이 경험을 통해서 지식을 터득하게 하려는 입장이다. 경험은 단순한 체험과 활동이 아니라 일련의 지적 활동의 결합체이다. 경험이 의미 있게 되려면 사고가 결합되어야 한다. 즉, 단순히 뭔가를 하는 것이 아니라 그 행동의 결과로 어떤 결과가 올 것인가를 예측하는 것이 사고가 결합된 지성적 경험인 것이다. 학생들은 사고가 결합된 의미 있는 경험을 통해서 경험의 폭과 깊이를 넓혀가게 된다. 이러한 경험의 재구성 과정을 통해서 개인적 자아에서 사회적 자아로 나아가고, 주관적 자아에서 객관적 자아로 성장하게 된다. 경험중심형 사회과 교육과정은 생활, 활동, 경험, 흥미 등을 학생들이 학습하기 편리하도록 조직해놓은 것이다(권낙원, 1997: 108 -115).

경험중심형 사회과 교육과정에서는, 교육내용으로서의 경험은 각각 구별 지을 수 있는 지식이나 개념이라기보다는 질 높은 경험을 해가는 과정 그 자체라고 할 수 있다. 사고(思考)가 개입된 경험의 과정은 하나의 문제해결 과정과 같다. 사고란 항상 그 결과가 확정되지 않은 불확실한 사태에서 유발되고, 이는 학습자를 당혹하게 만드는 문제 사태가 많기 때문이다. 문제해결의 과정 속에서 학습자는 타자(他者)의 경험과 지식을 도구로 활용하여 자신의 문제 혹은 공동체 문제를 보다 지적으로 해결해가는 방법을 익히게 되는 것이다.

경험중심형 사회과 교육과정에서의 경험은 학습자의 지적 흥미를 유발할 수 있는 소재에서 출발하여야 하고, 놀이와 생활 등 자연스러운 활동 과정을 통해서 접근해야 하며, 학습자의 경험의 지평을 넓혀갈 수 있는 의미 있는 내용이어야 한다.

2) 교육과정의 원리

경험중심형 사회과 교육과정에서 경험을 교육내용으로 구성하는 방식에는 여러 가지가 존재한다. 경험을 구체적으로 어떻게 해석하느냐에 따라 내용 선정에 다음과 같은 구분을 하여 분석할 수 있다.

첫째, 학습자가 현재 경험하고 있는 생활 세계나 필요, 욕구 등을 중심으로 내용을 구성하는 방식이다. 학생들의 활동 내용을 관찰, 활동, 이야기, 솜씨 발휘 등으로 구분하고 이를 중심으로 교육내용을 선정한다. 특히, 학생들이 흥미와 관심을 갖고 있는 주제를 먼저 학습하게 하는 흥미 중심 배열을 적용하는 것이 바람직하다.

하지만 경험중심형 교육과정 내용 구성은 자칫 개인적이고 즉흥적인 내용으로 흐르거나, 성인 중심의 자의적 내용 선정 및 배열이 이루어질 우려가 있다.

둘째, 학습자가 장차 성인이 되어 경험하게 될 사회생활의 영역에 따라 내용을 구성하는 방식이다. 성인이 되어 경험할 언어활동, 건강활동, 시민활동, 사회활동, 여가활동, 종교활동, 직업활동 등으로 구분하여 내용을 편성할 수 있다.

사회기능 및 사회활동을 중심으로 경험중심형 사회과 교육과정을 편성할 때에는 동심원적 확대법을 적용하는 것이 바람직하다. 즉, 사회생활의 범위를 크기에 따라 가정, 지역 사회, 국가, 세계 등으로 학습 활동을 진행토록 조직하는 것이다.

다만, 사회기능 및 사회활동 등은 별도의 학교교육이 없어도 사회화의 과정 속에서 자연스럽게 습득 가능한 상식적인 지식이라는 점, 그리고 현실 사회의 논리를 비판 없이 학생들에게 전달하는 보수적인 교육과정으로 흐를 가능성 등이 지적된다.

셋째, 현실 사회에서 발생하는 여러 가지 문제를 추출하여 이를 해결해가는 과정을 경험하게 하는 방식이다. 학생들은 학교교육을 통해서 현실 사회의 논리를 비판 없이 그대로 전달하는 사회화 과정뿐만 아니라, 현실 사회의 문제점을 파악하고 해결해가는 분석적 과정도 경험하게 하는 것이다. 학생들은 이러한 현실적인 여러 가지 문제를 분석하고 해결해가는 과정을 경험함으로써 사회적 발전을 이끌어갈 민주시민으로 성장할 수 있다는 입장이다.

결국, 현실 사회문제 중심으로 한 경험중심형 사회과 교육과정을 편성할 때의 문제점으로는 저학년 학생들의 주제 난이도 조정, 민감한 주제 지도에서의 교사의 입장 견지, 전 과정의 모든 내용을 두루 사회문제 중심으로 편성·조직의 곤란성 등을 열거할 수 있다.

3. 학문중심형 사회과 교육과정

1) 교육과정 내용의 관점

일반적으로 학문중심형 사회과 교육과정에서의 학문이 독립적으로 이해되고 인정되기 위해서는 고유한 연구대상, 개념 체계, 이론·법칙, 연구 방법 등 네 가지 조건을 충족시켜야 한다(권오정·김영석, 2006: 138). 학문이란 고유한 연구대상에 관한 개념, 법칙 등의 지식 체계와 이런 지식 체계를 구성해가는 방법의 체계가 결합된 하나의 덩어리라고 할 수 있다. 학문에서는 개별 구성 요소인 연구대상, 개념 체계, 이론·법칙, 연구 방법 등이 하나의 구조 속에서 유기적인 관계를 맺고 있다. 지식의 구조는 학문의 기저를 이루고 있는 일반 원리, 일반적 아이디어, 기본 개념 등을 중심으로 의미 있게 조직되어 있어야 한다는 입장이다(권낙원, 1997: 119).

학문중심형 사회과 교육과정에서 교육내용으로서의 학문은 일종의 '지식의 구조'라고 할 수 있으며, 이는 구조를 이루는 구성 요소인 연구대상, 개념, 이론·법칙, 연구 방법 등 지식 하나하나뿐만 아니라, 이들 간의 유기적인 관계까지도 고려한다.

특히, 교과중심형 사회과 교육과정이 사실, 개념, 일반화 등 구체적인 개별 요소 자체의 학습을 강조하는 데 반해, 학문중심형 사회과 교육과정은 학문의 구조를 이루는 개별 요소들 간의 통합적 관계, 즉 보다 높은 차원의 지식을 구성해가는 과정, 그리고 보다 높은 차원의 지식을 통해서 새로운 현상을 설명해가는 과정을 중시한다는 점이 비교되는 것이다.

결국, 사회과에서의 학문중심형 교육과정은 지식의 실질 구조(substantial structure)보다 구문 구조(syntactic structure)가 중요하다. 즉, 지식의 구조를 강조하되 그 내용적 지식보다 지식을 구성해가는 방법을 강조하는 것이다. 학문중심형 사회과 교육과정은 경험의 내용 자체보다 지적인 경험 과정과 절차를 중시하는 것이다.

2) 교육과정의 원리

학문중심형 사회과 교육과정의 내용 구성에서 가장 중요한 것은 학문의 분류 기준이다. 즉, 동일한 지식의 영역이라도 분류 목적이나 기준에 따라 여러 가지 형태로 영역화·범주화될 수 있기 때문이다. 일반적인 학문중심형 사회과 교육과정에서의 학문 분류 기준은 대학의 학과 체계를 반영한 사회의 지배적인 학자 공동체의 분류 전통이다(권오정·김영석, 2006: 62).

사회과의 기저 학문인 제 사회과학의 경우, 정치학, 경제학, 사회학, 문화인류학, 심리학, 지리학, 역사학 등으로 분류하는 방법이 일반적인 방법 기준이다. 하지만 변화무쌍하고 다원화된 현대 사회에서는 학제 간 연구가 다양하게 전개되고, 새로운 학문의 연구 분야가 증가하는 현실적 측면을 고려하여, 전통적 분류 기준과 방식을 고집하기 어렵게 된 것이 사실이다. 학문중심형 사회과 교육과정의 핵심은 설명과 탐구 등 두 가지 기법이다(권낙원, 1997: 121-122).

특히, 교육적 입장에서는 전통적 분류 기준과 방식을 따르기보다는 학습자에게 지식의 본질을 보다 효과적으로 전달할 수 있는 방안을 모색해야만 한다. 그러한 견지에서 보면 피닉스(P. H. Phenix, 1964)가 제시한 지식의 영역화는 매우 시사(示唆)하는 바가 크다고 할 수 있다. 피닉스는 수많은 지식의 종류들을 구조적 유사성이라는 기준하에 기호적 영역(symbolics), 경험적 영역(empirics), 심미적 영역(esthetics), 통관적 영역(synoptics), 통합적 엉역(synthetics), 윤리적 영역(ethics) 등 여섯 가지로 유목화(類目化)하고 있다. 이러한 학문적 영역화를 기준으로 지식의 구조적 특성을 학습함으로써 불필요한 학습의 중복을 피할 수 있음은 물론 학습의 전이력(轉移力)을 신장시킬 수 있다고 주장한 것이다. 이러한 여섯 가지 학문의 유목 중에서 학문중심형 사회과 교육과정의 내용 학문인 사회과학은 경험적 학문, 통관적 학문, 통합적 학문 등에 초점을 맞추고 있다.

4. 반성적 탐구형 사회과 교육과정

1) 교육과정 내용의 관점

반성적 탐구형 사회과 교육과정은 존 듀이(J. Dewey)의 사회인지 심리학과 사고 학습에 대한 실용주의 철학이 토대를 이룬다(사회과 연구 모임. 2007: 90-91). 반성적 탐구형의 사회과 교육과정에서는 '시민성 함양'을 위한 사고력 신장과 의사결정력 신장이 핵심이 된다. 하지만 다른 모형·유형들과는 달리, 이 반성적 탐구형 사회과 교육과정 모형에서의 시민성은 특정한 사회·정치학적 맥락 내에서 의미 있는 의사결정을 강조한다.

반성적 탐구형 사회과 교육과정의 입장에서는 사회과교육의 목적을 학생들에게 특정한 사회·정치적 맥락에서 학생 개개인들에게 직접적으로 영향을 주는 개인적·사회적 문제에 대해서 의사결정을 하는 데 필요한 능력을 함양시켜 주는 것이다. 가령, 민주주의 학습에서는 민주주의에 대한 다양한 문제를 확인하고, 자료를 수집·분석·평가하며, 이를 바탕으로 합리적인 의사결정을 할 수 있는 민주시민을 육성하려는 것이다.

탐구 및 의사결정력을 중시하는 반성적 탐구형 사회과 교육과정에서는 학생들로 하여금 다양한 탐구와 판단, 결정 과정 자체에 중점을 두고 있다. 따라서 사회과교육을 학생들의 지적 능력, 즉 바르게 사고하고 판단, 결정하는 능력을 터득하게 하는 데 초점을 맞추고 있다(한면희. 2006: 106).

반성적 탐구에 대한 존 듀이(J. Dewey)의 주장은 실용주의 교육이론을 발전시켜 왔는데, 많은 사회과교육 이론가들이 지속적으로 반성적 탐구형 교육과정에 관심을 갖고 발전시켜 왔다. 이러한 반성적 탐구형 사회과 교육과정은 기초 복귀 운동(back to basics)과 소위 '닫힌 영역'의 문제, 그리고 특정한 사회문제의 맥락에서 시민성 함양과 의사결정력 함양에 초점을 맞추고 있다.

반성적 탐구형 사회과 교육과정은 사회과의 특성이 학생 중심 학습, 문제 해결력 신장, 탐구력 함양 등을 지향하고 있는 것과 밀접하게 연관된 유형이다. 특히 사회과교육에서 고급 사고력(high level thinking)인 창의력, 탐구력, 의사결정력, 초인지(meta cognitive) 등을 함양하기 위해서 기저가 된다.

2) 교육과정의 원리

반성적 탐구형 사회과 교육과정의 기본적 사고는 다양한 활동과 참여를 통한 시민성 함양에 있다. 아울러, 참여와 대화·타협을 통한 의사결정력 함양을 강조한다.

사회과가 본질적으로 다양한 사회생활을 통한 민주시민성 함양과 의사결정력 신장을 강조한다는 점을 전제하면, 반성적 탐구형 사회과 교육과정은 다른 유형, 모형의 기초가 된다고 볼 수 있다. 반성적 탐구로서의 사회과는 시민적 자질을 기대되는 가치나 덕목의 수행 차원이 아니라, 의사결정 과정으로 파악한다. 즉, 사회생활에서 다양한 사회문제를 파악하고 올바른 의사결정을 할 수 있는 훌륭한 민주시민 육성에 초점이 있는 것이다(권오정·김영석, 2006: 87-90).

특히, 개인과 개인이 모여서 사회를 이루고, 사회생활을 원만하게 영위하기 위한 민주시민성과 합리적인 의사결정력이 중시되는 만큼 반성적 탐구형 사회과 교육과정은 학습자 중심의 활동을 조장하는 사회과에서 가장 중요한 위치에 있는 것이다.

반성적 탐구형 사회과 교육과정에서의 사회과교육의 목적은 학생들로 하여금 다양한 정보를 활용하여 사회과학적 탐구로 문제를 해결하며, 의사결정의 학습 경험을 바탕으로 비판적이고 창의적으로 사고, 선택, 결정하는 능력을 길러서 사려 깊은 시민적 자질을 함양하고자 한다. 반성적 탐구형 사회과 교육과정에서는 사회과 정보처리 능력, 과학적 탐구, 문제해결, 발견 학습, 의사결정, 고급사고력, 사려 깊은 행동 등을 강조한다(한면희, 2006: 106).

〈표 4-4〉 사회과 교육과정 유형의 비교

구분	교과 중심 교육과정	경험 중심교육과정	학문 중심 교육과정
교육과정의 목적	지식의 습득	전인의 양성	탐구 능력 배양
지향점	미래 성인 생활의 준비	현재 생활의 적응	미래 성인 생활의 준비와 현재 생활의 적응
교육과정 조직	분과형	통합형	나선형
교육 내용의 범위	문화 유산	생활 경험	지식의 구조
교육 내용의 조직	논리적 조직 방법	심리적 조직 방법	절충적 조직 방법
교과	지식의 체계(지식 내용)	학습자의 경험 활동	핵심 개념·원리·법칙
학습의 강조점	학습의 결과	학습의 과정	학습의 과정 및 결과
학습 방법	집단 학습	개별 학습과 집단 학습	개별 학습과 집단 학습
교수·학습 지도방법	수용 학습(일제 학습)	문제해결 학습	발견 학습
교사의 권위	권위적	비권위적	비권위적
학생의 참여	비참여	참여	참여
학업 성취	일률적 상승 기대	개인차 인정	개인차 인정
창의력 개발 기회	기회 박탈	기회 부여	기회 부여

제5장 | 사회과 교육과정 개발의 쟁점

일반적으로 변화와 발전이 특징인 사회현상과 사회사상(社會事象)을 교육과정의 내용으로 하는 사회과는 그 내용(contents)이 획일적·고정적으로 정해져 있지 않은 특징이 있다. 수학과, 과학과 등 자연과학이나 이과 계통 교과는 전통적으로 전수되어 오는 교과의 지식과 내용의 본질이 정해져 있어서 고정·불변적인 경향이 많으나, 사회과는 변화하는 사회의 제반 모습을 대상으로 하기 때문에 교육과정의 내용이 고정·불변적이지 않다. 오히려, 국가적·사회적 요구, 시대 변화와 사회 발전에 따라 교육과정의 내용이 신속하게 달라져야 하는 것이다.

그렇기 때문에 사회과 교육과정은 그 내용 선정과 조직에 대하여 일관된 견해를 결집하기가 쉽지 않다. 사회과 교육과정을 보는 관점과 시각에 따라 다양한 입장과 주장이 되는 이유가 여기에 있다.

일반적으로 사회과 교육과정 개발의 쟁점은 크게 내용 구성의 영역별 집중화 문제, 교육과정 체제의 대강화와 상세화 문제, 교육과정에서의 이념적 중립성 문제 등을 들 수 있다. 영역별 집중화 문제는 사회과 교육과정의 구성에서 통합과 분과의 문제가 핵심이다. 통합도 다학문적 통합, 간학문적 통합, 탈학문적 통합 등 방법이 있다. 교육과정 체제의 대강화와 상세화는 상대적 입장인데, 대강화를 강조하면 지역·학교 교육과정의 탄력성으로 창의적인 교육과정 개발이 장려되는 반면, 상세화를 강조하면 국가 수준 교육과정에 치중하게 된다.

한편, 가치문제를 다루는 사회과에서는 이념적 중립성이 강조되므로, 교육과정 개발에서도 쟁점이 되고 있다. 사회과 교육과정 및 사회과 교과서 개발에서는 분명한 이념적 중립성을 견지하여야 한다.

1. 사회과 내용 구성의 통합과 집중화

사회과는 사회현상을 바르게 인식하기 위하여 통합적 학습을 강조한다. 초등학교 제1학년에서부터 고등학교 제1학년까지 국민공통기본교육과정의 바탕 위에서, 사회과는 '인간과 공간(지리 영역)', '인간과 시간(역사 영역)', '인간과 사회(일반사회 영역)'를 묶어서 통합형 교육과정을 구성해왔다. 사회과는 다양한 정보를 활용하여 사회현상에 대한 지식을 발견하고 문제를 해결하는 데 필요한 사고력, 창의력, 판단력 및 의사결정력 등을 강조하기 때문이다(교육부. 1997a : 28-29).

사회과 통합은 교육과정 차원에서 생활 사례 중심의 초학문적 통합, 스트랜드(要素·strand) 중심의 학제적 통합, 영역별 내용 중심의 병렬적 구성 등이 있고, 교과서 차원에서는 교육과정을 재구성하여 통합적 단원 구성, 그리고 교수·학습 차원에서는 교과서를 통합형으로 재구성한 자료로 활용하는 방법 등이 있다(김정호, 2006: 7-9).

사실, 사회현상 자체는 지리, 역사 또는 일반사회 등이 어느 한 영역만으로 이해할 대상이 아니라서, 사회과학계도 분화와 통합을 거듭하여 왔다. 다만, 과목별·영역별로 부여되는 교사 교육과 교원 자격증 부여 때문에 많은 논란을 야기하여 왔다.

현행 사회과 교육과정은 공통교육과정의 각 학년마다 세 영역을 배열해놓은 융합형 통합 방식을 시행하여 왔다. 그런데 이 융합형은 어느 한 영역을 전공한 교사가 다른 영역까지 지도해야 하는 어려움이 있는 것이 사실이다. 공통사회 과목도 이러한 취지에서 출발한 것이다. 따라서, 향후 사회과 교육과정은 중학교에서 학년별 한 영역 집중 학습제로 전환을 주장하는 분위기가 있다. 즉, 중학교의 각 학년마다 한 영역만으로 내용을 구성하여 영역별로 교과서, 학습 자료 통합을 모색할 수 있을 것이다.

중학교 지리 영역은 한국지리와 세계지리를 통합하고, 고등학교 제1학년 국사는 한국사, 세계사와 통합하여 역사로 명칭을 통합 변경하고, 일반사회 영역도 국민공통기본교육과정의 제10학년인 고등학교 제1학년 내용은 스트랜드(strand·요소, 주제) 중심으로 구성하여 영역 내 통합을 고려해야 할 것이다. 이를 통하여 사회과 교사가 특정 전공 영역 중심으로 가르쳐 교수·학습의 질을 제고할 수 있을 것이다.

사회과에서 통합과 분과는 오랜 쟁점이자 지향점으로 논란이 되어 왔고, 앞으로도 계속적인 연구 과제이자 쟁점(爭點)으로 남을 것이다.

2. 교육과정 체제의 대강화(大綱化)

국가 교육과정의 구성 형식과 내용 정도에는 크게 대강화(大綱化)와 상세화(詳細化)의 두 줄기가 있다. 교육과정의 대강화는 교육과정의 개발과 편성의 권한을 지역과 단위 학교에 위임하는 형태이고, 상세화는 국가(중앙)에 교육과정의 개발과 편성 권한을 집중하는 형태이다. 교육과정의 선택 준거는 크게 공교육 체제에서 정부와 지역, 단위 학교가 할 일, 교과서 저자와 수업 지도를 하는 교사의 자율권·재량성 범위 등으로 나눌 수 있다.

국가 교육과정의 편성·운영권을 시·도 교육청과 단위 학교에 부분 위임·이양하는 대강화는 구체적인 내용 요소를 모두 열거하는 형식이 아니라, 반드시 성취해야 할 최소 필수 목표 중심으로 교육과정을 구성하는 것이다.

이와 같이 되면, 교과서 저자는 그 목표를 이루기 위한 다양한 전략을 써야 하기 때문에 교과서의 다양화·차별화라는 검정 취지를 살릴 수 있고, 교사도 내용 암기 유도적 수업 대신에 학습자 수준에 알맞은 내용과 방법을 도입하여 문제해결식 수업을 할 수 있게 될 것이다. 이를 위하여 교육과정은 선택과 집중, 성취 목표의 최소 필수화, 단원 구성의 유연화 전략 등을 다양하게 전개할 수 있을 것이다.

교육과정의 개발 권한을 중앙에서 지역, 단위 학교에 이양해야 한다는 '정부 규제 완화, 교육의 권한 지방 분화, 교과서 저자와 학교 교사의 재량권과 자율권 강화, 교육과정 실천 과정의 다양화' 등의 실천 수단이 교육과정의 대강화이다. 물론, 국가 교육과정은 성취 기준을 상세화하여, 그 기준만 보고도 교수·학습을 진행할 수 있도록 해야 한다는 주장도 있다.

그러나 교육내용이 상세화(詳細化)되면 될수록 교육과정과 교과서 실천 과정은 전국적으로 획일화될 수밖에 없으며, 이런 상황에서는 교사가 자율적 재량권을 갖기가 상당히 어렵다. 따라서, 교육과정 내용 감축과 다양화 및 자율화를 지향하는 시대정신에 따라서, 대강화(大綱化)를 지향하되, 대체적으로 대강화와 상세화를 적절하게 조율하여 통합하는 것이 바람직할 것이다.

　[그림 4-5]는 사회과 교육과정 연구·개발의 교과서 중심 모형이고, [그림 4-6]은 교육과정 중심 모형이다. 과거에는 사회과를 비롯한 대부분의 교과가 교과서 중심 모형이었으나, 지식기반 사회인 현대 사회에서는 대체로 교육과정 모형을 취하고 있는 것이 특징이다.

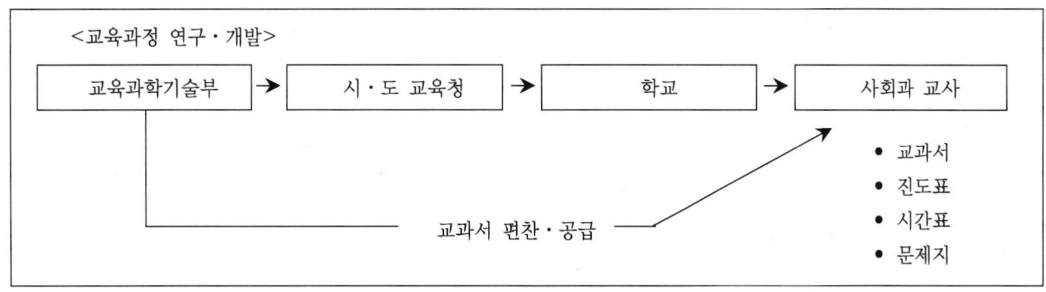

[그림 4-5] 교과서 중심 사회과교육 모형

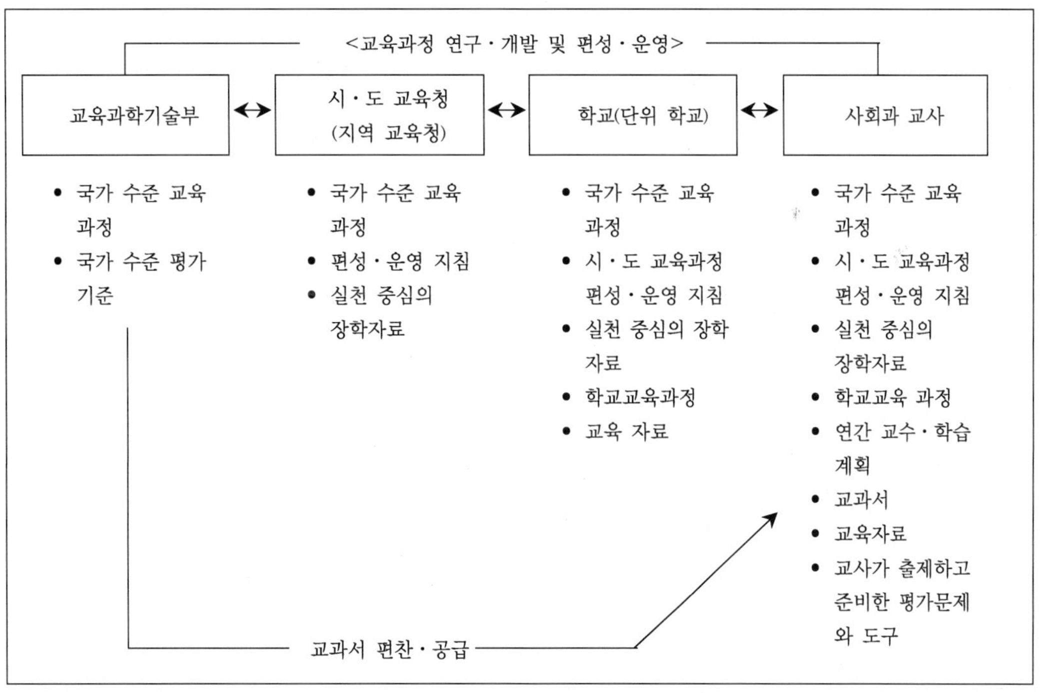

[그림 4-6] 교육과정 중심 사회과교육 모형

3. 사회과교육의 이념적 중립성

　사회현상에는 사실 관계와 가치 체계가 있다. 사실 관계는 진위로 바로 확인할 수 있다. 하지만 가치 판단이 개입되는 상황은 좀 더 복잡하다고 할 수 있다.

일반적으로 교육과정에서 이념을 선전하거나, 일방적으로 비판하는 등 가치 편향적이어서는 안 된다. 분명히 특정 가치를 학생들에게 일방적으로 주입·강요하는 것은 교육이 아니라 이념적 강요일 뿐이다.

교육의 자주성, 전문성, 정치적 중립성 보장, 이념적 편향성 금지 등은 법으로 규정되어 있으며, 이는 사회과교육에 직결되는 규정이다. 교육과정은 이 법규를 전제로 하고 있으나 교과서 차원에서 시비가 있는 것이 사실이다. 사회과는 교육과정과 교과서 전체를 아우르는 입장에서 이념적으로 중립성을 견지하여야 한다.

〈표 4-5〉 사회과 교육과정 개발의 지침(指針)

학회(학자)	주요 지침
미국사회과교육협회 (NCSS, 1979)	① 사회과교육 프로그램은 학생들의 연령, 성숙도, 관심 등과 직접적으로 관련되어야 한다. ② 사회과교육 프로그램은 사회의 현실을 다루어야 한다. ③ 사회과교육 프로그램은 인간의 경험, 문화, 신념을 대표하는 타당성 있는 지식으로 구성되어야 한다. ④ 목표는 신중하게 선택되고 명백하게 서술되어서 프로그램의 방향을 제시해줄 수 있어야 한다. ⑤ 학습 활동은 학생들이 능동적이고 직접적으로 몰두할 수 있는 것이어야 한다. ⑥ 교수 및 학습 환경의 전략은 광범위한 학습 자료를 기초로 해야 한다. ⑦ 사회과교육 프로그램은 경험의 조직을 촉진해야 한다. ⑧ 평가는 프로그램의 목표와의 관련에서 유용하고, 체계적이며, 포괄적이고, 타당성이 있어야 한다. ⑨ 사회과교육은 생명력 있고 책임 있는 한 부분으로서 강력한 지지를 받아야 한다.
앵글과 오초아 (S. H. Engle & A. S. Ochoa, 1988)	① 교육과정은 많은 제목을 피상적으로 다루는 대신 소수의 제목을 철저하게 다루어야 한다. ② 선택된 제목은 깊은 사고와 논쟁을 충분하게 자극할 수 있어야 한다. ③ 학생들은 사실 이해, 가치 판단, 가설 창조 등의 기회를 끊임없이 가져야 한다. ④ 사회과학의 여러 학문은 학습해야 할 진리로서가 아니라, 질문에 대한 대답을 도울 수 있는 정보의 원천으로 다루어져야 한다. ⑤ 인문학 등 사회과학 이외의 영역에서의 정보가 학습에 이용되어야 한다. ⑥ 교육과정은 다양한 원천에서 소수의 제목을 깊이 있게 찾아서 구성해야 한다. ⑦ 교육과정은 질문에 응답하기 위해서는 학생의 경험에서 나와야 한다.
공통점	① 모두 학생들의 경험을 강조함. ② 앵글과 오초아의 주장은 소수의 주제에 대한 집중교육 강조, 사실 인식과 가치 판단, 가설 창조 등 강조, 사회과학 외의 인문학의 중요성 강조, 고급사고력과 논쟁 문제 등을 중시함.

출처: 김현석·한관종, 『사회과 통합 교과교육론』, 서울: 형설출판사, 2008:106.

제6장 | 한국 사회과 교육과정의 체제(System)

한국의 사회과 교육과정은 그동안 국가 수준 교육과정의 교과 각론으로 개발되어 왔다. 특히, 사회과라는 교과교육과정의 특성을 살리지 못하고, 전면적·총체적인 교육과정 개정 체제에 휘말려 개정되고 실행되어 왔다. 아울러, 전통적인 목표 중심 교육과정 개정이 전반적인 경향이었다.

한국의 사회과 교육과정의 체제와 바람직한 개발 방향을 모색하기 위해서는 기존 사회과 교육과정 개발의 문제점을 의사결정의 관점, 교과교육과정의 관점에서 고찰하고, 새로운 사회과 교육과정 개발을 위한 접근법의 입장에서 개발 관련자들의 민주적 참여, 합의를 통한 개발 등을 모색해보아야 한다.

1. 한국의 사회과 교육과정 개발의 특징

한국의 사회과 교육과정 개발 절차는 그동안 대체적으로 안정적 정형화된 체계를 이룩하였다. 한국의 사회과 교육과정 개발 및 개정에 대한 주요 특징을 요약하면 다음과 같다(이혁규, 2003: 153).

첫째, 한국은 과거 주로 국가 주도로 교육과정이 개발되어 왔다. 각 개발 및 개정 시기별로 약간의 차이는 있었지만, 대부분 중앙 교육행정 조직에서 교육과정을 결정하고, 지방 교육행정 조직은 결정된 교육과정을 학교에 전달하며 학교는 전달된 교육과정을 시행하는 체제를 유지하고 있다.

교육과정 개발과 개정은 중앙 교육행정 조직을 중심으로 이루어지는 교육과정의 결정 행위이다. 교육과정 개발 과정은 중앙 교육행정 기관의 발의로 시작되어 교육과정 연구기관을 중심으로 연구와 개발이 이루어지고 학교로 전달되는 연구-개발-확산 모형을 유지하고 있다.

둘째, 교육과정 개발 방식이 전면적·주기적·일시적으로 이루어지고 있다. 모든 학교급의 교육과정, 그리고 모든 교과의 교육과정을 동시에 개정하기 때문에 일시적이고, 모든 학교급의 전 교육과정을 전체적으로 개정하므로 전면적 개정이다. 아울러, 교육과정 개정·개발은 일정한 간격을 두고 주기적으로 이루어져 왔다. 이러한 우리나라의 교육과정 개발·개정은 사회적·정치적 필요에 의해서 이루어지는 경우가 많은데, 특히 교육개혁의 명분 아래 시행되는 경우가 대부분이다.

셋째, 우리나라 교육과정의 개정 방식은 공학적 모델의 형식을 취하고 있다. 일반적으로 우리나라의 교육과정 결정 모형은 타일러(R. W. Tyler) 등이 주도한 목표 모형으로 볼 수 있다. 즉, 목표 모형은 목표를 우위에 두고 가르칠 내용을 선정, 조직, 평가하는 투입, 산출의 체제 접근적 논리에 입각한 절차 처방 모형이다. 사실 현행 우리나라의 교육과정 개발과 개정은 이러한 목표 모형을 바탕으로 한 타일러(R. W. Tyler)식의 기술공학적 모형을 신봉하고 이에 아주 강한 의존을 하고 있는 것이다. 실제, 그동안 우리나라에서는 오래전부터 타일러(R. W. Tyler)의 합리적 모형으로 교육과정을 개발·개정하여 왔다. 역대 한국의 교육과정 개발과 개정의 전형적인 모델이 곧 타일러 모형인 것이다.

2. 한국의 사회과 교육과정 개발의 관점

1) 교육과정 의사결정의 관점

한국의 교육과정 개발 절차는 교육과정 의사결정의 성격이 본질적으로 요구하는 숙의(deliberation)의 의미를 담보하는 적절한 체제라고 하기는 어렵다. 현행 교육과정 개발 절차는 교육과정 의사결정이 여러 사회적 세력이 관여, 개입하고 상호조정이 필요한 '합의 과정'이라는 점을 경시하는 풍조가 있는 것이 사실이다. 공식적인 보고서와 교육과정 해설서를 보면, 교육과정의 개발 절차는 탈맥락적인 중립자들의 조화로운 의견 수렴 과정처럼 묘사되어 있다. 각 교육과정이 개정, 개발될 때에는 각 계각층 인사들의 의견을 수렴하여 합리적으로 추진된 것처럼 기술되어 있으나, 실제는 다양한 세력들의 충돌과 갈등의 산물인 것이다. 우리의 공식적 교육과정 문서들은 이러한 적나라한 이익 충돌 과정을 공식적 기록과 담론의 과정에서 밀어내고 교육과정 의사결정 과정을 합리적·탈맥락적인 것으로 미화하는 경향이 농후하다. 그러다 보니, 교육과정 개발·개정 과정에 필연적으로 발생, 야기할 수밖에 없는 이해 집단의 개입은 합리적인 개정 절차 진행에 장애 요인이 될 수도 있는 것이다. 그런 관점에서 보면, 다양한 이해 집단의 목소리는 공론의 장에서 다루어져야 할 주요한 요인이라기보다는 배제되고 억압되어야 할 비합리적·비도덕적인 것일 수도 있다는 점을 간과해서는 안 된다(이혁규, 2003 b: 153-154).

교육과정(敎育課程) 개정 과정(過程)에 자연스럽게 개입할 수밖에 없는 합의적 요소를 무시하는 것은 교육과정 문서 형식을 통해서 확인할 수 있다. 문서 형식 또한 총론 개발에서 각론 개발, 그리고 교과서 개발과 보급 등으로 이어지는 일련의 단계가 연쇄적 구체화의 관계로 연결되어 있다. 이것은 효과성과 능률성이라는 공학적 기준만이 작용하는 직선적 과정이다. 그리고 그 과정에 참여하는 전문가들은 역사적·사회적·정치적·도덕적 고려를 배제한 채, 탈맥락적인 의사결정을 하는 것으로 간주한다. 이러한 문서 형식 속에 반영된 개발 절차는 총론 과정에서 참여하는 특정한 전문가들의 견해를 다른 사회 세력의 주장보다 우위에 놓는 권력 효과를 낳는다.

한편, 교과 이기주의와 변화를 거부하는 요인이 없는 것은 아니지만, 이러한 요인들은 때로는 심각하게 합리적이고 바람직한 방향으로 개혁을 가로막는 요인으로 작용할 우려가 있다. 현행 제도와 같이 총론 단계에서 중요한 의사결정이 내려지고, 그 이하 단계에서는 이를 구체화 해가는 실행의 단계로 개념화하는 한, 상위의 규정이나 지침에 반하는 조치를 할 수는 없는 것이다. 이렇게 교육과정 의사결정자들의 논의의 지평을 불평등하게 야기한 결과, 교육과정 의사결정의 합의의 과정은 왜곡되고 숙의(deliberation)의 과정이 간과될 우려가 있는 것이다. 분명한 사실은 바람직한 사회과 교육과정 개발에서는 다양한 이해당사자, 교육 공동체 구성원들의 참여와 숙의(deliberation), 그리고 합의(agreement)가 전제되어야 한다는 점이다.

여하튼 과거 내지 기존의 한국 교육과정 개발 과정은 일부 책임자와 관련자들이 이전 교육과정을 토대로 협소한 안목과 여건 속에서 이루지는 점을 부인할 수 없다. 21세기 세계화 시대의 교육과정 개발 과정은 보다 더 개방적이고도 탄력적인 다방향 소통 과정을 통해서 이루어져야 한다. 상의하달 식보다는 다방향식·하의상달식 체제를 지향하여야 한다.

2) 교과 교육과정의 관점

우리나라 교육과정은 의사결정과 관련된 복합적 요소들을 일시에 전면적이고 포괄적으로 개정함으로써 개정하지 말아야 할 것을 억지로 개정하고, 개정이 시급한 것을 불충분하게 검토하거나 논의를 간과하는 문제들을 반복해왔다. 교육과정 요소에 따라서 상이한 개정의 논리와 절차와 시간이 필요한 것을 우선순위가 없이 한꺼번에 묶어서 개정, 개발함으로써 발생하는 문제이다(이혁규, 2003: 157-162).

첫째, 포괄적 개정, 개발의 문제이다. 우리나라 교육과정은 그동안 여러 차례나 개발, 개정되면서 그동안 교과와 특별 활동, 재량 활동(교과 외 활동) 등의 시간 배당 기준을 변화시켜 왔다. 개별 교과교육 입장에서 보면 5~10년에 한 번씩 그 교과목의 시수에 변화가 생기며, 결국 교과의 존폐와 당해 교과 전공자의 실직(失職)까지 야기하여 왔다. 그리하여 교과 이기주의를 심화시켜 왔다.

교육과정상 교과 시수의 감소는 많은 과원 교사를 발생시키고, 해당 교과 전공 교사를 실업(失業) 상태로 만들며, 해당 교과 전공 교수들의 입지와 장래를 매우 불안하게 한다. 그렇기 때문에, 이해당사자들이 동원 가능한 자원을 총동원하여 교육과정 개발·개정 과정에 영향력을 미치려고 하는 것은 교과 이기주의(利己主義) 이전에 지극히 정상적인 것이다. 모든 사람이 자신의 직업적 안정과 존엄을 지키려고 한다는 점을 전제하면, 설령 그러한 영향력 행사가 일면 교과 이기주의라고 하더라도 우리는 교육과정 개정·개발에 아주 신중하게 대처해야 한다는 결론에 이르게 된다.

한 교과목의 시간 수를 증감하거나, 교과목의 존폐를 결정하는 것은 수많은 변인들에게 큰 영향력을 미친다. 가령, 교사 양성 기관의 변화, 현직 교사들의 재교육과 연수, 대학 교수들의 구조조정, 일선 초·중·고교의 교육과정 운영 등에 막대한 영향을 준다. 이러한 요인들은 적어도 수십 년 이상의 장기적 조정이 필요한 사항이다. 그럼에도 불구하고, 그것을 개정 시마다 다시 논의를 하는 것 자체가 비합리적이다. 최근 이루어진 초등 영어과, 중등 기술·가정과 통합, 컴퓨터 및 정보 교과, 환경 교과 등의 신설과 통합처럼 시대 변화와 사회 발전에 따라 새로운 교과가 교육과정에 진입하는 현대 사회에서, 교육과정 개정 시마다 편제와 시간 배당을 다룰 논리적 이유와 실용성은 크지 않다고 본다. 그것은 오히려, 교과의 성격과 목표, 내용, 교수·학습 방법, 평가 등을 논의하는 교과교육과정 쪽에서 고려하는 것이 바람직할 것이다.

둘째, 전면적 개정에 따른 문제이다. 전면적 개정이란 교육과정의 요소를 모두 포함한 개정, 개발을 하는 것이다. 교육이 추구하는 바람직한 인간상과 교육목표에서부터 각 교과의 성격, 목표, 내용, 학습 방법, 평가 등에 이르기까지 모든 요소를 개정하는 것이다. 하지만 전면적 개정은 그 필요성 여하를 불문하고 관행이라는 인식이 강하다. 현행 교육과정이 아무리 좋더라도 그것을 수정하지 않고 동일한 내용으로 두는 것은 개정 관계자들의 무관심과 연관될 우려가 있다. 따라서 대외적 발표를 위해서도 하다못해 교육과정과 교과의 '성격'이라도 고쳐야 한다는 관행이 교육과정 개정과 개발의 현실인 것이다.

셋째, 전면적 개정이 구조화된 방식의 문제이다. 이는 주로 총론과 각론으로 이분화되어 진행되는 개정 절차와 관련이 있다. 총론의 결정은 각론 참여자들에 의해서 번복되기 어렵다.

사회과는 다학문적 배경을 갖고 있고 일반사회, 역사, 지리 등 다학문적 전공 집단들의 과목·영역 이기주의 때문에 기본적인 교육과정의 범위와 계열성을 정하는 것이 교육과정 개정·개발 시마다 큰 쟁점이 되어 왔다. 이러한 상황에서 사실상 학제 개편의 의미를 갖고 있는 국민공통기본교육 과정과 선택중심교육과정의 도입은 사회과 교육과정의 기본 체제를 근본적으로 재검토할 것을 요구하는 중요한 사안이다. 선택중심교육과정 역시 타 교과와 비교해볼 때, 사회과는 인지적 수준에 차이를 두고 교육과정을 구성하는 것보다 흥미, 관심, 적성 등 내적 특성에 다른 선택의 다양성을 보장하는 것이 더 바람직하다는 입장이다.

사회과 교육과정 개발에 참여하는 개발자들은 수준별 교육과정에 대한 개인적 동의 여부를 떠나 기술적으로 이를 구현하기 위해서 많은 노력을 해야 한다. 교육과정 기본의 재구조화 역시 큰 관심을 갖고 임해야 한다.

셋째, 조급한 개정, 개발에 관련된 문제점이다. 실제 교육과정을 개정, 개발하는 전체 기간은 보통 2년 남짓에 불과하다. 제7차 교육과정과 2007년 개정 교육과정의 개정, 개발 기간은 각각 2년 남짓 소요되었다. 이 기간 중 각론인 사회과 등 각 교과교육과정 개발에 소요된 기간은 1년 정도에 불과하였다. 그리고 한 교과목의 교육과정 개발비도 턱없이 부족하다. 인적·물적 지원이 충분하여야 훌륭한 교육과정이 만들어진다는 사실은 자명(自明)하다. 따라서 조급한 개발보다는 기간, 예산, 인력 등이 충분히 지원되도록 여유를 가져야 할 것이다.

이와 같은 열악한 교육과정 주변 여건과 개발의 조급증은 진지한 논의와 숙고를 곤란하게 만든다. 불충분한 예산과 개발 기간은 교육과학기술부의 교육과정 개발 기관 선정 구조와 맞물려서 여러 가지 역기능을 낳고 있다. 2007년 개정 사회과 교육과정의 경우, 교육과학기술부(당시 교육인적자원부)가 개발 기관을 선정한 후, 개발 기관에서 학자 등 참여자들을 섭외하는 형식으로 운영되었다. 그런데 개발 기관 선정이 객관적 기준도 없고 그 선정 과정도 공개되지 않았다. 개별 참여자들은 섭외를 받을 때부터 자신의 전공 학문에 대한 이해관계를 반영시켜야 한다는 부담감 때문에 쉽게 참여 결정을 내리기가 어렵다. 개발 기관은 한정된 연구비로 전문적 학자들을 참여시키기가 쉽지 않다. 그러다 보니, 소수의 학자들을 중심으로 개발이 힘겹게 진행되는 것이다.

아울러, 교육과학기술부의 이러한 부족한 지원 금액과 짧은 개발 기간은 바람직한 교육과정 개발에 장애가 될 수밖에 없다. 실행되고 있는 교육과정에 대한 요구 사정은 현장 교사에 대한 형식적인 설문 조사에 그치게 되고, 다양한 이해 집단에 대한 의견 수렴은 수 회의 공청회로 가름하게 된다. 개발 예산이 부족하고 기간이 부족하다 보니, 연구가 끝나는 시점에 설문 조사 결과가 분석되는 경우도 있다. 교육과정 총론의 방향이 결정되어 있는 상태에서 설문 조사의 결과는 다분히 요식행위적 성격이 강하기 때문이다. 따라서 교육과정 개발은 계획(計劃)을 넘어 기획(企劃)으로 추진되어야 한다.

넷째, 주기적 개정에 대한 문제점이다. 우리나라의 교육과정은 과거에는 10년 정도의 개정 주기를 갖고 있었으나, 근래에는 사회 발전에 따라 개정·개발 주기도 빨라지고 있다. 특히, 교육과정 개정이 정치적 요인과 같은 외생적 변인으로 이루어지는 경우가 많기 때문에 그 개정 시기를 예측할 수가 없는 게 현실이다. 교육 외적 요인으로 갑자기 개정되는 것이다.

새로운 교육과정이 초·중등학교 완전히 도입·정착되기도 전에 차기 교육과정 개정을 준비하는 것이 우리나라 교육과정 개정과 개발의 현실이자 문제점이다. 이러한 체제에서는 학교 현장에서 적용되는 교육과정의 개선을 위한 귀납적 논의는 물리적으로 불가능할 수밖에 없다. 현행 제7차 교육과정에서 10학년제 국민공통기본교육과정을 의욕적으로 도입하였으나, 이러한 개정 주기가 반복되면단 한 번의 완전한 시행도 하지 못하고 차기 교육과정을 개정해야만 한다. 당국에서는 향후 교육과정의 상시 개정 체제 도입을 천명하고, '2007년 개정 교육과정'에서 이를 도입하였지만, 근래 현행 교육과정의 개정 시안을 만들고 공청회를 개최하는 등 움직임은 이러한 역기능을 반증하는 것이다. 특히, 우리나라에서 초·중·고교 각 학교급을 망라하여, 시행 1차 연도에 초등학교 제1·2학년, 2차 연도 초등학교 제3·4학년과 중학교 제1학년, 3차 연도 초등학교 제5·6학년과 중학교 제2학년, 고등학교 제1학년, 4차 연도 중학교 제3학년, 5차 연도 고등학교 제2·3학년 등 연차적으로 시행하는 제도도 재검토해보아야 할 것이다. 국민공통기본교육과정은 통합과 연계가 핵심인 만큼 전 학년 동시 실행·적용을 신중하게 고려해야 할 것이다. 이제 그러한 전향적인 교육과정 정책·행정이 실현되어야만 할 것이다. 2011학년도부터 적용 중인 2009 개정 교육과정도 그 맥락은 대동소이하다.

3. 한국의 사회과 교육과정 개발 접근 방법

1) 민주적 참여와 맥락성 회복

일반적으로 교육과정 개발에서 의사결정의 성격과 기반은 숙의(deliberation)와 합의(agreement)이다(이혁규, 2003: 163). 그럼에도 불구하고 우리나라 교육과정 개발·개정 절차는 전문성과 민주성을 담보하지 못하고 있다. 특정한 전문성과 민주성을 특권화하고 수단 목적적·기계론적 비유에 의해서 설계된 개발 과정에 따르고 있는 것이다. 광범위한 의견 수렴과 절차적 진행보다는 소수에 의한 협소한 추진이 반복되고 있는 실정이다.

모름지기 사회과 교육과정 연구 개발은 실행 연구적 접근과 체제론적 접근에 따라야 한다. 실행 연구는 실천지(實踐知)와 새로운 성찰(省察), 참여적 연구, 탐구의 과정 등을 중시한다. 실제 교육과정 연구와 개발에서 실행 연구의 아이디어를 진지하게 고려하려면, 비민주적 독단과 정치권력의 개입, 그리고 권위화된 학문적 전문성을 극복하고 전문성과 민주성의 담보, 이론과 실천의 병행, 문서 교육과정과 실천 교육과정의 조화 등이 실행되어야 할 것이다.

사회과 교육과정 개발은 맥락성을 수반하므로, 기계론적 비유가 아니라, 유기체적 은유를 지향하여야 한다(이혁규, 2003: 164). 단선적인 접근이 아니라 네트워킹적인 상호작용으로 접근하여야 한다. 교육과정 개발의 체제적 사고는 수많은 요인들이 상호작용을 하면서 역동적으로 변화하는 교육과정의 의사결정 과정의 국면을 개념화하고, 이에 기반하여 현실의 문제를 개선하여야 한다. 체제적 사고는 상당히 오랜 기간 이론적 변화 과정을 거쳐서 오늘에 이르고 있다. 체제론적 접근의 네 범주는 과정 체제, 구조 체제, 의미 체제, 지식·권력 체제 등이다. 이러한 체제론적 접근을 우리나라 교육과정 개발에 적용한다면, 교육과정 문제 상황을 개선할 수 있는 유용한 개념의 틀을 추출할 수 있을 것이다.

교육과정의 현실적 개선을 위해서 관련 주체들의 민주적이고 참여적인 개입을 중시하는 실증 연구적 안목과 상호 유기적 연관성을 강조하는 체제적 접근의 아이디어에 관심을 갖는다면, 교육과정 의사결정 체제의 맥락성을 회복하고 교육의 본질 회복에 기여하게 될 것이다.

2) 합의된 교육과정의 개발

사회과 교육과정의 민주성을 담보하기 위해서는 개발과 실행의 전 과정이 투명하고 민주적으로 이루어져야 한다. 사회과 교육과정 의사결정 과정에서 여러 사회적 이해관계자의 정당한 자기 목소리를 수용하는 합의적 특성 및 참여자들의 연구와 공동 협의 과정을 통해 조절되고 간주관성을 확보해가기 위해서는 교육과정 개발의 의사결정 민주성 담보, 숙의적 전문성 확보, 교육과정 문서의 실효성 확보, 주기적 국가 교육과정 개발·보급 등에 대해서 숙고해보아야 할 것이다. 이러한 점을 기반으로 하여 향후 바람직한 교육과정 개발에서 고려할 점을 제시하면 다음과 같다.

첫째, 국가 수준 교육과정의 내용이 폭과 깊이를 어느 정도로 해야 하는가를 고려해야 할 것이다. 우리나라 교육과정은 교육적 인간상에서부터 편제, 성격, 목표, 내용, 교수·학습 방법, 평가 등에 이르기까지 모든 것을 담고 있다. 따라서, 학습 내용과 학습 방법도 성취 기준을 중심으로 망라되어 있다. 그렇기 때문에 지역 교육청, 학교, 교사들의 자율성·창의성이 개입될 여지가 별로 없는 실정이다. 교육과정의 상세화가 지나쳐서 대강화를 간과하고 있는 것이다.

미래 사회에 부응하는 교육과정을 개발하기 위해서는 교육과정(curriculum)과 교육과정의 틀(curriculum framework) 개념을 구분하여야 한다. 국가 수준의 교육과정 문서는 교육과정의 기본이 되는 기본 원칙과 초·중·고등학교의 대체적인 방향과 틀만을 제시하여야 한다. 그래야만, 이 최소의 기준을 바탕으로 하여 교육과정의 다양성, 자율성, 창의성이 발휘될 수 있다. 가령, 사회 발전과 시대 변화의 패러다임(paradigm) 속에서 범위와 경계만을 제시한 국가 수준 교육과정 속에서 지역에 따른 공모 형식을 거친 복수의 교육과정 도입 등이 모색되어야 할 것이다.

둘째, 교육과정 문서 구성 형식에서 총론과 각론의 명확한 구분 문제이다. 교육과정이 총론과 각론으로 이분화되어 나타나는 의사결정의 왜곡 문제를 해결하기 위해서는 전면 개정과 부분 수정의 개념을 도입하여 총론과 각론의 관계를 분석적으로 구조화할 필요가 있다.

현대 교육과정에서 굳이 총론과 각론을 구분하여 제시해야 하는가도 고려해보아야 한다. 궁극적으로는 총론과 각론의 구분을 해체, 통합하는 방법도 고려하여야 한다. 총론과 각론을 통합했을 때의 문제점도 없지는 않으나, 오히려 분리했을 때의 문제점이 더 많다는 점을 간과해서는 안 된다.

교육과정 개발자들은 자신들이 별로 중요하지 않다고 생각하는 것의 개혁을 강요당해 온 측면이 있다. 반대로 이러한 구조적인 조건을 자신들이 성실하게 직면하여 개선하여야 할 교과교육과정의 내부 문제를 방치하는 수단으로 활용한 감도 없지 않다.

셋째, 교과교육과정의 문서도 전면 제정 형식에서 부분 개정 형식으로 바뀌어야 한다. 현재 대체로 교육과정 개정·개발은 5~10년 주기로 개정되고 있다. 사회과 역시 주기에 따라 교과의 성격과 목표를 다시 기술한다. 개정되는 교육과정에 따라 매번 비슷한 교과의 성격과 목표 등이 수정되어 기술되는 것이다. 물론 획기적으로 새로운 내용은 없다. 단지 개정하라고 하니까 다시 기술(記述)되는 것이다. 그러다 보니 교육과정마다 사회과의 성격과 목표는 대동소이(大同小異)하다. 그저 논점이 절충주의적이고 미사여구(美辭麗句)가 본질을 감싸고 있을 뿐이다. 한마디로 교육과정이 미학적 연성 문서화되고 만 것이다(이혁규. 2003: 168 - 169).

앞으로는 교육과정 개발의 많은 부분이 관련 집단의 치열한 논의가 반영된 소위 경성 문서화되어야 할 것이다. 그 의미 역시 법적 문서처럼 명료하여야 한다. 그래야만, 현행처럼 교육과정 개정 시마다 교육과정 전체를 송두리째 바꾸는 방식을 방지할 수 있다. 나아가 교육과정을 논쟁과 고민이 집대성된 의미 있는 계획으로 만들 수 있을 것이다.

넷째, 교육 공동체, 학교 공동체 구성원 모두의 참여를 통한 교육과정 개발이 보장되어야 할 것이다. 다양한 집단, 조직 및 관련 인사들의 참여를 바탕으로 한 교육과정이 개발되어야 한다. 현재까지 우리나라 교육과정 개정·개발에서의 비판과 지적의 핵심은 소수정예주의를 지향하여 온 점이다. 사회 발전과 시대 변화에 부응하여 최대한 다수의 집단, 조직 및 사람들의 요구와 기대를 수용하여 교육과정을 개정, 개발하여야 함에도 불구하고 개발 과정에 소수의 관련 집단, 조직, 인사들만이 참여해온 것이 관행이었다. 그러나 보니 교육과정 개발 과정에 불만을 품은 이해당사자와 학회 등은 여론 조성, 언론 플레이, 로비 등 비공식적·정치적 활동을 통해서 영향력을 행사하려고 하였다.

아울러, 모든 교과가 마찬가지이지만, 사회과의 배경을 이루는 사회과학의 학문 집단 간의 관계는 협조적이기보다는 상호 배타적 경향이 있는 것이 사실이다. 사회과의 진정한 발전과 변화를 모색하기 위해서는 이러한 비생산적 논의 구조의 재구조화가 필요하다. 특히, 일반사회 교육학계, 역사 교육학계, 지리 교육학계의 명망 있는 학자들이 대표성을 갖고 참여할 수 있도록 예산과 인력 등이 충분하게 지원되어야 할 것이다.

다섯째, 교육과정과 현장과의 관계 재정립이 필요하다. 현행 교육과정에서 교육과정의 이론적 지향과 학교 현장의 괴리는 매우 크다. 여러 가지 제도적·행정적 문제의 해결도 선행되어야 한다.

원칙적으로 교과교육과정의 본질상 사회과의 통합을 주장하지만, 교사는 분과로 양성하고 있어서, 상치 교사(相馳 敎師)가 증가하고 있으며, 현장의 상황에 대한 충분한 검토도 없이 새로운 실험과 정책을 남발하는 등 관념적 교육과정 개발과 적용이 사라져야 할 것이다. 분명히 교육과정은 현장의 실행을 중심으로 개정·개발되어야지, 이론적 이상에 치우친 탁상공론으로는 소기의 목적을 거둘 수 없는 것이다. 사회과교육의 분과와 통합은 매우 미묘하고도 지난(至難)한 과제임에 틀림없으나, 교육 현실 및 학교 현장의 실정을 바탕으로 교육공동체 모두의 숙고와 합의를 통한 운영의 융통성과 탄력성이 요구되는 것이다.

4. 한국의 사회과 교육과정 개발의 실제

전통적으로 한국의 교육과정 개발 체제와 절차는 중앙 집중형·집권형이었다. 지역 분산형·분권형인 학교교육과정이 강조된 것은 1990년대 초인 제6차 교육과정 때부터이다. 사실, 제7차 교육과정 이후, 과거보다 많이 시·도 교육청, 지역 교육청, 단위 학교에 교육과정 개발, 편성, 운영, 실행 권한이 위임·이양되었지만, 아직도 교육과학기술부 등 중앙의 권한이 절대적이다. 학교 수준 교육과정보다 국가 수준 교육과정이 강조되는 이유이기도 하다.

그러므로 시대 변화와 사회 발전에 따라 '위에서부터 아래로의 교육과정' 개발·실행에서 탈피하여 '아래로부터 위로의 교육과정' 개발·실행으로 교육과정의 개발 체제가 혁신되어야 할 것이다. 현재, 한국의 교육과정 개발은 중앙인 교육과학기술부에서 국가 수준의 교육과정의 개발하여 고시(告示)하면, 광역(시·도) 교육청에서 편성·운영 지침(指針)을 내리고, 지역(시·군·구) 교육지원청에서 장학 자료를 제공하며, 단위 학교에서 편성·운영하는 체제이다.

한국의 사회과 교육과정은 그동안 아홉 차례의 개발·개정 과정을 거치면서, 독자적인 교과교육과정의 개발 성격보다는 총론과 각론을 포괄하는 전면적 교육과정 개발에서의 하나의 교과로서 기능을 수행하여 왔다. 즉, 특성화된 교과교육과정으로의 개발보다는 교육과정 전체적 흐름 속에서 개발되어 왔다. 한국의 사회과 교육과정 개발의 체제를 현행 제7차 교육과정을 중심으로 고찰하면 다음과 같다.

현행, 제7차 교육과정은 ⓐ 신 교육체제 수립 교육개혁 방안 보고(교육개혁위원회) → ⓑ 교육과정 개발 기본 계획 수립 → ⓒ 기초 연구, 총론 개발 → ⓓ 합동 세미나, 공청회 등 개최 → ⓔ 총론 시안 검토·수정 → ⓕ 총론 개정안 확정 → ⓖ 각론 연구 개발 계획 수립 → ⓗ 각론 연구 개발 → ⓘ 각론 시안 검토·수정 → ⓙ 종합 심의 및 정리 작업 → ⓚ 개정안 보고 → ⓛ 교육과정 고시(告示) 등의 체제와 절차를 거쳐서 확정되었다.

아울러, 제7차 교육과정은 1994년 발족한 '교육개혁위원회' 내에 1995년 '교육과정특별위원회'를 설치하여 교육과정의 골격을 만들었는데, 1996년 '초·중등학교 신교육과정'의 개혁 방안을 대통령에게 보고하였다. 즉, 제7차 교육과정은 교육개혁위원회의 신교육을 위한 교육 개혁 차원에서 개발된 것이다(이경환 외. 2002: 154-156).

교육개혁위원회로부터 '초·중등학교 교육과정 개혁안'을 보고받은 교육부는 한국교육개발원(KEDI)에 제7차 교육과정 개발을 위한 기초 연구 및 총론 개발 시안 개발을 위탁하였는데, 연구 위탁 과제와 연구팀은 '현행 교육과정의 분석·평가 연구(교육과정연구회·연구개발팀장 김재복)' 등 8 과제(팀)이었다. 이후, 교육부는 총론 개발 시안 연구기관과 여러 차례의 협의회, 세미나, 공청회, 심의회 등을 개최하여 1997년 2월 교육과정 총론을 확정하였다.

한편, 교육부는 총론이 최종 마무리되던 시기인 1996년 12월 각론 개발 계획을 수립하고 14개 기관에 교육과정 각론 개발을 위탁하였다. 초등학교의 각론은 20개 연구기관(팀)에 위탁하였고, 중학교 각론은 19개 연구기관(팀)에게 각각 위탁하였는데, 사회과 교육과정은 초·중등 함께 한국교원대학교(연구 개발 책임자 김일기)에 위탁·개발하였다(함종규, 2006: 682-683).

한국교원대학교에서는 사회과 교육과정 개발을 위탁받자 '사회과 교육과정 개발연구위원회'를 조직하고, 전체 연구진 협의회, 교과목별협의회를 구성하였다. 국민공통기본교과인 사회과 연구진은 초등 분과, 중등 분과, 국사 분과 등으로 구분하여 연구하였는데, 국사 분과 연구 개발은 별도로 국사편찬위원회에 재위탁하였다. 선택 교과 연구는 지리 소분과, 일반사회 소분과, 역사 소분과, 일반선택 과목(인간 사회와 환경) 소분과, 환경(중학교 선택 과목) 소분과 등 5개 소분과연구위원회를 조직하여 세부 연구를 진행하였다. 그리고 연구 결과를 1997년 10월 '1997년도 교육부 위탁연구과제 답신보고서'로 교육부에 보고하였고, 교육부에서는 1997년 12월 제7차 교육과정을 확정하여 고시하였다.

<표 4-6>은 제7차 교육과정 개발 사례로 본 한 한국 교육과정 개발 체제 및 과정을 종합한 것이다(소경희. 2006: 10-11). 한국의 교육과정 개발은 일반적으로 위탁기관에게 개발을 의뢰하여 연구, 개발하는 체제를 취하고 있다. 그 과정에서 각종 세미나, 공청회, 토론회 등 모임을 수차례 진행하고 시안을 심의한다. 아울러 시안에 대한 연구학교를 지정하여 미리 현장 적용을 해본 후 개정안을 확정한다. 각론은 교과별로 별도의 연구기관, 대학교의 개발팀(연구개발위원회 등) 등에 위탁하는 체제로 운영하고 있다.

<표 4-6> 한국의 교육과정 개발의 세부 체제 및 과정(2007년 개정 교육과정)

개발 체제(과정)	시기	담당	비고
• 교육과정 개정 기초 연구 - 초·중등학교 총론, 국민공통기본교과 - 기타계고, 전문계고	2004~2005	평가원 직업개발원	• 신 교육과정 체계 구안 - 한국교육과정평가원 - 한국직업능력개발원
• 교육과정 개정 시안 연구·개발 - 초·중등학교 총론, 국민공통기본교과 ('05-14과제) 중·고 선택과목('06-39과제) - 전문 교과('06-13과제)	2005~2006 2006	평가원 직업개발원	• 위탁기관: 한국교육과정평가원 • 위탁기관: 한국직업능력개발원
• 교육과정 개정 시안 제1차 공청회 - 연구개발된 초·중등학교 총론, 국민공통 기본교과(14개 교과) - 초·중등학교 총론, 교과(영역)교육과정 등	2005.11~12	평가원	• 장소: 한국교육과정평가원
• 교육과정 개정 시안 현장 적합성 검토 - 총론, 국민공통기본교과('06.4~10), 선택 과목('06.9~10) - 한국교육과정평가원 홈페이지 활용 - 한국직업능력개발원 홈페이지 활용	2006.4~10	학교 현장	• 검토학교: 3,760개 교 • 교과교육연구회: 37개 회 • 교육과정·교과서발전협의회 • 한국교육과정평가원 홈페이지 (KICE) • 한국직업능력개발원 홈페이지 (CUTIS)
• 교육과정 개정 시안 제2차 공청회 - 초·중등학교 교육과정 총론, 국민공통 기 본교과, 선택·전문교과 등 - 교과(영역)별로 실시	2006.12~2007.1		• 장소: 한국교육과정평가원
• 각계각층 여론 수렴 협의회('07.1.31) - 교육과정 개정 사항에 대한 각계각층의 폭 넓은 여론 수렴 - 학부모 단체, 교육 단체, 교육관련 시민단 체 대표, 전문가 등 참석	2007.1.31	직업개발원	• 장소: 한국교육과정평가원
• 각론 연구 개발(사회과 포함) - 교과별 기초연구 및 각론 연구 개발 - 교과별 협의회 운영 - 각종 조정 워크숍 - 교과별 세미나(공청회)	2004.9~2007.2	평가원 직업개발원	• 장소: 한국교육과정평가원 • 각 각론 분과별 시행
• 교육과정 심의회(사회과 포함) - 교육과정 총론, 각론의 심의본에 대한 심 의회 소위원회 - 교육과정 총론, 각론의 심의본에 대한 심 의회 운영위원회	2004.9~2007.2	평가원 직업개발원	• 장소: 한국교육과정평가원 • 개발 장소: 각 각론 분과별 장소
• 개정안 보고 • 2007년 개정 교육과정 고시 (교육인적자원부 2007-79호)	2004.9~2007.2 2007.2.28	교육부	• 총체적 일괄 고시

	2009.3~2013.3	교육과학 기술부	• 연차적 적용 • 수학과, 영어과 교육과정은 2006.8 　고시
※2007년 교육과정 적용(사회과 등) ① 2009.03: 1~2학년(초1~2년) ② 2010.03: 3~4학년(초3~4년), 7학년(중1년) ③ 2011.03: 5~6학년(초5~6년), 8학년(중2년), 　　　　　10학년(고1년) ④ 2012.03: 9학년(중3년), 11학년(고2년) ⑤ 2013.03: 12학년(고3년) ※2007년 교육과정 적용(수학과, 영어과) ① 2009.03:1~2학년(초1~2년), 7학년(중1년), 　　　　　10학년(고1년) ② 2010.03: 3~4학년(초3~4년), 8학년(중2년), 　　　　　11학년(고2년) ③ 2011.03: 5~6학년(초5~6년), 9학년(중3 　　　　　년), 12학년(고3년)			

출처: 김진숙, "2007년 개정 교육과정의 주요 내용 및 특성", 한국교과서연구학회지, 2007: 68-69.
교육과학기술부, 『초등학교 교육과정 해설(Ⅰ)』, 2008: 94-96.

[그림 4-7]은 우리나라 국가 수준 교육과정 개발 과정을 나타낸 것이다. 우리나라 국가 수준 교육과정 개발은 대체적으로 기초 연구는 교육인적자원부에서 한 후, 총론 및 각론은 각 연구기관, 대학 등에 위탁 개발하는 체제를 취하고 있다. 아울러, 총론 연구·개발위원회에서 총론을 개발한 후, 이를 바탕으로 각과 교육과정인 각론을 개발하고 있다. 그리고 각론이 개발되면, 이를 바탕으로 교과서 개발과 일선 보급을 위한 교원 연수 등을 통하여 전국 각급 학교에 적용하고 있다.

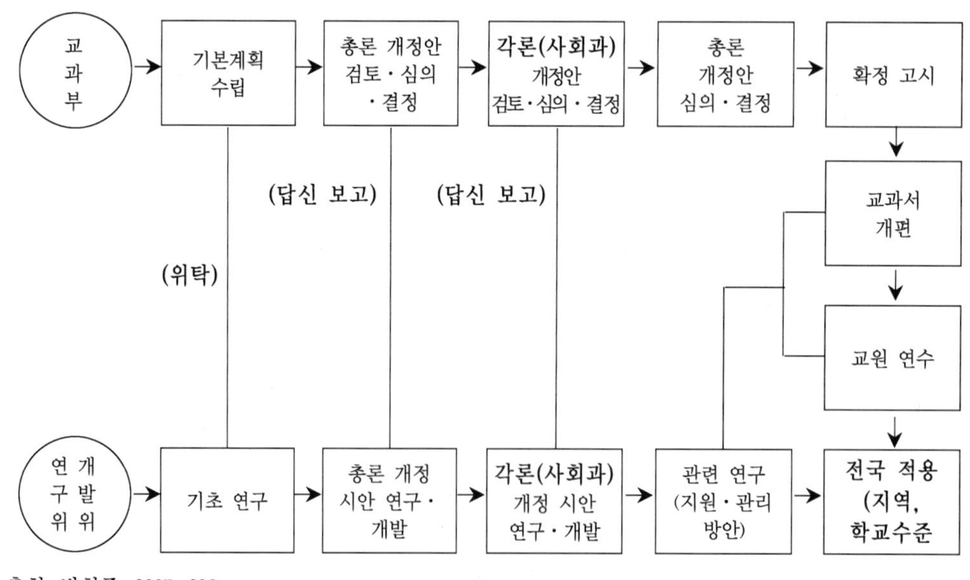

출처: 박현주, 2007: 230.

[그림 4-7] 한국 국가 수준 교육과정 개발 과정

한편, <표 4-7>은 한국교원대학교(사회과 교육과정개정위원회)에 위탁 개발된 2007년 개정 사회과 교육과정의 개발 절차를 요약한 것이다. 표에 제시된 것처럼 각론인 사회과 교육과정 개발에 연구진 협의회 4회, 협의회 4회, 전체 연구진 회의 2회, 공청회 1회, 심의 회의 1회 등을 거쳐서 완료되었고, 그 기간도 6개월 정도이다. 교육과정 총론이 1년 정도 걸린 데 비하여, 각론 개발은 기간이 짧아 졸속 개발될 우려가 있는 교육과정 개발 체제라고 볼 수 있다.

〈표 4-7〉 2007년 개정 교육과정의 개발 절차(과정)

추진 내용	시기·일자(요일)	담당	비고
○교육과정 개정 기본 계획 수립 −관계 전문가와의 협의 및 종합 검토 −실무 작업반 구성·운영 −기본 계획 수립, 결재 −개정안 연구 개발 위탁	2003 이전	교육인적자원부	
○교육과정 수시 개정 체제 도입 계획 발표	2003.10	교육인적자원부	
○교육과정 개정 요구 수렴 −교육과정·교과서 발전 협의회 운영 −교육과정·교과서 정보서비스 홈페이지 구축	2004.1~2006.12 2005.9~2006.12	교육인적자원부	○정부 시관 및 비정부기관 교육과정·교과서 개편 요구 ○교육과정 개정 요구 및 의견 수렴
○교육과정 개정 요구안 검토	2005~2006	교육과정심의회	
○초·중등학교 교육과정 총론과 교과별 교육과정 및 유치원 교육과정의 실태 분석, 개선방안 추진	2004.8~12	한국교육과정평가원	○14개 과제
○교육과정 수시 개정 체제 활성화 방안 발표	2005.2.25	교육인적자원부	
○전문계 및 기타계 전문 교과, 특수학교 교육과정 실태 분석 및 개선 방안 연구 추진	2005.4~12	한국교육과정평가원 한국직업능력개발원 국립특수교육원	
○초·중등학교 교육과정 총론과 국민공통기본 교과 교육과정 개정 시안 개발 연구	2005.4~12	한국교육과정평가원	○14개 과제 ○한국교육과정평가원 내에 '교육과정 개정연구위원회' 설치·운영
○초·중등학교 교육과정 총론과 국민공통기본 교과 교육과정 개정 시안 공청회	2005.11~12	한국교육과정평가원	
○초·중등학교 교육과정 총론과 국민공통기본 교과 교육과정 개정 시안 현장 적합성 검토	2005.4~5	교육인적자원부 한국교육과정평가원	○전국 총 3,760개 학교 교사 참여, 전국 단위 교과연구회 37개 참여, 교육과정·교과서 발전협의회 참여, 정부 부처 및 위원회 ○교육인적자원부, 교육과정·교과서 정보서비스 홈페이지 활용 각계각층 의견 수렴

내용	시기	주관	비고
○영어·수학 수준별 교육과정 개정 시안 심의회	2006.5~7	교육과정심의회	
○영어·수학 수준별 교육과정 개정 시안 수정·보완	2006.6	한국교육과정평가원	
○영어·수학 수준별 교육과정 개정 시안 공청회	2006.7.14	교육인적자원부	
○영어·수학 수준별 교육과정 개정 고시	2006.8.29	교육인적자원부	
○고등학교 선택과목 및 전문 교과교육과정 개정 시안 현장 적합성 검토	2006.9~10	교육인적자원부 한국교육과정평가원	○전국 총 3,760개 학교 교사 참여 ○교육인적자원부, 교육과정·교과서 정보서비스 홈페이지 활용 각계각층 의견 수렴
○유치원과 특수학교 및 중·고등학교 선택과목과 전문 교과교육과정 개정 시안 개발 연구	2006.4~12	한국교육과정평가원	○39개 과제 ○한국교육과정평가원 내 '교육과정개정 연구위원회' 설치·운영
○초·중등학교 교육과정 개정 시안 수정·보완 연구	2006.4~12	한국교육과정평가원	○13개 과제 ○교육과정 총론 개정 시안 개발 참여자(연구진 8명, 교과전문가 50명, 연구 협력진 128명, 초·중·고교 교사 186명, 총 372명)
○초·중등학교 교육과정 개정 시안 토론회	2006.12~2007.1	교육인적자원부	
○교육과정 개정 시안 작성을 위한 집중 검토 회의	2007.1.24~25	교육인적자원부	
○교육과정 개정안 심의	2007.1~2	교육과정심의회	
○2007년 개정 교육과정 확정 고시	2007.2.28	교육인적자원부장관	
○2007년 개정 교육과정에 따른 교과서 개발	2007.3		○학교급별, 학년별 교과서 연차별 개발 및 교과서 상시 검정 체제
○유치원 교육과정 개정 시안 현장 적합성 검토	2007.6~8	교육인적자원부 한국교육과정평가원	
○2007년 개정 교육과정해설서 연구 개발(국민 공통기본교육과정)	2007.4~9	한국교육과정평가원	○15개 과제
○유치원 교육과정 개정안 심의회	2007.9.14	교육인적자원부	
○유치원 교육과정 고시	2007.12.19	교육인적자원부장관	
○특수학교 교육과정 고시	2008.2.26	교육과학기술부장관	
○2007년 개정 교육과정해설서 연구 개발(선택 중심교육과정)	2008.4~9	한국교육과정평가원	
○2007년 교육과정 적용 -2009.3: 초1·2 -2010.3: 초3·4, 중1 -2011.3: 초5·6, 중2, 고1 -2012.3: 중3, 고2 -2013.3: 고3	2009.3~2012.3		○연차적 적용, 실행

○수학, 영어 교육과정 적용 (2006.8. 고시) - 2009.3: 초1·2, 중1, 고1 - 2010.3: 초3·4, 중2, 고2 - 2011.3: 초5·6, 중3, 고3	2009.3~2012.3		○연차적 적용, 실행

아울러, 미래의 사회과 교육과정은 교육과정의 지역성과 통합성을 더욱 강조한 바탕 위에서, 교육과정의 상시 개정 체제를 도입, 일반화될 것이다. 실제 2007년 2월 28일 제2007-79호로 고시한 교육과정은 제8차 교육과정이란 명칭을 사용하지 않고 공식적으로 '2007년 개정 교육과정'으로 명명(命名)하였다. 그리고 앞으로는, 현재와 같이 일정한 기간을 운영한 후, 일률적·총체적으로 개정하여 일제히 다시 적용시키는 중앙 집중적 개발 및 적용 체제를 배제하고, 교육과정의 개정·개발·부분 수정 권한을 대폭 지역과 학교에 위임하여, 지역과 단위 학교의 실정에 맞도록 개정·개발하여 적용하도록 교육과정 개발 체제를 획기적으로 개선할 계획이다.

전통적으로 우리나라 사회과 교육과정의 개발·개정은 국가·사회적인 요구에 부응해서 이루어져 온 것이 사실이다. 따라서, 학교 현실 즉, 학교가 지니고 있는 독자적인 분위기나 상황에 대한 고려가 부족하였으며, 교육은 국가·사회적 요구에 부응해야 한다는 명분으로 교육과정 개발 과정에서 중앙 집중적인 경향을 띠었던 점을 지적할 수 있다.

특히, 교육과정 개발에 참여하는 인사들의 폭과 인원수 등을 고찰해 보면, 교육과정 개발자, 교육행정가, 교사, 학자, 학교 행정가 및 교육전문직 등이 주로 참여하고 있다. 학교 현장에서 실제 학교 교육과정을 편성·운영하는 현장 교사들의 참여 폭이 좁고, 출판 관계자, 교육과정 전문가, 학부모 등의 참여도 미미한 실정이다. 따라서 사회 각계각층의 요구를 적절히 수렴하지 못하고 있으며, 교육과정 개발에 참여하는 인사들의 성향이 교육과정 결정에 결정적 영향을 미치고 있는 것이다.

〈표 4-8〉 2009 개정 교육과정의 법령적 근거(한국)

법령	조항	법령적 근거 내용
헌법	제31조 제①,②항	① 모든 국민은 능력에 따라 균등하게 교육을 받을 권리를 갖는다. ② 교육의 자주성, 전문성, 정치적 중립성 및 대학의 자율성은 법률이 정하는 바에 의하여 보장된다.
교육기본법	제3조	[학습권] 모든 국민은 평생에 걸쳐 학습하고 능력에 따라 교육을 받을 권리를 가진다.
초·중등 교육법	제23조 제①,②, ③항	[교육과정 등] ① 학교는 교육과정을 운영하여야 한다. ② 교육과학기술부장관은 제1항의 규정에 의한 교육과정의 기준과 내용에 관한 기본적인 사항을 정하며, 교육감은 교육과학기술부장관이 정한 교육과정의 범위 안에서 지역의 실정에 적합한 내용을 정할 수 있다. ③ 학교의 교과는 대통령령으로 정한다.
초·중등교 육법시행령	제43조 ①,②항	① 초등학교의 교과는 국어, 도덕, 사회, 수학, 과학, 실과, 체육, 음악, 미술 및 외국어(영어)와 교육과학기술부장관이 필요하다고 인정하는 교과 ② 중학교와 고등학교의 교과는 국어, 도덕, 사회, 수학, 과학, 기술·가정, 체육, 음악, 미술 및 외국어(영어)와 교육과학기술부장관이 필요하다고 인정하는 교과

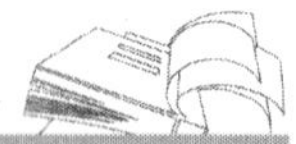

1. 일반적인 교육과정의 개념과 수준에 대하여 설명해보시오.

2. 국가 수준 교육과정, 지역 수준 교육과정, 학교 수준 교육과정 등을 한국 교육과정 행정 제도의 관점에서 논해보시오.

3. 교육과정 개발에서 요구 사정(need assessment)이 반드시 필요(중요)한 이유에 대하여설명하시오.

4. 교육과정 개발의 원리를 열거하고 각각의 특징에 대하여 설명해보시오.

5. 사회과 교육과정의 유형인 교과 중심 사회과 교육과정, 경험 중심 사회과 교육과정, 학문 중심 사회과 교육과정, 반성적 탐구형 사회과 교육과정 등으로 구분하고 각각의 특징에 대하여 기술하시오.

6. 사회과 교육과정 개발의 대강화(大綱化)와 상세화(詳細化)를 비교하여 설명하시오.

7. 한국의 사회과 교육과정의 체제(System)에 대하여 비판적 입장에서 접근하고 이를 기술해보시오.

8. 한국의 사회과 교육과정 개발의 긍정적 측면과 부정적 측면을 비교하여 설명해보시오.

9. 사회과교육과 사회과 교육과정에서 이념적 중립성이 담보되어야 하는 이유를 설명해보시오.

10. 학문 중심형 사회과 교육과정을 1960~1970년대 신사회과(new social studies)와 견주어 논해보시오.

제 **5** 부

사회과 교육과정의 내용

학습목표

1. 사회과 교육과정의 내용 선정과 조직 방법에 대해서 이해한다.
2. 사회과 교육과정의 내용 구조에 대해서 이해한다.
3. 2009 개정 사회과 교육과정의 내용 체계에 대해서 두루 이해한다.
4. 사회과 교육과정 학년(군)별 내용의 주제를 알고 강조점에 대해서 이해한다.
5. 사회과 교육과정의 조직 유형인 교과중심 교육과정, 경험중심 교육과정, 학문중심 교육과정, 인간중심 교육과정 등의 특징에 대해서 이해한다.
6. 사회과 통합 교육과정의 조직과 방법에 대해서 이해한다.
7. 사회과 교육과정의 내용 탐구하는데, 특히 사회과 교육과정 내용과 지식, 사고, 기능 등에 대해서 탐구한다.

핵심개념

1. 사회과 교육과정의 내용 선정, 사회과 교육과정의 내용 조직, 범위(scope), 계열성(sequence)
2. 사회과 교육과정의 내용 구조, 사회과 교육과정 내용 선정의 원리, 사회과 교육과정 내용 조직의 원리, 지역(환경) 확대법, 핵심 지식 접근법, 동심원적 확대법, 나선형식 교육과정
3. 사회과 교육과정의 조직 유형, 교과중심 교육과정, 경험중심 교육과정, 학문중심 교육과정, 인간중심 교육과정
4. 사회과 통합 교육과정, 간학문적 통합, 다학문적 통합, 다학문적 통합
5. 사회과 교육과정의 개발, 사회과 교육과정 개발의 쟁점, 중앙집중형 개발, 지방분권형 개발
6. 사회과 교육과정과 내용, 사회과 교육과정과 지식, 사회과의 지식, 사고, 기능의 관계

제1장 | 사회과 교육과정의 내용 일반

1. 사회과 교육과정 내용 선정과 조직

1) 사회과 내용 선정의 관점

일반적으로 사회과 교육과정의 내용 선정의 기준은 학문적·철학적 측면, 사회적·국가적 측면, 그리고 학습 주체인 학생들의 심리적·발달적 측면 등이 두루 고려되어야 한다. 이와 같은 제 측면별로 사회과 교육과정 내용 선정에서 핵심적으로 고려해야 할 기준을 요약하면 다음과 같다(김재복 외, 1997: 436-437).

(1) 학문적·철학적 관점(기준)

사회과의 철학적 기초는 교육과정이 그 사회가 궁극적으로 지향하고 있는 이상이나 이념, 가치체계를 기초로 하고 있어야 한다는 것을 의미하는 것이다. 우리나라 사회과교육의 철학적 기초는 한국의 전통 사상이라고 할 수 있는 인간 존중 사상과 홍익인간, 경천애인 사상 등 여러 가지를 바탕으로 구성되어야 한다는 것을 예로 생각할 수 있다. 실용주의 교육사상과 관념주의 또는 이상주의 교육사상 등도 철학적 기초로 논의될 수 있다. 학문적 관점은 사회과교육을 이루는 다양한 교과내용학의 배경을 중심으로 한 내용 선정을 고려해야 한다는 관점이다.

이처럼 여러 가지 시각과 관점에서 논의될 수 있겠지만, 오늘날 우리나라의 사회과에서 가장 기본적으로 고려되어야 할 방향은 민주주의적인 이념이라고 할 수 있을 것이다. 민주적인 교육에서는 무엇보다도 인간의 존엄성을 높이 평가한다. 어떠한 경우에도 인간은 목적으로서 존중되어야지 다른 목적을 달성하기 위한 수단이 되어서는 안 된다. 인간 그 자체로서 그 무엇보다도 존엄하고 소중한 존재이기 때문이다. 민주적 교육에서는 자유와 평등을 보장하려고 한다. 언론, 집회, 종교, 거주이전 등 국민의 기본권이 보장되어야 하고, 성별, 종교, 부모의 사회적 지위 등에 따라서 차별을 받아서는 안 된다.

또한 민주적 교육에서는 개인차가 존중되고 자율적으로 책임을 완수하도록 하는 것이 강조된다. 모든 사람은 다양한 개성과 능력을 가지고 있다는 전제에서 교육이 시작되어야 하며, 타인의 강제에 의해서 행동하는 것보다도, 자기 자신의 자율성을 바탕으로 행동하는 능력을 길러주는 것을 교육의 기본방향으로 해야 할 것이다. 토론능력과 협동적인 태도를 중요시하는 것 역시 민주주의적인 철학에서 당연히 나오는 것이라고 할 수 있다. 오늘날 우리나라의 사회과교육은 이러한 방향에 어긋나도록 계획되거나 추진되어서는 안 될 것이다.

1980년대 이후 세계적으로 관심을 끌고 있는 비판적 교육학의 이론은 과거의 관료주의적 획일주의, 실증주의와 기능주의, 자본주의적 무한경쟁에서 오는 빈부격차 등을 예리하게 비판하고 있다. 비판적 교육학자들은 개인의 다양성, 고통으로부터의 해방, 개인에게 의미 있는 생활, 획일적인 기준에 의한 가치의 배척 등을 강력하게 주장하면서 학교에서는 지식을 주어지는 것으로 가르치지 말고 지식에 대해서 생각할 수 있는 능력을 길러주는 것이 교육의 본질이 되어야 한다고 보고 있다. 비판이론으로 알려지고 있는 이러한 주장은 사회과교육의 기본방향을 정하는 데 있어서 많은 시사점을 주고 있다(차경수 외, 1995: 31-91).

사회관은 민주시민의 자질로 필요하다고 인정되는 모든 내용을 취사선택(取捨選擇)하여 통합하고, 순수 사회과학자, 교육학자, 교육행정가, 교원, 학부모 등 다양한 집단들의 요구, 조사를 거쳐서 내용을 선정한다(정문성 외, 2008: 44-45).

첫째, 널리 합의된 역사학, 지리학, 정치학, 경제학, 사회학, 법학, 문화인류학, 윤리학, 심리학 등 제 사회과학의 기본적 아이디어와 탐구 방법을 선정한다.

둘째, 사회사상(社會事象), 사회현상의 다면적·다차원적 고찰을 위해 통합적인 관점이 드러나는 내용으로 우선 선정한다.

(2) 사회적·국가적 관점(기준)

사회적·국가적 관점의 기반은 교육과정이 사회의 여러 가지 상황과 요구에 적합하게 구성되어야 한다는 것을 의미하는 것이다. 농업사회에는 농업사회에 적합한 교육이 실시되어야 하고, 산업사회에는 그러한 환경에 적합한 교육이 실시되어야 한다는 것은 너무나 당연하다. 지식정보 사회 역시 지식정보 사회에 적합한 교육이 이루어져야 한다. 특히 최근에는 사회변동이 급속하고, 정보화 사회로 진전됨에 따라 급속힌 변동에 적응하는 교육이나 컴퓨터와 관련한 여러 가지의 기능을 사용하는 교육이 사회과에서도 요구되고 있다. 교육공학을 이용한 수업이 사회과에서도 실시되고 있는 것은 이러한 추세를 잘 반영하고 있다.

농촌에서 도시로 이동해 오는 이주민들이 도시에 적응해 살아가도록 하기 위한 교육도 중요하다. 실제생활에 필요한 직업교육과 함께 다른 사람들과 함께 어울려 지낼 수 있는 협동심과 개방적인 태도 등을 학습해야 할 것이다. 공업화에서 오는 환경오염문제, 도시의 주택문제와 교통문제, 안전사고를 예방하기 위한 교육 등이 관심을 끌고 있다. 급속한 사회변동의 상황에서는 사회의 여러 측면에 불균형이나 단절현상이 일어나지 않도록 해야 하는데, 문화적 지체(cultural lag)를 극복하기 위한 교육은 이러한 뜻에서 중요시되고 있다. 전이가치가 높은 내용을 교육해야 하고, 지식 그 자체를 교육하는 것보다도 탐구력이나 사고력을 기르려고 하는 것은 변동이 급속한 사회에서 바로 이러한 교육의 적합성을 위해서이다.

교육은 개인의 자아실현을 돕는 데 목적이 있지만, 그 시대의 사회적·국가적 요구를 실현하는 데 있다. 개인의 자아실현도 그러한 현실에 부합될 때 더욱 유의미한 의의를 갖는다.

특히 국가 수준 사회과 교육과정은 공교육(公敎育)의 지침이므로 다음과 같은 사회적·국가적 관점을 사회과 교육과정에서 반영하여야 할 것이다(교육과학기술부, 2008: 295-297].

첫째, 세계화 및 지식기반 사회, 지식정보 사회에 효과적으로 대처하기 위하여 국가적·사회적 차원에서 인적 자원을 개발하고 관리할 필요할 필요가 있다. 따라서 사회변동과 미래 사회에 대한 적응을 위해 정보화·세계화·민주화·다양화라는 시대적 요구를 적극 반영한다.

둘째, 저출산 고령화 사회를 대비하여 지속적인 발전과 국민복지 수준을 향상시킬 수 있는 노력이 필요하다. 아울러 현대 사회의 여러 가지 문제해결에 필요한 다양한 관점과 사회적 지식 및 기능을 선정한다.

셋째, 우리 영토를 둘러싼 주변국의 역사 왜곡과 세계화 시대에 주체적으로 대응하기 위하여 우리 역사 교육이 절대적으로 강화되어야 한다.

넷째, 세계화 및 개방화 현상 등이 가속화됨에 따라 문화적 다양성이 증가하는 다문화 사회를 맞이하여 문화의 다양성을 이해하고 존중하는 사회과교육이 필요하다.

다섯째, 민주시민적 자질 함양, 세계시민적 소양 신장을 위한 가치·대도 교육의 중요성을 감안하여 가지문제를 함축한 의사결정 문제를 선정한다.

끝으로, 사회과 교육과정에서는 지식정보 사회 대비, 저출산 및 고령화 대비, 역사 교육 강화, 다문화 교육 실시, 통일 교육, 환경 교육, 인구 교육, 경제교육, 진로 교육, 세계화 및 세계시민 교육, 문화정체성 교육 등 사회·국가 발전의 지표가 될 수 있는 영역 특히, 국가·사회적 요구사항을 적극 반영하여야 한다.

(3) 심리적·발달적 관점(기준)

교육의 이상이나 목표는 학습자를 통해서 실현되는 것이다. 따라서 교육과정은 어린이들의 발달과정상의 지적·정서적·신체적 특징, 학습심리의 과정 등에 적합해야 한다는 것이 심리적 기초이다. 교육내용이 아무리 훌륭하다 해도 어린이들의 지적·신체적 발달단계에 맞지 않으면 이해가 곤란하거나 또는 오히려 역효과를 낼 수 있을 것이다. 어린이들은 대개 공간적 이해에서 시작하여 시간적 이해를 하게 되며, 다양한 인간사회의 복잡한 조직을 이해할 수 있도록 단계를 정한 교육과정을 출현시킨 중요한 이유가 되었다.

학생들의 지적·도덕적 발달단계에 대하여 많은 연구를 한 피아제(Piaget)의 연구에 의하면 어린이들은 권위에 복종하는 권위주의적 단계로부터 상호평등주의적인 단계로, 그리고 다시 보편적 원리를 이해하는 단계로 발달되어 간다. 또 지적 발달 단계에서는 6~12세 정도까지의 구체적 조작기를 지나서 13~16세 정도의 형식적 조작기로 발달해간다고 했다. 구체적 조작기는 구체적인 대상을 중심으로 사고를 하는 시기를 말하는 것이며, 형식적인 조작기가 되면 구체적 사물을 떠나서 추상적인 사고를 할 수가 있게 된다.

동기 유발, 학생들의 흥미, 지능과 능력이 개인차 존중, 가정환경과 학업성취도와의 관계 등에 대한 고려도 매우 중요하다. 개인차에 따라서 학습의 난이도를 맞추는 것이 필요하고, 가정이 빈곤한 저소득층 학생들의 학업성취도에 대한 것 역시 특별한 배려가 필요하다. 중류층 중심의 학교문화가 저소득층 학생들에게 맞지 않아 학교에서 부적응하기 때문에 교사들은 이러한 학생들의 특수성에 대한 연구가 필요하다는 것이 최근 학자들의 연구에서 공통적으로 지적되고 있다. 교육의 성과는 이러한 여러 가지 요인을 주의 깊게 고려하여 계획되고 실천될 때 좋은 성과를 낼 수 있을 것이다.

교육과정은 실제 교육이 이루어지는 구체적 프로그램(program)이다. 따라서 학생들의 심리적 발달단계를 고려하여야 한다. 학생들은 연령에 따라 적절한 발달 단계가 있고, 그 발달 단계마다 적절한 과업을 수행하여야 자신의 잠재력을 잘 개발, 발달시키고 자신이 건전하게 성장하는 것이다. 교육은 일방적인 주입이 아니라 학생들의 욕구와 필요에 부합되는 교육과정의 내용이 주어질 때 교육의 효과를 높일 수 있는 것이다. 2007년 개정 교육과정에서는 학생들의 심리적·발달적 기준을 다음과 같이 제시하고 있다.

첫째, 학습의 주체인 학습자의 흥미와 능력을 존중한다.

둘째, 학습자의 생활 경험과 관련성이 높고, 학생 자신의 의미를 구성하는 데 도움이 되는 사실, 문제, 주제 중심으로 선정한다.

셋째, 학습자의 자기 주도적 학습, 탐구 지향적 학습을 통해 고급사고력(high level thinking)을 신장시킬 수 있는 내용을 선정한다.

2) 내용 선정 및 조직의 원리

(1) 내용 선정의 원리

근본적으로 교육은 가치 지향적이다. 교육은 규범적으로 가치 있는 것이어야 한다. 교과의 내용은 그 자체가 매우 가치 있는 것이어야만 정당화된다(이운발, 2008: 90). 이는 교과내용 선정의 기준을 설정하는 기준이 된다. 교과의 내용이 가치 있다는 것은 두 가지 포괄적인 면에서 이해할 수 있다(김일기 외, 1998: 31). 그 첫째는 일상생활에서의 필요이고, 둘째는 인간의 사고 양식을 논리적으로 조직할 필요성, 즉 지적 추구로 생각할 수 있다. 전자(前者)는 개인 또는 사회생활에 비추어 내용이 어떤 기준을 가질 수 있는가와 관련되며, 이는 개인적 적합성과 필요성이라는 기준으로 바꿀 수 있다. 후자(後者)는 사고의 양식에서 그것을 사정하는 기준에 합당한가에 대한 것이며, 이는 학문이 가지고 있는 지식이 가장 적합한 기준이 될 수 있음을 의미한다.

사회과 내용의 선정 기준은 개인, 사회, 학문으로 구분하여 고려해볼 수 있으며, 이러한 세 가지 측면에서 보아 사회과의 내용은 정당한 가치를 지니고 있어야 한다. 교과내용의 가치가 개인, 사회의 필요, 사고 양식과 지적 기준에 의해 정당화된다는 생각은 이전에도 여러 군데에서 찾아볼 수 있다. 타일러(Tyler, 1949)가 교육목적 설정에서 지적한 학생, 사회, 교과(학문) 전문가의 세 가지 목표 선정의 원천이나 철학과 심리 같은 목표 설정의 두 가지 원칙에도 잘 나타나며, 여러 학자가 제시한 내용 선정의 준거들에도 포함되어 있다.

사회과 내용 선정의 준거는 세 가지 측면, 즉 학생의 심리적·발달적 측면, 사회적·국가적 측면, 학문적·철학적 측면 등으로 구분한 후, 그 하위에 포섭될 항목들도 상세하게 제시할 수 있을 것이다. 내용 선정의 준거들의 예를 타바(Taba, 1962)는 내용의 타당성과 중요성, 사회적 실제와의 일치, 폭과 깊이의 균형, 광범위한 목표의 성취 가능성, 학생들의 경험과의 적합성과 학습 가능성, 학생들의 요구와 흥미의 적합성 등을 준거로 제시하였다.

(2) 내용 선정의 자원과 기준

사회과는 제 사회과학의 원리 아래 다양한 사회현상을 다루는 교과이므로 내용 선정의 자원도 아주 광범위하고 다양한 것이 특징이다. 사회과라는 한 교과의 내용 선정을 두고 다양한 견해가 제시되는 이유는 사회과의 연구대상인 사회현상과 사회생활은 아주 광범위하며, 다양한 학문 영역을 탐구 대상으로 하기 때문이다.

이와 같은 다양한 내용 선정의 자원 중에서 필요한 내용을 엄선하여 선정하는 일은 매우 중요하고도 어려운 일이다. 사회과교육의 목표 달성을 위하여 필요한 내용을 선정하는 일은 중요하며, 내용 중 어느 것이 가치가 있으며 중요한 것인지를 결정하는 일은 여러 요인과 관계되어 있다.

<표 5-1> 사회과 내용 기준(요소)별 배열 원칙(방법)

기준	하위요소	내용 배열 방법
세계 (현상)	공간	가까운 곳에서 먼 곳으로, 아래에서 위로, 동에서 서로, 남에서 북으로
	시간	연대기(과거에서 현재로, 현재에서 미래로), 원인→경과→결과순
	물리적 속성	면적순, 인구순
개념	유목 관계	동 물과 식물을 개관하고 다시 포유류, 양서류, 조류 등의 순
	명제 관계	가정→ 결과 관계, 이론→ 사실 관계
	정교성	나선형 교육과정(개념의 폭과 깊이를 더해가면서 조직)
	논리적 선후	논리적 필요충분조건
탐구	탐구의 논리	귀납, 연역, 반증, 검증 등
	탐구의 경험 과정	문제 인식, 선행연구 검토, 가설 수립, 자료 수집, 자료 분석, 결론 등
학습 이론	경험의 선후 관계	선행 학습 요소가 후행 학습 요소의 학습 촉진(선행 조직자가 되는 내용을 제시하고 본문의 내용을 학습)
	친숙도	학생들에게 친숙한 내용부터(자문화→타문화)
	난이도	쉬운 것에서부터 어려운 것으로
	흥미	학습자가 흥미를 보이는 내용부터
	내면화	내면화할 수 있는 정도에 따라(발달 단계)
활용	활용 절차	문제 상황에서 지식이 적용되는 과정(문제해결이나 의사결정에 따른 배열)
	활용 빈도	학습 결과의 활용 빈도, 중요도에 따라

사회과교육의 내용은 다양한 학문, 교과 등 요인들의 영향을 받지만, 우선 교육목표의 영향을 핵심적으로 받기 때문에 교육목표와의 일관성 있는 내용이 선정되어야 한다. 따라서 사회과교육 목표 설정 시 고려된 사항들이 내용 선정 시에도 적극 반영되어야 한다. 사회과교육의 내용은 사회적으로 의미 있는 주제들을 다루되, 이를 사회과학적 지식을 통해서 체계적으로 학습할 수 있도록 해야 하며, 이러한 주제들이 궁극적으로 학습자들의 삶을 풍요롭게 하는 것이 되어야 할 것이다(권오정·김영석, 2008: 11).

(3) 내용 조직의 원리

사회과의 내용 조직은 선정된 내용을 계열성에 알맞게 학년 단계에 따라 배열하는 것이다. 사회과교육의 질을 결정하는 데 있어서 중요한 문제는 의도적으로 선정되고 구성된 학습 내용과 배열이 과연 목표에 접근하는 것이며, 이를 통해서 의도된 교육 효과를 달성할 수 있는 것인가로 고려해볼 수 있다. 즉, 사회과의 내용은 어떻게 선정하는가도 중요하지만, 그에 못지않게 선정된 내용을 어떠한 순서로 학습하게 하며 어떻게 계열화하는가의 문제도 중요하다. 내용 선정과 조직에 관한 일반 원리는 매우 다양하게 전개되며, 합의할 수 있는 기준들을 여과해줄 수 있는 것은 설정된 교육과정의 개정 방향과 교과 목표이다(이운발. 2008: 92-93).

이와 같은 기본 원칙에 입각하여 사회과의 내용 조직에는 다음과 같은 원리를 고려하여야 한다.

첫째, 학습자의 발달, 사회적 경험, 사회기능을 고려하는 지역확대법(환경확대법)의 원리에 따라 배열하여야 한다. 사회과의 내용 배열에서는 나선형식 교육과정, 동심원적 확대법 등을 고려하여야 한다.

둘째, 사회과학의 기본 개념을 구체적 사례와 문제를 통해서 이해할 수 있도록 구성하되, 나선형식 교육과정의 원리에 따라 확대될 수 있도록 하여야 한다. 나선형식 교육과정은 사회과학의 기본 개념, 학습자의 시간의식, 공간의식, 사회의식 등의 발달과 연계하여 배열하고, 단순한 것에서부터 복잡한 것으로, 구체적인 것에서 추상적인 것으로 내용을 배열하는 원리이다.

셋째, 요소(strand) 중심의 주제를 기반으로 하는 탐구 또는 문제해결 과정을 통한 내용과 방법의 통합, 생활 경험과 지식의 통합에 초점을 맞추는 것이 바람직하다.

넷째, 학년별로 내용의 핵심과 범위를 설정함으로써 학습 지도에서는 이를 중심으로 일관성을 유지할 수 있도록 배열하여야 한다. 과거 교육과정에 비해서 진일보한 개혁 교육과정이라고 일컬어지는 현행 2009 개정 사회과 교육과정에서는 공통교육과정의 정신과 취지에 따라 특정된 학년별 주제를 설정하지는 않았다.

① 지역확대법(환경확대법, expanding environments communities approach)

사회과의 조직에서 범위(scope)와 계열성(sequence)을 학년(학습 연령)이 높아질수록 지역을 확대하여 구성하는 방식으로 한나(P. R. Hanna) 등이 주장하였다. 즉, 학생들이 처음에 작은 지역 공동체로부터 시작하여 점점 큰 공동체로 학습의 범위와 깊이를 더해야 한다는 입장이다. 학습자의 발달, 사회적 경험, 사회기능 등을 고려하는 환경확대법의 원칙, 동심원적 구조에 따라 배열하는 것이다.

지역확대법 내지 환경확대법은 오랫동안 사회과 교육과정 내용 조직의 원리로 적용되었다. 지역확대법은 일명 환경확대법, 공동체적 확대법 등으로도 일컬으며, 사회과의 학습 계열을 가족(가정), 학교, 이웃, 지역사회, 국가, 세계 공동체 등의 순으로 개인이 접할 수 있는 지역의 범위를 동심원적으로 확대시켜 나아가는 방법이다(박상준. 2008: 135-136).

지역확대법(환경확대법)은 학생들이 친숙한 지역(공동체)과 제도부터 배워야만 그것을 잘 이해할 수 있다고 가정한다. 즉, 학생들이 공동체 속에서 이루어지는 인간의 생활방식, 역사, 제도 등을 보다 잘 이해하려면, 자신이 직접 경험하고 있는 가정, 학교, 이웃, 지역사회 등에서 출발하여 학년이 올라가면서 점차 지역과 공동체의 범위를 확대하여 배우는 것이 효과적이라는 입장이다.

지식기반 사회인 현대 사회는 글로벌(global) 사회로서 교통, 통신의 발달과 역동적인 생활 체제(direct system)에 따라 어렸을 때에도 세계 여러 곳을 오가는 사람들이 많지만, 대체로 연령과 학년이 올라갈수록 지역과 환경의 폭이 더욱 넓어지는 경험을 하게 되는 것이다.

이와 같은 지역확대법은 오랫동안 사회과 교육과정의 조직 방식의 주류를 이루어왔다. 하지만 지역확대법은 1960~1970년대 일부 사회과 교육학자들에 의해 신랄한 비판을 받았다. 그 비판은 첫째, 학생은 자신이 친숙한 공동체를 공부해야 한다는 지역확대법의 가정에 의문을 제기하면서, TV, 인터넷 등의 발달로 이제까지 멀리 떨어져 있던 원격 공동체를 학생들이 경험할 수 있는 범위 안으로 가져왔다고 주장하였다. 21세기 지식정보화 시대, 지구촌 사회로 전 세계가 일일생활권이 된 오늘날에는 이 주장은 더욱 설득력을 얻고 있다. 둘째, 공동체의 개념을 확장시키는 것이 종종 서구 사회를 지나치게 강조하는 반면, 비서구 세계, 여성의 문화와 역사, 미국의 소수 민족의 생활을 무시하는 결과를 초래했다고 비판하였다. 지나치게 서구 편향적이라는 비판인 것이다.

그럼에도 불구하고 동서고금을 통하여 지역확대법은 사회과 교육과정 조직에서 범위와 계열을 구성하는 가장 일반적이고 중요한 방식으로 사용되어 온 것이 사실이다. 한국은 물론 미국, 일본 등 많은 나라에서 사회과 교육과정 조직에서 지역확대법을 적용하고 있다.

② 핵심 지식 접근법(core knowledge approach)

핵심 지식 접근법은 지역확대법의 대안으로 제시되었다. 허쉬(E. D. Hirsch)가 주장한 핵심 지식 접근법은 사회과의 모든 범위와 계열을 구성하는 방식에서 한나(P. R. Hanna)의 지역확대법과 다르다. 핵심 지식 접근법은 사회과에서 가르쳐야 할 핵심 지식은 학년마다 세계사, 미국사, 정부, 지리, 문화 등과 관련된 내용을 모두 포함하고, 학년이 올라갈수록 그 내용의 복합성과 깊이의 정도가 증가한다. 이러한 사회과 교육과정은 인간의 경험을 증대시키는 문헌자료를 활용할 수도 있고, 학생들의 민주적 신념과 이상을 보다 직접적으로 증진시킬 수 있다고 본다.

지역확대법에 견주어 핵심 지식 접근법은 학생들이 사회과에서 배워야 할 핵심적 지식이나 문화적 소양을 구체적으로 제시했다는 점에 의의가 있다. 하지만 핵심 지식 접근법은 학생들이 실제로 경험할 수 있는 공동체의 범위, 학생이 새로운 사실과 현상을 이해하는 데 기초가 되는 배경적 지식을 무시하고 인식이 미분화된 유치원, 초등학교 저학년 등에게 세계 역사와 지리, 고대사 등을 가르침으로써 학생들이 이를 충분히 이해할 수 있는가에 의문이 제기되는 것이다. 아울러, 유치원과 초등학교 저학년에서부터 자국의 역사와 문화유산만을 전수함으로써 특정한 가치와 태도를 주입하려는 의도가 은폐되어 있다고 비판받고 있다(박상준. 2008: 135-136).

〈표 5-2〉 지역(환경)확대법과 핵심 지식 접근법 비교

학년	지역확대법	핵심 지식 접근법
유치원	자아: 세계와의 만남	대륙에 의한 세계사, 미국의 역사와 지리, 미국의 지도자, 초기의 민주 정치, 고전 동화 읽기
제1학년	가족: 성장과 만남	고대 역사와 종교, 미국사(이민 초기~독립 혁명), 고전 동화 읽기
제2학년	학교: 함께 일하기	세계 지리, 세계 문명, 미국 문명, 미국사(독립 혁명~남북 전쟁), 고대 신화 읽기
제3학년	이웃: 세계를 공유하기	지리, 미국과 초기 탐험가, 세계 문명, 로마와 이슬람 문명, 미국 문명, 미국사(이민 초기~독립 혁명), 고전 동화 읽기
제4학년	지역사회: 우리 지역의 이해	지리, 세계 문명, 중세 시대와 이슬람과 중국 문명, 미국 문명, 미국사(독립 혁명~남북 전쟁), 고전 소설 읽기
제5학년	주 공동체: 국가의 건설	세계 문명, 미국 인디언 문명과 유럽 탐험가, 유럽 계몽주의와 프랑스 혁명, 미국 문명, 미국사(남북전쟁~미·소전쟁), 고전 소설 읽기

출처: Duplass, 2004: 23.

③ 개념 중심 나선형 교육과정(spiral conceptual curriculum)

사회과 교육과정은 학제적 접근에 따라 다양한 사회과학과 인문과학의 지식들을 추출하여 재구성해야만 한다. 사회과학과 인문과학의 지식들은 사실, 개념, 일반화, 이론과 법칙 등으로 구성되어 있는데, 이 중 개념(concepts)이 중요한 부분을 차지한다. 개념은 다양하고 복잡한 현상, 대상, 사건 등을 공통적 기준에 따라 분류한 범주이다. 개념은 복잡하고 다양한 사회현상과 문제들을 보다 쉽게 파악하고 설명할 수 있도록 도와준다. 그런 의미에서 사회과 교육과정은 일찍부터 개념 중심 나선형 교육과정을 수용하여 왔다.

나선형식 교육과정은 사회과학의 기본 개념을 구체적 문제와 사례에 따라 이해할 수 있도록 구성하되, 학습자의 시간의식, 공간의식, 사회의식 등의 발달에 따라 배열하는 것이다. 즉, 단순한 것에서 점점 복잡한 것으로, 구체적인 것에서 점점 추산적인 것으로 내용을 배열하는 원리이다. 역시 이 나선형식 교육과정 원리도 전통적 오랫동안 사회과 교육과정의 조직 원리로 적용되어 왔는데, 연령과 학년이 올라갈수록 기초적인 내용의 확인과 심화를 위하여 반복 학습이 필요하며, 이 토대 위에서 선수 학습을 확인하고 좀 더 높은 수준의 학습이 가능하도록 배열하는 것이다.

개념 중심 나선형 교육과정은 학생들이 학교에서 배워야 할 핵심 개념(key concepts)을 확인하여야 한다. 핵심 개념은 많은 주제와 정보를 포함하는 강력한 개념이다. 일반적으로 나선형 교육과정은 다양한 사회과학과 인문과학에서 도출된 핵심 개념들로 구성된다. 핵심 개념은 물리적 환경, 희소성, 권력, 문화적 차이, 사회화 등이다. 이 핵심 개념들은 다양한 학문들에서 선택된 것이므로 학제적 특성을 지니고 있다. 핵심 개념이 선택되면 그것과 관련된 주요 일반화들이 선정되고, 그다음에 주요 일반화에 관련된 하위 개념들이 선택된다.

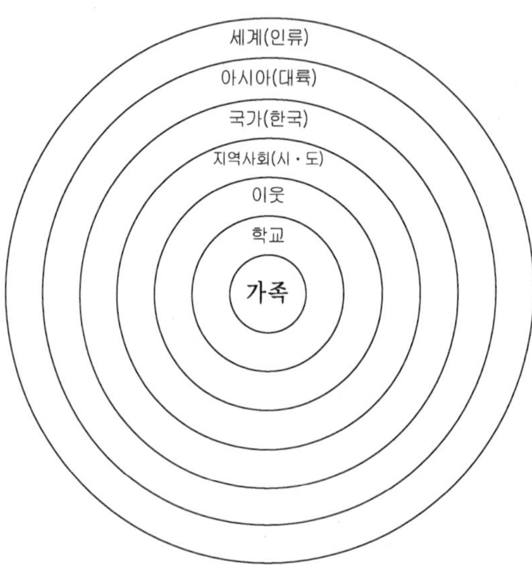

[그림 5-1] 사회과 환경확대법의 계열

④ 지역화 접근법(local approach)

교육과정의 지역화 접근법은 사회과의 내용과 소재를 학습자가 살아가는 자원을 활용하여 학습하도록 조직하는 것을 의미한다. 지역화 접근법의 원리는 목적으로서의 지역화와 수단으로서의 접근법이 있다(정문성 외, 2008: 45-46).

목적으로서의 지역화는 지역사회의 소재나 제재를 활용하여 지역사회에 대한 애향심과 향토 의식을 길러주는 것을 목적으로 한다. 따라서 지역화 접근법은 지역사회의 구체직인 소새나 제재를 이해하는 것에 초점을 두고 있으며, 이를 이해함으로써 지역사회에 대한 의식을 길러줄 수 있다고 본다.

한편, 수단으로서의 지역화는 지역사회의 소재와 제재를 활용하여 사회현상의 이해를 용이하게 하는 것이다. 지역의 소재와 제재를 그 자체로 이해하는 것이 아니라 사회현상을 설명하는 과정에서 예시나 과정으로 활용하는 것이다.

(4) 내용 조직의 범위(scope)

① 사회기능 중심

사회과 내용 조직의 범위(scope)는 교육내용의 영역을 의미한다. 즉, 특정한 시점에서 학생들이 이수하여야 할 교육내용의 폭과 깊이를 의미한다. 그런 의미에서 범위는 교육내용 구성 차원에서는 수평적 조직과 밀접하게 관련되며 그 기능은 소정의 사회과교육 목표를 달성하기 위하여 적정한 교육내용을 선정하고 구성하는 것이다.

사회과 내용 조직의 범위 중 사회기능 중심 범위는 경험 중심 교육과정에서의 중심적 원리로 사회과 교육과정의 구성을 사회기능 중심으로 하기 때문에 사회기능법이라고도 한다. 사회기능 중심 범위 구성은 사회를 단순히 인간인 개인의 집합체로서 한정하는 것이 아니라 일종의 생물 유기체와 유사한 통일체로 보고 거기에서 행해지는 인간 생활의 기본적 활동 내지 사회기능은 시대와 문화, 그리고 사회가 달라도 공통적이라고 보는 것이 핵심이다.

기본적인 사회기능은 ⓐ 생명, 재산 및 자원의 보호와 보전, ⓑ 생산, 분배, 소비, ⓒ 운수, 통신, 교통, 교제, ⓓ 미적 및 종교적 욕구의 표현, ⓔ 교육, ⓕ 후생, 위안, ⓖ 정치 등을 들 수 있다(최용규 외, 2008: 61-64).

② 사회문제 중심

사회문제 중심 조직은 여러 가지 사회문제를 중심으로 사회과 내용을 선정하는 원리이다. 가령 자연 재해 문제, 노동 문제, 환경 문제, 정치 문제 등과 같은 다양한 사회문제를 중심으로 사회과교육의 내용을 선정하는 방법이다. 사회문제 중심 조직은 다양한 사회문제 등을 사회과학에 바탕을 두고, 전체적이고도 구조적으로 이해시키고 비판적 접근을 통하여 민주적인 인간 형성을 지향하고 있다.

③ 사회과학 개념 중심

사회과학의 개념 중심 조직은 사회과학의 개념을 중심으로 사회과교육의 내용을 선정하는 원리이다. 제 사회과학의 과학적 지식을 탐구 방법의 토대 위에서 학생들에게 설명, 예측, 이론 검증 등을 통하여 사회과학자가 사회를 인식하는 과학적 사회 인식 형성을 의도한다. 사회과학 개념 중심 내용 선정은 한국의 제3차 사회과 교육과정, 미국의 신사회과 시기의 사회과 교육과정 등을 들 수 있다 (최용규 외, 2008: 61-64).

(5) 내용 조직의 계열성(sequence)

① 학생 흥미 중심

사회과교육 내용 조직의 계열성(sequence)은 일정 기간에 학생들에게 제시되는 내용의 순서 및 배열을 의미한다. 사회과교육의 내용을 여러 가지 배열 및 순서로 일정 기간 학생들에게 제시되도록 분할하는 형태이다.

내용 조직의 계열성에서 학생(아동)의 흥미 중심 계열은 사회생활의 중요한 활동과 관련한 학생의 흥미 중심 발달에 따라 사회과교육의 내용을 배열하는 방법이다. 학생 흥미 중심 계열은 학생의 성장에 토대하여 사회생활의 활동을 이해하고 그와 관련한 활동에 참가하는 경험을 통해서 민주적 인간 형성을 기대하고 있기 때문이다.

경험 중심 교육과정의 배열 원리인 학생 흥미 중심 배열의 대표적인 사례는 우리나라의 초기 사회과 성립의 모델이 되었던 1942년판 미국 콜로라도주안과 1943년의 미국 버지니아주안 등을 들 수 있다. 당시 콜로라도주안은 "가정 및 학교에서의 생활(제1학년)"에서 "콜로라도주와 미국의 발전(제8학년)"으로 발달한다고 보았고, 버지니아주안은 "가정, 학교와 지역 사회의 생활(제1~2학년)", "자연환경 및 개척의 진전에 대한 생활의 적응(제3~4학년)", "발명, 발견 및 기계 생산이 우리들의 생활에 미치는 영향(제5~6학년)" 등으로 학생들의 흥미 중심 발달 계열이 이루어지는 것으로 보았다.

② 경험 영역 확대

경험 영역의 확대 원리는 학생들의 인식이 직접 경험할 수 있는 가까운 곳에서 시작해서 시간적·공간적으로 멀리 떨어진 곳, 즉 가족사회에서 근린사회, 지역사회, 국가사회, 국제사회 등으로 동심원적으로 확대되는 형태로 발달한다고 보고, 이러한 경험 영역의 확대에 따라 사회과교육의 내용을 배열하는 원리이다. 이러한 원리를 동심원적 확대법, 환경(지역)확대법이라고 하며, 현재 여러 나라에서 초등학교 수준 사회과교육 내용 배열에 적용하고 있다.

경험 영역 확대에 따른 계열성은 주요한 주제를 학년을 따라 추구함으로써 학생들의 문제의식, 흥미 내지 학습의 연속성을 보장하는 장점이 있다. 하지만 세계화·정보화 시대를 맞아 전 지구촌이 일일생활권이 된 현대 사회에서 학생들의 인식이 반드시 가까운 곳에서 먼 곳으로 확대된다고 단정하기 어렵다는 점, 가까이 있는 것이 반드시 쉽다고 할 수 없다는 점, 조기 유학 등으로 국제 교류가 빈번한 현실에서 저학년 단계에서도 외국에 대하여 가르칠 필요가 있다는 점, 사회과학의 개념과 역사 인식 형성에 부합하지 않는다는 점 등이 한계점으로 지적되고 있다(최용규 외, 2008: 61~64).

③ 학습 내용의 논리적 확대

학습 내용의 논리적 계속성, 계열성, 통합성의 원리에 입각해서 같은 개념이 학년이 올라감에 따라 양적·질적으로 심화·확대되어 가도록 사회과의 내용을 배열하는 방법이다. 이러한 배열 원리를 나선형식 배열 원리라고 하는데, 이는 학습되는 사상의 원근이 아니라 추상성과 구체성에 의해서 설정되고 있다. 구체적 사상에서 추상적 사상으로 나아가는 인식 내용의 논리에 따라 학생들을 둘러싼 세계(환경)에 대한 과학적 인식의 형성을 의도하고 있다.

학습 내용의 논리적 확대의 계열성은 미국 신사회과 시기에 개발되었던 교육과정이 전형적인 예인데, 당시 '현대 사회과학 커리큘럼(Contemporary Science Curriculum)'에서 제1학년: 가족 욕구, 제2학년: 지역사회의 욕구, 제3학년: 인간의 지구 이용, 제4학년: 지역과 그 욕구 등으로 "욕구"라는 개념이 학년이 올라감에 따라 심화·확대되고 있다.

3) 내용 조직의 유형

(1) 교과목 분립형

사회과는 교육과정의 개정 등으로 몇몇 과목으로 분리, 통합을 거듭하여 왔다. 사회과가 본질적으로 통합을 지향하지만, 교원 양성, 실제 지도 등에서는 과목 분리 형태로 지도되는 경우가 많다. 과목 분립형은 사회과를 일반사회, 역사, 지리 등으로 분리하거나, 정치, 경제, 사회, 문화인류, 동양사, 세계사, 한국지리, 세계지리 등으로 세분하는 것이다(강우철 외, 1975: 199-203).

(2) 교과목 관련형

교과목의 관련형은 공식적인 조직보다도 오히려 여러 교과목을 취급하는 과정에서 일어나는 형태이다. 관련 과목을 취급하는 교사가 서로 타 교과 진행을 인식하고 자기 교과목의 체계를 더욱 효과적으로 학습시키는 데 도움을 받도록 하는 움직임으로부터, 학습 자료를 공유하는 방법, 한 교사가 여러 개의 교과목을 맡아서 상호 관련지어 지도해가는 방법 등이 있다. 그러므로 교육과정 구성의 형식적인 면에서 보다, 실제 운영 면에서의 조정이 중요시된다.

(3) 교과목 종합형

사회과 교육과정 조직의 종합형은 각 교과목의 명칭을 느슨하게 하고 '사회과'라는 큰 틀(체제) 속에서 종합하는 것이며, 대체적으로 한국의 중학교 교육과정이 해당된다. 일반사회 영역, 역사 영역, 지리 영역 등이 사회과 내에서 적절하게 통합, 종합, 연계되는 형식이다. 교육과정 조직의 종합형의 특징은 교과목으로서의 특징이 완화되지만, 체계는 대체적으로 인정되는 종합 체계를 유지하고 있다.

사회과 교육과정 조직의 종합형은 발견 학습, 제재 학습 등을 통하여 과목·영역 간의 구분을 무시하는 방법, 내용에 따라 주축이 되는 과목 체계에다 관련 과목의 내용을 보충하는 방법 등을 사용할 수 있다. 교육과정 조직에서 종합형의 주안점은 교사의 입장보다는 학생의 편의, 수준, 문제의식 등을 충분히 고려하여야 한다는 점이다.

(4) 교과목 융합형(통합형)

교육과정 조직에서의 융합(融合)은 교과목 내용의 완전한 혼합을 의미하고, 통합(統合)은 완전한 하나의 체계에 의한 새로운 구조를 의미한다. 여러 과목·영역의 원형을 변형하여 융합, 통합하려고 할 때에는 필연적으로 하나의 새로운 구성 원리, 새 구조 체계가 유지되어야 하고, 융합이나 통합이 크게 다르다기보다는 시각과 관점의 차이라고 할 수 있다.

교육과정 조직의 융합형(통합형)에서는 교과목·영역 간의 불필요한 중복이 제거되고, 지식 체계 자체도 능률적으로 재조정되지만, 중요한 것은 학생들의 심리적 발달에 상응하여 보다 효과적이고 심화된 학습이 이루어질 수 있다는 저이다.

4) 내용 조직 시 고려할 점

사회과 교육과정에서 학문적·철학적 관점, 사회적·국가적 관점, 심리적·발달적 관점 등을 고려하여 선정된 내용은 다음과 같은 원리에 의해 적절하게 조직되어야 한다.

첫째, 학습자의 발달, 사회적 경험, 사회적 기능 등을 고려하여 환경확대법에 의하여 배열하여야 한다.

둘째, 사회과를 구성하는 제 사회과학의 기본 개념을 구체적 사례와 문제에 따라 이해할 수 있도록 구성하되, 나선형식 교육과정의 원리에 따라 폭과 깊이가 확대되도록 하여야 한다. 나선형식 교육과정 차원의 내용 확대는 사회과학의 기본 개념, 학습자의 시간 의식, 공간 의식, 사회의식의 발달과 연계하여 배열하고, 단순한 것에서부터 복잡한 것으로, 구체적인 것에서 추상적인 것으로 나아가는 배열 원리를 적용하여야 한다.

셋째, 단원 또는 주제를 중심으로 한 통합적 접근의 통합이 아니라, 내용과 방법의 통합, 생활 경험과 지식의 통합에 초점을 맞추었다.

넷째, 국민공통기본교육과정기의 학년별로 내용의 핵심과 범위를 설정함으로써, 학습 장면에서는 이를 중심으로 일관된 방향으로 유지할 수 있도록 배열하여야 한다.

다섯째, 학년별 내용을 지도함에 있어서 학습자의 개인차에 따른 다양한 학습 경험을 제공하고, 구체적인 학습 활동을 제시하여야 한다.

한편, 사회과는 사회생활에서 일어나는 현상과 사실을 통하여 사회생활의 원리는 습득케 하는 교과이다. 그런데 사회과에서 배우게 되는 그 원리는 대부분 사회과학적 성과들이다. 따라서 사회과의 본질을 논하면서 사회과학과의 관계를 논하지 않을 수 없다. 왜냐하면 사회과학은 사회과의 학습내용을 형성하는 중요한 요소이기 때문이다. 사회과와 사회과학의 공통점은 그 대상이 같다는 점이다. 그러나 대상을 같이 하는 공통점을 가지고 있지만 사회과가 곧 사회과학일 수는 없으며, 또 여러 가지 사회과학을 합쳐서 하나의 교과목으로 한 것이 사회과는 아니다.

사회과와 사회과학의 차이점은 사회과는 학교의 교과이고 사회과학은 학문이라는 점이다. 즉, 사회과는 사회과학의 내용, 곧 사회과학의 연구 성과나 사회과학적 연구방법을 교육적인 관점에서 정선하여, 학생들의 흥미, 요구, 경험, 발달 정도 등에 알맞게 재구성한 학교의 교과이므로 그 목적이 교육에 있다. 그러나 사회과학은 학문이므로 그 목적이 사회현상에 대한 연구에 있다.

사회과는 다양하고 광범위하며 분야가 많은 사회과학의 연구 성과들을 학교 교육과정에 적절하게 학습요소를 선정하여 학습하기에 알맞도록 쉽게 재편성하여 적용하여야 한다.

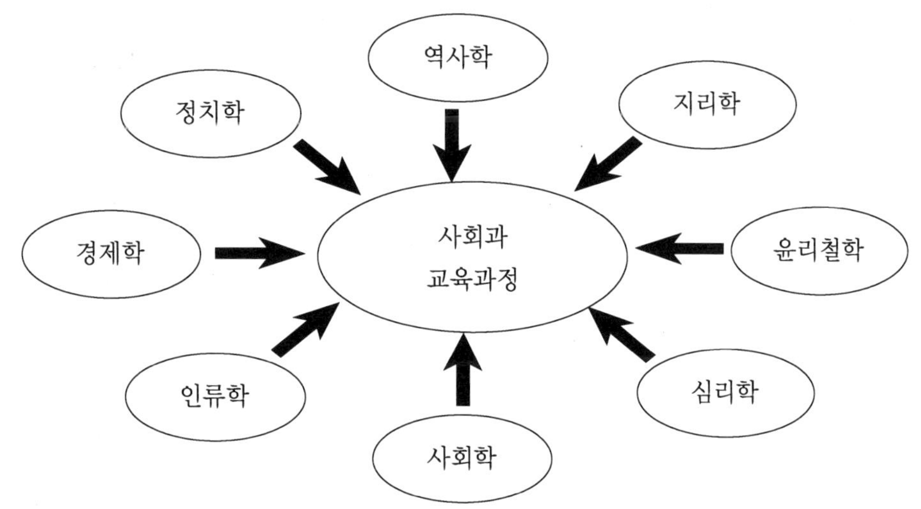

[그림 5-2] 사회과학과 사회과교육 내용

2. 사회과 통합 교육과정

1) 통합의 개념

사회과 교육과정에서 통합이라는 용어 역시 시대와 학자에 따라서 그 의미가 다르게 사용되어 왔으며, 그 의미하는 바가 매우 폭넓어서 어느 누구도 매우 정확하게 정의를 내리기가 쉽지 않은 형편이다. 또 정의를 내렸다 할지라도 다른 사람들이 그 정의를 그대로 이어받아서 쓰지 않는 실정이다.

일반적으로 통합(integration)은 서로 다른 이질적인 여러 가지 요소가 일정한 원리에 의해서 질서 있게 결합하여 새로운 하나의 통일체를 형성하는 것을 의미한다. 이질적인 부분이 이질적으로 남아 있으면 그것은 통합으로 볼 수 없으며, 통합이 되면 새로운 성격의 단위를 형성하게 된다. 사회계층 등 여러 가지 이질적인 요소가 조화 있게 결합되어 있을 때 그러한 현상을 사회통합이라고 하는 경우가 이러한 것을 의미한다. 그러나 통합은 매우 약한 상태의 통합으로부터 매우 정도가 강한 통합에 이르기까지 여러 가지 형태로 존재할 수 있고, 통합의 원리나 준거도 상황에 따라서 매우 다르게 존재할 수 있다. 통합은 이처럼 매우 추상적인 용어기기 때문에 통합의 형태가 구체적으로 어떻게 나타나는가를 고찰하는 것이 필요하게 된다.

사회과의 통합은 실제로 무엇을 어떻게 구성하는가를 통합의 의미로 사용하는 것이 일반적이다. 통합은 사회과의 교육과정을 구성할 때 정치학, 경제학, 역사학, 지리학 등 어느 하나의 학문적 영역의 내용을 기초로 하지 않고 2개 이상의 학문적인 내용을 기초로 하여 사회과의 교육과정을 구성하는 것을 실제적으로 의미하게 된다.

사회과의 교육과정을 구성할 때 내용에는 지식, 기능, 탐구방법, 가치·태도 등 여러 가지가 있고, 구성의 원리로서는 개념, 문제, 주제 등이 준거가 될 수 있다(Parker & Jalorimek, 1977, p.356; Jacobs, 1989, p.8).

결국 사회과의 교육과정의 통합은 사회과에서 중요시되는 중심적인 개념, 이슈, 문제, 사적, 주제, 문제 등을 보다 더 명확하게 학습할 수 있도록 하기 위해 두 개 이상의 학문적인 영역에서 지식과 탐구방법 등의 내용을 가져와서 교육과정을 구성하는 것이라고 할 수 있다.

통합(integration)은 서로 다른 이질적인 다른 요소들이 일정한 원리나 절차에 따라 의도적으로 결합하여 새로운 하나의 통일체를 형성하는 것을 의미한다. 이질적인 부분이 그대로 이질적으로 남아 있으면, 그것은 통합이 미진한 것이며, 완전한 통합이 되면 새로운 성격의 단위를 형성하게 된다.

통합은 아주 약한 상태의 통합에서부터 아주 상한 상태의 통합에 이르기까지 여러 가지 형태로 존재할 수 있고, 통합의 원리와 준거(準據)도 상황에 따라 아주 다르게 존재할 수 있다.

사회과 교육과정에서 통합이라는 용어는 시대와 학자에 따라서 그 의미가 약간씩 다르게 사용되어 왔으며, 그 핵심 의미도 매우 광범위하여 한마디로 정의 내리기는 어렵다. 다만, 통합이 의미하는 바는 대체로 분명하다. 즉, 사회과 교육과정을 구성·조직할 때 정치학, 경제학, 사회학, 문화인류학, 법학, 역사학, 지리학 등 어느 한 학문적 영역의 내용을 기초로 하여 구성하는 것이 아니라, 두 개이상의 학문적 내용을 기초로 하여 구성하는 것이다. 사회과 교육과정 통합 구성 시의 내용에는 지식, 기능, 탐구 방법, 가치·태도 등 다양하고, 구성의 원리로는 개념, 문제, 주제 등이 준거가 될 수 있다.

이들을 기초로 하여 사회과 통합 교육과정에 대해서 종합적 정의를 내리면, 사회과에서 중요시되는 중심적인 개념, 이슈, 초점, 사건, 주제, 쟁점, 문제 등을 보다 더 명확하게 학습할 수 있도록 있도록 하기 위해 두 개 이상의 학문적 영역에서 내용, 지식, 탐구 방법 등을 인용하여 새롭게 교육과정을 구성하는 것이라고 할 수 있다(이운발, 2007: 55-56).

2) 통합교육의 이론

한국의 사회과교육은 초기부터 미국 교육체제의 영향을 받아, 통합의 길을 걸어왔다. 광복 후 우리의 독자적 교육체제가 정립되지 않았던 처지에서 미군정은 급히 한국의 실정에 맞는 교육을 시행하여야 했다. 아직 일제시대의 교과목 체제가 기초를 이루고 있었고, 초등학교 과정에 교과목 수가 너무 많아 유사 과목을 통합 간소화할 필요가 있었다. 기존의 공민, 역사, 지리 과목을 통합하는 과정에서, 당시 미군정청 교육부 편수보좌관의 힘으로 미국 콜로라도 주 교육과정을 참조하여 '사회생활(The Social Studies)'이라는 교과를 탄생시켰다. 그 후 제1차 교육과정기부터 초·중등학교 과정에 도덕, 지리, 국사, 세계사, 일반사회(공민)의 영역이 있었으나, 이 영역을 통합하여 '사회생활'이라 칭하고, 제5차 교육과정기부터는 보다 실질적인 통합 교과목을 개발하기 위해 노력해왔다.

교과 통합의 필요성(타당성)에 대한 이론은 여러 가지가 있다. 그러나 실제 체득한 이론보다는 타인 이론 중심이거나 이해할 수 없는 난해한 표면적 이론이 많다. 통합의 필요성이나 정당성을 분명히 이해하기에는 어려운 점이 많다. 여러 이론을 바탕으로 우리의 실정에서 본 교과 통합 필요성을 정리하면 다음과 같다.

첫째, 자연 원리의 이유 때문이다. 사회 현상이나 자연 현상은 유기적 관계를 형성하고 있다. 사회나 자연 현상의 발생과 진행은 학문 영역별로 분리 단절적으로 이루어지는 것이 아니라, 종합적 환경 속에서 유기적인 관계를 가지고 진행된다. 지식의 구조를 관찰할 때, 여러 가지 기능이나 조건, 환경 등이 동시에 연결되어 하나의 구조(structure)를 이룬다. 따라서 자연이나 사회 현상을 종합적으로 파악, 이해하는 것이 원리에 부합된다.

둘째, 학습 효과의 증대를 위한 교수-학습 방법상의 이유 때문이다. 단편 지식을 암기하는 것보다는 흥미와 학습 욕구를 바탕으로 하여 현실 문제에 체험적으로 부딪치는 것이 좋다. 사람은 현실적이고 사실적인 사안에 더 흥미를 가진다. 그러한 문제는 여러 학문을 상호 관련지어 종합적인 문제 파악과 문제해결 능력을 길러 현실적인 교육효과를 올릴 수 있다. 이것은 전인교육적 의미와도 관련이 있다.

셋째, 교육과정의 효율적 운영 이유 때문이다. 통합 교육과정은 교과목 수를 줄일 수 있으며, 교과 영역 간의 중복, 충돌되는 내용을 제거할 수 있다. 그리하여 간결한 교육과정 속에 보다 활동적이고 현실 경험적 학습 내용을 대신 포함시켜 교육의 다양화를 추구할 수 있다. 이 밖에도 활동 중심, 문제해결 중심으로 구성할 경우 학년을 초월하여 활용할 수 있으며, 따라서 교사 부족도 극복할 수 있다는 매우 현실적인 이점도 있다.

통합 이론은 초등학교에서 가장 강력하게 적용하여, 제5차 교육과정에서 국어, 도덕, 사회를 통합하며 '바른 생활'이라는 교과를 고안하였고, 산수와 자연을 통합하여 '슬기로운 생활'을, 음악, 미술, 체육을 통합하여 '즐거운 생활'을 개발하였다. 중학교 과정에서는 지리, 세계사, 일반사회를 통합하여 '사회'라는 교과를 만들었다. 통합의 적용은 학력이 낮은 단계에서, 즉 아직 사회나 학문을 분화적으로 인식하기 어려운 저학년의 학생들에게 보다 효과적이라고 인식되고 있다. 인간의 사회는 실제로 분화적으로 전개되는 것이 아니므로 다학문적·간학문적(학제적) 접근이 사회현상을 이해하는 데 도움이 된다. 이러한 과정에서 어떻게 하면 보다 효과적인 통합사회과를 개발할 것인가를 고민하였고, 또한 통합에 대한 다양한 해석과 방법이 나타났다.

통합은 본래 분리되어 있던 것을 합친다는 의미이다. 즉, 우리나라의 교과목이 분과형이기 때문에 유사 교과 영역끼리 합한다는 이론이다. 그러나 본래의 통합 이론은 서로 인접한 교과 영역을 접근시켜 자연스럽게 하나의 목표(주제)를 달성한다는 것이다. 본래의 의미를 살려 표현한다면 간학문적 통합(inter-disciplinary integration) 또는 다학문적 통합(multi-disciplinary integration) 접근법이라고 할 수 있다. 이는 과거 독립적이었던 학문 영역이 서로 연계하여 협력적으로 하나의 사회적 문제에 접근하고 해결하는 방법론이다.

한편, 논리적 접근보다는 심리적 원칙에 의한 통합을 하는 탈학문적 통합(extra-disciplinary integration)도 생각할 수 있다. 이는 학문의 독자적 영역을 의식하지 않고 학문의 영역 고정관념에서 탈피하여 자유롭게 학문적 수단을 적용하여 사회문제에 접근하는 방법론이다. 모두가 하나의 주제를 학습하기 위해 여러 가지의 학문 영역을 다양한 방법으로 연결시키고 조직하여, 보다 높은 학습 효과를 얻기 위함이다. 즉, 사회과학에 속하는 모든 학문 영역, 예를 들면 역사학, 지리학, 인류학, 사회학, 사회심리학, 경제학, 정치학, 법학 등을 동원하여 보다 큰 효과를 얻으려는 것이다. 그러나 접근시키고 조직하는 것을, 오히려 무리하게 혼합하는 것으로 이해해서는 안 된다.

다학문적 접근법은, 하나의 학습 목표를 달성하기 위해 여러 가지 학문이 자연스럽게 동원되어 종합적으로 이해할 수 있도록 하는 데 목적이 있다. 이렇게 함으로써 종합적·분석적 사고력을 기를 수 있으며, 한 가지 사회현상이 학문의 분류처럼 독자적으로 전개되지 않음을 인식시킬 수 있다.

통합의 방법(다학문적 접근법)에는 여러 가지 방법이 있을 수 있다. 다학문적 접근법의 한 가지 방법으로 '학문직조법(學問織造法)'이 있는데, 하나의 주제를 위해 하나의 학문 영역만을 주역으로 내세우지 않고, 한 단원(unit)에 한 학문 영역을 다루고, 그다음에 다른 학문 영역을, 그다음에 또 다른 학문 영역을 위치시켜, 여러 학문 영역을 합하여 하나의 주제(학문 목표)로 달성하는 방법을 사용한다. 그리하여 이를 '오케스트라 커리큘럼'이라고 칭하기도 한다. 즉, 여러 학문 영역이 협력하여 하나의 목적을 달성한다는 의미이다. 이때 하나의 학문 영역이 주축을 이루었다면, 다른 학문들은 거기에서 보조적 역할을 하는 것이다. 가장 바람직한 방법은 하나의 주제에서 자연스럽게 다른 주제로 연결시켜 계속 전환해가는 방법이다.

〈표 5-3〉 사회과 통합 교육과정의 유형별 특성

조직 형태	교육과정의 통합 방식		
교육목표별	학문형(학문적 자질)		시민형(시민적 자질)
학문적 형태별	다학문적(multi-disciplinary)	간학문적(inter-disciplinary)	초(탈)학문적(extra-disciplinary)
내용 조직별	개념, 주제 학습	요소(스트랜드 중심)	이슈, 문제 중심

출처: 이운발,『고등사고력 함양을 위한 초등 사회과 통합교육과정 구성』, 한국학술정보(주), 2008: 65.

3) 통합의 필요성

사회과교육 현장에서 통합의 역사는 매우 길다고 볼 수 있다. 미국에서 1916년 역사와 지리 중심의 사회과가 탄생한 이후 사회문제를 중심으로 사회과를 통합하려는 움직임이 나타났다. 1930년대에 미국의 미국사회과교육협회(NCSS)에서는 이 문제를 활발하게 논의했고, 듀이(J. Dewey)가 시카고 대학교의 실험학교에서 실시한, 유명한 '8년 연구(Eight Year Study)'는 훌륭한 하나의 통합 교육과정으로 받아들여지고 있다. 그 이후로도 해마다 수많은 통합사회과 교육과정이 실험되거나 실현되어 왔다. 우리나라에서도 해방 후 1946년에 공민, 역사, 지리 등을 통합한 사회생활과가 초등학교에 도입된 이후, 초·중·고교에서 수많은 형태의 다양한 통합사회과가 적용되어 왔다. 최근에는 시민 교육을 위해서 사회과가 지식보다도 고급사고력이나 가치관의 확립을 강조하면서 통합에 관한 관심을 더욱 높여가고 있다.

이와 같은 관심에 기초하여 통합의 필요성을 찾아보면, 사회과 분과론자들이 갖고 있는 비판적 접근에 대해서 고찰할 필요가 있다. 사회과의 분과론자들은 개별 학문적 지식에는 전문적이고 깊이 있으며, 독특한 개념이 있다는 점을 강조한다. 즉, 개별 학문의 지식 구조 또는 형식은 각각 독특한 개념과 그 자체의 독특한 논리적 구조 또는 논리적 체계를 갖고 있어서 이를 통해서 각각 상이한 방식으로 이해되는 독특한 탐구 방식이 있으며, 그 지식의 타당성을 가리는 독특한 기준이 있다고 본다(이홍우, 1995: 150-151). 따라서, 이들에게는 이러한 학문적 통합은 논리적으로 불가능하고 바람직하지 않은 것으로 보이는 것이다.

사회과의 분과형이 인정된 체계를 가지고 있고 일반화된 지식을 가르치는 데 편리하다고 하지만, 여러 가지 단점, 난점을 함유하고 있는 것도 사실이다. 즉, 분과형은 학문 체계에서 유래한 것이기 때문에 학문의 논리성에 치우쳐서 실제 생활에서 부딪히는 복잡한 문제해결에 필요한 능력 개발과 거리가 있으며, 학생들이 여러 개의 어려운 지식의 체계를 단편적으로 학습하게 되어 효과적인 학습이 되기 어렵고, 학문적 체계를 강조하는 분과형에서의 내용은 비교적 안정되고 보수적인 내용을 다루고 있으며 항상 변화, 변동의 가능성을 안고 있는 현실 사회에 대한 이해나 분석에는 부족한 점이 많다. 아로 이와 같은 분과형의 약점은 곧 통합형의 장점이며 현대에 사회과 통합이 강조되고 있는 이유도 여기에 있는 것이다.

사회과의 분과론자들에 맞서 통합을 주장하는 통합론자들은 다음과 같이 통합 교육과정의 필요성을 강조하고 있다.

첫째, 지식의 증가를 들 수 있다. 즉, 지식이 분화되고 양적으로 팽창되면, 학교교육과정에 부담이 되기 때문에 관련 분야에서 추출된 핵심 아이디어를 종합해서 가르쳐야 한다.

둘째, 교육과정의 적절성이다. 즉, 교육과정 자체가 실생활과 유리되고, 각 학문 역시 실생활의 측면에서 상호 관련성이 부족하기 때문에 학생들에게 학문들 간의 연관 관계를 이해하도록 해야 한다.

셋째, 학습자들의 흥미 유발을 들 수 있다. 통합된 수업은 추상적인 것이 아니라 구체적인 것을 강조하고, 학생의 참여와 개입을 격려하고 협동학습의 기회를 제공함으로써 학생들의 흥미를 자극할 수 있다(이운발, 2007: 56-58).

사회과의 목적이 급격한 사회변동 속에서 발생하는 여러 가지 문제를 종합적으로 고찰함으로써 합리적으로 해결할 수 있는 능력인 시민적 자질을 함양시키는 것이므로 이러한 자질의 요소인 지식, 기능, 가치·태도 등을 통합적으로 구성하는 사회과 통합 교육과정이 요구되는 것이다(차경수 외. 1997: 1-2).

통합은 교육내용의 상호 관련성을 밝히고 기본 개념, 핵심 아이디어 등의 활용 범위를 확충하려는 시도로 연합, 조정, 조직 등보다 강력한 의미로 전체 속에서 부분은 판별되지만, 부분은 개별적 특징을 잃는 것을 의미한다. 물론 최근에는 개별적 특징을 잃지 않더라도 전체 또는 다른 부분과의 관련을 지으려는 의도로 폭넓게 해석하려는 경향을 보이고 있다.

통합은 듀이(Dewey)의 진보주의와 맥을 같이하는 1930년대 경험주의 교육이 팽배하면서 관심을 끌었으며, 그 후 중핵 교육과정, 인간 중심 교육, 재개념주의 등이 등장하면서 다시 관심을 갖게 되었다(정문성 외, 사회과 교수학습법, 2008: 49-50).

이와 같은 교육과정의 통합이 강조되는 이유는 다음과 같은 네 가지 측면에서 고찰해볼 수 있다.

첫째, 인식론적 측면이다. 지식기반 사회로의 급격한 변화에 따라 사실보다는 개념과 원리를, 지식의 전문화와 분절화 경향으로 인한 지식의 편협성에 대처하여 현실적으로 보다 지식의 유용성을 높여야 한다는 입장이다. 그 이유는 분절화된 명제적 지식은 실생활에 도움이 되지 않을 뿐만 아니라 현대 사회에서 발생하는 복잡다단한 문제를 해결하기에 미흡하기 때문이다.

둘째, 심리적 측면이다. 학습자의 발달 심리를 고려한다면 저학년은 표현 중심의 기능적·탈학문적 통합을, 고학년은 융합적·다학문적 통합을, 중학교에서는 모든 방식을, 고등학교에서는 전인적 발달, 전인격 통합이 필요한데 분절화된 학문 중심 교육과정으로는 한계가 있을 수밖에 없다는 것이다.

셋째, 사회적 측면이다. 인간의 사회적 삶은 직면하는 사회적 문제에 대해서 의사를 결정하고 해결해가는 과정이다. 과거에는 학교는 내재적 가치를, 사회는 실재적 가치를 추구했지만, 오늘날의 교육은 학교와 사회의 경계가 느슨해져야 하고, 나아가 종합적 안목과 전인적 성숙을 강조하고 있다. 학교에서도 사회에 대한 관심과 종합적인 문제해결 능력을 익힐 것을 요구하고 있다.

넷째, 교육적 측면이다. 인접 학문 분야의 상호 관련성 있는 내용을 포괄적으로 다룰 때, 전체 학습 효과를 높일 수 있으며, 학생들의 생활 속에서 배운 지식을 경험할 수 있게 하며, 교육과정의 폭을 넓힘으로써 과도하게 자세한 사실을 제거하고 폭넓게 다룰 수 있을 뿐만 아니라 교과 간 내용 중복을 피하여 학습 부담을 줄일 수 있다.

다섯째, 사회과의 시민교육적 측면이다. 사회과는 정치학, 경제학, 사회학, 역사학, 지리학 등 여러 가지 사회과학을 기초로 성립하는 것이 사실이지만, 그 근본적인 목표는 사회과학의 단일 학문적 지식을 가르치려는 것이 아니라 훌륭한 시민으로서 필요한 사회생활에 관한 지식과 기능을 교육하고, 바람직한 가치관을 형성하게 하려는 것이다. 이와 함께 자기 자신이 살고 있는 지역사회의 문제를 바르게 인식하고 그것을 합리적으로 해결하는 능력을 기르는 것이 중요하다. 그러기 위해서는 여러 가지 사회과학의 지식을 기초로 하여 사회생활에 관한 문제, 주제, 아이디어, 장래의 전망 등을 종합적으로 고찰하는 통합적인 교육이 필요하게 된다.

여섯째, 일상생활에 필요한 사고력과 태도, 가치관 등을 학습하기 위해서는 통합교육과정에 의한 사회과교육이 필요하다. 오늘날 급격한 사회변동이 진행되고, 다양한 가치관에 대한 이해와 개방적인 태도 등이 강조되는 현대 사회에서는 사고력, 태도, 가치관 형성 등에 대한 교육이 사회과에서 어느 때보다도 중요시되고 있다. 이러한 요청은 단일적인 사회과학 중심의 사회과보다도 현실적인 문제와 탐구력을 중심으로 구성하는 통합사회과에서 더 효과적으로 적절하게 수용할 수가 있다.

4) 사회과 통합의 원리

통합 이론은 본래 분리되어 있던 것을 합한다는 뜻이다. 주지하다시피 사회과는 대표적인 통합교과이다. 초기 미국에서 탄생한 사회과는 이상적인 민주주의 국가 건설을 위하여 훌륭한 민주시민의 양성이 필요했고, 이상적인 국가 건설 과정인 미국의 역사와 지리를 중심으로 통합 교과는 출발하였다. 우리나라의 역시 민주시민의 육성이 중차대한 교육의 목표였으며 자연스럽게 분과형 교과목이 유사 교과 영역끼리 통합을 지향하였는데 그 선도적인 역할을 사회과가 담당했던 것이다.

그러나 본래의 통합이론은 서로 인접한 교과 영역을 접근시켜 자연스럽게 하나의 목표(주제)를 달성한다는 것이다. 본래의 의미를 살려 표현한다면, 간학문적(학제적·inter-disciplinary) 또는 다학문적(multi-disciplinary) 접근법이라고 할 수 있다. 이는 과거 독립적이었던 학문 영역이 서로 연계하여 협력적으로 하나의 사회적 문제에 접근하고 해결하는 방법론이다.

한편, 논리적 접근보다는 심리적 원칙에 의한 통합을 하는 탈학문적 통합(extra-disciplinary integration)

도 생각할 수 있다. 이는 학문의 독자적 영역을 의식하지 않고 학문의 영역 고정관념에서 탈피하여 자유롭게 학문적 수단을 적용하여 사회문제에 접근하는 방법론이다. 모두가 하나의 주제를 학습하기 위해 여러 가지의 학문 영역을 다양한 방법으로 연결시키고 조직하여, 보다 높은 학습 효과를 얻기 위함이다. 즉, 사회과학에 속하는 모든 학문 영역, 예를 들면 역사학, 지리학, 인류학, 사회학, 사회심리학, 경제학, 정치학, 법학 등을 동원하여 보다 큰 효과를 얻으려는 것이다. 그러나 접근시키고 조직하는 것을, 오히려 무리하게 혼합하는 것으로 이해해서는 안 된다.

다학문적 접근법은, 하나의 학습 목표를 달성하기 위해 여러 가지 학문이 자연스럽게 동원되어 종합적으로 이해할 수 있도록 하는 데 목적이 있다. 이렇게 함으로써 종합적·분석적 사고력을 기를 수 있으며, 한 가지 사회현상이 학문의 분류처럼 독자적으로 전개되지 않음을 인식시킬 수 있다.

5) 사회과 교육과정의 통합 방식(형태)

사회과 교육과정에서의 통합 방식은 다양하게 논의되는데 넓게 보면 학습의 내용이 되는 독립적인 학문 영역의 내용을 결합하여 사회과 내용을 구성하는 '학문적 형태'를 고려한 통합 방식과 학습자들이 학습하는 내용과 관련하여 기준을 정하고 교육할 수 있는 형태를 결합하여 사회과 내용을 결합하는 '교육적 통합' 등으로 구분할 수 있다.

교육과정의 형태에 따른 통합은 교과, 혹은 과목의 통합 정도에 따라 네 가지로 구분할 수 있다.

첫째, 합산(summed)적 통합은 각 교과가 독립적이며 단지 시간표상의 통합을 의미한다.

둘째, 기여(contributed)적 통합이다. 상관적 통합이라고도 한다. 이는 서로 기여할 수 있는 공통적 요소들을 필요로 하는데, 역사적 사건과 관련된 문학작품을 가르치는 국어 교과 교사는 역사 과목 교사의 도움을 받는 것이 바람직하다는 것이다. 기여적 통합의 상관은 사실의 상관, 원리의 상관, 규범의 상관 등으로 구분된다.

셋째, 융합(fused)적 통합이다. 광역적 통합이라고도 한다. 이는 연결 원칙, 공통적 상호 관심 영역에 기초를 두고 여러 과(科)가 포괄적으로 통합된 경우이다. 초등학교의 '즐거운 생활', '슬기로운 생활', '바른 생활' 등의 통합이 이에 해당된다.

넷째, 기능(function)적 통합이다. 교과의 특성이 무너지고 주로 경험적으로 통합되는 사례이다. 개인의 흥미나 필요를 중심으로 통합하는 사례이다.

〈표 5-4〉 사회과 교육과정의 형태별 통합

통합 방법	통합 형태(방식)
① 합산 중심 통합	하위 과목(일반사회, 역사, 지리) 등을 공통의 명칭(사회) 아래 묶어 놓은 데 불과한 형태
② 상관 중심 통합	서로 기여할 수 있는 공통적 요소들을 모은 것으로 사실, 원리, 규범 등을 고려하여 통합
③ 융합 중심 통합	교과(과목)의 경직된 경계를 제거하고 연결 원칙과 공통적인 상호 관심 영역에 기초를 두고, 여러 과가 교과의 선을 제거하고 다른 교과(과목)를 만등 형태의 통합
④ 기능 중심 통합	교과의 특성을 배제하고 경험적 특성을 중심으로 한 통합

3. 사회과 통합의 형태와 모형

통합의 모형이나 형태는 이론적으로 볼 때 수없이 다양하다. 학자나 학교의 상황에 따라서 다르고 또 시기적인 구분에 따라서 달라진다. 그러나 통합에서 중심적인 과제가 되는 것은 정치, 경제, 역사 등 학습의 내용이 되는 독립적인 학문을 몇 가지나 서로 연결시키느냐 하는 학문적인 형태(academic form)와 이들 학습의 내용을 개념이나 주제 등 어떤 것을 기준으로 결합하여 교육할 수 있는 모습으로 만드느냐 하는 교육적인 형태(educational form)로 구분하여 고찰하는 것이 이해를 위하여 매우 효과적이다(차경수・조도근・이진석, 1998: .8-11).

1) 학문적 접근 형태

학문적 형태의 통합은 학문의 연결 방식에 따라 다학문적・학제적(간학문적), 초학과적(탈학문적) 통합 등이 있는데, 이는 개별 학문의 지식이 어느 수준으로 통합되느냐에 따라 나누어지는 것이다(정문성 외, 2008: 51-54).

다학문적 통합은 다양한 학문적 요소의 내용이 독립성을 유지하면서 하나의 문제나 주제에 대하여 각 학문적 관점에서 파악할 수 있는 전문적인 지식을 결합한 형태의 통합을 의미한다. 하나의 내용에 대하여 다양한 학문의 관점에서 전문지식을 활용한다는 점에서는 장점이지만, 개별 학문의 전문적인 지식 자체를 학습하는 데는 문제점이 야기된다.

학제적(간학문적) 통합은 몇 개 이상의 학문을 기초로 하여 그 속에 공통으로 들어 있는 지식이나 기술, 관점, 사고력 등을 추출하여 이것을 결합한 형태를 의미한다.

초학과적(탈학문적) 통합은 학문 간의 독립된 영역을 초월하여 학습의 내용이 되는 주제나 문제를 중심으로 관련된 내용을 체계화시켜서 독립된 내용으로 결합하는 형태이다. 따라서 내용 구성에서는 기존의 학문적 지식 체계가 존재하기 어렵기 때문에 완전히 다른 새로운 내용처럼 보일 수 있다. 초학과적 통합에서는 개별 학문에서 강조하는 지식은 새롭게 형성된 주제를 학습하는 하나의 수단으로 이해될 수 있다.

학문적 형태라고 하는 것은 사회과의 학습내용이라고 할 수 있는 정치학, 경제학, 역사학, 지리학 등의 학문 중 몇 개나 결합되는가 하는 것을 기준으로 보는 것이다. 학문(discipline)은 그 자신의 개념과 일반화, 법칙과 탐구방법 등을 체계적으로 가지고 있으면서 발전시킨 지식의 체계를 의미한다. 지금까지 주로 정치, 경제, 지리 등의 사회과학을 중심으로 교육과정이 구성되었으나, 최근에는 문학, 철학 등의 인문학도 주요한 내용이 되어야 한다는 주장이 많이 있다.

가장 적게는 2개 학문이 서로 결합할 수도 있으나, 어떤 경우에는 여러 가지 학문을 기초로 하여 전연 새로운 형태의 교육과정이 구성될 수도 있다. 결합하였을 때 원래의 학문적 성격이 그대로 살아 있는 경우도 있고, 결합한 후에는 전연 새로운 성격을 가지게 되는 경우도 있다. 일반적으로 분류되는 모형을 중심으로 이들의 특징과 그 장단점 등을 고찰하면 다음과 같다.

(1) 다학문적 통합 접근

다학문적 통합은 다양한 학문적 요소의 내용이 독립성을 유지하면서 하나의 문제나 주제에 대하여 각 학문적 관점에서 파악할 수 있는 전문적인 지식을 결합한 형태의 통합을 의미한다. 하나의 내용에 대하여 다양한 학문의 관점에서 전문 지식을 활용한다는 점에서는 장점이지만, 개별 학문의 전문적인 지식 자체를 학습하는 데는 문제점이 야기된다.

다학문적 접근(multidisciplinary approach)은 서로 다른 여러 가지 학문 사이의 결합의 정도가 가장 낮은 것으로서 각 학문은 서로 독립성을 유지하면서 하나의 문제를 이들 학문의 입장에서 고찰하는 것이다. 자동차에 관해서 환경오염, 도로발달, 보험, 연료개발, 가족형태, 쇼핑, 디자인 등 여러 각도에서 전문적인 지식을 기초로 살펴보는 것과 같다. 사회과학과 인문학이 다양하게 관련되기 때문에 적어도 5~6개의 학문이 관련되고, 대개 10여 개의 학문이 쉽게 관련된다. 다양한 학문을 관련시키는 장점이 있지만, 각 학문의 독립적인 위치가 그대로 살아 있다고 하는 점에서 진정한 통합이라고 할 수는 없다. 결국 어떤 문제를 중심으로 하여 각각의 학문적인 지식을 학습하는 결과가 되는 약점을 가지고 있다.

(2) 학제적(간학문적) 접근

학제적(간학문적) 통합은 몇 개 이상의 학문을 기초로 하여 그 속에 공통으로 들어 있는 지식이나 기술, 관점, 사고력 등을 추출하여 이것을 결합한 형태를 의미한다.

학제적 접근(interdisciplinary approach)은 2개 이상의 학문을 기초로 하여 그들에 공통적인 개념, 주제, 문제, 이슈, 탐구기술, 고급사고력 등을 추출하여 학습내용을 구성하는 방법이다. 각각의 학문적 독립성이 완전히 없어진 것은 아니지만, 그들에게 공통적인 개념이나 이슈 등을 발견하여 학습내용을 조직하려는 것은 확실히 발전된 모습이며, 학문적인 독립성도 연계성을 강조하기 때문에 많이 흐려져 통합이 강조된다. 근대화라고 하는 주제를 정치적 발달, 경제적 발달, 의식의 변화, 도시공간의 변화 등 다양한 관점에서 살펴보는 것을 예로 생각할 수 있다.

이러한 방법을 통하여 학습하려는 것은 독립적인 학문의 지식이 체계가 아니라 학문에 공통적인 원리와 내용, 사고의 기능, 탐구방법, 고급사고력 등이라는 점에서 다학문적 접근과는 다르다. 미국 캘리포니아 주의 고등학교에서는 "세계의 문화(World Culture: A Global Mosaic)"라는 과목을 학습하고 있는데, 이를 우리나라에 적용하면 예컨대, 한국에 대해서 사회과학적 접근뿐만 아니라 문학작품, 예술작품, 지리적 조건과 한국인의 삶, 과학의 발달과 사회변화 등을 하나의 단원에서 다양하게 학습하고 있는 통합 방법이다.

(3) 초학과적(탈학문적) 통합 접근

초학과적 통합은 학문 간의 독립된 영역을 초월하여 학습의 내용이 되는 주제나 문제를 중심으로 관련된 내용을 체계화시커서 독립된 내용으로 결합하는 형태이다. 따라서 내용 구성에서는 기존의 학문적 지식 체계가 존재하기 어렵기 때문에 완전히 다른 새로운 내용처럼 보일 수 있다. 초학과적 통합에서는 개별 학문에서 강조하는 지식이 새롭게 형성된 주제를 학습하는 하나의 수단으로 이해될 수 있다.

초학과적 접근(transdisciplinary approach)은 여러 가지 학문적인 배경을 기초로 하지만, 이들 학문의 독립적인 영역을 초원하여 사회과에서 관심 있는 주제, 문제, 기능 등을 중심으로 학습내용을 조직하는 방법이다. 이때의 교육과정 구성은 개별적인 학문의 지식체계와는 완전히 다른 새로운 내용이 된다는 것이 앞에서 서술한 다학문적 접근이나 학제적 접근과 다른 점이다. 말하자면 결합의 강도가 가장 높아서 다양한 학문의 벽은 허물어져서 완전한 형태의 통합교육과정을 이루고 있다고 할 수 있다.

학생들이 학습하는 것도 고급사고력, 탐구방법, 가치관 등에 주요한 역점이 주어지고, 각각의 학문적 지식의 체계는 아니다. 이러한 교육과정에서는 다른 학문의 지식을 이용하되, 중심적인 초점을 무엇으로 하느냐 하는 문제와 이러한 초점을 어떻게 구성하느냐 하는 것이 실제적인 과제가 된다. 이 방법의 장점은 완전 통합교육과정에 가장 가깝다는 장점을 가지고 있으나, 교육과정 구성이 현실적으로 어렵다는 문제를 가지고 있으며, 통합교육과정의 단점인 혼란, 내용의 깊이 부족 등이 문제로 지적된다.

(4) 기타의 형태

이상과 같은 방식 이외에 광역형, 상관형, 연합형, 융합형 등의 구분도 있다. 광역형(broad field)은 가장 초보적인 통합의 형태로서 어떤 문제를 다양한 학문적 견지에서 서술하는 방법이며, 상관형(correlation)은 학습문제에 관해서 서로 다른 학문적인 내용이 관련되어 있을 때 이들 관련을 중심으로 서술하는 것이다. 상관형과 비슷한 것으로 최근에서는 하나의 학문적 영역에 있는 문제와 관련되어 있는 것을 다른 학문적 영역에서 찾아와서 삽입 또는 주입하는 방법으로 교육과정을 구성하는 것이 연합형(infusion)이며, 위에서 서술한 초학과적 접근과 같이 고급사고력이나 기능을 초점으로 하여 여러 가지 학문적인 영역의 지식을 이용하나 그들을 초원하여 새로운 학습내용을 구성하는 것을 융합형(fusion)이라고 한다. 이 형태는 초학과적(초학과별) 통합과 유사한 것이다.

〈표 5-5〉 사회과 통합 모형의 특징

구분	다학문적 접근	학제적(간학문적) 접근	초학과적(탈학문적) 접근
조직의 틀	각 학문은 독립적	각 학문은 서로 연결	각 학문은 하나로 융합
주요 내용	각 학문의 지식	각 학무에 공통적인 탐구기능	실제생활에서 요구되는 고급사고력
평가 초점	지식	탐구기능	실제 생활문제해결력

자료: Drake(1993, pp.46-47)를 기초로 수정, 재작성한 것임.

2) 교육적 형태

교육적 형태의 통합은 개념 또는 주제 중심 통합, 이슈 또는 문제 중심 통합, 스트랜드(strand) 중심 통합 등으로 구분할 수 있다.

첫째, 개념 및 주제 중심 통합 교육과정은 통합을 사회과 개념 및 주제를 중심으로 구성하는 것이다. 개념 중심 통합은 사회과의 기본 개념을 중심으로 발달 과정을 고려하여 통합 교육과정을 운영하는 것이다. 또 주제 중심 통합 교육과정은 사회과 내용 구성에서 학습자인 학생들의 흥미와 사회의 요구를 포용하여 하나의 주제를 정하고 이를 중심으로 전체 학습 내용을 통합하는 형태이다. 주제는 사물을 연결하는 포괄적이고 추상적인 테마의 의미이다. 주제 중심 통합은 e주제, 하위 주제 등으로 구분할 수도 있지만, 개별적으로 하나의 주제를 정하여 내용 구성을 할 수도 있다.

둘째, 문제나 이슈 중심 통합 교육과정은 사회적으로 문제가 되고 있는 쟁점이나 사회문제 등을 중심으로 다양한 관련 지식이나 자료를 중심으로 해결할 수 있도록 내용을 구성하는 방법이다. 사회의 쟁점이나 사회문제는 하나의 관점이나 한 학문의 지식으로 해결할 수 있도록 내용을 구성하여야 한다. 쟁점 중심 통합 교육과정을 구성하기 위해서는 일단 쟁점 선정에 유의하여야 한다. 쟁점 중심 통합에서 내용 구성을 위해서는 수업에 적합한 질문, 세부 질문, 수업을 위한 차시별 질문의 위계를 정하고 이를 자료 제시를 제대로 배치하는 것이 좋을 것이다.

셋째, 스트랜드(strand) 중심 통합 교육과정은 사회과 목표에서 강조하는 사회과교육의 철학의 기초인 시민성을 함양하기 위한 목표와 과제를 수행하는 데 기여하는 교과들의 탐구 방법과 관점을 함께 구성하는 준거로서 사회과교육의 핵심적 요소를 나타내는 스트랜드를 추출하고, 이 스트랜드와 관련한 학년별, 학교급별로 배치하는 통합으로 수평적 통합과 수직적 통합이 결합된 형태이다. 스트랜드 중심 통합을 위해서는 핵심 스트랜드의 구성이 우선되어야 한다. 스트랜드는 여러 전문가의 논의에 의하여 사회과에서 반드시 학습해야 할 핵심 요소이기에 크게 다르지는 않지만, 논의하는 학자들에 따라 약간씩 다르게 접근하고 있다.

통합교육과정의 교육적 형태(educational form)는 여러 가지 학문적 지식을 체계를 실제로 가르치기 위해서 개념이나 주제 등에서 어떤 것을 기준으로 결합하느냐 하는 것을 의미하는 것이다. 개념 또는 주제를 중심으로 한 것, 또는 이슈 및 문제를 중심으로 한 것 등이 흔히 논의되지만, 최근에는 스트랜드 중심의 통합이 관심을 끌고 있다.

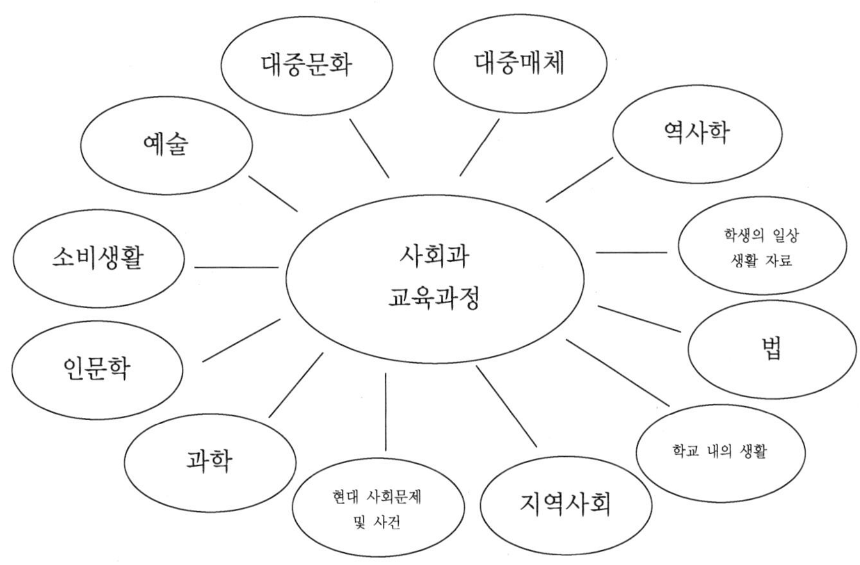

[그림 5-3] 사회과의 기타 분야 내용

(1) 개념 또는 주제 중심 통합

개념 또는는 주제 중심(concept-centered, theme-centered) 통합교육과정은 여러 가지 학문을 기초로 하여 통합교육과정을 구성할 때 그 중심이 되는 초점으로서 개념 또는 주제를 이용하는 방법이나 이때는 추출하려고 하는 여러 가지 학문에 공통적인 개념이나 주제를 대상으로 하는 것이 바람직하다(조연순·김경자, 1996: 251-272). 민족주의나 혁명이라는 개념이나 주제는 정치학과 역사학에서 공통적으로 발견할 수 있으며, 근대화 역시 정치학, 경제학, 사회학 등 여러 학문적인 관점에서 다룰 수 있다.

개념은 어떤 상황을 나타내기 위한 언어적 표현이지만, 주제는 어떤 상황에 대한 일반화적인 서술을 보다 더 많이 포함하고 있다. 이런 방법은 개념이나 주제의 추상성으로 인하여 응용범위가 넓고, 사고력 향상을 위하여 바람직하지만, 실제로 교육과정 구성이 어렵고, 문제나 이슈가 명확하지 않아 모호한 느낌이 드는 경우가 많은 단점이 있다. 또 개념이나 주제는 공통적인 것을 가지고 오지만, 그 내용조직에서는 각각의 학문적인 독립성을 완전히 허물지 못하는 약점이 있다.

(2) 이슈(Issue) 또는 문제 중심의 통합

이슈 또는 문제 중심(issue-centered, problem-centered)의 통합은 여러 가지 학문을 배경으로 하여 통합교육과정을 만들 때 그 초점으로서 사회적으로 논의가 되고 있는 이슈나 문제를 이용하는 방법이다. 이슈는 사회적으로 논의가 되고 있으나 찬성과 반대가 서로 엇갈려 있는 상태이고, 문제는 이슈보다 부정적인 부분이 사회적으로 보다 더 분명해진 상태를 말하는 것이다.

환경오염, 도시문제, 범죄 등은 사회문제로서의 성격이 명백하고, 성교육이나 과외수업 같은 것은 사회적 이슈라고 할 수 있다. 이들 문제들은 여러 가지 학문적인 시각에서 모두 학습할 수 있다. 이슈나 문제 중심의 통합은 그 내용이 구체적이고 명백한 장점이 있으나, 범위가 한정되고, 또 내용의 학습에서 정치학, 경제학, 사회학 등의 영역에 기울어질 우려가 있다. 그러나 정치, 경제, 사회, 문화 등의 사회과에서 사회문제를 중심으로 교육과정을 구성할 때 가장 적합한 통합과정의 형태이다.

실제로 사회문제나 이슈를 중심으로 통합하는 과정은 통합에 가장 적합하고, 또 시민적 자질을 향상하는 데 매우 효과적인 방법으로 지적되고 있다. 사회적인 이슈는 다양한 사회과학의 영역과 관련되어 있으며, 특히 정치, 경제, 사회, 문화 영역과 관계가 깊다. 따라서 이들을 중심으로 교육과정을 구성할 때 무리 없이 실천할 수 있다. 이러한 통합과정은 실제로는 논쟁문제 중심의 교육과정이 되는 것이며, 의사결정력, 가치판단력, 비판적 사고력 등 고급사고력과 가치관 확립을 위하여 매우 적합하다.

(3) 스트랜드(strand) 중심의 통합

개념 및 주제 중심 통합과 이슈 및 문제 중심 통합의 문제점을 해결하는 하나의 방법으로서 대안이 스트랜드 중심의 통합이다. 스트랜드(strand)는 사회과교육의 영역에 있는 개념, 주제, 문제, 이슈, 일반화, 법칙, 가치 등을 모두 종합하여 사회과에서 가르쳐야 하리라고 생각되는 것들을 종합할 수 있는 핵심적인 요소(key factors)이며, 준거이다. 이들 스트랜드는 사회과교육의 철학, 목적과 목표, 기본방향 등에서 궁극적으로 추출되어 나오는 것이다. 인간과 환경, 권력과 시민 등은 그러한 한 예가 된다. 1994년 미국의 NCSS가 발표한 ① 문화, ② 시간, 계속성, 변화, ③ 인간, 장소, 환경, ④ 개인적 발달과 정체성, ⑤ 권력, 권위, 통치, ⑥ 생산, 분배, 소비, ⑦ 과학, 기술, 사회, ⑧ 세계적인 연결, ⑨ 시민적 이상과 실천 등의 9개의 사회과 스트랜드는 오늘날 미국 초·중등학교 사회과의 교육과정 구성의 기준이 되고 있다(National Council for the Social Studies, 1994).

스트랜드 중심으로 사회과를 통합할 때 각각의 학문적인 벽을 보다 더 용이하게 넘어서 통합을 할 수 있다. 통합의 준거는 독립적이ㅣ 학문의 지식의 체계가 아니라 사회과의 이념이니 목표 등에서 추출한 스트랜드이기 때문이다. 말하자면 현재로서는 통합교육과정의 이상에 가장 가깝다고 할 수 있다. 그러나 학문적인 지식이 체계를 충분히 살리지 못하여 지식의 깊이가 약하다는 우려가 있다. 또 여러 개의 학문을 통합하였을 때 오는 교사들의 혼란도 현장의 문제로 제기된다. 이러한 약점이 있기는 하지만, 시민생활에 필요한 사고력이나 문제해결력, 가치관을 형성하려는 것을 목적으로 하는 사회과에서는 2~3개의 학문적 영역으로 통합의 범위를 좁혀서 초학과적 교육과정을 구성할 때 그 유용성이 크다고 할 수 있다.

〈표 5-6〉 학자별 학년별 핵심 개념

구분(학자)	학년	핵심 개념
타바(Taba)	1	가족을 강조, 사회의 규칙과 기대치 강조
	2	공동체 학습, 인간이 필요로 하는 것을 얻는 과정
	3	4개의 서로 다른 공동체에서 다른 전통과 환경 속에서 필요한 것을 채워가는 모습
	4	과거와 현재를 통해 자원의 분배를 어떻게 해왔는지에 대한 내용
	5	미국과 캐나다의 국가 형성과 이에 영향을 준 것에 대한 이해
	6	중남미의 생활
	7	물리적·사회적 환경에 영향을 미친 것과 제도에 대한 이해
	8	미국 사회의 변화 발전을 위한 역할 변화와 제도 변화
	특징	11가지 핵심 개념인 '인과성, 갈등, 협동, 문화 변동, 자아, 상호의존, 수정, 권력, 사회 통제, 전통, 가치' 등을 선정하고, 이를 중심으로 학년별로 교육과정을 구성하는 방식으로 학년별 내용을 구성
뱅크스(Banks)	유치원 (K1)	자아관
	1	인간 집단
	2	제도(制度)
	3	지역 공동체
	4	사회
	5	문화
	6	사회문제와 사회 운동
	특징	사회과의 주된 목표를 학생들로 하여금 반성적 의사결정을 통해 개인적인 문제를 해결하고 사회적 행위를 한다고 하여, 핵심 개념을 '사회화, 희소성, 문화적 차이, 권력, 자연 형상' 등으로 구성하고 이에 따라 학년별 내용을 구성

〈표 5-7〉 사회과의 핵심 스트랜드(strand)

학자(학회)	스트랜드(strand)		비고
차경수 · 조도근 · 이진석 (1998)	○ 시간, 영속성, 변화 ○ 권력과 시민 정치 ○ 민주주의 이념과 다원화 사회 ○ 상호 의존과 국제사회	○ 인간, 공간과 환경 ○ 생산과 자원 분배 ○ 문화, 정체성 ○ 정보 활용	고등학교 사회과 중심
미국사회과교육협의회 (NCSS, 1994)	○ 문화 ○ 시간, 영속성과 변화 ○ 인간, 장소와 환경 ○ 개인 발달과 정체성 ○ 개인, 집단 및 제도	○ 권력, 권위 및 정부 ○ 생산, 분배 및 소비 ○ 과학, 기술 및 사회 ○ 국제 관계 ○ 시민 이상과 참여	사회과교육 일반 중심

3) 사회과 통합교육의 장단점

사회과 통합교육과정 운영의 장점은 지식기반 사회, 지식정보화 사회인 현대 사회에서 지식이 폭발적으로 증가하여 학생들이 모든 학문의 지식을 학습하기 어렵고, 또 학습한다 해도 중복하여 학습하는 경우가 많기 때문에 통합교육과정에 의하여 이들을 재조직할 필요가 있다는 점, 현실적으로 잘 연계되지 못한 학문적 지식을 통합에 의하여 사회와 적합성이 높은 교육과정을 구성할 수 있다는 점, 훌륭한 시민이 되기 위하여 필요한 고급사고력과 태도 및 가치 등을 학습하는 데 통합교육과정이 효과적이라는 점 등을 들 수 있다.

특히 초등학교와 중학교 그리고 고등학교의 일부에서 이러한 통합교육과정의 필요성과 장점은 더욱 강조되고 있다. 사회과는 교과의 성격상 통합 교육과 통합 교육과정 구성 · 조직과 편성 · 운영은 매우 중요하고도 자연스러운 접근이다.

한편, 사회과 통합교육과정 운영에 대한 단점은 학문적인 지식의 체계를 따라서 교육과정이 구성되기보다는 주로 문제, 주제, 개념, 이슈 등을 중심으로 구성되기 때문에 혼란이 오기 쉬운 점, 학문적인 체계가 없어진다는 점, 이것 조금 그리고 저것 조금 하는 식이 되어 깊이가 없어져 간헐적 지식과 교육으로 흐른다는 점, 학문을 중심으로 조직된 대학에서 교육을 받은 교사들이 다학문적인 통합교육과정을 기피한다는 점, 주제나 문제에 따라서 교육과정을 구성하는 일이 매우 어렵다는 점 등을 들 수 있다. 실제 사범대학에서 복수 전공, 부전공 등으로 '공통사회' 자격증을 취득하여 일선 학교에 발령된 교사들이 사회과 교과서를 일반사회, 역사, 지리 등 자신이 전공한 과목 내용으로 분리하여 나누어 가르치려는 경향이 일반적인 것도 통합 교육과정 구성과 실행이 쉽지 않다는 반증인 것이다.

실제 사회과의 통합 교육과정 운영은 한 세기 이전의 사회과 태동 때부터의 관심이자 쟁점이었다. 물론 현재에도 분과 통합의 쟁점은 현재진행형이다. 다만 분명한 점은 통합 교육과정의 성패와 효과 거양은 제도적 면보다는 일선 학교와 사회과 교사의 실행적 측면이 좌우한다는 점이다. 즉, 일선 학교의 사회과 교사들이 얼마나 사회과 통합교육과정 개발 · 편성과 실행 · 적용에 관심과 의욕을 갖고 노력하느냐에 따라 사회과 통합교육의 성과가 달라진다는 점을 유념해야 할 것이다.

[그림 5-4]는 다학문적 접근법의 다양한 형태의 통합 개념도를 일목요연하게 나타낸 것이다.

① 다학문 일주제 연계: 여러 가지 학문 영역이 하나의 주제를 위해 연결되어 조직되어 있다.

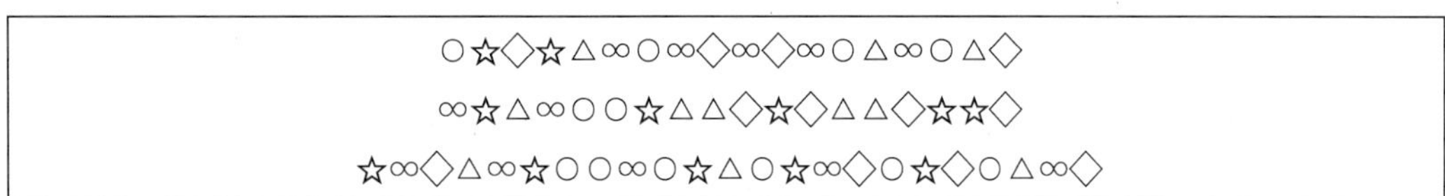

② 다학문 일주제 형성: 여러 가지 학문이 조화롭게 전환되어 하나의 주제를 형성하고 있다.

③ 다학문 독립 종합 교과목표 지향: 여러 가지 학문이 독립되어 있으면서 종합적으로 하나의 교과 목표를 달성한다.

④ 다학문 균형적 혼합: 여러 가지 학문이 균등 분배, 혼합되어 있다(좋지 않음).

⑤ 다학문 불균형 혼합: 여러 가지 학문이 무질서하게 혼합되어 있다(좋지 않음).

[그림 5-4] 다학문적 접근법의 다양한 형태의 통합 개념도

제2장 | 사회과 교육과정의 내용 구조

1. 사회과의 내용 구성 원칙

사회과 교육과정의 내용 구성은 학교 현장에서 실제 교수·학습 활동이 전개될 내용을 구성하는 것이다. 교육과정의 내용을 구성할 때에는 교육과정의 기본적 취지, 가르치는 교사의 입장, 배우는 학생의 입장, 학교와 지역사회 등의 여건을 충분히 고려하여야 한다.

사회과 교육과정의 내용을 구성할 때 고려하여야 할 구체적인 세부사항은 사회과의 목적·목표와 일관된 것이어야 하고, 여러 측면의 영역에 균형이 있어야 하며, 학생들의 능력과 사회적 변이성 등에 탄력성을 갖는 것이어야 하며, 적절한 반복성과 전이성을 갖고, 탐구적이고 창의적인 사고력 신장을 기하는 것이어야 한다(정병기 외, 1996: 141-147).

1) 목표와의 일관성: 목표

사회과교육의 목표가 학생들로 하여금 우리의 현실을 바탕으로 하는 여러 사회사상을 탐구하게 함으로써 개인적·사회적 문제에 대하여 합리적 결정을 할 수 있는 경험을 풍부하게 쌓도록 하여 바람직한 민주시민으로서 올바른 행위를 할 수 있는 사람을 기르기 위한 것이다. 따라서 사회과 교육과정 내용 구성에서는 이와 같은 목표 달성에 초점을 맞추어야 한다. 사회 지식의 이해와 습득, 사회생활을 유능하게 할 수 있는 능력과 기능, 바람직하고 합리적인 가치·태도, 형성 등의 목표를 충실하게 달성할 수 있는 내용으로 구성하여야 한다. 내용 구성이 전체적으로 목표와의 일관성을 유지하여야 한다.

2) 범위와 수준의 균형성(Scope): 범위

사회과 교육과정에서의 내용 구성은 여러 영역 간 범위의 균형과 더불어 질적 수준의 균형을 도모해야 한다. 여러 영역 간의 범위의 균형이란, 사회과학적 기본 개념과 지식, 지적 기능, 사회기능, 사회적 관심, 사회문제 등의 대상들에 대하여 어떤 특정한 영역에 편중되는 일이 없이 두루 내용을 편성해야 한다. 학문적인 지식 습득에 지나친 비중을 둔다든지, 학문적 영역에서 각 사회과학의 어느 한 학문에 치중해서는 안 된다. 구성 내용의 질적 수준의 균형인 여러 분야와 내용에 대한 심도, 난이도 등도 고려하여야 한다. 따라서, 사회과 교육과정의 내용 구성은 종합 교육과정 정신에 입각하여 설정된 교육목표 달성에 적절한 것이어야 한다. 아울러 학습 경험과 함께 절차 면에서의 실질적 학습 경험, 배경학습 이론, 시사적 문제해결, 사실적 정보 학습, 개요 정리 학습 등의 균형도 함께 고려하는 것이 바람직하다.

3) 종적·횡적 연계성(Sequence): 계열성

사회과의 교육목표는 교육의 일반 목표와 매우 유사하다. 이는 사회과의 학습 내용이 타 교과와 유기적인 연관을 가져야 한다는 의미이다. 사회과 교수·학습을 통하여 습득된 지식과 경험이 타 교과에 적용될 수 있거나, 또는 다른 교과의 학습에서 습득된 지식이 사회과에서 수용될 수 있도록 하는 교과 간의 관련성을 고려하여야 한다. 특히 사회과의 내용 구성은 단원 간, 학년 간, 학교급별 간에 있어서 종적 연계성을 이루어지도록 함으로써 비약과 단절됨이 없도록 고려하여야 한다. 특히, 제7차 교육과정, 2007년 개정 교육과정에 이어 현행 2009 개정 사회과 교육과정에서는 공통교육과정으로서 초·중·고교 간 종적 연계성과 각 교과 간 횡적 연계성을 특별히 강조하고 있음을 사회과 교육에서는 고려하여야 한다.

4) 적절한 반복성: 반복성

사회과 교육과정 구성의 반복성은 나선형식 교육과정을 의미한다. 즉, 교육과정의 내용이 적절한 간격을 두고 계속적으로 반복되는 것이다. 물론 사회과 교육과정에서의 반복은 단순한 재등장이 아니고 새로운 목표와 관점에 의한 새로운 구성이 전제되어야 한다. 따라서, 사회과교육 내용이 보다 심화, 확대, 보충됨을 의미한다.

5) 교수·학습의 편의성: 편의성

사회과 교육과정의 내용은 교수·학습의 효과를 최대한 높일 수 있는 적절한 방향으로 구성되어야 한다. 실제 사회과 학습 지도에서 학생들의 성장 발달과 관심, 흥미, 요구 등을 고려하기는 하지만, 내용을 구성하는 당초부터 학습의 편의를 충실하게 고려하여야 한다. 학습 내용의 성격 여하에 따라서는 그에 부합되게 적절하게 구성 형태를 취하여야 하는데, 대체적으로 사회과에서 많이 사용되는 학습 형태는 시대형, 연대형, 문제형, 교재형, 경험형, 원리발견형 등이 있다.

6) 변용적인 탄력성과 신축성: 탄력성, 신축성

사회과는 타 교과에 비하여 특히 융통성을 내포하는 내용으로 구성되는 교과이다. 즉 시간적·공간적·인적 변용성과 차이성 등을 충실하게 고려하는 내용이어야 한다. 사회과는 사회사상을 대상으로 하기 때문에 유동적이며 가변적인 가치 의존적 종합성을 띠고 있다. 사회과 교육과정의 내용 구성은 전국 획일적인 기준에 의하여 구성된 교육과정의 변용성(變容性), 지역적 특수성, 학생들의 개성과 능력의 차이 등을 고려하는 것이 바람직하다. 특히, 사회과교육에서는 교과서대로 가르치고 배우는 것이 아니라, 교육과정에 따라 탄력적으로 가르치고 배워야 한다는 점을 간과해서는 안 되는 것이다. 교육과정 운영이 기존의 '교과서 중심'에서 앞으로는 '교육과정 중심'으로 변모해야 한다. 교과서는 교육과정을 운영하기 위한 가장 기본적인 교재이자 자료인 것이다.

7) 탐구 과정의 반영: 탐구 과정

사회과의 내용은 탐구 방법, 탐구 과정을 통하여 사고력, 창의력 등 고급사고력 신장에 초점을 맞추어야 한다. 학문적인 지적 능력을 강조하는 것도 중요하지만, 구성주의 입장에서 학생들의 탐구활동을 조장하여 고급사고력을 신장할 수 있는 과정을 고려하여야 한다. 따라서, 제 사회과학에서 추출한 중요 개념이나 원리를 학생들이 탐구하고 발견하는 데 적절한 탐구 과정, 탐구 방법 등의 적용을 고려하는 교육과정 내용 구성이 요구되는 것이다.

8) 내용의 전이성: 전이성

제 사회과학의 기본 개념 및 원리를 중시하는 사회과 교육과정에서는 내용 구성에서 교과의 기본 구조를 형성하는 기본 개념 및 원리를 추출하여 여러 지적 수준의 학생들에게 보다 효과적으로 이해시킬 수 있도록 해야 한다. 구체적이고 특수한 현상을 기술하는 사회적 지식은 동일한 상황에서만 적용될 수 있는 것이지만, 지구촌 시대 세계화·정보화 사회에서는 다양한 상황에 두루 전용될 수 있는 개념의 지식이 보다 교육적 가치가 큰 것이다. 사회과 교육과정의 내용은 전이성이 높은 일반적·기본적 지식으로 구성되는 것이 바람직하다.

2. 사회과 내용 구성의 계열성(Sequence)

사회과 교육과정 내용 구성의 계열성이란 선행의 경험, 내용 등을 기초로 하여 다음의 경험 또는 내용으로 전개되어 학년, 학교급이 높아질수록 차츰 깊이와 넓이가 심화·확대되는 것을 의미한다. 그러므로 사회과 교육과정의 계열성은 나선형식 교육과정, 동심원적 확대법, 지식확대법, 지역확대법, 환경확대법 등을 두루 포괄하는 것이다. 이는 학생들의 심리적·발달적 측면과 단계를 고려한 원리이다.

1) 가까운 곳에서부터 먼 곳으로 조직: 지역 확대법

사회과 교육과정은 학생들의 사회적 지식 인식과 발달 단계를 고려하여 구성하여야 한다. 사회과 교육과정 내용 구성에서 초등학교 단계에서는 직접 경험과 관찰이 가능한 구체적 내용 중심으로, 중학교 단계에서는 간접 경험을 통한 이해가 가능한 사회적 사실과 현상의 내용 중심으로 구성하는 것이 바람직하다. 고등학교 단계에서는 사회적 비판과 탐구 및 문제해결력, 의사결정력 등 고급사고력 신장을 위한 법칙, 원리 중심으로 내용을 구성하는 것이 보편적 방법이다.

2) 현재에서부터 과거로 조직: 시간 소급법

학생들은 최근의 사회적 사실과 내용에 대해서 잘 알고 있다. 특히 학생들의 역사의식 발달에 따라 초등학교 단계에서는 현재 의식이 발달하므로 시간 소급법에 의해 오늘에 가까운 것에서 과거로 거슬러 올라가도록 계열화하고, 중학교 단계에서는 대비 의식, 변천 의식 등이 발달하므로 지역 연구법을 적용하고, 고등학교 단계에서는 인과 의식, 시대 의식이 발달하므로 고대로부터 현대에 이르기까지 연대순에 따라 통사 학습을 하는 사회과 교육과정의 내용 구성이 바람직하다.

3) 단순한 것에서부터 복잡한 것으로 조직

사회과 교육과정의 내용 구성과 계열에서 초등학교 단계에서는 생활 주변에서 직접 관찰하고 조사함으로써 이해하고 체득할 수 있는 사실적인 사회사상 중심으로 조직하고, 중등학교로 올라갈수록 과학적인 사고와 자료의 활용을 통하여 사회사상을 분석하고 이해하게 함으로써 사회사상의 의미와 법칙 또는 원리를 발견하는 방향으로 내용 구성을 하는 것이 바람직하다.

4) 구체적인 것에서부터 추상적인 것으로 조직

사회과 교육과정의 내용 구성과 계열에서 인지 발달 단계를 고려하여, 초등학교 단계에서는 사회사상을 주의 깊게 관찰함으로써 충분히 이해할 수 있는 내용으로 조직하고, 중등학교로 올라갈수록 추상적인 사회사상을 제시하여 다양한 첨단 매체와 자료를 활용하여 변화 과정을 탐구할 수 있도록 내용 구성을 하여야 한다. 초등학교 단계에서는 특수적이고 구체적이며 사실적인 내용 중심으로 구성하고, 중등학교 단계에서는 일반적이고 추상적이며 개념적인 내용 중심으로 구성하는 방향으로 나아가야 한다.

5) 생활 중심에서부터 학문 중심으로 조직

사회과 교육과정의 내용은 초등학교 단계에서 생활 주변의 문제들을 관찰하고 조사함으로써 사회 생활에 쉽게 적응하도록 하는 사회기능 인식을 위주로 조직하고, 중등학교로 올라갈수록 사화과학의 학문적 기본 개념, 아이디어, 원리, 법칙 중심으로 구성하여야 한다. 따라서, 탐구 과정을 통한 기본 개념을 파악하게 하고 기본 개념들에 대한 유기적인 조직과 연계성을 파악하도록 조직되어야 한다.

6) 주관적인 것에서부터 객관적인 것으로 조직

사회과 교육과정의 내용 구성은 초등학교 단계에서 자기중심적이고 자아 위주의 행동 경향이 강하고, 중등학교로 올라갈수록 우리 의식, 집단의식, 공동체 의식 등이 함양된다. 사회과 교육과정은 내용은 초등학교 저학년 단계부터 맹목적인 주관에서 벗어나 자기가 생활하고 있는 집단 속에서 자기의 존재와 역할을 인식하게 하고, 초등학교 고학년, 중학교, 고등학교 등으로 올라갈수록 자기 행동이 타인들에게 미치는 영향에서부터 자유와 권리, 인권과 평등 등의 기본적 가치, 나아가 사회와 국가 발전 및 인류 공동체 발전에 기여할 수 있는 객관적 판단과 참여 위주로 구성하여야 한다.

〈표 5-8〉 사회과교육의 내용 선정 자원

내용 영역		주요 내용 요소
사회과학 영역별 내용	역사 영역(분야)	변화와 지속, 갈등과 혁명, 민족, 문명 등
	지리 분야(영역)	입지, 장소, 인간과 환경, 이동, 지역, 지구촌 사회 등
	정치 분야(영역)	권력과 권위, 정치 과정, 정부와 통치, 시민적 이상과 실천, 정치사회화 등
	경제 분야(영역)	경제의 기본 문제, 희소성과 선택, 생산, 소득과 소비와 저축, 교환과 시장 및 화폐, 지역 경제와 의사결정 등
	사회 분야(영역)	사회적 상호작용, 사회화, 집단과 그 영향, 제도와 그 영향, 사회변동과 문제 및 미래, 과학적 지식, 과학·기술·사회 등
	문화 분야(영역)	인류의 특성, 문화, 문화 변동, 전통 등등
국가적·사회적 과제와 현대 사회의 논쟁점	국가적·사회적 과제	민주화, 정치 안정, 복지사회 구현, 지속적 경제 성장, 다양화 및 다원화 등
	사회문제 및 논쟁점	자원의 고갈, 환경오염, 사회적 갈등, 교통 문제, 인종 문제 등
사회 기능적 요소		생명, 재산, 자원의 보호·보존, 생산, 분배, 소비, 운수, 통신, 교통, 미적 종교적 욕구의 표현, 교육, 정치 등
다중 시민성 교육 요소		지구촌 교육, 다문화 교육, 환경 교육, 평화 교육, 인권 교육 등

출처: 『사회과 교육과정에서 수업까지』(수정판), 최용규 외, 2008: 60.

〈표 5-9〉 사회과 교육과정 유형과 내용 조직 방식

구분	사회과 교육과정의 유형				
교육과정 유형(이론)	교과 중심 교육과정		학문 중심 교육과정		경험 중심 교육과정
사회과의 관련 전통	시민성 전달 모형		사회과학 모형		반성적 탐구 모형
구성 및 조직 원리	논리적 선후 관계		나선형(螺旋形)식 교육과정		경험(흥미)의 확대 및 증가
강조점	훌륭한 시민		지식의 구조		발견 및 탐구
사회과 내용 조직의 방식	분과형	통합형(융합형, 상관형)	분과학문형	통합형(학제형, 다학문형)	활동 중심 통합형(학생경험형, 생활형)	이슈 중심 통합형(사회문제형)

제3장 | 사회과 교육과정의 내용 체계: 2009 개정 사회과 교육과정

1. 사회과 교육과정의 지향점

2009 개정 교육과정은 지식기반 사회, 지식정보화 시대의 사회적 요구를 반영하여 새로운 지식관과 민주시민으로서의 자질이 요구되는 철학이 밑바탕이 되었다. 따라서 2009 개정 사회과 교육과정의 기본 취지가 반영된 사회과 교육과정은 다음과 같은 점을 지향하고 있다.

첫째, 개방화·민주화·다양화·정보화·세계화시대의 사회 변화를 주도할 시민적 자질의 육성에 역점을 두고 있다. 사회과교육의 궁극적 목적을 바람직한 시민의 자질 육성이라고 할 때, 이 '바람직한 자질'은 시대와 사회의 변화에 따라 다르게 규정될 수 있지만, 정보화·세계화 사회에서 한국 사회과교육에서 강조해야 할 시민적 자질은 다음과 같다.

① 정보의 폭증에 대처할 정보의 수집, 처리 및 활용 능력
② 정보 및 가치에 대한 합리적 판단과 의사결정 및 문제해결 능력
③ 복잡하고도 다양한 가치관에 대한 개방성과 창의적 사고
④ 학생 중심 학습과 자기 주도적 학습 능력
⑤ 인간의 존엄성, 타인과의 인간관계를 중시하는 도덕성
⑥ 시민으로서 권리와 의무를 다하여 공공선을 추구하는 정신
⑦ 다원화된 사회의 여러 문제에 대한 관심과 그 문제해결을 위해 헌신하고자 하는 태도
⑧ 세계화 시대 한국인으로서의 문화적 정체성과 공동체 헌신을 위해 노력하고자 하는 태도
⑨ 지구촌적 관점으로 세계의 문제를 이해하고 해결하려는 개방적인 세계 시민적 자질

둘째, 학습자 중심의 내실 있는 교육을 추구하고 있다. 학습자 중심은 한편으로는 학습자의 능력, 흥미, 요구 등을 존중하는 개별화 학습과 수준별 학습을 의미하며, 다른 한편으로는 학습자가 학습의 내용 선정과 학습 과정에 능동적으로 참여하는 자기 주도적 학습을 의미한다. 학습자 중심 교육은 구성주의 교육관에 기초하는 수업관 및 학습관으로 이해될 수 있다. 따라서 교육과정에서는 학습자의 능력과 흥미, 요구 등을 고려하여 다양한 활동을 제시하고 고급사고력 신장을 위하여 개별 학습자들이 각각 사회과교육의 성취를 극대화할 수 있도록 하였다. 또한 사회과교육이 지향하는 개방적 교수·학습 과정과 협동학습 방법 및 수행평가 기법의 적용을 강조하고 있다.

셋째, 시민성 함양 교과로서의 사회통합성과 사회과학 교육의 계통성 간의 조화를 추구하였다. 사회과는 교과의 목표, 내용, 방법, 평가 면에서 통합성과 계통성의 양면성을 지닌다. 바람직한 시민적 자질 함양을 궁극적 목적으로 하는 사회과는 목표 면에서 지식과 가치의 통합, 내용 면과 방법 면에서 주제 및 문제 중심의 통합적 접근, 의사결정 및 사회참여 능력의 신장을 중시한다.

2009 개정 사회과 교육과정은 이와 같은 양면성의 조화와 절충을 추구하여, 사회과학의 개념, 원리적 지식과 방법의 계통적 학습을 중시하였다. 초등학교와 중등학교의 사회과 계열적 특성을 고려하였다. 즉, 초등학교에서는 학습자의 생활 경험과 지식의 통합성을 강조하고, 중학교 단계에서는 사

회과의 내용적 통합성을 추구하되, 역사, 지리 및 사회과학의 개념적 체계를 유지하는 관점에서 통합을 추구하였다. 고등학교 단계에서는 초등학교와 중학교의 통합적 내용 체계를 더욱 심화하였다.

넷째, 교육과정의 지역화를 구현하고, 지구촌 사회의 요구에 부응하기 위해 지구촌적 관점의 반영을 강조하였다. 교육과정의 지역화는 사회과에서 교과의 성격상 매우 중요한 테마이다. 따라서 사회과는 교육과정의 지역화와 지역사회 교육과정화(敎育課程化)를 동시에 고려하여야 한다. 사회과 관련 학문 분야의 내용을 지역사회 실정에 적합하게 재구성하는 일은 학습자의 흥미와 필요에 부합되는 일이며, 나아가 학교와 교사로 하여금 교육과정 설계와 실행에 적극적으로 참여, 활동할 계기를 마련해주는 것이다.

2. 내용 선정의 기준

1) 학습자 심리적 · 발달적 측면의 내용 선정 기준

학습자 측면에서의 학습의 개별화, 학습자 간의 상호작용, 학습자의 능동적 지식 형성을 고려하는 내용을 선정하다. 아울러, 지식과 생활 경험의 통합 경험을 추구할 수 있도록 학생의 경험, 생활과의 관련성이 높은 사실과 문제 및 주제를 내용으로 선정한다. 그리고 학생의 자기 주도적, 탐구 지향적 학습이 가능하도록 필수 요소를 선정하되, 다음과 같은 조건을 고려하여야 한다.

첫째, 사회과 학습에 대한 흥미와 관심을 유발할 수 있는 내용으로 선정한다.

둘째, 학생의 경험, 생활과 관련성이 높은 사실과 문제 및 주제를 내용으로 선정한다.

셋째, 자기 주도적 학습, 탐구 지향적 학습, 학습자의 능동적 지식 형성 과정과 관련된 능력을 개발하는 데 필요한 내용을 선정한다.

넷째, 학습 부담을 고려하여 사회현상 이해를 위한 핵심 내용을 선정한다.

2) 학문적 · 철학적 측면의 내용 선정 기준

학문 · 철학적 측면에서의 사회과 내용 선정은 다음과 같은 요소를 고려하여야 한다.

첫째, 민주시민성을 함양하기 위한 사회과교육의 성격과 목표를 고려하여 내용을 선정한다.

둘째, 널리 합의된 역사, 지리 및 제 사회과학의 기본적 지식과 탐구 방법을 선정한다.

셋째, 사회현상의 다면적 · 다차원적 고찰을 위해 통합적인 관점이 드러나는 내용을 선정한다.

3) 국가적 · 사회적 측면의 내용 선정 기준

국가 · 사회적 측면에서의 내용 선정은 인간을 존중하고 사회의 다양성을 고려하여 학습자의 자아실현을 확대할 수 있는 내용을 중심으로 선정하여야 한다. 아울러 개인과 사회, 국가의 제 문제, 쟁점, 과제 등을 심미적 · 창의적으로 해결하는 것과 관련된 내용을 선정하여야 한다. 아울러, 시민적 자질 함양을 위한 사회과 가치교육의 중요성을 중심으로 선정하되, 특별히 다음 사항을 고려하여 선정하여야 한다.

첫째, 정보화·개방화·세계화·지역화 시대에 대응하는 데 필요한 다양한 관점과 요구를 반영한다.

둘째, 저출산 및 고령화 사회와 다문화 사회에 대비하는 내용으로 선정한다.

셋째, 민족 문화의 정체성을 함양하는 역사 교육의 내용을 선정한다.

넷째, 환경 교육, 경제교육, 국제 이해 교육, 세계시민 교육, 진로 교육, 인권 교육, 통일 교육 등을 두루 강조하여 선정한다.

3. 내용 조직의 원리

사회과의 내용은 범위(scope)와 계열성(sequence)을 고려하여 선정하고 조직하되 학생들이 쉽고 편안하게 학습할 수 있도록 하는 것이 중요하다. 일반적으로 사회과 교육과정에서 내용 조직은 다음과 같은 점을 고려하여 조직하는 것이 바람직하다.

첫째, 학습자의 인지 발달, 사회적 경험, 사회기능을 고려하는 환경확대법을 활용하여 배열하였다. 특히, 학습자들이 일상생활 속에서 경험하는 다양한 공간 규모를 고려하고, 학년별로 세계적 관점을 반영하여 환경확대법을 탄력적으로 활용하였다.

둘째, 역사 영역 내용의 시계열성을 고려하여 국사를 한 학년에 중점적으로 배열하여 일관된 학습이 이루어지도록 하였다. 또한 생활사, 문화사, 인물사 중심으로 우리나라 역사를 쉽게 다룰 수 있도록 내용을 조직하였다.

셋째, 사회현상 이해에 관련된 기본 개념 및 원리를 구체적 사례와 문제를 통해서 이해할 수 있도록 구성하되, 나선형 교육과정의 원리에 따라 확대될 수 있도록 하였다. 즉, 학습자의 시간 의식, 공간 의식, 사회의식의 발달과 연계하여 배열하고, 단순한 것에서부터 복잡한 것으로, 구체적인 것에서부터 추상적인 것으로 내용 배열의 원리를 적용하였다.

넷째, 내용에 따라 각 영역의 고유성과 독자성을 유지하면서 영역 간 통합이 필요한 경우에는 구심점이 되는 영역을 중심으로 다른 영역의 내용을 유기적으로 통합하였다. 또한 주제 또는 문제를 중심으로 통합할 경우에도 탐구 문제 또는 문제해결 과정을 통한 내용과 방법의 통합, 생활 경험과 지식의 통합 등에 초점을 맞추었다.

다섯째, 학년별로 내용의 핵심과 범위를 설정함으로써, 학습 지도에서는 이를 중심으로 일관성을 유지할 수 있도록 배열하였으며, 영역 내 및 영역 간의 내용이 중복되지 않도록 하였다.

결국, 사회과 교육과정 조직에서는 교육과정의 논리적 배열과 심리적 배열을 두루 고려하여야 한다. 논리적 배열과 심리적 배열의 강조점은 중요한 데, 일반적으로 논리적 배열이 ① 학생의 흥미를 바탕으로 교육 내용을 논리적으로 배열하는 것인데 비해, 심리적 배열은 ② 교재의 논리성을 존중하면서 학생의 성장과 발달에 따라 적절하게 교육 내용을 배열하는 방법이다.

4. 내용 체계의 실제(2009 개정 사회과 교육과정)

〈표 5-10〉 2009 개정 사회과 교육과정 내용 체계

학년		지리 영역	일반사회 영역	역사 영역(과목)	
제3~4학년 (초등학교 제3~4학년)		○ 우리가 살아가는 곳 ○ 달라지는 생활 모습 ○ 촌락의 형성과 주민 생활 ○ 민주주의와 주민 자치	○ 이동과 소통하기 ○ 우리 지역, 다른 지역 ○ 경제생활과 바람직한 선택 ○ 지역사회의 발전	○ 사람들이 모이는 곳 ○ 도시의 발달과 주민 생활 ○ 다양한 삶의 모습들 ○ 사회 변화와 우리 생활(12주제)	
제5~6학년 (초등학교 제5~6학년)		○ 살기 좋은 우리 국토 ○ 환경과 조화를 이루는 국토 ○ 우리 이웃 나라의 환경과 생활 모습 ○ 세계 여러 나라의 환경과 생활 모습(4개 주제)	○ 우리 경제의 성장 ○ 우리나라의 민주 정치 ○ 우리 사회의 과제와 문화의 발전 ○ 정보화·세계화 속의 우리(4개 주제)	○ 우리 역사의 시작과 발전 ○ 세계와 활발하게 교류한 고려 ○ 유교 문화가 발달한 조선 ○ 조선 사회의 새로운 움직임 ○ 근대 국가 수립을 위한 노력과 민족 운동 ○ 대한민국의 발전과 오늘의 우리(6개 주제)	
제7~9학년 (중학교 제1~3학년)		○ 내가 사는 세계 ○ 인간 거주에 유리한 지역 ○ 극한 지역에서의 생활 ○ 자연으로 떠나는 여행 ○ 자연 재해와 인간 생활 ○ 인구 변화와 인구 문제 ○ 도시 발달과 도시 문제 ○ 문화의 다양성과 세계화 ○ 글로벌 경제와 지역 변화 ○ 세계화 시대의 지역화 전략 ○ 자원의 개발과 이용 ○ 환경 문제와 지속 가능한 환경 ○ 우리나라의 영토 ○ 통일 한국과 세계시민의 역할(14개 주제)	○ 개인과 사회생활 ○ 문화의 이해와 창조 ○ 사회의 변동과 발전 ○ 정치 생활과 민주주의 ○ 정치 과정과 시민 참여 ○ 경제 생활의 이해 ○ 시장 경제의 이해 ○ 일상생활과 법 ○ 인권 보장과 법 ○ 헌법과 국가 기관 ○ 국민 경제와 경제 성장 ○ 국제 경제와 세계화 ○ 국제사회와 국제 정치 ○ 현대 사회와 사회문제 (14개 주제)	근대 이전	한국사영역: ○ 문명의 형성과 고조선의 성립 ○ 삼국의 성립과 발전 ○ 통일 신라와 발해의 발전 ○ 고려의 성립과 변천 ○ 조선의 성립과 발전 ○ 조선 사회의 변동(6개 주제)<hr>세계사영역: ○ 통일 제국의 등장 ○ 지역세계의 형성과 발전 ○ 전통사회의 발전과 변모(3개 주제)
				근대 이후	한국사영역: ○ 근대 국가 수립 운동과 국권 수호 운동 ○ 민족 운동의 전개 ○ 대한민국의 발전(3개 주제)<hr>세계사영역: ○ 산업 사회와 국민 국가의 형성 ○ 아시아·아프리카 세계의 변화와 민족 운동 ○ 현대 세계의 전개 (3개 주제)
제10~12학년 (고등학교 제1~3학년): 선택교육과정 과목	일반	○ 한국지리 ○ 세계지리(2개 과목)	○ 경제 ○ 법과 정치 ○ 사회·문화(3개 과목)	○ 한국사 ○ 동아시아사 ○ 세계사(3개 과목)	
	심화	○ 지역 이해(1개 과목)	○ 국제 정치 ○ 국제 경제 ○ 국제 관계와 국제기구 ○ 세계 문제 ○ 비교 문화 ○ 사회과학 방법론 ○ 한국의 사회와 문화 ○ 국제법 ○ 인류의 미래 사회 ○ 과제 연구(10개 과목)		

제4장 | 사회과 교육과정 학년(군)별 내용의 주제: 학년군, 교과군 (총 69주제, 19과목)

1. 제3~4학년(학년군): 초등학교 3~4학년

① 통합 영역(12개 주제)
- 우리가 살아가는 곳
- 이동과 소통하기
- 사람들이 모이는 곳
- 달라지는 생활 모습
- 우리 지역, 다른 지역
- 도시의 발달과 주민 생활
- 촌락의 형성과 주민 생활
- 경제생활과 바람직한 선택
- 다양한 삶의 모습들
- 민주주의와 주민 자치
- 지역사회의 발전
- 사회 변화와 우리 생활(12주제)

2. 제5~6학년(학년군): 초등학교 5~6학년

① 지리 영역(4개 주제)
- 살기 좋은 우리 국토
- 환경과 조화를 이루는 국토
- 우리 이웃 나라의 환경과 생활 모습
- 세계 여러 나라의 환경과 생활 모습(4개 주제)

② 일반사회 영역(4개 주제)
- 우리 경제의 성장
- 우리나라의 민주 정치
- 우리 사회의 과제와 문화의 발전
- 정보화·세계화 속의 우리(4개 주제)

③ 역사 영역(6개 주제)
- 우리 역사의 시작과 발전
- 세계와 활발하게 교류한 고려
- 유교 문화가 발달한 조선
- 조선 사회의 새로운 움직임
- 근대 국가 수립을 위한 노력과 민족 운동
- 대한민국의 발전과 오늘의 우리(6개 주제)

3. 제7~9학년(학년군): 중학교 1~3학년

① 지리 영역(14개 주제)
- 내가 사는 세계
- 인간 거주에 유리한 지역
- 극한 지역에서의 생활
- 자연으로 떠나는 여행
- 자연 재해와 인간 생활
- 인구 변화와 인구 문제
- 도시 발달과 도시 문제
- 문화의 다양성과 세계화
- 글로벌 경제와 지역 변화
- 세계화 시대의 지역화 전략
- 자원의 개발과 이용
- 환경 문제와 지속 가능한 환경
- 우리나라의 영토
- 통일 한국과 세계시민의 역할(14개 주제)

② 일반사회 영역(3개 주제)

○ 개인과 사회생활　　○ 문화의 이해와 창조　　○ 사회의 변동과 발전
○ 정치 생활과 민주주의　○ 정치 과정과 시민 참여　○ 경제생활의 이해
○ 시장 경제의 이해　　○ 일상생활과 법　　○ 인권 보장과 법
○ 헌법과 국가 기관　　○ 국민 경제와 경제 성장　○ 국제 경제와 세계화
○ 국제사회와 국제 정치　○ 현대 사회와 사회문제(14개 주제)

③ 역사 영역(과목: 16개 주제)
[근대 이전] 10개 주제
가) 한국사 영역(6개 주제)
○ 문명의 형성과 고조선의 성립　○ 삼국의 성립과 발전　○ 통일 신라와 발해의 발전
○ 고려의 성립과 변천　　　○ 조선의 성립과 발전　○ 조선 사회의 변동(6개 주제)

나) 세계사 영역(4개 주제)
○ 통일 제국의 등장　○ 지역세계의 형성과 발전　○ 전통사회의 발전과 변모(3개 주제)

[근대 이후] 6개 주제
가) 한국사 영역(3개 주제)
○ 근대 국가 수립 운동과 국권 수호 운동　　　○ 민족 운동의 전개
○ 대한민국의 발전(3개 주제)

나) 세계사 영역(3개 주제)
○ 산업 사회와 국민 국가의 형성　○ 아시아·아프리카 세계의 변화와 민족 운동
○ 현대 세계의 전개(3개 주제)

  4. 제10~12학년(학년군: 선택교육과정, 선택교과목): 고등학교 1~3학년

[일반 선택 교과목] 8개 교과목
① 지리 영역(교과목: 2개 교과목)
○ 한국지리 ○ 세계지리(2개 과목)

② 일반사회 영역(교과목: 3개 교과목)
○ 경제　　○ 법과 정치　　○ 사회·문화(3개 과목)

③ 역사 영역(교과목: 3개 교과목)
○ 한국사　○ 동아시아사　○ 세계사(3개 과목)

[심화 선택 교과목] 11개 교과목

① 지리 영역(교과목: 1개 교과목)

　○ 지역 이해(1개 과목)

② 일반사회 영역(교과목: 10개 교과목)

　○ 국제 정치　　　　○ 국제 경제　　　○ 국제 관계와 국제기구

　○ 세계 문제　　　　○ 비교 문화　　　○ 사회과학 방법론

　○ 한국의 사회와 문화　○ 국제법　　　○ 인류의 미래 사회

　○ 과제 연구(10개 과목)

〈표 5-11〉 '2009 개정 사회과 교육과정'의 학교급별 핵심 주요 내용

학교급	학년군	주요 내용
유치원	(제7차)	○ 사회생활(생활 통합)
초등학교 (공통)	제1~2학년	○ 슬기로운 생활, 바른 생활, 즐거운 생활(통합 교과)
	제3~4학년	○ 우리 고장의 생활(시·군)　○ 시·도 지역의 공동생활(시·도)
	제5~6학년	○ 살기 좋은 우리나라　○ 정치와 경제생활의 기초　○ 고려 시대와 조선 시대의 생활
중학교 (공통)	제1~3학년	○ 우리가 사는 세계　○ 정치·법과 경제생활의 이해　○ 삼국과 통일 신라 ○ 고려 시대와 조선 시대의 생활　○ 통일 제국의 이해　○ 지역 세계의 형성
고등학교 (선택)	제1~3학년 (선택)	○ 한국지리, 세계지리의 이해　○ 경제, 정치, 법과 생활의 이해　○ 지역의 이해 ○ 국제 정치와 국제 경제 ○ 세계 문화와 국제 관계 ○ 인류의 미래 사회와 과제 해결

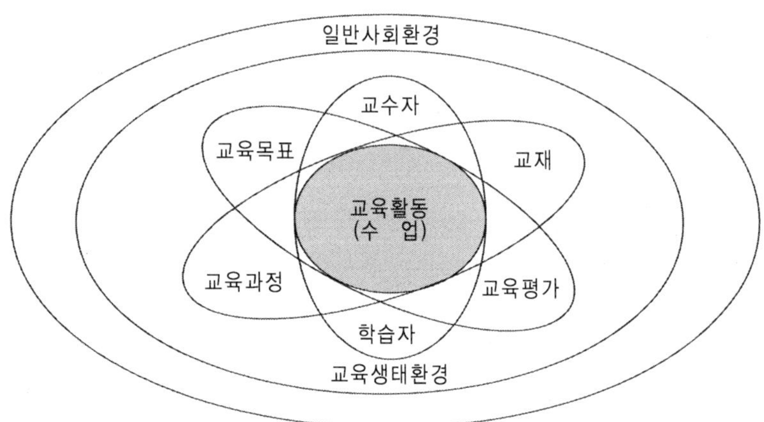

[그림 5-5] 2009 개정 사회과 교육과정의 내용 구조도

제5장 | 사회과 교육과정의 조직 유형

1. 교과 중심 교육과정

사회과에 있어서의 교과 중심 교육과정(subject-centered curriculum)은 역사학, 정치학, 경제학, 사회학, 지리학 등의 학문분야를 중심으로 교육과정이 조직된 것을 말한다. 초·중·고등학교에서는 이러한 학문적인 교과를 그들의 수준에 맞도록 재편성하여 가르치지만, 기본적으로는 독립된 학문적 교과가 사회과의 바탕이 되어 있는 것이다. 초등학교에서는 사회과라는 통합된 형태로 존재하지만, 중등학교에서는 정치, 경제, 사회, 역사, 지리 등의 하나로 혼합되어 있는 경우도 있고, 독립적으로 존재하는 경우도 있다.

1) 교과 중심 교육과정의 장점

일반적으로 사회과의 교과 중심 교육과정은 다음과 같은 장점을 지니고 있다.
  (1) 교육과정의 내용이 사전에 미리 객관적으로 가치가 있다고 생각되는 것들을 체계적으로 조직해놓았기 때문에 학습 계획을 세우기가 쉽고, 일정한 진도를 계획적으로 유지할 수 있다.

  (2) 중앙에서 통제하기가 쉽고, 조직과 편제가 간단하여 전국적으로 실시할 수 있으며, 최소한의 기준을 설정하여, 목표달성 여부를 전국적으로 측정하는 등 전국적인 모형을 설정할 수 있다.

  (3) 학생들의 지적인 성장을 위해서 다른 형태의 교육과정보다도 효과적이라고 할 수 있다. 특히 인류의 문화유산이라고 할 수 있는 지식을 교육하는 데 효과적이라는 주장이다.

2) 교과 중심 교육과정의 단점

한편, 교과 중심 교육과정은 다음과 같은 단점을 가지고 있다는 비판을 받고 있다. 특히 최근에는 아동 중심 교육 및 사고력 교육과 관련하여 비판이 많이 가해지고 있다.
  (1) 교과 중심 교육과정은 논리적으로 체계화되어 있지만, 그것이 아동들의 심리적인 흥미나 요구를 소홀히 하기 쉬운 단점이 있다.

  (2) 어린이들의 일상생활의 문제를 경시하기 쉽다.

  (3) 지적인 능력 이외에 정서적인 면이나 바람직한 태도 또는 창의력이다. 사고력과 같은 높은 차원의 지적 능력을 개발하기가 쉽지 않다.

3) 교과 중심 교육과정의 변형

교과 중심 교육과정은 실제 학교 현장에서의 적용 시에는 교과교육과정, 상관교육과정, 통합교육과정 등 세 가지의 수정된 형태로 존재하는 것이 보통이다.

(1) 교과교육과정

가장 순수한 의미에서의 교과 중심 교육과정이다. 역사학, 지리학, 정치학, 경제학 등을 독립된 하나의 교과목으로 교수하는 경우이다. 대학에서 정치학개론을 가르치면 고등학교에서는 대개 그 축소판으로 정치학개론이 교수되고, 중학교에서는 다시 고등학교에서의 축소판이 교수되며, 초등학교에서는 중학교의 축소판이 교육되는 것과 같다. 이러한 교육과정은 학문적인 체계와 독립성을 가장 철저하게 유지하고 있기 때문에 교과 중심 교육과정의 장점과 단점을 그대로 가지고 있다. 오늘날의 초·중등학교에서는 이러한 순수한 의미에서의 교과교육과정을 탈피하려고 노력하고 있으며, 다음과 같은 상관교육과정이나 통합교육과정을 시도하고 있다.

(2) 상관교육과정

상관교육과정은 지리, 역사, 정치, 경제 등 각 교과목의 기본적인 독립성을 유지하면서 두 개 또는 그 이상의 교과목들을 적절하게 서로 관련시켜서 교수하는 형식의 교육과정이다. 역사시간에 조선사회에 대해서 학습하는 경우 조선사회의 정치제도나 경제 상태를 학습하는 것은 정치, 경제의 일부분이 될 수도 있고, 또 그 당시의 지리적 상황을 학습하는 것은 지리과의 내용이 될 수도 있다. 환경교육이나 교통안전교육과 같이 그 중요성을 인정되지만, 독립적인 교과를 이룰 수 있는 학문적인 기초가 없는 경우 여러 과목에 분산해서 가르칠 때 적합하다.

상관교육과정은 각 교과목의 독립성을 그대로 유지하기 때문에 교과교육과정의 장점인 체계적인 지식의 교수가 가능하고, 또 서로 관련된 교과목의 내용들을 관련시켜 학습하기 때문에 학생들의 이해를 돕고 학습문제에 보다 접근할 수 있는 장점을 가지고 있다. 그러나 기본적으로 교과교육과정의 틀을 벗어나지 않는 것이므로 교과교육과정이 지니는 비슷한 단점을 가지고 있다고 하겠다. 지식의 체계적인 학습을 위해서는 편리하지만, 학생의 생활경험이나 실제사회의 문제에 직접적으로 연결되지 못하는 것이다. 따라서 최근에는 하나의 문제나 주제를 여러 학문적 시각에서 융합하여 단원을 구성하는 통합교육과정이 관심을 끌고 있다.

(3) 통합교육과정

통합교육과정은 최근에 관심을 끌고 있다. 통합교육과정은 비슷한 성격을 가지고 있는 몇 개의 교과를 하나의 교과로 뭉쳐서 교육하는 것이다. 융합교육과정이라고도 한다. 지리, 역사, 정치, 경제, 사회·문화 등을 뭉쳐서 교과인 사회과를 만든 것과 같다. 통합교육과정에서는 교육과정을 구성하고 있는 몇 개의 교과목들이 독립적으로 존재하지는 않고, 그 교과의 내용이 적절하게 연결되어 하나의 교과목을 구성한다. 이 점에서 교과보다는 생활경험 그 자체를 중심으로 구성되는 활동교육과정이나 생활교육과정과 다르다. 통합교육과정은 교과교육과정과 생활교육과정의 장점을 절충하고 있는 형태를 취한다. 민주 시민성 함양, 경제발전, 환경오염, 가치관의 갈등, 전쟁, 인권, 양성평등, 각종 사회문제 등은 사회과의 통합과정에서 취급하기에 적합하다.

통합교육과정은 초등학교와 같이 저학년으로 내려갈수록 적합성을 더 많이 가지고 있고, 중학교와 고등학교, 대학교 등 상급 학교로 올라갈수록 학문적인 체계를 더 중요시하기 때문에 교과목을 중심으로 하는 교육을 실시하고 있다. 우리나라에서 사회와 과학은 초등학교에서 완전한 통합교육과정의 형태를 취하고 있다. 중학교의 경우는 명칭은 통합교과인 '사회과'라고 칭하고 있으나, 실제의 내용은 각 교과의 기본적 성격이 유지된 채 내용만이 섞여서 구성되어 있을 뿐이다. 그리고 고등학교에서는 부분적인 예외를 제외하고서는 통합교육과정이 잘 이루어지지 않고 있다.

통합교육과정은 교과목의 내용과 생활문제를 적절하게 관련시킨다는 면에서 바람직하다. 그러나 이러한 교육과정을 구체적으로 구성한다는 것은 쉬운 일이 아니다. 필요한 주제나 문제를 먼저 정하고, 그 주제와 관련된 사실, 개념, 법칙들이 먼저 연구되고, 이러한 연구가 관련 학자는 교사들로부터 호응을 얻어야 교육과정이 구성될 수 있다. 이러한 과정이 없을 때 통합과정은 부실한 것이 될 수밖에 없다. 우리나라에서 통합과정에 대한 논의가 활발했었으나 실질적인 진전을 보지 못하고 있는 것은 바로 이 점 때문인 것이다.

2. 경험 중심 교육과정

경험 중심 교육과정은 학교가 학생의 일상생활과는 별로 관계가 없는 지식의 세계를 교육하는 데 대한 반발로 나온 것이다. 20세기 초의 진보주의 교육운동과 함께 출발한 이러한 주장은 어린이들을 존중해야 한다는 뜻에서 교육과정에 매우 중요한 시사점을 주고 있으며, 특히 학생 중심 교육과정의 토대가 되는 것이다.

교육과정은 어린이의 욕구와 필요에서 출발해야 하고, 생활경험 그 자체가 되어야 한다고 주장한다. 이러한 교육과정은 학생들의 학습동시를 높이고, 학습에 적극적으로 참여하게 하는 장점이 있다. 또 학습생활이 실제생활과 밀접하게 연결되게 하며, 학생들에게 다양한 경험을 갖게 하여 전인교육의 한 방법이 될 수 있는 바람직한 점이 있다. 그러나 교사가 수업준비를 철저하게 하지 않으면 졸렬한 수업이 되기 쉽고, 학생들의 적극적인 참여태도, 풍부한 학습자료 등이 준비되어 있어야 성과가 난다는 한계가 있다.

경험교육과정은 실제로는 광역교육과정, 중핵교육과정, 활동교육과정 등의 형태로 존재한다. 가정생활, 학교생활, 사회생활 등으로 몇 개의 영역으로 묶어서 교육과정을 경험 중심으로 구성하는 것이다. 중핵교육과정은 학생의 생활을 중심으로 하되, 중앙의 핵심에는 가장 중요하다고 생각되는 사회과를 두고, 그 주변에는 다른 경험을 조직하는 것이다. 1940년대 미국 버지니아의 중핵교육과정은 이러한 형태의 것이었다. 활동교육과정은 교과의 벽을 완전히 허물고 학생의 필요나 욕구에 따라서 학습내용을 선정하는 것이다. 1896~1903년의 듀이의 시카고 실험학교와 1920년대에 시작된 영국에서의 닐(Neil, A. S.)의 서머힐(Summerhill) 학교에서 찾아볼 수 있다. 1960년대에 오면서 미국에서 시작된 자유학교(free school)나 비형식학교(informal school) 등도 이러한 종류 중의 하나로 볼 수 있다.

이러한 학교들은 한결같이 학생들의 생활을 존중한다는 장점이 있다. 그리고 그 이념은 매우 훌륭하다. 그러나 실제로는 아동들이 교육을 통하여 문화유산을 학습해야 하고, 또 각종 경쟁시험에서 승리해야 하기 때문에 이러한 측면을 소홀히 하는 완전한 활동 중심 교육과정은 보편화되기 어려운 한계를 가지고 있다. 이들 경험 중심 교육과정은 사회과에 한정된 것은 아니지만, 사회과는 사회활동과 직접 관련되어 있기 때문에 다른 교과보다도 경험 중심 교육과정 구성에 가장 적합하다.

1) 경험 중심 교육과정의 기본 전제

경험 중심 교육과정은 전통적인 교과 중심을 정면으로 비판하면서 학생들의 흥미, 요구, 필요, 활동, 생활 등을 중시하면서 태동한 교육과정이다. 경험 중심 교육과정은 19세기 말부터 20세기초에 걸쳐서 태동(胎動)하였는 데, 그 당시 사조와 추세였던 개인주의, 자유주의 물결과 자연주의 사상의 영향을 지대하게 받았다. 이와 같은 경험 중심 교육과정은 다음과 같은 기본적인 전제를 갖고 발달하였다.

첫째, 교육과정의 주체는 교사가 아니라 학생이다.

둘째, 교수·학습은 교재 내용을 가르치는데 중점을 두지 말고, 학생들의 성장과 발달에 초점을 맞추어야 한다.

셋째, 교과 내용을 미리 선정해 놓지 말고, 교육 현장과 학습의 장에서 선정하여야 한다.

넷째, 단순한 사실을 인식, 암기시키는 교육보다는 생활에 유용한 다양하고도 의미 있는 체험과 학습을 조자하여야 한다.

2) 경험 중심 교육과정의 장점

일반적으로 사회과의 경험 중심 교육과정은 다음과 같은 장점을 지니고 있다.

   (1) 학습자의 흥미와 요구, 필요 등이 교육과정의 기초가 되기 때문에 학생들의 적극적인 참여를 유도할 수 있다.

   (2) 현실적이고 실제적인 생활 관련 문제를 접하고 해결하는데 초점을 맞추게 된다.

   (3) 민주 사회에서 민주 시민으로서의 자질 함양에 유용하다.

   (4) 학교와 지역 사회의 유대를 증진시키고 각종 생활을 통합 반영할 수 있다.

3) 경험 중심 교육과정의 단점

한편, 경험 중심 교육과정은 다음과 같은 단점을 가지고 있다는 비판을 받고 있다.

   (1) 경험 중심 교육과정은 자칫하면 생활과 경험에 치중하여 기초 학력 부실을 초래할 수 있다.

   (2) 교육과정의 분류 준거가 부정확하고 비체계적이다.

(3) 교직 경력이 부족하고 교육 전문성이 부족한 교사들은 교육 목표 달성에 어려움을 겪을 수 있다.

(4) 교육과정의 행정적 통제가 어렵고 체계적인 운영이 곤란하다.

3. 학문 중심 교육과정

학문 중심 교육과정의 발달에 결정적인 영향을 미친 것은 1960년 브루너(J. S. Bruner)에 의하여 출판된 『교육의 과정(The Process of Education)』이라는 세미나 보고서이다. 1957년 소련의 스푸트니크(sputnik) 위성 발사 후 미국교육의 새로운 방향을 모색한 이 보고서는 교육과정은 그 교과를 구성하고 있는 학문의 개념과 법칙을 중심으로 구성되어야 한다는 것을 주장했다. 이들 내용을 크게 보면 교육과정의 내용을 사실, 개념, 법칙 등 지식의 구조를 따라서 조직해야 한다는 교육과정의 구조화, 교수 방법에서 학습자가 학습하는 가운데에서 스스로 원리를 발견하고 응용하도록 해야 한다는 입장이다. 이는 곧 발견학습(discovery learning) 또는 탐구학습(inquiry learning)의 입장과 같다. 즉, 교육내용의 조직과 관련해서는 교육과정의 구조화를 주장했고, 학습방법에서는 발견학습과 탐구학습을 강조했다.

사회과는 과학과와 함께 이러한 영향을 가장 많이 받았다. 교육과정의 구조화는 1970년대에 전 세계적으로 영향을 주었고 우리나라에서도 오늘날까지 사회과 교육과정 구성의 중요한 한 원칙으로 되어 있다.

교육과정의 구조화는 교과의 내용을 그 교과를 구성하고 있는 사실, 개념, 법칙, 이론 등으로 조직하려는 것이다. 교과의 개념이나 법칙이 이처럼 체계적으로 조직되어 있는 것을 '지식의 구조'라고 한다. 브루너는 『교육의 과정』에서 지식의 구조는 교과 면에서 보면 개념과 법칙의 체계이지만, 학습자의 면에서 보면 사물이자 현상이 어떻게 관련되어 있는가를 이해하는 것이 곧 지식의 구조라고 말하고 있다. 이것은 곧 어떠한 지식을 그 지식 자체로서 단편적으로 학습하는 것이 아니라, 그 단편적인 지식이 일반적인 원리 또는 다른 구체적인 지식과 가지고 있는 관계를 바탕으로 이해하고, 학습하는 것을 의미하는 것이다.

1) 학문 중심 교육과정의 구성요소

학문 중심 교육과정의 구성요소는 기본적으로 사실, 개념, 일반화, 사고체계라고 할 수 있다. 오늘날의 교육과정은 대개 이러한 것들을 중심으로 구성하려고 노력하고 있다. 교육과정에 관한 연구들은 학년별로 학습해야 할 사실, 개념, 일반화들을 미리 정하여서 교사들이 지도할 수 있게 하고 있다.

(1) 사실

사실은 "경기도의 도청 소재지는 수원이다"라고 하는 것과 마찬가지로 어떤 사건이나 대상, 인간 등에 관하여 경험적으로 증명할 수 있는 특수한 자료에 의한 지식 또는 정보이다. 사실에 관한 자료는 그 자체가 문제해결이나 분석력과 같은 높은 지적인 사고력을 자극하지는 않지만, 사실에 관한 지식은 이해, 분석, 비교 등 더 높은 차원의 지적활동을 가능하게 한다.

(2) 개념

사실을 중심으로 교육과정을 구성하면 너무 복잡하게 된다. 왜냐하면 사실은 이 지구 상에 너무나 많기 때문이다. 따라서 개념을 중심으로 교육과정을 구성하고, 학습하는 방안이 주장된 것이다. 개념은 경험적으로 관찰한 것을 특징에 따라서 비슷한 것끼리 분류해서 추상적으로 서술한 것이다. 사회계급, 경제, 주권 등은 모두 중요한 사회과의 개념들이다. 어떠한 개념을 어떤 단계의 학생들에게 가르칠 것이냐의 문제가 중요한 과제가 된다. 사실은 낮은 차원의 지식으로서 사고력을 자극하지 못하고, 일반화는 사회과의 과목에서 몇 개 되지 않기 때문에, 결국 사회과에서 가장 많이, 그리고 중요하게 학습해야 할 것은 개념이다.

(3) 일반화

"대도시일수록 범죄가 많다"와 같이 개념과 개념 사이, 사실과 사실 사이의 관계를 일반적으로 표시하는 법칙과 같은 것을 일반화라고 한다. "소득 중에서 식비가 차지하는 비율은 소득수준이 낮을수록 크다"는 가장 고급 형태의 일반화로서 그러한 것을 법칙이라고 한다. 일반화는 복잡한 현상을 단순화시켜서 사고의 범위와 기능을 확대시켜 주기 때문에 사실을 암기하는 것보다 훨씬 더 실생활에 유용하다는 것을 쉽게 이해할 수 있다. 사회과의 교육내용에서 일반화가 많아지면 그만큼 발전하는 것이라고 할 수 있다.

(4) 원리·법칙·이론

일반화된 지식 중에서 가장 핵심적이고도 정제된 것이 곧 원리·법칙·이론이다. 따라서 사회과의 위계 지식에서 원리·법칙·이론은 가장 상위에 속하며, 주로 불변 고정된 진리와 같은 내용으로 존재하는 것이 일반적이다.

2) 사고 체계

많은 학자들이 사고체계를 교육내용의 중요한 하나로 제시하고 있다. 사고의 체계는 생각하는 방법과, 어떤 문제를 제기하고 그 문제에 대한 해답을 어떻게 구할 것인가에 대한 합리적인 문제해결을 위한 탐구방법과 논리적 절차를 따를 수 있는 능력을 가리키는 것이다. 탐구력이 사고의 체계로서 가장 많이 강조되고 있고, 최근에는 탐구력, 창조적 사고력, 비판적 사고력, 메타 인지(meta cognitive) 등을 고급사고력(high level thinking)이라고 하여 매우 중요시하고 있다. 급속한 사회변동이 진행되는 사회에서 이와 같은 사고의 체계가 요구되는 것은 당연한 것이며, 이러한 사고력을 얼마나 발달시키느냐에 우리 미래의 발전이 달려 있다고도 할 수 있을 것이다. 사고체계 그 자체가 중요한 교육의 내용으로서 강조되고 있다는 데 우리는 주의할 필요가 있다.

3) 학문 중심 교육과정의 장단점

과학기술의 발달에 따라서 폭발적으로 나타나는 새로운 지식을 집약적으로 교수할 방법을 필요성에 따라서 나타난 학문 중심 교육과정은 생활 중심 및 아동 중심 교육과정에 대한 반발적인 성격도 가지고 있다. 이러한 배경에서 나온 학문 중심 교육과정은 몇 가지 장점을 가지고 있다.

(1) 교과를 구성하고 있는 사실, 개념, 법칙 등의 기본적인 내용을 구조적으로 파악하기 때문에 교과의 전체적인 내용을 이해하기 쉽다.

(2) 교과에 대한 구조적인 학습은 단편적인 지식 중심의 학습보다 기억이 오래 가고, 전이가치(轉移價値, transfer value)가 높다.

(3) 고등 지식과 초보적인 지식 사이의 간격을 좁힐 수 있다. 어려운 개념이나 이론도 학습자의 발달단계에 따라 교육할 수 있다.

(4) 추상적 사고력과 지적 수준을 높이는 데 적합하다.

학문 중심 교육과정이 현대 사회에서 학습해야 할 기본적인 내용을 제시하고 있는 것은 틀림없지만, 이것을 구체적으로 실현하는 데는 많은 어려움이 있다. 다음과 같은 몇 가지는 앞으로 해결해야 할 과제로 지적되고 있다.

(1) 교육내용으로 선택해야 할 사회과의 사실, 개념, 법칙 등에 대해서 학자들과 교육자들의 의견이 일치되지 않아 결정하기가 어렵다.

(2) 교육현장 교사들의 준비가 덜 되었을 때는 이론과 현실 사이에 괴리가 나타나기 쉽다.

(3) 학생들의 학습의욕이 왕성하고 적극적으로 수업에 참여해야 하며, 학습 자료가 많아야 발견학습이다. 탐구수업의 효과가 나타날 수 있다.

4. 인간 중심 교육과정

인간 중심 교육과정은 인간의 잠재적인 능력을 최대한 계발하여 바람직한 인간으로 성장하게 하며, 나아가 개인적으로 자아를 실현하며 사회 발전에 기여할 수 인간을 육성하는데 그 지향점이 있다. 인간 중심 교육과정의 궁극적 목적은 인간의 바람직한 인간으로서 사회 생활을 할 수 있도록 도와주는 것이다. 즉 인간 중심 교육은 전인 교육의 정신과 일맥상통하는 것이다. 전인 교육은 인간성의 일부분에 초점을 맞추는 것이 아니라, 지적 발달, 사회적 발달, 정서적 발달, 신체적 발달, 도덕적 발달 등을 두루 함께 고려하는 것이다.

1) 인간 중심 교육과정의 기본 전제

인간 중심 교육과정에서는 기본적으로 다음과 같은 면에 관심을 갖고 추구하려고 한다.

첫째, 개개인의 학습자로 하여금 그들 자신의 관점에서 지적, 정서적, 사회적, 신체적, 도덕적 발달을 두루 도모할 수 있도록 환경을 제공한다.

둘째, 학습자로 하여금 서로 감정과 감동을 주고 받고, 너그러운 공동체 의식을 지니고 생활하도록 돕는 환경을 제공한다.

셋째, 교육과정의 구서에는 개인 지향적인ㄴ 설계, 구조의 신축성, 교사 능력의 신장, 창조성의 조장 등을 고려하여야 한다.

2) 인간 중심 교육과정의 장점

인간 중심 교육과정은 기본적으로 다음과 같은 장점을 갖고 있다. 다만, 아무리 좋은 교육과정이라도 교사가 교사 수준 교육과정 차원에서 이를 최대화할 수 보다 훌륭한 교육이 실현되는 것이다.

첫째, 전인 교육을 통하여 타고난 지적 · 정서적 · 사회적 · 신체적 · 도덕적 발달을 도모하고 전인적 면에서 발달 가능성을 조화롭게 신장시킬 수 있다.

둘째, 학습자 개개인의 개별적인 자기 성장을 조정할 수 있다.

셋째, 학습자의 자아 개념을 긍정적으로 형성하는 데 도움을 준다.

넷째, 교수 · 학습 과정에서 개방적 · 자율적 분위기를 조성함으로써 학습 과정을 통해 터득한 다양한 의미와 결과를 내면화(체현)할 수 있다.

3) 인간 중심 교육과정의 단점

한편, 인간 중심 교육과정은 다음과 같은 단점과 문제점을 내포하고 있는 것도 사실이다. 따라서 인간 중심 교육과정 운영에서는 다음과 같은 단점의 극복에 교사는 많은 노력을 r여주하여야 한다.

첫째, 교수 · 학습 과정에서의 자유로움 환경 조성과 역동적인 인간 관계가 유지되지 않으면 교육적 성과를 얻기 곤란하다.

둘째, 학교 교육에서 인간주의 교육을 창달하기 위한 교사들의 투철한 교육관이 미리 확립되어 있지 않으면 그 실현을 기대하기 곤란하다.

셋째, 주지 교과 난이도의 하향 조정, 도덕적 · 심미적 교과의 중시 및 강조, 교과의 통합, 교과별 시간 단위의 융통성 있는 운영 등이 선행되지 않으면 그 실현이 어렵다.

넷째, 과대 규모의 학교와 과밀 학급의 규모를 줄이는 개선책과 학교 교육에서 지나친 경쟁과 비교를 지양(止揚)하는 학교 행정의 조건 정비가 되어 있지 않으면 그 실현이 어렵다.

다섯째, 가치관의 혼란에서 오는 비인간화를 극복하기 위한 학교 교육과 평생(사회) 교육의 협동 체제를 통한 교육의 인간화가 보장되지 않으면 그 성과를 보장하기 곤란하다.

제6장 | 사회과 교육과정과 사회과 교수·학습

1. 사회과교육과 사회과 통합 교육과정

2000년대 이후 세계화 시대와 글로벌 다문화 사회에서의 사회과교육의 트렌드는 통합교과교육의 강화이다. 사회과 통합교육과정 구성의 최근 추세는 다양한 교과에서 도출된 지식을 중요하거나 흥미 있는 주제와 토픽 중심으로 조직하는 것이다. 그러므로 사회과 교육과정의 내용 구성에서는 다음과 같은 점을 고려하여야 한다.

첫째, 실행 가능한 내용인가를 고려하여야 한다. 실행 가능하다는 것은 학생들의 학습을 성공적으로 이끌 수 있는 가능성이 있다는 것을 의미한다. 교사는 학생들이 성공적인 수업을 하기 위해서 학습 자료에 자유롭게 접근이 가능한지, 충분한 필수 지식과 기능을 가지고 있는가를 고려하여야 한다. 실행 가능성이 없는 주제를 선택할 경우 학습이 성공적으로 이루어질 수 없기 때문에 학습에서 좌절을 경험한 학생들은 흥미를 쉽게 잃어버리게 되고, 차후의 수업 활동에 적극적으로 참여하려고 하지 않는다. 수업을 계획하는 데 있어서 진단평가를 통해서 학생들의 선수 학습 정도와 수행능력 정도를 파악하고, 학생들이 과제를 성공적으로 수행하는 데 필요로 하는 자료들을 이용할 수 있는지를 고려하여야 한다.

둘째, 시간을 소요할 만한 가치가 있는 것인가를 고려하여야 한다. 그 주제의 중요성을 판단하는 것이다. 교사는 그 주제가 학생들이 복잡한 내용을 이해하는 데 도움을 줄 가능성이 있는지, 학교에서 익힌 내용과 학교 밖의 삶을 연관시킬 수 있는 내용인지, 학생들이 지적·사회적·개인적 발달을 증진시킬 수 있는 내용인지를 판단하여야 한다.

셋째, 문맥이 알맞은 것인가를 고려하여야 한다. 학습자들이 교사가 선택한 주제를 흥미 없어 하거나 중요하지 않게 생각한다면 학생들의 동기 수준을 현저히 저하될 것이다. 문맥에 적합한 학습을 통해서 학생들은 학교에서 학습한 것을 학교 밖으로 확대, 적용할 수 있을 것이다. 학생들이 학교에서 행한 것과 그들 자신의 생활 간의 연결고리를 발견할 수 있을 때, 사회과 수업에 대한 학생들의 동기 유발과 참여 태도가 더욱 향상될 것이다.

넷째, 내용이 의미 있는 것인가를 고려하여야 한다. 내용 주제가 학생들에게 적절하고 관심 있고 흥미로운 것이 바람직하다. 이와 같은 주제를 선택하기 위해서는 학습자들의 관심사와 흥미에 대한 사전지식이 필요할 뿐만 아니라, 계속적으로 학생들이 흥미를 갖고 학습에 임하도록 적극 유도하여야 한다(전숙자, 2008: 149-150).

21세기 세계화 시대를 맞이하여 통섭·융합(統攝·融合)교육과 통섭·융합(統攝·融合)교육과정이 크게 강조되고 있다. 즉 지식과 감성의 조화, 교과와 영역의 통합, 다양한 방법의 모색 등을 통한 교육이 강조되고 있다. 특히 사회과는 다양한 과목, 영역, 부문, 주제 등이 통합된 교과이기 때문에 이와 같은 통섭·융합적 교육과 교육과정 운영으로 '학생 중심 교육과정', '만들어 가는 교육과정', '실현해 가는 교육과정'을 구현해야만 한다.

2. 사회과교육 내용과 지식의 관계

모름지기 학교교육의 핵심은 학생의 학습이다. 학습은 학생 스스로 실세계의 문제를 해결하고 의미를 구성하여 해결해가는 것이다. 학생들이 '배울 거리(학습 내용)'를 인지하고 이를 스스로 규명해가는 과정이 곧 학습의 핵심이다.

사회과에서는 사실과 사실, 현상과 현상이 복합적으로 연계된 사회를 인식하는 것이 중요하다. 복합적이고 역동적인 인지 능력 개발은 사회현상 자체에 대한 반영으로서 학습자가 사회를 이해하며, 적극적으로 자신의 경험 세계를 조직, 조절하는 것이 중요하다.

웨슬리(Wesley)는 사회과교육 내용을 "교육적 목적을 위하여 사회과학을 단순화시킨 것"이라고 하였다. 이 정의는 오래도록 "교육적 목적을 위하여"가 간과된 채 "사회과교육 내용은 사회과학의 학문적 내용이 단순화된 것"으로 해석되어 왔다. 과거 사회과교육은 사회과학 및 각 영역의 학문적 지식을 습득하는 데 관심을 기울여 왔다.

사회과에서 지식의 양이 많을수록 인지 능력이 비례하여 발달하지는 않는다. 사회과학 지식이 많은 학생이 사회에 대하여 잘 알고 있는 것은 아니다. 또, 지식의 양이 인지 발달과 아무런 상관이 없다는 것도 비논리적이다. 많이 아는 것 그 자체로도 인지 능력은 발달할 수 있다.

학습자의 사고는 유입된 개별 사실, 정보가 기존의 인지 구조에 갈등을 야기하면서 시작된다. 이러한 인지적 갈등을 해결하기 위하여 정보를 탐색하고 구조화하여 스스로 해결책을 구축하거나 교사와 학생 상호 간 의사소통을 통하여 구축한 공간 영역을 내면화하는 과정에서 갈등은 일시적으로 해결되고 사고능력이 발달하게 된다.

3. 사회과교육 내용의 재구성 및 지역화

사회과에서 교육 내용의 재구성과 지역화는 사회과교육의 성패를 가름하는 중요한 두 축이다. 모든 지역과 학교에서 교재와 교과서대로 교수·학습을 수행한다면 이는 살아 있는 사회과 수업이 아니다. 따라서 사회과교육 내용의 재구성과 지역화에서는 다음 사항을 충분하게 고려하여야 한다.

첫째, 모든 학생이 학습한다는 의미를 기준으로 해야 한다. 사회과교육은 특별히 흥미가 있는 학생들이 아니라 전 학생들을 대상으로 한다. 이는 사회과교육에서 많은 정보를 가르치는 데 초점을 맞추는 것이 아니라, 생활하는 과정에서 소용되는 중요한 지식과 기능을 가르치고 바람직한 태도를 길러주는 데 초점을 맞추어야 한다.

지역화 학습은 지역을 바라보는 눈을 길러주는 방식으로 구성되어야 한다거나, 지역에 대한 완전히 계열적인 특성을 지녀야 한다는 주장은 불필요한 이분법이다. 한 지역에 대한 깊이 있는 학습은 다른 지역을 보는 관점과 방법을 습득하도록 한다.

둘째, 학생들의 호기심과 인지적 갈등을 일으킬 수 있어야 한다. 가령, 중학교 사회과 지도 내용의 지도 과정 중에서 피오르 해안선의 변화가 빙하와 어떤 관계가 있는지, 최근 빙하의 변화 및 원인을 규명하고, 지구온난화로 빙하가 녹아 해수면이 1m 상승하면 어느 지역이 침수되고, 농업에는 어떤 영향을 주며, 지구온난화의 지속을 방지하기 위해 우리가 해야 할 일을 교육내용으로 선정한다면, 절대로 학생들은 수동적 입장에 있지 못하고 스스로 계속적으로 활동하고 참여해야 할 것이다. 활동과 참여 속에 호기심과 관심 및 인지적 갈등을 유발할 것이다.

셋째, 현실과 관련된 구체적이고 실제적이어야 한다. 사회과교육 내용은 학생들이 생활하는 삶의 공간에서 일어나는 문제이다. 가령, 교과서의 도시와 살고 있는 현실 도시와의 관계 등을 종합적으로 가르치고 배울 수 있도록 내용이 선정되어야 한다.

사회과의 교육내용은 지식 체계보다 현실 세계 공간에서 선정되어야 하고, 그럴 때 비로소 학생들은 학습에 흥미를 갖고 몰두할 수 있을 것이다. 사회과교육 내용은 현실을 단순화하는 경향이 있다. 그러므로 사회과교육 내용을 선정할 때에는 현실의 복잡성을 반영하여 구조화하여야 한다.

4. 사회과교육 내용과 교수·학습 방법 관계

과거의 전통적인 교육은 대체로 객관주의적 입장에서 인식의 주체 밖에서 진리, 참 등이 독립적으로 존재한다고 보고, 이 진리를 찾아가는 과정이 곧 교육이라고 보아왔다.

객관주의적 인식론에 근거한 교육은 학문적 결과로서 지식은 절대적 가치를 지닌 것으로 진리에 도달하도록 안내하는 역할을 한다. 객관주의에서는 모든 것이 종결되고 결과로써 단정하게 된다.

객관주의적 관점에서 보면 교육내용은 엄정한 이성과 감각 경험 등에 의해 획득된 진리로서의 지식이 된다. 학자와 전문가들이 과학적 탐구 절차에 의해 획득한 지식은 진리로서 인정되고 학교교육의 목적은 그러한 지식을 되도록 의미가 변형되지 않게 전달해주는 데 있다.

학교 교육에서 많이 인용되는 브루너의 탐구학습도 객관주의 인식론에서 발달한 교수·학습 방법 중의 하나이다. 브루너 이론은 객관적 실재에 대한 '지식의 발견'을 통하여 학습자가 능동적으로 알게 하는 데 초점을 맞춘다. 따라서, 브루너 이론의 학습의 목적은 궁극적으로 학생으로 하여금 객관적 실재인 지식의 구조를 내면화하는 데 있다. 즉, 객관주의적 관점에서 학습의 궁극적 도착지는 학문적 지식이다. 학문적 지식에 의한 내용 조직은 학문적 지식의 체계를 습득하는 데는 유용할지 모르나, 학생의 학습력을 신장시키기 어려우므로 학문적으로 갇혀 있는 지식이 되기 쉽다.

그러므로 사회과 교육과정과 사회과 교수·학습에서는 구성주의에 입각하여 학생들이 스스로 공부할 거리를 찾아 스스로 문제 해결을 하도록 배려하여야 한다. 구성주의 학습에서는 학습의 내용과 과정을 학생들 스스로 찾아서 바람직한 문제 해결 방법, 의사결정 방법 등을 성찰적으로 모색한다.

사회과학의 학문적 지식은 불활성화된 것으로 그것의 교육적 가치는 개발되어야 한다. 교육은 학생들에게 의미가 와 닿아야 한다. 초·중·고교에서 사회과를 배우는 이유는 지리학자, 경제학자, 역사학자, 정치학자를 기르기 위함이 아니다. 사회과를 배우는 이유는 삶을 위한 교육, 나를 위한 교육이기 때문이다. 분명히 학문적 지식은 교육적 목적을 성취하는 데 유용하게 활용되는 수단이다. 사회과교육은 내용, 기능, 관점이라는 요소로 구성된다. 내용은 사회과교육에서 교수·학습해야 할 가장 필수적인 지식을 학문으로부터 추출해놓은 것으로 사회과 교육과정의 기초가 되며, 기능이 발휘될 수 있는 토대가 된다. 사회과교육에서는 학생들의 요구, 사회적 요구 등을 적절하게 담아내어 가르쳐야 한다.

토의 및 탐구 문제

1. 사회과 교육과정에서 내용 선정의 원리에 대하여 구체적인 예를 들어 설명하시오.

2. 사회과 교육과정의 내용 조직의 원리 중 지역확대법(환경확대법)에 대하여 기술해보시오.

3. 사회과 교육과정의 조직에서 중요한 통합교육과정의 원리와 방법에 대하여 논하시오.

4. 사회과 통합교육과정에서 간학문적 통합(inter-disciplinary), 다학문적 통합(multi-disciplinary), 초(탈) 학문적 통합(extra-disciplinary) 등의 접근 방법에 대하여 논하시오.

5. 사회과의 핵심 스트랜드(요소, strand)에 대해서 사례를 들어 기술해보시오.

6. 사회과 교육과정의 내용 구성 원칙을 제시하고 그 특징을 간략하게 설명해보시오.

7. 사회과 교육과정 조직에서 범위(scope)와 계열성(sequence)에 대하여 논하시오.

8. 2009 개정 사회과 교육과정의 교과군(敎科群)과 학년군(學年群)에 대하여 설명해보시오.

9. 21세기 세계화 시대에는 통섭(융합) 교육과정 조직 운영이 아주 중요한 이유에 대하여 설명하시오.

10. 사회과교육 내용과 지식의 관계에 대하여 간략하게 설명해보시오.

📖 **학습목표**

1. 사회과 수업모형의 논리인 사고과정, 이해과정, 설명과정 등의 논리에 대해서 심층적으로 이해한다.
2. 사회과 수업의 개념과 이론 등에 대해서 두루 이해한다.
3. 사회과 수업모형의 다양한 분류를 하고, 각각의 모형 적용 방법에 대해서 이해한다.
4. 다양한 사회과 수업모형별 특징에 대해서 이해한다.
5. 다양한 사회과 학습 방법을 분류하고 각각의 방법별 특징에 대해서 이해한다.

📖 **핵심개념**

1. 사회과 수업모형의 논리인 사고과정, 이해과정, 설명과정 등의 논리에 대해서 심층적으로 이해한다.
2. 사회과 수업의 개념과 이론 등에 대해서 두루 이해한다.
3. 사회과 수업모형의 다양한 분류를 하고, 각각의 모형 적용 방법에 대해서 이해한다.
4. 다양한 사회과 수업모형별 특징에 대해서 이해한다.
5. 다양한 사회과 학습 방법을 분류하고 각각의 방법별 특징에 대해서 이해한다.

제1장 | 사회과 수업모형의 이론적 논리

1. 사회과 수업 구성의 논리

일반적으로 모든 교육의 최종적인 목적은 바람직한 인간 육성에 있다. 즉, 자고로 사람다운 사람의 양성이 교육의 궁극적인 목적인 것이다. 이의 연장선으로 교과교육으로서의 사회과교육이 목적하는 바는 올바른 사회인식의 형성에 토대한 바람직한 시민적 자질의 육성에 있다. 사회과 수업은 이러한 목적을 달성하기 위한 실천이다. 다만, 이러한 목적은 한 시간 한 시간 단위의 수업을 통해 달성된다고 볼 수는 없으며, 장기적인 실천의 축척을 기다리지 않으면 안 될 것이다. 특히, 시민적 자질의 육성이라는 복합적인 경로를 통해 달성될 수밖에 없는 목적을 시간별로 이루어지는 수업에서 성급하게 성취하려고 한다면 오히려 성공 이전에 부작용이 커질 수도 있다.

사회과수업에서는 가치의 내재화 혹은 행동의 정형화(定形化·定型化)까지를 직접 달성하려 하지 않고 사회인식의 형성을 목표로 한다. 사회과 수업이란 사회인식의 형성을 위한 교육적 실천이라는 것이다. 따라서, 사회과 수업 과정은 사회 인식의 과정에 따라 계획될 수밖에 없다. 그런데 사회 인식의 과정에 대한 견해가 하나가 아니라는 점에 주목할 필요가 있다. 사회과교육 방법은 강조 원리, 사회인식론에 따라 실천방법도 달라진다. 사회인식론의 차이는 결국 사회과수업관의 차이를 낳고 사회과수업관의 차이에 따라 사회과 수업의 구성, 실천도 달라진다는 것이다.

사회인식론은 크게, 인식 주체(학습자)의 체험, 경험 속에서 문제를 발견하고 그 문제해결을 위한 사고, 탐구의 과정, 혹은 그 결과로 사회인식이 형성된다는 입장과 인식 객체(사회현상 및 그에 대한 지식)의 교수·학습을 통해 사회인식이 형성된다는 입장으로 나눌 수 있다. 인식 객체의 교수·학습을 통해 사회인식이 형성된다는 입장은 다시, 사회에서 합의, 통용되는 일반적·상식적 지식 및 가치를 가르쳐 사회현상을 "이해"하는 것이 사회인식의 형성으로 이어진다는 견해와 사회과학의 개념적 지식 및 방법의 탐구를 통해 사회 형상을 "설명"할 수 있게 되는 것이 사회인식 형성으로 이어진다는 견해로 나눌 수 있다. 이는 사회과학의 방법론상의 견해 차이와 같은 문맥에서 나누어진 것이라고 하겠다. 다시 정리하자면, 사회인식론을 ① 인식 주체의 사고과정·방법이 곧 사회인식 과정·방법이라는 견해, ② 인식 객체를 전체적으로 이해하는 과정·방법이 사회인식의 과정·방법이라는 견해, ③ 인식 객체를 법칙적으로 설명하는 과정·방법이 사회인식의 과정·방법이라는 견해로 나눌 수 있다.

2. 사고 과정(思考 過程)으로서의 수업과정

진보주의 교육학자인 듀이(J. Dewey)는 인식과 행위, 이론과 실천, 행동의 목적으로서의 마음과 행동의 목적으로서의 신체를 분리하여 파악할 것을 거부한다. 종래의 인식론에서는, 경험적 인식(특수적이고 구체적인 지식)과 이성적 인식(보편적·일반적 원리나 법칙), 기성품으로 존재하는 객관적 지식과 순수하게 내적이고 주관적인 것으로서의 인식, 외재적인 진리를 지향하는 지성과 개인적이고 내재적인 정열과 욕구를 추구하는 정서를 대립시켜 왔지만, 이러한 생각들은 전혀 잘못된 것으로 교육적 피해를 증대시켜 왔다는 것이다. 듀이에게 있어서는, 오히려 경험과 주체와 내재적인 흥미, 욕구를 중심으로 일반적 원리와 객관적 지식, 그리고 외재적인 진리가 통일, 포섭되는 것으로 파악된다.

따라서 듀이의 프래그머티즘(Pragmatism)의 인식론에 따르면, 지식이란 그 자체로서는 완전한 것이 될 수 없으며, 어린이의 생활 속에서 일정한 대상의 상호 관련적 구조, 즉 망상조직(網狀組織)을 상징하는 것만이 완전한 지식이라는 것이다. 어린이가 스스로의 활동 경험에 의미, 가치를 부여할 수 있는 유용성을 지닌 것이 진리이며, 객관적 조건이 진리 결정기준이 될 수 없게 된다.

학습 활동에서 주체적 통일성, 구체적 유용성을 갖는 지식을 탐구하는 것이 '사고'다. 사태가 불확실하고 의문스러울 때, 그 문제 상황을 극복할 수 있는 방안을 찾아 시험적으로 행동해보는 것과 그 결과 일어나는 것과의 관계를 인식하는 것이 사고인 것이다. 사고가 동반되지 않은 경험은 의미를 가질 수 없으며, 경험 속에 포함되는 이지적 요소를 명백히 하는 사고가 있음으로써, 목적지향적인 의미 있는 행동이 가능해진다. 사고 없는 행동은 다만 관습에 따르는 기계적 반복을 되풀이할 따름이다.

어떠한 사고과정도 현상대로 불완전한 성숙되지 않은 현재 진행 중의 문제 상황으로부터 출발하는 탐구과정이다. 사고, 탐구는 항상 미지의 세계에 도전하는 행위로, 지식의 습득은 탐구의 2차적 산물일 뿐이다. 그러므로 어린이가 사고-탐구한다는 것은 그것이 비록 모든 사람이 알고 있는 사실에 대한 것일지라도, 어린이 자신에게 있어서는 본래적이고 독창적인 의미를 갖는다. 이 사고, 탐구 과정은 지적 재구성 과정으로 ① 불완전한 상황 속에서의 당혹, 혼란, 의혹(문제 상황), ② 해결해야 할 특수한 문제의 명확화와 신중한 분석(문제 설정), ③ 가능 상황의 시사나 가설(가설), ④ 제안된 가설의 논리적 결과에 관한 추리(추론), ⑤ 가설의 최종적 점검과 평가(실험), ⑥ 문제해결을 성취한 결정적 상황(보증된 언명)의 단계로 전개되어 간다. 그리고 이 과정은 다음과 같은 의미를 내포하고 있다.

첫째, 탐구의 여러 단계나 계기는 실제 탐구의 행위의 시간적 순서를 나타내는 것은 아니다.

둘째, 탐구 결과의 의미는 반드시 실천적 성패에 의해 제한되지 않는다.

셋째, 탐구적 분석은 단순히 특정 방법의 묘사나 답습이 아니라, 탐구원리의 발견과 그 원리에 더한 방법의 수정까지를 포함한다.

넷째, 탐구의 성공 여부는 탐구 규준의 파악에 의존하는 것이 아니라 구체적인 상황 속에서 어떻게 규준을 활용하느냐에 달려 있다.

다섯째, 지식은 탐구의 산물로서 탐구를 통하여 그 정당성이 보증될 수도 부정될 수도 있다.

사고과정으로서의 교수·학습과정에서 목표하는 것은 위와 같은 의미를 갖는 탐구를 통하여 바람직한 사고 습관을 기르는 데 있으며, 그를 위한 교수·학습과정은 다음과 같이 요약할 수 있다.

① 어린이가 그 자체 속에서 흥미를 가질 수 있는 관찰의 경험적 장면을 제시하여야 한다.

② 그 장면에서 사고를 불러일으키는 자극으로서의 관찰 문제가 나타나도록 하여야 한다.

③ 어린이로 하여금 문제해결에 필요한 정보를 갖게 하고 관찰하도록 해야 한다.

④ 어린이가 해결책을 구상할 수 있어야 하고, 뿐만 아니라 그것을 정연히 전개시킬 책임을 갖도

록 해야 한다.

⑤ 어린이가 스스로의 사고결과를 실제에 적용, 테스트하여 그것들의 의미를 밝히고, 타당성을 발견할 수 있는 기회를 갖도록 해야 한다.

사고 과정으로서의 교수·학습 과정에서는 구체적인 사실을 어린이가 주체적으로 자신의 문제로서 학습문제를 다룬다. 그런 만큼, 학습문제가 추상화되지 않을 수 있다. 그러나 구체화는 거꾸로 결점이 될 수도 있다. 구체화는 일반화·개념화를 저해하여 학습 내용의 학문적 구조화를 곤란케 하고, 다른 사회현상에의 적용, 전이를 어렵게 만들고 만다. 또 추상적이고 복잡한 직접 관찰될 수 없는 사회 전체적인 구조는 학습대상에서 제외될 수밖에 없다. 그 결과 학습 내용의 논리적 전개 계열을 확실히 할 수 없게 된다. 체계적이고 계통적인 학습이 불가능하여 여기저기 기웃거리다 마는 사회과 수업이 될 위험이 따른다는 것이다. 다만 구체적인 사실에 터하여 지식의 망상구조를 재구성하는 것이 추상적 사고, 인식을 위한 필수적 전 단계라는 점은 부인할 수 없을 것이다.

3. 이해 과정(理解 過程)으로서의 수업과정

사회과 수업 논리에서 '이해'란, 자연과학의 단일현상을 인식하는 '설명' 방법에 대하여 인문사회과학의 독자적인 방법으로서 딜타이(W. Dilthey)에 의하여 확립된 인식론의 개념이다 (Dilthey, 1982).

이해의 대상이 되는 것은 인간의 행위에 의해 만들어진 역사적·사회적 현상으로 개인이나 집단의 존재, 제도, 조직, 생활양식, 법제, 경제, 종교, 학문 등이다. 인간의 행위에 의해 만들어진 것들은 자연과학의 대상인 자연과 다르다는 점에서 중요성을 갖는다. 그리고 이해의 대상은 인간 활동의 산물이므로 어떤 의도나 목적을 갖고 구성되어 있으며, 또 그것은 유기적으로 하나의 전체 관련 구조를 이루고 있다. 예컨대, 고속도로라는 인식 대상은 산업이라든가 생활상의 편리라는 의도, 목적을 가지고 만들어졌고, 또, 이것은 우리나라의 정치, 경제, 사회, 문화 등의 전체적·통합적 연계와 깊은 관련을 갖고 있다고 보는 것이다. 따라서 고속도로에 대하여 이해한다는 것은 고속도로가 우리나라 국민들의 생활 전체 속에서 갖는 구조적인 관련을 분석하고 고속도로의 의미를 파악하는 것이다. 즉, 고속도로라는 객관화된 대상의 의미를 파악하는 것이 이해의 도달점이라고 볼 수 있다. 그 의미라고 하는 것은 ① 사회적·역사적·객관적 사실이나 현상을 만들어낸 의도, 목적, 지향, ② 그 사실이나 현상이 전체적 관련 속에서 갖는 가치 등을 의미한다.

이해 이론은 본래 도야이론과 밀접한 관계에 있는 것이기에 교육, 교수이론과 쉽게 결합될 수 있다(伊東亮三, 1983). 즉, 개별적·현재적·주관적 개인이 사회적·역사적·객관적 현상을 이해시킴으로써 사회화되고, 역사화되고, 객관화된다고 보는 것이다. 따라서, 학생으로 하여금 사회적·역사적·객관적 현상에 대하여 이해를 하는 과정이 곧 교수·학습과정이라고 할 수 있다.

사회과교육에서 이해 이론을 수업과정 구성에 응용하기 위해서는 교수학적 조작이 필요할 것이다. 그러나 의식적이었든 무의식적이었든, 이해론적인 교수·학습 과정을 따르는 수업을 흔히 볼 수 있다. 이것은 뒤에 말하겠지만, 이해과정으로서의 교수·학습 과정에 따랐을 때, 도덕과적인 성격이 강한 우리나라의 전통적인 사회과 커리큘럼에 합치될 가능성이 높았기 때문이라고 보인다.

이해 과정은 심리적 지향성(intentionality)을 갖는 "밖으로부터 실감적으로 주어진 대상에서 내면적 의미를 인식하는 과정"으로 파악된다. 블룸(Bloom)은 지식의 위계를 인지, 이해, 적용, 분석, 종합, 평가 등 6단계로 제시하여 이해를 인지 다음 단계로 보고 있다. 따라서 이해는 학습내용을 평가, 내면화하기까지의 전 인식과정 선상에 위치하게 된다. 예컨대, 시나트라(R. Sinatra) 등은 인식 과정을 지각 → 이해 → 적용 → 종합 → 평가 등으로, 스파이로(M. E. Spiro)는 학습 → 이해 → 인정 → 행동 → 내면화로 보고 있다(Sinatra, 1984; Spiro, 1966). 이와 같이 이해가 평가, 내면화에 이르는 심리적 지향 과정에 위치한다고 볼 때 사회적·역사적 사실, 현상의 이해는 결국 그 사회적·역사적 상황 속에서의 태도형서야가치의 내면화)과 직결되게 된다. 실제로, 우리나라 사회과 교육과정 혹은 수업에서 "……을 이해시켜, ……태도를 기른다"는 식의 목표를 곧 자주 접하게 되는 것도 이러한 연유에서라고 하겠다. 이해과정에 따르는 사회과 수업은, 지식과 태도를 동시에 형성할 수 있고, 사회현상을 종합적으로 학습할 수 있으며, 실감 있게 주체적으로 학습하므로 낙오자가 적은 교실을 만들 수 있다. 그러나 한편으로는 다음과 같은 문제점 혹은 한계를 갖고 있다고도 볼 수 있다(최용규 외. 2008: 126-130).

① 사회현상을 분석하는 개념이나 이론이 빈약하다.

② 어린이들이 실감적으로 추구할 수 없는 공황, 전쟁과 같은 사회현상의 학습은 곤란하게 된다. 전쟁을 개인 간의 다툼에서 유추하는 잘못을 저지르는 수업이 될 가능성이 많다.

③ 객관화된 문화를 이해한다는 것이 이 이론의 중심과제이기 때문에 주어진 학습내용만을 수용하는, 즉 교과서에만 의존하는 경향이 강하다. 따라서 보수적인 사회과라는 비판을 받을 공산이 크다.

④ 이해의 수업과정이 의미 파악이나 가치수용으로 끝나기 때문에, 도덕주의적 사회과가 될 위험이 크다. 비판 없이 직접 수용의 우려가 있기 때문이다. 예컨대, 사회보장제도나 공적부조제도는 국민을 위해서 만든 것이므로, 감사하는 마음으로 이러한 제도의 발전에 다 같이 노력하지 않으면 안 된다는 태도 형성이 도달 목표상 궁극적인 위치를 차지하게 된다는 것이다.

그러나 이와 같이 이해의 과정을 이용한 수업방법이 반드시 기성세대나 체제의 입장을 전달하기 위한 도구로만 사용된 것은 아니다. 최근에서는 똑같은 방식으로 주류나 체제가 아닌 타자·소수자·내부자를 이해시키고자 하는 수업방법이 등장하고 있다. 이러한 경향은 최근의 다문화주의(multi-culturalism), 페미니즘, 비판이론, 포스트모더니즘, 질적 연구방법 등의 유행과 관련이 적지 않다. 학교교육을 통해 사회적 주류의 세계관만이 전수된다면 사회적 ·문화적으로 소외된 계층의 가치관이 상대적으로 소홀히 다루어질 수 있으며 자칫 이들의 입장이 왜곡될 수도 있다는 입장이다. 예컨대, 야만인으로서의 아메리칸 인디언의 이미지는 백인들의 입장에서 그들의 본모습을 왜곡한 결과라는 것이다. 따라서 이들의 세계관을 이해하기 위해서는 그들의 입장에 서서 세계를 파악할 수 있어야 한다. 예컨대, 6·25전쟁을 설명할 때 당시의 정치권력이나 강대국의 입장만을 들려주지 말고, 학생들의 가족이 겪었던 이야기를 해보게 한다든가, 당시 피난민들이나 포로들의 삶을 들려주는 방법이 활용될 수 있다. 이러한 방법을 통해 소외된 사람들의 눈을 빌려 한국전쟁의 본질을 바라보게 하고 나아가 그들의 행동 양식과 가치관을 이해하는 것이다.

4. 설명 과정(說明 過程)으로서의 수업 과정

사회과 수업 논리에 바탕을 둔 설명 수업 과정의 '설명'이란, 통상적으로 사용하는 있는 그대로의 사실을 자세히 진술한다는 의미가 아니라 "하나의 사실을 원리에 귀속시키는 일, 또는 하나의 이론을 일반적인 이론에 귀속시키는 일"을 가리킨다. 거꾸로 말하면, 법칙이나 원리, 혹은 이론을 가지고 사실이나 현상 간의 인과관계를 밝히려는 행위로서, 본래 자연과학적 방법론에 기초를 둔 개념이라 하겠다. 설명은 이해가 내포하는 심리적 지향성을 배제하면서 이미 기록되어 있는 사실(자료)을 이해 가능케 하는 과학적 탐구과정 속에 위치한다.

① 과학적 연구의 다양한 주제를 관찰하고 있는 과학적 방법의 통일이라고 하는 방법론적 일원론, ② 엄밀한 자연과학, 특히 수학적 물리학이 방법론적 이상 내지 기준이며, 이 기준에 따라 모든 학문의 발전도와 완성도를 측정할 수 있다는 생각, ③ 모든 과학적 설명은 넓은 의미에서 '인과적 설명'이라는 견해 등에 터하는 실증주의가 방법론적 주류를 이루면서 과학적 설명은 인문·사회과학의 영역에까지 들어오게 된다. 다만, 사회과학의 원리나 법칙은 자연과학의 그것들과 같은 완벽성을 갖추지 못하기 때문에 사회과학에 있어서의 설명은 보편성이 결여된 통계적 설명(statistical explanation)의 수준에 머물게 된다. 시간과 공간을 초월한 보편적 설명은 기대할 수 없다는 것이다(Hempel, 1965).

설명은 일정한 질문에 대한 대답으로서, 질문의 수준에 따라 설명의 질도 달라진다. 즉, 질문과 관련하여 설명을 분류할 수 있다는 것이다.

(1) 규정적 진술('무엇')

"이것이 무엇이냐?"라는 질문에 대하여 "그것은 꽃이다"라고 했을 때, 그 대답은 꽃이 갖는 특성이나 조건에 따라 규정적·단정적으로 진술한 셈이다.

(2) 기술적 진술('어떻게')

"법률안은 어떻게 성립되는가?"라는 질문에 대답하기 위해서는 초안 작성, 심의, 표결, 공포의 과정 혹은 그 과정에 관계하는 기관들의 구조를 이미 알고 있었던 개념들을 활용하여 기술적(記述的)으로 설명하지 않으면 안 된다.

(3) 추론적 진술('왜')

"왜 식료품 가격이 상승했는가?"라는 질문에 대답하기 위해서는 "장마로 식료품 반입이 줄었다, 즉, 공급이 줄었다. 공급이 줄면 가격이 상승한다"라는 법칙, 이론의 추론적 활용에 의해 설명되지 않으면 안 된다. 이와 같이 추론적 설명은 법칙, 이론에 의거하여 질문된 사실, 현상을 밝히게 되는데 이때 의거하는 법칙이나 이론의 수준에 따라 설명의 폭이 결정된다.

설명과정으로서의 교수·학습과정에서 가르치고자 하는 것은, 추론적 설명, 즉 법칙이나 이론이다. 그러나 어린이들에게 처음부터 고차적인 이론을 가르친다는 것은 불가능하다. 학습대상자의 수준에 따라 사실관계를 파악한 다음 차츰 높은 차원의 이론 학습으로 발전시켜 가지 않으면 안 된다. 그러므로 실제수업에서는 다음과 같은 순서로 문제가 제기되고 지식이 획득되는 교수·학습과정이 진행된다고 볼 수 있다.

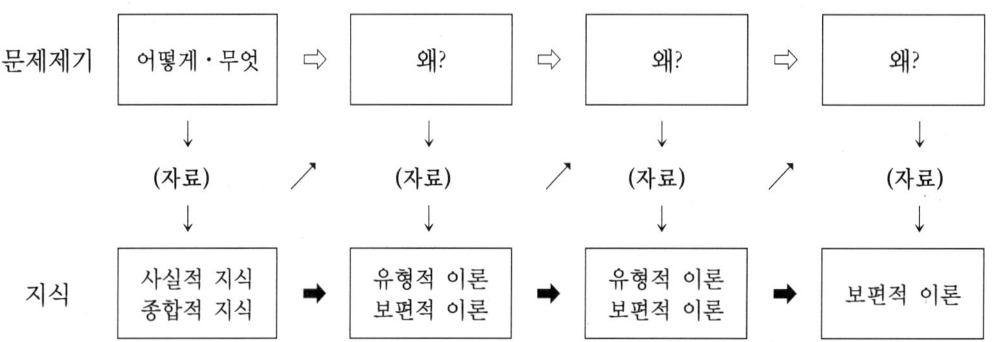

[그림 6-1] 사회과 설명의 수업 논리 과정

사회과 수업 논리에서 설명과정으로서의 교수·학습과정에서 볼 때, '무엇' 혹은 '어떻게'라는 질문에 유도되어 얻어지는 사실적 지식을 무시할 수는 없지만, '왜'라는 질문으로 시작되는 추론은 보다 틀림이 적은 객관적·개념적 지식을 추구하기 때문에 어느 시점에서 확정된 의문의 여지없는 지식의 습득을 기대하기보다 계속적으로 지식을 음미하고 비판하는 교수·학습과정을 전개시킨다. 즉, 이 과정에서는 모든 이론, 지식을 가설적인 것으로 받아들이는 것이다. 따라서 설명과정으로서의 교수·학습과정은 열린 과정으로서 교사와 어린이의 계속적인 커뮤니케이션을 통하여 간주관적(inter-subjective)-객관적 지식을 탐구해가는 과정이 된다. 기존의 이론, 지식의 잘못을 밝힐 수 있는 반증자료를 찾고 잘못을 배제하는 새로운 이론을 정립하고 또 그 이론의 문제점을 비판적으로 음미하는 과정인 것이다. 이를 도식화하면 앞의 그림과 같이 되겠는데 기본적으로 포퍼(K. Popper)의 반증주의에 입각한 지식성장 과정을 나타낸 것이라고 볼 수 있다(Popper, 1979).

설명과정이 반증과정이냐, 검증 과정이냐에 대한 사회과학 방법론상의 논쟁은 계속되고 있다. 반증주의는 과학적 방법론의 개선을 위한 방향 제시에 불과하여, 실제로 이론이나 방법론의 교수·학습에는 부적합하다는 비판이 있는가 하면 검증주의는 과학적 엄밀성이 의심되기도 한다(Brownhill, 1983). 그만큼 설명과정을 사회과 교수·학습과정을 사회과 교수·학습과정으로 구체화하기 위해서는 아직 검토되어야 할 문제점들이 많이 남아 있다고 하겠다. 그러나 1960년대 이후 '사회과학과 사회과' 수업이 기본적으로 설명과정(반증과정이든 검증과정이든)으로서의 교수·학습과정을 지향해온 것도 사실이다.

설명과정으로서의 교수·학습과정에서는 보다 객관적이고 확실한 개념적 지식을 획득하고 지식 탐구의 과정·방법을 익힐 수 있으리라 기대된다. 뿐만 아니라, 사회과만의 고유한 도달목표를 설정할 수 있어 성격이 뚜렷한 사회과의 구축이 보장될 수 있다. 그러나 다음과 같은 문제점을 안고 있다.

① 어린이들의 사회과학 인식과 실제 사회인식을 연계시키기 어렵다.
② 엄밀한 사회과학적 설명과정에 따를 수 있는 어린이는 한정될 가능성이 높다.
③ 국가, 사회의 요구(교육과정)에 충실치 못한 사회과라는 비판을 면하기 어렵다.

제2장 | 사회과 수업의 개념과 이론

1. 사회과 수업(교수·학습)의 개념

사회과 교수·학습과 관련된 유사 용어로는 사회과 교수(敎授), 사회과 학습(學習), 사회과 수업(授業) 등을 들 수 있다. 이 중 교수(teaching)는 학습자의 지적·기능적·정의적 제 목표를 달성할 수 있도록 학습 경험과 연습을 조장하는 과정이다. 특히, 교수는 학습을 위한 수단이다. 교수 행위는 그 자체로서 의미를 갖는 것이 아니라, 학습을 돕는 데에 참다운 가치가 있는 것이다. 교수 상황이 같더라도 다른 학습이 일어날 수 있으며, 같은 교수 과정 속에서도 다양한 학습이 일어날 수 있는 것이다. 교수는 근본적으로 '학문과 기술을 가르치는 행위', 또는 '교사에 의해 전달되는 학습 경험' 등을 의미한다. 교수 활동은 교사와 학생의 상호작용을 촉진시키는 데 목적이 있다.

학습(learning)은 경험이나 연습의 결과로 인하여 개인의 지식, 행동, 태도 등이 지속적으로 변화되는 것을 의미한다. 즉, 학습은 교수를 통해 일어나는 학생의 비교적 영속적인 인지 과정과 행동 및 정서의 변화 과정을 의미한다. 일반적으로 학습의 4대 요소는 동기(動機), 감지(感知), 반응(反應), 강화(强化) 등이다.

한편, 수업(Instruction)은 학습 지도라고도 하는데, 의도한 목표가 정해져 있고, 이 목표를 달성하기 위한 교사의 교수 활동과 학습자의 학습 활동이 교육내용, 학습내용이나 교수 매체를 통하여 상호작용으로 이루어지는 일련의 과정을 의미한다. 전통적인 교육방법인 교수법을 벗어나서 학습자를 돕고 안내하는 활동이다. 수업은 교수와 학습을 포함하는 광범위한 의미를 갖고 있다. 수업은 공식적인 교육과정을 학생과 환경에 맞추어 새롭게 구성하고, 인간으로서 교사가 갖고 있는 가치관, 욕구, 지식, 기술, 그리고 학생들이 갖고 있는 공통성과 개인적인 특성 및 교사와 학생 사이에 매개되는 공간과 물적 조건 등 역동적인 상호작용 전반을 일컫는다(이해명 외, 2007: 322).

〈표 6-1〉 교수·수업·학습의 상호 비교

① 교수(Teaching)	② 수업(Instruction)	③ 학습(Learning)
· 학습자의 모든 능력을 발휘하게 하는 포괄적인 내용을 전달 · 의도적·비의도적인 것을 모두 포함 · 인격적인 상호작용을 전제로 함	· 학습자의 지적·탐구적 특성을 자극하는 내용만을 전달 · 의도적인 것만을 포함 · 반드시 인격적인 상호작용을 전제로 하는 것은 아님	· 학습자의 입장에서 학습과제 해결 · 교수자와의 상호작용 · 인지, 행동, 정서의 변화와 발전

한편, 사회과 교수·학습의 일반적인 원리로는 자발성의 원리, 개별화의 원리, 사회화의 원리, 직관의 원리, 통합의 원리, 목적의 원리 등을 들 수 있다.

〈표 6-2〉 사회과 교수·수업·학습의 원리

교수·학습 원리	주요 핵심 내용
① 자발성의 원리	학습자 자신이 자발적으로 학습에 참여하는 원리(구안법, 발견학습, 프로그램 학습 등에 적용)
② 개별화의 원리	학습자 각자의 요구와 능력에 맞는 학습 활동의 기회를 마련해주는 원리(개별화 수업 등)
③ 사회화의 원리	학교와 사회의 경험을 교류시키고, 공동 학습을 통해서 협력적·우호적 학습을 강조하는 원리(분단 학습, 집단 학습 등)
④ 직관의 원리	어떤 사물에 대한 개념을 인식시키는 데 구체적 사물을 제시하거나 경험시키는 원리(시청각 교육)
⑤ 통합의 원리	학습을 부분적·분과적으로 지도하는 것이 아니고 종합적·전체적으로 지도하는 원리(전인교육)
⑥ 목적의 원리	교육은 반드시 목적의식을 갖고 이루어져야 한다는 원리

2. 사회과 교수·학습의 모형

일반적으로 교수학습의 모형으로 준용되는 모형은 글레이저(R. Glaser)의 모형과 한국교육개발원(KEDI) 모형이다. 이들 모형은 곧 사회과 교수·학습 모형으로 적용될 수 있다. 글레이저의 모형은 수업 과정과 평가가 밀접하게 연계되었고, 한국교육개발원의 모형은 계획, 진단, 지도, 발전, 평가의 환류 과정을 중시하는 특징이 있다.

1) 글레이저(R. Glaser)의 교수·학습 모형

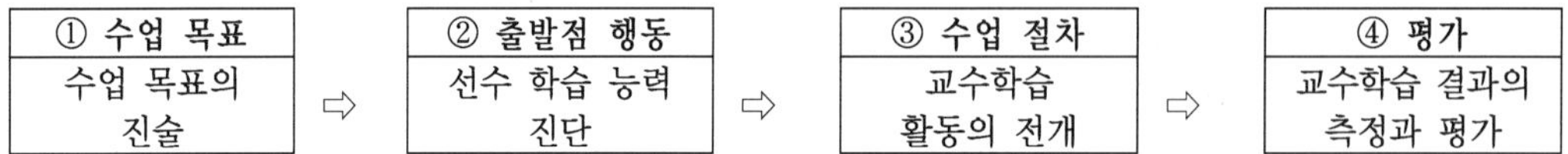

[그림 6-2] 글레이저의 교수·학습 모형

일반적으로 글레이저의 수업모형의 특징은 다음과 같이 종합할 수 있다.

첫째, 수업 목표를 세분화된 행동 용어로 진술한다.

둘째, 전 단계가 후속 단계를 계속적으로 결정하고 수정한다.

셋째, 각 단계가 피드백에 의해서 유기적으로 관련된다.

넷째, 수업 과정과 평가가 밀접하게 관련된다.

다섯째, 학습자의 개인차를 고려한다.

여섯째, 출발점 행동은 진단평가로서 신수학습 능력 진단이 필수적이다.

일곱째, 수업 목표, 출발점 행동, 수업 절차, 평가 등의 과정이 순환적이다.

여덟째, 평가(성취도 평가)는 세밀하게 분석하여 수업 목표에 다시 환류된다.

2) 한국교육개발원(KEDI)의 교수·학습 모형

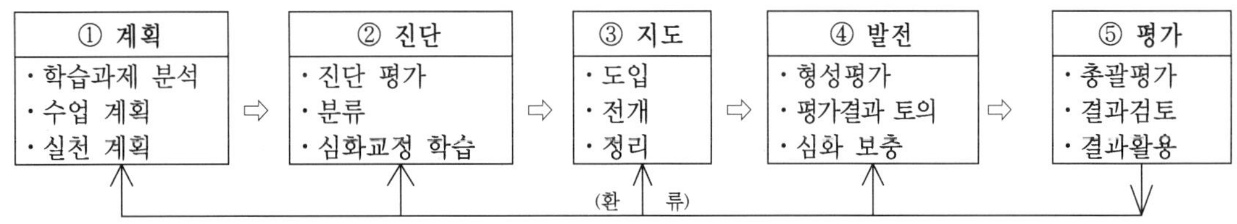

[그림 6-3] 한국교육개발원의 교수·학습 모형

한국교육개발원(KEDI)의 교수·학습 모형은 계획, 진단, 지도, 발전, 평가 과정을 거친 후 이를 다시 환류하는 체제이다. 이를 통하여 학습 내용을 심화하고 평가 결과를 재검토하는 데 중점을 두고 있다.

3. 사회과 교수·학습 배경 이론

1) 구성주의 교수·학습 이론: 학습자 중심, 실현해 가는 교육

구성주의(Constructivism)란 학습자가 실제를 재구성하여 받아들인다고 보는 현상학, 학습자 자신을 학습 과정의 주체자로 보는 실존주의 교육관, 학습자가 타고난 적응 능력으로 현상을 재구성하여 받아들여 인지 구조를 변형시켜 간다고 보는 비고츠키 이론 등의 영향을 받아 등장한 것이다. 이는 지식의 주관성, 개별성, 다양성, 변화 가능성 등을 주장하는 포스트모더니즘의 흐름이 교수·학습 이론에 적용된 것이다.

구성주의 이론에서는 모든 것이 종료된 결과는 없으며, 수업 과정도 계속적인 진행 과정으로서 첨삭·보완 과정 및 단계로 보고 있다.

(1) 구성주의 교수·학습의 핵심 이론

① 인지적 도제 이론

전문가의 안내적 교수 방법을 통하여 학생이 점차 내면화하고, 마지막으로 독립적 과제를 수행하는 구성주의 학습 이론, 전문가의 문제해결에 필요한 인지적 활동과 틀을 학습자가 받아들이고, 이를 시연해봄으로써 지식의 내면화를 이룰 수 있다고 본다.

② 사회발달 이론

인지적 발달은 특정한 나이에 있어서 특정한 범위에 제한되어 있고, 사회적 교류를 통하여 완전한 인지적 발달이 이루어진다고 본다. 학교교육은 학생들이 실생활에서 발달시키는 지식 및 학습과 밀접한 관계를 가진 의미 있는 것이어야 한다고 본다.

③ 상황학습 이론

실제 상황 속에서 지식과 기능을 학습하도록 하는 교수·학습 방법으로 학생들이 실제적 성격의 과제를 해결해가는 과정에서 개인적 견해와 사고의 틀을 가지도록 하는 것이다. 학생 주도의 문제 형성, 문제해결 방법이다.

④ 인지적 유연성 이론

인지적 유연성이란 즉흥적으로 자신의 지식을 재구성할 수 있는 능력을 말한다. 효율적인 학습이 일어나기 위해서는 실생활과 관련되어야 하고, 수업 역시 매우 구체적이어야 한다. 좋은 교육이 일어나기 위해서는 학습자가 주어진 정보를 가지고 자기 자신이 새롭게 개발할 수 있는 기회를 가져야 한다.

(2) 구성주의 학습 이론의 관점

① 학습자관

학습자 자체를 맥락에 적합한 의미를 탐색하고 추구하는 적극적이고 능동적인 존재로 본다. 교수 학습의 초점을 구성의 주체인 학습자에 두고 지식을 구성할 수 있는 재량을 학습자에게 부여한다.

② 교육자(교사)관

교사는 학습자들이 학습을 유의미하고 적합하게 잘 다룰 수 있도록 도와주는 역할을 한다. 교사는 학습 환경의 조성자이자 안내자로, 또한 동료 학습자로서 풍부하고 다양한 학습 환경을 조성하고, 상황적 맥락에 따라 참 과제를 제시함으로써 의미 구성을 촉진하는 역할을 수행한다.

③ 학습과정관

학습이란 인지 구조의 혼란을 극복하려는 노력을 결과로 얻어진다. 아울러, 경험에 근거를 두고 의미를 형성하는 적극적인 과정이다. 특히, 학습은 실제의 상황과 유사한 상황 학습으로 이루어져야 한다. 지식은 재생산되는 것이 아니라 능동적으로 구성되는 것이다.

〈표 6-3〉 구성주의와 객관주의 상호 비교

구분 요소	구성주의 교육(학습)	객관주의 교육(학습)
지식의 생성 존재 형식	지식은 기존 경험을 바탕으로 개개인의 마음속에서 구성되며, 자신이 속한 사회의 구성원들에 의해 영향을 받음. 역동적이며 개인적·사회적·합리적으로 창출	지식은 인식 주체의 외부에 존재. 외부의 지식을 발견, 또는 수용하여 체계적으로 구조화, 암기를 통하여 저장됨
교육목표	만들어 가는 지식으로 재구성	보편타당한 절대적 진리의 지식 추구
교육과정	잠재적 교육과정, 내현적 교육과정	의도적 교육과정, 교과서 중심의 사실 지식 및 기본 기능 강조
주요 개념	탐구, 구성, 전이	발견, 암기, 전수

학습자(학생)	지식의 적극적 창조자	지식의 수동적 수용자
교수자(교사)	지식 이해와 문제해결의 안내자, 동반자, 친절한 반려자	지식·아이디어의 보고, 또는 전달자, 지휘자
교육방법	개별화 수업, 학생 활동 중심, 탐구 중심 수업	일제 수업, 개별화 활동, 강의 중심 수업, 암기 위주 수업 반복
수업 스타일	자유 활동식 수업	태권도 시범식 수업
초점, 강조점	탐구학습, 문제해결 학습	완전 학습
교수학습 주체	학생(학습자)	교사(교수자)

2) 신자유주의적 교육 이론: 성장과 발전 지향

교육 영역에서 신자유주의적 시장경제 원리를 도입한 것으로서 개개인의 자아실현을 돕는 교육 본질의 가치보다는 시장적 가치를 더 중시하자는 이론이다. 정부 주도의 교육정책이 약화되면서, 교육의 다양성 추구와 더불어 학생 및 학교 간의 개별적 경쟁을 유도하여 교육의 수월성 확보를 꾀하는 한편, 교육 재원의 활용을 통해서 교육 성과의 극대화를 도모하고자 한다. 또한 교육 소비자에게 초점을 맞추고 가능한 한 일선 교육기관과의 자율성과 책무성을 보장하려고 한다.

3) 포스트모더니즘(postmodernism) 교육관: 탈규격화·다양화

포스트모더니즘(postmodernism)은 탈근대화·탈현대화 등으로 번역된다. 즉, 포스트모더니즘(postmodernism)은 근대정신의 바탕을 이루어온 모더니즘의 합리주의에 반기를 든 이론으로 1970년대부터 주의를 끌기 시작하였으며, 반합리주의, 상대적 인식론, 탈정전화(脫正典化), 비규격화 등을 강조하고 있다. 포스트모더니즘의 교육관은 상대주의 진리관 중시, 개인의 상황과 맥락(脈絡) 및 특성 존중, 다양성 신장 중시 등과 관계가 깊다. 오랜 역사를 통해서 축적되고 체계화된 보편화된 개념과 이론 중심의 과학주의 교육관의 한계를 넘어 개인의 다양한 삶에 초점을 맞추고 그들의 행복을 고양시키는 살아 있는 지식을 탐구하려고 한다.

4) 다중 지능 이론(Multiple intelligence theory): 인간의 다양한 능력

미국 하버드 대학교의 심리학 교수이며 다중심리학자인 가드너(H. Gardner)에 의해 1983년 주장된 이론인데, 인간은 논리 수리 지능, 언어 지능, 음악 지능, 공간 지능, 운동감각 지능, 대인관계 지능, 개인 지각 지능, 자연 관찰 지능, 실존적 지능 등 아홉 가지 영역이 각각 독특한 지능을 갖고 있어서, 개성과 개인차에 알맞은 교육이 필요하므로 자율성, 다양성에 기반을 둔 교육이 중요함을 강조하고 있다.

21세기 세계화 시대의 교육에서는 학생들의 다양한 잠재 능력을 실현하기 위한 다중 지능 이론이 더욱 강조되고 있다. 즉, 학생들은 누구나 어느 한 영역 이상에서 능력과 재능을 보유하고 잇으면 이를 끄집어내어 계발하는 것이 새로운 교육의 소명이라는 입장이다.

5) 생태주의 교육관: 인간과 자연의 공존

포스트모더니즘(postmodernism)적 사고에 토대하여 학습자가 처한 상황과 생태적 특성을 고려하여 교육 현상을 새롭게 평가하고 해석하려는 패러다임이다. 과거의 인간 중심에서 생태 중심으로, 인간과 자연 사이의 상하 관계보다는 공생으로, 개발과 풍요보다는 보존과 나눔으로 인류의 삶의 방식을 전환하려는 자세이다. 생태주의 교육관은 인간과 환경의 공존 도모, 학습자의 잠재력 최대한 계발, 실천적 지식의 습득에 관심 부여, 물질문명의 발달로 인한 환경 파괴와 인간성 매몰 등의 회복이라는 특징을 지니고 있다.

6) 홀리스틱 교육(Holistic Education): 환경 중심 통합과 관계성 강조

홀리즘(Holism)은 관계성의 자각을 중시하는 이론으로 인간은 인간과 가족 및 이웃, 나아가 지구, 우주 등과 하나로 관련되어 있기 때문에 개인이 병들면 사회와 지구가 병든다는 생각을 바탕으로 조화, 사랑, 협동을 강조한다.

홀리스틱 교육이론은 교육의 본질화를 추구하는 운동으로서 실생활 체험 교육의 강화, 참여형 민주주의 교육 실현, 지구촌 시민 교육, 생태학적 소양 교육, 정신 교육 등의 전체론적 사고에서 교육을 접근하고 있다. 홀리스틱 교육은 전인적 발달에 도움을 주고, 교사와 학생 간의 관계를 중시하고, 교과 내용이 생활 경험과 관련이 깊으며, 학습자들이 처한 문화적·도덕적·정치적 상황에 비판적으로 접근할 것을 주장한다.

7) 브레인스토밍(Brainstorming): 창의성과 자율성 지향

창의성 신장 교육의 대표적인 방법으로 여러 사람이 모여서 어느 한 주제에 대해 다양한 아이디어를 공동으로 내놓는 일종의 집단 토의 기법이다. 창의성 신장 교육방법의 하나로, 일체의 권위나 고정 관념을 배제하고, 수용적인 온화한 분위기에서 자유로이 생겨나는 것을 무엇이든지 말하여 그 중에서 실제적이지 못한 것부터 제거하여 가장 좋은 힌트나 아이디어를 찾아내는 방법이다. 브레인스토밍의 4가지 규칙은 비판 엄금과 평가 유보, 자유분방한 사고, 아이디어 산출 시 질보다 양 우선, 아이디어의 결합 개선 등이다.

4. 사회과교육의 학습자와 학습 환경

1) 사회과 학습자에 대한 기본 가정(假定)

사회과 교수·학습을 진행하면서 교사들은 학습자들을 대상으로 다양한 기본 과정을 전제하게 된다. 물론 모든 학습자가 완전 학습 차원에서 일정한 지도와 환경만 부여되면 학습 과제를 이수할 수 있다고 보고 있다. 즉, 다음과 같은 기본 가정을 하여야 한다.

첫째, 모든 학습자가 한 나라의 문화를 구성하는 행동 패턴, 문화 유물, 인식 등을 접하는 가운데 어느 정도 문화에 적응되어 있다고 본다. 학습자들은 더러 보통 사람들보다 적은 어휘를 지니고 있을 수도 있으나 이들은 어디까지나 문화적 과정의 참여자였고, 사회에서 행동하는 성인에 대한 관찰자였다. 즉, 학업 성취가 낮은 한계 학습자의 경우에도 문화적 경계 내에서 상대적으로 세련되지 못하더라도, 다른 사람들과 문화적으로 다르지는 않다고 본다.

둘째, 일반적으로 지적 능력의 차이는 특정한 학습 목표의 숙지와 관련하여 본질적으로 시간의 차이로 해석될 수 있다는 입장이다. 덜 지적인 학습자의 경우에 학습할 수 있는 것이 문화적으로 다르지 않으나, 문화 속에 있는 어떤 지식을 습득하는 데 많은 시간을 요구할 수도 있다.

셋째, 주어진 환경과 생산적으로 관계를 맺지 못하는 무능력에 붙여지는 사회적 낙인(social stigma)이 있다. 적응하지 못하는 학습자는 다른 사람에 의하여 낙인이 찍히며 학습자 자신의 문화 규범을 내면화하고 고적 활동으로 한계 상황이 존재하고 부작용이 드러날 때 보다 강력한 압력이 학습자에게 대두되게 된다.

넷째, 학습자는 융통성과 탄력성이 있다는 점이다. 학습자는 고정되어 있지 않고 성장하는 존재이며 상당한 적응력(adaptive capacity)을 보유하고 있다. 거의 모든 학습자는 너무 불편하게 느끼도록 하는 상황이 아니라면, 주어진 환경과 생산적으로 관련을 짓도록 도움을 준다면 다양한 학습 환경과 관계를 맺을 잠재력을 갖고 있는 것이다.

2) 사회과 학습 환경에 대한 기본 가정(假定)

사회과 학습 환경에서는 문화적 측면, 개별화와 환경, 학습자의 적응, 다양한 환경과 교육적 결과 등을 기본적 가정으로 고려하여야 한다. 이를 요약하면 다음과 같다.

첫째, 사회과 학습에서는 문화와 학습 환경을 고려하여야 한다. 문화적 측면에서 보면, 학습 환경도 사회 문화의 변화형이다. 수업모형의 형성자인 학자, 교육자는 학습자와 동일한 문화권에 있다. 사회 문화, 학교 문화를 기준으로 사회과에서 민주시민의 육성이라는 궁극적인 교육목적이 동일하고, 국가 사회가 민주 이념에 기초하고 있으며, 나아가 계속적으로 민주적 사회로의 발전을 지향하고 있다는 점이다.

둘째, 사회과 학습에서는 개별화와 환경을 고려하여야 한다. 사회과 학습은 기본적으로 개별화 학습, 수준별 학습, 협동학습 등을 통합하여 진행되어야 한다. 학습자가 환경과 효율적으로 상호작용할 수 있는 면에서, 각 학습 환경은 학습자에게 다양한 반응을 일으킨다. 대체로 학습 스타일과 학습을 위해서 계획된 환경은 서로 달리 상호작용을 한다. 특히, 어떤 환경이라도 모든 학생에게 완벽한 환경은 되지 못한다는 점을 유념하여야 한다.

셋째, 사회과 학습에서는 학습 환경을 고려하여야 한다. 환경은 학습자에 맞추어 변화된다. 학습에서 유연성을 기반으로 계획을 한다면 학습 환경은 최소한도 잠재적으로 학습자들에게 맞추어 변화될 수 있다. 적절한 수업 환경, 수업모형은 학습자에게 융통성 있게 이용될 수 있으며, 적절하게 구성된다면 학습 환경은 학습자들의 특성에 맞추어질 수 있다.

넷째, 사회과 학습에서는 다양한 학습 환경 및 주변 환경과 교육적 결과를 고려하여야 한다. 학습자들에게 다른 효과를 나타낼 수 있는 많은 수업의 접근법들은 나름대로 특징을 갖고 있다. 교수법에 따라서 어떤 학습 결과가 일어날 가능성이 증가하고, 또 어떤 종류의 학습 결과가 일어날 가능성이 감소할 수도 있다. 사회과 수업에서 역할놀이 모형은 학생들이 자신의 가치관을 검토해보도록 하기 위하여 만들어졌다. 탐구수업 모형은 학생들이 인과관계를 추론할 가능성을 전제한다.

결국 궁극적으로 각 모형은 원래 계획된 쪽에서 보다 효과적일 것이다. 그러므로 사회과 수업에서는 수업모형 개발과 적용이 아주 중요한 것이다.

5. 사회과 수업 설계

1) 수업 설계

(1) 수업 설계의 개념

어떤 수업 목표를 학습자들에게 효율적으로 성취시키기 위하여 수행되어야 할 제반 활동과 요소를 자세하게 계획하는 활동 전반을 의미한다. 즉, 수업 내지 교수·학습의 도입, 전개, 정리 등의 전체적 계획을 지칭한다.

(2) 수업 설계의 필요성

① 과거보다 가르치는 수업 목표, 수업 내용 등이 증대되고 있기 때문이다.
② 학습자의 수준을 고려하여 수업을 제공하기 때문이다.
③ 다양한 평가 방법 적용, 교수·학습 자료나 매체의 장점을 활용하기 위해서이다.
④ 계획적인 수업 진행으로 수업 중의 오류, 실패, 시행착오 등을 최소화하기 위해서이다.
⑤ 가능한 한 투입을 적게 하고 최대한 산출을 증대시키기 위해서이다.

(3) 수업 설계의 조건

① 학습자의 개인차인 지능, 적성, 흥미, 태도 등을 고려하여야 한다.
② 장기적인 것과 단기적인 것을 고려하여야 한다.
③ 경제성의 원칙을 최대한 고려하여야 한다.
④ 교육 공학을 최대한 활용하여야 한다.
⑤ 교육의 본질적 문제로부터 접근하여야 한다.
⑥ 다양한 자료와 매체를 유기적으로 연계, 활용하여야 한다.
⑦ 목표, 내용, 방법, 평가 등의 환류 과정으로 나아가야 한다.
⑧ 가장 용이하고도 흥미있게 설계되어야 한다.
⑨ 교사 중심보다는 학생 중심으로 설계되어야 한다.

(4) 수업 설계의 일반적 과정

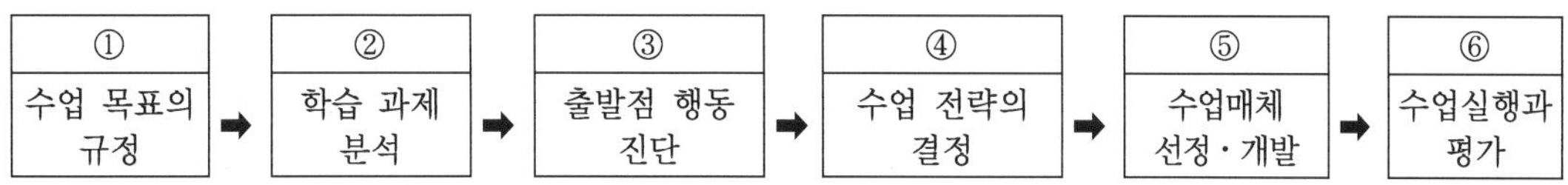

① 수업 목표의 규정	→	② 학습 과제 분석	→	③ 출발점 행동 진단	→	④ 수업 전략의 결정	→	⑤ 수업매체 선정·개발	→	⑥ 수업실행과 평가

[그림 6-4] 수업 설계의 일반적 과정

① 수업 목표의 규정

수업 목표의 규정 단계에서는, 수업 목표가 교육과정, 학습자 수준, 교과의 학문 체계에 의하여 선정되어야 한다. 인지적 영역과 정의적 영역, 기능적 영역 등을 포괄하여야 한다. 내용과 행동을 한 진술문 속에 포함하여 진술하여야 한다.

② 학습 과제의 분석

학습 과제 분석 단계에서는 학습 요소 간의 상호 위계적 관계를 추출하여 체계화하고, 학습 위계별, 학습 단계별, 시간·기능별 분석을 기한다. 특히, 학습 내용의 중요성, 단계별 활동, 평가 내용 등을 중점 분석하여야 한다.

③ 출발점 행동 진단

출발점 행동 진단 단계에서는 선수 학습 능력과 사전 학습 능력 등을 파악하고, 학습 곤란의 원인을 판명하며, 수업 방법과 관련하여 학생들의 적성, 흥미, 성격 등 특성을 분류한다.

④ 수업 전략의 결정

수업 전략의 결정 단계에서는 학습 요소별 시간 계획에 바탕을 두고서 수업 형태 및 수업 계열을 결정하고, 수업 활동을 구상한다. 수업 활동 구상에 영향을 미치는 요소로는 학생들의 동기 유발, 자료 제시, 학생 활동, 발문, 평가 시기 등이 있다.

⑤ 수업 매체의 선정

수업 매체의 선정 단계에서는 수업 목표의 효과적인 달성을 위한 매체를 선정해야 하고, 시기별, 제시 방법, 양과 질 등의 고려할 점을 염두에 두어야 한다.

⑥ 수업 실행과 평가

수업 실행과 평가 단계에서는 자기 평가와 학생 평가, 참관자에 의한 평가 등을 하고, 교사는 자기 수업 평가표에 의한 평가도 병행하여야 한다.

수업 실행과 평가 결과는 분석하여 다시 첫 단계 과정인 수업 목표의 규정으로 환류(feedback)되어야 바람직한 사회과 수업 설계를 모색할 수 있다.

2) 수업 운영의 실제

(1) 준비 단계

① 교수·학습 목표 설정
    ⓐ 교육과정, 학습자의 수준, 교과의 학문 체계를 고려하여 학습 목표를 설정한다.
    ⓑ 인지적 영역과 기능적 영역, 정의적 영역 등을 두루 포함하여 설정한다.
    ⓒ 내용과 행동을 한 진술문 속에 포함하여 진술한다.
② 출발점 행동 진단
    ⓐ 선수 학습 능력 진단(진단평가, 출발점 행동)
    ⓑ 사전 학습 능력 진단
    ⓒ 학생의 정의적 특성 진단
③ 교수·학습 과정안 작성
교수·학습 지도안은 교사의 교수와 학생의 학습 활동을 효과적으로 진행하기 위한 조직적인 수업 진행 계획이다.

(2) 도입 단계

① 수업 환경 및 학습 분위기 조성
② 수업 주제 및 학습 목표 제시
③ 전시 학습 상기와 본시 학습과의 연결
④ 학습 동기 유발
    ⓐ 내재적 동기와 외재적 동기의 조화
    ⓑ 흥미 있고 유연성 있는 발문과 보상
    ⓒ 판단을 요구하는 갈등 상황 제시
    ⓓ 이색적인 자료(그림, 도표, 표본, 모형 등)
    ⓔ 학습 후의 결과 제시

(3) 전개 단계

① 학습 내용에 대한 효과적 학습 방법
    ⓐ 내용에 알맞은 효과적 학습 방법
    ⓑ '계단 오르기'식 수업
    ⓒ '숲과 나무를 함께 보는' 수업
    ⓓ 교수(Teaching)와 학습(Learning)의 조화
② 활발한 학습 활동 조장
    ⓐ 학생이 참여하는 학습 활동
    ⓑ 구성주의적 교육관 반영

ⓒ 적절한 탐구 과제 제시

ⓓ 개별 활동, 모둠 활동 조장

ⓔ 보상과 강화를 통한 동기 유발

ⓕ 적절한 질문(발문) 기회 부여

③ 학습 자료의 적절한 활용

ⓐ 내용에 알맞은 학습 자료 개발

ⓑ 완성된 것보다는 미완성된 것이 좋음

ⓒ 자료의 색상, 크기, 음향 등을 고려

ⓓ 양보다는 질을 고려

④ 다양하고 적절한 발문

ⓐ 폐쇄적인 발문보다 개방적 발문

ⓑ 개인적 발문과 전체적 발문 동시 고려

ⓒ 개인차, 수준차를 고려한 발문

ⓓ 구체적이고 간결한 발문

ⓔ 수용적이고 여유 있는 태도 견지

⑤ 교사의 적절한 태도와 언어

ⓐ 쉽고도 정확한 언어 사용(표준어)

ⓑ 적절한 성량(聲量), 억양, 템포, 휴지(pause)

ⓒ 언어와 태도(제스처)의 조화

ⓓ 강함(hard)과 부드러움(soft)의 조화

⑥ 계획적이고 구조화된 판서(板書)

ⓐ 판서의 기능: 주요 내용 재강조, 학습 내용 파지, 핵심 요소 정리 등

ⓑ 판서의 시기: 도입기, 전개기, 발전기, 정리기 등

ⓒ 판서의 요령: 크게, 정확하게, 깨끗하게, 빠르게, 학생을 보면서

ⓓ 학생 판서 조장: 토론 학습 시, 학생들이 발표 시(스스로 판서)

ⓔ 학습장 정리 지도: 수시 확인 및 지도, 적절한 코멘트 필요(身言書判)

(4) 정리 단계

① 내용 정리 및 일반화

② 중요 사항에 대한 재강조

③ 형성평가 실시

④ 질문 시간 부여

⑤ 차시 학습 예고

6. 사회과 수업의 조건

1) 바람직한 사회과 수업의 조건

① 학습 목표를 제시하는 수업(학습 목표 제시는 선택이 아닌 필수임)
② 동기 유발이 확실한 수업(동기 유발이 잘되면 50%의 수업 성공)
③ 학생들의 눈높이(수준)에 맞는 수업(학생들의 수준을 고려하여 적절한 비유와 예를 적용하는 수업)
④ 원리와 개념이 중시되는 수업(원리와 개념은 지식을 이루는 기반이며 핵심)
⑤ 학생들의 움직임이 계속되는 수업(학습자가 지식을 구성, 생성하는 수업)
⑥ 교과서+a로 가르치는 수업(교과서로 가르치지 말고 교육과정으로 가르침)
⑦ 격려와 칭찬이 계속되는 수업(격려, 칭찬은 학생들을 사로잡는 요소)
⑧ 학습 내용과 수업 방법이 어울리는 수업(학습 내용과 수업 방법이 어울려야 효과 제고)
⑨ 과정과 단계를 중시하는 수업(계단을 오르듯이 차근차근 진행해가는 수업)
⑩ 수업의 단계가 확실한 수업(도입→전개→정리 등 3단계는 필수 과정)
⑪ 말과 내용의 강약이 있는 수업(교향곡이 연주되듯이 말과 내용의 변화와 억양이 있는 수업)
⑫ 적절한 쉼(pause)이 있는 수업(쉼은 시간 낭비가 아니라 보다 집중을 위한 촉진제)
⑬ '무엇'보다 '왜', '어떻게'를 강조하는 수업('그건 뭐지요?'보다 '그건 왜 그렇게 되지요?'라고 묻는 수업 유도→수렴적 발문 대신 확산적 발문 강조)
⑭ 끝나고 나서 남는 것이 있는 수업(머릿속에 남는 것이 좋은 수업)

2) 바람직하지 못한 사회과 수업의 사례

① 시작과 끝이 애매한 수업
② 학습 보조 자료에 얽매인 수업
③ 발표만 있고 정리가 안 된 수업
④ 교사와 학생이 따로 노는 수업
⑤ 수업 후 침전물이 없는 수업(맹목적인 수업)
⑥ 판서를 하지 않는 수업
⑦ 중심 개념이 없는 수업
⑧ 교과서에만 얽매인 수업(교육과정 중심 수업 지향)
⑨ 칭찬이 없는 수업
⑩ 유머와 웃음이 실종된 수업
⑪ 현실과 동떨어진 수업
⑫ 과거, 현재, 미래가 조화롭게 연계되지 않은 수업
⑬ 수업과 학습 내용이 일목요연하게 정리되지 않은 수업

7. 사회과 수업의 진행 시 고려할 점: 사회과 수업 진행 시 유의점

1) 학생들과 원만한 인간적인 관계를 맺어라

교사는 평소에 학생들의 이름을 다정하게 불러주고, 복도에서 지나칠 때 인사를 주고받고, 현장학습을 가서 함께 사진을 촬영하고, 공부 못하는 학생들의 어깨를 두드려주며 격려하는 등 사제지간(師弟之間)에 끈끈한 인간관계를 맺을 때, 학생들은 그러한 교사들에게 호의와 관심을 갖고 수업시간에 더욱 집중하게 된다. 스승이 존경스럽고 제자들이 사랑스러울 때 좋은 수업, 훌륭한 수업이 진행되는 것이다.

2) 학생들에게 사랑과 기대를 갖고 수업에 임하라

학생들에 대한 기대와 사랑이 가득한 교사는 그것이 얼굴에 그대로 나타난다. 교사가 밝은 표정으로 수업하는 시간과 짜증스러운 얼굴로 수업하는 시간 중 어떤 수업이 효과적인지는 불문가지(不問可知)이다. 사랑과 기대를 갖고 하는 수업이 바람직한 수업이다. 분명히 학생들은 미래의 '꿈 덩어리'로서 잠재적 가능성을 가진 소중한 존재이다. 수업에서는 모든 학생들이 잠재적 가능성을 풍부하게 함유한 '꿈 덩어리', '재간둥이'라는 점을 전제하고 출발하여야 한다.

3) 준비된 수업을 하라

수업에 들어가기 전에 지도를 파악하고, 학습 목표를 점검하고, 보조 자료를 챙기고, 재미있는 이야기 한 토막이라도 준비하는 수업이 좋은 수업이다. 준비된 수업은 구조적이고, 일정한 흐름이 있으며, 부자연스러운 데가 없고, 무엇보다도 교사에게 자신감을 부여한다.

4) 처음부터 사로잡아라

수업 시작 단계에 참신한 발문과 색다른 시청각 자료, 현실적인 관심사 등을 제기하면 학생들은 호기심을 갖고 집중하게 된다. 쓸데없는 이야기나 우물쭈물하는 태도는 학생들로 하여금 교사에 대한 불신, 그리고 수업에 대한 관심도를 떨어뜨리게 한다.

자신 있는 교사가 자신 있고 훌륭한 수업을 수행하고 그 효과도 배가되는 것이다.

5) 다양한 방법으로 자신 있게 임하라

교실 뒷자리에 앉은 학생들도 충분히 알아들을 수 있는 목소리, 환하고 자신 있는 표정, 변화 있는 음성, 주의를 집중시키기 위한 쉼, 전체 학생들을 골고루 쳐다보는 시선 등이 학생들을 집중하게 하고 학습 효과를 제고하게 한다.

6) 학생들과 함께 호흡하라

사회과 수업에서 '왜, 어떻게'라는 발문, 책 읽히기, 판서, 소집단 토의, ICT 활용, 퀴즈 등을 통하여 학생들을 부단히 자극하고, 계속적으로 커뮤니케이션을 가지면 학생들은 결코 딴짓할 수 없다. 수업은 40~50분짜리 '단편영화 감상'이 아니라, 연기자와 관객이 함께 어우러지는 아름다운 한 편의 '마당놀이'인 것이다. 사회과 수업은 교사와 학생들이 따로 달리는 마라톤이 아니라, 교사와 학생들이 함께 호흡하는 조화롭고 아름다운 '오케스트라'인 것이다. 교사와 학생이 혼연일체가 되어 어우러지는 아름다운 수업이 곧 좋은 수업, 훌륭한 수업이다.

7) 사소한 것도 칭찬하라

'칭찬은 고래도 춤추게 한다'는 말이 있는데, 이는 교육활동에 아주 적합한 말이다. 진정 구체적이고도 가슴에 와 닿는 칭찬은 학생들과 교사와의 거리감을 좁히고, 학생들을 더 열심히 하게 한다. 보상과 강화를 적절히 활용하는 수업이 좋은 수업이다. 칭찬에서 유념해야 할 점은 일반적·상투적인 칭찬을 지양하고 특정한 활동, 수범적 행동 등에 초점을 맞추어 칭찬해야 하는 점이다.

8) 교단만을 고집하지 마라

사회과 교사는 교단에서 수업하다 때로 학생들 사이에 가서 이야기하고, 적절하게 이곳저곳 다니면서 학생들의 활동을 점검하고, 어깨를 두드려주는 교사 활동이 학생들에 대한 장악력을 높이고, 학생들의 적극적 수업 참여를 독려하는 것이 바람직하다.

특히, 사회과는 현장체험학습, 조사 학습, 통의 학습 등 교실과 학교를 떠나서 하는 수업도 매우 많다. 이를 효율적으로 기획하여 실행하는 수업이 좋은 수업이다.

9) 쉬운 사례와 비유를 많이 들어라

어려운 수업은 졸기 쉬운 수업이 된다. 어려운 내용일수록 유치하다고 생각할 정도의 쉬운 예나 비유를 해야 한다. 예는 거친 음식을 잘게 부수어 먹기 좋게 넣어주는 것이다. 그리고 예는 추상적이고 멀리 있는 것보다는 학교, 가정, 교사, 친구, 연예인, 스포츠, 영화 등 누구나 쉽게 경험하고 접할 수 있는 것에서 찾는 것이 좋다.

10) 스트레칭(stretching)을 시켜라

수업만 계속하면 재미가 없다. 학생들의 집중도가 저하될 만할 때, 간단한 스트레칭을 하는 것도 바람직하다. 기지개 켜기, 팔목 돌리기, 상대방 어깨 주물러주기, 두드려주기, 박수치기, 목 돌리기 등 많은 응용 동작이 있다. 학습 지구력 신장을 위한 다양한 교수 방법을 모색하는 것이 좋다.

11) 재미(흥미)있게 하라

웃음은 스트레스를 날려 보내는 신약이다. 기대와는 전혀 다른 결말이 날 때, 자신도 그런 일이 있을 때, 기발한 표정을 지을 때, 어처구니가 없을 때 웃음이 나온다. 간간이 터지는 교사의 조크와 웃음은 수업의 양념이 되어 학생들을 수업에 집중하게 한다.

<표 6-4> 사회과 수업 분석 관점

항목	수업 분석 관점
① 동기 유발	• 학습 문제와 직접 관계되는 내용을 소재로 하고 있는가? • 학습 문제를 자신의 문제로 받아들이고 문제 파악을 용이하게 하였는가? • 본시 학습 문제와 관련시키도록 하였는가? • 학습 내용에 관한 경험 내용을 학습자 전원이 집중하도록 하였는가?
② 수업안 및 학습 목표	• 수업안이 체계와 일관성을 유지하였는가? • 목표 분석과 제시는 바르게 되었는가?(수업안, 칠판, 동영상 등) • 학습 목표 진술이 바르게 되었는가?(학생 행동, 학습 결과, 명시적 동사, 수행 조건, 도달 기준, 성취 행동 등) • 중심 목표가 정확하게 잡혀 있는가? • 목표 도달을 위한 학습 계획이 이루어지고 있는가?
③ 학습 내용	• 수업 내용에 따라 시간 배당은 알맞게 되었는가? • 학습 내용의 계열은 알맞게 되었는가? • 학습 내용은 구조화에서 제시되었는가? • 실험, 실습, 노작 활동 등은 적절하게 배치되었는가?
④ 학습 형태	• 일제 학습, 분단 학습, 개별 학습의 학습 형태는 학습의 내용, 학습의 장, 학생들의 여러 조건에서 볼 때 적절한가? • 강의식, 토의식, 실험·실습 등의 학습 형태는 단원의 특성에 알맞은가?
⑤ 학습 자료	• 적절한 보조 교재가 있는가? • 목표 도달에 도움을 주는 자료인가? • 자료 활용의 시간, 방법이 적절하고, 익숙하게 사용되었는가?(교사, 학생)
⑥ 학습 과정	• 전체적인 흐름은 일관성이 있고 논리적인가? • 수업의 흐름은 중심 목표에 합치되었는가? • 수업 방법이 목표, 내용, 과정에 따라 알맞게 적용되었는가? (개념 습득, 원리 이해, 문제해결력 신장)
⑦ 교사의 발문	• 발문은 학급 전체를 대상으로 하고 있는가? • 응답에 필요한 생각의 여유를 주었는가? • 발문은 학습자의 경험과 지식의 범위 안에서 이루어졌는가? • 발문 내용은 중복되지 않게 잘 조직되었는가? • 발문은 간단명료하게 하였는가? • 발문 처리는 적정하게 하였는가?
⑧ 교사의 태도 및 궤간순시	• 교사의 음성, 용어는 때와 내용에 따라 적정하였는가? • 학생의 응답, 학습 활동에 대해 적절하게 반응하였는가? • 수업의 장면에서 일어나는 문제에 대한 처리는 민첩했으며, 전환은 바람직한가? • 교사의 지도 공간, 궤간순시는 적정하였는가?

⑨ 학생 활동	•학습 분위기는 잘 조성되고 질서 있게 진행되었는가? •활동은 적극적이며, 상호 협조적 태도를 보였는가? •응답은 사고하고 비판하며 분석한 것인가?
⑩ 학습 정리	•목표 도달 정도를 확인하고 환류(feedback) 교육은 이루어졌는가? •형성평가는 제대로 이루어졌는가? •계획과 실제 수업은 일치되었는가? •차시 예고와 과제 해결 방안은 제시되었는가?

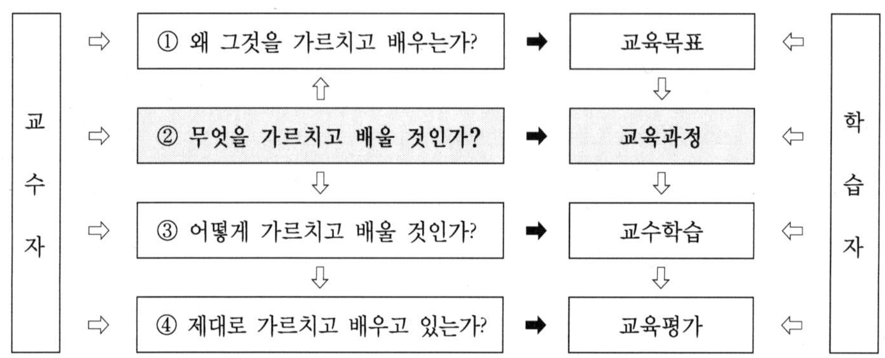

[그림 6-5] 사회과 교수·학습(수업) 요소와 상호 관계

제3장 | 사회과 수업모형의 분류

1. 사회과 수업의 특성

일반적으로 사회과 내지 사회과교육은 사회과학적 연구 방법론을 토대로 하여 바람직한 민주시민의 자질을 기르는 교과이다. 민주시민은 사회과 교수·학습을 통해서 실현이 가능한 것이다. 우리는 사회과 교육과정과 사회과 교수·학습 과정이 전혀 별개로 유리된 것이 아니라는 점을 유념할 필요가 있다. 사회과 교수·학습 과정은 사회과 교육과정에 근거하여 실천되는 것이고, 사회과 교육과정의 정신을 반영한 것이기 때문이다. 따라서 사회과 교육과정과 사회과 교수학습 과정은 매우 밀접하게 연계된 것이다.

사회과 교육과정에서 교수(teaching)와 학습(learning)의 의미는 교사와 학생 중 어느 쪽 활동을 강조하느냐에 따라 교수는 교사활동 측면을 강조하고, 학습은 학생활동 측면을 강조한 것으로 구분하기도 하나, 사회과 교실에서의 교사활동은 학생활동을 촉진하고 학생활동 또한 교사의 활동의 기초가 되므로, 사회과에서의 교수학습 활동은 교사와 학생의 상호작용적 활동이라고 할 수 있다.

사회과교육에서 교수자와 학습자의 수업 상호작용, 즉 교수·학습 과정이란, 사회과 교실에서 교사가 정해진 목표에 도달하기 위해서 학습자의 내외적 환경을 조직해가는 변인들의 상호작용이다. 사회과에서 교수학습에 영향을 미치는 변인을 요약하면 다음과 같다.

첫째, 투입 변인에는 직접 변인으로 교수자(교사), 학습자(학생), 학습 과제(교육과정·교재) 등이 있고 학습자를 둘러싼 다양한 환경이 있다.

둘째, 과정 변인에는 교수자와 관련된 것으로 수업 방법, 수업 전략, 수업 설계, 수업 매체, 활용 기법 등이 있으며, 학습자와 관련된 것으로 학습 전략, 학습 방법, 학습 습관 등과 같은 학습 양식을 들 수 있다.

셋째, 산출 변인에는 효과성과 관련된 것으로 학업 성적, 목표 도달 정도 등이 있고, 효율성과 관련된 것으로 합리성, 능률성 추구 등이 있으며, 매력성과 관련된 것으로 학습 동기, 학습 흥미 등이 있다.

2. 사회과 수업모형·기법의 분류

사회과 수업에서는 투입, 과정, 산출에 대한 논리를 갖고 실천할 때, 수업 자체가 보다 유의미하며 수업을 성공적으로 이끌 수 있다. 수업에서 투입, 과정, 산출 등 각각의 변인만을 강조할 수도 있고, 세 가지 변인 모두를 연계하는 논리로서 구성할 수도 있다. 각 변인의 내용, 조직 방법, 활동 방법, 자료 유형 등에 따라 사회과 수업을 분류하면 다음과 같다(최용규 외. 2007: 125-129).

〈표 6-5〉 사회과 수업모형의 분류

수업 분류의 기준(관점)	수업(학습)의 종류
1. 학습 과제(영역)	① 지적 학습(인지적 영역): 사실학습, 개념학습, 일반화(원리)학습 ② 기능 학습(기능적 영역) ③ 가치·태도 학습(정의적 영역) 등
2. 학습 조직	① 일제 학습, ② 소집단 학습, ③ 개별 학습, ④ Team Teaching, ⑤ 협동학습 등
3. 학습 활동(과정)	① 현장 학습(야외 관찰, 조사 학습), ② 구성 학습(지도, 도표, 연표, 신문·모형 만들기), ③ 극화 학습(시뮬레이션, 모의학습, 역할놀이), ④ 강의법, ⑤ 토의 학습, ⑥ 조사 보고 학습, ⑦ 자원인사 초빙 학습 등
4. 학습 매체(자료)	① 사료 학습(史料 學習), ② 연표 학습, ③ 인물 학습, ④ 지도·지구의 학습, ⑤ 시사자료 활용 학습, ⑥ 문화재 학습, ⑦ 지역사회 자료 활용 학습, ⑧ 시청각 학습 등
5. 학습(수업) 모형	① 문제해결 학습, ② 탐구학습, ③ 의사결정 학습, ④ 개념 학습 ⑤ 범례 학습, ⑥ 법리 모형, ⑦ 가치명료화 학습, ⑧ 가치 분석 모형 등

3. 사회과 수업의 차원과 방법

1) 일반적 수업의 차원

(1) 수업 방법

사회과 교수·학습에서 수업 방법이란 철학적 배경이 있고, 이러한 철학적인 배경을 반영한 목표를 달성하기 위하여 교사가 조직하는 접근 방법을 의미한다. 대개의 경우 교육과정의 정신을 반영하는 수업 방법을 말하며, 듀이의 경험 중심 교육관에 바탕을 둔 문제해결 학습, 브루너의 학문 중심 교육과정을 반영한 탐구학습 등이 여기에 속한다. 능력 심리학에 바탕을 둔 전수(transmission)도 여기에 속한다.

(2) 수업 기법

수업 기법은 수업 방법의 목적을 달성하기 위하여 교사에 의하여 선택되는 개개의 수단을 의미한다. 가령, 문제해결 학습에서 문제해결을 위하여 교사 주도하에 행해지는 활동인 강의, 토론, 조사 등의 학습 모두가 수업 기법이다. 수업 방법을 위해 동원되는 수업 기법은 매우 여러 가지가 있다.

(3) 수업 전략

수업 전략이란 교사가 수업 방법을 달성하기 위하여 여러 가지 수업 기법을 조합하는 계획을 의미한다. 수업안은 이러한 수업 전략을 수립해놓은 결과물이다.

일반적으로 사회과 수업에서 수업 방법은 수업 기법을 계획하고 수업 전략을 수립하기 위한 기반이 되므로, 수업에서 우선적으로 고려해야 할 사항이다. 단위 시간마다 수업 방법을 설정하여 실천하기는 어렵다. 하나의 수업 방법을 실현하기 위해서는 기본적으로 학생들이 다양한 수업 기법을 익히고 있어야 가능하기 때문이다. 평상시에 토의 학습, 조사 학습 등과 같은 수업 기법을 익힘으로써 장차 문제해결 학습, 탐구학습, 의사결정 학습 등과 같은 고차원적 학습을 실시할 수 있다.

2) 수업의 원칙과 방법

(1) 사회과 교수·학습의 원칙

① 원리 발견과 적용

사회과는 학생들에게 인간관계 및 인간과 환경과의 관계를 이해하게 하고 학생들로 하여금 사회 변화 속에서 겪게 되는 여러 사회문제를 반성적 사고와 가치 선택을 거쳐서 합리적으로 해결할 수 있는 능력을 기르는 교과이다. 학생들이 복잡한 사회현상을 설명하고 예측하며, 당면한 문제를 해결할 수 있는 힘을 기르려면, 스스로 원리와 법칙을 발견하고, 이를 실행에 적용할 기회를 많이 제공하여야 한다. 따라서 생활 경험을 바탕으로 구체적 사물이나 사실을 통하여 개념을 이해하고, 원리와 법칙을 발견하며, 이러한 개념, 원리, 법칙 등을 생활의 여러 분야에 적용할 기회를 많이 제공하여 지식의 생성 과정을 경험할 수 있도록 한다. 또한, 수업 결과에 치중할 것이 아니라 개념 형성 과정 혹은 문제해결 과정을 중시하여야 한다. 이를 위해 학습자의 다양한 삶의 맥락에서 사회적 현상을 탐구하여 그것의 의미를 파악하게 하고, 지식이 학습자의 삶의 맥락 속에서 재구성되어 문제해결에 합리적으로 활용될 수 있는 과정에 학생들을 노출하여야 한다. 이를 통하여 사회과 학습이 쉽고 재미있다는 생각을 할 수 있도록 유도하여야 한다(교육과학기술부, 2008: 364-372).

② 목표와 교육 환경 고려

사회과는 사회현상을 인식하고 문제를 파악하는 데 필요한 지식과 정보를 획득, 조직, 활용하는 능력을 길러 사회생활에서 경험하게 되는 여러 문제를 합리적으로 해결할 수 있도록 문제해결력 및 의사결정력, 비판적 사고력, 창의적 사고력 등의 고급사고력(high level thinking) 향상을 위해 수업의 중요 요소로 부각시키고 있다.

사회과 교수·학습에서 고급사고력을 신장하려면 개념의 특성을 논리적으로 규명하는 학습, 반성적 사고에 의해 원리를 발견하는 학습, 발견된 원리를 적용하여 사실을 증명하는 학습, 당면 문제를 비판적으로 고찰하여 합리적인 문제해결 방안을 마련하려는 학습, 가치명료화 학습, 대안을 선택, 결정하는 의사결정 학습 등을 들 수 있다. 이러한 학습 과정을 통하여 학생들은 논리적 사고력, 비판적 사고력, 창의적 사고력 등을 신장시킬 수 있다. 나아가 문제를 파악하고 증거를 검토하는 과정에서 그 진술이나 증거의 타당성을 밝히는 학습은 비판적 사고력을 신장시키는 학습이다.

문제를 해결하는 학습 과정에서는 문제해결의 각 단계에서 일어나는 구체적 사고 활동을 고려하여야 한다. 문제 인지 과정에서는 요약, 중요한 것의 선택, 개념 정의, 사실과 의견 및 편견 등의 구분, 탐구 이유 추론, 문제의 의미 해석, 유사 사태의 추론 등이 이루어질 수 있으며, 가설 단계에서는 자료의 분석, 요인 관계 추론, 원리 적용, 조건이나 원인 등의 예견, 문제해결의 방향 추론 등의 활동이 이루어질 수 있다. 그리고 증거 제시 단계에서는 정보의 명확성 검토, 번역, 해석, 분류, 요인 및 요인 간의 관계 분석 등의 활동이 이루어지며, 결론의 단계에서는 가설과 증거 간의 논리적 관계 검토, 가설의 긍정 또는 부정이나 수정, 여러 요소의 종합 등의 활동이 이루어질 수 있다. 따라서 학습 내용과 직접 관련되는 사고 활동이 소홀히 다루어지지 않도록 하여야 한다. 특히, 수업의 실제에서는 사고의 과정이나 학습 형태가 복합적으로 일어나거나 한 사고 과정이 순간적으로 일어나는 경우가 있다는 것에 유의하여 단원의 어떠한 부분에서 어떠한 사고를 강조할 것인가를 주제의 특성에 적절하게 선정, 결정하여야 하며, 이는 단원의 수업 설계에서부터 고려하여야 한다.

또한 고급사고력 향상을 위해서는 하나의 주제, 개념, 사건, 문제 등을 깊이 있게 학습하는 것이 필요하며, 이를 위해서 충분한 시간을 갖도록 하며, 주어진 문제에 관한 여러 아이디어를 학생들이 자신의 사고 틀로 탐구하면서 조작할 수 있는 학습 기회를 제공한다. 또한 가능한 소집단 활동을 자주 하며, 이때에는 구체적인 과제를 제한된 시간에 해결할 수 있도록 하며, 쓰기(writing)를 사용하는 것이 좋다. 쓰기를 통해서 아이디어를 생성하고 자료를 수집하고 자신의 생각을 명료화하고 타인을 이해시키며 설득하는 과정에서 사고력이 신장된다. 또한 교사는 좋은 질문을 통해서 학습자들에게 끊임없이 사고를 자극하는 발판을 마련하도록 유도하여야 한다.

③ 학습자 중심 수업

학습자 중심의 수업 운영은 학습의 주도권을 학습자에게 두는 교육, 개별화 수업을 지향하는 교육, 교사와 학생의 참여를 유도하는 교육, 경험의 통합을 강조하는 교육, 학습하는 방법의 학습을 통하여 이룰 수 있으므로, 크게 자기 주도적 학습과 적극적인 참여를 유도하는 학습으로 방향을 설정할 수 있다.

자기 주도적 학습은 학습자가 능동적인 자기 통제자라는 점을 전제로 하며, 학습에 대한 자기 인식, 자기 조절 활동, 자기 모니터링, 자기 성찰 활동, 지식의 구성 및 활성화 활동과 관련된다. 자기 주도적 학습의 관점에서 본 사회과교육의 목적은 자기 모니터링과 자기 성찰적 자세를 통하여 사회 생활을 적극적으로 영위하며 개인, 사회의 자아실현을 이루는 시민을 양성하는 것이다. 이러한 방향에서 사회과교육은 사회적 상호작용 속에서 자기의 필요에 따라 자신 인식 체계에 의하여 학습하며 스스로 체계화하여 지식을 구성해 나갈 수 있도록 지도하는 것이다. 그러려면 학습자가 목적의식을 갖고 학습을 계획, 실행, 평가할 수 있도록 학습이 전개되어야 하며, 이를 통해서 학습자의 이해를 심화시켜 나아갈 뿐만 아니라 적극적인 참여를 유도하여 효율적인 학습을 촉진할 수 있다. 즉, 귀납적 인식, 반성적 사고, 메타 인지 등과 같은 학습 과정은 학습자 스스로 지식을 구성하고 자기 주도적 학습 능력을 향상시킬 수 있다.

그리고 학생들이 수업에 적극 참여하도록 유도하려면 그래프 만들기, 지도 그리기, 보고서 쓰기 등 조작적인 학습 자료와 질문, 토론 수업 등의 구체적인 활동을 이용하도록 하는 것이 효과적이다. 이를 통해서 학생들은 학습한 애용과 자료 간의 유의미한 관계를 스스로 파악하고 학습에 대한 흥미를 가지게 될 뿐만 아니라 실제 사회생활에 대한 이해를 강화할 수 있다.

(2) 사회과 교수·학습의 방법

① 통합적 교수·학습

사회과는 사회현상을 종합적으로 인식하는 것을 강조하는 교과이므로 학문과 생활 영역 간의 통합, 지식과 기능, 가치·태도가 유기적인 관계를 맺도록 함으로써 지시과 행동의 통합이 이루어지도록 지도해야 한다. 통합의 방법은 흥미 중심, 활동 중심, 탐구 중심, 주제 중심, 기능 중심 등 다양한 형태로 이루어지도록 한다. 이를 위해서 사회과 교사는 학습자의 활동 및 경험의 의미와 가치를 부여할 수 있는 내용을 중심으로 핵심 내용을 정선하고 그것을 학생의 이해 수준에 맞는 형태로 구조화하여야 한다. 이를 통해 지나치게 많은 양의 지식으로 인해 이해 과정에서 겪을 수 있는 혼란을 줄이고 수업에 대한 흥미를 증가시킬 수 있을 것이다. 또한 내용과 유리되지 않은 학습 방법을 적용하여 지식과 기능, 가치태도가 함께 획득될 수 있도록 해야 할 것이다.

② 교재 재구성 및 주제(문제) 중심 접근

학습자들이 실생활 경험에서 도전적인 과제로 인지하는 주제와 문제를 통해서 사회현상에 대한 흥미와 관심을 넓히고 인간 생활과 사회현상에 대한 원리를 이해하며 이를 실생활에 연계할 수 있도록 교사는 교재를 재구성할 수 있어야 한다. 이를 통해 고급사고력 신장과 사회과 영역 내용의 중복 및 연계의 문제를 해결할 수 있다. 내용 재구성 시에는 사회과교육의 목표에 부합하도록 교육내용을 재구성해야 하며, 사회과 교실의 상호작용 과정이 충분히 고려되어야 한다.

교재 재구성을 위해 각 단원의 주제에 포함된 주요 개념과 일반화, 가치 등을 찾아서 확인하고, 문제해결에 효과적인 내용을 파악하여 그것과 관련된 구체적인 사실, 학습 경험, 학습 자료의 형식, 소요 시간 등을 선정·결정한다. 그다음에 단원 전개 계획을 수립하게 되는데, 이때에는 교과서 단원, 주제, 제재 등의 명칭이나 순서를 그대로 따르기보다는 실제 학습 내용에 더 적합한 주제와 문제를 선정하여 활동 중심의 학습이 이루어지도록 단원을 재구성하는 것이 좋다. 또한 학습 교재는 지역 또는 학교 특성에 알맞도록 재구성하되, 교육과정에서 의도하는 기본 정신이나 주요 목표, 기본 원리 등은 반드시 유지되도록 한다.

주제 중심의 내용 재구성은 학생들의 생활과 관련한 소재나 주제를 중심으로 의미를 폭넓게 깊이 있게 탐구하여 가는 방식으로 실시하며, 학습한 내용을 실제 생활 세계에 적용시켜 보면서 문제해결 능력을 함양하고 학생들의 적극적인 수업 참여를 유도할 수 있도록 해야 한다. 문제 중심으로 내용을 재구성한 수업 상황에서 교사는 문제 토론 전 학생들에게 문제에 대한 배경지식을 설명하기보다는 문제해결에 도움이 되는 정보를 제공해야 하며, 학생들이 다양한 정보자원에 접근할 수 있는 환경을 제공해주어야 한다.

③ 다양한 발문 기법 적용

사회과 교수·학습에서의 발문은 학생들로 하여금 탐구를 지향하게 하고 독자적인 탐구 습관을 형성하게 하며 비판적이고 이성적으로 사고하게 하는 중요한 방법이다. 수업 상황에서 교사와 학생의 언어 상호작용은 교사의 발문과 학생의 응답 형태에서 학생과 학생 간의 자연스러운 토의나 대화 형태로 옮겨가도록 유도하는 것이 좋다. 이를 위해서는 허용적인 분위기를 조성하여 학습에 관한 이야기는 무엇이든지 할 수 있도록 해야 하며, 적절한 시기에 발문하고 학생들이 생각할 수 있도록 여유를 주어 사고를 자유롭고 활발하게 이루어지도록 해야 한다. 그리고 항상 보고 듣고 경험한 것을 바탕으로 이야기하는 습관을 길러주어야 한다. 그리고 발문의 표현은 간단명료하고 정확하게, 적절한 속도로 재미있게, 체계적·단계적으로 불필요한 반복이 없도록 지도하는 것이 바람직하다.

④ 소집단 학습을 통한 교수·학습 전개

학교는 민주주의의 실험장이고, 사회과 교실은 민주주의의 온실과 같은 역할을 한다. 소집단 학습은 이러한 민주주의 교육의 종묘장 구실을 하는 사회과의 핵심 학습 방법이다. 소집단 학습은 2~6명의 학습자를 하나의 집단으로 구성하여 학습이 이루어지게 하는 것이다. 소규모 집단 내에서 서로 다른 구성원들이 동일한 학습 목표를 향하여 함께 활동하는 수업을 통하여 학습에 대한 동기, 학업 성취 능력을 향상시킬 뿐만 아니라 사회적 관계 형성을 통하여 개별적 책무성, 긍정적인 상호 의존성, 역동적인 상호작용을 하게 되면서 서로 협력하는 과정에서 공동체에서 생활하는 민주시민들에게 요구되는 지식과 기능, 가치·태도 등을 익히게 된다. 협동학습은 소집단 구성원들이 공동으로 노력하여 주어진 학습 과제나 학습 목표에 도달할 수 있도록 하는 데 효과적인 수업 방법이며, 수평적 의사소통 기회를 많이 제공하여 구성주의적 실험을 가능하게 한다.

사회과 교사는 학생 소집단 성취 모형(STAD), 소집단 게임 토너먼트 모형(TGT) 직소우 모형(Jigsaw), 집단 연구 모형(GI) 등의 다양한 협동학습 방법을 참조하여 학습자 수준에 적합한 자료와 과제를 개발하여 협동학습의 원리와 규칙을 학생들에게 이해시킨다. 즉, 학습 목표 혹은 과제 성격에 따라 학습자들을 동질적·이질적으로 4~6명 정도의 소규모 집단으로 구성하여 학습적인 측면과 사회적인 측면을 고려하여 학습 목표를 명료화하고 학습 과제를 수행하도록 하여 집단 구성원으로서의 소속감, 타인 존중 의식, 사회참여 의식, 협동정신을 함양할 수 있도록 한다.

⑤ 다양한 교수·학습 방법 적용

사회과 교수·학습은 학생들이 이미 아는 지식을 바탕으로 하여 문제 접근하여 그 문제의 성격을 명확하게 하고, 문제해결 방향과 연구 결과를 검토할 수 있는 기준을 선정한다. 그리고 다음 단계에서 사회과학적 연구 방법에 기초한 탐구 방법이나 그 밖의 다양한 방법을 활용하여 문제를 해결하게 된다. 따라서 사회과 교수·학습에 필요한 지식과 기능, 가치·태도를 기를 수 있도록 다양한 교수·학습 방법을 적용하여야 한다.

사례 학습, 통계(표본) 조사 학습, 야외 관찰 및 현장 학습, 지도 이용 학습, 문헌 조사 학습, 인물 학습, 사료 학습, 상황 분석 학습, 미래 예측 학습 등이 적용될 수 있다. 이 중에서 야외 학습이나 지도 이용 학습은 지리적 성격이 강한 내용에 더 적합하며, 인물 및 사료 학습 등은 역사적인 학습에 더욱 적합하다. 가치 학습에는 도덕적 발달 모형, 가치명료화 모형, 가치 수용 모형, 가치 분석 모형을 적용할 수 있다. 그리고 대안의 선택 결정을 위한 학습에서는 의사결정 모형을 적용할 수 있으며 강의 학습, 조사 학습, 문답 학습, 토의 학습, 역할 학습, 시뮬레이션 학습 등은 여러 분야의 내용에 두루 적용할 수 있다.

⑥ 정보화·세계화에 부응하는 교수·학습 전개

자신이 가졌거나 가질 수 있는 정보와 지식의 수준, 정확성 및 활용 능력이 중요한 요소로 부각되는 정보화 사회에 능동적으로 대처하기 위해서 정보처리 능력과 고급사고력을 함양하여 스스로 사회현상에 관한 지식을 구성하고 활용할 수 있도록 하여야 한다. 그러기 위해서 신문활용교육(NIE), 컴퓨터 보조학습 프로그램(CAI), 인터넷 활용 교육(IIE), 이러닝(e-learning) 등을 적극적으로 적용하여 다양한 정보를 수집하고 처리하는 능력과 문제해결력, 의사결정력, 개념화 능력 등을 함양하여야 한다.

데이터베이스(DB)와 시뮬레이션 프로그램 등을 통한 컴퓨터 활용은 정보화에 대처하는 가장 효과적인 교수·학습 방법이다. 데이터베이스를 활용하여 학습자가 자료와 정보를 선택하고 검색하며, 조직하고, 분석하며, 종합하고 해석하도록 함으로써 학습자의 정보처리 및 탐구와 사회참여 능력을 신장시킨다. 인터넷을 통하여 세계 각지의 산업, 문화, 환경 등의 최선의 다양한 정보를 획득하여 다양하고 폭넓은 사고의 기회를 가지도록 격려하여야 한다. 시뮬레이션 프로그램을 활용함으로써 학습자들이 사회문제를 더 현실감 있게 이해하고 지식과 기능을 더 능동적으로 획득하고 적용하며, 비판적 사고력, 창의적 사고력 등을 통한 다양한 관점에서 문제해결의 기회를 갖도록 한다.

한편, 세계화 시대에 대비하여 세계 여러 나라의 생활 문화를 우리들의 생활과 비교하고 정치, 경제, 사회·문화 등 여러 측면에서 우리와의 관계를 파악하여 환경, 생태, 자원 문제 등의 해결을 위한 국제 협력의 필요성을 깨닫게 한다.

민주시민 교육에 비중 있게 지도하여야 할 국가·사회적 요구사항으로는 부패 방지 교육, 환경 교육, 에너지 교육, 경제교육, 소비자 교육, 법 교육, 복지·보험 교육, 고령화 사회 대비 교육, 진로 교육, 근로정신 함양 교육, 공명선거 교육, 통일 교육, 한국 문화 정체성 교육, 문화예술 교육, 문화 유산 교육, 국제 이해 교육, 정보화·정보 윤리 교육, 건강한 가정 만들기 교육, 아동·청소년 보호 교육, 의사소통·토론 중심 교육, 양성평등 교육, 장애인 이해 교육, 인권 교육, 지적재산권 교육, 안전 교육 등이 있다.

⑦ 다양한 교수·학습 자료 개발 및 활용

사회과 교수·학습에서 다양한 자료는 수업 과정에서 사회과 교사와 학생 간의 의사소통의 물질적 매개로 작용하기 때문에 교과서 외의 다양한 수업자료 활용은 사회과 교수·학습 과정에서 매우 중요하다. 더욱이 사회과 교과서가 탐구 형식에 따라 구성됨으로써 교사들은 수업 내용의 이해를 도모하기 위해서 다양한 자료를 수집·활용해야만 한다.

사회과 교수·학습에서는 사진, 그림, 지도, 통계, 도표, 연표, 문화재, 참고도서, 신문, 잡지, 방송, 이야기, 노래, 실물, 표본, 모형, 기록물, 여행기, 탐험기, 파워포인트(PPT) 자료, 영화, 워크시트(work sheet) 등의 다양한 자료를 활용하여야 한다. 관련 자료는 교재를 분석한 후 필요한 자료의 목록을 작성하고, 이들 자료를 수집, 제작, 구입하여 자료의 유형별로 분류한 다음, 자료 활용을 위한 목록을 만들고, 사회과 각 학년 단원목표, 내용, 교수·학습 방법 등에 관한 안내서를 만들어 활용하도록 한다.

사회과 내용의 특성 및 변화의 속도를 고려할 때, 시사자료의 활용은 사회현상 및 변화에 대한 관심을 확대시켜 주고, 쟁점이 되는 문제를 인식하는 데 도움을 준다는 측면에서 매우 중요하다. 시사자료의 활용에서 유의할 점은 자료가 담고 있는 내용에 대한 오류 및 관점의 편중화 문제이다. 따라서 신문, 잡지, 라디오, 텔레비전, 인터넷 등에서 수집된 자료는 내용의 사실 여부를 정확하게 파악한 후 어느 한 측면의 입장만을 지나치게 강조하고 있지는 않은지 신중하게 검토하여 신뢰성 있는 자료를 교재 내용에 반영하여 활용하여야 한다. 따라서 자료를 선정할 때에는 교육목적과 수업 목표의 일치성, 흥미 유발의 적절성, 학생의 연령과 수준의 적절성, 비판적 사고와 문제해결 능력의 증진 여부, 오류와 편견 여부, 자료의 정확성과 활용 가능성을 고려하여야 할 것이다.

한편, 지역사회 자료는 지역의 지리적·역사적·정치적·경제적·사회문화적 생활과 밀접하게 관련된 구체적이고 실증적인 자료를 제공하여 학습에 대한 학생들의 흥미를 유발하여 지역사회 문제에 관심을 갖도록 유도하여 지역에 대한 애정과 사회참여 의식을 고취시키는 데 유용하며 교수·학습 상황에서 의사소통을 활성화하는 도구이다. 또한 지역사회에 대한 이해도를 높이고 의미를 구성하게 하여 사회인식 능력을 향상시킨다. 지역사회 자료는 학생들의 주변 문제로 인식된 것, 미역의 과제를 명확하게 나타내는 전형적인 것, 학생들의 힘으로 끝까지 추구할 수 있는 것, 학생들이 체험적으로 실감할 수 있는 것, 새로운 시점이나 생각을 산출할 수 있는 자료를 활용하여야 한다. 학생들에게는 워크북(worksheet) 형식으로 제시하여 활동을 안내하고 활동 내용을 기록할 수 있도록 한다.

① 사회 현상에 대한 종합적인 인식을 위하여 사회과 통합 교수·학습 방법을 강조한다.
② 사회과 학습에서 학생들의 학업 성취 수준, 흥미, 사회적 요구 등을 고려하여 교육 현장에 적합한 주제와 문제를 중심으로 단원을 구성하여 수업이 이루어지도록 고려한다.
③ 학생들의 고급 사고력을 자극할 수 있도록 적절한 탐구 상황을 설정하고 다양한 발문 기법을 활용한다.
④ 사회과 소집단 협동 학습을 통해 민주 시민의 중요한 자질인 집단 지성, 집단 구성원으로서의 책무성, 참여 의식, 타인에 대한 존중, 협동심 등을 함양하도록 한다.
⑤ 질문(발문), 조사, 통의, 논술, 관찰 및 면담, 현장 견학과 체험 학습, 초청 강연, 실험 실습, 역할 놀이, 시뮬레이션 게임, 모의 재판, 모의 국회(의회), 사회 참여 등의 다양한 학습 방법을 적용한다.
⑥ 현대 사회의 세계화·정보화 추세에 적합하게 각종 정보 매체를 활용할 수 있도록 교실 환경을 조성하고 신문 활용 교육(NIE), 컴퓨터 보조 학습(CAI), 인터넷 활용 학습(IIE) 등을 사회과 학습에 적극 적용한다.

(3) 사회과 교수·학습의 유의점

사회과 교육과정의 운영에서는 영역이 분명하게 드러난 주제, 단원 등을 지도할 때에는 그 주제, 단원의 배경 학문적 관점 이해를 바탕으로 정치, 경제, 사회, 문화, 법, 심리, 역사, 지리 등 여러 영역 생활과의 관련성을 바탕으로 통합적으로 지도해야 한다.

사회과의 교수·학습 설계 시 각 학년에서 강조하여 신장시켜야 할 주요 기능이나 능력을 협의, 결정하여 평소의 학습에 반영하여야 한다. 유의할 점은 학년 간의 계열성(sequence)을 유지하는 일이다. 사회과 기능 학습으로 중시되는 정보의 수집 및 활용, 문제해결 및 사고, 사회참여를 중심으로 다양한 요소를 지도해야 한다. 아울러, 자료 활용에 대한 기초적 능력과 가치·태도 등 정의적 영역 지도에 깊은 관심을 가져야 한다.

제4장 | 사회과 수업모형별 특징

　수업은 교사가 학생들을 지도하기 위하여 가르치는 교수·학습과정이라고 할 수 있다. 교사는 자기 자신의 전문적인 판단에 의해서 수업을 할 수 있다. 그러나 수업의 중요성에 비추어서 전문가들의 연구결과를 기초로 하여 수업의 진행과정을 일정한 틀로 정해놓고 교사들이 참고하게 하는 것이 오늘날 학교의 일반적인 모습이다. 수업을 진행하는 이러한 틀을 수업모형이라고 할 수 있다. 수업모형은 대개 교육학적인 또는 심리학적 이론을 기본으로 하여 수업의 목표, 수업자료, 수업 진행방법, 평가방법 등을 제시하고 있고, 수업을 효율적으로 하려는 것을 목표로 하고 있다.

　사실 수없이 많은 수업의 틀들을 일정한 기준에 의해서 분류하는 것은 매우 어려운 일이다. 그것은 수업이 일종의 창작적인 행위이기 때문에 다양한 형태로 이루어지기 때문이다. 이러한 이유로 많은 사회과교육의 교과서들은 수업모형을 따로 취급하지 않고, 수업모형에 대한 구체적인 내용이나 방법과 관련하여 언급하고 있을 뿐이다. 그러나 수업모형에 대한 전반적인 고찰은 수업방법의 이해를 크게 도와주는 것이 사실이다. 따라서 여기에서는 수업모형이라는 말의 뜻을 엄격한 인과관계를 기초로 하여 성립하는 과학적인 모형이라는 의미보다는 수업을 진행하는 하나의 틀이라는 의미이다.

제1절 인지적 수업모형

1. 개념 학습모형

1) 개념 학습의 의미

　일반적으로 개념(concept)은 여러 관념 속에서 공통된 요소를 추출하여 도출한 하나의 보편적인 관념, 또는 사물에 대한 대강의 뜻이나 내용을 의미한다. 사회과의 개념 학습(Concept learning)은 학생들이 사회사상(社會事象)과 관련된 여러 대상의 공통적인 특성을 찾아가고, 그 의미를 인식하여 가는 과정이다. 즉, 사회현상과 관련된 대상에 대한 심상(image)을 확장하여 가는 과정에 몰두하는 것이다. 학생들은 사회과 개념 학습을 통하여 복잡한 사회사상을 단순화하여 볼 수 있고, 사회를 바르게 볼 수 있고 지식과 안목을 넓히게 된다.

　인지심리학의 대표적인 수업모형이 개념 학습모형이다. 개념은 일정한 기준에 따라 비슷한 것끼리 분류하고 거기에 이름을 붙인 추상적인 용어이다. 개념 학습이 인지적 수업의 대표적 모형이 되는 것은 사물을 구체적으로 이해할 때 보다 훨씬 더 많은 분량을 이해할 수 있을 뿐만 아니라, 추상적 사고를 가능하게 하여 암기와 이해라는 낮은 차원의 사고로부터 가설 설정, 분류, 비판적 사고력, 창조적 사고력, 의사결정력, 메타 인지 등 고급사고력(high level thinking)을 신장시킬 수 있다.

　우리가 경험한 것을 집단별로 묶은 범주라고 할 수 있다. 범주라고 하는 말은 분류라고 하는 말과 비슷한 것이지만, 범주는 어떤 특징, 즉 속성을 따라서 집단화한 것을 의미하는 것이다. 이것을 좀 더 쉬운 말로 하면 우리가 관찰한 것을 어떤 기준에 따라서 비슷한 것끼리 분류를 하고, 거기에 이름을 붙인 추상적인 용어라고 할 수 있다. 개와 고양이를 관찰하고, 개와 고양이의 특징을 따라서 그들을 분류하고, 그들에게 '개'와 '고양이'라는 이름을 붙인 것이 곧 개념인 것이다.

개념은 추상적 사고를 가능하게 한다. 인간의 정신적 발달은 구체적으로 관찰한 범위를 떠나서 추상적으로 한없는 세계를 상징해갈 때 더 풍부하고 창조적인 사고를 할 수 있게 된다. 개념은 바로 이러한 높은 차원의 추상적·독창적 사고를 가능하게 한다. 또 개념은 사물을 구체적으로 이해할 때 보다 훨씬 더 많은 분량을 이해할 수 있게 한다. 이것은 개념이 기본적으로 많은 대상들을 어떤 지군에 의해서 집단화시켜서 이해하기 때문이다. 개념이라고 하는 안경을 끼고 세상을 볼 때 우리는 한없이 넓은 세계를 상상할 수 있다고 하겠다.

사회과 개념 학습은 학생들이 경험하는 다양한 사물, 현상들에 대하여, 같은 범주에 속하는 여러 사례가 갖고 있는 공통적인 속성을 파악하여 그것을 일반화하고, 개념의 긍정적 사례와 부정적 사례를 구분할 수 있도록 하는 학습 형태이다. 학생들이 개념 학습을 했을 경우, 해당 개념의 긍정적 사례란 어떤 것인지 이해할 수 있어야 하고, 그 개념에 해당되지 않는 부정적인 사례를 변별해낼 수 있어야 한다.

인지 심리학에서는 개념을 '외재하는 범주의 심적 표상'이라고 정의한다. 외부 범주에 대한 자극들을 내적 정보처리 과정을 통해서 마음에 저장하는데, 이렇게 저장된 범주에 대한 심적 표상이 곧 개념이다.

2) 개념 학습의 형태

학습자가 관찰한 것을 어떤 기준에 의해서 비슷한 것끼리 묶어서 이름을 붙인 추상적인 언어적 표현이다. 개념은 그 개념을 구성하는 특징인 속성을 추출하여 구성되는 것이며, 이러한 속성에 해당되는 예가 있어야 의미를 가질 수 있게 된다. 또 이러한 인간의 인지작용은 사회적 상황과 역사적·문화적 차이의 영향을 많이 받게 된다. 즉, 개념의 속성과 원형, 사회적 상황은 개념학습에서 가장 중요한 3대 요소이다. 따라서 이들 중 어느 것을 강조하느냐에 따라서 개념학습의 수업모형이 달라진다.

개념 학습모형의 목표는 학습 대상이 되는 개념이 어떤 구조로 이루어져 있는지를 확인하면 쉽게 달성할 수 있다. 개념 학습의 형태는 다음과 같은 세 가지 모형으로 대별(大別)된다.

첫째, 속성 모형(attribute model)이다. 속성 모형은 고전 모형이라고도 불리며 가장 오래되고 전통적인 모형이다. 이 모형은 속성을 '사람들이 사물과 현상에 대하여 공유(共有)하는 성질'로 보고 있다. 이처럼 개념을 속성이라고 볼 때, 개념 학습은 소위 속성 모형, 고전 모형을 추종하기 마련이다. 학생들에게 개념을 가르칠 때, 개념이 갖고 있는 특징을 중심으로 학습하는 형태의 개념 학습모형이다. 결정적 속성(critical attribute)은 다른 개념과 구별되는 가장 중요한 속성이며, 비결정적 속성은 상대적으로 덜 중요한 속성을 의미한다.

둘째, 원형 모형(prototype model)이다. 원형 모형은 속성 모형의 대안으로 등장하였다. 개념을 원형으로 볼 때, 개념 학습은 원형 모형을 따르게 된다. 원형 모형은 전형 모형이라고도 하며, 이는 개념을 가르칠 때 전형적인 기본 모형을 중심으로 학습해야 함을 강조한다. 개념은 대상의 속성에 의하여 표현되는 것이 아니라, 일정한 범주를 구성하는 대표성에 의해 구성되는 것으로 간주한다. 물론, 원형 모형 중에서도 원형이 실제 세계에 존재한다고 보는 입장과 속성들의 평균값 또는 최빈값을 나타내는 이상적인 것이라는 입장으로 양분(兩分)되고 있다. 원형모형은 개념의 대표저인 예를 추상적으로 구성하여 제시한다.

셋째, 상황 모형(context model)이다. 상황 모형은 학생들에게 개념을 가르칠 때, 처해진 사회적·문화적 상황에서의 학생들이 직접 겪은 경험, 기대, 행동 등을 중심으로 학습해야 함을 강조한다. 개념은 단일체로서의 속성, 원형이 아니라, 다중적·맥락적으로 범주화되는 사회적 상황 내지 환경으로 이해하는 입장이다. 사회과 학습에서는 정치, 경제, 사회, 문화, 법, 윤리, 심리, 역사, 지리 등 제 사회과학의 개념이 주로 다루어지는데, 이러한 개념들은 그 사회의 역사적·전통적·문화적 상황을 무시하고는 이해할 수 없기 때문에 상황 모형이 중시되는 것이다. 상황모형은 일정한 맥락 속에서 개념을 이해하는 데 바람직하며 역할놀이, 모의수업 등에서 주로 사용된다.

3) 개념 학습의 특징과 교수·학습의 원리

사회과 개념 학습모형은 조직적·체계적 이해와 인지에 매우 효과적이다. 특히, 다양한 사회사상(社會事象)을 학습의 대상으로 하는 사회과에서는 매우 광범위하고, 다양한 영역과 내용을 교수·학습하기 때문에 개념 학습은 이를 보다 정선하고 단순화하여 일목요연하게 학습할 수 있다는 장점이 있다.

사회과 개념 학습모형의 특징을 요약하여 제시하면 다음과 같은데, 먼저 장점으로는 다음과 같이 두 가지를 제시할 수 있다.

첫째, 학생들이 개념 학습을 통해서 학습하면 이해와 기억이 용이하다. 개념은 오래 지속되고, 무한한 추상적 사고를 가능하게 한다. 따라서, 사회현상에 대한 고차원적 사고를 가능하게 한다. 개념 학습을 통하여 개념들 간의 규칙과 원리를 이해함으로써, 사회현상 간의 관계를 이해하는 데 큰 도움을 준다.

둘째, 학생들이 사회문제의 정확한 개념을 추출하여 그 개념을 규칙에 적용함으로써, 사회문제를 해결할 수 있는 기능과 능력을 신장시켜 준다.

반면, 개념 학습의 제한점으로는 다음과 같은 점을 지적할 수 있다.

첫째, 교사가 학생들이 이해하고 있는 개념과 그렇지 못한 개념을 파악하기 곤란하다. 특히, 학생들이 특정 개념을 사용하고 있다고 해서, 개념을 이해하고 있다고 보기는 어려운 문제점이 상존한다.

둘째, 중등학교(중·고등학교) 학생에 비해 초등학교 학생의 경우, 추상적인 인과관계를 맺고 있는 개념을 학습하기가 곤란하다. 학생들이 접하는 추상적인 개념에 대하여 이상적이고 구체적인 사례 제시가 용이하지 않기 때문이다.

한편, 학교 현장의 사회과 교수·학습에서 개념 학습이 효과적으로 이루어지기 위한 교수 원리를 종합하여 제시하면, 다음과 같다.

첫째, 우선 사회과 교사가 교수·학습에 앞서 핵심 개념을 파악하여 인지하여야 한다. 개념 학습의 목표를 명확히 하는 것은 매우 중요하며, 교사가 사회과 교수학습의 핵심 개념을 명확하게 파악하고 있지 못하면 교수·학습이 피상적으로 흐를 우려가 있다.

둘째, 제시되는 개념이 교수·학습 과정에서 새롭게 경험하는 것이어야 한다. 교사는 학생들이 이해하고 있는 개념도 파악하고 있어야 하며, 각 개념 간의 중요성, 연계성, 유용성 등을 고려하여 지도하여야 한다.

셋째, 개념 획득에 필요한 인지적 기능을 파악하여야 한다. 아울러, 개념 형성을 위한 사회과 교수·학습에서는 귀납적 전략, 연역적 전략을 포함하여 다양한 전략이 병용(竝用)되어야 한다.

넷째, 직접적이고 구체적인 경험을 통하여 개념 이해의 폭을 확장시켜야 한다. 학생들의 사고 과정은 그들의 외부 환경을 인식하는 것과 밀접한 관련을 맺고 있으므로, 가능하면, 직접적인 경험을 통하여 학습하는 것이 바람직하다.

다섯째, 개념에 관련된 다양한 사례, 비사례(非事例)를 다양하게 준비하여, 이들을 다양하게 계열에 따라 제시하여야 한다. 준비된 사례와 비사례는 동시에 제시하고, 유사점과 공통점, 차이점과 대비점 등을 파악하도록 지도하여야 한다.

여섯째, 교수·학습 중간에 종종 비사례를 제시하여 학생들이 개념을 기본적으로 이해했는지를 평가하는 과정을 가져야 한다. 학생들의 개념 인지 정도를 파악하고, 그 정도가 부실할 때에는 교정, 보완을 해주어야 한다.

일곱째, 학생들이 학습한 개념을 새로운 상황에서 적절하게 사용하는 경험을 갖도록 하여야 한다. 교사는 학생들이 개념을 다양한 상황에서 적절하게 사용할 수 있도록 지도하여야 한다.

4) 주요 개념 학습의 과정

(1) 속성 모형

속성 모형은 개념학습 중에서 전통적으로 가장 오래된 것이기 때문에 고전 모형이라고도 한다. 개념에서는 속성이 가장 중요하다고 보고, 개념학습에서는 속성을 중심으로 해야 한다는 주장이다. 속성에는 그 개념을 다른 개념과 구별하는 결정적 속성과 덜 중요한 비결정적 속성이 있는데, 속성 모형에서는 이들을 분석한다. 속성을 분석한 후에는 그 개념에 해당하는 긍정적인 예, 부정적인 예, 예가 아닌 것 등을 확인하여 개념을 구체적으로 이해한다. 새로운 예를 학습할 때는 그 예가 속성에 해당하는지를 하나씩 검토하여 결론을 내리는데, 그러한 과정을 가설검증이라고 한다. 이때에는 개념의 추상성과 구체성 등도 함께 분석하는데, 이러한 분석을 통틀어서 개념분석이라고 한다. 개념분석은 개념학습의 중요한 한 과정이다. 이 모형은 논리적이고 간단하여 많은 개념을 설명하는 데 적합하다. 그러나 어린 학생들은 속성을 추상화하는 데 어려움을 겪고, 또 어떤 개념들은 명확한 속성을 찾아내기가 쉽지 않은데, 이런 경우에는 속성모형보다 다음에서 서술하는 원형모형이 더 적합하다. 속성모형의 교수단계는 ① 문제 제기, ② 속성 제시와 정의, ③ 결정적 속성과 비결정적 속성 검토, ④ 예(例)와 비례(非例·예가 아닌 것) 검토, ⑤ 가설(假說) 검증, ⑥ 개념의 형태, 종류, 관계 등 개념분석, ⑦ 관련 문제 검토, ⑧ 평가 등으로 구분할 수 있다.

(2) 원형 모형

　원형 모형은 1980년대 후반에 고전모형이 해결하기 어려웠던 문제에 대한 대안으로서 나타나기 시작했다. 원형모형은, 개념은 속성에 의해서 이해되는 것이 아니라 그 개념을 가장 대표하는 예에 의해서 표현되는 것이기 때문에 개념을 가르칠 때는 대표적인 예의 기본모형, 즉, 원형을 중심으로 수업을 해야 한다고 하는 개념수업의 한 방법이다. 원형은 여러 가지 구체적인 예를 가상 대표하는 이상형이라고 할 수 있다. 이 점에서 원형은 구체적인 예와는 다르다.

　원형모형은 속성이 뚜렷하지 않아 고전모형으로 개념을 충분히 설명하기 어려울 때, EH는 혁명과 반란처럼 비슷한 공통점이 있는 동위개념인 경우, 예를 통해서 이들 개념을 쉽게 설명할 수 있는 장점이 있다. 그러나 일반화시키기가 곤란한 단점도 있다. 사회과 개념 학습에서 원형 모형의 교수 단계는 ① 문제 제기, ② 원형 또는 예 제시, ③ 비례(예가 아닌 것) 제시, ④ 속성 검토, ⑤ 개념 분석, ⑥ 관련 문제 검토, ⑦ 평가 등으로 구분할 수 있다.

(3) 상황 모형

　상황 모형은 고전 모형이나 원형 모형처럼 일반화되어 있지는 않지만, 학습자의 사회적 상황을 중요시한다는 점에서 최근 사회과에서 큰 관심을 끌고 있다. 상황모형은 개념형성과정에서 학생이 직접 겪은 경험이나 행동 등을 중심으로 개념을 가르치려고 하는 개념학습의 한 방법이다. 이들은 개념형성이나 이해과정에서는 반드시 역사적 전통과 개인적 욕구와 필요성, 문화적·사회적 영향이 작용한다는 점을 중시하고 있다. 정치, 경제, 문화 등과 관련된 사회과의 여러 개념은 이러한 의미를 충분히 가지고 있다고 생각된다.

　상황모형은 이처럼 학습자의 구체적 경험을 중시하여 개념을 쉽게 이해하게 하는 장점이 있다. 그러나 개념의 보편성을 이해하기 어렵고, 고전모형과 원형모형도 이러한 문제를 전혀 다룰 수 없는 것은 아니기 때문에, 이러한 점을 인정하다면 상황모형의 독창성이 문제가 되는 한계가 있다. 개념 학습에서 상황 모형의 단계는 ① 문제 제기, ② 상황 및 경험의 진술, ③ 예와 예가 아닌 것 검토, ④ 속성 검토, ⑤ 개념 분석, ⑥ 관련 문제 분석, ⑦ 평가 등으로 구분하여 제시할 수 있다.

〈표 6-6〉 개념 수업모형의 절차(단계)

모형	속성모형	원형모형	상황모형
절차 (단계)	① 개념의 정의 ② 개념의 결정적 속성과 비결정적 속성 ③ 개념의 예와 비례(非例)의 검토 ④ 개념에 대한 관련 문제 검토 ⑤ 평가	① 개념의 대표적인 예(원형) ② 개념의 예가 아닌 것 ③ 개념의 정의 ④ 개념의 속성 ⑤ 개념에 대한 관련 문제 검토 ⑥ 평가	① 상황 ② 개념의 예 ③ 개념의 속성 ④ 개념에 대한 관련 문제 검토 ⑤ 평가

5) 개념 학습의 유의점과 장단점

(1) 개념 학습의 유의점

① 소집단, 모둠 개념 학습에서는 구성원들이 함께 개념 지도를 그리는 것이 바람직하다.
② 학습자들의 수준을 고려하여 진행하여야 한다.
③ 개념과 개념 학습에 대한 기초적 이해를 시킨 후에 적용하여야 한다.

(2) 개념 학습의 장점

① 학습자들의 수준보다 높은 개념을 알기 쉽게 이해시킬 수 있다.
② 일상생활에 쉽게 접할 수 있는 개념을 중심으로 교수·학습 활동을 진행하므로 학습자들의 관심과 흥미를 조장할 수 있다.
③ 교사와 학습자들이 신뢰감(rapport)을 바탕으로 상호작용이 이루어질 수 있다.

(3) 개념 학습의 단점

① 개념 학습에 대한 이해가 전제되어야 한다.
② 개념 학습의 각 하위 모형에 대한 기본적 이해가 필요하다.
③ 정확한 개념 위계가 확립된 개념만을 사용할 수 있는 한계가 있다.

〈표 6-7〉 여러 가지 개념의 의미

구분	주요 의미
오개념(misconception)	개념의 속성을 잘못 이해한 경우
상투개념(stereotype)	비결정적 속성을 결정적 속성으로 잘못 생각하고 개념을 구성한 경우
구체적 개념	가시적인 개념(사람, 가족, 개 등)
추상적 개념	비가시적인 개념(국가, 주권, 사랑 등)
상위개념	포괄하는 정도가 높은 개념
동위개념	포괄하는 정도가 동일한 개념
하위개념	포괄하는 정도가 낮은 개념
접합개념	몇 개의 특징이 모여서 구성되는 개념(교육, 수입, 직업 등)
이접개념	독립적 대안적으로 성립되는 개념(국민: 출생, 혈연, 귀화, 이민·국제결혼 등)
관계개념	상황과 맥락에 따라 형성되는 개념(평화, 정의 등)

2. 탐구학습 모형

1) 탐구학습의 의미와 개념

신보주의 교육학사인 듀이(J.Dewey)의 반성적 사고에 관한 연구가 발표된 이래 많은 사회과 교육학자들은 탐구 그 자체에 큰 관심을 가져왔으며, 결국 반성적 사고 단계는 탐구학습의 기본 과정을 제시하였다. 과학자들의 탐구 방법을 수업에 적용한 것이다.

듀이는 교육이란 지적 측면에서 반성적 사고(reflective thinking)와 태도를 계발하는 것이며, 탐구(inquiry)란 지식, 정보, 진리를 추구하는 과정으로서, 어떤 신념 또는 지식의 형태를 뒷받침하고 있는 근거에 기반하여 적극적이고 끈기 있고 세심하게 고찰하는 것으로 정의하였다. 즉, 듀이의 탐구의 기본 개념은 불확실한 문제 상황에 부딪혀, 이를 해결해감에 있어서 전제, 객관적 관찰, 판단 등을 활용하여 보다 확실한 상황으로 나아가는 반성적 사고 과정으로 제시하였다. 따라서, 탐구의 목적은 이유, 증거, 추리, 법칙 등을 사용하여 지적 신념을 확고히 하는 데 있다.

마시알라스(B. G. Massialas)는 탐구란 어떤 기능이나, 특수한 세계에 대한 지각 속에서의 개인의 임무이며, 이는 인간과 지식과의 관계를 포함하는 생활의 한 형태로 규정하고 있다. 일반적으로 교육에서의 탐구란 '발견의 과정', '분명한 표현 과정', '사람과 환경에 대한 판단과 아이디어 검사 과정'으로 정의하였다(한면희 외, 1988: 342-361).

급변하는 사회적 사상의 현실 속에서, 사회변화와 면밀한 관련성을 지니고 있는 사회과는 학생으로 하여금 현대의 사회 또는 미래의 사회에 대응해 나갈 수 있는 인간을 배양하려는 데에 역점을 두고, 사회과 학습의 내용과 방법 면에서 새로운 전환점을 모색하고 있다. 이러한 경향성의 일환으로서 대두되고 있는 것이 곧 탐구적인 학습방법이라고 말할 수 있다. 사회과에서의 탐구학습은 사회적 사상에서 직면하는 여러 가지의 문제에 대하여 자주적이면서도 과학적으로 탐구케 하는 탐구과정, 탐구방법, 탐구능력 등에 중점을 두고 있는 학습지도형태이다. 따라서 실제학습에 있어서 무엇을 배우느냐라는 것보다는 문제를 어떻게 사유하고 판단하며 행동할 것이냐에 중점을 두고, 문제의 해결에 구조화된 교재를 가지고 탐구방법을 적용함으로써 창의적인 사고력을 신장시킨다는 것이다. 즉, 탐구방법이란, 구조화된 교재를 그대로 제시하는 것이 아니고, 지식의 생성과정을 스스로 발견하는 재발견과정을 통하여 결론을 도출시키는 것이다. 그럼으로 해서 비교, 유추, 분석, 종합, 동찰 등의 창의적인 사고의 능력과 태도를 육성하려는 것이다.

이러한 관점에서 탐구학습을 지도하려는 사회과 교사는 계획자로서의 교사, 소개자로서의 교사, 공동연구자와 발문자로서의 교사, 경영자로서의 교사, 보상을 주는 자로서의 교사가 되어야 한다는 것이다.

탐구의 개념에 대하여 듀이(J. Dewey)는, 학습자가 문제상황 지적으로 혼돈된 상황에 부딪쳐 이를 해결해 나가는 데 있어서, 전제와 객관적 관찰과 판단을 통하여 확실한 상황으로 옮겨가는 반성적인 사고과정이라고 표현하였으며 또한 마시알라스(B. G. Massialas)는 '탐구란 발견의 과정, 분명히 표현하는 과정, 신간과 그의 환경에 대한 판단과 중요한 아이디어를 검사해 가는 과정'이라고 하였다. 그리고 그는 다양성 있는 자료를 이용하여 탐구과정을 추구하면 높은 수준의 사고능력인 고등정신

기능, 자발적 비판능력, 능률을 올릴 수 있는 창조적인 사고력이 길러진다는 것이다. 일반적으로 말하고 있는바, 탐구의 본질이란 어떤 주어진 문제에 관하여 그대로 받아들이지 않고 그 문제에 일단 의문을 가지고 문제를 기술된 사항의 객관성에 대하여 입증을 하고난 뒤에 그 결과에 따라 주어진 문제를 해결하거나 구명하는 것이다.

따라서 탐구학습을 지도하는 사회과 교사는, 사회과에 최적한 탐구방법은 학생들이 직면하는 상황이나 장면에 따라서 여러 가지가 있을 수 있다는 것이라든가, 의미 있는 자료의 수집, 제작, 활용, 그리고 자유로운 토론 및 계속적인 아이디어의 발휘와 가설의 증명을 위한 사실의 기능적인 응용 등에 대한 근본적인 원칙들을 잘 알고 있어야 할 뿐만 하니라, 탐구학습의 전제조건 특징, 그리고 재발견과정의 기준 등에 대하여도 이론적인 고찰이 따라야 할 것이다. 마시알라스와 콕스는 사회과 탐구학습의 전제 조건을 다음과 같이 제시하였다.

① 발견하려는 법칙이나 원리가 명확하여야 한다.
② 원발견과정을 재발견과정으로 전환시키는 기준과 절차가 용이하여야 한다.
③ 가설의 검증을 위한 자료가 풍부하여야 한다.
④ 학습자의 지식의 주순이 높은 수준에 있도록 훈련되어야 한다.
⑤ 교사의 발문기술과 학습자의 자주적이고 집단적인 사고능력과 발표, 토의 등 기술의 토대가 있어야 한다.

그리고 탐구학습의 특징으로 들어볼 수 있는 것을 다음과 같이 제시하였다.
① 교재의 기본구조에 대해 철저한 학습을 강조한다.
② 학습효과의 전이를 중시한다.
③ 학습의 결과보다도 학습의 과정과 방법을 중시한다.
④ 학습자의 자주적인 학습을 강조한다는 것이다.

한편, 탐구학습에 있어서 원발견 과정을 재발견과정으로 구성하는 기준을 보면 다음과 같다.
① 긴 원발견 과정을 짧게 단축화한다.
② 원발견 과정의 단점을 평준화한다.
③ 원발견과정의 시행착오를 간소화한다.
④ 재발견과정에서 학습자들의 심리적 발달과 경험을 충실하게 고려한다.

2) 탐구학습의 수업모형

사회과 학습지도에서 활용되는 탐구학습의 수업모형은, 어떤 일정한 정형에 의하여서만 지도되어야 한다는 것은 있을 수 없고, 다만 사회과를 지도하려고 하는 학습문제의 성격이라든가 또는 교사의 탐구학습 지도방법에 대한 관점, 그리고 학생들의 탐구학습 활동의 여러 가지 여건 등에 따라서 그에 적절한 탐구학습의 수업모형(학습지도 과정)이 다양하게 적용되어지는 것이다. 그런데 탐구학습의 수업모형은 연구하는 학자들에 따라 수많은 다양한 유형들이 있을 뿐만 아니라, 사회과교육의 내용을 지도하려는 학습목표의 입장에 따라서 사회탐구의 모형과 가치탐구의 모형으로 분류되어지기도 한다. 사회탐구모형은 사회과학적 지식의 획득이나 이를 개발해내는 데 필요한 사회과학적 탐구방법(탐구기능)을 습득케 하려는 수업과정이고, 가치탐구모형은 가치·태도의 형성을 도모하려는 수업과정인 것이다. 그러므로 여기에서는 탐구학습의 수업모형을 사회탐구와 가치탐구로 구분하여 제시하고자 한다. 그러나 실제로 탐구학습을 지도하는 경우에 있어서는, 반드시 사회탐구와 가치탐구를 구분하여 지도를 해야 한다는 것은 아니고 오히려 구분하지 않는 경우가 많다는 것을 잊어서는 안 된다.

탐구는 본래 진리, 학문, 원리 등을 깊이 파고들어 연구하는 것이다. 따라서 탐구는 사고력을 바탕으로 한다. 탐구 자체가 곧 사고하는 과정이라고 할 수 있다. 의사결정, 구성주의, 자기주도적 학습 등은 학습자의 사고력을 바탕으로 한다는 점에서 탐구학습과 궤(軌)를 같이한다고 볼 수 있다(이종일 외, 2008: 366-367).

이와 같은 탐구학습, 탐구수업의 특징은 다음과 같이 요약할 수 있다.

첫째, 탐구는 그 자체 내에서도 자료 및 경험과의 관련성 속에서 해석, 분석 등과 같은 다양하고도 구체적인 사고 기능을 이끌어낼 수 있는 체제를 제공한다. 문제의 확인으로부터 결론의 도출에 이르기까지 탐구 과정을 진행시켜 나아감으로써 학생들은 의도적으로 마련된 구조를 활용하고 단계별마다 번역, 해석, 분석, 종합 등과 같은 사고 기능을 활용하도록 요구받는다.

둘째, 학생들이 탐구에 몰두해야 하는 상황에서 이르도록 탐구 과정을 성공적으로 이끌기 위해서는 모든 범위의 사고 기능과 절차를 적절하게 적용하도록 요구한다.

셋째, 탐구수업은 교수·학습 과정의 흐름 속에서 가르치고 배울 수 있는 기회를 제공한다.

넷째, 탐구수업은 기능 학습을 위하여 목표와 동기를 부여한다. 사회적 사실과 상황의 분석 및 평가에 관한 과제에 직면했을 때, 그들이 과제를 성공적으로 완성하거나 완성할 수 있는 방법을 알거나 학습해야 할 필요를 인식하여야 한다. 탐구수업은 수업 내용의 흐름에 저해됨이 없이 사고 기능의 교수와 동시에 학습 내용과 개념의 발달을 촉진시키는 활동이다.

3) 탐구학습의 성격

탐구학습의 핵심은 학습자들로 하여금 가설을 구명(究明)하여 일반화(generalization)를 획득하는 과정이라고 할 수 있다. 학습자는 개방된 학습 분위기에서 불확실한 상황에 직면하여 가설(假說)을 세우고, 그 가설을 뒷받침하는 증거 자료를 제시하며, 이를 검증함으로써 분명한 결론에 도달하게 된다.

학습자가 학습에 도달하기에 앞서 탐구의 대상으로 불확실한 상황이 있고, 학습자는 이러한 상황에 직면하여 자유로운 분위기 속에서 통찰력을 발휘하여 잠정적인 문제해결의 방향이나 결론을 가정하게 된다. 이 가설은 문제 상황과 관련된 다양한 사실적 증거를 찾아서 제시하고, 이를 가설에 비추어 검증함으로써 문제해결의 상황에 도달하게 된다.

결국, 탐구학습은 '개방된 학습 분위기 속에서 교수·학습에 가설을 사용하며, 이들 가설과 관련된 신빙성 있는 자료들을 사용하여, 불확실한 상황을 분명하게 검증해가는 과정'으로서, 탐구학습의 성격은 개방적 교실 분위기, 보다 많은 가설의 활용, 가설과 관련된 사실적 지식의 활용 등이다.

4) 탐구학습의 특징과 교수 원리

　사회과 탐구학습은 학생들에게 탐구(inquiry)라는 학습의 행동력을 신장하기 위한 학습 방법이다. 탐구학습은 논리적으로 학습자가 사회과학자와 동일한 과학적 탐구활동을 해야 한다고 가정한다. 즉, 과학자들이 사회현상을 연구하는 과학적 탐구 방법 과정을 학습자들에게 습득시켜야 한다고 보고 있다. 이렇게 함으로써 객관적·과학적 지식의 생성, 도출 과정을 경험할 수 있어야 한다는 것이다. 현실적으로 실천되고 있는 사회과 탐구수업에서는 교사에 의해서 자료의 분석 방법과 도구, 그리고 그 절차 등이 지도되고 학습자들은 다만 그 결과를 직접 확인하는 형태를 취하는 경우가 주류를 이룬다. 탐구학습에서는 과학자들의 연구 과정을 학생들에게 추체험(追體驗)시킬 것을 의도한다고 하더라도 과학자들의 탐구활동과 학생들의 탐구활동은 학생의 자기 주도적 학습 위주로 진행되어야 한다.

　사회과에서의 탐구는 사회과학의 기본 개념을 도구로 하여 사회과학의 연구 과정과 방법을 단순히 탐구하는 것으로는 충분하지 못하다. 사회과의 목표는 민주시민의 자질 육성과 더불어 사회문제에 대하여 합리적으로 판단하고 올바르게 선택할 줄 아는 능력을 육성하는 데 있고, 나아가 바람직한 사회로의 개선에 있다고 볼 때, 가치에 대한 탐구를 동반하여 정의적이고 행동적인 측면의 발달을 도모하지 않으면 안 된다.

　일반적인 사회과 탐구학습의 특징을 요약하면 다음과 같다.

　첫째, 과학주의로서 방법론적 과정을 중시하는 학습모형이다. 즉, 탐구의 과정과 탐구 자체의 학습을 중시하며, 실증주의적 방법을 강조한다.

　둘째, 결론으로서의 지식이 아닌 수정될 수 있는 지식의 학습에 초점을 둔다. 지식 그 자체는 상대성이 있기에 수업 과정이 열려 있어야 한다.

　셋째, 도달 여부를 확인할 수 있는 목표 설정이 가능해야 한다.

　넷째, 학습자의 사고력, 탐구력을 발달시킬 수 있다. 탐구학습은 교사의 활동보다 학생 중심 활동이기 때문에 학생들의 다양한 탐구 기능을 신장시킬 수 있는 것이다.

　다섯째, 과학의 목적과 교육의 목적을 동시에 달성하려고 하기 때문에, 혼란 발생 우려가 있다.

　여섯째, 탐구 과정은 사회사상을 통해서 기본적 원리, 법칙 등을 추구하는 과정인데, 현실적으로는 사회적 사상 그 자체에 머무르는 상황이 초래되는 경우가 많다.

　한편, 이와 같은 탐구학습의 원리를 요약하여 제시하면 다음과 같다.

　첫째, 탐구학습은 과학적·분석적 사회 인식을 제1차적 목표로 삼는다. 이와 같은 인식 능력을 바탕으로 바람직한 시민적 자질이 육성되기를 기대하는 것이다.

　둘째, 탐구학습은 특성상 실증주의적 입장을 견지하고 있다. 실증주의 입장에서는 사회현상도 자연 현상처럼 실증적 방법에 따라 탐구되어야 한다는 입장으로 객관성, 보편성, 추리, 과학적 처리 등이 방법적으로 수반되어야 한다.

5) 탐구학습의 과정

1960년대에 브루너에 의하여 『교육의 과정(process of education)』이 출판되어 학문 중심 교육과정이 전파된 이래 탐구학습모형은 사회과 수업모형의 대명사처럼 회자되었다. 21세기라는 세계화·정보화 사회의 현대 교육현장에서 탐구수업모형은 매우 중요한 의미를 가지고 있다. 물론 최근에는 탐구수업 이외에도 학생 중심 수업을 지향하는 다양한 수업모형이 많이 소개되고 있다. 사회과학과 밀접한 관계를 가지고 있는 사회과교육은 탐구학습과 특히 깊은 관계를 가지고 있으며, 사회과의 한 기본적인 수업모형으로 자리 잡았다.

탐구학습은 사회과학 탐구, 사회 탐구, 과학적 방법 등 다양한 이름으로 불린다. 원래 과학적 방법이나 사회과학적 방법은 자연현상이나 사회현상에서 경험적 자료를 사용하여 보편성 있는 법칙을 발견하기 위한 연구의 방법을 의미하는 것이지만, 사회과교육에서는 이러한 의미 이외에 자기의 주장을 경험적 자료를 사용하며 증명하거나 문제가 발생하였을 때 문제해결을 위한 학습모형으로 사용된다.

탐구학습의 권위자인 마시알라스(Massialas)의 탐구학습 과정은 다음과 같이 요약된다.

① 안내(orientation): 학생이 문제에 직면하여 그것을 분석하고 문제의 의미를 파악한다.

② 정의(definition): 문제와 관련된 용어, 개념 등의 의미를 명료하게 한다.

③ 가설(hypothesis): 잠정적으로 문제해결의 방향이나 결론을 제시한다.

④ 탐색(exploration): 가설에 대한 연역이나 추론을 통하여 보다 명료하게 한다.

⑤ 입증(증거 제시: evidencing): 학생들이 가설을 입증할 수 있는 자료를 수집, 검토, 분석한다.

⑥ 일반화(generalization): 증거에 입각하여 문제에 대한 가장 조리 있는 해결을 한다.

한편, 한면희(韓冕熙)는 마시알라스(Massialas)의 탐구학습 과정을 바탕으로 반성적 사고에 기초를 둔 사회지식의 탐구학습 과정을 문제 인식, 가설, 탐색, 증거 제시, 결론 및 일반화·일반화의 적용 단계 등으로 제시하였다(한면희, 2001: 304).

한국 사회과교육에 탐구학습이 본격적으로 도입된 것은 제3차 교육과정부터이다. 듀이(J. Dewey)는 탐구의 과정을 반성적 사고 과정(reflective thinking)으로 보고 그 단계를 발단(suggestion), 지적 활동(intellectualization), 가설(hypothesis), 논증(reasoning), 가설의 검증(testing the hypothesis) 등으로 구분하여 제시하였다(한면희. 2001: 302).

〈표 6-8〉 탐구학습에 대한 학자별 견해와 단계

과정(단계)	듀이(Dewey)	마시알라스(Massialas)	한면희(韓冕熙)
도입	안내(orientation) (정의: definition)	발단(suggestion)	문제 인식
전개	가설(hypothesis)	자치활동(intellectualization)	가설
전개	탐색(exploration)	가설(hypothesis)	탐색
전개	입증·증거제시(evidencing)	논증(reasoning)	증거 제시
정리	일반화(generalization)	가설의 검증(testing the hypothesis)	결론 및 일반화
정리	일반화(generalization)	가설의 검증(testing the hypothesis)	일반화의 적용

제기된 문제를 해결할 수 있는 가설을 설정하고, 관련 자료를 수집, 분석하는 것이 중요한 과정이다. 가설설정은 경험적인 분석이 가능한 형태로 서술되어야 하고, 자료수집과 분석은 통계적인 분석방법에 의하여 엄격하게 진행되어야 한다. 표집방법에서 편견이 들어가지 않도록 해야 한다. 수량적인 분석을 주로 사용하지만 면접, 참여 관찰 등 질적인 분석도 최근에는 많이 사용하고 있다. 자료를 수집할 때는 제1차적 자료와 제2차적 자료의 구분, 자료의 신뢰성과 타당도 등에 문제가 되지 않도록 정확하고 신중하게 해야 한다. 자료 분석이 끝나면 가설검증 결과에 따라서 결론을 내린다. 탐구학습의 수업모형 단계는 다음과 같이 요약할 수 있지만, 그 핵심은 문제 설정 및 정의, 가설 설정(질문 작성), 자료 수집, 자료 분석, 결론 도출 등의 5단계이다. 탐구학습의 단계별 특징은 [그림 6-6]과 같다.

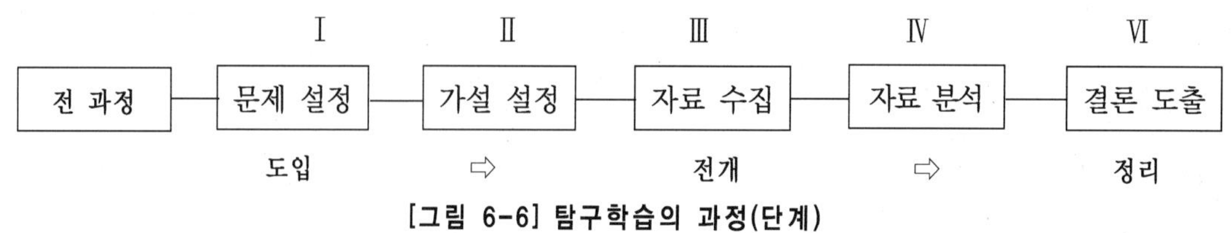

[그림 6-6] 탐구학습의 과정(단계)

(1) 문제 설정 및 정의

문제 설정은 학생들이 하고자 하는 동기 고취의 중요한 요인이다. 물론, 모든 문제 설정이 학생들의 현재 관심과 강조점에만 한정되는 것은 아니다. 그러나 가급적 학생들의 관심과 교과 내용이 연관된다면 학생들의 반응은 더욱 긍정적으로 나타날 것이다.

문제설정 단계는 실제수업의 도입단계로서, 어떠한 과제를 가지고 수업할 것인가를 파악하고 결정하는 과정이다. 개인적·사회적 문제의 합리적인 결정과정을 통하여 민주시민으로서의 바람직한 행위를 할 수 있는 인간을 육성하려는 사회과의 궁극적인 목표와 구체적인 수업의 목표, 그리고 교사의 교육적인 관점, 학생들의 의식발달상황, 사회 국가의 요청 등에 합치가 되는 문제발상이 되어야 한다. 즉, 탐구과제의 발상이란 수업과제를 제기하여 파악하고 결정하는 과정을 의미한다. 수업과제를 제기하는 데 있어서 분명하게 밝혀야 할 것은, 누가, 무엇을, 어떻게 제기해야 할 것인가를 확실하게 하는 일이라 하겠다. 이러한 문제에 대해서의 이론은 논자들의 관점에 이견이 있을 수 있다. 이에 대한 필자의 견해를 들어 보면 다음과 같다.

문제의 제기자가 누가 될 것이냐에 있어서, 학생들이 주도적인 입장에 서면서 교사도 함께 제기할 수 있다고 본다. 그리고 문제 제기의 출처 근거를 어디에다 둘 것이냐에 있어서는 기본적이고도 구체적으로 구조된 교과의 교재와 자료, 생활 장면에서의 사회적 사실과 현상, 제 사회과학의 학문적 내용 등의 여러 가지 자원으로부터 문제제기의 근거를 찾는 것이 바람직하다고 본다. 또한 무엇을 제기할 것이냐에 대해서는 탐구학습으로 지도하기에 알맞은 문제이어야 한다는 것은 재론할 필요가 없으며, 학생들에게 개인적·사회적인 의미를 가지는 사태와 사실, 해결을 요하는 문제점, 사회과학의 기본개념 및 지식, 창의적인 사고기능 등을 내포하는 문제들을 제기해야 한다. 그리고 문제의 제기를 어떻게 할 것이냐에 있어서는 학생들이 적극적인 관심을 가지고 활동할 수 있도록 새롭고 흥미로운 방법이라야 할 것은 물론, 의도적이면서도 계획성이 있는 제기방법을 원칙으로 해야 한다.

　그리고 또한 탐구과제의 파악과 결정과정에 있어서는 교사와 학생이 함께 창의성을 발휘하여 문제에 대해 의미 깊게 인식하면서 하나의 사실들을 부분적으로 기억하도록 해주고, 전체와의 연결하게 하며 학생들이 의욕적이고 자주적이며 능동적으로 학습문제를 결정할 수 있도록 동기유발의 분위기 조성과 그에 적절한 지도 조언이 있어야 한다. 또한 학습문제를 결정하는 데는, 학습한 내용을 명확화(일반화의 가능성)할 수 있는 문제, 사고활동이 활발하게 이루어질 수 있는 문제, 과학적인 인식이 가능한 문제, 그 단원이 의도하고 있는 본질에 합당한 문제 등이 발상되어야 한다.

(2) 가설 설정(질문 작성)

　탐구학습을 강조하는 학자들은 조사자들이 탐구 문제와 관련된 가설을 일반화해야 한다고 주장한다. 가설은 연구자들이 찾고자 기대하는 진술이다. 그러나 모든 사회과학이 가설화할 수 있는 것은 아니다. 학자들에 따라서는 이를 질문 작성으로 부르기도 한다. 이 단계에서 학생들은 문제에 대하여 가능한 가설, 또는 문제에 대한 설명과 답을 제시하도록 요구받는다. 학생들이 어떻게 대답하는지, 어떻게 정보를 기록해야 하는지를 생각하도록 토론을 할 필요도 있다. 학생들은 스스로 익숙하지 않았던 정보를 찾는 데 몰두해야 한다.

　탐구과제의 해결방법을 모색하는 이 단계에서는 결정한 학습과제에 대해 가설을 정련하고 설정하는 과정이다. 가설을 모색하는 데에는 직관적인 사고에 의해 통찰적인 비교, 유추, 착상 등의 과정으로 이루어진다. 부분적인 사실 간의 관계 파악을 통해 사실이나 개념의 인식을 수정·보완·발전시킴으로써 다양한 관계성을 찾아내고, 여러 개의 가설을 분석적인 사고와 논리적인 작용을 거쳐 주관성이 강한 가설을 주어진 사실과 대조, 음미함으로써 사실의 분석 검증과 가설의 종합적인 인식을 하는 가운데, 과학적이고도 객관적인 귀결을 1~3개로 가다듬는다. 또한 가설을 모색하는 과정에서 고려되어야 할 사항들로는, 가설을 타당성 여부 문제, 기존하는 일반화와 경험과의 양립성 여부 문제, 입증을 위한 증거성의 여부 문제, 제 사회과학의 영역에 따른 내용에 합당하는가의 적절성 여부 문제 등을 신중하게 고려해야 한다. 그리고 가설을 예상해내고 정련을 하는 요령에 있어서는, 어디까지나 학생들의 주체적인 활동을 원칙으로 하고 교사의 지도 조언이 뒤따라야 한다. 학습자들의 주체적인 활동의 형식으로는 전원 공동식이나 클럽 공동식 또는 개별식 등을 취사선택(取捨選擇)하면서 발표나 토의 등이 충분하게 이루어질 수 있도록 한다. 또한 가설의 진술은 될 수 있는 대로 특이한 용어를 피하고 일반적인 용어로 진술해야 하고 정의의 규정 등도 명료해야 한다.

(3) 자료 수집

　먼저 학생들은 자신들이 수립한 가설이나 제시한 질문의 답에 부합되는 증거와 자료를 찾고자 한다. 어떤 자료는 단지 문제 자체를 소개하는 것으로 보일 것이다. 그러므로 다양한 출처에서 자료를 수집하여야 한다. 학생들의 자료 수집에는 충분한 시간적 여유를 주어야 한다. 학생들이 다양한 출처에서 다양하게 자료를 수집하도록 여유와 격려를 받을 때 탐구학습은 더욱 활성화된다.

(4) 자료 분석

　학생들은 주제와 관련하여 다양한 내용을 학습하게 된다. 따라서, 다양한 자료들은 학생들의 조사에 의해서 검토되고, 더욱 유용하고 의미 있는 자료가 되는 것이다. 학생들이 자료를 분석함으로써, 실제 정보를 조절하고 완성하게 된다. 학생들은 정보의 적용 여부나 적용 방법, 그것을 이용한 문제해결 방법을 질문하여야 하고, 그럼으로써 내용에 대한 이해를 더욱 발전시키게 된다.

(5) 결론 도출

탐구학습의 과정은 결국 문제해결을 지향한다. 결론은 학생들이 다양한 출처에서 획득한 정보를 종합하여 얻어진 것이다. 그들이 제시한 답은 초기의 문제에 적합해야 하고, 가설과 질문에 대하여 연구하는 것이어야 바람직한 것이다.

일반적으로 사회과 탐구학습은 학습자가 선호하는 여러 가지 주제를 선택하여 민주적으로 진행하여 학습 동기를 고양하고, 독립적인 학습 능력 신장, 학습자 간 상호작용 조장 등의 장점이 있는 반면, 상대적으로 시간이 많이 소요되고, 소수의 우수 학생 위주 학습으로 흐를 위험성이 있는 등 단점이 있다.

〈표 6-9〉 탐구학습의 일반적 과정

단계	학습 과정	세부 학습 활동
1	문제 설정 및 정의	·학생들의 동기화 ·문제, 의문 사항 인지 ·의미 있는 것으로 만듦 ·그것을 처리하기 위해 쉽게 만듦
2	가설 설정(질문 작성)	·논리적 추측에서 끌어낸 관계 추리 ·가설 수립 ·문제해결에 적합한 질문 작성
3	자료 수집	·활용 가능한 자료 출처 제시 ·유용한 자료 조사, 검토, 분류 ·증거 수집(필요한 증거 확인, 필요한 정보 수집, 필요한 정보 평가)
4	자료 분석	·증거 정리(증거의 내용 읽기, 증거 해석, 증거의 분류) ·증거 분석(유사점과 차이점 확인, 경향, 전후 관계, 규칙 확인) ·문제와의 적절성과 관련성 평가
5	결론 도출	·증거와 가설 사이의 관계 평가 ·결론 도출 ·결론의 일반화 ·보고서 및 프로젝트 작성

출처: 전숙자, 『사회과교육의 새로운 이해』, 2007: 264.

6) 탐구학습의 유의점과 장단점

(1) 탐구학습의 유의점

① 학습자 스스로 주제를 선택하게 하는 것이 바람직하다.
② 교사는 수시로 소집단, 모둠 간의 탐구활동을 점검하고 탐구활동을 조장해주어야 한다.

③ 시사, 이슈, 사회 쟁점 등과 관련된 다양한 주제를 다루는 것이 좋다.
④ 교사와 학생 간, 교사와 소집단, 모둠 간의 상호작용이 원활해야 한다.

(2) 탐구학습의 장점

① 시사 문제와 사회 이슈와 쟁점 등을 다루므로 흥미 있는 교수·학습 활동이 가능하다.
② 학습자들이 선호하는 주제를 선택하여 학습하므로 민주적이고 협동적인 학습이 가능하다.
③ 사회과 학습에 참여하는 학습자 상호 간의 긍정적인 상호작용이 이루어진다.
④ 학습자들의 자율적인 학습 능력, 탐구 능력을 신장시킬 수 있다.

(3) 탐구학습의 단점

① 탐구활동에 대한 학습 방법의 학습(learning of learning method) 훈련이 선행되어야 한다. 그렇지 않으면 소기의 성과를 거양하는 데 일정한 한계가 있다.
② 다른 학습 방법, 학습모형에 비하여 시간이 많이 소요되는 편이다.
③ 세밀한 탐구 계획, 치밀한 역할 분담과 학습 참여가 이루어져야 한다.
④ 형식인 탐구활동에만 몰두하여 내용인 학습 목표를 간과할 우려가 있다.

3. 문제해결 학습모형

1) 문제해결 학습의 개념

문제해결 학습은 경험 중심의 사회과 교육과정에서 주로 이루어지는 학습모형이다. 문제해결 학습은 변화와 발전이 화두(key word)인 현대 사회에서 각종 사회적 문제를 원만하게 해결하고 대처해 나아갈 유능한 민주시민 육성에 주안점을 둔 교수·학습 모형이다.

문제해결 학습은 사회적 사실이나 현상 중에서 학습 문제를 포착하여 심사숙고하는 사고 과정을 통해 이를 해결해가는 것이다. 아울러, 지식과 개념을 이해하게 하는 것보다 개인적·사회적 생활의 문제해결 방법을 중시하는 만큼, 지식의 계열이나 무의미한 사실을 기억하는 기법이나 능력을 중시하는 기계적 학습과는 달리 학생들의 사고 과정을 중시하면서, 학생들이 스스로 문제를 발견하고 해결해가는 능력을 길러 주는 데 초점을 맞추고 있다.

문제해결 학습모형에서 문제해결 능력이란, 자료를 수집하고 분석하는 능력, 자료를 비판하고 조직·종합하는 능력, 시안을 작성하고 음미하는 능력 등을 의미한다. 따라서, 사회과 교사는 학생들의 문제해결에 도움을 주기 위하여 폭넓고 유의미하며 정확한 정보와 자료를 제공해주어야 한다. 특히, 문제해결 학습모형은 학생들의 경험을 중시하면서, 개성과 자주성을 존중하고 바람직한 인간관계 형성을 도모한 바탕 위에서, 올바른 사고 능력과 비판력, 그리고 실천 기능 등을 배양하는 데 지향점이 있는 교수·학습 모형이다.

사실, 문제해결 학습이란 개념은 다의적이지만, 여기서 말하는 문제해결 학습이란 어린이가 직면하는 해결을 위한 활동을 중심으로 하는 학습활동을 말한다. 인간과 환경과의 상호작용 방법 혹은 그 결과를 경험이라고 할 때, 문제해결 학습은 여러 가지 경험 중에서, 지금까지의 경험으로는 간단히 풀 수 없는 문제 사태에 있어서의 해결 경험을 의도적으로 교육의 장에 도입하여 학습방법으로서 조직한 것이라 하겠다. 따라서 문제해결 학습은 학문상의 지식이나 기능의 교수를 전제로 하여 그것들을 체계적으로 습득시키려고 하는 학습과 본질적으로 다르다고 볼 수 있다.

해방과 더불어 미국의 경험주의 교육론이 우리나라에 들어와 소위 '새 교육'이 주창되었을 때, 교실에서의 변화를 촉구하는 것은 문제해결 학습이었다. 종래의 지식 중심 학습이 현실 생활에 아무런 도움을 주지 않고 특히 민주사회를 건설하기 위하여 어린이들이 스스로 문제를 발견하고 민주적으로 그 문제를 해결할 수 있도록 하지 않으면 안 된다는 생각이 문제해결 학습을 강조하였다.

1955년에 개정된 제1차 사회과 교육과정은 내용 선정의 범위(scope)를 생산, 소비, 교통, 통신, 생명, 재산의 보전, 후생, 위안, 교육, 문화, 정치, 국방 등의 사회기능 중심으로 내용의 배열 계열성(sequence)은 동심원적 경험확대법에 따랐다는 것이 일반적인 견해이다.

이와 같이 사회기능과 동심원 확대의 논리에 토대한 교육과정이 실천의 장에서 문제해결 학습이라는 형태로 나타나리라는 것은 명확한 사실이다. 이 교육과정은 학문적 체계에 따르는 내용의 선정과 배열이 아니다. 어린이가 사회생활을 영위할 때 경험하고 봉착하는 문제를 해결하기 위하여 꼭 알아두어야 할 제반 사회기능을, 어린이들이 구체적으로 경험할 수 있는 세계의 확대과정에 따라 학습할 수 있도록 조직하기 때문이다. 또, 당시의 사회생활과 교육과정에 따라 학습할 수 있도록 조직하기 때문이다. 또, 당시의 사회생활과 교육과정의 목표에서, "자주적으로 사고하고 행동하는 태도"를 기리고, 사회 집단 관계를 이해하여 "그 안에 있어서의 자기의 올바른 입장을 깨닫게" 하며, "사회적인 협동활동에 적극적으로 참가하는 태도" 혹은 사회를 "개선하는 노력"을 기르도록 한 것에서도 사회과 수업이 문제해결 학습방법을 따라야만 했던 이유를 엿볼 수 있다. 학생들이 직접적으로 사회생활에서 문제되는 사람들을 학습하고 참가, 개선하는 태도와 기능을 갖추기 위해서는 스스로 문제를 발견하고 그 해결책을 찾지 않으면 안 되기 때문이다. 뿐만 아니라, 당시의 교육과정에서 사회과의 내용을 체계적으로 다룰 것이 아니라 종합적으로 다루어야 함을 명기하고 있는 것도 학문적 체계에 따르지 않는, 즉 문제해결식의 학습을 시사(示唆)하는 것으로 받아들일 수 있다.

우리나라의 사회과교육 현장에 문제해결 학습이 얼마만큼 심도를 갖고, 어떻게 정착되었는지에 대한 확실한 보고는 없다. 다만 문제해결 학습이 "① 일체의 학습 원리를 학습하는 어린이의 경험에 의하여 결정하며, ② 새 의문, 새 문제, 곤란에서 출발하여 해결하는 과정에서 목표에 도달한다. ③ 듀이의 반성적 사고과정을 학습과정에 이용하는 것이다. ④ 어린이의 개별적 특성과 자주성을 최대한으로 존중하고 이용하는 학습방법이다"와 같이 그 학습 원리와 방법이 소개되고 있음을 알 수 있다(사회과교육연구회, 1976: 24). 그리고 "문제란 의문과 동시에 나타나서 해결되기까지의 연속적인 과정을 포함하고 있었으므로 단원학습과 관련을 갖게 된다. 근래에 이르러 단원학습이 사회생활과 교육의 주축이 되면서 문제해결의 학습형태가 중심이 된 것도 그 까닭이다"라고 하여 문제해결 학습과 단원학습과를 같은 선상에서 이해, 수용하고 있었다(강우철, 1977: 35). 이는 학생들이 봉착하는 문제 상황을 하나의 단위(unit)로 하여 학습내용을 조직할 때 단원학습이 불가피해진다는 것으로 문제해결 학습은 곧 단원 학습이라는 입장이 널리 인식되고 있었음을 짐작할 수 있다.

문제해결 학습과 함께 프래그머티즘의 교육이론에서 출발하는 것으로 프로젝트법(Project Method)이 있다. 이는 원래 실제 작업을 필요로 하는 작업 과목, 가정과 등의 교수법으로 시작된 것으로서 '① 실제적이고 구체적인 문제해결의 한 방법이며, ② 학습자 자신이 자발적으로 계획하여 수행함으로써 지식과 기술을 종합적으로 획득하게 하여, ③ 자연적인 환경 밑에서 실제의 생산이나 생산 활동을 시킨다'는 특징을 갖고 있다. 킬패트릭(W. H. Kilpatrick)은 프로젝트법을, '① 일정한 개념 또는 계획을 형태로 표현함을 목적으로 하는 것, ② 일정한 지적 경험을 향수함을 목적으로 하는 것, ③ 일정한 문제를 해결함을 목적으로 하는 것, ④ 일정한 지식, 기능의 습득을 목적으로 하는 것' 등으로 분류한다(W. H. Kilpatrick, 1918). 그리고 어느 유형도 다양한 학습활동을 내포하지만, 대체로 해결해야 할 문제에 대하여 목적의식을 갖는 단계→ 문제해결을 수행하는 단계→ 활동의 결과를 비판, 평가하는 단계 등의 전개 과정을 거친다고 보고 있다. 이와 같이 프로젝트법 역시 학생들의 직접적인 경험을 중시하고 문제해결 학습과정을 거치고 있어 넓은 의미의 문제해결 학습법에 포함시켜 보는 수도 있다. 그러나 프로젝트법은 물질적 재료 사용에 중점을 두고 실천적이고 구체적이며 결과가 유형으로 나타난다는 점에서 일반적으로 사용되는 문제해결 학습의 개념과 구분된다고 하겠다.

2) 문제해결 학습의 특징

문제해결 학습모형은 듀이(J. Dewey)의 사고와 연구에 바탕을 둔 모형이다. 일반적으로 문제해결이란, 학생 개인의 입장에서 과업, 또는 문제가 되는 것이 문제의 요구에 알맞은 해결 과정으로 나아가는 것을 의미한다. 이러한 과정에서 학생들의 사고 활동을 강조하며, 문제해결을 위해 학생들은 경험한 활동이나 과정을 참고하면서 해결책을 이끌게 된다.

실제 문제해결 학습모형은 일상생활에서 부딪치는 문제를 해결하는 과정에서부터 학술적인 문제를 해결하는 과정에 이르기까지 다양한 상황에서 활용할 수 있는 모형이다. 특히, 문제해결 학습은 일상생활의 문제를 다루는 데 매우 효과적인 모형으로 학생들의 경험과 사회문제에 대한 생생한 정보를 활용하는 데 의의가 있다. 하생들이 직면하는 문제의 해결을 추구하기 때문에 활동 중심의 학습이 되며, 결과적으로 학생들의 문제해결력을 신장시키는 데 초점을 맞추고 있다(최용규 외, 2007: 151-153).

이와 같은 문제 학습모형은 특징을 요약하면 다음과 같다.

첫째, 교수·학습의 과정이 열려 있어야 한다.

둘째, 학습자들의 흥미와 노력이 상호 자극적이고 조화를 이루어야 한다.

셋째, 구체적인 유용성을 갖는 지식의 학습이어야 한다.

넷째, 학습 내용과 방법이 상호 유리(遊離)되지 않게 하여야 한다.

문제해결 학습은 매 시간 일정한 패턴을 갖는 수업형태라고 볼 수는 없다. 이는 어디까지나 학생들을 학습의 주체로 하기 위한 이론이고 교육을 보는 입장이기 때문이다. 그러나 문제해결 학습의 수업으로 전개될 때 나름대로의 단계와 형태를 갖추게 되는 것도 사실이다. 문제해결 학습의 실천적인 교수·학습과정은 대체로 다음과 같이 전개된다고 보겠다.

(1) 제1단계

한 단원의 학습이 시작될 때, 학생들 개개인이 그 단원의 내용, 학습 대상과 어떤 관계를 맺고 있는가를 찾아낸다. 그 위에서 교사는 교재를 선택하고 구성하여 단원 내용에 어떻게 도전해갈 수 있을까 전망하지 않으면 안 된다.

학생들이 처음부터 교재나 학습대상에서 문제를 발견한다는 보장은 없지만, 학습대상과 학생들 간의 관계를 찾아가면, 학생들이 어떤 문제의식을 갖고 있는가를 확인할 수 있다.

(2) 제2단계

학급 전원의 공통문제를 설정해야 하는 단계다. 이 단계에서는 그룹별로 문제를 내놓아 하나로 좁혀가는 방법을 취함이 좋다. 당연한 주문이지만 제출된 여러 가지 문제 중에서 교재구성의 관점으로부터 또 학생들의 문제의식의 관점으로부터 중핵적인 위치를 차지하는 것을 공통문제로 삼아야 한다.

(3) 제3단계

공통 문제를 추구하여 해결하는 단계다. 말할 것도 없이, 가장 중심이 되는 과정이라고 하겠다. 이 단계에서 자료수집, 견학 등의 학습활동이 그룹별로 이루어진다. 그런데 공통문제는 아무리 추구해보아도 완전히 해결될 수는 없고 그 추구과정에서 새로운 문제에 봉착하게 될 것이다.

(4) 제4단계

공통문제의 추구 과정에서 새로이 생겨난 문제를 확인하는 단계다. 학생들이 추구해가면 갈수록 더 많은 문제가 나올 것이고, 그것으로 문제해결 학습은 성공적으로 추진된다고 보아도 좋다. 다만 학생들의 능력으로는 도저히 완벽한 추구를 다할 수는 없고, 그와 같이 벽에 부딪쳤을 때는 학생들이 나름대로의 '할 수 없음'을 확인한다는 것은 거기서부터 다시 스스로 문제를 추구해갈 가능성이 남아 있음을 말하기 때문이다. 그러므로 교사로서 학생들이 어떤 '알 수 없음'에 도달하였는가를 확인해두어야 한다.

문제해결 학습은 기초학력, 과학의 성과를 무시하는 것이라는 비판을 받아왔다. 그러나 기초학력이란 무엇인가? 객관적이고 과학적인 지식이란 무엇인가를 깊이 따져 가면 기초학력, 과학을 중시한다는 것이 오히려 공허한 추상적 세계로의 인도를 의미할 수도 있음을 발견할 수 있다. 특히 초등학교 단계에서는 추상적인 내용보다는 구체적인 문제로부터의 학습이 현실적이라는 생각이 지배적이다. 개념적 지식을 중시하는 경우에도, 생활개념으로부터 과학개념을 발전시키는 과정으로서의 교수·학습과정을 검토하지 않으면 안 된다는 주장이 설득력을 갖는다. 실제로 문제해결 학습의 교수·학습과정의 원형이라고 볼 수 있는 듀이의 반성적 사고과정이 신사회과(New Social Studies) 이후의 메트칼프(L. Metcalf), 앵글(S. H. Engle), 마시알라스(B. Massialas), 올리버(O. Oliver) 등의 탐구학습 이론의 기반이 되고 있다는 점을 주목할 만하다.

3) 문제해결 학습의 과정

(1) 문제 사태 단계

사회생활에서 문제 사태에 직면한다는 것은, 학생들이 그들의 생활 주변이나 사회적 사상 가운데에서 어떤 의문이 되는 일이나 난점(難點)에 부딪치는 일들을 사고 과정을 통하여 문제를 발견하는 것이다. 학생들이 문제를 발견하게 되는 것은 학생 스스로, 또는 교사가 학생들에게 경험담이나 여러 자료를 제시해줌으로써 발견하기도 한다.

(2) 문제 형성 단계

문제 형성 단계는 문제 사태에 직면하여 발견된 문제를 학생들로 하여금 언급하도록 하고, 거론된 문제에 대하여 객관적·종합적·다각적으로 검증함으로써 의미 있고, 해결해야 할 문제인가를 가려서 하나의 문제로서의 핵심과 성격을 분명하게 밝히는 것이다. 즉, 문제 형성을 하는 과정이다.

(3) 가설 설정 단계

가설 설정 단계는 형성된 문제에 대하여 해결의 방향이나 암시를 통하여 문제가 해결됨으로써 얻을 수 있는 결과를 예상해보거나 또는 예상되는 결과를 잠정적으로 설정하는 과정이다. 즉, 가설은 문제에 관련된 지식이나 경험을 기저로 하는 사고 활동을 통하여 이루어지는 것이기 때문에 심사숙고하여 설정해야 한다.

(4) 가설 검증 단계

가설 검증 단계는 설정된 가설을 조사, 관찰, 분석 등의 활동을 통하여 검증해가는 과정이다. 검증하는 요령은 여러 가지 방법이 있으므로 한 가지 방법만을 고집해서는 안 된다. 교사들은 간접적인 암시를 통하여 학생들의 창의적인 활동을 조장하여, 올바른 검증에 이르도록 안내하여야 한다.

(5) 문제해결 단계

문제해결 단계는 설정된 가설에 따라 검증 활동을 통해 얻어지는 내용들을 종합적으로 정리, 요약하여 일반화하는 과정이다. 이 단계에서도 학생들의 자유로운 토론, 발표 활동이 이루어지도록 유도하여 창의적이고 능동적인 사고 능력 배양을 도모하여야 한다. 특히, 이 단계에서는 문제해결의 핵심이 분명하게 드러나야 한다.

(6) 발전 및 반성 단계

발전 및 반성 단계는 문제해결 과정에서 진행되었던 활동을 반성해봄으로써 어려웠던 점이나 아쉬웠던 점을 발표, 토론하고, 해결한 문제들을 전이하여 다른 문제해결에 두루 적용토록 하는 단계이다. 따라서, 다른 문제들을 해결하게 하는 전이의 방법으로 다음 시간 연계, 과제 제시, 협동학습

권장 등의 방법이 있다.

문제해결 학습의 실제 수업 과정은 일반적으로 다음과 같이 전개될 수 있다. 문제해결 학습은 기초학력, 과학의 성과를 무시하는 것이라는 비판을 받아왔다. 그러나 기초학력이란 무엇인가? 개관적이고 고학적인 지식이란 무엇인가를 깊이 따져 가면 기초학력, 과학을 중시한다는 것이 오히려 공허한 추상적 세계로의 인도를 의미할 수도 있음을 발견할 수 있다. 특히 초등학교 단계에서는 추상적인 내용보다는 구체적인 문제로부터의 학습이 현실적이라는 생각이 지배적이다. 개념적 지식을 중시하는 경우에도, 생활개념으로부터 과학개념을 발전시키는 과정으로서의 교수·학습과정을 검토하지 않으면 안 된다는 주장이 설득력을 갖는다.

실제로 문제해결 학습의 교수·학습과정의 원형이라고 볼 수 있는 듀이의 반성적 사고과정이 신사회과(New Social Studies) 이후의 메트칼프(L. Metcalf), 앵글(S. H. Engle), 마시알라스(B. Massialas), 올리버(O. Oliver,) 등의 탐구학습 이론의 기반이 되고 있다는 점을 주목할 만하다.

〈표 6-10〉 문제해결 학습의 실제 과정

과정	상식적 경험	관찰(확인)된 사실
문제상황	소유면적이 적은 사람보다 소유면적이 많은 사람의 수입이 많다.	김 씨는 이 씨보다 소유면적이 적은데, 수입은 이 씨보다 많다.
문제설정	왜 김 씨가 이 씨보다 더 많은 수확을 올릴 수 있을까?	
추론	• 이 씨는 게으르다. • 김 씨는 특유한 야채(오니, 토마토, 레터스 등)를 재배한다. • 이 씨는 야채 값이 싼 여름에서 가을에 걸쳐 야채를 출하한다.	• 이 씨는 아침부터 밤까지 일을 한다. • 이 씨도 특수한 야채를 재배한다. • 2~3월에 출하한다(김씨는 5~6월에 출하한다).
실험	• 야채의 값은 2~3월 중에 가장 비싸고, 다음에 5~6월 중에 비싸다. • 2~3월에 출하하기 위해서는 비닐하우스에 석유난로를 피우지 않으면 안 된다(높은 연료비). • 5~6월에 출하하기 위해서는 비닐하우스만으로 충분하다.	
보증된 언명	• 시장경제 밑에서는 소유면적이 적더라도, 합리적인 경영으로 많은 수입을 올릴 수 있다.	

4) 문제해결 학습의 유의점과 장단점

(1) 문제해결 학습의 유의점

① 문제해결의 경과보다 과정에 중점을 두고 있으므로 학생들에게 과정과 방법을 충실하게 지도하여야 한다.

② 학생들 스스로 문제를 발견하고 해결할 수 있도록 하기 위하여 지도 과정에서 적극적인 입장에 서지 말고 능숙한 조력자의 입장에서 해결에 도움이 되는 암시를 주어야 한다.

③ 창의적인 사고 능력을 기르는 데 역점을 두고 있으므로, 지나치게 지식의 습득에 몰두하지 말고 학생들의 생활 경험을 풍부하게 할 수 있도록 지도하여야 한다.

④ 학생들의 자주적이고 능동적인 학습 활동에 역점을 두고 있으므로, 스스로 사고할 수 있는 능력이 형성되는 발달 단계를 고려하여야 한다.

⑤ 학생들로 하여금 풍부한 자료를 가지고 의욕적으로 활동하게 함으로써 문제해결에 곤란점이 없도록 지도하여야 한다.

⑥ 학습자들이 자주 접하는 일상생활 속에서 주제를 찾는 것이 바람직하다.

⑦ 타 교과, 타 영역과 통합적 수업으로 전개하는 것이 바람직하다.

(2) 문제해결 학습의 장점

① 탐구학습 등과 연계하여 진행할 수 있다.

② 학습자들의 일상생활과 밀접한 교수·학습 활동으로 관심과 흥미를 유발할 수 있다.

③ 구성주의적인 종합적 고급사고력(high level thinking)을 신장시키는 데 유용하다.

(3) 문제해결 학습의 단점

① 정해진 표면적 교육과정과 연계된 주제를 선택하는 데 일정한 제약이 있다.

② 학습자 활동을 조장하기 때문에 타 교육방법, 모형에 비해 시간이 많이 소요되는 편이다.

③ 학습자들이 문제해결에 대한 절차를 잘 이해하고 있어야 한다.

제2절 정의적 수업모형

1. 가치명료화 모형(Value clarification model)

1) 가치명료화의 의미

일반적으로 가치교육은 특정한 사회규범이나 기준에 따라 학생들이 구체적인 가치 목표를 획득, 유지, 발전시킬 수 있도록 돕는 데 그 목적이 있다.

가치명료화는 자신의 가치를 정립하지 못하거나 가치가 불분명한 사람들에게 사회적 갈등 상황에 대한 자신의 가치를 분명하게 드러내는 것이다. 따라서 가치명료화 이론은 어떤 개인이 자신이 원하는 가치를 드러내고, 그 가치를 내면화함으로써 궁극적으로는 당해 가치를 일상생활 속에서 실천을 통해서 습관화하고, 나아가 생활화하는 것이다.

가치명료화 이론은 1960년대, 미국의 라스(Raths) 등에 의해서 구안되었다. 당시 미국의 사회는 다방면에 걸친 변화와 발전으로 인하여 선택 상황은 매우 다양해졌지만, 반면 이것은 청소년들에게 가치 혼동과 혼란을 야기시켰다. 다양한 사회변화로 인하여 청소년들이 가치 고민과 선택의 기로에 직면하게 되었다. 이럴 때마다 스스로의 의지로 선택을 하고 자신의 가치관을 정립하는 것이 어렵기는 하지만, 가치관 정립을 위한 꾸준한 연습과 훈련이 필요하게 되었다. 가치명료화 이론은 이와 같이 다양한 가치 갈등을 겪는 상태에서 청소년들이 불분명한 가치를 스스로 명료화하고, 그에 따라 현명한 선택을 하도록 돕는 데 초점을 맞추고 있다.

가치 교육을 할 때, 사회과 교사는 학생들에게 생활 속에서 진정한 가치에 대해서 생각해보도록 하기 위해서 가치문제를 제기하는 과제를 부과할 수 있다. 또한 교사는 개방적인 마음 자세를 갖고, 학생들의 다양한 인식과 관점을 수용하여야 한다. 특히, 교사는 개인적 가치를 갖고 있다 하더라도, 학생들이 교사의 가치에 영향을 받지 않고 다양한 가치를 탐색해볼 수 있는 기회를 가질 때까지 교사 자신의 가치를 노골적으로 노출시킬 필요는 없다.

2) 가치명료화 학습의 특징과 원리

가치명료화 이론은 가치문제 혹은 도덕・윤리를 다루는 교육방법이다. 가치 분석 이론이 주로 사회적 가치문제에 관심을 두는 반면, 가치명료화 이론은 주로 개인적인 가치문제에 관심을 갖고 있다.

가치명료화 이론을 창시한 라스(Raths) 등은 가치 강요를 하는 접근을 비윤리적・비도덕적이라고 간주한다. 그들은 학생들이 자신들의 가치 체계를 스스로 창조할 수 있도록 허용하여야 한다고 강조한다. 가치명료화 이론 추종자들은 이러한 맥락 속에서 가치를 개인적 경험의 산물로 보고 있다. 즉, 가치는 옳고 그름의 문제가 아니라, 개개인의 경험과 상대성을 바탕으로 한다고 보고 있다. 그럼으로, 가치의 보편성과 절대성을 부정하고 있다. 가치의 '구체적인 조건'이나 '구체적적인 상황' 속에서의 가치만을 취급하고 있으며, 추상적인 가치는 논의 대상에서 제외하고 있다.

가치명료화 이론은 가치 분석 이론처럼, 논리적 틀이나 안목을 기르기보다는 개별적인 가치를 학습자들이 직접 선택하고 평가해서 내재화시키는 데 주안점을 두고 있다. 이와 같은 가치명료화 학습의 특징은 다음과 같이 종합 정리할 수 있다.

첫째, 현대 다원주의 사회를 살아가는 학생들에게 자신의 정체성과 가치관을 스스로 확립하게 도와준다.

둘째, 여타의 가치교육 접근이 도덕적인 측면을 중점으로 두고 있는 데 비하여, 탈도덕적인 문제까지도 포괄적으로 다룬다.

셋째, 가치의 문제를 학생들 개인의 문제로 바라봄으로써 자신의 선택이나 행동에 대한 책무성을 강화할 수 있다.

넷째, 행동적・정의적 측면의 통합과 발달을 통해서 조화로운 인간 형성을 도모할 수 있다.

한편, 이와 같은 가치명료화 학습의 교수 원리를 모색해보면, 우선 가치명료화 학습모형은 가치의 내용보다는 과정, 절차를 강조하는 학습모형이다. 즉, 하나의 도덕적 원리, 덕목보다는 가치화의 과정을 중시하며, 수업 과정에서도 내용적 측면보다는 과정적 측면을 중시하고 있다.

가치명료화 학습모형 옹호론자들은 가치를 유동적인 것으로 보고 있으며, 가치명료화를 통하여, 학생들에게 더 지속적이고 기능적인 유산을 제공할 수 있다고 강조한다. 가치명료화에서는 가치의 개발을 개인적이며, 일생의 과정으로 보고 있다. 이는 성인이 되었다고 완벽하게 완성되는 것이 아니다. 사회와 세상이 변함에 따라 사람의 가치도 변하며, 세상을 변하게 하는 방법과 평가를 탐구해야 한다는 입장이다. 사회과 교수・학습에서 강조해야 할 것은 바로 이러한 가치화의 과정인 것이다.

가치명료화 학습에서는 객관적인 도덕적 원리, 가치 등 그 자체를 중시하지는 않는다. 오히려, 그런 원리와 가치들을 심사숙고하여 선택하는 과정으로 관심을 돌리고 있다. 즉, 원리보다는 가치를,

가치보다는 가치화를 더욱 강조하는 것이다.

3) 가치명료화 학습의 과정

가치명료화 모형은 어떤 가치를 주입하려고 하는 것이 아니라 학생들이 가지고 있는 가치가 무엇인지 명백하게 하여 자신이 선택한 가치를 소중히 여기며, 가치와 일관성을 가지고 행동하는 것을 중요시하는 가치 지도의 한 방법이다. 가치수업을 위한 최초의 체계적인 수업모형으로서 개인의 자유와 가치관을 존중하는 미국적 풍토에도 맞아 1970년대에는 미국의 일선에서 교사들의 관심을 가장 많이 모은 인기 있는 수업모형이었다. 그러나 1990년대에 이르러 개인의 자유를 너무 중시하고, 교사의 역할이 너무 소극적이라는 비판과 함께 다음에서 서술하는 가치분석에 요즈음에는 자리를 내주고 있는 실정이다.

가치명료화 모형은 개인의 자유와 가치를 존중하면서도 가치관의 확립, 가치관과 행동의 일관성 등을 지도하는 장점을 가지고 있다. 그러나 개인의 자유를 너무 중시한 나머지 교사의 지도적인 역할이 너무 소극적이라는 비판을 받는다. 가치명료화모형에는 다음과 같은 7단계의 필수적인 과정이 있다.

(1) 선택

① 자유로운 상황
② 다양한 대안
③ 각 대안의 결과에 대한 충분한 검토

(2) 선택을 소중히 여김

① 선택을 기쁘게 생각하고 소중히 여김
② 선택을 타인에게 기꺼이 발표함

(3) 행동

① 선택에 따라서 행동함
② 삶의 한 유형이 되도록 계속 반복함

가치명료화 수업 모형의 근본적 우너리는 학생들이 개인적인 가치를 명료화하고 행동화할 수 있도록 돕는 것으로서, '자아실현'을 목적으로 한다. 자아실현은 가치 그 자체에 역점을 두기보다는 가치화 과정(valuing process) 과정을 중시할 때 가능해진다. 즉, 자신과 타인의 개성을 인식함으로써 자아 개념을 분명하게 할 수 있는 것이다. 가치명료화를 하는데 도움을 줄 수 잇는 수업 방법에는 대화전략, 쓰기전략 등 여러 가지 방법이 있다.

〈표 6-11〉 가치명료화 학습의 실제

순	학습 과정	응답 명료화 활동
1	자유롭게 선택하기	−그 아이디어를 처음에 어디에서 얻게 되었는가? −이 방식으로 느끼는 사람이 여러분 친구 중에서 자신이 유일한 사람인가? −여러분 부모님은 어떻게 생각하는가? −여러분 선택에 반항심은 없는가?
2	대안으로부터 선택하기	−여러분이 이것을 선택하기 전에 고려했던 것은 무엇인가? −여러분이 결정하기 전에 얼마나, 오랫동안 숙고해보았는가? −가능한 다른 대안을 모두 고려해보았는가? −여러분 선택 이면에 어떤 이유가 있는가? −여러분이 거부한 선택에는 어떤 것들이 있는가?
3	사려 깊고 반성적으로 선택하기	−이용 가능한 각 대안의 결과는 무엇인가? −이것이 내가 당신에게 말한 것을 이해하고 있는가?(진술 해석) −여러분의 선택에 어떤 가정들이 관련되어 있는가, 검토해보자. −만약 이것을 하게 된다면 어떤 일이 일어날 것인가? −이 선택이 가지는 이점은 무엇인가?
4	소중히 하고 기쁘게 여기기	−그 방법을 만족스럽다고 느끼는가? −왜 그것이 여러분에게 중요한가? −그것이 없다면, 삶이 어떤 방향으로 달라질 것인가?
5	주장하기	−여러분이 느끼는 방식을 때대로 학급에 이야기할 것인가? −그것을 주장하는 청원서에 여러분은 기꺼이 사인을 할 것인가? −여러분이 믿는 것을 말하고 있는가? −그것을 믿는 사람은 다른 사람에게 공표해야만 하는가? −여러분은 그것을 지속하고 중요하다고 여길 것인가?
6	선택에 대한 행동 취하기	−여러분의 첫 번째 단계, 두 번째 단계는 무엇인가? −이 아이디어에 여러분의 돈을 어느 정도 기부할 것인가? −같은 목적을 위해 세워진 단체가 있는가? 여러분은 그 단체에 참여할 것인가? −여러분이 이미 한 것보다 더 많은 것을 하기 위해 계획을 세웠는가?
7	반복하기	−여러분은 때때로 이런 방식을 느껴본 일이 있는가? −어떤 것을 이미 행하여 본 일이 있는가? 당신은 이것을 종종 행하는가? −이 외에도 당신이 할 수 있는 것에는 어떤 것들이 있는가? −당신은 그것을 다시 할 수 있는가?

출처: 전숙자, 『사회과교육의 새로운 이해』, 2007: 405.

4) 가치명료화 모형의 유의점과 장단점

(1) 가치명료화 모형의 유의점

① 학습자들이 각자 나름대로 논리를 가지고 가치를 주장하고 스스로 확신하도록 도와주어야 한다.

② 교사와 학습자들이 가치중립적인 입장에서 출발하여야 한다.

③ 자신과 다른 입장에 있는 타인의 가치를 인정하고 존중하는 태도를 가져야 한다.

(2) 가치명료화 모형의 장점

① 교사와 학습자 등 교수·학습 참여자들의 가치가 보호되고 존중된다.
② 학습자들이 자신의 가치에 대한 확신을 가질 수 있다.
③ 자신과 타인의 가치가 함께 소중함을 이해하게 된다.

(3) 가치명료화 모형의 단점

① 가치에 대한 선행 학습이 되어 있지 않으면 적용하기가 곤란하다.
② 잘못하면 가치 상대주의에 빠질 우려가 있다.
③ 자시의 가치를 고집하거나, 타인의 가치에 맹종(盲從)할 우려가 있다.

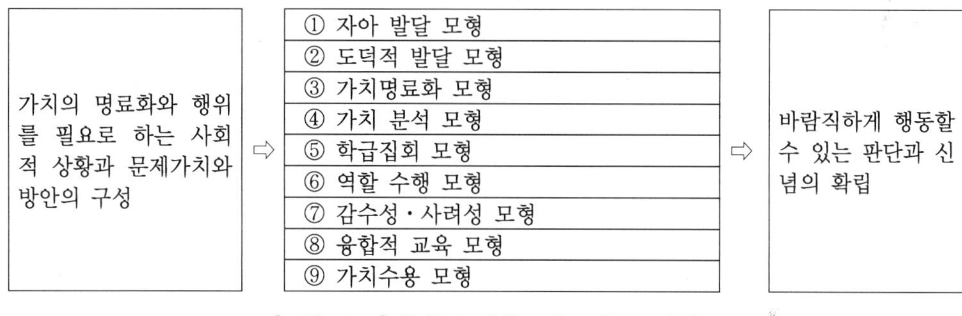

[그림 6-7] 사회과 가치·태도 학습 과정

2. 가치 분석 모형(Value analysis model)

1) 가치 분석의 의미

가치 분석이란 학생들의 논리적 사고를 가치 과정에 적용하도록 돕는 일종의 기술적 용어이다.
즉, 개인이 선택한 가치에 대한 이유를 밝히고, 증거를 제시하여 자신의 가치관을 확립해 나아가도
록 돕는 과정이다.

가치 분석 이론에서는 인간의 감정보다 이성을 존중한다는 점이 특징이다. 인간 자체를 감정의 논
리와 과학적 방법에 복속시킴으로써 최고의 선에 도달할 수 있는 합리적인 존재로 파악하는 것이다.

가치 분석의 과정은 합리적이고 올바른 가치를 규명하기 위한 절차이다. 아울러, 정당화될 수 있
는 가치 판단을 내려가는 논리적인 사고 과정이다. 환언하면, 가치 분석이란 합리적이고 정당화될
수 있는 가치 판단을 내리는 사고 과정과 그 행위 자체를 의미한다.

가치 분석 이론에서, 가치 판단은 어떤 대상에 대하여 평가하는 것을 의미한다. 자신의 가치 판단
을 다른 사람이 믿고 공감할 때, 그 가치 판단은 정당화될 수 있다. 따라서, 가치 분석 이론에서는
정당화될 수 있는 가치 판단을 내리기 위해서, 평가 대상과 관련된 '사실적 근거'와 그 가치를 지지
해주는 '가치 원리' 등 두 가지 근거가 충족되어야 한다.

일반적으로 가치 판단에는 네 가지 요소가 연계적으로 상호작용한다. 첫째, 가치 판단을 내릴 대상인 '평가 대상', 둘째, 평가 대상과 관련된 '사실적 진술', 셋째, '준거'에 입각하여 접근하여야 하며, 넷째, 그 대상에 적용되는 '평가 용어' 등이 핵심 요소이다.

가치 판단의 대상을 평가대상이라고 하는데, 어떤 대상이라도 평가대상이 될 수 있다. 즉, 인물, 제도, 정책, 물건 등 어떤 것이라도 판단의 대상이 될 수 있다. 이러한 평가대상에 대한 평가는 긍정적 평가, 부정적 평가, 중립적 평가 등으로 구별할 수 있다. 이러한, 평가들은 상이한 관점들에 따라 달라질 것이다.

가치 판단은 단지 직관에 의해서 결정되는 것이 아니라, 평가대상에 대한 사실적 정보와 판단자 자신의 가치 원리의 결단에 의한 가치 결정 과정을 필요로 한다. 이것은 가치 교육을 수행할 때, 교사가 일방적으로 덕목을 전수하거나 훈육하는 방법이 아닌 행위자 자신의 가치 결정 과정을 중시토록 해야 한다는 점을 의미한다. 그러므로 가치교육에서 평가하고자 하는 대상에 대한 충분한 사실적 정보와 가치 원리의 결단 과정이 요구되는데, 이러한 관점을 채택하고 있는 가치교육방법이 곧 가치 분석 모형이다.

가치 분석 이론에서는 평가하려는 대상에 대한 '사실적 정보를 어떻게 얻을 것인가?' 하는 문제와 '가치 원리들을 어떻게 결단할 것인가?' 하는 방법적 문제가 아주 중요하게 다루어져야 한다. 환언하면, 가치 분석 이론에서는 학생들이 가치 판단을 내릴 때, 평가 대상에 대한 사실적 지식을 획득하고 가치 원리를 결단하도록 하는 합리적인 절차를 제시하고 있다. 이러한 절차는 곧 가치 판단에 대한 정당성을 확보하기 위한 이유나 근거를 마련하는 구체적인 활동이라고 할 수 있다.

2) 가치 분석 모형의 과정

가치 분석 모형은 개인이 특수한 가치를 선택할 때 논리성과 이유를 충분히 밝히고, 가능하다면 증거도 제시하도록 함으로써 가치관 확립을 도우려는 가치지도의 한 방법이다. 가치명료화와 비슷한 데가 있지만 좀 다르다. 가치명료화는 선택하는 가치를 명백하게 하려고 하지만, 가치의 논리성을 거치면 학생들은 자기가 선택하는 가치의 정당성을 발견하고 훨씬 더 효과적으로 가치의 내면화를 이룰 수 있게 될 것이다. 가치지도를 위한 교사의 역할은 가치명료화에서보다는 더 적극적이라고 할 수 있지만, 교사는 바람직하다고 생각하는 가치를 결코 학생들에게 강요하여 받아들이도록 해서는 안 된다. 학생들이 가치를 검토하는 과정에서 스스로 선택하고, 그 이유를 밝히며, 선택과 행동에 일관성을 갖도록 하는 것이다.

헌트와 메트칼프의 주장이 대체로 이 모형에 속하며, 최근에는 뱅크스가 매우 정교한 가치분석의 모형을 제시하여 일선 교사들의 호평을 받고 있다. 뱅크스의 모형은 9단계로 되어 있는데, ① 가치 문제의 제기, ② 가치 관련 행동의 서술, ③ 행동과 관련된 가치의 확인 및 시술, ④ 가치 갈등의 확인, ⑤ 가치의 원천 서술, ⑥ 대안적인 가치의 서술, ⑦ 대안적 가치의 결과 예측 및 검토, ⑧ 가치 선택, ⑨ 선택한 가치의 이유, 원천, 결과 서술, 정당화 및 예측 등의 과정이다. 이 가치 분석 모형은 다소 복잡한 단계처럼 보이지만, 각급 학교와 학급의 상황과 여건에 따라 간소화하고 재구성하여 적용하면 매우 유용할 것이다.

3) 가치 분석 모형의 특징과 원리

가치 분석 이론은 가치명료화 이론에 대하여 비판적 입장에 있다. 가치명료화 이론은 모든 가치는 상대적이며 개인에게 초점을 맞추어 극단적인 상대주의 경향으로 흐를 우려가 있음을 지적한다.

가치 분석 이론은 자유, 평등, 인간존중, 인권, 평화, 정의 등과 같은 기본적 가치는 각 개인에 따라 달라질 수 있는 상대적인 것이 아니라, 모두가 수용하여야 할 중핵적인 가치로 본다. 다만, 이들 기본적 가치의 구체적인 구현 방법, 하위 가치에 대한 개개인의 견해에 대해서는 상대성을 인정하며, 그 같은 개인의 견해나 가치를 분명하게 하는 데는 평가적 추촌의 과정이 필요하다고 본다. 자유, 평등, 인간존중, 인권, 평화, 정의 등과 같은 기본적 가치는 이론(異論)의 여지가 없이 중요한 가치라고 인정하고, 이들 중요 가치에 대한 다양한 해석과 평가 간에 야기될 수 있는 대립을 가치 갈등으로 보고 있는 것이다.

가치 분석 이론은 사회적 가치문제해결에 적합한 가치 탐구 이론으로서, 합리적이고 정당화될 수 있는 가치 판단의 근거로서 '사실'과 '가치 원리'를 제시한다. 그리고 가치 판단을 내릴 수 있는 논리적 교수 전략과 가치 갈등을 해결할 수 있는 구체적인 전략을 제시하고 있다. 가치 분석 이론은 학습자들로 하여금, 논리적 추론과 같은 사고 기능을 습득하게 하고 하나의 가치가 형성되는 과정, 절차를 경험하게 하는 학습모형이다.

이와 같은 가치 분석 모형의 한계점으로는, 첫째, 감수성이 예민한 학생들이 가치 분석 과정을 하나의 지적인 훈련으로 오해할 우려가 있고, 둘째, 가치 분석 이론이 정의적 면을 소홀히 할 우려가 있으며, 셋째, 가치 분석 이론이 가치 판단과 가치 갈등 해결을 위한 논리적 전략을 제시하고 있기는 하지만, 학생 수준에서는 이를 숙달하기에는 한계가 있다는 점 등이다.

한편, 가치 분석 모형의 교수 원리와 관련하여 고찰하여 보면, 한마디로 "가치 판단을 내릴 때, 어떻게 하면 정당화되고 합리적이며 객관적으로 판단을 내릴까?" 하는 문제에 정확한 답을 제시하기 위해 나타난 가치 교육방법론의 하나라고 볼 수 있다. 가치 분석 모형은 학생들이 특정 문제에 대하여 합리적인 결정을 내리기 위해 체계적이고 점진적인 과정을 이수하도록 도와준다.

가치 분석 모형은 복잡한 쟁점이 맞물려 있을 때, 이용하기에 적합하다. 또한 논리적 사고와 과학적 탐구를 강조하고, 가치 판단을 내리는 데 적용하기에 알맞은 모형이다. 학생들에게 그들의 가치를 상관시키고 개념화시키는 데 있어서 합리적이고 분석적인 과정을 사용하도록 돕는다.

쿰즈(J. R. Commbs)는 가치 분석 모형의 근본적 목표를 다음과 같이 제시하고 있다(Metcalf, 1971).

첫째, 학생들이 가장 합리적이고 정당화될 수 있는 가치 판단을 하도록 돕는다.

둘째, 학생들이 가치 판단을 하는 데 필요한 능력과 성향을 개발하도록 한다.

셋째, 학생들에게 다른 집단과의 가치 갈등을 해결하는 방법을 가르치기 위하여 적용한다.

4) 가치 분석 모형의 학습 전략

가치 분석 모형의 교수·학습 전략을 종합하여 제시하면 다음과 같다(Metcalf, 1971).

첫째, 가치문제의 확인 및 명료화이다. 가치 판단을 하기 전에 해야 할 일은 평가대상과 평가 관점을 명확히 하는 일이다. 평가대상을 나타내는 용어가 불분명하면, 가치가 명확하게 드러나지 않는다. 따라서, 이때에는 용어의 정의를 내려야 하고, 용어가 언급하지 않는 것의 사례를 제시하여야 한다. 평가 관점이 명확하지 않을 때에도 가치 판단이 곤란하므로, 교사는 관련 있는 평가 관점을 명확하게 제시하는 것이 바람직하다.

둘째, 가치 판단 관련 사실들의 수집이다. 가치 분석 과정의 중요한 부분 중의 하나가 가치 판단과 관련된 사실들을 수집하는 일이다. 이러한 수집 활동에는 사실적 주장을 구별하기, 사실들을 광범위하게 수집하기, 복잡성을 해결하기 등이 필요하다.

셋째, 사실 주장의 평가이다. 가치 결정에 관련된 사실에는 특수한 사실(particular facts), 일반적 사실(general facts), 조건적 사실(conditional facts) 등이 있다.

특수한 사실 주장은 단일 사건을 기술하고 있는 진술로서, 그 주장이 기술하고 있는 사건이나, 사건들의 상태를 관찰함으로써 증명된다. 일반적 사실 주장은 일반화를 나타내는 진술로서 그 주장을 지지하거나 논박할 수 있는 특수한 사실을 발견함으로써 평가할 수 있다. 한편, 조건적 사실 주장은 조건적 사실을 표현하는 진술로서, 일반적으로 'if-then(만약-하면-할 것이다)'의 형식을 취한다.

넷째, 사실에 대한 관련성의 명료화이다. 평가대상과 관련이 없는 사실에 중요성을 부여하는 것은, 가치 판단의 합리성을 감소 내지 왜곡시킬 우려가 있다. 합리적인 가치 판단을 내리기 위해서는 사실들의 관련성을 검토해보아야 한다. 사실들의 관련성을 검토할 때에는 사실에 값을 부여하는 준거를 형식화하고, 준거가 형식화되었을 때 교사는 준거를 믿는지를 확인하는 것이 중요하다.

다섯째, 잠정적 가치 판단이다. 잠정적 가치 판단은 상기(上記) 첫째 단계에서 넷째 단계까지의 결론적 단계이다. 평가자가 이전의 단계에서 모두 사실 수집을 잘 했다면, 합리적인 판단을 내릴 수 있다.

여섯째, 가치 원리의 수용성 검사이다. 평가자가 자신이 내린 가치 판단의 결과 속에 함축되어 있는 가치 원리를 받아들일 수 있을 때, 그 판단이 합리적인 것이다. 평가자가 가치 원리의 수용성 여부를 결정하는 데 이용할 수 있는 검사 방법에는 새로운 사례 검사(New Cases Test), 포섭 검사(Subsumption Test), 역할 교환 검사(Role Exchange Test), 보편적 결과 검사(Universal Consequences Test) 등이 있다.

<표 6-12> 가치 분석 모형의 학습 전략

학습 단계	진행	세부 교수 및 학습 전략
① 가치문제의 확인 및 명료화	⇨	• 판단 대상의 확인, 용어의 정의, 가치 판단과 관점 확인
② 가치 판단과 관련된 사실의 수집	⇨	• 사실적·평가적 진술의 구별, 긍정적·부정적 진술의 구별
③ 사실 주장의 평가	⇨	• 사실 진술 속의 용어 정의, 특수적·일반적·조건적 사실 구별
④ 사실에 대한 관련성의 명료화	⇨	• 사실의 관련성 검사
⑤ 잠정적 가치 판단	⇨	• 가치 원리, 사실, 가치 판단의 구조화
⑥ 원리의 수용성 검사 및 최종적 판단	⇨	• 새로운 사례 검사, 포섭 검사, 역할 교환 검사, 보편적 결과 검사

5) 가치 분석 모형의 유의점과 장단점

(1) 가치 분석 모형의 유의점

① 학습자가 선택한 가치 위계 논리를 분석토록 유도해야 한다.
② 가치 분석의 기법을 이해하도록 해야 한다.
③ 가치에 대한 논리적 분석에 참여하는 능력과 자질을 함양하여야 한다.

(2) 가치 분석 모형의 장점

① 학습자들의 가치를 논리적으로 분석해준다.
② 학습자들이 가치의 위계를 확인할 수 있다.
③ 학습자들이 가치의 논리성, 정당성 등을 터득하게 된다.

(3) 가치 분석 모형의 단점

① 가치를 분석하므로 경직된 수업이 될 가능성이 많아 흥미가 반감될 우려가 있다.
② 지나치게 인지적으로 접근하여 정서적인 면이 무시될 우려가 있다.
③ 가치를 논리적으로 분석하는 과정이므로 학습자들이 애로를 겪을 수 있다.

3. 가치 추론 모형(Value reasoning model)

1) 가치 추론의 의미

가치 추론은 도덕적 추론이라고도 하는데, 사회적 맥락 내에서 학생들이 '옳은 것'과 '그른 것'의 차이점을 구별할 수 있는 능력을 발달시키는 데 초점이 있다. 가치 추론의 목적은 학생들이 자신의 발달 수준에 알맞은 적절한 교육적 경험을 통해서 보다 고차원적인 가치 인지 및 행위를 습득하도록 도와주는 것이다. 피아제의 연구를 반영하여 콜버그는 3수준 6단계의 도덕 발달에 따른 가치 추론 이론을 발달시켰다. 3수준은 전 관습적 단계, 관습적 단계, 후 관습적 단계이다. 6수준은 전 관습적 단계에서 복종과 벌의 단계, 도구적 상대주의자 단계 등 2수준, 관습적 단계에서 타인의 동조 단계, 법의 지배 단계 등 2수준, 후 관습적 단계에서 사회계약적 규범 단계, 보편적 윤리 단계 등 2수준 등 총 6개 수준이다.

2) 가치 추론의 단계와 수준

가치 추론 모형은 도덕추론모형, 도덕발달모형, 지적발달모형 등 다양한 이름으로 불린다. 피아제(piaget)의 지적발달 단계에 관한 이론을 하버드 대학교의 도덕심리학 교수 콜버그(kohlberg)가 1970년대에 주장하여 교육현장에서 많이 이용되고 있다. 콜버그가 주장한 도덕추론발달 단계는 다음과 같다. 그러나 이러한 단계는 기계적인 것은 아니고, 사람에 따라서 각각 다르게 나타날 수 있다는 점을 유념할 필요가 있다.

<표 6-13> 콜버그(kohlberg)의 도덕 추론 발달 단계

단계(수준)	연령(세)	세부 단계
1. 전 관습적(본능적) 단계	6~8세 정도	① 복종과 벌의 단계
		② 도구적 상대주의자 단계 (남을 수단으로 자기 욕구 충족)
2. 관습적 단계	10~12세 정도	① 대인 관계 타인 동조 단계
		② 법의 지배 단계
3. 후 관습적 단계	15~16세 정도	① 사회계약적 규범 행동 단계
		② 보편적 양심, 원리 행동 단계

가치 추론 모형은 학생들의 도덕성이 발달하는 단계에 따라 가치판단을 할 수 있는 도덕적 능력을 길러주는 것을 목적으로 하는 지도방법이다. 구체적인 행동을 지시하기보다는 일반적인 판단능력을 기르고, 그러한 능력에 따라 학생 자신이 구체적인 선택을 하도록 한다. 이를 위해서 콜버그는 "돈이 없는 남편이 암으로 죽어가는 아내를 위해서 약국에 약을 요청했으나 거절당한 후 약을 훔쳐야 하는가, 아니면 죽게 내버려 두어야 하는가" 등의 갈등 상황을 학생들에게 제시해주고, 적절한 선택과 그 이유를 발견하게 하는 가치갈등의 지도 사례를 제시하였다. 학생들의 도덕발달 단계에 맞거나 한 단계 높은 수준의 토론을 하는 것이 바람직하다고 했다. 수업 단계는 ① 문제 제기, ② 도덕적 갈등 사례 제시, ③ 갈등과 관련된 각각의 입장에서 의견 진술, ④ 관련 문제 토론, ⑤ 선택 및 이유 제시 등의 5단계로 요약할 수 있다.

<표 6-14> 가치 추론의 전략(사례)

구분	세부 상황(질문 등)
상황	남학생과 여학생이 모두 같은 학급에 있다. 어느 날, 선생님은 그들에게 오후 시간 전체를 벽화와 크레파스로 그림을 그리도록 지시하였다. 선생님은 이러한 그림들을 꽤 좋은 가격으로 팔 수 있을 것이라고 생각했다. 학생들은 그 그림을 자신들의 부모에게 팔았고, 그 학급은 상당히 많은 돈을 만들었다. 이제 모든 어린이가 다음 날 모여서 그 돈을 어떻게 분배할 것인가를 결정할 것이다.
1	그들이 그 돈을 가지고 무엇을 해야만 한다고 생각하는가? 그 이유는?
2	캐시는 가장 많은 그림을 그린 친구가 많은 돈을 가져야만 한다고 말한다. 당신은 어떻게 생각하는가?
3	앤디는 가장 그림을 잘 그린 친구가 가장 많은 돈을 가져야 한다고 말한다. 당신은 어떻게 생각하는가?
4	레베카라는 게으른 아이가 있는데, 그 아이는 다른 아이들만큼 그림을 그리지 못했다. 그 아이에 대해서 당신은 어떻게 생각하는가?
5	짐은 가장 훌륭하게 행동한 아이가 다른 아이들보다 돈을 더 많이 가져야 한다고 말한다. 당신은 어떻게 생각하는가?
6	리사는 가장 가난한 아이가 돈을 많이 가져야 한다고 말한다. 왜냐하면, 그들은 가난하기 때문이다. 당신은 어떻게 생각하는가?

7	빌리는 아주 가난한 집안 출신이어서 용돈을 받지 못한다. 학급 친구들은 그를 위해 무엇을 해야만 하는가?
8	누군가가 선생님이 돈을 가져야 한다고 말하고 있다. 왜냐하면, 그림을 팔자고 한 것은 선생님의 의견이기 때문이다. 당신은 어떻게 생각하는가?
9	남자 아이 혹은 여자 아이가 더 많이 가져야 하는가?
10	교사가 결정해야만 하는가? 멜리사가 선생님의 의견에 찬성했기 때문에, 멜리사에게 모두 주기로 결정했다면 어떤가?
11	아이들은 무엇을 해야만 하는가?
12	어느 누군가가 다른 사람보다 많이 가져야만 하는가?

출처: Woolever & Scott(1988). *Active Learning In Social Studies Promoing Cognitive and SocialGrowth*. Scott, Foresman and Company, 398.

3) 가치 추론 모형의 유의점과 장단점

(1) 가치 추론 모형의 유의점

① 도덕적 발달 단계에 따른 학습자들의 사고력을 잘 구분하여야 한다.
② 가치 추론의 기초적 학습 방법을 터득한 후 학습에 임하여야 한다.
③ 학생들이 상당한 수준의 토론 학습 능력과 자질을 구비하고 있어야 한다.

(2) 가치 추론 모형의 장점

① 역설적으로 도덕적 갈등과 딜레마가 오히려 학습자들의 흥미를 끌 수 있다.
② 학습자들의 도덕적 사고력을 신장시킬 수 있다.
③ 도덕적 사고력과 인지적 발달 수준을 연계할 수 있다.

(3) 가치 추론 모형의 단점

① 가치문제를 논리적으로 따지기 때문에 학습자들이 학습에 어려움을 느낄 수 있다.
② 도덕적 사고력이 낮은데도 도덕적 행동을 하는 학습자들을 실망시키는 비교육적 현상이 나타날 수 있다.
③ 도덕적 사고력과 실제 도덕적 행동 사이에 유의미한 상관관계가 있다고 단정하는 데는 무리가 있다.

결국, 감수성이 예민한 시기에 있는 학생들에게 가치교육은 그들의 인격형성과 매우 밀접하게 연관되어 있다. 따라서 사회과의 가치교육이 유의미하고도 성공적으로 이루어지려면 가치를 추상적으로 교육하는 것보다는 그것이 구체적인 상황에서 어떠한 의미를 가지고 있는가를 실생활과 관련하여 자세히 검토하는 것이 중요하다. 교사들은 가치교육에서 끊임없이 가치 관련 문제를 제기항여 학생들이 바람직한 가치 결정을 내릴 수 있도록 지도하여야 한다.

제3절 종합적 수업모형

1. 의사결정 학습모형

1) 의사결정 학습의 의미

인간의 삶은 의사결정 과정의 연속이다. 사회과의 의사결정 학습은 사회사상의 여러 문제를 중심으로 학습자들이 합리적인 의사결정을 할 수 있도록 교수·학습을 하는 형태이다. 사회과에서의 의사결정 능력이란 사회적 문제를 해결하려는 대안을 개발하고 선택한 대안에 따라 수행하는 능력을 의미한다.

의사결정 능력은 인간만이 가진 고유한 능력인데, 사회과에서 지향하는 합리적인 의사결정력은 이성(理性)에 부합하는 의사결정으로 다음과 같은 특징이 있다.

첫째, 의사결정의 기반은 정확한 사실에 두어야 한다. 정확한 사실은 문제 상황과 관련되고 진실한 사실 정보의 의미와 함께, 당해 정보가 광범위한 사실을 나타내면서도 편파적이지 않은 균형적 정보라는 의미를 함축하고 있다.

둘째, 의사결정의 과정은 당연히 과학적이어야 한다. 의사결정의 과정이 다분히 권위적·주술적·감정적이지 않고 실증의 바탕에서 진행되어야 한다. 이 점에서 의사결정 과정은 반성적 사고 과정(reflective thinking process)과 밀접하게 연관된다.

셋째, 의사결정 과정은 합리성, 타당성을 담보하기 위해서는 대안의 발생 가능성과 의사결정자의 유용성을 충족하여야 한다. 바람직한 결과를 도출할 것이라고 판단되는 대안이라도 그 실행에 어려움이 크거나, 결과가 만족스럽지 못하면 그 대안에 따른 합리적인 의사결정을 할 수 없기 때문이다.

넷째, 의사결정은 도덕적·사회적으로 공정성을 확보하여야 한다. 합리적인 의사결정은 사회정의에 부합되어야 하며, 합리적인 의사결정은 학교교육과정 내용의 지적인 면과 기능적인 면, 정의적인 면 등을 포괄하며, 문제해결의 종합적 접근이 이루어져야 한다.

2) 의사결정 학습의 초점

의사결정 학습은 제7차 사회과 교육과정, 2009 개정 사회과 교육과정에서 합리적 판단력, 문제해결과 함께 바람직한 시민이 갖추어야 할 자질을 규정하여 사회과교육의 핵심 목표로 등장하였다. 합리적 의사결정력은 문제해결책으로서 대안을 개발하고 선택하여 행동하는 능력으로 문제에 대한 대안이나 의사결정을 할 수 있는 고급사고력이다. 따라서 의사결정 학습이란 문제해결력, 비판적 사고력, 반성적 탐구력과 같은 문제에 대한 대안이나 의사결정을 할 수 있는 일련의 학습 과정을 의미한다(이운발, 2007: 188-199).

3) 의사결정 학습의 과정

의사결정 능력의 함양은 현대 사회과교육의 중요한 목표로 대두되고 있다. 오늘날 우리가 살고 있는 21세기 세계화 시대가 사회가 급속하게 변하고 있기 때문에 순간마다 우리는 의사결정을 하지 않을 수 없고, 결과 우리의 일생에 많은 영향을 준다. 진학, 취직, 결혼 등 인생의 중요문제가 어느 것 하나 의사결정 문제 아닌 것이 없다. 민주주의 사회에서는 정책 선택이나 결정의 문제에 국민이 직접 참여하기 때문에 의사결정은 개인적으로뿐만 아니라 사회적으로도 가장 중요한 과제로 제기되고 있는 것이다.

오늘날 대부분의 사회과 교육학자들이 의사결정모형을 중요한 것으로 취급하고 있는 것은 바로 이러한 이유 때문이다. 사회과에서 일반화되고 있는 의사결정 모형은 크게 개인적 의사결정 모형과 집단적 의사결정 모형으로 대별된다.

뱅크스(Banks)는 의사결정능력 함양을 위한 사회과 수업 단계를 ① 문제 제기, ② 사회탐구(필요한 지식 획득), ③ 가치탐구(관련가치의 명료화), ④ 의사결정(대안 검토와 결과 예측), ⑤ 행동 등 5단계를 들고 있다. 사회탐구에서는 다시, 문제 제기(가설 설정-자료 수집-자료 분석) 등 다시 8단계를, 또 가치 탐구에서는 가치문제 제기, 가치 관련 행동 서술, 가치갈등 확인 등 9단계를 거칠 것을 제안하였다.

허스트(Hurst)는 ① 문제 확인 단계, ② 문제 정의(문제 진술 용어 정의, 과학적 지식 탐구, 가치 탐구), ③ 대안 탐색 및 개발, ④ 대안 평가 및 최선의 대안 선택, ⑤ 행동, ⑥ 행동의 평가 결과 등의 단계를 제시하고 있다.

뱅크스(Banks)는 의사결정의 단계로 ① 결정할 문제의 선택, ② 사회 탐구(사회적 지식) 또는 가치 탐구(가치명료화), ③ 의사결정, ④ 지적인 상회 행위 등 4단계를 들고 있다.

마시알라스와 허스트(Massialas & Hurst)는 개인적 의사결정 모형을 ① 문제 확인, ② 문제 정의, ③ 대안 탐색 및 개발, ④ 대안의 평가 및 최선의 대안 선택 등의 과정을 들고, 집단적 의사결정 과정으로 ① 지지 호소, ② 집단 결집, ③ 집단 조직, ④ 협상 및 타협, ⑤ 집단적 결정 진술, ⑥ 투표, ⑦ 결정의 시행 등으로 제시하였다.

울에버와 스콧(Woolever & Scott)은 ① 문제의식, ② 문제의 정의 내리기(ⓐ 문제 서술, ⓑ 과학적 지식 탐구, ⓒ 가치 탐색), ③ 대안 개발, ④ 대안의 평가와 최선의 선택, ⑤ 사회적 및 개인적 행동, ⑥ 결과의 평가 등 6단계로 구분하였다. 앵글과 오초아(Engle & Ochoa)는 의사결정을 진리 주장에 관한 의사결정과 공공정책 문제에 관한 의사결정의 두 가지로 나누었다. 진리에 관한 의사결정은 ① 호기심 유발, ② 진리라는 주장과 근거 제시, ③ 자료 수집, ④ 자료 평가, ⑤ 결론의 5단계를 제시했다. 일반적인 사회과학 탐구의 과정과 유사한 것이다. 사회적인 공공정책 문제에 대해서는 ① 문제의 확인과 정의, ② 가치에 관한 가정 확인, ③ 대안의 확인, ④ 결과의 예측, ⑤ 의사결정, ⑥ 결정의 정당화, ⑦ 의사결정의 변경 가능성 인정 등 7단계를 제시했다. 이것은 가치 분석의 과정과 매우 흡사한 것이다. 한국의 김만곤은 의사결정 학습의 단계를 ① 문제의 인식 및 명료화, ② 자료의 수집 및 분석, ③ 가능한 대안의 제시, ④ 대안의 분석 및 평가, ⑤ 대안의 결정 등으로 제시하고 있다(이운발, 2007: 189).

결국 의사결정 모형들은 모두 사회 탐구 과정과 가치 탐구 과정의 두 과정을 포함하고 있다는 점이다. 이것은 곧 의사결정을 하기 위해서는 사실을 인식하기 위하여 필요한 지식이나 정보가 있어야 하기 때문에 이 부분에 대해서는 사회탐구를 통해서 해결한다는 것이다. 또 동시에 의사결정에는 선택해야 할 거차기 반드시 개입되어 있기 때문에 이 문제를 해결하기 위하여 가치탐구의 과정이 필요하다는 것을 의미하고 있는 것이다. 의사결정은 결국 이러한 두 개의 상이한 성격의 과정을 거쳐서 최종적으로 이루어진다고 할 수 있다.

일반적으로 의사결정을 위한 수업모형의 단계는 ① 문제의 제기, ② 지식과 가치문제의 확인, ③ 사회 탐구에 의한 지식 획득, ④ 가치 탐구에 의한 가치분석, ⑤ 대안 탐색과 결과 예측, ⑥ 선택 및 결론, ⑦ 행동 등으로 종합할 수 있다.

4) 의사결정 학습의 전략

사회과의 의사결정 학습은 고급사고력을 바탕으로 하기 때문에 학생들의 수준에 알맞게 재구성하여 투입하는 것이 중요하다. 이와 같은 사회과의 의사결정 학습은 전반적인 교수·학습 과정인 문제 파악, 자료의 수집과 분석, 해결책 제시, 해결책의 분석과 평가, 의사결정, 적용 발전 등의 과정을 통하여 사고력 신장에 효율적인 전략을 구사하는 것이 필요하다. 이러한 의사결정 학습의 전략을 모색하면 다음과 같다.

첫째, 문제 파악 단계에서는 결정해야 할 모든 학습 문제에 관심을 갖고, 그 문제의 의미와 성격을 파악해야 한다. 즉, 낯설거나 난해한 용어의 의미를 알아보고, 문제의 특성을 규명하며 목표 확인, 목표 구현의 대체적 방법을 결정해야 한다.

둘째, 자료의 수집과 분석 단계에서는 현재의 문제 상황과 전망, 해결책 등에 관한 자료를 수집하며, 수집한 자료의 검토, 분석을 통하여 현재의 여러 가지 상황이 이루어지게 된 요인과 각 요인들 간의 관계를 예측하고 탐구하게 한다.

셋째, 해결책의 제시 단계에서는 문제해결의 방향을 다양하게 찾아서 제시하는 단계로 브레인스토밍과 같은 활발한 토의 활동을 통하여 창의적으로 문제를 해결하도록 방향을 제시해준다.

넷째, 해결책의 분석과 평가 단계에서는 학습자들이 제시한 여러 가지 해결책을 목표와 관련시켜서 실행 가능성, 비용, 그리고 장·단기적 목표에 비추어보고 실행 가능성, 가능한 결과 등의 측면에서 적합성 여부를 평가하게 된다.

다섯째, 의사결정 단계에서는 여러 가지 해결책 중에서 그 결과가 목표, 실행 가능성, 가치 등의 측면에서 합당한 것을 추출한다. 즉, 현재까지 가장 바람직하다고 생각한 것 중에서 향후에도 계속되어야 할 것과 개선하여야 할 것을 결정하며, 모든 사람을 위하여 가장 먼저 해야 할 것을 찾고, 시행 순서와 절차를 결정하도록 한다.

여섯째, 적용 발전 단계에서는 이전 단계에서의 의사결정을 한 내용들을 실제 상황에서 실천할 수 있는 방법들을 찾아보게 하고, 실제로 행동으로 옮길 수 있도록 준비하도록 한다.

〈표 6-15〉 의사결정 학습의 전략

학습 단계	주요 학습 내용 및 활동
1. 문제 파악	·결정해야 할 모든 문제에 대하여 관심을 갖기 ·문제의 의미와 성격 파악하기 ·용어의 정의, 문제의 특성 규명, 목표 실현의 방법 등 알기
2. 자료의 수집과 분석	·현재 문제의 상황이나 전망, 해결책 등에 관한 자료 수집 ·수집한 자료의 검토, 분석 등을 통하여 현재의 여러 상황이 이루어지게 된 요인이나 요인들 간의 관계를 탐구하고 예측
3. 해결책 제시	·문제해결의 방향을 다양하게 찾아서 브레인스토밍과 같은 활발한 토의 활동을 통해서 창의적인 문제해결의 방향 제시
4. 해결책의 분석과 평가	·학생들이 제시한 여러 가지 해결책을 목표와 관련시켜서 실행 가능성, 비용, 장·단기적 목표에 비추어 실행 가능성, 가능한 결과 등의 측면에서 적합성 평가
5. 의사결정	·여러 가지 해결책 중에서 그 결과가 목표나 실행 가능성, 가치 등의 측면에서 적합한 것 찾기, 현재까지 바람직하다고 생각한 것 중에서 향후에도 계속되어야 할 것과 개선해야 할 것 등을 결정하기
6. 적용 발전	·결정된 사항에 대한 계획과 준비하기 ·실제 상황에서 실천할 수 있는 일을 토의하기

출처: 이운발, "고등 사고력 함양을 위한 초등 사회과 통합 교육과정 구성", 2007: 190.

5) 의사결정 학습의 특징과 주요 원리

사회과 교수·학습에서 합리적인 의사결정을 유도하는 의사결정 학습은 다음과 같은 특징을 갖고 있다.

첫째, 급변하는 현대 사회의 개인적·사회적·국가적 문제를 합리적으로 해결할 수 있는 기초 능력을 신장시켜 준다.

둘째, 학생들에게 주어진 사회적 문제를 진지하게 검토하게 함으로써, 복잡한 문제에 대한 합리적 의사결정을 유도할 수 있다.

셋째, 의사결정 학습은 학생들의 고급사고력(high level thinking)을 신장시켜 준다. 의사결정 과정은 반성적 사고 과정, 비판적 사고 과정, 창의적 사고 과정, 탐구 과정, 문제해결 과정, 메타 인지 과정(meta cognitive process) 등이 포함된 고급사고력과 밀접하게 관련되어 있다.

넷째, 학생들이 지식과 가치를 효율적으로 연결시키도록 도와준다. 의사결정을 하기 위해서는 학습자의 다양한 지식과 기능, 가치·태도 등이 총동원되어야 한다.

6) 의사결정 학습의 유의점과 장단점

(1) 의사결정 학습의 유의점

① 교사는 여러 가지 의사결정 수업모형 중에서 주제에 적절한 모형을 선택하여 학습자들에게 제시하여야 한다.

② 개인적 의사결정 과정과 집단적 의사결정 과정을 두어 모든 학습자가 소외되지 않고 참여하도록 배려하여야 한다.
③ 의사결정의 중요성과 기본적 참여 요령을 사전에 지도하여야 한다.

(2) 의사결정 학습의 장점

① 사회적 탐구 문제를 종합적으로 이해하고 해결하는 계기가 된다.
② 여러 가지 고급사고력을 신장시켜 준다.
③ 사회적 실제 상황을 간접 경험하는 기회를 제공해준다.

(3) 의사결정 학습의 단점

① 의사결정 학습은 다양한 준비와 과정, 절차를 거치므로 비교적 시간이 많이 소요된다.
② 실제 상황과 연계되는 적절한 상황을 찾기가 쉽지 않다.
③ 학습 과정에서 리더 등 능력 있는 소수가 독점할 우려가 있어서 적절한 통제가 필요하다.

2. 협동학습 모형

1) 협동학습의 의미

사회과 협동학습은 전통적인 수업, 학습 방법의 대안으로서 제시된 방법 중의 하나이다. 협동학습은 학습의 주체인 학생들이 함께 학습하는 데 초점을 둔다. 협동학습은 '협동'을 교수·학습 과정의 중심 요소로 활용하는 학습모형이다.

협동학습은 정치적·경제적·사회적·문화적인 생활을 특징으로 하고 있는 공동생활, 협력 생활의 활동 자체를 학습할 기회를 제공하기 때문에 사회과 교수·학습에 아주 적합한 모형이다. 또한 다양한 기능과 능력 수준을 가진 개인은 이질 집단과 함께 활동하는 방법을 터득하게 된다.

협동학습은 학생들이 학습 집단에서 일정한 학습 활동을 하고, 그 집단의 성적에 기초를 둔 교실 상황에서의 학습 방법으로서, '개인을 위한 집단', '집단을 위한 개인'이라는 태도를 갖게 되고, 팀 학습 동료로서 서로 격려하고 지원하며 배려하는 학습 체제이다. 아울러, 협동학습은 학생들이 자신뿐만 아니라, 서로의 학습 효과를 극대화하기 위하여 함께 학습하도록 수업 형식 면에서 소집단을 편성하여 학습하는 것이며, 학습의 수행 과정에서 긍정적인 상호작용을 기대하는 방법이다.

협동학습은 학습자들의 적극적인 상호 의존, 직접적 상호작용, 개인과 집단의 책무, 그리고 인간 관계, 대인관계 등을 가르치고 배우게 된다. 따라서 사회과 협동학습은 인지적·기능적·정의적 목표 달성에 효과적인 수업모형이기도 하다.

결국, 협동학습은 학생들이 공동의 과제를 함께 학습하고, 격려하는 가운데, 능력, 수준, 성별, 요구의 차 등 이질적인 요소를 가진 학생들이 학습 집단을 이루어 목표 달성을 위해 함께 학습 과제를 해결해 나아가는 수업 전략이다. 또한 협동학습은 소집단 구성원 간에 협동적 상호작용을 통해서 공동의 학습 목표를 달성함으로써, 구성원 모두에게 유익한 학습 효과 고양을 기대하는 수업 전략이다. 아울러, 협동학습은 소집단 구성원들이 공동의 학습 목표를 설정하고, 그 학습 목표를 달성하기 위해서 공동으로 노력하며, 다른 구성원들과 도움을 주고받아 전체 집단에서 보다 바람직한 학습 효과 고양을 목표로 한다.

2) 협동학습의 특징

사회과 협동학습은 학습결과에 대한 보상이나 경쟁, 학생 수의 조직 면에서 수업모형을 보면 개인적으로 경쟁이 있는 경쟁학습, 경쟁이 없는 개별학습, 집단적으로 보상이 있고 서로 협동하게 되어 있는 협동학습 등 셋으로 나누어볼 수 있다. 학업성적과 태도 및 가치관 형성에 있어서 모두 협동학습 모형은 전통적인 개별학습 모형이나 경쟁학습 모형보다 더 효과적이라는 것이 밝혀지면서 최근에 사회과에서 커다란 관심을 끌어왔다. 협동학습은 의사결정 학습처럼 명백하게 사회탐구와 가치분석의 과정을 거치는 것은 아니지만 지식, 가치 등 어느 것이나 다루면서 인지적 목표와 정의적 목표를 종합적으로 달성할 수 있는 수업이라는 측면에서 종합모형으로 분류하여 소개하고자 한다.

협동학습은 그 종류가 50~60개에 이를 정도로 종류와 형태가 많고, 그 내용도 간단한 것으로부터 상당히 복잡한 것에 이르기까지 매우 다양하다. 그러나 이들이 공통적으로 달성하고자 하는 것은 인지적 측면과 정의적 측면에서의 수업의 능률이다. 이것을 위해서 다음과 같은 과정을 포함하는 것이 개별학습이나 경쟁학습과 다른 점이다. 이러한 목표와 과정은 민주주의 사회에서 꼭 필요한 것으로 생각된다. 협동학습의 목표는 ① 집단 목표의 달성, ② 집단 내에서의 개인의 책임 수행, ③ 성공 기회의 균등한 체험, ④ 집단 경쟁, ⑤ 전문화 등을 들 수 있다.

3) 협동학습의 구조

일반적으로 사회과 협동학습은 구조상으로 개별학습, 경쟁학습 등과 비교된다. 사회과 교수·학습 활동에서 경쟁학습은 경쟁을 위한 규칙이 강조되는 데 비해서, 개별학습은 혼자서 학습할 수 있도록 지원하는 데 초점을 맞춘다. 따라서, 학습 과정이 상당히 세분화된다. 반면, 협동학습은 상당한 융통성이 부여된다.

일반적으로 경쟁학습, 개별학습이 단순한 지식이나 기능을 학습하는 데 비하여, 협동학습은 탐구력, 창의력, 문제해결력, 의사결정력, 메타 인지(meta cognitive) 등 고급사고력(high level thinking) 신장을 강조한다. 학습 목표의 인지 면에서는, 경쟁학습의 경우 목표의 중요성에 대한 인식이 낮은 데 비하여 개별학습에서는 개인적인 목표, 협동학습에서는 집단적인 목표가 강조된다. 학생들의 기대 심리에 대해서는 경쟁학습의 경우, 다른 학습자를 경쟁자로 인식하고, 개별학습에서는 다른 학습자에 대해서 대체적으로 무관심한 데 비하여 협동학습에서는 친절한 협력자로 인식된다. 이와 같은 협동학습, 경쟁학습, 개별학습의 특징을 요약하면 <표 6-16>과 같다.

<표 6-16> 사회과 협동학습과 경쟁학습·개별학습의 상호 구조 비교

구분	① 협동학습	② 경쟁학습	③ 개별학습
교수·학습 형태	·문제해결 학습 ·확산적 사고, 창조적 사고 (학습 내용의 명료화) ·의사결정, 탐구 등 ·학습 활동의 융통성	·단순 지식, 기억, 기술, 복습 등 ·학습 내용은 분명 ·경쟁 규칙 명확하게 제시	·특별한 기능, 지식의 학습 ·과제가 분명 ·수행 행동의 세분화
목표의 중요성 인식	·목표는 학생들에게 중요하게 수용 ·각 학생은 집단이 목표를 달성할 것으로 기대	·목표는 각 학생들에게 중요하게 수용되지 않음 ·단지 성공과 실패 수용	·목표는 학생들에게 중요하게 수용 ·자신의 목표 달성 기대
학생의 기대	·각 학생은 다른 학생들과 긍정적인 상호작용 수행 ·아이디어와 자료 공유 ·공동 책임 ·집단에 기여 ·과제 분담 ·구성원의 다양성 이용	·각 학생은 승리할 수 있는 균등한 기회 보장 ·자신의 학습 내용을 즐김 ·경쟁자의 진보 상태 평가 ·지식, 기술, 능력 등 비교	·각 학생은 다른 학생들에게 불간섭 ·과제 완성에 대해서 본임 책임 부여 ·자신이 노력과 수행의 질 평가
학습 지원 형태	·다른 학생의 도움, 강화의 원천	·교사의 도움, 지지, 강화의 원천	·교사의 도움, 지지, 강화의 원천

출처: 전숙자, 『사회과교육의 새로운 이해』, 2007.

4) 협동학습 교수 단계

협동학습 중 가장 간단한 것은 4~5명으로 조직된 소집단에게 하나의 학습 과제를 주어서 그들이 서로 나누어서 학습하게 한 후 종합하여 각 집단으로 하여금 그 결과를 학급에 보고하게 하는 것이다. 보고 결과에 따라서 학급에 집단적으로 보상을 줄 수 있다. 각자는 형성평가를 치른다. 이렇게 하면 각자의 책임을 수행하게 하고, 각자는 자신의 점수를 과거 점수와 비교하여 성공의 기회를 체험하며, 집단적 경쟁과 보상의 기회도 갖는다. 이것이 슬라빈의 학생집단학습모형이다. 슬라빈의 모형 중 학업성취를 중심으로 한 학생집단성취모형은 우리나라에서도 실험되어 학업 성취도가 전통적인 학습 집단보다 우수하다는 연구 결과가 있다.

사회과에서 많이 쓰이는 '조각 맞추기'라는 협동학습모형은 원래 1970년대에 아론슨과 그 동료들이 새롭게 개발한 것이다. 앞의 모형들보다는 훨씬 정교한 것이 특징이다. 집단목표와 개인의 책임, 성공 기회의 체험 등 위에서 제시한 협동학습의 과정이 비교적 잘 나타나 있는 학습모형이다. 어떤 문제든지 이 모형에 의하여 학습할 수 있으며, 개인 간의 치열한 과열경쟁이 비인간화의 한 현상이라고 비판받고 있는 우리 교육현장에서 협동적인 태도의 발전과 학업성취를 위해 앞으로 연구할 가치가 있다고 사료된다. 이들 수업모형의 단계를 요약해보면 다음과 같다.

① 성별, 학업성적·가정배경 등이 서로 다른 이질적인 4명이 한 팀이 되도록 학급을 소집단으로 나눈다.

② 하나의 주제를 정하고, 그 주제를 4개의 소주제로 다시 구분한다. 한 집단의 4명에게 각각 그 소주제를 분배해준다. 예컨대, 청소년 문제라는 주제를 다시 개념, 실태, 이론, 대책 등을 나누어 한 집단의 4명에게 하나씩 분배한다.

③ 같은 소주제를 맡은 학생들끼리 만나서 공동으로 그 소주제를 연구한다. 예컨대, 청소년 문제의 개념을 맡은 학생들은 그들끼리 만나서 집단을 구성하고 연구한다. 이것을 전문가 집단이라고 한다.

④ 이들은 소주제 연구가 끝나면 전문가집단을 떠나서 원래 소속되었던 팀으로 돌아가 그 소속팀의 다른 구성원들에게 연구한 바를 교수한다.

⑤ 팀의 소속원은 모두 이 학습을 기초로 하여 자기가 맡은 소주제뿐만 아니라 청소년 문제 전체에 대해서 형성평가를 수행한다. 평가에서는 출발점의 성적을 기준으로 하여 향상 점수를 계산하여 성취감을 고취한다.

⑥ 평가 결과에 따라서 집단 보상이 주어진다.

5) 협동학습의 세부 방법

(1) 능력별 팀 학습모형(STAD: Student teams achievement division)

협동학습을 실시하는 세부 방법은 매우 다양하다. 그중 능력별 팀 학습모형(STAD)은 미국 존스 홉킨스(Johns Hopkins) 대학교의 슬라빈(Slavin)에 의해 개발된 모형으로 초기 연구에서는 주로 초·중·고교의 수학과 중심으로 적용되었다. 학생들은 4~6명으로 구성된 학습 팀으로 조직되는데, 각 팀은 전체 학급의 축소판처럼 성적 우수자 그룹, 성적 중간자 그룹, 성적이 낮은 자 그룹 등 이질적 집단으로 구성된다. 매 시간 교사는 학습 과제지를 나누어주고, 각 팀은 2명씩 짝을 지어 문제를 풀기도 하고 질문도 하며, 아울러 토의하면서 주어진 내용을 학습한다. 팀별 학습에서 구성원 모두가 학습 내용을 모두 학습할 때까지 팀 학습이 계속되고, 팀 학습이 끝나면 개별적 평가를 시행한다. 개인은 자신의 시험 점수를 받지만, 자신의 이전까지의 평균 점수를 초과한 향상 점수만큼 팀 점수에 기여를 하게 된다.

STAD는 가장 단순한 협동학습 모형의 하나로 보통 기초 기능이나 사실적 지식을 효과적으로 습득하는 데 적합한데, 일반적인 학습 절차는 다음과 같다.

첫째, 교사는 학업 성취도 기준으로 4~6명의 소집단으로 구분한다.

둘째, 교사는 강의 등의 형식으로 새로운 학습 내용을 제시한다.

셋째, 집단별 학습을 통해서 집단구성원 전원이 내용을 충분히 이해하도록 한다.

넷째, 각 구성원은 개별적으로 시험을 보도록 한다.

다섯째, 학생은 각자 성취한 대로 성적을 받고, 교사는 각 학생의 매번 점수를 기록하여 집단 내 구성원 각자가 이전보다 향상된 점수를 모두 더하여, 그 집단의 집단 점수로 삼고 집단 점수가 가장 높은 집단에 대해서 적절한 보상을 한다.

(2) 소집단 토의 학습

소집단 토의 학습은 한 학급의 학생을 4~6명의 여러 집단으로 구성하여, 하나의 과제를 공동으로 해결해가는 모형이다. 소집단 구성원 전원이 서로 협력하여 학습하는 가운데 상호 간에 아이디어를 수용하여 집단 전체의 결론을 도출하는 것은, 학생들 각자의 문제해결력을 증진시키고 학생 상호 간 협력 학습 태도를 함양하는 데 매우 적절한 방법이다.

소집단 토의 학습은 학습자 전원이 참여하고 사고(thinking)하며 대화하는 활동을 중심으로 일부 학생의 소외와 고립을 방지하고 집단구성원 모두의 유기적 결합을 촉진하여 공통된 목표에 대해서 상호 이해하고 협력하는 학습 방법을 가르치고 배우는 것이다.

소집단 토의 학습은 수업의 초점을 학급 구성원 개개인에게 두고 가급적 모든 학습자가 학습 목표에 도달하게 하기 위하여 각 개인의 능력, 필요, 학습 속도 등을 고려하여 타당한 교수·학습 방법 및 절차, 자료 등 학급 구성원 각자의 개인차를 고려하여 구성원 전원이 학습 목표를 달성하려는 데 목표를 두고 있다. 이와 같은 소집단 토의 학습은 다음과 같은 특징을 갖고 있다.

첫째, 단위 시간 학습에 대한 지식과 이해를 보다 심화시킨다.

둘째, 토의 과정을 통해서 상호 정보를 교환하고 의사소통을 거쳐서 자신의 생각을 명확하게 하고 더욱 심화시켜 나아간다.

셋째, 개인의 언어 능력을 향상시키고 집단 형성 유지에 대한 대인관계의 행동, 태도를 바르게 형성하게 해준다.

넷째, 집단 과제 수행에 관한 사고를 중시하게 되고, 집단구성원이 전원 참여하고, 전원 발표하는 능동적이고 활동적인 학습 활동 전개를 모색하게 된다.

(3) 함께 하는 학습모형(Learning Together)

소위 '함께 하는 학습모형'은 1975년 미국의 미네소타 대학교 존슨 형제에 의해서 구안되었다. 사회과 학습에서 이 모형은 각 팀이 5~6명의 이질적인 집단 구성원으로 조직되어 있으며, 주어진 과제를 협동적으로 수행한다. 학습 과제는 집단별로 부여하고, 보상과 평가도 집단별로 수행한다.

시험은 개별적으로 수행하나 성적은 소속된 집단의 평균 점수를 부여받게 되므로, 자기 집단 내의 다른 학생들의 성취 정도가 개인의 성적에 영향을 준다. 성적을 부여하는 또 다른 방법은 집단 내 모든 구성원이 정해진 수준 이상에 도달했을 때 각 집단구성원들에게 추가 보너스 점수를 부여하기도 한다.

함께 하는 학습모형에서 특이한 점은 수행평가를 시행할 때 사용하는 것처럼 집단구성원들의 협동적 행위에 대해서 보너스 점수를 부여함으로써 협동을 강조하고 있는 점이다. 학생들의 협동적 행위로는 의견과 정보 교환, 학습 과제에 대한 질의응답, 다른 구성원들을 격려하는 말과 행동, 다른 구성원들의 이해 정도를 확인하는 일 등이다.

집단을 구성하는 방법에서는 이질적인 구성원들로 하나의 집단을 구성하는데, 주로 개인의 학습 능력, 성별, 인종 등을 들 수 있다.

(4) 전문가 협동학습(Jigsaw Learning)

전문가 협동학습인 직소우(Jigsaw) 학습은 미국 텍사스 대학교의 아론손(Aronson)과 그의 동료들이 고안한 모형으로, 한때 한국의 열린 교육 전문가, 열린 교육 수행 교사들이 많이 활용하던 학습모형이다.

직소우(Jigsaw) 학습의 개발 초기에는 1954년 미국에서 흑인 차별이 폐지된 후에도 여전히 인종 간의 갈등이 첨예하였고, 이런 현상이 학교에서도 대두되어 소수 민족 학생들끼리 또래집단을 형성하여 결속을 강화하는 추세를 보여 교육적으로 바람직하지 못한 결과를 초래하였다.

Jigsaw 학습은 이러한 인종 간의 긴장을 해소시키는 하나의 학습모형으로 고안되어 인종 융화에 기여하였으며, 학습의 장이 경쟁 상태가 아닌 협동의 장으로 변하는 계기가 되었다.

원래 Jigsaw란 실톱이란 의미로, 조각 맞추기 그림 퍼즐을 Jigsaw 퍼즐이라고도 한다. 학습은 협동학습의 하위 모형으로 경쟁이 없는 상태에서 개인 상호 정보원, 학습 주체가 되어 서로 가르치고 배우는 상호 의존적인 학습 형태로서, 학습의 집단을 4~6명씩 여러 그룹으로 나누고, 교사는 각 그룹의 구성원들에게 고유번호를 부여하고 교재를 재구성한다. 학습 과제를 부여받은 학생들은 각 가정에서, 학습 집단에서 자료 수집과 조사 과정을 거쳐서 충분한 과제 해결과 학습 준비를 한 후, 그룹마다 같은 번호를 가진 학습자들끼리 모여서 새로운 그룹을 형성하여 공동의 과제를 학습하게 된다. 여기서 자신이 연구한 학습 내용을 발표함으로써 자신에게 부여된 과제를 해결하고 나서, 종합된 해결 과제를 가지고 처음의 자기 그룹으로 돌아와 전달, 협의 발표안을 작성한다. 그다음 학급 전체 구성원들에게 발표를 마치면 학습자 상호 간에 평가와 반성을 한다. 교사는 종합하여 정리해주는 과정을 통하여 자신에게 맡겨진 과제에 대해서 보다 책임감 있고 충실하게 조사하고 기록하게 된다. 누구나 가르치는 입장에 서게 됨으로써 발표에 자신이 부족한 학습자들도 발표 기회를 많이 갖게 되어 발표력 신장에 바람직한 모형이다.

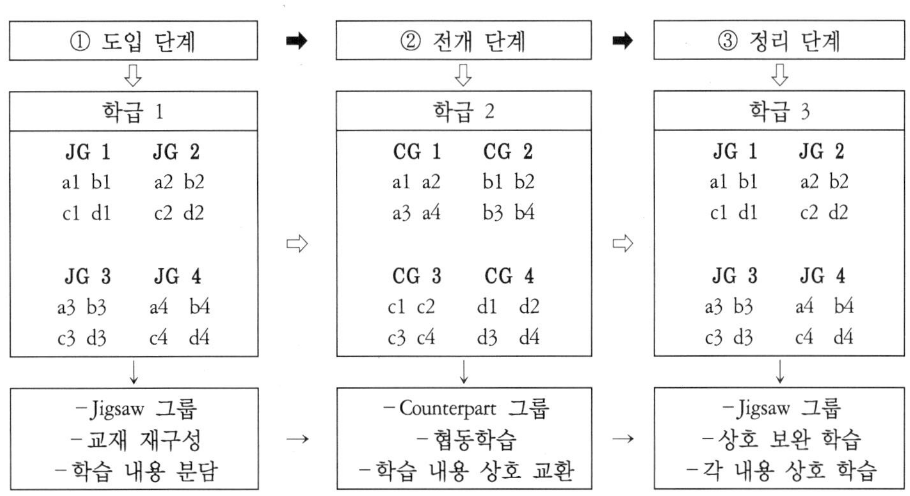

[그림 6-8] 직소우(Jigsaw) 학습 전개 과정

Jigsaw 학습을 전개하기 위해서는 소집단 구성원들이 서로의 도움 없이는 학습 진행이 불가능하도록 소집단 수만큼 나누어진 부분 자료로 재조직한 학습 자료를 특별히 고안하여야 한다. 이와 같은 Jigsaw 학습은 다음과 같은 점에 특별히 유의하여야 한다.

첫째, 전문지 작성에 있어서 나누어진 주제의 수와 분량에 따라 "전문가 활동은 가정 학습 과제로 부과하고, 학교에서는 학습 안내와 전문가 집단 활동과 발표 시간을 가질 것인가? 교실에서 모든 정보를 수집할 수 있게 할 것인가?" 등이 결정되기 때문에 주제 배분의 문제로서 소주제의 수와 분량을 특별히 고려하여야 한다.

둘째, 소집단 활동 시에 모집단에서 구성원이 공부할 주제를 충분히 인식하고 주제 분배가 원활히 이루어지도록 안내해야 하고, 조장이 잘 이끌어 나아가야 하므로, 조장의 훈련이 반드시 필요하다. 전문가로서 각자의 주제 공부가 끝나는 대로 다른 모집단에서 같은 주제를 공부한 전문 조끼리 모이는 전문가 집단으로 모인다. 여기에서 각자 학습한 내용을 검토하고 토론에 의해 부족한 점에 대해서는 서로 보완하여 소주제 내용을 충분히 학습한 다음에 모집단에서 발표할 내용을 요약, 정리하도록 하여야 한다.

셋째, 전문가 학습지 작성의 문제로서 "전문가 학습지를 어떻게 작성하여 모집단에서 자기가 학습한 내용을 효율적으로 전달하는가?" 하는 문제는 학습 목표에 얼마만큼 도달할 수 있는가를 결정해준다. 전문가 집단에서의 활동이 끝나면 학생들은 원래의 팀으로 돌아간 후에 전문가들은 주제를 자기 팀의 구성원들에게 가르칠 책임이 있다.

Jigsaw 학습은 학생들 스스로 배우는 과정을 강조하는 역동적인 협동학습 형태이다. 이와 같은 학습 활동을 통하여 학습의 깊이나 학습의 양은 학습자에 따라 다를지라도 자신의 학습 능력을 충분히 발휘할 수 있는 학생 중심 학습이 이루어지는 것이다.

6) 협동학습의 유의점과 장단점

(1) 협동학습의 유의점

① 수준이 간단한 협동학습 모형을 적용한 후, 복잡한 협동학습 모형으로 나아가도록 진행하는 것이 좋다.
② 협동학습은 학습자들의 상호작용을 극대화하는 것이므로 교사가 적절한 모형을 선택하여 제시하는 것이 바람직하다.
③ 협동학습은 교실 안팎에서 다양하게 이루어지므로 교사는 적절한 지도 방법을 구안하여 적용하여야 한다.

(2) 협동학습의 장점

① 모든 학생이 소외되지 않고 적극적으로 참여하게 된다.
② 학습자 중심 활동이 이루어지고, 토론 활동이 활발해져서 발표 및 경청(傾聽) 태도와 고급사고력 신장에 적절한 모형이다.

③ 원만한 인간관계, 대인 관계 형성의 초석이 되는 모형이다.

   (3) 협동학습의 단점

① 협동학습에 익숙하고 바람직하게 이루어지게 하기 위해서는 교사와 학습자의 많은 노력과 시간
투여가 필요하다.
② 타 수업 방법, 모형, 기법 등에 비해서 복잡하고 시간이 많이 소요된다.
③ 우리 교육 현실인 좁은 교실과 다인 수 학생 등 물리적 환경으로 말미암아 바람직한 협동학습
전개에 일정한 제약이 있다.

3. 법리 모형(Jurisprudential model · 法理 模型)

1) 법리 모형의 의미

법리 모형(Jurisprudential model · 法理 模型)은 미국 하버드 대학교 사회과 프로젝트팀에 의해서 창
안된 수업모형이기 때문에 '하버드 모형'이라고도 부른다. 법리 모형은 일종의 재판 과정을 수업모
형화한 것이다. 법리 모형은 쟁점이 되는 공공문제를 주제로 하여야 하며, 가능하면 판례가 있는 사
건 등을 수업화하는 것이 좋다. 법리 모형은 일반적으로 사건 소개, 문제의 구명(문제점 확인), 자신
의 입장 천명(가설적 입장 정하기), 입장의 상호 탐색 및 논쟁, 입장 재정리(완화) 및 수정(정리), 입
장에 대한 평가 등의 순서로 진행한다. 주로 한 학습자나 하나의 소집단에게 입장을 정하게 하고 다
수의 학습자와 교사가 질문 및 비판을 통해 논쟁을 벌이는 형식이다.
일반적으로 법리(jurisprudential)의 사전적 의미는 ① 법률학, 법리학, 법이론, 법률 지식, ② 법률 체
계, 법제, ③ 법원의 판결, 판결 기록 등으로 매우 광범위하다. 사회과는 사회사상(社會事象)을 대상
으로 한다. 즉, 복잡다단한 여러 사회현상을 학습의 내용으로 취사선택(取捨選擇)하여 적용하는 교과
이다. 그러다 보니, 사회질서와 공공의 문제를 합법적으로 원만하게 해결하는 것이 아주 중요하다.
법리 모형을 통하여 학생들은 공공문제의 갈등 상황에 대하여 바람직한 해결 방안을 숙달하게 되
고, 다른 사람들과의 대화와 타협의 방법을 모색하게 된다. 특히, 다양한 사람들에 대한 이해심과 함
께 타인의 가치관도 열린 마음으로 이해하게 된다.

2) 법리 모형의 배경과 목표

법리 모형은 처음 1950년대, 하버드 대학교의 올리버(Oliver)와 뉴만(Newmann), 유타 대학교의 세이버
(Shaver) 등에 의해서 개발되었다. 법리 모형의 기초 자료는 올리버와 뉴만의 지도하에 하버드 대학교
사회과프로젝트에 의해서 창안되었다.
사회과 교육과정에서의 법리 모형의 진정한 의미는 민주시민성 교육에 대한 새로운 개념을 제시
하였다는 점이다. 올리버와 세이버는 미국과 같은 다민족이 모여 사는 다양한 사회에서는 미국식 신

조로서 언급되는 수많은 기초적인 가치들에 대한 폭넓은 합의가 필요하다는 가정에서 법리 모형을 전개하고 있다. 즉, 인간이 모여 사는 사회 일반에서는 인간의 존엄성, 인권, 언론의 자유, 다수결과 소수의 의견 존중, 개인의 자유와 자율성 등 일반적인 가치에 대한 폭넓은 동의와 인식이 전제되어야 한다고 보고 있는 것이다.

다양한 사회사상(社會事象), 사회문제, 사회현상 등을 다루는 사회과에서는 이와 같은 가치 갈등 속에서 생활하는 학생들에게 바람직한 민주시민성을 길러주는 것이 아주 중요한데, 이러한 가치 갈등을 합리적으로 해결하는 교수·학습이 필요하다고 보고 있다. 사회생활에서의 합리적인 의사소통은 민주시민성 함양의 핵심 요소이며, 교사와 학생 간, 그리고 학생 상호 간의 비판적 대화는 실질적이고 본질적이고 핵심적인 교육과정의 목표가 되어야 하는 것이다.

일반적으로 사회과교육에서의 법리 모형은 다음과 같은 핵심 목표를 갖고 있다(최용규 외. 2007: 240).

첫째, 내려진 결론을 증명하는 것이다. 법적 사례를 통하여 결론을 증명해 보이는 것은 법리 모형을 일반화하기 위한 수단으로 활용되는 것으로 사례의 분석에서 실증주의적 접근을 받아들이고 있는 것이다. 뉴만과 올리버 등은 사례 활용을 통한 사실, 개념, 일반화 학습 형태의 구체적 모습을 지적하고 있다.

둘째, 미해결 쟁점에 대하여 학생들의 사고를 자극하는 것이다. 법리 모형에서 미해결 쟁점에 대하여 학생들의 사고를 자극하는 것은 학생들을 탐구와 토론의 장으로 이끌어내기 위한 것이다. 뉴만과 올리버 등은 법적 사례의 사용에서 탐구와 토론에 적합한 자료의 선정과 일반적인 수준과 특수한 수준 모두를 고려한 구체적인 제안을 하고 있다. 쟁점에 대한 탐구의 목적은 학생들이 정확한 대답을 발견하게 하려는 것이 아니라, 오히려 학생들이 다양한 입장을 분석하거나, 또는 하나의 입장을 취하고 그 입장에 대하여 합리적 정당화를 모색하게 하기 위한 것이다.

3) 법리 모형의 특징과 원리

사회과 법리 모형에서는 학생들의 입장에서 교수·학습을 이끄는 것이 중요하다. 따라서, 법리 모형에서는 학생들의 입장에 대한 탐색이 대화를 통해서 이루어지는 것이 중요하지만, 학생들의 다른 활동을 통하여 결국 변화해야 할 입장을 제시하도록 돕고, 논쟁 후에도 그들의 입장을 수정할 수 있도록 도와주는 것이 필요하다. 이와 같은 과정을 통하여 학생들은 실제적이고 시사적인 쟁점을 검토할 수 있는 기회를 제공받음으로써 실감나는 사회 인식을 할 수 있고, 하나의 사례에 대하여 다양한 관점을 검토하여 공공문제에 대한 총체적인 인식과 파악이 가능하도록 유도하는 것이다.

사실 사회과 교수·학습에서 학생들이 어떤 입장을 취하고 그것을 토론하기 위한 자신감을 획득하기 위한 과정이 용이하거나 신속한 것은 절대 아니다. 또한 사회과 교사의 입장에서는 법적 사례에 대하여 교사 자신이 충분한 배경지식(background knowledge)을 갖고 있어야 한다. 선택된 법적 사례에 대한 배경지식은 학생들과의 대면적 대화에 있어서 기초가 되기 때문이다.

아울러, 사회과 교수·학습에서 법리 모형이 원만하게 적용되기 위해서는 개별 학습, 소집단 학습, 협동학습, 토론 학습, 토의 학습, 일제 학습, 현장 학습 등 다양한 교수 모형, 교수 기법 적용 기능이 탁월하고 능통해야 한다. 교사의 교수·학습 진행 기술은 법리 모형의 상호작용적 특성을 살리는 것이며, 나아가 학생들이 사회과 교수·학습에 능동적으로 참여하게 하는 핵심적 요소이기 때문이다.

4) 법리 모형의 교수·학습 단계(과정)

(1) 사건 소개 단계

사회과 교사는 학생들에게 사례 자료를 제시한다. 주어진 이야기를 읽어주거나, 영화, 비디오 필름, PPT자료 등을 시청하도록 다양하게 제시하여 학습 동기와 호기심을 자극한다.

법리 모형의 사례는 가치 갈등, 가치 논쟁이 충분히 발생할 수 있는 것이 효과적이다. 학생들이 학교, 가정, 지역사회 등에서 쉽게 접하는 보편적 사례가 바람직하다. 사례를 일단 제시하고 나면, 그 사례 속에 제시된 여러 가지 사실을 분명하게 다시 점검하는 것이 좋다. 가령, 누가, 언제, 어디서, 무엇을, 어떻게, 왜 등 육하원칙에 따라 따지고 논쟁의 불씨가 어디에서부터 싹트게 되는가를 사실에 기초하여 다시금 되돌아보는 것이 바람직하다.

(2) 문제의 구명(究明) 단계

학생들은 여러 가지 사실을 종합하여 문제를 제기한다. 이때 그 문제에 관련된 가치를 구명(究明)한다. 어떤 유형의 가치인가? 상대적 가치인가? 절대적 가치인가? 가치 간의 갈등은 무엇인가? 등과 같은 가치의 성격을 구명한다. 물론, 이때까지 학생들은 결코 자신의 의견이나 주장을 내세우면 안 된다. 모든 것은 어디까지나 주어진 자료에 나타난 사실에 기초한 분석이어야 한다. 가치 갈등이 개념적인 갈등인지, 목적에 결부된 갈등인지, 과정에 관한 갈등인지 모두 사실에 기초하여 분석한다.

(3) 자신의 입장 천명 단계

학생들은 제각각 당해 문제에 대한 자신의 입장을 정립하게 된다. 그리고 각각 자신의 그러한 입장에 대한 합리적인 정당화된 주장을 내세우게 된다. 이런 입장을 학생들이 기록하게 하는 것이 바람직하다. 머릿속으로 생각에 그친 것과 실제 그것을 글로 표현한 것은 매우 다른 것이다.

(4) 입장의 상호 탐색과 논쟁 단계

학생들의 각각 입장이 정리되면, 학생들은 서로 자신의 입장을 발표한다. 그리고 상호 경청(傾聽)하면서 토의와 토론을 한다. 토론은 주로 질의응답 과정을 거쳐서 실시한다. 그것은 학생 상호 간에 또는 교사와 학생 간에 이루어질 수 있다. 특히, 이때 논쟁은 가치 구명을 위하여 다음과 같은 점에 초점을 맞추는 것이 바람직할 것이다.

첫째, 언제, 어떻게 가치가 유지되거나 그렇지 않은가?

둘째, 나타난 갈등을 다른 예를 통해 비유적으로 설명하면 어떠한가?

셋째, 그런 입장에 서게 되었을 때, 나타난 결과를 생각해보았는가?

넷째, 그 결과는 바람직한 결과인가? 바람직하지 못한 결과인가?

다섯째, 여러 개의 가치 중에서, 가장 중요한 것을 선택한다면 어느 것인가?

(5) 입장 재정리 및 수정 단계

이전 단계를 통해서 학생들은 자신의 주장을 다소 수정하게 된다. 경우에 따라서는 아주 입장을 바꿀 수도 있다. 즉, 다시 자신의 입장을 분명하게 정리하고 확립하는 일이 필요하다. 자신의 입장에 대한 정선과 방어 논리를 구비하게 되는 것이다.

(6) 입장에 대한 평가 단계

학생들은 자신의 입장에 대한 평가를 실시한다. 즉, 자신의 입장을 어떤 극단적인 경우에도 예외 없이 적용할 수 있는 것인지, 그러한 입장으로 생겨날 결과를 예측할 때, 어떤 결과가 나타나든지 책임질 수 있는지 등을 토의함으로써, 자신의 입장에 대한 평가적인 재확인을 거치는 것이다.

5) 법리 모형의 유의점과 장단점

(1) 법리 모형의 유의점

① 법리 모형의 적용에 앞서 모형의 원리와 방법을 이해하고 있어야 한다.
② 법리 모형이 공공 재판 과정을 수업모형화한 것이므로 재판 과정과 수업모형의 관계를 이해하고 있어야 한다.
③ 토론과 비판, 그리고 의견을 주고받는 상호작용을 중심으로 모형이 적용되어야 한다.

(2) 법리 모형의 장점

① 재판 과정을 통한 수업모형 적용으로 매우 관심과 흥미 있는 수업을 진행할 수 있다.
② 공공의 문제인 이슈, 시사 문제 등을 수업에 적용할 수 있다.
③ 다양한 재판 사건을 수업모형으로 적용함으로써 민주주의 사례를 직접 경험해볼 수 있다.

(3) 법리 모형의 단점

① 학생들이 법리 모형의 기본적 이해를 하지 못하면 수업 효과를 거양할 수 없다.
② 재판 과정의 수업모형에 대한 각자 역할을 충실히 이행하지 못하면 수업 효과를 거양하기 어렵다.
③ 다양한 공공의 문제는 적용할 수 있으나 지엽적인 문제에 대한 적용이 곤란하다.

4. 범례 학습모형(Das examplarische verfahren model): 사례 중심 학습모형

1) 범례 학습(凡例 學習)의 의미

현대는 지식정보화 사회이다. 사회과는 다양한 사회사상(社會事象)을 교수·학습의 대상으로 한다. 지식과 정보의 홍수 시대에 가장 기초적이고 본질적인 것을 교수·학습하도록 구안된 방법이 범례 학습(Das examplarische verfahren)이다. 범례(範例)는 예, 전형, 순수 사례, 모범, 전체를 대표하는 일부, 원형 등의 의미를 함축하고 있다.

범례 학습(範例 學習)이란, 유형을 대표하는 하나의 예를 학습하여 다른 학습 내용과 비교해 봄으로써 두 학습 내용 간의 공통 속성을 찾아내고, 그러한 공통 속성을 규칙, 법칙화하여 다른 사례에 적용시키면서 학생들이 자주적·능동적·적극적으로 학습에 임하게 된다는 논리이다.

사회과의 범례 학습은 사회현상을 다루고 그 본질을 파악하는 것이므로, 사회현상에 관한 다양한 자료들이 필요하게 된다. 사회과의 수업 자료들은 정치, 경제, 사회, 문화, 역사, 지리 등 광범위한 영역에 걸쳐서 분포하므로, 오늘날 이러한 자료의 제공에 있어서 가장 큰 역할을 하는 것이 컴퓨터를 중심으로 한 디지털(digital) 정보들이다. 디지털 정보들은 학생들에 의해 수집, 분류, 분석, 체계화 과정을 통해서 유효한 정보로 거듭나, 사회과 교수·학습에 학습 동기와 흥미를 유발하게 된다.

2) 범례 학습의 출현 배경

원래 범례 학습은 1950년대 독일에서 교재의 과잉화로 말미암아 질적 학력(學力) 저하를 극복하고자 나타난 교육 개혁 운동의 교수·학습 이론이다. 당시 교육과정 개혁 운동은 교육과정 구조화론으로 부각되어 전통적인 교육과정에 대한 근본적인 질적 혁신을 지향하는 교육내용과 방법의 현대화를 지향하였다. 미국의 교육과정 구조화 운동과 함께 독일에서도 1951년 소위 '튀빙겐 회의'의 결과, 교육과정 구조화의 일환으로 범례 학습이 시도되었다.

튀빙겐 회의에서는 교재의 과잉화에서 기인한 질적 학력 저하를 극복하려는 수단으로서 범례 학습모형이 제시되었으며, 이는 곧 내용 구성에서 교재의 구조화·정선화를 바탕으로 한 것이다. 즉, 과거와 같은 지식의 양적 확대를 지양하고, 기초적이고 본질적인 범례를 교육내용으로 선정하고, 이것의 심화를 기하기 위하여 교육과정 구성의 자유 보장을 제안하였다. 이와 같은 범례 학습은 태동 후 곧바로 일반화되지 못하고 10여 년 후부터 정착되기 시작하였다.

3) 범례 학습모형의 특징과 원리

지식기반 사회, 지식정보화 사회를 살아가는 현대인들은 그야말로 지식과 정보의 홍수 시대에 몰입되어 있다. 컴퓨터 네트워킹을 중심으로 한 인터넷은 우리에게 시시각각 새로운 정보를 제공해주며, 수많은 지식 더미가 우리 앞에 존재한다. 이와 같은 지식과 정보의 과잉 문제는 학생들에게 지식, 정보의 취사선택이라는 심각한 혼란을 야기할 우려가 농후하다.

범례 학습은 하나의 사례를 통하여 다른 유사한 사례의 속성을 유추, 간파하는 사회과의 교수·학습 방법 중의 하나이다.

범례 학습은 1950~1960년대에 걸쳐 독일에서 논의·실험되었고, 세계적으로 주목받기 시작한 교수모형이다. 처음에는 자연과학 계통의 교과서에 적용 가능한 모형으로 생각되었지만 차츰 역사, 지리 수업에서의 적용 가능성도 검토되기 시작했다.

범례 학습을 출현시킨 것은 1951년 튀빙겐에서 개최된 '고등학교 교육개혁을 위한 회의'였다고 전해진다(永井·平田, 1981). 이 회의에 출석한 대학 측 대표들은 "최근의 교교 졸업생들의 학력을 보면, 추상적이고 특수한 지식을 의미 이해 없이 암기만 하고 있다. 교재가 너무 많고 진정한 교양은 좁고 빈곤할 뿐이다. 말하자면, 비계만 많고 근육은 없다"고 고등학교 교육을 비판한다. 이 비판은 결국 교재의 정선, 교수내용의 본질적 이해를 위한 수업방법의 개발이라는 과제를 제기했고 이 과제 해결을 위한 노력의 결과로 범례 학습이라는 새로운 교수모형이 나왔다는 것이다.

범례 학습이란 교재의 과잉을 극복하려는 교재의 선정, 취급방법으로서, 빈틈없는 교재의 계통적 구성을 포기하고 그 대신 개개의 중점·농축된 대상을 교재화하려는 것이다''). 여기서 말하는 "중점"이 곧 "범례"를 의미하는 것으로서 이는 중요한 학문 체계로부터 선택된 중점이며, 단순히 학문의 이해에 그칠 뿐만 아니라 학습자의 진정한 인식의 돌파구가 될 수 있는 것이다. 즉, 범례의 중요한 특질을 탐구과정·방법을 익히는 대표적이고 전형적인 실례라는 데 있고, 따라서 범례 학습은 교육내용의 정선, 집약, 재구성 문제와 기본적으로 관련될 수밖에 없다. 과학의 구조와 논리를 중시한다는 의미에 있어서, 1950~1960년대 미국에서 주장되기 시작한 과학적 탐구학습과 같은 맥락의 연장선상에 있음을 알 수 있다.

그러나 범례 학습에서는 동시에 사물을 꿰뚫어볼 수 있는 본질 직관을 중시하고 비연속적·질적 발전이라는 인식논리를 발견할 수 있다. 범례 학습에서는 선택된 범례의 학습을 통하여 본질적인 것과의 "만남"을 기대한다. 이는 단순한 지적 인식에 머무르지 않고 학습자의 활동성, 자발성을 자극하여 정신적 발전까지를 의미하는 것이다. 범례 학습은 "실존적 만남"에 의해 지적 인식과 인격 형성의 통일을 지향한다고 하겠다. 이처럼, 범례 학습은 실존주의 교육철학에 그 이론적 뿌리를 박고 있음에 주목할 필요가 있다.

전통적 서구의 교육이론은 기본적으로 인간은 합리적 존재라는 전제 위에서 출발하고 있다. 인간은 합리적 존재이기 때문에 그의 행동 속에서 일정한 규칙성을 발견할 수 있고, 따라서 다음 행동도 예측할 수 있다는 것이다. 학습 혹은 발달도 이러한 일정한 예측 가능한 규칙성 속에서 이루어지기 때문에 그 과정은 자연히 연속적 순서 혹은 단계에 따른다.

인간은 합리적 내지 선한 존재라는 전제 위에 서 온 전통적 교육관에 대하여 실존주의의 교육관은 인간을 비합리적 존재로 파악하고, 따라서 교육의 비연속적 형식의 가능성을 제시한다. 실존 그 자체가 항상성을 갖는다기보다 순간적으로 출현하였다가 순간적으로 소멸할 수 있는 것이기에, 인간의 진정한 발달은 순간적으로 출현하였다가 출현-소멸할 수 있는 "실존적 만남"을 통하여 이루어진다고 본다. 볼노브에 따르면, "만남"이란 예측할 수 없는 것이고, 깊은 의미에서 본다면 우연한 것이다(Bollnow, 1971). 이 생각은 원칙적으로 일체의 의식적인 교육계획으로 파악하는 전통적인 교육관의 입장에서 보았을 때 "만남"을 통한 인간의 발달이란 상상을 초월하는 문제라고 보지 않을 수 없다. 즉, 실존주의 교육관은 전통적인 교육관의 일대 전환을 촉구하는 것이다.

이상과 같이 실존주의 교육관을 배경으로 하는 범례 학습은 스스로 극복하지 않으면 안 될 몇 가지 모순을 낳고 있다고 해석할 수 없다.

첫째, 객관성을 중시하는 학문의 체계 속에서 선택된 범례 학습을 통하여 주관적 성향의 "실존적 만남"을 경험케 할 수 있는가?

둘째, 기본적으로 본질 직관을 중시하는 범례 학습 방법으로 분석적 접근이 요구되는 현대과학의 정선된 내용을 효과적으로 학습할 수 있는가?

셋째, 의도적으로 계획된 프로그램에 따라 이루어지는 학교교육 속에서, 예측할 수 없는 우연한 만남-인간적 전환의 기회가 포착될 수 있는가?

넷째, 연속적 성격과 구조를 갖는 학습의 대상들, 역사적·지리적·사회적 현상들을 범례 학습의 비연속적 속성의 방법으로 학습할 수 있는가?

다섯째, 사회과학의 성과나 방법의 학습에서 인격 형성(도야)으로 단절, 비약할 때 자의(恣意)에 빠질 위험성은 어떻게 방지할 수 있는가?

위와 같은 모순 혹은 문제점을 범례 학습이 어떻게 극복하려고 하는지 그 과정을 살펴보기로 한다.

독일에서 사회인식 내지 정치교육(시민적 자질 육성을 위한 교육)을 주로 담당하고 있는 것은 역사교육이다. 독일의 역사교육은 이념적으로는 사회인식 형성이라는 지적인 측면과 시민적 자질의 육성이라는 실천적 측면을 통일하려 하지만, 실제로는 정치적 사고력·판단력의 육성에 보다 중점을 둔다는 특징을 갖는다. 이와 같은 역사교육에 범례 학습 방법을 적용할 때 어떤 과정이 전개될 것인가를 살펴보기로 한다.

예컨대, 역사학습에서 경험하게 되는 수많은 혁명들 가운데서 혁명의 기존적 속성을 갖추고 있는 프랑스 혁명을 철저히 학습함으로써 프랑스 혁명이라는 개별적 사건을 이해할 뿐만 아니라 혁명 일반에 관한 시가, 인식을 형성할 수 있다는 것이다. 전통적인 역사 수업에서와 같이 하나하나의 혁명에 관해, 언제, 어디서, 누가, 왜, 어떻게 발생되었는가를 빠짐없이 학습한다는 것은 혁명의 본질 이해에도 도움을 주지 못하고, 역사의 주체로서의 인간적 각성을 기대할 수도 없다고 본다.

프랑스 혁명이라는 개별 사건의 충실한 학습에 토대하여, 다른 혁명을 학습할 때는 프랑스 혁명과 공통점·상이점 등에 대한 비교 예측이 가능하므로 자주적이고 효율적인 학습이 전개될 수 있다. 이로서 "유형의 해명"이 가능해진다는 것이다.

개별 사건의 학습단계에서 획득된 시각, 지식은 이미 법칙성을 띤 것이었고, 유형의 해명 단계에서 법칙성이 확인될 수 있었다고 본다. 이를 다시 한번 확인하고, 때에 따라서는 수정을 가하여 혁명에 관한 역사적 법칙성을 발견하지 않으면 안 된다. 범례 학습에 있어서의 법칙성의 파악단계이다. 이 단계까지의 학문적 논리, 지식의 전이에 만족하지 않고, 법칙성과의 관련 속에서 역사적 존재로서의 인간은 어떻게 살아가야 할 것인가라는 문제에 도전하려는 데서 범례 학습의 특징을 찾을 수 있다. 자기이해, 자기결정이라는 실존적 인생관, 세계관을 갖게 하려는 것이다.

이와 같은 사회과 범례 학습의 수업과정을 정리하면 다음과 같다.

① 제1단계

유형을 대표하는 개별적인 현상, 사실을 해명하는 단계로서, 하나의 해당교재를 이해할 뿐만 아니라 그것이 대표하는 유형 전반에 통할 수 있는 일반적인 시각, 사고 기준을 획득한다. 가장 구체적인 교재를 다루지만, 이를 통해 보편적인 차원의 학습에 이르는 과정을 익히도록 한다.

② 제2단계

같은 유형에 속하는 다른 현상, 사건을 해명하는 단계로서, 범례와의 공통점, 차이점 등을 발견하고, 학습방법의 적은 능력을 향상시킬 수 있다. 이 단계의 학습에서는 학습자의 적극적인 자주성이 강조되고 학습의 간략화 내지 생략도 허용될 수 있다.

③ 제3단계

제1·2단계에서 학습한 일반적인 지식, 사고 기준을 확인, 혹은 수정하고 이를 범주화시키는 등의 방법을 활용하여 법칙성으로까지 고양시키는 단계이다. 구체적 사실의 학습 단계를 벗어나 추상적 단계에 이르렀다고 보겠다.

④ 제4단계

자기이해, 자기결정의 단계로서, 실존주의 교육철학을 배경으로 하는 범례 학습의 성격이 가장 분명히 반영되고 있다. 객관적 현상, 사실의 학습 결과 "세계와 자신과의 관계"를 이해할 수 있고, 나아가 "스스로 선택하고 결정"할 수 있게 된다는 것이다.

범례 학습은 단순한 지식 교육을 넘어 교재의 정선화 방법을 제시하는 데서 그치지 않고 인간 교육, 객관적 세계 속에서의 자기이해, 자기결정 능력의 육성을 지향한다는 점에서 대단히 중요한 교육적 의미를 갖는다. 다만, 실천적 차원에선 앞에서 지적한 모순과 한계를 노정시키고 있다. 실제로, 독일에서의 범례적 역사교육은 역사현장의 전체상 파악에 중점을 두고, 본질직관에 따른 비합리적·관념적 경향이 강하다.

범례 학습은 사회적·역사적 사실이나 현상의 전체상을 이해함으로써 자기중심적 자아를 사회적 존재로, 현재적 자아를 역사적 존재로 재발견하게 한다는 이해주의적·도야론적 입장으로 환원되고 있다고 볼 수 있다. 따라서, 범례적 역사교육이 국가주의적·정신주의적 경향을 강하게 띠어, 결국 비판적 사고력의 신장보다도 사회적응력의 신장으로 기울어 버리는 것도 당연한 결과라고 하겠다.

가령, 사회과 역사 영역의 교수·학습에서 인식하고 경험하게 되는 수많은 혁명(革命) 중에서 프랑스 혁명을 선정하여 '범례'로 삼는다. 혁명이라는 사건의 유형을 대표하는 프랑스 혁명을 철저히 학습함으로써, 프랑스 혁명이라는 개별적 사건의 이해를 심화할 뿐만 아니라, 혁명 일반에 관한 누가, 언제, 어디서, 무엇을, 어떻게, 왜 등 육하원칙에 따라 왜 사건을 일으켰는지 빠짐없이 학습한다는 것은 혁명의 본질 이해, 역사 주체인 인간의 이해 등에 전혀 도움이 되지 않는다.

그러므로 프랑스 혁명이라는 개별 사건의 충실한 교수·학습에 기반을 두고 다른 일단의 혁명을 교수·학습할 때에는 프랑스 혁명과의 공통점, 차이점 등에 대한 비교, 예측이 가능하므로 자주적이고 효율적인 학습이 전개될 수 있다.

범례 학습은 단순한 지식 교육을 넘어 교재의 정선화, 내용의 체계화 방법을 제시하는 데 그치지 않고, 객관적 세계 속에서의 자기이해, 자기결정 능력의 육성 등을 지향한다는 점에서 대단히 중요한 교육적 의미를 갖고 있다. 또한 범례 학습은 학생들의 인식 논리를 법칙성이라는 틀 속에 고정시키려는 것이 아니라, 다양한 사회현상을 분석하고 인식함에 있어서 방법 면에서 변증법적 인식 논리를 통한 자기 이해에 도달하는 것이며, 내용 면에서는 기초적이고 정선된 사례의 교수·학습을 통해서 유사한 다른 사례에 확대 적용이 가능하다는 특징이 있다.

그럼에도 불구하고 범례 학습은 실존주의 교육관을 배경으로 하기 때문에 많은 제한점을 내포하고 있는데, 이를 종합하여 제시하면 다음과 같다.

첫째, 객관성, 실증성을 중시하는 학문 체계 속에서 선택된 범례의 학습을 통하여 주관적 성향의 '실존적 만남'을 경험케 할 수 있는가?

둘째, 기본저으로 본질 직관을 중시하는데, 분석적 접근을 요구하는 현대 과학의 정선된 내용을 효과적으로 학습할 수 있는가?

셋째, 의도적으로 계획된 프로그램에 따라 이루어지는 학교교육 속에서, 예측할 수 없는 우연한 만남 기회를 포착할 수 있는가?

넷째, 연속적 성격과 구조를 갖는 학습의 대상들, 즉 역사적·지리적·사회적 현상 등을 범례 학습의 비연속적 속성의 방법으로 학습할 수 있는가?

다섯째, 사회과학의 성과나 방법의 학습에서 인격 형성으로 단절, 비약할 때 자의(恣意)에 빠질 위험성을 어떻게 방지할 수 있는가?

4) 범례 학습모형의 학습 단계와 과정

(1) 범례 학습모형의 학습 단계

① 제1단계

유형을 대표하는 개별적인 현상, 사실 등을 해명하는 단계로서, 하나의 해당 교재를 이해할 뿐만 아니라, 그것이 대표하는 유형 전반에 통할 수 있는 일반적인 시각, 사고 기준을 획득한다. 가장 구체적인 교재를 다루지만, 이를 통해서 보편적인 차원의 학습에 이르는 과정을 익히도록 한다.

② 제2단계

같은 유형에 속하는 다른 현상, 사건 등을 해명하는 단계로서, 범례와의 공통점과 차이점을 발견하고, 학습 방법의 적응 능력을 향상시킬 수 있다. 이 단계의 학습에서는 학습자의 적극적인 자주성이 강조되고, 학습의 간략화 내지 생략도 허용될 수 있다.

③ 제3단계

제1·2단계에서 학습한 일반적인 시각, 사고 수준을 확인·수정하고, 이를 범주화시키는 등 방법을 활용하여 법칙성으로까지 고양시키는 단계이다. 구체적 사실의 학습 단계를 벗어나 추상적 단계에 이른 단계이다.

④ 제4단계

자기이해, 자기결정의 단계로서, 실존주의를 배경으로 하는 범례 학습의 성격이 가장 분명하게 반영되는 단계이기도 하다. 객관적 현상, 사실의 학습 결과 '세계와 자신의 관계'를 이해할 수 있고, 나아가 스스로 선택하고 결정을 내리도록 하는 단계이다.

전통적인 범례 학습의 과정을 교수·학습의 흐름에 알맞게 재구성하면, 기본 학습, 비교 학습, 적용 학습 등으로 구분된다. 기본 학습 단계에서 학습자는 교사가 선정한 기본 사례를 통하여 속성을 파악한다. 비교 학습 단계에서는 기본 사례와 비슷한 비교 사례의 관찰을 통해서 비교 사례의 속성을 파악한다. 적용 학습 단계에서는 제시되는 적용 사례를 통해 학습 문제를 파악한 후, 비교 학습에서 정리했던 기본 학습, 비교 학습의 두 사례와의 공통 속성을 명료화시키는 과정을 통해서 법칙성을 찾고, 그 법칙성에 따라 적용 사례를 객관적으로 이해하는 단계이다.

(2) 범례 학습모형의 학습 과정

① 기본 학습

범례 학습의 기본 학습 단계는 '문제 파악 → 예상 → 기본 사례 관찰 → 검증 → 기본 사례 속성 확인' 등의 단계를 거친다. 문제 파악 단계에서는 기본 사례 제시를 통해 문제 인식 및 학습 문제 파악이 이루어지고, 예상 단계에서는 기본 사례가 가진 속성들을 예상해보는 것이며, 기본 사례 관찰 단계에서는 다양한 자료를 통한 사례 관찰이 이루어진다. 검증 단계에서는 예상했던 기본 사례의 속성을 여러 가지 증거를 통해서 확인하는 단계이다. 마지막 기본 사례 속성 확인 단계는 기본 사례의 속성을 정리하는 단계이다.

② 비교 학습

비교 학습 단계는 '문제 파악 → 예상 → 비교 사례 관찰 → 비교 검증 → 공통 속성 파악' 등의 단계를 거친다. 이것은 기본 학습 단계와 비슷한 과정을 갖지만, 몇 가지 차이점을 지닌다. 기본 학습 단계에서는 학습자가 범례 학습의 흐름을 전혀 파악하지 못한 상태에서 사례를 접하지만, 비교 학습 단계에서의 학습자는 기본 학습 단계에서 사례의 속성을 파악하는 단계를 거쳤기 때문에 가설을 설정하고 그에 부합하는 자료를 탐색하고 수집하는 시간이 기본 학습에 비해서 짧을 수 있다. 따라서, 비교 학습에서는 바로의 탐색 과정보다는 기본 학습 단계의 가설이나 속성과 비교하며 검증하고 서로의 공통적인 속성들을 찾아내는 학습이 중요하다.

③ 적용 학습

적용 학습 단계는 '문제 파악 → 법칙성 명료화 및 예상 → 적용 사례 관찰 → 검증 → 객관적 이해' 등의 단계를 거친다. 적용 학습 단계의 특징은 먼저 법칙성 명료화 과정을 거친다는 데 있다. 학습자는 전 단계 교수·학습에서 두 사례의 속성과 공통 속성을 학습했으므로, 이제 학습자는 또 다른 사례를 볼 때, 이미 습득한 공통 속성을 바탕으로 사례를 인식하게 된다. 이때 학습자들에게 있어서 공통 속성은 단순한 낱개 사례의 속성이 아니라, 비슷한 성격의 사례에 공통적으로 해당되는 속성이다. 학습자는 공통되는 속성을 법칙화시키는 과정을 거치며, 그 법칙성을 범례 학습의 마지막 단계로 보고 적용하게 되는 것이다.

<표 6-17> 범례 학습의 단계적 과정

학습 단계	교수·학습 흐름(과정)				
	①	②	③	④	⑤
1. 기본 학습	문제 파악 (기본 사례 제시)	예상하기	기본 사례 관찰	검증	기본 사례 속성 확인
2. 비교 학습	문제 파악 (비교 사례 제시)	예상하기	비교 사례 관찰	비교 검증	공통 속성 확인
3. 적용 학습	문제 파악 (적용 사례 제시)	법칙성 확인 및 예상	적용 사례 관찰	검증(법칙성 적용 및 확인)	객관적 이해

출처: 김민성, 2004: 19.

5) 범례 학습의 유의점과 장단점

(1) 범례 학습의 유의점

① 일상생활과 관련된 중요한 범례를 사회과 수업에 적용할 수 있는 능력과 자질을 함양하여야 한다.

② 무의미한 범례를 통한 학습보다 교육적인 범례를 취사선택하여야 한다.

③ 범례 학습의 교수·학습 흐름을 적절하게 적용하는 것이 바람직하다.

(2) 범례 학습의 장점

① 범례를 통하여 사회사상에 대한 이해를 쉽게 할 수 있다.

② 일상생활의 여러 범례를 통하여 일반화를 탐구할 수 있다.

③ 범례는 주변의 사례를 적용하는 것이므로 흥미를 갖고 친숙하게 학습에 참여할 수 있는 계기가 된다.

(3) 범례 학습의 단점

① 교육적이고도 유의미한 범례를 추출하기가 쉽지 않다.

② 범례 학습도 학습인 이상 수업(학습) 목표를 달성하여야 하는데, 잘못하면 목표를 간과한 흥미 위주 수업(학습)이 될 우려가 있다.

③ 기본 학습, 비교 학습, 적용 학습의 각 단계의 흐름을 이해하지 못하면 수업(학습)이 다분히 피상적으로 흐를 위험성이 있다.

④ 범례와 사회과 학습 사회사상(社會事象)을 연계하기가 쉽지 않다.

⑤ 다른 학습 방법, 학습 전략과 연계하여 수업에 적용하기가 쉽지 않다.

제5장 | 사회과 학습방법의 분류

사회과 학습방법은 사회과 수업모형과 밀접한 관계를 가지고 있다. 수업모형이 수업이 진행되는 기본적인 틀이라고 한다면 학습방법은 그러한 틀 속에서 구체적으로 전개되는 교사와 학생의 활동 모습 또는 수업이 진행되는 형태라고 할 수 있다. 따라서 학습방법은 수업모형보다 더 구체적인 것이라고 할 수 있지만, 때에 따라서는 비슷한 뜻으로 쓰이기도 한다. 예컨대, 탐구수업은 수업모형이면서 학습방법이라는 뜻으로도 쓰인다. 그러나 소크라테스식 방법은 수업모형이라기보다 대개 학습방법이라는 의미로도 받아들여진다.

교사와 학생이 수업에서 어떤 역할을 하느냐에 따라서 설명식 수업과 발견학습으로 나누어 볼 수 있다. 설명식 수업은 교사가 중심이 되어 강의, 질문, 연습문제 풀이, 학생의 이해수준 확인 등으로 학생들을 적극적으로 수업에 참여하도록 하는 교사 주도형의 수업이다. 흔히 우리가 말하는 강의식 수업이 여기에 해당되며, 교사의 우수한 준비와 강의, 조직적인 수업진행, 풍부한 학습자료 등에 의하여 좋은 성과를 낼 수 있는 장점이 있다. 그러나 이 수업은 고급사고력 함양보다 단순한 사실의 수업이나 낮은 차원의 질문에 더 적합하며, 학생들이 수동적인 상태로 머무를 가능성이 크다.

발견학습은 학생이 주도적으로 교과의 원리를 이해하고 그것을 응용하여 문제를 풀이하는 등의 과정으로 수업을 진행하는 학생 중심의 수업이다. 특정한 순서가 있어서 꼭 그대로 따라서 해야 하는 것은 아니고, 학생이 중심이 되어 있는 이러한 수업을 폭넓게 가르친다고 할 수 있다. 발견학습에서 교사가 하는 일이 전혀 없는 것은 아니다. 교사는 수업의 내용이 되는 문제를 정하고, 학습 자료를 준비하며, 학생들이 스스로 수업에 참여할 수 있도록 전체적으로 수업을 조직하여 진행한다. 탐구학습의 수업모형, 토의학습 모형 등도 발견학습의 방법을 사용한다고 볼 수 있다.

발견학습은 학생의 적극적인 수업참여를 요청한다는 장점을 가지고 있다. 이런 이유에서 최근에 특히 강조되고 있다. 그러나 수업을 진행하는 데 시간이 오래 걸리고, 학생들이 높은 참여 동기를 가지고 있지 않은 경우에는 수업이 잘 진행되지 않는 단점이 있다. 특히 우리나라와 같이 학생들이 능동적인 학습습관을 어렸을 때부터 갖지 못하고 있는 경우에는 중·고등학교에서 발견학습을 제대로 실시하기가 어려운 고충이 있다. 그러나 상황이 허락하는 대로 이러한 수업을 시도하는 것이 바람직하다고 할 수 있다.

아울러, 특정한 수업은 꼭 한 가지 수업방법만으로 수업을 할 수 있는 것은 아니라는 점에 주의할 필요가 있다. 예컨대, 개념학습은 설명식 수업으로도 할 수 있고, 발견학습의 방법으로도 할 수 있다. 다른 수업의 경우에도 마찬가지이다. 다만, 탐구학습이나 개념학습모형인 경우 상당부분을 학생들이 직접 활동하는 발견학습의 과정을 불가피하게 가지게 될 것이다. 그렇지 않으면 주입식 강의가 되어 버릴 것이기 때문이다.

특히, 2010년대 이후 한국의 사회과교육에서 강조되고 있는 STEAM 등 통섭교육(統攝敎育)은 전통적인 사회과교육의 통합교육과 매우 밀접하게 관련되어 있는 교육 방법이다. 즉, 사회과교육이 역사, 지리, 일반사회 영역의 통합, 다양한 내용의 통합, 다양한 방법(기법)의 통합을 강조하고 있는 것과 같이 통섭교육은 사회과학, 자연과학을 비롯하여 공학, 기술, 예술, 수학 등 다양한 학문과 영역, 방법(기법), 활동 등을 융합한 교육으로서의 의의를 갖는 것이다.

제1절 강의식 수업(학습)

1. 강의식 수업의 개념

일반적으로 교수·학습에서의 강의법(식)은 오랜 역사와 전통을 가진 기법으로서 모든 교수·학습 형태의 기본이 된다. 강의식 수업 기법은 일제식(一齊式) 수업의 전형적인 방식으로 교수·학습 기법은 학생들의 흥미, 요구, 능력, 욕구 등에 대하여는 큰 고려를 하지 않고 교사 중심의 주입식 방법이다. 즉, 사회에 관한 내용과 지식을 체계적인 수서에 따라 강의, 교수를 통하여 주입시키는 교과 중심 교육과정에 기반을 둔 교수 형태이다. 따라서, 교수자 1인과 학습자 다수의 일 대 다수 소통 형식인 강의식 수업은 일방적 설명식 수업으로 흐르기 쉬운 교수·학습 기법이다.

강의법은 여러 가지 다른 학습 지도의 방법이 활용되는 과정에서도 차용(借用)되는 대단히 일반적인 방법이다. 최근에 와서는 개념 학습, 계통 학습적인 성격으로 변용되어 사회과학에서 추출된 기본 개념과 유기적으로 관련 있는 구조화된 내용인 개념, 원리, 법칙 등에 관한 지도할 때 두루 활용되는 기법이다. 사회과에서 구조화된 내용의 지식을 지도하는 것은 한편으로는 사회적 기능을 신장하거나 사회적 경험을 풍부하게 해주는 데, 기저 지식을 이해시키는 데 큰 의의가 있다. 따라서, 최근 사회과교육의 강의 학습은 사회기능적인 생활 경험과 사회과학적인 지식을 유기적으로 관련시켜서 논리성 있게 체계적으로 지도하여야 한다. 그러므로 강의법은 매우 오래된 전통적인 방법이긴 하지만, 나름대로의 장점과 단점을 내포하고 있는 수업 기법이다.

2. 강의식 수업의 목적

강의식 수업은 교사가 수업내용을 잘 조직하여 체계적으로 구조화하여 언어로써 학생들에게 전달하는 방식이다. 학생들의 능동적인 활동보다는 교사가 주도적으로 수업을 하는 것이기 때문에 학습효과가 비효율적이라는 비판을 받고 있지만, 가장 손쉽게 많은 학생들을 대상으로 수업을 할 수 있다는 점에서 실제로는 오늘날에도 아마 전 세계적으로 가장 많이, 그리고 역사적으로도 가장 오랫동안 사용되어 온 학습방법이라고 할 수 있다. 강의법이 점점 줄어들고는 있지만, 우리는 강의의 단점을 줄이고 장점을 살려서 강의방법을 사용해야 할 때가 많다. 강의는 여러 가지 수업의 목표를 달성하는 데 있어서 가장 효과적인 수단의 하나이며, 많은 훌륭한 교사들이 강의를 통해서 수업을 하고 있다는 점은 부인할 수 없다. 결국 강의는 가장 전통적이고도 본질적인 수업 방법으로서, '강의' 자체가 문제가 아니라 '잘못된 강의'가 문제라고 할 수 있다.

(1) 정보의 전달

강의의 가장 중요한 기능은 다수의 학생들에게 필요한 정보를 효과적으로 전달 할 수 있다는 점이다. 강의를 통해 전달될 수 있는 정보는 여러 가지 사실, 개념, 규칙, 원리, 법칙·원리 등 여러 가지가 될 수 있다. 이때 중요한 것은 교사가 전달할 내용에 대해 숙달되어 있어야 한다는 점이다.

(2) 동기 부여

강의의 또 다른 목적은 학생들에게 감화를 주는 데 있다. 교사의 훌륭한 강의는 학생들에게 동기를 부여하여, 새로운 인생의 목표를 세우게 한다든가 특정한 분야에 대해 학습하고자 하는 의욕을 불러일으키기도 한다. 마치 한국 최초의 우주인인 이소연 박사(한국우주항공연구원 연구원)의 이야기를 듣고 감화를 받은 학생이 이소연 박사에 관련된 과학과 우주에 대해 알기 위해 자료를 찾아보고, 나아가 이소연 박사를 자신의 역할 모델로 삼고자 다짐하는 등의 효과를 기본적으로 강의를 통해 얻을 수 있는 것이다.

(3) 반성적·비판적 사고의 개발

흔히들 강의법은 단순 암기를 강조하고 사고력의 발전에 저해되는 교수법으로 알려져 있지만, 강의를 통해서도 비판적 사고를 개발할 수 있다는 점이 알려지고 있다. 교사가 제시하는 새로운 정보나 새로운 해석을 통해 학생들은 사물을 새로운 관점에서 볼 수 있는 안목을 가질 수도 있다. 또 교사가 강의 도중 간간이 던지는 날카로운 질문은 학생의 사고를 자극하여 생각을 명료화하고 비판적 문제제기를 할 수 있는 능력을 기를 수 있다. 나아가 논리적 흐름을 갖춘 수업을 통해 학생들은 교사들의 사고과정을 간접 경험할 수 있다.

3. 강의식 수업의 장점

① 중요한 많은 정보를 다수의 학생에게 체계적으로 전달하는 데 매우 효과적이다. 양적인 면에서는 매우 효과적이라고 할 수 있다.
② 훌륭한 강의는 학생들의 주의를 집중하고 큰 감명을 줄 수 있다.
③ 복잡한 문제를 소개하는 서론 격으로 사용할 때 강의는 효과적인 수단이 될 수 있다.
④ 학생에게 인기가 없으나 중요한 내용을 종합하여 교수할 필요가 있을 때 강의는 유용한 수단이 된다.
⑤ 학생들의 전체 통제가 용이하고, 학급 관리가 비교적 쉽다.
⑥ 복잡한 학생들의 개인적인 요구에 응하는 수업을 준비하는 것보다 전체를 대상으로 하는 강의의 준비가 오히려 용이하다.
⑦ 수업 자료, 매체가 별로 필요하지 않고, 대부분의 내용을 설명·강의로 진행한다.
⑧ 강의는 학생들에게 하나의 모형을 제공할 수 있다.
⑨ 강의는 학생들이 기대하는 정보를 제공함으로써 학생들에게 안정감을 줄 수 있다.
⑩ 짧은 시간 동안 많은 정보를 전달할 수 있다.
⑪ 학습의 과정을 통제하기 쉽다.
⑫ 새로운 개념에 대해 전반적 소개를 하기에 유리하다.
⑬ 노트필기와 청취능력을 기르기에 유리하다.
⑭ 사실이나 정보를 하나의 논리적 흐름에 조직하여 시간의 흐름이나 개념의 관련성을 파악하기에 유리하다.
⑮ 학습자가 인지는 많이 하게 되지만, 실제 생활 적용 능력은 오히려 미미할 경우가 많다.

⑯ 교사 중심의 다양한 수업을 전개할 수 있다.
⑰ 수업 계획에 따른 수업 전개를 충실히 할 수 있다.

4. 강의식 수업의 단점

① 학생이 수동적인 위치에 머물게 된다. 학생의 참여가 한정되어 있다.
② 학생들의 주의집중을 유지하기가 쉽지 않다. 대개 20분이 주의집중 유지 가능 시간으로 알려져 있지만, 이것으로는 부족하다.
③ 좋은 강의를 준비하는 데 시간이 많이 걸린다.
④ 수강한 정보와 지식을 망각하기 쉽다.
⑤ 상당수의 학생들은 강의에 흥미가 없다. 흥미·관심을 자극할 만한 자료와 수단이 부족할 경우 지루하기 쉽다.
⑥ 강의는 정보의 획득과 같은 저금차원의 사고력에 적합하고, 분석, 종합, 비판, 창조, 의사결정과 같은 고급사고력의 향상에는 적합하지 않다.
⑦ 좋은 강의는 언어적 표현, 조직과 구성력, 자신감 등 몇 가지 조건과 능력을 가진 사람이 할 수 있는데, 이러한 사람이 흔하지 않다.
⑧ 자칫 낮은 수준의 지적 기능인 암기에 치우칠 가능성이 높다.
⑨ 학습자의 자율성과 창의성이 무시되기 쉽다.
⑩ 학습자의 학습 진행 정도를 확인하기 어렵다.
⑪ 정서적 영역이나 운동 기능적 영역을 소홀히 하기 쉽다.
⑫ 개인적 욕구를 확인하거나 충족하기 어렵다. 상호작용이 부족하여 흥미를 잃기 쉽다.

5. 강의식 수업의 지침과 조건

① 청중의 흥미와 배경 등 특징을 잘 알고 있어야 한다.
② 제목을 너무 광범하게 잡지 말고 초점을 맞추어라. 사례를 들어 설명한다.
③ 개요를 만들어서 조직화하고, 칠판, 프로젝터 등을 통하여 청중이 알게 한다.
④ 기존의 관점을 새롭게 조명하거나 확장할 때, 학습한 내용을 점검하거나 요약할 때 사용한다.
⑤ 강의 내용을 구조화하고, 그래프, 차트, 그림, 필름 등의 자료를 사용하여 설명한다.
⑥ 녹음기, 음악 등의 음성을 사용한다.
⑦ 설교 시간이 아닌 한, 논쟁에서 중립적 입장을 취한다.
⑧ 말은 천천히, 명백하게, 큰 소리로 한다. 지나치게 비약적인 행동과 말을 하지 않는다.
⑨ 질문과 코멘트를 위해 잠시 중단하면서 한다.
⑩ 중요한 내용에 대해 말할 때, 순간적으로 말을 멈춘다든가, 목소리 톤을 변화시킨다든가, 제스처를 쓴다.

⑪ 간결하고 동기를 높이는 서론으로 시작한다.

⑫ 중요한 것은 강조하고 시시한 것은 최소로 줄인다.

⑬ 유머를 하되, 유치하게 하지 않는다. 유머는 내용을 쉽게 이해하고 오래 기억하게 하는 데 도움이 된다. 청중이 생각할 여유를 갖게 자주 쉰다.

⑭ 성공적인 강의의 조건으로 명료함과 함께 열정적으로 한다.

⑮ 읽지 말고, 이야기를 한다. 메모를 보지 말고, 청중을 본다. 다음 단계로 넘어가기 전에 학생의 이해 여부를 점검한다.

⑯ 한 강의를 통해서 전달될 가장 적절한 주제의 수는 3개에서 5개가 적절하다.

⑰ 엄지손가락으로 제 일번을 가리키는 것처럼 손짓이나 몸짓을 사용한다.

⑱ 중요한 질문이나 코멘트를 무시하지 않는다. 정확한 요약을 한다.

⑲ 메모를 하거나 정보를 종합하는 등의 기술을 학생들에게 가르친다.

⑳ 항상 자기 자신의 강의를 자기가 스스로 평가하는 것을 게을리하지 않는다.

6. 강의식 수업의 단계

일반적으로 강의식 수업의 단계는 ① 도입 단계 ⇨ ② 전개 단계 ⇨ ③ 정리 단계 등의 순으로 진행된다. 강의식 수업의 단계는 낚시 바늘, 줄, 추로 비유해볼 수 있다. 낚시 바늘은 도입에 해당되는 부분이고, 줄은 본론, 추는 정리 부분에 해당한다.

① 도입(낚시 바늘): 주위를 환기하고 선행조직자를 제시한다.

② 전개(줄): 많지 않은 주제로 한정되어야 하며, 주제별로 풍부한 예가 준비되어야 한다. 또한 내용의 연결이 논리적으로 매끄러워야 한다.

③ 정리(추): 주요 논점에 대한 요약, 학생들의 이해 여부 점검, 강의 내용을 다른 상황에 적용해 보는 등의 활동을 한다.

7. 강의식 수업의 유의점

① 교사는 강의식 수업을 진행하여야 할 주제와 내용을 적정하게 선정하여야 한다.

② 교사는 지나친 권위주의를 지양하고, 학생들의 개성과 개인차, 그리고 가급적 창의적인 사고 활동, 학습 활동 참여를 조장하여야 한다.

③ 교사는 강의 내용에 진실성, 참신성, 시사성, 정확성을 기하여야 한다.

④ 교사는 학생들의 반응에 따라 세부 기법을 다양하게 변형시켜서 타 학습 형태와 병용(竝用)하여야 한다.

⑤ 교사는 필요에 따라서는 시청각적 자료, 또는 실증적 자료 등의 활용을 통하여 역동적인 학습을 보완하여야 한다.

⑥ 교사는 개념, 원리, 법칙 등의 지식을 설명하는 경우에도 실제적인 사회적 사상에 유기적으로

관련시켜서 사회적 기능의 능력 배양에 관심을 가져야 한다.

⑦ 교사의 강의의 정리 단계에서 정리, 수행평가, 발전·심화시키는 과정을 효과적으로 잘 마무리
하여야 한다.

⑧ 교사는 강의 학습으로 지도를 하려고 할 때, 학습 문제에 대하여 예습과 복습 등 교재 연구를
충실히 하여야 한다.

⑨ 다인수 학습자를 대상으로 하기 때문에 학습자의 흥미와 관심을 끌 수 있는 기법을 연구하여
적용하여야 한다.

제2절 토론 학습(討論 學習)

1. 토론의 목적

수업에서 토론을 하는 목적은 여러 가지가 있을 수 있다. 무엇보다도 토론은 민주주의의 핵심적
장치로서 토론을 어떻게 하는지를 배운다는 것은 민주시민의 자질을 함양하는 가장 중요한 수단이
된다. 그 밖에도 토론은 다음과 같은 교육적 가치가 있다.

① 사고를 자극하는 질문
② 결론이 주어지지 않는 대화
③ 언어적 상호작용의 실습
④ 안내된 지식의 전이
⑤ 문제를 제기하는 대화

2. 토론의 전제 조건

사회과 수업과 학습에서 토론이 활성화되려면 반드시 전제되어야 할 점이 상대주의, 논증적 사고,
협조적인 의사소통 등이다.

1) 상대주의(相對主義)

토론이 성립하려면, 토론에 임하는 당사자들이 상대방도 옳을 수 있고, 나도 옳을 수 있다는 점을
전제해야 한다. 개방적 사고, 배려하는 마음이 전제되어야 하는 것이다. 나만 옳고 상대방은 무조건
잘못되었다는 것을 전제하고 토론에 임했을 경우 이는 상대방을 굴복시키기 위한 언어폭력에 지나
지 않게 된다. 토론은 여러 가지 가능한 대안을 제시하고 그 가운데 보다 나은 대안을 찾아 합의에
이르는 과정이라 할 수 있다.

토론에서 하나의 정답을 찾기보다는 여러 가지 대안 중에서 최선의 것을 찾아야 하는 이유는 일

상적 상황에서는 문제에 대한 정답을 찾기가 어렵거나 불가능하기 때문이다. 우리가 소크라테스가 죽는다는 것을 아는 것은 '모든 사람이 죽는다(대전제)', '소크라테스는 사람이다(소전제)'라는 확실한 전제들이 있기 때문이다. 그러나 일상의 상황에서 발생하는 문제들, 특히 사회과의 소재가 되는 문제들의 경우 이렇듯 확실한 전제가 주어지는 경우가 거의 없다. 예를 들어 낙태를 허용할 것인지 말 것인지에 대해 토론한다고 했을 때, 태아를 인간으로 볼 수 있는지 아닌지, 태아의 생명이 소중한지 여성의 인권이 소중한지 등 주장의 근거가 될 수 있는 전제들도 어느 것이 꼭 옳다고 말할 수 없는 것들이다. 때문에 정답을 찾기 보다는 여러 대안 가운데 가장 나은 것을 고르는 것이 보다 현명한 선택인 것이다.

2) 논증적 사고(論證的 思考)

토론을 통해 여러 가지 대안을 비교하여 최선의 대안을 찾기 위해서는 논증적 사고가 필요하다. 논증적 사고란 어떠한 주장의 건전성을 판단하는데, 주장이 근거하고 있는 전제의 타당성에 근거하여 주장을 평가하는 과정을 말한다. 때문에 토론에 참여하는 사람들이 어떤 주장을 하기 위해서는 반드시 그 주장의 근거를 제시해야 한다. 논증적 사고가 전형적으로 작용하는 곳이 법정이다. 법정에서 채택하고 있는 재판의 원리가 '증거재판주의'인데, 즉 법정 내에서 어떤 주장을 내세우기 위해서는 반드시 증거를 제시하여야 한다는 것이다. 가령, 검사가 피고가 피해자를 고의로 살해했다는 것을 주장하기 위해서는 피고의 고의성을 가지고 살인을 했다는 점과 또 피고가 한 행위가 피해자를 사망에 이르게 했다는 점을 증명하는 증거를 제시해야 한다. 법정에서뿐만이 아니라 국회와 같은 공적인 토론의 장에서도 이러한 논증적 사고가 반드시 요구되며 공적인 토론의 장이 아니더라도 주장을 제기하기 위해서는 반드시 증거를 제시할 의무가 토론의 참여자에게 부여된다.

3) 협조적인 의사소통(意思疏通)

토론의 목적이 상대방을 굴복시키기 위한 것이 아니라 보다 나은 대안을 모색하기 위한 과정이라 했을 때, 토론 당사자들 간에 협조적인 의사소통이 필수적이라 할 수 있다. 토론은 싸우는 것이 아니라 서로의 의견 차이를 좁혀가는 과정이다. 영국의 저명한 분석철학자인 그라이스(H. P. Grice)는 협조적인 대화의 조건으로 다음 네 가지를 제시하였다.
① 양: 더도 말고 덜도 말고 딱 필요한 만큼만 말하라.
② 질: 스스로 잘못되었다고 생각하거나 증거가 없는 이야기는 하지 마라.
③ 관계: 토론의 주제와 관련이 있는 말만 하라.
④ 매너: 논리정연하고, 간결하고, 명확하게 말하라. 모호한 말은 하지 마라.

그라이스가 제시한 원칙들은 토론 시에 토론의 쟁점들보다는 의사소통상의 모호함 때문에 생길 수 있는 논란의 소지를 제거하는 데 효과가 있다. 명료한 의사소통을 함으로써 그만큼 효과적인 토론이 이루어질 수 있고, 토론 당사자들 간의 지적인 성장에도 도움이 된다는 것이다. 한편, 독일의 저명한 철학자 하버마스(J. Habermas)는 대화가 순조롭게 진행되기 위해서는 다음 네 가지 조건이 충족되어야 한다고 주장한다.

① 이해 가능한 것을 말하고 있는가?
② 말하는 자가 진지한가?
③ 말하는 것이 진실인가?
④ 말하고 있는 가치, 규범, 증거에 대해 말하는 자와 듣는 자가 동의하는가?

첫 번째와 두 번째의 조건은 토론이 이루어질 수 있는 최소한의 조건이라고 할 수 있다. 서로가 말하는 것이 무슨 말인지 모르고, 또 상대방의 진실성에 대해서 믿을 수 없다면 대화란 이루어질 수 없다. 그러나 세 번째와 네 번째의 조건은 일상적 대화 상황에서 쉽사리 중독되기 어렵다. 무엇이 진실인지에 대해서, 또 가치, 규범, 증거에 대해서 이를 바라보는 당사자들의 가치관, 권력관계, 이데올로기, 무지, 편견에 따라 생각이 달라질 수 있기 때문이다. 이러한 현실에서 왜곡되지 않고 편견이 제거된 상태에서 진실을 찾아낼 수 있는 생산적 토론이 이루어지려면, "이상적 담화상황"이 필요하다고 하버마스는 주장한다. 그렇다면 이상적 담화상황이란 무엇인가?

① 모든 토론 당사자, 즉 교사나 학생이나 평등한 지위와 권력을 가지며 따라서 대화가 한쪽에 의해 비대칭적으로 지배되어서는 안 된다.
② 토론 당사자는 어떠한 진술 내용에 대해서도 언급하거나 문제를 제기할 수 있으며 어떠한 이론적·윤리적 입장에 대해서도 의문을 제기할 수 있다.
③ 모든 관심사가 표출되어야 한다.
④ 대화가 시합으로 돌변해서는 안 된다. 투표, 토론시합, 기타 전략적 행위 등은 금지된다.
⑤ 토론의 규칙의 합의가 이루어질 때까지 최선의 주장에 따르는 것이다.

3. 토론 시 교사의 역할

1) 교사의 불편부당성(不偏不黨性)·가치 중립성(價値 中立性)

토론에 있어서 중재를 맡아야 할 교사는 절대적인 중립을 지켜야 한다는 것이 일반적 통념이라 할 수 있다. 그러나 실제 토론을 진행하다 보면 절대적인 중립을 지킨다는 것이 대단히 어렵다는 것을 알 수 있다. 특히 민감한 주제를 다룰 때 교사의 얼굴표정, 목소리, 단어 선택, 어감 등 하나하나가 경우에 따라서는 얼마든지 편파적인 것으로 해석할 수도 있다. 나아가서 중립을 가장해서 어느 한편에 유리한 토론이 되도록 하는 경우도 있다. 때문에 교사는 중립성보다는 불편부당성을 자세로 취하는 것이 바람직하다. 불편부당성이란 토론의 쟁점에 대해 마치 아무 생각이 없는 것처럼 행동하기보다는 필요할 때 교사의 생각을 말하고 합당한 근거를 제시함으로써 학생들에게 올바르게 토론하는 법을 보여 주기도 하고, 또 학생들이 교사의 생각에 합리적으로 반대할 수 있는 훈련의 기회를 제공할 수도 있다. 한편 켈리(T. E. Kelly)는 토론을 중재하는 교사의 유형을 다음 네 가지로 구분하고 있다.

① 배타적 중립형: 교사는 토론을 형식적으로 진행할 뿐 토론에 개입하지 않는다.

② 배타적 편향형: 교사가 토론에 적극 개입하여 자신의 가치를 주입한다.

③ 중립적 불편부당형: 토론에 개입하여 토론을 원활히 이끌되 자신의 입장을 밝히지 않는다.

④ 적극적 불편부당형: 필요한 경우 교사가 자신의 의사나 생각을 말하고 학생들이 이에 대해 합리적으로 반대할 수 있도록 유도한다.

2) 토론의 진행

토론의 진행에 있어서 교사는 다음 여러 가지 역할을 수행할 수 있다.

① 조정자: 토론이 원활히 진행될 수 있도록 토론을 감독해야 한다. 토론이 격해질 경우 상대방의 주장보다는 인격에 초점을 두고 서로를 공격하는 경우가 발생한다. 교사는 토론에 있어서 반칙이 이루어지지 않도록 감독해야 한다.

② 중재자: 토론에 익숙하지 않은 학생들은 자칫 토론의 쟁점을 발견하지 못하거나 정확한 의사소통이 되지 않아 밋밋한 토론 혹은 겉도는 토론으로 일관되기 쉽다. 교사가 적극 개입하여 토론의 쟁점을 제시하고 이를 중심으로 활발한 의견교환이 이루어질 수 있도록 중재할 수 있다.

③ 제안자: 토론에 있어서 교사가 새로운 의견을 제안하고 이에 대해 찬반 여부를 토론하도록 이끌 수 있다.

④ 악의 대변인: 교사가 잘못된 입장을 일부러 대변하여 학생들이 그 입장의 문제점을 스스로 찾아낼 수 있도록 훈련하기도 한다. 예를 들어 교사가 남북전쟁 당시 남부의 백인 입장이 되고 이를 학생들에게 비판하게 하는 방식의 토론을 벌일 수 있다.

3) 배경 지식(背景 知識)

배경지식이 충분하지 않은 상태에서의 토론은 섣부른 문제해결이나 결론을 이끌어낼 수 있다. 토론은 갈등해결의 수단이 되기도 하지만, 주제에 대한 가장 효율적인 학습의 수단이 될 수도 있다. 충분한 배경지식을 바탕으로 토론을 진행한다면, 해당 분야에 대한 깊이 있고 살아 있는 지식을 얻을 수 있는 기회가 된다.

4) 주제의 선택

토론의 주제는 다양할 수 있지만, 사회과에서 중요시하는 주제는 인류의 항구적 문제와 관련된 주제들이라 할 수 있다. 예를 들어 '사형제도는 폐지해야 하는가, 존속해야 하는가?'와 같은 과거에서부터 현재에 이르기까지 지속적으로 논란이 되어온 문제들이 그 예이다. 이러한 주제들은 그 해답이 항상 열려 있으면서 인간의 본질적 문제와 관련된 가치갈등을 잘 보여 주는 사례들이다.

토론 학습에서 사회과 교사는 학생들에게 토론의 방법과 참여 기법, 요령 등을 가르치고, 학생들 스스로 바람직한 결과 도출을 위해 토론하도록 친절하고도 다정다감한 토론 관리자, 토론 지원자가 되어야 한다.

4. 토론을 통한 학습

토론은 사회적 갈등을 해소하거나 민감한 쟁점을 이해하는 데 도움이 되기도 하지만, 고전을 이해하거나 교재를 학습하는 데에도 도움이 된다. 다음에서는 평소에도 학생 스스로 자발적으로 활용할 수 있는 토론을 통한 학습방법은 다음과 같은 과정이 바람직하다.

1단계: 체크인(2~4분), 토론에 들어가기 전에 분위기 형성, 친숙해지기

2단계: 어휘 점검(3~4분), 모르는 용어의 정확한 의미에 대해 숙지

3단계: 저자의 메시지에 대한 일반적 진술(5~6분), 저자가 말하고자 하는 바를 간략하게 요약

4단계: 주요 주제 및 하위 주제에 대한 확인 및 토론(10~12분), 작품의 큰 주제와 작은 주제들을 정리하여 작품의 내용을 요약·이해

5단계: 다른 작품에의 적용·비교(15~16분), 다른 고전적 관점이나 비슷한 작품과의 유사점과 차이점을 비교

6단계: 자신에게 적용(10~12분), 작품의 내용을 자신의 사람에 적용하여 이를 자기 언어로 표현할 수 있다.

7단계: 작가의 글에 대한 평가(3~4분), 저자의 작업에 대한 전반적 평가

8단계: 집단 및 개인 활동 평가(7~8분), 토론을 통한 집단 학습의 과정을 평가

5. 대집단 토론과 소집단 토론

토론을 하는 구성원의 규모에 따라서 대집단 토론과 소집단 토론으로 나눌 수 있다. 대집단토론은 다음과 같이 다시 나누어진다.

① 포럼: 많은 참여자를 대상으로 하여 강의, 논쟁, 토론 등을 진행하는 것을 통틀어서 하는 토론의 모습이다.

② 논쟁: 포럼에서 찬성이 반대를 중심으로 발표하는 방식이다.

③ 버즈 집단: 포럼에서 대집단을 몇 개의 소집단으로 나누어 소주제를 연구하게 하고, 전체 앞에서 발표하게 하는 방법이다. 대집단이면서도 소집단의 장점을 살리는 특징이 있다.

한편, 소집단 토론의 대표적인 형태는 다음과 같다.

① 원탁토론: 4~7명이 원탁에 앉아 자유스럽게 토론하는 형식으로 진행하는 것이다. 원탁토론은 대표적인 소집단토론이지만, 대규모의 청중들이 참여하여 이들의 토론을 관찰하는 경우에는 좋은 효과를 얻을 수 있다.

② 심포지엄: 큰 주제를 몇 개의 소주제로 나누고 미리 준비한 발표자들이 발표하는 형식을 갖춘 소집단의 토론방법이다. 원탁토론이 비형식적인 측면이 있다면, 심포지엄은 이를 형식화한 것이라고 할 수 있다. 심포지엄에 많은 청중이 참여한다면 대집단을 대상으로 한 포럼이 된다.

6. 토론 학습의 유의점

사회과교육에서 토론 학습을 효과적으로 하기 위하여 유의해야 할 사항과 교사의 토론 지도 시의 유의사항을 제시하면 다음과 같다.
① 타당성 있는 근거를 제시하라.
② 제시한 근거의 한계를 인정하라.
③ 다른 사람이 제시한 자료를 확인하거나 검증하는 정보를 제시하라.
④ 한 때는 하나의 주제(일 시 일 주제)에 대해서만 집착해라.
⑤ 자기에게 던져진 질문의 뜻을 명확하게 이해하라.
⑥ 모든 논의를 비판적으로 분석하라.
⑦ 사실과 의견을 구분하라.
⑧ 의미의 차이와 실질적인 내용의 차이를 구분하라.
⑨ 상대방을 공격할 좋은 계획을 세워서 토론하라.
⑩ 남의 의견에 경청하라.
⑪ 잘못이 인정되면 의견을 바꾸는 데 인색하지 마라.
⑫ 지도력을 존중하라.
⑬ 의견이 일치하는 것을 명백히 하라.
⑭ 비판의 가운데서도 집단의 조화를 증진하도록 노력하라.
⑮ 타인의 고언을 인정하라.
⑯ 전체의 문제해결에 도움이 되는 경우를 제외하고는 개인행동을 하지 마라.
⑰ 토론이 서로 즐겁게 되도록 노력하라.

7. 토론 학습의 장점

① 민주적인 학습 방법으로 민주시민의 기본적 자질 함양에 바람직하다.
② 사회생활, 인간관계, 대인관계의 기본적 태도를 익히게 된다.
③ 창의력과 탐구력 등 고급사고력 신장에 바람직하다.

8. 토론 학습의 단점

① 토론의 규칙과 절차에 대한 이해와 준수 태도가 명확해야 한다.
② 상대방에 대한 예절을 준수해야 하고 역지사지(易地思之)의 입장에서 상대방에 대한 배려가 전제되지 않으면 안 된다.
③ 학습자가 흥미를 갖고 참여할 수 있는 토론 학습 주제와 교육과정상의 수업 목표를 연계하기가 쉽지 않다.

9. 토론 지도의 개선 방안

① 개방적인 분위기를 형성하라.
② 계획을 세우고, 계획에 따르라.
③ 요약을 정확하게 하라.
④ 모호한 점을 명백하게 하라.
⑤ 비판적인 평가를 격려하라.
⑥ 소수의 의견을 보호하라.
⑦ 주제와 관계없는 갈등을 최소화하라.
⑧ 토론을 평가하라.
⑨ 학생들이 효과적으로 참여하고, 토론의 지도자가 되게 하라.
⑩ 이상의 역할을 제외하고는 교사는 불필요한 간섭을 피하라.

제3절 토의 학습(討議 學習)

1. 토의 학습의 개념

민주시민으로서의 자질 함양을 강조하고 있는 사회과의 학습 지도에 있어서, 토의 학습 방법은 매우 중요한 학습 형태이다. 민주사회에서 훌륭한 시민이란, 자기의 의사 표시를 올바르게 잘 할 수 있어야 하며 다른 사람들의 의견과 주장을 적극 수용하는 자세를 가져야 한다. 또한 다른 사람의 의견을 존중하는 태도를 가져야 하며, 여러 가지 집회 활동을 하는 데에 리더로서 회의 진행 요령이라든가 토의 방법 등을 유능하게 수행할 수 있는 능력을 구유하여야 한다. 따라서, 사회과의 토의 학습은 민주시민의 자질 함양과 능력 향상에 중요한 학습 방법이다. 그리고 토의 학습의 기능은 여러 가지가 있다. 특히, 토의 학습은 자기의 의사를 명확하게, 알아듣기 쉽게 표현하게 해주며, 민주적·자주적·논리적 사고 기능을 신장시켜 준다. 아울러, 타인의 의사를 존중하며 집단 의견 존중과 협동 정신을 길러준다.

2. 토의 학습의 특징

여러 사람이 공동으로 관심을 가지고 있는 문제에 대하여 서로 의견을 말하고 들으면서 문제의 해결을 모색하는 수업의 형태가 토의 학습 또는 토론식 수업이다. 토론이라는 말은 토의라는 말과 거의 같은 뜻이지만, 토의라는 말은 서로 의견을 나눈다는 뜻이 강하고, 토론이라는 말은 서로 대립되는 의견을 교환한다는 뜻이 강하다. 수업방법으로서는 토의 학습이라는 말을 일반적으로 더 쓰고 있다.

토의 학습은 여러 가지 형태로 나누어진다. 개방성의 정도에 따른 열린 수업과 닫힌 수업, 수업의 목표에 따른 지도적 토의와 반성적 토의, 운영방법에 따른 문답식, 심포지엄식, 포럼식 토의, 교사와 학생의 역할에 따른 복습식, 소크라테스식, 세미나식 토의 등 매우 다양하다.

3. 문답식 토의와 복습식 토의

문답식 토의는 가장 기초적이고 간단한 토의 수업의 형태이다. 높은 사고력이나 가치문제의 대안을 모색하는 것보다도 사실과 관련된 기초적인 지식을 내용으로 하는 데 적합하다. 교사가 학생들을 향하여 질문을 하면 학생들은 그냥 앉아서 대답하거나 아니면 손을 들고 교사의 지명을 받아서 대답을 하는 형태다. 우리나라의 초등학교나 중학교의 교실에서 부분적으로 실시되고 있다. 손쉽게 사용할 수 있는 장점이 있는 대신 창의적이고 깊이 있는 토론을 하기 어려운 단점이 있다. 또 학생들의 호응이나 적극적인 참여도 문제가 된다.

이 방법은 일본에서는 초등학교와 중학교에서 주된 수업방법으로 사용되고 있고, 학생들의 호응도가 매우 높다. 일본의 학교에서는 교사가 학생들에게 손을 들라고 하면 많은 학생들이 일제히 손을 들고 교사의 지명을 기다리는 광경이 매우 인상적이다. 교사는 손을 든 학생 중에서 한 학생을 지명한다. 지명(指名)을 받은 학생들의 반응이 맞을 때까지 교사는 이 과정을 반복한다. 대부분의 학교에서 학생들은 자기의 생각을 집단에 동조하여 맞추어가는 일본 특유의 사고화 과정을 겪게 되는 중요한 의미를 가지고 있다고 분석한다.

1960년대 초에 하버드 대학교에서는 논쟁 문제에 관한 실험 수업을 할 때 교수 방법을 복습식 토의와 소크라테스식 토의, 패널식 토의 등으로 크게 나누어 실시하였다. 복습식 토의는 설명식 토의라고도 하는데, 학생들에게 미리 공부를 해오도록 과제를 주고, 그 내용과 관련하여 교사가 여러 가지 분석적이고 창의적인 질문을 하고, 학생들이 대답하는 토의방식이다. 교사가 주도적인 역할을 하면서 학생들에게 질문을 한다는 점에서 문답적 토의와 비슷하지만, 복습식 토의에서는 교사의 도전적인 질문이 있고, 학생들은 자기의 주장이 되는 근거를 밝히고, 가치관련 문제에 대한 대안을 제시하는 등 차원 높은 사고력과 관련된 주장을 하게 된다.

이에 비하여 소크라테스식 토의는 학생들이 어떤 문제에 대해서 먼저 자기의 분명한 입장을 정하고, 그러한 자기의 입장을 근거를 제시하면서 주장을 진술해가는 과정에서 교사와 학생들이 서로 끊임없이 질문과 대답을 해가면서 깊이 있게 문제를 토론하는 수업의 형태이다. 주어진 문제에 대한 근거를 제시하고 논의를 전개해 간다는 방향은 있지만, 구체적인 과정이 미리 정해진 구조적인 수업은 아니다. 따라서 깊이 있게 문제를 파헤친다는 장점은 있지만, 토론의 초점이 흐려질 단점이 있다. 교사는 되도록 문제의 답을 제시하지 않고, 학생들 스스로가 발견할 수 있도록 대화에 참여하는 것이 중요한 역할이다. 이러한 수업방법은 미국의 초·중등학교에서 많이 행하여지는데 학생들이 경쟁적으로, 그리고 매우 당당하게 자기의 의견을 발표하는 것이 특징이다. 이러한 모습은 자유주의와 개인주의가 강한 미국의 문화적 풍토에 적합하다고 할 수 있다. 물론 이와 같은 경향과 추세는 한국 사회과교육의 토의학습에도 일반화되고 있으며, 일반적인 방법으로 수용되고 있는 추세이다.

4. 토의학습 모형과 과제

사회과교육에서 21세기 지식기반 사회, 세계화·정보화 시대를 맞아 토의 학습은 더욱 강조되어야 하고 권장해야 할 방향이지만, 실천에는 몇 가지 문제가 있다. 대략 다음과 같은 원인을 들 수 있나.
 ① 남의 앞에서 발표하기를 주저하는 사회문화적 풍토
 ② 초·중·고교 시 훈련을 받지 않은 학생들의 습관
 ③ 강의에 익숙하여 예습을 하지 않고 편하게 학습하려는 학생들의 습관
 ④ 학생은 내용의 학습에, 교사는 내용의 전달에 충실하려는 자세들
 ⑤ 주제와 관련된 내용을 연계시켜 토론을 전개하는 능력 부족

5. 토의 학습의 단계

일반적으로 토의 학습은 ① 토의 주제 설정 단계 ⇨ ② 토의 활동의 전개 단계 ⇨ ③ 정리·반성 단계 등으로 진행된다. 이를 통하여 합리적인 방안을 모색하려고 한다.

1) 토의 주제 설정 단계

토의할 주제를 설정하는 데 있어서 교사가 설정하거나, 학생들과 협의하여 정할 수도 있는데, 학생들의 관심, 요구, 능력 등을 충분히 고려하여야 한다. 그리고 주제가 설정되면 토의할 수 있는 내용에 대하여 조사하고 연구할 수 있는 기회를 미리 주어야 한다.

2) 토의 활동의 전개 단계

미리부터 정해진 계획에 따라 여러 가지 형태로 토의 활동이 이루어지게 되는데, 발표자나 일반 학생들은 모두 자유롭고 우호적인 입장에서 자기의 의사들을 충분하게 토의할 수 있도록 분위기를 조성하는 것이 중요하다.

3) 정리·반성 단계

토의한 내용을 교사와 학생들이 협의하여 정리하고, 또한 민주적인 분위기에서 그 방법이나 내용들이 바람직하게 이루어졌는지를 반성한다. 누가 잘 하고 누가 부족했는지에 대한 피상적 반성이 아니라, 바람직했던 점과 좀 더 개선해야 할 점 등을 중심으로 정리·반성·평가하는 것이 좋다.

6. 토의 학습의 유의점

① 질서와 규칙을 준수하여 토의에 참여하도록 한다.
② 토의의 주제와 요점을 이해하고 참여하도록 한다.
③ 토의 학습을 소수의 학생들이 독점하지 않도록 지도한다.

7. 토의 학습의 장점

① 핵심 주제에 대한 대화, 상호작용, 의사소통 등을 모색하는 데 적합하다.
② 주어진 주제에 대하여 공동으로 문제해결을 하는 데 바람직하다.
③ 민주주의에 대한 이해와 실천, 대인관계, 사회생활의 방법과 태도를 익히는 데 바람직하다.

8. 토의 학습의 단점

① 토의 학습 참여 요령을 이해하지 못하고 참여하면 수업 분위기가 흐트러질 우려가 있다.
② 일정한 수준의 학습 능력이 결여되면 학습 목표 달성이 곤란할 수도 있다.
③ 대화와 배려가 전제되지 않으면 토의가 감정적으로 흐를 우려가 있다.

제4절 발문 학습

1. 발문 학습의 개념

사회과 지도는 학생들로 하여금 사회사상을 정확하게 이해하게 하여 건전한 사회관을 확립하고, 사회 인식을 심회시켜서 바람직한 사회활동을 하도록 하며 사회에 공헌할 수 있는 사회 인식 구조를 올바르게 형성케 하려는 데 그 의의가 있다. 이와 같은 구조적 사회 인식을 하게 하는 데는 학생들의 논리적인 사고력을 길러주는 학습 방법에는 여러 가지 형태가 있으나, 교사의 발문을 통한 학습 지도 또한 매우 중요한 학습 방법이다. 사회과 교사들의 발문 지도는 교수·학습의 효과를 좌우할 정도로 주요하기 때문에, 대상과 장면, 그리고 사태에 따라서는 필요 적절한 발문을 어떻게 하느냐에 의해 학생들의 사고력 신장에 영향을 미치게 된다. 그러므로 교사는 항상 계획적이고 유목적적인 발문으로 적절한 자극을 줌으로써 사고력 계발을 유도해야 한다.

2. 발문 학습의 특징

사회과의 발문 학습은 학생들의 능력 수준을 사전 조사할 때, 학생들의 흥미와 호기심을 자극할 때, 토의 진행에 자극을 주려 할 때, 어떤 사태에 직면하여 그 해결책을 탐색하려고 할 때 필요한 학습 방법이다.

발문이란 수업에 있어서 언어 상호작용의 한 형태인 문답의 '제기되는 의문'이라고 할 수 있다. 질문과 거의 같은 의미로 사용되기는 하나, 질문은 모르는 입장에 있는 사람이 아는 사람에 던지는 물음이고, 발문은 교사가 학생들의 학습 활동을 조장하기 위해서 던지는 문제 제기이다. 이와 같은 발문 학습에서 발문의 특성은 다음과 같다.

첫째, 발문은 유목적적이어야 한다. 당해 시간에 지도되어야 할 목표에 부합되며, 학습의 내용과 방향에 필요 적절한 것으로 미리 예상했던 방향으로 일관성 있게 이루어져야 한다.

둘째, 발문은 정확하고 간명해야 한다. 막연하고 모호하며 너무 길어서 무엇을 묻는지를 분간하기 어렵게 해서는 안 되며, 발문의 의미를 분명하게 할 수 있도록 핵심적인 답이 나오도록 간명해야 한다.

셋째, 발문은 사고력을 신장하는 것이어야 한다. 단순한 기억을 요구하는 것보다는 사상의 가치나 판단을 구하고, 학생들의 의견이나 해결을 구하며, 어떤 사태의 인과관계를 구명하고, 사상의 설명이나 예증을 하게 하는 등 학생 스스로가 생각해보고 싶도록 하는 발문이어야 한다.

넷째, 발문은 구체적이어야 한다. 피상적이고 일반적인 발문을 피하고, 현실적이며 구체적인 것이어야 한다.

다섯째, 발문은 개별적, 또는 집단적이어야 한다. 개인차에 적응하는 발문으로 지명하는 기회의 균형을 기하도록 하고, 경우에 따라서는 집단 사고를 하는 발문을 지향해야 한다.

여섯째, 발문은 일문다답식의 확산적 발문을 지향하여야 한다. 하나의 발문에 의해 학생들의 확산적 반응을 불러일으켜서 다문답적 토론 활동을 전개하는 과정을 통하여 집단적 사고를 조장하는 것이어야 한다.

3. 발문 학습의 단계

일반적으로 발문 학습은 ① 사실의 상기 및 전개 ⇨ ② 정의 및 명료화 ⇨ ③ 문제 파악 ⇨ ④ 가설 ⇨ ⑤ 탐색 및 증거 ⇨ ⑥ 결론의 도출 ⇨ ⑦ 입장의 선택 등으로 진행된다. 이를 요약하면 다음과 같다.

1) 사실의 상기 및 전개

사회과에서 사실에 관한 지식은 많이 활용되며, 경우에 따라서는 사실적 지식 그 자체를 학습하기도 한다. 사실의 상기 및 설명에 관한 발문에서는 사회적 사건이나 사물의 특징, 인물, 시기, 장소, 이유, 결과 등 회상, 문제해결 절차, 단순한 설명 등에 관한 발문이 주어진다.

2) 정의 및 명료화

학생들의 단어나 어구에 표현하는 용어와 개념의 의미는 물론, 말하려는 내용을 분명히 하고, 말의 의미를 다른 말로 바꾸어 말하게 하는 발문이다.

3) 문제 파악

교사는 학생들이 그 문제에 대하여 호기심이나 의욕을 갖고 의문을 느끼며, 그 문제의 성격을 분명하게 하도록 도와주어야 한다. 그렇게 하기 위해서는 요약, 편견의 발견, 논쟁의 구별, 사실과 의견의 구분, 의문의 제기, 유사성의 발견에 관한 발문을 한다.

4) 가설

학생들은 유사한 개념이나 원리를 적용하여 주어진 문제의 해결 방안을 명백하게 하고, 확신이 부족한 상태에서의 조건, 원칙, 결론 등을 잠정적으로 추측하는 발문을 한다.

5) 탐색 및 증거

학생들로 하여금 문제해결의 구체적 방법을 찾고, 관련 정보의 소재 및 수집 방법을 알아내며, 자료의 타당성을 밝히기 위한 발문을 한다. 또한 각 요인 간의 분석 및 관계 밝히기, 타당한 이유에 대한 가정을 위한 발문을 한다.

6) 결론의 도출

학생들로 하여금 증거나 논리에 의하여 가설을 긍정하거나 일부를 수정 또는 부정하게 하고, 분석한 부분 및 요소를 조직하거나 결합할 수 있는 발문을 한다.

7) 입장의 선택

학생들이 사회사상의 지식을 학습하는 중에 이와 관련된 가치문제가 있을 때, 이를 받아들이거나, 받아들이지 않거나를 분명하게 하는 발문을 한다.

4. 발문 학습의 유형

사회과 수업 과정에서 활용되는 발문의 유형은 여러 가지가 있으며, 또한 그 분류의 방식도 다양하다. 즉, 수업 과정에서의 기능 면에서 본 분류, 사고 활동의 유형 면에서 본 본류, 인지 과정 면에서 본 분류, 특수 목적에 강조를 둔 분류, 기타 여러 가지 분류 방식 등이 있다. 사회과교육의 목적 및 사고력 신장에 역점을 두는 것과 관련시켜 볼 때에 사고 유형에 다른 발문의 형태와 인지 과정에 따른 발문의 형태 및 사회과 학습 과정에 많이 활용되고 있다.

사고 유형에 따른 발문의 유형은 수업에 있어서 학습자들의 사고 활동은 기억·재생적 사고와 문제해결적 사고로 나누어볼 수 있다. 이에 따라 발문도 기억·재생적 사고를 점검하는 기억·재생적 발문과 문제해결적 사고 유발을 촉구하는 창조적 발문으로 나눌 수 있다. 학자에 따라서는 이를 기억 발문과 사고 발문, 단순 기억적 발문과 확산적 발문, 단발형 발문과 통괄형 발문, 한정 발문과 관련 유발 및 통합 발문, 일문일답식 발문과 일문다문답식 발문 등으로 구별하기도 한다.

한편, 인지 과정에 따른 발문의 유형은 ① 설명의 요구, ② 정의의 명료화, ③ 입장과 가설, ④ 근거 등으로 분류할 수 있으며, 문제해결과 지적 요구 수준에 따라, ① 사실의 상기 및 설명, ② 정의 및 명료, ③ 문제의 파악, ④ 가설의 설정, ⑤ 근거의 제시, ⑥ 결론의 도출, ⑦ 가치와 관련된 입장의 선택 등으로 구분하기도 한다.

5. 발문 학습의 유의점

① 교사는 수렴적 발문과 확산적 발문(발산적 발문)을 적절하게 고려하여야 한다.
② 가급적이면 확산적 발문(발산적 발문)을 장려하여야 한다.
③ 전체 학생을 대상으로 하는 발문과 소수의 지정 학생들을 대상으로 하는 발문을 조화롭게 적용하여야 한다.

6. 발문 학습의 장점

① 학습자(학생)들의 관심과 흥미를 조장할 수 있다.
② 학습자 스스로 문제해결에 임하도록 유도한다.
③ 특별한 자료, 매체가 준비되지 않아도 탐구학습이 가능하다.

7. 발문 학습의 단점

① 확산적 발문(발산적 발문) 응답 요령을 미리 숙지하여야 한다.
② 적절한 발문 내용을 선정하는 데 일정한 한계가 있다.
③ 소인 수 학급에 적용하는 데는 적절하나, 다인 수 학급에 적용하기에는 한계가 있다.
④ 학습 목표와 발문의 연계가 용이하지 않다.
⑤ 수업이 자연적으로 흥미 위주로 흐를 위험성이 있다.
⑥ 시간이 많이 소요되고 수업분위기가 산만해질 우려가 있다.

제5절 조사 학습

1. 조사 학습의 개념

조사 학습은 탐구학습의 문제해결 학습, 과제 학습 등의 방법으로 학습 지도를 하는 가운데 문제의 해결 과정에서 자료를 수집하고 분석, 검토하는 등의 조사 활동을 위주로 하고 있는 학습 기법이다. 조사 학습은 현장 학습과 같이 사회과 학습 지도 과정에서 실증적인 자료와 활동을 통해서 사회적 기능이나 사회과학적 지식을 생생하게 습득할 수 있다는 점에 큰 의의가 있다. 조사 학습은 학생들로 하여금 자율 학습의 태도와 기능, 자주적인 정신과 행동의 기능, 문제해결 능력, 탐구 능력, 계획 능력, 협동 능력, 분석 능력, 종합 능력 등을 기르는 데 효과적인 학습 방법이다. 즉, 실증적인 자료들을 조사, 관찰하게 함으로써 흥미와 학습 동기를 유발하고, 사고력과 판단력을 길러줄 수 있다. 조사 학습이 현장 학습과 구별되는 것은 학습의 장을 교실에서 현장으로 옮기지 않고서도 조사 활동이 이루어진다는 점이다. 조사 활동은 교실 밖에서 이루어지는 경우가 많긴 하나, 교실 내에서도 가능한 학습 형태이다.

조사 학습이 전개되는 유형에 있어서도 여러 가지 형태가 있다. 즉, 개별 조사, 집단 조사, 문헌 자료 조사, 시청각 자료 조사, 현장 자료 조사, 자원 인사 면접 조사, 표본 조사, 사례 조사, 관찰 조사, 인물 조사 등으로 구별할 수 있다.

2. 조사 학습의 특징

사회과 수업에서 가장 흔하게 볼 수 있는 학습 형태가 바로 조사 학습이다. 즉, 교사가 사전에 학생들에게 일정한 과제를 부여하면, 학생들은 개인별 혹은 모둠별로 조사 과제를 수행한 다음, 본 수업 시간에 발표를 하고, 교사가 그것을 종합·정리하는 형태의 수업방식이 가장 일반적인 사회과 수업이었다. 이러한 학습방법은 조사학습을 위주로 하면서 발표학습, 토의학습, 소집단 학습 등이 복합된 학습형태를 띠고 있는 것이다.

사회과에서의 조사 활동은 사회과학의 연구방법을 적용한 탐구 과정이나 문제의 해결 과정에서 주로 이루어지는데, 학습문제에 대한 조사활동은 풍부한 교육적 경험을 제공할 수 있다. 따라서 조사활동은 아동의 지적 수준에 맞아야 하고 사회적 사실과 현상을 관찰·조사하는 데 적절히 활용될 수 있다. 조사의 유형에는 문헌자료, 시청각자료, 지역사회자료에 의한 조사와 자원인사와의 면담을 통한 조사 등이 있다. 특히, 최근에는 인터넷 웹사이트(internet web site)나 멀티미디어 자료를 활용하여 많은 자료를 검색할 수 있게 되었다. 그런데 보다 바람직한 조사활동이 되기 위해서는 조사 내용, 활용 자료, 조사 방법, 조사 내용의 정리 및 분석과 조직 등의 요소를 고려하여야 한다.

3. 조사 학습의 교육적 의의

① 조사학습은 사회생활에서 야기되는 문제의 상호 관계 또는 복잡한 지역사회의 구성과 형성과정에 대한 종합적인 이해를 갖게 할 수 있다.
② 중요한 지역사회의 문제와 경향성을 깊이 있게 이해할 수 있다.
③ 지역사회에 직접 참여하는 기회를 제공한다.
④ 사회생활에 있어 인간은 상호 의존, 협력 관계에 있음을 깨닫게 된다.
⑤ 현실 문제에 대한 비판과 상황판단을 할 수 있게 한다.

4. 조사 학습의 단계

일반적으로 사회과의 조사 학습은 ① 학습 계획 수립 ⇨ ② 조사 활동 ⇨ ③ 보고 활동 ⇨ ④ 정리·반성 활동 등으로 진행되고 있다.

1) 학습 계획 수립

학습 계획 단계에서는 조사 활동을 전개할 주제의 선정과 학습 계획을 수립하는 과정이다. 주제의 선정이나 계획을 수립하는 데에는 학생들의 관심, 흥미, 요구, 동기 등을 충분히 고려하여 교사와 학생들이 공동으로 협의, 참여하는 것이 바람직하다. 조사 학습은 대부분의 경우 야외에서 이루어지므로 교사는 사전에 조사 주제에 대하여 해박한 예비지식 터득과 사전 답사 등을 실행하여야 한다. 뿐만 아니라, 조사 학습의 계획 단계에서는 조사 목적, 조사 내용, 조사 방법, 사후 정리 등의 명확한 인식과 계획을 수립하여야 한다. 또한 현장 조사를 할 때에는 현장에서 자원 인사와 면접을 하는 경우, 청취 태도, 질문 요령, 기록 방법 등에 대하여 반드시 사전 지도를 해야 한다. 아울러, 현장 조사 학습에 필요한 사항으로는 일시, 장소, 거리, 조사 진행 경로, 예상 질문, 준비물, 예비지식, 현장 교섭 등에 관하여 세밀한 계획을 수립하는 것이 중요하다.

〈표 6-18〉 사회과 조사 학습 계획서(예)

구분	세부 내용
① 조사 연구 주제	
② 주제 선정 이유	
③ 모둠명 (모둠원 성명)	
④ 모둠원의 역할 분담	
⑤ 기타 참고사항	

2) 조사 활동 단계

조사 활동 단계는 계획 단계에 수립된 여러 가지 계획과 방법에 따라 활동이 전개되는 과정이다. 조사 활동의 방법은 조사하려는 내용의 성격에 따라 여러 가지의 형태로 이루어지나, 사회과학적 조사 방법, 심사숙고해야 할 사고 방법 등은 공동 조사를 통하여 신중하게 접근하여야 한다. 특히 현장에 가서 조사 활동을 하는 경우에는 각종 안전사고 예방에 각별한 주의가 요망된다.

3) 보고 활동 단계

조사 학습의 보고 활동 단계는 조사 활동을 통하여 얻어진 자료를 정리하면서 보고서, 차트, 스크랩북, 파워포인트 자료 등을 작성한 다음, 개인 또는 모둠의 대표가 이를 보고하는 과정이다. 학생들이 보고한 조사 방법이나 내용에 대하여 반원, 타 모둠원들의 질의응답 등의 토론과 토의를 통하여 교사가 이를 수정, 보완하는 코멘트를 하는 것이 중요하다.

일반적으로 조사 보고서는 다음과 같은 방법으로 작성한다.

① 설문지 활용, 조사한 내용 분류하기와 같은 방법으로 생각해본다.

② 관찰한 내용을 충분히 검토한 뒤 통계를 정확히 내어 보고서를 작성한다.

③ 보고서를 쓰고 나면 보고서 내용을 정확히 분석하여 더 자세히 쓸 부분, 표와 그래프에 대한 설명이 잘 나타나 있는지 점검해본다.

4) 정리·반성 단계

조사 보고한 내용을 종합적으로 정리하여 일반화 인식으로 가다듬는 과정이 정리·반성 단계이다. 조사 결과를 보고서 양식에 입각하여 발표한 후, 정리하는 단계이다. 또한 조사 활동을 통하여 얻어진 결과와 유사한 다른 문제에 대하여 학습해보도록 권장한다. 그리고 조사 활동 전반에 관하여 반성을 해보는 기회를 갖고, 다음 조사 활동의 자료 추출에 매우 유익한 것이다.

정리·반성 단계에서는 다음과 같은 점에 유의할 필요가 있다.

첫째, 정리·반성 및 평가의 방향을 주제설정과정, 문제해결탐색, 역할분담, 합리적 자료 수집과 분석, 창의적 지식 산출 등의 과정에 얼마나 충실한가에 맞춰나가야 할 것이다.

둘째, 조사 학습의 과정을 구분한 평가와 보고서 등을 중심으로 한 종합적인 평가로 나눌 수 있다. 교사는 교사의 판단에 따라 과제가 제시되고 문제해결 활동이 이루어지고 평가를 하게 된다는 것을 인식하고 적절한 학습계획은 물론 조사학습 과정을 충분히 예상하고 학생들을 지도해야 한다.

5. 조사 학습의 유의점

① 조사 학습의 주제를 미리 안내하는 것이 바람직하다.

② 조사 대상, 조사 방법 등에 대하여 철저한 사전 지도가 필요하다.

③ 조사 결과의 종합 정리, 발표 요령을 알고 적극 참여하는 것이 바람직하다.

6. 조사 학습의 장점

① 사회현상에 대한 과학적 연구 절차와 도구의 제작, 자료 정리 및 해석, 결론 도출 및 보고서 작성 발표 등 다양한 탐구 기능을 익힐 수 있다.
② 학습자들의 관심과 흥미를 유발할 수 있고 적극적 참여를 도모할 수 있다.
③ 교실에서의 사회 탐구 이론을 교실 밖에서 적용하는 계기가 된다.

7. 조사 학습의 단점

① 학교 밖의 조사 대상, 장소에 대하여 학생들은 일정한 제약을 가질 수밖에 없다.
② 조사 자료를 정리하는 기본적 능력이 구비되지 않으면 효과적인 학습을 기대하기 어렵다.
③ 조사 과정에서 발생하는 돌발적인 사태에 적절히 대처하기가 곤란하다.

제6절 구안 학습(Project method)

1. 구안 학습의 개념

구안 학습이란 노작, 공작 등 실제적인 직업 활동을 위주로 하는 학습 방법으로 이론 중심 학습 기법과 다르다. 학생들 스스로 노작 활동을 계획하고 구상하여 기술적(기능적)인 실행(제작, 실연 등)을 함으로써, 이론적인 지식 습득의 효과를 나타내고, 나아가 이미 알고 있는 이론적 지식을 학력으로 정착시키는 데도 효과적이다. 아울러, 이 학습 형태는 노작 능력의 숙련화, 도구 사용 능력, 자료 활용 능력 등을 기를 뿐만 아니라, 과학적이고도 합리적인 사고 및 행위 능력과 태도 등을 형성하게 하는 데 매우 효과적인 학습 방법이다.

따라서, 사회과 학습에서 효과적인 구안 학습의 적용 사례를 제시하면, 단순한 프로젝트에 의한 것으로 지형도 그리기, 연표 그리기, 지도 그리기, 모형 제작, 지구의 제작 등이 있고, 보다 복잡한 프로젝트에 의한 것으로 신문 제작 활동, 봉사 활동, 학생회 활동, 모의 역할 활동, 시뮬레이션 게임, 현장 참여 활동, 현장 조사 활동 등을 들 수 있다.

2. 구안 학습의 특징

구안 학습이란 학생들이 어떤 연구 및 작업 활동을 체계적으로 수행하여 결과를 얻는 과정에서 기쁨을 맛보게 하는 등 자발적이며 능동적 활동을 강조하는 학습 방법이다. 구안학습은 일련의 작업 활동을 계획, 구성, 실천해가는 학습으로서 그 절차는 목적, 계획, 수행, 평가의 과정을 거친다.

첫째, 학생의 흥미를 고조시키고 학생 개개인에게 유의미한 학습이 되도록 한다. 구안의 목표를 달성하기 위해서는 다양한 방법들이 복합적으로 활용되고, 학습 내용이 아동의 관심을 반영하여 결정되기 때문이다.

둘째, 구안학습의 영역은 지식, 기능, 성향, 느낌 등 전 영역을 포괄하는 것이기 때문에 이들 영역들의 상호보완적이고 유기적인 관계를 통하여 인격적 통합을 추구할 수 있다.

셋째, 교사 및 학생들 간의 상호작용 및 협동적 학습이 이루어지도록 한다. 구안 활동은 교사와 학생 공동의 주도하에 이루어지며, 교사와 학생 상호 간에 적극적으로 사고가 교류되기 때문이다.

넷째, 학생의 흥미와 교사의 요구와의 통합적으로 추구할 수 있다. 교사는 교수자로서의 역할뿐만 아니라 아동과 마찬가지로 주제에 대하여 흥미와 관심을 갖고 아동들과 함께 학습자로서 임하는 자세를 가지기 때문이다.

3. 구안 학습의 단계

일반적으로 구안 학습은 ① 목적 설정 단계 ⇨ ② 계획 단계 ⇨ ③ 실행 단계 ⇨ ④ 평가 단계 등의 순으로 진행된다.

1) 목적 설정 단계

구안 학습은 학생들이 실제로 작업, 활동하는 것을 위주로 하는 학습 형태이기 때문에 학생들 스스로 능동적·자주적·의욕적으로 내면화된 목적이 있어야 한다. 목적의식의 설정에는 무엇을 하겠다는 굳은 신념과 태도가 병행되어야 한다. 그리고 주제의 선정에서는 학생들의 작업 능력의 여부 문제, 자료 취득의 여부 문제, 시간 낭비의 여부 문제, 이미 경험한 지식이나 기술의 활용 여부 문제, 학습 단원과 내용의 합당성 여부 문제 등이 충분히 고려되어야 한다.

2) 계획 단계

가령, 건축물을 신축하려고 할 때 반드시 설계도가 필요한 것과 같이, 구안 학습에서 계획 단계는 학습의 설계도를 작성하는 단계와 같다. 계획이 잘 되었느냐, 그렇지 않으냐에 따라서 작업 활동의 성패가 가름된다. 따라서, 교사는 학습 주제, 내용의 성격이라든가, 학습 과정의 단계성 등을 충분히 고려하여야 하고, 학생들과 더불어 충분히 토의, 협의를 거친 후, 작업 활동의 방법, 기술 등의 문제를 면밀하고 명확하게 수립하여야 한다.

3) 실행 단계

실행 단계는 목적적으로 계획된 바에 따라 작업 수행이 이루어지는 가장 중요한 단계이다. 따라서 교사가 유의할 점은 세워진 시방서대로 순서 있게 진행함으로써 시행착오를 최대한 줄여야 한다. 준비된 도구나 재료를 사용한 지도 조언이 필요하다. 지나친 간섭을 하지 않으면서 자유롭고 흥미진진하게 진행할 수 있는 여건을 마련하여야 한다. 학생 개개인의 능력에 따라 진행하도록 하되, 능력 있는 학생들의 독주를 방지해야 한다. 또한 집단적으로 전개되는 경우에는 공동으로 계획하고 수행함으로써 집단의식, 공동체의식 등을 길러 책임감 있고 협동심을 배양한 사려 깊은 생활 태도 형성을 지향한다.

일반적으로 구안 학습의 세부 실행은 ① 준비하기, ② 주제 결정하기, ③ 활동 계획하기, ④ 탐구 및 표현하기, ⑤ 마무리하기, ⑥ 평가하기 등으로 진행하는 것이 바람직하다.

4) 평가 단계

학습 활동 중 이루어진 작업 활동의 결과에 대하여, 학생 스스로 자기 평가를 한다든가, 학생들의 상호 평가를 한다든가, 교사의 적절한 평가 등을 통하여 상호 비판이나 자기반성을 하는 활동이다. 그리고 작업 활동을 통하여 얻어진 결과를 다른 작업 활동에 전이(轉移)할 수 있도록 한다.

4. 구안 학습의 유의점

① 교사는 구안 학습으로 지도해야 하는 교육과정, 교재 내용에 대한 타당성, 적합성 등을 검토하여 신중하게 접근하여야 한다.
② 교사는 어떤 내용으로 구안 학습을 전개할 것인가를 계획하고, 주제 선정을 바르게 하여야 한다.
③ 교사는 구안 학습의 실행에 따르는 여러 가지 사항에 대하여, 학생들에게 사전 지도를 충분히 하여야 한다.
④ 교사는 학생들의 구안 학습 실행 가능성을 심도 있게 진단하여야 한다.
⑤ 교사는 구안 학습 실시의 시기 선택, 자료와 도구의 준비 철저, 시간·경비·노력의 절감 등에 유념하여야 한다.

5. 구안 학습의 장점

① 학습자들이 선호하는 주제를 선택하여 학습하므로 학습 동기가 높고 민주적인 학습이 가능하다.
② 학생 활동이 주류를 이루므로 독립적인 학습 능력 신장에 유용하다.
③ 종합적인 사고력을 기르고 학습 기능도 향상시킬 수 있다.

6. 구안 학습의 단점

① 교사의 지속적인 안내와 관심이 선행되어야 한다.
② 학습 시간이 비교적 많이 소요된다.
③ 구안(project)에 대한 학습자의 부담이 가중될 수 있다.

제7절 극화 학습(劇化 學習)

1. 극화 학습의 개념

극화 학습인 극 놀이 내지 역할유희는 학생들에게 다른 사람의 역할을 경험하게 함으로써 학습효과를 높이려는 새로운 학습방법의 하나이다. 인지적인 내용의 학습보다 정의적인 내용, 특히 태도와 가치관의 학습에 효과적인 것으로 전문가들은 평가하고 있다. 아무리 말을 하여도 한 귀로 듣고 한 귀로 흘리게 되지만, 자기 자신의 비슷한 체험을 하게 되면 마음이 달라진다는 것을 우리는 경험을 통해서도 알 수 있다.

학생들이 흥미를 가지고 적극적으로 참가할 수 있고, 강의와 독서를 통해서 느끼지 못했던 것을 역할유희를 통해서 체험할 수 있는 장점이 있다. 실제로 운전사와 교통 경찰관, 보행인은 서로 갈등을 느낄 때가 많다. 자기가 운전을 할 때는 교통경찰관이나 보행인이 운전을 방해한다고 생각하기 쉽지만, 반대로 보행인이 되었을 때는 자동차가 무법천지로 운행하다고 생각하게 되는 경우가 흔히 있다. 이런 경우 이러한 세 가지의 역할을 서로 교대로 해봄으로써 쉽게 그러한 갈등의 편견에서 나올 수도 있다는 것을 인식하게 될 것이다. 그러나 이 학습방법은 학생들이 사전에 철저한 준비를 하지 않고, 단지 흥밋거리로만 생각할 때는 사고력의 향상 등 수업의 진정한 목표를 달성하기 어려운 단점이 있다.

역할유희를 효과적으로 하기 위해서 사전에 충분하고 철저한 준비가 있어야 하며, 진지하게 수업에 임하는 학생들의 태도가 있어야 한다. 교사는 먼저 방향을 정확하게 알려주어야 하고, 시나리오가 치밀하게 있어야 하며, 각자가 자기가 맡은 역할을 성공적으로 수행할 수 있어야 한다. 그리고 수업이 끝난 다음에는 평가를 충분히 하여 자기가 겪은 경험을 다른 사람에게 알려서 공감대를 형성해야 수업의 효과가 나타날 수 있다.

사회과에서 극화학습이란 병원놀이, 가게놀이와 같은 놀이학습, 구성학습에서 작성된 모형을 이용한 학습, 어린이가 출연자로서 역할을 담당하여 실제 사회의 문제 상황을 인식하고 해결책을 찾으려는 역할놀이, 실제 사회생활의 조건이나 가치를 의제한 상황 속에서 학습활동을 전개하는 시뮬레이션 게임 등을 모두 포섭하는 개념이다.

2. 극화 학습의 특징

극화학습의 내용이 되는 놀이학습, 역할놀이, 시뮬레이션 게임 등은 각기 다른 과정을 거치게 되나 다음과 같은 공통적인 특징을 갖고 있다.

첫째, 복집한 사회사상을 단순화하여, 구체적으로 이해할 수 있는 장을 제공한다.

둘째, 언어뿐만 아니라, 그 이외의 모든 커뮤니케이션 수단까지 동원함으로써 종합적이고 실감 있는 사회인식을 기대할 수 있다.

셋째, 어린이 자신이 직접 그 상황의 주인공으로 활동하기 때문에 어린이의 흥미와 주체성을 살릴 수 있다.

넷째, 직접적으로 사회가치를 수용하고 협력적인 사회적 태도의 형성에 효과적이다.

3. 극화 학습의 단계

일반적으로 사회과의 극화 학습은 ① 준비 단계 ⇨ ② 실연 단계 ⇨ ③ 결과 토의 등의 단계순으로 진행되는 것이 원칙이다.

1) 준비 단계

주제 설정이 되면 그 주제에 따라 활동의 대본이 작성되고, 역할의 추출과 배역 선정, 필요한 도구와 자료 등을 준비한다. 이러한 작업이 끝나면, 학생들로 하여금 각각 배역에 따라 연구와 준비를 할 수 있는 기회를 주어야 한다. 그러나 짧은 시간에 간단한 게임으로 할 경우에는 번잡한 준비를 하지 않아도 된다.

첫째, 게임을 시작하기 전에 교사는 목표를 세우고 전략을 짜며 참가자들이 실제로 행해야 할 역할에 대하여 여러 가지 행동 대안을 생각한다.

둘째, 예행연습 실시 및 실시 과정에서 부딪칠 수 있는 문제 발견, 적절한 대비한다.

셋째, 게임을 이끌어가는 데 필요한 규칙, 절차 등을 준비한다.

2) 실연 단계

실연 단계에서는 실제로 모의 극화 활동이 전개되는 것인데, 활동 형식은 그 배역에 따라 여러 가지 형태가 될 수 있다. 극화학습 중 역할놀이와 시뮬레이션 게임은 사회과 학습에서 가장 많이 활용되고 있는 기법이다.

첫째, 각자가 맡은 역할에 따라 능동적으로 참여하여 게임을 수행해 나간다.

둘째, 실제 상황과 마찬가지로 의사 교환 및 의사결정을 내린다.

셋째, 교사는 중재자의 입장을 견지한다.

3) 결과 토의 단계

극화 학습이 전개된 데 대하여, 교사는 최종적으로 활동 자체의 잘잘못을 반성해보게 하는 것도 중요하지만, 그보다도 그 활동을 통하여 실제 사회의 현장 상황을 제대로 연출함으로써 그에 대한 이해와 사회적 태도 형성이 잘 이루어졌는가를 정리하고 반성하는 것이 중요하다.

첫째, 게임을 통한 가장 큰 학습은 주로 결과토의 단계에서 이루어진다.

둘째, 결과토의를 통하여 참가자는 교사와 함께 게임 도중에 가졌던 상대방의 느낌이나 그들이 게임을 통하여 응용하려고 했던 새로운 개념, 원리, 절차 등에 대한 의견을 나누도록 한다.

셋째, 토의 과정에서는 게임 참가자들이 자신의 경험을 명료하게 밝히는 것이 중요하다.

4. 극화 학습의 유의점

첫째, 극화 학습으로 진행할 학습 주제의 설정은 적어도 학기 초부터 수립된 사전 계획에 따라, 단원의 내용에 알맞은 활동을 구상하여야 한다. 즉, 주제의 선정은 학습 목표 달성에 적절하여야 하며, 가치 있는 것이어야 한다. 특히, 학습 결손을 최대한 줄여야 한다.

둘째, 극화 학습이 여러 시간 소요되는 경우에는 면밀한 시간 계획을 작성하여 수업 결손을 방지하여야 한다.

셋째, 흥미 위주의 활동이나 표현의 기교에 치중함으로써, 사회과의 본질적 목표에서 이탈이 없도록 하여야 한다.

넷째, 강의 학습에서 학습한 지식을 배경으로 하여 강의 학습의 후속 단계로 극화 학습을 전개하는 것이 바람직하다.

다섯째, 극화 활동의 소재와 학습 내용과의 부합 정도를 충분히 고려하는 것이 좋다.

여섯째, 충분한 환경 구성과 도구나 자료의 준비 등 사전 계획을 철두철미하게 수립하여야 한다.

일곱째, 직접적인 참여자와 간접적인 참여자가 감정의 융합을 가져 민주적 협동정신을 배양하도록 한다.

여덟째, 극화 활동은 단독으로 전개하는 것보다는 타 지도 과정에 삽입하여 병행하는 것이 효과적이다.

아홉째, 활동의 결과에 대하여 정리, 반성, 평가의 기회를 가져 피드백(feedback)을 모색하여야 한다.

5. 극화 학습의 장점

① 추상적 개념과 애매모호한 상황을 구체적인 역할을 통해서 명확하게 이해시킬 수 있다.
② 실제 극화를 중심으로 강의식, 문답식, 토론식 수업 등 여러 가지 다른 수업과 연계하여 적용할 수 있다.
③ 학생 활동 중심이므로 문제 인식을 통한 흥미를 유발한 훌륭한 수업을 전개할 수 있다.

6. 극화 학습의 단점

① 각본, 소품 등 사전 준비물이 많이 요구된다.
② 다분히 흥미 위주 학습으로 흐를 우려가 있다.
③ 연기하는 학습자에 대한 의존도가 높은 편이다.

제8절 현장 학습(Field learning)

1. 현장 학습의 개념

현장 학습은 학습의 장을 사회적인 사실과 현상이 구체적으로 나타나고 있는 현장으로 옮겨서 그 현장에서 견학, 면접, 조사, 관찰 등의 실제적인 활동을 하게 하는 데에 중점을 두는 학습 방법이다. 사회적 사상을 학습 내용으로 하는 사회과에서는 현장 학습의 중요성은 더욱 강조된다.

사실적인 현장의 사상(事象)과 직접 접촉하는 가운데 실천적인 사회 기능이나 학습 기능이 실감 있게 발휘될 수 있기 때문이다. 따라서 사회과 학습 지도는 학습의 장을 동일한 교실에서만 한정하지 말고 교실 밖으로 끌어내어 실제적인 현장에서 생생한 경험을 할 수 있도록 함으로써, 흥미롭게 학습 의욕을 환기시켜 주어야 한다. 이러한 관점에서 볼 대, 현장 학습은 많은 장점이 있다.

현장 학습은 교실 밖에서 이루어지는 학습의 총칭이다. 지리 분야에서의 야외 학습, 역사 분야에서의 사적지 답사, 인류학에서의 현지 연구 등은 현장 학습으로 구현할 수 있는 대표적인 영역들이다.

현장 학습은 거시적 방법과 미시적 방법, 직접적인 방법과 간접적인 방법 등이 있다. 거시적 방법은 멀리서 한눈으로 공장의 분포, 도시의 모습 등을 개관하는 것이다. 이 경우 시야가 넓고 고층 옥상이나 고지 등이 현장 학습 장소로 적합하다. 미시적 방법은 농장에 들어가서 작물의 종류, 재배 방법, 작물의 생장 모습 등을 세밀하게 관찰하고 조사하는 것이다. 한편, 직접적인 방법은 취락의 형태나 토지의 이용 모습을 관찰하고, 그 지역의 지형, 지하수, 토지 요인 등을 실제로 조사하는 것이다. 그리고 간접적인 방법은 탐방 기관에서 제시된 여러 자료를 수집하거나 설명 등을 듣고 필요한 학습 자료를 얻는 것이다.

2. 현장 학습의 특징

학생들은 교실을 떠나 사회사상을 '관찰', '조사' 혹은 그 사상과 관련이 있는 사람과 '면접'하는 등의 학습활동이 현장 학습이다. 현장 학습은 야외관찰, 야외조사, Field Work, Field Studies 등으로 불리기도 한다. 이렇게 현장학습은 다양한 형태를 갖고 있어서, 현장학습의 개념을 명확하게 규정짓기는 어려우나, 현장 학습의 일반적인 특징은 대체로 다음과 같다.

① 직관적 원리에 기반을 두고 있다. 어린이들이 구체적인 신변의 사회사상을 직접적으로 조사,

관찰하는 데에서 학습을 시작한다.

② 어린이들이 직접 조사·관찰하여 자료를 얻으므로 제1차 자료 획득의 기능을 발달시킬 수 있다. 즉, 구체적인 사회적 사실의 수집 및 문제를 발견할 수 있다.

③ 어린이들이 흥미와 관심을 가지고 주체적으로 학습문제에 도전할 수 있다.

④ 학교와 지역사회를 밀접하게 연계시킬 수 있다.

⑤ 교실에서 배운 지식을 실제 생활공간에서 관찰하고 검증할 수 있기 때문에, 학습 결과와 학습자의 생활과의 정합성을 높일 수 있다.

⑥ 다양한 학습 유형과 학습 기회를 경험할 수 있다.

⑦ 협동심 함양 및 사회참여 능력의 신장 등 정의적인 영역에서의 바람직한 태도 형성이 가능하다.

3. 현장 학습의 단계

일반적으로 현장 학습은 ① 학습 계획 수립 단계 ⇨ ② 현장 학습 단계 ⇨ ③ 정리·반성 단계 등의 순으로 진행되는 것이 원칙이다.

1) 학습 계획 수립 단계

현장 학습에서는 유독 학습 계획이 보다 바람직하게 짜여야 한다. 계획이 바람직하지 못할 경우, 시간, 경비, 노력 등에 비해서 학습 효과가 적기 때문이다. 따라서, 사회과 현장 학습 계획 단계에서는 현장에 나가서 학습할 주제를 선정하는 데 있어서 교사와 학생이 공동으로 충분히 협의해야 함은 물론, 단원의 성격이나 내용이 타당하여야 하고, 그 학습 효과에 대한 검토도 충실히 이루어져야 한다. 현장 학습 계획을 수립하는 계획을 임박해서 하는 것보다는 많은 시간적 여유를 두고 미리부터 세우는 것이 필요하다. 그리고 현장에 나가서 학습 활동을 하는 요령이나 방법 등에 대하여 충분한 사전 지도가 이루어져야 한다. 또한 계획의 내용에 있어서는 일정 인원, 목표, 내용, 현장 위치, 현장 활동, 준비물, 경비, 정리 보고 사항, 유의사항 등에 대한 치밀한 계획이 수립되어야 한다.

2) 현장 학습 단계

현장 학습 단계에서는 실제로 현장에 나가서 학생들이 구체적으로 작업, 실연에 참가하는 활동이 이루어진다. 가령, 우체국에 가서 편지 부치는 실연, 읍·면·동사무소에 가서 하는 일 알아보기, 도로 교통정리 활동 해보기, 공장에 가서 하는 일 직접 해보기 등이 있다. 이와 같은 현장에서의 활동들을 계획된 프로그램이나 사전에 훈련된 방법에 따라 질서 정연하게 진행하는 것이 중요하다.

3) 정리·반성 단계

현장에서 활동한 내용들을 정리하고 반성해보는 과정이다. 이 단계에서는 현장에 나가기 이전에 제시하여 준 결과 처리 요령이나 보고 양식 등의 방법에 따라 정리하게 하고, 그것에 대하여 분석, 검토, 토의 등의 활동을 통해 잘 되고 못 된 점을 반성해봄으로써 현장 학습에 대한 유종의 미를 거두도록 한다.

4. 현장 학습 사전 및 사후 지도

① 현장학습을 실시함에 있어서는 사전, 사후에 충분히 준비·지도하지 않으면 외형적인 생동감에 비해 실질적으로 의미 있는 성과를 얻기는 어렵다.
② 교사는 사전에 관찰·조사할 주제와 세부 내용, 대상 등을 확인해두어야 한다. 그리고 어린이들에게 학습의 목적을 충분히 인식시켜 무엇을 보고, 묻고, 들은 것인가를 계획하도록 안내해야 한다.
③ 한 학급을 몇 개의 그룹으로 나누어 각각의 그룹에 과제를 제시하는 방안을 강구한다.
④ 관찰·조사 내용의 메모 요령 지도, 녹음·사진 촬영 준비 등도 필요하다.
⑤ 현장학습이 끝난 후에는 관찰·조사한 내용을 학습 전체에서 확인해야 한다.

5. 현장 학습의 유의점

첫째, 학습 내용의 성격상 현장 학습의 타당성 여부를 신중하게 고려한다.
둘째, 면밀한 계획과 사전 답사 등을 철저하게 하여야 한다. 즉, 현장의 사전 답사 현장 학습의 가능성과 가치도, 수송 수단, 전체 시간 계획의 조정, 현장과의 교섭 등이 철저히 이루어져야 한다.
셋째, 사전 지도를 통하여 학습할 문제의 확인, 현장 학습 방법과 요령의 주지, 보고 요령, 자료의 처리, 대인 관계, 질의응답 요령, 작업 및 실연의 요령, 행위의 태도 등에 대하여 철저히 인식하도록 한다.
넷째, 현장에서의 강화(强化)나 설명을 가급적 담당 교사가 하는 것이 바람직하다.
다섯째, 학습 활동의 질서 유지와 안전에 각별히 주의하도록 한다.
여섯째, 결과의 보고, 자료의 정리 등을 통하여 학습 성과의 검토와 평가 및 반성을 하도록 하여야 한다.

6. 현장 학습의 장점

① 학습자들이 직접 현장을 체험할 수 있다.
② 교사와 학생들의 상호작용적 연계를 강화할 수 있다.
③ 학습자들의 관심과 흥미를 크게 신장시킬 수 있다.

7. 현장 학습의 단점

① 학교 박에서 학습이 이루어지므로 시간 조정 및 학습자 관리에 애로가 있다.
② 준비 과정과 학습 후의 정리에 많은 노력과 시간이 소요된다.
③ 학습 목표를 망각하면 다분히 흥미 위주로 흐를 우려가 있다.

제9절 지도 학습(地圖 學習)

1. 지도 학습의 개념

지도 학습은 사회과 교수·학습에서 아주 주요한 형태이다. 사회과에서 지도 학습의 적용은 지도 목표의 요소인 축척, 방위, 기호 등에 대하여 이해시키려고 할 때, 산맥, 취락, 인구 분포, 도시와 교통량의 발달 등 지표상의 지리적 현상을 이해할 때, 역사상 행정 구역, 교통로, 통신 조직, 전쟁로 등 지리학 이외의 학문 영역에서 이용하려고 할 때 주로 활용된다. 따라서, 지도 학습은 학생들에게 지도를 속독하는 능력, 판독하는 능력, 작도하는 능력 등을 길러주는 것이다. 이러한 능력이 신장되기 위해서는 먼저 지도 자체가 가지고 있는 기본적인 요소들을 잘 이해함으로써 가능한 것이다.

축척(縮尺)이란 지표 상태를 나타내는 축소 비율을 나타내는 것으로 넓이의 비가 아니라 길이의 비이다. 위치는 경선과 위선의 교차로 표시되며, 바위는 어떤 지점에 있어서 지평면상의 방향을 의미하며 지평선상 북극성 직하에 해당하는 방위를 북으로 하여 남동서의 방위를 결정한다. 또한 지표면에 대한 고저(高低)의 표현은 등고선의 음영 채단으로 표시한다. 그리고 기호는 무나와 같은 역할을 하는 지도의 표현에 관한 일정한 약속을 나타내는 것, 즉 등고선으로 표현하지 못하는 특별한 지형 장애물을 기호로 표시한다.

2. 지도 학습의 특징

지도 학습은 지도의 본질과 목적을 이해하고, 지도를 이용할 수 있게 해줌으로써 도해력을 길러주는 학습 형태를 말한다. 도해력이란 사회과 지리교육에서 다루는 기본적인 기능 중의 하나로서 공간적 정보와 자료를 시각자료(지도, 도표, 그래프 등)로 가공·변환시킬 수 있으며, 또한 시각자료에 저장되어 있는 정보와 자료를 읽어낼 수 있는 기능을 말한다. 지도는 시각 자료 중 가장 정교한 형태이기 때문에 지도학습이야말로 도해력을 길러주는 데 핵심적인 부분이 된다. 이러한 지도학습은 크게 지도 자체의 이해를 위한 학습과 지도를 이용하는 학습 등 두 가지로 구분된다.

사회과교육의 지리영역 교육에서 지도 학습은 학생들의 공간적 이해 능력 신장과 지리영역, 역사영역, 일반사회영역의 통합교육에 아주 중요한 학습 형태이자 방법이다.

3. 지도 학습의 의미

지도학습의 의미는 크게 두 가지로 정리된다.

① 지도 자체의 이해를 위한 학습을 통하여, 지도의 본질과 목적을 이해할 수 있게 해준다. 이러한 지도학습은 지도에 표시된 빙위, 위치, 축칙, 기호 등 여러 가지 표시에 대한 뜻을 이해할 수 있게 하고, 지도를 보며 지도에 나타난 종합적인 자연 경관을 마음에 구사하고 이해하며, 지도에 나타난 사실을 통하여 자연환경과 인간과의 관계, 지역의 특성, 공간적인 분포를 해석할 수 있게 해준다.

② 지도를 이용하는 학습을 통하여, 지리적 추론 능력, 상황 및 관계 파악 능력을 배양할 수 있게 해준다. 이러한 지도학습은 학습 내용의 특성 또는 사용 목적에 따라 그에 알맞은 지도를 선택할 수 있게 해주고, 지도에 나타난 사실을 파악하여 그 사실들을 통해서 거기에 나타난 개념을 이해하고 설명해주며, 지도에서 판독한 내용을 학습 내용과 관련시켜 정리하거나 학습 내용을 지도에 정리하고 활용할 수 있게 해준다.

4. 지도 학습의 단계

지도 학습의 단계는 일반적으로 지도 이해 학습과 지도 이용 학습 등으로 나눌 수 있다.

〈표 6-19〉 지도 학습의 단계(과정)

구분	세부 단계(과정)
지도 이해 학습	① 기호, 표시의 의미 이해 단계 ⇨ ② 종합적 자연 경관 이해 단계 ⇨ ③ 지역적 특성 및 공간적 분포 이해 단계
지도 이용 학습	① 지도 선택 이용 단계 ⇨ ② 지도의 개념 이해 단계 ⇨ ③ 판독 내용 정리 및 활용 단계

1) 지도 이해 학습

첫째, 제1단계인 기호, 표시의 의미 이해 단계는 지도에 표시된 여러 가지 기호와 표시의 의미를 학습한다. 교실에서는 기호가 나타내는 사물의 사건이나 그림을 칠판, 파워포인트 프로젝션 화면 등으로 제시하여 사실과 비교, 이해하도록 한다. 야외에서는 지도에 나타난 기호와 실제 사물과 비교해보는 것이 중요하다.

둘째, 제2단계에서는 지도를 보면서 지도에 나타난 종합적인 자연 경관을 마음속으로 구상하고 이해한다. 이 방법에도 야외에 나갈 수 없는 경우에는 모형을 이용하면 좋다.

셋째, 지도에 나타난 사실을 통하여 자연 경관과 인간과의 관계, 지역의 특성, 공간적인 분포 등을 해석한다.

넷째, 이해와 해석을 한 지도 자료를 바탕으로 탐구한 내용을 종합 정리한다.

2) 지도 이용 학습

첫째, 제1단계에서는, 학습 내용의 성격이나 목적에 따라 적절한 지도를 선택하여 이용한다. 지도에는 보통 지도, 지형도, 명승지 안내지도, 행정구역 지도, 인구분포도, 역사 지도 등이 있다.

둘째, 제2단계는 지도에 나타난 사실을 파악하고 그 사실들을 통해 거기에 나타난 개념을 이해하고 설명한다.

셋째, 제3단계에서는 지도에서 판독한 내용을 학습 내용과 관련시켜서 정리하고 활용한다.

5. 지도 학습의 종류

지도학습은 크게 위치 학습, 방향 학습, 기호 학습, 거리 학습, 투영법 학습 등으로 구분한다.

1) 위치 학습

위치 학습에는 다음의 3단계로 이루어진다. 제1단계는 학생들이 지도를 보고 학교 등 주어진 사물이 있는 위치를 정확하게 가리킬 수 있어야 한다. 제2단계에서는 지도에 나와 있는 학교를 기준으로 해서 상대적인 위치 감각으로 학교 주변의 주요 건물이나 지형이 지도상에 어디쯤 위치해야 하는지를 알 수 있어야 한다. 제3단계에서는 사물의 절대적인 위치를 정확히 표현하는 단계로, 이를 위해서는 수리적 좌표를 사용하여 표시해야 하는 좌표 체계를 이해할 수 있어야 한다.

2) 방향 학습

방향 학습이란 지도에서 방향과 관련된 학습을 하는 것을 말한다. 예컨대, 길 찾기 연습, 길 찾기에 관련된 어휘 익히기, 안내 표지 형태의 그림지도 그리기, 나침반을 가지고 정북 방향 찾기, 자신의 위치를 지도상에서 알아내기 등이 있다. 방향학습에서는 학생들이 생활 속에서 항상 지도를 이용하고 즉석에서 방향 감각을 발휘하는 것이 몸에 배도록 하는 것이 중요하다.

3) 기호 학습

기호 학습에서는 기호가 지도라는 작은 도면에 많은 지역 정보를 표현하기 위해서 반드시 필요하고, 지도상에 표시된 기호의 의미는 일종의 약속이라는 점을 학생들 스스로 깨닫도록 하는 것이다.

4) 거리 학습

거리 학습은 학생들에게 거리 감각을 익히게 하는 것이다. 초등학교에서는 절대적인 개념의 축적 개념에 대하여 학습하는 것은 무리가 있으나, 어느 정도는 쉽게 느껴지는 상대적 축적 개념은 학습할 수 있다. 상대적 축적 개념을 꾸준히 학습하다 보면 절대 축적을 배워야 할 시기에 학생들은 별 어려움을 느끼지 않고 학습할 수 있다.

5) 투영법 학습

투영법이란 구면인 지구 전체를 평면상에 나타내는 방법이다. 수리 기하학적 방법을 동원한 투영법을 직접적으로 바로 학습하기란 무리가 있다. 따라서 지구상의 모습이 학생이 보는 각도에 따라서 다르게 보인다는 것을 이해하는 수준으로부터 점차 지도의 투영, 등고선 개념을 학습하는 수준으로 나아가도록 한다.

6. 지도 학습 유의점

첫째, 학생들의 지리 의식 발달에 따라 지도를 선택하고 지도에 관한 능력을 기르도록 지도하여야 한다.

둘째, 지도는 지구의 지면을 평면에 표시한 것이므로 어떠한 도법으로 제작한 지도라 할지라도 왜곡된 부분이 많다는 점을 유념하여 지도하여야 한다.

셋째, 지도에 표시된 경선과 위선이 실제 지표면 위에 있는 것으로 착각하는 일이 없도록 유념하여 지도하여야 한다.

넷째, 교실용 지도에서는 해발 고도를 녹색으로 표시하는데, 이때의 녹색은 평야를 나타내는 것이 아니라는 점을 지도하여야 한다.

끝으로, 보통의 지도는 북쪽을 위, 남쪽을 아래로 나타내는데, 북쪽으로 흐르는 강의 상류를 북쪽으로 오인(誤認)하지 않도록 특별히 유념하여 강조, 지도하여야 한다.

7. 지도 학습의 장점

① 학습자들의 흥미 유발에 효과적이다.
② 학습자 중심의 학습을 할 수 있다.
③ 사회과 지도 학습의 다양한 기능을 익힐 수 있다.

8. 지도 학습의 단점

① 공간 지각력이 부족한 학생들이 지리를 어렵게 생각할 수 있다.
② 각종 지도의 부호 등을 인지하지 못하면 효과적인 학습을 진행하기가 어렵다.
③ 학습자들의 수준에 따른 개별화 학습을 진행하여야 한다.

9. 참고 자료

① 축척(scale): 지도상의 상태를 종이 위에 축소한 비율이다.
② 위치(location): 지도상의 한 점의 정확한 위치를 경선과 위선의 교차로 표시한다.
③ 방위(direction): 어떤 지점에 있어서 지평선상의 방향을 의미한다.
④ 기복의 표현: 지표면의 높낮이를 표현하는 방식이다. 등고선이 조밀하게 접한 곳은 경사가 급하고, 등고선 간격이 떨어져 있을수록 경사가 완만한 곳이다.

제10절 시사 학습(時事 學習)

1. 시사 학습의 개념

사회과는 어느 교과보다도 시간적 제한이나 그 영향을 가장 많이 받는 교과이다. 특히, 국내외의 여러 상황이 예측하기 어려울 정도로 빠르게 변화하는 오늘날과 같은 때에는 그 필요성이 더욱 부각되고 있다. 시사 학습은 새롭게 나타나는 정보 및 사회 변동에 관한 자료를 수업에 활용함으로써 사회변화에 대한 관심과 이해를 깊게 하고, 미래지향적 사고가 이루어지도록 하는 데에 그 의의가 있다. 따라서 신문, 잡지, 라디오, 텔레비전, 인터넷 등에서 여러 가지 자료를 정선하고 검토한 후 학생들의 수준에 알맞도록 교재화(재구성)하여 활용하도록 하여야 한다.

시사자료 활용에서 유의할 것은 모든 자료를 현재의 것으로 대치할 필요가 없다는 것이다. 교재 내용이 의도하는바, 그 개념을 보다 잘 이해시키기 위해서는 지나간 자료라 하더라도 그대로 활용하는 것이 좋다. 또 국내외의 주요 정책 변화에 관한 것은 국가·사회적 차원에서 지도의 방향을 신중히 검토한 후에 교재 내용에 반영하여야 하며, 대부분의 시사자료는 그 사실 여부를 정확히 확인한 후에 활용해야 한다. 사회는 끊임없이 변화하고 있다. 이에 대비하여 교과서의 내용은 아무리 해도 2~3년 전의 것일 수밖에 없다. 따라서, 교과서 내용과 현재 일어나고 있는 사회현상은 괴리(乖離)가 있다. 이 괴리를 채워주는 것이 시사학습이다.

2. 시사 학습의 특징

시사 학습은 이론과 현실의 간극을 좁혀주고, 실제적인 사회현상을 규명하게 해준다. 특히, 시사 학습은 사회에서 일어나는 다양한 사회사상을 사회과 학습에 적용하는 살아 있는 학습 활동이다.

특히, 현대 사회처럼 다양하고 분기화된 사회에서는 시시각각 발생하는 여러 가지 사회문제를 사회과 학습에 적절하게 내용으로 재구성, 지역화하여 지도하여야 한다. 사회과교육이 사회를 탐구하는 수업이 되어야 하고, 사회과 수업이 살아 있는 수업이 되려면, 이와 같이 교과서 밖에서 발생되는 여러 가지 사회현상을 교육과정화하여 교수·학습으로 진행하여야 한다.

　사회과 시사 학습은 학생들로 하여금 사회의 시사 문제를 학습하게 함으로써 사회변화에 대한 관심과 이해를 깊게 하고 시민으로서의 참여 의식을 고취시킨다. 학생들이 사회의 여러 가지 간행물이나 매스컴 등의 매체들을 현명하게 읽고 판단할 줄 아는 기능과 능력을 길러주어야 한다. 사회과 교과 내용과 현실을 관련시킴으로써 학생들의 학습 흥미를 유발시킬 뿐만 아니라, 사회과 학습 자체에 생생한 생명력을 불어넣어야 한다.

　자료의 수집 기능, 자료의 해석 기능, 자료의 평가 기능, 탐구 기능 등을 신장시켜야 하며, 현대 사회의 제 문제를 이해하는 기초를 기르고, 미래 사회를 전망하고 대처할 수 있는 지혜와 태도를 기르는 데 효과적인 학습 형태이다.

　아울러, 시사 학습은 교과서의 제한점을 보완해준다. 즉, 교과서 정보의 시차를 극복·보완할 수 있으며, 교과서에서 다루기 힘든 현대 사회의 '쟁점'들을 다룰 수 있다. 시사학습을 통해 '사실'과 '의견'을 구분·판단하는 능력을 기를 수 있다. 시사는 그들이 살고 있는 세계에 대해 보다 많은 지식을 제공해준다. 즉, 시사 자료는 사회변화의 경향, 지속성을 띠고 있는 사회문제 등을 담고 있다.

3. 시사 학습의 자료원

　시사 문제에 대한 학습에서 교사와 학습자가 자료의 결핍과 자료의 방대함에서 망설이게 되는데 이때 어디서 어떤 자료를 수비하여 활용할 것인가 하는 문제에 봉착한다. 사회과 교수·학습에서 특히 시사 문제의 지도나 가설설정 및 가설검증에 필요한 새로운 정보와 지식을 확보할 수 있는 시사 자료의 공급원은 다음과 같다. 이와 같은 공급원으로부터 자료를 수집한 교사는 반드시 재구성 및 교재화하여 교수·학습에 투입되어야 한다.

4. 시사 학습의 활동

① 지역화 학습 자료로 시사를 활용
② 사회과 학습의 '구체적 자료'로서 시사를 활용
 -교재단원과 시사를 관련시킨다. 예) 환경문제, 인구문제, 공해문제 등
 -사회과의 중요한 개념들은 시사 문제를 통해 지도가 가능하다.
　예) 가격, 공급, 수요, 생산, 다수결 제도, 국회의 기능, 대통령의 권한, 기본권 등
③ 문제 중심의 교수 프로그램으로 활용

5. 시사 학습의 유의점

　첫째, 신문, 잡지, 라디오, TV 등에서 보도된 여러 가지 자료를 교재 내용과 관련시켜서 정선하고 검토한 후, 학생들의 발달 수준에 알맞도록 재구성, 교재화하여 교수·학습에 적용하여야 한다.

둘째, 시사 자료를 교육 자료로 활용할 때에는 그 정확성을 확인하는 데 신중을 기하여야 한다. 그 자료가 객관성과 신뢰성이 있는지에 대한 엄격한 검토가 행해져야 한다.

셋째, 모든 자료를 가급적 최근의 것으로 대치할 필요는 없다. 교재 내용이 의도하는 특정 개념은, 그 개념이 잘 이해되는 데 도움이 되는 당시의 자료를 그대로 활용하는 것이 좋다.

넷째, 국내외의 이념, 주요 정책 변화에 관한 것은 국가 사회적 차원에서 그 지도의 방향을 신중하게 검토한 후, 사회과 교재에 반영하여야 한다.

다섯째, 사회과 교사는 시사 학습에서 편견을 버려야 하며, 결과를 예측하기 어려운 문제에 대하여는 기본적인 원리를 설명해주고, 판단은 학생 스스로 내리도록 유도하여야 한다.

여섯째, 가능한 한 많은 시청각 자료를 활용하는 것이 바람직하다.

일곱째, 사회과 교사는 시사 자료를 바탕으로 학생의 자료 수집 기능, 자료 해석 기능, 자료 평가 기능, 탐구 기능 신장 등에 주안점을 두고 지도하여야 한다.

제11절 NIE(Newspaper in Education: 신문활용교육) 학습

1. NIE(신문활용교육)의 개념

NIE는 Newspaper in Education, 또는 News in Education으로 신문활용교육, 뉴스활용교육이다. 정보화시대의 교육은 각종 정보와 지식을 활용하여 문제를 해결하는 탐구 능력의 개발에 주안점을 두고 있다. 사회과 교육과정에서는 토론, 토의, 실험 등을 통하여 학생들 스스로 문제를 해결하는 학습자 중심 수업을 강조하고 있다. 따라서 NIE 학습이 주요한 학습 방법으로 강조되고 권장되고 있다. 즉, 종이 신문이나 인터넷상에서 게재된 최근의 자료를 활용하여 탐구 공동체 내에서 학생들이 공동으로 학습하는 방법이다.

NIE 탐구 공동체 학습은 사회과뿐만 아니라, 재량활동, 특별활동 등 전 교육과정에서 학생들이 신문, 인터넷 자료 등을 활용하여 현재 우리의 삶과 관련된 문제에 대하여 스스로 탐구하면서 민주시민의 자질과 공동체 의식을 함양시키는 학습 방법이다. NIE 학습은 살아 있는 생생한 자료를 활용하여 학생들이 스스로 탐구활동을 하기 때문에 학습에 관심과 흥미를 갖도록 하여 학교를 즐겁고 활동적인 장소로 만드는 학생 중심 교육활동이다. 아울러 NIE는 학생들이 사회문제에 대하여 스스로 탐구적으로 접근하고 비판적으로 분석하여 문제해결 방안을 모색하는 새로운 학습 방법이다.

2. NIE 학습의 특징

첫째, NIE 탐구 주제는 교사가 선정한다. 사회과 교수·학습 시간에는 목적에 벗어나지 않는 한 주제를 선정할 때, 학생들의 참여를 허용하는 것이 좋다.

둘째, 탐구 주제에 맞추어 자료를 수집하는 일은 학생들이 주로 하도록 하고 학생들이 수집한 자료 중에서 탐구지(探究紙)를 만들 대표적인 탐구 자료를 선정하는 일은 교사와 학생이 공동으로 하는 것이 바람직하다.

셋째, 사회과 교수·학습에서 탐구 공동체를 운영하는 경우에는 교육과정이나 교과서 내용과 직접 연관되는 주제와 자료를 선정하는 것이 학생들의 흥미를 유발할 수 있고, 그만큼 교육 효과를 높일 수 있다.

넷째, 학생들의 인지 수준이나 정서적 특성, 관심사 등을 고려하는 것이 중요하다.

다섯째, 다양한 기능을 개발할 수 있고, 중요한 지식과 개념들이 많이 포함된 자료를 선정하는 것이 바람직하다.

여섯째, 미담 사례만을 대상으로 하지 말고 불법 비리 사례 등도 교육적 자료로 활용하여 지도하는 것이 바람직하다.

3. NIE를 통해 육성할 수 있는 태도와 능력

① 사회성의 함양: 사회에 관심을 갖고 사회의 움직임, 즉 사회에서 문제가 되고 있는 일을 자기 문제로서 생각할 수 있다.
② 인간성의 함양: 다양한 의견이 존재한다는 사실과 가치의 다양성을 인식할 수 있다.
③ 주체성·의사결정력의 함양: 많은 사실과 의견 가운데서 자기 자신의 입장을 분명히 하고 의견과 판단을 형성할 수 있다.
④ 정보처리 능력: 많은 정보를 수집·해석·판단·선택하거나, 사실과 진실을 파악할 수 있다.
⑤ 자기교육력(바람직한 독자): 신문을 비판적으로 읽을 수 있고, 신문으로부터 배우고, 신문을 육성하는 사람이 될 수 있다.

4. 신문 자료의 교재화 조건

① 지도 목적에 맞는 것이어야 한다.
② 객관성이 있는 것이어야 한다.
③ 학생들이 관심과 흥미를 갖는 것이어야 한다.
④ 학생들이 이해할 수 있는 것이어야 한다.
⑤ 발전성이 있는 것, 학생들의 사고가 유발되거나 사고가 깊어질 수 있는 것이어야 한다.
⑥ 최신 정보인 것이어야 한다.
⑦ 학습주제와 관련이 있는 것이어야 한다.
⑧ 교육적으로 의미 있고 효과적인 것이어야 한다.
⑨ 실생활과 직접적·간접적으로 관련되어 있는 것이 좋다.
⑩ 시사학습, 인터넷 학습 등과 연관된 것이 보다 효과적이다.

5. 사회과에서의 신문 활용 방법의 예시

① 신문의 모든 머리기사 오려 학급에서 토론하기
② 한 국가의 의생활, 주거환경, 직업의 종류, 여가생활 등을 구분하여 스크랩하기
③ 대통령이 방문한 국가에 대하여 스크랩하고 조사하기
④ 여행 그림 찾아보고 다양한 여행계획 세우기
⑤ 신문에서 도시와 촌락의 모습을 찾아 차이점 알아보기
⑥ 공해문제에 대한 기사를 수집하고, 해결방안 작성하기
⑦ 각 지역의 주요사건, 주요 생산물, 역사적 배경 수집하고 정리하기
⑧ 각국 주요 인물의 동정 표시하기
⑨ 신문의 기사·그림·사진을 의·식·주에 따라 분류해보기

제12절 문화재 학습(文化財 學習)

1. 문화재 학습의 특징

　과거의 사회과 문화재 학습은 역사교육에서 추구하는 학생의 역사적 사고력 신장이라는 목적을 달성하기 위한 역사교육 교재의 일종으로 다루어졌다. 즉, 사회과에서의 문화재 학습이란 문화재를 활용한 역사 교육적 의미로 이해되었다. 그러나 문화재 학습이란 문화재를 주제로 한 문화재 자체에 대한 이해를 목적으로 하는 학습을 포함하여 문화재를 학습 자료로 활용하는 모든 형태의 학습을 통틀어 일컫는 말이다. 즉, 문화재 학습은 "문화재에 관한 학습"과 "문화재를 통한 학습"을 총칭하는 개념이다. 문화재를 통한 문화재 학습에서는 문화재가 내용요소의 자료로서 역할을 하지만, 문화재에 관한 문화재 학습에서는 문화재가 학습내용으로서의 역할을 하게 된다. 특히, 초등학교에서의 문화재 학습은 학생들 스스로가 문화재를 조사하고, 감상하는 초보적인 방법을 익히는 학습과 문화재가 가진 배경, 가치와 관련된 학습이 요구된다.

2. 사회과 교육과정과 문화재 학습

　사회과 교육과정의 목표는 학습자 중심의 주도적인 학습을 강조하고 있는 점이 큰 특징이다. 이 가운데 각 시대의 특색을 중심으로 우리나라의 역사적 전통과 문화의 특수성을 파악하여 우리 문화와 민족사의 발전상을 체계적으로 이해하며, 이를 바탕으로 인류생활의 발달과정과 각 시대의 문화적 특색을 파악한다. 이는 특히 주목되는 항목이라 하겠다. 이는 세계화·국제화·정보화를 규정되는 사회변화는 외형상으로는 글로벌(global)화되고 있지만 그와 비례하여 내부적으로는 자국의 전통에 대한 이해를 심화시키는 노력이 토대로 작용하지 않을 수 없음을 설명해주고 있다. 이에 문화재

와 박물관 관련 대단원을 설정하여 주제 통합적 관점에서 문화재 학습을 집중적이고 체계적으로 할 수 있도록 내용을 선정하고 조직한 점은 이러한 개정의 목표와 방향이 강하게 투영된 결과라 볼 수 있다. 이를 구체적으로 살펴보면 다음과 같다.

첫째, 향토사·지역사 학습을 체계화했다는 점이다. 지역 학습을 중심으로 전개되는 그 지역의 역사적·문화저 배경을 함께 이해할 수 있게 함으로써, 지역학 학습을 강화했다는 의미가 있다.

둘째, 전통문화학습을 강조하고 있다는 점이다. '옛 도읍지의 문화재와 박물관' 단원이 4학년으로 설정됨에 따라, 문화사적 관점에 문화 인류학적 관점을 가미하여 우리 겨레의 전통을 되새겨볼 수 있도록 한 것이다. 특히, 초등학생들이 생활 속에서 어렵지 않게 발견하고 조사할 수 있는 자료와 사례들을 이용함으로써 자연스럽게 생활 속에서의 시간과 변화의 개념을 이해할 수 있도록 하는 데 초점을 두고 있다.

3. 문화재 학습의 다양한 접근

1) 유형·무형 문화재를 사례로 한 문화재 학습

문화재가 역사학습에서 중요성을 갖는 소재이기 때문에 교과서 내에서도 꽤 많은 분량이 제시되고 있다. 이들 문화재 가운데 초등 사회과 교과서에는 유형문화재가 상대적으로 많은데, 이는 구체적이고 실질적인 형태의 역사적 증거물들이 교수학습에 적합하다는 측면에서 그 이유를 찾을 수 있을 것이다. 실제로 아동은 구체적 형태의 역사적 증거물을 통해 역사가로서의 간접체험을 경험할 수 있다. 이러한 유형문화재 학습을 위해 교실에서는 멀티미디어 자료를 이용하고, 학교 밖으로는 직접 유적지를 견학하며 박물관을 이용한다. 그리고 유물 사진, 유물 모조품 등을 수업 자료로 활용하면서 아동에게 역사에 대한 관심을 갖게 하고, 흥미를 촉진하면서 동시에 역사에 대한 이해를 도울 수 있다.

한편, 조상들의 생각이나 생활모습을 짐작하게 하는 음악, 춤, 놀이, 의식 등의 무형문화재는 구체적인 역사적 증거물을 대상으로 하는 역사학습보다 교사의 좀 더 구조화되고 체계적인 내용 선정과 수업계획이 요구된다. 주로 시청각 매체나 지역사회 인적 자원을 활용하여 아동의 간접 경험을 극대화하며, 특히, 타 교과(음악, 미술, 체육 등)와의 주제 통합적 접근으로 문화재가 가지고 있는 내용요소들을 포괄적으로 다루면서 아동의 흥미와 경험이 발산하는 가운데 자연스럽게 학습이 이루어질 수 있도록 한다.

2) 생생한 과거와의 만남: 박물관 학습 및 실물학습

박물관 견학이나 현장답사는 아동의 흥미를 자극하고 보다 적극적인 참여를 이끌어낼 수 있다는 측면에서 일종의 대안적인 역사학습방법이다. 과거의 박물관은 선조들의 유물을 보관, 전시하는 정도의 소극적 기능을 주로 담당해왔으나, 최근에 와서는 아동들에게 학교에서 할 수 없는 체험을 통한 살아 있는 경험교육을 실시함으로써 교육적 효과를 극대화함은 물론 우리 문화에 대한 관심과 이해를 높일 수 있는 기회를 제공하는 살아 있는 열린 교육의 장으로 자리매김해 가고 있다. 학습자 입장에서도 단순한 관람 차원을 넘어 유물로부터 과거에 대한 상상력과 추론을 경험해가는 학습이 이루어지고 있다. 주로 전문 교육을 받은 박물관 큐레이터(학예 연구사)나 교사에 의해 제시될 수 있는 질문은 다음과 같다.

① 이것이 무엇이라고 생각하는가, 그리고 발견된 곳은?
② 무엇으로 만들어졌으며 용도는?
③ 얼마나 오래된 것이며 어떻게 장식되어 있는가?
④ 크기와 무게는 어느 정도이며 이 물건을 어떻게 들고 다녔는가?
⑤ 누가 이 물건을 사용했겠는가, 부유한 사람인가, 아니면 가난한 사람인가?
⑥ 그 물건은 기계로 만들어졌는가, 혹은 수공으로 만들어졌는가?
⑦ 이 도구의 쓸모는 어떠했으며 과거에는 가치 있는 물건이었는가?
⑧ 도구의 역사적·시대적 가치는 무엇인가?

이와 같은 내용들은 유물을 바라보는 역사가의 관점의 틀을 반영한 다면적 차원의 열린 질문이다. 요컨대, 실체적 사물에 대한 관찰의 단계를 넘어 학습자 나름의 관점에서 사라져버린 과거를 재구성하는 단계로 전이될 필요가 있음을 강조하고 있다.

3) 멀티미디어를 활용한 문화재 학습

실물자료로서의 문화재는 아동에게 만족감을 느낄 수 있는 학습경험을 제공해줄 수 있다. 그러나 이를 어떠한 방법으로 제시하느냐에 따라 교수학습의 효과는 달라진다. 이러한 관점에서 시청각 교재는 생생한 영상과 함께 문화재 학습의 효과를 높일 수 있다. 현재 초등학교 교실은 열린 학교 운영 방안으로 활용하기 편리한 많은 기자재가 준비되어 있다. 실물 화상기, 대형 멀티비전, 컴퓨터 인터넷 활용 등으로 박물관이나 역사 유적지들의 문화재를 자연스럽게 아동들이 접할 수 있도록 지도가 이루어진다면 학습에 큰 도움이 될 것이다. 특히, 교사의 설명식 수업의 한계를 보완해줄 수 있는 자료 중의 하나가 시청각 교재라고 본다면, 텍스트, 사운드, 이미지, 동화상 등 다양한 미디어가 결합된 멀티미디어의 개발 및 적용에 대한 연구는 활발히 이루어져야 한다고 본다. 요컨대 멀티미디어의 효율적 활용은 아동에게 능동적으로 문화재학습에 참여할 수 있는 선택권을 주어 상호작용을 통한 학습참여의 기회를 제공해줄 수 있으며 개별 학습 및 심화, 보충 학습에 유용하게 이용할 수 있다. 이를 위해서는 보다 다양한 문화재 학습 프로그램이 개발되어 일선 학교에 개발 보급된다면 문화재학습에 큰 도움이 될 것이다.

다만, 멀티미디어를 활용한 문화재 학습에서는 다음과 같은 점을 유의하여야 한다.

첫째, 학생 중심 학습을 강조하되, 학생들이 자율 학습, 모둠(분임) 활동, 조별 활동, 협동 학습, 조사 연구 활동 등 다양한 학습과 활동을 하도록 조장(助長)하여야 한다.

둘째, 학생들의 다양한 학습과 활동을 통하여 교사의 교실 수업, 설명식강의식 수업에서 충실하지 못했던 부분을 스스로 보완하고 보충할 수 있는 학습으로 나아가도록 지도하여야 한다.

제13절 인물 학습

1. 인물 학습의 개념

역사는 과거의 거울로 미래를 보는 연구이자 활동이다. '역사는 인간에 의해서 창조되고, 인간은 역사에 의해서 만들어진다'는 말의 의미는 인간이 역사에 작용하는 측면과 역사가 인간에 작용하는 측면을 표현하는 것이라고 할 수 있다. 따라서, 역사를 학습한다는 것은 곧 인간의 역사를 학습한다는 것이다.

인물 학습은 학생들로 하여금 보다 친근감 있게 역사에 접근할 수 있게 하는 계기를 마련하여, 역사에의 관심과 판단력을 길러서 역사의 개성적인 내면의 이해를 가능하게 하며, 편협된 인간관을 시정하고 보다 넓은 시야에서 인간을 바라보는 혜안을 길러주는 데 있다.

인물 학습은 역사 속에 묻혀 있는 수많은 역사적 인물 가운데 국가와 민족 사회에 공헌한 인물을 학습 교재로 선정하여 그 인물을 연구하고 그 인물의 역사적 배경을 파악하여 역사 발전에 어떻게 작용하는가를 인식시키는 학습 방법이다. 어떤 의미에서는 인물 학습과 인물사 학습을 구별하기도 하는데, 인물 학습은 인간 탐구에 주안점을 두고 역사의 외적 목적이나 윤리적 평가를 작용함으로써 덕목 구현의 매체로 삼기 위하여 선택된 전형적인 인물에 대항 학습인 것이다. 그러나 인물사 학습은 교재화된 인물의 인간적 탐구를 하긴 하지만, 그 인물의 역사적 존재를 통하여 그 시대를 파악하고 그의 민족사적 공헌을 그 시대의 흐름과 역사 발전 속에서 파악하려는 학습이다.

2. 인물 학습의 특징

인물 학습이란 과거나 현재의 인물을 학습의 제재로 삼는 학습이다. 여기서, 인물은 그의 가치와 신념이 사회에 의해서 추앙을 받고, 명성과 도덕적인 힘을 가진 개인을 의미한다. 인물은 사회과 외에 국어과, 도덕과 등에서도 다루어지나, 특히 사회과의 역사영역 학습에서는 역사적 인물이 소재로 선정된다. 사회과에서의 인물학습은 인물의 역사적 업적과 사상을 이해하거나 또는 그 인물이 관련된 역사적 사건이나 시대정신을 심층적으로 이해하는 데 목적이 있다. 이런 까닭에 역사교육에서의 인물학습은 '인물사 학습'이라고도 규정된다.

3. 인물 학습의 단계

일반적으로 인물 학습은 ① 도입 단계 ⇨ ② 전개 단계 ⇨ ③ 정리 단계 ⇨ ④ 평가 단계 등의 순으로 진행된다.

인물 학습의 인물은 일반적인 위인(偉人)이 아니라, 주어진 단원, 주제에 적합한 목표 관련 훌륭한 사람이어야 한다. 훌륭한 위인의 업적과 사상 등을 파악하고 탐구함으로써 그 당시의 역사적 사실, 사회적 사실 등을 알고 이를 본받으려는 마음가짐을 새롭게 하도록 지도하여야 한다.

1) 도입 단계

사회과 교사는 교재 내용과 관련된 인물을 선정하고 인물의 전기, 초상화, 보도적 기사, 학생들의 기득한 지식을 이용하여 인물 학습으로 유도한다. 그리고 교사와 학생은 공동으로 협의하여 그 인물에 대한 탐구 문제를 결정한다.

2) 전개 단계

선정된 인물에 대하여 조사할 문제, 즉 그 인물의 생애와 인간상, 업적, 시대적 배경, 역사적 상황 등을 개인별 혹은 분단별로 분담하여, 자료를 수집하고 조사한다. 자료의 수집과 조사는 도서관, 박물관, 서점, 가정 등에 비치된 인물의 전기, 보도 기사, 인물 사전, 사진, 초상화 등을 근거로 하고, 또한 이러한 자료를 학생으로 하여금 검토, 비판하게 하여 신빙성 있는 자료만을 선택하도록 한다.

3) 정리 단계

선택, 비판, 수용의 단계를 거친 자료는 분단별로 토의 활동을 한 후, 보고서에 요약, 정리한다. 또한 분단별로 요약, 정리된 내용은 전체 학생들이 참석한 가운데에서 발표, 토의, 질의, 응답 등의 학습 활동을 통하여 문제점을 명료화한다. 이때에 교사는 보충적인 지도 조언을 함으로써 문제해결에 접근하도록 한다.

4) 평가 단계

학습 활동을 통하여 선정된 인물의 시대적 배경과 더불어 그 업적이나 역사적 의의를 바르게 인식하였는가를 알아보고, 학생들의 정의적인 가치·태도 및 자료의 분석과 비판 능력 등에 대하여 평가를 한다. 평가하는 방법에는 감상문, 독후감, 보고서 작성 등의 방법을 고려하는 것이 바람직하다.

4. 인물 선정의 기준

인물(사)학습의 소재로 어떤 인물을 선정할 것인가는 크게 국가·사회적 요청에 의해 영향을 받게 될 것이나, 사회과 또는 역사과 교육과정 개발과정에서 합리적인 선정 준거에 따라 선정되는 것이 바람직할 것이다. 역사적 인물의 선정 준거는 역사학습 내용 선정의 기준으로서의 '중요성'에서 찾을 수 있을 것이다. 역사학습내용으로서의 중요성은 한마디로 당대 사회와 후대에 끼치는 영향력을 의미한다. 이러한 중요성의 관점에 기초하고, 교육과정 및 교과서 내용 선정의 경험을 토대로 다음과 같은 인물선정 기준이 제시되고, 실제 활용되고 있다.

① 한 시대의 특징을 나타낼 수 있는 인물(나라를 세운 인물, 정치적 지도자, 시대 전환기에 활동한 혁명가 등)

② 민족과 국가의 발전에 기여한 인물(외침을 격퇴하여 나라와 민족을 구한 인물, 일제하의 독립
　운동가 등)
③ 문화의 각 부문을 대표하는 인물(종교, 학문, 예술 분야에서 뛰어난 업적을 남긴 인물)
④ 국민의 생활향상에 기여한 인물(교육, 과학기술, 경제 분야에 공이 큰 인물)

그런데 역사학습에서의 인물학습에서는 역사 발전의 원동력으로서의 '민중'의 역할도 강조되어야
하고, 학생의 인격형성에 귀감이 될 수 있는 '보통사람' 혹은 지역사회의 인물도 소재로 선정되는
것이 바람직하다. 아울러 양성평등 교육의 관점에서 여성인물도 적극 발굴하여 다룰 수 있도록 해야
한다.

5. 인물 학습의 유의점

첫째, 몇몇 특정한 인물을 지나치게 강조함으로써 편협된 견해에 몰입되지 않도록 하고, 위대한
인물들의 이면(裏面)에는 이름 없는 민중들의 뒷받침이 있었음을 소홀히 해서는 안 된다.
둘째, 인물에 대해서 단순한 나열이나 업적의 해결에만 그치지 말고, 그 인물을 통해서 시대적·
사회적 상황을 알도록 하며, 현재의 국가·사회적 당면 과제의 해결에 보다 중점을 두는 방향으로
지도해야 한다.
셋째, 지나친 민족적 감정을 기울이지 않게 하여 학생들로 하여금 역사적 사고력과 비판력 및 자
료 처리 능력을 길러서 객관적이고 공정한 인물의 파악과 역사의 이해가 가능하도록 지도해야 한다.

제14절 사료 학습(史料 學習)

1. 사료 학습의 개념

사료 학습은 역사 학습에서 인간들의 역사적인 활동의 흔적이 담긴 제반 자료, 즉 사료인 문헌,
유물, 유적 등을 이용하여 역사적인 제 문제를 이해하고 탐구하여 해결할 수 있도록 하면서 역사적
가치를 발견하게 하는 학습 형태이다. 그러므로 사료 학습은 과거 인간들의 제반 활동 자료이며, 역
사 연구의 도구이고 역사 연구의 매개물적 역할을 하는 사료의 활동을 통하여 학생들로 하여금 역
사적 사실에 대하여 비판력, 분석력, 해석력 등을 높여서 탐구력을 발전시키고 역사의식을 신장시키
려고 하는 데 의의가 있다.
사료 학습은 학생들이 사료를 올바르게 다루고, 그것을 실제 학습에 이용하는 방법을 학습함으로
써, 모든 역사적 현상을 탐구할 수 있는 능력을 기르며, 역사를 보는 안목과 사회사상의 의미를 추
구하는 능력에도 큰 변화를 가져오게 되는 것이다.

2. 사료 학습의 특징

사료란 과거의 인간 활동과 사상이 담긴 다양한 형태의 흔적을 뜻한다. 이 사료를 매개로 하여 직접 체험할 수 없는 과거의 사실에 대해 문제의식을 갖고, 증거자료로서의 사료에 대한 비판과 해설을 통해 역사적 사실을 확인하고 그 사실의 의미를 깊이 있게 이해하는 과정에서 역사적 사고를 하도록 안내하는 학습이 사료학습이다. 사료학습은 이상적으로는 역사학자의 역사연구방법, 즉, 사료의 수집·비판·해석의 과정을 교실에 적용하는 교사가 학생의 발달수준에 맞게 재구성한 사료를 토대로 일련의 탐구과정을 거치도록 안내하는 방식을 택하게 된다.

3. 사료 학습의 의의

역사학습에서의 사료 활용은 학습자의 역사에 대한 흥미·관심을 제고하고, 역사적 사실을 깊이 있게 이해할 수 있게 하고, 나아가 사료를 활용하는 활동중심 학습에 의해 역사적 사고능력과 태도를 기를 수 있게 한다.

그 밖에, 사료 활용은 역사적 사실의 인식이 사료에서부터 시작된다는 점을 인식하게 하고, 과거에 대한 시간 의식을 기르는 데 도움을 주고, 교과서에 기술된 내용이 역사적 사실의 전부가 아니라는 것을 깨닫게 해준다는 점에서 교육적 의의가 크다. 이러한 사료 활용의 효용성을 정리하면 다음과 같다.

① 사료를 직접 대하고 경험함으로써 역사에 대한 관심과 흥미를 불러일으키고 지적 호기심을 유발할 수 있다는 점
② 사료를 접하여 분석·비판·종합해봄으로써 사상을 공정하게 판단하고 이해할 수 있다는 점
③ 사료를 접하여 역사적 연구의 방법을 체득함으로써 사실을 객관적으로 인식하고 역사적 태도와 능력, 역사의식과 역사적 사고력을 기를 수 있다는 점
④ 다양한 사료를 활용하여 사실을 실증적으로 파악함으로써 학습의 파지가 오랫동안 계속될 수 있다는 점
⑤ 실증적 자료를 활용함으로써 역사에 대한 이미지를 풍부히 하고 독사능력을 기를 수 있다는 점

4. 사료 학습의 단계

일반적으로 사료 학습은 ① 문제 설정 단계 ⇨ ② 사료의 수집·비판·이해 단계 ⇨ ③ 검증·정리 단계 등으로 진행되는 것이 원칙이다.

1) 문제 설정 단계

역사 연구의 방법적 과정론에는 대체적으로 사료의 수집, 비판, 해석, 서술 등으로 나누는 것이

일반적이다. 문제 설정 단계에서는 사료를 활용함으로써 학습 효과를 얻을 수 있는 학습 문제를 교사와 학생이 협의하여 설정하고, 설정된 문제를 해결하는 가설을 설정하는 활동이 이루어지는 과정이다. 이 과정에서 교사는 사료의 종류, 출처, 이용 방법 등에 대해서 충분한 시사(示唆)를 해주어야 한다.

2) 사료의 수집·비판·해석 단계

사료의 수집·비판·해석 단계에서는 박물관, 도서관, 문서관 자료 소장실 등에 찾아가서 사료를 수집하고, 이를 분류 채택하여 인용, 복사 등을 한다. 그리고 이러한 사료들에 대하여 왜곡과 오류, 실용성과 가치성 여부를 판별해보도록 하는데, 여기에는 사료의 위작과 변조 여부를 가리는 외적 비판과 사료의 신빙성과 내적 가치를 판별하는 내적 비판이 있다. 또한 이와 같은 비판이 끝나 사료들을 읽고 해석하며 그 의미를 파악함으로써 전 단계에 설정된 가설과 문제해결의 방향에 연관시키는 활동이 이루어진다.

3) 검증·정리 단계

검증·정리 단계에서는 수집된 사료를 비판·해석한 것을 분단별로 발표하고, 질의응답하며 토론하는 활동을 통하여 문제해결의 가설에 따라 검증하고 정리하여 보고서를 작성하는 등의 활동이 이루어진다. 이때에는 제기되었던 구체적 사료를 통하여 그 해결 과정을 자세하게 파악한다.

5. 사료 학습의 자료

① 문헌 자료를 활용한다. 문헌 자료는 역사적 중요한 사건에 대한 고문서, 일기, 편지, 전기, 신문 기사, 역사 소설, 노래, 글 등을 자료를 통해서 사건의 원인, 경과, 결과, 성격 등을 파악하는 것이다.
② 유물 자료를 활용한다. 유물 자료는 민속물, 회화, 조각, 공예품 등의 자료를 통하여 그 당시의 생활양식, 사회 상황, 풍습, 문화적 성격 등을 파악하는 것이다.
③ 기타 자료의 활용이다. 이것은 향토 자료, 문화적 설화, 구비 문학 자료 등을 통하여, 그 지방의 역사적 변천이라든가, 민중 의식의 구조와 생활 모습의 변화 등을 파악한다.

6. 사료 학습의 유의점

첫째, 사회과 교사는 학생들에게 사료 학습의 방법과 요령 등에 대하여 사전 지도를 충분히 해주어야 한다.
둘째, 교사는 교실뿐만 아니라, 학생들이 활용할 수 있는 모든 자원을 사료 학습의 장으로 이용할 수 있도록 해주어야 한다.

셋째, 사료 학습은 계획적이고 체계적으로 역사 학습의 전체 과정과 연관되어야 할 뿐만 아니라, 활용되는 사료에 있어서도 일정하게 분류, 목록화가 되어 있어야 한다.

넷째, 활용에 제시되는 모든 사료는 학생들의 능력, 수준에 맞추어 적절한 형태로 번역, 또는 재구성되어야 한다.

다섯째, 사료들의 비판 해석에 있어서 공정하고 객관성 있게 다루는 과학적인 태도와 보편성 있는 안목을 가질 수 있도록 지도해야 한다.

제15절 ICT 학습

1. ICT 학습의 개념

ICT 학습을 하기 위해서는 ICT 학습 자체에 대해서 잘 알고 있어야 한다. 학습자들은 ICT 소양 교육으로 정보통신 기술에 대한 기초적인 능력을 습득하고, 이를 토대로 각 교과에서 정보통신 기술을 활용할 수 있다. 이러한 ICT 소양 교육과 ICT 활용 교육은 불가분의 관계로 서로 밀접하게 관련되어 있으며, 이 두 가지를 연계하여 교육할 때, 정보통신 활용 교육은 가장 효과적으로 신장될 수 있다.

한국교육학술정보원(KERIS)에서는 ICT 학습의 유형을 정보 탐색하기, 정보 분석하기, 정보 안내하기, 웹 토론하기, 협력 연구하기, 전문가와 교류하기, 웹 펜팔하기, 정보 만들기 등 8가지를 들고 있다.

2. ICT 학습의 특징

기본적인 정보소양 능력을 바탕으로 학습 및 일상생활의 문제해결에 정보통신 기술을 적극적으로 활용할 수 있도록 하는 학습 형태이다. ICT 학습은 기본적인 정보 소양을 바탕으로 학습 및 일상생활의 문제해결에 정보통신 기술을 적극적으로 활용할 수 있도록 교육하는 것으로, 각 교과의 교수·학습 목표를 효과적으로 달성하기 위하여 정보통신 기술을 교과과정에 통합시켜서 교육적 매체(instructional media)로서 활용하는 교육이다.

3. ICT 학습의 단계

일반적으로 ICT 학습은 ① 학습 주제 선정 ⇨ ② 수업 목표 수립 ⇨ ③ 수업 활동 유형 선정 ⇨ ④ ICT 활용 선수 능력 확인 ⇨ ⑤ ICT 활용 환경 및 매체 선정 ⇨ ⑥ 교사의 ICT 활용 수업 사전 준비 ⇨ ⑦ 평가도구 개발 및 평가 요소, 방법 결정 등으로 진행된다.

1) 학습 주제 선정

교과의 단원별 교수·학습 계획에 따라 학습 주제를 선정하되, 교과서의 학습 내용이 학생들에게 어떤 능력과 태도를 갖게 하는지를 분석하여 실생활과 관련 있는 학습 주제를 발굴, 선정함으로써 학생들이 자연스럽게 흥미를 갖고 수업에 임하도록 한다.

2) 수업 목표 수립

ICT 수업의 목적, 즉 통신, CD-ROM과 인터넷 등을 활용하여 지식정보 사회에서 필요로 하는 정보의 수집, 가공, 생성, 분석, 활용 등의 기본적인 정보 소양을 수업 과정 중에 자연스럽게 기르고, 그 능력을 활용하여 자기 주도적으로 주어진 문제를 해결할 수 있게 한다는 측면을 고려하여, 수업 목표를 수립한다.

3) 수업 활동 유형 선정

8가지 수업 활동 유형과 그 외의 다양한 측면의 ICT 활용 유형들 중에서 수업 목표 및 학습 환경 등을 고려하여 결정하되, 어느 특정 유형의 하나에 의해서 수업이 진행되는 경우보다는 여러 유형을 통합적으로 적용하여 다양한 수업을 전개하는 것이 바람직하다.

4) ICT 활용 선수 능력 확인

학생들의 ICT 활용 능력은 교육인적자원부에서 제시한 5단계에 따라 융통성 있게 결정하되, 수업 목표 달성에 반드시 필요한 능력이 아닐 경우에는 ICT 활용 능력 단계를 벗어나지 않도록 한다.

5) ICT 활용 환경 및 매체 선정

ICT 활용 교육을 통한 환경을 학교의 정보화 여건, 수업 목표 등을 고려하여 결정하여야 한다. ICT 활용 지원 도구 및 매체별 특성을 적극 고려하여야 한다.

6) 교사의 ICT 활용 수업 사전 준비

교사의 ICT 활용 수업 준비에서는 ICT 활용 환경 구비를 위한 사전 준비, 활동유형별 수업 자료를 위한 사전 준비, 수업 진행을 위한 사전 준비 등이 적극적으로 반영되어야 한다.

7) 평가도구 개발 및 평가 요소·방법 결정

ICT 활용 수업 후 평가를 어떤 방식으로 할 것이며, 어떤 부분을 평가할 것인가? 학생들의 결과물뿐만 아니라, 학생들이 그 결과물을 완성하기까지의 과정도 함께 평가할 수 있도록 내용을 구성한다. 또한 ICT의 도입으로 인해서 각 교과목에서 요구하는 기존의 학업 평가 기준이 무용지물이 되지 않도록 명확한 표준을 선정하여 제시한다. 평가가 ICT 수업, ICT 학습의 목적 달성이 되어야 하고, 교과 관련 전문 지식과 그 과정 속에서 자연스럽게 정보 능력과 소양이 달성된다는 측면에서 고려되어야 한다.

4. ICT 학습의 교육적 의의와 교수 원리

ICT의 활용학습은 기본적으로 학습목표의 효과적 달성에 그 의의가 있으며, 다음과 같은 교육적 의의를 살릴 수 있다.
① 다양한 학습자원을 활용할 수 있도록 한다.
② 학생들이 실감나는 문제 상황을 접할 수 있도록 해준다.
③ ICT는 학생들의 창의적 사고와 다양한 학습활동을 촉진시킨다.
④ ICT는 교사와 학생의 다양한 상호작용이 일어날 수 있도록 한다.

5. 사회과교육에서의 ICT 활용 학습 유형

사회과 수업에서 ICT를 활용하는 유형이나 기능은 매우 다양한 형태가 존재할 수 있으나, 여기서는 여덟 가지 유형으로 구분하여 제시하고자 한다. 여기서 제시하는 유형은 사회과 수업모형을 적용하여 수업을 전개할 때 특정 단계에서 적절하게 활용할 수도 있고, 하나의 유형을 수업에서 독립적으로 적용할 수도 있다.

ICT 학습 활동은 탐구학습모형의 탐구문제 확인 단계, 의사결정무형의 결정상황 단계, 문제해결학습의 문제 사태 단계, 법리모형의 논쟁상황 확인 단계에 포함될 수 있는 활동이다. 복잡한 현대사회를 살아가는 성원으로서 사회문제에 대한 관심을 갖고 이를 해결하고자 하는 의욕을 길러주는 활동이라 할 수 있다. 특히 복잡한 사회문제가 내 생활과 밀접한 관련이 있다는 것을 보여 줌으로써 이에 대해 알고자 하는 의욕을 불러일으킬 수 있다.

6. 유형별 주요 활동

1) 정보 탐색하기

문제가 주어졌을 때, 이를 해결하기 위하여 인터넷 검색엔진을 활용하거나 PC통신 자료실이나 웹

사이트를 탐색해보며 직접 정보를 가지고 있는 사람과의 정보 교환을 통해서 다양한 정보를 찾아보는 유형이다. CD롬 타이틀은 물론 백과사전, 신문이나 잡지 같은 인쇄 자료를 활용한 자료 탐색도 중요한 정보 탐색 활동에 속한다. 정보 탐색하기의 목표는 학습자가 어떤 주어진 문제를 새로운 방법으로 해결하려는 문제해결 능력을 길러주고 탐구활동을 통해서 새로운 것을 탐구해보려고 하는 적극적인 태도를 길러주는 것이다.

2) 정보 분석하기

웹사이트 검색, 설문 조사, 실험 등 다양한 방법으로 수집한 초기 자료를 문서 편집기나 데이터베이스, 스프레드시트 등을 이용하여 비교, 분류, 조합 등의 분석 활동을 통해 결론을 예측하고 추론해보는 유형이다.

3) 정보 안내하기

사회과 교사에 의해서 주도되는 유형으로 CD ROM 타이틀 제공, 프레젠테이션 자료 제시, 웹 기반 교육 등을 의미한다. 교사가 주도적으로 학습 계획을 치밀하게 구성하여 자신의 홈페이지를 통하여 수업 자료를 제시하거나 추천 사이트 형식으로 웹사이트를 학습자들에게 안내하는 유형이다.

4) 웹 토론하기

가장 대표적인 ICT 수업 형태이다. 대화방이나 게시판 등을 토론방으로 활용하거나 전자우편 등을 활용하여 특정한 주제에 대해서 토론을 해보는 형태를 의미한다. 화상 채팅을 통한 토론을 포함한 지역과 국가를 뛰어넘어 시행되는 웹 토론이 권장사항이다. 이 유형의 목적은 다른 사람의 의견을 존중하는 태도와 합리적 사고력을 함양하는 데 있으며, 웹의 특성상 면대면 토론 학습에 부담감을 갖고 있는 학습자들을 적극적으로 참여시켜서 의사 표현 능력을 신장시키고자 한다.

5) 협력 연구하기

교실의 범위를 넘어 다른 지역, 다른 나라 학습자와 학습에 적용할 수 있는 공동 주제를 연구해보는 행태로 교사에게는 교육과정을 통합하여 운영할 수 있는 기회를 제공해준다. 여기에서는 여러 교과의 통합적인 평가가 가능하고 학습자에게는 다문화 상호작용에 참여할 수 있는 학습 기회를 제공하면서 탐구력, 분석력, 종합력을 길러줄 수 있는 교육 형태이다.

6) 전문가 교류하기

전자우편, 화상카메라 등을 이용한 원격회의 형식으로 인터넷을 통하여 특정 분야의 전문가, 학부모, 지역 인사, 동문, 다른 교과목 교사와의 인터뷰 혹은 질의응답 형식으로 의사소통을 하면서 전문가의 지식을 학생들의 탐구 및 학습 활동에 지원하는 것을 의미한다.

7) 웹 펜팔하기(E-PALS)

인터넷의 전자우편 기능을 이용하여 여러 지역의 다른 사람들과 개인적인 교류를 하거나 다른 지역 국가의 역사, 언어, 풍습, 기후에 대한 이해를 증진시키기 위한 목적으로 교류하는 메일을 교환하는 학습 형태이다.

8) 정보 만들기

문제해결 과정에서 산출된 각종 결과물들을 여러 사람 앞에서 발표할 수 있도록 보고서, 프레젠테이션 자료, 홈페이지로 만드는 유형이다. 일정 기간을 주고 소집단 협력에 의한 프로젝트형 수업이 많이 권장된다. 정보 만들기에는 학습자들의 정보 소양 기술은 물론 창의적인 표현 능력, 종합력, 분석력, 비판력, 협동심 등의 함양에 매우 효과적인 유형이다.

7. ICT 학습의 유의점

첫째, 검색한 자료의 출처를 원문과 함께 반드시 적도록 한다.
둘째, 발표 자료의 형식을 가급적 통일한다.
셋째, 모둠을 3~4명으로 한정한다.
넷째, 이와 같은 활동이 지속될 수 있도록 한다.
다섯째, 매시간 5분 정도 할애하여 시사문제를 소개할 수 있다.
여섯째, 학습 홈페이지에 시사 문제란을 개설하여 운영할 수도 있다.

〈표 6-20〉 ICT를 이용한 의사결정학습 모형

구분	주요 내용
개념	일상생활에서 의사결정 상황에 직면할 경우, 바람직하고 합리적인 의사결정을 내리는 능력과 성향을 기르기 위한 수업모형으로서, 교사는 ICT를 활용하여 의사결정 상황이나 사례를 구체적으로 구조화하여 제시하고, 학생들은 의사결정을 내리는 과정에서 ICT를 활용하는 다양한 활동을 하도록 한다.
이론적 배경	◎ Banks(1973): 합리적 의사결정 모형 · 문제제기→ 사회탐구→ 가치탐구→ 의사결정→ 실천 행위 ◎ Hurst, Kinney, Weiss(1983): 개인적 의사결정 모형 · 문제인식→문제정의→대안개발→대안평가→대안선택·행동→결과평가 ◎ Massialas, Hurst(1978): 집단적 의사결정 모형 · [개인적 의사결정] ⇒ 같은 의견을 가진 사람 찾기→행동에 따른 결과 검토→의견이 다른 사람에게 지지 호소→협상 및 타협→집단적 결정에 앞선 제안 설명→투표하기→결정의 실행

이론적 배경	◎ 참고문헌 ・순천신흥초등학교(2010), "사회과의 효율적 ICT활용 교수-학습 방안: ICT활용 교수-학습 모형 및 과정안 개발", 교육과학기술부 지정 연구학교 운영보고서. ・최병모 외 공역(1989), 『사회과 교수법과 교재연구』, 교육과학사(1, 2, 13, 14장). ・김혜정(1994), "경제적 의사결정(소비자 의사결정) 능력 향상을 위한 교수-학습 모형 연구", 서울대 대학원 석사학위논문. ・박남수(1999), "사회과 의사결정형 수업론의 분석적 연구", 『사회과교육연구』 제6호, 한국교원대학교 사회과교육연구회.
기초 개념 및 원리	◎ 의사결정(decision-making)이란, 어떤 문제 상황에 직면하였을 때 문제해결을 위하여 최종적인 판단을 내리는 과정과 그에 따른 행위를 뜻한다. 이것은 여러 가지 대안 중에서 특정 대안을 선택하는 과정이라고 할 수 있다. 사회과에서 요구되는 합리적 의사결정은 다음과 같은 조건을 충족해야 한다. ① 의사결정의 토대는 정확한 사실(exact fact)이어야 한다. ② 의사결정 과정은 주술적・권위적・감정적이 아닌 '과학적'이어야 한다. ③ 대안의 발생가능성과 의사결정자에의 유용성이 충족되어야 한다. ④ 의사결정은 사회적・도덕적으로 공정해야 한다. ・의사결정의 필수요소는 '지식(대상과 관련된 사실적 정보)'과 '가치(대상과 관련한 의사결정자의 가치관)'이다. ・의사결정 전략에는 Decision-Matrix 전략과 Decision-Tree 전략이 있다. ◎ 교사는 의사결정 사례나 의사결정 상황을 선정하여 제시해야 하는데, 이때 ICT를 활용하여 사례나 상황을 선정할 수 있고, 선정된 사례나 문제를 제시할 때도 ICT를 활용하는 것이 효과적이다.
ICT의 활용	・합리적 의사결정 능력을 기르기 위하여, 교사는 의사결정 문제나 의사결정 상황에 대한 사례를 ICT를 활용하여 제시하고, 학생들은 의사결정을 내리는 데 필요한 다양한 정보를 수집・분석하는 활동에 ICT를 활용하도록 한다.

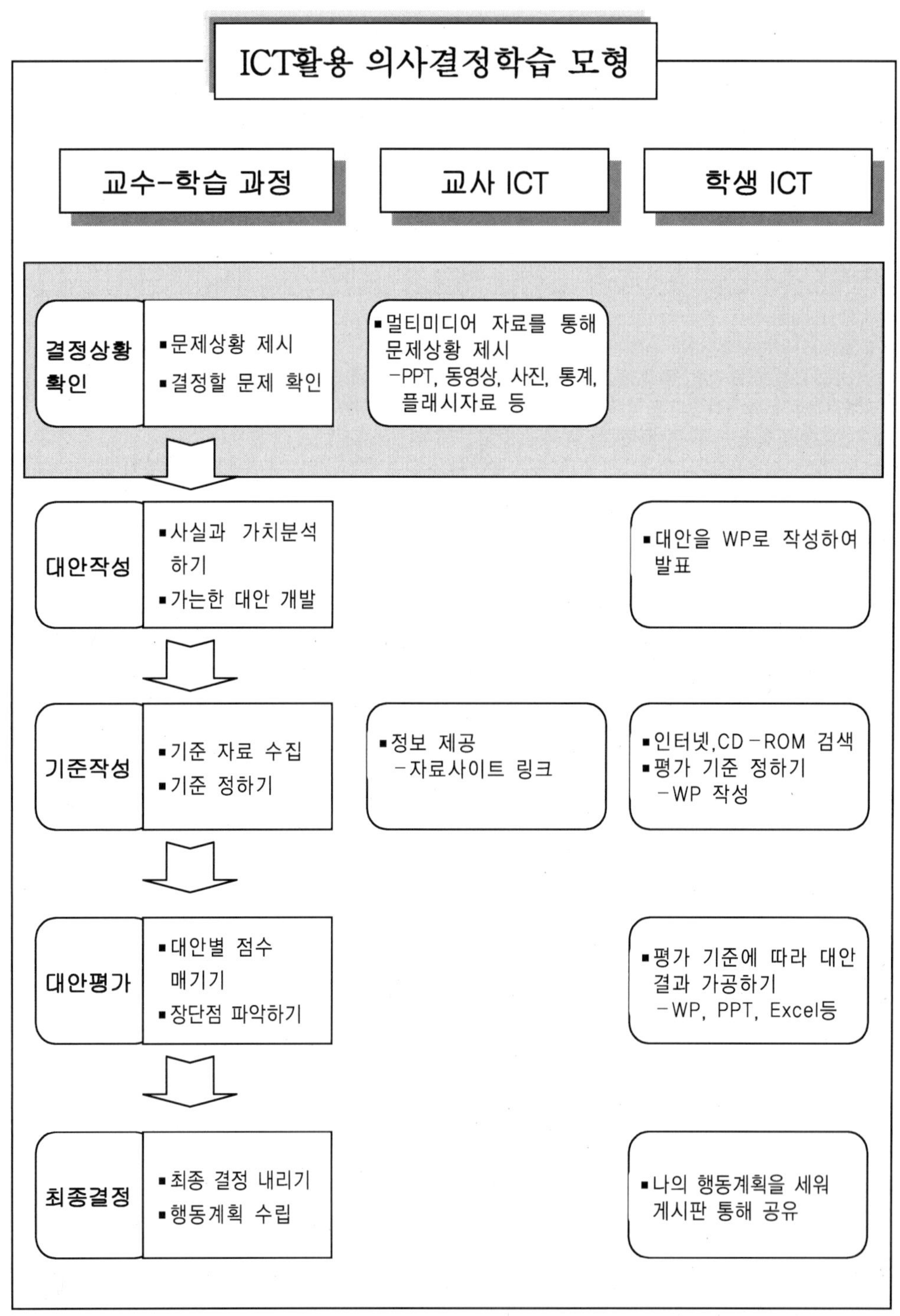

[그림 6-9] ICT의사결정학습의 모형 체계

[그림 6-10] ICT 학습자료지(예시)

1. 사회과 수업(교수·학습) 구성의 논리에 대하여 논해보시오.

2. 사회과교육의 관점에서 교수, 수업, 학습, 교화(敎化) 등을 비교하여 설명하시오.

3. 사회과 교수·학습의 원리를 열거하고 각각의 원리에 대하여 간단히 설명해보시오.

4. 글레이저(Glaser)의 수업(교수·학습) 모형과 한국교육개발원(KEDI) 수업(교수·학습) 모형을 비교하여 설명하시오.

5. 사회과에서 구성주의(構成主義) 이론이 중요한 이유를 제시하고, 피아제(Piaget)의 개인적 구성주의와 비고츠키(Vygotsky)의 사회문화적 구성주의를 비교하여 설명하시오.

6. 사회과교육에서 수업 설계의 일반적 과정을 나열하고 간략하게 설명하시오.

7. 사회과 수업 분석의 과정(단계, 절차)과 요소에 대하여 논하시오.

8. 사회과 여러 가지 수업모형을 제시하고 각 모형의 특징을 설명해보시오.

9. 사회과 여러 가지 학습 방법을 제시하고 각 모형의 특징을 설명해보시오.

10. 사회과교육의 NIE 학습과 ICT 학습에서 사회과 교사의 역할과 임무에 대해서 구체적으로 기술하시오.

사회과 교수·학습 과정안과 수업 분석

1. 사회과 교수·학습 과정안(수업안)의 구성 요소를 이해한다.
2. 사회과 교수·학습 과정안(수업안)의 체제 및 작성 방법을 이해한다.
3. 사회과 수업 분석 단계와 방법을 파악하다.
4. 사회과 수업 관찰·분석한 결과를 활용하는 방법에 대해서 이해한다.

1. 사회과 교수·학습 과정안(수업안)의 구성 요소, 사회과 교수·학습 과정안(수업안)의 형식, 사회과 교수·학습 과정안(수업안)의 중요성, 사회과 교수·학습 과정안(수업안)의 작성 시 유의점
2. 사회과 교수·학습 과정안(수업안)의 체제, 사회과 교수·학습 과정안(수업안)의 작성 방법, 사회과 교수·학습 과정안(수업안)의 실제
3. 사회과 수업 분석의 단계, 사회과 수업 분석의 방법
4. 사회과 수업 관찰, 사회과 수업 분석, 사회과 수업 관찰·분석 결과 활용, 사회과 수업 관찰·분석의 기록

제1장 | 사회과 교수·학습 과정안(수업안)

1. 사회과 교수·학습 과정안(수업안)의 중요성

하나의 단원은 여러 시간의 수업 분량을 포함하고 있기 때문에 몇 차례의 구체적인 단위로 다시 나누어져서 실제로 수업이 이루어진다. 이때 구체적인 수업을 대상으로 하여 수업의 목표, 진행방법, 구체적인 내용, 학습자료, 평가방법 등을 계획하여 미리 서술한 것을 교수·학습 과정안이라고 한다. 일반적으로 교수·학습 과정안은 수업의 이끌어가는 일종의 시나리오라고 할 수 있다. 실제로는 교수·학습 과정안은 수업이 이루어지기 전의 상황, 수업 도중, 수업이 끝나고 난 후의 상황 등을 단원과 연결하여 계획한 것이라고 할 수 있다.

교사는 교수·학습 과정안을 작성함으로써 수업을 미리 계획하여 어떤 방법으로 진행하고, 무슨 문제가 발생할 것인가를 예상하고, 거기에 대한 대책을 세울 수 있다. 따라서 교수·학습 과정안은 효과적인 수업을 위하여 매우 중요한 의미를 가지고 있다. 특히 많은 교사들이 수업의 내용에 얽매여 매끄러운 진행에 신경을 쓸 겨를이 없는 경우가 흔히 있다. 초보적인 교사일수록 이러한 경향이 더욱 심하다. 그러나 훌륭한 교수·학습 과정안을 작성하는 경우에는 수업내용을 훤히 꿰뚫게 되어 자신감을 가지고 수업을 진행할 수 있게 된다. 수업안의 중요성은 여기에 있다. 경험이 많지 않은 교사들은 학습지도안을 가지고 실제로 연습을 한 후 수업에 들어가는 것이 바람직하다.

2. 사회과 교수·학습 과정안의 형식

단원 계획에서와 마찬가지로 사회과 교수·학습 과정안 역시 수업의 종류, 목표, 성격, 교사의 전문적 판단 등에 따라서 여러 형태로 다르게 작성될 수 있다. 그러나 대략 제목, 목표, 학습방법, 학습자료, 시간별로 제시된 학습활동, 평가방법 등이 교수·학습 과정안에 나타나 있어야 수업이 어떤 형태로 진행된다는 것을 구체적으로 예상할 수 있다. 따라서 이러한 것들은 대개 필수적으로 요청되는 것이 보통이다.

일반적인 형식을 고찰하면 다음과 같은 항목들을 염두에 두어야 한다.

1) 교수·학습 과정안 1(예시)

① 제목 및 설정 이유
② 구체적인 수업목표
③ 과거의 학습배경과의 관련
④ 학습 자료의 제시
⑤ 학습활동 계획

　　　- 제1일
　　　- 제2일
　　　- 제3일
⑥ 기타 관련 활동

　2) 교수·학습 과정안 2(예시)

① 단원 제목(대단원)
② 수업 제목(소단원)
③ 주의 집중을 위한 도입으로서의 간단한 관련 소개
④ 수업목표 서술
⑤ 선수학습에 대한 복습
⑥ 학습내용 및 자료의 제시
⑦ 학생들의 바람직한 반응 유도
⑧ 피드백 제시
⑨ 평가 및 다음을 위한 과제 제시

　일정한 형식에 따라서 반드시 교수·학습 과정안을 써야 하느냐는 문제에 대해서는 엇갈린 의견이 있다. 한편에서는 교사의 창의적인 수업을 제한하기 때문에 강요해서는 안 된다는 의견이다. 이러한 입장은 대개 교실현장의 교사들에게 많이 있다. 다른 한편에서는 수업은 많은 학생들을 중심으로 하기 때문에 어떤 형태의 수업이건 반드시 사전에 충분히 계획되고 다른 사람이 보고 예상할 수 있어야 한다는 것이다. 이러한 입장은 교장 등 교육 행정가들과 학부모들에게 많이 있다. 이미 앞에서 언급한 것과 같이 학습지도안의 구체적인 작성은 수업의 작성은 수업의 성격이나 종류, 교사의 전문적 판단 등에 따라서 달라질 수 있지만, 학습지도안 작성 그 자체를 부정하기는 어려울 것으로 보인다.

3. 사회과 교수·학습 과정안의 필수 요소

　일반적으로 사회과 교수·학습 과정안에 포함되어야 할 요소들은 수업의 성격, 종류, 교사의 전문적 판단 등에 따라서 여러 가지 형태로 달라질 수 있다.
　그러나 대략 다음과 같은 요소들이 교수·학습 과정안에 포함되어야 할 것으로 전문가들은 지적하고 있다.

1) 헌터(M. hunter)의 7단계 이론 실천 모형

① 주의집중을 위한 도입
② 수업목표 설명
③ 수업의 진행
④ 바람직한 학생 반응 모형
⑤ 이해 여부 검토 및 피드백
⑥ 교사가 지도하는 연습문제 제시
⑦ 혼자서 하는 연습문제 제시

2) 가네와 브릭스(R. M. Gagne & Briggs)의 7단계 모형

① 주의집중
② 목표설명
③ 선수학습 회상
④ 수업진행
⑤ 학생의 바람직한 반응 유발
⑥ 피드백 제시
⑦ 평가

3) 미국 지리학회(National Geographic Society)의 모형

① 제목
② 목적과 목표
③ 동기 유발을 위한 도입
④ 수업전략 및 방법, 학습활동
⑤ 학습자료
⑥ 다음 학습과의 관련성

4) 사회과 교수 · 학습 과정안 적용 시 단계별 유의점

사회과 교수 · 학습 과정안에는 진단 및 준비 학습, 일반 학습, 형성평가 및 보충 · 심화, 총괄평가에 대한 수업 전개 등이 있다. 그런데 여기서 가장 중요한 것은 일반적인 학습의 전개이다. 이는 단원의 본 내용이 지도되는 구체적 학습 활동이 이루어지는 지도 과정이다. 따라서 여기에서는 이 분야에 대하여 주로 언급하겠다. 물론 차시 수업안에는 수업 목표와 준비물, 지도상의 유의점 등이 제시되어 있다.

매 차시의 수업은 물론 단원 목표, 주제 목표와의 연계 속에서 본시의 목표를 달성하기 위한 구체적 절차가 이루어지는 학습 과정이다. 그러므로 본시 전개안은 수업 목표, 학습내용, 학습활동, 자료 등이 적절하게 관련을 맺도록 구성하여야 한다. 본시 전개안의 작성을 위해서는 우선 학습 계획을 단계적으로 상세히 구성해 나아가야 한다. 따라서 다음과 같은 요령으로 구상하는 것이 좋을 것이다.

첫째, 학습해야 할 내용이 사실, 개념, 원리, 가치·태도, 학습 중 어느 요소에 속하는가를 확인하여야 한다.

둘째, 학습내용과 활동을 수업 목표의 달성에 적합하도록 몇 분절(약 5~6분절)로 상세화한 다음 이를 다시 구체적으로 상세화해 간다.

셋째, 학습의 흥미와 동기 유발, 이해 및 사고의 촉진, 기타 학습목표 도달에 적합한 방법과 활동을 결정한다.

넷째, 적절한 학습 자료를 구상하고 활동과 연결시킨다.

다섯째, 학습을 다시 도입, 전개, 정리 등 일반적 절차에 따라 확인한 후 구체적 수업 활동을 서술한다.

학습 도입 단계는 학습자가 이미 알고 있던 지식이나 경험을 토대로 하여 학습 문제에 관심을 기울이게 하며 학습 의욕을 고취시키는 단계로서 교사는 다음과 같은 점에 유의하여야 한다.
① 선수 학습과 경험의 상기
② 학습 문제와 관련된 발상 자료의 제시
③ 학습 문제에 대한 흥미와 관심 유발
④ 명확한 목표와 방향 제시

학습 전개 단계는 학습 문제의 해결이 본격적으로 이루어지는 단계이다. 따라서, 이 단계에서 유의할 점은 다음과 같다.
① 문제의 핵심을 분명히 파악하도록 한다.
② 자주적으로 문제를 추구하게 한다.
③ 중요한 점을 찾고 문제의 의문을 제기하며 그 의미를 말하게 한다.
④ 유사한 사태를 가능한 한 많이 연상하도록 한다.
⑤ 과거의 경험과 지식 등에 비추어 보다 적극적으로 연상하고 추론하도록 한다.
⑥ 요소 및 요소 간의 관계를 보다 적극적으로 생각해보도록 한다.
⑦ 타당한 이유와 근거를 많이 제시하게 한다.
⑧ 구체적 현상을 추상화하도록 한다.

학습 정리 단계는 한 시간의 학습이 마무리되는 단계이다. 그러므로 이 단계에서는 학습한 것을 종합하여 보다 추상화하도록 하여야 한다. 그러기 위하여 다음과 같은 점에 유의하여야 할 것이다.
① 부분적인 요소를 논리적 관계에 따라 종합하게 한다.
② 보다 추상적 개념으로 표현하게 한다.
③ 이해 및 발견된 사항을 새로운 사태에 결부시킨다.

제2장 | 사회과 교수·학습 과정안(수업안)의 실제

-20○○학년도 수업연구대회 공개수업-

사회과 교수·학습 과정안

학습 유형(방법)	극화 학습
단 원(제 재)	2 - ① - ② 잘사는 백성, 부강한 나라로
일 시	20○○년 ○월 ○일( ) 제5교시
장 소	사회과 디지털 학습자료실
대 상	제6학년 1반 30명(남 16명, 여 14명)
지 도 교 사	교사 ○ ○ ○

○ ○ 초 등 학 교

제1절 극화학습(劇化學習)의 이론

1. 극화학습의 개념

극화학습은 학습자가 자발적 연기를 통하여 인간이 부딪히는 문제를 탐구하고, 그들의 연기에 대하여 추후 토론을 거치는 문제해결 학습이다. 이를 역할놀이 학습이라고도 한다. 어떤 문제 상황이 주어지고 학습자는 그 상황에 직면해 있는 행위자의 역할을 맡아서 연기를 한다. 이를 통해 학습자는 그 상황에 대한 행위자의 반응, 감정 등을 이해하게 된다. 극화학습의 역할에서 다루는 상황은 보통 갈등상황이다. 학습자는 자신이 역할을 맡은 사람이 그러한 갈등을 어떻게 해결하려고 하였는지 생각하고 연기하게 된다. 이러한 역할놀이는 학습자가 다양한 역할을 해보는 과정에서 실생활에 일반화시킬 수 있는 인간의 행동에 관한 여러 개념을 학습하게 되리라는 가정에 근거를 두고 있다.

학습 방법으로서의 역할놀이는 보통 연기자, 무대, 청중이 있는 극의 형태를 띤다. 이 때문에 극화 학습이라고 하는데, 극화활동에서 학습자는 직접적이건 대리적이건 상상적 경험을 파악하고 당시 사람들이 그 상황을 어떠하다고 생각했으며 어떻게 처리하였는지를 표현하게 된다. 학습자는 행위자의 역할을 맡아 문제해결에 참여하고 자신이 생각한 해결책에 따라 연기를 한다. 역할이 주어지지 않은 학생들은 관찰자가 되며 그들에게는 관찰해야 할 과제들이 주어진다.

극화학습은 다른 교과보다 사회과나 국어과에 적용하는 것이 바람직하다. 사회과 학습에서 일반적으로 사용되는 극의 형태는 사회극이다. 사회극은 역할놀이를 통하여 극중의 사회적 문제에 대한 해결을 추구하면서 일상적인 놀이를 구조화하여 학습으로 확대한다.

역사 학습에서 사회극은 학습자에게 역사적 문제나 이슈를 제시하고, 학습자는 그 상황과 관련된 역사적 인물의 역할을 맡아서 연기를 하는 형태로 진행된다. 이때 학습자는 교사의 지도 아래 자신과 시간 및 공간으로 떨어져 있는 문화 및 사건의 개념을 얻고, 그것들과 자신을 동일시하는 데 도움을 얻는다. 학습자는 자신이 역할을 맡고 있는 인물의 관점에서 문제나 이슈에 대한 결론을 내리게 된다.

2. 극화학습의 특징

극화는 복잡한 사회현상을 단순화시키는 것이다. 이는 실제로 일어날 수 있는 사회현상이나 문제를 가상적으로 꾸미고 체험하게 하는 것으로, 역할놀이나 시뮬레이션 게임 등이 일반적인 형태이다.

역할놀이와 시뮬레이션은 다양한 사회과교육 목표 달성에 효과적으로 사용될 수 있다. 이 두 가지는 특히 사회문제를 검토해보는 데 유용하며, 교사와 학생들이 어떤 신념, 태도, 가치를 지니고 있는지를 쉽게 알 수 있다. 그러나 두 가지 방법 모두 학생들이 문제에 대해 가지고 있는 그들의 평상시의 관점들을 드러낼 수 있도록 하는 일종의 게임 같은 분위기를 만들어주어야 성공할 수 있다.

극화 학습은 학습에 다양한 효과를 줄 수 있다. 일반적으로 극화학습은 학생들의 문제해결 능력, 비판적 사고력을 증진시킬 수 있으며, 다른 사람과의 교류 경험을 제공해준다. 또한 극화 학습은 학습자에게 감정 이입 능력을 길러주고, 도덕적 발달을 촉진시킬 수 있다. 극화 학습이 주는 효과는 일반적으로 다음과 같다.

첫째, 학생들이 자신의 의사를 다른 사람에게 구도로 혹은 문장으로 자연스럽게 표현할 수 있으며 다른 사람도 똑같이 그럴 수가 있다는 것을 자각한다.

둘째, 학생은 여러 해답이 있는 상황에서 최선의 문제해결 방법에 대하여 행동이나 말로써 자신의 아이디어를 전할 수 있다.

셋째, 학생은 주어진 문제에 대한 의견을 토의하고 여러 가지 다른 해결 방법의 결과에 대해 토론한다.

넷째, 주어진 상황에서 여러 가지 다른 행동 유형을 고찰한다.

다섯째, 역할놀이에 자진해서 협조적으로 참여한다.

여섯째, 학생은 역할놀이 장면에서 보고 들은 바를 기술하고, 해석하고, 평가하고 또한 자신의 생활과 관련지어 볼 수 있다.

극화 학습은 구체적으로 개인적 가치와 행동의 분석, 개인 간의 문제해결을 위한 전략적 개발, 타인에 대한 감정 이입의 개발을 촉진시키기 위해서 설계되었다. 즉, 극화학습은 개인적으로는 학습자로 하여금 삶의 세계에서 부딪치는 문제의 해결에 도움을 주며, 사회적으로는 감정이입을 통해 타인을 이해하고 대인 관계 기술을 향상시키는 데 효과적인 학습방법이다. 또한 이러한 다양한 교육 효과를 통하여 학습자로 하여금 능동적으로 학습활동에 참여할 수 있게 하는 수업방법이다.

3. 극화학습의 유형(모형)

일반적인 극화학습의 유형으로 적용하고 있는 샤프텔(Shaftel) 부부의 모형을 단계별로 종합하면 다음과 같다.

① 제1단계: 집단의 분위기 조성
 -문제를 규명하거나 안내하기
 -문제 이야기를 해석하거나 문제점을 탐색하기
 -역할놀이를 설명하기

② 제2단계: 참여자 선정하기
 -역할 분석하기
 -역할 연기자 선정하기

③ 제3단계: 무대 설치하기
 -행동 라인 정하기
 -교사가 역할들을 다시 설명하기
 -문제상황 속의 구체적인 문제 파악하기

④ 제4단계: 관찰자들 준비시키기
- 무엇을 바라볼 것인가를 설정
- 관찰 과제를 분담
- 이 과정에서는 협동학습의 수업 방법 몇 가지를 통합 적용하고, 학습지를 사용하면 더욱 효과
  적이다.

⑤ 제5단계: 실연하기
- 역할놀이 시작하기
- 역할놀이 유지하기
- 역할놀이 중지시키기

⑥ 제6단계: 토론과 평가하기
- 역할놀이 행동 검토하기
- 중요한 초점에 대한 토론하기
- 다음 실연할 내용 고려하기

⑦ 제7단계: 재실연하기
- 수정된 역할놀이하기
- 다음 단계 또는 행동 대안을 제안하기

⑧ 제8단계: 토론과 평가하기
- 역할놀이 행동 검토하기
- 중요한 초점에 대한 토론하기
- 다음 실연할 내용 고려하기

⑨ 제9단계: 경험 내용의 교환 및 일반화
- 문제상황을 실제 경험과 현존 문제에 관련시키기
- 행동들의 일반원칙 탐색하기

4. 극화학습의 단계

1) 준비 단계

(1) 역할극의 목표, 주제, 상황 등을 설정

구체적인 절차를 준비하는 일이 이루어진다. 특히 이러한 준비 과정에서 신경 써야 할 초점은 그

설정된 상황이나 시나리오가 학습자들의 여러 가지 문화적 배경, 지적 능력 등에 부합되느냐 또는 역작용적인 해로움을 미치지 않겠느냐 함을 따져 보는 것이다. 문제상황이 너무 복잡하고 높은 수준이어서 학습자들이 문제를 감지하지 못하고 흥미를 상실하도록 해서는 안 될 것이다. 문제상황을 학생들에게 제시, 설명할 때는 학생들이 그것을 실감 있게 받아들이도록, 교사 자신이 먼저 생생한 감응을 느껴야 한다. 경우에 따라서는 이때쯤, 학생들과 함께 간단한 놀이를 통히여 역할극에 대한 호기심과 자신감을 느끼도록 도와줄 수도 있다.

(2) 참가 역할, 즉 배역을 선정하고 무대를 설정하며, 관찰자를 준비

배역의 선정은 교사가 임의로 하지 않고, 가급적이면 학생들이 문제상황을 다 들은 다음, 필요한 배역조차도 우선 학생들이 찾아내게 한 다음, 그 배역을 자원하도록 이끈다. 왜냐하면, 역할극은 근본적으로 학습자의 자발적인 참여하에 이루어질 때만 그 성공을 효과적으로 거둘 수 있기 때문이다. 무대 설정은 교실 내에서 쉽게 할 수 있는 만큼 간단한 것이어야 한다. 사전에 준비되지 않는 한, 교실에서 즉시 준비할 수 있을 때 더욱이나 그렇다. 또는 학습자들에게 무대 상황을 대체로 설명해주고 그것을 학생들 스스로 협력하여 준비하도록 함이 좋다. 관찰자 역시, 학생들이 자원하도록 하되, 자원하기 이전에 교사는 전체 학생들에게 관찰자가 무슨 일을 하는가를 설명해주는 것이 좋다. 관찰자들의 관찰 행동은 주로 역할극에 등장하는 인물들의 느낌, 태도, 자세와 그 대안적 느낌, 태도 행동 등에는 어떠한 것들이 있을 수 있는가를 주의 깊게 관찰하는 데 초점이 있다.

2) 공연(실연)

전체 역할극의 공연 시간은 너무 길지 않도록 하는 것이 좋다. 그러나 특정한 인물의 느낌, 성격, 기능 등이 아직 드러나지도 않았는데 조기에 중단시켜도 안 된다. 이제 역할극이 어느 정도 진행이 되었다고 판단되거나 또는 출연 배역자들이 더 이상 이어나가지 못하고 막다른 골목에 서게 되면, 교사는 역할극을 중단시키고 토의나 평가에 들어갈 수 있다. 토의는 그 배역자들이 역할을 어떻게 나타냈는가, 그때의 동기는 무엇이고 느낌은 어떠하였는가 등을 중심으로 전개한다. 평가는 이러한 역할 표현이나 느낌 또는 동기 이외에 다른 대안이 있을 수 있는가를 찾아보는 것이다. 이때의 토의와 평가는 짧게 끝낸 다음, 다시금 똑같은 상황을 놓고 또 한번 역할극을 처음서부터 다시 해보는 것이다. 이때는 학생들이 자원하면 배역자를 바꾸는 것이 좋다. 또는 출연자들 간에 서로 역할을 바꾸어 해보는 것도 좋다. 재공연을 하는 것의 근본적인 목적은 모든 가능한 반응을 전부 모색해보자는 데 있는 것이기 때문이다.

3) 분석

재공연이 끝나면 다시금 전체 토의와 평가를 실시한다. 이때는 관찰자와 출연자들 또는 그 외의 청중들과 함께 서로 경험이나 느낌을 나누어 갖는 기회로서의 토의가 이루어지는 것이 좋다. 특히 역할극에 참가하였던 출연자들의 역설명이 먼저 이루어지면, 토의가 활성화될 수도 있다. 즉, 출연자

들이 실제로 극을 하는 동안 어떠한 느낌이 어떻게 생성되고 인식되었는지, 의도와 행동이 어떻게 다르게 나타났는지, 여기서 배운 것이 무엇이라든가, 우리는 그래서 어떻게 해야만 하겠다든가, 또는 어떠한 결론을 얻게 되었다든가 등을 먼저 전체 청중에게 설명하도록 하는 것은 좋은 방법 중의 하나이다. 토의가 충분히 이루어지면, 마지막 결론을 내리는 것으로 끝이 난다.

〈표 7-1〉 극화 학습의 단계

절차	단계	내용	절차	단계	내용
준비	집단 활동을 위한 준비단계 (분위기 조성)	문제를 규명하거나 안내하기	실연	실연 단계	역할놀이 시작하기
		문제를 명백히 하기			역할놀이 진행시키기
		예화를 해석하고 문제들을 탐색하기			역할놀이 중단시키기
		역할놀이를 설명해주기		토의 평가하는 단계	역할놀이 동작(사태, 위치, 현실감)을 검토하기
	참여자 선정의 단계	역할들을 분석하기			주요 초점을 토론하기
		역할 연기자를 선정하기			다음 실연 구상하기
	무대 설치의 단계	행동 순서 설정하기		재실연하는 단계	수정된 역할을 연출하고 대안적 행동을 제안하기
		역할들을 다시 설명해주기		토론과 평가 단계	6단계와 같음
		문제상황에 들어가 보기	평가	경험을 교환하고 일반화시키는 단계	문제 상황을 실제 경험과 현존하는 문제에 재조명해보기
	관찰자 준비 단계	무엇을 관찰할 것인가 정하기			일반적 행동원리 탐색
		관찰 과업 분담시키기			
실연 (공연)	실연단계	역할놀이 시작하기			
		역할놀이 진행시키기			
		역할놀이 중단시키기			

5. 극화학습의 지도상의 유의점

극화 학습에는 감정 이입이 전제되어야 하기 때문에 몇 가지 지켜야 할 유의점이 있다. 첫째, 인물의 의도와 태도를 탐구할 수 있는 사건을 다루어야 한다. 감정이입적(感情移入的)이해는 때로는 한 가지 문제에 초점을 맞춰 학습활동이 전개될 때 성취될 수 있다. 둘째, 가능하면 학생들에게 주요하지 않은 가공의 인물이나 역할을 맡게 해야 한다. 그래야만 그 인물의 실재 활동에 의하여 학생들의 감정이입적 이해가 제약받지 않는다. 셋째, 주도면밀하게 계획되어야만 한다. 일련의 구체적인 과제에 따라 시간이 배분되어야 한다. 넷째, 학생들은 역할놀이에 들어가기에 앞서 용의주도하게 준비해야 한다. 그래야만 학생들의 상상력을 자극하고 발휘시키기에 충분한 좋은 학습이 될 수 있다. 다섯째, 감정 이입이 무엇의 산물인가를 명확하게 알아야 한다. 그것이 놀이의 결과인가, 집단 참가인가, 또는 보다 무형적인 것, 즉 드라마 공연 중, 또는 공연 후 학생의 마음속에 전개되는 사고 과정의 결과인가를 알아야 한다.

　극화 학습에서 교육 효과를 극대화하기 위해서는 교사의 역할이 특히 중요하다. 교사는 적절한 역할놀이 장면을 제시하거나 선정하는 일을 돕는다. 또 학생들이 당황하지 않고 "마치 ……인 것처럼" 행동하도록 하는 지원적인 분위기를 조성해야 한다. 학생들의 자발성과 학습을 장려하여 역할놀이 장면의 꾸미는 것도 교사의 중요한 역할이다. 그리고 교사는 수업 전에 학생들이 서로 효과적으로 관찰하고 경험하며 그들이 보고 들은 바를 예리하게 해석할 수 있도록 하기 위해서 관찰과 경청의 기술을 가르쳐야 한다. 극화 학습을 통해 수업 효과를 얻기 위해서는 극이 끝난 후에 반드시 토론 과정을 거쳐야 한다. 교사의 입장에서 이 과정을 잘 준비하고 시행해야 한다. 특히 극화 학습의 경우에는 강의나 과제물을 통한 학습보다 더 많은 시간이 필요하다. 그리고 특별히 실제 수업이 끝난 후에도 토론을 이끌 수 있는 여분의 시간이 있어야 한다. 마지막으로 역할극 수업에서도 다른 수업과 마찬가지로 교사의 역할은 지나친 개입보다는 자율적인 참여와 준비를 유도하면서 지원해주고 방향을 안내하는 것이 좋다.

제2절 극화학습의 실제

1 단원명: 2-①-② 잘사는 백성, 부강한 나라로(제6학년 1학기)

2 단원 학습 안내

　이 단원은 우리나라가 근대 사회로 접어드는 과정을 다룬다. 조선은 근대 사회로 접어드는 과정에서 사회 안팎으로 해결해야 할 많은 문제들을 안고 있었다. 양란 후 농토가 황폐해졌고, 갈수록 관리들의 횡포도 심해졌다. 또, 서양의 수교 요구 등으로 사회 분위기가 불안해졌다. 비록 외압에 의해서 문호가 개방되고 자력으로 근대화를 이루지는 못했으나, 이런 어려운 상황을 극복해 나가려는 사람들의 노력들이 있었음을 주목해야 한다. 경제적으로나 문화적으로 성장해가는 서민들, 새로운 사회를 만들려고 노력한 실학자들, 개항 후 이루어진 많은 개혁들이 그것이다. 주제별 내용과 활동을 제시하면 다음과 같다.

　첫 번째 주제에서는 조선 후기에 사회·경제·문화를 새롭게 변화시키려는 다양한 노력들을 다룬다. 양란을 겪은 후 피폐해진 농토를 복구하려는 나라와 서민의 노력, 나라의 살림을 키우고 잘못된 제도를 고치려고 한 실학자들의 노력, 종교의 힘을 통해서 병든 사회를 극복해보려는 노력들이 주요 내용이 된다. 조선 후기 경제·사회·문화의 변화를 당시 상황을 극복하고 개선하려는 사람들의 개선 의지와 동기에 초점을 두어 학습한다.

　두 번째 주제는 서양 세력과 일본, 중국, 러시아 등의 압력으로 인한 개방과 그 결과 달라진 정치·사회적 변화를 다룬다. 흥선대원군의 개혁 정책과 문호 개방 압력, 문호 개방과정과 개혁 운동, 개항 이후 서양 문물 수용과 생활 변화가 주요 내용이다. 개개 사건들을 접하는 것에 초점을 두지 않고, 각 사건들의 인과관계를 고려하여 당시 상황을 학습한다.

지식

- 조선 후기에 서민들이 경제적으로 성장할 수 있었던 까닭을 알 수 있다.
- 조선 후기 서민 문화의 여러 모습을 알 수 있다.
- 실학의 성격 및 실학이 일어난 까닭을 알 수 있다.
- 신앙 및 종교의 특성을 바탕으로 조선 후기 민간 신앙이 성행한 까닭을 알 수 있다.
- 천주교와 동학의 정신을 바탕으로 이 종교들이 조선 후기에 널리 받아들여졌던 까닭을 알 수 있다.
- 흥선대원군의 개혁 정책을 알 수 있다.
- 조선 후기 문호 개방의 특징과 의의를 알 수 있다.
- 개항 이후 서양 문물들이 들어옴으로써 조선의 모습이 어떻게 변했는지 알 수 있다.
- 외국의 영향을 받아 근대적 사회로의 모습을 갖추어 나가는 과정을 알 수 있다.

기능

- 조선 후기에 서민들이 여러 분야에서 성장한 모습을 여러 사료를 통하여 조사할 수 있다.
- 실학 운동에 앞장선 학자들의 업적을 조사·발표할 수 있다.
- 조선 후기의 다양한 종교 생활을 여러 사료를 통해서 조사할 수 있다.
- 병인양요와 신미양요의 원인과 결과를 자료를 통해서 조사할 수 있다.
- 조선 후기 개혁 운동을 조사하여 발표할 수 있다.
- 조선 후기 문호 개방에 관한 자료를 수집하여 보고서를 작성할 수 있다.
- 개항 이후 서양 문물이 전래된 상황을 연극이나 그림으로 나타낼 수 있다.

가치·태도

- 새로운 사회를 만들기 위한 옛 사람들의 노력을 가치 있게 여긴다.
- 과거의 생활 모습을 옛 사람들의 입장에서 이해하려고 노력한다.
- 새로운 문화를 수용하는 바른 태도를 지닌다.

단원	주제	제재		제재별 주요 내용 요소	교과서 쪽수	차시
2. 근대 사회로 가는 길		단원 도입 및 계획		・근대 사회의 의미 파악하기 ・단원 학습 내용을 개괄적으로 파악하기 ・장기 학습 과제 선정 및 학습 방법	사60〜61 탐64〜65	1
	(1) 새로운 사회로의 움직임	① 사회 변화를 위한 서민들의 노력		・조선 후기 농업의 변화 모습 ・조선 후기 상업의 변화 모습 ・조선 후기 서민 문화의 모습	사62〜68 탐66〜71	2
		② 잘사는 백성, 부강한 나라로		・실학의 뜻과 발생 배경 ・실학의 의미 이해하기	사69〜70 탐72〜77	3
				・실학자들의 업적 조사하여 발표하기	사71〜73 탐72〜77	4-5 (본시)
		③ 복을 빌고, 평등한 세상을 바라고		・조선 후기 민간 신앙이 성행한 까닭 ・천주교와 동학이 조선 후기에 받아들여졌던 까닭	사74〜79 탐78〜84	6〜7
		심화・보충 학습	기본	・조선 후기 사회변화 모습 찾아 보기	사80	8
			보충	・김홍도 그림을 보고 당시 생활 모습 생각하기		
			심화	・실학에 관한 역사 신문 만들기		
	(2) 외세의 침략과 우리 민족의 대응	① 척화비를 세운 까닭		・흥선대원군의 개혁 정책 ・외세의 침략을 극복하기 위한 노력	사81〜85 탐85〜90	9〜10
		② 조선 어디로 가야 하는가		・강화도 조약과 그 후의 개화 정책 ・조선 후기 개혁 운동을 활용하는 사례 살펴보기	사86〜91 탐91〜95	11〜12
		③ 대한제국을 선포한 뜻은		・근대적인 외교 관계를 맺게 된 이후의 자주권을 지키기 위한 노력 ・개화 정책과 근대 문물로 달라진 사회 모습	사92〜96 탐96〜101	13〜14
		심화・보충 학습	기본	・개화기 때의 주요 사건을 연표로 정리해보기	사97	15
			보충	・개화기의 우리 조상들이 어떤 사회를 만들고자 했는지 정리해보기		
			심화	・서양 문물이 우리나라에 처음 전해졌을 때 무엇이라고 불렀는지 조사해보기		
		단원 정리 학습		・조선 후기 사람들에게 일어났던 변화의 원동력 정리하기 ・서양 물건이 처음 들어왔을 때 일어난 일 상상하여 글쓰기 ・역사 속의 인물을 대담한 기사 쓰기 ・소설에 나타난 조선 후기 사회의 모습이나 서민들의 생각 정리하기	사98〜99	16

1) 평가 방향

역사는 당시 사람들의 생생한 삶이다. 옛 사람들의 입장에서 과거를 생각하고 느끼는 것이 무엇보다 중요하다. 따라서, 과거의 사건이나 사람들에 대한 감정이입적 이해를 기반으로 한 문제해결이나 탐구 과정을 평가하도록 한다.

평가 자료로는 학생들이 역사를 쉽게 접할 수 있는 것을 선택한다. 이야기, 자서전, 옛 사진, 위인전, 역할극 등이 좋은 자료가 될 수 있다. 하지만 이런 자료들이 단순한 상상거리로 제시되는 것이 아니라 역사적 사료가 바탕이 되어야 한다. 사료를 비판하고 사료에 근거해서 역사를 연구하는 역사가들의 작업이 학생 활동의 중심이 되어야 한다. 또, 학생에게 맞게 번역된 원사료를 해석해보는 과정을 평가하는 기회도 가지도록 한다.

2) 평가 방법

주제	평가 영역	평가 내용	평가 방법
① 새로운 사회로의 움직임	지식	·조선 후기 서민들이 경제적으로 성장할 수 있었던 까닭을 3가지 이상 설명할 수 있다. ·조선 후기 서민 문화의 여러 모습을 창의적으로 나타낼 수 있다. ·실학의 성격 및 실학이 일어난 까닭을 설명할 수 있다. ·조선 후기 민간 신앙이 성행한 까닭을 설명할 수 있다.	○지필 평가 ○지필 평가 ○포트폴리오 ○연표 작성
	기능	·조선 후기 서민들의 성장한 모습을 여러 사료를 조사하여 발표할 수 있다. ·실학자들의 업적을 조사하고 발표할 수 있다. ·조선 후기 다양한 종교 생활을 여러 사료를 통해 조사할 수 있다.	
	태도	·새로운 사회로 만들기 위한 옛 사람들의 노력을 이해하고 이의 가치를 설명할 수 있다. ·과거의 생활 모습을 옛 사람들의 입장에서 이해하려고 노력한다.	
② 외세의 침략과 우리 민족의 대응	지식	·흥선대원군의 개혁 정책을 정리하여 발표할 수 있다. ·개항 이후 서양 문물들이 들어와 변화된 조선의 모습을 다양하게 나타낼 수 있다. ·외국의 영향을 받아 근대적 사회로의 모습을 갖추어 나가는 과정을 설명할 수 있다.	○지필 평가 ○토의 ○역할극
	기능	·병인양요와 신미양요의 원인과 결과를 자료를 통해 조사하여 발표할 수 있다. ·조선 후기 개혁 운동을 조사하여 발표할 수 있다. ·개항 이후 서양 문물이 전래된 상황을 연극이나 그림으로 나타낼 수 있다.	
	태도	·새로운 문화를 수용하는 바른 태도를 지닌다.	

단원명	2. 근대 사회로 가는 길 ❶-② 잘사는 백성, 부강한 나라로		차시	5/16	교과서	사 69~73쪽 탐 72~77쪽
학습주제	실학자들의 주장과 활동					
학습목표	실학자들의 주장과 활동을 알고, 이를 바탕으로 역할극을 할 수 있다.					
교수·학습 전략	교수·학습 자료	사진자료, 학습활동지				
	학습집단 조직	전체 및 개별학습				
	교수학습모형	극화 학습모형				

학습 단계	학습내용	교수·학습 활동		시간 (분)	자료(◑) 및 유의점(※)
		교사활동	학습활동		
도입	전 차시 내용환기	◉지난 시간 내용 정리해보기 ○지난 시간에 어떤 내용을 학습하였죠? ○실학이란 어떤 학문이었죠? ○실학은 어떤 배경에서 발생되었나요?	◉지난 시간 내용 정리해보기 - 실학의 뜻과 발생 배경에 대해서 알아보았습니다. - 조선 후기에, 백성들이 잘살고 나라가 튼튼해지는 방법을 연구한 학문입니다. - 백성들이 살기가 어려워졌기 때문입니다. - 보다 현실적인 학문의 필요성이 제기되었기 때문입니다.	4'	
	동기유발	◉선생님의 사진 보여 주기 ○사진의 주인공은 누구인가요? ○사진을 찍은 장소는 어디일까요? ○수원에 있는 화성에 가본 경험이 있나요? ○화성을 빨리 쌓을 수 있도록 새로운 도구를 만든 사람은 누구인가요? ○지난 시간에 이어서 실학자들의 활동과 주장에 대해 알아봅시다. ◉공부할 문제 제시	◉사진을 보고 발표해보기 - 선생님이요. - 경기도 수원에 있는 화성이에요. - 있어요./없어요. - 정약용입니다. ◉공부할 문제 확인		◑기타자료
	학습목표 및 학습활동 안내	실학자들의 주장과 활동을 알아보고, 이를 바탕으로 역할극을 할 수 있다.			

학습 단계	학습내용	교수 · 학습 활동		시간	자료(◑) 및 유의점(※)
		교사활동	학습활동		
		【활동1】 실학자들의 주장과 활동 발표하기 【활동2】 역할극 해보기			
전개	활동 1	◉실학자들의 주장과 활동에 대하여 발표해보기 ○조선 후기의 대표적인 실학자에 대하여 조사해온 내용을 모둠별로 발표해봅시다. 발표를 듣는 학생들은 정리학습지에 발표 내용을 정리해가며 듣도록 합니다.	◉실학자들의 주장과 활동에 대하여 발표해보기 -유형원: 소수의 양반들만이 소유하고 있는 토지를 농민들에게도 나누어줄 것을 주장했습니다. -박제가: 상공업을 발달시키고 중국의 새로운 문물을 받아들일 것을 주장했습니다. -홍대용: 지동설을 주장했습니다. -김정호: 대동여지도를 완성했습니다. -정약용: 과학 기술이 백성의 생활을 풍요롭게 하는 데 도움이 되어야 한다고 주장하며 거중기를 이용하여 화성을 쌓았습니다.	10'	◑정리학습지
	활동 2 (역할놀이 순서안내)	○이러한 실학자들은 농업을 중시한 실학자(유형원, 정약용), 상업을 중시한 실학자(박제가, 박지원), 과학기술의 발전을 중시한 실학자(홍대용), 지리서와 역사서를 편찬한 실학자(김정호) 등으로 분류할 수 있습니다. ◉역할극 해보기	◉역할극 해보기	20'	

〈역할극 진행과정〉
대본 꾸미기
↓
역할 분담하기
↓
역할극 시연하기
↓
토론 및 평가하기

학습 단계	학습내용	교수 · 학습 활동		시간	자료(◐)및 유의점(※)
		교사활동	학습활동		
	(역할놀이 대본 짜기 및 역할배분)	○모둠별로 활동 1의 내용을 토대로 여러 실학자의 가상 좌담회 형식의 대본을 만들어 봅시다. 대본을 만들 때는 선생님이 제시하는 모범 대본을 바탕으로, 이를 재해석하여 짜보도록 합니다.	○가상좌담회(역할놀이)의 대본을 모둠별로 짠다.		◐역할극 대본 활동지
	(역할놀이 하기)	○모둠별로 짠 대본에서 자신이 마음에 드는 역할을 각자 정해봅시다.	○각자 역할을 정한다.		◐역할극 모범대본 활동지
	(역할놀이 평가 및 반성)	○자, 그러면 각 모둠이 짠 대본을 토대로 역할놀이를 해봅시다. ○친구들의 역할극을 평가해봅시다. ○어떠한 점들이 잘 이루어진 것 같나요? 혹은 어떠한 점들이 미흡했나요?	○모둠별로 역할놀이를 한다. ○역할극 평가 활동지를 작성한다. ○작성한 평가지를 토대로 자유롭게 발표하고 활동 내용을 반성해본다.		◐역할극 평가 활동지
정리	평가 및 정리	◉ 형성평가지 제시 ○배운 내용을 정리하며 형성평가지를 풀어봅시다.	◉ 형성평가지 풀기 ○형성평가지를 푼다.	6'	◐형성평가지 ※교사는 형성평가지의 답을 맞혀 보는 과정에서 배운 내용을 확실히 정리할 수 있도록 다시 한번 내용을 간략히 정리해준다.
	다음 차시 안내	◉ 다음 차시 예고 ○다음 시간에는 조선 후기의 민간 신앙의 성행에 대해서 학습하도록 하겠습니다.	○다음 시간에 공부할 내용을 안다.		

7 판서계획

판서 계획 (3분 판서)		
〈학습 목표〉 실학자들의 주장과 활동을 알아보고, 이를 바탕으로 역할극을 할 수 있다. 〈학습활동안내〉 【활동1】실학자들의 주장과 활동 발표하기 【활동2】역할극 해보기	2. 근대 사회로 가는 길 ❶-② 잘사는 백성, 부강한 나라로 	[학습 자료]

단계	교수·학습 과정(수업 과정) 해설
도입	1. 역사나 사료 학습, 인물을 학습하는 주제는 역할놀이(극화) 학습 방법이 매우 효과적이다. 2. 본시 계획안은 교수·학습 과정의 도입, 전개, 정리의 과정을 따라 역할놀이(극화) 학습모형을 그대로 적용하여 보았다. 3. 특히 인물 학습을 할 경우에는 역할놀이(극화) 학습모형을 적용하면 그 인물이 되어 자신의 생각을 말하지 않고, 객관적인 입장에서 의견을 말하는 경우가 있다. 선악의 판단에 좌우되지 말고, 자신을 그 인물과 동일시하도록 학습 분위기를 조성시켜 주는 것이 바람직하다.
전개	1. 역할놀이 학습에 자발적으로 참가하도록 유도한다. 2. 역할놀이 참가자는 자신의 역할을 바르게 이해하고 역할놀이를 할 수 있도록 지도한다. 3. 청중도 참가자 못지않게 중요하다. 청중들은 자신의 관찰 관점을 갖고 감상하도록 하고, 초등학교에서는 교사가 관찰 관점을 제시하는 것도 바람직하다. 4. 역할놀이 대본을 제시하거나 또는 상황만 제시할 수 있으나, 초기 단계에는 교사가 대본을 제시하고, 아동이 대본을 그대로 시연하는 것보다 재해석을 하도록 유도하는 것이 바람직하다. 5. 토론과 평가의 단계에서는 배역의 역할 수행을 잘 하였느냐의 여부뿐 아니라, 배역을 맡은 참가자에게 질문이나 행동 수정을 요구하는 것도 바람직하다.
정리	본시는 실학자들의 주장과 활동내용을 알아보는 학습 내용으로, 전개 과정에서 이루어진 역할놀이(극화) 활동에만 중점을 두지 말고 이후의 정리 과정에서 학습 내용을 효과적이고 확실히 재확인할 수 있도록 지도한다.

2. 근대 사회로 가는 길

❶-② 잘사는 백성, 부강한 나라로

사:69~73쪽, 탐:72~77쪽

제6학년 반 번

이름:

---

1. 실학자들의 주장과 활동에 대한 발표를 듣고, 발표한 내용을 정리하여 봅시다.

(1) 유형원

____

____

____

(2) 박제가

____

____

____

(3) 홍대용

____

____

____

(4) 김정호

____

____

____

(5) 정약용

____

____

____

2. 근대 사회로 가는 길
❶-② 잘사는 백성, 부강한 나라로
사:69~73쪽, 탐:72~77쪽

제6학년 반   번
이름:

◆ 조선 후기 실학자들의 주장과 활동내용을 토대로, 실학자들의 가상좌담회에 대한 역할극 대본을 작성하여 보자.

🐱 가상좌담회에 등장하는 등장인물들을 정해보자.

*등장인물:____

____

🐱 가상좌담회의 대본을 작성하여 보자.

(   ): ____

____

(   ): ____

____

(   ): ____

____

🐱 역할을 나누어 조원들과 연습해 봅시다.

2. 근대 사회로 가는 길

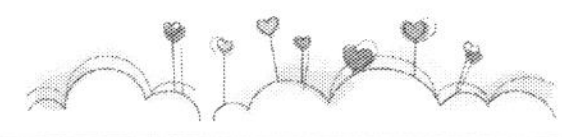

❶-② 잘사는 백성, 부강한 나라로

사:69~73쪽, 탐:72~77쪽

제6학년 반 번

이름:

◆ 조선 후기 실학자들의 주장과 활동내용을 토대로, 실학자들의 가상좌담회에 대한 역할극 대본을 작성하여 보자(모범 대본 예시).

 가상좌담회에 등장하는 등장인물들을 정해보자.

***등장인물:** 사회자(진행자), 유형원, 박제가, 박지원, 정약용, 홍대용, 김정호

 가상좌담회의 대본을 작성하여 보자.

· 사회자: 오늘은 '백성을 위한 현실적 학문 실학, 어디로 가야 하는가'라는 주제에 대해 다양한 의견을 가진 여러 실학자 분을 모시고 좌담회를 열어 보겠습니다. 먼저 농업의 중요성을 강조하시는 실학자 분의 말씀을 들어보도록 하겠습니다.

· 유형원: 잘사는 백성, 부강한 나라를 위해서는 국가 경제의 기반인 농민 문제해결이 우선입니다. 이를 위해서 농촌사회의 문제를 해결하여 농민들이 잘 먹고 잘살 수 있게 하여야 합니다. 현재 소수의 양반들만이 소유하고 있는 토지를 농민들에게도 나누어주어야 합니다.

· 사회자: 유형원 선생님께서는 농촌사회 문제해결이 우선이며, 이를 위해서는 백성을 고려하는 토지제도가 이루어져야 한다고 말씀해주셨습니다. 다음은 상공업의 중요성을 강조하시는 실학자 분들의 말씀을 들어보도록 하겠습니다.

· 박제가: 상공업을 발달시키고 청나라의 새로운 기술과 문물을 받아들여야 합니다.

· 박지원: 그렇습니다. 상공업의 발전이 우선입니다. 아울러 이를 위해서는 물물 거래 시 쌀보다는 화폐의 사용이 이루어져야 할 것입니다.

· 사회자: 박제가, 박지원 두 분께서는 상공업의 발전을 통해 나라를 부강하게 해야 한다고 말씀하셨습니다. 다음으로는 실학자 분들 중 과학과 기술에 대한 연구를 하시는 분들의 말씀을 들어 보도록 하겠습니다.

· **정약용**: 나라를 부강하게 하기 위해서는 과학기술 역시 중요합니다. 서양과 청나라는 이미 우리보다 과학기술에 있어 엄청나게 앞서 있습니다. 이번에 거중기를 만들어 화성을 쌓은 것도 저의 이런 노력의 일환이라 할 수 있겠습니다.

· **홍대용**: 정약용 선생님의 거중기 사용은 정말 획기적인 아이디어였습니다. 저 역시도 과학기술의 발전이 매우 중요하다고 생각합니다. 저는 얼마 전에 중국의 천문 기술을 배워 와 혼천의를 만들었고 천동설에서 벗어난 지동설을 주장한 바가 있습니다.

· **사회자**: 정약용, 홍대용 두 분께서는 과학기술 발전의 중요성을 주장하시면서 그에 대해 많은 연구와 업적을 남기셨군요. 마지막으로는 지리 및 역사에 관한 연구를 하신 실학자 분들의 말씀을 들어 보겠습니다.

· **김정호**: 우리의 지리와 역사에 대한 바른 인식이 중요하다고 생각합니다. 저는 이를 위해 얼마 전 오랜 노력과 고생 끝에 대동여지도를 완성하였습니다. 저의 이런 노력 외에도 많은 학자 분들께서 역사책을 쓰시는 등의 활동을 하신다고 알고 있습니다.

· **사회자**: 네, 지리 및 역사 분야에 있어서의 학문적 연구를 열심히 하고 계신 것 같습니다. 이러한 노력들이 백성들의 삶을 더욱 풍요롭게 해주고 조선을 더욱 분명하게 알 수 있는 계기를 제공해줄 거란 생각이 드는군요. 오늘은 이렇게 해서 농업 중시, 상공업 중시, 과학기술 연구, 지리 역사 연구를 중심으로 네 가지 성격으로 나뉘는 실학자 분들의 의견을 들어 보았습니다. 중시하는 분야가 다르긴 하지만, 현실적 학문을 통해 어려운 생활을 하고 있는 백성들을 살리고 더욱더 잘사는 나라를 만든다는 실학의 전체적 목적과 방향은 한가지인 것 같습니다. 오늘 좌담회는 여기서 마치도록 하겠습니다. 실학자 분들께 많은 박수 부탁드립니다.

2. 근대 사회로 가는 길
❶-② 잘사는 백성, 부강한 나라로

사:69~73쪽, 탐:72~77쪽

제6학년   반   번

이름:

1. 친구 평가해보기

평가내용	연기자					
· 역할놀이에 적극적으로 참여하였는가?						
· 자신이 맡은 사람의 입장을 잘 나타내었는가?						
· 연기보다는 아이디어를 제시하는 데 중점을 두었는가?						
· 다른 연기자와의 의사소통이 잘 이루어졌는가?						

잘함: ○   보통: △   부족함: ×

2. 자기 평가해보기

내용	합계		
	상	중	하
· 나는 역할놀이에서 주어진 역할을 자발적으로 맡았는가?	3	2	1
· 나는 역할놀이에서 자신의 의견과 다른 역할이라도 자진해서 맡았는가?	3	2	1
· 나는 역할놀이에 적극 참여하였는가?	3	2	1
· 나는 맡은 사람의 입장을 잘 나타내었는가?	3	2	1
· 나는 연기보다는 아이디어를 제시하는 데 중점을 두었는가?	3	2	1
합계			

2. 근대 사회로 가는 길
❶-② 잘사는 백성, 부강한 나라로
사:69~73쪽, 탐:72~77쪽

제6학년   반   번

이름:

---

1. 다음에 제시된 실학자들과 실학자들의 활동을 바르게 연결하여 봅시다.

유형원, 이익 ●
　　　　　　　　　　● 지리 및 역사에 관한 연구를 통해 여러 뛰어난 지도와 역사서 편찬

박제가, 박지원 ●
　　　　　　　　　　● 상공업에 관심을 가지고 연구를 하였고 상업, 기술의 발전을 주장함

정약용, 홍대용 ●
　　　　　　　　　　● 농업에 관심을 가지고 연구를 하였고 토지 제도와 세금 제도의 개혁을 주장함

김정호 ●
　　　　　　　　　　● 과학과 기술에 관한 연구를 하여 여러 뛰어난 기계, 기구를 만들어 냄

2. 낱말 맞히기 놀이를 통해 학습한 내용을 정리해 봅시다.

– 가로열쇠

① 조선 건국 때부터 받아들여진 조선의 대표 사상. 유학의 한 일파

② 왜란(임진왜란)과 호란(병자호란)의 두 난을 한꺼번에 일컫는 말

③ 김정호가 우리나라 곳곳을 직접 다니며 완성한 지도

④ 거중기를 사용하여 수원화성을 만드는 데 기여한 실학자

– 세로열쇠

① 조선 후기에 나타난 실용적이고 실증적인 사회 개혁 사상

② 조선시대의 지배 신분층

③ 지동설을 주장했던 실학자

④ 『양반전』을 쓴 실학자. 상공업의 부흥을 주장함

3. 내가 당시의 실학자였다면, 백성들을 잘살게 하고 나라를 부강하게 하기 위해 어떠한
   주장을 했을지 생각해 봅시다.

[모범 답안]

1. 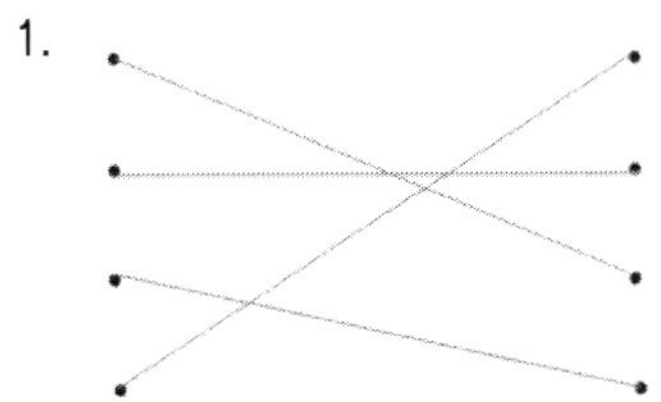

2.

		실		양	란	
성	리	학		반		
		홍			박	
		대	동	여	지	도
정	약	용			원	

3. 예) 신분 제도를 개선하여 평등한 사회를 만들자고 주장하였을 것이다.
토지제도를 개혁하여 농사짓는 농민들이 땅을 갖게 함으로써 부당한 지대 착취를 막을 것이다.
→ 자유롭게 서술하되 당시 시대 상황을 고려한 현실적 해결책을 서술할 수 있도록 지도한다.

※ 참고문헌(자료)

교육과학기술부(2012). 『초등학교 교과서 사회 6-1』. 서울: 대한교과서주식회사.
교육과학기술부(2012). 『초등학교 교사용 지도서 사회 6-1』. 서울: 대한교과서주식회사.
원영진(2008). "극화학습을 통한 초등학생의 추체험적 역사이해". 한국교원대학교 대학원 석사학위
　　　　논문.
이성재(2005). 『역사수업에서 극화학습의 특성 및 교사의 역할』. 역사교육연구회.
최용규(2012). 『살아 있는 역사수업』. 파주: 교육과학사.
최원혜(2005). "초등학교 역사수업에서의 극화학습 적용 방안 연구". 안동대학교 교육대학원 석사
　　　　학위 논문.
최천심(2002). 『역사적 상상력 신장을 위한 인터뷰 극화학습 프로그램 개발』. 한국사회교과교육학회.

http://www.jaemin.net/jidoseo.htm(재민닷컴-교과서&지도서)
http://kids.daum.net(다음 키즈짱)
http://www.edunet4u.net(에듀넷)
http://okht.njoyschool.net(전국역사교사모임)

제3장 | 사회과 수업관찰과 수업 분석

1. 사회과 교사와 수업 분석 전문성

1) 사회과 교육과정과 교과서의 문제점과 한계

우리 나라 사회과 교육과정은 그동안 10차례의 제·개정을 거치면서 발전하여 왔다. 우리나라 사회과는 그동안 '교수요목기'에서부터 '2009 개정 교육과정기'에 이르기까지 교육의 변화와 질적 제고를 지향하여 왔다. 하지만 국가 수준의 교육과정의 개정과 이에 따른 교과서의 개편은 전국의 학교에서 같은 교과, 학년, 같은 시기에 같은 내용을 배우는 교육의 표준화에 기여하는 반면, 사회과 교사들의 자율성과 전문성 그리고 다양성 등을 제한한 측면이 없지 않았다.

전국의 각지에 산재한 다양한 학교급과 단위 학교들의 특성, 규모, 교사 전공, 전문성, 학생들의 수준 등에 대한 고려 없이 10개의 공통 기본 교과를 학기마다 개설하여 동일하게 가르치는 학교교육의 시스템은 결과적으로 수업에 대한 별다른 고민 없이 교과서로 진도를 나아가고, 입시 지도를 하는 형태의 '암기 위주의 주입식 교육'이 일반화되는 결과를 촉진시키고 있다. 그러다 보니 가장 창의적이고도 탄력적으로 지도해야 할 사회과교육이 획일적으로 이루어지고, 나아가 교육과정으로 가르쳐야 할 사회과교육이 교과서로 가르치는 사회과교육으로 전도되고 말았다. 즉, 각급 학교, 학생, 단원, 주제 등에 따라 아주 다양하게 교수·학습이 전개되어야 함에도 불구하고, 국가 수준 교육과정을 성전화(聖典化)한 '철로(鐵路) 따라가기식 사회과 수업', '붕어빵식 사회과교육', '다식판식 사회과교육' 등이 학교 현장에서 전개되어 왔음을 반성하지 않을 수 없다.

그러므로 소위 전국 학교의 교육과정과 수업을 결정짓는 국가 수준의 교육과정 개정도 결국 국가 수준에서 독점적인 교육내용과 시수를 결정하는 장으로 왜곡되어 관련 당사자들 간에 첨예한 이해 관계의 장으로 전락해온 감이 없지 않은 게 사실이다(한국교육과정평가원. 2006: 1-3).

이와 같은 사회과교육의 병폐를 치유하기 위해서는 전국의 모든 각급 학교의 사회과교육이 달라져야 하고, 동일 주제의 교수·학습에 있어서도 모든 초·중·고교 사회과 교사의 지도 방법이 각양각색(各樣各色), 천차만별(千差萬別)로 특성화되어 일상적으로 실행되어야 할 것이다.

2) 사회과 예비 교사 교육 및 임용 체제의 문제점과 개선 방향

학교 현장에 대한 체계적인 고민이나 현장과의 활발한 교류 없이 이루어지는 교육대학교와 사범대학의 예비 교사 양성 교육도 문제이다. 특히 외국과 우리나라에서는 사회과 교사들을 교실 친화적(classroom friendly) 양성을 하지 못하는 것이 큰 문제이다. 교실 친화적(classroom friendly) 사회과 교사 양성은 양성 기관인 교육대학교와 사범대학의 사회(과)교육(학)과의 교육과정과 일선 초·중·고교의 사회과 교육과정의 연계성 강화에서 비롯되어야 한다. 즉, 교육대학교와 사범대학 사회(과)교육과 졸업생들이 일선 초·중·고교에 교사로 임용되어 장애와 갈등 없이 바로 사회과 현장 교수학습과 학교 업무를 수행하고 용이하게 적응토록 하는 데 초점을 맞추어야 한다.

21세기 세계화·정보화 시대에 해묵은 교과교육학 및 내용학 개론서로 진행되는 강의는 학교 현장에서 실제로 학생들을 가르치는 데 필요한 지식뿐만 아니라 교사로서의 전문적인 소양과 다양한 직무 능력을 기르는 데도 별다른 기여를 하지 못하고 있다.

현장 교사에게 필요한 전문성에 따라 교사 교육과정을 구성하는 것이 아니라 현재 학과에 소속된 교수의 전공에 따라 개설되는 교사 교육과정은 과장하여 표현하면 교사 자격증을 얻기 위한 통과의례에 불과하며, 이러한 교수진과 일부 현장 교사가 중심이 되어 출제하는 교사 임용시험 역시 단편적인 지식을 누가 더 잘 알고 있느냐에 합격 여부가 달려 있다.

자기 지역에서 정년까지 근무할 교사를 선발하는 데 주도적인 역할을 하지 않고 이를 출제, 채점 기관에 상당 부분 위임하고 있는 시·도 교육청과 공립학교들의 업무 방기(放棄)도 문제이다. 시·도 교육청에서 주관하는 소위 면접이나 수업 시연 등의 실기 평가는 고작 지필 평가의 순위를 재확인 해주는 수준에서 이루어지고 있을 뿐이다. 그래도 이러한 공립학교의 교사 임용은 비교적 공정하고 투명한 편이다. 아직도 전문성에 대한 체계적인 평가 없이 특정 연고에 의해서 교사 임용이 이루어 지는 사립학교들이 더욱 문제이다.

2009학년도부터 초·중등학교 교사 공개 임용시험 요강이 획기적으로 변경되어 지필평가 외에 논술 면접, 수업 시연 등의 다양한 요소들이 더욱 강조되고 있으나 근본적인 해결책과는 거리가 멀다. 소위 임고(任考)라고 불리는 초·중등 신규교사 임용후보자 선정 공개시험이 당락을 가르는 수렴적·선발적 목적보다는 확산적·발달적 평가관을 지향해야 하는데, 우리 현실은 그렇지 못한 것이다. 따라서 앞으로 사회과를 전공한 교사들이 자부심과 긍지를 갖고 교단에서 봉직할 수 있도록 교사 임용시험에 대한 제도적·행정적 개선이 요구되고 있다. 분명 교사 공개 임용시험이 일정 학생들을 낙방시키기 위한 도구가 아니라, 예언적 타당도의 입장에서 미래의 교사로서 최대한 능력 개발, 전문성 신장을 추구할 수 있는 기제로서의 역할에 충실해야 할 것이다.

소위 현 정권인 이명박 정부의 '747 경제정책' 등이 실현되어 현재보다는 훨씬 더 우리 사회가 경제적으로 성장하여, 평생을 사회과 교원으로 봉직하겠다고 다짐하고 사회과교육을 전공하고 있는 예비 교사들인 교대·사대의 사회교육과 학생들이 소정의 절차를 거쳐 대부분 교단에 봉직할 수 있는 여건을 바탕으로 하는 교사 임용시험으로 개선되어야 할 것이다.

3) 사회과 수업 경시 풍조의 학교 문화

원론적이면서도 사족(蛇足) 같은 이야기이지만, 교사의 본분은 학생의 교수·학습 지도, 특히 수업이다. 나아가 교사의 생명은 수업이다. 학생을 배제시킨 교사의 역할은 공허한 것이다. 하지만 현실적으로 좀 과장되게 표현하면 학교는 첫 부임한 신규 교사들이 수업에 전념하기보다는 행정 업무에 시달리게 하는 곳이다. 모름지기 학교는 교사로서의 업무인 학생 관리, 생활지도 등에도 많은 시간과 열정을 소비해야 하는 곳이다. 냉정하게 비판하여 행정업무 차질이나 학생 생활지도 문제 등은 관리자인 교장·교감·장학사(관)의 관심 사항이지만, 수업은 전혀 관심의 대상이 아니다. 솔직히 오늘날 우리나라 학교 현장에서 이론적으로 수업을 강조하기는 하지만, 실제적으로는 공문 등 행정 업무에 지나치게 경사(傾斜)되어 있다. 그렇다 보니 현실적으로 수업을 잘하는 교사보다 행정업무를 잘 처리하는 교사가 우수교사, 모범교사로 칭송받는 것이 현실이다.

사실 오늘날 우리 교육 현실은 주객이 전도된 면이 없지 않다. 본질이 변죽으로 전도된 상황도 부지기수이다. 교사가 자신의 맡은 행정 업무인 다양한 공문 수행을 철저히 하고, 담임하고 있는 학급 학생들이 문제를 일으키지 않는 한 그 교사는 유능하다고 여겨진다. 거기다가 학교 관리자의 마음까지 헤아린다면 더욱 유능하다고 치부된다. 수업은 뒷전인 것이다.

학교 일과의 대부분을 차지하는 수업은 교사 개개인의 사생활이며, 거기서 이루어지는 공공서비스로서 수업의 질은 교사의 양심, 열정, 시행착오에 의존할 뿐, 학교나 관련 기관으로부터 별다른 지원이나 자극이 없다. 그리고 열정적인 교사라 할지라도 수업의 질을 높이고자 하는 노력은 개인의 철저한 준비와 시행착오를 통해서 이루어질 뿐, 그 과정을 거쳤을 법한 선배 교사들로부터 도움(멘토링)받기가 어렵게 되어 있다.

4) 사회과 교사 연수의 문제점과 한계

학교 현장 교사들이 지식과 기능, 자질 등을 재충전할 수 있게 교사 재교육 프로그램이라고 할 수 있는 1급 정교사 자격 연수나 직무 연수가 체계적으로 이루어지지 못하고 있다.

소위 예비 교사 교육을 형식적으로 실시하고 교사 자격증을 수여했던 대학이나 교사 임용 및 발령만을 형식적으로 관리하고 있는 시·도 교육청, 시·도 교육연수원이 주체가 되어 이루어지는 교사 연수는 그야말로 활용 가능한 강사진의 명단과 그들의 스케줄에 따라 급조되어 운영되는 실정이다. 그리고 그러한 연수는 승진과 연계되어 일부 교사들에게는 점수 따기 경쟁으로 전락되었고, 승진에 초연한 대다수 교사들에게는 또 다른 통과의례로 여겨지고 있다.

5) 사회과 교사 수업 전문성 평가의 기준과 방향

누가 뭐래도 교직은 전문직 중의 전문직이다. 의사와 변호사 등을 아무나 할 수 없는 것처럼 교사 역시 아무나 할 수 있는 직종이 아니다. 교사를 전문직으로 구분하는 중요한 척도 중의 하나는 수업 전문성이다. 수업을 잘하는 교사가 훌륭한 교사이고, 가장 전문적인 교사이다. 사회과 교사 역시 가장 사회과 수업을 잘하는 교사가 전문적이고도 훌륭한 교사이다.

그러므로 사회과 교사는 외부 기관에 의존하지 않고 학교 현장 속에서 스스로 자신의 수업 전문성을 높이기 위해 노력하여야 한다. 이를 위해서는 교사 스스로 자신의 수업을 반성하고 동료 교사들과 서로의 수업에 대해서 비평하고 장학하는 풍토가 마련되어야 한다. 사회과 교사들이 각자 수업 전문성 신장을 위한 자율 연수, 연찬에 매진하여야 한다.

사회과 수업 전문성 평가 기준은 자신의 수업을 반성하고 동료 교사들과 서로의 수업에 대해서 비평하고 장학하는 데 공통의 잣대를 제공해주는 장점이 있다. 사회과 수업 전문성 평가 역시 이러한 취지하에 사회과 교사 경험이 있는 연구자들과 현재 사회과 수업을 담당하고 있는 현장 교사들이 중심이 되어 외국의 논의와 국내의 현실에 기초하여 개발하는 것이 바람직하다.

사회과 교사들의 수업 전문성 신장을 위해서는 전문서적의 독서 활동, 자율 연수, 현직 연수, 수업 공개 및 협의, 임상 장학 등 각종 장학 활동, 동료 장학 등 카운슬링과 멘토링, 세미나와 워크숍 등 참여, 각종 연구 대회 참여, 사회과교육 관련 연구 학회 가입 및 논문 발표 등에 적극 참여하여야 할 것이다. 결국 사회과 교사의 수업 전문성 신장은 자율 연수와 연구 활동에 초점이 모아져야 할 것이다. 그리고 그러한 활동은 사회과 교사 자신이 스스로 참여하고 전개하여야만 한다.

2. 사회과 수업관찰과 분석

1) 수업관찰과 분석

수업관찰은 교수방법 개선을 위한 수업과정에 관한 자료수집과 분석 및 평가에 가장 보편적으로 활용되고 있는 수단이다. 수업관찰이 필요한 이유는 교수방법과 학습방법에 대한 연구의 기초자료를 제공하는 데 많은 비중을 담고 있다. 수업관찰에 의한 자료 수집은 수업 개선을 위해 필수적이라고 하겠다.

수업과정의 분석은 과학적이어야 하며, 분석의 결과는 과학적인 방법으로 기록되고 처리되며 해석되어야 한다. 수업과정 분석의 궁극적인 목적은 학생행동 변화에 공헌하기 위한 것이다.

2) 수업관찰의 기본 과제

① 수업관찰은 그 방법이 과학적이며 논리적이어야 한다.
② 수업관찰의 범위나 내용을 분명히 하고 이를 효과적으로 관찰할 수 있는 관찰 도구를 준비해야 한다.
③ 관찰결과가 객관적이고 신뢰할 수 있는 자료를 수집할 수 있는 방법이어야 한다.
④ 수업관찰 결과를 객관적이고 과학적인 방법으로 기록하고 해석할 수 있는 관찰방법이나 도구를 선정해야 한다.
⑤ 수업관찰의 결과는 수업자에게 확인되고 스스로의 수업행동을 교정하는 데 도움을 주어야 한다.
⑥ 한 가지의 수업관찰 방법만으로는 수업 전체에 관한 평가를 하는 것은 삼가야 할 것이다.
⑦ 수업관찰 방법은 실용적인 목적에 부합되어야 한다.
⑧ 수업관찰 도구는 계속적으로 학교현장에서 개발·적용되어야 한다.

3) 수업관찰상의 유의점

① 수업관찰은 사전에 준비된 계획에 따라 합리적으로 이루어져야 한다.
② 객관적이고 사실적인 태도로 관찰해야 한다.

③ 수업관찰자는 수업분위기에 영향을 주는 언행을 해서는 안 된다.

④ 관찰자는 수업을 냉정한 자세로 관찰해야지 수업자나 학습자의 입장이 되어 수업상황에 몰입해서는 안 된다.

⑤ 정확한 기록을 위해서는 한 사람보다는 몇 사람이 역할을 분담하여 기록하는 것이 좋다.

3. 사회과 수업관찰의 실제

1) 수업관찰의 과정(수업관찰의 절차 및 순서)

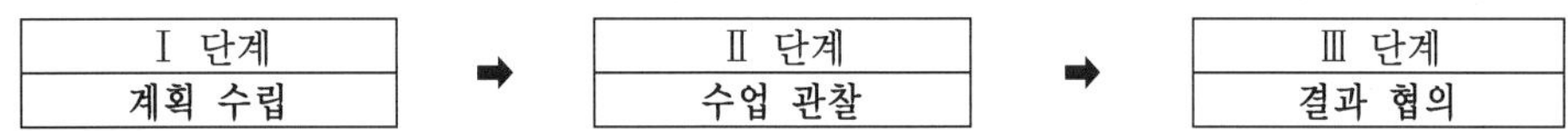

[그림 7-1] 사회과 수업관찰의 과정(단계)

(1) 계획 수립 단계에서의 고려사항

① 신뢰 있는 관계 조성(사전 충분한 협의 실시)

② 수업연구(수업개선) 과제 선정

③ 학생·수업에 대한 정보 교환

④ 수업관찰 계획 수립

(2) 수업 관찰 단계에서의 고려사항

① 교수·학습 과정안 검토

② 수업관찰

〈수업 참관(관찰) 내용〉
① 무초점 관찰: 전반적인 사항을 관찰(망원경식 수업관찰)
② 초점 관찰: 사전에 합의된 몇 가지 사항을 중점적으로 관찰(현미경식 수업관찰)

〈수업 참관(관찰) 기록 방법〉 (개별적으로 또는 복합적으로 사용)
① 관찰된 사항을 서술식으로 기록하는 방법
 －전체적인 기록: 교사와 학생의 모든 언어를 기록
 －부분적인 기록: 특정한 형태의 언어만을 기록
 (예: 교사의 발문, 교사의 학생에 대한 환류 방법, 교사의 지시와 구조적인 진술 등)
② 관찰된 사항을 약어나 부호를 사용하여 기록하는 방법
 －학생들의 과업집중도 기록법: 학생들의 과업집중 형태를 기록
 －교사와 학생들 간의 의사소통 언어흐름 기록법: 교사와 학생들 간의 언어적 상호작용 형태를 기록
 －교사와 학생들의 움직임 기록법: 교사와 학생들의 수업 중 이동양식을 기록
 －Flanders의 상호작용 분석법: 교사와 학생들 간의 언어적 상호작용 형태를 기록 분석
③ 관찰된 사항을 체크리스트를 사용하여 기록하는 방법
 －학교 형편에 따라 자체 개발한 다양한 체크리스트를 사용하여 수업관찰 결과를 기록

④ 녹음기·녹화기(VTR 카메라)를 사용하는 방법
 -녹음·녹화 내용
· 전체 녹음·녹화-전체 수업과정을 녹음·녹화
· 부분 녹음·녹화-관찰 중점 또는 수업개선 자료로서 가치 있는 부분을 녹음·녹화
 -녹음·녹화자료 활용
· 수업분석의 객관적 근거 자료
· 교사의 자기 수업 반성 자료
· 자체 연수 자료

2) 수업관찰 결과 정리: 종합 정리

(1) 결과 정리 단계에서의 고려사항

① 수업관찰 결과 논의
② 수업연구 과제 해결 및 수업개선 방안 설정
③ 적용·평가

(2) 결과 정리 종합 기록 요령

사회과 수업과 관련하여 생성된 다양하고 많은 기록들을 종합 기록이라는 이름으로 단순하게 묶어 놓은 것을 포함하여 수업의 심층 분석을 목적으로 필요한 자료와 기록 등을 새로 만드는 경우가 있을 수 있다(천호성, 2012: 114-115).

사회과 수업 관찰의 종합 기록은 대개 관찰 기록과 속기록, 전사 기록, 사진 기록 등을 종합한 기록이다. 하나의 수업에 대해서 심층적이고 세밀한 분석을 시도하는 경우, 종합 기록의 작성과 이를 통한 분석이 효과적이다. 사회과 수업 관찰의 종합 기록은 다양한 관점에서 생성된 기록들을 종합하여 사회과 수업과 관련하여 일어나는 모든 상황과 사실에 관해서 종합적으로 분석하고 해석하기 위해서이다.

〈표 7-2〉 사회과 수업관찰 종합기록의 종류

구분 \ 항목	기록 시간	기록의 특징
관찰기록	수업 전, 수업 중, 수업 후	관찰자의 관찰에 의해 생성되는 모든 기록
속기록	수업 중	관찰 중에 일어나는 객관적인 사실만을 기록
사진기록	수업 전, 수업 중, 수업 후	일부의 특정한 상황과 내용을 스냅적으로 기록
영상기록	수업 전 과정	수업의 모든 상황과 장면을 있는 그대로 녹화 기록
음성기록	수업 중	수업 중에 일어나는 교사와 학생의 의사소통 음성 녹음
전사기록	수업 중	수업 중에 일어나는 교사와 학생의 발언을 중심으로 한 음성 기록을 문자로 변환한 기록

제4장 | 사회과 수업 분석의 기준과 분석 결과 활용

1. 사회과 수업 분석의 기준

〈표 7-3〉 사회과 수업 분석의 기준

대 영역	중 영역	사회과 수업 평가 요소 및 기준
영역1: 기본 지식과 능력	I. 사회과 목표와 내용에 대한 이해	I-1.[교과관] 사회과 교사는 사회과 목표에 대한 충분한 이해를 토대로 체계적이면서도 균형감 있는 교과관을 지니고 있다.
		I-2.[교과 내용 지식] 사회과 교사는 사회과교육 내용을 구성하는 일반사회, 지리, 역사 영역에 대해서 체계적인 지식을 지니고 있다.
		I-3.[교과 내용 경험] 사회과 교사는 사회과 내용을 구성하고 있는 일반사회, 지리, 역사 영역의 내용을 일상생활과 관련시켜서 가르칠 수 있다.
	II. 사회과 교수학습 및 평가방법에 대한 이해	II-1.[교수 학습 방법] 사회과 교사는 사회과에서 강조하는 다양한 교수 학습 방법에 대한 지식과 이를 활용할 줄 아는 기본 능력을 지니고 있다.
		II-2.[평가 방법] 사회과 교사는 사회과에서 강조하는 다양한 평가 방법에 대한 지식과 이를 활용할 줄 아는 기본 능력을 지니고 있다.
	III. 학습자 발달에 대한 이해	III-1.[학습자 바달] 사회과 교사는 사회과 수업에 앞서 자신이 가르치는 학생들의 인지적·정서적 발달 정도를 충분히 이해하고, 학생들과 민주적으로 상호작용할 수 있는 유대 관계를 형성할 수 있다.
		III-2.[선지식·오개념] 사회과 교사는 사회과 내용과 관련해서 학생들의 선지식이나 오개념을 파악하고 이를 활용할 수 있는 능력을 지니고 있다.
	IV. 사회과 내용 교수법 지식	IV-1.[내용 교수법] 사회과 교사는 사회과 내용을 다양한 교수 학습 방법을 활용하고, 학습자의 발달과 흥미를 고려하여, 유의미한 학습 경험으로 변화시키는 데 필요한 실천 지식을 지니고 있다.
영역2: 수업 기획 능력	V. 교육과정 재구성 및 수업 설계	V-1.[교육과정 재구성] 사회과 교사는 국가 수준 교육과정 및 교과서를 자신의 수업 상황에 맞게 구체적으로 구성할 수 있다.
		V-2.[수업 설계] 사회과 교사는 자신이 재구성한 교육과정을 구체적인 수업을 통해서 실현할 수 있도록 수업을 기획, 설계할 수 있다.
	VI. 수업 전략 및 자료 개발	VI-1[교수 학습 방법 개발] 사회과 교사는 사회과 수업과 관련된 각종 교수 학습 방법을 종합하여 수업을 위해서 적절한 교수 학습 방법으로 개발·재구성할 수 있다.
		VI-2.[평가 방법의 개발] 사회과 교사는 사회과 수업과 관련된 각종 평가 방법과 지표들에 대한 검토를 통해 학생들의 학습 정도를 파악하기 위한 적절한 평가 방법을 개발·재구성할 수 있다.
		VI-3.[수업 자료 개발] 사회과 교사는 사회과 수업과 관련된 교과서 및 각종 관련 자료를 종합하여 의미 있는 수업 자료를 개발·재구성할 수 있다.

영역3: 수업 실행 능력	Ⅶ. 수업 조작 및 전개	Ⅶ-1.[수업 목표·의도] 사회과 교사는 수업의 실행에서 수업 목표나 의도를 의미 있는 내용으로 적절하게 제시할 수 있다.
		Ⅶ-2.[수업 내용] 사회과 교사는 수업 목표를 달성하기 위하여 수업 내용을 효과적으로 구성하여 제시할 수 있다.
		Ⅶ-3.[교수 학습 방법] 사회과 교사는 수업의 실행에서 수업 내용에 따라 학생들의 흥미를 유도할 수 있는 적절한 수업 방법을 활용할 수 있다.
		Ⅶ-4.[평가] 사회과 교사는 수업의 실행 과정에서 진단·형성·총괄 평가를 잘 활용하여 학생들의 학습 정도를 정확하게 파악하고 그 결과를 수업에 반영할 수 있다.
	Ⅷ. 학습 집단 조직 및 환경 조성	Ⅷ-1.[학습 집단 조직] 사회과 교사는 수업을 실행함에 있어 적절한 학습 집단을 조직하고 학습 분위기를 조성할 수 있다.
		Ⅷ-2.[상호작용] 사회과 교사는 교사와 학생, 학생과 학생 간의 상호작용이 활발하게 이루어지고 상호 존중하는 학습 환경을 조성할 수 있다.
	Ⅸ. 수업 결과 확인(반성·회고)	Ⅸ-1.[수업 목표·의도 달성] 사회과 교사는 일련의 수업 실행 과정을 통해서 자신이 제시한 수업 목표나 의도를 달성할 수 있다.
		Ⅸ-2.[수업 일관성 유지] 사회과 교사는 수업의 조직 및 전개 과정에서 일관성을 가지고 수업을 진행할 수 있다.
		Ⅸ-3.[교육적 변환] 사회과 교사는 교과서 내용을 전달하는 데 그치는 것이 아니라 교과 목표나 내용, 학생 관심과 흥미, 수업모형이나 전략에 맞추어 교육적으로 의미 있게 변환시킬 수 있다.
영역4: 전문성 제고 노력	Ⅹ. 전문성 발달	Ⅹ-1.[자기반성] 사회과 교사는 수업에 대한 지속적인 자기반성과 학생 반응을 토대로 수업을 개선하여 사회과 교사로서의 수업 전문성을 기른다.
		Ⅹ-2.[동료 장학] 사회과 교사는 동료 교사들과의 협력과 장학을 통하여 수업을 개선하여 사회과 교사로서의 전문성을 기른다.
		Ⅹ-3.[자기 개발] 사회과 교사는 사회과 교과 관련 연수나 다양한 자기 연찬 활동을 통하여 교과 전문가로서의 전문성을 함양한다.

출처: 한국교육과정평가원, "사회과 수업평가 매뉴얼: 사회과 수업평가 기준", 연구보고서, ORM 2006-24-6, 2006: 6-7.

2. 수업 분석 도구의 활용

1) 수업 분석 도구 활용 방법

(1) 교사의 발문 진단

일반적으로 사회과 분석에서는 지시적 발문, 비지시적 발문, 재생적 발문, 추론적 발문, 적용적 발문으로 나누어 살펴보며 빈도를 기록하고, 이를 다시 백분율로 환산하여, 교사의 발문의 성격을 진단한다.

(2) 교사의 개인적 특성 분석

사회과 수업을 진행하는 시선, 행위, 제스처, 옷차림, 언어 등을 약 5분 간격으로 기록하되, 내용에 따라 번호로 기록한다. 가령, 교사의 목소리가 높다면 ①, 적당하다면 ②, 낮다면 ③ 등으로 기록한다.

(3) 학생의 학습태도 관찰 분석

학생의 주의 집중한 바람직한 태도와 산만한 태도를 5분 간격으로 기록한다. 각 항목의 합계는 학급 전체의 학생 수와 같도록 한다.

(4) 학생의 참여 분석

학생들의 수업 참여 내용을 9가지로 분류하여 3단계의 평정척으로 기록한다. 각 항목의 합계는 반 전체의 학생 수와 같도록 한다.

(5) 수업 분위기 분석

사회과 수업 분위기를 창의성, 활기성, 치밀성, 온화성 등 네 요소로 나누어 관찰하고 기록하고, 이를 다시 영역별 점수로 환산하여 종합도(그래프)로 그린다. 완전한 마름모에 가까울수록 균형적인 수업이 이루어진 것으로 볼 수 있다.

2) 수업 분석 도구 양식

(1) 교사의 발문 진단

(2) 교사의 개인적 특성 분석

(3) 학생의 학습태도 관찰 분석

(4) 학생의 참여 분석

(5) 수업 분위기 분석

3. 수업 분석 결과의 활용

① 경험이 부족한 초임교사에게 반성의 기회를 주며, 반성적 사고를 유발시켜 교수학습 능력이 신장될 수 있을 것이다.

② 구조화된 체크리스트를 활용한 일관성 있고 체계적인 관찰을 통해 교사의 단점을 보완해준다.

③ 타 교사가 행하는 훌륭한 수업 장면을 관찰할 때 자신의 수업에 대한 많은 통찰력을 얻는다.

④ 자신의 수업 장면을 녹음하거나 녹화하여 분석하는 자기 분석법을 통해서도 자신의 강점과 약점을 파악하고 개선할 수 있는 많은 단서들을 얻을 수 있다.

⑤ 교사가 다른 교사의 수업이나 자신의 수업 관찰로부터 많은 개선을 얻기 위해서는 반성적 수업 관찰이 이루어져야 한다.

<표 7-4> 사회과 교사의 발문 진단(관찰자 협의 선택)

사회과 교사의 발문 진단지

사회과 수업 관찰자______________(인)

학년 반	제 학년 반	수업자(지도교사)		학생 수	명
단원명		차시	/	일자(요일)	20 . . .( )

본시 학습 목표	

영역	착안점	빈도수	%
1. 지시적 발문	■ 지시, 비난하는 발문 (예: 공책에 써요, 칠판을 봐요, 그것도 몰라요, 틀렸어 등)		
2. 비지시적 발문	■ 칭찬, 권장, 학생의 생각을 받아들이거나 이용하는 발문 (예: 잘 했어요, 맞았어요, '으음', '그래' 등)		
3. 재생적 발문	■ 재생, 암기, 계산, 열거 등 학생이 단편적인 지식으로 답변하게 하는 발문 (예: 우리나라의 수도는? 3·1운동은 언제 일어났는가? 등)		
4. 추론적 발문	■ 인과관계, 종합, 분석, 구분, 비교, 대조하게 하는 발문 (비슷한 점, 같은 점, 다른 점) (예: 그림지도와 지도의 차이점은 무엇인가요? 등)		
5. 적용적 발문	■ 새로운 사태에 원칙을 적용, 이론화, 예언하는 반응을 나타내게 하는 발문 (예: 방조제가 생김으로 인해서 달라진 점과 앞으로 어떻게 될지 이야기해 봅시다.)		
계			

※ 의견:

<표 7-5> 사회과 교사의 개인적 특성 분석

교사의 개인적 특성 분석(관찰자 협의 선택)

사회과 수업 관찰자＿＿＿＿＿＿＿＿(인)

학년 반	제　　학년　　반		수업자(지도교사)	교사	학생 수	명
단원명			차시 /	일자(요일)	20　.　.　.(　)	
본시 학습 목표						

항목\시간(분)		5	10	15	20	25	30	35	40	45	50	항목/시간(분)
목소리	높낮이											
	속도											
	어조											
비언어적 행위	시선접촉											
	열정											
	자세											
	손동작											
	제스처											
	이동											
옷차림												
언어												

－목소리

(1) 높이에 따라 ① 높다. ② 적당하다. ③ 낮다.

(2) 속도에 따라 ① 느리다. ② 적당하다. ③ 빠르다.

(3) 어조에 따라 ① 단조롭다. ② 변화가 있다. ③ 정상적이다.

－비언어적 행위: ① 효과적이다. ② 비효과적이다

－교사의 옷차림과 언어의 사용: ① 적절하다. ② 부적절하다.

※ 의견:

〈표 7-6〉 사회과 학습에서의 학생의 학습 태도 관찰

학생의 학습태도 관찰 분석(관찰자 협의 선택)

사회과 수업 관찰자______________(인)

학년 반	제 학년 반	수업자(지도교사)		학생 수	명
단원명		차시	/ 일자(요일)	20 . . .( )	
본시 학습 목표					

(N=)

시간 \ 내용	주의집중(바람직한 태도)			산만한 태도		
	시선집중	과제수행	대답, 토의	시선을 집중하지 않음	과제를 수행하지 않음	잡담
5						
10						
15						
20						
25						
30						
35						
40						
소계						
총계						

※ 의견:

<표 7-7> 사회과 학습에서의 학생의 참여 분석

학생의 참여 분석(관찰자 협의 선택)

사회과 수업 관찰자＿＿＿＿＿＿＿＿(인)

학년 반	제　학년　반	수업자(지도교사)	교사	학생 수	명
단원명		차시 /	일자(요일)	20　.　.　.( )	
본시 학습 목표					

(N=)

내용　　　　　　　　　　　　　평정척	그렇다	보통이다	그렇지 않다
1. 토론에 열심히 참여하고 있는가?			
2. 중요한 아이디어를 사용하는가?			
3. 실제적인 개념을 분명히 알고 있는가?			
4. 논의 핵심을 계속 유지하는가?			
5. 자신의 생각을 발전시키는 데 동료학생의 아이디어를 활용하는가?			
6. 자신의 생각에 대한 증거나 예를 제시하는가?			
7. 동료학생의 아이디어에 얼마나 논리적으로 대응하는가?			
8. 동료학생의 아이디어에 관심이 있는가?			
9. 핵심을 요약해서 진술하는가?			
합계			
%			

※ 의견:

<표 7-8> 사회과 교수·학습에서의 수업 분위기 분석

사회과 수업분위기 분석

사회과 수업 관찰자______________(인)

학년 반	제 학년 반	수업자(지도교사)	교사	학생 수	명
단원명		차시 /	일자(요일)	20 . . .( )	
본시 학습 목표					

1. 수업분위기 관찰지

	1 2 3 4 5				1 2 3 4 5	
1. 독창적인		상투적인	15. 소극적인		적극적인
2. 참을성 있는		성미가 급한	16. 융통적인		획일적인
3. 냉정한		온화한	17. 산만한		체계적인
4. 권위적인		상냥한	18. 능동적인		수동적인
5. 창의적인		모방적인	19. 수용적인		비판적인
6. 통제가 많은		자율성이 많은	20. 조용한		시끄러운
7. 개방적인		폐쇄적인	21. 진취적인		보수적인
8. 부드러운		딱딱한	22. 계획적인		즉흥적인
9. 불공정한		공정한	23. 경솔한		신중한
10. 변덕스러운		일관성 있는	24. 활기찬		무기력한
11. 겁이 많은		모험적인	25. 객관적인		주관적인
12. 엉성한		치밀한	26. 내성적인		외향적인
13. 고립적인		우호적인	27. 자신감 있는		망설이는
14. 확실한		애매한	28. 소심한		대담한

2. 수업분위기 관찰 분석

영역		긍정적 분위기 문항				부정적 분위기 문항				추가점수	계
창의성 (Ⅰ)	문항	1	5	7	16	6	11	28	·	11	
	점수										
활기성 (Ⅱ)	문항	18	21	24	27	15	20	26	·	11	
	점수										
치밀성 (Ⅲ)	문항	14	22	25	·	10	12	17	23	17	
	점수										
온화성 (Ⅳ)	문항	2	8	19	·	3	4	9	13	17	
	점수										

3. 수업 분위기 종합도

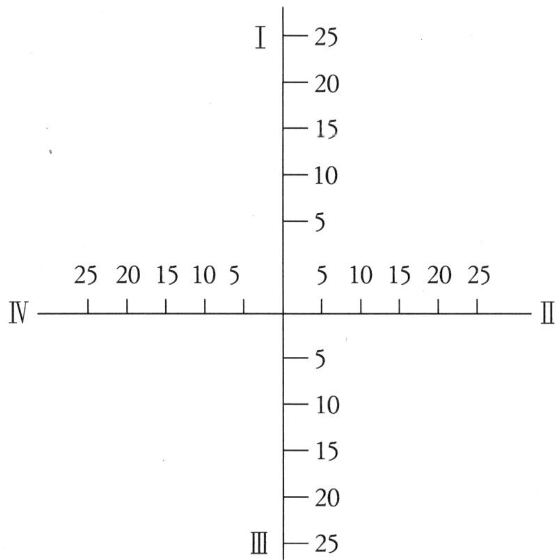

<표 7-9> 사회과 수업 참관록

사회과 수업 참관록

○○○○학교

방문학교				수업공개				기록자
학교명	교장	교감	학급 수	교과	수업자	학년 반	학생 수	(인)
○○학교				사회과				
영역	관찰 관점							관찰 내용
가. 수업 설계	① 수업안(학급특성과 학습내용의 고려)							
	② 수업목표의 진술, 제시, 성취가능성 (지역화되고 학생 수준 고려)							
나. 기본 자질	교사	③ 적극적인 수업(전개, 지도력, 학습밀도 등)						
		④ 교수태도(언어, 자세, 안정감)						
		⑤ ICT 활용 및 정리 요령						
	학생	⑥ 학습용구 사용능력(준비상황, 조작능력)						
		⑦ 자기 주도적 학습활동(태도, 습관, 참여 정도)						
		⑧ 자기표현력(발표력, 선수학습, 내용동원 능력, 서사력)						
다. 교수· 학습 활동	지도 과정	⑨ 출발행동의 진단과 활용						
		⑩ 동기유발과 문제의식(동기화의 수준, 문제 제시방법)						
		⑪ 학습목표에 적합한 학습방법(계획, 대안, 학생활동)						
		⑫ 학습목표 달성에 알맞은 수업원리의 적용 (지식, 기능, 태도, 전략)						
	학습 집단	⑬ 수준별, 개별학습과 협동학습의 조화 (개인차, 학습속도 고려)						
		⑭ 학습 진단, 구성 및 활용 (목표접근, 자율·책임·협동심 발양, 도우미 친구 활동)						
	자료 환경	⑮ 자료준비 활용도(준비, 자료의 유인성, 목표접근, 창의력, 사고력: 선택적 자율학습 가능성)						
		⑯ 학습자 중심 학습 환경 조성 (수업분위기, 공간 활용, 시설 환경의 다양화, 교육적 접근)						
	정리	⑰ 본시 학습 내용 정리 환류(개별화, 강화, 정리)						
	발전	⑱ 발전적 예습과제의 제시(능력, 시간의 적절성)						
라. 학습 성취 정착	⑲ 형성평가, 수행평가 상황(시기, 다양성, 결과 환류)							
	⑳ 학력 정착도(내용, 수준, 전이, 결과 활용)							

<표 7-10> 사회과 수업 매체 활용 분석 관점표

수업 분석의 관점	평점					비고
	매우 만족	조금 만족	보통	조금 부족	부족	
1. (수업 매체 선성의 조건) 학습자의 특성, 학습 유형, 학습 과제 등의 특성을 고려하여 선정한 매체이다.						
2. (매체의 특성) 매체의 특성과 장단점을 충분히 검토한 활용 계획이다.						
3. (매체의 선정 절차) 매체 선정 절차에 따라 수업 사태에 적합한 매체 활용 분석표를 작성하여 치밀하게 선정한 매체를 활용하였다.						
4. (준비량) 수업해야 할 과제와 시간량에 비하여 적합한 매체가 준비되어 있다.						
5. (정확성) 준비된 매체가 수업 과정의 흐름에 맞추어 효과적으로 투입·활용되고 있다.						
6. (다양성) 학습의 능률화를 가져올 수 있는 다양한 매체 활용 계획을 수립하였다.						
7. (좋은 매체) 학생의 탐구적 활동을 촉진하는 생동감 있는 매체를 선정하였다.						
8. (적당한 시간) 수업 과정에서 적당한 시간을 활용하였다.						
9. (적당한 장소) 학생의 시력, 건강, 편리성 등을 고려하여 적당한 장소에서 활용하였다.						
10. (적당한 방법) 학생들이 이해하기 쉽고, 흥미를 자극할 수 있는 다양한 방법으로 활용하였다.						
분석 결과 종합						
기타 의견						

1. 사회과 수업안(교수·학습 과정안)의 일반적 형식을 제시하고 간단히 설명해보시오.

2. 사회과 수업안(교수·학습 과정안)의 필수 요소를 제시하고, 헌터(Hunter)의 7단계 이론 실천 모형과 가네와 브릭스(Gagne & Briggs)의 7단계 이론 모형을 비교하고 설명해보시오.

3. 사회과 교수·학습 지도 과정의 도입 단계에서 유의할 점을 제시하고 설명해보시오.

4. 극화 학습 진행(전개) 시 역할놀이의 지도 중점에 대해서 설명해보시오.

5. 극화학습의 역할놀이 학습과 시뮬레이션을 각각의 특징을 중심으로 설명해보시오.

6. 극화학습 단계를 제시하고 각각의 단계의 특징을 기술하시오.

7. 사회과 수업 분석에서 전문성이 필요한 이유를 설명해보시오.

8. 한국 사회과교육 현장에서 사회과 수업을 경시하는 풍조가 만연된 점을 상급학교 입시 및 진학과 견주어 논하시오.

9. 사회과 수업 분석의 기본 과제에 대해서 설명해보시오.

10. 사회과 수업 분석 및 평가에서 평가 요소와 기준을 제시하고 간략하게 설명해보시오.

1. 일반적인 교육평가의 개념과 기초 유형에 대해서 이해한다.
2. 사회과 교육평가의 의의와 원리를 파악한다.
3. 사회과 교육평가의 방향과 목적에 대해서 두루 이해한다.
4. 사회과 교육평가의 유형에 대해서 심층적으로 분석한다.
5. 사회과 교육평가 도구의 개발 절차와 지침에 대해서 이해한다.
6. 사회과 교육평가의 도구의 준거와 방법을 세밀하게 이해한다.
7. 사회과 학습 과정의 평가에 대해서 심층적으로 이해한다.
8. 사회과 교육평가의 다양한 실제 문제, 문항에 대해서 이해한다.

1. 교육평가의 개념, 평가, 측정, 총평
2. 사회과 교육평가의 의의, 사회과 교육평가의 원리, 학습 목표 일관성의 원리, 포괄적 종합성의 원리, 객관적 과학성의 원리, 의도적 계속성의 원리, 상관적 개별성의 원리, 통합성·다양성의 원리, 발달적 평가의 원리, 교육적 평가의 원리
3. 사회과 교육평가의 방향, 사회과 교육평가의 목적, 사회과 교육평가의 기능, 사회과 교육평가의 방법, 사회과 교육평가의 영역
4. 사회과 교육평가의 유형, 규준 지향 평가, 준거 지향 평가, 진단 평가, 형성 평가, 총괄 평가, 수행 평가
5. 사회과 교육평가 도구, 사회과 교육평가 도구의 개발 절차, 사회과 교육평가 도구 개발 지침, 선다형 평가 도구, 수행 평가 도구, 수행 평가 방법
6. 타당도, 신뢰도, 객관도, 실용도, 문항 난이도, 문항 변별도, 오답 매력도, 문항 계열도
7. 사회과 학습 과정의 평가, 관찰 평가, 발언 분석 평가, 작품 분석 평가, 면접(인터뷰) 평가, 현장 학습 평가, 질문지 평가, 상호 평가, 자기 평가
8. 지식·이해 영역의 평가, 능력·기능 영역의 평가, 가치·태도 영역의 평가

제1장 | 일반적인 교육평가의 개관

1. 교육평가의 개념

일반적으로 평가란 목표에 어느 정도 도달하였는가를 판단하는 활동이다. 따라서 교육평가는 교육목표의 달성 정도를 재는 활동이다. 교육평가는 어떤 것에 가치를 부여하고 그 결과의 득실을 따지는 교육활동이다. 어떤 영역, 분야의 계획이든지 여러 가지 대안 중에서 하나, 또는 몇 개를 선택하는 과정이다. 그 과정에서 평가가 이루어지기 마련이다. 따라서 교육평가는 교육의 역사만큼이나 오래된 것이며, 나아가 인간이 생활하는 가운데 의식적, 또는 무의식적으로 계속적으로 이루어지는 활동인 것이다.

물론 교육평가는 교육활동의 연속적 활동이며, 교육과정 운영의 계속적인 한 단계이다. 즉, 교육과정은 교육목표, 교육내용, 교수·학습 방법, 교육평가라는 일련의 과정으로 이루어지는데, 이처럼 교육평가는 교육과정과 별개의 활동이 아니라 교육과정 실행의 중요한 한 영역인 것이다.

교육평가에 대한 개념은 평가의 목적과 기능에 따라 크게 세 가지로 구분된다.

첫째, 교육평가를 '교육목표의 달성 정도를 밝히는 과정'으로 보는 타일러(Tyler)식 개념 정의가 있다.

둘째, 교육평가를 경험이나 과정의 가치 판단에 초점을 두는 입장이 있다. 교육평가를 '교육과 관련된 어떤 대상의 장점, 질, 가치 등을 판단하는 과정과 그 산물'로 개념 정의를 하는 입장으로, 이 입장의 대표적인 학자로는 스크리븐(Scriven), 스테이크(Stake) 등이 있다.

셋째, 교육평가를 '의사결정에 도움을 주는 정보를 제공하는 활동'이라고 보는 입장으로, 교육평가를 교육과 관련된 의사결정을 내리는 데 필요한 정보와 자료의 수집 활동 내지 그 과정으로 인식하는 것이다. 이런 입장의 학자로는 크론바하(Cronbach), 스터플빔(Stufflebeam) 등을 들 수 있다.

결국 교육평가에 대한 여러 개념 정의를 종합하면 결국 교육평가란 '교육 프로그램의 개선이나 유지, 종료를 위하여 교육 프로그램의 효과나 장단점에 대한 자료를 수집하고, 가치 판단을 하는 일련의 체계적 교육활동'이라고 규정할 수 있을 것이다.

한편, 교육평가의 개념은 결과 중심으로 보느냐, 아니면 과정 중심으로 보느냐에 따라 그 성격이 달라진다. 결과 중심의 교육평가는 총괄적 평가의 성격이 강하기 때문에 외적·형식적이며, 일반화 여부에 주목한다. 결과 중심 교육평가의 초점은 최종 산출물에 있으며, 판단적·분석적 성향이 강한 반면, 과정 중심 교육평가에서는 형성적 성격이 강하기 때문에 내적·비형식적 개발 사례에 주목한다. 과정 중심 교육평가의 초점은 발달 과정에 있으며, 기술적·종합적 성향을 보인다(이해명 외, 2007: 394). 다만 분명한 것은 현대 교육평가는 과정 중심, 활동 중심, 결과 중심 등의 균형적 평가를 지향할 때 보다 바람직한 평가가 이루어진다는 점이다.

사회과의 교육평가는 평가 그 자체로서 종료되는 것이 아니라, 그 결과가 다시 교육 목표에 반영되어 교육목표, 교육내용, 교육(지도)방법, 교육평가 등으로 지속적으로 환류되어야 한다.

2. 교육평가의 유형과 개념

1) 평가(evaluation)

교육평가의 유형에서는 평가, 측정, 총평 등을 고찰해보아야 한다. 이 중에서 평가(evaluation)는 학생들의 변화에 일차적 관심이 있으며, 학습자에게 일어난 다양한 변화를 판단하는 일련의 절차에 대한 포괄적 개념이다.

인간의 행동 특성은 안정성이 없고 언제나 변화한다는 관점이 학생의 행동 변화에 주된 관심을 두지만, 동시에 이 변화를 위해 투입된 교수 방법, 교수 프로그램, 수업의 과정, 교사의 효율성, 교육과정의 효과성 등을 판단하기 위하여 평가를 활용한다. 평가는 평가도구의 내용 타당성에 초점을 맞추며, 교육 목적·목표 달성에 관한 증거에 관심을 둔다. 내용 타당성을 보장하기 위해 평가에서는 간접적인 증거보다 직접적인 증거 수집에 노력한다.

평가 결과에 나타나는 오류나 유형의 질, 그리고 실패의 원인 등을 밝힐 수 있는 질적 증거가 더욱 유효한 증거로 활용될 수 있다. 평가에서는 측정과는 달리 환경을 중요한 변화의 자본으로 인식한다. 평가는 목적과 가치에 큰 비중을 두나, 측정은 과학적이고 객관적인 수량화에 중점을 둔다. 그러므로 측정은 신뢰도에 관한 개념으로, 평가는 타당도에 관한 개념이라고 할 수 있다.

2) 측정(measurement)

교육평가의 유형 중 측정(measurement)은 분트(W. Wundt), 갈톤(F. Galton), 비네(A. Biner) 등 초기 학자들의 실험 심리학, 심리 측정 그리고 검사 이론 등에서 출발한 개념이다.

측정이란 모든 실제는 안정성이 있다는 가정(假定)하에서 출발한다. 신뢰성이 타당성에 우선한다고 보는 관점이며 측정 절차나 방법에서의 표준화를 요구한다. 측정의 결과는 주로 선발, 분류, 예언 그리고 실험 등에 이용한다. 유용하고 정확한 측정 단위가 요구되며, 측정의 최대 장점은 효율성이다.

3) 총평(assessment)

교육평가의 개념 중에서 총평(assessment)은 개인의 행동 특성을 특별한 환경, 과업 그리고 준거 상황에 관련시켜서 의사결정을 하려는 것이다. 측정 방법도 다양하지만, 동시에 판단을 위한 접근도 측정에만 의존하는 것이 아니라, 전체적이며 직관적인 판단, 질적인 평가 방법, 그리고 과거와 현재, 미래를 통합한 판단 등이 두루 이용된다.

총평은 머레이(Murry)가 처음 사용한 개념으로 전인적 평가관에 바탕을 둔다. 총평은 개인과 환경의 상호작용에 주목하며 개인에 관한 정보의 수집은 양적·질적 형태의 다양한 종류가 활용된다.

총평에서는 투시 방법, 자기 보고 방법, 관찰, 면접, 장면 검사, 역할 연출, 자유연상법 등이 두루 사용된다. 다양한 형태의 증거를 다양한 사람들이 평가하여 어느 합치점에 도달하도록 하는 과정이 곧 총평의 핵심적 과정이다. 개인에 관한 증거와 환경에 관한 증거에서 가능한 관계를 분석함으로써 상호작용이 무엇인지를 결정하려고 시도한다. 총평의 주된 관심은 구인타당도와 예언타당도에 있다. 아울러, 총평의 장점은 개인과 환경에 대한 상호 다각적인 증거를 추구하는 데 있다.

<표 8-1> 평가, 측정, 총평의 특징 비교

요소	평가 (評價): evaluation	측정 (測定): measurement	총평 (總評): assessment
1. 초점 (강조점)	・사회적 가치에 비추어본 양적・질적 기술 ・직접적 평가 ・개인의 변화하는 특성에 관심 ・모든 것의 측정은 불가능하다는 신념 ・구체적 상황에서 필요한 도구 개발	・규준 집단에 비추어본 개인의 양적 기술 ・간접적 측정 ・객관도, 신뢰도 중시 ・모든 것에 대한 측정이 가능하다는 신념 ・표준 도구 개발	・전체적 적합도에 비추어본 질적 기술 ・직접적 및 간접적 기술 ・역동적 분석에서 추리한 행동과 환경의 상태에 관심 ・모든 것에 대한 측정은 불가능하다는 신념 ・구체적 상황에서 필요한 도구 개발
2. 환경관 (변화)	・환경은 변화한다는 소신 ・환경을 행동 변화의 자원으로 간주	・환경은 불변한다는 신념 ・환경을 오차변인으로 간주	・환경은 변화한다는 신념 ・환경을 행동 변화의 압력으로 간주
3. 타당화 과정(타당도)	・검사 상황과 교육목적의 비교 ・검사 상태 속의 개인과 교육목적 비교 ・내용 타당도 ・목표 타당도	・한 검사 결과와 다른 검사 결과의 비교 ・예언타당도 ・공인타당도 ・내적합치도	・자체타당도 ・총평과 평가의 비교 ・일치도
4. 결과 이용(적용)	・예언, 실험 ・교수 프로그램의 효과 판정, 검사 영향의 이용, 성적 증진 ・동기화의 수단으로 이용 ・객관적 및 주관적 ・반영의 형태, 모든 적절한 반응 ・교육목표에 비추어본 해석	・예언, 분류, 자격부여, 실험 ・검사 영향의 완전 배제 및 통제 ・객관적 반응의 정확성과 속도 ・집단 규정에 비추어본 해석	・예언, 자격 부여, 분류, 실험, 선발 ・검사 조건 아래에서의 측정의 영향 강조 ・주관적 반응의 과정 ・전체 반응 과정 준거분석에서 추리한 가설, 구인, 모형에 비추어 해석
5. 기본적 방법	・적절한 증거를 얻을 수 있는 모든 방법	・필답고사	・적절한 증거를 얻을 수 있는 모든 방법

한편, 교육평가를 일정한 수행 과정 내지 절차에 따라 분류하면 다양한 유형으로 구분할 수 있다. 즉 측정치 또는 질적 기술에 가치를 부여하기 위해 어떤 해석 기준을 사용하여 평가하느냐에 따라 임의평가, 상대평가, 절대평가 등으로 구분한다. 또 평가시기에 따라 진단평가, 형성평가, 총괄(총합)평가 등으로 구분한다. 측정 대상의 행동 특성에 따라 최대능력평가와 전형행동평가 등으로 나누기도 한다.

제2장 | 사회과 교육평가의 의의와 원리

1. 사회과 교육평가의 의의

사회과의 교육평가란 사회과 교육과정에 의한 교수·학습을 통하여 학생들로 하여금 사회과교육이 의도한 목적을 얼마만큼이나 성취하였는가를 진단하고, 측정하여 여기에서 얻어진 자료를 토대로 하여 다음의 교수·학습의 향상을 위해 활용하는 일련의 평가활동을 말한다.

그러므로 사회과 교육평가의 성격은 사회과 교수·학습의 종결이 아니라 시발이요, 결과가 아니라 과정이며, 부분이 아니라 전체에 걸쳐서 종합적으로 이루어지는 것이다. 따라서 사회과 교육평가는 총체적이면서도 아주 중요한 절차이다. 그 교육평가 결과는 교육목표에 환류되어야 한다.

다시 말하면 교사가 사회과의 학습내용을 어떤 방법에 따라 지도한 후, 학생들이 그 내용을 습득하여 얼마만큼 학습목표가 달성되었는지, 학생들의 학습과정, 학습 성과를 진단, 측정하고, 이에 따라 교사 자신의 지도계획과 지도방법을 반성하고 다음 교수·학습의 수정·보완·개선할 점을 모색하려는 데 평가의 의의가 있으며, 이러한 평가활동은 교육 전반에 걸쳐 연관되고 계속되어 종합적으로 이루어질 때 더 큰 의의를 가지게 되는 것이다.

그러나 실제의 경우 대체로 평가라면 한낱 시험에 의한 단편적인 교과 내용의 이해 내지 암기의 평가 정도를 점수화하여 그 순위를 따지고 더욱이 그 우열의 책임을 학생들에게만 돌리고 있는 점이 허다하며, 또한 교사들이 일정기간 동안 수업을 하고 그 결과를 시험이나 성적을 내는 것만으로 인식하는 경향은 크게 반성할 일이다.

요약하면 사회과 평가는 모든 학생이 사회과교육 목표에 성공적으로 달성할 수 있도록 교육내용을 정선하고, 교사 자신의 지도방법과 학생들의 성장을 일관적으로 진단하여 새로운 지도 방향을 정립하려는 데 그 의의와 목적이 있는 것이다.

2. 사회과 교육평가의 원리

1) 학습목표 일관성의 원리

사회과 평가는 사회과 교수·학습의 지도목표와 직결되는 것으로서 언제나 목표와 평가는 일관성 있게 이루어져야 한다는 원리이다. 사회과의 학습목표는 추상적인 이념목표나 직관목표가 많은 부분을 차지하고 있으므로 이를 위계적으로 세분화하여 구체적인 행동목표로 옮겨서 평가하는 데는 많은 연구가 있어야 한다. 특히 사회과가 다른 교과의 평가보다 어려운 점은 정의적 행동목표이다. 이를 구체적으로 평가하기도 어렵지만 잘못하면 목표에서 요구하는 가치를 상실할 우려가 있기 때문이다.

사회과의 교육평가는 사회과 목표에 대한 성취 정도를 평가해야 한다. 따라서 단순한 객관적 지식 습득 여부보다는 기본 개념과 원리의 이해, 지식 및 정보의 획득과정과 활용 능력 등을 두루 포함하는 목표 지향적 평가가 시행되어야 한다.

2) 포괄적 종합성의 원리

사회과의 궁극적 목표는 민주국가 사회의 형성자로서 국민적 자질의 기초를 육성하는 데 있다. 따라서 사회과 평가는 민주적 사회생활을 잘 영위할 수 있는 종합적 인간형성의 제 요인, 즉 지적 이해 면, 사고·판단 면, 태도·행동 면, 사회·기능 면 등을 포괄적이고 균형 있게 진단·측정해야 한다.

또한 사회과의 내용구조는 종합적 교과의 성격이 강하므로 다른 교과에 비하여 진단측정 영역 역시 광범위하다. 따라서 자칫 잘못하면 부분적이고 국부적인 측면의 평가에 흐르기 쉬워 평가 본래의 유의도가 감소될 우려가 많은 것이다.

3) 객관적 과학성의 원리

사회과는 복잡한 사회의 사실과 현상 및 인간관계를 그 대상으로 하는 교과이기 때문에 지도하는 사람에 따라 평가의 관점이나 기준이 달라질 염려가 많은 것이다. 따라서 사회과의 평가는 객관적인 사회과학적 입장에서 다루어야 한다. 평가의 객관성은 평가기준의 양호도를 결정짓는 중요한 요인이므로 교사는 독단적인 편견이나 선입견을 배제하고 보편타당한 사회과학적인 척도와 합리적인 방법으로 측정하여야 한다.

이와 같이 사회과는 대상 자체가 가치주관성이 강한 속성을 지녔기 때문에 사회과 평가자는 사회과 특유의 평가관에 입각하여 항시 객관적 과학성이 유지되고 있는가에 대하여 유념하여야 한다.

4) 의도적 계속성의 원리

사회과는 바람직한 인간형성의 과정을 주축으로 하는 교과이니만큼 사회과의 평가는 학습의 성취도를 일정한 시기에만 한정하는 것은 바람직하지 못하다. 인간 형성의 목표는 단시간에 달성할 수 없기 때문이다.

사회과교육은 학습과정에 있어 인간형성과정의 변화현상을 지도하는 기회를 놓쳐서는 안 되므로 학생 성장의 변화 현상을 전 기간에 걸쳐서 의도적으로 계속 관찰하고 진단해야 한다. 학습지도의 계획을 수립하는 단계로부터 학습의 지도방법과 지도과정에 이르기까지 교육활동 전반에 걸쳐서 의도하는 바에 따라 계속적으로 평가해야 한다.

5) 상관적 개별성의 원리

사회과의 평가는 개인과 집단의 상관적 변화발전의 정도를 측정한 것이라야 한다. 그러므로 집단의 전체적 평가에 한할 것이 아니라 학생 개개인의 성장발달을 중요시하고, 세심한 배려를 하여야 한다.

학생의 성장, 사고, 의문, 문제 등은 학생 개개인의 개성적·주체적 특수성임과 동시에 공동적·집단적·사회적인 것으로서 이것들은 사회적 관계 속에서 파악되었을 때 비로소 성장을 객관적으로 명확히 할 수 있으며, 또한 개인의 집단 내에서의 위치도 명확해진다. 개개인의 주체적 인격과 자주적·자발적인 창의성의 계발을 통해서 인간형성을 기하려는 사회과는 학생 개개인의 인격과 특성을 존중한다. 그러므로 사회과의 평가는 학생들의 학습 활동 면에서 개인의 차, 즉 이해, 사고, 능력, 흥미, 관심, 의욕, 경험 등의 차에 따라 개별평가를 신중하게 고려해야 한다.

6) 통합성·다양성의 원리

사회과 평가는 지식, 기능(능력), 가치·태도 등 전 영역을 두루 고려하는 통합적이고도 다양한 균형적 평가를 지향하여야 한다. 사실과 지식의 습득 여부, 사회현상에 관한 기본적인 개념과 원리에 대한 이해, 정보의 획득과 활용 기능, 탐구 기능, 의사결정 및 참여 기능, 바람직한 가치의 내면화, 가치명료화와 가치 분석 등을 포함하는 영역에 걸쳐서 지필평가, 수행평가 등 다양한 방법으로 이루어져야 한다.

3. 사회과 교육평가의 관점

사회과 평가의 관점은 거시적 관점과 미시적 관점으로 구분하여 고찰할 수 있다. 사회과 교육평가의 거시적 관점은 국가와 사회 등 커다란 조직의 이념과 정책에 영향을 받게 되는데, 당해 사회의 성격에 큰 영향을 받게 된다. 그 사회가 자유와 경재 및 성장을 중시하느냐, 아니면 평등과 분배에 초점을 맞추느냐에 따라 영향을 받게 된다. 아울러 사회와 교육의 부단한 상호 작용 속에서 이루어지는 것이다.

반면 사회과 교육평가의 미시적 관점은 사회과 수업 과정 속에서 이루어지는 평가이다. 즉, 본격적인 수업에 들어가기 전의 진단 평가, 수업 중에 이루어지는 형성 평가, 수업(단원 지도) 후애 이루어지는 총괄(총합) 평가 등의 과정으로 환류(feedback)된다. 이와 같은 과정 속에서 수행 평가도 이루어지게 된다.

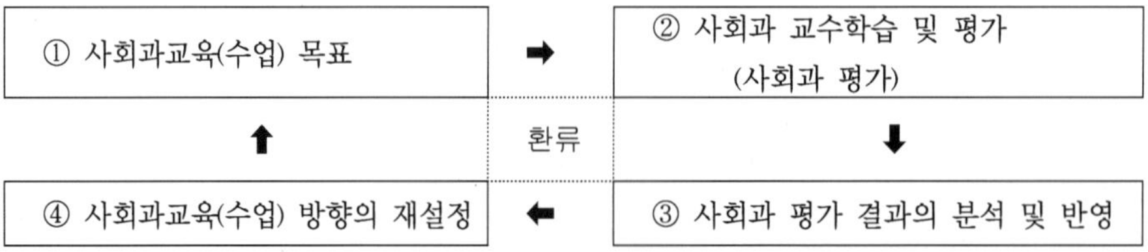

① 사회과교육(수업) 목표	→	② 사회과 교수학습 및 평가 (사회과 평가)
↑	환류	↓
④ 사회과교육(수업) 방향의 재설정	←	③ 사회과 평가 결과의 분석 및 반영

[그림 8-1] 사회과 교육평가의 과정과 환류(feedback)

제3장 | 사회과 교육평가의 방향과 목적

1. 사회과 교육평가의 기본 방향

일반적으로 교육평가란, 어떤 교수·학습 활동의 성과를 그 교과의 본질에 비추어 점검하는 것이라 볼 수 있다. 그러므로 사회과 교육평가에서는 먼저 사회과의 본질 규명이 선행되어야 한다.

사회과교육은 사회현상에 관한 표면적 지식의 습득에 있다기보다는, 사회현상을 사회 인식 과정을 통하여 깊이 이해하게 하고, 사회의 본질을 꿰뚫어 보게 함으로써 사회 발전에 대한 건전한 태도와 의욕을 가지고 개인과 사회가 부딪히는 문제를 해결해 나가는 능력을 기르는 데 있다고 할 수 있다. 그러므로 사회과 평가는 이러한 능력이 습득되었는지 여부를 알아보는 데에 그 중점이 주어져야 한다.

이러한 관점에서 현재 실시되고 있는 사회과 평가의 실태를 보면, 거기에는 개선하여야 할 점이 많다고 하지 않을 수 없다. 지금까지 여러 차례 지적되어 온 바와 같이, 현재의 평가는 단순한 지식의 평가에 그치고 마는 경우가 많다. 대부분의 문항이 연대나 인물, 지명, 산물 등을 단순히 암기하고 있는가의 여부를 알아보는 데에 그치고 있다. 더욱 심한 것은 원리에 관한 테스트까지도 원리 그 자체를 이해하고 있느냐 하는 것이 아닌, 그것을 표면적으로 암기하고 있는가의 여부만을 묻고 있는 경우가 적지 않은 것이다.

이렇게 단순한 사실의 암기를 테스트하는 사회과 평가는 사회과의 교수·학습에 크게 영향을 끼쳐, 사회과 수업이 표면적으로 흐르게 하는 주요 원인이 되고 있다. 또, 평가의 방법이 지필 검사 위주로 되어 있는 점도 사회과 평가의 병폐가 되고 있다. 사회과에서는 사고력, 의사소통 능력, 참여 기능, 태도 등이 강조되는데 이러한 것은 지필 검사만으로는 다 측정할 수 없는 것이다. 이렇게 암기 위주, 지필 검사 위주의 편협한 평가에서 벗어나, 사회과 본래의 목적을 달성했는가의 여부를 평가하는 사회과 평가의 새로운 방향은 다음과 같다.

첫째, 사회과의 평가는 지식의 단순한 암기가 아닌 종합적인 능력을 평가하는 데 중점을 두어야 한다. 이는 사고력, 문제해결력, 태도 등의 평가를 포함하는 것인데, 그 성격은 새로운 문제 장면에 직면해서 그것에 효과적으로 적응하기 위하여 그 장면의 상황을 분석하고, 이미 알고 있는 이해·지식·기능을 동원하여 그 전체를 상호 관련시켜서 그 문제를 처리하고 해결하고 고도의 정신 능력과 판단 자세 등이라고 할 수 있다.

사회과는 사회 인식의 형성을 목표로 하고 있다. 따라서, 학습 활동의 전개과정에서 사회 인식을 어떻게 해서 획득하고 형성하여 가는가의 문제해결 능력, 판단력 등을 평가하는 것이 중요하다. 이러한 의미에서, 사회과 평가는 결과 중심이라기보다는 과정 중심이어야 한다. 문제해결의 결과만을 묻는다는 것은 사실에 대한 기억만을 묻는 것이다. 아무리 복잡하고 어려운 원리라 할지라도 결과만을 놓고 보면 암기할 수 있기 때문이다. 이에 비하여 과정을 평가한다는 것은 사고나 능력의 중간 단계까지 평가한다는 의미이며, 이 중간 단계야말로 종합적 능력, 혹은 문제해결력, 판단력 등의 핵심인 것이다.

둘째, 사회과 평가에서는 목표의 한 영역이 아니라 여러 영역이 골고루 평가되어야 한다. 사회과에서는 인지적 목표, 기능·능력적 목표, 가치·태도 등 정의적 목표가 포괄적으로 들어 있다. 인지적 목표에만 치우친 평가는 바람직하지 못하다. 고도의 문제해결력은 말할 것도 없고, 의사소통 능력, 다른 사람과 협력해서 일을 처리할 수 있는 능력, 사회 공동체의 일에 대한 참여의 태도 등 여러 목표를 포괄적으로, 그리고 어느 한 쪽에 치우침이 없이 평가하여야 하는 것이다.

셋째, 사회과 평가는 다양한 방법으로 이루어져야 한다. 흔히, 사회과 평가라고 하면 지필 평가만을 연상하지만, 이 밖에도 관찰 평가, 작품 분석 등 여러 가지 방법이 있을 수 있다. 어떤 특정한 방법에 의한 평가는 그것이 평가할 수 있는 범위가 정해져 있다. 그러므로 다양한 방법에 의한 평가는 위에서 말한 종합적 능력의 평가, 혹은 전 영역의 평가를 위해서 꼭 필요하다.

2. 사회과 교육평가의 목적과 목표

사회과 교육평가의 목적은 사회과교육 목표를 준거로 학생들의 학습 과정과 학습 목표에의 도달 정도를 판단할 수 있는 구체적인 정보를 제공하는 데 있다. 그러나 사회과 평가에서 구체적으로 '무엇'을 '왜' 평가할 것인가를 고려하면 사회과 평가 장면은 달라진다. 평가 관점과 내용은 획일적으로 고정되어 있지 않고, 사회가 변화하고 사회과교육에 대한 인식이 변화함에 따라 다양하게 구조화된다. 사회과 평가를 보는 관점은 매우 다양하지만 크게 두 가지로 대별해볼 수 있다.

첫 번째 관점은 객관주의 인식론에 근거한 것으로 사회과 평가는 학생이 사회과를 학습하는 데 나타내는 학습 장애, 개인적인 혼란을 진단하고 치료하고, 선발하는 등의 진리, 참 등이 독립적으로 존재한다고 가정하고 교육은 자기 밖에 있는 진리를 찾아가는 과정이라고 생각한다. 이처럼 학생들이 알아야 할 것이 외적으로 주어진 상태에서 평가는 평가할 '무엇'이 그에 따라 결정된다. 객관주의 입장에서 평가는 이러한 교수·학습 내용을 평가 상황으로 전환하기 위하여 분석하고, 학습자의 기존 능력을 측정하며, 필요한 정보를 학습자에게 전달하기 위한 전략이 성공적이었는지에 대해 평가한다. 공통적으로 이것은 학습 과정에서의 방해를 최소화할 수 있기 때문에 교실이나 실험실의 인위적인 구조에서 수행된다. 그리고 학습 결과를 객관적으로 평가할 수 있는 평가도구와 방법을 정교화하여 왔다.

두 번째 관점은 구성주의 인식론에 근거한 것으로 사회과 평가는 사회과 교수·학습 과정을 점검하고, 그 결과를 다음 교수·학습 과정에 반영하는 등의 목적을 갖는다는 것이다. 사회과 평가는 점차 학생들의 서열을 매기는 데 그 초점을 두기보다는 학생들이 사회과 학습 목표에 얼마나 도달했는지를 점검하고, 학습과정을 반성하는 데 강조점을 둔다. 따라서 평가는 교수·학습의 과정과 밀접하게 결부되어야 하고 학습 결과에 대한 평가뿐만이 아니라 학습 과정에 대한 평가도 포함해야 한다. 교사와 학생은 평가를 통하여 어떻게 학습이 진전되는지를 알아야 하고, 그러한 과정은 학습 과정뿐만 아니라 궁극적으로 학습 결과를 개선시키게 될 것이다.

이 두 가지 관점 모두 변화를 강조한다는 것을 전제로 한다. 교육은 인간 행동의 변화를 유도한다. 교육받기 전과 후에 변화가 일어나지 않았다면 교육을 받았다고 할 수 없다. 평가는 교육받기

전과 교육받은 후에 무엇이 얼마나 어떻게 변화했는지에 대하여 구체적인 자료를 제공해줄 수 있어야 한다.

사회과교육은 사회과의 여러 지식을 많이 가지고 있는 학습자뿐만 아니라 삶의 공간으로부터 부딪혀 오는 문제를 문제해결의 절차에 따라 해결할 수 있고, 지도나 사료 또는 통계 자료 등을 보며 그 의미를 이해하고, 자신의 생각을 한 장의 지도나 글로 나타내거나 다른 사람과 의사소통할 수 있으며 그리고 궁극적으로는 자신이 가지고 있는 지식과 기능을 생활하면서 적극적으로 이용하려는 학습자를 기르는 데 그 목표가 있다. 따라서 사회과 교육평가는 학생들이 사회과교육을 받은 후 이러한 측면에서 무엇이 얼마나 어떻게 달라졌는지에 대한 구체적인 정보를 제공해주는 데 그 목적을 두어야 한다.

평가목표란, 평가의 기준이 되는 것을 말하는데, 보통 교육목표로부터 추출된다. 평가목표에는 여러 단계가 있다. 먼저, 학년별 평가목표가 추출되어야 하고, 여기에 더하여 단원별 목표, 주제별 목표, 그리고 차시별 목표와 구체적인 문항별 목표까지 단계적으로 추출되어야 할 것이다.

학년별 평가목표를 추출하기 위해서는 교육 과정의 '교과 목표'와 '내용 체계표'를 바탕으로 해야 한다. 현행 교육 과정에서는 학년 목표를 제시하고 있지 않으므로, 특히 '내용 체계표'가 유용한 역할을 할 수 있을 것이다. 그것은 사회현상에 관한 지식 목표, 사회 기능에 관한 목표, 학습 능력에 관한 목표, 참여와 협동의 능력에 관한 목표, 그리고 사회 발전에 대한 태도 목표이다.

3. 사회과 교육평가의 기능

사회과교육의 교육평가는 사회과 교수·학습에서 교육목적과 목표의 달성 정도를 측정하는 활동이다. 이와 같은 사회과 교육평가의 기능은 다음과 같이 요약할 수 있다.

첫째, 사회과 학습 동기 유발 및 강화를 도모해준다. 사회과 평가는 학생들이 흥미와 관심을 갖고 향후 수업에 참여하도록 돕는 구실을 한다.

둘째, 학습 결과의 진단 및 치료에 효과적이다. 사회과 평가는 결과를 분석하여 목표에 피드백하고, 바람직하지 못한 부분을 교정·개선하는 준거로 활용된다.

셋째, 교육과정 및 학습 지도 방법의 개선에 도움을 준다. 사회과 평가 결과는 사회과 교육과정의 정상화, 사회과 수업의 개선의 자료로 활용된다.

넷째, 교육 정치(定置)의 기능을 수행한다. 사회과 평가는 학습자의 수준과 현재 위치를 파악하여 적재적소 배치와 지원의 준거로 활용된다.

다섯째, 바람직한 선발 기능을 수행한다. 사회과 평가는 다수의 학생 중에서 일정한 기준, 준거에 의한 선발의 자료로 활용된다.

4. 사회과 교육평가의 기본적 지향점

사회과교육의 목적을 달성하기 위한 사회과 교육평가의 기본적 지향점은 다음과 같이 정리할 수 있다.

첫째, 사회과 평가는 교육과정에 제시된 목표와 내용 및 교수·학습 방법과의 일관성이 유지되도록 해야 한다. 평가는 학습 결과로 나타나는 목표 도달 정도를 측정하는 것이다. 이때 목표는 바로 사회과교육의 목표를 말하는 것이므로, 평가의 영역도 사회과 목표에 근거를 두고 설정되어야 한다. 사회과교육에서 평가가 제대로 이루어지기 위해서는 사회과에서 학생들이 성취해야 할 내용과 수준은 분명하게 제시하고, 실제로 학생들이 성취한 수준은 확인할 수 있는 평가도구를 개발하며, 평가 결과를 교육과정 및 교수·학습 과정에 반영할 수 있는 환류 체계가 마련되어야 한다.

둘째, 평가 요소들은 지식 영역에만 치우쳐서는 안 되며, 기능 영역과 가치·태도 영역을 동시에 고려하는 종합적이고도 균형 있는 평가가 되도록 한다. 지식영역에서의 평가는 사실적 지식 습득 여부와 함께 사회현상의 설명과 문제해결에 필수적인 기본 개념 및 원리, 일반화에 대한 이해 정도를 측정하는 데 역점을 두고, 성취결과에 대해서는 양적 평가와 함께 질적 평가가 조화롭게 이루어지도록 한다. 사회과에서 배워야 할 지식은 사회현상을 설명하는 데 요구되는 지리, 역사, 일반사회의 사실, 개념과 이론 등으로 구성된다.

기능 영역의 평가에서는 지식의 습득과 민주적 사회생활을 하는 데 필수적인 정보의 획득 및 활용기능과 의사소통기능뿐만 아니라, 획득된 지식을 이용하여 상황을 추론하고 의사결정하며, 문제를 해결하는 등의 고등사고기능을 측정하는 데 초점을 둔다. 가치·태도 영역의 평가에서는 국가·사회의 요구와 개인적 요구에 비추어 바람직한 가치와 합리적 가치의 내면화 정도, 가치에 대한 분석 및 평가 등의 실제적인 능력을 평가한다.

셋째, 탐구 지향적 수업 또는 사고력 신장을 위한 수업의 과정과 그 결과에 대한 평가를 할 수 있도록 수행과정을 평가해야 한다. 수행과정을 평가하는 것은 양적인 평가보다는 질적인 평가를 통해, 학습자의 능력을 있는 그대로 밝히고자 하는 것이다.

수행 과정에 대한 평가는 학습은 능동적이고 창의적이며 목적 지향적인 과정으로 해석하여 학습자가 애매하고 불완전한 정보나 지식을 자기 나름대로 이해하고 의미를 구성하는 인지적 구조의 재구조화 과정을 중시한다(백순근, 1995: 130). 이러한 수행평가는 학업성취의 진위를 가리기 위한 목적을 지닌 의사 과학적 도구(pseudo scientific tool)를 이용하여 교수·학습 이후에 이루어지지 않고 학습과정 중에 이루어진다.

5. 사회과 교육평가의 방법

1) 교육의 한 과정(過程)으로서의 평가

사회과의 평가는 목표, 내용, 방법과의 일관성을 유지하여야 한다. 성취 기준으로서의 목표와 이를 바탕으로 한 내용에 대해 학습한 과정과 결과를 평가해야 하므로 목표, 내용, 방법, 평가가 동일 선상에서 이루어져야 한다. 일반적으로 '평가'라고 하면, 중간고사, 혹은 학기말고사를 연상하게 되는데, 이것은 평가를 교육활동의 종착점으로 생각하기 때문이다. 그러나 평가는 종착점이 아니고 시작도 아니며, 일련의 순환적인 교육의 한 과정이다. 교육은 목표 설정과 교수·학습 활동, 평가의 과정을 거치는데, 이것은 한 번에 완결되는 것이 아니라 순환적이다. 따라서 평가는 다음 목표 설정과 교수·학습의 밑거름이 되어야 하며 이 세 가지 사이에는 일관성이 있어야 한다.

2) 성취 기준과 성취 수준에 의한 평가

교육활동이란 목표를 지향하는 활동으로 평가의 기준은 한 학생이 그 목표에 도달했는지가 되어야 한다. 교육의 목적은 학생을 목표에 도달시키는 것이므로, 평가에서는 학생이 집단 내에서 어떤 위치에 있는가를 알려고 하는 것보다는 정해진 목표를 얼마나 성취했는가를 알고자 해야 한다.

성취 기준은 평가를 하는 데 필수적인 것이 잘 분석되고 체계화된 기준이다. 이때, 교육과정이 그 기준이 되어야 한다. 그러므로 사회과에서의 평가는 성취 수준을 근거로 설정된 평가 기준에 따라 평가하여야 한다. 성취 수준은 교육과정의 목표 또는 내용으로 제시된 내용 기준과 수업의 결과로 나타나는 행동의 변화를 의미하는 행동 기준으로 구성되는데, 평가 기준 역시 이에 따라 설정된다. 행동 기준은 주로 학습 기능, 사고력 신장과 가치·태도의 변화에 주목한다. 따라서 평가 기준이란 성취 기준을 좀 더 구체화하여 평가에 도입해야 할 요소와 그것의 범위 및 심화의 정도를 명시한 것을 말한다. 그러나 교육과정의 목표는 평가의 기준으로서 다소 추상적이라고 할 수 있으므로 더욱 상세한 평가 기준이 필요하며, 이러한 평가 기준을 만들려면 구체적인 작업이 이루어져야 한다.

3) 내용 대강화(大綱化) 및 방법 자율화(自律化)를 고려한 평가

교육과정 내용의 대강화와 교수·학습 방법의 자율화에 맞는 다양한 평가 방법을 활용할 수 있도록 한다. 사회과 교육과정에서는 학교 수준에서 교사들에 의한 교육과정 재구성이 이루어져 다양화되고 융통성 있는 교육과정 운영을 제시하고 있다. 이를 위해서 국가 수준에서 '대강의 교육과정 지침'을 제시하고 기존의 대단원, 중단원, 소단원 체제를 주제명, 성취 기준 체제로 단순화하였으며, 학교 수준에서 '교육과정 개발'을 수행하도록 이원화하였다. 따라서 국가 수준의 교육과정은 대강의 얼개만을 제시하고 있으므로, 학교의 교사 수준에서 그 얼개에 따라 자신이 가르치는 학생들에게 맞는 수업을 계획하고, 자신이 수행한 수업을 고려한 평가 방법을 활용할 수 있어야 한다.

4) 다양한 평가 방법 및 기법을 활용한 평가

사회과의 평가는 지식, 기능, 가치·태도를 종합적으로 평가함과 동시에 학습이 총체적인 과정이라는 관점에서 개인 수준에 맞는 평가를 지향하므로 평가의 주안점에 따라 다양한 평가 방법을 고려하여야 한다. 전통적으로 지식을 평가하는 데 주로 사용한 지필 평가에서 더 나아가 기능 및 가치·태도를 평가하고 학습 과정을 평가하기 위해서 관찰 평가, 작품 분석법, 면접법, 상호 평가, 자기 평가 등의 다양한 질적 평가 방법도 활용하여야 한다. 객관적 평가 방법은 많은 비판을 받고 있지만 중요하고 편리한 평가 방법임이 분명하다. 객관식 중에서도 선택형이 많이 이용되는데, 이를 적용할 때에도 단순한 암기력보다 사고력을 측정하도록 노력하여야 한다.

사회과 교수·학습 개선을 위해 평가에 대한 교사의 연구가 이루어져야 한다. 수업의 언어적 상호작용 분석과 같은 형태적인 분석과 더불어, 교육내용을 어떻게 해석하여 수업으로 구성했는지에 대한 내용 분석이 이루어져야 교사 자신의 교수·학습이 객관화될 수 있어야 할 것이다. 또한 평가 도구의 개발은 교재의 분석을 통해 배울 내용과 활동들을 추출하고 교사의 평가 관점을 체계화한 평가 기준을 마련해야 타당도를 높일 수 있을 것이다. 즉, 내용에 따른 행동 요소에는 지식 영역은 사실, 개념, 일반화, 기능은 정보 수집 처리, 자료 활용, 의사소통, 참여 활동, 문제 파악, 가설 방법 및 추론, 근거 분석 및 제시, 그리고 가치·태도 영역으로는 관심, 흥미, 동기, 규범 지키기, 신념, 태도 등을 포함한다.

5) 과정 및 수행 중심의 평가

사회과 평가는 교육의 한 과정임을 고려하여 학습 과정과 성취 수준을 이해하고 발달을 돕는 차원에서 실시하여야 한다. 아울러, 탐구 지향적 수업 또는 고급사고력 신장을 위한 수업 과정과 그 결과에 대한 평가가 실효를 거두기 위해서는 수행평가 또는 질적 평가의 방법도 도입되어야 한다. 수행평가는 기본적으로 평가 방법에 관련되는 것으로, 그 이론은 기존의 지필 평가가 실제의 능력을 제대로 평가할 수 없다는 비판에서 출발한 것이다.

수행평가는 일반적으로 기능과 가치·태도 영역에서 많이 활용되고 있다. 또한 지식 영역에서도 암기 이상의 인지 작용을 측정하려고 할 때에는 객관식 지필 평가 방법으로는 제대로 평가하기 어려우므로 수행평가를 활용하여야 한다. 고도의 정신 작용은 겉으로 드러나지 않는 성격이 있기 때문이다. 그리고 수행평가는 주로 질적인 자료에 의존하는데, 질적인 자료란 지필 평가에 의한 자료가 아닌 관찰, 면접 등에 의한 자료를 의미한다. 양적 자료는 숫자로 표시되기 때문에 처리하는 데에는 편리하지만, 사고의 과정, 기능 영역, 가치 영역 등을 평가하기에는 미흡하다. 수행평가의 기본은 실제 상황과 가장 근접한 상황에서 목표를 성취했는지를 평가하는 것이다.

6) 종합적·균형적인 평가

사회과의 평가는 지식과 기능, 가치태도 등 여러 영역이 고르게 이루어져야 한다. 단편적인 지식의 암기를 요구하는 종래의 평가관에서 벗어나 지식은 물론, 기능과 가치태도 등을 두루 포괄하는 종합적이고도 균형 있는 평가가 이루어져야 한다.

사회과 평가는 세 영역 중에서도 비교적 소홀히 하기 쉬운 기능 영역에 관심을 가져야 한다. 기능 영역은 실제로 해 보이는 것을 평가해야 하므로 평가하기가 쉽지 않다. 정의적 영역인 가치·태도 영역도 강조되기는 하지만, 학생들의 가치 목표 달성도를 측정하는 것이 어렵다는 난점(難點)이 있다.

한편 사회과 평가의 지식평가와 관련하여 고려할 점의 하나는, 지식 목표에서는 고급사고력보다는 낮은 수준의 사고력, 개념이나 일반화보다는 단편적인 사실 위주로 평가하는 것도 문제이다. 따라서 사회과는 지식, 기능, 가치·태도의 세 영역이 통합되어 하나의 큰 목표를 이룬다고 할 수 있으므로 이 세 영역이 두루 균형 있게 평가되어야 한다.

6. 사회과 교육평가의 영역

사회과 교육평가의 영역은 사회과교육 목표로부터 추출되어야 한다. 교육과정은 '각 학교에 분명하고 명료한 목표를 제공하고, 학생과 학부모에게 반드시 배워야 할 지식과 이해 및 기능의 목표 수준과 실제 성취 수준에 대한 정확한 정보를 명료하게 제시하며, 또한 교사에게는 자신이 가르치는 학생들로부터 최선의 학습 결과를 도출하기 위한 지침'으로 기능한다. 따라서 교육과정은 평가영역과 내용 및 수준을 결정하는 준거라고 할 수 있다. 사회과 평가영역은 제7차 교육과정에서 제시한 사회과의 교육목표와 관련하여 '지식의 이해 영역', '문제해결 영역', '의사소통 및 참여 영역', '가치·태도 영역'이라는 4개의 평가영역으로 구분될 수 있다.

첫째, '지식의 이해 영역'은 지리적·역사적·사회적 사실, 개념, 원리에 대한 이해와 관련된 것으로 평가는 해당 학교급에서 반드시 배워야 할 사실, 개념, 원리에 대한 이해 정도를 대상으로 한다. 지식의 이해 영역에서는 사회과의 주요 지식이나 원리 등을 기억하고 있는지 뿐만 아니라 지식 습득의 정도와 과정을 측정할 수 있어야 한다.

둘째는 '기능' 요소인데 크게 '문제해결 영역'과 '의사소통 및 참여영역'으로 나눌 수 있다. 문제해결 영역은 사회과와 관련된 자료와 정보를 수집하여 문제별, 특정 관점별로 분류·정리할 수 있고 그 자료로부터 물음을 제기할 수 있으며, 각종 정보 및 자료를 분석·해석하여 사실과 의미를 추론하고 결론을 도출할 수 있는 능력을 측정하는 영역이다. 따라서 문제해결 영역은 '문제의 인식', '탐구 설계 및 자료 수집', '자료의 분석·해석', '결론 도출 및 평가'라고 하는 4개 하위 평가 요소를 지니고 있다.

'의사소통 및 참여영역'은 지식의 습득과 구성 및 문제해결 과정에서 도출된 결과를 나타내고 이를 타인과 공유하는 과정에서 요구된다. '의사소통영역'은 글이나 말, 혹은 행동으로써 자신의 생각을 나타낼 수 있을 뿐만 아니라 자신의 생각을 나타내기 위하여 언어적 정보를 시각화하는 것과 자신의 생각을 나타내기 위하여 표, 그래픽, 지도 등에 나타난 정보를 언어적 정보로 번역·기술하는 것까지를 포괄한다. '참여영역'은 학교와 지역사회의 주요 활동에서 책임감을 가지고 협상·결정하는 과정에 참여하는 과정을 강조한다.

셋째, '가치·태도영역'은 이해와 기능을 바탕으로 인간 행위와 사회 환경에 대한 관점을 수용하고, 사회적 합의성을 탐색하며, 타인의 기본 가치에 대하여 이해하며 존중하고, 사회과의 학습 내용에 흥미, 관심 등을 내면화하는 일련의 것을 포함한다.

1) 지식 영역

사회과에서 다루는 지식에는 사실적 지식, 기본 개념과 일반화 및 원리가 있다. 사실적 지식이란 특정 공간과 시간에 일어난 사건에 관한 지식을 의미한다. 사회과에서 사실에 관한 지식들은 여러 현상을 설명해주지 못하므로 사실에 관한 지식만을 평가한다면, 흔히 말하는 암기 위주의 사회과를 지속시키는 결과를 가져올 것이다. 따라서 이보다는 상위 수준의 지식을 평가하도록 노력하여야 한다.

개념의 일반화는 사실보다는 상위의 지식이다. 개념은 여러 사실에서 공통성을 추출하여 명명한 지식이다. 개념이나 일반화는 사실적 지식보다는 적용 가능성이 더 크기 때문에 상위의 지식이라고 할 수 있으므로, 사회과에서 중시하는 평가 영역이다. 지식을 사실에 관한 지식과 개념, 일반화의 두 층으로 구분하여 설명하는데, 이를 인지 작용의 측면에서 보면, 전자는 주로 단순 사고에 해당한다고 볼 수 있고, 후자는 고급사고력에 관계된다고 볼 수 있다. '암기'의 결과로서 얻은 지식은 주로 '사실'에 해당하는 지식이며, '적용' 이상의 인지 작용의 결과로서 얻은 지식은 주로 '개념'과 '일반화'에 해당하는 지식이다. 그러므로 개념과 일반화의 성취 여부를 측정해야 한다는 것은 '이해' 이상의 고급사고력 혹은 인지 기능을 측정해야 한다는 의미와 같다.

개념과 일반화를 평가하는 방법으로는 지필 평가도 있고 관찰 등의 방법도 있다. 지필 평가의 방법은 이러한 능력을 평가하는 데에 적절하지 못하다고 지적되기도 하는데, 지필 평가에 지나치게 의존하여 온 종래의 관행을 개선하여 고급사고력을 평가하는 방법을 개발하여 실시해야 할 것이다.

2) 탐구 기능

일반적으로 기능은 수행할 수 있는 능력을 의미한다. 기능보다 너 넓은 개념으로는 능력이라는 용어가 있다. 사회과의 기능 영역은 지역의 모습을 지도로 표현하거나 지도를 통해서 지표 현상을 읽어내는 지도 관련 기능, 연표의 작성과 같은 시간의 흐름에 관계되는 기능, 도표나 그래프의 분석 및 해석에 관계되는 기능, 원활하게 의사소통을 하면서 일을 해나가는 기능 등이 전통적으로 중시됐고, 최근에는 정보처리 기능도 강조되고 있다.

정보처리 기능이란 사회현상을 탐구하기 위하여 자료를 수집, 정리, 재조직, 평가해가는 일련의 기능을 의미한다. 정보처리 기능은 정보화 사회로의 변화와 관련하여 그 중요성이 커지고 있으며, 세부 기능도 다양화하고 있다. 정보 수집 기능만 하더라도 과거에는 도서 및 신문, 시사자료 등에 관한 능력 정도를 가리켰으나, 최근에는 인터넷 검색뿐만 아니라 GIS 및 인공 영상 등을 이용하여 정보를 수집할 줄 아는 기능까지 중요한 기능으로 취급되고 있다.

3) 의사결정력 및 실천 능력

사회과 평가 요소 중에서 중요한 위치를 차지하고 있는 것이 의사결정 능력이다. 사람들은 모두 수많은 의사결정을 내리면서 살아간다. 세상의 모든 사람은 항상 여러 가지 문제에 봉착하며 살아가고 있다. 그러한 선택이 합리적이냐 아니냐에 따라 개인 생활, 더 나아가 사회 전체의 운명이 바뀔 수도 있다. 의사결정 능력은 소집단 활동 등 여러 장면에서 관찰하는 것이 바람직하다. 의사결정 능력 및 의사결정에 따른 실천 행위에 대한 평가는 소집단 활동 등 여러 장면에서 관찰하는 것이 바람직하다.

의사 실천 능력이란 사회문제나 쟁점에 대한 의사소통 능력이라고 볼 수 있다. 의사소통 능력은 상호작용 관여 수준에 관련된다. 상호작용 관여는 한 사람이 사회환경이나 다른 사람과의 대화에 참여하는 수준을 의미한다. 다른 사람과의 상호작용 관여 능력은 일상적인 대화 상황에서 다른 사람의 언어적·비언어적 행동을 주의 깊게 관찰하고 예민하게 지각하고 적절하고도 효과적으로 반응하는 타인 지향적 능력을 의미한다. 이러한 능력들은 그 성격상 지필 평가보다는 실제 기능을 실연하는 장면을 포착하여 관찰과 같은 방법으로 평가하는 것이 바람직하다.

4) 가치·태도 영역

아주 전통적이고도 본질적인 지향점이고, 아울러 책임 있는 민주시민의 양성을 목적으로 하고 있는 사회과교육의 내용과 관련하여 사회가 요구하는 시민의 자질을 설정하는 것이 중요하다. 이를 위해서 국가·사회적 변화의 특성을 파악하는 것이 선행되어야 한다.

가치·태도 영역은 사회과에서 평가가 쉽지 않은 분야이다. 우리나라의 경우 교과 편제에서 도덕과가 사회과에서 분리되어 있기 때문에 사회과의 가치·태도 목표는 도덕과의 목표와 구별하는 것이 필요하다. 사회과에서 가치·태도 영역은 우선 역사, 지리, 정치, 사회 제도 등 사회과 고유의 영역에 관련된 것이라야 한다. 가령, 21세기 세계화된 시대에 시간과 공간을 초월하여 전 세계적으로 존재하는 다양한 문화를 이해할 수 있는 능력을 의미한다. 또한 환경 친화적 사회 조망 능력으로 현대 사회에서 자연과 인간을 대립적인 관점에서 보기보다는 인간을 자연의 일부로 여기는 생태학적 관점에서 보는 능력, 과학·기술·사회(STS)의 통합 인식 능력으로 과학·기술의 발달과 그로 인한 사회변화의 관계를 인식하고 관련된 가치관을 확립할 수 있는 능력, 민주 이념의 이해와 실천능력 등을 이야기할 수 있다. 그러나 사회과에서 가치·태도 영역은 '무조건, 무엇을, 하여야 한다'는 교조주의식이 아니라 가치를 분석하는 측면에 중점을 두어야 한다.

가치·태도 영역의 평가 방법으로는 관찰법을 활용할 수 있다. 그러나 평가 대상자가 평가를 의식하면 관찰하기가 어렵게 되므로, 학생들이 의식하지 못하는 가운데 관찰이 이루어지는 것이 바람직하다. 따라서 평소에 꾸준히 관찰하고 체크리스트 방법 등으로 그 결과를 누가 기록하는 것이 중요하다.

5) 학습자의 흥미, 관심, 동기, 습관의 평가

학습자의 흥미, 관심, 동기 등은 정의적이며 과정적인 특성을 갖는 학습자 변인인 동시에 학업 성취를 위한 노력 또는 활동을 시작하여 일정한 방향으로 나아가는 데 필요한 에너지를 제공해주는 원천이다. 흥미, 관심, 동기란 대체로 행동에 활력을 불어넣어 주고 행동의 방향을 정해주는 것으로 정의된다. 사회과 학습에 대한 흥미와 관심 및 동기의 일반적 특성은 내적인 보상을 주는 학습을 모색하는 사람들에게 가장 분명하게 나타난다. 그들은 새로운 정보를 알고 정보의 축적을 확장하는 것 자체를 가치 있게 여긴다. 학습자의 흥미, 관심, 학습 동기와 태도는 학업 성취에 큰 영향을 미치기 때문에 이러한 정의적 영역은 평가 시 고려해야 할 중요한 내용이 된다.

제4장 | 사회과 교육평가의 유형

1. 사회과 교육평가의 일반적 유형

1) 평가 준거를 기준으로 분류한 유형

21세기 세계화·정보화 시대를 맞이하여 최근 교육평가는 평가 방향의 인간화, 절대 평가로의 전환, 질적 평가로의 전환으로 그 움직임을 선보이며 기존의 평가 체제가 재구조화되어야 한다는 주장을 하고 있다.

교육평가(educational evaluation)란 교육현장에서 일정한 준거를 잣대(尺度)로 하여 교육의 입력, 과정, 출력에 대한 가치를 조사하여 판단을 내리기 위한 일체의 행위로 교육의 개념과 평가의 개념이 결합된 것이라고 할 수 있다.

그러나 여러 가지 다양한 기능을 갖고 있는 교육평가는 그 본질적 기능이 학생 개개인이 성취해야 할 교육목표들을 어느 정도 성취했는가를 점검하고 그 결과를 학생, 교사, 학부모 등 관련 당사자들에게 제공함으로써 교육적인 노력 및 의사결정을 도와주는 데 있다고 볼 수 있으므로 하나의 수단이지 그 자체가 목적이 될 수 없다고 생각된다.

교육성과를 평가하는 준거를 교육목표로 하느냐 또는 평가를 실시해서 학습자들이 받은 점수의 평균으로 하느냐에 따라 상대평가, 규준지향평가라고 하는 규준기준평가와 절대평가, 준거지향평가, 목표지향적 평가라고 하는 준거기준평가로 구분된다.

(1) 규준기준 평가

한 학생이 받은 점수가 다른 학생들이 받은 점수에 의해 상대적으로 결정되는 평가방식으로 규준이란 원점수의 상대적 위치를 설명하기 위하여 쓰이는 척도로서, 모집단을 대표하기 위하여 추출된 표본에서 산출된 평균과 표준편차로 만들어진다.

① 규준기준 평가의 특징
 ⓐ 학생들 간에는 현저한 개인차를 인정한다.
 ⓑ 학생들의 성취도를 최대한 정밀하게 변별하여 각자의 능력에 맞는 수준의 교육을 하고자 하는 선발적 교육관에 기초를 두고 있다.
 ⓒ 일정한 교육수준에 도달할 가능성이 있는 소수의 우수자를 선발한다.
 ⓓ 개개 학생들이 지니고 있는 특성을 정확히 측정하여 이를 변별하는 데 초점이 있기 때문에 평가도구의 신뢰도에 관심을 둔다.

② 규준기준 평가의 장점
  ⓐ 엄밀한 개인차의 변별이 가능하다
  ⓑ 경쟁을 통한 외적인 동기유발에 효과적이다.
  ⓒ 객관적인 검사의 제작 기술을 통해 성적을 표시하므로 교사의 편견을 배제할 수 있다.

③ 규준지준평가의 단점
  ⓐ 상대적 위치만 알려줄 뿐 진정한 학력의 평가가 곤란하다.
  ⓑ 상대적 정보만 주기 때문에 학생 개인의 학습결손을 확인하고 이에 대한 교정이나 보충 학
    습을 실시할 수 없다.
  ⓒ 시험 위주의 선택적 교수·학습을 조장하게 된다.
  ⓓ 학생들에게 필요 이상의 경쟁심을 조장시킬 수 있다.
  ⓔ 항상 일정한 비율의 실패자가 나오게 된다.
  ⓕ 고정적인 지적 위계의식을 학생들에게 심어줄 수 있다.

④ 규준의 유형
규준은 전국규준, 지역규준, 연령규준, 학년규준, 백분위 점수, 표준점수(Z), 편차지능지수(Deviation IQ)의 규준이 사용될 수 있다. 그러나 규준을 선정할 때는 어떤 비교집단의 점수를 비교하여 해석하는 것이 더 의미 있는지를 고려해야 한다.

(2) 준거기준평가

한 학생의 성적이 그가 속해 있는 집단의 검사결과와는 아무런 상관을 가지지 아니하고 주어진 교수목표를 어느 정도 달성하였는가 하는 교수목표 달성도에 의하여 그 학생의 성적을 표현하는 방식이다. 준거지향평가는 검사에 포함된 실질적인 기능이나 과제의 성취도를 기술해주며 준거는 학습자가 충분히 학습했는지의 여부를 평가할 수 있는 근거이다.

① 준거기준 평가의 특징
  ⓐ 검사의 타당도를 강조한다.
  ⓑ 개선·발전 기능 강조와 경쟁심을 제거한다.
  ⓒ 방향과 전략을 결정할 자료 제공과 학습강화·효과의 비교 가능하다.
  ⓓ 지적 능력 분류를 배제한다.
  ⓔ 검사(평가)점수는 비율로 나타내거나 숙달 정도로 나타낸다.

② 준거기준 평가의 장점
  ⓐ 교수·학습 방법의 개선을 위한 보다 직접적인 정보를 제공해준다.
  ⓑ 의미 있는 점수 제공으로 성취감 및 정신위생에 공헌한다.
  ⓒ 불필요한 지적 능력 구분을 탈피할 수 있다.

③ 준거기준 평가의 단점
  ⓐ 개인차의 변별이 불용이하다.
  ⓑ 외발적 동기를 학습에 적용하지 못한다.
  ⓒ 타 집단 간의 비교에 어려움이 따른다.
  ⓓ 점수분포를 전제로 하지 않으므로 통계적 활용과 측정상 어려움이 있다.
  ⓔ 평가의 기준이 되는 절대기준과 수준 설정에 어려움이 있다.

④ 준거기준 평가의 강조 영역
  ⓐ 인간의 생명과 관계되는 자격증 수여를 위한 평가
  ⓑ 학습의 위계성이 뚜렷한 수학과 과학 분야에 대한 평가
  ⓒ 저학년에서의 읽기, 쓰기, 셈하기의 기초과정에 대한 평가

⑤ 준거결정 방법
 준거는 일반적으로 구체적인 학습결과에 대하여 설정되는데 과제 수행의 정확성, 허용되는 오답 수 등에 근거하여 준거가 정해질 수도 있다. 완전학습에서는 전형적으로 정답률의 정도를 준거로 삼는데 준거를 너무 높게 정하면 교사와 학습자에게 불필요한 교수·학습시간을 부과할 뿐 아니라 학습자의 흥미나 동기유발을 약화시킨다. 반면에 준거를 너무 낮추면 다음 학습과제 수행에 어려움을 주거나 학습자의 학습을 약화시킨다.
 성취도준거를 결정할 때는 검사유형에 따라 단답형 검사는 80%, 선다형 검사는 85% 진위형 검사는 90%의 준거를, 다음 단계의 수업에서 효과적인 학습에 필요한 정도의 숙달을 보장하는 경우와 검사나 하위검사가 비교적 짧은 것일 때 준거를 높은 정답률로 하는 것을 고려해야 한다.

(3) 규준기준 평가와 준거기준 평가 비교

 첫째, 규준참조적인 해석은 개인의 점수가 집단의 점수와 비교하여 해석되며, 준거참조적인 해석은 학습자 행동들의 규정된 체계, 보통 어떤 구체화된 성취수준에 비추어 절대적인 해석에 있다.
 둘째, 이 두 평가는 목적, 문항제작 방법, 교수과제에 관한 정보의 구체성 정도 및 평가결과를 과제영역에 일반화하는 정도 등에 따라 구별된다.
 셋째, 규준기준 평가는 보다 더 일반적이고 더 포괄적이며 광범위한 내용 영역과 학습과제를 포함하는데 준거기준평가는 학습자의 구체적인 성취행동에 초점을 맞춘다.
 넷째, 규준참조적인 평가 점수들은 규준집단 내의 위치로 변형되며 준거참조적인 평가 점수는 보통 정확한 해답의 비율로 나타내거나 숙달 정도로 나타낸다.

<표 8-2> 규준 지향 평가와 준거 지향 평가의 비교

유형 구분	규준 지향 평가(상대평가)	준거 지향 평가(절대평가)
평가 목적	○ 우열의 판정이다. ○ 측정과 관련된다. ○ 진급, 졸업, 합격 등 경영학적 입장이다.	○ 목표의 도달도를 검토한다. ○ 평가와 관계된다. ○ 교육성과를 높이는 교육학적 입장이다.
주요 기능	○ 종합적인 비교가 가능하다. ○ 집단 내의 비교가 가능하다.	○ 구체적인 진단이 가능하다. ○ 타 집단과의 비교가 가능하다.
기준점	○ 집단의 평균점이 기준이 된다. ○ 평점은 평균치로부터의 이탈도로서 표시된다. ○ 평균점이 명백하다.	○ 교육목표가 기준이 된다. ○ 평점은 교육목표의 도달한 수준을 뜻한다. ○ 목표를 명확히 규정하기 어렵다.
득점 분포	○ 정상분포 곡선을 가정한다. ○ 득점 분포가 비정상이면 검사의 결함이나 오차로 본다.	○ 부적 편포를 기대한다. ○ 득점 분포가 비정상이면 학력의 실태로 본다.
평가 문항	○ 문항은 적당한 곤란도와 높은 변별도를 가질 것을 요구한다.	○ 교과 내용 분석에 의한 기본 개념과 원리가 평가문항이 된다.
난이도	○ 적당한 곤란도는 정상분포를 이루게 하고 변산도를 크게 하며 높은 변별도는 신뢰도를 높인다.	○ 개념, 원리의 난이도와 집단의 변별에 관심을 두지 않는다.
평가 시간	○ 우열의 변별을 위하여 반응의 정오와 반응 속도의 차를 문제로 삼으며 검사 시간을 엄격히 통제한다.	○ 반응 속도 자체가 문제일 경우 외에는 대개 충분한 시간을 주어 문제를 해결하도록 한다.

2. 평가 기능을 기준으로 분류한 유형

1) 진단평가(診斷評價, diagnostic evaluation)

진단평가는 효과적이고 능률적으로 교수·학습활동을 전개하는 데 필요한 교수전략을 세우기 위하여 수업을 시작하기 전에 학습자가 갖추고 있는 특성, 이전의 학습수행 정도, 적성, 학습준비도, 학습태도, 흥미, 동기유발 등의 출발점 행동을 진단하는 평가이다.

진단평가는 교수 활동이 전개되는 초기 단계에서 교수 전략을 위한 기초 자료를 얻고 교수 방법, 학습 방법의 적절성을 결정하기 위한 학생들의 기초 능력 전반을 진단하는 평가이다. 진단 평가는 학습 준비도, 학습 흥미, 학습 동기, 학습자의 성격 특성, 기초 학력의 정도, 학습자의 정서 등을 충분히 파악하여야 하며, 교수·학습 방법의 개선 방안의 중요한 자료가 된다.

(1) 진단평가의 목적

진단평가의 목적은 학습자의 상황을 파악하고 학습의 시발점에서 학습자가 지닌 지적·기능적·

정의적 행동의 정보를 교수·학습 과정에 활용함으로써 학생들의 성취 수준을 향상시키고 극대화시키려는 데 목적이 있다. 따라서, 학습 과제에 대한 선행 학습의 결손을 파악하고 진단하여 그 교정과 보충 학습을 위한 평가이다.

진단평가는 출발점 행동의 확인, 학습 중복의 회피, 그리고 학습 곤란에 대하여 사전에 수립하여야 한다. 학생들이 시작하기 전에 어떠한 특성, 인지적 수준, 그리고 동기와 태도 등을 지녔는가를 초기 상태의 정보를 얻기 위하여 실시한다.

(2) 진단평가의 기능

① 학습하고자 하는 학습과제와 관련하여 선행학습의 결손을 진단하고 이에 대한 교정과 보충학습을 위한 선수학습 능력을 진단한다.
② 현재 학습하고자 하는 학습과제를 학습자가 얼마나 미리 달성하고 있는가를 알기 위한 사전학습 능력 진단이다.
③ 학습자의 흥미, 성격, 학업성취 및 적성 등에 따라서 적절한 교수법과 교재활용 처방을 내리는 교육과정의 대안을 제공한다.
④ 학교사회에서는 목표달성에 필요한 투입행동, 기능, 내용 등을 이미 가지고 있는 것으로 여기므로 적정 위치 배정을 위한 진단이다.

(3) 진단평가 요소

① 지적 시발행동의 진단: 학습자의 과거 학습의 누적적 총체로 지능, 적성, 과거 학업성적 등이 해당된다.
② 정의적 시발행동의 진단: 개인의 학습과제에 대해 과거에 형성된 지각적 판단, 현상학적 판단이 관련되며 흥미, 태도 등의 개념화이다.
③ 지능과 적성: 지능에 대한 편견을 버리고 단일 지능의 개념보다 적성의 개념을 우선적으로 수용할 필요가 있다.

(4) 진단평가의 절차와 방법

교육내용에 따라 다양할 수 있으며 일반적으로 진단평가를 실시하기 위해서 학교 차원에서 공식적인 일정과 조정이 필요하므로 기존의 학생 관련 자료에 의존하는 경향이 있다.

2) 형성평가(形成評價, formative evaluation)

학습이 형성되어 가는 과정 중의 평가로서 교수·학습효과를 높이기 위하여 학습자에게 송환효과(feed-back)를 주고, 수업방법과 교과과정을 개선하기 위하여 실시하는 평가이다.

(1) 형성평가의 목적

형성평가는 교수·학습 과정의 진행 중에 투입되는 평가 활동으로서 교사와 학생들에게 정보를 제공하여 현실적인 도움을 줄 수 있으며, 교수·학습의 궤도 수정을 시도하여 학습 방법을 교정함으로써 학생의 학업 성취를 극대화시키는 데 궁극적인 목적이 있다. 형성평가는 학습 과제에서의 성공과 실패에 대한 피드백 정보를 주고, 교수 방법 사용의 결정과 교수 전략 대안의 결정에 많은 도움을 준다.

형성평가에서는 정책 결정자가 계획을 세밀하게 분석하고 조사할 수 있다. 그리고 평가의 범위가 상당히 넓다. 형성평가는 정책 결정자에게 합리적이고 적절한 결론에 도달하여 바람직한 결론을 내릴 수 있도록 돕는 데 근본적인 목적이 있다.

(2) 형성평가의 특징

① 학습 진행 과정 중의 평가이며 목표준거평가이다.
② 교수·학습과정에 관한 정보의 송환효과와 교정에 중점을 둔다.
③ 교수방법 및 학습과정을 개선하는 데 중점을 둔다.
④ 평가도구는 교수·학습과정을 직접 이끌어가는 교사가 제작한다.
⑤ 진단평가나 총괄평가에 비하여 상대적으로 자주 실시한다.
⑥ 결과는 채점은 하되 성적을 주어서는 안 된다.
⑦ 학생들의 내발적 학습동기에 의존하거나 이를 유발시킨다.
⑧ 반드시 간단히 필답고사에만 의존하는 것이 아니라, 형성평가의 원래 기능을 발휘할 수 있다면 어떠한 방법도 활용된다.

(3) 형성평가의 기능

① 학생들에게 바람직한 학습방향을 명시해준다.
② 학생이 당면한 학습 곤란이나 학습 결손의 내용을 진단하여 교정·보충하는 기회를 제공 및 학습 속도를 개별화할 수 있다.
③ 학습 행동의 강화는 긍정적인 자아 개념을 형성하게 되는 계기가 된다.
④ 문항 분석은 교수·학습방법을 개선하는 데 좋은 방법이 된다.
⑤ 진단평가와 총괄(총합)평가에 대한 맥락적 연계와 관계성을 제시해 준다.

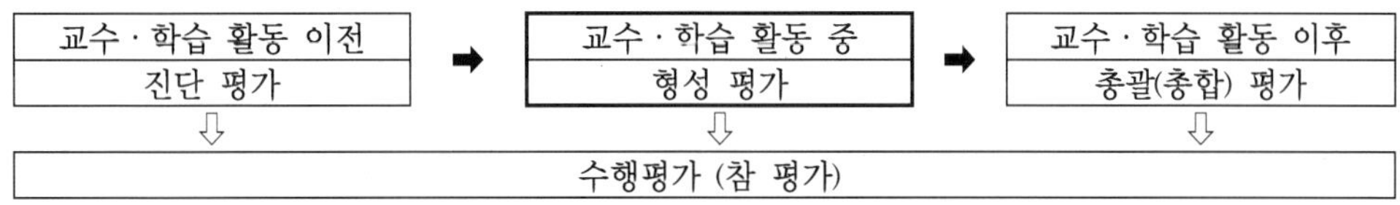

[그림 8-2] 사회과 형성평가의 위치와 다른 평가와의 관계

(4) 형성평가의 절차

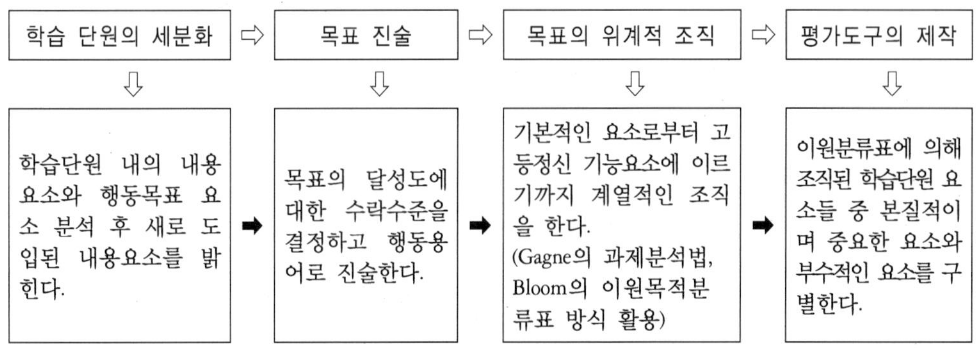

[그림 8-3] 사회과 형성평가의 절차

(5) 형성평가 도구의 제작

학습 단원 중 어느 요소가 중요하고 본질적인 것이며, 어느 요소가 부수적인 것인지를 결정해야 한다. 형성평가 도구를 제작할 때에 고려해야 할 점은 학습 단원 중에서 중요한 학습 요소를 모두 포함시켜야 한다. 형성평가의 목표 분류에 나타난 행동 항목을 모두 포함하여야 한다.

목표에 구체화되어 있으면 모두 형성평가의 문항으로 출제되어야 하며, 문항 형식은 다양하게 혼용하여야 한다. 요소들이 위계에 따라 어떤 조직을 이루고 있다고 하면, 학생들의 반응 역시 위계에 부응하여야 하며, 학생이 반응한 오류가 무엇인지도 밝혀야 한다. 마지막으로는 오류를 지적할 뿐만 아니라, 오류를 극복하기 위해 학습해야 할 교재의 소재를 밝히는 것이 중요하다.

3) 총괄평가(總括評價, summative evaluation)

일정한 기간 동안의 수업이나 일정한 단원 학습지도가 종결되었을 때 학생들의 학업성취도를 총합적으로 검사하여 교수목표의 달성도를 알아보거나 수업활동의 효율성을 다각적으로 판단하기 위해 실시하는 평가로서, 학교활동의 경우 중간 평가, 기말 평가, 학년말 평가 등이 해당한다.

(1) 총괄평가의 목적

총괄평가는 교과목 전체 혹은 중요한 부분과 관련하여 학업 성취가 어느 정도 달성되었는지 그 정도를 종합적으로, 총괄적으로 평가하기 위한 것이 목적이다. 주어진 교수 목표의 달성도에 따라서 학생들에게 성적을 알려주는 것으로 학생 개개인의 성적을 타인과 비교하는 상대적 위치뿐만 아니라 주어진 교수 목표 달성도를 측정해줄 수 있다. 교과목에 따라서 어느 정도 차이가 있으나 학생의 현재 성적은 다음 학기, 학년, 또는 상급 학교에서 얻을 성적을 예언해주게 된다.

총괄평가에서는 다음 단계의 보다 효과적인 교수·학습 계획을 수립하는 좋은 자료가 된다. 지역 간, 학교 간, 학급 간 학업 성취의 비교는 총괄평가의 방법과 그러한 입장에서 얻어진 학습 결과로 비교된다.

(2) 총괄평가의 특징

① 교육목적 이원(내용과 행동) 분류표를 작성하는 평가이다.
② 일반적으로 규준 지향평가의 입장을 취하게 되어 상대평가적이다.
③ 교육목표는 포괄적이며 평가의 빈도는 적고, 단위평가 시간은 길다.
④ 문항표본을 골고루 선택하여 평균난이도는 50% 정도이다.

(3) 총괄평가의 기능

① 성적을 통하여 흔히 학생들의 학습량이나 학습수준을 다른 학생들과 비교·분류하게 된다.
② 학생이 어떤 기능, 지식 또는 능력을 가지고 있다는 사실을 인정한다.
③ 다음 학습의 성공을 예측한다는 중요한 기능을 가지고 있다.
④ 학년 초, 전 학년도의 총괄평가 결과는 후속 수업과정을 어디에서부터 어떻게 시작해야 좋을
   지를 결정하는 데에 도움이 된다.
⑤ 서로 다른 교사가 가르쳤을 때의 다양한 학생집단, 동일한 과정의 상이한 방법, 동일 과정의
   서로 다른 부분의 효과 등을 비교할 수 있다.
⑥ 학생을 판정하여 등급을 정하고 자격을 부여하며 분류한다.
⑦ 교수·학습의 지속적·장기적 질 관리에 도움을 준다.

(4) 총괄평가 문항 작성의 절차

① 평가목표 이원분류표(출제 계획서)를 작성하여 교육목표를 확인한다.
② 검사문항의 제작과 선택을 하는 데 문항의 표본은 가급적 상위의 교육목표를 표집한다.
③ 다양한 문항 형태를 유지한다.
④ 문항의 난이도를 조정한다.
⑤ 결과 해석을 위한 기준을 설정한다.
⑥ 검사의 규칙을 확실히 할 수 있도록 하는 지시문을 작성한다.

4) 진단·형성·총괄평가 등 평가 실시의 유의점

① 진단평가가 정치(定置)를 목적으로 본 수업을 하기 전에 이루어지는 면은 총합평가에 의존하는데
   총괄평가 결과를 학생의 편성이나 분단 구성 등 진단목적으로 사용할 때는 주의 깊은 계획이 요
   구된다.
② 진단평가와 형성평가를 비교해볼 때 표준화 진단검사는 형성평가보다 일반적인 기능이나 특성
   을 측정하도록 구성되어 있어 여러 면에서 적성검사와 비슷하지만 형성평가는 특정 단원의 구
   체적인 수업내용을 측정할 수 있도록 구성되며 단원을 수업하는 과정에서 학습곤란을 많이 받
   는 부분을 파악하여 보충한다.

〈표 8-3〉 과정별 교육평가의 특징 비교

구분	① 진단평가 (사전)	② 형성평가 (도중)	③ 총괄평가 (사후)
기능	1. 선행 기능의 보유 상태의 결정 2. 학습 전 사고력 성취 수준의 결정 3. 교수방법과 대책에 따른 학생의 분류, 배치(定置) 4. 계속적 학습 곤란의 원인 결정	1. 학습 단위에 관련된 학생의 사고력 진보상태를 교사 학생에게 피드백 2. 학습 단위의 구조에 따라 오류를 확인함으로써 교정, 교수 방법의 대안을 제시	·학습 성과 확인 ·종합적 평정
실시 시기	1. 학습 시초: 학습 시초, 학기, 학년의 시초(출발점 행동) 2. 교수 도중: 정상 수업으로는 학생이 계속해서 도움을 못 받을 때	·수업 도중	·학습 단위, 학기, 학년의 과정 종료 후 ·일정 간격, 일정 시간
강조점	1. 지적·정의적 활동 2. 신체적·환경적·심리적 요인	·지적 행동	·지적 기능 및 사고력, 정의적 행동
검사도구 의 형태	1. 사전검사를 위해서 형성 및 종합 평가의 도구 2. 표준화 학력 검사 3. 표준화 진단 검사 4. 교사 제작의 평가, 관찰 및 체크리스트	·행동 목표에 맞게 특별히 고안된 평가도구	·다양한 평가도구
교수목표 의 표본	1. 각 선행 기능 행동의 구체적 표본 2. 비중을 둔 사고력 목표의 표본 3. 특별한 교수 형태에 관계 있다고 생각되는 학생 변인의 표본 4. 신체적·정서적·환경적으로 관련된 행동의 표본	·학습 단위의 위계에 포함된 모든 관련 있는 과제의 구체적 표본	·사고력 및 가치·태도 목표의 표본
문항 난이도	1. 선행 기능 및 능력의 진단: 대부분 쉬운 문항 65% 이상의 난이도	·사전 구체화 관련	·평균 난이도가 35~70%이고 대단히 쉬운 문항과 어려운 문항 포함
채점	1. 규준 지향 및 목표 지향 겸용	·목표 지향	·일반적으로 규준과 목표지향의 병용
점수 처리 방법	1. 하위 기능별의 개인 프로파일	·학습단위의 위계에 포함된 각 과제에 대한 급락의 개인 점수 유형	·목표에 비추어본 총점 혹은 하위 점수

3. 채점의 주관성을 기준으로 분류한 유형

문항 형식은 학자마다 서로 다르게 구분되고 있으나 검사 결과를 채점하는 데 있어서 채점자의 주관성 개입 여부에 따라서 주관식 평가와 객관식 평가로 구분한다.

(1) 주관식 평가(서술형 평가)

주관식 평가는 학생들에게 자기 자신의 반응을 직접 쓰도록 요구하는 것으로 반응의 범위가 다양하며, 일반적으로 단답형 문항, 완결형 문항, 논문형 문항의 세 가지로 분류할 수 있다.

(2) 객관식 평가(선택형 평가)

객관식 평가는 채점과정에 주관성이 개재될 소지가 완전히 배제되어 있으며 검사문항 형식이 진위형, 선다형, 배합형이 있다.

(3) 주관식 평가를 적용하는 것이 바람직한 경우

① 문장을 통한 표현능력과 조직능력 등의 정신기능을 강조하고자 할 때
② 학업성취보다는 피평가자의 태도나 의견에 많은 관심을 갖고 있을 때
③ 피평가자 집단의 수가 적고 동일한 검사를 다시 사용할 필요가 없을 때
④ 객관식 평가를 제작하는 데 필요한 충분한 시간적 여유가 없을 때
⑤ 평가문항 제작자가 객관식 평가를 제작하는 것보다는 주관식 평가의 반응을 비판적으로 채점할 자신이 있을 때

(4) 객관식 평가를 적용하는 것이 바람직한 경우

① 평가 대상 인원이 수적으로 많을 경우
② 평가의 결과에 대한 관심이 크거나 신뢰할 수 있는 결과가 필요한 경우
③ 평가의 공정성과 객관성에 영향을 끼칠 수 있는 외적 요인을 제거할 때
④ 평가문항 제작자가 객관식 검사제작에 대한 충분한 소양을 갖추고 있을 때
⑤ 평가 결과가 시급히 요구될 때

(5) 어느 평가이든 적용이 가능한 경우

① 평가결과가 다른 방면에 미치는 영향이 크지 않을 때
② 이해능력 또는 적용능력을 알아보고자 할 때
③ 문제해결 능력을 알아보고자 할 때
④ 비판적 사고능력을 알아보고자 할 때
⑤ 원리에 대한 종합능력을 알아보고자 할 때
⑥ 평가 결과를 학습태도 육성과 동기유발에 활용하고자 할 때
⑦ 다양한 종합적 능력을 파악하려고 할 때
⑧ 이해력과 기획력 등을 알아보고자 할 때
⑨ 인지력, 이해력, 적용력, 분석력, 종합력, 평가력 등을 통합적으로 알아보고자 할 때

(6) 주관식과 객관식 평가의 비교

평가 형식의 분류로서 주관식 평가와 개관식 평가를 비교하면 다음과 같다.

<표 8-4> 주관식 평가와 객관식 평가의 비교

구분	주관식(서술형) 평가	객관식(선택형) 평가
답지구성	학생들 자신이 답안을 계획하여 답할 것을 요구	제시된 여러 개의 답지에 대하여 학생들이 선택적으로 반응
문항(문항) 수	적고 광범위한 반응 요구	많고 비교적 간단한 반응 요구
시간 소모	답을 생각하는 데보다는 쓰는 데 많은 시간을 소모	쓰는 데보다는 읽고 생각하는 데 보다 많은 시간을 소모
질적 수준	반응자와 채점자에 의하여 결정	검사제작에 의하여 결정
반응과 채점	응답자의 자유가 상당히 주어지며 측정치의 신뢰도가 낮음	응답자의 자유가 제한되며 신뢰도가 높음
문항 제작	용이하나 채점에 많은 시간과 노력이 요구	출제과정에 많은 주의 및 노력이 요구되나 채점이 비교적 용이
추측 요인	배제할 수 있으나 변조하여 반응	추측요인이 많이 작용
채점자 임의성	배제되기 어려움	완전히 배제됨

4. 평가 내용을 기준으로 분류한 유형

교육내용을 중심으로 한 평가의 종류에는 여러 가지가 있으나 많이 언급되는 것은 교육이념 평가, 교육목표 평가, 교육정책 평가, 교육행정 평가, 교육제도 평가, 교육재정 평가, 장학지도 평가, 학교경영 평가, 학급경영 평가, 교육과정 평가, 생활지도 평가, 학교급식 평가, 교과교육 평가, 특별활동 평가, 교육환경 평가, 부모교육 평가 등이 있다.

5. 평가영역을 기준으로 분류한 유형

(1) 지적 영역의 평가(知的 領域, cognitive domain)

교육목표에 진술되어 있는 학습내용을 기억, 이해, 추론 등과 같은 사고 작용을 통해 획득해야 하는 지적 학습목표의 달성 여부와 그 정도를 측정하는 것이다.

(2) 정의적 영역 평가(情意的 領域, affective domain)

정의적 영역의 학습목표가 달성된 정도를 확인하는 평가를 의미하는데 협동성, 책임감, 준법성, 자아개념 등과 같은 성격특성과 흥미, 가치, 신념, 태도 등이 변화 획득된 정도를 평가하는 것이다.

(3) 심동적 영역의 평가(心動的 領域, psychomotor domain)

신체의 일부 또는 전신을 움직여서 성취할 수 있는 학습목표의 달성 여부와 그 정도를 측정하는 것이다.

6. 목표수준을 기준으로 분류한 유형

(1) 최소 필수 학력평가(最小 必須 學力評價)

모든 학생이 교수·학습을 통해 반드시 알아야 할 학습내용을 진술한 학습목표가 최소필수목표이고 최소필수목표가 도달된 정도를 확인하는 것이다.

(2) 최대 성취 학력평가(最大 成就 學力評價)

최소 필수 학습목표가 요구하는 수준 이상의 심화 발달 학습목표를 최대한 어느 정도까지 달성했는지를 평가하는 것이다.

〈표 8-5〉 평가와 측정의 네 가지 척도 비교

척도	주요 속성	척도의 사례
① 명명척도	사물을 구분하기 위한 척도 차이의 지적	· 영수의 책상 번호는 15번이다. · 축구 선수 박지성의 등 번호는 10번이다.
② 서열척도	순서를 정하는 척도 차이의 지적 차이의 방향을 지적	· 사회과 성적이 순희 1등, 철수 2등, 민호 3등이다. · 달리기는 1, 2, 3등이 영수, 남혁, 명원의 순이다.
③ 동간척도	단위의 균등성을 나타내는 척도 표시된 거리는 동등 차이의 지적 차이의 방향 지적	· 온도가 5도에서 15도로 상승한 것은 10도에서 15도로 상승한 것에 비해 2배 상승한 것이다.
④ 비율척도	모든 특성에 절대 영점을 갖는 척도 차이의 지적 차이의 방향 지적 차이의 균등한 양을 지적 절대 영점 지적	· 영수는 철수보다 2배 정도 빠르다. · 사립대학교의 등록금은 국립대학교 등록금보다 2배가 많다.

사회과와 사회과교육에서 다양한 평가 유형, 평가 방법, 평가 도구 등이 요구되는 이유는 다양한 사회사상(社會事象)을 가르치고 배워야 하며, 나아가 이를 평가해야 하기 때문이다.

따라서, 사회과의 평가는 사회과 교육과정의 순환 과정인 교육목표, 교육내용, 교육(교수)방법, 교육평가가 유기적으로 연계되어야 한다. 또 교육평가가 교육목표, 교육내용, 교육(교수)방법 등을 실제 사회과 교수·학습 활동 속에서 얼마나 효과적으로 적용되었는가를 분석하고, 이를 체계적이고 유기적으로 평가해야 한다.

제5장 | 사회과 교육평가 도구의 개발 절차와 지침

1. 사회과 평가의 시행 절차

사회과 교육평가는 사회과 교수·학습, 즉 수업과 연계되어 시행되어야 하고, 수업의 목표와 내용에 따라 방법과 도구가 달라져야 한다. 일반적인 사회과 교육평가의 시행 절차는 다음과 같다.

첫째, 학년도가 시작되기 전에 당해 학년의 사회과 연간 수업 및 평가 계획서를 작성한다.

둘째, 각 수업에서 가르치고자 하는 목표, 즉 성취 기준을 명확하게 제시한다.

셋째, 제시된 성취 기준을 성취할 수 있도록 수업을 실시한다.

넷째, 수업을 통하여 성취 기준을 어느 정도 달성했는지를 파악할 수 있도록 평가 기준을 설정한다.

다섯째, 평가 기준에 따라 평가방법과 평가도구를 개발하여 평가를 실시한다. 평가 시기는 수업 중에 할 수도 있고, 정기고사 때 실시할 수도 있다.

끝으로, 평가 결과에 따라 학생들의 성취 정도를 등급화하고, 그 결과를 교수·학습의 정보로 이용한다.

2. 사회과 연간(혹은 학기별) 교육과정 운영 및 평가 계획서 작성

현행 학교교육과정 체제에서는 모든 학교가 학년초에 교육평가 계획을 수립한다. 이는 단위 학교 교육과정에 반영되어 운영된다. 사회과 교육평가의 방향이 구현되기 위해서는 연간 수업 및 평가 계획을 설정하여 실시하여야 한다. 수업 및 평가 계획서 작성은 다음과 같은 절차에 의해 이루어진다.

첫째, 사회과교육 목표에 대한 검토가 이루어져야 한다.

둘째, 교사 수준에서 교육과정에서 제시된 단원별 교육목표 및 내용을 해석한다. 수업과 평가는 결국 교사 수준에서 운영되는 것으로, 교사는 각 단원의 목표와 내용을 재해석하여 한 차시 한 차시의 수업으로 구현될 수 있도록 한다.

셋째, 각 단원을 몇 차시에 걸쳐 수업할지와 각 차시의 수업 방식을 결정하고, 수업 자료를 준비한다.

넷째, 수업방식, 내용, 자료에 알맞은 평가도구를 결정하고 수업의 운영과 관련하여 평가 시기를 결정한다.

다섯째, 각 평가문항에 따른 배점을 결정한다.

각 학년 사회과 교사들 간의 상호 협의를 거쳐 중의(衆意)를 통한 학년별, 학기별 혹은 연간 '교육과정 운영(수업) 및 평가 계획서'를 사전에 작성하는 것이 필요하다. 이 계획서를 중심으로 교육과정 운영과 수업 및 교육평가를 체계적으로 하는 것이 중요하다.

1) 가르치고자 하는 성취 기준의 구체화

'수업 및 평가 계획서'에 따라 수업을 하기 전에 교육과정을 근거로 해서 성취 기준을 분명히 한다. 성취 기준이란 '교수-학습 활동에서 실질적인 기준 역할을 할 수 있도록 현행 국가 수준의 교육과정을 구체화하여 학생들이 성취해야 할 능력 혹은 특성의 형태로 진술한 것'이다. 무엇을 가르치고 배워야 할 것인가의 문제는 교육과정의 핵심적인 문제이다. 성취 기준은 내용(content)과 활동 수행(performance)의 두 가지 요소를 내포해야 한다. 내용은 교수·학습의 대상이며, 수행은 그 대상을 소재로 하여 학습자가 실제로 해나가야 할 활동이다.

2) 수업의 진행

수업은 수업 목표와 학습 내용의 특성에 따라 다양하게 조합될 수 있다. 수업 목표는 사회과교육목표의 큰 틀 속에서 설정되고, 학습 내용은 기본적으로 교육과정에서 제시한 내용 체계에 준거하여 설정된다. 교수·학습 방법은 교수·학습 목표, 내용과 밀접하게 관련된다. 즉, 수업목표와 내용 및 방법은 유기적으로 밀접한 관계를 가지고 있어야 한다. 따라서 사회과 교수-학습은 가장 먼저 사회과에서 무엇을 왜 가르치고 배워야 하는가에 대한 고찰로부터 모색되어야 하고, 그러한 원리에 기초하여 각각의 교수·학습 방법에 접근해야 할 것이다.

3) 평가도구의 결정

평가의 목표, 내용, 환경 등이 분석되면 어떤 형태의 평가도구를 사용할 것인지 결정해야 한다. 결정을 내리기 위해서는 평가도구 개발자가 평가도구 유형별 특징을 충분히 이해하고 있어야 한다.

4) 평가도구의 개발

이 단계는 지금까지 분석한 요소를 고려하고 평가도구의 유형별 특징을 최대한 살릴 수 있는 구체적인 도구를 개발하는 단계로서 성취 기준에 비추어 성취 정도를 평가하기 위해서 그것에 적절한 평가도구를 제작한다. 평가도구가 개발되면, 검토와 수정 과정을 거쳐 완성된다. 검토는 주로 평가도구와 평가목표, 성취 기준과의 부합성, 오답 여부, 난이도, 문항 질문의 명료화, 매력적인 답지 구성, 이용된 자료의 적절성 등을 기준으로 검토한다.

3. 사회과 평가 도구의 개발 지침

1) 선다형 평가도구

선다형(the multiple choice type)은 문항과 그에 따른 두 개 이상의 답지로 구성되어, 피험자로 하여금 맞는 답지 혹은 가장 알맞은 답지를 선택하게 하는 문항이다. 선다형 문항은 학생이 자신의 의견을 피력하기보다는 사회과의 주요 지식이나 원리 등을 잘 이해, 혹은 기억하고 있는지를 판별하는 데 적절한 평가도구이다.

선다형 문항은 매우 쉬운 문항부터 어려운 문항까지 제작할 수 있어 학교에서 가장 많이 사용된다. 선다형은 다른 객관식 문항에 비해 내재적인 결점이 적기 때문에 가장 보편적으로 사용되고 있으며, 여러 가지 문제 상태, 목적, 내용을 다룰 수 있는 다양성·포괄성이 있을 뿐만 아니라 피험자의 우연적 오차의 영향도 적게 받기 때문에 문항 형식으로서는 가장 적절하다. 만약 답지들을 단순하게 제작하면 단순 기억 능력을 측정하는 문항이 되지만, 매력적으로 만들면 고등 정신 능력까지 측정할 수 있는 특징을 지니고 있다.

(1) 문항 작성의 원리

선다형 평가도구는 사회과의 다른 영역보다 지식의 이해 영역을 평가하는 데 적합한 도구로서 기본적인 사실·개념·원리·이론 등의 이해 정도를 골고루 평가할 수 있도록 해야 한다. 사실을 암기하는 것이 중요하다면 암기 정도를 측정할 수 있는 문항을 출제해야 하고, 높은 수준의 지식 습득 여부를 측정하고자 하면 고등 사고 능력을 측정할 수 있도록 출제해야 한다.

(2) 답지 작성의 원리

첫째, 5지선다형 문항은 매력적인 오답을 잘 만들어야 한다. 문항의 변별도와 난이도는 매력적인 오답의 유무와 수에 좌우된다.

둘째, 답지 간의 길이가 비슷하도록 문장을 다듬어야 한다. 그리고 답지는 짧은 것부터 긴 것으로 배열하는 것이 좋다.

셋째, 한 문항의 답지들은 가능한 한 제시될 수 있는 모든 경우를 다 포함하되, 답지들 간에는 서로 중첩되지 않도록 해야 한다.

넷째, 답지들이 수나 연도로 서술될 때, 일반적으로 작은 수부터 큰 수로 배열한다. 또한 답지들이 간단한 하나의 단어로 표기될 때 한글 '가나다순', 혹은 '알파벳 abc순' 등으로 나열한다.

다섯째, 정답이 되는 답지의 순서(혹은 번호)를 가능하면 고르게 분포시켜야 하며, 무작위로 배열해야 한다.

2) 수행평가 도구

(1) 수행평가의 개념

수행평가는 심동적인 행동 특성을 평가하기 위하여 사회과에서 지식이나 습득한 기능 등을 얼마나 잘 수행하는가를 평가하는 방법으로 일반적으로 관찰에 의존하여 수행하는 모든 과정과 수행 활동이 끝났을 때, 그 과정과 결과를 종합적으로 평가하는 방법이다. 그러므로 본래 의미의 수행평가는 행위의 정도를 보여주는 평가이며, 실제적인 행위의 평가이다.

수행평가는 전통적인 선다형 평가에 대한 대안적 평가 방법으로서 학습자가 실제 상황과 유사한 상황에서 자신의 지식, 기능 등을 다양한 방법으로 수행해 보이는 것을 평가자가 직접 관찰하거나, 교육적 판단을 위한 정보 수집 과정을 통하여 수집한 정보를 기초로 하여 교육적 의사결정을 하는 방법이다. 선택적 지필평가 방식 외의 모든 평가가 곧 수행평가라고 광범위하게 개념 정의를 할 수 있다.

〈표 8-6〉 사회과 수행평가의 방법

지필평가	수행평가			
선택적 반응요구	구성적 반응요구	특정산출물 요구	특정활동 요구	과정 규명
・선택적 문항 ・진위형 문항 ・배합형 문항	・논술형 문항 ・완성형 문항 ・단답형 문항 ・도표, 그림 제목 붙이기 ・과제물 제시 ・시간적 자료 만들기	・쓰기 자료 ・연구 보고서 ・과제 일지 ・실험 보고서 ・이야기 극본 ・자율 보고서 ・포트폴리오 ・작성 작품 제시 ・사회과 프로젝트 ・모형(model) 구성 ・비디오, 오디오 구성	・구두 발표 ・조사 내용 실제 발표 ・실험, 시연 ・사회과 연극 ・역할놀이 ・토의, 토론 ・조사 발표	・구두 질문 ・관찰 ・면담 ・회의 ・과정에 대한 기술 ・생각하는 과정 표현 ・학습 일지

출처: 박은종, 사회과교육학과 교육평가, 공주대학교 강의록, 2007: 193.

(2) 사회과 수행평가 문항의 개발 방향

수행평가(遂行評價, performance assessment) 방식은 선택형 문항 위주의 객관식 평가 방식이 사람의 특성을 가급적 공통된 척도(尺度)에 의해 재기 위하여 본격적으로 사용되기 훨씬 이전부터 사용되었던 평가 방식이다. 현재 사회과에서 수행평가가 필요하다는 데에 있어서는 어느 정도 공감대를 형성한 것 같다.

사회과에서 주로 적용할 수 있는 수행평가 유형은 지필검사 형태의 서술형・논술형 문항과, 수업 시간에 이용할 수 있는 워크시트(worksheet)형・토론법 등이 있고 수행 과제로 제시하여 수행하도록 하는 야외조사법・포트폴리오법・보고서법 등이 있다.

사회과에서 수행평가 도구 및 문항의 질은 학생이 초・중・고등학교 사회과를 학습함으로써 기대되는 능력의 변화가 무엇인지가 명확하게 제시되는지와, 그것을 타당하게 물을 수 있도록 구조화되었는지에 따라 결정된다. 최근에 들어서 중・고등학교 사회과에서 수행평가를 실시하고 있으나, 아직까지는 수행평가의 본래 의미가 학교교육에서 뿌리내리는 수준에 이르지 못하고 있다. 수행평가를 위한 외적 조건이 갖추어지지 못했다는 이유와 더불어 학습목표와 결합된 수행평가 도구 및 문항이 잘 구조화되지 못했다는 데 그 이유를 찾을 수 있다.

사회과에서 수행평가 도구 및 문항은 다음과 같은 방향에서 개발되어야 한다. 첫째, 사회과교육

목표를 고려하여, 내용(content)과 활동 과정(activity process)으로 구성되도록 한다. 내용은 실제성과 의미를 지녀야 함은 물론이고, 현실적인 자료를 통하여 추론이 가능한 것이어야 한다. 즉, 내용은 사회과 교과서에 수록된 내용 이외에도 학생이 실제 경험할 수 있는 실생활로부터 구할 수 있다. 활동은 사회과 지식의 이해와 탐구 능력을 바탕으로 합리적 의사결정 및 문제해결 능력과 의사소통 능력을 요구하는 활동이어야 한다.

둘째, 학생들의 학습결과가 다양하게 나올 수 있도록 개발해야 한다. 예를 들어 학생에게 자신이 살고 있는 도시의 불량 주거 지역에 대한 비디오를 보여 주고 그 지역의 삶에 대하여 신문기사를 작성하도록 과제를 제시한다. 그러면 몇몇 학생은 비디오 내용에 대한 간략한 요약만을 제시하고, 어떤 학생들은 불량 주거 지역에서의 삶에 대한 긍정적인 측면과 부정적인 측면을 개략적으로 기술하며, 어떤 학생들은 다른 지역의 불량 주거 지역과 비교할지도 모른다. 만약 "제주도 오름의 토지 이용에 대하여 조사하기"라는 수행 과제를 제시할 경우, 대부분 학생들의 조사 결과는 "오름은 주로 관광지·목초지·밭농사 지역으로 이용된다"라는 내용이 대부분일 것이다.

셋째, 동일한 주제에 대해서도 다양한 조별활동을 통하여 수행할 수 있도록 개발한다. 수행 자료는 교사가 다양하게 제시할 수도 있으나 학생이 수집할 수 있다. 이런 과제는 보통 주제만 제시되고 학생들이 주제와 관련된 자료를 수집하고 분석하여 보고서로 작성하는 보고서법이나 포트폴리오법 등에 적합하다. 가령 불량 주거 지역에서의 삶에 대한 신문기사를 작성한다는 공동의 과제를 제시할 때, 어떤 조는 교과서·잡지·전문 서적·신문 등과 같은 읽기 자료를 통하여 과제를 수행하고, 어떤 조는 도표·지도·사진·다이어그램 등의 시각적인 자료를 통하여 수행하도록 한다.

넷째, 과제는 학생들의 과제 수행 능력을 고려하여 개발한다. 주제는 동일하지만 과제가 단계별로 제시되어 학생들이 자신의 능력에 맞는 단계까지만 과제를 수행하도록 한다. 일련의 과제와 문제들은 점차 난이도가 높아지며 복잡해진다. 과제 중 어떤 것은 모든 학생이 접근할 수 있도록 열려 있으며, 어떤 과제는 너무 복잡하고 어려워서 소수의 학생만이 접근할 수 있도록 설계된다. 어떤 학생들은 너무나 쉽게 과제의 모든 단계를 수행하는 한편, 어떤 학생들은 첫 번째 단계의 과제도 수행하지 못한 경우가 있을 것이다.

(3) 사회과 수행평가의 방법

① 서술형·논술형 평가

서술형 평가는 주관식 평가라고도 하며, 문제의 답을 선택하는 것이 아니라, 학생들이 직접 서술하는 평가이다. 질문 형태에 있어서 종래의 단편적인 지식을 묻는 방법에서 벗어나 창의성, 탐구력, 문제해결력, 메타 인지, 의사결정력 등 고급사고력을 신장하는 평가이다. 논술형 평가도 일종의 서술형 평가이며, 개인 나름대로의 생각과 주장을 창의적이고도 논리적으로 설득력 있게 조직하여 상대적으로 길게 작성한다. 논술형 평가에서는 서술된 내용의 깊이와 넓이뿐만 아니라 조직, 구성 능력 등을 평가하게 된다.

② 구술시험

구술시험은 아주 오래된 평가 형태의 일종으로서 학생들로 하여금 생각을 발표하도록 하여 학생의 준비도, 이해력, 판단력, 의사소통 능력 등을 직접 평가하기 위한 방법이다. 구술시험은 학생들이 사회과 자율학습을 한 뒤에 부과하기에 알맞은 형태이다. 특히, 사회과 조사 발표 뒤의 종합적 평가 등으로 적용할 수 있다.

구술시험에서는 주제나 질문의 요지를 미리 제시하기도 하지만, 특별한 내용 영역만 제시한 후, 구술시험을 시행할 때 평가자가 그 내용 영역에 관련 있는 주제나 질문을 제시하고 학생이 답변하는 형식을 취할 수도 있다.

③ 찬반 토론법

개인적·사회적으로 서로 다른 의견을 제시할 수 있는 주제를 개인별로 찬반 토론이 가능하도록 한 다음, 찬성과 반대 의견을 토론하기 위해서 사전 준비한 자료의 다양성, 충실성, 그리고 토론 내용의 논리성, 반대 의견을 존중하는 태도, 토론 진행 방법 등을 총체적으로 평가하는 방법이다.

찬반 토론법은 찬반 토론 과정을 자세히 관찰함으로써 토론 진행 과정에서 지도력을 발휘하여 토론을 이끌어가는 사람, 당당하게 자기주장을 피력하는 사람, 타인의 의견을 경청하고 모두의 의견을 집약하는 사람, 상대방에게 의견을 자유롭게 제시하도록 한 후 결론은 자기 의견대로 이끌어가는 사람 등 여러 유형의 성격을 파악할 수 있는 평가이다. 따라서, 찬반 토론법은 논술형 평가와 구술시험을 통하여 얻을 수 있는 정보를 모두 얻을 수 있는 장점이 있는 반면, 학생 수가 많을 경우 개별 학생들이 충분히 발언할 기회가 제한되는 단점이 있음을 유념하여야 한다.

④ 실기 시험

사회과 수행평가에서의 실기 시험은 실제 수업에서의 실습 참여와 활동을 평가하는 것이다. 사회과의 지도 그리기, 역사 연표 만들기, 인터넷 검색하기, 자료를 통하여 통계·분석·종합하기 등을 들 수 있다. 실기 시험은 학생들이 의식하지 않고 자연스럽게 교수·학습 활동에 참여하면서 평가를 받을 수 있는 자연스러운 분위기 조성이 아주 중요하다.

⑤ 면접법

사회과 수행평가의 면접법은 평가자와 피평가자가 서로 대화를 통해서 얻고자 하는 자료나 정보를 수집하고 평가하는 방법이다. 즉, 평가자가 피평가자와 직접 대면하여 평가자가 질문하고 피평가자가 답변하는 과정을 통해서 집필 평가와 서류만으로는 알 수 없는 사항을 파악하고 평가하는 방법이다. 면접법은 한 명의 평가자와 한 명의 피평가자가 대면하는 일대일 면접, 다수의 평가자와 한 명의 피평가자가 대면하는 다수 대 일 면접, 다수의 평가자와 다수의 피평가자가 대면하는 다수 대 일 면접 등이 있다.

사회과 수행평가로서의 면접법은 평가 시간을 별도로 설정하여 평가하는 것으로, 주로 구두 문답의 형식으로 이루어진다. 사회과 수행평가로서의 면접법의 장점은 보다 심도 높은 정보를 얻을 수 있으며, 진행상 융통성을 발휘할 수 있으며, 단순 암기나 이해 수준을 넘어 평소의 관점과 태도 등을 포괄적으로 평가할 수 있는 장점 등이 있다.

⑥ 관찰법

관찰법은 학생들을 이해하고 평가하기 위한 가장 보편적인 방법이다. 교사들은 항상 학생들을 접하고 있으며, 개별 학생 단위로나 집단 단위로나 항상 관찰을 하게 된다. 사회과에서의 교수·학습 참여는 물론, 교우 간의 역동적인 관계 등을 관찰할 수 있다. 관찰법은 평상시 학생들의 행동을 보고 어떤 교육목표가 달성되었는지를 평가하는 것이다. 관찰 평가를 하기에 적합한 평가 영역은 지식 영역 중 고급사고력, 기능 영역, 가치·태도 영역 등이다. 관찰한 결과는 누군가 기록해 나아가야 하는데, 이는 체크리스트법과 관련된다(교육과학기술부. 2008 a: 379).

관찰법에서는 객관적이고 정확한 관찰을 하기 위해서는 관찰 대상을 있는 그대로 기술하는 일화 기록법, 체크리스트, 평정 척도법 등을 사용하고, 녹화 후 분석법을 적용하기도 한다.

⑦ 자기평가 보고서

자기평가 보고서는 사회과의 특정 주제나 교수·학습 영역에 대하여 자기 스스로 학습 과정이나 결과에 대한 자세한 평가 보고서를 작성·제출하게 하여 평가하는 방법이다. 가령, 사회과 교수·학습 참관, 수업 연구 실시 등의 후에 참관 내용과 활동 내용, 수업 설계와 진행 과정, 수업 후의 반성 등을 보고서로 작성·제출하게 한 후 평가하는 방법이다.

⑧ 연구 보고서

사회과 수행평가의 연구 보고서 방법은 사회과의 연구 주제 중에서 학생들의 능력, 수준, 흥미 등을 고려하여 적절한 주제를 선택하되, 그 주제에 대해서 자료와 정보를 수집·분석·종합하여 연구 보고서를 작성·제출하게 한 후, 이를 평가하는 방법이다.

사회과 수행평가의 연구 보고서 작성을 통해서 학생들은 관심 있는 특정 주제에 대한 각종 정보를 수집하는 방법, 다양한 자료를 종합하고 분석하는 방법, 연구 보고서 작성법 등을 익히게 되고 사회과 교과교육연구회, 사회과교육 현장 연구, 사회과 관련 학회 등에 적극 참여, 발표하는 계기가 될 것이다.

⑨ 포트폴리오(portfolio)

포트폴리오(portfolio)는 최근에 수행평가와 함께 강조되고 있는 평가 방법의 하나로서, 이는 실제로 어떤 일을 해 나아가는 과정을 나타내는 각종 자료를 평가하는 방법이다. 포트폴리오는 하나 혹은 그 이상의 영역에서 학생 참여, 결과의 판단 준거, 학생의 자기반성 준거 등을 가지고 있는 학생들의 노력, 발달, 성취 등을 나타내는 학생들의 과제 성취물, 누적된 활동 기록물 등을 종합하여 평가하는 방법이다. 따라서, 사회과의 포트폴리오는 단순한 작품 모음집이 아니라, 학생들의 일정 기간 누적된 활동에 대한 종합적인 유의미한 작품집인 것이다. 즉, 어떤 단원을 학습해 나아가면서 학생들이 모은 자료, 만든 도표나 연표, 발표 요지 메모, 기록해낸 학습지 등은 그 학생이 이 단원을 학습한 결과를 나타내는 중요한 자료들이며, 이러한 자료들은 학생의 성취 정도를 평가하기에 매우 편리하다.

사회과 수행평가 자료로서의 포트폴리오는 목적과 주제가 뚜렷한 현장 학습집, 조사 활동집, 협동 학습 활동집, 누적 지도(地圖) 자료집, 역사 연표 자료집, 정보 검색 종합자료집 등이다.

⑩ 체크리스트(checklist)

체크리스트법은 '특정 행동이 일정 수준에 도달했는가?'의 여부를 기록해가는 방법이다. 관찰법이나 면접법을 적용할 때에 학생들의 행동을 포괄적으로 관찰하여 문장화하는 방법도 있겠지만, 좀 더 자세하게 분석하여 각 항목에 도달했는지, 어느 정도 도달했는지를 점검해갈 수도 있다.

일반적으로 체크리스트의 관점은 다음과 같이 요약할 수 있다.

ⓐ 학습에 대한 흥미, 관심, 욕구, 문제의식: 의문을 제기하였는가? 자료에 관심을 가지는가?

ⓑ 학습 계획: 학습 문제를 찾아냈는가? 학습을 설계하였는가?

ⓒ 조사, 보고, 토의: 조사할 내용을 잘 파악하였는가? 정보의 소재를 알고 있는가? 정확하고 세밀하게 조사하는가? 끈기를 가지고 끝까지 조사하는가?

ⓓ 학습 결과의 종합 응용: 학습 결과를 다른 사례와 관련지어 말할 수 있는가?

ⓔ 학습 목표에 대한 성취: 목표의 성취 수준은 어떠한가?

〈표 8-7〉 수행평가(유사용어 포함)의 종류별 특징 비교

유사 용어	핵심적 주요 특징
1. 대안적 평가 (alternative assessment)	· 한 시대의 주류를 이루는 평가 체제와 특성을 달리하는 평가 체제 · 선택형 문항을 사용하는 표준화된 평가의 대안적 평가(서술형, 논술형) · 대입수능처럼 1회성 평가에 대한 대안적 평가(지속적·종합적 평가) · 결과 중심 평가에 대한 대안적 평가(결과+과정) · 수행평가는 대안적 평가의 한 사례
2. 실제 상황 평가 (authentic assessment)	· 평가 상황, 내용이 가능한 한 실제 상황, 내용에 가장 유사해야 함 · 도덕 성적이 높은 것과 도덕성이 높은 것은 서로 별개라는 입장 · 진정한 평가, 참 평가(true assessment) · 교사의 교수 능력을 평가하기 위해 가르쳐 보게 하는 것과 유사 · 수행평가 방식 중의 한 특수한 사례
3. 직접적인 평가 (direct assessment)	· 간접적인 평가보다 직접적인 평가 강조 · 정답을 선택하기보다는 정답의 서술과 구성 강조 · 도덕성을 지필평가보다는 실제적 행동, 태도로 평가 · 수행평가는 가급적 직접적인 평가 성격을 띠게 함
4. 실기 시험 (performance based assessment)	· 지필평가보다 실기평가 중시 · 암기보다 실제 실행 강조 · 실기평가는 수행평가의 한 유형
5. 포트폴리오법 (portfolio method)	· 학생의 누적 작품집, 서류철 등 평가 · 결과가 나오게 된 과정 및 변화에 대한 평가 중시 · 성취도 자체도 중요하지만, 학생의 노력과 향상 중요 · 일회적·단절적 평가가 아니라 지속적·통합적 평가 중시 · 수행평가의 대표적 유형
6. 과정 중심 평가	· 학습 결과보다 과정을 주요 평가 대상으로 함 · 과정 중심 평가는 수행평가의 강조, 주요 측면 평가

출처: 손충기, 『교육과정과 교육평가』, 태영출판사, 2008: 382.

〈표 8-8〉 선택적 평가(전통적 평가)와 수행평가(대안적 평가)의 비교

구분	선택적(전통적) 평가	수행(대안적) 평가
진리관	절대주의	상대주의
철학적 근거	합리론, 경험론	구성주의, 해석학, 현상학, 인류학
시대적 상황	산업화 시대, 소품종 다량 생산	정보화 시대, 다품종 소량 생산
학습관	직선적·위계적·연속적 과정 추상적·객관적 상황 중시 학습자의 기억·재생산 중시	인지 구조의 계속적 변화 구체적·주관적 상황 중시 학습자의 이해·성장 중시
평가 체제 (평가 척도)	상대 평가, 양적 평가 선발형 평가	절대 평가, 질적 평가 발달형 평가
평가 목적	선발·분류·배치 한 줄 세우기	지도·조언·개선 여러 줄 세우기
평가 내용	선언적 지식(내용적 지식) 학습의 결과 중시 학문적 지식의 구성 요소	절차적 지식(방법적 지식) 학습의 과정과 결과 모두 중시 실천적 지식의 구성 요소
평가 방법	선택형 평가 위주 표준화 검사 중시 대규모 평가 중시 일회적·부분적 평가(정기) 객관성·일관성·공정성 강조	수행평가 위주 개별 교사에 의한 평가 중시 소규모 평가 중시(수시) 지속적·종합적인 평가 전문성·타당도·적합성 강조
평가 시기	학습 활동이 종료되는 시점 교수·학습과 평가 활동 분리	학습 활동의 전 과정 교수·학습과 평가 활동 통합
교사의 역할	지식의 전달자	학습 활동의 안내자·촉진자
학생의 역할	수동적인 학습자 지식의 재생산자	능동적인 학습자 지식의 창조자
교과서 구실	교수·학습·평가의 핵심 내용	교수·학습·평가의 보조 자료
교수·학습 활동	교사 중심, 인지적 영역 중심, 암기 위주, 기본 학습 능력 강조	학생 중심, 지·정·의 전 영역 강조 탐구 위주, 창의성 등 고등 사고 기능 강조

출처: 김현석·한관종, 『사회과 통합 교과교육론』, 형설출판사, 2008: 286-287.

제6장 | 사회과 교육평가 도구의 준거와 방법

1. 사회과 교육평가의 도구의 준거

1) 타당도(validity)

교육평가에서의 타당도는 평가도구가 재려고(측정하려고) 의도하는 것을 어느 정도 충실하게 재고 있느냐 하는 것이다. 즉, 재려고 하는 것을 올바로 재고 있느냐 하는 개념이자 무엇을 재고 있느냐 하는 개념이다. 평가 방법이나 평가도구의 타당도(validity)란 평가(검사)하고자 의도했던 구체적인 목표나 내용을 제대로 평가하고 있는가를 나타내는 정도를 의미한다. 한마디로 교육평가 기준으로서의 타당도는 평가목표와 평가 결과의 관련성을 규명하는 것이다.

교육평가의 타당도에서는 반드시 준거(criteria)가 제시되어야 한다. 어떤 준거의 맥락 속에서만 그 의미가 확인되는 개념이며, 타당성은 유무의 문제가 아니라 정도의 문제인 것이다. 즉, 모든 도구는 어느 정도는 타당하다. 타당도는 무엇을 측정하고, 또 측정하려는 것을 어느 정도로 충실히 측정하고 있느냐 하는 문제인 것이다.

즉, 타당도는 평가하고자 하는 구체적인 목표나 내용을 제대로 평가할 수 있느냐의 문제라고 할 수 있다. 타당도는 어디까지나 정도의 문제이기 때문에 타당도가 높다거나 낮다고 할 수는 있지만, 있다거나 없다고 하기는 어려우며 대부분의 경우 숫자로 표시하기 어려운 경우가 많이 있다.

일반적으로 평가 방법이나 도구의 타당도를 알아보기 위한 방식에는 여러 가지가 있는데, 어떠한 측면을 강조하느냐에 따라 내용타당도·준거타당도(구인타당도·공인타당도)·예언타당도(안면타당도·이론타당도)·체계적 타당도(혹은 결과타당도), 생태학적 타당도 등으로 분류할 수 있다.

(1) 예언타당도

교육평가의 준거타당도는 예언타당도와 공인타당도로 구분된다. 예언타당도란 하나의 평가 기록이 학생들의 미래 행동과 특성 등을 어느 정도로 정확하고 완전하게 예언하느냐 하는 것으로 결정하며, 이때의 준거는 시간적으로 미래의 행동 특성에 있다.

가령, 공무원 시험 문제가 이후 공무원으로 합격하여 능력과 자질을 충실히 발휘할 사람을 선발하는 데 유용한 척도인지, 그리고 대학교 입학 고사 문제(방법)가 이후 합격한 학생이 대학교의 전 과정을 충실하게 이수할 수 있는지를 변별할 수 있는 문항이었는지를 파악하는 타당도가 예언타당도이다.

예언타당도는 선행 평가 X와 준거 Y의 상관관계로 표시되는데, 상관 계수가 크면 그만큼 예언의 정확성이 크고, 예언의 오차가 적다는 것을 의미한다. 선행 평가 X와 준거 Y의 두 평가도구의 신뢰도에 크게 영향을 받는데, 두 개의 평가가 모두 신뢰도가 높으면 그 사이의 상관 계수인 예언타당도는 높아진다.

(2) 공인타당도

공인타당도란 새로운 연구 및 가능성을 탐색하고, 새로운 해석이나 이론을 모색하기 위하여 유용하게 이용될 수 있는 타당도의 한 가지이다. 이 기준은 현재에 있고 평가 X와 준거 Y가 본질적으로 동시에 측정되며, 준거의 성질이 예언이라는 데 있지 않고 공통된 요인의 유무에 달려 있다. 공인타당도의 통계적 방법은 예언타당도와 마찬가지로 평가 X와 준거 Y의 상관 계수로 나타낸다. 평가 X로 준거 Y를 서로 바꾸어 사용할 수 있느냐 할 때, 그 답이 '그렇다'이면 공인타당도가 있는 것이다. 즉, 특성 X를 측정하고자 하는 평가 X와 특성 Y를 측정하고 있는 평가 Y 사이의 경험적 공인 관계를 밝히고자 하는 것이다. 이들 두 가지 유형의 타당도 사이에 존재하는 차이는 시간 차원과 준거의 성질이 다르다는 데 있다.

공인타당도의 특징은 평가의 결과와 기준 변인의 자료를 동시에 수집하며, 평가 목적은 기준 변인에 관한 자료의 수집을 대신하는 데 있다. 평가에 의해서 어떤 기준 변인을 예언하기보다는 검사를 사용하는 것이 목적이라는 점이 예언타당도와 차이점이다.

(3) 내용타당도

내용타당도란 한 평가가 재(測定)려고 하는 타당성의 준거를 그 측정 도구의 내용, 즉 내적 준거에 비추어보는 타당도이다. 내용타당도의 특징은 평가문항에 의하여 나타난 내용과 그 평가가 대표하고자 하는 내용이나 행동의 전집과 비교하고 내용의 전집을 명확하고 상세하게 정의해야 한다. 전집을 몇 개의 적합한 하위 영역으로 분류, 정의하고 각 영역의 중요도에 따라 적당한 비중을 결정한다. 평가문항 제작자는 각 문항에 대해서 그 문항이 재고 있는 내용과 기능을 명세화하고 그에 따라 문항의 상대적 비중을 결정한다.

평가가 전반적인 타당성을 측정해주는 평정척을 만들고, 필요에 따라 재고자 하는 기능 및 중요한 내용, 내용에 관한 문항, 그리고 형식의 적합성을 평정하는 평정척을 만들 수 있다. 내용타당도의 결정은 수량적 관계로서 표현되는 것이 아니라 합리적인 판단 과정이다. 이 과정은 평가와 내용 간의 일치성을 평가하는 논리적이고 합리적인 과정으로 평가문항의 전문가의 입장에서 볼 때, 그 전집을 대표하고 있다고 하면 그 평가는 내용타당도가 있다고 볼 수 있다.

(4) 구인타당도

한 평가가 어떤 심리적 개념이나 논리적 구안을 어느 정도 측정하고 있느냐를 의미한다. 조작적으로 정의되지 않고, 과학적으로 이론 정립이 되지 않은 새로운 개념이나 구인을 측정하는 평가로 과학적 이론이나 타당화를 부여하는 과정이다. 한 평가가 조작적으로 정의되지 않은 어떤 특성이나 성질을 측정했을 때, 그것의 과학적 개념을 분석하고 의미를 부여하는 과정인 것이다. 구인타당도의 특징은 A라는 특성을 가진 학생은 B라는 상황에 C라는 행동을 보일 것이라는 가정 아래에서 새로운 법칙을 도모한다. 조작적으로 정의되지 않은 특성이나 성질을 측정했을 때, 그것을 심리적 개념으로 분석하고 의미를 부여하는 것이다. 구인타당도는 준거 없이 타당도를 검증한다는 점에서 예언타당도, 공인타당도와 차이가 있다(이해명 외, 현대 교육과정과 평가, 교육아카데미, 2007: 409-415).

2) 신뢰도(reliability)

　　교육평가의 핵심은 오차 없는 측정이다. 평가 방법이나 평가도구의 신뢰도(reliability)란 그 평가 방법이나 도구를 이용하여 수집한 검사의 점수가 얼마나 정확하고 일관성이 있는가 하는 정도, 즉 측정의 오차(measurement error)가 얼마나 적은가 하는 정도를 의미한다. 인간의 특성을 측정할 때에는 반드시 오차가 있기 마련인데, 이 오차를 얼마나 줄여서 측정하느냐 하는 개념인 것이다. 교육평가의 일관성과 안정성의 문제로 동일한 평가도구를 수차 반복, 실시하여 나타난 결과가 동일할 때 신뢰도가 높다고 할 수 있다.

　　가령, 어떤 평가 방법이나 도구를 이용하여 평가한 결과를 아침에 채점한 점수와 저녁에 채점한 점수가 동일하다면 신뢰도가 높은 평가 방법이나 도구라 할 수 있겠지만, 반대로 아침에 채점한 점수와 저녁에 채점한 점수 간에 차이가 크다면 신뢰도가 낮은 평가 방법이나 도구라고 할 수 있다.

　　이러한 신뢰도는 어디까지나 정도의 문제이기 때문에 신뢰도가 높다거나 낮다고 할 수는 있지만 있다거나 없다고 하기는 어려우며, 대부분의 경우 숫자(혹은 계수)로 표시하는 경우가 많다. 평가 방법이나 도구의 신뢰도를 알아보기 위한 방식에는 여러 가지가 있는데, 어떠한 방법과 절차를 이용하여 파악하느냐에 따라 채점자 간 일치도 · 재검사신뢰도 · 동형검사신뢰도 · 내적 일관성신뢰도 등으로 구분할 수 있다.

　　검사 도구의 신뢰도에 영향을 주는 요인은 다음과 같다.

　　첫째, 문항 수이다. 일례로, 적은 수의 문항으로 인간이 지니고 있는 속성을 측정할 때보다 많은 수의 문항으로 검사를 실시할 때 측정의 오차를 줄일 수 있다. 문항은 문항 제작 절차와 제작법에 준하여 제작된 문항을 전제한다. 양질의 문항 수가 증가한다 하여 신뢰도가 계속 선형적으로 증가하는 것이 아니라 S자형으로 증가한다.

　　둘째, 문항의 난이도가 적절해야 한다. 검사가 너무 어렵거나 쉬우면 검사 불안과 부주의가 발생하여 일관성 있는 응답을 하지 못하므로 신뢰도가 저하된다.

　　셋째, 문항변별도가 높아야 한다. 즉, 문항이 피험자를 능력에 따라 구분할 수 있는 문항변별력이 있어야 검사의 신뢰도가 높아진다.

　　넷째, 검사 도구의 측정 내용이 보다 좁은 범위의 내용이어야 한다. 만약 고등학교 사회 중 검사의 내용 범위를 '지형과 인간 생활'로 국한한다면 지리 전체의 내용으로 하는 검사보다 신뢰도가 높아질 것이다. 이는 검사 내용의 범위를 좁힐 때, 문항 간의 동질성을 유지하기가 용이하기 때문이다.

　　다섯째, 검사 시간이 충분하여야 한다. 이는 문항 수와 관계되는 문제이기도 하다. 충분한 시간이 부여될 때 응답의 안전성을 보장받을 수 있다. 그러므로 속도검사(speed test)보다는 역량검사(power test)가 신뢰도 측면에서 바람직하다.

(1) 검사-재검사 신뢰도(test-retest reliability)

　　한 개의 평가도구, 또는 검사를 같은 집단 내에서 두 번 실시하여 그 전후의 결과에서 얻은 점수를 기초로 하여 상관 계수를 산출하는 방법이다. 시간 간격에 따른 점수 변동에서 안정성과 관계되므로 안정성 계수라고 한다. 검사-재검사 신뢰도에 의해 추출된 신뢰도는 진짜 신뢰도보다 얼마간과대 추정될 가능성이 있다는 점을 유의하여야 한다.

재검사 신뢰도의 특징으로는 검사 실시의 간격을 어떻게 잡느냐에 따라 달라진다. 즉, 간격이 짧으면 신뢰도가 높고, 길면 낮아지므로 두 검사 사이에 시간 간격을 명시해야 하며, 일반적으로 2~4주가 바람직하다. 또한 전후의 검사 실시에서의 여러 조건을 똑같이 통제하기 어려우므로 오차가 커질 우려도 있다.

(2) 동형검사 신뢰도(equivalent-form reliability)

동형검사 신뢰도는 미리 두 개의 동형검사를 제작하고 그것을 피험자에게 실시하여 두 동형검사에서 얻은 점수 사이의 상관 계수를 산출하는 방법이며, 이를 동형성 계수(coefficient of equivalence)라고 한다.

재검사 신뢰도의 시험 실시 기간의 사이가 짧을 경우 피험자가 어떤 특정한 문항을 기억함으로써 검사의 신뢰도가 사실 이상으로 높아지게 되는 현상을 피할 수 있는 방법의 하나로 제작된 것이다. 문항은 다르지만, 같은 특성을 같은 형식으로 측정하고자 하는 것이다. 동형검사 신뢰도의 특징으로는 기억 효과, 연습 효과를 통제할 수 있으며 문항 표본에서 파생되는 오차도 신뢰도 계산에서 고려될 수 있다. 하지만 실제로 거의 같거나 완전히 같은 동질적인 검사로 구성하기는 매우 어렵다.

(3) 반분검사 신뢰도(split-half reliability)

반분검사 신뢰도는 동질성 계수를 보는 한 가지 방법이다. 한 개의 평가도구, 혹은 검사를 분할하고 집단에 실시한 다음 그것을 적절한 방법에 의해 두 부분의 점수로 분할하고 그 사이의 상관을 계산하는 방법이다. 즉, 하나의 검사를 실시한 후에 두 개의 동형 검사를 동시에 실시하였다고 보고 한 검사를 두 개의 동등한 부분으로 나누어 따로 채점하여 두 개의 반분된 검사 간에 상관관계를 측정하는 것이다. 이 방법은 재검사 신뢰도가 부적절할 때, 또 동형검사를 만들기 어려울 때 쉽게 사용할 수 있는 방법으로 두루 활용한다.

두 부분으로 분할하는 방법에는 문항의 전후로 하여 반으로 나누는 방법과 기우법(odd-even method)으로 나누는 방법, 난수표(random numbers table)에 의해 두 부분으로 나누는 방법, 그리고 의식적으로 문항의 난이도 및 내용에 다라 비슷한 것끼리 짝지어 반분하는 방법 등이 있다. 반분검사 신뢰도의 특징으로는 하나의 평가도구나 검사를 가지고 신뢰도를 측정한다는 점에서는 편리하나 검사 실시 시 가능한 특수한 조건이나 피험자의 기간에 따른 우연적 변동 등을 통제할 수 없다. 또한 검사 문항이 동질적이지 못하면 신뢰도 계수가 과소평가될 수 있으며 속도 검사인 경우 신뢰도 계수가 과대평가될 우려가 있다.

(4) 문항 내적 합치도(inter-item consistency)

문항 내적 합치도는 피험자가 검사 속에 포함된 각종 문항에 반응하는 일관성·합치성에 기초를 두고 추정하는 신뢰도이다. 검사 속의 각 문항 하나하나를 모두 독립된 한 개의 검사 단위로 간주하고 그들 사이의 합치성·동질성·일치성 등을 종합하는 입장이다. 한 검사에 있는 문항을 각각 독립된 별개의 검사로 간주하여 문항 내의 정답과 오답 사이의 일관성을 일종의 상관 계수로 나타낸 것이다.

문항 내적 합치도의 특징으로는 검사가 속도를 지나치게 강조할 경우, 많은 학생들이 시간이 모자라 손대지 못하는 문항이 많은 경우에 문항 내적 합치도를 과대 추정할 우려가 있다. 따라서, 피험자의 약 90~95%가 검사를 해결했을 때 비로소 사용하는 것이 바람직하다.

3) 객관도(objectivity)

객관도(客觀度)는 평가자 신뢰도라고도 부르며, 채점자의 채점이 어느 정도 신뢰 있고 일관성을 유지하느냐 하는 것이 초점이다. 한 가지 반응 결과에 대해서 여러 사람의 채점 및 평가가 일치하는 정도를 평가자 간 객관도라고 하며, 한 평가자가 시간적 간격이나 상황의 차이에 따라 같은 대상에 대해서 다른 평가 결과를 나타내는 것을 평가자 내 객관도라고 한다. 객관도는 교육평가에서 하나의 결과가 보는 자의 입장에 따라 여러 가지 다른 해석이 가능하기 때문에 나타나는 평가 기준이다.

객관도는 신뢰도의 일종이며 검사자의 신뢰도이다. 채점의 주관성을 되도록 줄이는 것이 객관성을 유지하는 길이다. 객관도의 향상 방법으로는 평가도구의 객관화, 평가자의 소양 함양, 명확환 평가 기준 수립 등을 들 수 있으며, 다수인의 공동 참여를 통한 평가 결과로 객관성을 높일 수 있다.

4) 실용도(usability)

평가의 실용도(實用度)는 하나의 평가도구가 얼마나 시간과 노력을 적게 들이고 소기의 목적을 달성하느냐 하는 정도를 의미한다. 실용도의 향상 방안으로는 평가 실시의 용이성, 채점의 용이성, 완전한 채점 방법의 제시, 비용의 절감 등을 들 수 있다.

사회과 교육평가에서 타당도, 신뢰도, 객관도를 보완하기 위한 측정 기준으로 제시되는 것이 실용도이다. 실용도는 하나의 평가도구가 시간, 경비, 노력 등을 최소로 하면서 최대의 효과를 나타낼 수 있는 정도를 의미하는 것이다(김현석·한관종. 2008: 282).

5) 문항 난이도(item difficulty)

문항을 출제할 때 이원분류표를 작성하면서 문항의 난이도를 추정한다. 교사는 학생 반응 결과와 자신이 추정한 난이도가 어느 정도 일치하는지 확인할 필요가 있다. 문항난이도(問項難易度, item difficulty)는 '한 문항의 어려운 정도', '한 문항에 학생들이 정답을 한 확률'이다. 피험자 집단이 <문항 1>에는 80%가 정답을 맞혔는데, <문항 2>에는 70%가 정답을 맞혔다면 <문항 1>은 <문항 2>보다 쉬운 문항이라고 할 수 있다.

이와 같이 문항난이도(문항곤란도)는 0~100%에 이르기까지의 변산을 갖고 있다. 그러나 문항의 난이도는 집단이 다름에 따라 변한다. 한 개인에 대한 문항난이도란 존재하지 않는다. 개인에 대해 알 수 있는 것은 그 문항에 정답을 했느냐 오답을 했느냐는 것뿐이다. 측정학적 용어를 빌리면 문항

난이도란 집단의 표준 편차와 평균에 의해 결정되는 통계치이다.

그런데 교사가 문항난이도를 계산하기 전에 반드시 각 문항에 대한 추측 요인을 교정해야 했다. 검사 전체의 점수를 가지고 한 개인의 점수를 교정하거나 하지 않는 것은 그 서열에 별 차이가 없기 때문에 추측을 심하게 하는 것을 막는 효과밖에 없다. 그러나 문항난이도 산출에서는 문항 하나하나의 어려운 정도를 밝히려는 것, 즉 문항에 정답을 하는 확률을 산출하는 데 있기 때문에 답지의 선택이 두 개인가, 세 개인가에 따라 추측을 하여 맞을 가능성, 확률은 전혀 달라진다.

6) 문항 변별도(item discrimination)

문항 변별도는 개개의 문항이 평가나 검사에서 성적이 높은 학생과 낮은 학생을 어떻게 구분해줄 수 있는가 하는 변별 능력을 의미한다. 즉, 문항 변별도는 상위 능력 집단의 정답 학생 수를 하위 집단의 학생 중 정답을 기답한 학생 수로 나눈 값이다. 좋은 문항이란 상위 성취의 학생들이 다수 정답을 하고 하위 수준의 학생들이 거의 정답을 선택하지 못하게 가름하는 것이다.

문항 결과에 대하여 말하는 데 문항의 변별도를 빼놓고 이야기할 수 없다. 검사 결과가 잘하는 학생과 그렇지 못한 학생을 변별하지 못한다면 그 결과에 대해 해석하기 난처하다. 평가 문제의 문항 타당도는 '문항이 무엇을 측정하고 있느냐, 측정해야 할 것을 측정하고 있느냐, 학생의 능력을 변별하는 힘이 있느냐' 등으로 표현할 수 있다. 이처럼 문항타당도의 개념 중에 한 문항이 피험자의 능력을 얼마나 정확하게 변별하는 능력이 있느냐를 보는 것을 문항변별도(問項辨別度, item discrimination)라고 하고, 계산되어 나온 수치를 변별도 지수(DI: discrimination index)라고 부른다. 이러한 문항 변별도는 선택형 문항의 변별도와 주관식 문항에서의 변별도로 구분하여 고찰할 수 있다.

첫째, 선택형 문항에서의 문항 변별도는 상위 학생들과 하위 학생들을 구분해주는 지수로서 총점을 기준으로 하여 구분한 상위 집단과 하위 집단의 정답차를 의미한다(김호권, 2008: 484-486).

실제 평가나 검사의 총점에서 높은 점수를 받은 학생(상위 집단)과 총점이 낮은 학생(하위 집단)으로 나누었을 때, 상위 집단의 학생이 각 문항에서 정답을 맞히는 확률은 하위 집단의 학생이 정답을 맞히는 확률보다 유의한 수준에서 높아야 할 것이다. 만약 이러한 확률에서 차이가 없다면 그 문항의 상·하위 집단을 변별하는 데 별 의미가 없는 변별력이 없는 문항이 된다. 심하게는 어떤 문항에서 상위 집단의 정답률이 하위 집단의 정답률보다 유의하게 낮다면, 그 문항은 별로 쓸모없는 문항이 되고 마는 것이다.

문항변별도를 계산하는 가장 일반적인 공식은 다음과 같다.

$$DI = \frac{R_U - R_L}{f}$$

DI: 문항변별도 지수
RU: 상위 집단 정답 반응 총수
RL: 하위 집단 정답 반응 총수
f: 각 집단(상위, 또는 하위)의 총 사례 수

<문항 1>, <문항 2>와 <문항 3>은 상위 집단에서 이 문항에 정답을 한 수가 오답을 한 수보다 많고, 하위 집단에서는 반대로 오답을 한 수가 정답을 한 수보다 많다. 이렇게 상부 집단과 하부 집단을 분명히 변별해내는 문항이 좋은 문항이다. 따라서 이 문항들은 모두 변별력을 갖춘 문항으로 판단된다. 이를 공식을 이용하여 문항변별도 지수를 계산해보면 분명히 그 뜻이 양적으로 드러난다.

$$<문항 1> \qquad DI = \frac{5}{5} - \frac{3}{5} = 0.4$$

$$<문항 2와 3> \qquad DI = \frac{5}{5} - \frac{2}{5} = 0.6$$

변별도 지수(DI)는 상관 계수와 같이 -1.00~+1.00 사이에 분포된다. 그중 음(-)의 부호가 붙은 것은 아예 쓸모없는 지수이며, 영(0)의 지수, 또는 영에 가까운 지수도 거의 변별력이 없는 문항이며, 양(+)의 부호를 가지면서 그 값이 클수록 변별력이 우수한 문항, 즉 바람직한 문항이다(김정호 외, 2007: 36-318).

둘째, 주관식 문항, 수행평가에서의 문항 변별도는 상위 집단 학생들의 평균 점수와 하위 집단 학생들의 평균 점수 간에 어떤 의미 있는 차이가 있는지를 나타내는 지수이다. 주관식 문항, 수행평가 문항에서의 문항 변별도 지수는 다음과 같은 공식으로 산출된다.

$$문항 \ 변별도 \ 지수(DI) = \frac{특정 \ 문항에 \ 대한 \ 상위 \ 집단 \ 학생의 \ 평균 \ 점수}{최대 \ 획득 \ 가능 \ 점수} - \frac{특정 \ 문항에 \ 대한 \ 하위 \ 집단 \ 학생의 \ 평균 \ 점수}{최소 \ 획득 \ 가능 \ 점수} = \frac{상위 \ 집단과 \ 하위 \ 집단의 \ 평균 \ 점수 \ 차이}{획득 \ 가능 \ 점수 \ 범위}$$

가령, 상위 집단의 평균 점수가 5.3점이고, 하위 집단의 평균 점수가 2.5점이면, 획득 가능한 점수는 1~6점이다. 그러므로 변별도 지수는 아래 공식에 의해서 0.56이 되어 비교적 상위 집단과 하위 집단을 잘 변별해주는 바람직한 문항이라고 할 수 있다(김호권, 2008: 484-486).

$$문항 \ 변별도 \ 지수(DI) = \frac{5.3-2.5}{6-1} = 0.63$$

7) 오답의 매력도(문항 반응 분포)

오답의 매력도(distractability)는 선택형 문항 중에서도 선다형 문항과 결합형 문항의 양호도를 분석할 때 사용된다. 오답의 매력도는 오답지가 마치 정답지처럼 보여 응답자들에게 매력을 느끼도록 하거나 착각을 일으키는 정도를 의미한다.

오답의 매력도는 일명 문항 반응 분포라고 부르기도 하는데, 각 답지에 대해 응답자들의 반응이 어떻게 분산되어 있는지를 파악하게 되면 답지의 매력도는 물론이고 문항의 전체적인 난이도를 추정할 수 있게 된다(김호권, 2008: 486-488).

매력적인 오답의 존재 유무와 매력적인 오답의 개수로 난이도를 조절할 수 있다. 오답이 그럴듯하고 매력적일 때 문항이 어려워지고, 오답으로서 매력이 전혀 없을 때 답지의 기능을 상실하게 된다. 따라서 선다형 문항에서 답지에 대한 분석은 문항의 질을 향상시키고 문항의 난이도를 조절하는 중요한 역할을 한다. 답지 중 오답지를 선택한 피험자들은 문항의 답을 맞히지 못한 피험자들이고, 이들은 확률적으로 균등하게 오답지를 선택하게 된다. 그러므로 답을 맞히지 못한 피험자들이 오답지를 선택할 확률은 다음과 같다.

$$P_0 = \frac{1-P}{Q-1}$$

Po: 답지 선택 확률
P: 문항난이도
Q: 보기 수

각 오답지들이 매력적인지의 여부는 각 오답지에 대한 응답 비율에 의해 결정되는데, 오답지에 대한 응답 비율이 오답지 매력도보다 높으면 매력적인 답지, 그 미만이면 매력적이지 않은 답지이다 (김정호 외, 2007: 313-319).

오답의 매력도에서 유념해야 할 것은 오답지의 매력도가 어느 정도까지는 높아야 하겠지만, 자칫 오답지가 지나치게 매력적이어서 상·하위 피평가자들을 구분해주지 못하는 문제가 발생할 우려가 있다는 점이다.

8) 문항의 계열도

문항의 계열도는 각 문항에 대한 응답자들의 반응 분포를 파악하여 문항의 계열성을 분석하는 방법이다. 따라서 정해진 일률적 수치로 계산하는 것이 아니라 특정 검사지에 대한 학생들의 반응 분포를 조사하여 결정한다. 즉, 당해 평가문항이 학습 내용의 위계를 얼마나 충실하게 반영하고 있는지를 따져보는 방법이다.

<표 8-9> 문항 계열도의 분포(예시)

문항번호	1	2	3	4	5	6
가	○	×	○	○	×	×
나	○	○	○	○	○	○
다	○	○	×	×	×	×
라	○	○	○	○	○	×
나	○	○	○	○	○	○
합계	○	○	○	○	○	○

<표 8-9>의 문항은 학습 내용의 위계가 낮은 문항에서는 모두 정답을 기답했으나 학습 내용의 위계가 높을수록 점차 정답이 감소하고 있으므로 문항 계열도가 높은 편이다. 문항 곤란도는 정답 수를 총 사례 수로 나눈 것이기 때문에 전체적인 경향을 나타내는 지표에 불과하고 실제로 문항에 정답을 기답했느냐, 오답을 기답했느냐는 응답자에 따라 다르다. 바꾸어 말하면 개개 학생이 맞힐 수 있는 문제를 차례로 제시하여 어떤 문제를 어느 수준까지 풀 수 있는지를 확인하는 검사 방식이 위계화 검사이다(황정규, 1986: 496).

교육평가에서는 양질의 문항이 제작되어야 타당하고 신뢰 있는 평가를 할 수 있다. 이를 위해서 문항 분석이 필요하다. 문항 제작에서 문항의 난이도와 변별도가 항상 민감한 사항은 아니다. 평가의 목적이 상대 평가인가, 아니면 절대 평가이가에 따라서 달라질 수 있다. 문항 변별도가 상대 평가에서는 주된 관심사이지만, 절대 평가에서는 그렇지 않다. 오히려 절대 평가에서는 응답자의 오답 매력도(문항 반응 분포)와 문항 계열도에 더욱 중점을 두고 있다(김호권, 2008: 488-489).

2. 사회과 교육평가의 절차

1) 사회과 평가의 절차와 도구

사회과 교수·학습에 있어서 평가를 합리적으로 수행하기 위해서는 일정한 계획에 의하여 평가해야 한다. 이러한 평가의 계획 및 실행에 대한 일반적인 절차를 들면 다음과 같다.

첫째, 교육목표를 분석하고 지도내용을 검토한다. 교육목표로 설정된 학력(지식·이해·능력·기능·가치·태도 등)을 지도 내용(교재)과 결부시킨다.

둘째, 이원 목적 분류표를 작성한다. 교육목적 달성도를 측정하기 위해서는 어떤 형식이건 구체화되는 것이 바람직하다. 이러한 구체화의 전략으로서 교육목적을 이원적으로 분류한다. 이원분류라는 것은 교육목적의 요인을 내용과 행동으로 분리시키는 작업이다.

(1) 내용분류

사회과에 있어서의 내용분류로는 지리, 역사, 정치, 경제, 사회, 문화 등으로 분류할 수 있으며 활동 면에서 분류하면 경제활동, 봉사활동, 정치활동, 종교활동, 건강활동 등으로 나눌 수도 있다. 교육적 이원분류에서 내용분류는 비교적 명백하므로 쉽게 이루어진다.

(2) 행동분류

교육목적의 추수는 행동에 있다. 그러나 교육목적을 측정 가능한 행동 목표로 바꾸는 것은 어려운 문제이므로 이와 같은 행동분류는 블룸(Bloom)의 교육목표 분류(지식<인지력>, 이해력, 적응력, 분석력, 종합력, 평가력)를 활용함이 효과적이다.

<표 8-10> 사회과 평가 이원 목적 분류표(예)

내용 / 행동		인지적 영역										정의적 영역				
		지식			기능							가치갈등분석			당위가치	
					기초기능			탐구기능								
		사실	개념	일반화	지식획득	의사소통	상호협동	문제인지	가설	탐색	일반화	감수반응	선택	존중	주의이해	수용
국토와 지리 정보	(1) 우리나라의 자연 (2) 우리나라 각 지역의 생활 (3) 우리나라 여러 지역 생활의 특징															

(3) 이원 목적 분류표

교육목적을 내용과 행동 면으로 분류한 후 평가를 실시하면 전반적으로 평가에 큰 도움을 준다. 이는 곧 교사가 무엇을 가르치고 무엇을 평가하는지를 일목요연하게 알 수 있는 시간표와도 같다. 교사는 평가과정에서 직접 문항 제작에 들어가기 전에 반드시 이러한 이원분류표를 작성하여야 한다. 그래야만 교육목적에 부합되는 평가를 할 수도 있고 또 자칫하면 편중될 출제위험을 사전에 방지할 수 있다.

첫째, 내용 영역과 행동 영역을 균형 있게 평가하여야 한다.

둘째, 목표에 적정하고도 적절한 평가를 시행하여야 한다.

셋째, 행동의 타당한 증거를 객관적으로 수집할 수 있는 평가 장면을 구성하여야 한다.

넷째, 신뢰성 있고 타당성 있는 평가도구를 선택하여 작성한다.

다섯째, 실제적인 평가를 실시한다.

여섯째, 결과를 의의 있게 해석하고 교육 자료로 활용한다.

이상과 같은 절차를 밟는 사회과 평가에 있어서 가장 어려운 문제는 제1절차인 교육목표의 분석적 정의와 제4절차인 평가도구, 즉 문항제작이다. 전자는 블룸(Bloom)의 교육목적 분류학을 참조하면 목표분석에 큰 도움이 될 것이다. 그리고 후자에 속한 사회과 평가도구로서는 주관식테스트, 객관식테스트, 문제장면테스트, 관찰평가, 작품평가, 면접법, 질문지법 등 다양하게 분류하는데 필답고사의 경우 교사가 작성한 도구로서는 주관식과 객관식 평가가 가장 많이 활용된다.

효과적 사회과 평가를 위해서 교사는 각종 평가의 성질에 입각하여 평가목표에 타당한 평가방법을 선정하는 일이 중요한 것이다. 평가목표와 평가 방법과의 타당한 관계를 작성하여 보면 <표 8-11>과 같다.

사회과 교육평가의 이원 목적 분류표는 인지적 영역에서 지식과 기능 측면을 평가하도록 하고, 정의적 영역에서는 가치갈등분석과 당위가치 측면을 평가하도록 구안되어야 한다.

아울러, 지식 측면에서는 사실, 개념, 일반화 내용이 평가되도록 구안되어야 한다. 또한 기능 측면에서는 기초 기능으로 지식 획득, 의사소통, 상호 협동 등의 기능이 평가되도록 구안되어야 하고, 탐구 기능으로는 문제인지, 가설, 탐색, 일반화 등이 평가되어야 한다. 정의적 영역의 가치갈등분석 측면에서는 감수반응, 선택, 존중 등의 가치가 평가되도록 구안되어야 하고, 당위가치 측면에서는 주의이해, 수용 등이 평가되도록 구안되록 하여야 한다.

<표 8-11> 사회과 평가목표와 평가기술의 관계

평가목표		주요 평가기술
지식		단순재생법, 선택법, 조합법, 선택 조합법, 진위법, 서열법, 정정법 등 객관적 테스트, 논문체 테스트
이해		논문체 테스트, 객관적 테스트, 선택적 조합법, 완성법 등
사고		문제 장면 테스트, 관찰 평정척 기술
기능	도표 읽는 법, 이해와 기술	관찰 평정척 기술(Check list), 문제 장면 테스트, 객관적 테스트
	활동 토의 기술	관찰 평정척 기술(Check list), 평정 척도(Guess who test)
가치 태도	가치관·의견·관심	질문지법, 작문, 면접법
	사회적·도의적 태도	질문지법, 관찰 평정, 면접법
	노력, 책임 등의 태도	관찰 평정척 기술(Check list)·평정 척도(Guess who test)

<표 8-12> 평가 영역과 평가목표 및 평가방법 비교

평가목표	지식	이해	기능·능력		가치·태도	
			자료처리	사고	사회적 태도	의사결정
평가 방법 평가 형태	·다답형 ·완성형 ·선다형 ·최선답형 ·부정형 ·다답형 ·배합형 ·진위형 ·논문형	·논문형 ·선다형 ·배합형 ·완성형	·관찰평가 ·문제장면평가 ·발언 및 작품평가 ·객관식평가	·문제장면평가 ·관찰평가 ·객관식평가	·질문지법평가 ·작문평가 ·면접평가 ·단답형	·관찰평가 ·질문지법 ·논문식평가

제7장 | 사회과 학습과정의 평가

1. 관찰평가

사회과 관찰평가는 학생들의 학습활동 상황 및 과정 중의 학생 학습 활동을 관찰하여 평가하는 것이다. 즉, 학생들이 학습과정 중에서 사회사상이나 사물에 대하여 갖는 흥미, 관심, 능력, 대화, 사고방식 등의 상황을 관찰하고 기록하여 평가하는 것이다.

교사는 행동관찰에 있어서 독단적인 주관을 피하고 항시 객관적 입장에서 계획적·조직적·종합적으로 관찰하는 것이 중요하다. 또한 관찰한 결과를 효과적으로 활용하기 위해서는 기록의 방법이 질적·양적으로 처리하기 쉽도록 하여야 한다. 특히, 교사는 관찰 직후 그때그때 기록할 것을 잊어서는 안 되며 때로는 정기적으로 일자를 정하여 할 수도 있다.

관찰 기록 방법으로 체크리스트와 평정척도법 등이 대표적인데 이를 예시하면 다음과 같다.

체크리스트는 평정단계를 몇 가지로 나누어서 학생의 행동을 체크하는 방법이다. 각종 행동특성의 유무, 형성 정도를 기준으로 특성이 있는 학생이나 형성이 되어 있는 학생만을 체크하는 것이 보통이나 경우에 따라서는 반대로 특성이 없거나 형성되어 있지 않은 학생을 체크할 수도 있다.

평정척도법은 관찰한 특성을 몇 단계로 구분하여 수량적으로 파악하려는 방법이다. 이 방법은 여러 가지가 있으나, 기록을 미리 계획한 척도에 따라 평가하는 것이다. 또, 체크리스트와 평정법을 절충해서 체크 대신 평정척도를 상·중·하 또는 1, 2, 3, 4, 5점 등으로 대체하여 이용할 수도 있다.

〈표 8-13〉 체크리스트의 평가 기록(예)

번호·성명\관점		표현력	참여력	역할수행	자료제작	자료해석	종합력	계(점수)
1	○○○	(4)		(3)				
2	○○○		(2)				(3)	
3	○○○		(5)		(4)			
4	○○○	(3)				(3)		
5	○○○		(4)				(4)	

* 관점별 5점 만점, ( ) 안의 숫자는 평정 점수.

2. 발언 분석 평가

발언 분석 평가는 넓은 의미에서 관찰평가의 일부라고 할 수 있는데, 학습과정 중에 학생들의 발언상황을 분석 진단하는 평가이다.

교사는 학생들의 발언내용, 논리성, 표현방식, 발언회수, 발언태도 등을 주의 깊게 관찰하고, 발언내용이 교사의 발문이나 지도목표에 부합되는가를 잘 분석하면서 학습의욕과 흥미를 북돋아줄 수 있도록 격려, 칭찬하는 식으로 유도하여야 할 것이다. 또한 발언평가는 학습자 전원이 발언할 수 있어야 하겠지만 현실적으로는 개인의 성격이나 학급의 집단성 때문에 불가능하다. 따라서 사전에 발언내용을 노트에 기입하게 하여 그것을 발표시킨다든지, 소집단에서 발언시키고 차차 일제 학습에 있어 발언할 수 있도록 지도하는 등 어떤 의도적 평가가 있어야 할 것이다. 그리고 발언 분석 결과는 누가적으로 기록하여 평가해야 한다.

3. 작품분석 평가

작품 분석평가는 학습과정에서 학생들이 직접 제작한 지도, 도표, 연표, 작문, 일기, 학습장 등의 내용이 어떻게 작성되고 정리되어 있는가를 조사, 분석하는 평가이다. 작품분석법의 대상은 문자나 그림이기 때문에 영속적이어서 분석·고찰하는 데 유리하다 할 수 있다. 그러므로 교사가 객관적이고 타당성 있는 관점에서 계속성 있게 성실히 진행한다면 이 방법은 인간행동의 여러 측면, 즉 창조력, 사고력, 응용력, 감상력 등의 평가뿐만이 아니라 인간성, 사회성의 제 문제점까지도 찾아낼 수 있는 장점이 있다. 또한 지도와 평가의 일체화 실현이라는 점에서도 가장 유용한 방법이라 할 수 있다.

4. 면접(인터뷰) 평가

면접법은 학생 개개인을 상대로 하여 교사가 사전에 계획된 내용에 따라서 면접하는 방법이다. 사회과 학습평가로서의 면접은 학습의욕이 없거나 흥미와 관심이 적어 학습능률이 오르지 못하는 지진아 혹은 그 외에 문제가 있어 학습에 지장을 느끼는 학생을 대상으로 하는 경우가 많으나 때로는 정상적이며 우수한 학생을 면접하는 경우도 있다.

면접평가에 있어서 교사는 부드러운 분위기를 조성함으로써 학생이 안도감을 갖도록 하고 용어사용, 사전계획, 기록 등에 특히 유념해야 한다.

5. 현장학습(체험학습) 평가

현장학습(체험학습) 평가는 현장견학, 즉 공장, 회사, 관공서 등의 사회조사, 사적 및 지형답사의 학습활동을 통해서 학생들의 관찰력, 조사기능, 조사태도와 아울러 보고서, 감상문 등의 표현력까지도 평가할 수 있는 방법이다.

현장학습(체험학습)은 사회현상을 주체적으로 고찰하고 생활과 관련된 문제 등을 직접 발견하는 이점이 많으므로 세밀한 사전계획이 무엇보다 중요하다. 사전계획은 연중 계획, 월중 계획은 물론 실행 시의 준비물, 안전관리, 사후 처리 등 아주 면밀한 계획 수립과 실행이 요구된다.

6. 질문지 평가

질문지법의 특성으로는 아동의 학습 전, 학습 도중, 학습 후에 있어서의 학습태도나 능력을 평가할 수 있다. 학습 전에 이루어진 경험조사에 있어서는 학생의 선행경험, 내용, 그에 대한 아동들의 의식을 조사할 수 있고, 또 앞으로의 학습에 대한 흥미, 관심 등을 조사할 수 있다. 학습 도중에 있어서는 선수학습과의 관련을 사할 수 있고 단원 종료 시에도 학습 성과를 조사할 수 있다.

이와 같이 질문지법은 학생의 학습에 따른 변용과정이나 의식의 심화과정을 조사하는 데 매우 유효한 수단이라 할 수 있다. 그러나 자유기록에 의할 경우 문장 표현능력이나 그 분석에 시간이 걸리는 등 결점도 있다. 그러므로 설문 작성 시에는 조사 의도에 대하여 명확히 해답할 수 있도록 고찰되어야 하며 표현이 불명확할 경우에는 면접을 통하여 학생의 의도한 바를 파악하는 등 타 평가 방법과 병행함으로써 보다 효과를 기할 수가 있는 것이다.

7. 상호 평가

상호 평가는 학습 동료 간의 평가이다. 사회성 등 가치·태도의 특면을 측정하기 위하여 사용되는 방법이다. 가령, "우리 반 아이들 중 짝이 되고 싶은 아이는 누구인가?"와 같은 질문을 던져, 아이들의 사회성과 상호 관계를 알아보는 방법이다. 이렇게 해서 얻어진 결과를 가지고 학생들의 상호 관계를 한 표에 나타낸 것을 소시오메트리(sociometry)라고 한다. 이 방법을 사용할 때에는 학생 상호 간에 원만한 인간관계가 유지되도록 주의해야 한다. 특히 평가 목적에 적합하도록 평가해야 하며,

8. 자기 평가

자기 평가는 자기가 평가자가 되는 것이다. 자기 평가는 자율성을 길러주는 데 의의가 있다. 남으로부터 받는 평가는 평가받는 대상을 항상 수동적으로 만들기 쉬우나, 자기 평가는 스스로 평가해본다는 의미에서 자율적이고 능동적인 인간 형성과 관계가 있는 것이다. 자기평가를 할 수 있는 장면으로는 수업 중에 있어서의 자기 평가, 답안의 자기 채점, 답안지 반환에 의한 피드백, 학습태도, 습관, 노력에 대한 자기 평가 등을 들 수 있다. 평가의 객관성과 타당성 담보가 문제가 될 수 있으므로 신중하게 접근하여야 한다.

〈표 8-14〉 사회과 학습 과정 평가의 평가자 비교

구분	관찰평가	발언분석 평가	작품분석 평가	면접(인터뷰) 평가	현장체험 학습평가	질문지평가	상호평가	자기평가
교사 중심	○		○			○		
학생 중심					○			○
교사·학생 상호 작용		○		○			○	

제8장 | 사회과 교육평가의 실제와 사례

1. 지식·이해 영역의 평가

일반적으로 교육 활동에서 지식·이해는 학습지도에 있어 중요한 목표임과 동시에 아동에게 습득시켜야 할 기본적 학력이다. 학습이란 지식·이해 없이는 성립되지 않는다. 흔히 사회과교육에서 지식과 이해를 암기주입이라는 인식이 앞서 도외시하는 경향이 있는데, 탐구와 문제해결 등 구성주의적 접근도 기초적인 지식과 이해가 바탕이 되어야 한다.

이해란 구조적으로 보면 이해하고 있다는 상태와 그 이해의 소산(所産) 또는 결과(結果)로서의 지식으로 된 이면적 구조체이다. 특히 이해는 전자에 중점이 있다. 사회사상이나 학습내용은 복잡한 관계를 이루며 존재한다. 이들의 관계성이 파악되지 못한 때는 이해되지 않는 상태이며 그것이 학습의 진행에 따라 상호관계성이 파악될 때 비로소 이해된 상태에 이른다. 예를 들면 기후, 지형, 토지, 인간, 생활양식 등의 낱말이 있다고 할 때 이들 낱말들의 상호관계가 어떤 인과관계나 상호관계와 같은 체계하에 관계 파악이 되었을 때 비로소 이해된 상태에 이른다. 이들 낱말들의 관계 파악이 되지 못한 상태에서는 단순한 낱말의 기억에 불과하지 지식이라 할 수 없다. 이들 낱말들의 상호관계 파악이 되면 필연적 결과로서 지식 또는 개념이 이루어져 구체적 사실이 추상화되고 개념화되어 법칙이나 원리로 전환되는 것이다.

지식은 이해의 결과이며 발생적으로는 이해가 지식보다 먼저라 할 수 있다. 지식은 이해된 것이 관념으로서 기억되어 있어야 하며 필요시에 언제나 재생되어 활용되어야 한다. 따라서 기억되지 않은 지식은 참된 지식이라 할 수 없다. 또한 재생되는 지식의 양이 많으면 그만큼 이해도는 깊어지는 것이다. 지식은 기억된 상태이며 이해는 관계파악이 된 상태라는 것이 본질적 성격이다. 따라서 지식·이해를 평가할 때는 일단 이들을 구별할 필요가 있는 것이다.

지식에 대한 평가는 객관적 평가가 가장 적당하며, 이해에 관한 평가는 주관식의 논술형 평가가 가장 타당도가 높으며 객관식으로는 선다형, 완성형, 배합형이 바람직하다. 사회과는 다른 학과에 비하면 그 범위가 너무 넓기 때문에 알아야 할 지식의 범위도 넓고 그 평가 방법도 아주 다양해야만 바람직할 것이다.

1) 단답형(단순재생형)

단답형(단순재생형)은 직접질문이나 명령문으로 되어 있는 것이 보통이나 특수한 경우도 있다. 이 단답형을 일명 단순재생형(Simple Recall)이라고 하는데 사회사상의 생활에 관한 단편적인 지식, 용어, 기호, 수치, 개념 등 사실적 지식을 묻는 데 많이 사용된다.

- [문제 예] 조선을 건국한 인물은 누구인가? (　　)

2) 완성형(완결형)

완성형(완결형)은 거의 단순재생법과 같은 것이므로 그 차이는 문제의 길이와 해답의 배치에서 찾을 수 있다. 이는 진술문의 일부분을 비워놓고 거기에 들어갈 적당한 단어나 기호를 써 넣게 하는 방법인데 문항의 정답은 하나인 것이 바람직하다. 이 형식의 기본형은 불완전 문장형인데, 그 변형으로는 불완전 도표형, 제한 완결형 등이 있다.

이 형식은 사회과학과 사회생활에서 많이 쓰고 있는 고유명사, 일시, 연대, 수치, 인명, 지명, 기호, 용어와 같이 단편적이면서 단순한 지식을 평가하는 데 많이 사용된다.

- [문제 예] 한국은 (   )년 (   )월 (   )일 (   )의 식민지로부터 해방되었다.

3) 선다형(선택형)

선다형(선택형) 문항 형식은 문항과 그에 잇따른 두 개 이상의 답지로 구성된다. 문항은 대개 의문문이거나 불완전문장으로 되어 있고 답지는 두 개 이상이라 하지만 4개 정도로 추측요인을 가장 경제적으로 통제할 수 있다.

선다형은 다른 형식에 비해 내재적인 결점이 적기 때문에 학업성취 측정에 가장 널리 사용되고 있다. 특히 복잡하고 유동성이 심한 사회사상이나 생활에 대한 통찰력, 추리력, 식별력, 판단력을 필요로 하는 사회과 평가에는 가장 적합하다고 볼 수 있다.

그러나 선다형은 좋은 문제를 제작하는 데 많은 노력과 시간이 소모된다. 답지를 두 개 이상 나열한다고 선다형이 되는 것이 아니며 그 답지 하나하나가 제대로 된 측정 기능을 다하고 있느냐가 중요한 것이다.

이 형식은 어느 형식보다도 그 변형의 종류가 많다. 그 기본형은 최선답형인데 그 유형에는 부정형, 다답형, 정답형, 합답형, 불완전문장형, 불완전답지형, 대입형, 포함형, 제외형 등이 있다.

- [문제 예: 최선답형] 2008년 출범한 '이명박 정부'의 핵심 공약은 무엇인가? (   )
① 학교와 병원 시설을 늘린다.
② 국력을 기르고 국방을 튼튼히 한다.
③ 가뭄과 홍수를 막는 데 힘쓴다.
④ 세금을 적게 받아들인다.

- [문제 예: 최선답형] 2008년 출범한 '이명박 정부'의 핵심 공약은 무엇인가? (   )
① 남북통일 이룩
② 경부운하 건설
③ 6자회담 재개
④ 북한의 핵 폐기
⑤ 인구증가 출산 정책

• [문제 예: 어미 부정형] 다음 중 고등법원이 설치되지 않은 지역은? (　)
① 서울　② 부산　③ 광주　④ 대전　⑤ 춘천

• [문제 예: 다답형] 다음 중 해수욕장이 있는 지역을 있는 대로 골라라. (　)
① 강릉　② 보령　③ 청주　④ 안동　⑤ 해운대

4) 배합형

배합형은 일련의 전제, 일련의 답지, 그리고 전제와 답지를 배합시키는 지시문의 세 가지로 구성된다. 전제와 답지에는 단어, 어구, 문장, 도표 등 모든 것을 다 사용할 수 있다. 전제와 답지의 구별은 형식상의 차이일 뿐 근본적 차이는 없다. 대개 먼저 제시되는 것을 전제라 부른다. 이 형식은 사회사상과 생활과의 관련, 대비, 분류 등을 측정하는 데 적합하다. 이 형식의 변형으로는 단순배합형, 복합배합형, 관계분석형, 관계분류형, 양적비교형, 공변관계형 등이 있다.

• [문제 예: 단순배합형] 다음 (ㄱ)항과 관계 깊은 것을 (ㄴ)항에서 골라 (　)안에 기호를 쓰시오.

(ㄱ)항: 인물　　　　　　　　　(ㄴ)항: 업적
① 계백 장군　(　)　•　　•　ⓐ 노량해전
② 양만춘 장군 (　)　•　　•　ⓑ 귀주대첩
③ 이순신 장군 (　)　•　　•　ⓒ 황산벌 전투
④ 강감찬 장군 (　)　•　　•　ⓓ 안시성 싸움
⑤ 김종서 장군 (　)　•　　•　ⓔ 육진 개척

5) 진위형

진위형은 진술문을 제시하고 그것의 진위(眞僞), 정오(正誤) 등을 판단케 하는 방법으로 양자택일형 평가형이라고도 한다. 진술문 한 개를 주어 그것이 옳은지 틀린지를 판단케 하는 방법도 있지만 두 개를 주어 어느 것이 옳은 것인지를 묻는 방법도 있다.

이 형식은 전통적으로 가장 많이 사용되어 온 방법이었으나 현재는 별로 사용하지 않는다. 왜냐하면 형식 자체가 갖는 내재적 약점으로서 추측, 우연의 오차가 크게 작용하기 때문이다. 최근에는 그 개량형(개선형)으로서 진위를 결정한 이유까지 간단히 적게 하여 그 논리성이나 사고력이 합당한 경우에 한하여 맞는 답으로 하는 문항을 제작하고 있다. 사회사상에 관한 간단한 내용이나 가치판단을 측정하는 데 사용된다. 이 형식의 변형으로는 수정형, 군집형, 진위변형 등이 있다.

• [문제 예: 진위형] 다음 설명 중 옳은 것에는 ○표, 틀린 것에 ×표를 하여라.
① 미국은 1776년에 독립하였다. (　)
② 프랑스의 수도는 파리이다. (　)
③ 인도의 나라 종교(국교)는 마호메트교(회교)다. (　)
④ 일본에서는 화산, 지진 등이 자주 발생한다. (　)

⑤ 오스트레일리아(호주) 국민은 주로 백인이다. ( )

6) 배열형

배열형은 몇 개의 문제 사태나 사전 또는 어떤 조작과정을 나타내는 문제를 주고 이를 연대순 또
는 어떤 합리적 및 논리적인 순서로 배열케 하는 문제이다. 그러나 이 형식은 검사형태에 적합한 동
질적 내용을 얻기가 어렵다는 것과 각 문항의 곤란도가 비슷해야 되고 또 채점상의 불합리성 등의
이유로 최근에는 그 변형으로서 중요한 대표적인 순서만을 몇 개 골라서 선다형의 문제형식으로 만
들어 최적한 순서를 선택하게 하는 방법으로 제작하고 있다.
- [문제 예: 배열형] 다음 [보기]의 사실은 조선 시대에 일어난 여러 가지 역사적인 일이다.

> [보기] ⓐ 한글 창제   ⓑ 한일 합방   ⓒ 임진왜란   ⓓ 위화도 회군   ⓔ 병자호란

위 [보기]의 사실을 시대 순으로 바르게 나타낸 것은 다음 중 어느 것인가? ( )
① ⓐ-ⓑ-ⓒ-ⓓ-ⓔ   ② ⓐ-ⓒ-ⓑ-ⓓ-ⓔ   ③ ⓓ-ⓑ-ⓒ-ⓐ-ⓔ
④ ⓓ-ⓐ-ⓒ-ⓔ-ⓑ   ⑤ ⓓ-ⓒ-ⓐ-ⓔ-ⓑ

7) 논술형(논문형)

논술형(논문형)은 별다른 형식이 없고 어떤 질문, 지시에 따라 자유로이 수험자의 능력을 구사할
수 있도록 하는 반응이 특징이다. 일반적으로 신뢰성이나 채점의 객관성에 있어서 객관적 테스트에
미치지 못하나, 이해 면에서는 타당도가 높다고 할 수 있다. 평가목표에 타당한 것을 들어 보면 다
음과 같다.
- [문제 예: 원리, 주장형]
- 2007년 태안 앞바다 기름 유출 사고의 원인을 밝히고, 국민들의 봉사활동에 대해서 논술하여라.
- 2012년 7월 1일 출범한 세종특별자치시의 50년 후의 모습에 대해서 영역별로 변화상을 논술하
  시오.

- [문제 예: 현상 분석 및 대안 제시형]
- 우리나라의 인구 감소 원인을 분석하고 출산율 증가를 위한 대안을 제시하여라.
- 2012년 소위 '20(국민소득 2만 달러)-50(인구 5천만 명)클럽'에 가입한 대한민국이 앞으로 더욱
  선진국으로 발전하려면 어떠한 면에 더욱 노력해야 할지 대안을 제시하여라.

2. 능력·기능 영역의 평가

일반적으로 능력은 어떤 일을 수행할 수 있는 역량인데 이에는 선천적 능력과 후천적 능력으로

대분할 수 있으나 여기에서는 후천적 능력인 학습능력을 의미한다.

장래의 시민을 양성하는 학교교육, 특히 사회과교육에서는 기존의 사회지식만을 가르치기에 앞서 당면한 사회문제를 해결하는 방법이나 새로운 지식을 만들어내는 학습능력을 길러주는 것이 더 긴요하다 하겠다.

한편 기능은 주로 기술적 달성도로 표시되는 역량을 의미한다. 기능은 구조적으로 보면 두 가지 측면이 있다.

첫째는 기능을 뒷받침할 수 있는 지식·이해의 면이다. 예를 들면 지도 작도(地圖 作圖)의 기능이 습득되려면 지도에 대한 방위, 기호, 축척 등에 대한 지식·이해 없이는 이루어지지 않는다. 또한 기능에 있어서의 이 같은 이해·지식의 면은 타 교과의 기초에 의한다는 것도 무시하지 못한다. 그래프 도표를 만들 경우 수학의 기초적 지식이 필요한 것이 그런 예이다. 사회과 관련 컴퓨터 인터넷 정보검색 및 정리도 마찬가지이다. 인터넷 검색만 잘해서는 기능·능력이 있는 게 아니다. 이 검색한 자료를 취사선택, 정리하는 능력이 곧 사회과 기능이다.

둘째로는 기능의 습관화의 면이다. 예컨대 묘도(描圖)의 경우 처음에는 지식·이해가 의식적으로 작용하여 묘도기능이 향상되지만 나중에는 묘도기능은 무의식적으로 향상되어 간다. 다시 말하면 묘도라는 행동이 습관화되어 기능향상이 되는 것이다. 바로 이것이 기능의 본질이며 이런 기능의 향상은 드릴이나 반복연습에 의해 습득되는 것이다.

사회과에서 이 같은 능력 또는 기능에 대한 평가목표는 학자에 따라 견해가 다르나 자료 활용능력 평가와 사고력 평가 등으로 나누어 그 평가방법을 구분할 수 있다.

1) 자료 활용 능력의 평가

자료에는 교사가 지도하기 위한 교수자료와 학생(아동)들의 학습을 추진하기 위한 학습자료가 있다. 오늘의 교수·학습에서 더욱 필요한 것은 교수자료보다 학습자료의 활용능력이다. 사회과의 교수·학습에 있어 자료 활용은 바른 사회적 판단이나 사회인식의 심화를 위해서 불가결한 것으로서 중학년에서 고학년으로 갈수록 활용의 기회가 많아지고 있다. 사회과에서의 자료 활용능력으로는 자료의 선택·수집력, 자료의 제작력, 자료의 분석·해석력으로 나눌 수 있으며 이에 따라 그 평가 관점 역시 다음과 같이 정리할 수 있다.

첫째, 학습에 필요한 자료를 신문, 잡지, 기타 참고도서 등 각종 자료에서 선택하여 수집하는 능력, 둘째, 선택하여 수집한 자료를 비교·관련 등의 조작 과정을 통하여 학습에 효과 있게 제작하는 능력, 셋째, 학습의 초점에 맞추어 자료를 분석하고 해석할 수 있는 능력이며, 자료 활용능력의 평가 과업에는 관찰법, 발언분석법, 작품분석법, 필답고사 등이 있다.

●[문제 예: 자료 분석력] 현대 사회에서 가장 빠른 정보를 얻기 위한 자료나 매체는 무엇인가? (　)
① 지도(地圖)　② 인터넷(internet)　③ 통계 자료　④ TV　⑤ 신문

2) 사고력의 평가

사고력 평가는 학생들에게 문제해결력, 탐구력, 창의력 등을 종합적으로 묻는 평가이다. 따라서 주어진 문제에 대하여 그 해결 방안과 대안을 종합적으로 제시하는 것이 중요하다.
 • [문제 예: 사고력] 2012년 7월 1일 출범한 세종특별자치시(세종시)는 2030년에 인구 50만 명의 자족도시로 발전, 성장할 계획이다. 앞으로 약 20년 뒤인 2030년경의 세종특별자치시의 모습을 정치, 행정, 경제, 사회, 문화, 교육 등 다방면에 초점을 두고 미래의 변화 모습을 논하시오.

3. 가치·태도 영역의 평가

사회과교육에서 가치·태도에 대한 평가는 정의적인 면의 평가이다. 태도란 경험을 통하여 학습된 것으로서 특정한 사물, 사태에 대한 심적 경향 또는 반응경향을 말하며, 가치 또한 체험이나 생활, 학습을 통하여 내면화된 것으로 어떤 행동을 구속하는 신념 내지 표준화 같은 것이다. 따라서 양자는 다 같이 경험을 통하여 학습된다는 것과 개인 행위의 선택을 결정짓는 보다 심층에 속하는 행동성향이라는 점에서 같다고 할 수 있다. 다만 그 차이는 태도에 비해 가치 행동성향이라는 점에서는 같다고 할 수 있다. 다만 그 차이는 태도에 비해 가치는 보다 포괄적이고 심오한 심성이라 할 수 있다.
이 같은 가치 및 태도는 교육에서 정의적 목표의 주요대상일 뿐만 아니라 실제의 학습활동에도 큰 영향을 준다. 아동의 학습에 대한 태도 및 가치관은 아동의 학습상황을 촉진하기도 하고 억제하기도 하며, 또한 학습의 방향이나 성과까지도 규제하는 것으로 요즈음의 교수-학습에서는 중요한 지도목표로 인식되고 있다.
특히 사회와 문화가 급변해가는 오늘날 여러 면에서 가치의 기준이 흔들리고 있는 상황 속에서 사회과교육이 목표로 하는 시민적 자질을 육성키 위해서는 태도 및 가치교육이란 매우 중요한 목표라 하지 않을 수 없다.

1) 가치 평가 방법

사회과에서의 가치교육은 가치란 무엇이며, 어떤 것이 절대적인 가치인가를 추구하거나 규명하려는 것이 아니라 사회생활을 하는 가운데서 올바른 판단으로 합리적 결정을 내릴 수 있도록 교육하는 것이다.
그런데 실제의 경우 국가사회적 요구를 저버릴 수 없는 경우가 허다하므로 주입적 가치교육을 많이 하고 있는 불가피한 일이라 하겠다. 가치 평가의 관점을 사례로 제시하면 다음과 같다.

(1) 감수·반응

① 학습자가 주어진 문제점에 대하여 잘 들으려고 하는가?

② 학습자가 어떤 요구에 대하여 반응하려는 의사를 가지고 있는가?

③ 학습자가 기대되는 행동에 대하여 그 이유를 생각하려 하는가?

(2) 자유선택·심사숙고 후의 선택

① 자기가 택한 가치와 다른 가치의 원인을 생각해보았는가?

② 자기가 택한 가치가 자기 당착에 빠져 있지 않은가?

③ 가치를 택한 후의 결과나 할 일을 생각해보았는가?

(3) 존중·확신

① 자기가 택한 가치에 대하여 만족하고 있는가?

② 자기가 택한 가치가 무엇이 좋고 왜 좋은지 알고 있는가?

③ 자기가 택한 가치를 누구에게나 주장할 수 있는가?

2) 태도 평가 방법

사회과교육에서의 태도는 일반적으로 사회적 태도를 말하는 것으로 그 관점은 사회과교육의 기본 목표에서 우러나온다. 사회과교육의 궁극적 목표는 시민적 자질의 육성에 있는 만큼 이를 뒷받침하고 있는 요소로는 다음과 같은 사항을 열거할 수 있다.

첫째, 기본적 인권의 존중

둘째, 우리 국토(영토)와 역사에 대한 애정

셋째, 국제이해에 대한 태도라 할 수 있다.

사회과의 교육평가에서 태도를 평가하는 방법으로는 관찰법, 발언분석법, 면접법 등 주로 노출된 행동을 대상으로 하는 방법과 함께 태도를 뒷받침하고 있는 내용 판단, 일반적 경향성을 파악하는 방법, 즉 질문지법, 논문 테스트, 문제장면평가, 객관테스트 등 주로 필답고사에 의한 방법이 있다. 그런데 필답고사에 의할 경우 테스트상에 나타난 태도와 실제의 행동 간에는 반드시 일치하지 않을 수도 있는 것이다. 따라서 평가자는 이러한 필답고사의 한계점을 알고 활용하여야 할 것이다.

사회과 교육평가에서 가급적 태도의 평가는 표출된 행동을 중심으로 평가하는 것이 바람직하다. 다만, 그 노출된 평가 대상과 장면이 인위적으로 조작되지 않은 일상적이고도 자연스러운 노출 태도여야만 한다.

그렇지 않고, 의도적으로 연출된 태도와 조작된 태도는 비교육적일 뿐만 아니라 평소의 자연스러운 활동이 되지 못하고 타인을 의식하여 부자연스러운 태도로 변질될 우려가 있기 때문이다. 그럴 경우에는 의미 있는 태도 평가는 불가능하다는 점을 유념하여야만 한다.

특히, 사회과의 교육평가에서는 지적인 측면(지식), 기능적인 측면(기능), 정의적인 측면(가치·태도)의 평가가 균형 있고 종합적으로 이루어져야 한다. 특히 사회과 교육평가는 미래 사회의 주역이 될 학생들이 바르게 알고, 올바른 가치관을 함양하여 바람직한 태도와 행동을 구사하도록 배려하는 교육적 측면에서 출발하여야 한다.

1. 교육평가의 일반적 유형인 평가(evaluation), 측정(measurement), 총평(assessment) 등을 비교하여 설명하시오.

2. 사회과 교육평가의 원리를 제시하고 각 원리의 특징을 간략하게 기술하시오.

3. 사회과 교육평가의 기능과 방향에 대하여 논하시오.

4. 사회과의 평가 영역인 지식 영역, 탐구 기능, 의사결정 및 실천 능력, 가치·태도 영역, 학습자의 흥미·관심·동기·습관의 평가, 참여 및 행동 평가에 대해서 그 특징을 중심으로 간략하게 기술(記述)하시오.

5. 규준 기준 평가(상대 평가)와 준거 기준 평가(절대 평가)를 비교하여 설명해보시오.

6. 사회과의 진단평가, 형성평가, 총괄평가를 그 의미와 특징을 중심으로 설명해보시오.

7. 사회과 수행평가의 방법을 제시하고 각각의 세부 방법을 설명하시오.

8. 사회과 평가의 최근 동향과 바람직한 사회과 평가를 위한 앞으로의 과제에 대하여 논하시오.

9. 사회과에서 평가도구의 준거를 제시하고 준거별로 간략하게 그 특징을 기술하시오.

10. 사회과 형성평가의 절차(단계)를 제시하고, 각각의 절차(단계)에서 고려해야 할 점에 대하여 기술하시오.

참고문헌

1. 단행본(국내 문헌)

강선주·설규주(2008). 『좋은 사회과 수업을 위한 컨설팅 내용과 방법』. 파주: 교육과학사.

강신택(2007). 『사회과학 연구의 논리』. 서울: 박영사.

강우철(1991). 『달라져야 할 사회과교육』. 서울: 교학사.

강우철 외(1978). 『사회과교육』. 서울: 한국능력개발사.

강환국(1985). 『사회과교육학』. 서울: 학연사.

강환국(2009). 『사회과교육과 사회과 교사 교육』. 서울: 학연사.

강현석 외 공역(2008). 『교육과정 개발과 설계』(Murray Print 저). 서울: 교육과학사.

강현석 외 공역(2008). 『통합 교육과정의 이론과 실제』(Donna M. Wolfinger·James W. Stockard Jr 공저). 파주: 양서원.

경상대학교 중등교육연구센터·한국사회과교육학회(2006). 『제7차 교육과정과 교과서(일반사회)』. 서울: 교육과학사.

고형일 외(1990). 『학교 학습의 탐구』. 서울: 교육과학사.

공주교육대학교 교육대학원(2008). 『초등 수업 개선 어떻게 하여야 하나』. 공주: 합동인쇄출판사.

공주교육대학교 초등교육연구소(2003). 『제7차 교육과정 탐구』. 대전: 대교출판사.

곽병선(1986). 『한국의 교육과정』. 서울: 민족문화문고간행회.

곽병선·김재복(1989). 『교육과정 운영론』. 서울: 배영사.

교육과정·교과서연구회(2000a). 『한국 교과교육과정의 변천(초등학교)』. 서울: 대한교과서주식회사.

교육과정·교과서연구회(2000b). 『한국 교과교육과정의 변천(중학교)』. 서울: 대한교과서주식회사.

교육과정·교과서연구회(2000c). 『한국 교과교육과정의 변천(고등학교)』. 서울: 대한교과서주식회사.

교육과학기술부(2008). 『초등학교 교육과정 해설(Ⅲ)』. 광주: 한솔사.

교육과학기술부(2008). 『중학교 교육과정 해설(Ⅲ)』. 광주: 한솔사.

교육과학기술부(2008). 『고등학교 교육과정 해설(Ⅲ)』. 광주: 한솔사.

교육법전편찬회(2007). 『교육법전』. 서울: 교학사.

교육부(1986a). 『초·중·고등학교 교육과정(1946~1981)』. 총론. 서울: 대한교과서주식회사.

교육부(1986b). 『초·중·고등학교 교육과정(1946~1981)』. 사회과·국사과. 서울: 대한교과서주식회사.

교육부(1992a). 『중학교 사회과 교육과정 해설』. 서울: 대한교과서주식회사.

교육부(1992b). 『고등학교 사회과 교육과정 해설』. 서울: 대한교과서주식회사.

교육부(1993a). 『국민학교 교육과정 해설(Ⅰ)』. 서울: 대한교과서주식회사.

교육부(1993b). 『국민학교 교육과정 해설(Ⅱ)』. 서울: 대한교과서주식회사.

교육부(1993c). 『국민학교 교육과정 해설(Ⅲ)』. 서울: 대한교과서주식회사.

교육부(1997a). 『사회과 교육과정』. 교육부 고시 제1997-15호(별책 7). 서울: 대한교과서주식회사.

교육부(1997b). 『초등학교 교육과정 해설(사회)』. 교육부 고시 1997-15(별책). 서울: 대한교과서주식회사.

교육부(1997c). 『중학교 교육과정 해설(사회)』. 교육부 고시 1997-15(별책). 서울: 대한교과서주식회사.

교육부(1997d). 『고등학교 교육과정 해설(사회)』. 교육부 고시 1997-15(별책). 서울: 대한교과서주식회사.

교육부(1998). 『교육 50년사: 1948~1998』. 서울: 교육50년사편찬위원회.

교육부(1999a). 『교육발전 5개년 계획』. 서울: 교육부.

교육부(1999b). 『초·중·고등학교 국가 수준 교육과정 기준』. 서울: 교육부.

교육부(2000). 『제7차 교육과정의 개요』. 서울: 교육부.

교육부(1997a). 『초등학교 교육과정(교육부 고시 1997-15. 별책 2)』. 서울: 대한교과서주식회사.

교육부(1997b). 『초·중등학교 교육과정(교육부 고시 1997-15. 별책 1)』. 서울: 대한교과서주식회사.

교육부(1997c). 『초·중등학교 교육과정 해설』. 서울: 대한교과서주식회사.

교육위원회(2002). 『한국의 학교 제도와 평가 방법 개선 연구』. 교육위원회 정책연구개발과제 연구 2002-05.

교육인적자원부(1998). 『교육 50년사』. 서울: 교육인적자원부.

교육인적자원부(2001). 『제7차 교육과정과 학교교육의 발전 전망』. 교육과정 자료 제74호. 교육인적자원부.

교육인적자원부(2006a). 『고등학교 사회 교사용 지도서』. 서울: 대한교과서주식회사.

교육인적자원부(2006b). 『중학교 사회 교사용 지도서』. 서울: 대한교과서주식회사.

교육인적자원부(2006c). 『초등학교 사회 교사용 지도서』. 서울: 대한교과서주식회사.

교육인적자원부(2007a). 『2007년 개정 교육과정(사회과)』. 교육인적자원부 고시. 2007-79. 교육인적자원부.

교육인적자원부(2007b). 『2007년 개정 교육과정(총론)』. 교육인적자원부 고시 2007-79. 교육인적자원부.

국립사범대학장협의회(2000). 『국립 사범대학 표준 교육과정』. 국립사범대학장협의회 정책팀.

권낙원(1997). 『교육과정 총론』. 한국교원대학교 대학원 보고서.

권낙원(1998). 『수업의 원리와 실제』. 서울: 성원사.

권낙원(2008). 『학교교육과정 개발론』. 파주: 학지사.

권오정 외(1992). 『통일 시대의 민주시민교육론』. 서울: 탐구당.

권오정·김영석(2006). 『사회과교육학의 구조와 쟁점』. 서울: 교육과학사.

권오정·김영석(2008). 『사회과교육학의 구조와 쟁점(증보판)』. 파주: 교육과학사.

권효숙 외(2007). 『사회과교육의 논리』. 서울: 교육과학사.

김경배(2008). 『교과교육론』. 서울: 학지사.

김대현(2012). 『교육과정의 이해』. 서울: 학지사.

김동원(2012). 『학교교육과정 길라잡이』. 서울: 도서출판 신정.

김두정(2006). 『한국 학교교육과정의 탐구』. 서울: 학지사.

김만곤 외(1999). 『초등 사회과교육』. 서울: 도서출판 두산동아.

김만곤 외(2002). 『사회과교육의 실제』. 서울: 대한교과서주식회사.

김병무(2006). 『현대 사회학의 이해』. 서울: 청목출판사.

김석우(2008). 『사회과학 연구를 위한 SPSS WIN 12.0 활용의 실제』. 파주: 교육과학사.

김성훈(2008). 『교육과정 강의』. 서울: 동문사.

김용만 외(1998). 『사회과 교육과정 해설』. 서울: 교육과학사.

김용신(2000). 『사회과 현장 학습론』. 서울: 문음사.

김용신 역(2010). 『다문화 시민교육론』. 파주: 교육과학사.

김운삼(2008). 『교육학 개론』. 서울: 창지사.

김일남·이광성(2007). 『사회과 의사결정 수업모형 탐구』. 파주: 양서원.

김재복(1988). 『교육과정의 통합적 접근』. 서울: 교육과학사.

김재복(1999). 『초등학교 교육과정 해설』. 서울: 교육과학사.

김재복(2000). 『통합 교육과정』. 서울: 교육과학사.

김재복 외 공역(1997). 『수업모형』. 서울: 형설출판사.

김재형 외 공역(1999). 『사회과 탐구 논리』. 서울: 교육과학사.

김정호(2007). 『사회과교육학 신론』. 서울: 문음사.

김종서 외(1990). 『교육과정과 교육평가』. 서울: 교육과학사.

김현석(2006). 『사회과 통합교과교육론』. 서울: 형설출판사.

김현석·한관종(2008). 『사회과 통합교과교육론』. 서울: 형설출판사.

김형수(2008). 『사회과 내용학의 이해』. 서울: 형설출판사.

김형수(2008). 『전공 일반사회』. 서울: 형설출판사.

김호권(1982). 『학교 학습의 탐구』. 서울: 교육과학사.

김호권(1986). 『교육과 교육과정』. 서울: 배영사.

김호권 외(1980). 『현대 교육과정론』. 서울: 교육출판사.

남경희 외 역. DAVID W VAN CLEAF 저. 『사회과 교수 학습론』. 서울: 교육과학사.

남상준(2005). 『지리교육 탐구』. 서울: 교육과학사.

노정식 외(2000). 『사회과교육』. 서울: 형설출판사.

문교부(1975). 『국민학교 교사용 교과용 도서(사회 4)』. 서울: 교학도서주식회사.

문교부(1982a). 『국민학교 새 교육과정 개요(연수 자료)』. 서울: 대한교과서주식회사.

문교부(1982b). 『중학교 새 교육과정 개요(연수 자료)』. 서울: 대한교과서주식회사.

문교부(1982c). 『고등학교 새 교육과정 개요(연수 자료)』. 서울: 대한교과서주식회사.

문교부(1986). 『초·중·고등학교 교육과정 해설[사회과·국사과](1946~1981)』. 서울: 대한교과서
    주식회사.

문교부(1988a). 『국민학교 교육과정』. 서울: 문교부.

문교부(1988b). 『국민학교 교육과정 해설』. 서울: 문교부.

문교부(1988c). 『중학교 교육과정 해설』. 서울: 서울인쇄공업협동조합.

문교부(1988d). 『문교 40년사』. 서울: 문교부.

문교부(1992a). 『국민학교 교육과정』. 서울: 문교부.

문교부(1992b). 『중학교 교육과정』. 서울: 문교부.

문교부(1992c). 『고등학교 교육과정』. 서울: 문교부.

박기범(2010). 『사회과 디지털 교육론』. 파주: 교육과학사.

박병기·추병완(1996). 『윤리학과 도덕 교육』. 서울: 인간 사랑.

박상준(2007). 『사회과교육의 이론과 실제』. 서울: 교육과학사.

박성익(2006a). 『교수 학습 방법의 이론과 실제(Ⅰ)』. 서울: 교육과학사.

박성익(2006b). 『교수 학습 방법의 이론과 실제(Ⅱ)』. 서울: 교육과학사.

박용헌(1996). 『민주화·세계화와 교육 과제』. 서울: 서울대학교 출판부.

박은종(2006). 『사회과교육학과 교육평가』. 공주대학교 사범대학 사회과교육 강의 교재.

박은종(2008). 『한국 사회과 교육과정 탐구: 분석 및 모형 개발 탐색』. 파주: 한국학술정보(주).

박은종(2009). 『사회과교육학 핸드북: Key Point』. 파주: 한국학술정보(주)

박은종(2009). 『현대 사회과교육학·사회과교육론 신강』. 파주: 한국학술정보(주).

박은종(2010). 『으뜸 수업탐구의 정석』. 파주: 한국학술정보(주).

박은종(2010). 『으뜸 학급경영 핸드북』. 파주: 한국학술정보(주).

박은종(2012). 『창의적 체험활동 교육과정의 실행: 이론과 실제』. 파주: 한국학술정보(주).

박인현(2006). 『초등 사회과교육』. 서울: 교육과학사.

박인현(2008). 『정보사회의 시민 생활과 법』. 파주: 교육과학사.

박인현(2012). 『사회과 교육』. 파주: 교육과학사.

박현주(2007). 『교육과정 개발의 모형과 실제』. 서울: 교육과학사.

배광호(2010). 『최고의 수업』. 서울: 다산에듀.

백승대 외(2007). 『사회과교육의 실천과 대안』. 서울: 교육과학사.

변홍규(1994). 『질문 제시의 기법』. 서울: 교육과학사.

서재천(1996). 『사회과 수업 방법』. 서울: 도서출판 유천.

성병창(2000). 『교육과정 개발과 지도성』. 서울: 양서원.

성태제(2004). 『문항 제작 및 분석의 이론과 실제』. 서울: 학지사.

성태제(2008). 『현대 교육 평가』. 파주: 학지사.

소경희(2006). 『교육과정 개발』. 서울: 교육과학사.

손인수(1992). 『미군정과 교육 정책』. 서울: 민영사.

손인수(1998a). 『한국 교육사 연구(상)』. 서울: 문음사.

손인수(1998b). 『한국 교육사 연구(하)』. 서울: 문음사.

손인수(1994). 『한국교육운동사』. 서울: 문음사.

손충기(2007). 『교육과정과 교육평가』. 서울: 태영출판사.

손충기(2007). 『교육연구 방법론』. 서울: 태영출판사.

송대영((1991). 『윤리 교육』. 서울: 한국방송통신대학교출판부.

송대영(2000). 『사회생활교육』. 서울: 한국방송통신대학교출판부.

송용의 역. Jack R. Fraenkel 저(1986). 『가치 탐구 수업 어떻게 할 것인가?』. 서울: 교육과학사.

송창석(2001). 『새로운 민주시민 교육방법』. 서울: 백산서당.

신세호 외(1980). 『초·중등학교 교육과정 개선을 위한 기초 연구』. 서울: 한국교육개발원.

심광택(2008). 『사회과 지리 교실 수업과 지역 학습』. 서울: 교육과학사.

안 천(2006). 『생활화 사회과교육론』. 서울: 교육과학사.

안 천(2006). 『신사고 사회과교육론』. 서울: 교육과학사.

양미경(2010). 『교육과정 및 교수방법(증보판)』. 파주: 교육과학사.

양호환 외(1997). 『역사 교육의 이론과 방법』. 서울: 도서출판 삼지완.

오영태(1996). 『사회과교육론』. 서울: 갑을출판사.

오영태(2000). 『사회과교육론』. 서울: 형설출판사.

오택섭 외(2008). 『사회과학 데이터 분석법』. 서울: 도서출판 나남.

유명철(2008). 『민주시민교육론』. 파주: 교육과학사.

유봉호(2002). 『한국 교육과정사 연구』. 서울: 교학연구사.

유봉호(2000). 『현대 교육과정』. 서울: 서울: 교학연구사.

유제천 역. 밥 파이크 저(2006). 『창의적인 교수법』. 서울: 김영사.

윤광보(2008). 『교육방법과 교육공학의 이해』. 파주: 양서원.

윤기옥 외(2001). 『수업모형의 이론과 실제』. 서울: 학문출판.

윤덕중 역(2000). STANLEY P. WRONSKI 외 저. 『사회과교육과 사회과학』. 서울: 교육과학사.

이간용(2008). 『사회과교육의 참평가론』. 서울: 도서출판 한울.

이경섭(1997). 『현대 교육과정사 연구(상)』. 서울: 교육과학사.

이경섭(1997). 『교육과정 쟁점 연구』. 서울: 교육과학사.

이경한(2008). 『사회과 지리 수업과 평가』. 서울: 교육과학사.

이경환(1994). 『학교 교육과정의 편성과 운영』. 교육과정연수자료. 서울: 대한교과서주식회사.

이경환 외(2002). 『한국 교육과정의 변천』. 서울: 대한교과서주식회사.

이동원 외(2008). 『초등 사회과 좋은 수업안 쓰기 follow up』. 파주: 교육과학사.

이석주 외(1997). 『사회과 열린 교육』. 서울: 교육과학사.

이성은(1999). 『학교 변화와 열린 행정』. 서울: 교육과학사.

이성호(1982). 『교육과정 개발 전략과 절차』. 서울: 문음사.

이성호(2006). 『교육과정 개발의 원리』. 서울: 학지사.

이성호(2008). 『교수방법의 탐구』. 파주: 양서원.

이영기 외(1984). 『사회과교육(Ⅰ)』. 서울: 한국방송통신대학교출판부.

이영기 외(1990). 『사회과교육(Ⅱ)』. 서울: 한국방송통신대학교출판부.

이원순(1991). 『역사교육론』. 서울: 삼영사.

이원희 외(2008). 『교육과정과 수업』. 파주: 교육과학사.

이원희 외(2010). 『교육과정』. 파주: 교육과학사.

이종국(2006). 『한국의 교과서 출판 변천 연구』. 서울: 일진사.

이종일 외(2008). 『교육적 질문하기』. 파주: 교육과학사.

이종일(2008). 『사회과 탐구와 교사 자질』. 파주: 교육과학사.

이칭찬(2007). 『교육방법 및 교육 공학』. 서울: 태영출판사.

이태근 외(1987). 『경제교육론』. 서울: 교육과학사.

이해명 외(2010). 『현대 교육과정과 평가』. 서울: 교육아카데미.

이혁규(2008). 『교과교육 현상의 질적 연구: 사회 교과를 중심으로』. 서울: 학지사.

인천광역시사회과교육연구회(2007). 『사회과 교수·학습』. 인천: 인천광역시교육연구정보원.

임채식 외(2007). 『교과교육론』. 서울: 태영출판사.

임청환 외 공역(2008). 『교사를 위한 수업 전략』(Paul D. Eggen·Donald P. Kauchak 공저). 서울: 시그마프레스.

전정태(2007). 『현대 사회와 정보윤리』. 서울: 도서출판 학이당.

정문성(2001). 『사회과 수행중심 평가』. 서울: 학문출판(주).

정문성(2002). 『협동학습의 이해와 실천』. 서울: 교육과학사.

정문성 외(2010). 『사회과 교수·학습법(개정판)』. 파주: 교육과학사.

정범모(1972). 『가치관과 교육』. 서울: 배영사.

정범모(1980). 『초등 사회과교육의 이론과 실제』. 서울: 교육출판사.

정병기(2002). 『초등 사회과교육의 이론과 실제』. 서울: 교육출판사.

정병기 외(1997). 『사회과 교육과정 영역별 수업 기법·수업모형 및 평가』. 서울: 배영사.

정병기 외(2000). 『사회과교육론』. 서울: 교육출판사.

정병기·홍기룡(2000). 『사회과 교수법』. 서울: 형설출판사.

정선영 외(2002). 『역사교육의 이해』. 서울: 삼지원.

정세구(1990). 『사회과교육의 과제』. 서울: 배영사.

정세구 역. Shirley H. Engle·Anna S. Ochoa 공저(1991). 『민주시민교육』. 서울: 교육과학사.

정태범(1999). 『교육정책 분석론』. 서울: 원미사.

정태범(1998). 『학교교육의 구조적 개혁』. 서울: 양서원.

정태범(2002). 『교육 정책과 교육 제도의 발전』. 교육 경영 총서(1). 서울: 양서원.

조광준(2006). 『인간형성의 사회과교육』. 서울: 집문당.

조병철(2000). 『글로벌 시민성과 경제교육(Ⅰ)』. 대구: 문창사.

조병철(2001a). 『글로벌 시민성과 경제교육(Ⅱ)』. 대구: 문창사.

조병철(2001b). 『사회과 경제교육 연구(Ⅰ)』. 대구: 문창사.

조병철(2003a). 『사회과교육학 신론』. 서울: 문음사.

조병철(2003b). 『경제학적 사고방식의 이해』. 대구: 문창사.

조병철(2004). 『사회과교육의 이해』. 대구: 문창사.

조병철 역(1998). 『국제적 시각의 경제교육』. 대구: 문창사.

조병철 역(1999). 『새로운 사회과 교육과정』. 대구: 문창사.

조병철 역(2002). 『경제교육의 이론과 실천』. 대구: 문창사.

조병철 역(2003). 『사회과와 연계된 경제교육』. 대구: 문창사.

조병철 역(2005). 『효율적인 학교 경제교육』. 대구: 문창사.

조승제(2008). 『교과교육과 교수·학습 방법론』. 파주: 양서원.

조영달(1999). 『한국 교실 수업의 이해』. 서울: 교육과학사.

조영달·김영수(1992). 『사회과교육에서의 컴퓨터 활용』. 서울: 교육과학사.

조영복(2008). 『초등 사회과 교과서 삽화 오류의 대안적 고찰』. 파주: 한국학술정보(주).

주삼환(1997). 『변화하는 시대의 장학』. 서울: 원미사.

진영은(2010). 『교육과정: 이론과 실제』. 파주: 학지사.

진영은·조인진·김봉석(2006). 『교육과정과 교육평가의 탐구』. 서울: 학지사.

차경수(2006a). 『현대의 사회과교육』. 서울: 학문사.

차경수(2006b). 『사회과 교수법과 교재 연구』. 서울: 학문사.

차경수·모경환(2008). 『사회과교육』. 서울: 동문사.

차경수·조대훈2012). 『사회과교육의 도전과 전망』. 서울: 동문사.

차석기 외(1985). 『한국 교육사 연구』. 서울: 재동문화사.

차조일(2008). 『사회과교육과 합리성』. 파주: 한국학술정보(주).

최병모 외(2005). 『세계화·지식기반사회와 경제교육』. 대구: 문창사.

최병모 외 공역. James A. Banks 저(1993). 『사회과 교수법과 교재 연구』. 서울: 교육과학사.

최병모 외 공역(1999). Catherine Cornbleth. 『사회과교육 연구에의 초대』. 서울: 원미사.

최상희(2003). 『NIE의 이해와 실천』. 서울: 커뮤니케이션북스.

최용규 외(2007). 『사회과, 교육과정에서 수업까지』. 파주: 교육과학사.

최용규 외(2008). 『사회과, 교육과정에서 수업까지(개정판)』. 파주: 교육과학사.

최용규 외 공역(2006). George W. Maxim 저. 『살아 있는 사회과교육』. 서울: 학지사.

최충옥 외 공역(2006). 『사회과교육의 이해』. 파주: 도서출판 서원.

최호성(2008). 『교육과정 및 평가: 이해와 응용』. 파주: 교육과학사.

최호성 외 공역(2008). 『교육과정 설계의 이론과 실제』(George J. Posner·Alan N. Rudnitsky 공
       저). 서울: 시그마프레스.

추정훈(2010). 『교과교육론』. 서울: 청목출판사.

충청남도교육청(2000). 『초등학교 교육과정 핸드북』. 대전: 용해출판사.

충청남도교육청(2008). 『학교 자율화 추진 계획』, 학교장 회의 자료, 2008.5.1. 충청남도교육청 장
       학자료.

탁영진(2006a). 『탐구 교육학(상)』. 서울: 도서출판 박문각.

탁영진(2006b). 『탐구 교육학(하)』. 서울: 도서출판 박문각.

한국교원대학교(2004). 『학교교육 50년 반성과 전망』. 한국교원대학교 개교 20주년 기념 심포지엄
       자료집. 청원: 한국교원대학교 종합교육연수원.

한국교원대학교(2005). 『한국 교육 50년: 그 반성과 전망』. 한국교원대학교 개교 20주년 기념 논
       집. 청원: 한국교원대학교출판부.

한국교원대학교·서울대학교 사범대학(2008). 『교실친화적 교사 양성의 실천적 방향 모색』. 합동
       세미나 자료집. 청원: 한국교원대학교 교육연구원.

한국교원대학교 교육연구원(2005). 『전국 초·중등 교사 우수 연구 결과 발표 대회 및 전시회 자

료집』. 교과교육연구자료집. 한국교원대학교 교육연구원.

한국교원대학교 교육연구원(2006a).『교육과정 개정 시안에 대한 전국 현장 교사 대토론회』. 교육과정 학술 세미나집. 한국교원대학교 교육연구원.

한국교원대학교 교육연구원(2006b).『전국 초·중등 교사 우수 연구 결과 발표 대회 및 전시회 자료집』. 교과교육연구자료집. 한국교원대학교 교육연구원.

한국교원대학교 교육연구원(2007).『전국 초·중등 교사 우수 연구 결과 발표 대회 및 전시회 자료집』. 교과교육연구자료집. 한국교원대학교 교육연구원.

한국교원대학교 부설교과교육공동연구소(2005).『차기 초·중등 교육과정 개선과 교과용 도서의 개발 방향』. 교과교육공동연구 학술 세미나집.

한국교원대학교 사회과 교육과정개정연구위원회(1997).『제7차 교육과정 개정 시안 연구·개발』. 1997 교육부 위탁과제 답신보고서. 한국교원대학교 사회과 교육과정개정위원회.

한국교원대학교 사회과교육연구회(1994).『사회과교육연구』. 창간호. 청원: 협신사.

한국교원대학교 제6차 사회과 교육과정개발연구위원회(1992).『제6차 사회과 교육과정 개발 연구』. 청원: 협신사.

한국교원대학교 통일교육연구소(2004).『오늘의 북한: 현실 인식과 교육』. 청원: 한국교원대학교 통일교육연구소.

한국교원대학교 통일교육연구소(2005).『동북아 시대의 국토 통일과 국제 협력』. 청원: 한국교원대학교 통일교육연구소.

한국교원대학교 통일교육연구소(2006).『북한 연구와 통일 교육을 위한 한·중 협력 방안』. 청원: 한국교원대학교 통일교육연구소.

한국교원대학교 통일교육연구소(2007).『남·북한 교육제도 비교 및 통일 후의 전망과 방안』. 청원: 한국교원대학교출판부.

한국교육개발원 사회과교육연구실 편(1983).『사회과 탐구 수업』. 서울: 교육과학사.

한국교육과정·교과서연구회 (1999).『인물로 본 편수사』. 대한교과서 주식회사.

한국교육30년사편찬위원회(1980).『한국 교육 30년』. 서울: 삼화서적주식회사.

한국사회과교과교육학회·한국교원대학교 사회과학교육연구소(2005).『한국 사회과교육 60년: 회고와 전망』. 제12회 연차학습대회 발표자료집. 청주: 도서출판 한알.

한국사회과교육연구학회(2008).『초등 지도 학습 33선: Map skill』. 파주: 교육과학사.

한국사회과교육연구회(1990).『한국 사회과교육학 개론』. 서울: 교육과학사.

한국사회과교육학회(2007).『사회과 교과서 쓰기와 읽기(Ⅱ)』. 제17회 연차 학술대회 발표자료집. 한국사회교과교육학회.

한국사회과교육학회(2005).『한국 사회과교육 60년: 회고와 전망』. 제12회 연차 학술대회 발표자료집. 한국사회교과교육학회.

한국사회과교육회 역. H. D. Mehlinger & O. L. Davis 편(1986).『사회과교육』. 서울: 교육과학사.

한국중등교육협의회(1984).『중·고등학교 신교육과정 해설』. 서울: 대한교과서주식회사.

한기언(2006).『초등 사회과교육』. 파주: 한국학술정보(주).

한면희(2006).『새로운 패러다임에 기초한 사회과교육』. 서울: 교육과학사.

한면희 외(2004). 『사회과교육론』. 서울: 갑을출판사.

한면희(2000). 『사회과교육의 과정 탐색』. 서울: 배영사.

한면희 외 공역(1998). JAMES A. SMITH 저. 『사회과 창의적 교수법』. 서울: 교육과학사.

함수곤(2007). 『교육과정과 교과서』. 서울: 대한교과서주식회사.

함종규(2006). 『한국교육과정변천사 연구』. 서울: 교육과학사.

허영식(2006). 『민주시민 교육』. 서울: 배영사.

허영식(2007). 『세계화·정보화 시대의 민주시민교육 어떻게 할 것인가?』. 서울: 원미사.

허혜경(2008). 『현대 교육과정 요론』. 서울: 창지사.

홍성윤 외 역(2000). 『교육과정 개발론』. 서울: 교육과학사.

황정규(1986). 『학교 학습과 교육평가』. 서울: 교육과학사.

황정규(1990). 『학교 학습과 교육평가』. 서울: 교육과학사.

황홍섭(2006). 『초등 사회과 교수법』. 서울: 세종출판사.

홍영기 외(2008). 『초등 교육과정의 통합적 운영』. 파주: 양서원.

2. 논문 (국내 문헌)

경상대학교 중등교육연구센터 한국사회과교육학회 편(2003). 「제7차 사회과 교육과정 개정에 대한 문화 기술적 연구」. 제7차 교육과정과교과서 연구보고서.

곽병선(1984). 「소련의 교육 개혁 동향」. 『교육학 연구』. 22(3). 한국교육학회.

곽병선(1987). 「교과에 대한 한 설명적 모형의 탐색」. 『한국교육』. 14(1). 한국교육개발원.

곽병선(1993). 「학교 교육의 적합성과 교사의 문제」. 『교육과정 연구』. 제11집. 한국교육학회 교육과정연구회.

곽병선(1997). 「정보화 시대의 교과교육의 과제」. 『사회과교육』. 제30호. 한국사회과교육연구회.

곽병선(2002). 「제7차 교육과정의 반성적 회고와 전망」. 『교육과학연구』. 33(2). 이화여자대학교.

교육인적자원부(2002). 「지식 사회의 도래와 한국 교육의 대응」. 『교육마당』 21 특별호.

교육인적자원부(2005). 「사회과 교육과정 개정 방안 연구」. 연구보고서.

교육인적자원부(2007). 「중등 교원 자격 양성 보도자료(2007.03.30)」. 교육인적자원부 교원양성과.

구정화(1995). 「사회과 동위 개념의 효과적인 학습 방법 연구」. 서울대학교 대학원 박사학위 논문.

구정화(1996). 「사회과 논쟁 문제 수업에 관한 연구」. 『시민교육연구』. 제28호. 한국사회과교육학회.

구정화(1999). 「사회과 학업수준별 논쟁 문제 인식 및 수업에 관한 연구」. 『시민교육연구』. 제29집. 한국사회과교육학회.

권낙원(1987). 「우리나라 교육과정의 변천(총론)」. 『교원교육』. 제3권 제1호. 한국교원대학교.

권낙원(1996). 「토의 수업의 이론과 실제」. 서울: 현대교육출판사.

권낙원(2005). 「제7차 교육과정 운영 실태 및 요구 조사 분석」. 제7차 교육과정의 진단과 새 교육과정 개정의 기본 방향 탐색(학술 세미나 자료집). 2005.01. 한국교원대학교 교육과정연구소.

권오정 외(1992). 「제6차 사회과 교육과정 개발 연구」. 한국교원대학교 사회과 교육과정개정위원회.

김경모(1993). 「한국 학생의 소득 분배 개념 이해에 관한 연구」. 서울대학교 대학원 박사학위 논문.

김경완(1995). 「시민성 교육과 반성적 사고: J. Dewey의 사상을 중심으로」. 서울대학교 대학원 석사학위 논문.

김만곤(1996). 「사회과 교과서의 개편 및 활용 방안」. 『사회과교육』. 제29호. 한국사회과교육연구회.

김만곤(2000). 「교과서관에 따른 사회과 교과서의 변화」. 『사회과교육』. 제33호. 한국사회과교육연구회.

김안중(1995). 「학교의 본질: 오늘날 학교의 기능은 그 본질에 충실한가?」. 『교육학연구』. 33(4). 한국교육학회.

김영석(2003). 『사회과에서 지역화 교육의 유형과 지역교재 활용의 방식』. 『사회과교육』. 제42권. 제1호. 한국사회과교육연구회.

김성열(2008). 「좋은 학교 만들기 전략」. 교육복지연구포럼 2008-5. 공주대학교 스타프로젝트 교육복지연구포럼.

김영희(1996). 「초등 사회과 교과서 삽화 자료에 대한 분석」. 성균관대학교 교육대학원 석사학위 논문.

김왕근(1995). 「시민성의 내용과 형식으로서의 덕목과 합리성의 관계에 관한 연구」. 서울대학교 박사학위 논문.

김 용(2003). 「교육과정 정책 과정에 대한 신제도주의적 분석」. 서울대학교 대학원 박사학위 논문.

김용만(1975). 「교육과정 지역화의 접근 방향」. 『새 교육』. 통권 제391호. 대한교육연합회.

김용만(1987). 『사회과교육의 변천과 전망』. 『사회과교육』. 제20호. 한국사회과교육연구회.

김용민(1992). 「중학교 사회생활과 교육과정 모형에 대한 개발 연구」. 충북대학교 교육대학원 석사학위 논문. 1992.

김유통(1991). 「교육과정 지역화를 위한 교육과정 개발 체제 연구」. 한국교원대학교 대학원 석사학위 논문.

김인식(1990). 「한국 초·중등학교 사회과 교육과정의 변천사」. 경남대학교 교육대학원 석사학위 논문.

김인회(1999). 「21세기 한국 교육과 홍익인간의 교육 이념」. 한국정신문화연구원 연구처(편). 홍익인간 연구. 성남: 한국정신문화연구원.

김일기 외(1997). 「제7차 사회과 교육과정 개정 시안 연구 개발」. 교육부 위탁연구 과제답신보고서. 한국교원대학교 사회과 교육과정개정연구위원회.

김재복(1983). 「교육과정의 통합적 접근에 관한 연구」. 동국대학교 대학원 박사학위 논문.

김재춘(2002). 「국가 교육과정 연구 개발 체제의 문제점과 개선 방향(제7차 교육과정 연구 개발 체제를 중심으로)」. 『교육과정 연구』. 20(3). 한국교육과정학회.

김재형(1999). 「제7차 사회과 교육과정의 교과교육론적 탐구」. 『사회과교육』. 제32호. 한국사회과교육연구회.

김정원(1997). 「초등학교 수업에 관한 참여 관찰 연구」. 서울대학교 대학원 박사학위 논문.

김정호(2005). 「사회과 교육과정 개정의 쟁점과 영역별 대안. 국가 수준 교육과정 무엇을, 어떻게 개정할 것인가?」. 『한국교육과정평가원 개원 7주년 기념 세미나 자료집』. 한국교육과정평가원.

김정호 외(2005). 「사회과 교육과정 개정 방안 연구」. 『연구보고서』. 2005-5. 한국교육과정평가원.

김종건(1999). 「교육과정학의 역사」. 『교육과정 연구』. 제17권 제2호. 한국교원대학교.

김준택(1988). 「우리나라 국민학교 사회과 교육과정 변천에 관한 연구」. 인하대학교 교육대학원 석사학위 논문.

김현진(1994). 「비판적 사고력을 향상시키기 위한 사회과 수업의 효과적인 토의 유형 연구」. 서울대학교 대학원 석사학위 논문.

나미숙(1994). 「사회과 교육과정의 변천 및 개선방안에 대한 연구」. 공주대학교 교육대학원 석사학위 논문.

나홍하(1996). 「교육과정 개발 접근 방식별 교육 내용 선정 준거 고찰」. 한국교원대학교 대학원 석사학위 논문.

남상준(1996). 「사회과에서의 창의적 사회과교육」. 『사회과교육』. 제33호. 한국사회과교육연구회.

남제희(1993). 「한국 국민학교 사회과 교육과정의 변천 과정에 대한 역사적 연구」. 충북대학교 교육대학원 석사학위 논문.

노경주(2000). 「초등 사회과에서의 쟁점 중심 교육」. 『시민교육연구』. 제31집. 한국사회과교육학회.

대전일보(2007.03.22). 「2008학년도 전국 대학 입시 전형 계획」. 대전일보 제17705호. 제5면.

모경환·이정우(2004). 「좋은 시민에 대한 학생들의 인식 조사 연구」. 『시민 교육 연구』. 제36권. 제1호. 한국사회과교육학회.

박광희(1965). 「한국 사회과의 성립 과정과 그 과정 변천에 관한 연구」. 서울대학교 교육대학원 석사학위 논문.

박남수(2000). 「다문화 사회에 있어 시민적 자질의 육성: 사회과교육을 통한 다문화교육의 모색」. 『사회과교육』. 제33권. 제1호. 한국사회과교육연구회.

박미진(2004). 「1950년대 전반기 교육과정 개조운동과 사회과교육」. 한국교원대학교 대학원 석사학위 논문.

박상흠(1998). 「사회과 수행평가의 이론적 배경과 적용 방안」. 『사회과교육』. 제31호. 한국사회과교육연구회.

박선미(1998). 「초·중·고 학업 성취도 비교 연구」. 서울: 한국교육과정평가원.

박수용 외(2001). 「우리나라 연구자의 2000년도 SCI 인용지수 분석」. 교육인적자원부 정책연구.

박순경(2001). 「포스트모더니즘과 교과서」. 『교과서 연구』. 제37호. 한국교과서연구재단.

박은종(2006a). 「사회과교육의 트렌드와 구성주의적 접근」. 중등학교 사회과 1급 정교사 자격연수 교재. 공주대학교 중등교원연수원.

박은종(2006b). 「새로운 사회과의 평가 방법과 실제」. 『교육연구』. 제26권 제3호. 2006.3. 한국교육생산성연구소.

박은종(2006c). 「인터넷 활용을 통한 사회과 수업 방법 개선 방안 모색」. 『교육연구』. 제26권 제11호. 2006.11. 한국교육생산성연구소.

박은종(2007a). 「세계화·정보화 시대의 바람직한 민주시민 교육의 방향」. 『교육연구』. 제21집 제1호. 2007.2. 공주대학교 교육연구소.

박은종(2007b). 「세계화 시대 한국 민주시민 교육의 접근 방법 모색」. 『인문학 연구』. 제34권 제1

호. 2007.4. 충남대학교 인문과학연구소.

박은종(2008). 「교과교육 차원에서의 사회과 통합교육의 방향 모색」. 『교육연구』. 제22집. 공주대학교 교육연구소.

박치현(1990). 「교육과정 개발 이론과 개발 실제의 비교」. 한국교원대학교 대학원 석사학위 논문.

사회교사 모임 연구부(1992). 「사회과 교육과정과 교과서 변천사」. 서울: 우리교육출판사.

서재천(1986). 「일본 사회과 교육과정의 변천」. 『사회과교육』. 제19호. 서울: 한국사회과교육회.

서재천(1987). 「제2차 세계대전 후 일본의 중학교 사회과 공민 교육과정의 변천 고찰」. 『사회와 교육』. 제11집. 서울: 한국사회과교육학회.

서재천(1997). 「정보화 시대에 있어서의 사회과교육 내용 구성」. 『사회과교육』. 제30호. 한국사회과교육연구회.

서재천(1998). 「사회과 시뮬레이션 학습에 관한 일 고찰」. 『사회과교육』. 제31호. 한국사회과교육연구회.

서태열(1998). 「구성주의와 학습자 중심 사회과 교수・학습」. 『사회과교육』. 제31호. 한국사회과교육연구회.

설규주(2000). 「세계화・지방화 시대의 시민 교육」. 서울대학교 대학원 석사학위 논문.

설규주(2004). 「제7차 교육과정의 현장 운영 실태 분석(Ⅱ)-중등학교 사회과」. 서울: 한국교육과정평가원.

성경희 외(2004). 「제7차 교육과정 현장 운영 실태 분석(Ⅱ)-중등학교 국민공통기본교과를 중심으로 (총론)」. 서울: 한국교육과정평가원.

손병노(1996). 「사회과 협동학습의 의의와 이론적 토대」. 『사회과교육』. 제29집. 한국사회과교육연구회.

손병노(1998). 「사회과 교사의 전문성: 교수 내용 지식의 관점」. 『사회과교육학 연구』. 제2호. 한국사회과교육연구회.

손병노・권오정(1996). 「교원 양성 대학의 초등학교 사회과교육학 교재 개발 연구」. 한국교원대학교 부설 교과교육공동연구소.

송현정(2001). 「시민사회의 개념 변화와 현대 시민 교육의 방향 모색」. 『시민 교육 연구』. 제32집 제2호. 한국사회과교육학회.

신득렬(2000). 「학교 교육의 철학」. 『교육철학』 제22집. 한국교육철학회.

신현순(2004). 「사회과 지역화 자료의 외적 구성 분석과 개선 방안」. 『교육과정학연구』. 제4권. 2004.12. 한국교원대학교 교육과정연구소.

안재경(1997). 「비판적 사고력 함양을 위한 시사 만화 활용 방안」. 한국교원대학교 대학원 석사학위 논문.

양미경(2000). 「정보화 시대 도래에 따른 교과서의 성격과 기능의 재조명」. 『교과서연구』. 제34호. 한국교과서연구재단.

오천석(1975). 「민주주의 교육의 건설・민주 교육을 지향하여」. 『오천석 교육사상 문집』. 제1호. 서울: 광명출판사.

유위준(2002). 「초・중등학교 교육과정 정책 형성과정에 관한 연구」. 한국교원대학교 대학원 박사학위 논문.

은지용(1999). 「반성적 사고력 함양을 위한 사회과 통합 교육과정 모형에 관한 연구」. 서울대학교 대학원 석사학위 논문.

이경진(2006). 「교육과정 실행에 나타난 교육과정 변화의 내용과 요인에 대한 연구」. 이화여자대학교 대학원 박사학위 논문.

이광성(1997). 「고급 수준 질문의 활용 정도가 사회과 고급사고력과 학업 성취에 미치는 효과」. 서울대학교 대학원 박사학위 논문.

이명희(2001). 「일본의 사회과 교육과정」. 『사회과교육학연구』. 제6호. 한국사회과교육학회.

이미영(1987). 「한국 사회과교육의 변천 과정에 관한 연구」. 경상대학교 교육대학원 석사학위논문.

이상주(1980). 「의사결정 과정에서 본 교육과정」. 『교육과정 연구의 과제 보고서』. 한국교육과정연구회.

이성수(1968). 「교과서론」. 『교과서회지』. 제1집. 한국검인정교과서발행인협회.

이승종(1997). 「지방화·세계화 시대의 시민 의식」. 『사회와 교육』. 제24집. 한국사회과교육학회.

이연복(2003). 「제6차, 제7차 교육과정의 사회과 교과서 비교 연구」. 서울교육대학교 교육대학원 석사학위 논문.

이영호 외(1980). 「교육 혁신 보급에 관한 이론적 기초」. 『교육 혁신 보고서』. 한국교육개발원.

이종일(1997). 「사회과 간학문적 단원 구성의 이론과 실제」. 『초등 사회과교육』. 제7집. 한국초등사회과교육연구회.

이종일(1998). 「주제 중심 토의학습과 학습 자료 개발」. 『초등 사회과교육』. 제8집. 한국초등사회과교육연구회.

이종호(1996). 「한국 사회과 교육과정 이념의 시대성 변천 연구」. 한국교원대학교 대학원 박사학위 논문.

이진석(1992). 「해방 후 한국 사회과의 성립 과정과 그 성격에 관한 연구」. 서울대학교 대학원 박사학위 논문.

이 찬(1977). 「고등학교 사회과 교육과정의 변천」. 『사회과교육』. 제10호. 한국사회과교육회.

이태언(1999). 「사회과교육 내용 및 과정의 변천에 관한 연구」. 『교육연구』. 제11집. 부산외국어대학.

이혁규(2001). 「사회과 교실 수업 연구의 동향과 과제」. 『사회과학교육 연구』. 제4집. 한국교원대학교 사회과학연구소.

이혁규(2003 a). 「사회과 교육과정의 개발과 실제」. 『청주교대 논문집』. 제13집. 청주교육대학교.

이혁규(2003 b). 「사회과 교육과정의 개발 체제의 문제점과 대안에 대한 논의」. 『초등교육 논문집』. 제40집. 청주교육대학교 초등교육연구소.

임명자(1989). 「국민학교 교육과정 편제에 관한 분석적 연구」. 이화여자대학교 교육대학원 석사학위 논문.

장언효 외(1979). 「교육과정 국제 비교 연구」. 서울: 한국교육개발원.

장원순(2003). 「한국 사회과교육에서 시민의 실천 문제와 과제」. 『시민 교육 연구』. 제35권. 제2호. 한국사회과교육학회.

전영천(1988). 「한국 국민학교 사회과 교육과정 변천에 관한 연구」. 동아대학교 교육대학원 석사학위 논문.

정만근(1983). 「교육과정의 변천과 배경에 관한 일 연구」. 연세대학교 교육대학원 석사학위 논문.

정문성(1996). 「사회과 협동학습에서의 논쟁 교수 모형」. 『교육논총』. 제13집. 인천교육대학교.

정문성(1997). 「사회과 협동학습에서의 집단 탐구 모형」. 『사회과교육학연구』. 제1호. 한국사회과교육학연구회.

정문성(2005). 「사회과 교수·학습 방법의 동향과 과제」. 『교원교육』 제21권 제3호. 2005.12. 한국교원대학교 교육연구원.

정세구(1989). 「한국 사회과교육학 정립의 방향」. 『사회과교육』. 제22호. 한국사회과교육연구회.

정태범(1994). 「제3공화국 교육 개혁의 허상과 실상」. 『하계 학술 세미나 자료집』. 한국행정학회.

정태범(2001). 「총체적 질 관리를 위한 학교 경영 체제 확립 방안」. 2001년 제2차 교육개혁 대토론회 주제 발표 자료. 한국교원대학교 종합교육연수원.

정호범(1997). 「초등 사회과에서의 가치교육」. 한국교원대학교 대학원 박사학위 논문.

조경자(1999). 「교과서 정책의 비교와 변화에 관한 연구」. 원광대학교 교육대학원 석사학위 논문.

조도근(1983). 「사회과 탐구 수업 및 평가 방법」. 인천직할시 교육위원회. 중등 교사 교과별 연수 교재(사회과).

조도근(1986). 「개화기 사회 교육과정에 관한 연구」. 『인하대학교 인문과학연구소 논문집』. 제12집.

조도근(2000). 「학교 교육과 민주시민 교육」. 『심수 윤덕중 박사 정년퇴임 기념 논문집』(사회발전과 교육). 한국교원대학교 일반사회교육과·윤덕중 박사 정년퇴임 기념 논문집 발간위원회.

조영달(1990). 「미국 사회과의 경향과 교육목표의 변화」. 『사회과 평가 연구 세미나 자료집』. 서울: 한국교육개발원.

조효형(1992). 「한국 일반계 고등학교 사회과 교육과정 개정의 배경과 원인의 변천 과정에 대한 연구」. 충북대학교 교육대학원 석사학위 논문.

주은옥(1995). 「사회과 수업에서의 교사의 질문 유형이 학생의 사고력 신장에 미치는 효과에 관한 연구」. 서울대학교 대학원 석사학위 논문.

주태원(1989). 「우리나라 중등학교 사회과 교육과정 변천에 관한 연구」. 인하대학교 교육대학원 석사학위 논문.

진재관(2006). 「고등학교 사회과 교과서의 변천과 전망」. 교과서연구. 제47호. 2006.4. 한국교과서연구재단.

진시원·이종미(2007). 「2007년 개정 사회과 교육과정에 대한 비판적 평가와 통합사회과의 미래」. 『시민교육연구』. 제40권. 제2호. 한국사회과교육학회.

차조일(1989). 「사회과 통합 교육과정 모형에 관한 연구」. 『시민교육연구』. 제27집. 한국사회과교육학회.

차조일(1999). 「사회과 개념 수업모형의 이론적 문제점과 해결 방안」. 『시민교육연구』. 제29집. 한국사회과교육학회.

최병모(1985). 「사회과 탐구 수업의 특징과 그의 적용을 위한 과제」. 『사회와 교육』. 제9집. 한국사회과교육학회.

최병모(1992). 「사회과 교육과정 개발의 체제적 접근」. 한국교원대학교 대학원 박사학위 논문.

최병모(2006).「중학교 사회과 교과서의 변천과 전망」.『교과서연구』. 제47호. 2006.4. 한국교과서
　　연구재단.
최병모(1991).「중학교 사회과 교육과정의 변천」.『교과교육 연구』. 제11호. 교과교육연구회.
최병모·김화자(2004).「제7차 교육과정에 따른 중학교 사회과 교과서 분석」.『교원교육』. 제19권.
　　제2호. 2004.2. 한국교원대학교 교육연구원.
최용규(1998).「제7차 사회과 교육과정과 창의성 교육」.『초등사회과교육』. 제10집. 한국초등사회
　　과교육연구회.
최용규(2006).「초등학교 사회과 교과서의 변천과 전망」.『교과서연구』. 제47호. 2006.4. 한국교과
　　서연구재단.
추정훈(2004).「민주시민성 교육 과정 속에서의 민주주의 교육 」.『시민 교육 연구』. 제36권. 제2
　　호. 한국사회과교육학회.
한국교원대학교 교육연구원(2006).「e-learning을 활용한 각 교과 수업방안 연구」.『교원교육』. 제
　　22권 제1호. 2006.7. 한국교원대학교 교육연구원.
한국교원대학교 부설 교과교육공동연구소(2001a).「통합 교과로서의 사회과 운영 방안」. 연구 보고
　　서 99-1.
한국교원대학교 부설 교과교육공동연구소(2001b).「통합 사회 교과교육학의 교재 개발 연구」. 연
　　구 보고서 99-3.
한국교육개발원(1981).「교육과정 개정안의 연구·개발 답신 보고서」.
한국교육개발원(1986).「제5차 교육과정 총론 개정 시안의 연구·개발 답신 보고서」.
한국교육개발원(1987).「제5차 고등학교(일반계) 교육과정 총론 시안의 개발 연구」.
한국교육개발원(1996).「초·중등학교 교육과정 재구조안. 교육과정 연구 개발 보고서」. 한국교육
　　개발원(1999). 새 학교 문화 방향 정립과 창조 가능성 탐색 연구. 연구보고서 99-2.
한국교육과정·교과서연구회(1988).「한국 교육과정 변천에 관한 연구」.
한국교육과정학회(2004).「학교교육과정의 개발과 운영: 학제적 관점」. 한국교육과정학회 추계 학
　　술대회 발표 논문집.
한국사회과교과교육학회(2005).「한국 사회과교육 60년: 회고와 전망」. 제12회 연차학술대회 발표
　　자료집.
한국사회과교과교육학회(2006).「한국 사회과교육의 미래 전망」. 제13회 연차학술대회발표 자료집.
한명희(1992).「교육과정 결정과정의 이론과 실제 -제6차 교육과정 개정을 중심으로」. 교육과정연
　　구회 92년도 연차학술대회 발표 논문·토론집.
함수곤(1997).「제6차와 제7차 교육과정의 관계」.『교육진흥』, 9(4). 중앙교육진흥연구소.
허강 외(2000).「한국 편수사 연구(I)」. 한국교과서연구재단.
허경철(1996).「제7차 교육과정 개정의 기본 방향과 내용」.『교육과정 연구』 제3호 제1집. 1996.1.
　　한국교원대학교 대학원 교육과정학회.
허경철(2001).「제7차 교육과정, 그 성공을 위한 전제적 이해」. 한국교육과정평가원 창립 3주년 기
　　념 세미나 자료집.
허경철 외(2003).「국가 수준 교육과정 개정 방식 개선에 관한 연구」. 한국교육과정평가원 연구 보

고서.

홍미화(2006).「교사의 실천적 지식으로 읽는 초등 사회과 수업」. 한국교원대학교 대학원 박사학위
　　논문.

홍선표(1987).「사회과 교육과정 변천에 관한 연구」. 단국대학교 교육대학원 석사학위 논문.

홍영환·빈선옥(1998).「사회과 인터넷 학습 프로그램 설계」.『중등교육연구』제10집 제1호. 경상
　　대학교 사범대학 중등교육연구소.

홍웅선(1982).「한국의 교과서 변천사」. 한국교육개발원.

홍후조(1999).「국가 수준 교육과정 개발 패러다임의 전환(I)-전면 개정형에서 점진 개선형으로」.
　　한국교육과정학회.『교육과정연구』. 17(2).

홍후조(2000).「국가 교육과정 개정의 정치학-제7차 교육과정 개정을 중심으로」.『교육정치학연구』.
　　7(1). 한국교육정치학회.

홍후조(2001).「제7차 교육과정에 따른 일반계 고등학교 선택중심 교육과정의 편성과 운영의 이해
　　와 오해」.『교육과정 연구』제19집 제1호. 한국교육과정학회.

홍후조(2002).「국가 수준 교육과정 개발 패러다임의 전환(Ⅱ)-국가 교육과정 기준 변화 관련 기본
　　개념 정립을 중심으로」.『교육과정연구』. 제20집 제2호. 한국교육과정학회.

3. 외국 문헌(단행본, 논문)

社會認識教育學會編(1981). 初等社會科教育學, 東京: 學術圖書出版社.

鈴木英(1983). 日本占領ど教育改革, 郵草書房.

日本教科書研究會(1973). 教科書の 公教育. 東京: 第一法規社.

日本教育新聞(1987). 教科審 特輯號, 東京.

日本文部省(1974). ‘民主主義’(上) 上田薫緝, “社會科 教育史料2”, 東京法令出版株式會社.

日本文部省(1978). ‘我が國の教育水準’, 東京: 大藏省印刷局.

日本文部省(1980). 中學校 指導書. 東京: 大藏省印刷局.

日本文部省(1982). 最新 國民學校 教育課程. 東京: 大藏省印刷局.

日本文部省(2000). 教科書 制度の 概要. 東京: 文部省初中等教育局.

日本文部省 編(1989). ‘我が國の文教施策’, 大藏省印刷局.

日本民主黨教科書問題特別委員會(1974). ‘うれうべき教科書の問題’ 上田薰編, “社會科教育史料
　　3”, 東京法令 出版株式會社.

日本社會科教育學會編(1984). 初等社會科教育學概論, 東洋館出版社.

日本社會科教育學會編(1986). 中等社會科教育學概論, 東洋館出版社.

田中史郎(1989.6). 社會科教育史研究の課題, 全國社會科教育學會, 社會科教育 論叢, 第36輯.
　　第一法規出版株式會社, ‘教育の情報’.

中野目直明外編著(1983). “現代社會の理論と實踐” 酒井書店.

片上宗二(1974). “敗戰直後の公民教育構成”, 教育史料出版會.

片上宗二(1984). ‘戰後の公民教育’, 日本社會科教育學會編, “社會科における公民的 資質の形

成”, 東洋館出版社.

Apple. M.W.(1986). Teachers and text. London: Routledge & Kegan Paul.

Barth. James L. et. al.(1984). *Principle of Social Studies*. Univ. Press of America. Inc.

Beauchamp. G. A.(1968). Curriculum Theory. 2nd ed. Wilmett: The Kagg Press.

Beauchamp. G. A.(1981). Curriculum Theory. 4th ed. Itasca: Peacock Publisher.

Bobbit. J. F.(1918). The Curriculum. Boston: houghton-Mifflin.

Bobbit. J. F.(1972). The Curriculum. New York: Arno Press.

Brady. L.(1983). *Curriculum Development in Australia*. Prentice Hall of Australia. Sydney.

Egglestone. J.(1997). *The Sociology of the School Curriculum*. London: Routledge & Kegan Paul.

Eisner. E. W.(1979). *The Educational Imagination: On the Design and Evaluation of school programs*. Collier macmillan canada. Inc.

Eisner Elliot & Vallence Elizabeth (eds.)(1974). *Confoicting Conceptions of Curriculum*. Berkeley. Calif: McCutchen Publishing Corportation.

Elmore. R. F. and McLaughin. M. W.(1988). Steady Work: Policy, *Practice, and the Reform of American Education*. Santa Monica, CA: The RAND Co.

Fuhrman. S. H.(ed.)(1993). *Designing Coherent Education Policy: Improving the System*. San Francisco: Jossey-Bass Publishers.

Gibson. R.(1984). Structure and education, London: Hodder and Stoughton.

Giroux. H.(1988), *Teachers as Intellectuals: Toward a Critical Pedagogy of Learning*, South Hadley, MA: Bergin & Garvey.

Giroux. H. & McLaren. P.(1992). *America 2000 and the Politics of Erasure: Democracy and Cultural Difference under Siege*. International Journal of Educational Reform, 1(2).

Goodlad. J. I.(1984), A Place Called School, New York: McGraw-Hill.

Goodman. J.(1986). *Teaching Preservice Teachers a Critical Approach to Curriculum Design, A Descriptive Account*. Curriculum Inquiry.

Gowin. D. B.(1981). Educating. Ithaca. New York: Cornell Univ. Press.

Gross. N. Giacquinta. J. & Bernstein. M.(1971). *Implementing Organizational Innovation: A Sociological Analysis of Planned Educational Change*. New York: Basic books.

Grant. C. & Sleeter. C.(1985). *After The School Bell Rings*. Philadelphia, PA: Falmer.

Gudmundsdottir. S.(1990). *Values in Pedagogical Content Knowledge*. Journal of Teacher Education. 41(3).

Handel. G. & Lauvas. P.(1987). *Promoting Reflective Teaching: Supervision in Practice*. Philadelphia: Open University press.

Handler. B. S.(1982). *Coming of Age in Curriculum: Reflections on 'Thinking About the Curriculum'*. Journal of Curriculum Studies. 14(2).

Holmes. B. & M. Mclean(1989). *The Curriculum: A Comparative Perspective*. Boston: Unwin Hyman.

http://inca.org.uk (국가별 교육과정 자료)

Jarolimek. J.(1990). Social Studies in Elementary Education(8th). Macmillian Pub.

Johonsen. J. H.(1982). *American Education: An Introduction to Teaching*. Iowa. Dubuque: Wmc Brown Co.

Kaufman. R. A(1972). *Educational System Planning. Engleword Cliffs*. New Jersey.

Kelly. A. V.(1982). *The Implications of a Centralized Curriculum for Curriculum Development*. The Curriculum Theory and Practice. London: Harper & Row ltd.

Kerr. Donna. H(1976). *Educational Policy: Analysis, Structure, and Justification*. New York: David Mcakay Company. Inc.

Klein. M. Frances. ed(1991). *The Politics of Curriculum Decision-Making: Issues in Centralizing the Curriculum*. New York: State University of New York Press.

Knight. P.(1985). *The Practice of School-based Curriculum Development*. Journal of Curriculum Studies. Vol.17. No.1.

Massialas. Byron. G.(ed.)(1996). *Critical Issues in Teaching Social Studies K-12*. Wardworth Publishing Co.

McNiff. J.(1993). Teaching and learning. London: Routledge.

NCSS.(1994a). *Curriculum standards for Social Studies*. Washington. NCSS.

NCSS.(1994b). *Expectation of Excellence: Curriculum Standard for Social Studies*. Washington. NCSS.

Parker. Walter C. & Jarolimek. John.(1993). *Social Studies in Elementary Education*. Prentice-Hall, Inc.

Phenix. P. H.(1964a). Realms of Meaning. New York: McGraw-Hill.

Phenix. P. H.(1964b). The Architectronics of Knowledge. In s. Elam(ed). Education and the structure of Knowledge. Chicago: Rand McNally.

Posner. G. J.(1998). Models of Curriculum Planning In L.E. Beyer, & M.W. Apple.

Popkewitz. T. S(1987). *The Formation of School Subjects: the Struggle for Creating an American Institution*. New York: The Falmer Press.

Powell. W. W. and DiMaggio, P. J.(eds.)(1991). *The New Institutionalism in Organizational Analysis*. The University of Chicago Press.

Pressman. J. L. and Wildavsky. A(1984). Implementation.(3rd ed.). Univ. of California Press.

Ravitch. D(1995). *National Standards in American Education: A Citizen's Guide*. Washington. D.C.: The Brookings Institution.

Ravitch. D.(1995). *Debating the Future of American Education: Do We Need National Standards and Assessments?*. Washington, D. C.: The Brookings Institution.

Reich. R. B.(ed.)(1988). The Power of Public Ideas. Cambridge: Balliger Publishing Co.

Reid. W. A.(1999). *Curriculum as Institution and Practice*. Manhwa, N. J. & London: Lawrence Erlbaum Associates Publishers.

Saylor. J. G & Alexander. W. M.(1974). *Planning Curriculum for School*, New York: Jolt, Rivehart & Winston.

Schwab(1962). *The Concept of the Structure of a Discipline*. The Educational Record. 43(197).

Short. E. C.(1983). *The Form and Use of Alternative Curriculum Development*, rev. ed. New York: Jarcourt Brace. Jovanovich. Inc.

Short. E. C(1993). *Three levels of questions addressed in the field of curriculum research and practice*. Journal of curriculum supervision. 9(1).

Strike. K. A(1988). The Ethics of school Administration. New York: Columbia University Press.

Taba. H.(1962). *Curriculum Development: Theory and Practice*. New York: Harcourt. Brace, Hovanovich.

Tanner. D. & Tanner. I. N.(1975). *Curriculum Development: theory into Practice*, New York: MacMillan Publishing Co.

Tanner. D. & Tanner I. N.(1980). *Curriculum Development: theory into Practice*(2nd. ed.). New York: MacMillan Publishing Co.

Tyack. D.(1993). *School govermance in the United States: Historical Puzzles and Anomalies*. In J. Hannaway & M. Carnoy(eds.) Decectralization and school impprovement: Can we fulfill the promise? (1-32). Sanfrancisco. CA: Jossey-Bass Publishers.

Tyler. R. W.(1949). *Basic Principles of Curriculum and Instruction*. Chicago: University of Chicago Press.

Walker. D. F(1971). *A Naturalistic Model for Curriculum Develope*. School Review. 80(1).

Walker. D. F(1979). *Approach to Curriculum Development in Schaffarzick*, J. & Sykes. G(eds.). Value Conflicts and Curriculum Issues, Berkeley: McCutchan Publishing Co.

Willis. G.(1998). *The Human Problems and Possibilities of Curriculum Evaluation*. In I. E. Beyer. & M. W. Apple(eds.), The Curriculum(2nd ed). New York: SUNY Press.

Zais. R. S(1976). Curriculum: Principles and Foundations. New York: Thomas Y. Crowell.

〈부록 1〉 사회과 수업모형 모음(참고자료)

1. 개별화 기본·응용 학습 모형

－밀성초등학교(1998). 열린교육 시범학교 보고서.

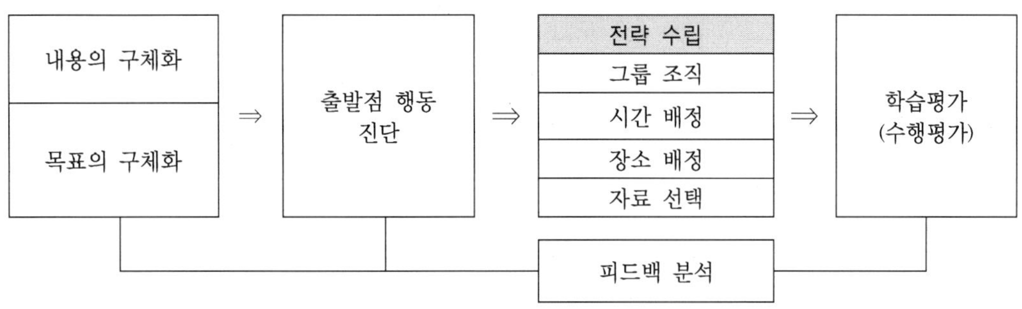

〈개별화 기본 학습모형〉

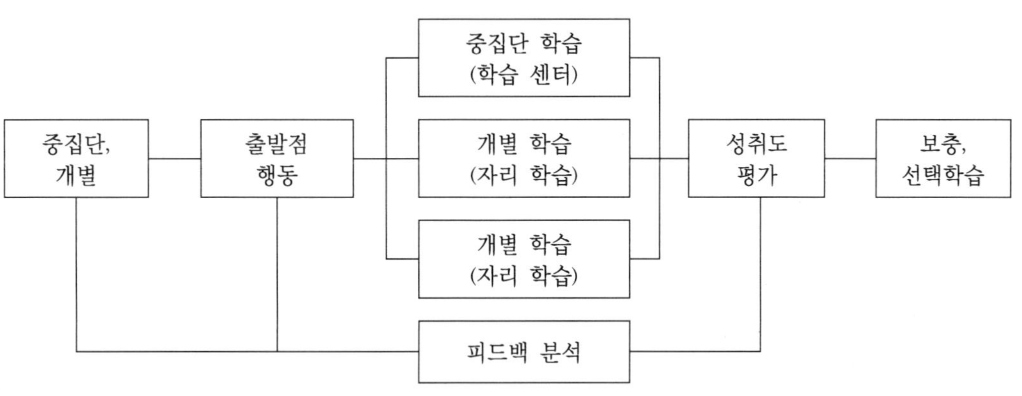

〈개별화 학습모형 응용사례 1〉

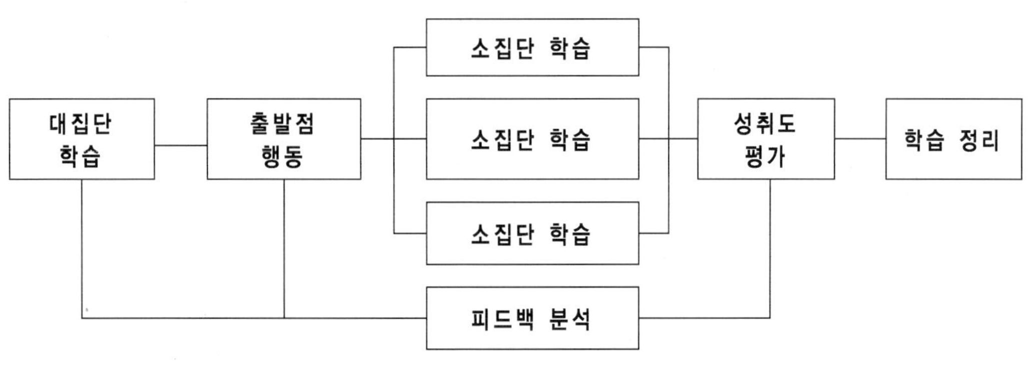

〈개별화 학습모형 응용사례 2〉

2. 수준별 과제학습해결 교수·학습 모형

- 순창팔덕초등학교(2000). 교실수업개선 시범학교 보고서.

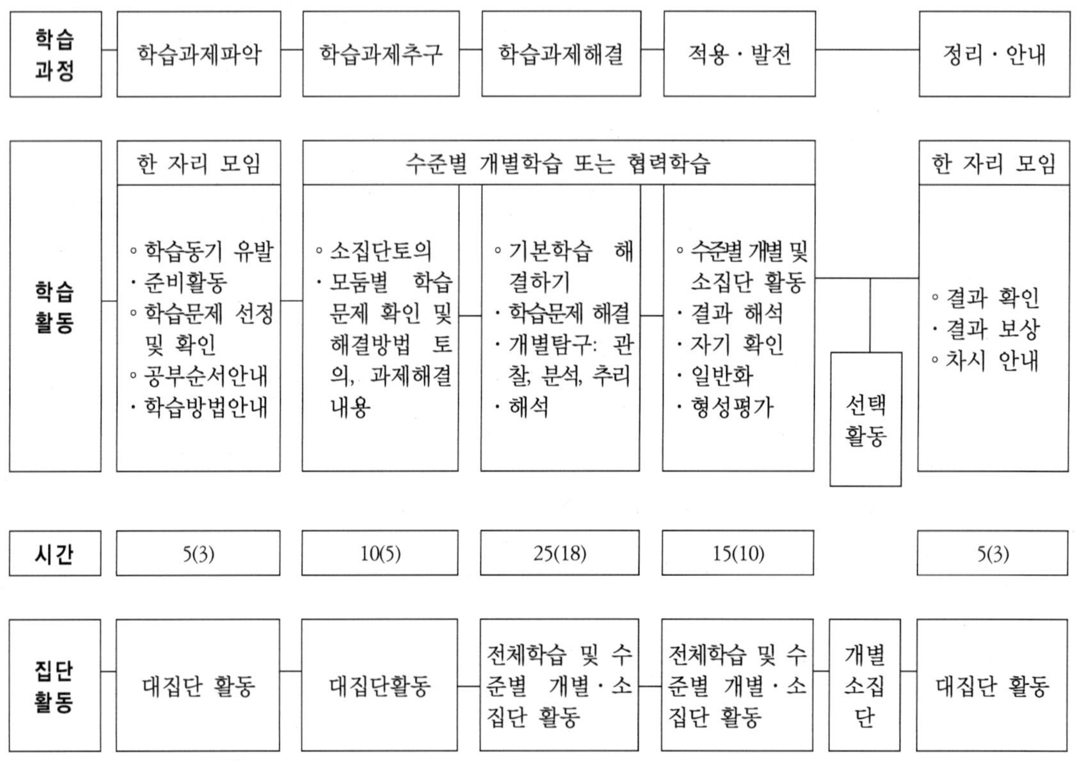

〈수준별 과제학습 해결 교수·학습 모형〉

3. 수준별·개별화 교수·학습 과정안 모형

－부산용산초등학교(1999). 기초기본학력관리 시범학교 보고서.

〈수준별·개별화 교수·학습 과정안 모형〉

수준별 단계	학습 형태	교수·학습 과정		유의점 및 학습자료	
준비 학습 (5분)	일제 학습	• 예습과제 확인: 선수학습 확인(진단평가) • 학습동기 유발 • 학습목표 제시		• 첨단 학습매체(실물화상기, 프로젝션 TV, CAI자료)	
기본 학습 (20분)	일제 학습	• 본시학습 • 학습문제(필수학습요소) 제시 • 기본학습 문제해결 • 학습문제 해결 확인 • 형성평가: 기본학습 성취수준 확인		• 필수학습 요소표 활용 • 정확한 판별 • 수행 평가자료 • 개별화 학습지	
심화 보충 (10분)	수준별 개별화 학습 (소집단)	보충과정	심화과정	보충과정	심화과정
		• 기본학습 부진내용 확인 • 기본학습 부진원인 파악 • 보충 절차 안내 • 학습문제 보충 설명 • 보충학습지 제시 • 질의응답 • 학습문제 해결 • 학습결과 확인 • 보상	• 심화과정 학습문제 제시 • 심화과정 학습절차 안내 • 심화과정 학습지 제시 • 자기 주도적 학습 • 토의학습 • 질의응답 • 학습문제 해결 • 자기학습 확인 • 보상	• 개별지도 • 기본과정 문제 제시 • 심화과정 이동대상 아동발견 • 학습도우미 활용	• 개별화학습 • 발전학습 • 창의력과 사고력을 기를 수 있는 학습
정리 (5분)	소집단 학습	• 보충·심화 과정 종합정리: 소집단별 • 형성평가: 기본학습목표 도달 여부 확인 • 선택학습 • 차시 예고 및 과제 제시		• 형성평가 • 다양하고 타당성 있는 평가 방법 활용	

4. 사회과 탐구수업 대흥모형

- 정읍대흥초등학교(1999). 사회과 연구학교 보고서.

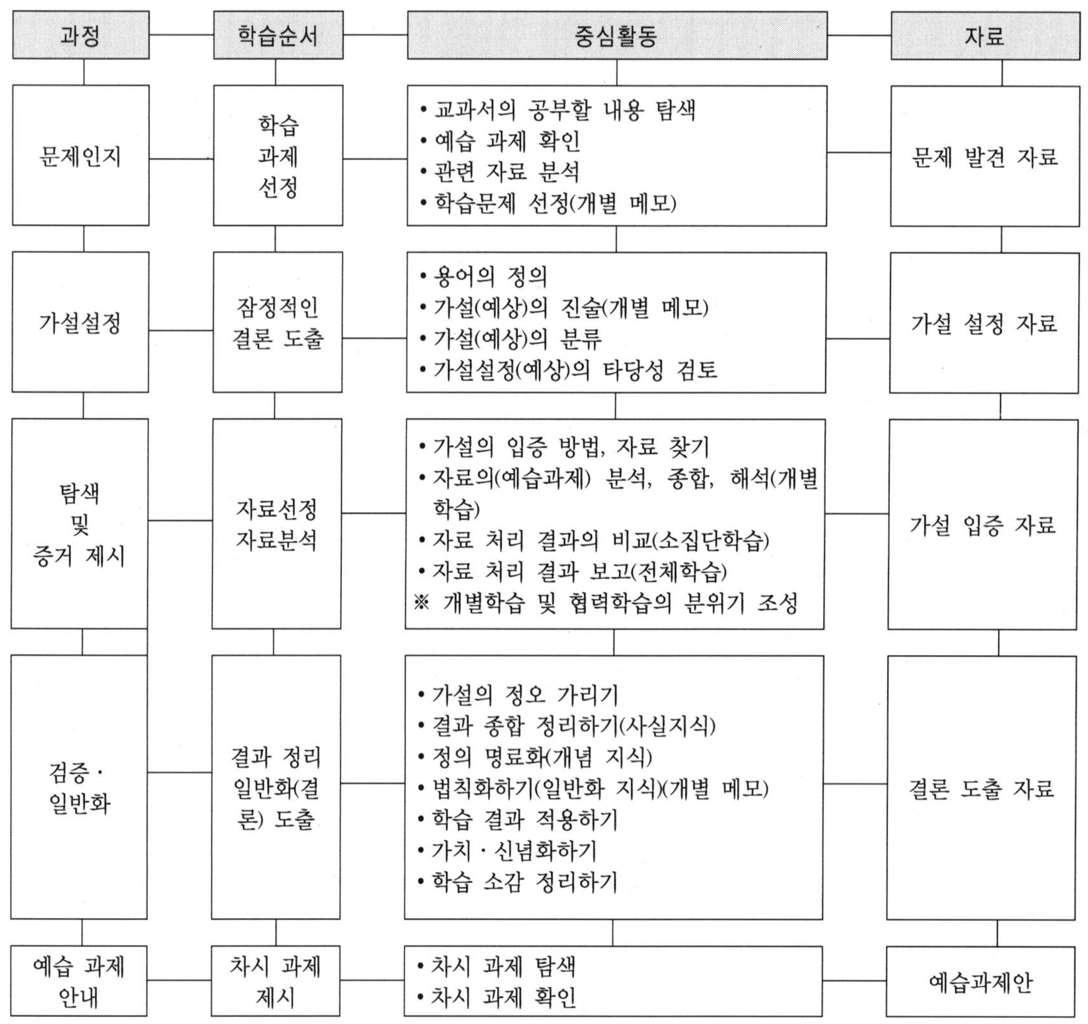

〈사회과 탐구수업 '대흥 모형'〉

5. 학습자 주도의 교수·학습 과정 모형

– 삼향초등학교(2001). 교실수업개선 연구학교 보고서.

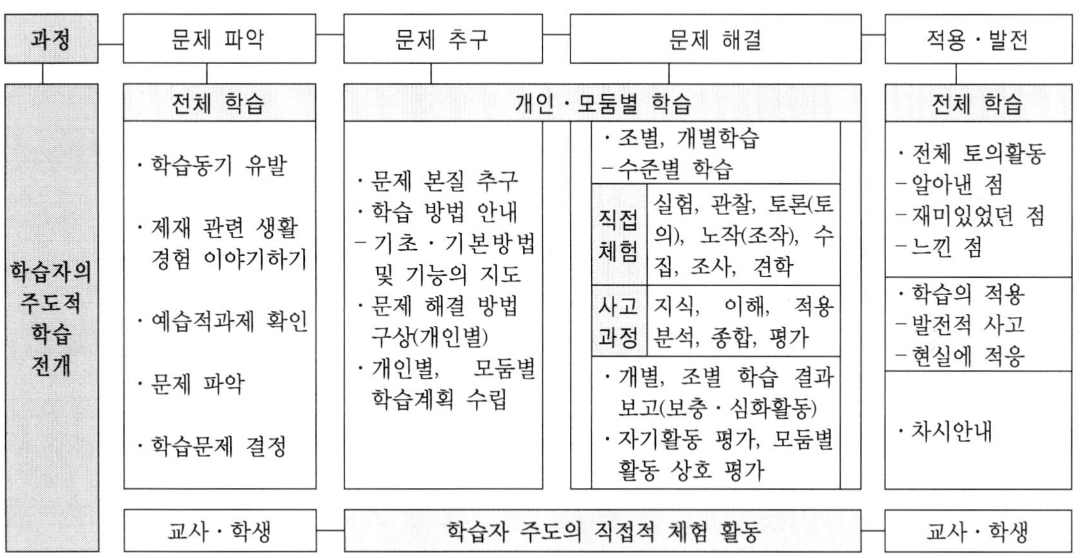

〈일반적 교수·학습 과정〉

활동별	교수·학습 과정			
	문제 파악	문제 추구	문제 해결	적용·발전
	□ 사전 활동		□ 현장 활동	□ 사후 활동
견학· 현장학습	·견학 장소 안내 ·학습 목표 설정 ·사전 내용 수집	·견학 활동 계획 –모둠 조직 –견학 방법 협의	·견학 –본 일, 들은 일, 한 일 기록	·견학 내용 보고 및 토의 ·보고서 작성
실험· 관찰	·자료 대면 ·문제 찾기	·관점 알기 ·관찰·실험 방법 알기	·관찰·실험하기 ·결과 정리하기 ·결과 토의하기	·개념, 원리, 법칙 ·새로운 현상에 적용
노작· 실습	·학습 분위기 조성 ·선수 학습 확인 ·학습문제 파악	·실습 계획 수립 –순서, 방법, 유의점 ·실습시범, 관찰	·실습 및 노작하기 ·실습 결과 보고 ·자기평가, 상호평가	·생활화 계획 수립
조사· 수집	·학습 문제 파악	·예상 수립 ·조사 과제 찾기	·조사 ·토의 ·정리	·현실에 적용 ·장래 문제 예견
토의· 토론	·분위기 조성 ·주제 확인	·방법 결정 ·역할 분담 ·유의점	·토의·토론 활동 ·의견 정리	·의견 종합 정리 ·반성 및 평가

〈직접적 체험 활동별 교수·학습 과정〉

6. 주제통합학습 모형

- 감곡초등학교(2001). 교실수업개선 시범학교 보고서.

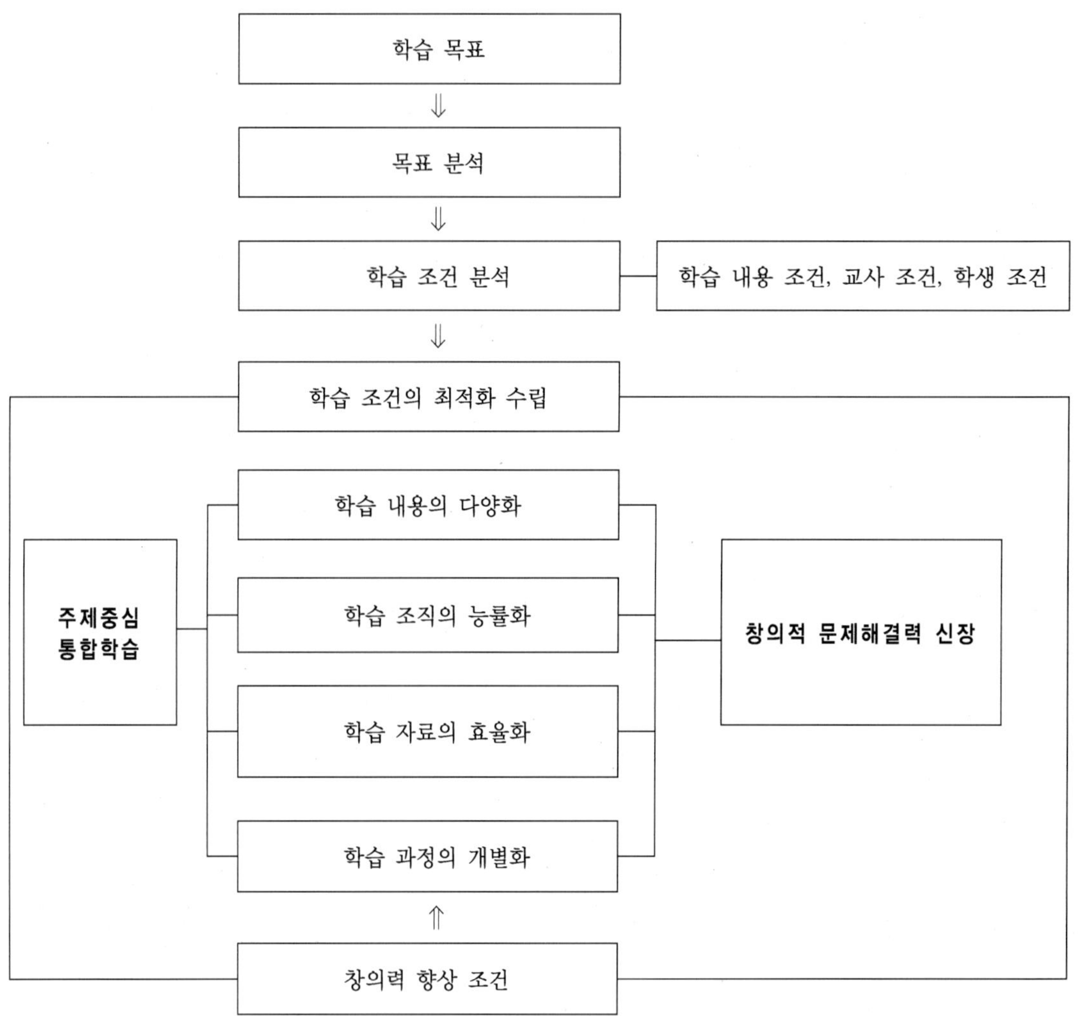

〈주제통합학습 교수·학습 모형도〉

7. 창의력 신장을 위한 수업 모형

-감곡초등학교(2001). 교실수업개선 시범학교 보고서

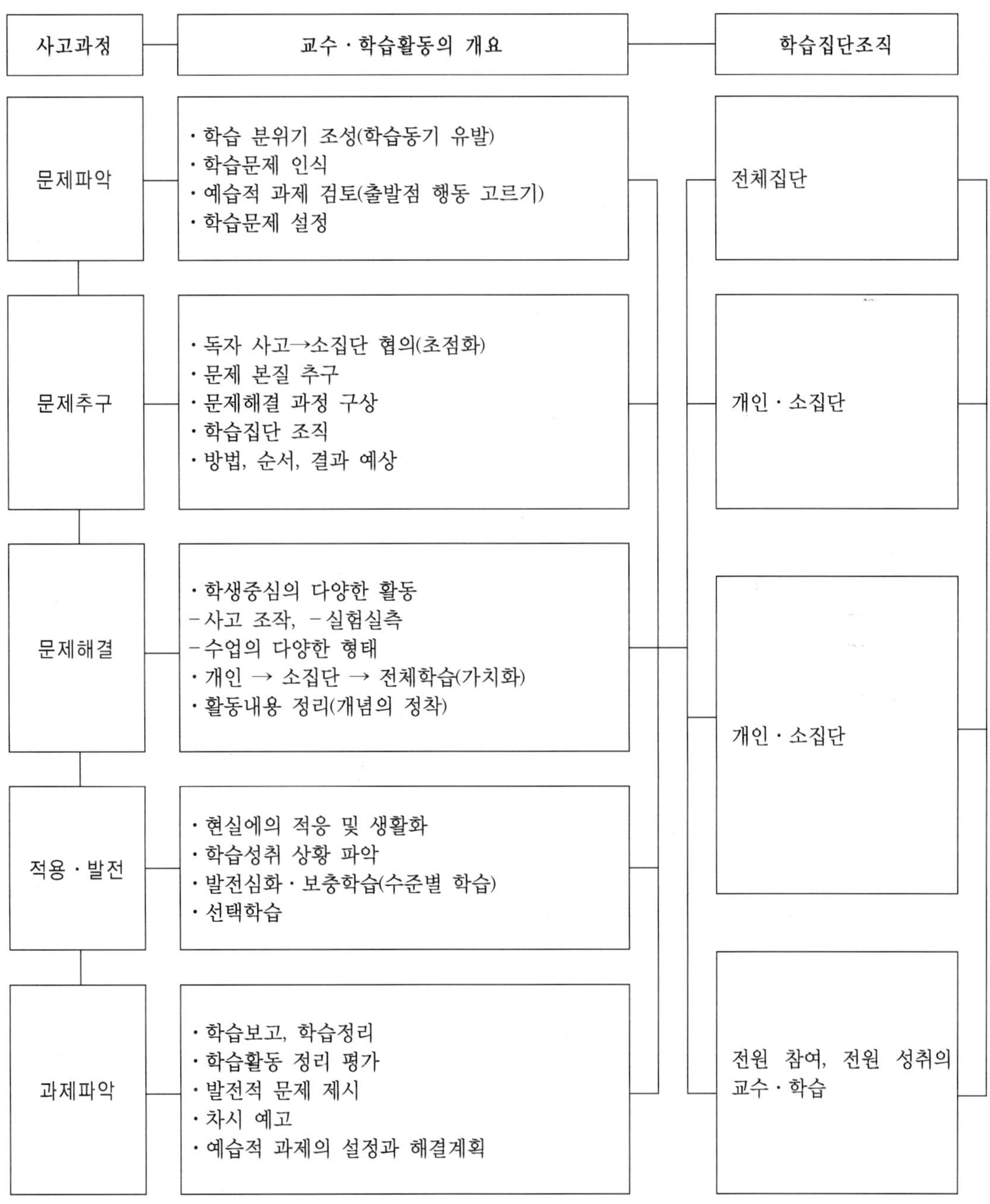

8. 인터넷활용 문제중심학습 모형

- 한국교육학술정보원(2001). ICT를 활용한 교수학습 방법 연구. 연구보고. KR2001-1.

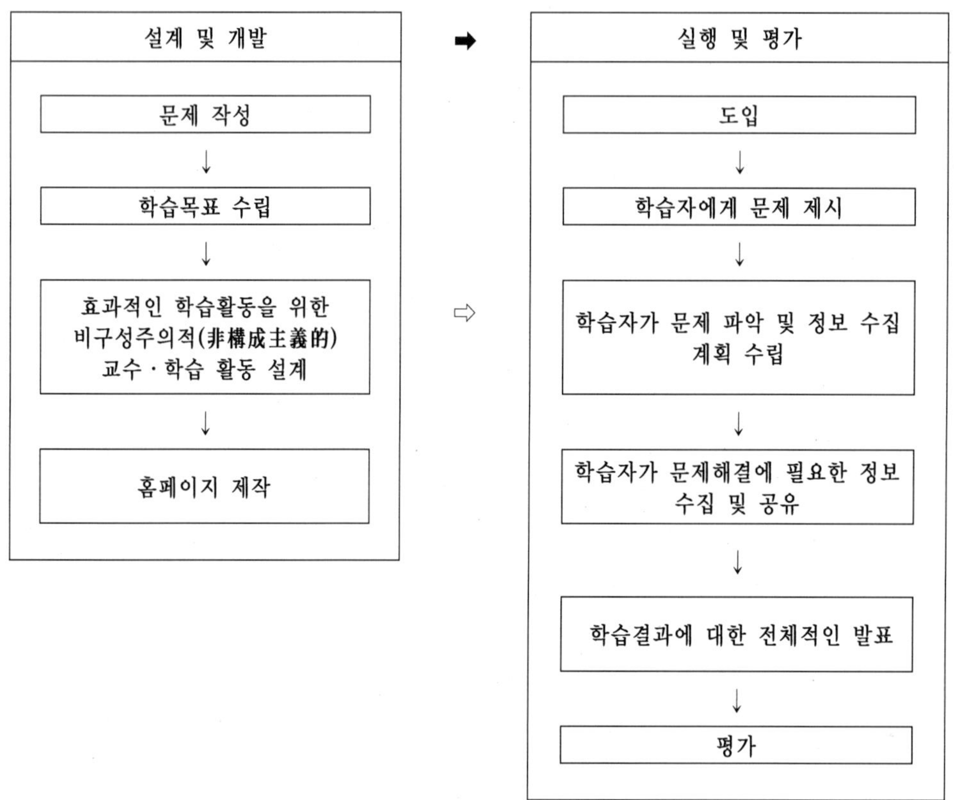

〈인터넷활용 문제중심학습 모형〉

9. ICT 활용 교수·학습 활동 유형

- 율곡초등학교(2001). 새학교문화 시범학교 보고서.

(가) 교실 환경과 수업 방법에 따른 ICT 활용 수업 유형

교실 환경	수업 방법	ICT활용 수업 활동 유형
교사 1PC	강의법(대집단 학습)	· 정보 안내하기
1모둠 1PC	모둠학습(소집단 학습)	· 정보 만들기 · 협력연구하기 · 정보탐색 및 분석하기
1인 1PC	개별학습	· 정보탐색 및 분석하기 · 웹 토론하기 · 전문가와 교류하기

(나) 교수 학습 진행 단계

교실 환경	단계	활동 내용
교사 1PC (보통교실)	도입	· 학습 동기유발 - 홈페이지 학습 자료 제시, 비디오 자료 · 학습 문제 제시
	전개	· 탑재된 예습 과제 확인→모둠별 토의→웹 자료실 검색→보고서 작성→보고서 발표
	정리	· 학습 목표 달성 확인 · 분석용 ICT를 활용한 학습 내용의 정리 제시
	평가	· 다양한 방법을 통해 학습 내용 적용 · 결과 및 과정 평가
1모둠 1PC	도입	· 그래픽, 링크된 멀티미디어 자료를 통한 동기 유발 · 학습 문제 제시
	전개	· 모둠 편성 및 역할 분담→자료 검색(웹자료실, PC통신 자료실)→자료 분석→보고서 작성→홈페이지 학습란에 탑재→보고서 발표→질의응답
	정리	· 학습 목표 달성도 인지 · 프레젠테이션, 실물 화상기를 이용한 자료 작성
	평가	· 다양한 방법을 통해 학습 내용 적용 · 결과 및 과정 평가
1인 1PC (컴퓨터실)	도입	· 그래픽, 애니메이션, 음성, 비디오자료 제시를 통한 학습 동기 유발 · 학습 문제 제시
	전개	· ICT를 이용한 정보의 효과적 활용 및 문제 해결 · 모둠별 토의→자료검색(인터넷 검색)→정보 분석 및 비교→보고서 작성(문서작성기, 프레젠테이션)→보고서 탑재→보고서 발표 및 의견 교환(토론방, 대화방)
	정리	· ICT 활용 수업을 통해 달성한 학습 목표 인지 · 분석용 ICT를 활용한 학습 내용의 체계적 정리
	평가	· 다양한 방법을 통해 학습 내용 적용 · 결과 및 과정 평가

10. 한국교육개발원(KEDI) 탐구학습 모형

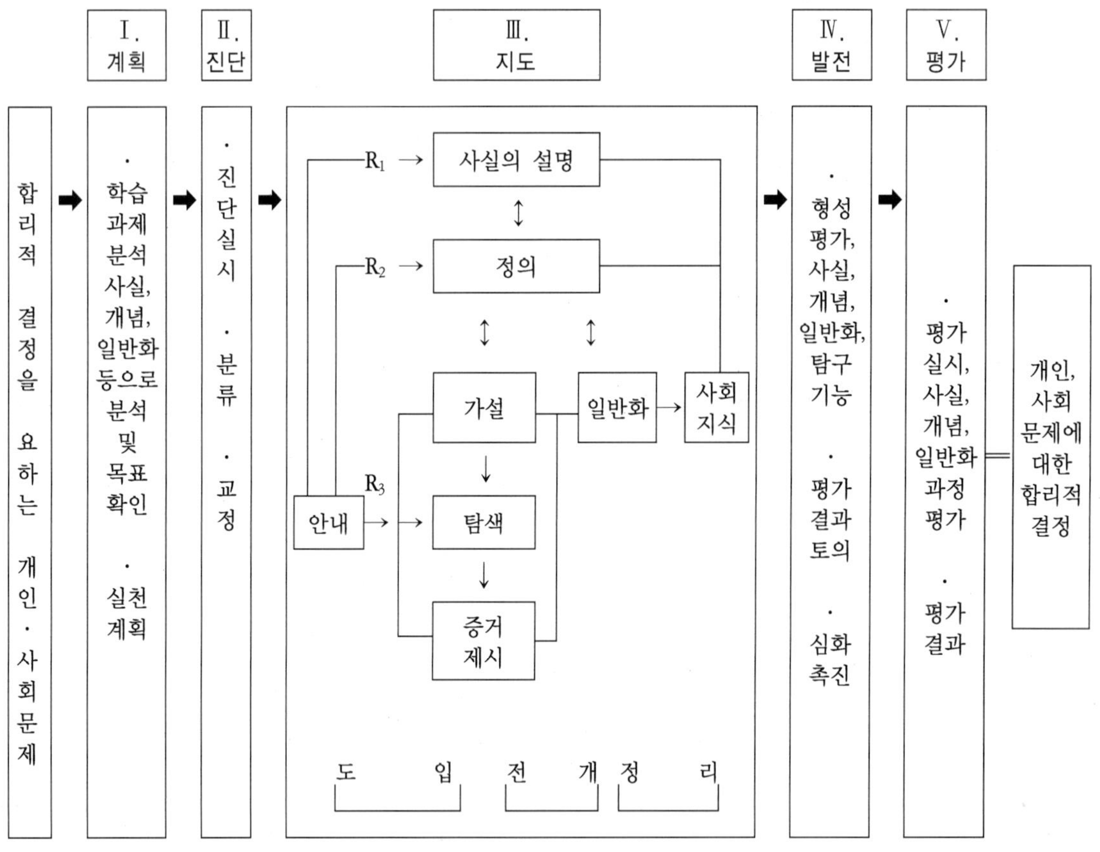

〈KEDI의 단원 전개 일반 모형〉

◦ R은 route의 약자임.

◦ 사회 지식 획득

R1 - 사실 지식의 획득

R2 - 개념 지식의 획득

R3 - 일반화 지식의 획득

11. 탐구수업의 과정

- 정병기(1998). 『초등 사회과교육의 이론과 실제』. 서울: 교육출판사.

〈마시알라스와 베이어의 탐구 수업의 단계〉

마시알라스	베이어
① 안내(orientation) ②정의(definition)	① 학습 목적, 혹은 학습 이유를 확인함
③ 가설(hypothesis)	② 대안적인 해답, 해결책, 계획을 가설로 설정함
④ 탐색(exploration)	③ 가설을 검증함
⑤ 입증(evidencing)	④ 결론을 이끌어 냄
⑥ 일반화(generalization)	⑤ 결론을 새로운 사태에 적용하고 일반화함

12. Glaser의 교수 모형 중에서 교수 절차를 변용시킨 탐구과정 모형(1)

- 김현석. 사회과통합교과교육론. 서울: 형설출판사. 1999. p.220.

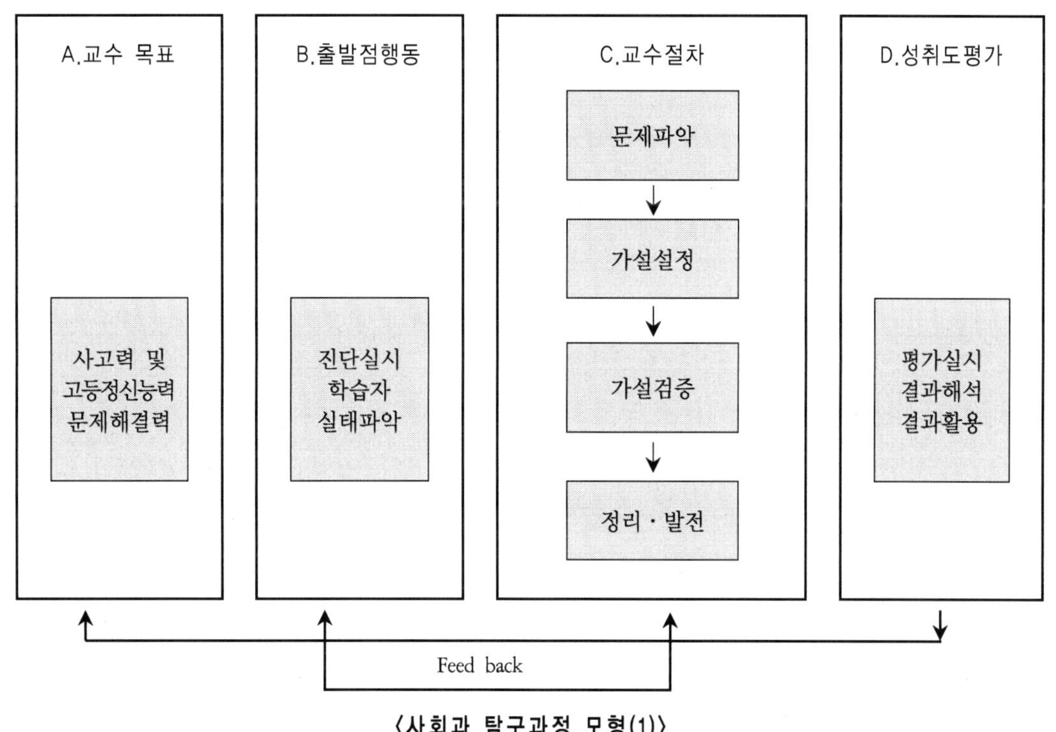

〈사회과 탐구과정 모형(1)〉

13. Glaser의 교수 모형 중에서 교수 절차를 변용시킨 탐구과정 모형(2)

구분 / 단계	구조	과정
문제파악	문제의식 자료 → 문제 제시 ← 과제 조사 지식경험 상기 개념 원리 — 문제분류 — 인간관계 사회사상 초점화	동기유발 지식재생 보충 문제의 결정 문제의 명확화
가설설정	요소분석 관계분석 — 과정추구 — 사회현상 과거현상 의미적 자료 → 문제파악 유추 — 자료수집정리 — 통찰 준거검사 표현자료 — 가설 정착	발견의 상황추구 지식생성의 필연적 조건 사고의 심화 문제와 자료의 신뢰도 해결계획 수립
가설검증	Data 정리 — 자료의 재정리 — 사건연구 심증적 자료 — 결과제시 토의 — 평가 결과 확인	분석종합 연구 발표 상호학습 재발견
정리발전	본질규명 — 개념화 기호화자료 — 생활관계확인 생활화	원리발견 생활에 적용 행동적 실증

〈사회과 탐구과정 모형(2)〉

14. 사회과 지적 영역의 수업 모형

- 정병기(1998).『초등 사회과교육의 이론과 실제』. 서울: 교육출판사.

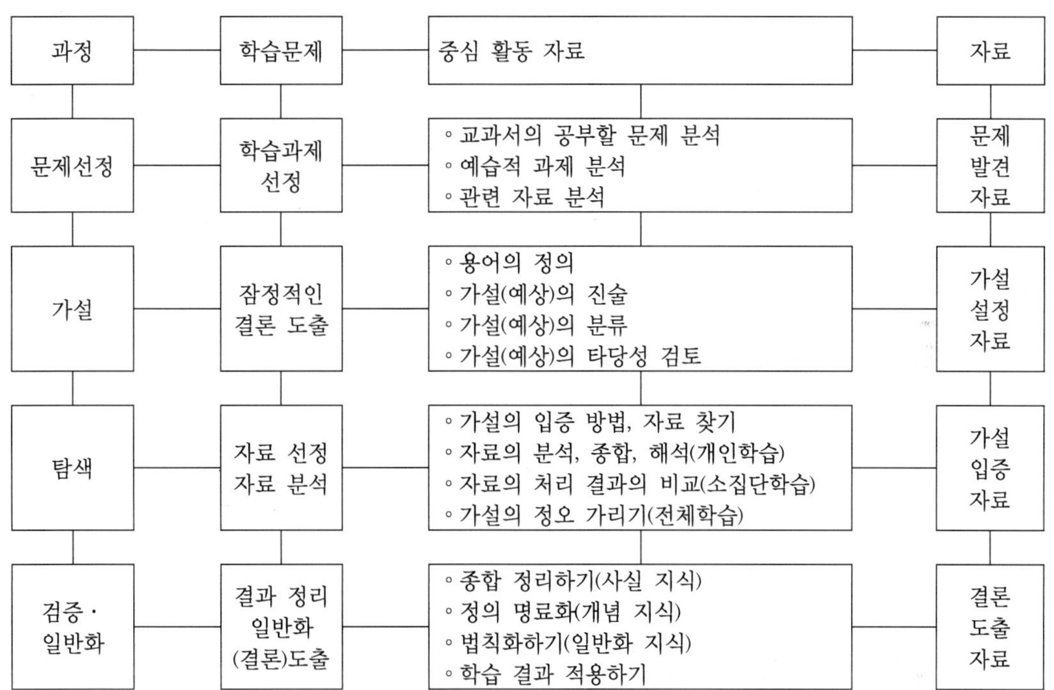

〈사회과 지적 영역의 수업모형〉

15. KEDI의 사회과 가치·태도 수업과정

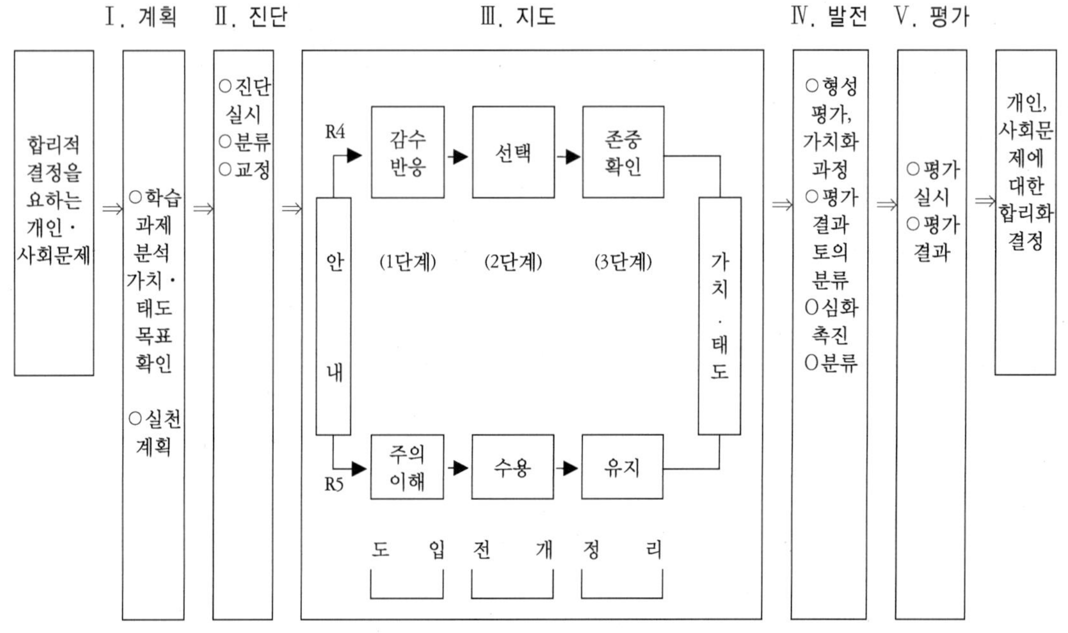

〈KEDI의 사회과 가치·태도 수업과정〉

* R은 route의 약자임.

* 가치태도형성

R4 - 가치탐구

R5 - 가치주입

16. 가치 수용 학습모형

- 정병기(1998). 『초등 사회과교육의 이론과 실제』. 서울: 교육출판사.

〈가치 수용 학습모형〉

과정	주요내용 및 활동	교수-학습활동	자료 및 지도상의 유의점
문제파악	·문제 상황 제시 ·학습 문제 파악	·문제 상황에 맞는 생활 장면 제시하기 ·문제 상황 읽기 ·문제 상황의 가치문제 발상 자료로 느낀 점 이야기하기 －사례 자료 －뉴스 －극화된 자료 등 ·학습 문제 설정(토의할 가치 수용 문제 파악)	·가치문제 발상자료
수용	·수용 가치 파악하기 ·수용 가치 이해하기 ·가치 실천 방법 탐색하기	·구체적인 수용 가치 파악하기(토의 내용 파악) ·수용 가치 토의하기(수용 가치 이해) －수용 가치의 타당한 근거 제시 －수용 가치로 받아들여야 할 이유 파악 ·수용 가치를 실천하는 방법 토의하기 －수용 방법 알기 －가치를 실천에 옮기려는 신념 갖기	·토의할 수용 가치를 구체적으로 파악하게 한다. ·가치 수용 방법 제시 자료
유지	·가치 실천 의지 갖기 ·수용 가치 실천하기	·자신의 가치를 반성하고 실천 의지를 강화하기 －나의 다짐 글쓰기 －모범 행동 사례 발표하기 ·실천해야 할 일 실천하기	·실천상황과 밀접한 관련을 갖는 상황을 중심으로 실천의지를 강화시킨다.
정리	·학습내용 정리하기 ·과제 제시	·수용 가치 실천 방법 정리하기 ·가치의 실천의지를 갖고 실천하기	·정리 단계는 과제를 제시하여 계속 실천하도록 한다.

17. 가치명료화 학습 모형

- 정병기(1998). 『초등 사회과교육의 이론과 실제』. 서울: 교육출판사.

〈가치명료화 학습 모형〉

과정	주요내용 및 활동	교수-학습 활동	자료 및 지도상의 유의점
문제 파악	·가치갈등사태의 제시 ·상반된 가치의 개념 명료화	·예습적 과제의 검토 ·가치 갈등 자료 제공 ·문제 사태 읽기 ·이야기 줄거리 발표 ·상반된 두 의견 파악 ·학습 문제의 설정 ·상반된 가치 파악 ·가치 관련 개념의 명료화	·가치갈등자료 ·가치갈등개념 파악 자료
선택	자유로운 선택	·자유로운 선택하기 ·자유로운 선택 이유 발표 ·선택한 가치 확인하기	·근거자료 제시 ·자유로운 선택을 강요하지 않는다.
	여러 대안 중에서 선택	·여러 측면을 고려한 후 선택하기 ·여러 측면에서 관점 제시 ·여러 측면을 고려한 후 선택한 이유 발표	
	결과를 고려한 후 선택	·결과를 예상한 후 선택하기 ·결과를 예상 후 선택한 이유 발표하기 -선택한 이유 -선택이 가져오는 결과 -자신의 선택의 문제점	
존중	선택할 가치의 존중 선택한 가치의 확인	·최종 선택 가치의 존중 -선택한 가치의 확신 -선택한 가치의 존중 ·가치선택의 정당성을 설득력 있게 발표하기 -여러 사람에게 자신의 정당성을 설득력 있게 발표하기	·의견을 존중하고 자유롭게 토의 발표하게 한다.
정리	선택한 가치의 실행과 반복	·자신의 가치 실천 의지 발표하기 ·자신의 가치 실천 계획 발표하기	

18. 태도·가치명료화 모형

- 오영태(2000). 『사회과교육론』. 서울: 형설출판사.

〈태도·가치명료화 모형〉

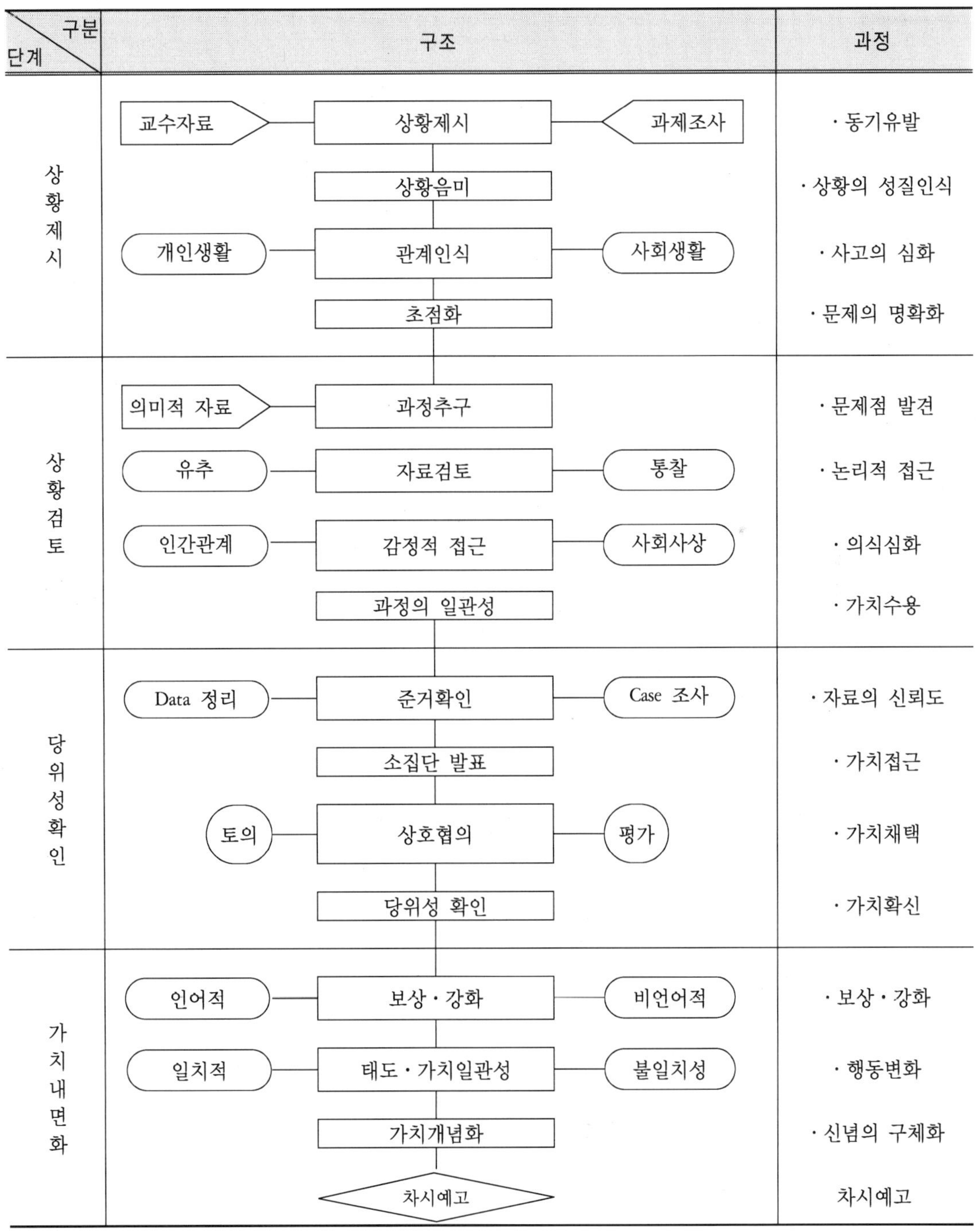

19. 태도·가치 분석 모형

- 오영태(2000).『사회과교육론』. 서울: 형설출판사.

〈태도·가치 분석 모형〉

단계 \ 구분	구조			과정
문제 인식	문제인식자료	문제제시	과제조사	· 동기유발
		지식·경험상기		· 지식·경험 활용
	개인생활	관계인식	사회생활	· 사고의 심화
		문제 확인		· 문제의 명확화
사례 선택	의미적 자료	상황제시	갈등사례	· 가치혼란
		상황 접근		· 논리적 접근
	인간관계	상황 검토	사회사상	· 갈등해소
		상황 선택		· 행동결정
근거 분석	Data 정리	준거검사	Case 조사	· 자료의 신뢰도
		소집단 발표		· 개별 및 분단 발표
	토의	상호 협의	평가	· 가치체택
		결과 정리		· 가치확신
가치 내면화	언어적	보상·강화	비언어적	· 보상·강화
	일치적	태도·가치정착	불일치성	· 행동적 실증
		가치 개념화		· 신념의 구체화
		차시예고		· 차시예고

20. 태도·가치 변화의 과정 모형

- 김현석(1999). 『사회과교육론』. 서울: 형설출판사.

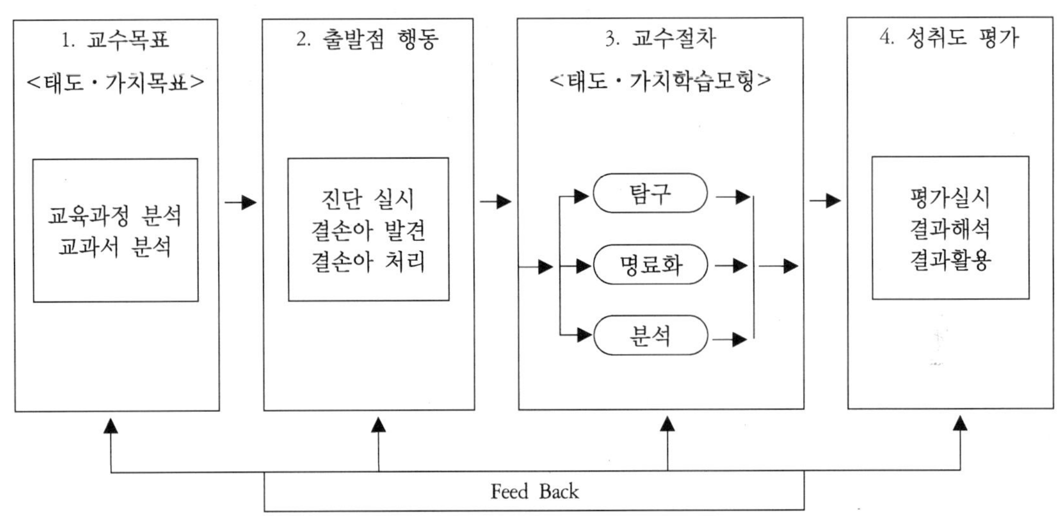

〈태도·가치 변화의 과정 모형〉

21. 아동중심의 가치탐구 학습 과정

- 정병기(1998). 『초등 사회과교육의 이론과 실제』. 서울: 교육출판사.

〈아동중심의 가치탐구 학습〉

단계	학습과정	학습 활동 내용
문제 파악	・'공부할 문제' 파악	・예습과제와 관련하여 '공부할 문제 확인' ・예습과제 확인→문제의 파악→공부할 문제의 정리
문제 추구	・개념정의 ・토의관점 정하기 ・갈등사태 찾기 ・자기 입장 택하기	・용어나 개념의 정의 ・문제해결을 위해 토의할 관점 정하기 ・예화자료를 듣고 갈등 사태 찾기 ・직관적 사고에 의해서 자기 입장 선택하기
문제 해결	・자기 입장의 합리적 근거 　찾기 ・자기 입장 밝히기 ・남의 입장 생각하기	・자기가 선택한 입장에 대한 합리적 근거를 적어보기 ・합리적 근거를 제시하며 자기 입장 발표하기 ・상대의 의견에서 옳은 점이 무엇인지 생각하기 ・자기의 입장과 상대의 입장을 견주어 검토한 후 재정리하기
적용 발전	・재정리나 자기 입장 밝히기	・재정리한 자기 입장 발표하기
과제 파악	・차시학습내용 안내	・예습과제 파악: 교과서 읽기, 어려운 말 밑줄 긋기, 예습과제 알아보기 ・예습하는 방법 알기: 토의하기, 공부하는 자세, 필요한 자료

22. 로키치(M. Rokeach)의 가치·태도 체계 모델

－정병기(1998).『초등 사회과교육의 이론과 실제』. 서울: 교육출판사.

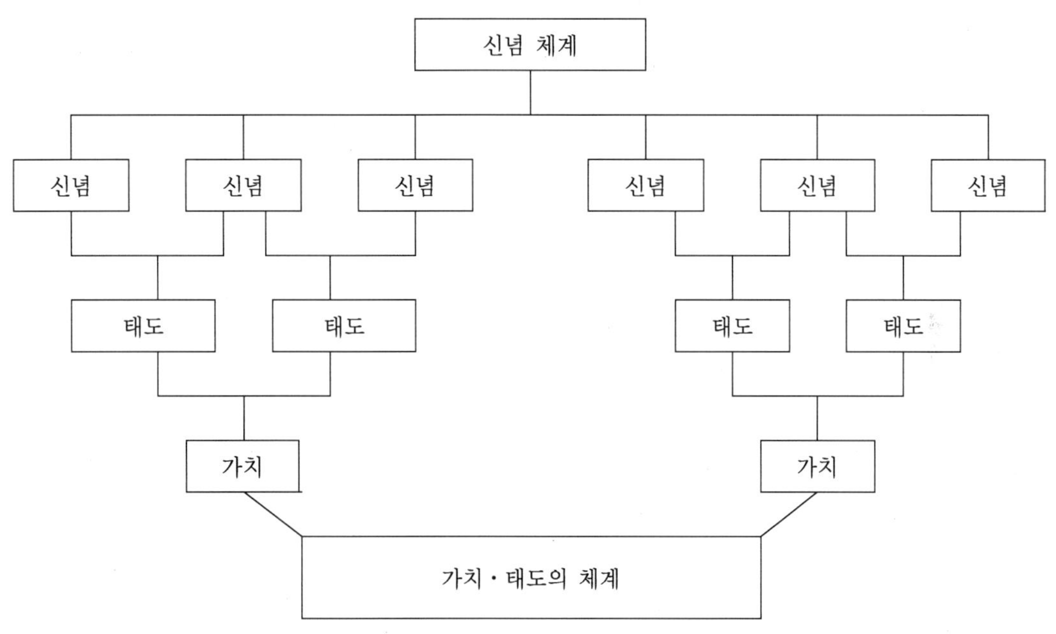

〈로키치(M. Rokeach)의 가치-태도 체계 모델〉

23. 의사 결정 수업의 절차

- 정병기(1998). 『초등 사회과교육의 이론과 실제』. 서울: 교육출판사.

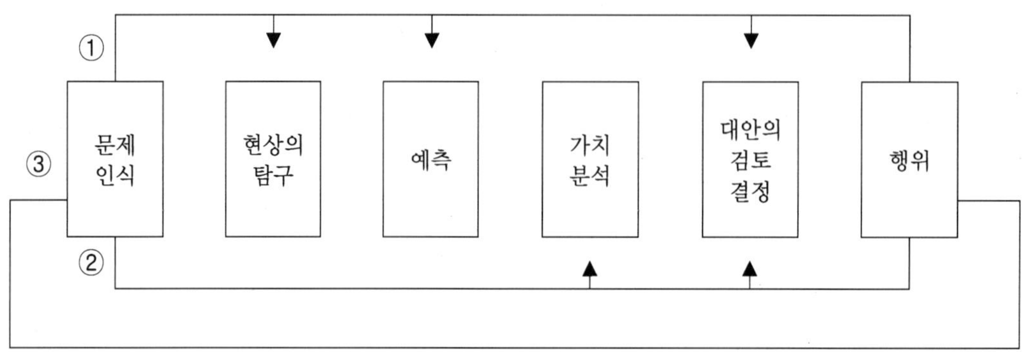

〈의사 결정 수업의 절차〉

*사실전제에 의한 결정과정(①)은 문제인식 → 현상의 탐구 및 예측 → 대안의 검토 결정 → 행위
*가치전제에 의한 학습(②)은 문제인식 → 가치분석 → 대안의 검토 결정 → 행위
*합리적 의사 결정과정(③)은 문제 인식 → 현상의 탐구 및 예측 → 가치 분석 → 대안의 검토 결정 → 행위의 과정

24. 의사 결정의 수업 과정

- 정병기(1998). 『초등 사회과교육의 이론과 실제』. 서울: 교육출판사.

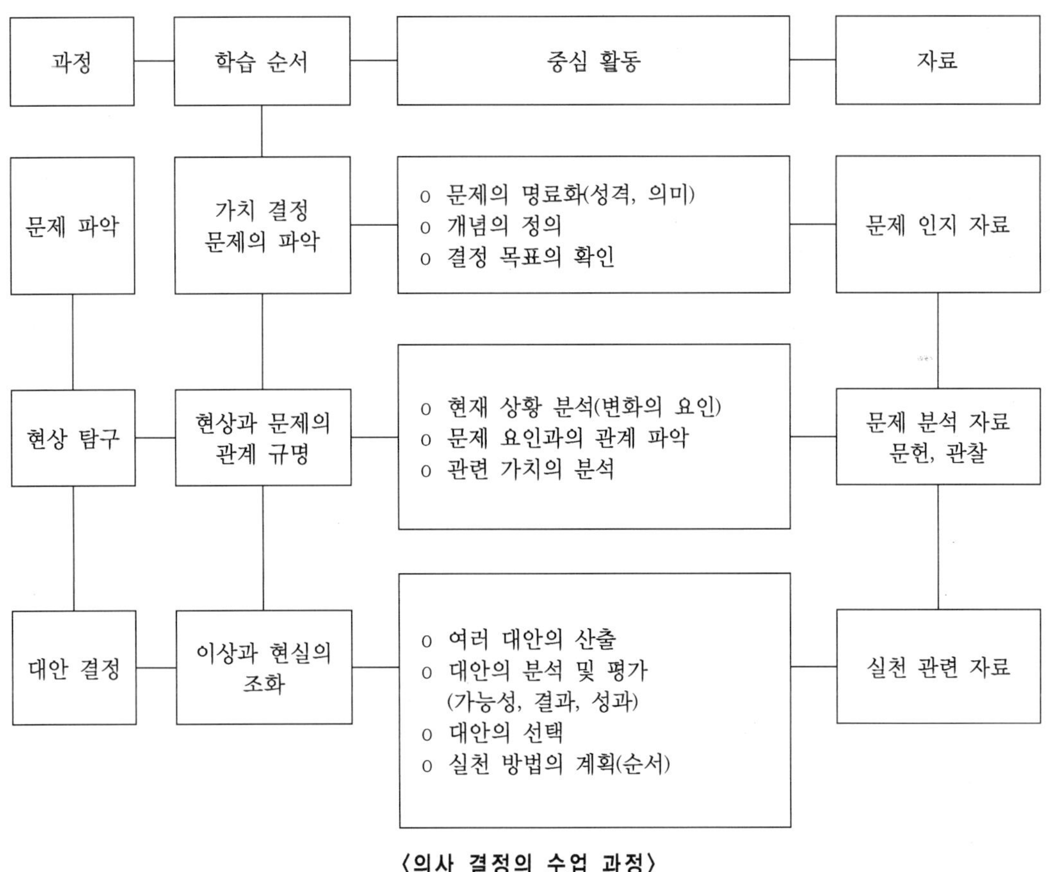

〈의사 결정의 수업 과정〉

25. Banks의 의사결정 과정

- 정병기(1998). 『초등 사회과교육의 이론과 실제』. 서울: 교육출판사.

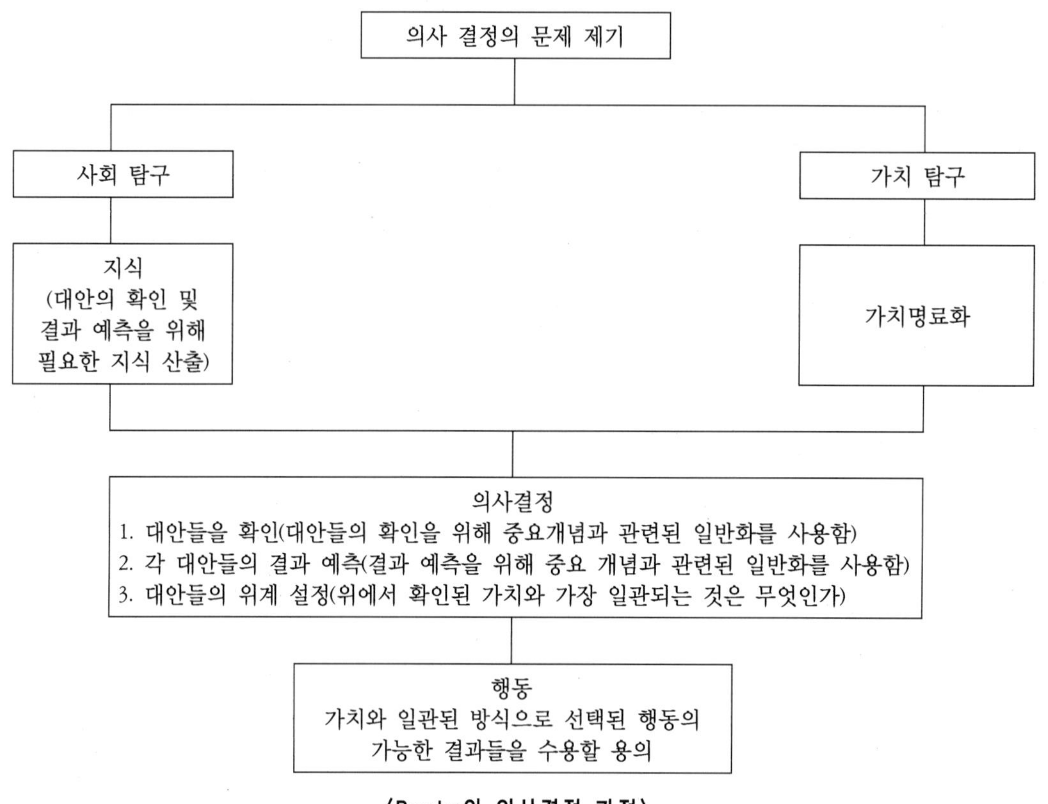

〈Banks의 의사결정 과정〉

26. 멀티미디어 활용 수업의 기본 학습과정

– 정병기(1998).『초등 사회과교육의 이론과 실제』. 서울: 교육출판사.

단계	중심 요소	교수·학습 활동 내용	CAI 및 멀티미디어 프로그램 적용
도입	◦ 동기유발 ◦ 공부할 문제 파악	◦ 선수학습 요소 확인 및 결손 처리 ◦ 동기 유발 ◦ 공부할 문제 알아보기	[동기유발 및 문제제시자료]
전개	◦ 문제 해결 방법 탐색	◦ 문제 해결 방법 탐색 ◦ 문제 해결 방향, 학습 순서 결정 ◦ 문제 해결의 단서 주기	[관련 지식 정보 자료]
	◦ 문제의 해결 ◦ 검증 ◦ 개념 정립	◦ 개인 학습 ◦ 소집단 학습 ◦ 전체 학습 ◦ 교사 지도 학습 ◦ 해결 결과의 검토 ◦ 다른 문제 사태에 적용하기 ◦ 언어화, 문자화, 기호화	[탐구 자료] [정보 검색 자료] [검증·확인 자료] [개념 정리 자료]
정리	◦ 적용·발전 ◦ 차시 예고	◦ 개념의 응용 및 적용 ◦ 일반화 ◦ 차시 예고 ◦ 예습적 과제 제시	[보충·심화자료]

27. 교수 · 학습의 기본 과정

– 오영태(2000). 『사회과교육론』. 서울: 형설출판사.

〈교수 · 학습의 기본 과정〉

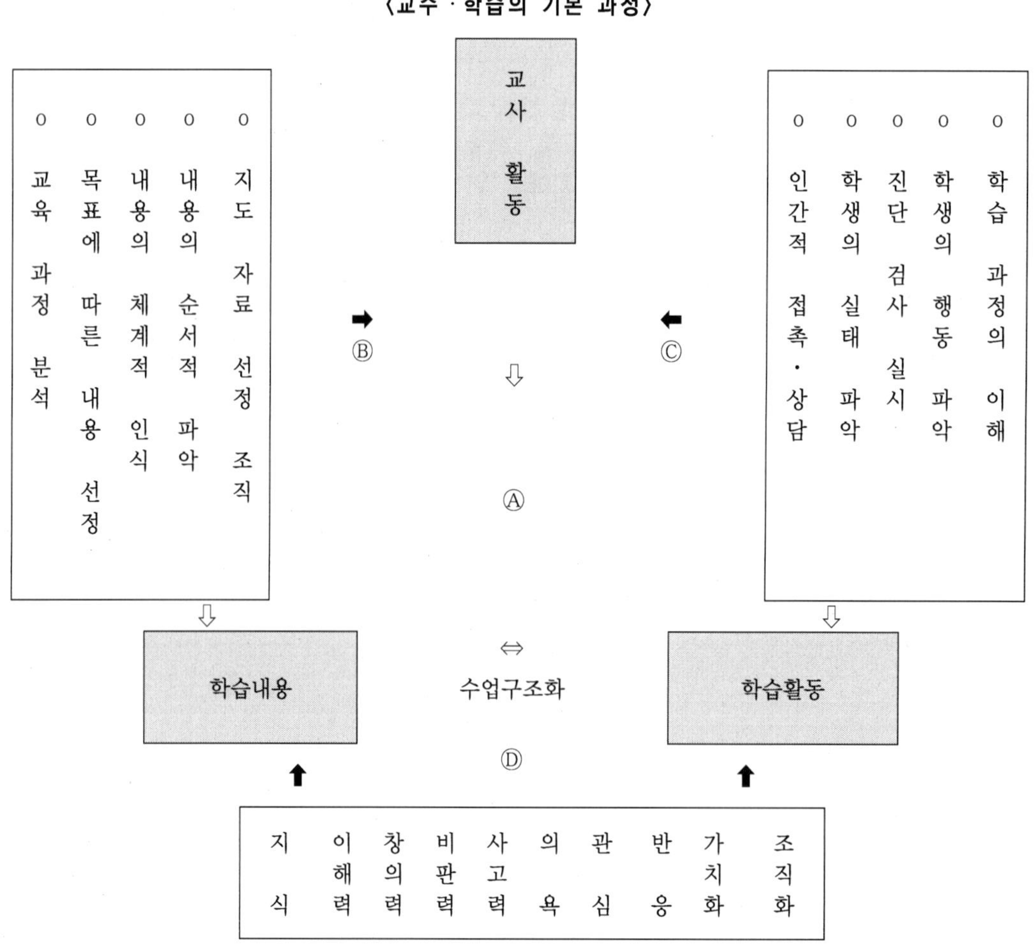

※설명

· Ⓐ활동: 학생의 학습 활동에 교사가 학습 목표를 추구해가는 수업 구조화의 실천 장면이다.

· Ⓑ활동: Ⓐ활동에 앞서 선정된 내용이 목표와의 일관성 여부를 확인하고 재구성하거나 지도 자료를 선정하는 과정이다.

· Ⓒ활동: 교사와 학습자, 학습자 간의 관계, 학습 환경, 학습 실태 등을 파악하여 수업 사태에 적용할 학습형태 및 지도 방법을 결정한다.

· Ⓓ활동: Ⓐ, Ⓑ, Ⓒ의 활동을 통하여 교과목표와 학년목표가 의도한바, 과정의 일관성이 이룩되어, 학습자가 지니게 되는 바람직한 행동 변화의 과정이다.

28. 크루이트(Kruiiks)의 문제해결과정 흐름도

- 김현석(1999). 『사회과 통합 교과 교육론』. 서울: 형설출판사.

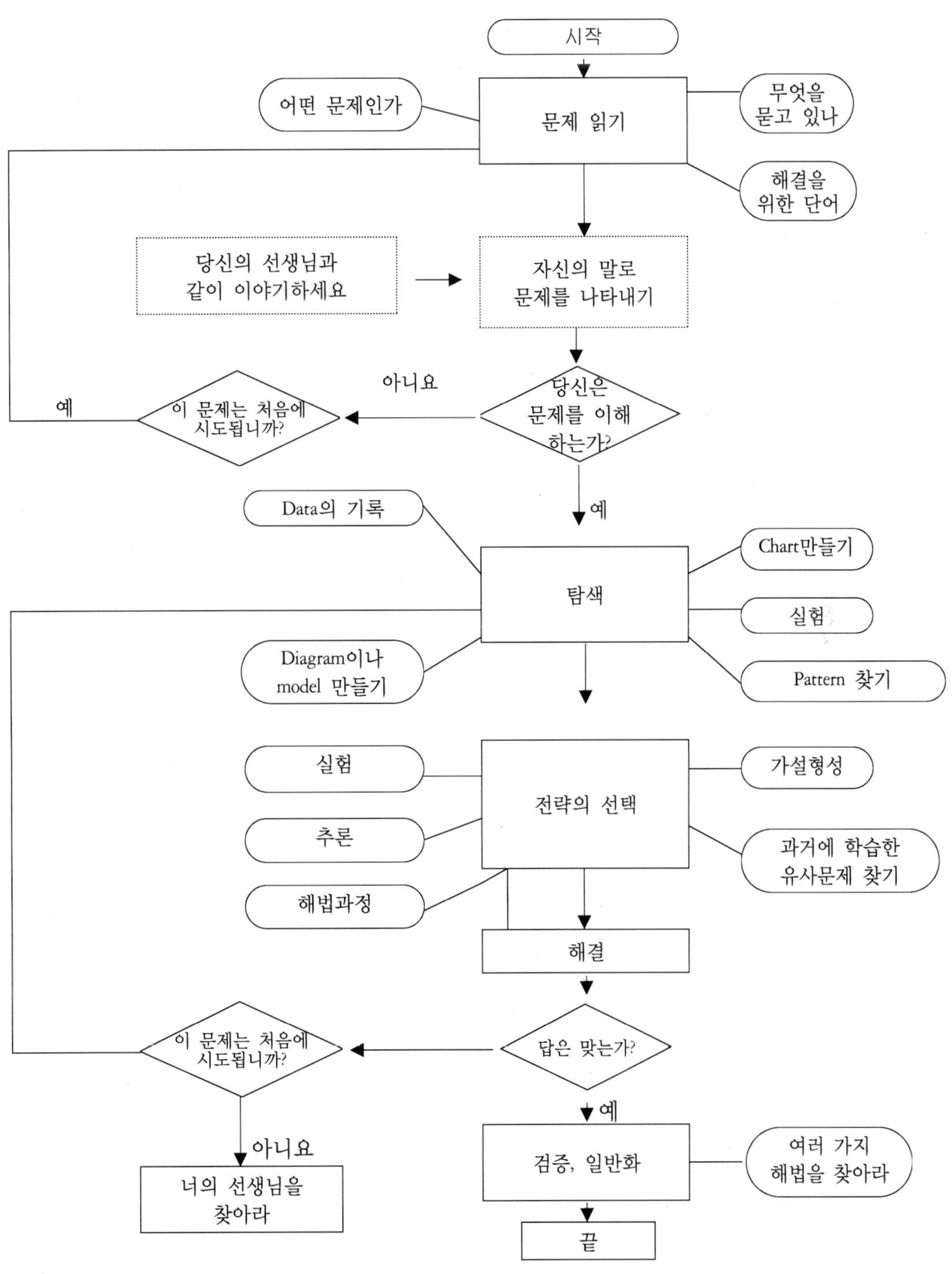

29. 과제학습의 4단계 8분절의 학습과정

– 오영태(2000). 『사회과교육론』. 서울: 형설출판사.

〈4단계 8분절의 학습과정〉

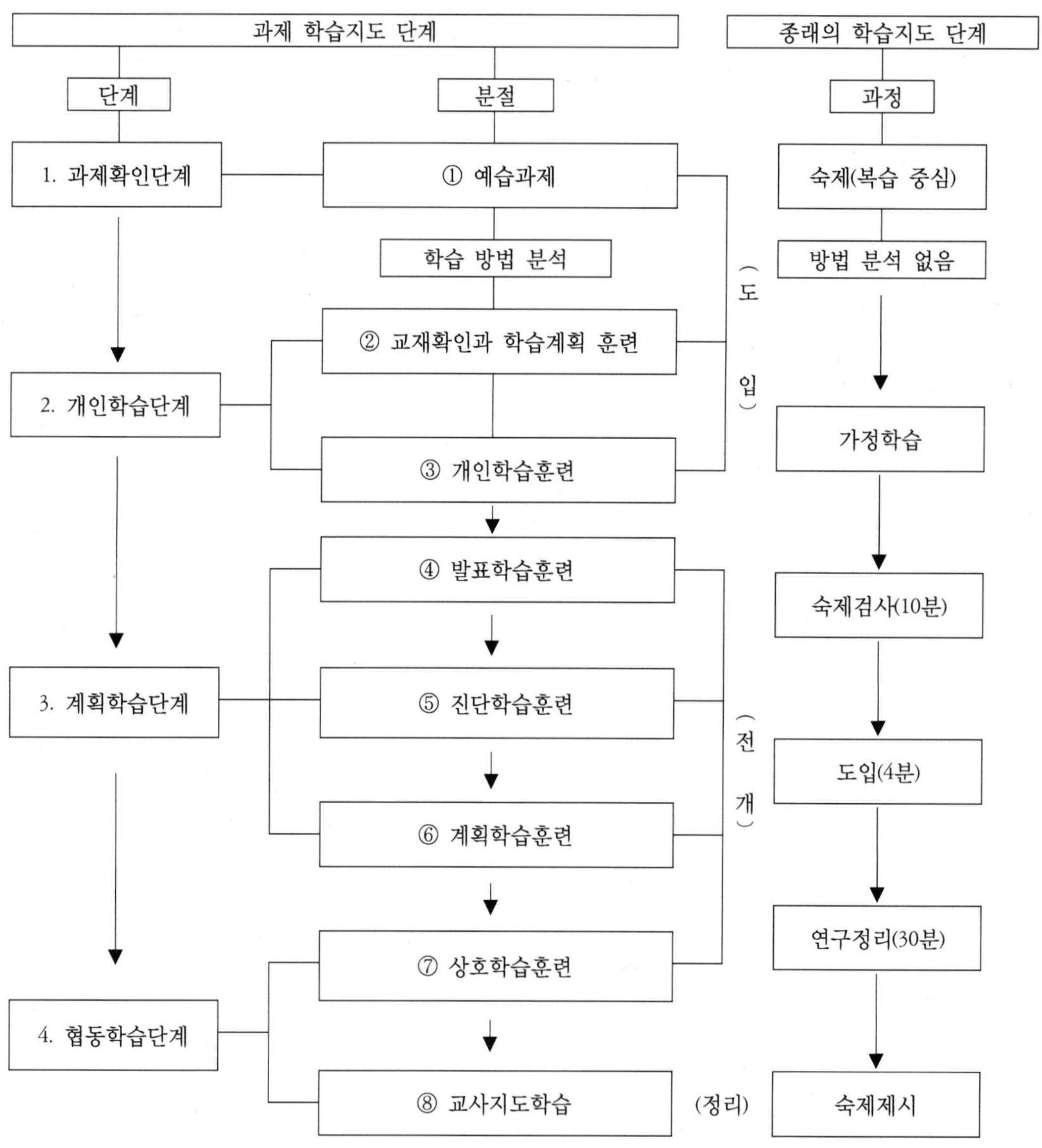

30. 분단학습 모형

- 오영태(2000). 『사회과교육론』. 서울: 형설출판사.

〈분단학습 모형〉

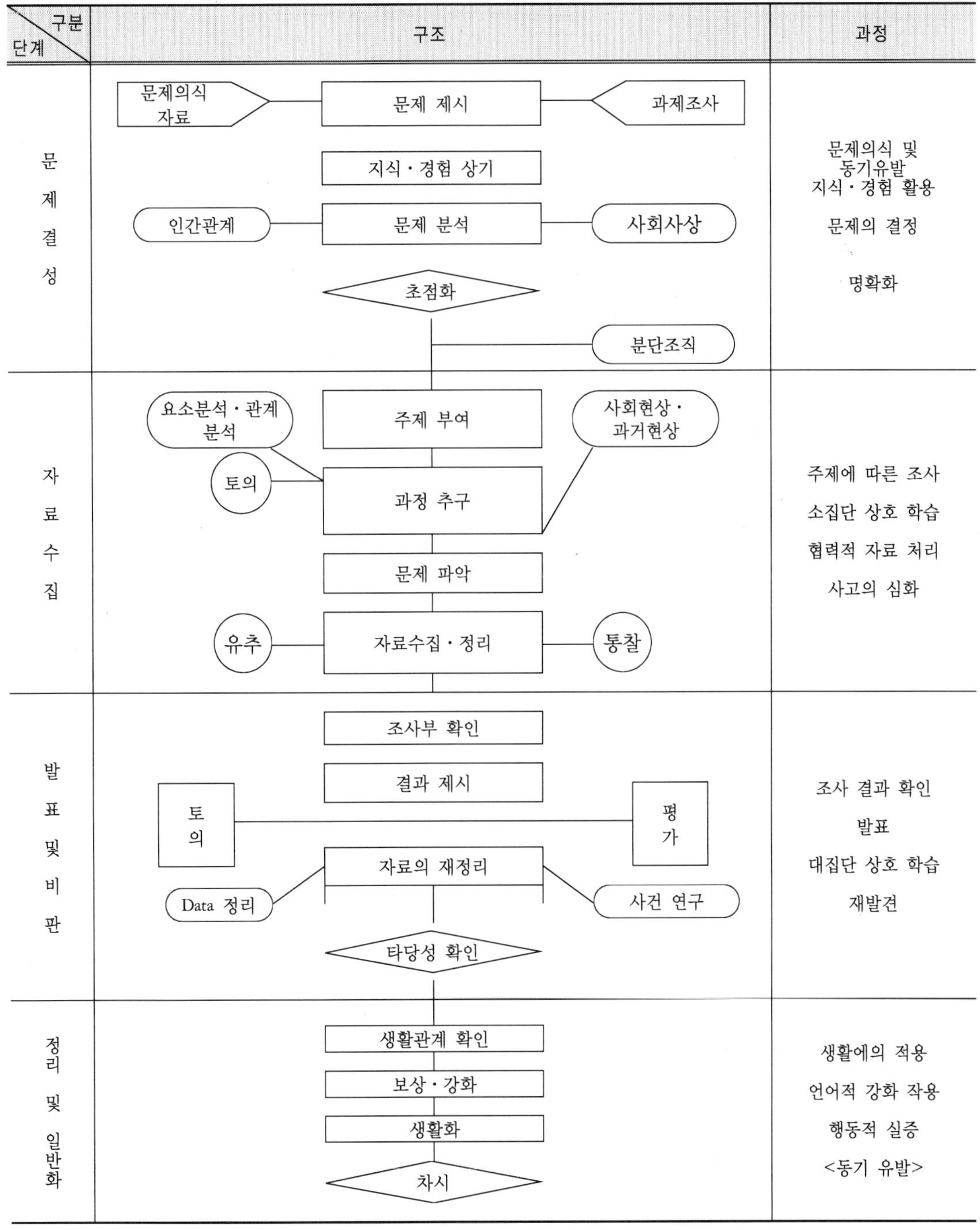

31. 글레이저(Glaser)의 창의학습 과정

 - 오영태(2000). 『사회과교육론』. 서울: 형설출판사.

〈창의학습 과정 모형〉

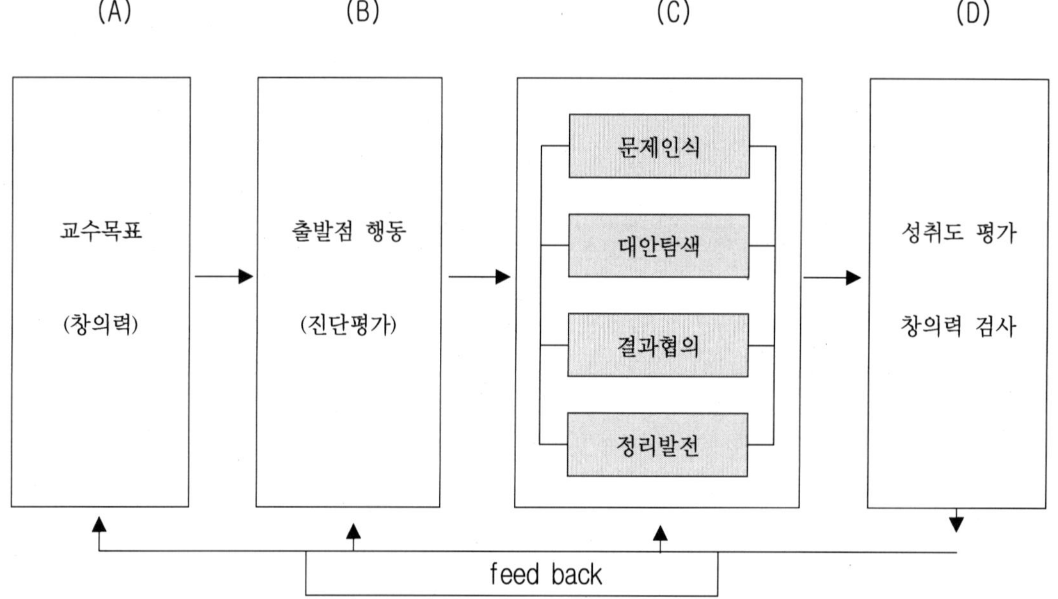

32. 창의학습 모형

- 오영태(2000). 『사회과교육론』. 서울: 형설출판사.

〈창의학습 모형〉

구분 단계	구조	과정
문 제 인 식	문제자료 — 문제제시 — 과제검사 경험상기 인간관계 — 관계파악 — 사회사상 초점화	동기 유발 경험 활용 사고의 심화 문제의 명확화
대 안 탐 색	의미자료 — 과정추구 — 자료수집 상황접근 유추 통찰 대안제시	사례 연구 논리적 접근 새 정보 추구 행동방향설정
결 과 협 의	분석종합 — 준거검사 — Data정리 상호협의 질의 응답 결과예상	자료 점검 협력적 문제해결 원리 접근 가치 채택
정 리 발 전	토의 평가 — 실증자료 보상 강화 생활화 자아실현 차시	가치 확산 보상 강화 행동적 실증 목표의 구현 <차시예고>

33. 사회과 교육평가의 개념 모형

- 오영태(2000). 『사회과교육론』. 서울: 형설출판사.

〈사회과 교육평가의 개념 모형〉

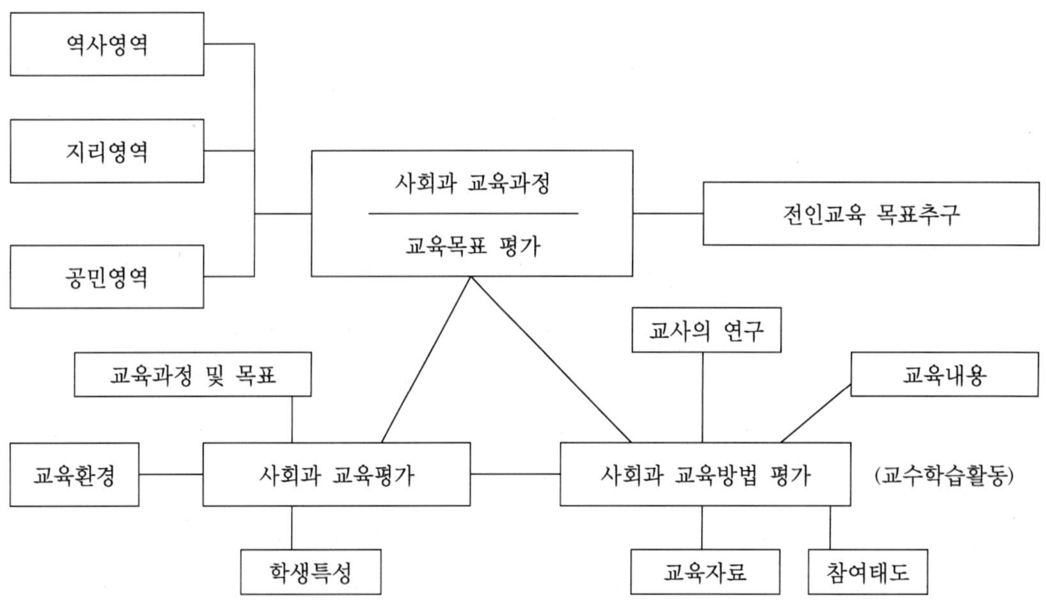

34. 교육과정 평가 모형

- 오영태(2000). 『사회과교육론』. 서울: 형설출판사.

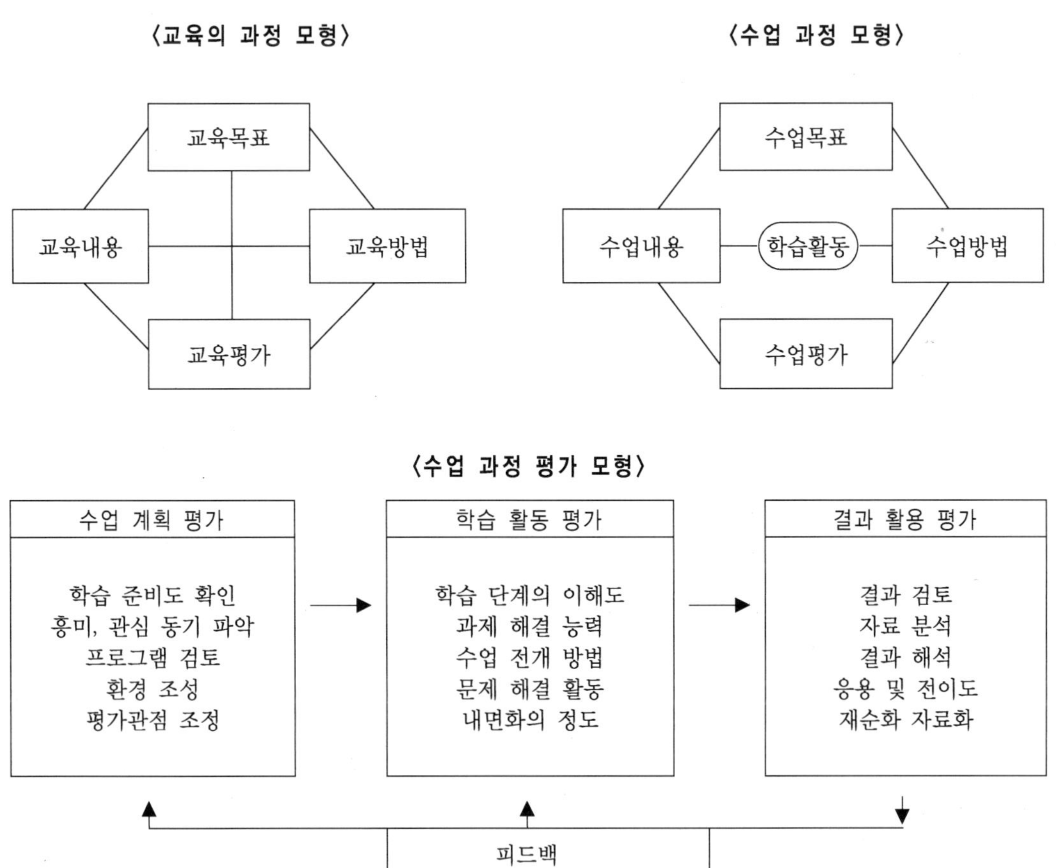

〈부록 2〉 사회과 교육과정

교육과학기술부 고시 제2011-361호[별책 7]

[공통 교육과정]

사회

1. 추구하는 인간상

우리나라의 교육은 홍익인간의 이념 아래 모든 국민으로 하여금 인격을 도야하고, 자주적 생활 능력과 민주 시민으로서 필요한 자질을 갖추게 하여 인간다운 삶을 영위하게 하고, 민주 국가의 발전과 인류 공영의 이상을 실현하는 데 이바지하게 함을 목적으로 하고 있다.

이러한 교육 이념을 바탕으로, 이 교육과정이 추구하는 인간상은 다음과 같다.

가. 전인적 성장의 기반 위에 개성의 발달과 진로를 개척하는 사람
나. 기초 능력의 바탕 위에 새로운 발상과 도전으로 창의성을 발휘하는 사람
다. 문화적 소양과 다원적 가치에 대한 이해를 바탕으로 품격 있는 삶을 영위하는 사람
라. 세계와 소통하는 시민으로서 배려와 나눔의 정신으로 공동체 발전에 참여하는 사람

2. 학교급별 교육목표

가. 초등학교 교육목표

초등학교의 교육은 학생의 학습과 일상생활에 필요한 기초 능력 배양과 기본 생활 습관을 형성하는 데 중점을 둔다.

(1) 풍부한 학습 경험을 통해 몸과 마음이 건강하고 균형 있게 자랄 수 있도록 하며, 다양한 일의 세계에 대한 기초적인 이해를 한다.

(2) 학습과 생활에서 문제를 인식하고 해결하는 기초능력을 기르고, 이를 새롭게 경험할 수 있는 상상력을 키운다.

(3) 우리 문화에 대해 이해하고, 문화를 향유하는 올바른 태도를 기른다.

(4) 자신의 경험과 생각을 다양하게 표현하며 타인과 공감하고 협동하는 태도를 기른다.

나. 중학교 교육목표

중학교의 교육은 초등학교 교육의 성과를 바탕으로, 학생의 학습과 일상생활에 필요한 기본 능력을 배양하며, 다원적인 가치를 수용하고 존중하는 민주시민의 자질 함양에 중점을 둔다.

(1) 심신의 건강하고 조화로운 발달을 추구하며, 다양한 분야의 경험과 지식을 익혀 적극적으로 진로를 탐색한다.

(2) 학습과 생활에 필요한 기초 능력과 문제해결력을 바탕으로 창의적 사고력을 기른다.

(3) 자신을 둘러싼 세계에 대한 경험을 토대로 다양한 문화와 가치에 대한 이해를 넓힌다.

(4) 다양한 소통능력을 기르고 민주시민으로서의 자질과 태도를 갖춘다.

3. 목표

사회과는 사회생활에 필요한 지식과 기능을 익혀 이를 토대로 사회 현상을 올바르게 인식하고, 민주 사회 구성원에게 요구되는 가치와 태도를 지님으로써 민주 시민으로서의 자질을 갖추도록 하는 교과이다. 사회과에서 육성하고자 하는 민주 시민은 사회생활을 영위하는 데 필요한 지식을 바탕으로 인권 존중, 관용과 타협의 정신, 사회 정의의 실현, 공동체 의식, 참여와 책임 의식 등의 민주적 가치와 태도를 함양하고, 나아가 개인적·사회적 문제를 합리적으로 해결하는 능력을 길러 개인의 발전은 물론 사회, 국가, 인류의 발전에 기여할 수 있는 자질을 갖춘 사람이다.

사회과는 지리, 역사 및 제 사회 과학의 개념과 원리, 사회 제도와 기능, 사회 문제와 가치, 그리고 연구 방법과 절차에 관한 요소를 통합적으로 선정, 조직하여 사회 현상을 종합적으로 이해하고 탐구한다. 또, 사회과에서는 우리의 삶의 터전인 지역의 이해를 바탕으로 우리 민족의 역사와 활동에 대한 종합적인 파악과 현실에 대한 역사적인 시각에서의 이해 및 한국인으로서의 정체성과 세계 시민으로서의 가치, 태도 등에 관한 요소를 중시한다.

사회과는 다양한 정보를 활용하여 사회 현상에 관한 지식을 발견하고 문제를 해결하는 데 필요한 비판적 사고력, 창의력, 판단 및 의사 결정력 등의 신장을 강조한다. 이를 위해 다양한 탐구 방법을 활용하여 학습자 스스로 학습하는 기회를 제공하고, 흥미와 관심을 고려하여 개개인의 수준에 적합한 경험을 제공하는 효율적인 교수·학습 전략을 지향한다. 그리고 학교 특성에 따라서 지역성과 시사성을 고려하여 지도한다.

사회과는 학습자의 성장 발달 정도와 사회·문화적 경험을 고려하여 학교급별로 주안점을 달리한다.

초등학교에서는 학생들이 주변의 사회적 사실과 현상에 대하여 관심과 흥미를 가지며, 생활과 관련된 기본적 지식과 능력을 습득하고, 창의적인 자세로 일상생활을 할 수 있도록 한다. 이를 위하여 학생들은 사회적 사실과 현상을 이해하는 데 필요한 기본적인 사실과 개념을 배우고, 이를 자신의 주변 환경이나 문제에 적용할 수 있는 사고력을 지녀야 한다. 또, 이러한 지식과 사고를 사회적 행동으로 실천할 수 있는 적극적인 태도를 길러야 한다.

중학교에서는 초등학교에서의 학습을 바탕으로 각 영역에서 중요시하는 지식을 과학적 절차에 의하여 발전, 적용하고, 개인적·사회적 문제를 해결하는 능력을 길러 공동생활에 자발적으로 참여하는 시민 정신을 발휘하게 한다.

사회 현상에 관한 기초적 지식과 능력은 물론, 지리, 역사 및 제 사회 과학의 기본 개념과 원리를 발견하고 탐구하는 능력을 익혀 우리 사회의 특징과 세계의 여러 모습을 종합적으로 이해하며, 다양한 정보를 활용하여 현대 사회의 문제를 창의적이며 합리적으로 해결하고, 공동생활에 스스로 참여하는 능력을 기른다. 이를 바탕으로 개인의 발전은 물론, 사회, 국가, 인류의 발전에 기여할 수 있는 민주 시민의 자질을 기른다. 사회 교과의 전반적인 목표는 다음과 같다.

가. 사회의 여러 현상과 특성을 그 사회의 지리적 환경, 역사적 발전, 정치·경제·사회적 제도 등과 관련지어 이해한다.

나. 지표 공간의 자연 및 인문 환경에 대한 이해를 통해 지역에 따른 인간 생활의 다양성을 파악하고, 지리적 지식과 기능을 습득하여 지리적 문제를 해결한다.

다. 각 시대의 특색을 중심으로 우리나라의 역사적 전통과 문화의 특수성을 파악하여 민족사의 발전상을 체계적으로 이해하며, 이를 바탕으로 인류생활의 발달 과정과 각 시대의 문화적 특색을 파악한다.

라. 사회생활에 관한 기본적 지식과 정치·경제·사회·문화 현상에 대한 기본적인 원리를 종합적으로 이해하고, 현대 사회의 성격 및 민주적 사회생활을 위하여 해결해야 할 여러 문제를 파악한다.

마. 사회 현상과 문제를 파악하는 데 필요한 지식과 정보를 획득, 분석, 조직, 활용하는 능력을 기르며, 사회생활에서 나타나는 여러 문제를 합리적으로 해결하기 위한 탐구 능력, 의사 결정 및 사회 참여 능력을 기른다.

바. 개인과 사회생활을 민주적으로 운영하고, 우리 사회가 당면한 문제들에 관심을 가지고 민주 국가 발전과 세계의 발전에 적극적으로 이바지하려는 태도를 가진다.

4. 내용의 영역과 기준

가. 내용 체계

학년	지리 영역	일반 사회 영역	역사영역
초등학교 3~4 학년	○ 우리가 살아가는 곳 ○ 달라지는 생활 모습 ○ 촌락의 형성과 주민 생활 ○ 민주주의와 주민 자치	○ 이동과 소통하기 ○ 우리 지역, 다른 지역 ○ 경제생활과 바람직한 선택 ○ 지역 사회의 발전	○ 사람들이 모이는 곳 ○ 도시의 발달과 주민 생활 ○ 다양한 삶의 모습들 ○ 사회 변화와 우리 생활
초등학교 5~6 학년	○ 살기 좋은 우리 국토 ○ 환경과 조화를 이루는 국토 ○ 우리 이웃 나라의 환경과 생활 모습 ○ 세계 여러 나라의 환경과 생활 모습	○ 우리 경제의 성장 ○ 우리나라의 민주 정치 ○ 우리 사회의 과제와 문화의 발전 ○ 정보화, 세계화 속의 우리	○ 우리 역사의 시작과 발전 ○ 세계와 활발하게 교류한 고려 ○ 유교 문화가 발달한 조선 ○ 조선 사회의 새로운 움직임 ○ 근대 국가 수립을 위한 노력과 민족 운동 ○ 대한민국의 발전과 오늘의 우리

	지리 영역	일반사회 영역
중학교 1~3 학년	○ 내가 사는 세계 ○ 인간 거주에 유리한 지역 ○ 극한 지역에서의 생활 ○ 자연으로 떠나는 여행 ○ 자연재해와 인간 생활 ○ 인구 변화와 인구 문제 ○ 도시 발달과 도시 문제 ○ 문화의 다양성과 세계화 ○ 글로벌 경제와 지역 변화 ○ 세계화 시대의 지역화 전략 ○ 자원의 개발과 이용 ○ 환경 문제와 지속 가능한 환경 ○ 우리나라의 영토 ○ 통일 한국과 세계시민의 역할	○ 개인과 사회생활 ○ 문화의 이해와 창조 ○ 사회의 변동과 발전 ○ 정치 생활과 민주주의 ○ 정치 과정과 시민 참여 ○ 경제생활의 이해 ○ 시장 경제의 이해 ○ 일상생활과 ○ 인권 보장과 법 ○ 헌법과 국가 기관 ○ 국민 경제와 경제 성장 ○ 국제 경제와 세계화 ○ 국제 사회와 국제 정치 ○ 현대 사회와 사회 문제

나. 영역 및 학습내용 성취 기준

〈초등학교 제3~4학년〉

　우리가 사는 지역의 자연 및 인문 환경의 특징을 통하여 지역의 정체성을 파악한다. 도시와 촌락의 특징을 이해하고, 나아가 다른 지역과의 상호작용을 통해 나타나는 다양한 생활 모습을 이해한다. 또한 생산과 소비 활동을 중심으로 기본적인 경제생활을 이해한다. 주민 자치를 중심으로 민주주의 원리를 이해하며, 지역의 문제를 해결하고 발전시키기 위해 해야 할 일과 바람직한 자세를 가진다. 사회 변화에 따른 생활의 변화 모습을 이해하고 이로 인해 발생하는 사회 문제를 파악하고 바람직한 해결 방안을 탐구한다.

(1) 우리가 살아가는 곳

이 단원은 우리가 살고 있는 지역의 위치, 자연적 특성, 그리고 그 이용 모습을 살펴보고, 우리 지역의 자연환경과 생활과의 관계를 파악하며, 우리 지역에 살고 있는 사람들의 생활이 서로 다르다는 것을 이해하기 위해 설정하였다. 자연과 그 이용에 대해서는 특징적인 지형, 기후, 토지이용 등을 중심으로 다룬다. 또한 지도의 요소를 알고, 그것을 통해 우리 지역의 모습을 지도를 통해 나타낼 수 있도록 한다.

① 우리가 살고 있는 곳의 위치를 지도, 인터넷 등을 이용하여 찾아보고, 우리나라에서 어디에 위치하고 있는지 말할 수 있다.
② 지도는 방위, 기호 등으로 구성됨을 알고, 우리가 살고 있는 동네를 그림지도로 나타낼 수 있다.
③ 우리 지역의 산, 강, 들, 바다의 모습을 살펴보고, 그와 같은 환경과 더불어 살아가는 사람들의 서로 다른 생활 모습을 이해할 수 있다.
④ 우리 지역의 주요한 산업을 사례로 우리 지역의 변화에 대해 이해할 수 있다.

(2) 이동과 소통하기

이 단원은 서로 다른 지역 간에 사람, 정보, 물자가 다양한 이동수단과 의사소통 수단을 매개로 상호의존적으로 교류·교환되고 있음을 이해하기 위해 설정하였다. 이를 위해 일상생활에서 사용하는 이동 수단과 의사소통 수단의 이용 까닭을 조사하여, 사람, 정보, 물자의 교류를 위해 이동 수단과 의사소통 수단이 필요함을 이해한다. 옛날과 오늘날의 이동 수단과 의사소통 수단의 발달 과정에 관한 자료를 수집, 비교하여 생활모습이 변해온 양상을 설명할 수 있도록 한다.

① 서로 다른 지역을 오고 가는 데 필요한 이동수단과 의사소통수단의 필요성을 이해할 수 있다.
② 서로 다른 지역 간의 이동수단과 의사소통수단의 발달 과정을 조사하고, 그에 따른 생활모습의 변화를 이해할 수 있다.
③ 지역 간을 왕래하는 사람들의 이동수단과 의사소통수단의 종류와 활용 양상을 조사하고, 그 특성에 대해 이해할 수 있다.
④ 현재의 이동수단과 의사소통수단의 문제점을 해결한 미래의 이동수단과 의사소통수단을 상상하여(예, 그림이나 상상글쓰기 등으로) 표현하고, 이로 인해 달라질 생활 모습을 설명할 수 있다.

(3) 사람들이 모이는 곳

이 단원은 우리 지역의 시장, 터미널, 역과 같은 중심지에서 볼 수 있는 다양한 삶의 모습을 살펴보고, 그곳에서 사람들이 어떤 모습으로 살아가는지를 파악하기 위해 설정하였다. 우리 지역의 중심지에서 사람들이 서로 교환하는 것을 조사하고 분류하는 활동을 통해 지역 사람들의 생활 모습을 파악하고, 고장의 중심지를 이용해 본 경험을 통해, 내가 필요한 것을 해결하는 방법을 알아본다. 아울러 중심지 중 특징적인 곳을 선정하여 옛날과 오늘날의 모습, 입지 조건, 경관의 특징, 역할 등을 조사하여 지역 사람들의 생활 모습을 이해한다.

① 우리 지역에서 버스나 지하철 노선이 이어주는 곳을 지도로 그려보고, 그것을 통해 중심지의 위치를 찾을 수 있다.

② 우리 지역 중심지의 대표적인 건축물과 사람들의 생활 모습에 대해 다양한 방법(예, 면담, 견학 등)을 활용하여 조사하고, 이를 바탕으로 중심지의 특징을 이해할 수 있다.

③ 우리 지역의 중심지 중 특징적인 곳을 선정하여 옛날과 오늘날의 모습과 역할을 비교한다.

④ 교통·통신의 발달에 따라 새로 생겨난 중심지와 기존의 중심지 간의 차이를 비교한다.

(4) 달라지는 생활모습

이 단원은 우리 지역이 변화해온 모습을 살펴보고, 오늘날 우리의 생활이 조상으로부터 이어져온 것이며, 앞으로 어떻게 변화해갈 것인지를 생각해보기 위해 설정하였다. 우리 지역에서 볼 수 있는 생활도구, 의식주와 여가생활의 특성에 대한 이해를 바탕으로 우리나라 생활문화의 전반적인 경향을 파악한다. 생활도구와 김치, 한복, 온돌 등에 담긴 조상의 멋과 슬기를 알아보고 오늘날과 비교한다. 의식주 및 생활 도구의 변천 과정과 오늘날 계승·발전된 모습을 확인한다.

① 우리 지역에 살았던 조상들의 옛날 생활모습을 알 수 있는 것(예, 사진, 그림, 책, 지도 등)을 찾아보고, 오늘날과는 다른 생활 모습을 이해할 수 있다.

② 생활 도구의 모양과 쓰임이 이전과는 다름을 이해하고 오늘날 계승되고 발전된 모습에 대해 설명할 수 있다.

③ 김치, 한복, 온돌 등에 담긴 조상들의 멋과 슬기를 이해하고, 오늘날의 의식주와 비교하여 설명할 수 있다.

④ 옛날과 오늘날의 놀이를 비교하여 살펴보고, 달라진 놀이 문화를 이해할 수 있다.

(5) 우리 지역, 다른 지역

이 단원은 우리 지역의 형성과 발전이 다른 지역과 밀접한 상호작용을 통해 이루어진다는 것을 이해하기 위해 설정하였다. 지리적·역사적·사회적으로 관계가 깊은 지역을 선정하여 지역 간에는 상호 긴밀하게 연결되어 있다는 점을 구체적인 사례를 통해 이해한다. 지도, 그림, 도표 등의 다양한 시각자료를 통해 연결된 지역의 특성을 이해한다.

① 우리 지역과 밀접하게 교류하는 지역의 위치를 지도나 인터넷을 통해 찾아보고, 우리 지역의 어느 방향에 위치하고 있는지 말할 수 있다.

② 우리 지역을 다른 지역에 사는 친구에게 소개할 때 떠오르는 모습들을 다양한 방식(예, 말하기, 쓰기, 꾸미기 등)으로 표현할 수 있다.

③ 우리 지역의 지명이나 전해오는 이야기 및 자연적·인문적 답사를 통해 우리 지역의 자연적 특징이나 당시 생활 모습을 이해할 수 있다.

④ 우리 지역이 다른 지역과 밀접한 관계를 맺고 있는 사례를 조사하고, 다양한 시각자료(예, 지도, 사진, 그래프, 도표)를 통해 지역과 지역이 서로 긴밀하게 연결되어 있는 이유를 설명할 수 있다.

(6) 도시의 발달과 주민 생활

이 단원은 우리나라의 도시지역의 입지조건과 기능적인 특징에 대해 알기 위해 설정하였다. 사례지역을 토대로 도시 생활과 관련해서 우리나라 도시 분포와 발전 과정, 도시 문제와 그 해결 방법을 탐구한다.

① 우리 지역의 도시의 위치를 지도나 인터넷을 통해 찾아보고, 그 위치적 특성을 말할 수 있다.

② 우리 지역의 도시 분포와 도시의 발달 과정을 이해할 수 있다.

③ 신도시 개발의 사례를 소개하고, 신도시가 개발된 이유와 문제점에 대해 이해할 수 있다.

④ 도시 문제(예, 주택 문제, 환경 문제, 교통 문제 등)의 성격을 이해하고, 그 해결 방법을 제시할 수 있다.

(7) 촌락의 형성과 주민 생활

이 단원은 우리나라의 촌락의 입지 조건과 기능적 특징을 알기 위해 설정하였다. 촌락에 대한 사례 지역을 토대로 촌락 생활과 관련해서 우리나라 촌락 분포와 발전과정, 촌락문제와 그 해결 방법을 탐구한다.

① 우리 지역의 촌락의 위치를 지도나 인터넷을 통해 찾아보고, 그 분포 특성을 이해할 수 있다.

② 사례 지역을 토대로 우리 지역 촌락의 형성 과정과 발달 과정을 이해할 수 있다.

촌락 지역의 생활모습을 주요한 산업 활동과 관련지어 이해할 수 있다.

촌락 문제(예, 인구의 과소화, 인구의 고령화, 산업적 기능의 축소, 문화 시설의 부족 등)의 성격을 이해하고, 그 해결 방법을 제시할 수 있다.

(8) 경제생활과 바람직한 선택

이 단원은 경제 활동에서 자원의 희소성으로 인해 선택의 문제가 발생하며, 경제적 선택에 따라 삶의 모습이 달라질 수 있다는 점에서 선택의 중요성을 인식하고 합리적으로 의사를 결정할 수 있는 능력을 신장시키기 위해 설정하였다. 이를 위해 개인의 선호와 공공의 이익을 고려하여 합리적 선택 기준을 세우고, 그것에 근거해 의사를 결정할 수 있는 능력을 기른다. 기업과 가계를 중시하므로 생산과 소비의 의미와 경제생활의 모습을 이해하고, 생산자, 소비자 그리고 노동자로서 합리적으로 의사를 결정할 수 있는 태도를 기른다.

① 자원의 희소성으로 인해 경제 활동에서 선택의 문제가 발생함을 이해하고, 이를 해결하기 위한 합리적 선택 기준(예, 비용, 만족감, 사회적 영향 등)을 제시할 수 있다.

② 생산 활동의 종류를 찾아보고, 각각의 활동의 의미와 중요성에 대해 설명할 수 있다.

③ 합리적 소비를 위해 필요한 정보를 얻는 방법과 소비자 권리를 행사하는 방법을 설명할 수 있다.

④ 생산이 이루어지는 과정을 그림으로 표현하여 설명하고, 노동하는 사람들의 모습을 통해 생산 활동의 중요성을 말할 수 있다.

(9) 다양한 삶의 모습들

이 단원은 지역마다 고유한 문화적 특성이 있으며, 우리 문화에 대한 정체성을 갖고 다른 문화에 대한 상호 존중의 마음을 갖기 위해 설정하였다. 자료를 통하여 다양한 생활 모습을 찾고, 생각과 행동의 차이를 파악한다. 문화 형성 배경을 여러 요인과 관련지어 설명한다. 옛날과 오늘날의 의례를 비교하여 변화한 점과 변화되지 않은 점을 파악한다. 우리나라와 다른 나라 문화의 유사점과 차이점을 비교하여 문화의 다양성을 이해한다. 문화적 차별과 편견으로 인한 문제점을 파악하고, 서로 다른 문화를 이해하고 수용하는 자세를 지닌다.

① 우리나라 또는 다른 나라의 다양한 생활모습(예, 춤, 노래, 축제 등)을 찾아보고, 각각의 특징에 대해 비교하여 설명할 수 있다.
② 환경적 특성과 관련하여 문화 형성의 배경을 이해하고, 각기 다른 문화를 존중하는 자세를 기를 수 있다.
③ 문화는 시간의 흐름에 따라 변화하기도 지속되기도 한다는 것을 사례를 들어 이해할 수 있다.
④ 문화적 차별과 편견이 나타난 다양한 사례를 조사하고 이것이 가진 문제점에 대해 설명할 수 있다.

(10) 민주주의와 주민 자치

이 단원은 민주주의와 민주 정치에 대한 기본적인 이해를 바탕으로 지역 사회의 정치적 삶에 대한 이해와 참여 능력을 기르기 위해 설정하였다. 민주주의 원리가 구체적으로 실현되는 것이 주민 자치임을 이해한다. 주민들이 지역의 자치단체를 중심으로 지역 문제를 해결하는 등 지역 주민들의 삶의 질을 높이기 위해 노력하고 있음을 이해한다.

① 민주주의의 원리를 구체적으로 실현하는 것이 주민 자치임을 이해한다.
② 우리 지역을 대표하는 자치단체는 어떤 것들이 있는지 찾아보고, 그 역할에 대해 이해할 수 있다.
③ 우리 지역을 대표하는 사람들을 뽑는 선거 과정을 알아보고 이를 통해 대표자와 유권자의 역할에 대해 이해할 수 있다.
④ 지방정부와 지방의회가 하는 일을 비교해보고, 양자 간의 관계에 대해 이해할 수 있다.

(11) 지역 사회의 발전

이 단원은 지역의 정치, 경제, 사회, 문화 모든 영역에서 지역의 발전을 위해 주민들이 지역 문제를 해결하는 능력과 자발적인 참여 태도를 기르기 위해 설정하였다. 지역의 문제는 다양한 관점에서 볼 수 있음을 이해하고, 문제를 해결하고 지역 사회를 발전시키기 위해서는 적극적인 참여와 합리적 의사결정 과정이 필요함을 이해한다. 구체적 사례를 통해 지역 문제해결에 참여하는 방법과 절차를 배운다. 지역 사회의 발전은 지역 주민의 적극적인 참여와 의지에 의해 가능함을 이해하고, 지역 사회의 문제해결을 위해 참여하려는 태도를 기르도록 한다.

① 우리 지역 자치단체의 구호와 상징물을 찾아보고, 그것이 우리 지역의 어떤 특성을 반영하고

있는지 이해할 수 있다.

② 우리 지역의 문제에는 어떤 것이 있는지 찾아내며, 정치, 경제, 사회, 문화 측면에서 그 문제의 원인을 파악하고 대책을 제안할 수 있다.

③ 주민 참여와 자원 봉사의 사례를 찾아보고, 그것의 중요성에 대해 설명할 수 있다.

④ 미래 우리 지역이 발전한 모습을 상상하여 다양한 방식(예, 글, 그림, 노래, 만화, 캐릭터 등)으로 표현하고, 그것을 실현할 수 있는 방법을 제시할 수 있다.

(12) 사회 변화와 우리 생활

우리 사회의 다양한 사회 변화 모습과 그 영향을 이해하고 각 변화에 능동적으로 대응하는 자세를 갖도록 설정하였다. 현대 사회 가족 구성의 특성과 바람직한 가족의 의미를 이해한다. 성역할에 대한 고정관념을 깨고, 양성평등 의식을 제고한다. 저출산 고령화로 인한 인구 구성 변화가 미치는 영향과 그 해결 방법을 탐구한다. 사회구성원의 문화적 다양성을 수용하여 소수자 인권을 존중하는 태도를 갖는다.

할머니(할아버지), 아버지(어머니), 그리고 나로 이어지는 세대 간의 가족 수, 가족 구성 등을 조사해보고, 옛날과 오늘날의 가족 형태의 차이에 대해 이해할 수 있다.

사례를 들어 성역할이 변화하고 있음을 이해하고, 양성평등 사회의 실현에 이바지할 수 있는 의식과 태도를 갖는다.

우리나라 인구 구성의 변화와 관련하여 나타나는 다양한 현상을 찾아보고, 그것의 문제점에 대해 이해한다.

사회적 소수자에 대한 편견 및 차별 사례를 찾아보고, 그 원인을 조사하여 소수자 인권 보호 방법을 탐구할 수 있다.

〈초등학교 제5~6학년〉

[지리·일반사회 영역]

우리나라의 자연 및 인문 특성과 사람들의 생활 모습과의 관련성을 파악하고, 환경과 조화를 이루는 국토 발전을 꾀할 수 있는 능력과 태도를 가진다. 시장 경제 체제의 기본 원리를 이해하고, 헌법을 통하여 민주 정치의 원리와 국가 기관의 권한 및 국민의 권리와 의무를 이해한다. 우리와 밀접한 동아시아와 세계 여러 나라의 환경과 생활 모습을 이해하고, 급격한 사회 변화로 인해 발생하는 문제를 해결하며, 인류 평화를 위한 국제 사회의 노력에 동참하는 세계 시민의 능력과 태도를 갖는다.

(1) 살기 좋은 우리 국토

이 단원은 우리나라의 위치와 영역의 중요성을 알고, 우리나라의 자연적·인문적 특성과 사람들의 생활 모습과의 관련성을 파악할 수 있는 능력을 키우기 위해 설정하였다. 이를 위해 먼저, 북한을 포함하여 우리나라의 자연적·인문적 특성을 살펴보고, 그것이 사람들의 삶과 어떤 밀접한 관련을 맺고 있음을 이해한다.

① 우리나라의 위치와 영역의 중요성(예, 독도, 비무장 지대, 접경지역 등)을 이해할 수 있다.

② 우리나라 자연적 특성(예, 기후, 지형 등)의 변화를 말할 수 있다.

③ 지도를 통해 인구 분포를 살펴보고, 그 특성과 문제점에 대해 말할 수 있다.

④ 교통과 통신의 발달로 인해 변해가는 우리나라 국토의 모습에 대해 말할 수 있다.

(2) 우리 경제의 성장

이 단원은 시장 경제 체제의 기본원리에 기초하여, 우리 경제 성장 과정과 경제 주체들의 역할을 이해하고, 다른 나라와의 경제적 상호 의존 관계를 파악하는 능력을 기르기 위해 설정하였다. 이를 위해 시장 경제의 기본 특징인 자유와 경쟁의 의미와 여러 경제 지표와 통계 자료를 통해 우리나라의 경제 성장 과정을 이해한다. 아울러 다른 나라와 상호 의존하면서 경쟁하는 관계에 있음을 파악하고, 국제 경쟁력 확보 방안을 모색한다.

① 우리 경제의 특징을 경제 활동의 자유와 시장에서의 경쟁이라는 측면에서 이해할 수 있다.

② 경제 정보가 담긴 자료(예, 통계, 사진, 각종 지표 등)를 통해 우리 경제의 성장 과정과 그 특징을 알 수 있다.

③ 경제 성장 과정에서 정부, 기업가, 근로자의 역할을 이해할 수 있다.

④ 우리 경제가 국제 거래를 통해 다른 나라 경제와 상호 의존하고 경쟁하고 있음을 이해하고, 국제 경쟁력 확보 방안을 모색할 수 있다.

(3) 환경과 조화를 이루는 국토

이 단원은 국토를 중심으로 다양한 환경을 관찰하고 조사하여 환경과 조화를 이루는 국토발전을 꾀할 수 있는 능력과 태도를 기르기 위해 설정하였다. 이를 위해 환경에 따라 자연적인 경관이 서로 다르며, 사람들의 생활모습에도 차이가 있음을 이해한다. 자연적·인문적 환경 특성을 고려한 지속가능한 발전의 사례를 들어 개발과 보존의 문제에서 우리가 어떤 태도를 취해야 하는지 이해한다. 나아가 오늘날과 같은 삶의 질을 유지하기 위해서는 우리가 환경에 대해 어떤 태도를 가져야 하는지 말해본다. 환경이 인간의 삶에 미치는 영향에 대해 이해한다.

① 인간을 둘러싸고 있는 환경의 뜻을 알고, 그 특성에 대해 이해할 수 있다.

② 국토 개발의 사례를 찾아보고, 그 필요성을 이해할 수 있다.

③ 지속가능한 발전의 사례를 찾아보고, 그 필요성을 이해할 수 있다.

④ 국토 수준에서 인간과 환경과의 관계에 대해 이해하고 친환경적인 태도를 갖는다.

(4) 우리나라의 민주 정치

이 단원은 우리나라 민주화 과정과 민주주의에 대한 기본적 이해를 바탕으로 민주 정치의 원리와 주요 국가 기관의 권한과 기능을 파악하고, 국가 구성원의 기본 권리와 의무를 이해하고자 설정하였다. 이를 위해 헌법과 주요 법률이 국민 생활을 어떻게 규율하는지 이해하고, 입법부, 행정부, 사법부의 기본 구조와 기능 및 삼권 분립의 원칙을 이해한다. 기본적 권리와 의무를 이해하고 이를 통해 민주주의를 실천하는 태도를 기른다.

① 헌법의 핵심적인 내용(예, 국가 조직의 기본 원리, 국민의 기본적인 권리와 의무)을 이해하고, 법(예, 민법, 형법 등)이 우리 생활과 연관되어 있음을 이해할 수 있다.

② 기본적인 인권(예, 자유권, 평등권, 참정권, 사회권)의 개념을 이해하고, 인권을 존중하는 태도의 중요성에 대하여 이해할 수 있다.

③ 국민의 기본적 의무(예, 국방·납세·근로·교육·환경보전·공공복리에 적합한 재산권 행사의 의무)를 이해하고, 이를 준수하는 태도의 중요성을 설명할 수 있다.

④ 국회, 행정부, 법원의 구조와 기능을 이해하고, 각 기관이 삼권 분립을 원칙으로 하여 운영되는 까닭을 설명할 수 있다.

(5) 우리 이웃 나라의 환경과 생활모습

이 단원은 우리나라와 밀접한 관계를 맺고 있는 이웃 나라의 환경과 생활모습을 이해하기 위해 설정하였다. 이를 위해 중국, 일본, 러시아의 위치와 영역을 지도나 인터넷, 지구본 등을 이용하여 살펴본다. 중국, 일본, 러시아가 갖고 있는 자연적·인문적 특성과 생활모습의 차이를 살펴보고 그것들의 상호 관련성을 이해한다.

① 지도 및 지구본을 활용하여 중국, 일본, 러시아의 위치와 영역에 대해 말할 수 있다.

② 중국, 일본, 러시아의 크기와 영토 모양을 알아보고, 각 나라의 특징에 대해 말할 수 있다.

③ 우리나라와 중국, 일본, 러시아 간의 문화적 유사성과 차이점에 대해 말할 수 있다.

④ 우리나라와 중국, 일본, 러시아 간의 갈등 또는 협력 사례를 알아보고, 그 이유를 설명할 수 있다.

(6) 우리 사회의 과제와 문화의 발전

이 단원은 빠른 속도를 진행된 경제성장과 민주화 과정에서 나타난 우리 사회의 여러 가지 문제를 인식하고 이를 합리적으로 해결하는 능력을 기르고, 우리의 전통문화와 현대문화의 조화를 통해 창조적인 문화발전을 이루어나갈 수 있는 능력과 자세를 기르기 위해 설정하였다. 경제성장에서 나타난 여러 가지 사회문제를 확인하고 해결방안을 모색한다. 생활 속에서 더불어 살아가는 성숙한 민주시민으로서의 자질을 기른다. 분단국가로서 통일을 준비하는 자세와 다문화 사회에서 필요한 바람직한 태도를 갖는다. 아울러 새롭게 등장하는 매체를 바르게 활용할 수 있는 비판적 사고를 갖는다.

① 경제 성장 과정에서 나타나는 여러 문제(예, 빈부 격차, 노사 갈등, 자원 고갈 등)를 확인하고 그 해결 방법을 찾을 수 있다.

② 우리나라 민주화 과정에 대한 이해를 바탕으로 생활 속에서 참여와 민주주의를 실천하는 태도(예, 관용, 대화, 타협, 절차 준수 등)를 갖는다.

③ 분단으로 인해 우리 민족이 겪는 문제(예, 문화 이질화, 북한이탈주민 문제 등)들을 이해하고,

다문화 사회에 필요한 바람직한 태도를 갖는다.

④ 인터넷 등 새로운 매체의 특징을 이해하고, 바람직한 활용과 전통문화를 계승하고 창조적인 문화발전을 통해 세계문화에 기여하는 태도를 갖는다.

(7) 세계 여러 나라의 환경과 생활 모습

이 단원은 우리나라와의 관계 속에서 세계 여러 나라의 환경과 생활 모습을 이해함으로써 세계시민으로서의 기본적 능력과 태도를 기르기 위해 설정하였다. 이를 위해 세계 여러 나라의 위치와 영역을 지도나 인터넷, 지구본 등을 이용하여 살펴본다. 세계 여러 나라가 갖고 있는 자연적·인문적 특성과 생활모습의 차이와의 관련성에 대해 이해한다. 또한 세계 여러 나라가 다양한 방법으로 관계 맺고 있는 이유를 파악하고, 우리나라와 여러 나라와의 다양한 관계를 탐구할 수 있는 능력을 기른다.

① 지도 및 지구본을 활용하여 세계 각 나라의 위치와 영역에 대해 말할 수 있다.
② 세계 각 국가의 크기와 영토 모양을 찾아보고, 각 나라의 특징에 대해 말할 수 있다.
③ 세계 여러 지역의 문화적 다양성을 지리적 관점에서 이해할 수 있다.
④ 사례를 통해 다양한 지리적 특성을 갖고 있는 나라들이 있음을 파악하고, 우리나라와 어떤 관계를 맺고 있는지 설명할 수 있다.

(8) 정보화, 세계화 속의 우리

이 단원은 정보화, 세계화 등 급격한 사회변화가 우리 삶에 미치는 영향을 이해하고, 국가 간 다각적 교류와 협력을 통해 국제 사회의 문제해결에 참여하는 세계 시민으로서의 자질과 태도를 기르고자 설정하였다. 이를 위해 정보화, 과학기술 발달, 세계화가 미치는 영향을 이해한다. 국제 분쟁과 문제를 인식하고 우리나라도 앞장서서 인류 평화를 위한 국제 사회의 노력에 동참하고 있음을 이해하며 함께 해결해나가는 자세를 갖는다.

① 정보 사회로의 변화를 설명하는 다양한 자료를 조사하고 이를 바탕으로 정보화가 일상생활에 미치는 영향(예, SNS, 저작권 문제 등)을 이해할 수 있다.
② 과학과 기술 발달이 불러온 사회적 문제(예, 유전자 조작, 인간 복제 등)를 조사하고, 이를 통해 과학과 기술이 일상생활에 미치는 영향과 문제점을 파악할 수 있다.
③ 정치적·경제적·문화적 측면에서 나타나는 세계화 양상을 우리 삶의 변화와 관련지어 설명할 수 있다.
④ 국제기구(UN 등)와 비정부기구(예, 그린피스 등) 활동 내용과 국가 간 협력 사례(예, 교토의정서)를 조사하고 이를 바탕으로 국제사회의 협력의 중요성을 이해할 수 있다.

[역사 영역]

역사 영역의 경우 선사 시대에서 오늘날 대한민국까지의 역사와 문화 및 생활상의 변화를 대표적인 인물과 유물을 통해 파악한다. 고조선이 우리나라 최초의 국가임을 알고 삼국, 통일 신라와 발해의 역사를 대표적 인물을 중심으로 파악한다. 고려가 외침을 극복하고 여러 나라와 활발히 교류하면서 문화를 발전시켰음을 안다. 유교 문화가 발달한 조선의 건국과 발전 과정을 이해하고 각 신분 계층의 생활 모습을 파악한다. 전란의 어려움을 극복하고 국토를 지키려 한 노력을 이해하고 새롭게 등장한 문화적 요소와 농민의 성장을 파악한다. 개항 이후 근대 국가 수립을 위한 노력과 일제 침략에 맞선 독립 운동의 내용을 조사한다. 8·15광복 이후 오늘날까지 대한민국이 분단과 전쟁 등 시련을 극복하고 민주화와 경제 발전, 문화 성장을 이루었음을 이해한다.

(1) 우리 역사의 시작과 발전

선사 시대의 생활과 문화를 파악하고, 고조선 성립의 의미를 이해한다. 고구려·백제·신라, 통일신라와 발해의 역사와 문화를 인물 이야기 및 유물과 유적을 중심으로 파악한다.
① 선사시대 사람들의 생활 모습을 대표적인 유물과 유적을 통해 파악한다.
② 단군의 건국 이야기를 알고, 고조선이 우리 역사상 최초의 국가임을 이해한다.
③ 역사지도와 인물 이야기를 통해 고구려, 백제, 신라의 발전 과정을 파악한다.
④ 선덕여왕, 김춘추, 김유신, 계백, 을지문덕, 대조영 등을 중심으로 삼국의 통일 과정과 발해의 건국을 이해한다.
⑤ 유물과 유적을 통해 삼국, 통일신라와 발해 시기의 사람들의 생활 모습을 파악한다.

(2) 세계와 활발하게 교류한 고려

고려 시기의 역사를 인물의 활동을 중심으로 파악한다. 여러 차례의 외침을 극복하고 주변 국가와 활발히 교류한 고려의 문화유산과 생활 모습을 이해한다.
① 고려의 성립 과정을 견훤, 궁예, 왕건 등의 활동을 통해 파악한다.
② 외적의 침략과 이를 극복해가는 과정을 조사한다.
③ 주변 국가와 활발한 교역 및 문화 교류가 이루어졌음을 사례를 통해 이해한다.
④ 금속활자, 청자, 팔만대장경, 불교 미술 등을 통해 고려 시기의 과학과 생활, 문화를 파악한다.

(3) 유교 문화가 발달한 조선

조선의 건국과 발전 과정을 인물 이야기를 중심으로 이해하고 이 시기에 유교적 질서가 정착되었음을 사회 및 생활상을 통해 파악한다. 특히 세종 대에 이루어진 다양한 분야의 발전을 인물과 그 업적을 중심으로 이해한다.
① 조선의 건국 과정을 이성계, 정몽주, 정도전 등을 중심으로 이해한다.
② 세종 대에 이루어진 대외 관계와 문화, 과학 분야의 여러 성과를 탐구한다.
③ 유교적 신분 질서 아래 양반과 중인, 상인, 천민의 생활 모습을 파악한다.
④ 이순신과 남한산성 등 대표적인 인물과 유적을 통해 임진왜란과 병자호란의 극복 과정을 조사한다.

(4) 조선 사회의 새로운 움직임

조선 후기에 전란의 어려움을 극복하고 국토를 지키려고 한 노력을 이해하고, 새롭게 소개되거나 발생한 문화와 학문이 조선 사회에 미친 영향을 탐구한다. 서민 문화의 모습과 농민 봉기 지도자의 이야기를 통해 농민의 성장이 이루어졌음을 이해한다.

① 허준, 효종, 안용복 등 인물 이야기를 통해 전란의 어려움을 극복하고 국토를 지키기 위한 노력을 이해한다.
② 신사임당, 허난설헌과 김만덕 등 인물 이야기를 중심으로 조선 시기 여성의 사회적 지위와 생활상을 파악한다.
③ 새로운 문물의 전래 모습을 알고 정조의 화성 건설과 정약용의 업적을 탐구한다.
④ 풍속화와 민화 등을 중심으로 서민 문화의 모습을 조사한다.
⑤ 홍경래 등 인물 이야기를 중심으로 농민의 성장과 저항에 대해 이해한다.

(5) 근대 국가 수립을 위한 노력과 민족 운동

개항 이후 해방 전까지 근대 국가를 수립하려 했던 노력과 일제의 침략에 맞선 여러 방면의 민족 독립 운동을 사건과 인물을 중심으로 파악한다. 근대 문물의 수용에 따른 일상생활의 변화 양상을 살펴본다.

① 외세의 침략을 막으려 한 노력을 대표적인 사건과 유적지를 중심으로 이해한다.
② 의병과 독립 협회 및 대한제국의 구국을 위한 노력을 인물의 활동을 중심으로 파악한다.
③ 주요 인물 이야기를 통해 3·1운동과 대한민국 임시 정부, 독립군의 전투 등 일제강점기에 국내외에서 전개된 민족 독립 운동을 탐구한다.
④ 구체적인 사례를 통해 근대 문물 수용 이후 사회와 문화의 변화 양상과 달라진 일상생활의 모습을 조사한다.

(6) 대한민국의 발전과 오늘의 우리

8·15광복에서 현재까지 분단과 전쟁 등 시련을 극복하면서 오늘의 대한민국을 건설해온 과정을 시각 자료를 통해 확인한다. 국민들의 끊임없는 노력으로 민주화와 경제 발전, 문화 성장이 가능하였음을 이해하고, 이를 긍지로 삼아 대한민국의 발전을 위해 노력하는 자세를 갖는다.

① 인물의 활동을 중심으로 광복에서 대한민국 정부 수립까지의 과정을 파악한다.
② 시각 자료와 유물을 통해 6·25전쟁의 원인과 과정 및 피해상을 살펴보고, 대한민국에 미친 영향을 탐구한다.
③ 주요 사건에 대한 시각 자료를 중심으로 국민들의 자유민주주의를 위한 노력을 이해한다.
④ 사례를 통해 산업화와 경제 발전의 성과를 살펴보고, 그에 따른 사회 변화와 과제를 파악한다.
⑤ 대한민국의 미래와 평화통일을 위해 할 수 있는 일들을 알아본다.

〈중학교 제1~3학년〉

[지리 영역]

우리나라와 세계에 대한 자연 및 인문 특성을 파악하고, 이러한 특성이 나를 포함한 사람의 생활과 관련성을 가지고 있음을 이해한다. 또한 다양한 기후와 지형적 환경에 따라 지리적 관점에서 인구, 도시, 문화, 경제의 공통성과 다양성이 나타남을 이해하고, 이를 통해 얻어지는 종합적인 지리적 개념과 원리를 국토와 세계의 관점에서 통합적으로 발전시킬 수 있는 능력과 태도를 기른다.

  (1) 내가 사는 세계

이 단원의 목표는 위치의 중요성을 알고, 위치를 표현하는 다양한 방법과 이를 효과적으로 의사소통할 수 있는 능력을 기르는 것이다. 더불어 생활 속 다양한 분야에서 지리정보기술이 활용되고 있음을 이해한다.
  ① 위치를 표현하는 다양한 방법(예, 경위도 좌표, 랜드마크 활용 등)이 있음을 알고, 다양한 공간 스케일에 맞게 활용할 수 있다.
  ② 경위도의 차이가 인간생활에 미치는 영향을 설명할 수 있다.
  ③ 일상생활에서 다양한 지리정보기술이 활용되고 있음을 사례를 통해 이해한다.

  (2) 인간 거주에 유리한 지역

자연환경 조건은 인간의 거주지 선정에 많은 영향을 미친다. 이 단원의 목표는 자연환경의 측면에서 인간의 거주 조건을 파악해보고, 많은 사람들이 거주하고 있는 지역을 사례로 그 이유를 살펴보는 것이다.
  ① 인간 거주에 유리하거나 불리한 자연환경 조건을 생각해보고, 이에 따라 세계를 여러 지역으로 구분할 수 있다.
  ② 동남아시아와 서부 유럽에 인구가 밀집된 이유를 자연환경(예, 지형, 기후)과 경제 활동(예, 농업) 측면에서 이해한다.
  ③ 인간 거주에 적합한 지역이 거주하기 불리한 지역으로 변화하거나, 거주하기 불리한 지역이 거주에 적합한 지역으로 변화된 사례를 살펴보고, 그 원인을 조사할 수 있다.

  (3) 극한 지역에서의 생활

열대우림, 건조, 툰드라 지역은 일반적으로 인간이 거주하기에 불리하다고 생각된다. 이 단원의 목표는 '왜 그 지역에 살고 있을까?'라는 호기심에서 출발하여 이들 지역에 살고 있는 사람들의 생활양식을 자연환경 조건과 연결 지어 생각해보고, 우리와 다르게 살아가는 사람들에 대해 이해와 존중의 태도를 기르는 것이다.
  ① 열대우림 지역에 거주하는 사람들의 생활양식을 지역의 자연환경과 연결 지어 설명할 수 있다.

② 툰드라 지역에 거주하는 사람들의 생활양식을 지역의 자연환경과 연결 지어 설명할 수 있다.

(4) 자연으로 떠나는 여행

기후와 지형이 만들어내는 독특한 자연경관은 좋은 관광자원이 된다. 이 단원의 목표는 기후·지형과 밀접한 관련이 있는 유명 관광시를 통해 지역의 지리적 득성을 파악하는 것이다.
① 기후 환경과 관련하여 세계적으로 유명한 관광지를 찾고, 해당 지역의 지형 특징과 그 지형의 형성 과정을 설명할 수 있다.
② 우리나라의 매력적인 자연 경관을 선정하고, 해당 경관의 특징과 형성과정을 설명할 수 있다.

(5) 자연재해와 인간생활

이 단원의 목표는 자연재해를 지리적 분포와 인간생활과의 관계 측면에서 이해하는 것이다. 학습자의 이해를 돕기 우해 다양한 시각자료와 최근의 생생한 이슈들을 활용하도록 한다.
① 자연재해(예, 지진 및 지진해일 등)가 빈번히 발생하는 지역을 파악하고, 자연재해가 인간의 삶에 미치는 영향을 종합적으로 이해한다.
② 인간에 의해 자연재해의 피해가 증가하거나 감소할 수 있음을 사례(예, 홍수, 사막화 등)를 통해 이해한다.
③ 우리나라에서 발생하고 있는 자연재해의 종류와 특성을 이해한다.

(6) 인구 변화와 인구 문제

이 단원의 목표는 인구 분포 및 인구 성장률이 지역적으로 차이가 있음을 확인하고, 이를 지리적 관점으로 설명하는 데 있다. 더불어, 지역에 따라 당면한 인구 문제와 해법이 다름을 이해하고, 우리나라가 당면한 저출산·고령화 현상의 원인 및 대책을 생각해볼 수 있다.
① 우리나라 및 세계의 인구 분포의 특징을 파악하고, 이에 영향을 미치는 지리적 요인의 지역차를 이해한다.
② 인구가 유입되는 지역과 유출되는 지역을 사례로 인구 이동의 다양한 원인을 파악할 수 있다.
③ 지역에 따라 인구 문제의 차이가 있음을 이해하고, 우리나라가 당면한 저출산·고령화 현상의 원인, 문제점, 대책을 조사할 수 있다.

(7) 도시 발달과 도시 문제

이 단원의 목표는 도시의 특징을 기능, 성장, 내부구조의 측면에서 이해하는 것이다. 살고 싶은 도시의 특징을 찾고, 분류해보는 경험을 통해 자신이 살고 있는 삶의 터전에 대한 관심과 삶의 터전을 향상시키려는 태도를 기른다.
① 도시의 의미를 파악하고, 우리나라 도시를 사례로 도시화 과정을 이해한다.
② 우리나라 주요 도시를 인구 성장의 관점에서 분류하고, 급격히 성장한 도시들의 공통점을 파악할 수 있다.

③ 도시 중심부에서 외곽지역으로 나가면서 관찰되는 경관의 변화와 변화의 원인을 설명할 수 있다.

④ 우리나라 혹은 세계 여러 도시를 대상으로 삶의 질을 분석한 후 살기 좋은 도시가 갖추어야 할 조건을 제안할 수 있다.

(8) 문화의 다양성과 세계화

이 단원의 목표는 지역에 따라 다양한 문화가 존재하며, 문화는 지역의 자연환경, 경제·사회적 환경, 타 지역과의 교류의 결과임을 이해하는 것이다. 또한 세계화가 지역의 문화에 미치는 다양한 영향을 사례를 통해 이해하고, 그 의미를 논의할 수 있는 기회를 제공한다. 학생들에게 친숙한 음식, 스포츠, 영화, 음악 등의 소재를 적극적으로 활용하도록 한다.

① 세계에는 다양한 문화가 존재함을 파악하고, 문화의 지역차가 발생하는 이유를 지역의 자연환경, 경제·사회적 환경, 문화 전파의 관점에서 이해한다.

② 세계화에 따른 문화의 획일화와 융합 사례를 찾고, 세계화에 따라 문화적 갈등이나 문화적 창조가 나타남을 사례를 통해 이해한다.

③ 다른 문화(예, 종교, 언어)는 서로 공존하거나 갈등할 수 있음을 사례를 통해 이해한다.

(9) 글로벌 경제와 지역 변화

이 단원의 목표는 경제 활동의 세계화가 지역에 미치는 영향과 이에 따른 지역의 변화를 파악하는 것이다. 학생들은 다국적 기업이 제품을 생산하기 위해 지역의 특성을 활용하는 방식과 이것이 지역에 미치는 영향을 이해할 수 있어야 한다. 또한, 농작물을 소재로 생산의 글로벌화가 지역에 미치는 영향을 파악한다.

① 일상의 제품을 소재로 다국적 기업의 개념을 이해하고, 다국적 기업이 생산 공간을 어떻게 변화시키고 있는지를 이해한다.

② 세계화와 농업 생산의 기업화가 현지의 생산 구조와 토지 이용, 농작물의 소비 특성에 미친 영향을 이해한다.

③ 세계화에 따른 경제 공간의 불평등 사례를 조사하고, 이를 해결하기 위한 방안(예, 공정무역) 및 참여방법을 알아본다.

(10) 세계화 시대의 지역화 전략

이 단원의 목표는 세계화에 대응하는 지역화 전략들을 살펴보는 것이다. 성공적인 지역 브랜드 개발 전략을 이해하고, 이를 자신이 살고 있는 지역에 적용해보도록 한다.

① 세계화 시대에 있어 우리나라 전통 마을 및 생태도시가 지니고 있는 생태적 경쟁력을 파악한다.

② 지역 브랜드, 장소마케팅, 지리적 표시제 등 지역화 전략의 의미를 사례를 통해 이해한다.

③ 자신이 살고 있는 지역에 적합한 브랜드 개발 아이디어를 제시할 수 있다.

(11) 자원의 개발과 이용

인류에 유용한 자원은 대부분 유한하지만 소비는 점차 늘어나고 있다. 이 단원의 목표는 자원이 지역에 미치는 영향, 에너지 자원 확보를 위한 국가 간 경쟁, 자원의 지속가능한 활용 등 자원의 의미와 중요성을 다양한 각도로 이해하는 것이다.
  ① 에너지 자원의 종류를 알고, 이용의 특징과 문제점을 지속가능성의 측면에서 탐구한다.
  ② 자원(예, 물, 석유 등)의 지리적 편재성을 이해하고, 자원 확보를 둘러싼 국가 간 경쟁과 갈등을 사례를 중심으로 파악할 수 있다.
  ③ 자원이 풍부한 국가를 사례로 자원이 그 지역 주민 생활에 어떤 영향을 미쳤는지 파악할 수 있다.
  ④ 신재생에너지를 성공적으로 활용하고 있는 사례를 조사하고, 우리나라의 신재생에너지 개발 현황 및 방향을 지리적 입지 특성 측면에서 분석할 수 있다.

(12) 환경 문제와 지속 가능한 환경

이 단원의 목표는 다양한 공간 스케일에서 발생하는 환경문제를 이해하고, 지속가능성의 관점에서 해결책을 모색해보는 것이다. 더불어 주변에서 경험 가능한 구체적 사례를 중심으로 환경 문제를 인식하고, 이에 대한 자신의 생각을 표현해보도록 한다.
  ① 전 지구적인 차원에서 발생하는 환경 문제(예, 지구온난화 등)의 원인을 알고, 지속가능성의 측면에서 이를 해결하기 위한 개인적·국제적·국가적 노력을 조사할 수 있다.
  ② 이웃 국가에서 발원한 환경 문제(예, 황사 등)의 사례를 조사하고, 이를 해결하기 위한 국가 간 협력 방안을 제안할 수 있다.
  ③ 주변에서 경험 가능한 환경 관련 이슈(예, GMO, 로컬푸드 등)를 선정하여, 이에 대한 자신의 생각을 논의할 수 있다.

(13) 우리나라의 영토

이 단원의 목표는 영토, 영해, 영공에 대한 개념을 바탕으로 우리나라의 영역을 정확하게 이해하는 것이다. 또한, 학생들은 독도의 중요성을 여러 가지 측면에서 설명할 수 있도록 한다.
  ① 영토, 영해, 영공의 개념을 알고, 이를 통해 우리나라의 영역을 설명할 수 있다.
  ② 영토나 영해를 둘러싼 국가 간 갈등 사례를 조사하고, 그 원인을 탐구할 수 있다.
  ③ 독도의 중요성을 영역·경제·환경·생태적 측면에서 설명할 수 있다.

(14) 통일 한국과 세계시민의 역할

이 단원의 목표는 동아시아의 지리적 위치를 살피고 세계로 도약하기 위한 우리나라의 통일의 필요성을 인식하며 이를 통해 세계 평화에 이바지하는 미래의 한국을 그려 보는 것이다. 더불어, 지구상에서 발생하고 있는 다양한 지리적 문제와 이를 해결하려는 인류의 노력을 이해하고, 이에 동참하는 태도를 갖는다.

① 북한의 개방 지역, 백두산, 비무장지대(DMZ)가 갖는 지리적 의미와 특성을 이해한다.
② 동아시아에서 우리 국토의 위치가 갖는 중요성을 바탕으로 국토 통일의 당위성을 인식하고, 이를 통해 세계 평화에 이바지하는 미래의 한국을 그려 본다.
③ 지구상의 다양한 지리적 문제(예, 국제이주, 기아, 난민, 분쟁 등)를 해결하기 위한 국제기구 및 국제 협력 사례를 찾고 공존의 의미를 파악한다.

[일반사회 영역]

개인과 사회 집단의 관계 및 문화에 대한 이해를 바탕으로 현대 한국 사회 변동의 특징을 인식한다. 정치의 의미와 정치과정에 대한 이해를 바탕으로 민주정치 제도를 탐구하고 국제 사회의 갈등 해결을 위해 능동적으로 참여하는 태도를 가진다. 법의 의미와 목적을 일상생활 속에서 파악하고, 이를 토대로 인권보장과 헌법의 관계를 파악한다. 인간의 경제생활과 시장경제의 특징에 대한 이해를 바탕으로 국민 경제와 국제 거래의 특징에 대해 탐구한다.

(1) 개인과 사회생활

인간은 사회의 구성원으로서 사회적 지위와 역할을 가지고 있으며 사회화를 통해서 성장한다는 것을 이해한다. 개인과 사회 집단 간의 관계를 이해하고 사례 분석을 통해 사회 집단이 지닌 특징을 탐구한다.
① 사회화의 의미와 과정을 이해하고, 사회화 과정에서 나타나는 청소년기의 특징을 탐구한다.
② 사회적 지위와 역할의 의미를 이해하고 역할 갈등의 특징을 사례를 통해 탐구한다.
③ 사회 집단의 의미를 이해하고, 사례 분석을 통해 사회 집단의 특징을 탐구한다.

(2) 문화의 이해와 창조

문화의 의미와 특징을 이해하고, 다양한 문화를 이해하고 존중하는 태도를 가진다. 대중매체와 대중문화를 이해하고, 문화와 미디어에 대한 비판적 분석을 통해 문화와 미디어 간의 상호작용을 파악한다.
① 문화의 의미를 이해하고, 사례 분석을 통해 문화가 가지는 특징을 제시할 수 있다.
② 문화를 바라보는 여러 가지 태도의 특징을 비교 분석하고, 다른 문화들을 이해하기 위한 바람직한 태도를 가진다.
③ 대중매체와 대중문화의 의미와 특징을 이해하고 사례 분석을 통해 문화와 미디어 간의 상호작용(예, 문화의 전달과 창조)을 인식한다.

(3) 사회의 변동과 발전

사회 변동의 의미를 이해하고, 현대 한국 사회의 변동 양상을 파악한다. 이를 바탕으로 한국 사회의 변동 과정에서 나타난 남북 분단과 한국 사회 변동의 최근 경향에 대해 분석하고, 이에 대한 대응 방안을 모색한다.

① 현대 사회의 변동(예, 산업화, 정보화, 세계화 등)을 이해하고, 자료 분석을 통해 한국 사회 변동의 특징을 제시할 수 있다.
② 한국 사회의 변동 과정에서 나타난 남북분단에 대해 분석하고, 통일의 필요성에 대한 인식을 바탕으로 분단 극복 방안을 탐구한다.
③ 한국 사회 변동의 최근 경향(예, 저출산 고령화, 다문화적 변화 등)을 탐구하고, 사례 분석을 통해 이에 대한 대응 방안을 제시할 수 있다.

(4) 정치 생활과 민주주의

정치의 의미와 중요성을 인식하고, 민주 정치의 발전 과정에 대한 분석을 통해 민주정치의 특징을 파악한다. 민주주의의 이념과 원리를 이해하고 이를 실현하기 위한 민주정치 제도를 정부 형태를 중심으로 파악한다.

① 정치의 의미를 다양한 관점에서 이해하고, 민주 정치 발전 과정에 대한 분석을 통해 민주 정치의 특징을 인식한다.
② 민주주의의 이념과 이를 실현하기 위한 민주 정치의 기본 원리를 이해한다.
③ 민주주의의 이념과 기본 원리를 구현하기 위한 민주 정치 제도를 정부형태 중심으로 탐구한다.

(5) 정치 과정과 시민 참여

민주 사회에서 정치 과정을 통해 다원적 가치와 이익이 조정되고 있음을 이해하고, 정치 과정에 참여하는 다양한 정치 주체의 역할을 파악한다. 민주주의에서 선거의 의미를 이해하고, 선거의 기본 원칙과 공정한 선거를 위한 제도 및 기관을 탐색한다. 지방자치제도를 이해하고, 지역 문제해결을 위해 시민이 수행하는 정치 활동을 파악한다.

① 정치 과정을 통해 다원적인 가치와 이익이 조정되고 있음을 이해하고, 정치 과정에 참여하는 다양한 정치 주체의 역할을 파악한다. 민주주의에서 선거의 의미를 이해하고, 선거의 기본 원칙과 공정한 선거를 위한 제도 및 기관을 탐색한다. 지방자치제도를 이해하고, 지역 문제해결을 위해 시민이 수행하는 정치 활동을 파악한다.
② 정치 과정을 통해 다원적인 가치와 이익이 조정되고 있음을 이해하고, 정치 과정에 참여하는 다양한 정치 주체의 역할을 인식한다.
③ 선거의 의미와 특징을 이해하고, 선거의 기본 원칙과 공정한 선거를 위한 제도 및 기관에 대해 조사한다.
④ 지방자치제도의 의미와 특징을 이해하고, 지역 사회의 문제를 해결하기 위한 시민 참여 활동을 중심으로 지역 사회의 과정을 탐구한다.

(6) 경제생활의 이해

인간의 경제생활을 생산, 분배, 소비를 중심으로 이해하고, 희소성으로 인해 발생하는 경제 문제를 합리적으로 해결할 수 있는 능력을 기른다. 합리적 소비를 위해 가격 이외에도 고려해야 할 다양한 요소들이 있음을 인식하고, 교환과 특화를 통해 전체 생산과 소비가 증대될 수 있음을 파악한다.

① 경제 활동과 희소성의 의미를 이해하고, 희소성으로 인하여 직면하게 되는 경제적 선택에는 언제나 비용이 따른다는 것을 인식한다.

② 합리적 선택을 위해 비용과 편익을 고려해야 함을 인식하고, 재화나 서비스의 가격 이외에 합리적 선택을 위해 고려해야 할 요소들(예, 소득, 정보, 신용 등)에 대해 탐구한다.

③ 일생 동안 이루어지는 경제생활을 탐구하고, 경제적으로 지속 가능한 생활을 하기 위해 자산 관리의 필요성을 인식한다.

(7) 시장 경제의 이해

시장의 의미를 이해하고, 시장에서 가격이 결정되는 원리와 시장 가격이 변동하는 이유를 수요 법칙과 공급 법칙을 토대로 파악한다. 그리고 시장 가격이 효율적인 자원 배분을 유도함을 이해하고, 수요 공급의 변화가 가격 및 거래량에 미치는 영향을 분석한다.

① 수요와 공급의 상호작용을 중심으로 시장의 의미를 이해하고, 다양한 시장의 예를 제시할 수 있다.

② 수요법칙과 공급법칙을 이해하고, 사례 분석을 통해 상품 가격 이외에 수요와 공급에 영향을 미치는 요인을 탐구한다.

③ 수요법칙과 공급법칙을 토대로 시장 균형 가격의 결정원리를 이해하고, 사례 분석을 통해 수요 공급의 변화가 시장 가격 및 거래량에 미치는 영향을 탐구한다.

(8) 일상생활과 법

법은 우리의 일상생활과 밀접하게 연결되어 있으며, 사회구성원 사이의 분쟁이나 갈등을 예방하는 공동의 약속임을 이해한다. 법의 의미와 목적을 일상생활 속에서 파악하고, 법 규범의 유형과 특징을 탐구한다. 나아가 법에 의한 분쟁 해결 절차를 재판을 중심으로 파악한다.

① 다른 사회규범과의 비교를 통해 법의 의미와 특성을 이해하고, 일상생활의 사례에 대한 분석을 통해 권리 보호와 분쟁 해결을 중심으로 법의 필요성을 인식한다.

② 규율하는 생활 영역 중심으로 법 규범을 공법, 사법, 사회법으로 구분하고, 사례 분석을 통해 각각의 특징에 대해 탐구한다.

③ 재판의 의미와 종류(예, 민사재판, 형사재판 등)를 이해하고, 심급제도가 가지는 법적 의의를 설명할 수 있다.

(9) 인권 보장과 헌법

인권 보장의 역사를 이해하고, 헌법이 보장하는 기본권이 인권을 보장하기 위해 나타난 것임을 인식한다. 우리나라 헌법에 보장된 기본권의 내용을 분석하고, 헌법에서 기본권 제한과 관련된 내용을 명시한 이유를 파악한다. 나아가 사례 분석을 통해 인권 보장과 관련된 국가 기관의 역할을 파악한다.

① 인권 보장의 역사적 전개 과정을 이해하고, 인권 보장을 위한 장치로서 헌법의 의의를 인식한다.

② 우리나라 헌법에서 보장하고 있는 기본권의 내용을 이해하고, 기본권 제한과 관련된 내용을 헌법에 규정하고 있는 이유를 탐구한다.

③ 인권 침해 사례와 구제 방안에 대한 분석에 통해 인권 보장과 관련된 국가기관(예: 법원, 헌법 재판소, 국가인권위원회 등)의 역할을 이해한다.

(10) 헌법과 국가 기관

우리나라 헌법에 규정하고 있는 국가 기관인 국회, 대통령과 행정부, 법원과 헌법 재판소의 위상과 역할을 이해한다. 또한 각 국가 기관의 주요 조직을 파악하고, 다른 국가 기관과의 관계 속에서 해당 국가 기관이 수행하는 기능을 분석한다.

① 입법부로서 국회의 위상과 역할을 이해하고, 국회의 조직과 기능을 탐구한다.

② 행정부 수반으로서 대통령의 지위와 권한을 이해하고, 행정부의 주요 조직과 기능을 탐구한다.

③ 법원과 헌법재판소의 위상과 역할을 이해하고, 사법부의 조직과 기능을 탐구한다.

(11) 국민 경제와 경제 성장

국민경제의 의미를 이해하고, 국민경제의 성장과 변동 과정을 탐구한다. 국민 경제의 주요 목표로서 물가 안정과 고용 안정, 경제성장의 중요성을 이해하고, 이를 달성하기 위한 방안을 모색한다.

① 국민경제 지표로서 국내총생산의 의미를 이해하고, 국내총생산의 증가가 우리 생활에 미치는 영향을 탐구한다.

② 물가 상승이 경제생활에 미치는 영향을 이해하고, 물가 안정을 위한 방안을 탐구한다.

③ 실업이 개인과 사회에 미치는 영향을 이해하고, 고용 안정과 바람직한 노사관계 확립을 위한 방안을 탐구한다.

(12) 국제 경제와 세계화

국제 경제의 기본적 특징을 이해하고, 국제 거래의 발생 요인과 국제 거래의 양상을 파악한다. 이를 토대로 국제 거래의 확대에 따라 국가 간 상호 의존이 증가하는 현상을 세계화와 관련지어 파악한다.

① 국제 거래의 의미와 특징을 이해하고, 국제 거래의 발생 요인을 인식한다.

② 국제 거래를 환율과 국제 수지를 중심으로 이해한다.

③ 국제 경제 협력과 경쟁, 상호 의존이 증대하는 현상을 세계화와 관련지어 분석한다.

(13) 국제 사회와 국제 정치

국제 사회의 특성을 파악하고, 국제 사회의 다양한 행위 주체들에 대해 조사한다. 국제 정치의 관점에서 국제 사회의 여러 행위 주체 간에 발생하는 경쟁과 갈등을 인식하고, 이러한 문제를 해결하기 위한 국제 사회의 다양한 노력에 대해 탐구한다. 나아가 우리나라가 직면하고 있는 국가 간 갈등 문제를 파악하고, 이를 해결하기 위해 적극적으로 노력하는 자세를 기른다.

① 국제 사회의 특성을 이해하고, 국제 관계에 영향을 미치는 여러 행위 주체(예: 국가, 국제기구, 다국적 기업)에 대해 탐구한다.

② 국제 사회에 존재하는 경쟁과 갈등의 다양한 모습을 이해하고, 국제 사회의 공존을 위한 노력을 외교 정책을 중심으로 탐구한다.

③ 우리나라가 직면하고 있는 국가 간 갈등 문제(예: 독도문제, 동북공정)를 국제 관계 속에서 인식하고, 이러한 문제의 해결에 능동적으로 참여하는 태도를 기른다.

(14) 현대 사회와 사회 문제

사회 문제의 의미를 이해하고, 현대 사회에서 주요하게 발생하는 사회 문제에 대해 탐구한다. 이러한 사회 문제를 해결할 수 있는 방안을 모색하고, 이를 적극적으로 실천하는 태도를 기른다. 나아가 미래 사회에서 지속 가능한 발전을 위한 방안을 모색한다.

① 사회 문제의 의미를 이해하고, 현대의 주요한 사회 문제(예: 인구문제, 노동문제, 환경문제)의 현황과 특징을 조사한다.

② 현대 사회의 주요한 사회문제에 대한 해결 방안을 탐구하고, 현대의 사회 문제해결을 위해 적극적으로 참여하는 태도를 가진다.

③ 미래 사회의 과제를 지속가능한 발전이라는 관점에서 탐구하고, 이를 실현하기 위한 방안을 제시할 수 있다.

5. 교수·학습 방법

가. 교수·학습의 원칙

(1) 학습자가 사회 현상에 대한 흥미와 관심을 넓히고, 인간 생활과 사회 현상의 원리를 발견하며, 이를 실생활에 적용할 수 있도록 학습을 전개한다.

(2) 사회과의 성취 목표인 핵심 지식의 이해, 탐구 기능의 습득, 고차원적 사고력의 신장, 그리고 문제해결력 및 실천 능력 향상을 위해 다양한 교수 방법을 활용한다.

(3) 고차적 사고력 함양에 적합한 귀납적 인식, 반성적 사고, 메타 인지 등과 같은 학습과정을 통해 학습자 스스로 지식을 구성하고 자기 주도적 학습 능력을 향상시킬 수 있도록 학습을 전개한다.

(4) 사회과 학습의 목표와 주어진 학습자 여건 및 교육 환경을 고려하여 가장 효과적인 교수·학습 방법을 자율적으로 선택하여 실시하고, 이를 반성적으로 개선해 나가도록 한다.

(5) 학습자의 학습 준비 정도나 성취 기준 도달 정도를 파악하고, 개인차를 해소하기 위한 교수·학습 방안을 계획한다.

나. 교수·학습의 방법

(1) 사회 현상에 대한 종합적인 인식을 위하여 통합적인 교수·학습 방법을 강조한다.

(2) 학생들의 학업 성취 수준, 홍미, 사회적 요구 등을 고려하여 교육 현장에 적합한 주제와 문제를 중심으로 단원을 구성하여 수업이 이루어질 수 있도록 한다.

(3) 학생들의 사고력을 자극할 수 있도록 적절한 탐구 상황을 설정하고 다양한 발문 기법을 활용한다.

(4) 소집단별 협동 학습을 통해 민주 시민의 중요한 자질이라 할 수 있는 집단 구성원으로서의 책무성, 참여 의식, 타인에 대한 존중, 협동심을 함양할 수 있도록 한다.

(5) 질문, 조사, 토의, 논술, 관찰 및 면담, 현장 견학과 체험, 초청 강연, 실험, 역할놀이와 시뮬레이션 게임, 모의재판과 모의국회, 사회 참여, 사료 학습, 극화 학습, 제작 학습, 추체험 학습 등의 다양한 학습 방법을 학습 내용의 성격에 비추어 적절하게 활용한다.

(6) 현대 사회의 정보화 추세에 맞추어 각종 정보 매체를 활용할 수 있도록 교실 환경을 조성하고, 지리정보시스템(GIS), 신문활용교육(NIE), 컴퓨터보조학습(CAI)과 인터넷활용교육(IIE)을 적극 활용하도록 한다.

(7) 학습자가 민주 시민의 자질을 함양하고 지역사회 참여 의식을 고취할 수 있도록 각종 사회 문제에 관한 시사 자료와 지역 사회 자료를 활용하여 지도한다.

(8) 현대 사회의 정치적·경제적·사회적·문화적 현상을 실증적 자료와 구체적인 사례에 근거하여 분석할 수 있도록 지도한다.

(9) 인류와 자연에 관한 모든 유형의 물적 증거 자료로서 교육적·문화적으로 가치 있는 유물과 표본들을 수집, 보존, 전시하는 박물관을 활용하여 실물을 대하기 어려운 역사교육의 어려움을 극복한다.

(10) 교수·학습의 효율성을 높이기 위하여 지도, 도표, 영화, 슬라이드, 통계, 연표, 역사 지도, 사료, 연감, 신문, 방송, 사진, 기록물, 유물, 여행기, 탐험기 등의 다양한 교수·학습 자료를 활용한다.

6. 평가

가. 평가 방향

(1) 교육과정 내용의 대강화와 교수·학습 방법의 자율화에 맞는 다양한 평가 방법을 활용할 수 있도록 한다.

(2) 사회과 평가는 교육과정에 제시된 목표와 내용, 교수·학습 방법과의 일관성을 유지하도록 한다.

(3) 사회과 평가는 교육과정에 제시된 목표를 준거로 하여 추출된 내용 요소에 따라 이루어지도록 한다.

(4) 평가는 개개인의 학습 과정과 성취 수준을 이해하고 발달을 돕는 차원에서 실시한다.

(5) 학습의 과정 및 학습의 수행에 관한 평가가 이루어지도록 한다.

(6) 평가 내용은 지식 영역에만 치우쳐서는 안 되며, 기능과 가치·태도 영역을 균형 있게 선정한다.

(7) 지식 영역의 평가에서는 사실적 지식의 습득 여부와 함께 사회 현상의 설명과 문제해결에 필수적인 기본 개념 및 원리, 일반화에 대한 이해 정도를 측정하는 것에 중점을 둔다.

(8) 기능 영역의 평가에서는 지식의 습득과 민주적 사회생활을 하는 데 필수적인 정보의 획득 및 활용 기능, 탐구 기능, 의사 결정 기능, 집단 참여 기능을 측정하는 데 초점을 둔다.

(9) 가치·태도 영역의 평가에서는 국가, 사회의 요구와 개인적 요구에 비추어 바람직한 가치와 합리적 가치의 내면화 정도, 가치에 대한 분석 및 평가 능력을 평가한다.

나. 평가 내용

(1) 사회 현상의 설명과 문제해결에 필수적인 지리, 역사, 제 사회 과학의 기본 개념 및 원리, 일반화에 대한 이해 정도

(2) 지리적 현상, 역사의 흐름, 현대 사회의 현상과 특성에 대한 통합적·종합적 이해 정도와 사회 현상을 탐구하는 데 필요한 각종 정보와 자료를 획득, 조직, 활용하는 능력

(3) 인간 행위와 사회 환경에 대한 다양한 관점의 이해와 수용, 사회적 합의성이 높은 가치의 탐색 및 사회의 기본 가치에 대한 이해와 존중

(4) 사회, 지역, 국가의 당면 문제해결과 관련된 의사 결정 능력 및 실천 능력

(5) 사회과의 기본 지식에 대한 이해를 확장시키는 학습자의 흥미, 관심, 학습 동기와 습관

다. 평가 방법

(1) 지필 평가 외에 면접, 체크리스트, 토론, 논술, 관찰, 활동 보고서, 포트폴리오 등을 통한 다양한 평가가 이루어질 수 있도록 한다.

(2) 선택형 평가를 실시하더라도 단순한 결과적 지식 습득의 여부보다는 기본 개념 및 원리의 이해와 아울러 이러한 지식 및 정보의 획득 과정과 활용 능력이 평가되도록 한다.

(3) 사고력 신장이나 가치, 태도의 변화를 평가하기 위하여 양적 자료와 더불어 질적 자료를 수집하여 평가하도록 한다.

(4) 자료를 분석·해석하고, 복합적이고 단계적으로 사고하는 것을 측정할 수 있도록 평가 방법을 고안해야 한다.

라. 평가 결과의 활용

(1) 평가 결과는 학습자들의 학업 성취 수준을 판정하는 데에서 더 나아가 학습자의 학습 능력과 교수·학습 방법의 적절성을 진단하고 개선하는 데 활용한다.

(2) 평가 결과가 지속적인 교육과정 개선을 위한 참고 자료로 활용되도록 한다.

공통사회

1차 시험	2교시 (전공)	40문항 80점	시험 시간 120분

○ 문제지 전체 면수가 맞는지 확인하시오.
○ 문항의 배점이 1.5점과 2.5점인 문항에는 배점이 표시되어 있습니다. 나머지 문항은 2점입니다.
○ 각 문항의 정답을 컴퓨터용 흑색 사인펜을 사용하여 답안지에 표시 하시오.

1. 다음은 논쟁 문제 수업 단계와 활동 사례를 제시한 것이다. 수업의 각 단계에 부합하도록 (가)~(바)의 위치를 바르게 바꾼 것은? [2.5점]
다) 학원의 심야 교습 여부는 밤 몇 시 기준으로 결정되는가?

문제 제기	-	<학원 심야 교습 금지 정책: 유지냐, 중단이냐>\n청소년의 건강 보호 및 사교육비 절감을 위해 학원 심야 교습을 계속 금지해야 한다는 주장과, 학습의 자율성 및 시장 경제 질서 유지를 위해 허용해야 한다는 주장이 대립하고 있다
가치 문제 확인	-	각 주장은 어떤 가치를 배경으로 하고 있는지 확인한다.
분석	용어와 개념의 명확화	(가) 청소년의 건강 보호와 학원의 영업 자유 중 어느것이 더 본질적인가?\n(나) 학원 심야 교습 금지 정책으로 인해 사교육비는 얼마나 감소했는가?
	경험적 증거에 의한 사실 증명	(다) 학원의 심야 교습 여부는 밤 몇 시를 기준으로 결정되는가?\n(라) 학원 심야 교습 금지는 학원 측에 어떤 경제적 손해를 주었는가?
	가치 갈등의 해결	마) 학원 심야 교습 금지는 헌법상 기본권을 침해하는가?\n바) 학원 심야 교습 금지는 학기 중 평일에만 해당되는가, 휴일과 방학에도 해당되는가?
	대안 모색 및 결과예측	각 주장에 따른 대안들을 모색하고 대안별로 결과를 예측한다.
선택 및 결론	-	대안 중 하나를 선택하고 정당화한다.

① (가) ⇆ (마), (나) ⇆ (라)
② (가) ⇆ (바), (나) ⇆ (다)
③ (가) ⇆ (바), (라) ⇆ (마)
④ (나) ⇆ (다), (라) ⇆ (마)
⑤ (나) ⇆ (마), (다) ⇆ (바)

2. 다음은 시기별 우리나라 사회과 교육과정의 특징을 나타낸 것이다. 이에 대한 설명으로 옳지 않은 것은?

(가) 공통 교육과정을 중학교 3학년까지 제시하였고 사회와 도덕을 하나의 교과군으로 제시하였다.\n(나) 사회과교육 목표 설정에서 기존에 강조하던 국민의 자질을 시민의 자질로 수정하였다.\n(다) 사회과에 흥미와 능력의 차이를 고려한 수준별 교육과정이 처음으로 적용되어 보충 과정, 기본 과정, 심화 과정의 용어가 사용되었다.\n(라) 7~10 학년 '사회'에서 역사 과목이 독립하여 지리와 일반사회영역만으로 구성되었으며, 선택 과목에서도 '동아시아사'가 신설되는 등 역사 교육이 강화되었다.

① (가) 시기에는 일반사회 영역의 선택 과목으로 '법과 정치', '경제', '사회・문화'가 개설되었다.
② (나) 시기에는 10학년에서 공통사회'라는 과목을 개설하여 통합적 접근을 시도하였다.
③ (다) 시기에는 사회과 일반 선택 과목으로 '인간사회와 환경'이 도입되고, 일반사회 심화 선택 과목으로 '법과사회', '정치', '경제', '사회・문화'가 개설되었다.
④ (라) 시기에는 일반사회 선택 과목인 '정치・경제' 과목이 '정치'와 '경제'로 분리되고 '정치' 과목 안에 법 내용이 함께 제시되었으며, '사회・문화' 과목이 개설되었다.
⑤ (가)~(라)를 시대순으로 배열할 경우 (다) 시기는 두 번째에 해당한다.

3. 박 교사는 '중적지형'에 대한 수업을 설계하고 있다. 다음 중 오수벨(D. Ausubel)의 유의미 수용학습 이론에 가장 가까운 수업 아이디어에 해당하는 것은?

① 학생들이 다양한 재료를 이용하여 선상지, 범람원, 삼각주 각각의 입체 모형을 만드는 과제를 수행한다.
② 학생들이 선상지, 범람원, 삼각주를 야외조사하여, 각각의 형태와 특성에 대해 관찰하고 이를 정리하여 보고서를 작성한다.
③ 학생들을 세 모둠으로 나누어 각 구성원에게 선상지, 범람원, 삼각주에 대한 각각의 주제를 정해 주고 인터넷에서 정보를 검색하게 한다.
④ 학생 3명을 선발하여 선상지, 범람원, 삼각주에서 일어나는 자연재해의 문제점과 대책에 대해 패널식 토의를 진행하게 하고 나머지 학생들은 경청한다.

⑤ 하천 퇴적작용에 대한 학생들의 선수지식을 확인하고 충적지형의 모식도를 설명한 후, 하천 퇴적작용과 선상지, 범람원, 삼각주와의 관계를 구조화하여 제시한다.

4. 표는 바, 바스와 셔미스(Barr, Barth & Shermis)가 구분한 사회과교육 전통의 일반적 특징을 단순화하여 비교한 것이다. '투표와 민주주의'를 주제로 수업을 할 때, (가)~(다) 전통에 부합하는 수업 사례로 가장 적절한 것을 <보기>에서 찾아 바르게 연결한 것은?

항목＼전통	(가)	(나)	(다)
기본 가치 전수 정도	약함	강함	약함
가치 분석 정도	약함	약함	강함
학습에서의 탐구 비중	높음	낮음	높음

<보 기>

ㄱ. 민주주의 발전을 위한 투표의 중요성을 강조하고 참여를 독려한다.
ㄴ. 투표율 제고를 위한 '의무 투표제' 도입에 대해 찬반 토론을 실시한다.
ㄷ. 실증적 연구 방법에 따라 유권자 연령대와 투표율의 관계를 조사한다.
ㄹ. 투표권이 없어 차별 받는 소수자 사례를 제시하고 그 문제점과 해결책을 탐색한다.

```
    (가) (나) (다)          (가) (나) (다)
①    ㄱ   ㄴ   ㄹ      ②    ㄴ   ㄱ   ㄷ
③    ㄷ   ㄱ   ㄴ      ④    ㄷ   ㄹ   ㄱ
⑤    ㄹ   ㄴ   ㄷ
```

5. 밑줄 친 '비판적 유형'의 특징에 관한 설명으로 옳은 것만을 <보기>에서 있는 대로 고른 것은?

뤼젠(J. RUsen)은 역사의식이란 미래를 전망하고 현재를 이해하기 위해 과거를 해석하는 인간의 사유 작용이라고 보았다. 그리고 역사의식을 역사적 사고의 특수성과 그 기능을 규정하는 통합적인 정신 작용으로 파악하였다. 이러한 인식을 토대로 그는 역사의식을 전통적(traditional) 유형, 전형적(exemplary) 유형, 비판적(critical) 유형, 발생적(genetic) 유형의 네 가지로 구분하였다.

<보 기>

ㄱ. 과거에 규정된 자기 이해방식을 부정하고 현재의 가치체계를 문제화한다.
ㄴ. 구체적인 사건 속에서 일반 법칙을 이끌어 내어 과거를 현재의 교훈으로 활용한다.
ㄷ. 사회 구성원들이 공통의 기원을 갖고 있다는 생각을 지속시킴으로써 연대감을 이끌어 낸다.
ㄹ. 과거의 억압적인 젠더 관계에 대한 인식을 해체하려는 페미니스트의 역사 서술에 잘 나타난다.

① ㄱ, ㄴ　　② ㄱ, ㄹ　　③ ㄴ, ㄷ
④ ㄱ, ㄷ, ㄹ　　⑤ ㄴ, ㄷ, ㄹ

6. 다음은 가치교육을 위한 한 모형의 사례다. 이 모형에 대한 설명으로 옳은 것을 <보기>에서 고른 것은?

<상황 제기> 여름 방학을 맞아 사범대 학생인 갑은 임용 시험을 준비하기 위해 학습 계획을 세웠는데, 음식점을 운영하시는 부모님께서 몸이 편찮으니 도와달라고 하신다.
1단계: 학생 스스로 어느 것을 선택할 것인가를 자유롭게 생각한다.
2단계: 이러한 선택 상황에서 다양한 대안을 마련한다.
3단계: 각 대안들의 결과에 대해 심사숙고한 후에 선택한다. 즉 도와드리지 않고 임용 준비만 할 경우 또는 임용 준비를 포기하고 보모님의 음식점 운영을 도울 경우 등이 각각 어떤 결과를 초래할지 충분히 검토한 후에 선택을 한다.
4단계: 부모님의 음식점 운영을 돕기로 했다면, 그 선택을 소중하게 여기고 기쁘게 생각한다.
5단계: 부모님의 음식점 운영을 돕기로 한 것을 학과 친구들에게 공개적으로 발표한다.
6단계: 선택에 따라 부모님의 음식점 운영을 도와드린다.
7단계: 부모님 돕기를 반복적, 지속적으로 실천한다.

<보 기>

ㄱ. 학생들이 그 가치를 선택한 논리와 이유를 명백히 밝히는데 주안점을 두도록 한다.
ㄴ. 학생들이 선택한 가치의 원천을 조사하여, 가치의 원천에 대해 세운 가설을 증명할 수 있는 자료를 제시하도록 한다.
ㄷ. 학생들이 선택한 가치에 따라 일관성을 가지고 행동함으로써 자신의 선택과 행동이 삶의 한 유형이 되도록 한다.
ㄹ. 학생들의 가치 선택이 정당한지를 판단할 수 있는 기본적 가치 또는 보편적 원칙을 제시하지 못한다는 한계를 지닌다.
ㅁ. 학생들이 자신이 가지고 있는 가치가 무엇인지를 명백히 하고, 그것에 대해 긍지를 가짐으로써 효과적으로 가치관을 확립할 수 있다.

① ㄱ, ㄴ, ㄷ　　② ㄱ, ㄴ, ㅁ
③ ㄱ, ㄷ, ㄹ　　④ ㄴ, ㄹ, ㅁ
⑤ ㄷ, ㄹ, ㅁ

7. 다음은 김 교사의 '도시' 단원 수업 장면의 일부이다. 이에 대한 설명 중 옳은 것만을 <보기>에서 있는 대로 고른 것은?

교 사: 버제스(E. Burgess) 모형에 이어 오늘은 새로운 모형을 공부해 봅시다. 선생님 질문에 답을 한 사람에게는 수업 참여도 점수를 부여하겠습니다. 오늘 배울 내용은 바로 이 화면에 나타난 모형입니다. 앞서 배운 모형과 비교하여 어떤 점에서 차이가 납니까?
학생 1: 피자 조각 같아요.
학생 2: (학생 1에게) ㉠ 버제스 모형에서는 원형이었는데, 왜 피자 조각처럼 나뉘어 있지?

교 사: 그렇지요. 이 모형은 도시구조가 교통로를 따라 분화되는
       것을 보여 줍니다. 이 모형을 만든 사람은……
       (이하 모형 설명 중략)
교 사: 도시 지역이 토지 이용 패턴에 따라 나누어져 있음을 알
       수 있었습니다. 그럼 그렇게 나누어지는 데 가장 크게 작
       용한 요인은 무엇이었나요?
학생 2: 접근성입니다.
교 사: 그렇죠. 우린 오늘 도시구조의 분화에 가장 중요한 요인
       에 대하여 배웠습니다.
학생 3: 선생님, 우리 시의 중심가에 상가들이 밀집해 있는 것도
       접근성이 좋기 때문인 것 같아요. 그런가요?

<보 기>

ㄱ. ㉠은 도시구조에 대한 인지적 도식(schema)의 동화 결과이다.
ㄴ. 보상을 통한 외적 동기 부여 장치가 있다.
ㄷ. 귀납적 과정에 의한 일반화를 보여 주는 수업이다.
ㄹ. 호이트(H. Hoyt) 선형 모형의 학습 과정에서 선행조직자가 활
   용되고 있다.

① ㄱ, ㄴ   ② ㄴ, ㄷ   ③ ㄴ, ㄹ
④ ㄱ, ㄷ, ㄹ ⑤ ㄴ, ㄷ, ㄹ

8. (가)는 김 교사가 인구변천모형을 활용한 수업의 상황이, (나)는 수
업 자료이다. 이 수업에 대한 설명으로 옳지 않은 것은?

(가)

○ 김 교사는 모둠에 [자료 A]와 [자료 B]를 나누어 주었다.
○ 김 교사는 [자료 A]를 스크린에 띄워 놓고, [자료 B]에서 한
  장의 카드를 선택하여 서로 다른 두 단계에 각각 놓아가며
  그에 합당한 이유를 학생들에게 설명했다.
○ 학생들은 모둠별로 주어진 20분 동안 [자료 B]에 있는 6장의
  카드를 합당한 이유와 함께 [자료 A]의 적절하다고 여겨지는
  단계에 배치하는 활동을 했다.
○ 주어진 시간보다 빨리 성공적으로 활동을 마친 두 모둠에 한
  해서 각각 4장의 카드를 직접 만들어 보고, 적절하다고 생각
  되는 단계에 배치할 수 있는 기회가 주어졌다.
  (이하 생략)

(나)

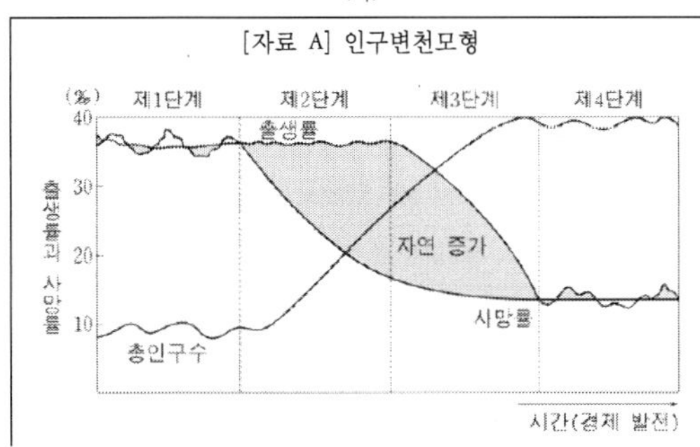

---

1. 철수 아버지는 공장에서 해고되었다.
2. 철수의 부모는 가족계획에 대해 더욱 고민하기 시작한다.
3. 할아버지, 할머니를 거리에서 찾아보기 쉽지 않다
5. 국가는 출산을 장려하기 시작한다.
6. 금혼식을 올리는 사람들이 많아졌다.

① 교사는 모델화된 시범을 통해 카드를 사용하는 방법을 안내하고
   있다.
② 학생들 스스로 인구 카드를 인구변천모형의 단계와 연관 짓도록
   하는 활동 중심 수업이다.
③ 학생들의 사고 기능의 숙달 정도에 따라 과제 수준을 달리함 으
   로써 교육과정 차별화(differentiation)를 의도하고 있다.
④ 시간(경제 발전) 변수와 출생률과 사망률 변수만을 고려한 추상
   적인 인구변천모형에 인간의 경험을 관련시켜 맥락적으로 이해
   하게 한다.
⑤ 인구 카드의 진술문을 통해볼 때, 각각의 카드는 인구변천 모형
   의 어느 한 단계와 일대일로 대응하므로 학생들의 수렴적사고
   활동에 조점을 두고 있다.

9. ⓐ~ⓒ 과 관련하여 교사가 유의할 점으로 적절한 것만을 <보
기>에서 있는 대로 고른 것은? [1.5점]

<김 교사의 수업 계획안>
1. 이번 단원에서 학습한 인물 가운데 한 사람을 선정하도록 한다.
2. ㉠ 해당 인물과 관련된 자료를 조사하고 인물이 역사적 행위
   를 결정하게 된 과정을 분석하도록 한다.
   - 인물의 생애 및 성향
   - ㉡ 인물이 살았던 시대적 상황
   - ㉢ 인물의 대표적인 역사적 행위
3. ㉣ 역사적 맥락 속에서 행위의 의미를 평가하도록 한다.
4. 분석 및 평가 내용을 보고서로 작성하고 발표하도록 한다.

<보 기>

ㄱ. ㉠ - 역사 자료에는 자료를 만든 사람의 해석이나 관점이 개
   입되어 있다는 점에 유의하도록 한다.
ㄴ. ㉡ - 인물이 행위를 결정하는 데 영향을 미친 시대적인 조건
   을 강조한 나머지 개인의 주체적인 의지를 과소평가하지 않
   도록 한다.
ㄷ. ㉢ - 과거의 관점을 배제하고 현재의 관점에서 인물의 행위를
   이해하도록 한다.
ㄹ. ㉣ - 인물에 대한 다양한 해석이나 평가가 가능하다는 점에
   유의하도록 한다.

① ㄱ, ㄴ   ② ㄴ, ㄷ   ③ ㄷ, ㄹ
④ ㄱ, ㄴ, ㄹ ⑤ ㄱ, ㄷ, ㄹ

10. ㉠, ㉡ 에 대한 설명으로 적절한 것만을 <보기>에서 있는 대로 것은?

> 시대 구분은 역사 이해의 길잡이로서 효용적 가치를 가진다. 역사에서 시대를 구분하는 대표적인 사례로 ㉠ 고대, 중세, 근대의 삼분법이 있다. 역사에서 시대 구분은 수많은 역사적 사실들을 분류하여 역사의 互름을 파악하는 데 도움이 된다. 따라서 역사를 배우는 학생들이 시대 구분의 목적과 의의를 이해할 수 있도록 ㉡ 시대 구분을 주제로 한 역사 학습이 필요 하다.

<보 기>

> ㄱ. ㉠ - 역사가의 해석과 판단이 개입된 구분이다.
> ㄴ. ㉠ - 서유럽이 아닌 다른 지역에 적용하기 어렵다는 비판이 있다.
> ㄷ. ㉡ - 학생스스로 시대구분에 대한 자신의 관점을 갖도록 하는 것이 바람직하다.
> ㄹ. ㉡ - 역사에 대한 배경 지식이 없는 초등학교 저학년 학생에게 효과적인 학습 방법이다.

① ㄱ, ㄴ　　② ㄴ, ㄹ　　③ ㄷ, ㄹ
④ ㄱ, ㄴ, ㄷ　⑤ ㄱ, ㄷ, ㄹ

11. (가)~(다)의 민주주의 유형에 가장 적합한 사례를 <보기>에서 찾아 바르게 연결한 것은?

> (가) 자유와 자기 계발에 대한 평등한 권리는 시민들이 자신들의 정치적 효능감을 제고하며 집단적 문제와 통치 과정에 지속적 관심을 가지고 정치적 의사 결정에 직접 참여하는 사회에서만 보장될 수 있다.
> (나) 다수결 원리는 자의적 정부로부터 개인을 보호하고 자유를 유지하는 효과적이고 바람직한 방법이지만, 개인의 자유와 권리를 보장하기 위해서는 다수의 지배가 공적 규정에 의해 제한되어야 한다.
> (다) 정치적 결사의 조건은 시민들의 자유롭고 합리적인 합의에서 유래하며, 정치적 결정에 대해 거로 정당하다고 인정할 수 있는 가능성'이 집단적 문제의 해결책을 모색하는 정당한 기반이 된다.

<보 기>

> ㄱ. 자신의 농지가 그린벨트에 포함된 농민이 1인 시위를 통해 그린벨트 재조정을 이끌어 냈다.
> ㄴ. 권력 구조 개편을 골자로 한 헌법 개정안이 국회 본회의에서 정족수 미달로 부결되었다.
> ㄷ. 방폐장 선정을 위해 개설된 온라인 토론장에서 해당 지역주민들 간에 치열한 논쟁이 전개되었다.

```
　　(가) (나) (다)　　　　(가) (나) (다)
①　 ㄱ 　ㄴ 　ㄹ 　　② 　ㄱ 　ㄷ 　ㄴ
③　 ㄷ 　ㄱ 　ㄴ 　　④ 　ㄴ 　ㄷ 　ㄱ
⑤　 ㄷ 　ㄱ 　ㄴ
```

12. 우리나라 지방 선거에 도입된 다음 제도에 대한 반대 근거로 타당한 것을 <보기>에서 고른 것은?

> 모든 지방 선거에서 정당은 후보를 추천할 수 있으며, 후보는 정당의 추천을 받고 이를 공표할 수 있게 되었다. 따라서 기초의원 후보들도 소속 당의 정책을 홍보할 수 있고, 기초 의원들은 기초의회에서 공개적으로 정당 소속에 따라 의사 결정을 할 수 있다. 지방 선거에서 공직 후보 추천은 대개 광역시·도당 차원에서 이루어지지만 정당마다 그 구체적 방식은 다르다.

<보 기>

> ㄱ. 지방 정부의 정책 집행에 대한 정치적 책임 소재가 불분명해진다.
> ㄴ. 지방 의원에 대한 소속 정당 지역구 국회의원의 영향력이 지나치게 크게 작용한다.
> ㄷ. 지방 자치 단체장 후보가 난립해 지방 자치 단체장이 소수 대표가 될 가능성이 커진다.
> ㄹ. 지방 자치 단체장 소속 정당과 지방 의회 다수당이 다를 때 자치단체 운영이 경색될 수 있다.

13. 표는 상품 '가'와 '나'에 대한 갑의 한 무차별 곡선과 상품 '다'와 '라'에 대한 을의 한 무차별 곡선 위에 있는 일부 상품 묶음을 나타낸 것이다. 이에 대한 분석으로 옳지 않을 것은?

<갑> (단위: 개)

상품 묶음	상품 '가'	상품 '나'
A	2	14
B	3	8
C	6	4
D	7	3

<을> (단위: 개)

상품 묶음	상품 '다'	상품 '라'
a	3	0
b	2	1
c	1	2
d	0	3

① 갑이 상품 '가'와 '나'를 각각 3개, 9개 소비한다면 효용은 A에서보다 증가한다.
② 갑에게 B와 C의 상품 묶음이 주는 효용은 동일하다.
③ 갑은 상품 '가' 한단위를 포기하는 대가로 D 에서보다 B에서 상품 '나'를 더 많이 요구할 것이다.
④ 을에게 상품 '다'와 '라'는 완전 대체재이다.
⑤ 을의 예산선과 무차별 곡선이 일치할 경우 그의 최적 선택점은 1개이다.

14. 다음 글의 밑줄 친 ㉠~㉡ 현상에 대한 설명으로 옳은 것을 <보기>에서 고른 것은?

> 케인지언(Keynesian)의 통화정책의 전달 경로에 의하면, 정부가 ㉠ 확대 통화정책을 실시해도 이자율이 더 이상 낮아지지 않게 되면 더 이상의 통화 팽창은 효력을 잃게 된다.
> 아울러 경제에 대한 전망이 나빠지면 ㉡ 투자지출은 이자율의

하락에도 거의 반응하지 않게 된다. ⓒ 기 침체는 그 자체로 재
정 수지의 악화를 가져온다. 그렇다고 건전 재정을 추구하게 되
면 재정정책은 경기 순응적이 되어 경기 안정화 기능을 상실하
게 된다.

<보 기>

ㄱ. ㉠은 자산으로서의 화폐에 대한 수요가 사라지기 때문이다.
ㄴ. ㉡은 화폐 수요의 이자율 탄력성이 매우 크기 때문이다.
ㄷ. ㉢은 투자지출이 이자율에 대해 탄력적이기 때문이다.
ㄹ. ㉣은 재정의 자동안정장치가 작동하기 때문이다.

① ㄱ, ㄴ　　② ㄱ, ㄷ　　③ ㄴ, ㄷ
④ ㄴ, ㄹ　　⑤ ㄷ, ㄹ

15. 다음은 어느 나라 ○○○○년 국민경제 상황을 기록한 것이다.
이에 대한 옳은 분석을 <보기>에서 고른 것은?

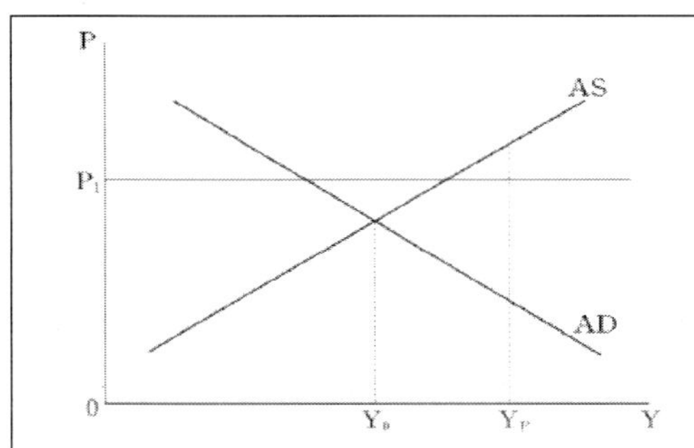

○○○○년에 국민경제는 물가가 P₁인 수준에서 경제 활동이 이
루어졌다. 단, 국민경제는 가계와 기업의 민간 부문으로만 구성
되어 있으며, 생산 활동에 따르는 감가상각은 발생하지 않는 다
고 가정한다.(그래프에서 Y는 국민소득 수준, P는 물가 수준, AD
는 단기 총수요 곡선, AS는 단기 총공급 곡선, Y_P는 잠재 국민소
득 수준을 나타낸다.)

<보 기>

ㄱ. 인플레이션 갭이 존재하였다.
ㄴ. 실현된 투자지출이 계획된 투자지출보다 컸다.
ㄷ. 장기적으로 경제는 Y₀를 향해 움직여 갈 것이다.
ㄹ. 불균형 상태이며 국민소득삼면 등가의 법칙이 성립하였다.

① ㄱ, ㄴ　　② ㄱ, ㄷ　　③ ㄴ, ㄷ
④ ㄴ, ㄹ　　⑤ ㄷ, ㄹ

16. 밑줄 친 '이 이론'에 대한 설명으로 옳지 않은 것은?

고전적 사회 운동 이론은 집합 행동 상황에서 발생하는 집합적
흥분의 전염 혹은 체계 긴장에서 초래된 상대적 박탈감에 의해
사회 운동의 발생을 설명한다. 이처럼 사회 운동의 비합리성과
심리적 불안감을 강조하는 입장과는 달리, 이 이론은 사회 운동
을 억압적인 기존 질서에 대한 합목적적 도전으로 이해하고 있
다. 이 이론에 의하면 사회 운동을 원하는 사람에 의해 사회 운
동이 자연 발생적으로 생기는 것은 아니다. 사회 운동은 의도적
으로 조직하고 동원해야만 가능하다 이 이론은 사회 운동의 발
생 요인으로서 사회 운동에 필요한 자원을 강조한다.

① 갈등론적 관점에서 비롯된 사회 운동 이론이다.
② 사회 운동의 성공 요인으로 참여자의 정체성과 가치 지향을 중
　시한다.
③ 사회 운동을 사회 병리 현상이라기보다 사회 집단의 이익 추구
　현상이라고 본다.
④ 사회 운동 단체는 여타 조직과 마찬가지로 재원 마련, 홍보, 사
　업 확장을 모색한다고 주장한다.
⑤ 사회적 긴장과 불만이 존재한다는 사실에 의해서만 사회 운동이
　발생하는 것은 아니라고 본다.

17. 다음은 사회 발전론의 한 시각이다. 이에 부합하는 진술을 <보
기>에서 고른 것은? [1.5점]

모든 사회는 애초에는 전통 사회에 머물러 있었으나, 이 중 일부
는 전통 상태에서 벗어나 근대 사회로 이행하였다. 경제적인 면
에서 이러한 이행 과정은 전통 사회, 도약을 위한 선조건, 도약,
성숙, 고도의 대량 소비의 5단계로 나뉜다. 사회학적인 면에서
근대화란 귀속성에서 업적 성으로, 특수주의에서 보편주의로, 집
합 지향에서 개인 지향 등으로 이행하는 것을 가리킨다.

<보 기>

ㄱ. 선진국의 근대화는 후진국의 저발전에 의존한다고 본다.
ㄴ. 모든 국가가 유사한 근대화 경로를 거친다고 가정하는 경향
　이 있다.
ㄷ. 근대화는 초국적 수준에서 통합된 세계 체계가 등장함으로써
　가능해졌다고 본다.
ㄹ. 교육을 통하여 전통적 가치관에서 벗어나는 것이 사회를 근
　대화시키는 요인이라 본다.

① ㄱ, ㄴ　　② ㄱ, ㄷ　　③ ㄴ, ㄷ
④ ㄴ, ㄹ　　⑤ ㄷ, ㄹ

18. (가), (나)에 대한 추론으로 옳지 않은 것은?

> (가) 사람들은 자기들에게 익숙한 것을 기준으로 다른 사람 또는
> 다른 민족이나 사회의 문화를 평가하는 경향이 있다. 모건(L.
> Morgan)의 경우 서구의 일부일처제, 유일신, 발달된 사회 조
> 직이라는 기준에 따라 야만, 미개, 문명을 구분하였다. 그는
> 진정한 '문화'는 서구에만 존재한다고 믿었다. 이런 맥락에
> 서 아직까지도 ㉠ 일부 서구인들은 자신들이 혐오하는 음식
> 을 먹는 아시아인들이나 아프리카인들을 비정상적이고 야만
> 적이라고 비난하기도 한다. 이렇게 자기에게 익숙한 것을 기
> 준으로 세상을 보면 다른 민족의 문화를 무시하거나 혐오하
> 게 된다. 그리고 이러한 무시나 혐오는 외국인에 대한 폭력,
> 인종 청소, 침략 등으로 나타나기도 한다.
>
> (나) 문화를 평가할 때는 그 사회가 처한 역사적, 사회적 맥락을
> 고려해야 하지만, 동시에 보다 객관적 입장에서 그 장단점을
> 볼 수 있어야 한다. 그렇게 하지 않으면, 문화상대 주의적
> 입장이라도 여러 가지 문제를 낳을 수 있다. 예컨대, ○○○
> 는 서양과 다른 자기 문화의 독자성을 강조했다. 그에 따르
> 면 민주주의나 인권 같은 서구의 가치는 문화가 전혀 다른
> 자기 민족에 맞지 않다는 것이다. ㉡ ○○○는 보편적 기준
> 어자기 문화에 대해 비판적^으^ 성찰하기를 거부하고, 권
> 위주의적 체제를 수립하여 인권과 정치적 자유를 침해했다.
> 그러나 그의 주장과는 달리 인권은 서구만의 가치가 아니라
> 인류 공통의 가치다.

① (가)는 문화에 대해 상대주의적 태도가 필요하다는 것을 보여준다.
② (가)의 ㉠은 문화를 총체적 생활 양식으로 보기 때문에 발생한다.
③ (나)는 문화상대주의가 보편적 가치와 결합되어야 한다는 것을
보여준다.
④ (나)의 ㉡은 극단적 문화상대주의가 자민족중심주의에 빠질 수
있다는 것을 보여준다.
⑤ (나)에 따르면 (가)의 ㉠은 인권 운동가들이 아프리카의 여성 할례
문화에 대해 비정상적이고 야만적이라고 비난하는 것과 구별해야
한다.

19. (가)와 (나)의 사례에 대한 법적 판단으로 옳은 것은?

> (가) 갑은 A시에 있는 녹지 지역에 별장을 건축할 계획으로 건축
> 허가 여부에 대해 A시에 서면 문의를 하였더니 A시 건축과
> 장으로부터 건축허가를 해줄 수 있다는 공적인 견해 표명을
> 받았다. 이에 갑은 별장을 건축하기 위한 건물설계를 의뢰하
> 는 등 공사 준비를 위한 비용을 지출하였다. 그러나 허가권
> 자인 A시 시장은 해당 토지가 녹지보전지역임을 이유로 갑
> 의 건축허가를 적법하게 거부 하였다.
>
> (나) B시에 위치한 골프장을 소유하고 있던 을은 골프장 증설을
> 위한 사업계획변경승인을 B시로부터 받고 증설 공사를 진행
> 중이다. 골프장 건설 현장 근처에서 축산업을 하는 병은 사
> 육장 근처에서 진행 중인 골프장 건설 소음으로 인해 피해
> 를 입고 있다.

<보 기>

> ㄱ. (가)에서 A시 건축과장의 답변 과정에서 건축과장의 과실이
> 있었다면 갑은 손해배상을 청구할 수 있다.
> ㄴ. (가)에서 행정행위에대한신뢰보호원칙보다법률적합성의 원칙
> 이 우선한다면 갑은 취소심판을 청구할 수 있다.
> ㄷ. (나)에서 병은 법원에 골프장 공사중지가처분신청을 할 수 있다.
> ㄹ. (나)에서 병은 환경분쟁조정위원회에 B시를 당사자로 하여 환
> 경분쟁조정을 신청할 수 있다.

① ㄱ, ㄴ   ② ㄱ, ㄷ   ③ ㄴ, ㄷ
④ ㄴ, ㄹ   ⑤ ㄷ, ㄹ

20. 다음 사례에 관한 법적 판단으로 옳은 것은?

> 금치산자인 갑은 법정대리인의 동의가 없었음에도 불구하고, 동
> 의서를 위조하여 이를 신뢰하는 을에게 자신이 소유하고 있던 X
> 부동산을 2억 원에 매도하였다. 을은 갑으로부터 X부동산의 소
> 유권 이전등기를 받은 후 병에게 X부동산을 3억 원에 매도하고,
> 병 명의로 소유권 이전등기를 하였다.

① 갑이 금치산자이므로 갑과 을 사이의 매매계약은 무효이다.
② 등기의 공신력으로 인하여 병은 X부동산의 소유권을 취득 한다.
③ 갑은 동의서를 위조하였으므로 을과 체결한 매매계약을 취소 할
수 없다.
④ 갑이 을과 체결한 매매계약을 취소하더라도 이러한 취소의 효력
은 병에게 미치지 않는다.
⑤ 갑은 을과 체결한 매매계약을 취소하고 이를 병에게 주장하여 X
부동산의 소유권을 회복할 수 있다.

21. 지도 (가), (나)의 A~E 에 대한 설명으로 옳은 것을 <보기>에
서 고른 것은?

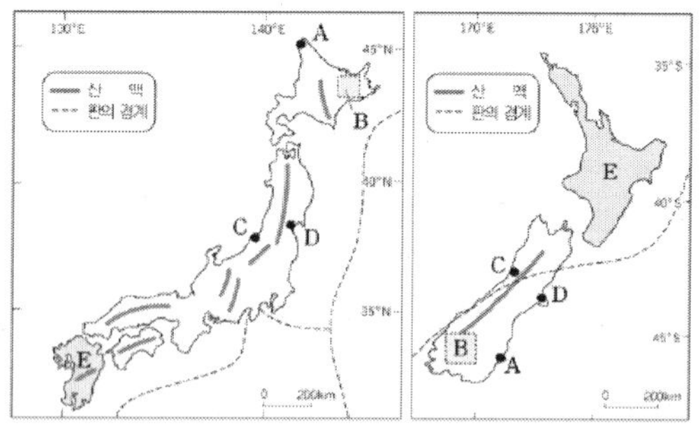

<보 기>

> ㄱ. (가)의 A 지점은 (나)의 A 지점보다 기온의 연교차가 크다.
> ㄴ. (가), (나)의 B 지역에는 칼데라 호가 분포한다.
> ㄷ. (가), (나)의 C 지점은 D 지점보다 겨울철 강수량이 많다.
> ㄹ. (가), (나)의 E 섬은 각각 그 나라에서 낙농업이 가장 발달한
> 지역이다.

① ㄱ, ㄴ　　　② ㄱ, ㄷ　　　③ ㄴ, ㄷ
④ ㄴ, ㄹ　　　⑤ ㄷ, ㄹ

22. 자료는 세 도시의 풍향별 출현빈도를 나타낸 것이다. 이에 대한 설명으로 옳은 것을 <보기>에서 고른 것은?

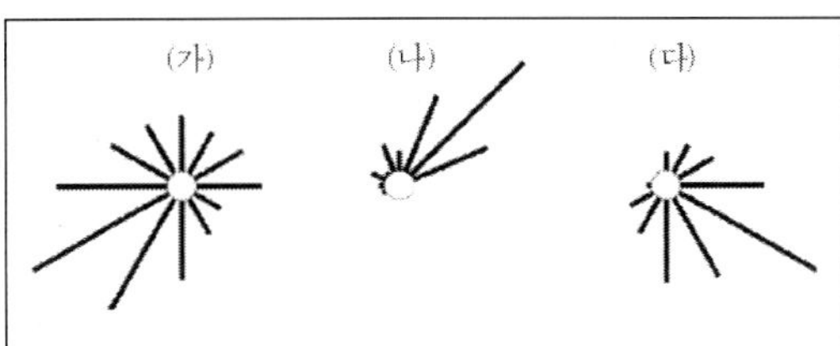

각 그림은 순서에 관계없이 카라카스(10○28ㅅN), 타운즈빌(19이 5^), 런던(51○3(/N) 중 한 곳에 해당함.

<보 기>

ㄱ. (가) 풍계의 바람은 북반구보다 남반구에서 더 강하다.
ㄴ. (가) 풍계와 (나) 풍계 사이에 매우 건조한 기후대가 분포 한다.
ㄷ. (가) 풍계의 바람이 (다) 풍계의 바람보다 더 지속적이고 일정 하다.
ㄹ. (나) 풍계와 (다) 풍계 사이의 대륙 서안에 세계 최다우지가 분포한다.

① ㄱ, ㄴ　　　② ㄱ, ㄷ　　　③ ㄴ, ㄷ
④ ㄴ, ㄹ　　　⑤ ㄷ, ㄹ

23. 해안에 인접한 어떤 지역에 대한 자료이다. 이 지역에 대한 설명으로 옳은 것만을 <보기>에서 있는 대로 고른 것은?

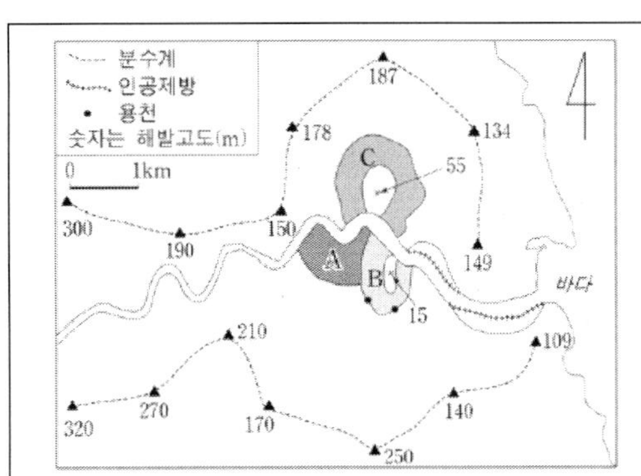

산지로 둘러싸여 있는 이 지역은 절리 밀도가 동일한 석회암으로 되어 있다. A 지구는 해발고도 70~90m 로서 원력(圓礫)이 기반암 위에 흩어져 있으며, 곳곳에 돌리네가 나타난다. B 지구는 해발고도 3~5m 이며, 조선 중기부터 마을이 입지하고 있다.

<보 기>

ㄱ. A 지구의 지반은 안정적이어서 아파트 단지가 입지하기에 적합하다.
ㄴ. A 지구의 원력은 C 지구의 원력보다 대체로 쉽게 부서진다.
ㄷ. B 지구는 곡류절단으로 단구화되었다.
ㄹ. 돌리네 규모는 C 지구보다 A 지구에서 작다.

① ㄱ, ㄴ　　　② ㄴ, ㄷ　　　③ ㄴ, ㄹ
④ ㄱ, ㄴ, ㄷ　⑤ ㄱ, ㄷ, ㄹ

24. 그림은 대기권에서 기온의 수직분포를 모식적으로 나타낸 것이다. 이에 대한 설명으로 옳은 것은?

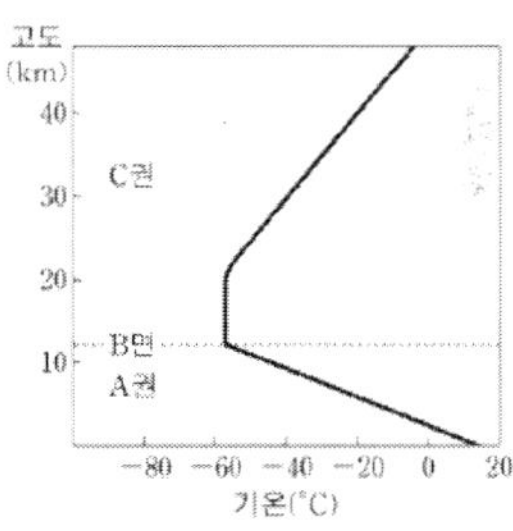

① A권의 열수지에서 가장 중요한 기체는 이산화탄소이다.
② A권의 상층에서는 대기가 안정되어 있어서 구름이 발생하지 않는다.
③ 중위도 지역에서 B면의 고도는 대기가 불안정할수록 더 높다.
④ A권은 주로 단파복사, C권은 장파복사 에너지에 의해 가열된다.
⑤ C권의 열수지에서 가장 중요한 기체가 최근 이슈가 되는 온실효과의 주요인이다.

25. 글의 (가)가 생태계에 주요 수분 공급원 역할을 기후 그래프로 가장 적절한 것은? [1.5점]

바람이 없는 맑은 밤에 복사냉각이 일어나면 지표면과 물체가 주변의 공기보다 더 차가워질 수 있다. 이때 온도가 더욱 낮아져 공기가 포화 상태에 이르면 물체 표면에 이런 과정을 응결이라 한다.

① 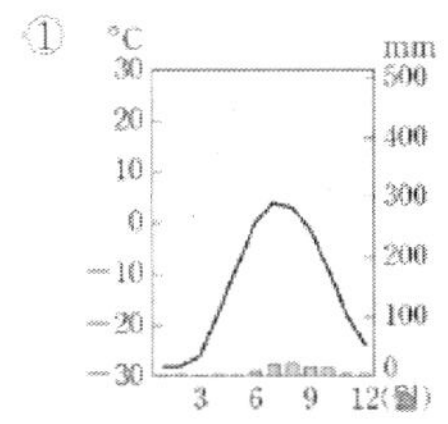

② 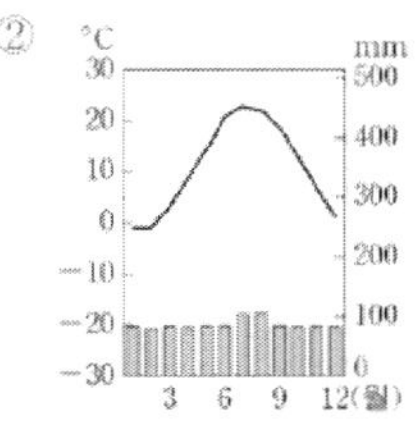

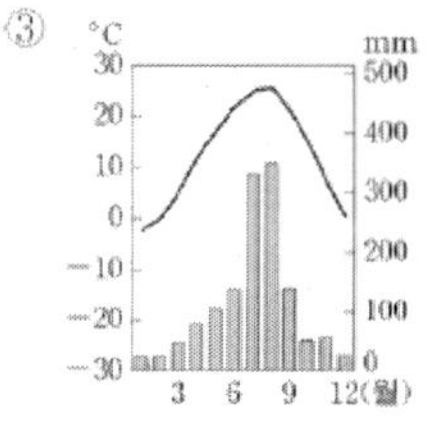 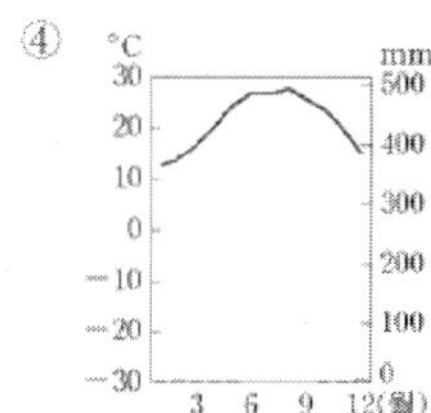

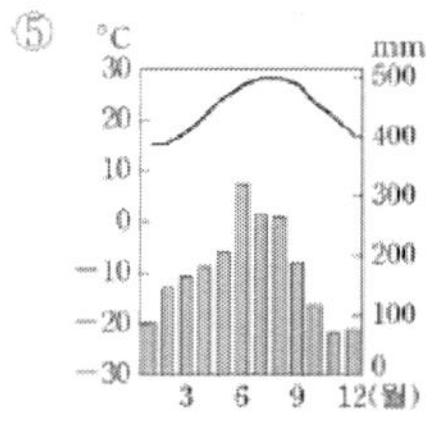

26. 다음은 1990년대 이후 지역발전이론의 동향에 관한 글이다. ⑦~
⑩ 에 대한 설명으로 옳은 것만을 <보기>에서 있는 대로 고른 것.

1990년대 이후 지역발전이론의 주요 동향은 지식기반경제의 확산과 더불어 ⑦ 기존 지역발전전략의 한계가 인식되면서 ⑥ 혁신을 강조하는 이론들이 새로운 패러다임을 형성하게 된 점이다. 지역혁신체제론은 이러한 새로운 지역발전이론의 하나로서, 세계화 시대에 지역 경쟁력 확보를 위해서는 그 지역이 혁신을 창출하기 좋은 환경, 즉 좋은 ⑥ 지역혁신체제를 갖추는 일이 중요하다는 것이다. 아민(A. Airin)과 스리프트(N. Thrift)는 지역 차원의 효율적인 제도적 주체와 ⑧ 제도적 밀집(institutional thickness)의 차별성에 따라 지역혁신체제의 성과가 달라진다고 주장한다. ⑩ 클러스터(cluster)는 이런 혁신체제가 지역적으로 구현된 실체라고 할 수 있으며, 지역혁신체제가 효율적으로 작동할 수 있도록 한다. 따라서 최근 많은 국가들은 지역경제를 진흥시키는 주요 수단으로 지역 내 '산업 클러스터'를 육성하는 데 정책적 관심을 기울이고 있다

<보 기>

ㄱ. ⑦의 한계는 무형의 사회·문화적 요소를 중시한 데서 비롯된다.
ㄴ. ⑥에서 혁신은 상호의존적이며 순환적·나선적 과정으로 인식된다.
ㄷ. ⑥의 상부구조는 대학이나 연구소, 금융기관, 지방정부로 구성된다.
ㄹ. ⑧은 지역의 혁신 역량을 강화할 수 있는 공식·비공식 제도를 망라한다.
ㅁ. ⑩에서는 경제주체들 간의 거래비용 절감을 위한 네트워킹이 중시된다.

① ㄱ, ㄴ　　② ㄴ, ㄷ　　③ ㄴ, ㄹ
④ ㄱ, ㄷ, ㅁ　⑤ ㄴ, ㄹ, ㅁ

27. 다음은 도시체계에 관한 글이다. (가), (나)에 대한 설명으로 옳은 것을 <보기>에서 고른 것은? [2.5점]

세계경제의 통합화 및 자본주의 체계의 변화는 글로벌 도시 체계를 형성시키고 있다. 이와 동시에 지역화된 도시 네트워크들도 형성되고 있다. (가)에서는 네트워크의 연결 정도에 따른 도시의 경쟁력이 중요한 의미를 지닌다. 네트워크를 맺고 있는 도시들 사이에는 자본, 정보, 지식, 기술, 노동, 재화 등의 흐름이 발생하며, 전문화·공간분업이 형성되고, 시너지 효과를 유발하는 외부경제가 형성된다. 세계경제체제가 네트워크 경제체제로 변하고 정보통신기술이 발달하면서
(나)에서 중요시했던 공간적 근접성의 의미는 약화되고 있다. (가)에서는 공간적 근접성에 의한 집적 외부성이 아니라 도시들 사이의 가상집적(virtual agglomeration) 연계들이라는 네트워크 속성이 도시 활동의 입지에서 중요한 원리로 작용하게 된다. 전통적 중심지이론으로는 현대의 도시체계를 충분히 설명하기 어려우며, 공간분석의 핵심 개념이었던 접근성과 집적의 개념은 점점 설명력이 약화되고 있다. 과거의 (나)는 (가)에 의해 대체되고 있다

<보 기>

ㄱ. (가)는 중심성을 바탕으로 하지만, (나)는 결절성을 바탕으로 한다.
ㄴ. (가)의 도시 간 연계에서는 정보비용이 주요 변수이지만, (나)의 도시 간 연계에서는 교통비가 주요 변수이다.
ㄷ. (가)에서는 수직적 접근성에 기초하여 일방적 흐름이 형성되지만, (나)에서는 수평적 접근성에 기초하여 쌍방향의 흐름이 형성된다.
ㄹ. (가)에서는 규모중립성과 상호의존성에 근거하여 도시체계가 유연성과 보완성의 경향을 지니지만, (나)에서는 규모 의존성에 근거하여 도시체계가 종주성과 종속성의 경향을 지닌다.

① ㄱ, ㄴ　　② ㄱ, ㄷ　　③ ㄴ, ㄷ
④ ㄴ, ㄹ　　⑤ ㄷ, ㄹ

28. 자료는 도시구조에 대한 것이다. ⑦, ⑥ 에 대한 설명으로 옳은 것을 <보기>에서 고른 것은?

자동차 교통의 발달과 대도시의 확대에 따라 ⑦ 도시권역 모델(urban realms model)이라는 새로운 도시구조 모델이 등장 하였다. 이 모델은 샌프란시스코 만 지역에서 전개된 메트로 폴리탄 지역 형성에 대한 분석을 기초로 하여 반스(J. Vance)가 제시하였다. 도시권역 모델의 핵심은 ⑥ 교외도심(suburban downtown)의 등장에 있다. 교외도심은 각 권역의 중심지로서 메트로폴리스 내에 있는 전통적인 CBD와 &한다. 전체 대도시 권은 일련의 독립적인 도시권역들로 구성된다. 도시권역 모델은 일명 페페로니 피자 모델로도 알려져 있다.

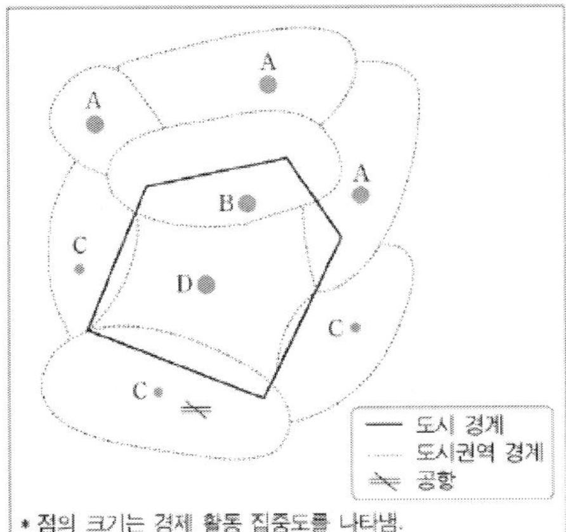

* 점의 크기는 경제 활동 집중도를 나타냄.

<보 기>

ㄱ. ㉠은 다핵심 모델에 비해 대상 지역의 공간적 스케일이 더 크다.

ㄴ. ㉠은 동심원 모델, 선형 모델에 비해 공간적 집중 구조가 더 뚜렷이 나타난다.

ㄷ. ㉡은 가로(J. Garreau)의 에지시티(edge city) 개념과 유사하다.

ㄹ. ㉡은 경제적 기능상 자족적 성향이 강하며, 고속도로망의 결절지에 등장하는 경향이 있다.

ㅁ. 그림의 A~D 중 ㉡에 해당하는 것은 B이다.

① ㄱ, ㄴ, ㄷ ② ㄱ, ㄷ, ㄹ ③ ㄱ, ㄹ, ㅁ
④ ㄴ, ㄷ, ㅁ ⑤ ㄴ, ㄹ, ㅁ

29. 다음은 도시정치에 관한 글이다. ⓐ~ⓒ 에 대한 설명으로 옳은 것을 <보기>에서 고른 것은?

전 세계적인 경제 재구조화와 세계화의 경향 속에서 자본의 이동성이 증가하고 지역경제의 재편이 이루어지면서 도시정책의 초점이 지역경제의 성장을 촉진하는 데 맞추어졌다. 이러한 성장지향적 정책을 원활히 추진하기 위한 정치적 조직화와 거버넌스(governance)가 중요해졌다. 한편 포디즘적 조절양식으로 부터 포스트포디즘적 조절양식으로의 이행은 ㉠ 기업가적 도시(entrepreneurial city)의 등장에 중요한 배경이 된다. 포디즘 시대에 도시정부의 통치체제는 ㉡ 관리 주의 (managerialism)라고 특징지을 수 있으며, 도시정부는 복지국가 체제하에서 공공 서비스나 집합적 소비수단을 공급하고 관리하는 일을 중시하였다. 하지만 포스트포디즘 시대에 도시정부의 통치체제는 ㉢ 기업가주의 (entrepreneurialism)라고 특징지을 수 있으며, 분권화의 경향 속에서 도시나 지역이 축적과 조절에서 중요한 단위가 되면서 부의 분배보다는 도시의 성장을 더 중시하였다

<보 기>

ㄱ. ㉠은 장소마케팅 또는 도시마케팅의 출현 배경이 되었다.

ㄴ. ㉡은 협치(協治) 및 협력 네트워크를 강조한다.

ㄷ. ㉢으로 인해 민관 파트너십이 활성화되었다.

ㄹ. ㉢으로 인해 자본을 유치하기 위한 도시들 간의 경쟁이 완화되었다.

① ㄱ, ㄴ ② ㄱ, ㄷ ③ ㄴ, ㄷ ④ ㄴ, ㄹ ⑤ ㄷ, ㄹ

30. 주제도 (가)~(라)에 시용된 지리 정보의 척도에 대한 설명으로 옳은 것만을 <보기>에서 있는 대로 고른 것은?

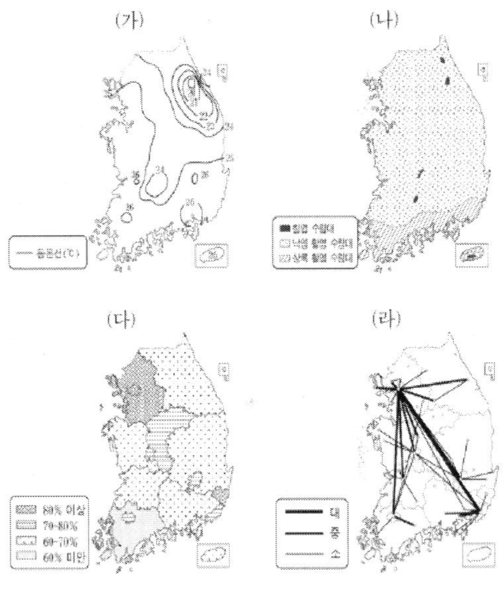

<보 기>

ㄱ. (가)의 척도는 속성값의 직접적인 비교와 연산이 가능하며 절대적 영점을 가지고 있다.

ㄴ. (나)의 척도는 상호 배타적이며 속성값 사이에 크기의 비교가 불가능하다.

ㄷ. (다)의 척도는 속성값의 차이와 그 비율을 계산할 수 있다.

ㄹ. (라)의 척도는 속성값의 차이와 그 정도에 근거하여 순위를 나타낸다.

① ㄱ, ㄴ ② ㄷ, ㄹ ③ ㄱ, ㄴ, ㄹ
④ ㄱ, ㄷ, ㄹ ⑤ ㄴ, ㄷ, ㄹ

31. (가)~(다) 시기에 있었던 역사적 사실로 옳은 것은?

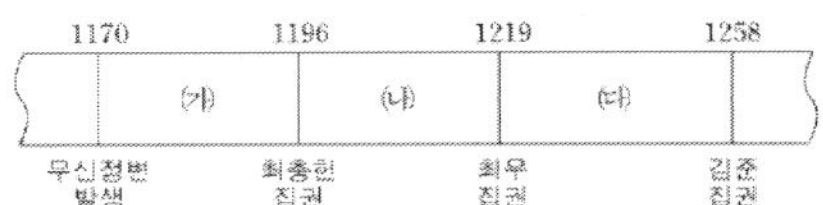

① (가)-상장군과 대장군의 합좌 기관인 중방을 신설하였다.
② (가)-최고 집정부의 구실을 하는 교정도감을 설치하였다.
③ (나)-인사권을 장악하기 위하여 정방을 신설하였다.
④ (나)-문사들의 숙위 기관인 서방을 설치하였다.
⑤ (다)-도적을 잡기 위한 부대로 야별초를 설치하였다.

32. (가), (나)는 삼국 시대에 외국으로 파견된 사신의 모습이다. 이에 관한 설명으로 것만을 <보기>에서 있는 대로 고른 것은?

 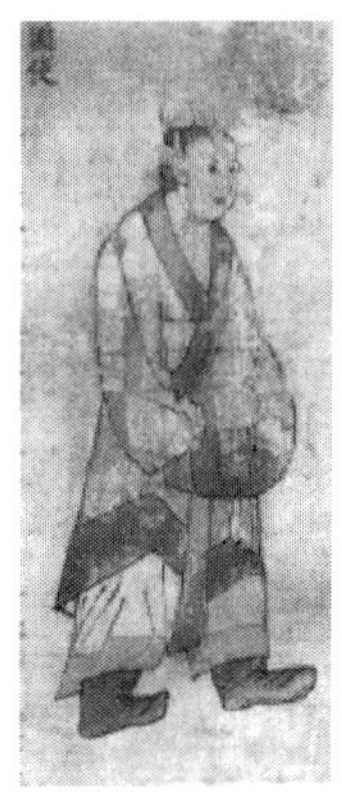
(가)   (나)

〈보 기〉

ㄱ. (가)를 통해 고구려가 중앙아시아 지역의 국가와 교류했음을 추정할 수 있다.
ㄴ. (가)의 사신들이 머리에 쓴 조우관은 당나라 때 제작된 「왕회도」에서도 보인다.
ㄷ. (나)의 사신이 방문한 중국 왕조의 문화는 송산리 6호분에 잘 반영되어 있다.
ㄹ. (나)가 그려진 시기에 신라는 아직 중국 왕조에 사신을 파견하지 못한 상태였다.

① ㄱ, ㄴ   ② ㄴ, ㄹ   ③ ㄷ, ㄹ
④ ㄱ, ㄴ, ㄷ   ⑤ ㄱ, ㄷ, ㄹ

33. (가)~(라)는 3·1운동 이후 전개된 민족 운동에 관한 설명이다. 시기순으로 바르게 나열한 것은?

(가) 독립군 단체들이 서로 연합하여 두만강 국경 주변에서 일본군과 대규모 전투를 벌였다.
(나) 사회주의자들의 주도로 토지 혁명 등의 구호를 내건 농민 조합운동이 활발하게 전개되었다.
(다) 독립운동 전선의 통일을 목적으로 국내외 독립운동 단체의 대표들이 모여 국민대표회의를 개최하였다.
(라) 식민지 노예교육 철폐와 조선인 본위 교육을 요구하는 학생들의 동맹휴학이 전국에 걸쳐 일어났다

① (가)-(다)-(라)-(나)   ② (나)-(라)-(가)-(다)

③ (다)-(가)-(라)-(나)   ④ (다)-(라)-(가)-(나)
⑤ (라)-(가)-(나)-(다)

34. ⓐ~ⓒ 에 대한 설명으로 옳지 않은 것은?

조선 후기에는 도고라는 독점적 도매상인의 활동이 활발해졌다. 이들은 ㉠ 市塵商人과 亂塵이라는 서울의 私商, 그리고 ㉡ 貢人 가운데서 출현하였으며, 지방의 상업 도시에서도 나타났다. 시전 상인들은 ㉢ 亂塵을 금압할 수 있는 특권을 부여받아 부를 축적하였으며, 이를 바탕으로 조선 후기에는 수공업자를 지배하면서 큰 자본을 가지고 사상들과 경쟁하였다. 국가의 금압에도 불구하고 ㉣ 私商은 종루, 이현, 칠패 등에서 상업 행위를 계속함으로써 번창해 나갔다. 1791년 채제공의 건의를 받아들인 정조는 ㉤ 시전 상인들의 특권을 폐지하여 상업의 발달을 피하였다

① ㉠-세곡 운송에 주력하면서 송파, 양주 등 지로 거점을 확대해 갔다.
② ㉡-대동법 실시로 출현한 특권 상인으로 물품을 직접 제조 하여 납부하기도 했다.
③ ㉢-이를 빙자하여 물가를 마음대로 조절하는 폐단이 있었다.
④ ㉣-군문(軍門)의 군졸과 세가(勢家)의 노비들도 상행위에 참여하였다.
⑤ ㉤-육의전을 제외한 나머지 시전들의 특권을 없애도록 하였다.

35. 에 관한 설명으로 옳지 않은 것은?

수는 비록 단명한 통일 왕조였지만 당시 추진된 통일 정책은 역사에 뚜렷한 흔적을 남겼다 첫째, 지방의 郡을 없애고 지방관의 속료 임명권을 중앙 정부에 귀속시켜 중앙 집권을 강화하였다. 둘째, 통치의 기본 원칙과 관료제를 정비하기 위해 ㉠ 율령을 반포하였다. 셋째, 유능한 관리를 선발하기 위해 ㉡ 과거를 실시하였다. 넷째, 호국을 목적으로 ㉢ 불교를 적극 장려하고 사원 건설을 후원하였다. 다섯째, 남과 북의 물자 유통을 원활하게 하기 위해 ㉣ 대운하를 건설하였다. 여섯째, 동아시아 각국에서 ㉤ 조공을 받아 국제 관계를 복원하였다.

① ㉠-균전제, 조용조제, 부병제 등은 당으로 계승되었다.
② ㉡-수재과, 명경과, 진사과 등의 과목을 두어 관리후보자를 선발하였다.
③ ㉢-달마를 시조로 하고, 좌선을 통해 깨달음을 얻는 선종이 융성하였다.
④ ㉣-뤄양 부근을 중심으로 북로로 탁군, 남으로 여항을 잇는 대동맥의 역할을 하였다.
⑤ ㉤-삼국은 물론 왜도 사신을 파견하여 수를 중심으로 한 조공 질서에 동참하였다.

36. (가), (나)의 종교에 대한 설명으로 옳은 것은?

> (가) 太는 大를 의미하며 그 크기가 天처럼 크다는 것을 의미 한
> 다. 天보다 큰 것은 없다. 平은 정치가 太平均하여 모든 일
> 이 잘 다스려지고 다시 不平으로 돌아가지 않는 상태를 의
> 미한다. 비유하자면 地가 아래에 있으면서 그 平을 견지하는
> 것과 같나.
> (나) 本道를 받고 그 신앙이 깊은 자를 祭酒라고 불렀다. 그들은
> 각기 部衆을 이끌었다. … 祭酒나 義舍를 세웠는데 그것은
> 마치 당시의 傳亭과 같았다. 또 義米肉을 義舍에 비치해 두
> 고 여행자들이 양껏 먹도록 하였다. 만약 지나치게 먹으면
> 번번이 鬼道가 병나게 한다고 하였다.

① (가)의 지도층은 파(巴)와 한중 지역에 30년 정도 독립적인 종교
　왕국을 세웠다.
② (가)의 신도들은 입교할 때 다섯 말의 쌀을 바쳤으므로 미적 (米
　賊)이라고 불렸다.
③ (나)의 지도층은 청의(淸議)를 바탕으로 환관 세력의 전횡과 부패
　상을 통렬히 비판하였다.
④ (나)의 신도들은 갑자년을 맞아 새로운 국가[黃天]의 수립을 목
　표로 일제히 봉기하였다.
⑤ 구겸지는 (가), (나)의 교리를 아울러 교단의 의례를 정비하고 자
　신들의 종교를 도교라고 불렀다.

37. 지도는 7차에 걸친 정화의 남해 항해도이다. 항해 당시의 지역
정세에 대한 설명으로 옳지 않은 것은? [2.5점]

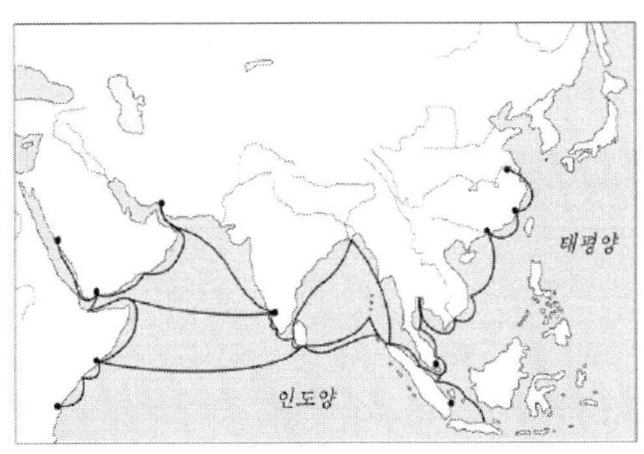

① 베트남 북부의 레 왕조는 명의 지배를 물리치고 유교 문화를 바
　탕으로 국가의 기틀을 잡았다.
② 타이 족이 세운 아유타야 왕국은 벼농사와 해상 무역 및 안정
　적인 국제 관계를 바탕으로 번영을 누렸다.
③ 이슬람 국가인 물라카 왕국은 지리적 이점을 이용하여 중국과
　인도를 잇는 중계 무역으로 번영을 누렸다.
④ 남인도의 비자야나가르 왕국은 중국, 유럽, 동아프리카를 잇는
　동서 교역으로 번영을 누렸다.
⑤ 북인도의 이슬람 국가인 무굴 제국은 관용적인 종교 정책을 바
　탕으로 데칸 고원까지 세력을 확장시켰다.

38. ㉠, ㉡ 에 대한 설명으로 옳은 것은?

> 귀족 가문 출신이었던 그는 소년 시절에 아낙사고라스, 다몬, 제
> 논 등으로부터 교육을 받았는데, 이러한 교육이 못날 정치가, 장
> 군, 웅변가가 되는 기초가 되었다. 탁월한 웅변과 교양으로 대중
> 의 마음을 사로잡아 ㉠아테네의 지도자가 된 그가 심혈을 기울인
> 업적 가운데 하나가 신전의 건축이었다. 그기 주도하여 세운 ㉡
> 이 신전은 피디아스(Phidias)의 지휘 감독 아래 완성되었다. 아테
> 네 시민이 여신 아테나에게 신전 건축을 서약했기 때문에, 페르
> 시아 전쟁 이후 그 서약을 지키기 위해 시민 전체의 뜻에 따라
> 건축된 것이었다.

① ㉠은 스파르타와의 평화적 관계를 주장하며 에피알테스와 대립
　하였다.
② ㉡은 메가라와의 전쟁에서 승리하여 아테네가 살라미스를 획득
　하는 데 기여하였다.
③ ㉢은 아테네의 영광을 기리기 위해 화려한 코린토스 양식으로
　건축되었다.
④ ㉣의 지붕과 내부 구조물들은 17세기에 튀르크 군의 공격으로
　대부분 파괴되었다.
⑤ ㉤은 델로스 동맹의 적립금을 사용하여 ㉥의 건축 비용을 충당
　하였다.

39. 밑줄 친 '그'에 대한 설명으로 옳지 않은 것은?

> 그의 노력으로 새로운 제국이 탄생하였다. 영국 수상이 '이 국가
> 의 등장이야말로 가장 위험한 혁명'이라고 한 것처럼 주변국들의
> 우려는 매우 컸다. 이 점을 잘 알고 있던 프는 주변 열강이 힘을
> 합쳐 자국에 대적하는 일을 막기 위해 노력하였다. 또한 그는 여
> 러 소수민족·종파·계급 간의 갈등을 없애고 사회적 통합을 시
> 도하는 한편, 몇몇 정치 세력을 '제국의 적'으로 배제하려 하였
> 다. 이러한 정책은 '공동체를 위협하는 사회민주주의자들의 시도
> 에 대한 법률'의 시행에서 절정에 달하였다. 그 사이 중공업 기
> 업가와 대지주의 이해를 대변하는 보수주의자들이 프의 정치적
> 지지 세력으로 부상하였다

① 프랑스를 고립시키고 유럽 열강의 세력 균형을 유지하려고 하
　였다.
② 영국 해군에 맞서 함대를 건설하려는 적극적인 군비 확장 정책
　을 실시하였다.
③ 자유주의적 지식인들의 지지 속에 가톨릭 교회의 영향력을 없애
　려고 하였다.
④ 영국에 맞서 사국 산업의 경쟁력을 확보하기 위하여 보호 무역
　정책을 실시하였다.
⑤ 노동자의 질병 및 사고 보험법 등 사회 보장법을 통하여 근대적
　복지 정책을 실시하였다.

40. 지도는 어느 시기 독일의 영토를 나타낸다. 이 시기 각국에서 일어난 사건으로 옳지 것은?

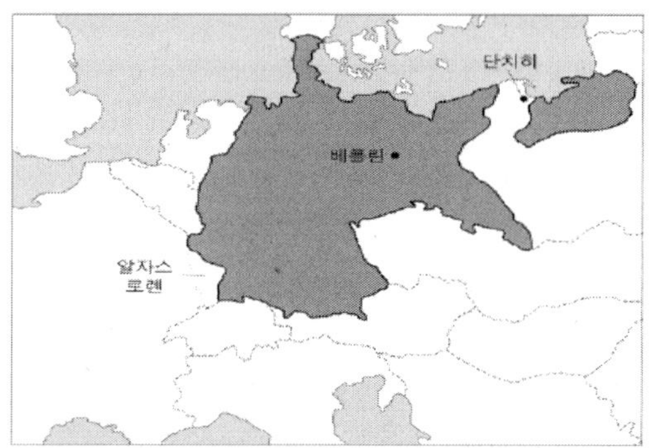

① 영국에서는 노동당이 처음으로 집권하였다.
② 프랑스에서는 보통 선거권이 남녀에게 평등하게 주어졌다.
③ 러시아에서는 소비에트 사회주의 공화국 연방이 수립되었다.
④ 튀르크에서는 무스타파 케말이 공화국을 세우고 근대화 개혁을 단행하였다.
⑤ 이탈리아에서는 로마 진군을 통해 무솔리니가 이끄는 파시스트 당이 권력을 장악하였다.

2012학년도 중등교사신규임용후보자선정경쟁시험 정답표 (공통사회)

문항번호	정답	배점	문항번호	정답	배점
1	②	2.5	21	②	2
2	④	2	22	①	2
3	⑤	2	23	②	2
4	③	2	24	③	2
5	②	2	25	④	1.5
6	⑤	2	26	⑤	2
7	③	2	27	④	2.5
8	⑤	2	28	②	2
9	④	1.5	29	②	2
10	④	2	30	⑤	2
11	①	2	31	⑤	2
12	④	2	32	④	2
13	⑤	2	33	①	2
14	④	2	34	①	2
15	④	2	35	③	2
16	②	2	36	⑤	2
17	④	1.5	37	⑤	2.5
18	②	2	38	⑤	2
19	②	2	39	②	2
20	⑤	2	40	②	2

일반사회

1차 시험	2교시 (전공)	40문항 80점	시험 시간 120분

○ 문제지 전체 면수가 맞는지 확인하시오.
○ 문항의 배점이 1.5점과 2.5점인 문항에는 배점이 표시되어 있습니다. 나머지 문항은 2점입니다.
○ 각 문항의 정답을 컴퓨터용 흑색 사인펜을 사용하여 답안지에 표시 하시오.

1. 다음은 교사가 수립한 수업 계획이다. 이 수업에 사용된 학습 모형의 일반적 특징에 대한 설명으로 옳은 것은?

학습주제	빈곤 문제의 이해
소주제	(1) 빈곤 문제의 개념과 유형 (2) 빈곤 문제의 사례와 실태 (3) 빈곤 문제와 관련한 이론 (4) 빈곤 문제 해결을 위한 대책

<수업단계>

모집단 구성 (4인 1모둠)

⇩

학습 주제 소개 및 읽기

⇩

모집단 구성원에게 소주제 배분

⇩

소주제를 가지고 각각 전문가 집단으로 이동하여 학습

⇩

모집단으로 재이동하여 소주제 학습 내용 공유

⇩

개인별 퀴즈 실시 및 점수 계산

⇩

모둠별 보상 제공

① 모집단은 성별, 성적, 가정 환경 등이 대체로 동질성을 갖도록 구성한다.
② 전문가 집단 학습을 통해 모둠 간에는 협동을, 모둠 내에서는 경쟁을 유도한다.
③ 개인별 퀴즈는 학습 주제 전체를 범위로 실시하고 그에 따라 향상 정수를 계산한다.
④ 전문가 집단에서 실시하는 소주제 학습은 사회 탐구와 가치 분석 기능 습득에 초점을 맞춘다.
⑤ 모집단 구성원은 성적이 높은 순으로 난이도 높은 소주제를 할

당받아 전문가 집단으로 이동한다.

2. 다음은 논쟁 문제 수업 단계와 활동 사례를 제시한 것이다. 수업의 각 단계에 부합하도록 ㉮~㉯의 위치를 바르게 바꾼 것은? [2.5점]

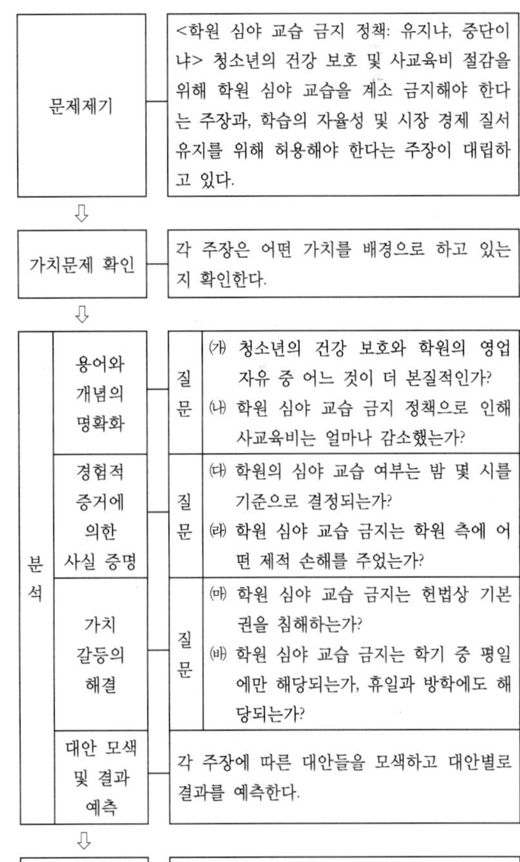

① ㉮ ⤙ ㉲, ㉯ ⤙ ㉱
② ㉮ ⤙ ㉳, ㉯ ⤙ ㉰
③ ㉮ ⤙ ㉳, ㉱ ⤙ ㉲
④ ㉯ ⤙ ㉰, ㉱ ⤙ ㉲
⑤ ㉯ ⤙ ㉲, ㉰ ⤙ ㉳

3. 다음은 사회과교육의 발달 과정에서 나타난 경향이다. 이에 대한 설명으로 옳은 것만을 <보기>에서 있는 대로 고른 것은?

> (개) 브루너(J. Bruner)는 『교육의 과정』에서 지식의 구조화를 주장하였다. 이러한 흐름이 사회과에서도 받아들여져 '지식의 구조'에 대한 이해와 적용이 사회과의 목표가 되어야 한다는 주장이 대두되었다.
> (내) 뱅크스(J. Banks)는 사회 탐구와 가치 탐구에 의해 합리적으로 의사 결정을 내리는 것을 강조하며 이러한 의사 결정 능력을 사회과의 목표로 삼아야 한다고 하였다.

<보 기>

> ㄱ. (개)는 통합 중심의 교육과정 개혁으로 이어져 신사회과 운동을 야기하였다.
> ㄴ. (개)는 자료의 분석을 통해 학생이 스스로 결론을 발견하는 발견 학습 원리로 연결되었다.
> ㄷ. (내)의 의사 결정 능력은 이후 고차 사고력에 포함되었으며 이러한 고차 사고력의 함양이 사회과에서 강조되고 있다.
> ㄹ. (개)의 구조화 학습의 논의는 (내)의 사회 탐구의 과정에 영향을 주었다.

① ㄱ, ㄴ ② ㄱ, ㄷ ③ ㄷ, ㄹ
④ ㄱ, ㄴ, ㄹ ⑤ ㄴ, ㄷ, ㄹ

4. 다음은 시기별 우리나라 사회과 교육과정의 특징을 나타낸 것이다. 이에 대한 설명으로 옳지 않은 것은? [2.5점]

> (개) 공통 교육과정을 중학교 3학년까지 제시하였고 사회와 도덕을 하나의 교과군으로 제시하였다.
> (내) 사회과교육 목표 설정에서 기존에 강조하던 국민의 자질을 시민의 자질로 수정하였다.
> (대) 사회과에 흥미와 능력의 차이를 고려한 수준별 교육과정이 처음으로 적용되어 보충 과정, 기본 과정, 심화 과정의 용어가 사용되었다.
> (래) 7~10학년 '사회'에서 역사 과목이 독립하여 지리와 일반사회 영역만으로 구성되었으며, 선택 과목에서도 '동아시아사'가 신설되는 등 역사 교육이 강화되었다.

① (개) 시기에는 일반사회 영역의 선택 과목으로 '법과 정치', '경제', '사회·문화'가 개설되었다.
② (내) 시기에는 10학년에서 '공통사회'라는 과목을 개설하여 통합적 접근을 시도하였다.
③ (대) 시기에는 사회과 일반 선택 과목으로 '인간사회와 환경'이 도입되고, 일반사회 심화 선택 과목으로 '법과사회', '정치', '경제', '사회·문화'가 개설되었다.
④ (래) 시기에는 일반사회 선택 과목인 '정치·경제' 과목이 '정치'와 '경제'로 분리되고 '정치' 과목 안에 법 내용이 함께 제시 되었으며, '사회·문화' 과목이 개설되었다.
⑤ (개)~(래)를 시대순으로 배열할 경우 (대)시기는 두 번째에 해당한다.

5. (가)~(다)는 사회과 교육과정의 구성 원리이다. 이에 대한 설명으로 옳지 않은 것은? [1.5점]

> (가) 학년이 높아짐에 따라, 자기 자신을 중심으로 가까운 곳, 손쉽게 경험할 수 있는 곳에서부터 시작하여 점차 먼 곳으로 확정되어 나아가도록 내용을 배열하는 원리
> (나) 사회과의 다양한 교과 내용을 학문 영역 간의 관계와 교육적 고려 등을 기준으로 재조직하여 구성하는 원리
> (다) 몇 개의 학문 영역에서 관련되는 핵심 원리 및 개념을 선택하여 저학년에서 고학년으로 그 내용과 수준을 심화·확대하여 지속적, 반복적으로 학습하도록 구성하는 원리

① 세계화, 교통 통신의 발달로 인해 최근 사회과 교육과정을 구성하는 데 있어서 (가)를 보다 탄력적으로 적용하고 있다.
② (가)에 의해 정치 내용을 구성한다면, 교실·학교에서의 정치과정을 통한 의사 결정, 고장·지역 사회의 정치 상황 등을 거쳐 국내 정치, 국제 정치 순으로 다룬다.
③ (나)에 의해 본래의 학문 영역이 가지고 있는 정체성과 체계가 불분명해진다는 점에서 초등학교 단계에서는 (나)의 성격이 약하게 나타나고 학교 급이 올라갈수록 점차 강화되고 있다.
④ (다)에 의해 사회과 교육과정을 구성할 경우, 학년에 따라 내용 수준을 달리하여 가르치게 되므로 개념에 대한 심층적인 이해와 추상적인 사고 발달에 도움이 된다.
⑤ (나)는 사회 현상을 종합적으로 이해하는 데 도움이 된다는 장점이 있으며, (다)는 학문의 구조와 방법을 이해하는 데 도움이 된다는 장점이 있다.

6. 표는 바, 바스와 셔미스(Barr, Barth & Shermis)가 구분한 사회과교육 전통의 일반적 특징을 단순화하여 비교한 것이다. '투표와 민주주의'를 주제로 수업을 할 때, (가)~(다) 전통에 부합하는 수업 사례로 가장 적절한 것을 <보기>에서 찾아 바르게 연결한 것은?

항목 \ 전통	(가)	(나)	(다)
기본 가치 전수 정도	약함	강함	약함
가치 분석 정도	약함	약함	강함
학습에서의 탐구 비중	높음	낮음	높음

<보 기>

> ㄱ. 민주주의 발전을 위한 투표의 중요성을 강조하고 참여를 독려한다.
> ㄴ. 투표율 제고를 위한 '의무 투표제' 도입에 대해 찬반 토론을 실시한다.
> ㄷ. 실증적 연구 방법에 따라 유권자 연령대와 투표율의 관계를 조사한다.
> ㄹ. 투표권이 없어 차별 받는 소수자 사례를 제시하고 그 문제점과 해결책을 탐색한다.

	(가)	(나)	(다)		(가)	(나)	(다)
①	ㄱ	ㄴ	ㄹ	②	ㄴ	ㄱ	ㄷ
③	ㄷ	ㄱ	ㄴ	④	ㄷ	ㄹ	ㄱ
⑤	ㄹ	ㄴ	ㄷ				

7. 다음은 가치교육을 위한 한 모형의 사례다. 이 모형에 대한 설명으로 옳은 것을 <보기>에서 고른 것은?

<상황 제기> 여름 방학을 맞아 사범대 학생인 갑은 임용 시험을 준비하기 위해 학습 계획을 세웠는데, 음식점을 운영하시는 부모님께서 몸이 편찮으니 도와달라고 하신다.

1단계: 학생 스스로 어느 것을 선택할 것인가를 자유롭게 생각한다.

2단계: 이러한 선택 상황에서 다양한 대안을 마련한다.

3단계: 각 대안들의 결과에 대해 심사숙고한 후에 선택한다. 즉 도와드리지 않고 임용 준비만 할 경우 또는 임용 준비를 포기하고 보모님의 음식점 운영을 도울 경우 등이 각각 어떤 결과를 초래할지 충분히 검토한 후에 선택을 한다.

4단계: 부모님의 음식점 운영을 돕기로 했다면, 그 선택을 소중하게 여기고 기쁘게 생각한다.

5단계: 부모님의 음식점 운영을 돕기로 한 것을 학과 친구들에게 공개적으로 발표한다.

6단계: 선택에 따라 부모님의 음식점 운영을 도와드린다.

7단계: 부모님 돕기를 반복적, 지속적으로 실천한다.

<보 기>

ㄱ. 학생들이 그 가치를 선택한 논리와 이유를 명백히 밝히는데 주안점을 두도록 한다.

ㄴ. 학생들이 선택한 가치의 원천을 조사하여, 가치의 원천에 대해 세운 가설을 증명할 수 있는 자료를 제시하도록 한다.

ㄷ. 학생들이 선택한 가치에 따라 일관성을 가지고 행동함으로써 자신의 선택과 행동이 삶의 한 유형이 되도록 한다.

ㄹ. 학생들의 가치 선택이 정당한지를 판단할 수 있는 기본적 가치 또는 보편적 원칙을 제시하지 못한다는 한계를 지닌다.

ㅁ. 학생들이 자신이 가지고 있는 가치가 무엇인지를 명백히 하고, 그것에 대해 긍지를 가짐으로써 효과적으로 가치관을 확립할 수 있다.

① ㄱ, ㄴ, ㄷ ② ㄱ, ㄴ, ㅁ
③ ㄱ, ㄷ, ㄹ ④ ㄴ, ㄹ, ㅁ
⑤ ㄷ, ㄹ, ㅁ

8. <A>의 ㉠~㉣ 중에서 <B>의 ㉮, ㉯에 해당하는 것을 찾아 바르게 연결한 것은?

<A>다문화 수업을 진행하는 교사의 유형

팽(V. Pang)은 다문화 수업을 진행하는 교사의 유형을 네가지로 분류하였다.

㉠ 동화를 강조하는 교사는 지시적 성향을 보이며 교사 중심적 행동을 나타낸다. 이러한 교사는 사회적 순응의 가치를 강조

하며 그 사회의 주류 문화를 중시한다.

㉡ 인간 관계를 강조하는 교사는 모든 학생들이 상호 간에 서로 존중하도록 가르친다. 여러 문화적 배경을 가진 학생들이 서로 교류하면서 편견을 극복하도록 노력한다.

㉢ 사회적 행동을 강조하는 교사는 학교에서의 교육적 평등을 중요하게 여기며 불공정한 교육 제도가 학생의 성공에 장애가 되는 요소라고 여긴다.

㉣ 배려 중심의 다문화 교사는 교육과정과 가르침은 보살핌의 태도로부터 비롯된다고 본다. 이러한 태도를 통해 학생들이 자신과 자신의 공동체에 관심을 갖고 사회 변화를 추구하며, 참여적이고 협동적이며 반성적으로 바뀔 수 있다고 본다.

<B>수업 사례

다문화 수업의 모습은 교사 유형에 따라 차이가 있다. 예를 들어, ㉮ 유형은 수업에서 서로 다른 인종이나 민족 간에 문화를 이해할 수 있도록 여러 가지 문화 체험 프로그램을 진행하여 학생들이 문화의 다양성을 인식하도록 한다. 이러한 수업에서는 다양한 문화가 소개되지만 현상을 유지하는 차원에 머무른다.

이에 비해 ㉯ 유형은 수업에서 비판적으로 사고하는 법을 가르쳐 학생들이 사회 정의에 관심을 갖고 불평등에 도전하게 한다. 이를 위해 시민의 권리 획득에 관한 역사, 논쟁적인 이슈나 역사적인 불평등 사례들을 선택하여 다문화적 인식을 높이려는 수업을 진행한다.

	(가)	(나)		(가)	(나)
①	㉠	㉡	②	㉡	㉢
③	㉡	㉣	④	㉢	㉠
⑤	㉣	㉢			

9. 다음은 교사가 작성한 시험 문항 초안이다. 이 문항의 완성도를 높이기 위해 제시할 수 있는 검토 의견으로 적절한 것만을 <보기>에서 있는 대로 고른 것은?

1. 그래프는 우리나라의 수출액과 수입액의 변화를 보여주는 것이다. 이에 대한 해석으로 옳은 것은?

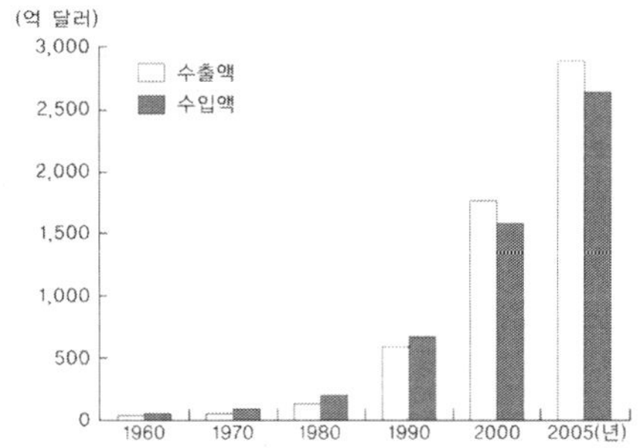

① 200년에 처음으로 수출업체들이 순이익을 남겼다.

② 2005년 수출액은 2000년보다 2배 넘게 증가하였다.

③ 2005년 수입액은 2000년보다 약 500억 달러 증가하였다.
④ 2000년 수출액과 수입액의 차이는 2005년 수출액과 수입액의 차이보다 크다.
⑤ 위 그래프는 수출액과 수입액이 서서히 증가했음을 보여준다.

<보 기>

ㄱ. 그래프 해석에 필요한 범례가 제시되어 있지 않다.
ㄴ. 답지의 내용이 아니라 길이로 인해 정답이 암시되고 있다.
ㄷ. 답지 내용에 주관적 판단이 포함되어 있어 정답 시비가 예상된다.
ㄹ. 그래프상의 정보만으로는 진위를 판단할 수 없는 답지가 포함되어 있다.

① ㄱ, ㄴ   ② ㄱ, ㄷ   ③ ㄷ, ㄹ
④ ㄱ, ㄴ, ㄹ ⑤ ㄴ, ㄷ, ㄹ

10. 다음은 교사가 제시한 수업의 설계이다. 이 수업에서 진행될 학생의 활동으로 적절하지 않은 것은? [1.5점]

(1) 한국 사회의 고령화 추세에 관한 흥미를 유발시키며 세계적 안목에서 이 현상을 파악하도록 한다.
(2) '국가의 경제 발전 정도와 고령화 정도'라는 주제를 주어 가설을 설정하게 한다.
(3) 총부양비, 유소년, 노년 및 노령화 지수 등의 개념을 탐색하는 과정을 갖게 한다.
(4) 각 국의 인구 분포 및 연령 집단별 분포, GDP, 1인당 GDP, 노령화 지수 등과 관련된 자료와 정보를 수집하게 한다.
(5) 국가별 경제 규모와 고령화 정도를 나타낸 자료를 비교하고 분석하여 가설을 검증하고 결론을 도출하게 한다.

① 자료 수집을 위해서는 통계적 자료를 수집한다.
② 탐구 절차를 통해 과학적이고 체계적인 사고 과정을 학습한다.
③ 개념을 탐색하는 과정에서 개념의 속성보다 상황을 중시한다.
④ 탐구를 수행하면서 분류하기, 추론하기, 자료 해석하기 등의 기능을 사용한다.
⑤ "국가의 경제 발전 수준이 높을수록 고령화 수준이 높을 것이다."와 같은 가설을 설정한다.

11. 다음은 교사의 교수·학습 과정을 나타낸 것이다. 교사가 패널의 수행 정도를 평가하고자 할 때, 각 단계의 특성을 고려한 평가 방법으로 적절한 것만을 <보기>에서 있는 대로 고른 것은?

단계	교수·학습 과정
도입	○ 고교 평준화 정책에 관하여 문제를 제기하며 간단한 토론을 통해 패널을 선발한다.
(가)	○ 선발된 패널은 고교 평준화 정책에 관한 자료를 조사한다.
(나)	○ 고교 평준화 정책의 찬성 측 패널과 반대 측 패널은 각각 1분씩 의견을 발표한다. ○ 청중은 고교 평준화 정책과 관련된 읽기 자료를 참고하며 토론을 지켜본다.
(다)	○ 찬반의 각 입장에서 고교 평준화 정책의 효용성이나 문제점에 대해 본격적인 토론을 진행한다.
(라)	○ 청중이 패널에게 질문하고 패널은 답변한다.
(마)	○ 교사는 토론 수업의 전체 흐름을 정리하고 평가한다. ○ 교사는 청중에게 패널에 대한 동료 평가를 실시하게 한다.

<보 기>

ㄱ. (가)에서 고교 평준화 정책에 관한 통계 자료, 반대 측에 대응할 자료 등을 준비한 정도를 고려하여 평가한다.
ㄴ. (나)에서 각 패널이 자신의 입장과 반대 측의 입장을 모두 균형 있게 소개하는 정도를 고려하여 평가한다.
ㄷ. (다)에서 자신의 입장을 지지하는 경험적, 논리적 근거를 제시하는 정도를 고려하여 평가한다.
ㄹ. (라)에서 패널이 청중으로부터 받는 질문의 횟수에 따라 신뢰도를 평가한다.
ㅁ. (마)에서 교사는 청중에게 의견 발표 수준, 자료 준비 정도, 패널 간의 협동 등의 항목을 담은 체크리스트를 이용하여 패널을 평가하게 한다.

① ㄱ, ㄷ   ② ㄱ, ㄹ   ③ ㄴ, ㅁ
④ ㄱ, ㄷ, ㅁ ⑤ ㄴ, ㄹ, ㅁ

12. 밑줄 친 '이 정치 이데올로기'에 대한 설명으로 옳은 것을 <보기>에서 고른 것은?

이 정치 이데올로기는 집단에 의한 통제보다는 개인의 자발성을 우선시하고 개인의 자유를 보편적 가치로 인식하며, 그것에 기초하여 사회 제도를 구현하고자 한다. 이는 인간 개개인은 각자 자기완성 능력을 갖추고 있다는 인간관, 원리적으로 개인의 자유와 모순되지 않는 정치 제도가 존재할 수 있다는 정치관, 개인의 자발성 보장이야말로 사회 발전의 조건이라는 사회관 등을 전제하고 있다.

<보 기>

ㄱ. 개인의 권리보다는 사회의 발전을 궁극적 기준으로 보는 규범적 입장을 가진다.
ㄴ. 자율성을 위해 민주주의가 존재하는 것이 아니라 민주주의를 위해 자율성이 존재한다는 관점을 가지고 있다.
ㄷ. 사회적 일체감의 관점에서 자아의 본질을 정의한다기보다 합리적 선택의 관점에서 자아의 본질을 정의한다.
ㄹ. 특정 사회의 공유 가치 기준에 기초하여 가치를 정당화한다기보다 모든 사회에 보편적 가치 기준이 존재한다는 믿음을 가지고 있다.

① ㄱ, ㄴ ② ㄱ, ㄹ ③ ㄴ, ㄷ ④ ㄴ, ㄹ ⑤ ㄷ, ㄹ

13. 다음 글에 나타난 A당의 후보 결정 방식에 대하여 옳게 설명한 것만을 <보기>에서 있는 대로 고른 것은?

A당은 제20대 국회의원 선거에서 공천 심사 위원회를 구성해 후보자의 도덕성, 당 기여도, 당선 가능성, 정책 수립 능력과 추진 능력을 기준으로 후보를 공천하였으나, 당 내외에서 이 공천 방식에 관해 많은 문제점을 제기하였다. 따라서 제21대 국회의원 선거에서는 무작위로 선정한 일반 유권자 10,000명이 각 공천 신청자에게 투표한 결과와 일반 여론조사 결과를 합산하여 후보를 결정하였다.

<보 기>

ㄱ. 제20대 총선 공천 방식은 제21대 총선 공천 방식에 비해 비용이 적게 소요된다.
ㄴ. 제20대 총선은 제21대 총선에 비해 후보 공천에서 당 지도부의 영향력이 강하게 작용한다.
ㄷ. 제20대 총선은 상향식 공천 방식을 사용했고, 제21대 총선은 혼합식 공천 방식을 채택했다.
ㄹ. 제21대 총선 공천 방식은 제20대 총선 공천 방식에 비해 더 민주적이며, 당의 정체성에 더 부합하는 후보를 공천 할 수 있다.

① ㄱ, ㄴ   ② ㄱ, ㄷ   ③ ㄴ, ㄹ
④ ㄱ, ㄷ, ㄹ   ⑤ ㄴ, ㄷ, ㄹ

14. ㈎~㈐의 민주주의 유형에 가장 적합한 사례를 <보기>에서 찾아 바르게 연결한 것은?

㈎ 자유와 자기 계발에 대한 평등한 권리는 시민들이 자신들의 정치적 효능감을 제고하며 집단적 문제와 통치 과정에 지속적 관심을 가지고 정치적 의사 결정에 직접 참여하는 사회에서만 보장될 수 있다.
㈏ 다수결 원리는 자의적 정부로부터 개인을 보호하고 자유를 유지하는 효과적이고 바람직한 방법이지만, 개인의 자유와 권리를 보장하기 위해서는 다수의 지배가 공적 규정에 의해 제한되어야 한다.
㈐ 정치적 결사의 조건은 시민들의 자유롭고 합리적인 합의에서 유래하며, 정치적 결정에 대해 '서로 정당하다고 인정할 수 있는 가능성'이 집단적 문제의 해결책을 모색하는 정당한 기반이 된다.

<보 기>

ㄱ. 자신의 농지가 그린벨트에 포함된 농민이 1인 시위를 통해 그린벨트 재조정을 이끌어 냈다.
ㄴ. 권력 구조 개편을 골자로 한 헌법 개정안이 국회 본회의에서 정족수 미달로 부결되었다.
ㄷ. 방폐장 선정을 위해 개설된 온라인 토론장에서 해당 지역 주민들 간에 치열한 논쟁이 전개되었다.

(가) (나) (다)　　(가) (나) (다)
① ㄱ ㄴ ㄷ   ② ㄱ ㄷ ㄴ
③ ㄴ ㄱ ㄷ   ④ ㄴ ㄷ ㄱ
⑤ ㄷ ㄴ ㄱ

15. 그래프는 갑국과 을국에서 실시된 의회 선거 결과이다. 이에 대한 분석으로 옳은 것만을 <보기>에서 있는 대로 고른 것은? [2.5점]

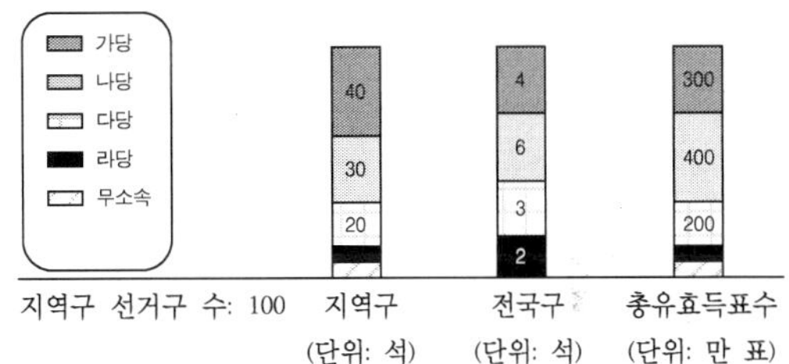

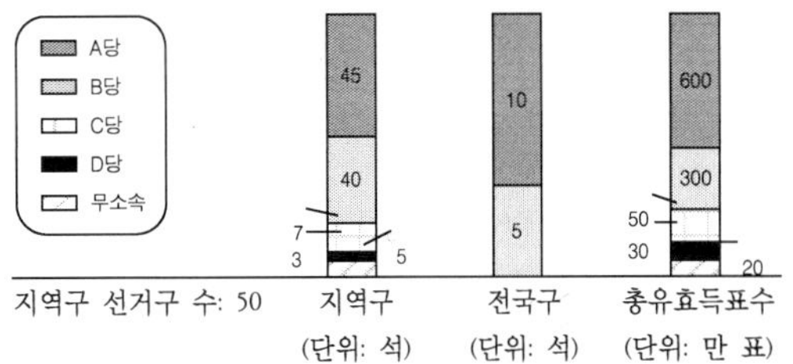

<보 기>

ㄱ. 갑국과 을국의 지역구 선거구제와 총선거구 수는 상이하다.
ㄴ. 갑국의 가당이 을국의 A당에 비해 의회에서 과소대표되어 있다.
ㄷ. 정당별 총유효득표 순위 대비 정당별 지역구 총의석 순위는 갑국이 을국에 비해 왜곡되어 있다.
ㄹ. 의석 점유율에 의하면 갑국보다 을국이 양당제에 가까우며, 양국의 총유효득표율에 따른 전국구 의석 최소 배분 조건은 상이하다.

① ㄱ, ㄴ   ② ㄱ, ㄷ   ③ ㄴ, ㄹ
④ ㄱ, ㄷ, ㄹ   ⑤ ㄴ, ㄷ, ㄹ

16. 다음 A~D시기의 세계 대전의 부재 현상과 ㈎~㈐의 국제 정치 시각을 연관시킨 내용으로 가장 적절한 것은? [2.5점]

<제2차 세계 대전 후 국제 질서의 변화>

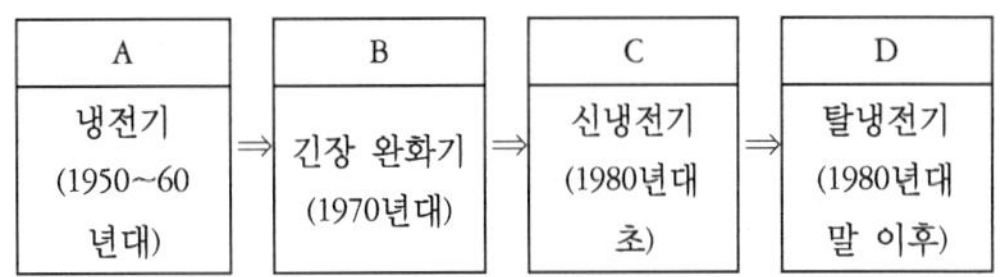

A	B	C	D
냉전기 (1950~60년대)	⇒ 긴장 완화기 (1970년대)	신냉전기 (1980년대 초)	탈냉전기 (1980년대 말 이후)

㉮ 국제 사회에서 국제 제도의 역할이 중요하며 국제 제도가 국제 협력의 어려움을 상당 부분 해결해 줄 수 있다. 사찰·검증·군축 레짐 등 안보 레짐을 통해 평화는 관리·유지될 수 있다.

㉯ 각국은 그 자신의 국력을 극대화시키고 상대국을 견제함으로써 힘의 균형을 이루고자 하며, 어느 국가의 패권적 지위도 허용하지 않으려 한다. 이러한 균형 상태가 평화를 가져온다.

㉰ 패권국이 그 체제의 규범을 설정하고 관리하기 때문에 국제 질서의 안정은 그 질서를 보존할 능력과 의사를 가진 패권국에 의해서 성취·유지될 수 있다.

㉱ 주목해야 할 행위자의 수를 증가시킴으로써 다극 체제가 양극 체제보다 개별 행위자의 섣부른 판단을 방지하여 강대국 간 전쟁 발발 가능성을 줄인다.

㉲ 양극 체제가 다극 체제보다 적국의 의도와 행위에 대한 오판을 감소시킴으로써 불확실성을 축소하여 초강대국간 전쟁 발발 가능성을 줄인다.

① ㉮는 D보다 A를 잘 설명할 수 있다.
② ㉯는 A와 C에 비해 B와 D를 잘 설명할 수 있다.
③ ㉰는 A에서 D로 갈수록 그 설명력이 증가한다.
④ ㉱는 B보다 D를 잘 설명할 수 있다.
⑤ ㉲는 A보다 B와 C를 잘 설명할 수 있다.

17. 다음 글에 대해 옳게 설명한 것만을 <보기>에서 있는 대로 고른 것은? [1.5점]

인권 또는 인간의 권리는 인간이 인간으로서 당연히 누리는 권리를 말한다. 우리는 인권을 기본적 인권 혹은 기본권이라고도 한다. 하지만 엄밀한 의미에서 인권과 기본권은 동일한 개념이 아니다. 인권은 인권 사상을 바탕으로 하여 인간이 인간이기 때문에 당연히 누리는 인간의 생래적·천부적 권리를 의미하지만, 기본권은 헌법이 보장하는 국민의 기본적 권리를 의미하기 때문이다.

<보 기>

ㄱ. 기본권은 인간의 기본적 권리로서 국가의 존립 근거이므로 초국가적 권리이다.
ㄴ. 기본권은 국가를 전제로 하는 권리이므로 원칙적으로 헌법이 인정하는 국민의 권리이다.
ㄷ. 인권은 가치 또는 이익의 객관적인 보장 형태인 법을 통해 구현되며, 헌법에 명시되어야만 효력을 가진다.
ㄹ. 인권은 특정의 약속이나 계약 또는 특정한 사회적 지위 등과 같은 특정 관계나 거래에 의해 주어지는 것이 아니다.

① ㄱ, ㄴ　　② ㄱ, ㄷ　　③ ㄴ, ㄹ
④ ㄱ, ㄷ, ㄹ　⑤ ㄴ, ㄷ, ㄹ

18. 우리나라 지방 선거에 도입된 다음 제도에 대한 반대 근거로 타당한 것을 <보기>에서 고른 것은?

인권 또는 인간의 권리는 인간이 인간으로서 당연히 누리는 권리를 말한다. 우리는 인권을 기본적 인권 혹은 기본권이라고도 한다. 하지만 엄밀한 의미에서 인권과 기본권은 동일한 개념이 아니다. 인권은 인권 사상을 바탕으로 하여 인간이 인간이기 때문에 당연히 누리는 인간의 생래적·천부적 권리를 의미하지만, 기본권은 헌법이 보장하는 국민의 기본적 권리를 의미하기 때문이다.

<보 기>

ㄱ. 지방 정부의 정책 집행에 대한 정치적 책임 소재가 불분명해진다.
ㄴ. 지방 의원에 대한 소속 정당 지역구 국회의원의 영향력이 지나치게 크게 작용한다.
ㄷ. 지방 자치 단체장 후보가 난립해 지방 자치 단체장이 소수 대표가 될 가능성이 커진다.
ㄹ. 지방 자치 단체장 소속 정당과 지방 의회 다수당이 다를 때 자치 단체 운영이 경색될 수 있다.

① ㄱ, ㄴ　②ㄱ, ㄷ　③ ㄴ, ㄷ　④ ㄴ, ㄹ　⑤ ㄷ, ㄹ

19. ㉮~㉰ 시장에 대한 옳은 추론을 <보기>에서 고른 것은? [1.5점]

㉮ 쌀을 재배할 수 있는 면적은 한정되어 있고, 쌀을 생산하는 데는 오랜 시간이 걸린다. 그리고 쌀밥은 소비자들의 주식으로 가격의 변화에 대한 수요량 변화가 매우 적다.

㉯ 해외 관광 여행은 국내 여행에 비해 가격 부담이 크다. 그래서 해외 관광 여행 비용이 조금이라도 상승하면 해외 관광 여행을 포기하는 경우가 많아 환율 변동이 서비스 수지의 개선 요인이 되기도 한다.

㉰ 담배는 중독성이 있어서 쉽게 끊기 어렵다. 그런데 최근 시장 개방이 확대되면서 각국의 다양한 담배가 시장에서 판매되고 있어 애연가들은 자신이 좋아하는 담배를 어디서나 쉽게 살 수 있게 되었다.

<보 기>

ㄱ. ㉮ 시장에서 기술 진보로 쌀의 공급이 증가할 경우 쌀농가의 판매 수입은 감소할 것이다.
ㄴ. ㉯ 시장에서 여행사들이 해외 관광 여행 공급을 줄인다면 판매 수입은 증가할 것이다.
ㄷ. ㉰ 시장에 정부가 물품세를 부과하면 판매자보다 소비자의 세금 부담 비중이 높아질 것이다.
ㄹ. ㉯ 시장에 비해 ㉰ 시장이 불황에 의해 영향을 받기 쉽다.

① ㄱ, ㄴ　② ㄱ, ㄷ　③ ㄴ, ㄷ　④ ㄴ, ㄹ　⑤ ㄷ, ㄹ

20. 표는 상품 '가'와'나'에 대한 갑의 한 무차별 곡선과 상품 '다'와 '라'에 대한 을의 한 무차별 곡선 위에 있는 일부 상품 묶음을 나타 낸 것이다. 이에 대한 분석으로 옳지 <u>않은</u> 것은?

<갑>
(단위: 개)

상품 묶음	상품 '가'	상품 '나'
A	2	14
B	3	8
C	6	4
D	7	3

<을>
(단위: 개)

상품 묶음	상품 '다'	상품 '라'
a	3	0
b	2	1
c	1	2
d	0	3

① 갑이 상품 '가'와 '나'를 각각 3개, 9개 소비한다면 효용은 A 에 서보다 증가한다.
② 갑에게 B와 C의 상품 묶음이 주는 효용은 동일하다.
③ 갑은 상품 '가' 한 단위를 포기하는 대가로 D에서보다 B에서 상 품 '나'를 더 많이 요구할 것이다.
④ 을에게 상품 '다'와 '라'는 완전 대체재이다.
⑤ 을의 예산선과 무차별 곡선이 일치할 경우 그의 최적 선택점은 1개이다.

21. 다음은 어느 회사가 생산하는 DVD상품의 시장 특성이다. 이 시 장에 대한 분석으로 적절하지 <u>않은</u> 것은 [2.5점]

○ 시장에 따른 경쟁 기업은 없다.
○ 수요 함수는 P = 200-0.1Q이다. (P: 가격, Q: 거래량)
○ 생산 비용 전부가 초기 생산 단계에 한 번만 투입된다.
○ 생산량이 1천 장일 때 평균 생산 비용은 80원이다.

① 1천 장을 판매할 때 최대 이윤을 얻을 수 있다.
② 이윤 극대화 상태에서 기업의 총이윤은 2만원이다.
③ 순사회편익이 가장 극대화되는 생산량은 1천 장이다.
④ DVD 1장 가격이 150원일 때 500장의 수요가 예상된다.
⑤ 평균 생산 비용은 생산량 확대에 따라 지속적으로 감소한다.

22. 다음 글의 밑줄 친 ㉠~㉢ 현상에 대한 설명으로 옳은 것을 <보기>에서 고른 것은?

케이지언(Keynesian)의 통화정책의 전달 경로에 의하면, 정부가 ㉠ <u>확대 통화정책을 실시해도 이자율이 더 이상 낮아지지 않게 되면</u> 더 이상의 통화 팽창은 효력을 잃게 된다. 아울러 경제에 대 한 전망이 나빠지면 ㉡ <u>투자지출은 이자율의 하락에도 거의 반응하지 않게 된다.</u> ㉢ <u>경기 침체는 그 자체로 재정 수지의 악화를 가져온다.</u> 그렇다고 건전 재정을 추구하게 되면 재정정책은 경기 순응적이 되어 경기 안정화 기능을 상실하게 된다.

<보 기>

ㄱ. ㉠은 자산으로서의 화폐에 대한 수요가 사라지기 때문이다.
ㄴ. ㉠은 화폐 수요의 이자율 탄력성이 매우 크기 때문이다.
ㄷ. ㉡은 투자지출이 이자율에 대해 탄력적이기 때문이다.
ㄹ. ㉢은 재정의 자동안정장치가 작동하기 때문이다.

① ㄱ, ㄴ ② ㄱ, ㄷ ③ ㄴ, ㄷ ④ ㄴ, ㄹ ⑤ ㄷ, ㄹ

23. 다음은 A국과 B국의 옥수수 교역에 대한 설명이다. 이에 대한 분석으로 옳은 것만을 <보기>에서 있는 대로 고른 것은? [2.5점]

A국과 B국 두 나라로 구성된 국제 경제에서 각 나라의 옥수수에 대한 수요 곡선과 공급 곡선이 아래와 같다. 옥수수의 국제 균형 가격은 옥수수의 수출량과 수입량이 일치하는 수준에서 형성된 다. 단, 옥수수의 가격 P는 양국에서 동일한 통화로 표현되고 있 으며, 무역에 따르는 어떤 비용과 규제도 없다.

A국
수요 곡선 Q_{AD}=100-2P
공급 곡선 Q_{AS}=20+2P

B국
수요 곡선 Q_{BD}=80-4P
공급 곡선 Q_{BS}=40+4P

<보 기>

ㄱ. 균형 교역량은 30이다.
ㄴ. A국이 수출하고 B국이 수입하게 된다.
ㄷ. 교역 시에 A국은 소비자 잉여가, B국은 생산자 잉여가 증가 한다.

① ㄱ ② ㄴ ③ ㄷ ④ ㄱ, ㄴ ⑤ ㄴ, ㄷ

24. 다음은 어느 나라 ○○○○년 국민경제 상황을 기록한 것이다. 이에 대한 옳은 분석을 <보기>에서 고른 것은?

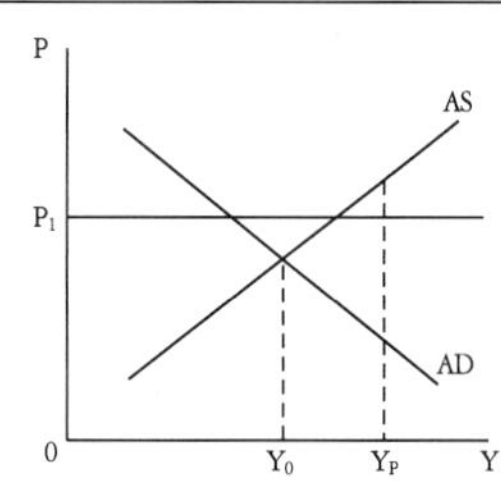

○○○○년에 국민경제는 물가가 P_1인 수준에서 경제 활동이 이 루어졌다. 단, 국민경제는 가계와 기업의 민간 부문으로만 구성 되어 있으며, 생산 활동에 따르는 감가상각은 발생하지 않는다고 가정한다. (그래프에서 Y는 국민소득 수준, P는 물가 수준, AD는 단기 총수요 곡선, AS는 단기 총공급 곡선, Y_P는 잠재 국민소득 수준을 나타낸다.)

<보 기>

> ㄱ. 인플레이션 갭이 존재하였다.
> ㄴ. 실현된 투자지출이 계획된 투자지출보다 컸다.
> ㄷ. 장기적으로 경제는 Y_0를 향해 움직여 갈 것이다.
> ㄹ. 불균형 상태이며 국민소득 삼면 등가의 법칙이 성립하였다.

① ㄱ, ㄴ ② ㄱ, ㄷ ③ ㄴ, ㄷ ④ ㄴ, ㄹ ⑤ ㄷ, ㄹ

25. 표는 우리나라 소비자 물가지수에 관한 것이다. 이에 대한 분석 및 추론으로 옳은 것을 <보기>에서 고른 것은? [1.5점]

(기준 연도 2005년 물가지수 = 100)

품목	가중치	물가지수	
		2008년	2009년
식료품·비주류 음료	140.4	18.2	116.3
주류·담배	14.6	100.8	101.9
의복·신발	58.4	108.1	113.6
주고 및 수도·광열	170.4	109.7	110.9
⋮	⋮	⋮	⋮
합계	1000.0		
가중 평균 물가지수		109.7	112.8

－통계청, 『물가연보』－

<보 기>

> ㄱ. 2009년의 소비자 물가는 2008년 대비 12.8% 상승했다.
> ㄴ. 모든 품목의 기준 연도 물가지수는 100으로 동일하다.
> ㄷ. 각 연도의 소비자 물가지수를 산정할 때 그 연도의 품목별 가중치를 적용한다.
> ㄹ. 물가 변화시 소비자의 구매 적응 행동이 반영되지 않아 생계비 변화가 과대평가되는 경향이 있다.

① ㄱ, ㄴ ② ㄱ, ㄷ ③ ㄴ, ㄷ ④ ㄴ, ㄹ ⑤ ㄷ, ㄹ

26. 표에 기초한 각국 환율에 대한 분석 및 추론으로 옳은 것은?

(물가와 환율은 연중 일정하다고 가정함.)

나라	빅맥 햄버거 가격 (각국 통화)		대미 환율 (각국 통화/달러)	
	2008년	2009년	2008년	2009년
미국	3	4	-	-
갑국	300	400	150	200
을국	60	80	20	10
병국	6.6	4.4	2.0	1.1

* 빅맥 지수: 미 달러화로 환산된 빅맥 햄버거 가격

① 빅맥 지수에 따르면 2008년 갑국의 통화는 저평가되어 있다.
② 2008년 대비 2009년에 갑국의 수출 가격 경쟁력이 약화되었다.
③ 명목 환율이 구매력 평가설에 가장 근접한 나라와 시기는 갑국

2008년이다.

④ 2008년 대비 2009년에 미국인들의 을국과 병국으로의 여행이 증가했을 것이다.

⑤ 빅맥으로 구매력 평가가 성립한다면 2008년 병국의 구매력 평가 환율은 달러 당 3.3이 되어야 한다.

27. (가)와 (나)에 부합하는 연구 방법에 대한 설명으로 가장 적절한 것은?

> (가) 샤르트르 대성당은 돌과 유리로 지어졌다. 그러나 그것은 단순한 돌과 유리 덩어리가 아니다. 그것이 무엇이고 어떤 의미를 지니는가를 이해하기 위해서는 돌과 유리의 일반적 속성 이상의 것, 모든 건물에 공통된 것 이상의 것을 알 필요가 있다. 곧 특정한 시기에 특정한 사회 구성원들이 그 성당에 부여한 의미를 알아야 한다. 그것은 사회에 대해서도 마찬가지다. 사회 역시 특정한 맥락에서 상호작용하는 인간 행위의 결과다. 따라서 사회 현상이란 동기와 의미, 맥락을 고려해서 연구해야만 한다.
>
> (나) 자연 과학의 대상이 사회 과학의 대상보다 더 규칙적이다. 하지만 사회 현상에도 고도의 규칙성이 있다. 예를 들어 사람들이 아이를 낳는 이유는 매우 다양하지만, 한 사회의 출산율은 매년 큰 변동 없이 안정적이다. 개인의 태도가 아니라 사회가 출산율을 결정하기 때문이다. 따라서 출산율을 결정하는 용인은 사회에 대한 객관적 연구를 통해 확인할 수 있다.

① (가)는 마르크스주의와 밀접한 관련이 있다.
② (가)는 객관적인 사회적 실재가 존재하지 않는다고 전제한다.
③ (가)는 사회 현상에서 보편적 법칙을 찾아내는 것이 불가능하거나 불필요하다고 본다.
④ (나)는 뒤르켐보다 베버로부터 영향을 많이 받았다.
⑤ (나)는 인간의 정신적 세계를 객관적으로 연구할 수 없다고 본다.

28. 다음은 한 고전 사회학자에 관한 글이다. 이 고전 사회학자의 입장에 부합하는 것만을 <보기>에서 있는 대로 고른 것은? [2.5점]

> 그가 사용하는 사회학적 방법은 사회 현상이 사물로서, 즉 개인에 외재하는 실체로서 연구되어야 한다는 기본 원리에 근거하고 있다. …(중략)… 그는 사회 분업이 심화됨에 따라 사회를 결합하는 방식이 기계적 연대에서 유기적 연대로 변화하면서 현대 사회의 여러 문제가 발생한다고 보았다. 즉 사회의 규제 정도와 통합 정도가 각각 약해지면서 높은 자살률과 같은 사회 병리 현상이 나타난다는 것이다. 사회 병리를 치유하기 위해 그는 유기적 연대에 적합한 집합 의식의 필요성을 인식했다. 그리고 이러한 집합 의식의 사회적 기원과 기능을 확인하기 위해 원시적 종교를 연구했다.

<보 기>

ㄱ. 사회 현상의 원인은 사회적 사실에서 찾아야 한다.
ㄴ. 동질성을 강조하는 집합주의가 유기적 연대의 기초다.
ㄷ. 개인의 의식은 사회 현상에서 종속 변수의 위치를 차지한다.
ㄹ. 공연장에서 인기 연예인에 대한 열광은 일종의 집합 의식이다.

① ㄱ, ㄷ   ② ㄴ, ㄷ   ③ ㄴ, ㄹ
④ ㄱ, ㄴ, ㄹ   ⑤ ㄱ, ㄷ, ㄹ

29. 밑줄 친 '이 이론'에 대한 설명으로 옳지 <u>않은</u> 것은?

고전적 사회 운동 이론은 집합 행동 상황에서 발생하는 집합적 흥분의 전염 혹은 체계 긴장에서 초래된 상대적 발탈감에 의해 사회 운동의 발생을 설명한다. 이처럼 사회 운동의 비합리성과 심리적 불안감을 강조하는 입장과는 달리, <u>이 이론</u>은 사회 운동을 억압적인 기존 질서에 대한 합목적적 도전으로 이해하고 있다. 이 이론에 의하면 사회 운동을 원하는 사람에 의해 사회 운동이 자연 발생적으로 생기는 것은 아니다. 사회 운동은 의도적으로 조직하고 동원해야만 가능하다. 이 이론은 사회 운동의 발생 요인으로서 사회 운동에 필요한 자원을 강조한다.

① 갈등론적 관점에서 비롯된 사회 운동 이론이다.
② 사회 운동의 성공 요인으로 참여자의 정체성과 가치 지향을 중시한다.
③ 사회 운동을 사회 병리 현상이라기보다 사회 집단의 이익 추구 현상이라고 본다.
④ 사회 운동 단체는 여타 조직과 마찬가지로 재원 마련, 홍보, 사업 확장을 모색한다고 주장한다.
⑤ 사회적 긴장과 불만이 존재한다는 사실에 의해서만 사회 운동이 발생하는 것은 아니라고 본다.

30. ㈎, ㈏에 대한 추론으로 옳지 <u>않은</u> 것은?

㈎ 사람들은 자기들에게 익숙한 것을 기준으로 다른 사람 또는 다른 민족이나 사회의 문화를 평가하는 경향이 있다. 모건(L. Morgan)의 경우 서구의 일부일처제, 유일신, 발달된 사회 조직이라는 기준에 따라 야만, 미개, 문명을 구분하였다. 그는 진정한 '문화'는 서구에만 존재한다고 믿었다. 이런 맥락에서 아직까지도 ㉠ <u>일부 서구인들은 자신들이 혐오하는 음식을 먹는 아시아인들이나 아프리카인들을 비정상적이고 야만적이라고 비난하기도 한다.</u> 이렇게 자기에게 익숙한 것을 기준으로 세상을 보면 다른 민족의 문화를 무시하거나 혐오하게 된다. 그리고 이러한 무시나 혐오는 외국인에 대한 폭력, 인종 청소, 침략 등으로 나타나기도 한다.
㈏ 문화를 평가할 때는 그 사회가 처한 역사적, 사회적 맥락을 고려해야 하지만, 동시에 보다 객관적 입장에서 그 장단점을 볼 수 있어야 한다. 그렇게 하지 않으면, 문화상대주의적 입장이라도 여러 가지 문제를 낳을 수 있다. 예컨대, ○○○는 서양과 다른 자기 문화의 독자성을 강조했다. 그에 따르면 민주주의나 인권 같은 서구의 가치는 문화가 전혀 다른 자기 민족에 맞지 않다는 것이다.

㉡ ○○○는 보편적 기준에서 자기 문화에 대해 비판적으로 성찰하기를 거부하고, 권위주의적 체제를 수립하여 인권과 정치적 자유를 침해했다. 그러나 그의 주장과는 달리 인권은 서구만의 가치가 아니라 인류 공통의 가치다.

① ㈎는 문화에 대해 상대주의적 태도가 필요하다는 것을 보여준다.
② ㈎의 ㉠은 문화를 총체적 생활 양식으로 보기 때문에 발생한다.
③ ㈏는 문화상대주의가 보편적 가치와 결합되어야 한다는 것을 보여준다.
④ ㈏의 ㉡은 극단적 문화상대주의가 자민족중심주의에 빠질 수 있다는 것을 보여준다.
⑤ ㈏에 따르면 ㈎의 ㉠은 인권 운동가들이 아프리카의 여성 할례 문화에 대해 비정상적이고 야만적이라고 비난하는 것과 구별해야 한다.

31. 사회 불평등에 관한 기본 개념인 ㈎와 ㈏에 대한 설명으로 옳은 것은? [2.5점]

㈎ 생산 수단의 소유 여부에 따라 구분되는 사회 집단
㈏ 권력·부·명예를 둘러싼 경쟁의 결과 생겨난 불평등한 사회 집단

① ㈎의 구분 기준에 소득 수준은 포함되지 않는다.
② ㈎의 이론에 따르면 토지 소유자는 현대 사회에서 지배 집단의 중심이다.
③ ㈎에 비해 ㈏의 구분 기준이 객관적이다.
④ ㈎는 갈등론적 개념이며, ㈏는 기능론적 개념이다.
⑤ ㈎의 이론보다 ㈏의 이론은 집단 소속감의 중요성을 강조한다.

32. 다음은 어느 연구 계획서를 요약한 것이다. 이에 대한 설명으로 옳은 것만을 <보기>에서 있는 대로 고른 것은? [1.5점]

㈎ 연구 주제: 사회 경제적 지위가 출산 장려 정책에 대한 태도에 미치는 영향
㈏ 조사 대상: 20세 이상의 전국 성인 남녀
㈐ 조사 방법: 구조화된 질문지를 이용, 비확률 표본 추출, 1,000명에 대하여 설문 조사 실시
㈑ 가설: 사회 경제적 지위가 높을수록 출산 장려 정책을 지지하는 비율이 높을 것이다.
㈒ 변수 측정: '사회 경제적 지위'는 ㈒의 설문 ⑴, '출산 장려 정책 지지 여부'는 설문 ⑵로써 측정 한다.
㈓ 설문 문항
설문 ⑴ 우리나라 사람을 아래와 같이 4개의 계층으로 나눈다면 귀하는 어디에 속한다고 생각하십니까?
_____1) 상층   _____2) 중의 상층
_____3) 중의 하층   _____4) 하층
설문 ⑵ 귀하는 출산 장려 정책을 지지하십니까?
_____1) 예   _____2) 아니오

<보 기>

ㄱ. 종속 변수는 명목 척도로 측정된다.
ㄴ. 조사 결과는 20세 이상의 전국 성인 남녀에 대하여 일반화
    할 수 있다.
ㄷ. ㈐의 '사회 경제적 지위'는 독립 변수이며, 설문 (1)에서 서열
    척도로 측정된다.
ㄹ. 설문 (1)은 ㈐의 '사회 경제적 지위'에 대한 조작적 정의로부
    터 도출된다.

① ㄱ, ㄴ   ② ㄱ, ㄷ   ③ ㄴ, ㄹ
④ ㄱ, ㄷ, ㄹ   ⑤ ㄴ, ㄷ, ㄹ

33. 다음은 사회 발전론의 한 시각이다. 이에 부합하는 진술을 <보기>에서 고른 것은? [1.5점]

모든 사회는 애초에는 전통 사회에 머물러 있었으나, 이 중 일부
는 전통 상태에서 벗어나 근대 사회로 이행하였다. 경제적인 면
에서 이러한 이행 과정은 전통 사회, 도약을 위한 선조건, 도약,
성숙, 고도의 대량 소비의 5단계로 나뉜다. 사회학적인면에서 귀
속성에서 업적성으로, 특수주의에서 보편주의로, 집합 지향에서
개인 지향 등으로 이행하는 것을 가리킨다.

<보 기>

ㄱ. 선진국의 근대화는 후진국의 저발전에 의존한다고 본다.
ㄴ. 모든 국가가 유사한 근대화 경로를 거친다고 가정하는 경향
    이 있다.
ㄷ. 근대화는 초국적 수준에서 통합된 세계 체계가 등장함으로써
    가능해졌다고 본다.
ㄹ. 교육을 통하여 전통적 가치관에서 벗어나는 것이 사회를 근
    대화시키는 요인이라고 본다.

① ㄱ, ㄴ ② ㄱ, ㄷ ③ ㄴ, ㄷ ④ ㄴ, ㄹ ⑤ ㄷ, ㄹ

34. 다음 ㈎~㈐의 문화 현상에 대한 설명으로 옳은 것을 보기에서
고른 것은? [1.5점]

㈎ 과거에는 가족이 겨울동안 먹을 김치를 한꺼번에 많이 담가
   항아리에 보관하여 먹었으나, 최근 대부분의 가정에는 김치
   냉장고가 있어서 계절에 상관없이 필요한 만큼 수시로 김치
   를 담가 먹고 있다.
㈏ 칠성각은 우리나라 사찰에서만 볼 수 있는 전각이다. 원래 칠
   성 신앙은 민간에 널리 퍼져있던 무속 신앙이며, 칠성각은 칠
   성신을 모시는 전각이었다. 그런데 불교가 정착하는 과정에서
   칠성각이 사찰의 일부가 되었다.
㈐ 남미 아마존강 유역의 자파테크(Japatek)족은 나체로 살았다.
   1940년대 이곳에 처음 도착한 가톨릭 신부들은 자파테크 족
   의 생활 양식을 무시하고 서구식 옷을 입혔다. 하지만 이 옷
   때문에 자파테크 족은 피부병에 걸리고, 몸에 장식한 사회적
   계층의 표시가 보이지 않게 되었다.

<보 기>

ㄱ. ㈎의 김치 냉장고는 1차적 발명에 의한 문화의 내재적 변동
    에 해당된다.
ㄴ. ㈏의 칠성 신앙은 자극 전파가 일어난 예이다.
ㄷ. ㈏에서 사찰의 칠성각은 문화 융합에 해당된다.
ㄹ. ㈐의 자파테크 족 사회에서 강제적 문화 접변이 나타났다.

① ㄱ, ㄴ ② ㄱ, ㄷ ③ ㄴ, ㄷ ④ ㄴ, ㄹ ⑤ ㄷ, ㄹ

35. 다음 사례에 관한 법적 판단으로 옳은 것은?

금치산자인 갑은 법정대리인의 동의가 없었음에도 불구하고, 동
의서를 위조하여 이를 신뢰하는 을에게 자신이 소유하고 있던 X
부동산을 2억 원에 매도하였다.
을은 갑으로부터 X부동산의 소유권 이전등기를 받은 후 병에게
X부동산을 3억 원에 매도하고, 병 명의로 소유권 이전등기를 하
였다.

① 갑이 금치산자이므로 갑과 을 사이의 매매계약은 무효이다.
② 등기의 공신력으로 인하여 병은 X부동산의 소유권을 취득한다.
③ 갑은 동의서를 위조하였으므로 을과 체결한 매매계약을 취소할
   수 없다.
④ 갑이 을과 체결한 매매계약을 취소하더라도 이러한 취소의 효력
   은 병에게 미치지 않는다.
⑤ 갑은 을과 체결한 매매계약을 취소하고 이를 병에게 주장하여 X
   부동산의 소유권을 회복할 수 있다.

36. 다음 ㈎,㈏의 법리가 적용될 수 있는 경우를 <보기>에서 바르
게 연결한 것은?

㈎ 보조행위가 유효하여야 독립행위는 유효하게 된다.
㈏ 종된 법률행위는 주된 법률행위와 그 법률상 운명을 같이 한다.

<보 기>

ㄱ. 혼인이 무효이면 부부재산계약도 유효하지 않게 된다.
ㄴ. 매매계약이 무효이면 계약금계약도 유효하지 않게 된다.
ㄷ. 금전소비대차계약이 무효이면 이를 담보하는 저당권 설정계
    약도 유효하지 않게 된다.
ㄹ. 허가가 무효이면 이러한 허가를 요건으로 하여 행한 법률행
    위도 유효하지 않게 된다.
ㅁ. 법정대리인의 동의가 무효이면 이러한 동의에 기초하여 한
    행위무능력자의 법률행위도 유효하지 않게 된다.

　　(가) (나)　　　(가) (나)
① 　ㄱ　ㄴ　② 　ㄴ　ㄹ
③ 　ㄷ　ㄱ　④ 　ㄹ　ㅁ
⑤ 　ㅁ　ㄷ

37. 다음 사례에 관한 법적 판단으로 옳지 <u>않은</u> 것은?

갑(행위능력자)은 전기 다리미(A회사 제조)를 판매업자인 을로부터 전화로 권유받고 구입하였다. 계약 당시에 갑은 대금을 20% 할인받으면서 어떠한 일이 있어도 계약을 철회하지 않기로 합의하였다. 갑은 을로부터 전기 다리미를 구입한 후 1주일 사용하였는데 전기 다리미의 이상 과열로 인하여 화상을 입었다. 전기 다리미의 보증서에는 "전기 다리미의 사용상 발생하는 손해에 대하여 제조사는 일체의 책임을 지지 않는다."고 기재되어 있다.

① 을은 갑에 대하여 전기 다리미에 대한 하자담보책임을 진다.
② A회사는 갑에 대하여 전기 다리미에 대한 하자담보책임을 지지 않는다.
③ 계약 후 14일 이내이면 갑은 전기 다리미 구입계약을 취소할 수 있다.
④ 갑과 을 사이의 전기 다리미 매매계약에는 '방문판매 등에 관한 법률'이 적용된다.
⑤ A회사는 과실이 없더라도 '제조물책임법'에 따라 갑의 화상에 대한 손해배상책임을 진다.

38. 다음 사례에 대한 설명으로 옳은 것을 <보기>에서 고른 것은? [2.5점]

○ A사 모바일 콘텐츠 팀장인 갑은 B사가 운영하는 이동 전화망 내 이동 통신 서비스에 음란한 영상을 배포한 행위로 기소되었다. 갑은 형사재판에 적용되는 법률의 조항이 헌법에 위반된다면서 법원에 위헌법률제청신청을 하였으나 기각되어 헌법소원을 청구하고자 한다.

○ 을은 우안의 시력이 상실되었으나 좌안은 1.0의 시력을 가지고 있다. 취업을 위해 을이 제 1종 운전면허를 취득하려하였으나 도로교통법시행령 제 45조에서 제1종 운전면허 적성 기준으로 양쪽 눈의 시력이 각각 0.5 이상일 것을 규정하고 있어서 운전면허를 취득할 수 없게 되자 해당 조항이 헌법에 위반된다면서 헌법소원을 청구하고자 한다.

○ C사와의 부동산 관련 소송에서 패소한 병은 재판장이 자신의 변론 기회를 제대로 주지 않아 패소하게 되었다고 판단하고, 법원의 패소 판결로 인하여 자신의 기본권이 침해되었다면서 헌법소원을 청구하고자 한다.

<보 기>

ㄱ. 헌법재판소는 갑의 표현의 자유를 제한한 해당 법률 조항의 위헌 여부를 심사할 것이다.
ㄴ. 시각 장애인만 안마사 자격을 취득할 수 있다는 법률조항이 위헌이라며 헌법소원을 청구한 사례에서 청구인이 평등권 이외에 침해되었다고 주장한 기본권과 을이 침해 되었다고 주장한 기본권은 동일한 기본권이다.
ㄷ. 을과 병이 침해되었다고 주장한 기본권은 적극적으로 국가에 대하여 특정한 행위를 요구하거나, 국가의 보호를 요청할 수 있는 권리에 해당한다.

ㄹ. 갑, 을, 병이 청구한 헌법소원은 적법한 청구에 해당하므로 헌법재판소는 인용결정 또는 기각결정을 하게 될 것이다.

① ㄱ, ㄴ　② ㄱ, ㄷ　③ ㄴ, ㄷ　④ ㄴ, ㄹ　⑤ ㄷ, ㄹ

39. ㈎와 ㈏의 사례에 대한 법적 판단으로 옳은 것은?

㈎ 갑은 A시에 있는 녹지 지역에 별장을 건축할 계획으로 건축 허가 여부에 대해 A시에 서면 문의를 하였더니 A시 건축과장으로부터 건축허가를 해 줄 수 있다는 공적인 견해 표명을 받았다. 이에 갑은 별장을 건축하기 위한 건물설계를 의뢰하는 등 공사 준비를 위한 비용을 지출하였다. 그러나 허가권자인 A시 시장은 해당 토지가 녹지보전지역임을 이유로 갑의 건축허가를 적법하게 거부하였다.

㈏ B시에 위치한 골프장을 소유하고 있던 을은 골프장 증설을 위한 사업계획변경승인을 B시로부터 받고 증설 공사를 진행 중이다. 골프장 건설 현장 근처에서 축산업을 하는 병은 사육장 근처에서 진행 중인 골프장 건설 소음으로 인해 피해를 입고 있다.

<보 기>

ㄱ. ㈎에서 A시 건축과장의 답변 과정에서 건축과장의 과실이 있었다면 갑은 손해배상을 청구할 수 있다.
ㄴ. ㈎에서 행정행위에 대한 신뢰보호 원칙보다 법률 적합성의 원칙이 우선한다면 갑은 취소심판을 청구할 수 있다.
ㄷ. ㈏에서 병은 법원에 골프장 공사중지가처분신청을 할 수 있다.
ㄹ. ㈏에서 병은 환경분쟁조정위원회에 B시를 당사자로 하여 환경분쟁조정을 신청할 수 있다.

① ㄱ, ㄴ　② ㄱ, ㄷ　③ ㄴ, ㄷ　④ ㄴ, ㄹ　⑤ ㄷ, ㄹ

40. 밑줄 친 ㉠~㉤을 갑이 집으로 돌아올 수 있는 빠른 순서에 따라 옳게 배열한 것은? [1.5점]

갑은 호프집에서 술에 취한 손님 을이 동료 병에게 포크로 위협하면서 시비를 걸자 을을 힘껏 밀쳐 넘어뜨렸는데, 넘어진 을은 중상을 입고 병원에 입원하였다. 갑은 호프집 주인의 신고로 출동한 경찰에 의해 현행범으로 체포되어 다음날 구속영장이 청구되었다. 갑의 부인은 남편이 집으로 돌아올 수 있는 형사절차상 방법들을 알아보니 ㉠ 보석제도, ㉡ 가석방제도, ㉢ 구속적부심제도, ㉣ 영장실질심사제도, ㉤ 무죄판결 등이 있다는 것을 알게 되었다.

① ㉠-㉢-㉣-㉤-㉡
② ㉢-㉣-㉠-㉡-㉤
③ ㉢-㉣-㉡-㉤-㉠
④ ㉣-㉠-㉢-㉡-㉤
⑤ ㉣-㉢-㉠-㉤-㉡

2012학년도 중등교사신규임용후보자선정경쟁시험 정답표
(일반사회)

문항번호	정답	배점	문항번호	정답	배점
1	③	2	21	③	2.5
2	②	2.5	22	④	2
3	⑤	2	23	③	2.5
4	④	2.5	24	④	2
5	③	1.5	25	④	1.5
6	③	2	26	①	2
7	⑤	2	27	③	2
8	②	2	28	⑤	2.5
9	③	2	29	②	2
10	③	1.5	30	②	2
11	④	2	31	①	2.5
12	⑤	2	32	④	1.5
13	①	2	33	④	1.5
14	①	2	34	⑤	1.5
15	④	2.5	35	⑤	2
16	④	2.5	36	⑤	2
17	③	1.5	37	③	2
18	④	2	38	①	2.5
19	②	1.5	39	②	2.
20	⑤	2	40	⑤	1.5

제2교시　　　　교육과정(초등학교)

1차 시험	2교시	50문항	시험 시간 120분

○ 이 문제지는 50문항(문항 당 1.4점)으로 구성되어 있습니다. 문항 수를 확인하십시오.

1. 다음은 1학년 학생들이 '여러 사람 앞에서 나를 소개하기' 수업에서 자기를 소개한 말이다. 이에 대한 교사의 지도 논평으로 바람직하지 않은 것은?

> 인석: 저는 이인석입니다. 학교 뒤편 초록 마을에 삽니다. 우리 가족은 아빠, 엄마, 동생, 저 이렇게 네 명입니다. 저는 그림을 잘 그립니다. 그리고 떡볶이를 좋아합니다. 앞으로 친구들과 사이좋게 지내고 싶습니다.
>
> 영희: 친구들, 안녕? 난 김영희야. 나는 언니가 있어. 나보다 한 살이 많은 언니야. 언니가 없는 친구들은 부러워할지 몰라. 근데 부러워할 거 없어. 왜냐하면 언제나 언니 옷을 물려 입어야 하거든. 나는 이게 불만이야. 어떻게 하면 나도 새 옷을 입을 수 있을까? 누구든지 좋은 생각이 있으면 나한테 말해줘.
>
> 철수: 나는 박철수라고해. 얼마 전에 서울에서 이사 왔어. 아빠는 우리 집이 귀농한 거래. 농촌이 좋아서 농촌에서 살려고 말이야. 농촌 생활이 낯설긴 하지만, 너희들이 도와주면 잘 지낼 수 있을 것 같아. 도와줄거지?
>
> 동백: 얘들아, 반가워. 내 이름은 유동백이야. 우리 학교에 많이 있는 동백꽃의 동백으로 기억하면 잘 안 잊어 버릴거야. 친구들아, 내 이름을 영원히 기억해줘.
>
> 명호: 안녕… 안녕하세요? 저는 말을…말을 잘 못합니다. 앞에 서면… 할 말이…할 말을… 다 까먹습니다. 지금도…무슨… 말을 해야…할지…. 어쨌든, 잘 부탁합니다.

① 인석이는 여러 가지를 잘 말해 주었구나. 이제 친구들이 인석이에 대해 여러 가지를 알게 되어, 인석이와 쉽게 친해질 수 있을 것 같아

② 영희한테 그런 불만이 있었구나. 우리 반에 같은 불만을 가진 친구들도 있겠지? 그 친구들은 영희한테 친밀감을 느낄 것 같아.

③ 철수 얘기를 듣더니 친구들 눈이 반짝반짝 하네. 도시에서 왔다니까 호기심이 생기는 모양이야. 철수를 도와 줄 친구가 많겠는 걸

④ 동백아, 네 이름은 한자도 동녘 동 잣나무 백을 쓰니까, 동쪽의 잣나무로 소개해야 해. 친구들이 네 이름을 쉽게 기억하는 것보다 정확하게 그 뜻을 아는 것이 중요하거든

⑤ 명호는 칭찬 받을 만해. 앞에 나가면 말을 잘 못한다는 걸 알면서도 친구들 아페엇 자기 소개를 하는 용기를 보여 주었으니까. 참, 다음에 자기 소개를 할 때는 네 이름만큼은 꼭 말해줘.

2. 다음 글을 제재로 하여 6학년 학생들에게 '글을 읽고 주장의 타당성 파악하는 방법 알아보기'수업을 하고자 한다. 교사의 지도 내용으로 적절하지 않은 것은?

> 요즈음 우리의 전통 음식보다는 외국에서 유래한 햄버거나 피자 등을 더 좋아하는 어린이의 모습을 쉽게 볼 수 있습니다. 이러한 음식은 지나치게 많이 먹으면 건강이 나빠지기도 합니다. 그에 비하여 우리의 전통 음식은 오랜 세월에 걸쳐 전하여 오면서 우리 입맛과 체질에 맞게 발전하여 왔기 때문에 여러 가지 면에서 우수합니다.
>
> 첫째, ㉠ 전통 음식은 건강에 이롭습니다. 우리가 날마다 먹는 밥은 담백하여 쉽게 싫증이 나지 않으며 어떤 반찬과도 잘 어우러져 균형 잡힌 영양분을 섭취하기 좋습니다. 된장, 간장, 고추장 등의 발효 식품에는 무기질, 비타민이 풍부하게 들어 있어 몸을 건강하게 해 줍니다. 특히, 청국장은 항암 효과는 물론 해독 작용까지 뛰어나다고 합니다. 된장도 건강에 이로운 식품으로 알려져 있습니다.
>
> 둘째, 전통 음식을 가까이하면 계절과 ㉡ 지역에 따라 다양한 맛을 즐길 수 있습니다.우리 조상은 생활 주변에서 나는 여러 가지 재료를 이용하여 계절에 맞는 다양한 음식을 만들어 왔습니다. 주변의 바다와 산천에서 나는 풍부하고 다양한 해산물과 갖은 나물이나 채소 등의 재료는 각각 고유한 맛을 가지고 있습니다. 이러한 재료를 이용하여 만들어진 여러 가지 음식은 지역의 특색을 살린 독특한 맛을 냅니다. 비빔밥의 경우, 콩나물을 비롯한 여러 가지 나물에 육회를 얹은 전주비빔밥, 숙주나물과 같은 갖은 나물을 얹은 밥에 선짓국을 곁들이는 진주비빔밥, 해초로 맛을 낸 통영비빔밥 등 그 지역의 특산물에 따라 다양하게 만들어졌습니다. 김치 또한 시원하고 톡 쏘는 맛이 강한 것과 맵고 진한 감칠맛이 나는 것도 지역에 따라 다양한 맛으로 만들어진 것을 볼 수 있습니다.
>
> <중략>
>
> 우리나라의 전통 음식은 참살이 식품으로 세계 여러 나라 사람에게 주목을 받고 있습니다. 우리 조상의 넉넉한 마음과 삶에서 배어 나온 지혜가 담긴 전통 음식은 그 맛과 멋과 영양의 삼박자가 모두 갖추어져 있습니다. 우리는 우리 전통 음식의 과학성과 우수성을 알고 전통 음식에 관심을 가지고 사랑하여야겠습니다.

① 글쓴이의 주장과 근거를 정리하여 발표해 보도록 지도한다.

② 글쓴이가 주장을 펴게 된 상황을 생각해 보도록 지도한다.

③ ㉠ 근거로 제시된 청국장의 유래를 조사해 보도록 지도한다.

④ 비빔밥, 김치가 ㉡의 예시로 적합한지 판단해 보도록 지도한다.

⑤ 전통 음식의 장단점에 대해 조사해 보도록 지도한다.

3. 다음은 2학년 <쓰기> 수업에서 학생이 제출한 소감문과 대 창을 보고, 교사가 자기 수업을 반성한 내용이다. (가)-(라) 중, 학습 목표에 비추어 볼 때 적절한 것을 모두 고르면?

학습목표	주위 사람들에게 내 마음을 담아 초대하는 글을 쓸 수 있다.
학생 소감문과 초대장	교사의 반성
○ 느낌 오늘은 국어 시간에 친구를 그림 전시회에 초대하는 글을 썼다. 우리 모둠은 다른 학교에 전학 간 경수를 초대하기로 했다. 초대하는 말도 쓰고 전시회 날짜와 장소도 썼다. 전시회에서 경수를 만날 생각을 하니 마음이 설렌다. 그렇지만 초대하는 글을 쓰는 것이 너무 힘들다. 내 생일날 친구들을 초대할 때는 전화로 초대를 해야겠다. ○ 경수에게 보내는 초대장 **초대장** 경수야, 잘 지내? 　너와 함께 모둠 활동 때 만들었던 그림이 아직 뒤에 걸려 있어. 그걸 볼 때마다 네 생각이 나. 　이번에 우리 반에서 그림 전시회를 하는데 너를 초대하고 싶어. 와서 친구들도 만나고 우리가 그린 그림도 함께 구경하면 좋겠어. 너를 보고 싶어하는 친구들이 많으니 꼭 와줘. 기다릴게. 때: 11월 25일 곳: 미술관　　　　　11월 10일 　　　　　　　　　　누구일까요	(가) 초대하는 글을 써서 마음을 전하면 전화나 말로 하는 것보다 어떤 점이 좋은지를 더 강조했어야 했군. (나) 초대하는 글은 예의를 지켜서 써야 하므로 반드시 존댓말로 써야 한다는 것을 제대로 이해시키지 못했어. (다) 초대하는 마음이나 까닭 등을 담아 다양하게 제목을 쓸 수 있다는 것을 알도록 더 많은 예를 보여주어야 했어. (라) 초대장 쓰기 시범을 보일 때, 받는 사람이 때와 곳, 쓴 사람을 잘 알 수 있도록 써야 한다는 것을 강조하지 않았군.

① (가), (나)　　　　② (가), (다)　　　　③ (나), (라)

④ (가), (다), (라)　　　　⑤ (나), (다), (라)

4. 다음 시를 재제로 하여, 6학년 학생들과 함께, 시의 이해와 감상에 필요한 문학 지식을 탐구하는 수업을 하려고 한다. 이 수업의 학습 활동으로 적절하지 않은 것은?

풀꽃

나태주

자세히 보아야
예쁘다

오래 보아야
사랑스럽다.

너도 그렇다.

① 제목을 가리고 시를 읽는다. → 제목을 모르면 시의 전체 의미를 파악하는 데 어려움을 겪는다. → 제목이 시의 의미 구성 요소가 되기도 한다는 것을 안다

② 지은이가 어린이인지 어른인지 확인한다. → 지은이가 어른이므로 화자가 어른임을 전제하고 시를 읽는다. → 시의 해석에는 지은이에 관한 지식이 필요하다는 것을 안다.

③ 3연의 '너'에 해당하는 사람이나 사물을 떠올린다. → '너'라는 시어 대신 쓸 수 있는 낱말들과 쓸 수 없는 낱말들이 있음을 확인한다. → 시의 해석은 제한된 범위 안에서 자유롭게 이루어진다는 것을 안다.

④ 원래의 시와, 2연과 3연을 붙여 쓴 시를 비교한다. → 의미의 덩어리 측면에서 볼 예, 원래의 시는 자연스럽고, 2연과 3연을 붙여 쓴 시는 자연스럽지 못하다. → 시의 연을 나누는 데는 그 나름의 방법이 있다는 것을 안다.

⑤ 이 시를 노랫말로 한 고승하 선생님의 동요와 성요한 선생님의 동요를 듣는다. → 동요 두 편의 분위기가 서로 다르다. → 시에 대한 정서적 반응은 읽는 이에 따라 다를 수 있다는 것을 안다.

5. 다음 글을 제재로 하여 6학년 학생들에게 '문학작품에 나타나는 인물 간의 갈등 이해하기' 수업을 하고자 한다. 교사의 지도내용 으로 적절하지 않은 것은?

"난 자네 집에 오면 안 되나?"
이장이 암상스레 대꾸를 합니다. 그러더니 마루에 척 걸터앉아 쌈지부터 꺼냅니다.
"할 말이 뭔가?"
방구 아저씨가 퉁명을 떱니다. 그러거나 말거나 이장은 양볼이 쏙 들어가게 곰방대를 빨고서야 업을 엽니다.
"이번에 내려온 산림관이 자네 소문을 들은 모양이네"
이장은
"히라노 그 사람 별종이야. 조선 것이라면 사족을 못 쓰더군. 아, 글쎄 요강까지도 신줏단지 모시듯이 모셔 놓았더라니까"
하며 혼잣말을 하더니,
"방에 있는 장말이야 그 사람한테 넘기지 그래"
하고 본심을 털어놓았습니다.
"무슨 소린가? 자네, 앞잡이노릇도 모자라 인제 거간꾼 노릇까지 하려냐?"
방구 아저씨가 방문을 소리 나게 닫았습니다. 이장은 새우 눈초리 샐쭉해 가지고 염소수염 바르르 떨며 사립문을 나갔습니다. 그랬지만 이틀이 멀다 하고 찾아와 졸라 댔습니다. 방구 아저씨는 산처럼 꿈쩍을 안 하였습니다. 대신 윗목에 놓인 괴목장을 반들반들하게 닦았습니다.

<중략>

방구 아저씨가 처음으로 목수 일을 배울 때, 아내는 열 일곱 고운 새댁이었지요. 그랬건만 그때도 먹구름 뒤덮인 세상인지라 살림살이는 쪼그랑 오이였지요.
새댁은구정물에 손등 마를 새 없이 품을 팔아 살림을 꾸렸지요 식구가 불어났어도 여섯 입에 풀칠이라도 할 수 있었던 것은 발바닥에 불이 나도록 종종거린 아내 덕분이었지요. 경상도 안동으로 집을 지으러 갔다가 삼 년 만에 허위허위 돌아왔을 때는 사립문

밖에서부터 자식들 이름을 불렀지요. 하지만, 댑싸리 울타리 둘러친 초가집은 잠잠하였지요. 지붕 위의 풀들만이 야윈 손을 흔들었을 뿐이지요. "어쩌겠나, 명틀이 고것뿐이니" 노인들이 나서서 위로하였지만 몇 날 며칠을 물 한 모금 안 마셨지요. 보름 만에 정신을 차리고 나서도 방 안에만 틀어박혀 있었지요. 낮밤을 잊은 수염은 옷자락 턱을 가리고 붉은 실핏줄 내비친 두 눈은 휑하였지요. 죽은 아내의 생일날, 방구 아저씨는 백봉 은나비 상식이 화사한 괴목장을 제물로 바쳤지요. 장안에 고이 접어 넣은 노랑저고리다홍치마 한 벌. 지지리 고생만 하다 간 아내에게 처음으로 준 선물이었지요. 그런데 지금 그 장을 일본 산림관한테 넘기라고 이장은 처리도 끈덕지게 조르고 있습니다.

① 방구 아저씨와 이장의 갈등이 심화된 것은 그들의 운명론적 세계관 때문임을 이해하도록 지도한다.
② 인물 간의 갈등을 이해하기 위해 인물의 성격과 그 당시의 시대적 배경을 고려하도록 지도한다.
③ 방구 아저씨에게 괴목장은 어떤 의미가 있는 물건인지 알 수 있는 부분을 찾아 이해하도록 지도한다.
④ 역할극을 통하여 괴목장에 대한 방구 아저씨와 이장의 마음이 어떻게 다른지 실감나게 이해하도록 지도한다.
⑤ 인물 간의 갈등 양상을 파악하기 위해 방구 아저씨와 이장의 말과 행동에 유의하며 글을 읽도록 지도한다.

6. 김 교사는 5학년 학생을 대상으로 다음 성취 기준을 달성하기 위해 국어 수업을 하였다. 학습 내용을 실제 의사소통 상황에서 바르게 적용하지 못한 학생은?

○ 성취 기준
말하는이, 듣는이, 상황, 매체 등에 따라 언어 사용 방식이 달라짐을 안다.
○ 내용요소의 예
– 의사소통 상황을 구성하는 요소 알기
– 말하는이, 듣는이, 상황, 매체 등을 고려하여 적절하게 의사소통하는 방법 이해하기
– 의사소통 상황과 언어 사용 방식의 관계 파악하기

① 동규: 저는 지난주에 할머니 병문안을 갔는데, 할머니께는 입원하신 후에 귀도 많이 어두워지셨습니다. 그래서 저는 병원에서 할머니께 이야기를 할 때 손짓, 발짓도 하면서 천천히 큰소리로 말했습니다.
② 송현: 저는 지난 주말 아버지를 따라 시골 친척 집에 갔는데, 그 댁에 저보다 한 살 적은 동생이 있었습니다. 빨리 친해지고 싶어 저도 그 동생처럼 사투리를 써서 이야기를 했더니, 금방 "형, 형"하면서 저를 따라다녔습니다.
③ 혜진: 저는 이번에 학교 방송에서 '컴퓨터 사용'에 대하여 제 의견을 발표하였습니다. 학급 발표에서는 컴퓨터 사용 시간을 그래프로 자세히 보여주었지만, 방송에서는 그래프를 활용할 수 없어서 컴퓨터 사용 시간을 말로 풀어서 설명했습니다.
④ 희영: 저는 어제 저녁에 공부를 하다가 배가 고팠지만 막 집안일을 끝내고 쉬고 계시는 어머니께 간식을 달라고 하기가 미안하

였습니다. 그래서 "엄마, 간식 주세요"라고 직접 말하는 대신 "엄마, 피곤하세요?"라고 슬쩍 돌려서 물어보았습니다.
⑤ 민수: 저는 누리 초등학교에 다니는 김준호와 유치원 때부터 친구입니다. 그래서 이번에 시·도 토론 대회에 학교 대표로 나가 준호와 토론을 하게 되었을 때도 "준호야 너는 어떻게 생각하니?"라고 평소 말투로 토론을 했습니다.

〈도덕〉
7. 다음 (가), 수업모형에 대한 설명으로 적절한 것을(나) <보기>에서 고르면?

수업 모형	(가)	(나)
주요 단계	(1) 학습문제 인식과 동기 유발 (2) 도덕적 모범 행동의 제시 및 이해 (3) 모범 행동의 실습, 실연 (4) 도덕적 정서와 의지의 강화 (5) 종합 정리와 확대 적용 및 실천 생활화	(1) ㉠ 실천체험 학습의 주제 설정 (2) 실천체험 학습의 계획 수립 (3) 실천체험 학습의 실행 (4) 실천체험 결과의 발표와 논의 및 공유 (5) 종합 정리와 평가 및 실천 생활화

< 보 기 >

ㄱ. (가)와 (나)의 배경에는 덕을 실천해 보지 않고는 덕 있는 사람이 될 수 없다는 관점이 깔려 있다.
ㄴ. (가)보다는 (나)가 봉사 활동 참여를 활용한 학습을 하기에 더 적합한 수업모형이다.
ㄷ. (나)에서는 가상적 상황을 설정하여 가치 규범의 실천 방법을 익히도록 하는 것을 권장한다.
ㄹ. (나)는 타인과의 접촉, 교류, 상호작용을 강조하므로~6)에서는 학급 단위 이상의 대집단 활동 위주로 주제를 설정해야 한다.

[8-9] 다음은 2007년 개정 도덕과 5학년 '서로 돕고 힘을 모아 단원에 대해, 이 교사가 교육과정에 제시된 내용 요소를 고려하여 구상한 총 3차시의 수업 설계이다. 이를 읽고 물음에 답하시오.

<교육과정 내용요소> 서로 돕는 생활

다른 사람들과 함께 성공적으로 일을 하고 조화롭게 살아가기 위해서는 서로 돕는 태도가 중요함을 이해하고, 일상생활 속에서 협동하려는 자세를 지닌다. 이를 위해 다른 사람들과 협동해서 일할 경우와 그렇지 않은 경우에 발생되는 결과를 발표하고, 협동이 이루어지지 못하는 이유와 효과적인 협동 방법을 찾아본다.

○ 협동의 의미와중요성
○ 협동하는 경우와 협동하지 못한 경우의 결과
○ 다른 사람들과 협동하고 타협하는 방법

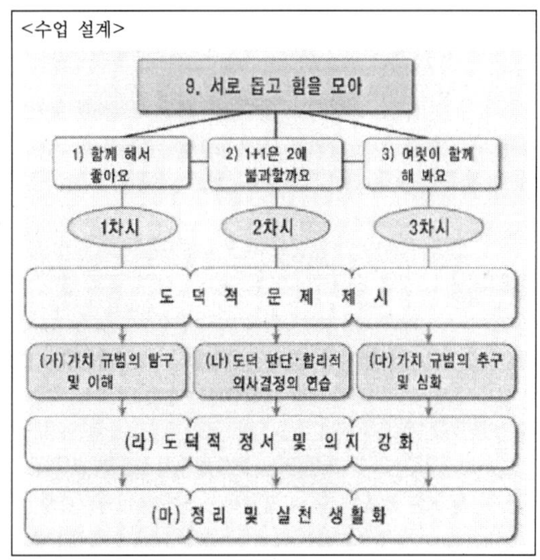

8. 위의 수어 설계와 관련된 적절한 지도 방안을 <보기>에서 고르면?

<보 기>

ㄱ. 인지 정의, 행동의 요소를 통합적으로 다루는 과정이 1, 2, 3차시 모두에서 차시마다 이루어질 수 있도록 한다.

ㄴ. (가)에서 얻은 합리적 이해와 (나)에서 얻은 도덕적 판단 능력이, (다)에서 양적으로 확대되고 철적으로 심화되어 내면화되도록 지도한다.

ㄷ. (라)에서는 선악형, 위계형, 해소형, 조화형, 선행형과 같은 문제 사태의 유형을 파악하는 활동을 하고 결론을 도출한다.

ㄹ. (마)에서는 주어진 수업 시간 내에 달성할 수 없는 목표인 생활 습관 형성을 위한 노력은 배제하고, 그 대신 실천 활동의 범위를 넓히는 것을 강조한다.

① ㄱ, ㄴ　　② ㄱ, ㄷ　　③ ㄴ, ㄷ
④ ㄴ, ㄹ　　⑤ ㄷ, ㄹ

9. 위의 교육과정과 수업 설계에 따라 이 교사가 작성한 평가 계획 중 적절한 것을 <보기>에서 모두 고르면?

<보 기>

ㄱ. 1차시에서는 학생상호평가법을 적용하여, 일상생활 속에서 가장 협동을 잘 실천하는 사람과 그렇지 않은 사람을 뽑는 공개 투표를 한다.

ㄴ. 2차시에서는 교과서에 제시된 '연극 준비에 관한 갈등'이라는 역할극 대본을 활용하여 역할극을 실시한 후, 극중 인물들의 관점을 학생들이 어떻게 분석하고 공감하는가에 대해 지필평가법을 적용한다.

ㄷ. 3차시에서는 자기보고 체크리스트법을 적용하되, 『생활의 길잡이』에 제시된 협동학습 태도점검표를 활용하여 일상생활 설천 여부를 평가한다.

ㄹ. 2, 3차시에 걸친 수업이 끝난 후, 성공적인 협동의 사례들과 그렇지 않은 사례들을 모아 학기 말까지 자료집을 제작·제출하게 하여 포트폴리오 평가법을 적용한다.

① ㄱ, ㄴ　　② ㄱ, ㄷ　　③ ㄴ, ㄹ
④ ㄷ, ㄹ　　⑤ ㄴ, ㄷ, ㄹ

〈사회〉

10. 다음은 4학년 '우리 지역이 자리 잡은 곳' 제재와 관련하여 두 교사가 나눈 대화이다. (가)~(라)중 옳은 것을 고르면?

송 교사: 저는 이번 수업에서 1:10 만지형도를 사용하고자 해요.

박 교사: 저는 1:5천 지형도를 준비했어요.

송 교사: (가) 대축척지도는 소축척 지도에 비해 더 넓은 지역을 한 눈에 볼 수 있죠. 그래서 다른 도시와의 위치 관계를 파악하기 좋아요.

박 교사: (나) 제가 준비한 지도는 송 선생님의 지도보다 짝꿍의 집을 찾아 표시해 보기 활동을 하기에 좋아요.

송 교사: 그렇군요. (다) 행정구역 경계선 위의 동일한 두 지점을 두 지도에서 비교할 때, 두 지점 사이의 경계선의 모양은 박 선생님 지도가 제 지도보다 더 단순하군요. 그래서 집 찾기 활동이 쉽겠어요.

박 교사: 네, (라) 이웃하는 두 등고선의 값의 차이는 송 선생님의 지도가 제 지도보다 더 크군요.

① (가) (나)　　② (가) (다)　　③ (나) (다)
④ (나) (라)　　⑤ (다) (라)

11. 다음은 (가), (나) 수업모형에 대한 설명이다. 박 교사는 4학년 '쓰레기처리 시설을 어느 마을에 만들 것인가?'라는 주제로 (가), (나)수업모형 중 하나를 선택하여 수업을 하려고 한다. 이에 대한 설명으로 옳은 것을 <보기>에서 모두 고르면?

·(가) 수업모형은 학습자로 하여금 다양한 자료를 통하여 일반화 지식을 도출하거나 이미 생성된 지식의 타당성을 확인하는 능력을 기르기 위한 것이다. 이 수업모형의 단계는 문제 제기 － 가설 설정 － 탐색 － (㉠)→가설 검증 및 결론 도출 순으로 진행된다.

·(나) 수업모형은 다음과 같은 문제를 다룬다. 사회적으로 찬성과 반대로 나뉘어져 있고, 의사 결정이 개인 및 집단에게 영향을 주는 데 그치지 않고 사회의 다수와 관련되어 있으며, 여러 개의 선배 가능한 대안 중에서 어느 하나를 결정해야 하는 문제가 그것이다. 이 수업모형의 단계는 문제 제기 → 가치문제 확인 → ((㉡)－선택 및 결론 순으로 진행된다.

<보 기>

ㄱ. (가) 수업모형은 학습자에 따라 인지발달 수준이 다르기 때문에 그 적용 수준을 적절히 조절해야 한다.

ㄴ. (가), (나) 수업모형 모두에서 교사에게는 캘리(T. Kelly)가 말한 배타적 중립성이 요구된다.

ㄷ. (가) 수업모형보다는 (나)수업모형이 님비(NIMBY) 현상에서
　　나타난 가치 갈등을 이해하고 해결 방안을 모색하기에 더
　　적절하다.
ㄹ. (가)의 ㉠와 (나)의 ㉡에서 사용하는 1차 자료의 예로는 쓰레
　　기 현황 일지, 주민 인터뷰 자료가 있다

① ㄱ, ㄴ　　　② ㄴ, ㄷ　　　③ ㄷ, ㄹ
④ ㄱ, ㄴ, ㄹ　⑤ ㄱ, ㄷ, ㄹ

12. 박 교사는 다음과 같이 5학년 '새로운 문물의 수용과 자주독립' 단
원 중 개화 정책을 주제로 한 역할극 수업을 계획하였다. (가)-(라)에
대한 설명으로 적절한 것을 <보기>에서 고르면?

단계	교수, 학습 활동
주제 설정	주체 설정 개화 정책을 어떻게 볼 것인가?
수업 목표	(가) 개화 정책에 대한 서로 다른 주장을 이해할 수 있다.
모둠 구성	4-6명으로 모둠 구성
대본 작업	○ 자료수접 -(나) 개화정책 관련사건 파악 -개화정책 내용이해 ○ 대본구성 (다) 등장인물 설정 - 대사 작성 대본의사실오류 여부검토
실연	○ 배역 선정 및 연습 ○ 실연
평가	○ 모둠별 상호평가 ○ (라) 자기평가

<보 기>

ㄱ. (가) 대한찬성 결론을 개화정책에, 반대 입장의 절충을 통해
　　도출한다.
ㄴ. (나) 관련 사건으로는 임오군란이 적절한 사례가 될 수 있다.
ㄷ. (다)에서는 역사적 사실에 입각한 각 인물의 역할과 중요성,
　　성격을 잘 파악하여 설정하도록 지도한다.
ㄹ. (라)에서는 역사적 사실을 잘 알고 있는가를 핵심 평가 기준
　　으로 삼는다.

13. 다음은 4학년 '시·도 대표는 우리 손으로'라는 제재를 가지고
진행한 수업의 일부이다 (가)-(라)에 설명으로 옳은 것을 <보기>에
서 고르면?

교사: 이 그래프는 무엇을 나타낸 그래프인가요?
철수: (가) 지방 선거의 투표율 변화를 나타낸 그래프입니다.
교사: 2006년의 투표율은 어떻습니까?
영희: (나) 2006년에는 52.7%로 나타났습니다.
<중략>

교사: 위 그래프에서 (다)투표율이 점점 낮아지는 이유는 무엇일
　　까요?
철수: 주민들의 참여의식이 부족하기 때문입니다
<중략>
교사: (라) 지역의 대표를 뽑는 선거에 참여하는 일이 중요한 이
　　유를 소집단별로 토의하고, 참여 홍보 활동을 해봅시다.

<보 기>

ㄱ. (가) 자료를 사용한 이유는 글로만 서술했을 때보다 투표율의
　　변화를 쉽게 파악할 수 있기 때문이다.
ㄴ. (나) 진술은 그래프가 나타내고 있는 정보 이변의 원인을 찾
　　아보는 수준을 보여 준다.
ㄷ. (다) 질문에 대한 탑은 그래프에 나와 있는 정보를 조합해 봄
　　으로써 얻을 수 있다.
ㄹ. (라)는 학생들에게 사회참여기능을 길러주려는 기능학습 방법
　　이다.

① ㄱ, ㄴ　　　② ㄱ, ㄷ　　　③ ㄱ, ㄹ
④ ㄴ, ㄷ　　　⑤ ㄷ, ㄹ

14. 다음은 5학년 '유교 전통이 자리 잡은 조선' 단원을 학습한 후,
조선 전기에 관해 학생들의 제작한 역사 신문 초고이다. 각 학생의
기사에 대한 교사의 지도 내용으로 옳지 않은 것은?

한국사신문

제00호		0000년00월00일
드디어 조선을 건국하다! 홍건적과 왜구를 물리쳐 백성의 신뢰를 얻게 된 이성계는 뜻을 함께 하는 사람들의 도움을 받아 고려 왕조를 무너뜨리고 새로운 왕조를 열었다. 그 후 도읍을 한양으로 옮겨 경복궁과 4대문을 세웠다. 　　　　　　　　　-동국-		
법치 체계 완성되다 성종대에 이르러 나라를 다스리는 데 기본이 되는 법 체계를 갖추게 되었다. 이로써 형벌, 조세, 백성의 생활 등에 관한 규정이 정비되었다. 　　　　-재경-		**상민의 생활** 상민의 대다수인 농민은 주로 초가집에 살며 농사를 지어 거둬들인 곡식의 일부를 세금으로 내거나 땅주인에게 바쳤다. 상민은 과거에 응시할 자격이 없었다. 　　　　-희원-
책소개 : 왕조실록 편찬되다 실록은 각 왕대에 일어난 주요 사건을 날짜별로 기록한 책이다. 이 책은 사실을 자세히 기록하여 많은 백성이 열람할 수 있도록 하였다. 　　　　-철민-		**유교 윤리를 백성에게 전파하다** 조선을 세운 사람들은 유교를 나라의 기본정신으로 삼아 질서와 예절이 바로 선 나라를 만들기 위해 노력하였다. 왕들과 지배층의 노력으로 백성도 점차 유교 윤리를 받아들이게 되었다 　　　　-수진-

① 동국이는 한양의 4대문과 경복궁의 건물 명칭에 담긴 의미를 통
해 조선이 유교를 기반으로 세워진 나라라는 것을 알리는 게 좋
겠어요.
② 재경이는 『경국대전』의 편찬 기간과 목적을 조사하여 포함 시키
는 게 좋겠어요.
③ 회원이는 상민(常民)도 과거를 볼 자격이 있었으므로 초고 내용
을 수정하는 게 좋겠어요.
④ 철민이는 실록을 간행할 때 사용한 갑인자, 계미자를 소개하여
목판 인쇄술의 발달을 알리는 게 좋겠어요.
⑤ 수진이는 유교 윤리의 내용을 『삼강행실도』의 그림으로 구체적
으로 소개하는 게 좋겠어요.

〈수학〉

15. 다음은 예비교사들의 교육 실습 후 각자 자신의 수학수업에 대
해 말한 것이다. 이 중 옳게 지도한 예비교사를 고르면?

박 예비교사: 문장으로 된 자연수 덧셈 문제를 지도할 때, 단순
히 문제 풀이를 시키기보다는 놀이를 통해 지도했어요. 놀이를
이용하면 학생들이 문제에 제시된 상황을 더 잘 이해할 수 있고
놀이 규칙을 수정하면서 다양한 사고를 할 수 있어요.

신 예비교사: 24 의 약수를 구할 때 24 개의 정사각형 모양의 타
일을 서로 겹치지 않게 바닥에 빈틈없이 모두 깔아서 다양한 직
사각형을 만들어보게 하였어요. 만들어진 직사각형 마다 가로와
세로에 타일이 몇 개씩 있었는지 알아보게 하여 약수의 개념을
이해하도록 지도하였어요.

양 예비교사: 큰 수의 나눗셈은 먼저 간단한 형태로 만들어서 계
산하는 것이 편리합니다. 저는 630÷80의 몫과 나머지를 구할 때
"630÷80의 몫과 나머지는 63÷8의 몫과 나머지와 같다"는 것을
이용하도록 지도하였어요.

최 예비교사: 학생들이 분수의 나눗셈이 생활에 어떻게 적용되는
지 잘 이해하지 못해서 나눗셈 식을 문장으로 된 문제로 만들
어 지도했어요. 예를 들면 $\frac{4}{5} \div \frac{1}{2}$ 라는 식을 "우유 $\frac{4}{5}$ L를 2명이
똑같이 마시면 몇L씩 됩니까?"라는 문제로 만들어 제시하였어요.

김 예비교사: 2007년 개정 수학과 교육과정에서는 계산능력을 개
정 목표로 하지 않는 복잡한 계산을 수행하는 경우에 계산기를
활용할 수 있도록 하고 있어요. 그래서 원주율에 대한 수업 에서
여러 가지 원기둥 모양의 둘레와 지름을 측정하여, 둘레를 지름
으로 나눌 때 계산기를 활용하도록 하였어요.

① 박 예비교사, 신 예비교사, 양 예비교사
② 박 예비교사, 신 예비교사, 김 예비교사
③ 박 예비교사, 최 예비교사, 김 예비교사
④ 신 예비교사, 양 예비교사, 최 예비교사
⑤ 양 예비교사, 최 예비교사, 김 예비교사

<보 기>

ㄱ. (가)에서는 학생의 성별과 교수방법 간의 상호작용이 예상된다.
ㄴ. (나)에서는 학생의 성별과 교수방법 간의 상호작용이 예상되
지 않는다.
ㄷ. (가)에서는 결과 분석을 위해 교차분석 (X^2검증)의 적용이 적
합하다.
ㄹ. (나)에서는 결과 분석을 위해 이원분산분석의 적용이 적합하다.
ㅁ. (가)와 (나) 모두에서 교수방법 A가 B보다 학업성취도에 미치
는 영향이 크다.

① ㄱ, ㄹ   ② ㄴ, ㄷ   ③ ㄱ, ㄷ, ㅁ
④ ㄱ, ㄴ, ㄷ, ㄹ   ⑤ ㄱ, ㄴ, ㄷ, ㄹ, ㅁ

16. 다음은 수학 수업에 대한 교사들의 의견이다. 각 교사의 의견
중 밑줄 친 부분을 수학교육 이론과 관련지어 옳게 설명한 것을
<보기>에서 고르면?

김 교사: 원의 성질을 알아보기 위해서는 종이컵 바닥의 본을 떠
보는 활동보다는 (가)추를 실에 묶어 돌려 보는 활동을
활용하는 것이 더 좋은 지도 방법이라고 생각합니다.
송 교사: 다각형의 성질을 탐구할 때는 (나)정사각형을 왼쪽이나
오른쪽으로 돌리더라도 정사각형이 됨을 이해하도록
하고, 평행사변형의 마주보는 각의 크기를 비교하기 위
하여 대각선으로 잘라서 겹쳐 보도록 지도하는 것이 좋
습니다.
서 교사: 수학에서 개념을 지도하기 위해서는 다양한 예들을 살
펴보도록 할 필요가 있다고 생각합니다. 이를 테면, (다)
평행사변형을 지도할 때 마주보는 두 쌍의 변이 서로
평행한 속성은 그대로 두고 각의 크기나 변의 길이를
바꾸어 가면서 다양한 평행사변형의 예를 탐구해 보도
록 하는 것이 좋습니다.
정 교사: 학생에게 수학을 지도할 때 공식을 제시하기 전에 구체
적인 자료를 사용하여 활동하게 할 필요가 있어요. 예
를 들면, 직육면체의 부피 공식을 제시하기 전에 (라)작
은 정육면체 모양의 쌓기나무를 바닥부터 빈틈없이 채
우면서 쌓아올려 직육면체를 만들었을 때 밑면에 놓인
쌓기나무의 개수와 쌓은 층수로부터 전체 쌓기나무의
개수를 구하는 활동을 해보게 하는 것이 좋습니다.
권 교사: 수학에서는 문제를 구조적으로 사고하여 해결하는 것이
중요합니다. 예를 들어, (마)사다리꼴의 넓이를 구하기
위해 보조선을 그어 직사각형 모양으로 만드는 것과
같이 사다리꼴의 넓이를 구하는 방법의 구조적 이해, 즉
통찰을 활용하도록 지도할 필요가 있다고 생각합니다.

<보 기>

ㄱ. (가)는 브루너 (J. Bruner) 의 상징적 표현의 한 예이다.
ㄴ. (나)는 반 힐(van Hiele)의 분석적 (analytic)수준과 관련된다.
ㄷ. (다)는 디에네스(Z. Dienes)의 수학적 원리를 적용한 다양성의
지도방법의 한 예이다.

ㄹ. (라)는 피아제(J. Piaget)의 전조작기에 해당하는 학생에게 적절
   한 활동이다.
ㅁ. (마)는 베르트하이머(M. Wertheimer)의 생산적 사고에 해당된다.

① ㄱ, ㄴ, ㄷ   ② ㄱ, ㄷ, ㄹ   ③ ㄴ, ㄷ, ㅁ
④ ㄴ, ㄹ, ㅁ   ⑤ ㄷ, ㄹ, ㅁ

17. 다음은 도형의 넓이를 구하는 여러 가지 방법을 알아보는 수업
의 한 장면이다. 이에 대한 설명으로 옳은 것을 <보기>에서 모두
고르면?

김 교사: 지난 시간까지 여러 가지 도형의 넓이를 구하는 방법을 알
아보았어요. 이번 시간에는 삼각형의 넓이를 구하는 다른 방법을 알
아봅시다. 아래 그림을 보고 삼각형 ㄱㄴㄷ의 넓이를 어떻게 구하는
지 말해보세요.

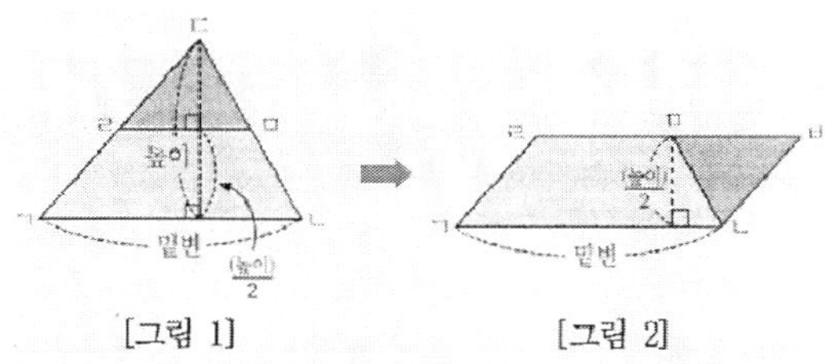

[그림 1]   [그림 2]

경희: [그림 1]의 삼각형 ㄱㄴㄷ를 두 부분으로 잘라 [그림 2]와 같
이 평행사변형 모양이 되도록 붙였네요.

정호: 그러면 만들어진 평행사변형의 밑변은 삼각형의 밑변과 길이
가 같고, 평행사변형의 높이는 삼각형의 높이의 절반이에요 그래서
삼각형의 넓이는 (밑변)×($\frac{높이}{2}$)가 됩니다

김 교사: 잘했어요. (가)다르게 구하는 방법은 없나요?

(잠시 생각한 후)

성주: [그림 3]과 같이 삼각형의 ㄹ과 ㅁ에서 각각 밑변에 수선을
그어 잘라서 [그림 4]와 같이 붙이면 직사각형이 만들어져요.

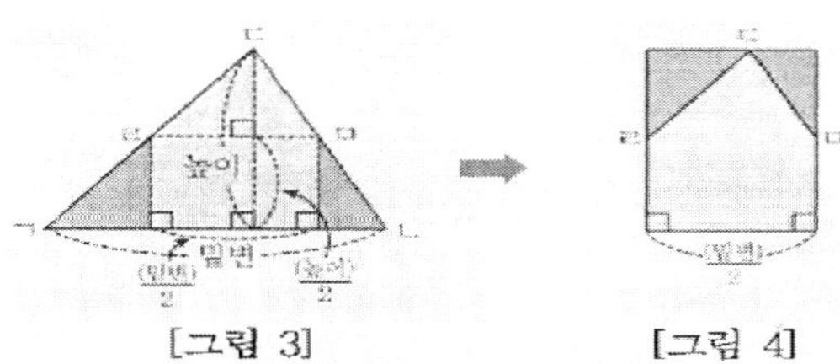

[그림 3]   [그림 4]

현수: 이렇게 만들어진 직사각형의 가로는 삼각형 ㄱㄴㄷ의 밑변 길
이의 절반이고, 직사각형의 세로는 삼각형 ㄱㄴㄷ의 높이와 그 길이
가 같아요. 그래서 삼각형의 넓이는 (밑변)×($\frac{높이}{2}$)가 됩니다.

<보 기>

ㄱ. (가)는 확산적 사고를 유도하는 발문이다.
ㄴ. 성주는 스캠프(R Skemp)가 말한 관계적 이해를 하고 있다.
ㄷ. 정호와 현수는 직접측정 방법에 대해 말하고 있다.
ㄹ. 이 수업은 넓이의 보존 개념이 형성되기 이전에 실시해야 한다.

① ㄱ, ㄴ   ② ㄱ, ㄷ   ③ ㄷ, ㄹ
④ ㄱ, ㄴ, ㄹ   ⑤ ㄴ, ㄷ, ㄹ

18. 정 교사는 '문제 만들기(problem posing)' 수업을 다음과 같은 절
차에 따라 진행하였다. 이에 대한 설명으로 가장 적절한 것은?

<활동 1> 주어진 문제를 풀어보시오.

반지름이 5cm인 원 4개가 그림과 같이
붙어 있습니다. 색칠한 부분의 넓이를
구하시오

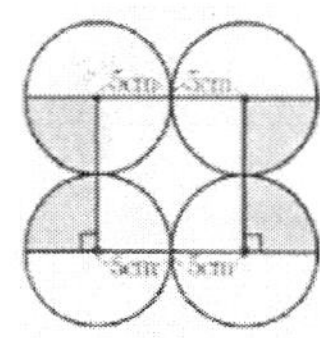

<활동 2>
위 문제에서 어떤 조건을 바꾸면 새로운 문제를 만들 수 있습니
다. 바꿀 수 있는 조건에 해당하는 부분을 ( )로 표시해 보시오.

<활동 3>
새로운 문제를 [문항카드]에 만들고 풀어 보시오.

<활동 4>
[문항카드]를 친구들과 서로 바꾸어 풀어 보시오

다음은 현주의 활동 내용이다.

<활동 2>에서 현주의 활동

반지름이 5㎝ 인원 (4)개가 (그림과 같이) 붙어 있습니다. 색칠
한 부분의 (넓이)를 구하시오.

<활동 3>에서 현주가 [문항 카드]에 만든 문제

[문제 1] 반지름이 5㎝ 인원 5개의 중
심이 정오각형의 꼭짓점이 되도록 그
림과 같이 붙어 있습니다. 색칠한 부품
의 넓이를 구하시오

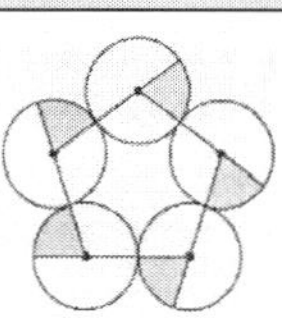

[문제 2] 반지름이 5㎝인원 5개의 중심
이 정오각형의 꼭짓점이 되도록 그림과
같이 붙어 있습니다. 색칠한 부분의 둘
레의 길이를 구하시오

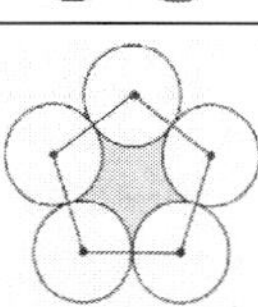

① <활동 3>은 브라운과 월터(S. Brown &M Walter)의 '수용'과 '도
   전'중 '수용'에 해당한다.
② <활동 3> 에서 만든 현주의 [문제 1]의 답은 <활동 1>의 답과

같다.

③ <활동 3>에서 만든 현주의 [문제2]의 답은 반지름이 5㎝인 원의 둘레의 길이와 같다.

④ <활동 2>와 <활동 3>은 폴리아 (G. Polya)의 '계획의 수립 단계' 에 해당한다.

⑤ <활동 4>는 디에네스(Z. Dienes)의 '자유놀이 단계'에 해당한다.

19. 최 교사는 학생들의 추론능력을 신장시키기 위하여 컴퓨터를 이용한 수업을 진행하였다. 야 수업에 대한 <보기>의 설명 중 옳은 것을 모두 고르면?

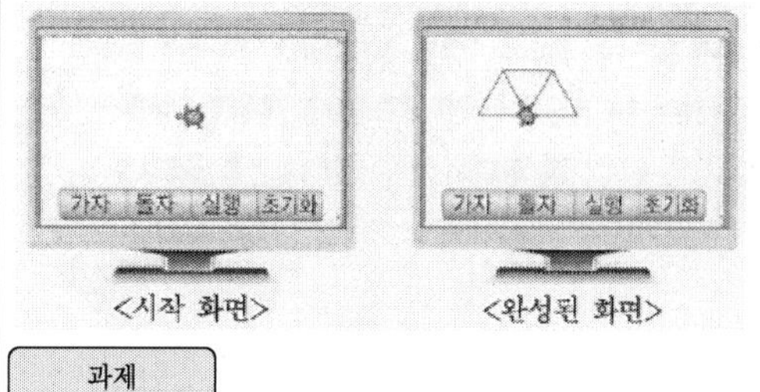

과제

시작 화면에 위의 3가지 명령을 활용하여 [그림 1]과 [그림 2]를 각각 그리시오

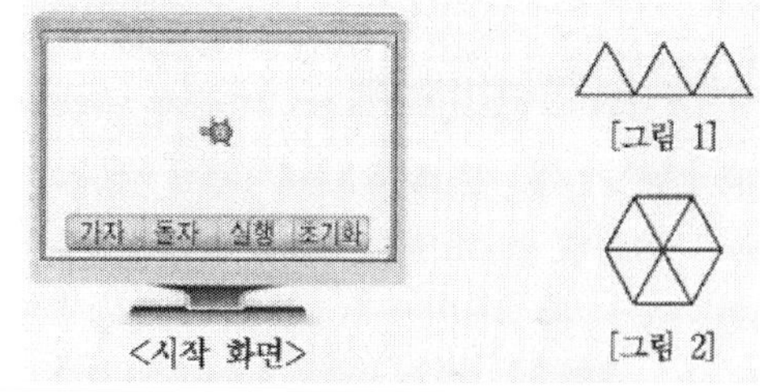

<보 기>

ㄱ. 실행 명령은 한 변이 10인 정삼각형을 오른쪽으로 돌면서 그린다.

ㄴ. [그림 1]은 실행 과 가자 두 종류의 명령을 사용하여 그릴 수 있다.

ㄷ. [그림 2]는 돌자 와 실행 두 종류의 명령을 사용하여 그릴 수 있다.

ㄹ. 위에서 주어진 명령들을 이용하면 정사각형을 그릴 수 있다.

① ㄱ, ㄷ   ② ㄱ, ㄹ   ③ ㄴ, ㄹ   ④ ㄱ, ㄴ, ㄷ   ⑤ ㄴ, ㄷ, ㄹ

20. 다음은 경미네 반 10명 전체의 5월과 6월 수학 점수를 두 모둠으로 나누어 비교한 표이다. 경미네 반 학생들 중 옳게 설명한 학생을 <보기>에서 고르면?

	인원(명)	5월 평균점수(점)	6월 평균점수(점)
모둠 (1)	4	85	95
모둠 (2)	6	95	85

<보 기>

은혜: 모둠 (1) 외 5월 6월 두 달의 수학 점수의 평균은 85X95 로 구할 수 있어.

현우: 우려 반 전체의 5월 수학 점수와 평균은 85195 로 쉽게 구활 수 있어.

슬기: 우려 반 전체와 6월 수학 점수의 평균은 5월의 수학 점수 평균보다 낮아.

미나: 모둠 (1), (2) 각각의 6월 수학첨수의 총점을 1:1 모둠 (1)을 교해보면, (1)의 총점은 모둠 (2)외 총점보다 10 X 4 로 40 점만큼 높아

경미: 나의 6월 수학 점수는 89점으로 우리 반 평균과 같기 때문에 우리 반에서 다섯 번째야.

① 은혜, 현우   ② 은혜, 슬기   ③ 현우, 미나
④ 슬기, 경미   ⑤ 미나, 경미

〈과학〉

21. 다음은 5학년 '작은 생물의 세계' 단원에서 관찰할 생물과 관련한 내용이다. 각 생물의 주요 채집 장소, 특징, 그리고 지도상의 유의점이 모두 옳은 것은?

	생물	주요 채집 장소	특징	지도상의 유의점
①	해캄	물살이 세게 흐르는 냇물이나 강물	뭉쳐 살며, 광합성을 하여 스스로 양분을 만들 수 있는 식물	실체 현미경으로 전체 모습을 관찰한 후 광학 현미경으로 세부 모습을 관찰하도록 한다.
②	물벼룩	물살이 세지 않은 곳이나 고여 있는 민물	투명한 몸을 가지고 있으며, 떼를 지어 물속에 살며 톡톡 튀어 움직이는 동물	실체 현미경으로 관찰할 때 다리의 움직임이나 심장의 박동 등을 관찰하도록 한다.

③	우산이끼	그늘지고 배수가 잘 되는 곳	광합성을 하고 씨를 퍼뜨릴 시기가 되면 암그루와 수그루가 구분되는 식물	작은 엽상체를 통해 몸 전체로 물을 흡수한다는 것과 뿌리, 줄기, 잎이 명확하게 구별된다는 것을 알게 한다.
④	개미	땅 속이나 나무껍질 혹은 돌틈	단단한 몸과 턱을 가지고 있어 먹이를 잘 자를 수 있고 서로 다양한 역할을 맡아 집단생활을 하는 동물	루페와 같은 확대 관찰 도구로 외형을 관찰할 때 3쌍의 다리 중 2쌍은 가슴에, 1쌍은 배에 있다는 것에 유의하도록 한다.
⑤	곰팡이	햇빛이 잘 들어 따뜻하고 건조한 곳	스스로 양분을 만들 수 없는 종속 영양 생물로 포자에 의해 번식하는 균류	곰팡이를 살짝 묻힌 투명 셀로판테이프를 받침 유리에 붙이고 그 위를 덮개 유리로 덮은 다음 현미경으로 관찰하도록 한다.

22. 김 교사는 4학년 '모습을 바꾸는 물'단원의 '물이 얼 때의 무게와 부피 변화'를 주제로 다음과 같이 5E 수업 모형을 적용하여 수업안을 구성하였다. 이와 관련된 설명으로 가장 적절한 것은?

학습 목표	물이 얼 때의 무게와 부피 변화를 관찰할 수 있고, 우리 주변에서 물이 얼 때의 변화에 대한 예를 찾을 수 있다.
단계	활동내용
참여	○ 겨울철에 날씨가 추워져 수도관이 터지는 이유를 생각해보고 자신의 생각을 말해 보도록 한다.
(가)	모품별로 '물이 얼 때의 무게와 부피 변화'에 대해 문제를 설정하고, 그 결과를 예상해보게 한 다음에, 아래에 제시된 실험 준비물을 활용한 실험을 통해 이를 검증하도록 한다. [실험준비물] 시험관(10ml), 고무마개, 유성 펜, 전자 저울, 비커(250ml), 얼음, 소금, 물, 유리 막대, 약숟가락, 페트리 접시 [실험과정] <생략>
설명	○ 실험결과를 토대로 '물이 얼 때의 무게와 부피 변화'를 설명하도록 한다. ○ 동료 학생들과 각자의 설명을 비교해보도록 한다. ○ 교사는 관련된 이론, 개념, 법칙 등을 활용하여 실험 결과를 설명한다.
(나)	○　　　　<생략>
(다)	○　　　　<생략>

① (가)의 실험과정에서, 시험관에 물을 가득 채운 다음 고무마개로 막고 뿔을 얼리는 것이 좋다.

② (가)의 실험과정에서 비커에 얼음과 소금을 함께 넣으면 얼음만 넣은 경우보다 얼음을 더 오래 보존할 수 있다.

③ (나)는 '정교화'단계로, 이는 '물이 얼 때의 무게와 부피 변화'에 대한 실험과정에서 개선해야 할 점을 찾아내어 실험절차를 정교화하는 것을 의미한다.

④ (다)는 '평가'단계로, 포트폴리오 평가와 같은 수행평가 방식을 지양하고 지필평가를 실시하며, 이 수업 모형의 특성상 다음 차시와 관련된 질문을 하지 않는다.

⑤ 물이 얼음으로 변할 때 부피가 증가하는 것은 물 분자들이 3차원적 수소 결합에 의한 결정구조를 형성하여 물 분자 사이의 공간이 넓어지기 때문이다.

23. 다음은 3학년 '자석의성질'단원에서 A학생이 수행한 탐구활동 내용이다. 이와 관련된 설명으로 옳은 것을 <보기>에서 모두 고르면?

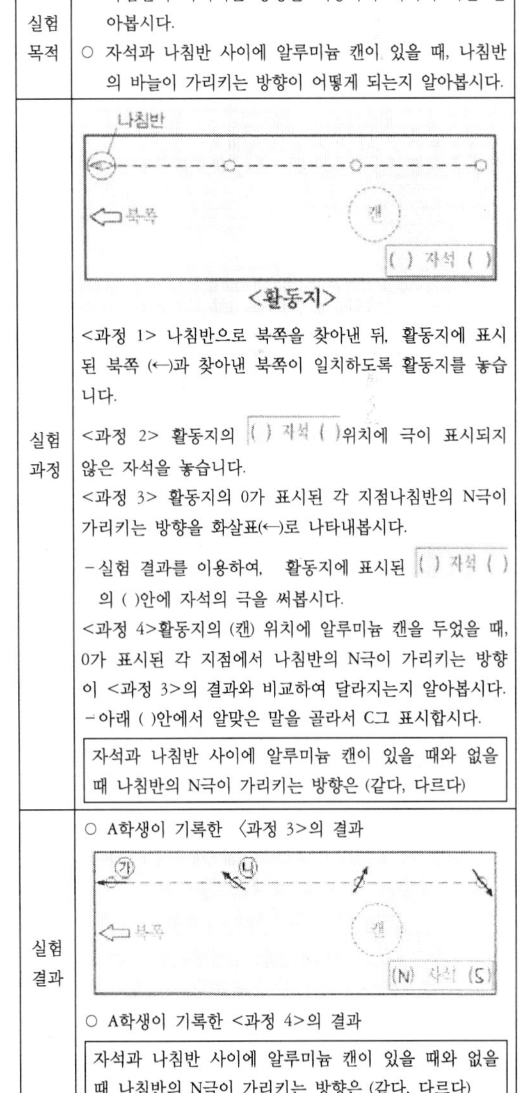

실험 목적	○ 나침반이 가리키는 방향을 이용하여 지석의 극을 알아봅시다. ○ 자석과 나침반 사이에 알루미늄 캔이 있을 때, 나침반의 바늘이 가리키는 방향이 어떻게 되는지 알아봅시다.
실험 과정	<과정 1> 나침반으로 북쪽을 찾아낸 뒤, 활동지에 표시된 북쪽 (←)과 찾아낸 북쪽이 일치하도록 활동지를 놓습니다. <과정 2> 활동지의 ( ) 자석 ( ) 위치에 극이 표시되지 않은 자석을 놓습니다. <과정 3> 활동지의 ○가 표시된 각 지점나침반의 N극이 가리키는 방향을 화살표(←)로 나타내봅시다. －실험 결과를 이용하여, 활동지에 표시된 ( ) 자석 ( ) 의 ( )안에 자석의 극을 써봅시다. <과정 4>활동지의 (캔) 위치에 알루미늄 캔을 두었을 때, ○가 표시된 각 지점에서 나침반의 N극이 가리키는 방향이 <과정 3>의 결과와 비교하여 달라지는지 알아봅시다. －아래 ( )안에서 알맞은 말을 골라서 C그 표시합시다. 자석과 나침반 사이에 알루미늄 캔이 있을 때와 없을 때 나침반의 N극이 가리키는 방향은 (같다, 다르다)
실험 결과	○ A학생이 기록한 〈과정 3>의 결과 ○ A학생이 기록한 <과정 4>의 결과 자석과 나침반 사이에 알루미늄 캔이 있을 때와 없을 때 나침반의 N극이 가리키는 방향은 (같다, 다르다)

ㄱ. 실험결과에 제시되어 있는 <과정 3>의 결과를 볼 때, A학생
   은 나침반의 N극이 가리키는 방향에 근거하여 자석의 극을
   옳게 찾아냈다.
ㄴ. 실험결과를 보면, ㉮ 지점 에서 지구자기장의 세기가 ㉯지점
   에서 보다 더 크다는 것을 알 수 있다.
ㄷ. 이 실험결과로부터 A학생이 "자석과 나침반 사이에 어떤 종
   류의 금속이 있어도 나침반이 지석으로부터 받는 힘은 달라
   지지 않는다."라고 일반화하였다면 이는 옳은 판단이다.

① ㄱ　　② ㄴ　　③ ㄷ　　④ ㄱ, ㄴ　　⑤ ㄴ, ㄷ

24. 다음은 4학년 '열전달과 우려 생활'단원의 '얼음녹이기'와 관련
된 탐구활동 과정에서 학생들이 나눈 대화의 일부이다. 이에 관한
설명으로 가장 적절한 것은?

영수: 얼음을 그대로 둔 것, 얼음을 솜으로 싼 것, 얼음을 솜으로
   싸고 알루미늄 포일로 한번 더 싼 것 중 어느 경우의 얼음이 가
   창 빨리 녹을까?

효진: 얼음을 솜으로 싼 것이 가장 빨리 녹을 거야.
영희: 아니, 얼음을 그냥 두는 것보다 솜으로 싸면 더 천천히 녹
   을 거야.
영수: 만일 얼음을 솜으로 싸고, 이를 알루미늄 포일로 한 번 더
   싸면 얼음이 더 천천히 녹을 테고
민수: 하지만 영수처럼 하면 알루미늄 포일은 열을 잘 전달하기
   때문에 오히려 더 빨리 녹을 텐데.
영희: 그러면, 실험을 통해 세 가지 경우를 비교해보자. ㉠ 세 가
   지 경우 모두 얼음의 모양과 크기를 같게 하고, 같은 곳에
   두고 비교해야 해.
(학생들이 실온에서 직접 실험을 수행해본다.)
민수: 어? 솜 위에 알루미늄 포일로 한 번 더 싼 얼음이 가장 적
   게 녹았네. 야마 실험과정에서 무슨 문제가 생겼을 거야.
   ㉡ 보고서에는 세 가지 경우 중, 솜으로만 싼 경우가 가장
   적게 녹았다고 쓰자.
<생략>

① ㉠에서 실험을 시작할 때의 얼음 모양과 크기, 그리고 두는 장소
   는 종속변인에 해당한다.
② ㉡에서 민수의 제안은 실험을 통해 얻은 증거에 근거한 것이다.
③ 세 가지 경우 중, 얼음을 그대로 두는 경우가 얼음 위로 상승 하
   는 공기의 양이 가장 많기 때문에 얼음이 가장 빨리 녹는다.
④ 음을 솜으로 싸면, 솜 안의 공기가 열을 잘 전도하지 않기 때문
   에 그대로 두는 경우보다 얼음이 더 천천히 녹는다.
⑤ 얼음을 싼 솜 위에 알루미늄 포일로 한 번 더 싸면, 열의 천도

현상에 의해 알루미늄 포일이 얼음의 온도를 더 낮추기 때문에
솜으로만 싼 경우보다 얼음이 더 천천히 녹는다.

25. 다음은 예비교사인 김 교사가 연속된 3일간의 일기도를 이용하
여 넷째 날의 날씨를 예보하는 활동을 하면서 학생과 나눈 대화
의 일부이다. 이와 관련된 설명으로 가장 적절한 것은?

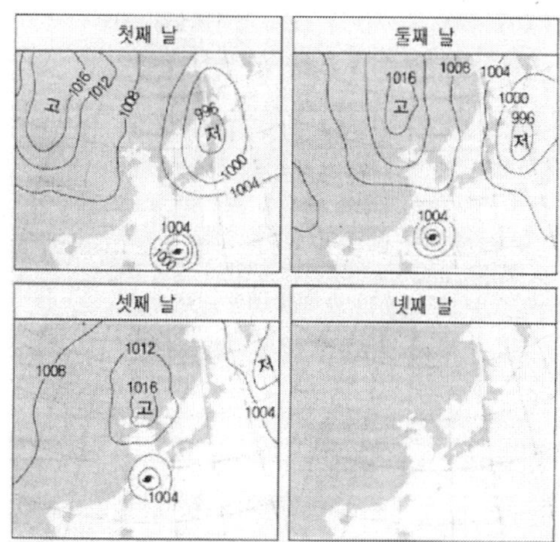

김 교사: 연속된 3일간의 일기도를 보고 넷째 날의 날씨를 예상
   해봅시다.
학생: 3일간의 일기도를 보면 고기압이 몽골 쪽에서 만주 지방을
   거쳐 점차 우리나라 북쪽으로 오고 있어요. 하지만 넷째
   날 다시 서쪽으로 되돌아갈 수도 있지 않을까요?
김 교사: 그렇게 생각할 수도 있지만, ㉠ 우리나라에서 고기압
   이냐 저기압은 대체로 서쪽에서 동쪽으로 이동하거든.
학생: 첫째 날 일기도를 보면 대풍의 기압이 일본 쪽에 있는 저
   기압보다 높아요. ㉡ 태풍과 일본 쪽에 있는 저기압이 서
   로 가까이 있으면 태풍을 고기압으로 볼 수 있나요?
김 교사: 일기도만으로 본다면 둘의 중심기압은 거의 같아. 그리
   고 태풍은 항상 저기압이란다.
학생: 넷째 날 우리나라 서남쪽 지방에 태풍이 도착할 것 같아요
김 교사: 그래, 우리나라에 바람이 점차 강하게 불겠지.

① 지난 3일간의 일기도를 근거로 하여 넷째 날의 날씨를 예상 하
   게 하는 활동은 내삽에 해당한다.
② 중위도 편서풍 지대에 속하는 우리나라의 기상 현상은 대체로
   동쪽에서 서쪽으로 이동하기 때문에 ㉠은 잘못된 진술이다.
③ ㉡과 같은 질문에 대해 지도할 때 학생들이 고기압과 저기압에
   대해 오개념을 갖지 않도록 저기압은 중심기압이 1기압(=1013
   hPa) 미만인 것으로 정의된다는 것을 강조한다.
④ 일기도의 저기압 중심부에서 단열 팽창을 하며 상승하는 공기
   덩어리의 기온이 이슬점에 도달하면, 물의 기화가 일어나 수증
   기로 되면서 구름이 형성된다.
⑤ 일기도로부터 셋째 날 태풍의 중심기압은 둘째 날에 비해 높아
   졌다는 것을 알 수 있다.

26. 다음은 6학년 '동물과 함께 하는 생활', '간단한 생활용품 만들기', 그리고 5학년의 '쾌적한 주거환경' 단현의 학습내용과 관련한 상황이다. 6학년인 경희와 엄마의 대화에서 밑줄 친 부분에 대한 <보기>의 설명 중 옳은 것을 모두 고르면?

경희: 엄마, 저도 집에서 강아지 키우고 싶어요. 한 마리만 사주세요.

엄마: 안 돼! 엄마 일거리만 더 늘 거야.

경희: 아녜요. 제가 잘 키울 수 있어요. 학교에서 애완동물 기르는 법도 배웠어요! 애완동물을 기르면 아동발달에도 도움이 된대요.

엄마: 강아지를 키우다 보면 자주 짖어서 옆집에 방해도 될 수 있고, 냄새도 나고, 배변시키는 것도 그렇고, (가)애완견을 기를 때 지켜야 할 공공 예절이 한두 가지가 아니던데?

경희: 제가 찰 키울 자신 있어요. 실과 시간에 (나)강아지 관리하는 방법도 다 배웠어요.

엄마: 정말?

경희: 앞으로 집안 청소도 열심히 돕고 (다)쓰레기 버리는 것도 제가 할게요.

엄마: 좋아, 한 마리 키우도록 하자.

경희: 엄마! 감사합니다. 실과 시간에 배운 (라)손바느질 실력을 발휘하여 강아지에게 깔아줄 방석도 마련해 줄 거예요.

<보 기>

ㄱ. (가)의 경우, 공공장소에 갈 때는 목줄을 채우고 배변 봉투를 챙기도록 한다. 특히, 도서관이나 음식점에는 데리고 가지 않는 것이 바람직하다.

ㄴ. (나)의 경우, 좋지 않은 냄새를 방지하기 위하여 강아지 목욕과 발톱 깎기를 매일 해준다.

ㄷ. (다)의 경우, 생활쓰레기 중 백열전구, PET 용기, 음료수 캔, 유리병, 도자기는 폐기용으로 분류하여 배출한다.

ㄹ. (라)에서, 손바느질 방법 중 박음질은 홈질보다 더 튼튼하게 바느질할 때 사용하는 방법이다.

① ㄱ, ㄹ ② ㄴ, ㄷ ③ ㄷ, ㄹ ④ ㄱ, ㄴ, ㄷ ⑤ ㄱ, ㄴ, ㄹ

27. 김 교사는 5학년 '목채풍구상과 만들기' 단원의 활동과제로 학생이 만들고 싶은 목제품을 스스로 구상하여 질제로 제작하도록 하였다. 다음은 A학생이 구상한 목제품의 구상도와 재작도, 그리고 이를 제작하기 위하여 사용한 준비물 및 제작과정을 기록한 내용의 일부이다. 이에 대한 설명으로 옳은 것을 <보기>에서 모두 고르면?

활동 \ 구상품		조립과 분리가 가능한 냄비 받침대
구상도 및 제작도 그리기	구상도	[단위 : mm]
	(가) 제작도	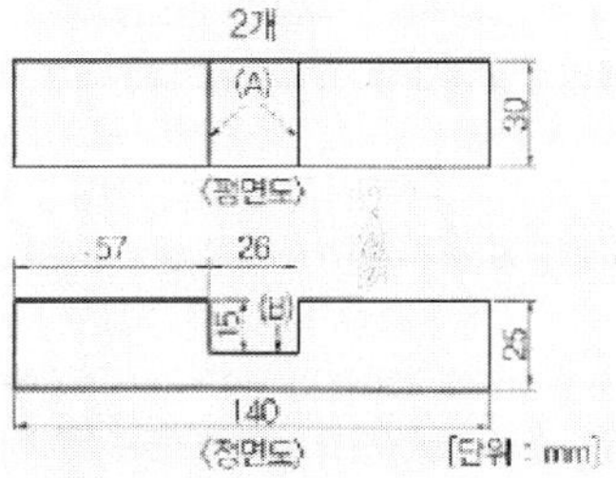 2개 〈평면도〉 (A) 30 57 26 (B) 15 25 140 〈정면도〉 [단위 : mm]
재료 및 공구 준비	재료	소나무(25x30xmJmm): 1개 사포('22#0, mJ#): 각 10장 니스, 연필
	공구	양날톱, 등대기톱, 귀얄, 평끌, 장도리, 직각자, 곱자, 평줄(세목)
제작 과정	곱자를 사용하여 제작돼 최종 완성 치수대로 목채에 선을 긋는다. 양날톱으로 냄비 받침대 길이만큼 자른다. -(나)제작도의 (A)부분은 등대기톱으로 여분 없이 최종 완성 치수대로 그어진 선 위를 따라 자른다. -제작도의 (B)면 가공은 (A)부분을 먼저 톱질한 후, 평끌과 장도리를 사용하여 파낸다. -톱질한 부분들을 평줄로 가공한다. -직각자로 부품의 모서리 면들이 직각을 이루고 있는지를 점검한다. -(다)톱질 된 표면을 가공할 때 200번(200#)사포를 사용 하여 먼저 다듬고, 마무리 작업은 600번(600#)사포를 사용하여 다듬는다. -귀얄로 니스를 철한다. <이하 생략>

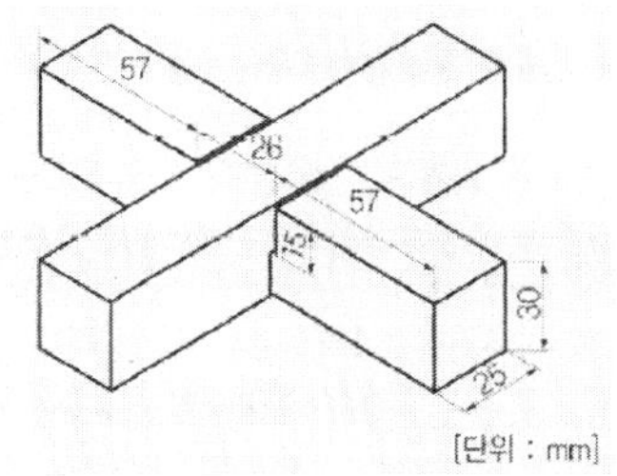

<보 기>

ㄱ. (가)의 제작도는 구상도에 따라 옳게 그려졌다.

ㄴ. (나)의 마름질하기는 옳게 하였다.

ㄷ. (다)와 같은 순서대로 사포를 사용하면 표면을 더 매끄럽게 가공 할 수 있다.

① ㄱ ② ㄴ ③ ㄷ ④ ㄴ, ㄷ ⑤ ㄱ, ㄷ

28. (가)는 2007년 개정설과 교육과정의 내용체계 중 식생활과 관련
된 부분을 제시한 것이고 (나)는 교육실습 중인 예비교사들이 식생활
관련 단원의 수업 계획에 대하여 나눈 대화의 일부이다. 철과 교육
과정에 비추어 볼 때, (나)에서 옳게 말한 예비교사를 모두 고르면?

	<5학년>	<6학년>
(가)	- 나의 영양과 식사 - 영양과 식품 　간단한 조리	- 간단한 음식 만들기 - 건강한 먹거리의 마련음식 　만들기
(나)	A 예비교사: 5학년의 '영양과 식품' 단원을 지도할 때, 식사를 명가해 보는 활동을 하려고 해요. 식품구성자전거의 뒷바퀴에는 영양적으로 균형 잡힌 식사를 위해 섭취해야 하는 6가지 식품군과 각 식품군의 상대적 섭취 비용이 나타나 있으므로, 이를 식사 명가 및 계획에 활용할 수 있도록 아이들을 지도할 계획입니다. B 예비교사: 저는 5학년의 '간단한 조리'단원에서 물을 이용한 조리 방법에 대한 실습으로 감자찌기를 하려고 해요. 그런데 앞서 배운 내용과 연계하였을 때 캔 감자를 영양적으로 균형 잡힌 한 끼 식사거리로 보기는 어려우므로, 밥을 이용해 영양적으로 균형 잡힌 한 그릇 음식을 조리해 보는 활동을 병행하여 아이들이 자신의 한 끼 식사를 직접 마련할 수 있는 능력을 갖출 수 있도록 지도할 계획입니다. C 예비교사: 저는 6학년 수업을 맡았는데, 요즘 아이들은 밖에서 가공식품을 사먹는 경우가 많으므로 1 '건강한 먹거리의 마련'단원에서 가공식품의 영양표시에 대해 지도하려고 해요. 예를 들어, 총 3회 제공량이 한 봉지로 포장된 과자의 경우, '영양성분' 공시란에 제시된 '영양소함량'과 '%영양소기준치(1일 영양소 기준치에 대한비율)'은 그 제품의 v3 봉지에 해당하는 '1회 제공량'을 기준으로 한 것임을 강조하여 지도할 계획입니다.

① A 예비교사　② B 예비교사　③ C 예비교사
④ A 예비교사 B예비교사　　⑤ A 예비교사 C 예비교사

〈슬기로운 생활〉

29. 다음은 2학년 '우리나라 사계절의 날씨와 특징을 살펴봅시다'
주제와 관련하여 두 교사가 나눈 대화이다. 학생들에게 보여줄 수업
자료 (가) - (라) 관한 설명으로 적절한 것을 <보기>에서 고르면?

> 김 교사: (가) 4계절 날씨의 특징을 참 보여 주는 자료를 찾고 있
> 어요. 사진으로 보여 주면 좋겠는데 그걸 잘 보여 주는
> 사진은 구하기 참 어렵네요.
> 이 교사: 맞아요, 특히 (나)봄날씨만의 특정을 잘 보여주는 사진
> 은구하기 어렵지요.
> 김 교사: 네, 대신 화사한 벚꽃 사진이라도 보여 줄 수 있어 다
> 행이지요.
> 이 교사: 여름 날씨의 경우 (다)장마를 생활과 관련지어 설명하기
> 위한 자료에는 어떤 것들이 있을까요?
> 　　　　　　　　　　　<중략>
> 김 교사: 그런데 (라)겨울 날씨의 특징을 잘 보여 주는 사진은 구
> 하기 쉬운 편이죠.

<보 기>

> ㄱ. (가)의 예로는 우리나라 주변의 계절별 기단 배치도가 있다.
> ㄴ. (나)의대표적인 것으로는 구름이 거의 없는 맑고 파란 하늘사
> 진이 있다.
> ㄷ. (다)로는 신문에 나오는 빨래 지수나 날씨 아이콘들을 모아
> 활용할 수 있다.
> ㄹ. (라)의 예로는 눈 내린 거리나 처마 끝에 달린 고드름 사진이
> 있다.

① ㄱ, ㄴ　　　　　② ㄱ, ㄷ
③ ㄴ, ㄷ　　　　　④ ㄴ, ㄹ　　　　　⑤ ㄷ, ㄹ

〈즐거운 생활〉

30. 다음은 2학년 '아름다운 우리나라' 단원의 차시별 주제와 교수
학습 목표이다. (가) - (마) 따른 지도 내용으로 옳지 않은 것은?

차시	주제	교수·학습 목표
1	우리나라 주제망짜기	(가) 학습 주제망을 짠다
2-3	아름다운 한복	한복을 살펴보고 우리나라 전통을 경험한다.
4-5	부채와 부채춤	(나) 부채를 만들어 간단한 부채춤 동작을 할 수 있다.
6-7	팽이놀이	(다) 친구들과 함께 팽이놀이를 한다.
8-9	사물놀이 감상	(라) 간단한 장단을 치며 사물놀이를 경험한다.
10-11	태권무 따라하기	태권무를 감상한다.
12	여러 나라의 민속춤 감상	(마) 여러 나라의 민속춤을 감상한다.

① (가)에서는 신체 활동, 음악 활동, 조형 활동의 3가지 영역으로
나누어 주제망을 짜도록 지도한다.
② (나)에서 정확한 부채춤 동작을 익히도록 하는 데 중점을 두어
지도한다.
③ (다)에서 우리나라의 전통놀이를 알아보고, 종이 팽이를 직접 만
들어 돌려 보도록 지도한다.
④ (라)에서는 꽹과리, 장구, 북, 징에 대해 알아보고 사물놀이의 기
본 장단을 쳐 보도록 지도한다.
⑤ (마)에서 여러 나라의 민속춤 동영상을 감상하게 하고, 동영상에
나온 춤에 대해 간단히 설명해 준다.

〈바른생활〉

31. 다음은 2학년 '함께 사는 우리' 단원 중 한 차시의 수업 계획이
다. (가) - (마)에 대한 설명으로 옳은 것을 <보기>에서 고르면?

수업목표	다른 사람을 배려해야 하는 까닭을 알고, 이를 실천하려는 마음을 갖는다.
중점활동	서로를 배려하는 모습 알아보기

<table>
<tr><td rowspan="7">수
업
활
동</td><td rowspan="2">학습문제
인지하기</td><td>(가) <u>우리 마을에서 휠체어를 타고 갈 수 없</u>
<u>는 곳 찾아보기</u>
교과서의 '마음열기' 그림에 대해 이야
기 나누기</td></tr>
<tr><td>(나) ____________________</td></tr>
<tr><td rowspan="3">바른 행동
알아보기</td><td>(다) <u>'배려'의 뜻을 알아보기</u>
배려하지 않아 다른 사람에게 피해를
주는 상황 생각해 보기
다른 사람을 배려한 모습 생각해 보기</td></tr>
<tr><td rowspan="2">실전 동기
부여하기</td><td>(라) <u>다른 사람을 배려해야 하는 까닭 생각</u>
<u>하기</u>
나의 생활을 되돌아보고 평가하기</td></tr>
<tr><td>주제 학습
마무리</td><td>(마) ____________________</td></tr>
</table>

<보 기>

ㄱ. (가)에서는 『슬기로운 생활』의 '우리마을 살펴보기' 제재와
연계하여 지도하는 것이 바람직하다.
ㄴ. (나)에서는 학습 주제와 과제를 교사가 사전에 상세히 제시하
고 이를 학생들이 시각화하도록 지도하는 것이 바람직하다.
ㄷ. (다)에서는 개념분석 수업모형을 적용하는 것이 바람직하다.
ㄹ. (라)에서는 『생활의 길잡이』에 있는 '여우와 두루미' 이야기
를 소재로 하는 것이 바람직하다.
ㅁ. (마)에서는 배려 실천을 다짐하는 조별 발표회를 해보는 것이
바람직하다.

① ㄱ, ㄴ, ㄷ　　② ㄱ, ㄴ, ㄹ　　③ ㄱ, ㄹ, ㅁ
④ ㄴ, ㄷ, ㅁ　　⑤ ㄷ, ㄹ, ㅁ

〈체육〉

32. 다음은 3학년 <건강 활동> '몸의 자세와 건강'을 지도하는 과
정을 간략하게 제시한 것이다. (가) ~ (라)에 대한 학생의 설명 중
적절한 것을 <보기>에서 고르면?

단원	건강 생활의 첫걸음	차시	2/7
학습 제재	몸의 자세와 건강		
학습 목표	일상적인 신체 활동을 할 때의 바른 자세를 이해하고 방 법을 익혀 꾸준하게 실천할 수 있다.		
단계	교수·학습 활동		
도입	○ 동기 유발 ○ 학습 활동 안내		
전개	○ 활동 1: 일상생활 속의 바른 자세 익히기 　-바른 자세와 바르지 않은 자세를 구분하기 　-'바르게 앉기' 자세 익히기 　-'바르게 서기' 자세 익히기 　-'바르게 눕기' 자세 익히기 　-(가) <u>'바르게 걷기' 자세 익히기</u> 　　(나) <u>'물건 들기' 자세 익히기</u>		

○ 활동 2: 운동할 때 주의해야 할 자세 알아보기
　-운동할 때 기본자세의 중요성 알기
　-(다) <u>줄넘기할 때 주의해야 할 자세 알기</u>
　-(라) <u>달리기할 때 주의해야 할 자세 알기</u>

정리	○ 학습 정리 ○ 평가 및 반성 ○ 차시 예고

<보 기>

ㄱ. (가): 걸을 때는 몸에 힘을 빼고 허리를 수직으로 세웁니다.
턱은 약간 당기고 시선은 정면을 향하게 하는 것이 좋아요.
다리를 쭉쭉 펴면서 보폭을 작게 하고, 발끝으로 바닥을 뒤
로 밀어야 해요
ㄴ. (나): 물건을 들어 올릴 때는 무릎을 편 상태에서 허리를 굽
히고, 다리에 힘을 주며 일어서야 해요
ㄷ. (다): 줄넘기에서, 뛰어오를 때에는 무릎의 반동을 이용하여야
해요.
ㄹ. (라): 달리기를 할 때는, 팔의 각도는 90도를 유지한 채 팔꿈
치가 허리 부근을 스치도록 가볍게 흔들어요. 이때 손이 가
슴 높이 이상 올라가지 않도록 하며 어깨의 힘을 빼요.

① ㄱ, ㄴ　　② ㄱ, ㄹ　　③ ㄴ, ㄷ　　④ ㄴ, ㄹ　　⑤ ㄷ, ㄹ

33. 다음은 3학년 교과서 <도전 활동> '빠르게 달리기'의 교수·학
습 지도안을 짜기 위해서 수집한 아이디어와 그것을 활용 방법 또
는 활용 이유를 제시한 것이다. 실제 수업에서 채택하기에 적절한
것을 모두 고르면?

항목	아이디어	활용 방법 또는 활용 이유
(가)	'빠르게 달리기' 출발법 을 익히는 데 도움이 되 는 동영상 및 사진 자료 를 수집하여 보여준다.	출발법을 가르칠 때는 빠르게 출발하기 위해 몸의 중심을 앞 으로 하여 출발하는 것을 강조 한다.
(나)	준비 운동으로 '신문지 가슴에 대고 빨리 달리 기' 게임을 활용한다.	'신문지 가슴에 대고 빨리 달리 기' 게임은 본 운동과 유사하여 본 운동에 대한 흥미를 유발할 수 있으므로 준비 운동으로 적 합하다.
(다)	'발걸음 넓히기' 연습을 위해 '한꺼번에 여러 계 단 오르기'를 활용한다.	한꺼번에 여러 계단을 오르려 면, 자신의 능력 범위 안에서 최대한 발걸음을 넓혀야 하므 로, '한꺼번에 여러 계단 오르 기'는 '발걸음 넓히기' 연습으 로 적합하다.
(라)	'빠르게 달리기'를 잘하 기 위해 다리 운동, 팔굽 혀펴기, 윗몸일으키기를 하도록 권장한다.	'빠르게 달리기'를 비롯한 달리 기 운동은 전신을 사용하는 운 동이므로, 다리 운동뿐만 아니 라 팔굽혀펴기, 윗몸일으키기도 보강운동으로 적합하다.

① (가), (나)   ② (가), (다)   ③ (나), (라)
④ (가), (다), (라)   ⑤ (나), (다), (라)

34. 다음 중 6학년 <경쟁 활동>의 수업에 적절한 지도 방법을 말하고 있는 교사를 고르면?

홍 교사: '네트형 결쟁 활동'수업에서 우선적으로 기본 운동 기능을 연습시켰지요. 그런 다음 기본자세와 운동 기능의 향상 정도를 평가하기 위해서 쪽지 시험을 보게 하고 피드백을 해주었지요.

성 교사: '족구형 게임' 수업에서, 다루기 쉬운 소프트발리볼공을 사용하고 발과 함께 손까지 사용하는 등 학생들이 스스로 만든 규칙으로도 게임을 해보게 했어요.

이 교사: '배드민턴형 게임' 수업에서, 먼저 배드민턴의 기본 기능을 익히도록 했어요. 서브할 때는 허리 아래에서 셔틀콕을 쳐 리시버가 있는 코트로 빠르게 넣도록 지시하고, 리시브 할 때는 상대가 서브한 셔틀콕을 되받아 넘기기 위해 셔틀콕에 집중하도록 지도했어요.

김 교사: '배구형 게임' 수업을 할 때, 난이도를 달리하여 A 장소에서는 기본자세, B장소에서는 패스(토스), C장소에서는 강하기 쳐보기(스파이크)기능을 익히도록 청했어요. 그리고 학생들을 세 모둠으로 나누어 1모둠은 A→B→C, 2모둠은 B→C→A, 3모둠은 C→A→B 순으로 연습하도록 했어요.

---

① 홍교사, 성교사   ② 홍교사, 이교사   ③ 성교사, 이교사
④ 성교사, 김교사   ⑤ 이교사, 김교사

35. 다음은 체육과 교육과정 3~6학년 <표현 활동>의 내용 체계이다. ㉠~㉤에 대한 지도 내용이나 지도 방법으로 적절하지 않은 것은?

학년	대영역		내용 요소	실체 활동 선택 예시
3학년	㉠ 표현 활동	움직임 표현	· 움직임 언어와 표현 요소 · 표현 방법 및 감상 · 신체 인식	㉡
4학년		리듬 표현	· 유형과요소 · 표현 방법 및 감상 · 적응력	㉢
5학년		㉣	· 종류와 특징 · 표현 방법 및 감상 · 자기 확신	우리나라 민속무용, 외국의 민속무용 등
6학년		주제 표현	· 구성 원리와 창작과정 · 표현 방법 및 감상 · 창의력	꾸미기 체조, 창작무용 등

① ㉠: 표현 방법의 체험보다는 표현의 동작 순서를 습득하는데 초점을 두어 지도한다.

② ㉡: 신체 활동 중 하나로 '친구와 함께 그림자놀이 하기'를 지도한다.

③ ㉢: 즉흥 표현, 리듬 체조, 음악줄넘기 등을 지도한다.

④ ㉣: 민속 표현 활동에 담긴 민족 문화적 특성을 체험하며, 자기 확신의 의미를 이해하고 실천하도록 지도한다.

⑤ ㉤: 창작, 공연, 감상의 다양한 차원으로 주제 표현 활동을 이해하고 적용할 수 있도록 통합적으로 내용을 구성하여 지도한다.

36. 다음은 4학년 <여가 활동> '여가와 놀이에 대하여'를 지도한 내용의 일부이다. 이에 대한 설명으로 적절하지 <u>않은</u> 것은?

○ 현대 사회가 일보다는 여가 중심의 사회로 변모하면서, 여가 시간은 갈수록 늘어날 전망이다. 학교에서도 주 5일제 수업이 전면적으로 도입될 예정이어서, 체계적인 여가 교육의 필요성이 대두되고 있다. 따라서 학생들이 바람직한 여가 활동을 도모할 수 있도록 체계적이고 건설적인 여가 교육이 필요하다.

○ 여가는 늘 하던 공부나 일에서 벗어나 자유롭게 보내는 시간을 말한다.

○ 놀이는 즐거움을 위해 여가 시간에 하는 자유로운 활동으로, 운동형 놀이, 지능형 놀이, 사회형 놀이 등으로 분류할 수 있다.

---

① 프로야구 선수가 휴일에 시간을 보내기 위해 자녀와 함께 하는 야구는 여가 활동이다.

② 놀이 과정에서 사회적 규칙을 익히고, 공동체 의식을 기르며 사회성 발달을 도모할 수 있다

③ 놀이의 가치 중 하나는 놀이 환경을 창의적으로 해석하고, 다양한 형태로 표현함으로써 창의성 발달에 도움을 준다는 것이다.

④ 운동형 놀이는 기초적 신체 운동 능력이나 기능이 요구되는 활동으로, 이에 속하는 놀이에는 달리기, 줄넘기, 공놀이 등이 있다.

⑤ 지능형 놀이는 지적인 사고 능력이나 합리적인 선택이 요구되는 활동으로, 이에 속하는 놀이에는 소꿉장난, 병정놀이 등이 있다.

〈**음악**〉

37. 다음은 5,6학년 음악 교과서에 제시된 악곡의 일부이다. 이 악곡들을 제재곡으로 하여 수업을 할 때, 지도 내용으로 적절하지 않은 것은?

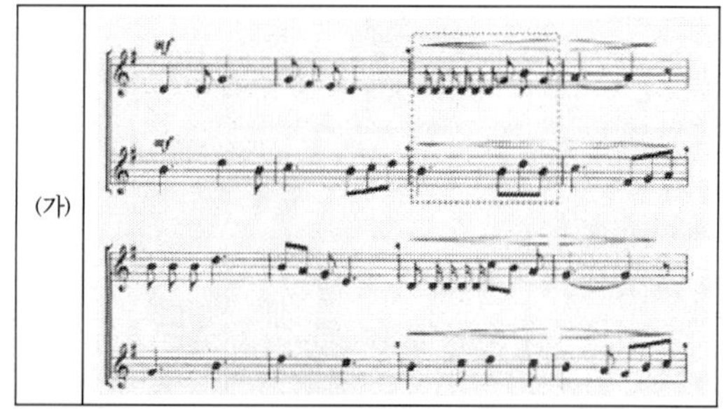

① (가)의 가락을 계이름으로 보고 부르도록 지도한다.

② (가)의 ⬚ 부분을 사장조의 으뜸화음으로 반주해 주면서 화음감을 느끼도록 지도한다.

③ (가)는 리코더 2중주로 연주하도록, (나)는 부분 2부 합창으로 부르도록 지도한다.

④ (가), (나) 각각의 제시된 셈여림을 살려 노래 부르도록 지도한다.

⑤ (가), (나)의 박자인 $\frac{3}{4}$ 박자를 활용하여 리듬 짓기를 하도록 지도한다.

38. 다음은 국악 공연 프로그램의 일부이다. 이 공연을 강상한 후 학생들이 밑줄친 악곡에 대해 조사한 내용 중 가장 적절한 것은?

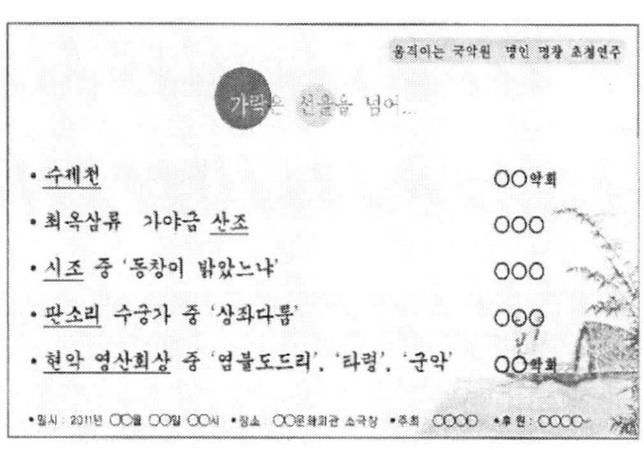

① 문영: 수제천은 주로 궁중잔치에 쓰이는 음악으로 삼현육각 편성에 소금, 아쟁 등이 곁들여지기도 합니다.

② 진아: 산조는 기악 합주곡의 하나로 빠른 장단에서 시작하여 점차 느린 창단으로 연주합니다.

③ 민철: 시조는 시조시를 노랫말로 하여 부르는 성악곡으로 로 4박과 6박의 장구장단이나 북장단에 맞추어 부릅니다.

④ 상철: 판소리는 여러 명이 분창하며 노래와 말로 긴 이야기를 엮어나가는 극음악입니다.

⑤ 승호: 현악 영산회상은 조선시대 선비들이 향유했던 대풍류 음악의 대표적인 곡으로 세피리를 사용하는 것이 특징입니다.

39. 다음은 '쾌지나 칭칭 나네'의 일부를 정간보로 제시한 것이다. 이와 관련된 지도 내용으로 가장 적절한 것은?

淋	서	汰汰	쾌지	淋	어절	汰汰	쾌지
		汰	나	淋	내천	汰	나
淋	산	汰	칭	淋	가하	汰	칭
潕	―			潕	슬슬		
潕	에	淋	칭	潕	앵앵	淋	칭
潢潕	지	淋	나	潢潕	초간	淋	나
淋	는			淋	앵앵		
				淋	도도		
淋㴲	해	淋	네	淋㴲	땅땅	淋	네
汰	―	潕	―	汰	―	潕	―
㴲	빠			㴲	다고		

① 이 정간보를 오른쪽에서 왼쪽으로 읽게 하고, 한 정간을 세 박으로 이해하도록 지도한다.

② 汰(태)는 떨어 올리는 음으로, 淋(임)은 꺾는 음으로 부를 수 있도록 시김새 지도를 한다.

③ 가창 지도를 할 때, 육자배기조의 특성을 살려 메기고 받으며 노래 부르게 한다.

④ 굿거리 장단을 자진모리 장단으로 바꿔 치며 한배의 개념을 이해하도록 지도한다.

⑤ 단소와 소금의 운지법 지도에서 汰(태)음을 소리 낼 때, 단소는 제 1공을 막고, 소금은 제 1공과 제 2공을 막고 불게 한다.

40. 다음은 '방울꽃'의 일부이다. 김 교사는 코다이 리듬 음절을 사용하여 이 악보의 리듬을 지도하고자 한다. 부분에 해당하는 코다이 리듬 음절은?

① 타 티 타티 리 타 타
② 타 티 타팀 리 타 타
③ 타 티 타티 리 타아타아
④ 타 이티 타티 리 타 타
⑤ 타 이티 타팀 리 타아타아

41.다음은 6학년을 대상으로 하는 미술관 견학을 위혜 두 교사가 나눈 대화이다. (가)~(라)중 적절한 것을 고르면?

강 교사: 이번 달에 열리는 피카소 전시회에 현장 학습을 가려고해요
최 교사: 저도 미술관 견학을 계획 중이예요 제가 감상 활동지를 준비하고 있으니 강 선생님도 사용하세요.
강 교사: 감사합니다. 그런데 감상 활동지는 언제 나누어 주는 게 좋죠?
최 교사: (가)감상활동지는 반드시 미술관 견학이 끝난 후에 나누어 주어야 해요. 그런데, 이번 전시회에는 전시된 작품 수가 너무 많대요. 작품을 다 보려면 시간이 많이 걸릴 텐데.
강 교사: (나)그런 경우 모든 작품을 다 보려고 애쓰기보다는 주요한 일부 작품을 선정하여 관람하도록 지도할 수 있어요
최 교사: 이번 전시회에서는 피카소의 업체 작품도 전시된대요. 저는 (다)학생들이 양감과 절감을 충분히 느낄 수 있게 업체 작품은 만지면서 관람하도록 지도하려고 해요

강 교사: (라)우리 반은 감상 견학 후에 '나도 도슨트가 경험이 되어'라는 심화시키기 주제로 위해 작품 미술관 설명회 활동을 해볼 생각이에요.

① (가) (나)　②(가) (다)　③ (나) (다)　④ (나) (라)　⑤ (다) (라)

42. (가)는 오방색을, (나)는 먼셀(A. Munsell)의 10색상환을 나타낸 것이다. 이에 대한 설명으로 옳은 것을 <보기>에서 고르면?

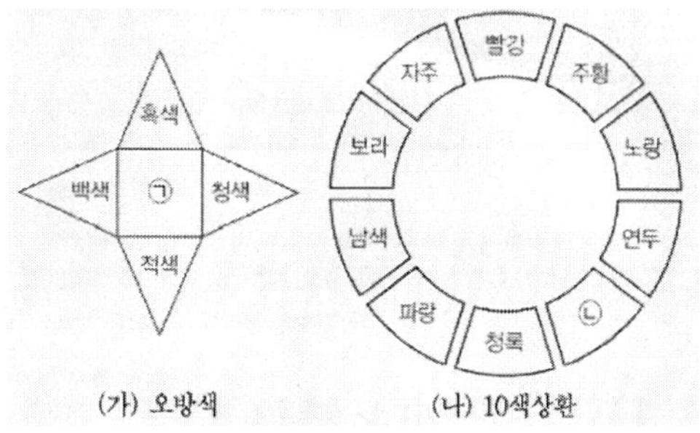

<보 기>

ㄱ. ㉠, ㉡에 들어갈 색상은 녹색이다
ㄴ. 무채색은 (가)에는 있지만, (나)에는 없다.
ㄷ. (가)의 적색과 백색은 음양오행설에서 양을 의미한다.
ㄹ. (나)의 빨강, 노랑, 파랑으로 (나)에 배열된 색을 모두 만들어 낼 수 있다.

① ㄱ, ㄴ　②ㄱ, ㄷ　③ㄴ, ㄷ,　④ ㄴ, ㄹ　⑤ ㄷ, ㄹ

43. (가)는 서예 작품이고, (나)는 판화 작품이다. 이에 대한 설명으로 옳지 않은 것은?

(가) 판본체 서예 (학생 작품)　　(나) 고무판화 (학생 작품)

① (가)의 판본체 'ㅎ'에서윗점의 방향과 접필이 잘못되었다.
② (나)의 고무판을 팔 때에는 조각칼을 한 가지만 사용하면 단조로운 느낌이 플 수 있으므로 다양한 조각칼을 사용하도록 지도한다.
③ (가)전각에는 양각이 (나)의 고무판에는 음각이 주로 사용 되었다.
④ (가)의 전각과 (나)의 고무판을 파는 방법을 지도할 때 직접 교수법이 적절하다.
⑤ (가)의전각과 (나)의 고무판을 만들 때, 좌우가 바뀌어서 찍힌다는 것을 고려하도록 지도한다.

44. (가)~(다)는3학년 '관찰표현 '단원 수업의 첫 번째 활동에서, 세 명의 학생이 꽃을 보지 않고 평소 그리던 대로 그린 것이다. 이를 바탕으로 구상한 박 교사의 차후 수업 계획으로 적절한 것을 <보기>에서 고르면?

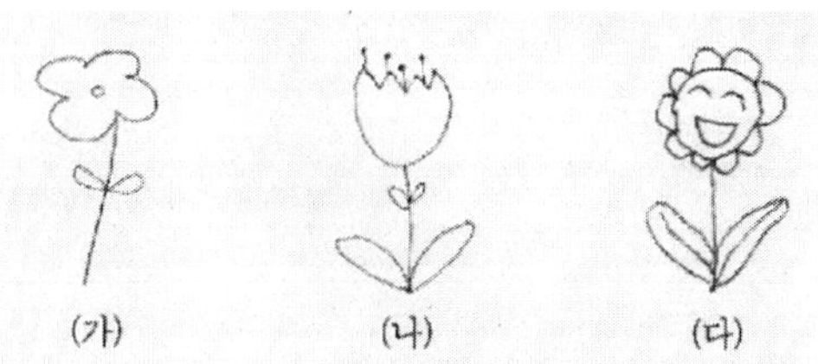

(가)　　　　(나)　　　　(다)

<보 기>

ㄱ. (가),(나),(다) 모두 미술 표현 발달 단계 중 '도식기'에 해당하는 작품이므로, 학생들이 도식적인 표현에서 벗어나도록 지도한다.
ㄴ. 자신의 꽃 그림과 실제 꽃을 비교하게 하여, 자세히 관찰해서 그리는 것이 필요하다는 것을 알도록 지도한다.
ㄷ. 관찰 표현에서는 시각적인 관창이 중요하기 때문에, 다른 감각 기관을 통한 탐색 활동은 배제한다.
ㄹ. 관찰 표현에서는 하므로 학생들의 실제를 사실적으로 그리는 것이 중요하므로 학생들의 느낌이나 개성이 표현되지 않도록 한다.

45. 다음은 6학년 일부를 'How Was Your Vacation?'수업의 제시한 것이다. 이에 대한 설명으로 적절하지 않은 것은?

> T: Minsu, how was your weekend?
> S: It was great T: What did you do?
> S.: I went to Gwangju and meet my grandmother.
> T: OK, you went to Gwangju and you meet … ? (meet에 강세를 두며)
> S: Yes, I meet my grandmother.
> T: You went toGwangju and meet your grandmother last weekend?
>   (meet과 last weekend에 강세를 두며)
> S: Ah, I met my grandmother.
> T: Great! So, what did you do over there?
> S: I was … ler … 방문했어요.
> T: OK You visited.
> S: Oh, I visited...I visited to ... 박물관.
> T: Yes, museum
> S: Right, I visited to museum
> T: Great .You visited a museum? (visited와 a에 강세를 두며)
> S: Yes. I visited a museum, Gwangju Mu 않run
> T: Very good. What did you see there?

① @ 학생이 모국어로 말한 부분을 영어로 고쳐 말해주고 있다. en
② 학생의 경험 내용을 바탕으로 하여 유의미한 활동을 하고 있다.
③ 확장 질문을 통해 학생이 이야기를 계속 이어갈 수 있도록 유도하고 있다.
④ 실수한 언어 형태에 대해 주의를 기울이도록 학생에게 신호를 주어 지도하고 있다.
⑤ 학생이 특정 언어 형태를 바르게 사용하도록 따라 하기 연습을 기계적으로 시키고 있다.

46. 다음은 정 교사가 진행한 6학년 May I Help You?의 교수·학습 활동의 일부이다. 이에 대한 <보기>의 설명 중 옳은 것을 모두 고르면?

> (교사는 아래의 6개 문장을 교실 벽 여기저기 잘 보이는 곳에 붙여 놓는다.)
>
> | I want to buy a toy for my brother | I will buy a pencil for my brother tomorrow. |
> | --- | --- |
> | I want to buy a baseball for my friend. | I want to buy a baseball for my friend. |
> | I want to buy a hat for my sister. | I will buy a bag for my sister tomorrow. |
>
> T: I want you to make groups of 4. (4명씩 모둠을 구성한다.)
> T: Good. Look around the classroom. Do you see the sentence strips on the walls?
> Ss: Yes.
> T: How many strips do you see?
> Ss: 6.
> T: I will explain how to play this game. First, choose a writer of your group. The other 3 persons are the readers. The readers should run to the strips and read the sentences. Then run back to the writer and tell the sentences to the writer. The writer writes down the sentences. When you finish writing all the six sentences, all group members stand up and read the sentences aloud together. Be careful with the spelling and punctuation. The group which finishes first is the winner.

<보 기>

> ㄱ. The teacher employs an extensive reading activity to improve students' reading fluency.
> ㄴ. The teacher helps students learn the sentence patterns by having them read and write the given sentences.
> ㄷ. This activity emphasizes students' cooperation to understand the meaning of the sentences.

47. 2008년 개정 영어과 교육과정에서는 초등영어 평가상의 유의점 을 제시하고 있다. 이 유의정과 관련하여 옳게 진술한 교사를 고르면?

> <교사 A>
> In the elementary English level, it's really important not have children feel psycho logical from English pressures assessment So, I try to assess children's English competence making them respond by nodding rather than responding on the paper. Listening test can be conducted through TPR asking children to react.
>
> <교사 B>
> Children' English achievement is diagnosed through summative assessment focusing on linguistic skills which are presented in the Nation Curriculum for elementary English and elementary English textbook. So I frequently provide students with facebook based on the results from the weekly tests to help students improve their competence in English, which is an important aspect of summative assessment.
>
> <교사 C>
> Assessment needs to be closely related to the contents taught in class and conducted mainly in product-oriented ways. As the main purposes of English assessment in elementary schools lie in figuring out their degrees of achievement, assessment tasks should be connected with classrroom activities. Role playing is a good way to assess students 'communication performance.
>
> <교사 D>
> Observation is an important way to assess children's affective domains. But for observations often cause lots of stress not only to students but also to teachers. So, I use pre-planned informal observation schedules including description and checklist, which is not a burden to my students and me.

① 교사 A, 교사 B   ② 교사 A, 교사 C   ③ 교사 A, 교사 D
④ 교사 B, 교사 C   ⑤ 교사 C, 교사 D

48. 다음은 김 교사가 진행한 수업의 일부이다. 이에 대한 <보기>의 설명 중 옳은 것을 모두 고르면?

T: Today we're going to talk about bears. What comes to your mind when you think of a bear?
3s: 꿀이요. 숲에 살아요. 귀여워요. 덩치가 커요…
T: 꿀, honey. 숲, forest. 귀엽다, cute.
(학생들이 말하는 단어를 칠판에 영어로 적는다.)
T: OK, class. Now, we have 6 words about bears. Honey, forest, cute, big… .Can you make a story with these 6 words?
S1: 어느 날 숲에 갔는데 귀여운 아기 곰을 만났어요. 아기 곰은 꿀을 먹고 있었어요.
T: 어느 날 숲에 갔는데 귀여운 아기 곰을 만났어요 아기 곰은 꿀을 먹고 있었어요. Good, Let's write this story in English. 어느 날 숲에 갔다. How do you say this in English?
S2: I … went er … forest …
T: Good. One day I went into the forest (영어로 말하며 칠판에 적는다.) Next, how do you say "귀여운 아기 곰을 만났다." in English?
(이런 방식으로 학생들의 이야기 여섯 문장을 영어로 칠판에 옮겨 적는다.)
T: Now, we have a story about a bear. Let's read the story together.
(학생들과 교사가 함께 두세 번 반복해서 읽는다.)

T: OK. Make 6 group.
(학생들은 6개 모둠을 구성한다.)
T: Ok I will give each group a sheet of paper and one sentence from our story. Group 1, you take the first sentence, 'One day I went into the forest' Group 2 takes the second sentence. …
(이런 방식으로 6개 모둠 모두에게 종이 1장과 문장 1개씩을 나누어 준다.)
T: Now, one person from each group writes the group s'sentence on the paper.
(각 모둠 중 한 명이 모둠에 할당된 문장을 종이에 적는다)
T: Are you finished? Ok, Draw a picture for your sentence on the back of your paper. (각 모둠은 할당 받은 문장에 대한 그림을 종이에 그린다.)
T: Are you done? OK Bring your picture to the front Tape it next to the sentence on the board. (모둠에서 한 명씩 나와 그림을 문장 옆에 붙인다.)
T: Good. Let's read the story together.
(학생들과 교사가 이야기를 큰 소리로 함께 읽는다.)
T: Good job. (칠판에 적혀 있는 각 문장의 동사를 지우며) Now, I'll see if you can read the story. Read the story again. (학생들이 빠진 단어를 포함하여 이야기를 읽는다.)
T: Excellent. I will erase one more word.(각 문장의 주어를 지우며) Can you read this?
(이런 방식으로 문장 전체가 지워질 때까지 진행한다.)
T: OK Now, can you tell the story without looking at any words? Who likes to come out and tell the story in front of the class?

<보 기>

ㄱ. 교사는 학생들로부터 이야기를 이끌어내어 수업을 진행하고 있다.
ㄴ. 교사는 음성언어 기능과 문자언어 기능을 통합하여 지도하고 있다.
ㄷ. 교사는 의미협상 활동을 활용하여 활발한 의사소통을 유도하고 있다.

① ㄱ　② ㄴ　③ ㄷ　④ ㄱ, ㄴ　⑤ ㄱ, ㄴ, ㄷ

〈창의적 체험 활동, 재량 활동〉

49. 다음은 누리 초등학교의 1~4학년 창의적 체험 활동 편성표이다. 2009 개정 교육과정에 비추어 볼 때, (가)~(마)에 대한 설명 중 적절한 것을 <보기>에서 고르면?

창의적 체험 활동 편성표

누리 초등학교

영역	활동	학년	
		1~2학년	3~4학년
(가)	적응활동	68	17
	자치활동	17	17
	행사활동	17	17
	(다)창의적 특색 활동	144	103
동아리 활동	<생략>	-	34
봉사 활동	교내 봉사 활동	4	2
	지역사회 봉사 활동	3	2
	자연 환경 보호 활동	3	2
	(라)캠페인 활동	3	2
(나)	자기 이해 활동	4	2
	진로정보 탐색 활동	3	2
	진로계획 활동	3	2
	진로 체험 활동	3	2
시간누계		272	(마)204

<보 기>

ㄱ. (가): 2009 개정 교육과정에서 신설된 영역으로 흥미와 소질, 적성을 파악하여 자기 정체성을 확립하는 것을 목표로 한다.
ㄴ. (나): 개정 교육과정에서는 자치활동의 하위 영역이었으나 2009 개정 교육과정에서는 4개 영역 중 하나로 범위가 확대되었다.
ㄷ. (다):학생 특색 활동, 지역 특색 활동, 학교 전통 수립 활동, 학교 전통 계승 활동 등을 포함한다.
ㄹ. (라): 2009 개정 교육과정에서는 '캠페인활동'에 각종 편견 극복에 대한 캠페인 활동이 포함된다.
ㅁ. (마): 3-4 학년은 연간 34주를 기준으로 2년간 210시간주를 까지만 운영할 수 있다.

① ㄱ, ㄴ　② ㄱ, ㄷ　③ ㄴ, ㅁ　④ ㄷ, ㄹ　⑤ ㄹ, ㅁ

50. 다음은 우리 초등학교의 6학년 2학기 재량 활동 운영 계획서의 일부이다. 2007년 개정 교육과정에 비추어 볼 때, ㉠~㉤에 대한 설명 중 가장 적절한 것은?

재량 활동 운영 계획서

우리 초등학교

월	운영 계획		
	구분	㉣	㉤
9	㉠ 활동 주제	다문화 교육	주제 탐구
	활동 시간	셋째 주 토요일 1~4교시	매주 금요일 4교시
	㉡ 활동 장소	<생략>	<생략>
	집단 편성	<생략>	<생략>
	교재 선정	교육청 자료	자체 구성
10	활동 주제	환경 교육	소집단 공동 연구
	활동 시간	매주 목요일 3교시	매주 화요일 4교시
	활동 장소	<생략>	<생략>
	㉢ 집단 편성	<생략>	<생략>
	교재 선정	외부 프로그램	자체 구성

① ㉠: 2007년 개정 교육과정에서 재량 활동에 배당된 시간은 학년별 연간 68시간(1학년 60시간)이나 학교 실정에 따라 시간을 증감할 수 있다.

② ㉡: 학교를 벗어난 지역 사회의 시설과 공간이 아닌, 학교의 시설과 장소만을 활용하여야 한다.

③ ㉢: 학년 통합을 제외한 개언이나 소집단, 학급, 능력별, 주제별 활동 등의 다양한 편성 방법을 활용할 수 있다.

④ ㉣: 학생들이 자유롭게 선택할 수 있는 학생 선택형과 학교에서 일부 영역을 제시하고 학생 관심사인 영역에서 선택을 병행하게 하는 학생 필수 이수형이 있다.

⑤ ㉤: 어느 특정한 학습 방법이나 형태를 의미하는 것이 아니라 학습자의 주도적 학습 능력을 신장시킬 수 있는 방법을 포괄적으로 지칭한다.

2012학년도 초등교사신규임용후보자선정경쟁시험 정답표 (교육과정)

문항번호	정답	배점	문항번호	정답	배점
1	④		26	①	
2	③		27	③	
3	④		28	⑤	
4	②		29	⑤	
5	①		30	②	
6	⑤		31	③	
7	①		32	⑤	
8	①		33	④	
9	⑤		34	③	
10	④		35	①	
11	⑤		36	⑤	
12	③		37	⑤	
13	③		38	①	
14	④		39	④	
15	②		40	⑤	
16	③		41	④	
17	①		42	④	
18	②		43	③	
19	④		44	①	
20	②		45	⑤	
21	②		46	②	
22	⑤		47	③	
23	①		48	④	
24	④		49	④	
25	⑤		50	⑤	

[ㄷ]

[ㄹ]

[ㅁ]

실물 297, 392
실용도 495
실제 상황 평가 489
실제적 28, 33, 62, 169, 177, 228, 257, 280,
    342, 379, 437, 484
실증적 178, 186, 298, 308, 356, 370, 396
실증주의 42, 215, 273, 308, 342
실질적 19, 56, 113, 228, 256, 342, 381, 471
실행 연구 203
심리학 16, 25, 52, 184, 216, 279

[ㅇ]

양성평등 184, 256, 297, 395
양성평등 교육 297, 395
양적 평가 464, 490
여가 98, 146, 156
여론 76, 205
역사 연표 487, 488
역사교육 13, 53, 74, 347, 348, 390, 393
역사의식 32, 148, 244, 395, 396
역사적 연구 396
역할놀이 36, 282, 292, 301, 376, 377,
    414~416, 418, 419, 485
연구 계획서 611
연구 보고서 485, 488
연구 주제 488
연속성 224
연역적 173, 302
연합형 236
영역 목표 91, 92
예 34, 118, 152, 215, 286, 301, 356
예언타당도 457, 491, 492
예측 153, 190, 202, 223, 293, 296, 324, 386,
    477
오개념 304, 441
오답의 매력도 497, 498
요강적 164
요구 사정 171, 174, 177~179, 181, 202
워크시트(worksheet) 485
원형 모형 300, 303
웹(web) 398, 401
위계화 143, 499
유목 193, 219

윤리 38, 53, 67, 79, 112, 187, 301
융합형 80, 81, 190, 195, 226, 236, 246
의사결정 13, 38, 104, 172, 200, 247, 330, 402,
    468
의사결정 능력 16, 36, 50, 81, 100, 140, 330,
    403, 468
의사결정 모형 45, 296, 331, 402
의사결정 학습 32, 121, 186, 292, 330
의사결정력 13, 15, 18, 103, 183, 244, 297, 330,
    468, 486
이러닝(e-learning) 297
이론적 배경 403
이명박 정부 27, 130, 164, 436, 506
이슈(Issue) 44, 86, 161, 238
이원 목적 분류표 499
이접 개념 113
인간 사회와 환경 84, 86, 206
인간 중심 19, 64, 79, 128, 162, 231, 260
인간 중심 교육과정 19, 79, 121, 162, 189, 260,
    261
인간과 사회 13, 14, 20, 84, 87, 119, 186
인류학 28, 106, 227, 229, 233, 379, 490
인문 환경 140, 141, 145~147, 188
인물 학습 36, 80, 292, 296, 393~395, 426
인지적 모형 66
인지적 목표 107, 109, 110, 153, 155, 156, 157,
    158, 335, 462
인터넷 36, 141, 152, 220, 298, 345, 370, 386,
    392, 400, 401, 402, 468, 487, 509
인터넷 활용 교육(IIE) 297
일관성 29, 76, 115, 118, 151, 219, 242, 289,
    321, 367, 442, 464, 490
일관성의 원리 458
일반 선택 과목 591
일반사회 22, 26, 52, 129, 195, 225, 441, 464
일반화 28, 110, 192, 222, 258, 292, 311, 342,
    414, 464
일탈 54
일화 기록 488

[ㅈ]

자기 주도적 학습 32, 36, 43, 84, 85, 218, 247,
    294, 450

질적 연구   272
집단   21, 25, 80, 104, 174, 200, 271, 300, 340,
    402, 450, 494
집단 의사결정 과정   174
집단 참여   590
집단 참여 기능   590
집단 토론   361
집단기능   116, 120
집단생활   25, 123, 128, 135, 184

[ㅊ]

창의력   26, 99, 103, 161, 193, 244, 335, 450,
    510
창의성   87, 89, 130, 170, 204, 280, 311, 355,
    443, 490
창의적   22, 26, 82, 109, 164, 242, 293, 305,
    356, 400, 464
채점   436, 475, 478~480, 493, 494, 495, 504
척도   437, 459, 470, 481, 485, 491
척도법   488
체계   15, 62, 104, 137, 186, 219, 264, 345,
    404, 466, 553
체제   49, 61, 84, 105, 200, 261, 307, 435, 470
체크리스트   439, 443, 469, 478, 488, 489
초·중등교육법   86, 130, 151, 162, 168
초·중등교육법시행령   130
초등교육   18
초등학교   15, 26, 30, 56, 84, 131, 203, 245,
    318, 364, 403
초학과적 접근   236
초학과적 통합   234, 235
초학문적 통합   195
총괄 목표   82, 136~139
총괄평가   277, 411, 475~478, 512
총론   134~136, 161, 200~202, 204, 206~210
총체적   14, 88, 161, 180, 207, 342, 458, 487
총평   456, 457
최대 성취 학력평가   481
최소 필수 학력평가   481
추론   110, 114, 115, 153, 270, 293, 318, 401,
    464
축척   269, 382, 383, 386, 509
출발점 행동   276, 283, 284, 473, 474

측정   33, 113, 125, 157, 254, 456~459, 481,
    492
칠자유과   22, 190

[ㅌ]

타당도   310, 436, 456, 457, 466, 471, 490,
    491, 492, 496
타당성   170, 181, 198, 218, 271, 293, 311, 330,
    358, 375, 456, 492
탈학문적 접근   236
탈학문적 통합   195, 229, 232
탐구   13, 50, 100, 150, 203, 269, 305, 351,
    402, 451, 505
탐구 공동체   388, 389
탐구 기능   102, 110, 115~117, 308, 373, 460
탐구력   36, 99, 103, 147, 184, 216, 259, 308,
    362, 401, 486
탐구수업   40, 125, 260, 282, 307~309, 352, 536
탐구학습   16, 29, 32, 79, 106, 258, 305, 352, 370
탐구학습모형   309, 400
탐구활동   81, 183, 244, 308, 312, 313, 388, 401
태도   14, 80, 100, 149, 186, 242, 287, 335,
    396, 438, 461, 501
토론   43, 80, 117, 154, 206, 292, 311, 344,
    357, 363
토의   36, 80, 106, 277, 280, 288, 311, 337,
    364, 415, 485
토의 학습   292, 293, 338, 363
통계 자료   463
통일성   270
통제   48, 239, 254, 258, 294, 334, 448, 494
통치   16, 89, 114, 148, 239
통합   14, 50, 101, 153, 201, 251, 319, 369,
    401, 456
통합 단원   81
통합 모형   56, 236
통합교육   40, 74, 87, 228, 237~240, 256, 382
통합교육과정   87, 230, 232, 236~240, 256
통합사회과   79, 83, 86, 128, 189, 229
통합성   83, 85, 185, 211, 224, 247, 460
통합적 교과   29, 128, 183
통합적 사회과   61, 62, 106
통합적 접근   86, 101, 226, 247, 391

통합형 61, 65, 194, 226, 246
특별활동 22, 103, 388, 480

[ㅍ]

패널 364
패러다임(paradigm) 50, 204
편차지능지수 471
평가 16, 51, 92, 116, 156, 247, 283, 307, 372,
    400, 455, 465
평가 단계 283, 332, 344, 374, 375, 393, 394,
    418
평가 준거 470
평가목표 463, 477, 483, 491, 500
평가문항 473, 479, 482, 492, 498
평가의 일관성 493
평균 181, 301, 337, 338, 470
평생교육 21, 53, 130
포스트모더니즘 272, 277, 279, 280
포트폴리오(portfolio) 488
포트폴리오법 485, 486, 489
표본 42, 181, 284, 296, 297, 370, 470, 477
표준점수 471
표준편차 470
표준화 435, 456, 477, 478, 489, 510
표집방법 310
필수 과목 83

[ㅎ]

하버드 모형 341
하위개념 107, 154, 304
학교 교육과정 163, 164, 168~170, 195, 227,
    482
학교 수준 교육과정 82, 151, 162, 205
학년 목표 79, 91, 134~137, 142
학문 중심 교육과정 15, 19, 20, 64, 121, 162,
    232, 246, 258, 309
학문의 구조 47, 78, 192
학문적 27, 62, 107, 155, 203, 254, 310, 430,
    490
학문적 지식 113, 125, 230, 232, 234~237
학생 중심 20, 29, 30, 73, 121, 193, 247, 256,

308, 340, 490
학생 중심 교육과정 256, 262
학습 가능성 218
학습 목표 56, 230, 281, 284, 313, 369, 382, 462
학습 방법의 학습 82, 313
학습자 17, 56, 85, 121, 177, 220, 261, 304,
    352, 412, 473
학습자 중심 20, 56, 169, 247, 277, 340, 385,
    450
학습지도 요령 165
학제적 접근 222, 235, 236
학제적 통합 195
한국 문화사 86, 147
한국교육개발원 55, 206, 276, 277
한국교육학술정보원 398
합리적 사고 42, 97, 105, 134, 401
합의 29, 40, 174, 199, 219, 269, 342, 357,
    439, 467
항존주의 41, 97
해석학 490
핵심 목표 41, 45, 99, 120, 330, 342
행동 목표 151, 478, 499
행동 영역 110, 121, 139, 500
행동과학 27, 28, 64
혁명 190, 221, 238, 246, 303, 347
현상학 97, 277, 474
현실성 161, 177
현장 연구 488
현장체험학습 152, 288
현장학습 287, 379, 381, 503
현직 교육 164, 178
협동의식 152
협동학습 36, 106, 231, 247, 281, 292, 317,
    334, 416, 450, 488
형성평가 277, 285, 290, 336, 411, 425, 474
형식도야론 190
형식적 평가 179
홍익인간 101, 130, 151, 162, 215
화폐 246, 429
환경교육 67, 255
환경보전 17, 576
환경확대법 56, 75, 220, 244, 265
환류 51, 157, 163, 172, 276, 439, 450
활동 과정 191, 486
활동 수행 483
활동 중심 13, 55, 83, 121, 229, 257, 295, 315,

박은종(朴殷鍾)

진주교육대학교 사회과교육학과, 충남대학교 대학원 사회교육학과(석사) 및 교육학과(교육과정 및 교육심리학 전공·박사), 한국교원대학교 대학원 사회과교육학과, 공주대학교 대학원 사회교육학과(박사) 등을 졸업한 사회교육학 박사이다.

충남대학교 교육연구소 객원연구원, 충남대학교 인문과학연구소 객원연구원, 한국교총 교육정책연구소 객원연구원 등으로 사회과교육학과 사회과교육론에 대한 연구에 종사하여 왔다. 또한 한국산업연수원 청주능력개발원 첨삭 교수, 공주대학교 사범대학 시간 강사, 공주교육대학교 사회과교육과 시간 강사, 동신대학교 교양교직학부 외래 교수, 홍익대학교 교양학부 외래 교수, 광주여자대학교 교양학부 외래 교수 등을 역임하면서 인간관계론, 교육학 개론, 교육과정과 교육심리학, 사회과 교육학과 사회과교육론, 사회과 교재연구 및 교수법 등의 교과목을 강의하였다.

아울러 교육과학기술연수원 강사, 충남교육연수원 강사, 전북교육연수원 강사, 한국교총 교육연수원 강사, 진주교육대학교 초등교육연수원 강사, 공주대학교 중등교육연수원 강사 등을 역임하면서 교육과정, 수업분석과 수업 장학, 교수·학습법, 사회과 교육학 등에 관한 강의를 수행하여 왔다. 또 충청남도 당진교육지원청 장학사, 충청남도 부여교육지원청 장학사, 충남교육연수원 교수부 교육연구사 등을 역임하면서 사회과교육학(론) 관련 교육행정과 교육연구를 수행하기도 하였다. 그리고 교육과학기술부 교육정책자문위원, 한국교총 교육정책전문위원, 통일부 통일교육위원 등을 역임하였다. 현재 공주대학교 겸임 교수로 재직하고 있으며, 전국 단위 연구학회인 한국사회과교육연구회 회장으로 재임하고 있다.

현재 전국의 대학교, 지방자치단체와 지방의회, 교육청(교육지원청), 기업체, 학부모 연수 등에 특강 강사로 리더와 리더십, 인간관계론, 인간관계와 직장생활, 자녀교육 등에 관한 주제로 강의를 하고 있다.

한국사회과교육학회, 한국사회과교육연구회 회원이며, 연구의 주 관심 영역은 교육학 일반, 교육과정 탐구, 사회과 교육과정과 교수법, 사회과 교육학, 사회과 교재연구 및 교수·학습 방법 등이다. 최근에는 사회과 통합 교육, 사회과 세계시민교육, 사회과교육 국제 비교 연구, 다문화 이해 교육 등에도 깊은 관심을 갖고 연구하고 있다.

학회지인 『교육연구』, 『교육연구논총』, 『교육과정논총』, 『사회과학연구』, 『충남교육』, 『교육평론』, 『학교운영위원회』 등 연구논문지에 논문을 게재하고 있으며, 주요 저서로는 『정서 신장 교육학 개론』, 『창의적 체험활동 교육과정의 실행』, 『으뜸 수업 탐구의 정석』, 『으뜸 학급경영 핸드북』, 『인간관계론 탐구』, 『사회과 교육학 핸드북: Key Point』, 『현대 사회과 교육학·사회과교육론 신강』 등 여러 권이 있으며, 주요 논문으로는 학회지에 발표한 「세계화·정보화 시대의 바람직한 세계시민교육 방향 모색에 관한 연구」, 「최근 사회과교육의 트렌드(Trend) 연구」, 「2009 개정 교육과정 적용에 따른 사범대학 사회과교육학과 교육과정 분석 및 개선 방안 연구」 등 여러 편이 있다.

한편, 『새교실』지(誌)와 『교육자료』지(誌)에 사회과 수업안을 다년간 집필한 바 있으며, 『대전일보』·『중도일보』·『한국교육신문』 등의 교육칼럼위원, 『백제신문』·『공주신문』 논설위원 등도 역임하였다.

e-mail: ejpark7@kongju.ac.kr

사회과교육론의 이해와 탐구

초 판 인 쇄 | 2012년 12월 21일
초 판 발 행 | 2012년 12월 21일

지 은 이 | 박은종
펴 낸 이 | 채종준
펴 낸 곳 | 한국학술정보㈜
주   소 | 경기도 파주시 문발동 파주출판문화정보산업단지 513-5
전   화 | 031) 908-3181(대표)
팩   스 | 031) 908-3189
홈 페 이 지 | http://ebook.kstudy.com
E - m a i l | 출판사업부 publish@kstudy.com
등   록 | 제일산-115호(2000. 6. 19)

ISBN   978-89-268-3999-7 93370
         978-89-268-4000-9 95370